청소년 상담사
한방에 끝내기
2급

PREFACE
머리말

　AI가 지식산업 시대를 넘어서 모든 분야에 파고드는 시대가 되었습니다. AI가 상담을 할 수 있느냐가 화두가 되기도 합니다. 갈수록 복잡해지고 어려워지는 시대 속에서 많은 사람들은 서로 소외되고 외롭고 고독합니다. 홀로 있지만 배워야 할 것은 많고 감당해야 할 것은 점점 더 다양해지고 있습니다. 따라서 상담 분야는 날로 더 광범위해지고 폭넓게 발전하고 있습니다. 전통적인 심리상담뿐 아니라 복지 상담, 투자 상담, 경영 상담, 고객 상담, 부동산 상담 등 거의 모든 영역에서 상담이 일상이 되었습니다. 그만큼 상담은 더 필요해지고, 사람들이 상담을 찾고 있다는 증거입니다. 특별히 날로 거세지는 무한 경쟁과 입시 체제 속에서 살아가야 하는 청소년들은 가야 할 길이 분명함에도 방황하고 정체성을 찾지 못해 힘들어 합니다. OECD 국가 중에서 청소년 자살률이 계속 높아지는 우리나라의 현실이 매우 안타깝습니다. 학교 폭력, 각종 인권 문제 등에 노출된 세대로 보호받아야 하는 동시에 독립적인 능력도 키워줘야 하는 대상이 청소년입니다. 이들을 전문적으로 상담하고 조력해 주는 인력이 절실하게 필요한 시점입니다. 청소년 대상의 상담은 그 중요성에 대해 아무리 강조해도 지나칠 것이 없습니다.

　청소년을 상담하고 도와주어야 하는 상담사는 바로 청소년상담사 자격시험을 통해 현장에 진입해야 합니다. 이는 청소년의 정서・인지・행동 발달을 이해하고 전문적으로 도울 수 있는 유일한 상담전문 국가자격시험입니다. 청소년상담사 자격시험을 준비하는 분들에게 도움을 드리고자 상담심리학과 임상심리학 분야의 전문가들이 모여 청소년상담사 2급 교재를 준비했습니다. 시험 과목 중 '청소년상담의 이론과 실제, 이상심리, 집단상담, 학업상담, 가족상담'은 박미선 대표님이, '상담연구방법론, 진로상담, 심리측정 평가의 활용'은 임그린 원장님이 집필하였습니다.

　본 교재는 청소년상담사 2급 필기시험에 효과적으로 대비하고자 다음과 같이 구성하였습니다.

- **첫째**, 이론을 간략하게 정리하였고, 시험에 출제되었던 내용을 표시하여 강약을 두고 공부할 수 있도록 구성하였습니다.
- **둘째**, 2024년 제23회 최신기출문제를 수록하여 최근 출제된 문제유형의 흐름을 파악하여 연습할 수 있도록 구성하였습니다.
- **셋째**, 실력다지기문제(O×, 단답형, 괄호넣기)로 확인학습을 한 후 적중예상문제를 통해서 새로운 유형의 문제에 대비할 수 있도록 하였습니다.
- **넷째**, 평소 서브노트나 시험 전 최종정리용으로 활용할 수 있는 핵심만 쏙 뽑은 요약집을 준비했습니다.

　다음 세대의 주역이 될 청소년을 상담하기 위한 여러분의 꿈은 소중합니다. 여러분은 그 꿈을 위해 그동안 개인적으로 많은 노력을 했을 것입니다. 본 교재를 통해 여러분의 꿈에 한 걸음 더 다가가는 좋은 계기가 되었으면 좋겠습니다. 마지막까지 청소년상담사가 되기 위해 최선을 다하길 기원하며 더불어 좋은 결과가 있기를 응원합니다.

- 대표저자 일동

시험안내

1. 청소년상담사의 뜻

청소년상담사란 청소년, 부모 또는 보호자를 대상으로 청소년의 심리정서 및 진로 · 학업 등 다양한 문제에 대한 상담과 해결을 도와주는 상담복지전문가를 말합니다.

2. 청소년상담사 취득절차 흐름도

[주최: 여성가족부 | 주관: 한국산업인력공단, 한국청소년상담복지개발원]

필기시험	원서 접수	• 청소년상담사 홈페이지(www.q-net.or.kr/site/sangdamsa)
		• 인터넷 접수만 가능
		  - 접수내용 변경은 원서접수 기간 내에 취소 후 다시 접수하여 변경
		  - 원서접수 마감 후에는 재접수 및 내용변경 불가

	합격(예정)자 발표	• 매 과목 100점 만점으로 하여 40점 이상, 전 과목 평균 60점 이상 득점한 사람 • 청소년상담사 홈페이지(www.q-net.or.kr/site/sangdamsa), ARS(1666-0100) 발표
면접시험		• 면접시험 합격에 따른 최종합격자 : 면접위원(3인)의 평정점수 합계가 모두 15점(25점 만점) 이상을 얻은 자(다만, 면접위원의 과반수가 어느 하나의 평가사항에 대하여 1점으로 평정한 때에는 평정점수 합계와 상관없이 불합격 처리함) • 청소년상담사 홈페이지(www.q-net.or.kr/site/sangdamsa), ARS(1666-0100) 발표
응시자격 서류 제출		• 졸업(학위)증명서 • 여성가족부령이 정하는 상담 관련 분야 증명서류(해당자에 한함) • 상담실무경력 인정 증빙서류(해당자에 한함) • 응시자격 서류심사 신청서
최종합격자 발표		청소년상담사 홈페이지(www.q-net.or.kr/site/sangdamsa), ARS(1666-0100) 발표
자격연수		• 신청 : 한국청소년상담사복지개발원 청소년상담사 홈페이지(www.youthcounselor.or.kr) • 대상 : 자격시험 최종합격자 및 자격시험 합격 후 연수 미수료자
자격증 발급 대상		청소년상담사 자격시험 최종 합격 후 자격연수 수료자 ※ 결격사유에 해당하는 수험자는 최종합격 이후 자격연수를 수료하였더라도 자격증을 교부하지 않음

3. 2025 청소년상담사 시험일정

필기시험			면접시험		
원서접수	시행일	합격자 발표일	원서접수	시행일	합격자 발표일
7.21~7.25 (빈자리 : 9.4~9.5)	9.13 (토)	10.22(수)	11.3~11.7	11.24 - 11.29	(예)12.24(수) (최)'26.4.1(수)

4. 시험과목 및 시험방법

구 분	교 시	시험과목	시험시간	시험방법	
				1차(필기시험)	2차(면접시험)
2급 청소년 상담사 (6과목)	1교시 (필수)	1. 청소년상담의 이론과 실제 2. 상담연구방법론의 기초 3. 심리측정 평가의 활용 4. 이상심리	9:30~11:10 (100분)	과목당 25문항 5지선택형 * 법령 관련 출제 기준일은 시험 시행일 기준	구술면접 (1조당 10~20분 내외)
	2교시 (선택)	5. 진로상담 6. 집단상담 7. 가족상담 8. 학업상담 중 2과목 선택	11:40~12:30 (50분)		

※ 법령 관련 출제 기준일은 시험 시행일 기준

5. 응시자격

응시자격 (2급)	1. 대학원에서 청소년(지도)학·교육학·심리학·사회사업(복지)학·정신의학·아동(복지)학·상담학 분야 또는 그 밖에 여성가족부령으로 정하는 상담 관련 분야(이하 상담관련분야라 한다)의 석사학위를 취득한 사람 2. 대학 또는 다른 법령에 따라 이와 동등한 학력을 인정받는 기관에서 상담관련분야 학사학위를 취득한 후 상담 실무경력이 3년 이상인 사람 3. 3급 청소년상담사로서 상담 실무경력이 2년 이상인 사람 4. 제1호부터 제3호까지에 규정된 사람과 같은 수준 이상의 자격이 있다고 여성가족부령으로 정하는 사람
결격사유 (1·2·3급 공통)	1. 미성년자·피성년후견인 또는 피한정후견인 2. 파산선고를 받은 자로서 복권되지 아니한 사람 3. 금고 이상의 형을 선고받고 그 집행이 끝나거나 집행을 받지 아니하기로 확정된 후 3년이 지나지 아니한 사람 4. 금고 이상의 형을 선고받고 그 집행유예의 기간이 끝나지 아니한 사람 5. 제3호 및 제4호에도 불구하고 다음의 어느 하나에 해당하는 죄를 저지른 사람으로서 형 또는 치료감호를 선고받고 확정된 후 그 형 또는 치료감호의 전부 또는 일부의 집행이 끝나거나(집행이 끝난 것으로 보는 경우를 포함한다) 집행이 유예·면제된 날부터 10년이 지나지 아니한 사람 ① 「아동복지법」 제71조제1항의 죄 ② 「성폭력범죄의 처벌 등에 관한 특례법」 제2조의 성폭력범죄 ③ 「아동·청소년의 성보호에 관한 법률」 제2조제2호의 아동·청소년대상 성범죄 6. 법원의 판결 또는 법률에 의하여 자격이 상실되거나 정지된 사람

6. 응시등급별 상담 실무경력 인정기준(1년간 기준)

응시등급	상담유형	실시경력	비고
1급 및 2급 청소년상담사	개인상담	대면상담 50회 이상 실시	관련서류가 증빙될 경우에만 인정
	집단상담	24시간 이상 실시	
	심리검사	10사례 이상 실시 및 해석	

※ 내담자는 청소년, 학부모, 지도자, 일반인 등을 비롯한 모든 사람이 대상임
※ 개인상담, 집단상담, 심리검사 경력을 모두 만족할 경우 1년 경력으로 인정
- 개인상담 : 대면 개인상담 경력 (전화 상담, 인터넷 상담 해당 없음)
- 집단상담(집단원 5명 이상)
  1, 2급 : 비구조화집단상담, 구조화집단상담을 지도자(리더, 코리더)로서 실시한 경력
- 심리검사
  1, 2, 3급 : 전국 표준화검사와 투사검사

7. 면접시험

(1) 면접시험의 준비물 및 절차

면접시험 당일 준비물	면접 절차	면접시험 평가 항목
1. 수험표 2. 신분증 : 주민등록증, 운전면허증, 공무원증, 유효기간 내 여권, 외국인등록증 및 재외동포 국내거소증, 복지카드(장애인등록증), 국가유공자증, 신분확인증빙서 및 주민등록발급신청서, 중·고등학교학생증 및 청소년증, 국가자격증 등(단, 사진부착 및 주민등록번호 기재된 경우만 허용) 3. 필기도구	1. 대기(번호표 추첨 및 핸드폰 수거) 2. 수험표와 신분증 확인 및 범죄기록 열람 동의서 서명 3. 사례지 배부와 검토시간(5분가량)을 갖고 2명씩 입실 4. 공통사례에 대한 공통질문 5. 개인질문(2~3명의 면접관으로부터 질문 받음)	1. 청소년상담자로서의 가치관 및 정신자세 2. 청소년상담을 위한 전문적 지식 및 수련의 정도 3. 예의, 품행 및 성실성 4. 의사표현의 정확성과 논리성 5. 창의력, 판단력 및 지도력

(2) 사례질문의 출제유형과 질문내용

사례1 진로선택의 어려움을 겪는 청소년

고등학교 1학년인 A여고생은 학교에서 성적도 우수하고 품행도 성실한 편이지만 마음속으로는 미술에 관심이 많아 미술을 전문적으로 가르치는 학교에 전학을 희망하고 있다. 하지만 담임선생님은 이러한 A여고생의 미술에 대한 꿈보다는 법대나 경영대에 진학하기를 바라면서 전학을 반대하고 있다. 이러한 고민 때문인지 최근 성적도 떨어지고 학교에 결석과 자퇴도 하는 등 평소 보이지 않았던 모습을 보이고 있어 A여고생의 부모가 상담을 의뢰한 경우이다.
• MMPI-2 : F, L, K … 척도점수 제시   • 홀랜드 흥미검사 : 검사결과 제시

질문 내용

1. 위의 사례뿐만 아니라 일반적으로 부모가 자녀의 상담을 의뢰했을 때 상담진행 계획을 말하시오.
2. 위의 사례에서 의문이 드는 부분을 두 가지 이야기하고, 그 이유를 설명하시오.
3. 위의 사례에서 A여고생을 위하여 핵심적으로 다루어야 할 상담의 주제는 무엇인가?
4. 위의 사례를 보고 추가로 실시하고 싶은 검사방법은 무엇인가?
5. 상담프로세스 중에서 이 내담자의 경우 어느 부분에 초점을 맞추는 것이 좋을 것 같은가? 왜 그 부분에 초점을 맞춰야 하는지 말하시오.

사례2 청소년의 가출

17세 여학생 B는 중학교 3학년 때부터 잦은 가출과 가정으로의 복귀를 반복하고 있다. B는 어릴 때 부모님이 이혼한 이후로 아버지와 함께 살고 있다. 어머니는 재혼한 남편과의 사이에 2남매를 두었다. 그러나 현재 가정생활에 전념하는 가정주부로서 첫 남편과의 사이에 낳은 B와는 오랫동안 왕래가 없는 상태이다. 그리고 아버지는 아침 일찍 출근하여 밤늦게 퇴근하는 패턴을 가지고 있으며 주말에는 잠을 자기에 바쁘다. 더욱이 전통적인 사고방식을 가진 권위적인 아버지여서 이에 반발하여 또다시 가출한 B의 아버지가 상담을 의뢰한 경우이다.

• MMPI-2 : 기본척도의 수치 부여

질문 내용

1. 아버지를 상담과정에 포함시켜 진행해야 하는가? 그렇다면 상담을 어떤 방식으로 진행해야 하는가?
2. 가출하는 원인은 무엇이라고 생각하며, 이러한 상황을 개선하기 위하여 가장 필요한 상담은 무엇이라고 생각하는가?
3. B여학생의 행동개선을 위해 필요한 자료를 위한 심리평가기법은 무엇이라고 생각하는가?
4. 청소년상담사로서의 경험을 통한 상담가로서의 능력의 발전과 상담지식의 학습을 통한 능력의 발전 중 어떤 부분의 능력이 내담자에게 끼치는 영향이 크다고 생각하는가?

(3) 면접 대비 요령

① 매년 발간되는 청소년백서[여성가족부 사이트(www.mogef.go.kr)]와 한국청소년상담복지개발원 사이트(www.youthcounselor.or.kr)의 「청소년상담연구」 자료를 읽어 보는 것이 좋다.
② 면접 스터디를 조직하여 사례문제를 출제하고 이에 대한 답안들을 작성한다. 그 다음 그 답안을 가지고 의견을 상호교환하여 올바른 상담자의 상을 형성하는 것이 필요하다.
③ 청소년사이버 상담센터(www.cyber1388.kr)에 올라온 공개상담 게시판의 글들을 읽어 보고 필요한 경우 직접 상담자 역할로 답글을 올리는 것도 면접에 대비하는 좋은 방법이다.
④ 한국청소년상담복지개발원 사이트에 '이달의 청소년상담사' 코너가 있다. 이 코너에는 상담사로서의 자세와 역할, 그리고 최근 청소년들의 모습 등에 대해 청소년상담사들의 체험들이 올라와 있다. 이를 통해 청소년상담사의 역할을 구체적으로 이해할 수 있으며 청소년상담사의 바람직한 상에 대하여 알 수 있을 것이다.
⑤ 개별사례의 경우는 면접관이 자주 물어보는 질문을 취합하여 이에 대한 모범답안을 만들어 면접에 대비하는 것도 좋다.

> 시험시행(원서접수, 필기시험, 응시자격, 면접시험)에 대한 자세한 내용은 큐넷 홈페이지(www.q-net.or.kr)를 참조하시거나 고객센터(1644-8000)에 문의하시고, 자격연수 및 자격증 교부 관련 내용은 한국청소년상담복지개발원 홈페이지(www.youthcounselor.or.kr)를 참조하시거나 콜센터(051-662-3103)에 문의하시기 바랍니다.

차례

핵심만 쏙 뽑은 요약집

필수과목

1과목 청소년 상담의 이론과 실제

01 청소년 상담의 이해 · 002
02 청소년 상담 이론 · 022
03 청소년 상담의 실제 · 074
실력다지기 | OX, 단답형, 괄호넣기 · · · · · · · · · · · · · · · 087
실전대비 | 01 2024년 제23회 기출문제 · · · · · · · · · 093
　　　　　　02 적중예상문제 · · · · · · · · · · · · · · · · · 104

2과목 상담연구방법론의 기초

01 상담연구의 기초 · 116
02 연구 주제와 연구 계획서 · · · · · · · · · · · · · · · · 129
03 연구방법 · 133
04 측정과 척도 · 152
05 기술통계 · 157
06 추론통계 · 164
07 집단 간 비교를 위한 통계방법 · · · · · · · · · · · · 174
실력다지기 | OX, 단답형, 괄호넣기 · · · · · · · · · · · · · · · 186
실전대비 | 01 2024년 제23회 기출문제 · · · · · · · · · 192
　　　　　　02 적중예상문제 · · · · · · · · · · · · · · · · · 204

3과목 심리측정 평가의 활용

01 심리검사의 개념과 역사 · · · · · · · · · · · · · · · · 214
02 심리평가와 면접 · 222
03 기본통계 · 235
04 지능검사 · 247
05 다양한 심리검사 · 263
06 미네소타 다면적 인성검사(MMPI, MMPI-2) · · · · · · 275
07 투사검사 · 296
실력다지기 | OX, 단답형, 괄호넣기 · · · · · · · · · · · · · · · 318
실전대비 | 01 2024년 제23회 기출문제 · · · · · · · · · 323
　　　　　　02 적중예상문제 · · · · · · · · · · · · · · · · · 332

4과목 이상심리

01 이상심리 개관 · 344
02 이상행동의 분류 및 진단 · · · · · · · · · · · · · · · · 352
03 신경발달장애 · 359
04 조현병 스펙트럼 및 기타 정신병적 장애 · · · · · 373
05 양극성 및 관련 장애 · · · · · · · · · · · · · · · · · · · 380
06 우울장애 · 384
07 불안장애 · 390
08 강박 및 관련 장애 · 399
09 외상 및 스트레스 관련 장애 · · · · · · · · · · · · · 405
10 해리장애 · 413
11 수면-각성장애 · 417
12 급식 및 섭식장애 · 426
13 배설장애 · 433
14 신체증상 및 관련 장애 · · · · · · · · · · · · · · · · · 435
15 파괴적 충동통제 및 품행장애 · · · · · · · · · · · · 440
16 신경인지장애 · 446
17 물질 관련 및 중독 장애 · · · · · · · · · · · · · · · · 450
18 성 관련장애 · 458
19 성격장애 · 464
실력다지기 | OX, 단답형, 괄호넣기 · · · · · · · · · · · · · · · 482
실전대비 | 01 2024년 제23회 기출문제 · · · · · · · · · 488
　　　　　　02 적중예상문제 · · · · · · · · · · · · · · · · · 498

선택과목

5과목 진로상담

01 청소년 진로상담 ······················ 510
02 진로선택이론 ························· 517
03 진로발달이론 ························· 534
04 진로상담이론 ························· 548
05 청소년 진로상담의 실제 ··············· 560
실력다지기 | OX, 단답형, 괄호넣기 ······ 574
실전대비 | 01 2024년 제23회 기출문제 ······ 581
　　　　　02 적중예상문제 ··············· 592

6과목 집단상담

01 집단상담 개관 ························ 604
02 집단상담이론 ························· 616
03 집단상담 구성원 및 기법 ·············· 648
04 집단상담과정 및 계획과 평가 ·········· 669
실력다지기 | OX, 단답형, 괄호넣기 ······ 689
실전대비 | 01 2024년 제23회 기출문제 ······ 695
　　　　　02 적중예상문제 ··············· 705

7과목 가족상담

01 가족상담의 기초 ······················ 719
02 초기 가족상담의 이론과 실제 ·········· 738
03 후기 가족상담의 이론과 실제 ·········· 771
04 청소년 가족 ·························· 787
실력다지기 | OX, 단답형, 괄호넣기 ······ 798
실전대비 | 01 2024년 제23회 기출문제 ······ 804
　　　　　02 적중예상문제 ··············· 815

8과목 학업상담

01 학업상담 이해 및 절차 ················ 828
02 학업관련 요인 ························ 833
03 학업관련 문제 유형 ··················· 851
04 학업관련 장애 및 검사 ················ 867
05 학습전략 ······························ 880
실력다지기 | OX, 단답형, 괄호넣기 ······ 900
실전대비 | 01 2024년 제23회 기출문제 ······ 906
　　　　　02 적중예상문제 ··············· 917

제1과목 | 청소년상담의 이론과 실제

1 청소년기의 특징

① 신체적 : 남성호르몬(테스토스테론), 여성호르몬(에스트로겐) 분비, 성장 폭발
② 인지적 : 형식적 조작기로 가설적, 과학적, 연역적 추론가능
③ 사회인지적 : 상상적 청중, 개인적 우화, 이상주의
④ 사회적 : 부모로부터 독립과 의존의 갈등, 또래집단에 몰두
⑤ 정서적 : 강도 높은 정서적 경험(불안, 우울 수치 감등), 방어기제 발달(주지화, 금욕주의)
⑥ 도덕적 : 콜버그 도덕발달의 인습수준
  • 콜버그 도덕발달 : 전인습(1단계 : 벌과 복종, 2단계 : 도구적 쾌락주의), 인습(3단계 : 착한소년/소녀, 4단계 : 법과 질서), 후인습(5단계 : 사회계약, 6단계 : 보편적 원리)
  • 콜버그의 도덕성 이론이 남성을 대상으로 한 것에 반해 길리건은 여성적 도덕성 주장
⑦ 마르샤의 정체성이론 : 정체성성취, 정체성유예, 정체성유실, 정체성혼미

2 청소년내담자의 특징

동기 부족(비자발적 내담자), 상담자에 대해 부정적 인식, 지구력 부족, 인지능력 부족, 감각적 흥미와 재미추구, 언어표현 부족, 주변 환경 영향, 동시다발적 관심, 불균형의 시기

3 청소년 문제유형

학업문제, 진로문제, 심리적 부적응(우울, 자살, 섭식), 대인관계문제, 비행 및 일탈문제(가출, 학교폭력, 성문제, 약물 오·남용문제), 인터넷중독 및 게임중독 등이다. 이중에서 가장 큰 비중은 학업, 진로문제이다.

4 청소년상담의 기초

① 청소년상담 대상 : 청소년, 청소년관련인, 관련기관을 모두 포함한다.
② 청소년상담 특징 : 예방적·교육적 측면, 발달단계 특성 고려, 청소년 정책의 영향 받음, 언어적 의사소통 외에 다양한 상담 접근 필요(미술, 독서 등), 집단상담 교육실시, 성인상담과 구별
③ 상담의 정의 : 전문적으로 훈련받은 상담자가 어려움을 겪는 내담자의 문제를 해결할 뿐 아니라 행복한 삶을 살도록 돕는 과정
④ 청소년상담의 정의 : 청소년에 대한 이해를 바탕으로 전문적·인간적 자질을 가진 청소년상담사가 어려움을 겪는 청소년, 청소년관련인 및 기관과 상호작용하여 다양한 문제해결을 해가는 과정
⑤ 청소년상담의 목표 : 상담자와 내담자간 합의, 구체성, 명확한 수치화로 측정가능성, 실현가능성, 한정된 시기로 실천계획 수립
⑥ 상담의 원리 : 개별화 원리, 수용의 원리, 자기결정의 원리, 비판적 태도 금지원리, 비밀 보장의 원리, 의도적 감정표현의 원리

5 청소년상담자

① 인간적 자질 : 인간 이해, 존중, 수용, 사회적 관심, 동기, 열의, 정서적 통찰력, 유머 감각 등
② 전문가적 자질 : 상담이론 이해, 심리검사 및 진단분류체계이해, 상담방법과 절차이해, 윤리규정숙지, 문화적 차이 이해, 실무지식 및 행정 능력
③ 상담자 태도 : 전문성과 호감적 태도, 청소년발달특성 이해, 자신의 한계 이해, 개방적 자세 등

6 키치너의 윤리결정원칙

① 자율성   ② 무해성   ③ 선의성   ④ 공정성   ⑤ 충실성

7 정신분석상담 - 지그문트 프로이트(Sigmund Freud)

① 인간관 : 생물학적 본능에 지배를 받는 비합리적이고 결정론적이며 자아가 서로 갈등하는 갈등론적 존재
② 의식구조 : 의식, 전의식, 무의식
③ 성격구조 : 원초아, 자아, 초자아
④ 성격발달 : 구강기, 항문기, 남근기, 잠복기, 성기기
⑤ 자아방어기제 : 억압, 부정, 투사, 치환, 반동형성, 퇴행, 합리화, 해리, 유머, 승화, 억제 등
⑥ 상담목표 : 무의식의 의식화, 자아강화, 억압된 충동자각
⑦ 상담과정 : 관계형성, 전이단계, 통찰단계, 훈습단계
⑧ 상담기법 : 자유연상, 꿈 해석, 전이, 해석, 저항

8 아들러(Adler)의 개인심리학

① 인간관 : 전체적 존재, 사회적 존재, 목표지향적 존재, 창조적 존재, 주관적 존재
② 주요 개념 : 열등감과 보상, 우월성 추구, 가상적 목표론, 공동체감, 생활양식, 가족구조와 출생순위
③ 상담목표 : 열등감을 극복하여 우월로 추구, 잘못된 생활양식 수정, 공동체감 향상
④ 상담과정 : 관계형성, 생활양식탐색, 통찰력가지기, 재교육하기
⑤ 상담기법 : 단추누르기기법, 스프에 침 뱉기, 수렁피하기, '마치 ~ 인 것처럼' 행동하기, 역설적 의도, 즉시성, 격려, 초기기억

9 행동주의 상담 - 스키너(Skinner), 반두라(Bandura), 손다이크(Thorndike), 왓슨(Watson)

① 인간관 : 수동적, 중립적, 결정론적
② 주요 개념 : 고전적 조건형성, 조작적 조건형성, 사회학습이론
③ 상담목표 : 바람직하지 못한 행동소거, 바람직한 행동 학습(상담목표는 명확하고 구체적이고, 목표달성 여부를 객관적 확인 및 측정가능하며 상담자와 내담자간 합의하여 설정)
④ 상담과정 : 상담관계형성, 문제행동규명, 내담자 현재상태 파악, 상담목표 설정, 상담기술 적용, 상담결과 평가, 상담종결
⑤ 상담기법 : 강화와 처벌, 소거, 변별, 자극통제, 체계적 둔감법, 홍수법, 토큰경제, 타임아웃, 조형, 프리맥 원리, 용암법, 모델링, 행동계약, 주장훈련법 등

10 인간중심 상담 - 칼 로저스(Carl Rogers)

① 인간관 : 선천적으로 성장가능성을 가지고 태어나서 무한한 성장과 발전이 가능
② 성격 구성 요소 : 유기체, 자기, 현상학적 장
③ 주요 개념 : 자기실현경향성, 충분히 기능하는 사람
④ 상담자역할 : 무조건적 긍정적 존중, 공감적 이해, 진솔성

11 합리적, 정서, 행동 상담 - 앨버트 앨리스(Alber Ellis)

① 인간관 : 합리적사고뿐 아니라 비합리적사고도 할 수 있는 존재
② 비합리적 사고요소 : 당위적 사고, 파국화, 낮은 인내심, 자기 및 타인비하
③ ABCDE모형 : A(선행사건), B(합리적 혹은 비합리적 신념), C(결과), D(논박), E(효과)
④ 상담목표 : 비합리적사고를 합리적사고로 변화
⑤ 인지적기법 : 비합리적 신념 논박, 인지적 과제, 내담자 언어변화
⑥ 정서적기법 : 합리적 정서 상상, 유머사용, 부끄러움 제거연습
⑦ 행동적기법 : 수치심 깨뜨리기, 보상기법, 역할연기

12 인지행동 상담 - 아론 벡(Aaron T. Beck)

① 인간관 : 인간은 자신의 인지구성에 의해 행동하고 느끼는 방식을 결정하는 존재
② 주요 개념 : 자동적 사고, 인지도식, 역기능적 인지도식, 인지적 오류
③ 인지적오류 : 흑백논리, 임의적 추론, 과잉일반화, 선택적 추상화, 개인화, 과장/축소, 잘못된 명명, 파국화 등
④ 상담목표 : 인지적 재구성을 통해 인지적 왜곡을 수정하고 자동적 사고를 변화
⑤ 상담기법 : 탈파국화, 재정의, 재귀인, 탈중심화, 인지재구성

13 실존주의 상담 - 플랭크(Frank), 메이(May), 얄롬(Yalom), 보스(Boss)

① 인간관 : 인간은 우연히 세상에 던져진 존재로 존엄성과 가치를 지닌 존재, 계속되는 존재
② 주요 개념 : 죽음, 고립, 자유, 책임, 무의미, 실존적 욕구좌절
③ 상담기법 : 직면, 역설적 의도, 탈숙고

14 게슈탈트 상담 - 프리츠 펄스(Fritz Perls)

① 인간관 : 인간은 전체적이고 통합적이며 현재중심적이고 실존석
② 주요 개념 : 게슈탈트, 전경과 배경, 미해결과제, 회피, 알아차림과 접촉, 지금-여기, 접촉경계혼란
③ 접촉수준 : 가짜층(진부층), 공포층(연기층), 교착층(막다른 골목), 내파층, 폭발층
④ 알아차림-접촉주기 : 배경-감각-알아차림-에너지-행동-접촉-마감
⑤ 접촉경계혼란 : 내사, 투사, 융합, 반전, 자의식, 편향
⑥ 상담기법 : 욕구와 감정자각, 신체자각, 환경자각, 언어자각, 책임자각, 과장하기, 빈 의자 기법, 꿈 작업, 자기 부분 간 대화 등

15 교류분석 상담 - 에릭 번(Eric Berne)

① 구조분석 : 어버이자아(비판적 어버이, 양육적 어버이), 어른자아, 어린이자아(자유로운 어린이, 눈치보는 어린이)
② 교류분석 : 상보교류, 교차교류, 이면교류
③ 게임분석 : 표면적으로 합리적이나 이면에 속임수 내포
④ 게임공식 : 속임수 + 약점 = 반응 → 전환 → 혼란 → 결말
⑤ 각본분석 : 어릴 적부터 형성한 무의식적 인생계획 각본
⑥ 스트로크 : 상대에게 자신의 반응을 알리는 인식의 기본단위 (신체, 긍정, 부정, 상징스트로크 등)
⑦ 생활양식 : 자기긍정-타인긍정, 자기부정-타인긍정, 자기긍정-타인부정, 자기부정-타인부정
⑧ 상담과정 : 계약-구조분석-교류분석-게임분석-각본분석-재결단

16 현실치료 상담 - 윌리엄 글래서(William Glasser)

① 인간관 : 인간은 자신과 환경을 통제할 수 있는 존재
② 주요 개념 : 선택이론, 기본욕구 5가지(사랑과 소속의 욕구, 힘에 대한 욕구, 자유에 대한 욕구, 즐거움에 대한 욕구, 생존에 대한 욕구)
③ 상담과정 : 관계형성-욕구탐색하기-현재 행동초점두기-행동평가하기-계획세우기
④ 상담기법 : 질문하기, 동사와 현재형으로 표현하기, 긍정적으로 접근하기, 은유적 표현, 유머, 역설적 기법, 직면

17 해결중심 상담 - 드 세이저(Steve de Shazer)

① 인간관 : 인간은 자신의 문제를 해결하려는 의지와 능력을 가지고 있는 존재
② 기본 규칙 : 문제가 없으면 손대지 말라, 효과가 있으면 계속 해라, 효과가 없으면 그만 둬라
③ 상담자와 내담자관계 유형 : 방문형, 고객형, 불평형
④ 상담목표 : 내담자의 자원과 강점을 활용하여 상담목표를 이루어 감
⑤ 상담기법 : 질문기법(상담 전 변화에 대한 질문, 예외질문, 기적질문, 척도질문, 대처질문, 관계성질문, 악몽질문, 간접적인 칭찬), 메시지 전달기법

18 여성주의 상담 - 길리건(Gilligan), 밀러(Miller)

① 인간관 : 성에 관한 알파편견(남녀를 불평등하게 분리하는 편견), 베타편견(남녀차를 인정하지 않고 똑같이 취급하는 편견)을 가진 존재
② 상담기법 : 성 역할분석, 힘의 분석, 주장훈련, 의식향상 훈련기법, 독서요법, 재구성

19 청소년상담 과정

① 준비단계 : 상담자의 태도, 위치, 내부 환경 조성
② 접수면접 : 상담신청과 정식 상담의 다리역할
③ 초기단계 : 상담관계 형성, 내담자 문제파악, 상담의 구조화, 상담의 목표설정

④ 중기단계 : 내담자 자기탐색과 통찰
⑤ 종결단계 : 상담성과 평가, 심리검사 실시, 이별감정 다루기, 추수상담 논의

20 상담의 기법

경청하기, 질문(개방적질문, 폐쇄성질문), 감정반영, 재진술, 바꾸어말하기, 명료화, 구체화, 공감하기, 해석, 직면, 초점화, 요약, 자기개방, 재명명, 침묵, 즉시성, 조언, 충고, 정보제공

21 상담의 유형

① 단기상담 : 단기상담 내담자는 비교적 문제가 경미하고, 발달과정 위기, 대인관계 능력이 있고, 급성적 상황으로 정서적 어려움을 겪는 비교적 정상범위여야 함
② 장기상담 : 주 1회 25회 이상으로 근본적 문제해결을 할 수 있으나 비용, 시간소모가 많음
③ 다양한 상담유형 : 전화상담, 사이버상담, 미술치료, 음악치료, 독서치료 등

제2과목 | 상담연구방법론의 기초

1 상담연구의 윤리적 문제

① 연구 윤리의 일반원칙
- 무피해의 원칙 : 실험참가자는 연구에 참여함으로 피해를 입어서는 안 된다.
- 이익의 원칙 : 상담연구는 인류의 건강과 안녕에 기여해야 한다.
- 자율성의 원칙 : 연구에 참여하느냐, 하지 않느냐는 실험참가자의 자발적 의사이다.
- 신용의 원칙 : 연구자는 실험참가자에게 한 약속을 지켜야 한다.

② 연구자의 윤리 – 사전 동의에 반드시 들어가야 할 내용
- 연구 목적
- 연구에 참여하거나 중간에 그만 둘 수 있는 권리
- 비밀보장의 한계
- 예상되는 기간 및 절차
- 부작용이나 위험요소
- 참여에 대한 보상 및 불이익

③ 고지된 동의
- 연구에는 위험과 이익이 공존하므로 실험참가자는 이에 대한 설명을 듣고 참여에 대해 동의할 권리를 갖는다.
- 동의능력은 제공된 정보를 이해하는 능력, 참여 유무에 따른 결과를 스스로 이해할 수 있는 능력, 합리적 선택을 내릴 수 있는 있는 능력이 있음을 의미한다.
- 동의는 서면으로 해야 한다.
- 미성년자의 경우 부모나 법적 보호자로부터 동의를 받아야 하며 동의를 받은 경우에도 미성년자는 언제든지 참가를 거부할 수 있다.
- 실험참가자가 자발적으로 자유의 선택에 의해 동의해야 하며 실험이 진행되는 중에 언제든지 자유롭게 실험 참가를 그만둘 수 있어야 한다.

2 과학과 연구

① 개념적 정의 vs. 조작적 정의

개념적 정의	• 연구의 대상 또는 현상 등을 보다 명확하고 정확하게 표현하기 위해 개념을 정의하는 것이다. • 개념에 대한 표현이지만 여전히 추상적이고 일반적이다. • 개념적 정의는 단정적이어야 한다.
조작적 정의	• 개념이 추상적일 때 조사하기 어렵다. 그러므로 이 개념을 측정 가능한 형태로 수량화하여 간접적으로 측정하는 것이다. • 조작적 정의는 측정 가능한 형식으로 진술되며 측정하고자 하는 요소와 논리적으로 관련성이 높다. • 한 요소에 대해 다양한 조작적 정의가 존재할 수 있다. 폭력성이라는 요소에 대해 정서적 폭력을 측정할 수도 있고, 신체적 폭력으로 측정할 수도 있다. • 구체적일수록 반복적으로 수행하기 쉽다. • 지식이 축적되어 새로운 연구 성과가 나오면 새로운 측정 방법이나 측정도구가 등장해 조작적 정의를 변경해야 하는 경우가 생기기도 한다.

② 연역법 vs. 귀납법

연역법	• 참으로 인정된 보편적 원리를 현상에 연역시켜 설명하는 방식이다. • 법칙과 이론으로부터 어떤 현상에 대한 설명과 예측을 도출하는 방법이다. • 가설 설정 → 관찰 → 관찰·경험 → 검증
귀납법	• 확률에 근거한 설명으로 과학이 관찰과 경험에서 시작한다고 보는 견해이다. • 관찰과 자료의 수집에 근거해서 보편적이고 일반적인 한 가지 결론에 도달하는 방법이다. • 주제 선정 → 관찰 → 유형의 발견 → 임시 결론(이론)

③ 과학적 연구 방법의 특징
- 간결성 : 어떤 현상을 이해하는 데 최소한 설명 변수나 정보에 근거하여 최대한 설명할 것
- 인과성 : 어떤 현상이 한 원인에 의해 발생하며 논리적으로 원인과 결과로 이해되어야 함
- 일반성 : 과학은 전체에 대한 일반적인 이해를 설명하는 것
- 경험적 검증가능성 : 이론의 과정과 절차는 경험적으로 검증이 가능해야 함
- 논리성 : 한 현상이 먼저 일어나고, 사건과 사건의 연결이 객관적 사실에 기초해야 함
- 구체성 : 연구의 목적에 맞게 개념을 설정하고 측정이 가능해야 함
- 상호주관성 : 동일한 내용을 조사할 때, 절차가 객관적이라면 결과는 동일해야 함
- 반복가능성(재현가능성) : 타 연구자가 같은 방법과 과정을 거쳤을 때도 결과가 동일해야 함
- 수정가능성(반증가능성) : 절대적인 법칙은 없기에 수정의 가능성을 포함
- 효용성 : 사회현상에 적용하는 데 있어서 쓸모있어야 함

④ 과학적 연구의 타당도
- 내적타당도 : 변수들 간 원인-결과의 관계가 있다는 결론을 추적하는 데 필요한 타당도
- 외적타당도 : 연구 결과를 타 대상, 장면, 시기 등에 일반화시킬 수 있는 정도
- 통계적 결론 타당도 : 통계검증을 근거로 한 연구자의 결론이 가지는 확신의 정도

⑤ 통계적 결론 타당도 위협 요소
- 낮은 통제 검정력
- 통계적 가정의 위반(표집분포 → 정상분포, 실험참가자 → 무선적, 집단간 변량 → 동질)
- 투망질식 검증(한 세트의 자료를 여러 번 통계검증해서 유의미한 자료만 취급하는 것)
- 신뢰도가 낮은 측정
- 신뢰롭지 못한 처치(처치를 여러 가지로 함)

- 다양한 훈습상황
- 실험참가자의 무작위적 이질성

⑥ **통계적 검증력 향상 방법**
- 표집 크기 확장
- 실험의 절차나 측정의 신뢰도를 높이고 오차변량을 줄인다.
- 일방검증 사용
- 1종 오류의 한계(즉, 영가설이 참이지만 기각할 확률)를 감소시켜야 함

⑦ **과학자 – 실무자 모델**
- 과학자 – 실무자 모델은 미국 볼더 지역에서 상담자들을 위한 교육훈련에 대한 기초 교육철학으로 정식으로 채택되어 '볼더 모델'이라고 불린다.
- 연구대상자를 과학적으로 연구하는 한편, 상담 실무에 적용할 때는 신중해야 함을 강조하는 모델이다.

3 상담연구

① 연구 문제 선정

② 가설의 설정
- 가설은 확률적으로 표현한다.
- 가설은 구체적이어야 하고 현상과 관련이 있어야 한다.
- 가설은 간단하고 논리적이며, 계량화가 가능해야 한다.
- 가설은 보통 독립변수와 종속변수 간의 관계로 표현된다.

③ 연구 유형
- 연구 목적이나 이유에 따른 분류 : 탐색적 연구(예비 연구 : 문헌연구, 경험자 연구, 특례분석 연구 등), 기술적 연구(횡단연구와 종단연구, 단기종단연구로 분류), 설명적 연구('왜(why)'에 대한 대답을 제공)
- 연구 방법에 따른 분류 : 문헌연구법(이미 발표된 연구 결과나 문서 등을 수집), 실험연구, 모의상담연구(관찰하려는 상담현상 자체를 단순화시키는 연구방법), 메타분석(동종의 여러 연구로부터 얻어진 양적 자료를 통합하여 분석하는 방법), 관찰연구
- 관찰연구 분류 : 참여 정도에 따라(참여관찰, 준참여관찰, 비참여관찰), 통제의 정도에 따라(통제관찰, 비통제관찰), 시간적 차원에 따라(횡단연구, 종단연구), 동년배 집단 연구(Cohort Study), 자료의 성격에 따라(양적연구, 질적연구, 혼합연구)

4 연구문제

① **연구절차** : 연구 문제 구체화 → 변수결정(독립변수, 종속변수, 예언변수, 준거변수) → 측정도구(타당도, 신뢰도 확보) → 자료수집 → 자료 분석(양적분석, 질적분석)

② **연구계획서의 내용** : 제목 → 서론(논문의 도입 부분, 일반적 사실 시술) → 이론석 배경 → 연구방법(연구문제 검증하는 설계, 절차, 도구 등 상세 내용) → (기대되는 결과) → 연구일정 및 연구예산

③ **연구보고서 작성** : 제목 → 초록(연구문제, 가설, 방법, 결과, 결론 등 10줄 이내로 약술) → 서론(연구의 목적 및 방법, 연구 문제, 연구의 필요성 및 연구 범위 등) → 이론적 배경 → 연구방법 → 연구 결과(통계, 실험조작 확인, 결과 기술) → 결론 및 논의 → 참고문헌 → 부록

5 연구방법

① 단일사례연구(단일실험참가자연구) : 한 연구에서 한 상담사례만 관찰하여 분석
② 다사례연구 : 각각의 사례연구 분석, 관찰 후 통계 분석 실시(변량분석 : 평균의 차이분석, 회귀분석 : 변수들 간 상관계수를 기본자료로 분석)
③ 집단 간 설계 : 2개 이상의 집단 간 차이 분석
④ 실험참가자 내 설계 : 실험집단의 사전사후 점수의 차이를 분석
⑤ 양적연구 vs. 질적연구

	양적연구	질적연구
실재의 본질	• 객관적 실재를 형성하는 인간의 특성과 본질이 존재한다고 가정 • 복잡한 패러다임에 포함된 변수들에 대한 연구 가능	• 객관적 실재라고 일반화시킬 수 있는 인간의 속성과 본성은 없다고 가정 • 단편적 연구가 아닌, 총체적 연구의 필요성 주장
가치의 개입	• 가치중립적 연구 • 설문지, 구조화된 면접 등 • 관찰 통한 측정, 통계 사용한 양적 분석	• 가치개입적 연구 • 심층면접, 참여관찰, 문서연구 통한 해석적, 서술적 분석
인과관계	결과에 시간적으로 선행되거나 동시에 일어나는 원인이 실재	원인과 결과의 구분이 불가능
연구목적	• 일반적 원인과 법칙 발견 • 인과관계/상관관계 파악 • 현상들 간의 관련성 탐색	• 특정현상에 대한 이해 • 특정현상에 대한 해석이나 의미의 차이 이해

6 실험설계

① 진실험설계
- 통제집단 전후검사설계 : 실험집단과 통제집단에 무선배치, 두 집단에 사전·사후 검사 모두 실시, 주시험효과(사전검사가 사후검사에 영향을 미치는 것)와 상호작용효과(사전검사가 프로그램에 영향을 미치는 것)
- 통제집단 사후검사설계 : 실험집단에만 실험처치, 실험집단과 통제집단에는 사후검사 실시, 외적타당도 저해요인 자동적으로 통제
- 솔로몬 4집단설계 : 무선할당, 두 번의 처치, 두 개의 사전집단, 4개의 사후집단, 통제집단 사후설계와 통제집단 전후설계 방안을 혼합한 것으로 내적·외적타당도가 높은 설계방안
- 요인설계 : 독립집단설계, 반복측정설계(선택된 실험대상자 집단이 실험의 각 셀에 배치되나 하나의 집단에 대하여 측정 반복), 혼합설계(실험참가자 내 요인(검사 시기의 효과)과 실험참가자 간 요인(집단의 효과)의 상호작용 효과를 검증하는 것)

② 준실험설계
- 시계열설계(종단설계) : 한 집단을 선택해 독립변수의 조작이나 독립변수에 노출되기 전 3번 이상씩 관찰(검사), 독립변수 도입 후 3번 이상씩 관찰, 전후 점수 비교하는 것
- 단일집단 사후검사설계 : 일회적 사례연구, 한 집단의 참가자에게 처치 실시 후 특성 관찰, 처치 효과 평가
- 단일집단 사전-사후검사설계 : 한 집단 선정, 처치 실시 전 사전검사, 처치 실시 후 사후 검사, 두 검사결과의 차이 분석, 프로그램 효과 평가
- 이질집단 사후검사설계 : 무처치 집단비교 설계, 두 개 집단의 실험참가자, 한 집단은 특정 처치 실시, 다른 집단 무처치, 이 두 집단에 동일한 사후검사 실시 후 검사결과 비교

- 이질통제집단 사전-사후검사설계 : 두 집단이 무선적으로 등질화된 집단이 아니고, 학교나 학급 등 기존 집단 자연 상태로 유지, 적당히 실험집단과 통제집단으로 삼아 연구에 이용
③ 전실험설계 : 난선화에 의해 조사대상자가 선정되지 않고, 비교집단이 선정되지 않거나 선정되어도 집단 간 동질성이 확보되지 않으며 독립변수의 조작에 의한 관찰이 한두 번 정도로 제한되어 있어 내적 및 외적타당도 저해요인이 거의 통제되지 못한다.
  - 단회사례연구 : 단일집단에게 특정한 독립변수를 조작하거나 단일집단이 특정한 프로그램이나 사회제도의 실시를 경험하게 한 후에 그 집단의 종속변수의 특성을 검사하여 그 결과를 평가
  - 단일집단 전후검사설계 : 무선할당도 없고 통제집단도 없이 사전검사를 실시, 독립변수 조작 혹은 독립변수에 노출된 후 사후검사 실시
  - 고정집단비교설계 : 독립변수를 조작하고 경험한 집단과 난선화가 아닌 방법에 의해 특성이 비슷하도록 선정된 집단에 대해 사후조사를 실시, 무선화와 대응표집
④ 집단 간 실험설계 : 실험에서 각 처치조건에 동일한 피험자 집단을 사용하는 설계
⑤ 집단 내 실험설계(반복측정 설계, 실험참가자 행동을 실험 처치 이전에 관찰, 처치 도중이나 처치 후에 재 관찰), 라틴-정방설계(사전에 통제할 두 요인을 하나는 종축, 다른 하나는 횡축으로 처치의 수만큼 설정, 종축과 횡축 안에서 각 처치를 무선적으로 배정, 각 처치가 횡열과 종열에서 단 한 번씩만 나타나도록 설계), ABA 역전 설계(처치를 가하기 전 상태, 처치 후 상태, 다시 처치안 한 상태, 또 처치를 한 상태 지속해서 관찰)
⑥ 단일실험참가자(사례) 실험설계
  - 기초선 단계(A) → 개입단계(B) → 표적행동
  - 단일사례연구 유형 : AB 설계, ABA설계, ABAB설계, 중재비교설계(중다중재설계, 교대중재설계, 동시중재설계, 평행중재설계)
⑦ 기타 실험설계
  - 무선구획설계 : 실험대상자를 각 집단에 무선 배치, 동질성 확보
  - 배속설계(위계설계) : 외재변수를 하나의 독립변수로 간주

7 관찰연구

① 관찰의 통제여부에 따라 통제적 관찰, 비통제적 관찰
② 관찰의 조직성 여부에 따라 자연관찰, 조직적 관찰
③ 연구 참여 여부에 따른 분류
  - 참여관찰 : 연구자가 관찰 상황에 참여하여 관찰하는 방법
  - 완전참여관찰 : 관찰자가 신분을 숨기고 연구대상을 기만하는 방법
  - 비참여관찰 : 관찰상황에 관찰자가 참여하지 않는 방법
④ 관찰대상의 표집과 관찰기록
  - 표집방법
    - 시간표집법 : 관찰시간을 설정하여 그 시간 동안 발생하는 특정 행위, 사건을 주기적으로 기록
    - 사건표집법 : 특정행동의 출현을 확인하는 행동이 일어나는 순서를 파악하기 위한 기록 방법
  - 관찰기록 방법
    - 일화기록법 : 개인의 특성을 이해하기 위해 구체적 행동, 어떤 사건과 관련된 일을 직접 관찰 및 기록
    - 표본기록법 : 계획된 시간, 인물, 상황 등에 따라 관찰된 행동이나 사건 내용을 기록하는 것으로 진행 기록, 설화적 기술

8 질적 연구

① 사례연구 : 소수의 사례를 심도 깊게 다루어 문제를 총체적으로 파악
  - 사례사 연구(Case Study) : 어떤 특정 사례에 대해 일어난 일을 자세하게 조사하고 해당 사건이나 현상을 파악하여 실증적으로 분석
② 근거이론
  - 일련의 과정을 통해 어떤 현상에 대해 하나의 이론을 귀납적으로 이끌어내는 질적연구 방법
  - 연구과정 : 자료수집 → 표본 → 이론적 표본 추출 → 지속적 비교 → 코딩(개방코딩 → 축코딩 → 선택코딩) → 메모 → 분류 → 핵심범주
    - 개방 코딩 : 현상에 이름을 붙이고 범주화   - 축 코딩 : 범주를 하위 범주와 연결시키는 과정
    - 선택 코딩 : 이론의 통합 및 정교화
③ 합의적 질적연구론(CQR)
  - 다양한 연구자들 참여, 양적 연구과정의 엄격함 도입, 체계적 분석과 구성원 합의 강조
  - 반구조화 된 자료수집방법(개방형 질문) 이용
  - 연구자간 경험을 범주화하는 귀납적 연구방법론
  - 코딩 : 영역코딩(유사한 내용을 묶음), 중심개념 코딩(단어를 간결하고 명료하게 편집하는 과정), 교차분석(영역에 대한 중심개념을 범주화하는 과정
④ 현상학적 연구
  - 개인의 있는 그대로의 경험 서술, 경험에 대한 해석 통해 의미와 구조, 현상의 본질을 규명하려는 시도
  - 주요 개념 : 현상(경험의 대상이 의식 앞에 나타나는 구체적인 모습), 생활세계(연구자에 의해 설명이나 판단이 일어나기 이전의 세계), 판단중지(가치중립적이고 자연적 태도), 괄호치기(사전 지식, 추측, 가정 등 배제), 존재론적 환원(본질적 환원, 현상의 본질에 집중)
⑤ 질적 연구의 진실성
  - 진실성(Trustworthiness; 양적 연구에서의 신뢰도와 타당도에 해당)
  - 전이가능성, 안정성, 확증가능성, 신뢰성

9 측 정

① 측정 : 이론을 구성하는 개념이나 변수를 관찰 가능한 자료와 연결시키는 것
  - 일치/조화, 표준화, 계량화, 반복과 의사소통의 기능
② 측정의 타당도
  - 내용타당도(논리타당도) : 측정도구가 보여주려고 하는 행동과 내용이 얼마나 잘 반영되는지 나타내는 타당도(전문가들이 동의하는 내용타당도 & 일반인들이 동의하는 안면타당도)
  - 기준타당도(준거타당도) : 검사자의 측정도구가 이미 타당도가 입증된 측정도구의 측정값과 비교해서 얼마나 관련성이 높은지를 보는 타당도. 예측한 것과 실제로 대상자나 집단이 나타낸 행위간 관계를 측정한 예언타당도, 새롭게 제작된 검사가 기존에 이미 타당도를 보장받고 있는 검사와 얼마나 유사한지를 측정한 공인타당도
  - 개념타당도(구성타당도) : 검사도구가 측정하려고 하는 구성개념을 실제로 적정하게 측정했는지의 정도를 나타내는 타당도
    - 이해타당도 : 특정 개념에 대해 이론적 구성을 토대로 체계적이고 논리적으로 이해하고 있는가를 보여주는 타당도

- 수렴타당도 : 동일한 개념을 측정하기 위해 서로 다른 측정방법을 사용하여 측정으로 얻은 측정치들 간 높은 상관이 존재한다는 것을 보여주는 타당도
- 판별타당도 : 서로 다른 개념을 측정했을 때 측정문항 간 상관관계가 낮아야 구분이 뚜렷해짐을 의미
• 교차타당도 : 동일한 모집단에서 표집된 두 독립 표본에서 예언변수와 기준변수와의 관계가 얼마나 일관적인지 의미

③ 측정의 신뢰도
• 검사-재검사 신뢰도 : 동일한 실험참가자에게 서로 다른 시기에 동일한 측정도구로 두 번 실시한 검사 점수를 비교하여 상관을 검토한 점수, 이월효과, 성숙/역사 요인
• 동형검사 신뢰도 : 한 검사의 내용과 난이도는 동일하나 문항이 다른 검사를 제작하여 두 검사에서 얻은 점수의 상관을 산출하는 방식
• 내적 일관성 신뢰도 : 반분신뢰도(해당 검사를 문항수가 같도록 반씩 나누어), 문항내적 일관성 신뢰도(문항들 각각 하나의 검사로 간주하고 문항들 간 일치도를 측정)
• 카파계수 : 검사점수 평정자 간의 일치도를 추정

④ 타당도와 신뢰도의 관계
• 신뢰도가 높다고 해서 반드시 타당도가 높은 것은 아니다.
• 타당도가 낮다고 해서 신뢰도가 낮은 것은 아니다.
• 타당도가 없어도 신뢰도가 있을 수 있지만 타당도가 있다면 반드시 신뢰도는 있다.
• 신뢰도를 높이기 위해서는 측정 항목 수를 많이 배치하거나 동일한 질문을 2회 이상 배치, 문항이 동질적이어야 하며, 실험참가자들의 검사에 대한 흥미가 높고 동기가 높아야 한다. 신뢰성이 인정된 기존의 측정도구를 사용하고, 변별도가 높은 문항들을 선택하며 문항의 난이도가 적절하게 배치되고 충분한 검사시간이 주어질 때 신뢰도는 높아진다.

10 측정 오류

① 체계적 오류
• 변수에 일정하게, 체계적으로 영향을 주어 측정결과가 항상 일정한 방향으로 편향되는 오류를 의미한다.

선행효과 오류	고학력일수록 응답 문항 가운데 앞쪽에 있는 답을 선택하는 경향으로 인한 오류이다.
후행효과 오류	저학력일수록 응답 문항 가운데 뒤쪽에 있는 답을 선택하는 경향으로 인한 오류이다.

• 체계적 오류 원인을 파악함으로써 체계적인 제거가 가능하다.

② 비체계적 오류
• 측정 대상, 측정 과정, 측정 수단, 측정자 등에 일관성 없이 영향을 미침으로 발생되는 오류를 의미한다.

측정자에 의한 오류	측정자의 건강상태나 주관적인 감정 상태에 의해 측정결과에 영향을 미치는 오류
측정대상자로 인한 오류	응답자의 피로감, 긴장상태에 의해 측정결과에 영향을 미치는 오류
측정상황으로 인한 오류	측정시간이나 장소, 분위기에서 나오는 오류
측정도구로 인한 오류	측정도구에 대한 적응 및 사전 교육에서 시작된 오류

• 비일관적이라 통제하기 어렵다.

11 척도

① 개요 : 척도는 측정을 하기 위한 도구로 측정하고자 하는 대상에 수치나 기호를 부여하는 것이다.
② 개발 순서
　척도 사용목적 수립 → 개념 정의 → 문항 개발 → 문항 검토 → 예비검사 → 문항 수정 → 척도 확정
③ 유형

명목척도 (명명척도)		• 단순 분류 목적 • 낮은 수준의 측정 • 성, 인종, 종교, 결혼 여부, 직업 등
서열척도		• 서열, 순서를 매길 수 있는 수치 • 서열간 간격이 동일하지 않을 수도 있다.
	보가더스 사회적 거리척도	• 소수민족, 사회 계급 등에 대한 사회적 거리감 측정 • 사회적 거리의 원근 순위만 표시
	리커트 척도	• '총화평정 척도'('다문항척도') • 여러 개의 문항을 하나의 척도로 사용 • 사회과학에서 일반적으로 사용
	거트만 척도	• 척도도식법 • 단일차원적이고 예측성이 있다. • 두 개 이상의 변수를 동시에 측정하는 다차원적 척도로 사용될 수 없다.
등간척도		서열을 정하고 분류된 범주간 간격을 측정하는 것이 가능하다. 예 지능, 온도, 시험 점수 등
	써스톤 척도	• 등간-비율척도 • 가장 긍정적인 태도와 가장 부정적인 태도를 나타내는 양 극단을 등간적으로 구분하여 수치를 부여한다. • 중요성이 있는 항목에 가중치를 부여한다.
	요인척도	• 등간-비율척도 • 변수들 간 존재하는 상호관계의 유형을 밝혀서 결국 가장 적은 수의 변수들로 축소하기 위한 방법이다.
비율척도		• 서열, 등간, 절대영점을 가진 척도이다. • 몇 배 크다, 작다를 정하는 것이 가능하고 가감 연산이 가능하다. 예 연령, 무게, 키 등
기타		• 집단 내 선택, 커뮤니케이션, 상호작용 패턴에 관한 자료를 분석하는 '소시오메트리' • 어떤 대상이 개인에게 주는 주관적인 의미를 측정하는 '의미분화척도' • 특정 자극에 대한 비슷한 태도를 가진 사람이나 대상을 분류하는 'Q 분류척도' 등

12 모수적 통계 vs. 비모수적 통계

모수적 통계	정상분포를 가정하는 통곗값으로 t검정, 분산분석, 상관분석, 회귀분석 등이 있고 통계에서 다루는 대부분의 검정
비모수적 통계	정상분포를 가정하지 않는 통곗값으로 χ^2(카이제곱) 검정, 무작위 검정 • Friedman 검정 : 세 집단 이상의 대응표본을 비교하는 방법 • Mann-Whitney U 검정 : 두 집단의 분포가 동일한지 조사하는 방법 • Wilcoxon 검정 : 서로 짝을 이룬 두 표본의 값 차이를 이용하여 두 표본의 분포 차이를 검정 • Kruskal-Wallis 검정 : 셋 이상의 집단에 정규성을 만족하지 않는 집단이 포함되어 있어서 분산분석을 사용할 수 없는 경우에 사용하는 검정법

13 천장효과 vs. 바닥효과

독립변수가 신뢰롭다 하더라도 종속변수의 결함 때문에 자주 무위결과(null result)가 나올 수 있다. 가장 흔한 원인은 종속변수가 제한된, 한정된 범위에 있는 경우인데 이 경우 종속변수가 척도의 맨 위나 맨 아래에서 옴짝달싹 못하기도 한다.

천장효과	수행이 척도의 상한에 있는 경우 예 문제가 너무 쉬워 학급 내 학생의 거의 모두가 문제를 맞힌 영어시험의 경우
바닥효과	수행이 척도의 하한에 있는 경우 예 문제가 너무 어려워서 학급에 있는 거의 모든 학생이 어떤 문제도 풀지 못한 수학 시험의 경우

14 정규분포(normal distribution)

① 정규분포곡선의 특징
- 정규분포곡선은 대칭적이다. 즉, 평균, 중앙치, 최빈치가 동일한 값을 갖는다.
- 정규분포곡선은 연속적이다.
- 중앙치에 사례수가 모여 있고 곡선의 양끝은 수평선에 접근하지만 만나지는 않는다.
- 최고 높이는 평균에서 수직인 선과 만나고 그것의 값은 .399이다.
- 정규분포곡선 내 전 영역은 1 또는 100%이다.
- 평균을 중심으로 좌우대칭이고, 정규분포곡선하의 전 영역의 반은 평균의 좌측에, 나머지 반은 평균의 우측에 놓는다.

② 첨도
- 변수의 분포가 정상분포 곡선으로부터 위쪽이나 아래쪽으로 치우친 정도를 보여주는 값이다.
- 분포의 형태에서 최정점의 뾰족한 정도를 나타낸다.
- 첨도>0(or 3)일 경우, 정규분포보다 뾰족하다.
- 첨도<0(or 3)일 경우, 정규분포보다 무딘 모양이다.

③ 왜도
- 정적/부적편포 변수의 분포가 정상분포곡선으로부터 오른쪽이나 왼쪽으로 치우친 정도를 보여주는 값
- 좌측으로 기울어진 경우(왜도>0)
- 우측으로 기울어진 경우(왜도<0)

④ 종속변수의 정규성 검정
- 정규성은 통계치들이 정규분포를 따르는 모집단에서 추출되었는지를 검정하는 것이다.
- Kolmogorov-Smirnov 검정, Sapiro-Wilks 검정, Kernel Density plot, Q-Q plot 등이 있다.
- 첨도, 왜도 확인도 중요한 절차이다.

⑤ 표준점수
- Z점수 : 평균이 0이고 표준편차가 1인 점수 분포, $Z = \dfrac{원점수(X_i) - 평균(M)}{표준편차(SD)}$
- T점수 : 평균은 50, 표준편차는 10, $T = 10 \times 표준점수(Z) + 50$
- 스테나인 점수 : 9간 점수나 9단계 점수, 평균 5, 표준편차 2인 정상분포, 1/2 표준편차 구간을 1점 구간으로 표현하여 9개 구간으로 척도화한 점수

15 표집

① 표본을 구성하기 위해서 모집단에서 표본을 추출하는 것으로 중요한 것은 대표성이다.
② 표본설계과정(표본추출과정)
  모집단 확정 → 표집틀 선정 → 표집방법 결정 → 표본 크기 결정 → 표본추출
③ 표집오차(표본오차)
  - 표본 설정 과정에서 발생하는 오류로 표본의 통계치가 모집단의 모수치와 다른 정도
  - 표집오차 결정 요인 : 표본 크기, 신뢰도, 모집단의 이질성 정도, 표본추출 방법 등
  - 표본크기가 클수록 표본오차는 줄어드는 경향이 있다.
  - 신뢰도는 높을수록 표본오차는 커진다. 예를 들어, 표본크기가 6백명일 때 신뢰 수준이 90%이면 표본오차는 ±4.0%지만, 다른 조건이 모두 동일한 상황에서 신뢰 수준이 99%가 되면 표본오차는 ±5.3%로 커진다.
  - 모집단의 이질성 정도가 크면 표본오차는 커질 수 있는데 반해 모집단이 동질하면 표본오차는 작아진다.
④ 비표집오차(비표본오차) : 자료를 수집하는 과정에서 발생하며 무응답, 거짓말, 작성 오류 등이 있다.
⑤ 표준편차 : 어떤 표본 분포 중심에서 각 사례의 값이 얼마나 떨어져 있는지 알아보는 통계치
⑥ 표준오차
  - 평균분포에서 평균을 중심으로 각각의 표본평균이 얼마나 떨어져 있는지 의미하는 통계치
  - 표준오차 구하는 공식 : $\text{SE}_{\bar{x}} = \dfrac{s}{\sqrt{n}}$ (s : 표본표준편차, n : 표본의 크기)
⑦ 표본의 표준편차는 표준편차이고, 평균분포의 표준편차는 표준오차라고 한다.

16 가설의 종류

① 귀무가설
  - 실제로 검증하려는 가설로 '변수들 간이나 집단 간 평균의 차이가 존재하지 않는다.'든지 '두 변수들 간 상호관련성이 존재하지 않는다.'든지 '~하지 않는다.'로 표현될 수 있는 명제로 영가설이라고도 한다.
  - H_0으로 표시한다.
② 대립가설
  - 수집된 자료 분석을 통해 연구자가 주장하는 하나의 가설로 받아들여지는 것으로 '변수들 간이나 집단 간의 평균의 차이가 존재한다.'로 표현되는 명제이다.
  - 귀무가설이 기각될 때 채택될 수 있는 가설로 H_1으로 표시한다.
③ 가설검정 절차 : 귀무가설과 대립가설 설정 → 유의수준과 임계치 결정 → 귀무가설의 채택영역과 기각영역 결정 → 검정통계량 계산 → 검정통계량과 임계치를 비교 → 귀무가설 채택 및 기각 여부 결정

17 표본조사

① 표집방법 결정 : 표집틀이 선정되면 어떤 방식으로 모집단을 대표할 수 있는 표본을 확보할지 검토해야 한다. 확률표집과 비확률표집이 있다.

핵심만 쏙 뽑은 요약집

	확률표집	비확률표집
연구대상이 표본으로 추출될 확률	모집단 모든 요소들이 동일하게 추출될 확률이 확실할 때	모든 요소들이 표본으로 추출될 확률을 알 수 없을 때
표집	무작위적 표집	인위적 표집
모수치 추정가능성	추정 가능	추정 불가능
오차 측정가능성	측정 가능	측정 불가능
시간과 비용	많이 소요	절약
모집단의 규모와 성격	명확히 규정	불명확/불가능
종류	단순무작위표집, 체계적 표집, 층화표집, 집락표집 등	편의표집, 유의표집, 눈덩이표집, 할당 표집 등

② 표본 크기 결정요인

내적 요인	신뢰도	일정한 오차 범위대로 신뢰구간을 설정할 때 신뢰도를 높일수록 표본 크기를 크게 한다.
	표준편차	일정한 범위대로 신뢰구간을 설정할 때 모집단의 분산이나 표준편차가 클수록 표본의 크기는 크게 한다.
	오차의 한계	오차를 적게 하기 위해 표본의 크기를 크게 한다.
외적요인	모집단의 동질성	모집단이 이질적일수록 표본이 커져야 한다.
	표집방법 및 조사방법의 유형	표집방법과 자료수집방법에 따라 표본 크기가 달라진다.
	분석범주 및 변수의 수	분석범주와 변수의 수가 많을수록 표본이 커야 한다.
	카테고리 수	독립변수의 카테고리 수를 어떻게 할 것인지에 따라 표본의 크기가 결정된다.
	비용, 시간, 인력	비용, 시간, 인력에 따라 표본 크기가 영향을 받는다.

③ 표집방법
- 확률적 표집

단순무선표집	모집단의 모든 개체가 표본에 포함될 확률이 동일하고 각 개체의 표집 시행 간 상호독립이 보장되는 표본선정 절차로 모집단 대표하는 표본을 얻는데 효과적이다. 난수표나 제비뽑기 등이 여기에 속한다.
유층표집 (층화표집)	모집단 안에 동일성을 갖는 여러 개의 하위집단이 있다고 가정할 때 모집단을 속성에 따라 계층으로 구분하여 각 계층에서 단순무선 표집하는 방법으로 연령별, 성별, 지역별 등 하위로 구분하고 각 하위집단에서 무선적으로 표집하는 것이다.
군집표집	표집단위가 개인이 아니라 집단단위로 표집할 때 모집단을 군집으로 나누고 무선표집으로 군집을 추출하는 방식으로 서울시, 강서지역, 중학교 3학년 남학생의 키 변화를 조사할 때 사용할 수 있다.
계통표집	모집단 표집에서 일정한 간격을 두고 연구대상을 추출하는 표집방법으로 예를 들어, 100명의 학생 중 10명에게 설문지를 배부하려고 하면 출석부에서 5번 학생을 선택하고 10번 간격으로 추출하는 식이다.
단계적 표집	모집단에서 1차 단위를 먼저 선정하고 일정 비율에 의해 2차 추출단위를 선정하는 식으로 예를 들어, 경기도 중학교 3학년 1천명을 표집할 때, 1차로 학교 10개를 선정하고, 2차로 선정된 학교에서 임의로 10개 학급을 선정하여 한 반당 10명씩 무선 표집을 하는 식이다.
체계적 표집	단순 무선표집을 보완하는 방법으로 체계적이고 일정한 간격으로 표집하는 것인데 예를 들어 1백명 중 10명을 표집할 때 표집간격을 10으로 하고 난수표에서 5가 나왔다면 5, 15, 25, 35, …, 95까지 10명을 선발하는 식이다.

- 비확률표집

의도적 표집 (유의표집)	연구자의 주관적 판단에 의해 전체 집단을 잘 대표하리라고 믿는 사례들을 의도적으로 표집하는 방식이다.
할당표집	전체 집단의 여러 특징들을 대표하도록 몇 개 하위집단을 구성해서 각 집단에 적절한 표집의 수를 할당하여 그 범위 내에서 임의로 표집하는 방법이다.
우연적 표집 (편의표집)	임의로 쉽게 구할 수 있는 대상들 중에서 표집하는 방식이다.
눈덩이표집	연구자가 일차적으로 자신의 연구대상으로 적합하다고 판단되는 소수의 사람을 선정해서 정보를 수집하는 방식인데, 2차로 이 응답자로 하여금 동일한 조건과 특징을 지닌 사람들을 추천받아 조사하고, 또 이 응답자들로부터 소개를 받아 조사하는 것을 반복하는 표집방식으로 주로 질적 연구에서 사용된다.

18 가설검정

① 귀무가설(H_0)을 채택하거나 기각하는 과정으로 귀무가설이 옳다는 전제하에 검정통계량의 분포를 구하는 것이다.
② 실제 표본관측에서 구한 검정통계량의 값이 나타날 가능성에 의해 귀무가설의 채택여부를 결정한다.
③ 가설검정의 종류

영가설 (H_0, 귀무가설)		통계량의 차이는 단지 우연의 법칙에서 나온 표본추출 오차로 인한 차이다. 논문에서 영가설은 제시하지 않는다.
	서술적 영가설	집단 비교연구에서는 "~차이가 없다."로 상관연구에서는 "~관련이 없다."로 표현한다.
	통계적 영가설	$H_0 : \mu_1 = \mu_2,\ \mu_1 - \mu_2 = 0$
대립가설 (H_A, 연구가설)		통계량의 차이는 우연발생적인 것이 아니라 표본을 대표하는 모집단의 모수치 간에 유의한 차이가 있기 때문이다. 논문에서 가설이 채택되는 것은 대립가설이 채택되었다는 것을 의미한다.
	서술적 대립가설	집단 비교연구에서는 "~차이가 있다."로 상관연구에서는 "~관련이 있다 혹은 효과가 있다."로 표현한다.
	통계적 대립가설	$H_A : \mu_1 \neq \mu_2,\ \mu_1 - \mu_2 \neq 0$

④ 가설검정에서 2가지 오류
  - 통계학에서는 제1종 오류를 중심으로 가설검정을 실행한다.
  - 대립가설이 참일 때 귀무가설이 기각되는데 이를 정확한 결론이라고 할 수 있다.

2가지 결정	일방검증	
	H_0가 참	H_0가 거짓
H_0 : 수용	정확한 결론($1-\alpha$)	제2종 오류(β)
H_0 : 기각	제1종 오류(α)	정확한 결론($1-\beta$)

⑤ 제1종 오류
  - 귀무가설이 맞음에도 불구하고 틀렸다고 결론을 내리는 오류로 유의수준과 같은 말이다(효과가 없는데 효과가 있다고 채택).
  - 이 오류의 크기를 α라고 한다. 심각한 오판을 제1종 오류, 덜 심각한 오판을 제2종 오류라고 한다.

⑥ 제2종 오류
- 대립가설이 맞는데도 귀무가설이 맞다고 결론을 내리는 오류로 이 오류의 크기를 β라고 한다.
- 1-β는 대립가설이 맞는 경우 이를 옳다고 결정할 확률이며 검정력이라고 한다.

19 t검정

① 적용 조건
- 종속변수는 양적변수여야 한다.
- 모집단의 분포는 정상분포를 따른다.
- 모집단의 분산과 표준편차를 알 수 없다.
- 등분산성의 가정이 충족되어야 한다.

② 단일표본 t검정
- 모집단의 분산을 알지 못할 때 모집단에서 추출된 표본의 평균과 연구자가 이론적 배경이나 경험적 배경에 의해 설정한 특정한 수를 비교하는 방법이다.
- 한 변수의 평균이 특정값과 차이가 있는지 분석할 경우에 사용하는 통계방법이다.
- 비교 혹은 검정하고자 하는 준거 측정치의 통계치가 존재해야 한다.
- 연구자가 설정한 특정값과 표본이 평균값의 차이가 크면 두 값은 같다는 영가설을 기각하게 된다.

③ 독립표본 t검정
- 표본이 추출된 모집단이 서로 독립적일 때, 두 집단의 평균이 같은지 비교하기 위해 사용되는 통계방법이다.
- 두 모집단의 유사성(동질성)을 검정하는 방법이다.
- 두 독립표본 t검정 전에 두 집단의 분산이 동일한지, 즉 등분산성이 가정되어 있는지 확인한다.
- 두 표본의 평균 차이가 크면 두 모집단이 평균이 같다는 영가설을 기각한다.

④ 대응표본 t검정
- 종속변수가 양적이고 두 집단이 독립적이지 않을 때, 두 집단의 종속변수에 대한 차이를 검정한다.
- 두 집단이 종속적이라는 의미는 추출된 표본의 모집단들이 서로 관계가 있다는 뜻이다.
- 한 집단을 실험 전후에 나누어(사전-사후) 측정하는 반복 표집의 경우에 주로 사용된다.

20 분산분석(ANOVA ; Analysis of variance)

① 적용 조건
- 종속변수는 양적변수여야 한다.
- 모집단의 분포가 정규분포여야 한다.
- 각 집단에 해당되는 모집단의 분산이 같아야 한다.
- 모집단 내 오차나 모집단 간 오차는 서로 독립적이어야 한다.

② 분산분석
- 검정을 위한 F값을 구하는 공식 : $F = \dfrac{\text{집단 간 변량}}{\text{집단 내 변량}}$
- 집단 내 분산을 집단 간 분산의 비율로 계산한다.
- 집단 간 분산이 커지면 집단 간 차이가 있다는 의미이다.
- 집단 분산에 대한 집단 간 분산의 비율을 F통곗값이라 하고, F값이 F분포에 의한 기각값보다 클 때 집단 간에 유의한 차이가 있다고 결론을 내릴 수 있다.

③ 분산분석의 종류

일원분산분석 (one-way ANOVA)	• 독립변수 하나(독립변수 상태 3, 3 집단 표집)인 경우일 때 시행하는 분석이다. • 독립변인 하나로 분산의 원인이 집단 간 차이에 기인한 것인지를 분석하는 방법이다. • 하나의 독립변수가 두 가지 이상의 상태를 가질 때 종속변수의 평균치 간의 차, 즉 두 개 이상의 평균치 간에 유의한 차이가 있는지 분석하는 방법이다. 예 고등학교 학년(독립변수 1개)의 차(독립변수 상태 3가지 : 1학년, 2학년, 3학년)가 학년 별 영어성적(종속변인)에 어떤 영향을 미치는지 알고자 했을 때, 1, 2, 3학년 영어성적의 평균치를 구해 학년의 차가 영어성적의 변화에 어떤 영향을 미치는지 분석하는 방법
이원분산분석 (two-way ANOVA)	• 독립변수 2 혹은 두 개의 요인일 경우 시행하는 분석이다. • 교차설계는 두 독립변수와 그 상호작용의 효과를 알아보기 위한 설계로 주효과와 상호작용 효과를 추론할 수 있다. • 독립변수 효과란 상호작용의 효과를 말하고, 이 효과들은 모두 집단 간 차이의 일부이다. • 정상성 가정, 변량의 동질성 가정, 종속변수 측정의 독립성, 모든 조건들의 공변량이 모집단에서 동일하게 적용될 때 시행 • 가외변수 통제, 독립집단 사례에 비해 통계적 검정력이 우수하다는 장점이 있다. • 연습이나 순서, 범람효과에 의해 결과가 왜곡될 가능성이 높다는 단점, 각 실험참가자마다 참여하는 실험 조건 순서를 다르게 할 것 • 반복측정 분산분석(실험참가자 내 요인설계) : 실험참가자 수가 적고 실험참가자의 각종 성향들을 무선할당에 의해 통제하기 어려운 경우에 모든 실험조건에서 동일한 실험참가자들을 반복적으로 관찰하는 방법
공변량분석 (ANCOVA ; Analysis of Covariance)	• 공변량은 둘 이상의 변량이 서로 관련성을 지니며 분포하는 모양을 전체적으로 나타내는 분산을 의미한다. • 매개변수가 연속변수일 때, 이 영향을 통계적 방법으로 통제하여 독립변수 효과를 검정하는 것으로 회귀분석과 분산분석을 결합한 방법이다. • 실험으로는 통제하기 어려운 종속변수와 관련이 높은 변수를 공변인으로 설정하여 종속변수의 평균점수를 조정하는 분석이다. • 예를 들어 학습방법이 학습에 미치는 영향을 연구할 때 공변인은 지능으로 지능의 영향을 통계적으로 통제하는 방법이다. • 실험설계 전후의 사전-사후 검사 시 사후검사의 점수 차이만으로 두 집단의 차이를 결론짓는 것은 오류로 사전검사 시 이미 두 집단이 차이가 있었을 수도 있기 때문이다. • 공변량을 사전검사로 놓고 일반선형검사를 하면 공변량 분석이 되고, 그 값이 .05 이하로 나오면 유의미하다. 공변량 p값은 가장 중요한 것으로써 이 값이 .05보다 작다는 것은 공변량이 의미가 있다. 즉, 이 공변량이 종속변수에 영향을 준다는 의미로 그 결과 공변량분석 모형에서 공변량에 대한 효과를 통계적으로 통제한다는 의미이다. • 공변인의 측정에 처치 효과의 영향이 없어지고, 측정은 측정의 오차 없이 이루어져야 하며 공변인의 각 수준에서 종속변수의 변화는 정규분포를 이루어야 하고, 각 수준에서 종속변수의 변량은 처치집단간 일정해야 하며 공변인과는 독립적이어야 한다는 가정이 필요하다.
다변량 분산분석 (MANOVA ; Multi-variate Analysis of Variance)	• 종속변수가 2개 이상인 경우, 종속변수들의 선형조합에 대한 독립변수의 효과를 분석하기 위한 통계적 방법이다. 예를 들어 3가지 교수법에 따라 어휘발달에 차이가 있는지 검정하고자 할 때, 종속변수가 유아의 어휘발달이 문자해독능력, 말하는 빈도 수, 어휘 수준 등이 합성된 개념이라면 다변량 분산분석을 사용해야 한다. • 개별 독립변수가 종속변수에 미치는 영향인 주효과와 독립변수 간 상호작용 효과도 분석할 수 있다. • 여러 종속변수를 한 번에 분석함으로 1종 오류를 통제한 상태에서 변수들 간 관계성을 명확히 밝힐 수 있다.

21 분산분석 vs. t검정

t통계치나 F비에서 큰 값은 표본 간 차이가 우연에 의한 것보다 큼을 나타낸다. t나 F값이 충분히 클 때 영가설을 기각하고 처치 간 유의한 차이가 있다고 결론을 내린다.

① t검정
- 단지 두 처치만을 비교하므로 두 독립표본이나 종속표본 중 하나를 사용해서 표본평균차를 계산한다.
- t통계치 구조는 표본간 실제차와 우연으로 인한 표준차를 비교한다.

$$t = \frac{편균차}{평균오차} = \frac{표본\ 간\ 차이}{우연에\ 의한\ 차이}$$

② 분산분석
- 몇 가지 표본평균의 차를 측정한다. 몇 개의 표본 평균이 모두 함께 모여 있는지, 또는 모두 퍼져 있는지(큰 평균차)를 판정해야 한다.
- F비의 분모는 비통제, 즉 우연에 의한 차의 측정치를 제공한다. F비의 구조는 표본간 실제차와 우연으로 인한 차를 비교한다.

$$F = \frac{처치\ 간\ 변량}{처치\ 내\ 변량} = \frac{표본\ 간\ 차이}{우연에\ 의한\ 차이} = \frac{처치효과 + 개인차 + 실험오차}{개인차 + 실험오차}$$

22 카이제곱(x^2) 검정(집단 간 빈도비교)

① 빈도분석(교차분석)
- t통계치나 F비에서 큰 값은 표본 간 차이가 우연에 의한 것보다 큼을 나타낸다. t나 F값이 충분히 클 때 영가설을 기각하고 처치 간 유의한 차이가 있다고 결론을 내린다.
- 한 변수에 속한 빈도수와 다른 변수에 속한 빈도수를 함께 교차로 분석한다.
- 2개 변수를 교차시키는 교차표를 산출한다.
- 배경변수의 각 유목별 빈도분석을 한다.
- 교차분석을 카이제곱검정이라고 부르며 독립성 검정과 동질성 검정이 있다.
- 범주의 구분기준이 서로 다른 두 변인이 독립적인지, 즉 서로 관계가 없는지 검정하는 독립성 검정이 필요하다.
- 범주의 비율이 서로 같은지, 즉 동질한지 검정하는 동질성 검정이 필요하다.

② 카이제곱검정의 목적
- 동질성 연구 : 여러 모집단에서 각 변수를 추출하여 각 모집단의 속성이 유사한가를 검정하는 것으로 실험연구에서 실험집단, 비교집단, 통제집단이 동질한지를 검정할 때 사용한다.
- 상관성 연구 : 한 모집단에서 하나의 표본을 추출하여 표본의 각 사례에서 두 변수를 관찰하여 서로 관계가 있는지 검정하는 것으로 두 개의 변수가 관계가 있음을 알려줄 뿐 인과관계를 추론할 수는 없다.

23 상관분석

① 의미
- 상관분석은 서열척도, 등간척도, 비율척도로 측정된 두 변수 간 상관관계가 존재하는지 알아보고 그 정도를 측정하는 것이다.
- 두 변수 간 얼마나 밀접한 선형관계를 가지는가를 분석하는 통계방식으로 두 변수 간 관계의 강도를 의미한다.

- 2개의 변수가 어느 정도 강렬하게 관계가 있는지 나타내는 단순상관분석, 3개 이상의 변수들 간 관계에 대한 강도를 측정하면 다중상관분석, 다중상관분석에서 다른 변수들과 관계는 고정되고 두 변수와의 관계에 대한 강도를 나타내는 것을 편상관분석이라고 한다.

② 기본가정
- 직선성 : 두 변수 X와 Y 관계는 선형적인 관계를 가져야 한다. 점수가 곡선적 관계를 가지면 한 점수를 가지고 다른 점수를 예측하기 어렵기 때문이다.
- 두 변수가 정규분포를 가정해야 한다. 둘 중 하나가 정상분포를 가지면 상관계수는 의미없기 때문이다.
- X변인의 값에 상관없이 Y변인의 흩어진 정도가 같은 동변량성을 가정한다.
- X변수가 변해감에 따라 Y변수가 흩어지는 폭이 넓어지거나 좁아지는 이분산성을 가정한다.
- 두 점수 X와 Y는 등간척도 이상이어야 한다.

③ 상관계수
- 상관계수는 두 변수 X, Y의 표준편차의 곱에 대한 공분산의 비율로 정의한다.

$$상관계수(\gamma) = \frac{공분산}{A척도의\ 표준편차 \times B척도의\ 표준편차}$$

- 표본상관계수는 r, 모상관계수는 ρ로 표시하고 상관계수 부호는 분자에 있는 공분산의 부호에 의해 결정된다.
- 상관계수 r의 범위는 $-1 \leq r \leq 1$이다. 상관계수가 ± 1에 가까울수록 '상관이 높다'하고 상관이 높다는 것은 독립변수가 종속변수에 대해 변화율이 유사하다는 것을 의미한다.
- 상관계수 r를 제곱한 값이 결정계수이다.

④ 상관계수의 종류

Phi 계수	두 변수가 모두 이분변수일 때 두 변수간의 상관관계를 나타내는 지수 예 성별과 워라밸 찬반 상관관계를 나타내는 지수
Spearman 등위상관계수	• 측정형 변수(키, 온도 등)나 순서형 분류형 변수(학년 등)들의 상관관계 정도를 자료의 순윗값에 의해 계산하는 상관계수 • 측정 방법은 자료의 서열 저하고, 서열간 Pearson 상관계수를 계산
점이연계수	• 하나가 연속변수이고 다른 하나가 이분변수일 때 사용하는 상관계수 • 이분변수를 0과 1로 코딩한 후 Pearson 상관계수 계산 • 검사에서 총점과 문항 간 상관계수를 구할 때 자주 사용(t검정과 유사)
이연계수	• 하나가 연속변수이고 다른 하나가 이분변수일 때 사용하는 상관계수 • 이분변수가 원래는 연속변수인데 이분화한 경우에 사용 • 완전학습 여부(완전, 불완전 학습)와 학업성취도(상, 중, 하) 간 상관관계
Pearson 상관계수	• 등간척도와 비율척도로 이루어진 변수 간 관계를 분석하는 계수 • 두 변수 간 직선형 상관관계를 측정하기 위한 목적으로 사용

⑤ 기본 원리
- 상관은 두 변수의 관계에서 변수가 변화할 때 다른 변수가 어떻게 변하는지 알려준다.
- 한 변수가 변화하는 정도는 분산으로 두 변수가 변화하는 정도는 공분산으로 추정한다.
- 공분산값이 양수이면 정적 상관(+, 한 변수의 측정치가 증가할 때 다른 변수의 값도 같이 증가)이고, 음수이면 부적 상관(-, 한 변수의 측정치가 증가할 때 다른 변인의 값이 감소)이다.

24 요인분석

① 의미
- 알지 못하는 특성을 규정할 수 있는 문항이나 변수들 간 상호관계를 분석하여 상관이 높은 문항이나 변수들을 모아 같은 요인으로 구분하고 그 요인의 의미를 부여하는 통계적 방법이다.
- 인간의 심리적 특성을 규정하기 위해 개발된 통계적 방식으로 지능을 밝히는 데 시작되었다. 즉 구인타당도를 검증하는 데 사용되었다. 지능이 일곱 가지 하위능력으로 합해진 것임을 알게 되었는데 이 하위능력들을 요인이라고 한다.
- 최근에는 구조방정식 모형에서 잠재변인을 밝히는 데도 사용된다.

② 종류
- 탐색적 요인분석 : 연구자가 어떤 요인들과 요인의 수에 대해 확실한 정보가 없을 경우에 실시하는 분석이다. 요인의 수를 결정하기 위해 고윳값(eigen value)을 참고하여 고윳값이 1 이상일 때 하나의 요인으로 간주한다.
- 확인적 요인분석 : 요인 수에 대한 정보가 있을 때 실시하는 분석이다.

③ 요인계수 : 문항이나 각 변수가 어떤 요인과 관련이 있는지 결정하는 계수로 요인계수가 .30 이상인 문항이나 변수를 해당 요인과 관계가 있다고 해석한다.

25 회귀분석

① 의미
- 독립변수가 종속변수 사이의 선형식을 구하여 독립변수 값이 주어졌을 때 종속변수의 값을 예측하고, 종속변수에 대한 독립변수의 예측력을 분석하는 방법이다.
- 종속변수는 양적변수, 독립변수는 양적 또는 질적변수이다.
- 종속변수와 독립변수 모두 등간척도나 비율척도로 측정된 변수여야 하지만 독립변수가 명목척도인 경우에도 더미(Dummy) 변수를 이용해 분석이 가능하다.

② 다중공선성
- 독립변수들 간 높은 선형관계가 존재하는, 즉 통계학의 회귀분석에서 독립변수들 간 강한 상관관계가 나타나는 현상이다. 독립변수가 하나인 단순회귀분석에서는 문제가 되지 않는다.
- 다중회귀분석에서 독립변수들 간 상관관계가 높을 때 한 변수가 통계적으로 유의미하게 나오면 이 변수가 상관관계가 높은 다른 변수는 통계적으로 거의 유의미하지 않게 되는데 이를 다중공선성의 문제라고 한다.
- 다중공선성이 생기면 종속변수에 대한 독립변수의 영향력이 잘못 해석된다.
- 두 변수 간 상관관계만을 파악할 경우 산점도나 상관계수를 이용하여 진단하는데 분산확대인자(VIF)나 상태지수(Condition Index)로 진단하는데 VIF 값이 10이상일 경우, Condition Index 100 이상일 때 다중공선성의 문제가 있다고 본다.
- 나중공선성의 문제를 해결하기 위해서는 첫째, 다중공선성 문제를 일으킬 것으로 판단되는 독립변수를 처음부터 제거, 둘째, 종속변수와 상관관계가 낮은 독립변수를 제거, 셋째, 상관계수 값의 차이가 크지 않으면 해석하기 쉬운 변수를 남기는 방법을 사용한다.

③ 회귀분석과 상관분석
- 회귀분석은 두 변수 간 인과관계 파악과 한 변수에서 다른 변수의 변화를 예측할 수 있다.
- 상관분석은 두 변수 간 관계가 있음을 알 수 있다.

④ 회귀분석의 종류

단순회귀분석	종속변수가 양적, 독립변수가 양적이나 질적 변수일 때 사용
중다회귀분석	• 다수의 독립변수, 1개의 종속변수로 알지 못하는 사회현상을 설명할 때 사용한다. • 독립변수는 학력, 직업 종류, 자녀 수, 수입, 부부 애정 만족도, 종속변수는 유아에 대한 양육태도 • 5가지 독립변수가 유아 양육태도에 영향을 주는 정도 결정계수 R2으로 설명한다. 즉 각 독립변수가 종속변수에게 영향을 주는 정도는 회귀계수인 β에 의해 설명된다. • 결정계수 R2은 유아양육태도의 총변화량, 독립변수가 설명한 총변화량의 비율결정계수가 높을수록 독립변수들의 설명력이 높다는 해석을 할 수 있다.
로지스틱 회귀분석	• 종속변수가 집단을 두 집단으로 나누는 이분변수일 대 사용하는 통계적 방법이다. 예를 들어, 자격시험에 합격한 집단과 불합격한 집단에 영향을 주는 독립변수는 무엇인지, 집단 분류를 어떤 변수들이 얼마나 설명하는지 보여준다. 두 집단에 대한 판별분석과 유사하다. • 자료가 판별분석을 사용하기 위한 기본가정에 위배될 때 로지스틱 회귀분석 사용 • 종속변수를 2가지로 나누어야 할 경우에 사용(종속변수 정규분포가 아니라 이항분포) • 종속변수가 정규분포 가정을 충족하지 못한다. • 두 모집단 간 등분산 가정을 충족하지 못한다. • 종속변수가 정규분포 가정과 등분산성 가정의 충족여부에 제한받지 않고 회귀분석과 유사하기 때문에 사용할 수 있다.

26 기타분석

① 판별분석
- 독립변수들의 특성이 범주화된 종속변수에 어떤 영향을 미치는지 분석하기 위한 통계기법으로 집단들을 구분할 수 있는 판별함수를 예측하거나 다수의 독립변수 가운데 집단 구분에 영향을 미치는 변수를 찾기 위한 방법이다.
- 각 집단 간 통계적으로 유의미한 차이가 존재하는지를 결정하고 예측된 판별함수를 이용해서 집단 내 알려지지 않은 새로운 관측치가 어떤 집단에 속해야 하는지 분류한다.
- 판별분석이 잘 되려면 outlier(극단치 : 통계적 자료분석의 결과를 왜곡시키거나, 자료분석의 적절성을 위협하는 변숫값)가 없어야 한다. 그러므로 독립변수들이 상호 독립적이어야 하고, 각 독립변수가 정규분포를 가정해야 하며 종속변수는 비연속변수여야 한다.

② 구조방정식 모형
- 회귀분석, 경로분석, 요인분석을 병합한 모형으로 변수간 인과관계를 명확하게 규명할 수 있는 통계적 방식이다.
- 관측이 가능한 측정변수를 이용해 관측이 불가능한 잠재변수를 추론한 후, 잠재변수 사이의 상관관계를 기초로 연구자가 설정한 이론적 인과관계를 실제 자료가 얼마나 지지하는지를 보여주는 분석방법이다.
- 다양한 적합도(Fit Index)를 적용하여 연구자가 개발한 모형이 실제 자료와 얼마나 부합되는지 평가할 수 있다. 상대적합도 지수로 NFI(Norm Fit Index ; .90 이상), TLI(Tucker-Lewis Index ; .90 이상), CFI(Comparative Fit Index ; .90 이상) 등, 절대적합도 지수로는 GFI(Goodness of Fit Index ; .90 이상), AGFI(Adjusted Goodness of Fit Index ; 없음), RMSEA(Root Mean Square Error of Approximation ; .05 이하) 등이 있다.
- 측정 오차를 통제할 수 있다는 점, 적합도 지수를 통해 이론적 모형에 대한 통계적 평가 가능한 점, 여러 개의 독립변수, 매개변수, 종속변수 간 관계를 동시에 분석할 수 있다는 장점이 있다.

제3과목 | 심리측정 평가의 활용

1 심리검사

① 객관적 검사(objective test)
- 구조화, 채점과정 표준화, 해석 규준 제시
- 평가하고자 하는 영역에 대해 구체적으로 측정
- 특성 측정에 적합하다고 생각하는 일정한 방식에 따라 응답, 해석
- 공통적으로 지닌 특성이나 차원 기준으로 개인의 상대적인 위치 비교, 평가
- 대표적인 객관적 검사 : WISC, WAIS, WPPSI, MMPI, MBTI, 직업흥미검사, 학습흥미검사, 적성검사
- 검사 실시와 해석이 간편, 검사의 신뢰도 및 타당도가 검증됨, 검사자 변인이나 검사의 상황변인에 따른 영향이 적음, 개인 간 비교의 객관적 제시 가능
- 피검자 반응 편파, 개인의 질적인 독특성 무시

② 투사적 검사(projective test)
- 검사 자극이 모호할수록 자극을 인지적으로 해석하는 과정에 개인의 욕구, 갈등, 성격 같은 심리적 특성의 영향이 강하게 투영되는 경향이 있음
- 대표적 검사 : Rorschach 검사, TAT, CAT, DAP, HTP, BGT, SSCT 검사 등
- 자극의 모호성 때문에 피검자가 방어하기 어려움, 언어적 제약을 덜 받음, 평가자의 풍부한 경험과 숙련도, 신뢰도와 타당도가 낮음

2 심리검사의 역사와 발전

① 분트(Wundt) : 심리학 실험실 개설, 심리측정학(Psychometrics)의 발달에 토대를 마련
② 정신검사 창시자, 카텔(Cattell)
- '정신검사(mental test)' 용어 사용
- 행동 관찰에 있어서 철저한 통제와 객관적 관찰의 중요성에 초점
③ 비네(Binet)
- 1904년, 프랑스에서 첫 의무교육 실시를 위해 정규교육이 불가능한 아동에 대한 객관적 진단도구를 필요로 함, 동료인 시몬(Simon)과 함께 정상아와 정신지체아 구별할 목적으로 'Binet-Simon 검사'를 개발
- Binet-Simon검사로 정신 연령(mental age)이라는 용어 소개
- 터만(Terman)은 Binet-Simon 검사 개정, 1916년에 'Stanford-Binet 검사' 발표
④ 제1차 세계대전
- 전쟁 중, 신병들을 신속하고 효율적으로 적소에 배치할 필요성 대두, 스탠포드대 Otis 집단용 지능검사 'Army Alpha' 제작
- 문맹자나 외국인을 위한 'Army Beta' 제작
⑤ 인간의 무의식 연구 : Freud(정신분석), Jung(분석심리학)
⑥ Rorschach 검사
- 1921년에 10개의 카드로 구성된 Rorschach 검사 도구 출판
- 1974년, 엑스너(Exner)는 학자들의 Rorschach 채점체계 종합, 'Rorschach 종합체계' 발표
- 러너(Lerner)는 Rorschach검사에 대한 정신분석적 접근, 내용분석 통한 해석 시도

⑦ TAT(Thematic Apperception Test)
- 머레이(Murray)와 모간(Morgan)은 1935년 TAT 검사 개발
- '욕구-압력' 이론 체계 하에 1936년에 제작된 원 도판을 3회의 개정을 거쳐 1943년 31개의 도판으로 된 TAT 도구 출판
- 이 도판은 현재까지 변경 없이 그대로 사용

⑧ 지능검사의 발전
- 웩슬러(Wechsler)는 이전에 나온 여러 검사들에 바탕을 두고 자신의 이론적 입장을 더하여 'Wechsler-Bellevue Intelligence Scale' 개발
- 우리나라에서도 1992년에 'K-WAIS' 재표준화

3 심리검사의 윤리

① 비밀보호의 한계
- 내담자가 자신이나 타인의 생명 혹은 사회의 안전을 위협하는 경우
- 내담자가 감염성이 있는 치명적인 질병이 있다는 확실한 정보를 가졌을 경우
- 미성년인 내담자가 학대를 당하고 있는 경우
- 내담자가 아동학대를 하는 경우
- 법적으로 정보의 공개가 요구되는 경우

② 상담자의 기본 윤리 5가지
- 자율성 : 타인의 권리를 해치지 않는 한 내담자가 자신의 행동을 선택할 권리가 있다.
- 선행 : 내담자와 타인을 위해 선한 일을 한다.
- 무해성 : 내담자에게 해를 끼치는 행동을 하지 않는다.
- 공정성 : 모든 내담자는 성별과 인종, 지위에 관계없이 공정하게 대우받아야 한다.
- 충실성 : 상담자는 내담자에게 믿음과 신뢰를 주며 상담관계에 충실해야 한다.

4 행동평가

① 행동에 선행하는 사건(상황)과 행동에 수반하는 결과에 초점을 맞춰 인간의 행동 특성을 평가하는 심리평가의 종류이다.
- 행동 평가는 고전적 조건 형성 및 조작적 조건 형성 연구를 기반으로 행동 치료와 함께 발달하였다.
- 행동 면담 기법, 행동 관찰 기법, 인지-행동적 측정, 정신-생리학적 측정 등이 대표적인 행동 평가 기법이다.

② 행동 평가와 다른 전통적 심리 평가 비교

구 분	행동 평가	다른 전통적 심리 평가
목적	• 문제 행동과 유지 조건 확인 • 적절한 치료 개입 선택 • 치료 효과 평가와 수정	• 문제 조건 진단, 분류 • 병인론적 요인 확인 • 예측
가정		
행동의 원인	상황적 맥락 변인, 또는 상황과 개인 간 변인의 상호작용	개인의 심리적 변인 함수
행동의 의미	특정 상황 시 인간의 다양한 행동 표집	지속적, 근본적 특질 또는 개인 변인의 징후

	적용	
도구 구성	• 관련된 상황의 맥락 강조 • 행동의 대표성 강조	• 맥락적 특성 덜 강조 • 특질 강조
평가 범위	• 문제 행동 유발 조건 • 문제 행동 유지 조건 • 치료의 시행 ~ 치료 결과	문제 유발 조건에 국한해서 평가
평가 계획	반복 평가	일반적으로 치료 전·후 비교
평가 방법	직접 측정 방법	간접 측정 방법

5 행동 관찰

① 행동 관찰은 행동 면담에서 수집된 행동의 특정 영역을 직접적으로 관찰해 측정하는 구체적인 전략과 기법에 해당한다.
② 특히 치료 전, 치료 기간 동안 및 치료 후의 행동 변화를 객관적으로 확인하기 위해서는 실제 행동 관찰이 유용하다.
③ 행동 관찰 유형
  - 참여 관찰(participants observation)
  - 자기 관찰(self-monitoring)
  - 다양한 장면의 관찰 : 자연 관찰(natural observation), 유사 관찰(analogue observation)
④ 행동 관찰 방법
  - 이야기 기록(narrative recording)
  - 시간 간격 기록(interval Recording)
  - 사건 기록(event recording)
  - 평정 기록(rating recording)
⑤ 인지 행동 평가
  - 행동(behavior)과 인지(cognition) 간의 관련성이 입증되고, 특히 대안적 사고를 통해 행동을 바꿀 수 있다는 효과가 입증되면서 각광을 받았다.
  - 자기 보고 질문지 : 우울 장애(역기능적 태도, 귀인 양식, 자동적 사고), 불안 장애(사회적 회피 및 불편감, 역기능적 신념)
  - 인지 기록 기법 : 생각을 중얼거리며 말하기(think aloud), 사적인 언어(private speech), 명확한 사고(articulated thoughts), 산출법(production methods), 생각 리스트(thought listing), 사고 표집(thought sampling), 사건 기록(event recording)

6 측정과 척도

① 측정은 추상적 개념과 현실세계를 일치시키는 기능을 가진다.
② 측정은 객관화시키는 것이 가능하고, 측정이 가능하도록 표준화할 수 있다.
③ 관찰 대상이나 현상에 대해 통계적 분석이 가능하도록 계량화할 수 있다.
④ 과학적 연구 결과는 반복하는 특징이 있고 이 결과로 의사소통하는 기능이 있다.
⑤ 측정의 과정 : 개념화 → 변수로 전환, 지표(indicator) 결정 → 조작화 통해 결정
⑥ 척도의 종류 : 명목척도(=명명척도, Nominal Scale), 서열척도(Ordinal Scale), 등간척도(Interval Scale), 비율척도(=비례척도, Ratio Scale)

7 표본 추출(Sampling, 표집)

① 표집(sampling)은 모집단에서 일부의 대상을 표본으로 선택하는 과정이다.
② 표집(sampling)은 조사대상을 체계적인 방법으로 선정하는 절차이다.
③ 표본의 크기와 표집오차
   - 표본의 크기는 통계학적 신뢰도를 확보할 수 있을 만큼 충분히 커야 한다. 비용이 허락하는 범위에서 가장 효과적으로 필요한 정보를 얻을 수 있어야 한다.
   - 표집오차는 표집하는 과정에서 발생하는 오차로 표본의 대표성으로부터 이탈 정도를 의미한다.
   - 표본의 크기가 커질수록 비용은 많이 들지만, 모수와 통계치의 유사성이 커지며, 표집오차가 일정수준 줄어듦으로써 조사의 신뢰성은 높아진다.
   - 동일한 표집오차를 가정한다면 분석변수가 많아질수록 표본의 크기는 커져야 한다.
④ 표집 과정 : 모집단 확정 → 표집틀 선정 → 표집방법 결정 → 표집크기 결정 → 표본추출
⑤ 확률표본추출 방법
   - 단순무작위표집
   - 계통표집/체계적 표집 : 일정한 표집간격에 따라 매 k번째 요소 추출
   - 층화표집/유층표집 : 동질적인 몇 개의 층으로 나눈 후 무작위 추출
   - 집락표집/군집표집 : 여러 집락으로 구분한 후, 표본으로 추출된 집락에서 전수조사
⑥ 비확률표본추출 방법
   - 편의 표본추출 : 연구자가 접근하기 쉬운 대상자들을 임의로 선정
   - 유의 표본추출 : 특정 대상자를 해당분야 전문가나 특정 조직 등 제한된 집단만 대상으로 표본 추출
   - 지원자 표본추출 : 메일이나 광고지 등을 통해 광고한 뒤 희망자들을 대상으로 표본 추출
   - 눈덩이 표본추출 : 참여 대상자로부터 또 다른 참여 대상자를 계속적으로 소개받는 식으로 추출
   - 할당 표본추출 : 각 속성의 구성 비율을 고려해 표본 추출하는 방식

8 신뢰도와 타당도

① 신뢰도에 영향을 주는 요인
   - 문항 수 → 많아야 한다.
   - 문항의 난이도 → 적절해야 한다.
   - 문항변별도 → 높아야 한다.
   - 검사도구의 측정 내용의 범위 → 좁은 범위의 내용이어야 한다.
   - 검사 시간과 속도 → 검사 시간은 길어야 하고, 속도는 빨라야 한다.
   - 문항 반응 수 → 응답한 반응 수가 많아야 한다.
② 신뢰도의 종류
   - 검사-재검사 신뢰도 : 실시간격, 이월효과(기억효과), 성숙효과(반응민감성 효과), 역사 요인, 물리적 환경의 변화
   - 동형검사 신뢰도 : 거의 동일한 검사를 하나 더 개발해서 두 점수 간 상관계수를 구한다.
   - 반분신뢰도 : 두 부분의 점수로 분할하여 독립된 두 개의 척도로 신뢰도 추정한다.
   - 문항내적합치도 : 크론바하 알파값, 단 한 번의 시행으로 신뢰도를 구할 수 있다.
③ 타당도(Validity)
   - 연구자가 측정하고자 한 것을 실제로 정확히 측정하고 있는가를 보여준다.
   - 조작적 정의나 지표가 측정하고자 하는 개념을 얼마나 제대로 반영하는지 보여준다.

④ 타당도의 종류
- 내용타당도 : 논리적 타당도, 안면타당도(일반인의 일반적인 상식에 기초한 타당도)
- 준거타당도 : 이미 검증된 측정도구에 의해 통계적으로 타당도 평가, 공인타당도(기존에 타당도를 보장받고 있는 검사와의 유사성), 예언(예측)타당도(어떤 행위가 일어날 것이라고 예측한 것과 실제 대상자나 대상 집단이 나타낸 행위 간의 관계)
- 구인타당도 : 제대로 측정하였는지 검정, 수렴타당도(관련 있는 변수들과 어느 정도 높은 상관관계), 변별타당도(해당 속성과 관련 없는 변수들과 낮은 상관관계), 요인분석(상관 높은 문항들을 묶어주는 통계적 방법)

9 규준

① 좋은 검사는 규준을 잘 갖추어야 한다.
- 비교대상 점수를 연령별, 사회계층별, 직업군별로 정리하여 비교한다.
- 비교대상이 되는 집단을 규준 집단 혹은 표준화 표본집단이라고 한다.
- 개인의 점수를 해석하기 위해 유사한 사람들의 점수를 비교하고, 원점수를 규준에 따라 상대적으로 평가한다.

② 대표적 표준점수

표준점수 종류	내용
Z점수	• 원점수 평균 0, 표준편차 1인 Z분포상의 점수로 변환한 점수이다. • Z점수 0은 원점수가 정확히 평균에 위치한다는 의미이다. • Z점수는 -1.5는 원점수가 평균으로부터 하위 1.5 표준편차만큼 떨어져 있다는 것을 의미한다. • Z점수는 소수점과 음수 값으로 제시한다. • Z점수 = (원점수 - 평균) ÷ 표준편차
T점수	• 소수점과 음수 값을 가지는 Z점수의 단점을 보완하기 위해 만들어졌다. • Z점수에 10을 곱하고, 50을 더해 평균이 50, 표준편차가 10인 분포로 전환한 점수이다. • MMPI 등 다수의 심리검사 점수에 사용된다. • T점수 = 10 × Z점수 + 50

10 지능 검사

① Binet-Simon 검사 : 프랑스 정부로부터 일반 학급에서 정신지체아와 정상아를 구별할 수 있는 Binet-Simon Test(1905) 개발
② Turman이 수차례의 개정을 거쳐 Stanford-Binet(1916) 검사 개발(정신연령 개념 도입)
③ Wechsler-Bellevue 지능검사
- Wechsler는 1930년대 중반 임상적 기술과 통계적 훈련(영국에서 Charles Spearman과 Pearson 밑에서 수학)을 결합하여 11개의 소척도로 구성된 Wechsler-Bellevue Intelligence Scale Form I(WB-I; 1939)과 WB-II(1946)를 개발
- 같은 연령 집단 사람들의 점수와 비교하는 표준점수로 지능지수 산출
- 아동용 지능검사 WISC(1949)는 수차례의 재개정 작업을 통해 WISC-IV(Wechsler, 2003) 개정
- 2014년 WISC-V 출시, 영유아 대상으로 Wechsler Preschool and Primary Scale of Intelligence (WPPSI, 1967) 개발, WPPSI-III(Wechsler, 2002) 개정

④ 다중지능 이론
- 지능을 단일한 속성으로 개념화한 스피어만(Spearman)의 일반 요인(g-factor)에 대해 반대한다.
- 한 문화・사회에서 인간의 삶에 필요한 기능이 무엇이며, 어떻게 키워 나가는가 하는 자연적 정보를 중요시한다.
- 1983년 하버드대 Gardner에 의해 인간의 지능이 언어・음악・논리수학・공간・신체운동・인간친화・자기성찰・자연친화라는 독립된 8개의 지능으로 이루어져 있다고 한다.
- 이 지능들은 서로 자율적(독립적)이면서도 서로 상호작용적이다.

⑤ K-WISC-4의 소검사 항목

소검사	약 어	설 명	지 표
토막짜기	BD	아동이 제한시간 내 흰색과 빨간색으로 이루어진 토막을 사용하여 제시된 모형이나 그림과 똑같은 모양을 만든다.	지각추론지표(PRI)
공통성	SI	공통적 사물이나 개념을 나타내는 두 개의 단어를 듣고 두 단어가 어떻게 유사한지 말한다.	언어이해지표(VCI)
숫자	DS	• 숫자 바로 따라하기에서는 검사자가 큰 소리로 읽어준 것과 같은 순서로 따라한다. • 숫자 거꾸로 따라하기에서는 검사자가 읽어준 것과 반대방향으로 따라한다.	작업기억지표(WMI)
공통그림 찾기	PCn	두 줄이나 세 줄로 이루어진 그림들을 제시하고, 공통된 특성으로 묶일 수 있는 그림을 각 줄에서 한 가지씩 고른다.	지각추론지표(PRI)
기호쓰기	CD	간단한 기하학적 모양이나 숫자에 대응하는 기호를 그린다. 기호표를 이용하여 해당하는 모양이나 빈칸 안에 각각의 기호를 주어진 시간 안에 그린다.	처리속도지표(PSI)
어휘	VC	• 그림 문항에서 수검자는 소책자에 있는 그림들을 말한다. • 말하기 문항에서는 검사자가 크게 읽어주는 단어의 정의를 말한다.	언어이해지표(VCI)
순차연결	LN	연속되는 숫자와 글자를 읽어주고 숫자가 많아지는 순서와 한글의 가나다 순서대로 암기하도록 한다.	작업기억지표(WMI)
행렬추리	MR	아동은 불완전한 행렬을 보고 다섯 개의 반응선택지에서 제시된 행렬의 빠진 부분을 찾아낸다.	지각추론지표(PRI)
이해	CO	일반적 원칙과 사회적 상황에 대한 이해에 기초하여 질문에 대답한다.	언어이해지표(VCI)
동형찾기	SS	반응 부분을 훑어보고 반응 부분의 모양 중 표적 모양과 일치하는 것이 있는지 제한 시간 내 표시한다.	처리속도지표(PSI)
빠진 곳 찾기	PCm	그림을 보고 제한시간 내 빠져있는 중요한 부분을 가리키거나 말한다.	지각추론지표(PRI)
선택	CA	무선으로 배열된 그림과 일렬로 배열된 그림을 훑어보고 제한 시간 내 표적 그림들에 표시한다.	처리속도지표(PSI)
상식	IN	일반적 지식에 관한 광범위한 주제를 다루는 질문에 대답한다.	언어이해지표(VCI)
산수	AR	구두로 주어지는 일련의 산수 문제를 제한 시간 내 암산으로 푼다.	작업기억지표(WMI)
단어추리	WR	일련의 단서에서 공통된 개념을 찾아내어 단어로 말한다.	언어이해지표(VCI)

⑥ K-WAIS-IV 소검사 구성

	언어 IQ(VIQ)		수행 IQ(PIQ)	
구 분	언어이해지표 (VCI)	작업기억지표 (WMI)	지각추론지표 (PRI)	처리속도지표 (PSI)
핵심 소검사	공통성, 어휘, 상식	숫자, 산수	토막 짜기, 행렬추론, 퍼즐	동형 찾기, 기호쓰기
보충 소검사	이해	순서화	무게비교, 빠진 곳 찾기	지우기

⑦ K-WISC-IV 핵심 소검사와 보충 소검사

구 분	언어이해지표	작업기억지표	지각추론지표	처리속도지표
핵심 소검사	공통성, 어휘, 이해	숫자, 순차연결	토막짜기, 공통그림 찾기, 행렬추리	동형찾기, 기호쓰기
보충 소검사	상식, 단어추리	산수	빠진 곳 찾기	선택

⑧ 아동용 카우프만 검사
- 신경심리학과 인지심리학에 근거하여 내용보다 과정에 초점을 둔 순차-동시 처리모델을 채택하였다.
- 지능과 후천적으로 습득된 지식수준인 습득도를 분리하여 측정했다.
- 2세 6개월에서 12세 6개월까지 아동의 지능 및 성취를 평가하기 위해 카우프만(A. Kaufman) 등이 개발하였다(1983).
- K-ABC의 종합척도

하위척도	적용연령	내 용	인지처리		
			순차	동시	비언어
		인지처리			
1. 마법의 창	2/6~4/11	좁은 틈의 회전판을 통해 연속적으로 사물 제시, 사물의 이름 말하는 과제		○	
2. 얼굴기억	2/6~4/11	짧은 시간 동안 1~2명의 사진 제시, 다른 포즈로 찍힌 사람을 맞추는 과제		○	○
3. 손동작	전체	검사자가 보여주는 손동작을 보고 순서대로 재연하는 과제	○		○
4. 그림통합	전체	모호한 잉크반점을 보고 무엇인지 말하는 과제		○	
5. 수회생	4/0 이상	일련의 숫자를 불러주면 순서대로 말하도록 하는 과제	○		
6. 삼각형	4/0 이상	노란색과 파란색이 앞뒤로 붙은 삼각형을 검사틀에 제시된 그림으로 완성하는 과제		○	○
7. 단어배열	4/0 이상	검사자가 불러주는 단어를 듣고 실루엣이 그려진 선택지 중 해당그림을 차례로 선택하는 과제	○		
8. 시각유추	5/0 이상	제시된 그림 중 관계있는 것이나 완성할 수 있는 도형의 모양을 선택하는 과제		○	○
9. 위치기억	5/0 이상	무선 배치된 그림의 위치를 재생하는 과제		○	○
10. 사진순서	5/0 이상	무선 배열된 사진을 순서에 맞게 배열하는 과제		○	○

하위척도	적용연령	내 용	인지처리
습득도 : 환경적 영향이 많이 관여함			
11. 표현어휘	2/6~4/11	사물과 동물 그림을 보여주고 이름을 이야기하도록 하는 과제	아동의 초기 환경, 지식 추구, 가정 내 문화적 기회, 취미, 환경에 대한 관심, 독서기회 등을 반영
12. 인물·장소	전체	이야기 속 인물, 잘 알려진 명소 등 그림을 보고 이름을 말하는 과제	
13. 산수	3/0 이상	숫자를 읽거나 계산하는 과제	
14. 수수께끼	3/0 이상	사물이나 사람, 장소에 대한 언어적 단서를 통해 이름을 유추하도록 하는 과제	
15. 문자해독	3/0 이상	제시된 음절이나 낱말 단위의 글자를 읽게 하는 과제	
16. 문장이해	7/0 이상	문장으로 주어진 지시를 읽고 동작으로 표현하는 과제	

11 MBTI 성격검사

① 에너지 방향 : 주의집중 및 에너지 방향이 어디로 향하는지 반영[내향형(I)/외향형(E)]
② 인식 기능 : 정보의 인식 및 수집 방식의 경향성[감각형(S) vs. 직관형(N)]
③ 판단 기능 : 인식된 정보를 토대로 판단 및 결정을 내리는 경향성[사고형(T) vs. 감정형(F)]
④ 생활 양식/이행 양식 : 외부 세계에 대한 태도가 어떤 과정을 선호하는 지 반영

12 성격평가질문지(PAI)

① 총 344문항, 4점 척도로 구성되었고, 4개 타당도 척도, 11개 임상척도, 5개 치료척도, 2개 대인관계척도로 구성되어 있으며, 이 중 10개의 척도는 3~4개의 하위척도를 포함한다.
② 각각의 척도들은 타당성 척도, 임상척도, 치료고려척도, 대인관계척도 등 4가지 척도군으로 분류하는데 이 중 내담자의 치료동기, 치료적 변화, 치료결과에 민감한 치료고려척도, 대인관계를 지배와 복종이나 애정과 냉담이라는 2가지 차원으로 개념화하는 대인관계척도를 포함하는 것이 특징이다.
③ 내담자 집단의 성격 및 정신병리 특징뿐 아니라 정상 성인의 성격평가에 매우 유용하다.
④ 행동손상정도 및 주관적 불편감 수준을 정확하게 파악할 수 있는 4점 평정척도로 구성되었다.
⑤ 타당도 척도 : 비일관성(ICN), 빈도(INF), 부정적 인상(NIM), 긍정적 인상(PIM)
⑥ 임상척도 : 신체적 호소(SOM), 불안(ANX), 불안 관련 장애(ARD), 우울(DEP), 조증(MAN), 편집증(PAR), 조현병(SCZ), 경계선적 특징(BOR), 반사회적 특징(ANT), 알코올문제(ALC), 약물문제(DRG)
⑦ 치료척도 : 공격성(AGG), 자살관념(SUI), 스트레스(STR), 비지지(NON), 치료거부(RXR)
⑧ 대인관계척도 : 지배성(DOM), 온정성(WRM)
⑨ 해석방법
  • 무응답 문항이 17개 이상이면 수검자에게 재검사하도록 지시한다.
  • 비일관성 척도(ICN)의 채점은 프로파일 계산표의 항목에서 10개의 문항 쌍의 점수를 빼서 절댓값을 계산한다.
  • 문항, 하위척도, 전체척도, 형태적 수준이라는 4가지 단계를 거쳐 해석할 수 있다.

13 TCI 검사(Temperament & Character Inventory)

① Cloninger의 심리생물학적 모델에 근거한다.
② 기질 차원 탐색, 4가지 독립적 기질 차원과 개인차에 기인한 3가지 성격 차원에 기반한다.
③ 4가지 기질 : 자극 추구(NS), 위험회피(HA), 사회적 민감성(RD), 인내력(PS)
④ 3가지 성격 : 자율성(SD), 연대감(CO), 자기 초월(ST)

14 Holland 유형 직업적성검사(CAT;Career Aptitude Test)

① Holland는 개인-환경적합성 모형을 통해 직업 환경과 개인의 행동이 직업 환경 특성들 간 상호작용에 의해 결정된다고 보았다.
② 개인이 해당직무를 수행할 수 있는 능력이 있는지 판단해 직무의 실제 특성을 6개 유형으로 분류하였다.
③ 현실형(Realistic), 탐구형(Investigative), 예술형(Artistic), 사회형(Social), 진취형(Enterprising), 관습형(Conventional) 등 직업 환경 또한 6가지 유형이나 유형의 조합으로 분류하였다.
- 현실형(R) : 확실하고 현재적, 실질적인 것 지향, 친밀한 대인관계를 선호하지 않음
- 탐구형(I) : 추상적 문제나 애매한 상황에 대한 분석적이고 논리적 탐구활동 선호, 대인관계에 관심이 없고, 공동작업을 선호하지 않음
- 예술형(A) : 문학, 미술, 연극 등 문화 활동분야 선호, 구조화된 상황·정서적으로 억압적인 상황을 선호하지 않음
- 사회형(S) : 사람과 직접 일하기 선호, 원만한 대인관계 선호, 타인의 복지에 관심
- 진취형(E) : 지위와 권한을 통해 타인을 통제하는 활동 선호, 자기주장과 자기확신
- 관습형(C) : 구조화된 상황, 구체적 정보, 정확하고 세밀한 작업 선호, 성실하고 꼼꼼함

15 MMPI-2 검사

① 원판은 1943년 미국 미네소타 대학의 Hathaway와 McKinley가 개발하였다.
② 대표적 자기보고식 검사, 성격과 정신병리에 대한 체계적 지식이 요구된다.
③ 550개 문항과 16개의 중복 문항으로 총 566문항이고, 16개 문항은 수검자의 반응일관성을 확인하기 위한 지표로 사용된다.
④ MMPI-2 척도와 구성

척도명	약 자	척도 번호	문항수(MMPI)	문항수(MMPI-2)
타당도 척도				
무응답 척도	?			
비전형 척도	F		64	60
부인 척도	L		15	15
교정 척도	K		30	30
기본 임상척도				
건강염려	Hs	1	33	32
우울	D	2	60	57
히스테리	Hy	3	60	60
반사회성	Pd	4	50	50

남성성-여성성	Mf	5	60	56
편집	Pa	6	40	40
강박	Pt	7	48	48
조현	Sc	8	78	78

⑤ 재구성 임상척도 : 9개(RCd, RC1, RC2, RC3, RC4, RC6, RC7, RC8, RC9)

척도번호	약 어	척도명	설 명
RCd	dem	의기소침 (demoralization)	• 전반적인 정서적 불편감, 정서적 동요 정도 • 대처 능력의 취약성, 낮은 자존감, 무력감, 비관적이고 염세적 태도
RC1	som	신체증상 호소 (Somatic Complaints)	• 신체 건강에 대한 염려와 집착, 만성 통증 및 다양한 신체적 증상 호소 • 척도 1(Hs) 및 내용척도 중 건강염려 소척도(HEA)와 유사
RC2	lpe	낮은 긍정 정서 (Low Positive Emotions)	긍정적인 정서 경험의 부족, 불행감, 사기 저하, 심신에너지 부족, 약한 결단력과 추진력, 무력감, 절망감, 소극성, 위축감 등
RC3	cyn	냉소적 태도(Cynicism)	다른 사람들이 불친절하고 자신만을 생각하며 배려가 부족하고 착취적이어서 믿기 어렵다고 여김
RC4	asb	반사회적 행동 (Anti-social Behavior)	• 분노, 공격성, 논쟁, 비순응성, 사기, 물질 남용, 법적 문제 연루 가능성 높아짐 • 타인을 착취하는 행동, 대인관계 갈등
RC6	per	피해의식 (Ideas of Persecution)	외부 압력에 통제받고 희생당한다거나 부당하게 학대당한다는 피해 사고, 불신, 의심
RC7	dne	역기능적 부적 정서 (Dysfunctional Negative Emotions)	불안감, 과민함, 짜증스러움, 높은 부정적인 정서 반응성, 거부나 비판에 민감, 실수 및 실패에 대한 집착, 부정적 사고 몰두, 반추
RC8	abx	기태적 경험 (Aberrant Experience)	• 명백한 환각 및 기태적인 감각적·지각적 경험 가능성이 높음 • 현실 검증력이 손상된 망상적 사고 장애
RC9	hpm	경조증적 상태 (Hypomanic Activation)	• 심신 에너지의 항진, 고양된 기분, 경조증적 상태에서 보이는 다양한 정서적·인지적·행동적 징후 • T>75인 경우 조증 삽화 가능성↑

16 Rorschach Test

① 1921년 스위스 정신과 의사인 Rorschach가 심리진단에 발표한 논문을 통해 소개하였다.
② 좌우 대칭의 잉크 얼룩이 있는 열 장의 카드로 이루어져 있고, 형태가 뚜렷하지 않은 카드의 그림을 보여주면서 수검자는 카드의 잉크 반점이 무엇으로 보이는지 자유롭게 응답하고(자유 반응 단계), 검사자는 어디가 어떻게 보이는지 등을(질의 단계) 질문하고, 이 과정에서 반응 시간, 반응 내용(무엇이 보였는지), 반응 영역(어디서 그렇게 보았는지), 결정 원인(어떤 특징에서 봤는지) 등을 기록한다.
③ Exner의 실증적인 접근 방법을 통하여 보다 타당성 있고 신뢰가 있는 통합체계로 발전시켜 만든, 'Rorschach 종합체계'가 가장 표준화된 체계로 받아들여진다.
④ Lerner의 개념적 접근방법(1991)은 정신분석적 개념을 발전시켜 정신역동적 토대를 연결시키는 중재 과정으로 해석방법을 추구한다.

⑤ Rorschach 검사의 채점
- 반응영역 채점표

기호	정 의	기 준	예
W	전체 반응 (Whole Response)	카드 반점의 전체가 반응에서 사용되었을 때	박쥐
D	보통 부분 반응 (Common Detail Response)	흔히 사용되는 반점영역을 사용하였을 때	사람 얼굴
Dd	드문 부분 반응 (Unusual Detail Response)	D영역 이외에 잘 사용되지 않는 반점영역을 사용하였을 때	개미
S	여백 반응 (Space Response)	카드의 흰 공백 부분을 사용하였을 때 항상 다른 반응영역의 기호와 같이 사용함(WS, DS, Dds)	괴물의 눈

- 발달질 채점표

기호	정 의	기 준	예
+	통합 반응 (Synthesized Response)	반응에 포함된 둘 이상의 대상이 서로 관련을 맺고 있고, 그중 적어도 하나는 분명한 형태가 있을 경우	곰 두 마리가 손을 맞대고 있다.
o	보통 반응 (Ordinary Response)	단일 반점 영역이 형태를 가지고 있는 단일한 대상을 나타낼 경우	박쥐, 나비, 사람, 돼지
v/+	모호/통합반응 (Vague/Synthesized Response)	반응에 포함된 둘 이상의 대상이 서로 관련을 맺고 있고, 그들이 모두 분명한 형태가 없는 경우	구름이 양쪽에서 서로 뭉쳐지고 있다.
v	모호 반응 (Vague)	반응에서 형태를 가지고 있지 않은 단일 대상이 나타난 경우	구름, 어둠, 피

- 형태질(form quality) 채점표

기호	정 의	기 준	예
+	우수하고 정교한 (superior overelaborated)	반점의 형태에 맞게 정확히 기술하였거나 형태 사용이 적절하여 반응의 질적 수준이 향상되었을 경우	날개를 펴고 있는 나비인데 희귀한 나비 같다. 흰 무늬, 작은 더듬이, 동그란 머리를 가지고 있기 때문이다.
o	보통의 (ordinary)	일반적인 형태 특징을 분명하고 정확하게 사용한 반응	날개를 편 모양과 가운데 몸통 부분 모양이 나비이다.
u	드문 (unusual)	반응에 나온 대상의 형태와 반점의 형태가 잘 맞지는 않지만 어느 정도는 그렇게 볼 수 있는 반응	날개를 편 모습과 가운데 몸통 모양이 여왕벌 같다.
-	왜곡된 (minus)	반응에 나온 대상의 형태와 반점의 형태가 전혀 맞지 않고 왜곡된 반응	사람들이 많이 모여 있다(카드 Ⅰ의 반응).

- 평범반응(popular response) 채점표

카드	위치	기준
I	W	박쥐, 반점 위쪽을 박쥐 위쪽으로 보아야 함
I	W	나비, 반점 위쪽을 나비 위쪽으로 보아야 함
I	D1	곰, 개, 코끼리, 양 등의 구체적인 동물 전체
III	D9	인간의 모습, 인형이나 만화도 가능
IV	W 혹은 D7	인간이나 거인·괴물, 인간을 닮은 대상
V	W	박쥐, 반점 위쪽을 박쥐 위쪽으로 보아야 함
V	W	나비, 반점 위쪽을 나비 위쪽으로 보아야 함
VI	W 혹은 D1	동물가죽, 짐승가죽, 융단이나 모피
VII	D9	사람의 머리나 얼굴
VIII	D1	개, 고양이, 다람쥐 등의 동물 전체, D4와 가까운 부분이 머리
IX	D3	인간이나 마녀, 거인, 괴물 등 인간과 유사한 대상
X	D1	게, 모든 부속기관이 D1 영역에 한정됨
X	D1	거미, 모든 부속기관이 D1 영역에 한정됨

- 조직화 활동 채점표

범주	정의	예
ZW (전체)	반응에 사용된 영역이 전체이고 발달질이 +, o, v/+일 때 (W+, Wo, Wv/+)	카드 I. 박쥐
ZA (인접)	서로 다른 대상을 나타내는 서로 인접해 있는 반점영역이 의미 있는 관계를 맺고 있을 때	카드 II. 곰 두 마리가 손을 맞대고 하이파이브를 하고 있다.
ZD (원격)	서로 다른 대상을 나타내는 멀리 떨어져 있는 반점영역이 서로 의미 있는 관계를 맺고 있을 때	카드 X. D1이 서로 이야기를 나누고 있다.
ZS (공백)	반점영역과 공백 부분을 통합시켜 반응한 경우	카드 I. 가면, 여백 부분이 눈이다.

- 특수점수(special score) : 특이한 언어반응(unusual verbalization), DV, DR, 부적절한 결합 반응 (INCOM, FABCOM, CONTAM, ALOG)

17 주제통각검사(TAT)

① 전 세계적으로 널리 사용되는 대표적 투사검사로 1935년 하버드대 Murray와 Morgan이 『공상연구방법론』을 통해 처음 소개하였다.
② 소유욕, 친밀감에 대한 욕구, 공격성 - 정의적/언어적/사회적/신체적/파괴욕구, 지배욕구, 주변 환경에 대한 지각 등의 진단이 가능하다.
③ 카드형태의 TAT 도구를 개발, 1936년부터 사용, 1943년 출판한 31개의 도판 TAT 도구
④ 총 30장의 흑백그림카드와 1장의 백지카드로 구성, 그림카드 뒷면은 공용도판, 남성공용도판, 여성공용도판, 성인공용도판, 미성인공용도판, 성인남성전용도판, 성인여성전용도판, 소년전용도판, 소녀전용도판으로 구분

⑤ 해석방법

유 형	내 용
표준화법	수검자의 반응을 항목별로 구분하여 표준화 자료와 비교하여 분석한다.
욕구-압력분석법	주인공 중심으로 해석하는 방법으로 주인공의 욕구와 압력, 욕구 방어와 감정, 타인과의 관계 등에 초점을 둔다.
대인관계법	인물들의 상호관계를 중심으로 해석하는 방식으로 공격성과 친화성을 분석한다.
직관적 해석법	수검자의 반응에서 나타나는 무의식적 내용을 자유연상을 통해 해석한다.
지각법	수검자의 왜곡 반응이나 일탈된 사고, 기괴한 언어사용 등을 포착한다.

- 주인공 : 일반적으로 피검자는 주인공을 동일시하기 때문에, 주인공에게 강요되는 압력은 피검자에게 영향을 미치는 압력과 같고, 주인공의 욕구는 피검자의 욕구와 같으며, 주인공이 이야기하는 대상, 활동 및 감정도 피검자의 것과 동일하다고 가정할 수 있다.
- 이야기 중의 주인공 : 피검자가 맨 처음으로 이야기에 등장시킨 인물
- 주인공의 행동 : 욕구, 이야기 속의 주인공을 분석, 피검자의 욕구와 동기 평가
- 환경 자극 : 압력, 적당/부적당, 조화/대립, 만족/불만족

18 벤더게슈탈트검사(BGT)

① 1938년 어린이 신경의학자였던 Bender가 개발하였다. 당시에는 "시각동작 게슈탈트검사(Visual-Motor Gestalt Test)"라고 이름 지었다.
② 형태심리학과 정신역동이론에 기초한 검사이다.
③ 수검자에게 카드 9장으로 구성된 도형을 제시하는데, 도형 A와 1~8까지의 도형이다.
④ 언어능력, 언어표현이 제한적이거나 방어가 심한 내담자, 정신지체, 뇌기능장애, 성격적 문제 진단에도 효과적이다.
⑤ Hutt의 BGT 검사 채점 체계
- 지각적 회전 : 도형의 주요 축(중심선)의 방향이 80~180°까지 변화가 있을 경우
- 겹침 곤란 : 도형의 겹친 부분을 그리는 것에 대한 어려움을 포함하는 경우
- 단순화 : 도형의 한 부분이 다르고 더 단순한 형태로 대치된 경우
- 퇴형 : 자극 카드의 형태보다 더 원초적인 도형으로 대치시킨 경우
- 보속성 : 그 자극에 필요한 한계를 넘어 한 도형의 요소를 부적절하게 계속하는 것이 특징으로, 종이의 끝에 도달할 때까지 그 자극을 계속 그리는 경우도 있다.
- 중첩, 중첩곤란 : 도형들을 중첩해서 그리는 것이 어려운 경우, 도형들이 실제로 겹쳐지거나 충돌해서 그려진 경우, 한 도형을 다른 도형에 매우 가깝게 그렸을 경우
- 폐쇄곤란 : 피검자가 도형의 접속해야 할 부분을 접속시키는 것에 대한 어려움을 반복해서 보이는 경우(틈, 지운 자국, 필압의 증가, 접속부분에 있는 선들을 과도하게 그린 것에서 명백히 드러남)
- 각도 곤란 : 도형의 각들을 나타내는 것이 어려운 경우, 요구되는 각의 각도가 실제보다 더 크거나 작은 경우
- 응집력 : 다른 도형들에 비해 한 도형이나 한 도형의 한 부분의 크기를 크게 그리거나 작게 그린 경우, 또는 그 도형의 다른 부분에 비해 한 부분의 크기를 크게 하거나 작게 한 경우

⑥ 시행 시 주의사항
- 자극카드는 수검자가 보지 못하도록 엎어놓았다가 검사실시와 함께 도형 A부터 도형 8까지 차례로 제시한다.

- 모사용지는 여러 장을 준비하도록 한다. 기본적으로 한 장을 제시하지만 추가적으로 사용이 필요할 때를 대비하여 여분을 준비한다.
- 모사할 때 자 등 보조도구를 사용하지 않도록 지시하고, 수검자가 제시된 내용 이외의 질문을 하는 경우 짧게 "좋을 대로 하십시오."라고 답변하는 것이 좋다.

19 문장완성검사(SCT)

① 1897년 Ebbinghaus가 최초로 지능검사 도구로 사용하였고, 1928년 Payne이 성격검사 도구로, 1930년 Tendler가 사고 반응 및 정서반응 진단 도구로 발전시켰다.
② 2차 세계대전 당시, 대규모의 병사선발 목적으로 심리검사 battery에 포함시키기 시작했고, 현재 임상 장면에서는 Sacks SCT가 널리 사용되고 있다.
③ 검사의 시행과 해석에 있어서 특별한 훈련이 요구되지 않아 집단검사가 가능하고, 시간과 비용 면에서 경제적이다.
④ 가족, 성, 대인관계, 자아개념의 4가지 주요 영역의 주요 태도를 유도할 수 있는 미완성 문장을 만들도록 하여 개발하였다.
⑤ 최종 검사문항은 가족 12문항, 성 8문항, 대인관계 16문항, 자아개념 24문항, 총 60개 문항이었으나 최종적으로 50문항이 남았다.

20 HTP(House-Tree-Person;집-나무-사람 그림)

① 기본 가정 : 사람들이 그리는 그림에는 내면의 욕구, 감정, 생각, 자신의 환경과 경험이 투사되어 있다.
② 해석 방법
- 지나치게 큰 그림 : 심신 에너지의 항진, 충동성, 행동화 경향, 과도한 자신감, 자아팽창 등 시사, 자신에 대한 열등감, 부적절감에 대한 일종의 방어
- 지나치게 작은 그림 : 위축감, 무력감, 자기 억제, 불안감, 열등감 등을 시사, 검사 상황에 대한 회피, 방어적 태도, 우울한 사람에 자주 나타남
- 치우친 그림 : 우측에 치우친 그림은 욕구 지연 능력으로 통제할 수 있는 안정된 성향, 좌측에 치우친 그림은 즉각적 만족 추구, 행동화 경향, 충동성을 반영, 귀퉁이에 치우친 그림은 자신감 저하, 위축감, 두려움 등을 시사
- 선의 강도/필압 : 흐리고 약한 선-낮은 에너지, 무력감, 위축감, 부적절감, 불안 등을 시사
- 지우기 : 지나치게 수정을 많이 가한 경우, 내면의 불확실감, 불안감, 초조감, 심리적 갈등, 자신에 대한 불만족감 등을 시사
- 집(House) : 일반적으로 집 그림은 가족 구성원, 가족관계 및 가정생활에 대한 표상, 이와 연관된 생각, 감정, 소망이 반영된다.

지붕	정신생활, 즉 내적인 공상, 생각, 관념 및 기억을 반영한다.
벽	수검자의 자아 강도를 나타낸다. 집 그림의 벽은 나무 그림의 기둥, 사람 그림의 몸통과 유사한 상징으로 해석한다.
문	수검자 자신과 환경 간의 직접적인 접촉 및 소통 방식에 대한 정보를 제공한다.
창문	문과 마찬가지로 외부 환경과의 상호작용, 대인관계에 대한 수검자의 주관적 경험을 반영한다.
굴뚝	일반적으로 가족관계의 분위기, 가족 교류의 양상 등에 대한 정보를 제공한다.

기타 부속물	• 태양 : 강한 애정 욕구, 의존성 혹은 이에 대한 좌절감 • 구름 : 만연되어 있는 모호한 불안감 • 나무, 꽃, 잔디 : 적당한 정도는 생동감과 에너지를 반영하지만, 지나친 경우 강한 의존 욕구를 반영한다. • 울타리, 담장 : 방어적, 경계적 태도

- 나무(Tree) : 전통적으로 나무 그림에는 자신의 신체상, 자기개념이 투사되며 인생, 성장에 대한 상징이자 환경에 대한 적응의 정도가 반영된다고 보았다.

수관과 잎	• 나무의 수관은 집 그림의 '지붕', 사람 그림의 '머리'와 유사한 상징적 의미를 갖는데, 이들은 모두 내적인 공상, 사고 활동을 주로 반영한다. • 잎은 환경과 접촉하는 정도를 반영한다.
기둥	수검자 성격 구조의 견고함, 자아강도 및 기본적인 심적 에너지를 반영한다.
가지	환경 및 타인과의 접촉을 통해 성취를 향해 뻗어나가고 만족을 얻는 심리적 자원, 능력을 반영한다.
뿌리	자신에 대한 안정감, 현실 접촉의 정도를 반영한다.

- 사람(Person) : 심리적 자화상으로 볼 수 있다.

머리	지적 능력, 공상 활동, 충동과 정서를 지적으로 통제하는 정도 등에 대한 정보를 제공한다.
얼굴	자신의 감정상태, 욕구를 표현하는 등 의사전달의 주요 수단이다. 따라서 얼굴의 방향, 이목구비의 표현 방식을 통해 외부환경, 대인관계를 대하는 태도 등을 살펴볼 수 있다.
목	목은 몸과 머리를 연결해 주는 신체기관으로 충동 및 행동반응(몸)과 이를 지적으로 통제하고자 하는 욕구(머리)의 관계를 나타낸다.
팔	팔은 외부 환경과 직접적으로 접촉하는 신체 부위로 환경을 통제하는 역할을 한다. 길고 굵은 팔 그림은 강한 성취 욕구, 스스로 환경을 통제하고자 하는 자율성에 대한 욕구 등을 반영한다.
다리, 발	다리와 발은 목표에 접근하게 하는 대처 능력, 현실 상황을 지탱해 나가는 능력을 상징한다.

제4과목 | 이상심리

1 이상심리학 주요이론모형

① 정신분석모형 : 초기 아동기의 무의식적 갈등의 결과
  - 현실불안, 신경증적 불안(자아와 원초아갈등), 도덕적 불안(원초아와 초자아갈등)
② 행동주의모형 : 이상행동은 부적절한 학습으로 인해 생김
  - 체계적둔감법은 공포증치료에 많이 사용하며 조건화반응을 해제시키고 새로운 조건형성이 이루어지게 함
③ 인지주의모형 : 정신장애는 인지적기능이 한쪽으로 치우쳤거나 결손과 밀접 연관
④ 생물학적 모형 : 유전적 요인이나 뇌의 구조적손상, 뇌의 생화학적 이상
  - 도파민(조현병, 파킨슨병), 세로토닌(강박장애)
⑤ 통합적모형 : 취약성 스트레스 모델, 생물심리사회적 모델
  - 취약성(유전적 이상, 뇌 신경 이상, 개인의 성격특성, 어린 시절 부모의 학대 등), 스트레스(직업의 변화 등)으로 한 요인만으로는 정신장애가 발생하지 않음
  - 체계이론 : 전체론, 동일결과성의 원리, 다중결과성의 원리, 상호적 인과론, 항상성 유지
⑥ 사회문화적모형 : 이상행동은 사회문화적 요인으로 발생
  - 사회적 유발성, 사회적 선택설, 사회적 낙인설

2 이상행동 판별기준

① 적응적 기능의 저하 및 손상
② 주관적 불편감과 개인적 고통
③ 문화적 규범 일탈
④ 통계적 규준 일탈

3 DSM-5 체계의 특징

① 진단체계 폐지
② 범주적 차원과 더불어 차원적 평가 도입
③ 숫자를 로마자에서 아라비아숫자로 변경
④ 세부기준 적용 확대
⑤ 인권에 대한 존중
⑥ 대부분 진단의 신뢰도 높음

4 이상행동 평가

① 면접법(구조화, 비구조화)
② 행동관찰법(자연, 실험, 참여, 자기관찰법)
③ 심리검사
④ 심리 생리적 측정법
⑤ 뇌 영상술
⑥ 정신상태 검사

5 지적장애의 심각도

① 경도, 중등도, 고도, 최고도의 4단계로 분류
② 개념적, 사회적, 실제적 영역에서 지적기능과 적용기능에서의 결손

경도	IQ 50~55에서 70 미만으로 지적장애의 85%
중등도	IQ 35~40에서 50~55로 지적장애의 10%
고 도	IQ 20~25에서 35~40으로 지적장애의 3~4%
최고도	IQ 20~25 이하로 지적장애의 1~2%

6 의사소통장애

① 언어장애 : 언어의 발달과 사용에 지속적 곤란
② 발화음장애 : 발음의 어려움으로 인한 언어적 의사소통의 곤란
③ 아동기-발생 유창성 장애 : 말더듬기로 인한 유창한 언어적 표현의 곤란
④ 사회적 의사소통장애 : 언어적, 비언어적 의사소통 기술을 사회적 상황에서 적절하게 사용하는 것이 곤란
⑤ 미분류형 의사소통장애 : 음의 고저, 크기, 질, 억양, 공명에서의 비정상성

7 주의력 결핍 및 과잉행동장애(ADHD)

① 장애를 일으키는 과잉행동, 충동, 부주의 증상이 12세 이전에 있음
② '복합형', '주의력결핍 우세형', '과잉행동-충동 우세형'으로 나뉨

8 운동장애

① 틱장애 : 뚜렛 장애, 지속성 운동 및 음성 틱장애, 일시적 틱장애로 구분
  • 뚜렛장애 : 다양한 운동틱과 한 개 이상의 음성 틱이 1년 이상 지속되는 것
② 발달적 협응 장애 : 운동 능력이 현저하게 미숙
③ 상동증적(정형적) 운동 장애 : 특정한 행동의 패턴을 아무런 목적 없이 반복

9 조현병의 심각도 수준

하위 장애	핵심증상
조현병(정신분열증)	망상, 환각, 혼란스러운 언어, 부적절한 행동, 둔마된 감정 및 사회적 고립이 6개월 이상 지속되는 경우
조현정동장애 (분열정동장애)	조현병 증상과 조증 또는 우울증 증상이 함께 나타나는 경우
조현양상장애 (정신분열형장애)	조현병 증상이 4주 이상 6개월 이내로 나타나는 경우
단기 정신병적 장애	조현병 증상이 4주 이내로 짧게 나타나는 경우
망상장애	한 가지 이상의 망상을 1개월 이상 나타내는 경우
조현형 성격장애 (분열형 성격장애)	대인관계의 기피, 인지적 왜곡, 기이한 행동 등의 증상이 성격의 일부처럼 지속적으로 나타나는 경우
약화된 정신증 증후군 (긴장증)	조현병 증상이 매우 경미한 형태로 짧게 나타나는 경우

10 조현병 진단기준

① 다음의 증상 가운데 2개 이상(하나는 반드시 포함) 있어야 하며 1개월 중 상당 기간 동안 존재해야 함
  • 망상
  • 환각
  • 와해된 언어
  • 전반적으로 혼란스러운 혹은 긴장성 행동
  • 음성증상(감정적 둔마, 무언증 혹은 무의욕증)
② 장애의 증상이 적어도 6개월 이상 지속
③ 조현정동장애(분열정동장애) : 조현병의 증상과 동시에 기분 삽화(주요 우울 또는 조증 삽화)가 일정한 기간 동안 지속되며 부적응 정도가 가장 심한 장애
④ 단기 정신병적 장애는 조현병의 주요 증상(망상, 환각, 혼란스러운 언어, 전반적으로 혼란스럽거나 긴장증적 행동) 중 한 가지 이상이 하루 이상 1개월 이내로 짧게 나타나며 병전 상태로 완전히 회복

11 블로일러(Bleuler)의 조현병 4A 증상

① 연상의 장애 : 사고 형태 및 조직화의 장애, 와해된 언어 등
② 정서의 장애(감정의 둔마) : 부적절한 정서, 둔마된 감정, 무감동, 무의욕증 등
③ 양가성 감정 : 감정, 의지, 사고의 양가성, 혼란스러운 행동 등
④ 자폐성 : 현실에서의 철수, 자폐적 고립, 비현실적 공상 등

12 양극성 장애

① 제1형 양극성 장애 : 우울한 기분상태와 고양된 기분상태가 교차되어 나타나는 경우로 조증삽화는 적어도 1주일이상 지속되는데, 경조증 삽화나 주요우울삽화에 선행하거나 뒤따름
② 제2형 양극성 장애 : 조증 삽화보다 정도가 약한 '경조증 삽화' 진단기준에 적어도 1회 부합하고, 주요우울삽화의 진단기준에 부합함(단, 조증 삽화는 1회도 없어야 한다)
③ 순환감정 장애 : 우울증 또는 조증 삽화에 해당되지 않는 경미한 우울 증상과 경조증 증상이 번갈아가며 2년 이상(아동과 청소년의 경우는 1년 이상) 중 적어도 반 이상의 기간에 나타남

13 우울장애 진단기준

아홉 가지의 증상 중 5개 이상의 증상이 거의 매일 연속적으로 2주 이상 나타나야 한다.
① 하루의 대부분, 그리고 거의 매일 지속되는 우울한 기분이 주관적 보고나 객관적 관찰을 통해 나타난다.
② 거의 모든 일상 활동에 대한 흥미나 즐거움이 하루의 대부분 또는 거의 매일같이 뚜렷하게 저하되어 있다.
③ 체중조절을 하고 있지 않은 상태에서 현저한 체중 감소나 체중 증가가 나타난다. 또는 현저한 식욕감소나 증가가 거의 매일 나타난다.
④ 거의 매일 불면이나 과다수면이 나타난다.
⑤ 거의 매일 정신운동성 초조나 지체를 나타낸다. 즉, 안절부절못하거나 축 처져 있는 느낌을 주관적으로 경험할 뿐만 아니라 다른 사람에 의해서도 관찰된다.
⑥ 거의 매일 피로감이나 활력상실이 나타난다.
⑦ 거의 매일 무가치감이나 과도하고 부적절한 죄책감을 느낀다.
⑧ 거의 매일 사고력, 집중력의 감소, 또는 우유부단함이 주관적 호소나 관찰에서 나타난다.
⑨ 죽음에 대한 반복적인 생각이나 특정한 계획 없이 반복적으로 자살에 대한 생각이나 자살 기도를 하거나 자살하기 위한 구체적 계획을 세운다.

14 우울장애

① 귀인이론 : 우울한 사람들은 실패경험에 대해 내부적, 안정적, 전반적 귀인
② 아론 벡의 인지 삼제 : 나자신, 나의 미래, 주변상황에 대해 비관적인 생각

15 특정 공포증

① 특정 대상(비행, 동물, 주사기 등), 상황에 대한 현저한 공포나 불안을 경험
② 공포를 유발하는 대상이나 상황에 노출되면 예외없이 즉각적인 공포반응을 유발하며, 현실적이고 사회적 맥락으로 보아 이러한 공포나 불안이 지나침
③ 유형 : 동물형, 자연 환경형, 혈액-주사-상처형, 상황형

16 사회공포증(사회불안장애)

① 다른 사람들과 상호작용하는 사회적 상황을 두려워하여 회피하는 장애
② 불편감이나 불안이 매우 심하여 이를 회피하려 하며 사회적, 직업적 지장이 큼
③ 다른 사람들이 지켜보고 평가하는 가운데 어떤 일을 수행해야 할 때 대중 앞에서 창피를 당할까 두려워하며 불안과 관련된 많은 신체적 증상을 경험
④ 일반적으로 10대 중반에 발병, 수줍음을 많이 타는 과거력 보유

17 공황장애 진단기준

비정기적인 강한 공포나 불편이 있고 다음 중 적어도 4가지 또는 그 이상의 증상이 갑작스럽게 나타나고 10분 이내에 그 증상이 최고조에 도달함
① 심장박동이 빨라지고 강렬하거나 심장박동수가 점점 더 빨라짐
② 진땀 흘림
③ 몸이나 손발이 떨림
④ 숨이 가쁘거나 막히는 느낌
⑤ 질식할 것 같은 느낌
⑥ 가슴의 통증이나 답답함
⑦ 구토감이나 통증
⑧ 어지럽고 몽롱하며 기절할 것 같은 느낌
⑨ 한기를 느끼거나 열감을 느낌
⑩ 감각이상증
⑪ 비현실감이나 자기 자신과 분리된 듯 한 이인증
⑫ 자기통제를 상실하거나 미칠 것 같은 두려움
⑬ 죽을 것 같은 두려움

18 강박 장애

① 강박장애의 주된 증상은 강박사고와 강박행동이다.
② 순수한 강박사고형 : 내현적 강박 사고만 지니는 경우
③ 내현적 강박행동형 : 강박적 사고와 더불어 내면적 강박 행동(숫자세기, 기도하기등)
④ 외현적 강박행동형 : 강박사고와 더불어 강박행동

19 외상 후 스트레스 네 가지 유형의 심리적 증상

① 침투증상　　② 회피증상　　③ 인지, 감정 부정변화　　④ 각성의 변화

20 해리장애

① 해리성 정체감 장애 : 한 사람의 내면에 두개 이상의 독립적인 정체감과 성격이 존재한다.
② 해리성 기억상실증 : 자기의 과거나 전부 또는 특정기간에 기억에 대한 망각
③ 이인증, 비현실감 장애 : 평소와 달리 자신과 주변 환경에 대해 반복적으로 낯선 느낌이 든다.

21 수면이상증

① 비REM수면 각성 장애 : 수면 중에 일어나 걸어 다니거나 강렬한 공포로 자주 깸
② 악몽장애 : 수면 중에 공포스러운 악몽을 꿈
③ REM수면 행동 장애 : REM수면 단계에서 옆 사람을 다치게 할 수 있는 움직임
④ 초조성 다리증후군 : 다리에 불편하고 불쾌한 감각을 동반하여, 다리를 움직이고 싶은 충동

22 섭식장애

① 신경성 식욕 부진증 : 체중 증가와 비만에 대한 극심한 두려움으로 인해 음식 섭취를 감소, 거부함
② 신경성 폭식증 : 짧은 시간 내에 많은 양을 먹는 폭식 행동과 구토 등의 반복적인 배출 행동을 함
③ 폭식 장애 : 짧은 시간 내에 많은 양을 먹지만 배출행동 없음
④ 이식증 : 먹으면 안 되는 것(종이, 머리카락, 흙)을 습관적으로 먹는 행동
⑤ 반추 장애 : 음식물을 반복적으로 되씹거나 토해내는 행동
⑥ 회피적/제한적 음식섭취 장애 : 심각한 체중저하가 나타나도록 지속적 음식회피 및 제한섭취

23 배설장애

① 유뇨증 : 5세 이상 아동이 신체 이상이 없으면서도 3개월 간 주2회 이상 부적절한 곳에 소변을 봄
② 유분증 : 4세 이상 아동이 3개월간 월1회 이상 적절치 않은 곳에 배설을 함

24 신체증상 및 관련 장애

① 신체증상장애 : 한 개 이상의 신체적 증상에 대한 과도한 집착과 건강 염려
② 질병불안장애 : 자신이 심각한 질병에 걸렸다는 과도한 집착과 공포
③ 전환 장애 : 신경학적 손상을 암시하는 운동기능과 감각기능의 이상, 심리적 갈등이 신체적 증상으로 전환
④ 허위성장애 : 환자 역할을 하기 위해서 신체, 심리적 증상을 의도적으로 위장

25 파괴적 충동통제 및 품행장애

① 적대적 반항장애 : 어른에게 거부적이고 적대적, 핵심 증상은 분노하며 짜증내는 기분, 논쟁적이고 반항적인 행동, 복수심
② 품행 장애 : 난폭하고 잔인한 행동, 기물파괴, 도둑질, 거짓말, 가출 중 타인의 권리를 침해하거나 사회적 규범을 위반하는 행동
※ 다음 증상이 3개 이상 지난 12개월 동안 있어 왔고, 적어도 1개 이상의 증상이 지난 6개월 동안 있다.
  • 사람과 동물에 대한 공격성
  • 재산 파괴(고의적인 방화)
  • 사기 또는 절도
  • 심각한 규칙 위반

26 섬망

① 의식이 혼미하고 주의집중 및 전환 능력이 현저하게 감소하며, 기억, 언어, 현실 판단 등의 인지기능에 일어나는 일시적인 장애
② 핵심증상으로 주의저하 및 각성저하가 나타남
③ 단기간에 발생하여 심해지면 하루 중에 그 심각도가 변동함

27 알츠하이머 특징

① 단백질의 일종인 베타 아밀로이드와 타우가 뇌에 과도하게 쌓여서 생김
② 노인성 반점과 같은 구조적 변화가 관찰됨
③ 신경섬유 매듭이 정상발달 노인에 비해 매우 많음
④ 65세 미만에서 발병한 경우인 조발성(초로기) 알츠하이머병과 65세 이상에서 발병한 경우인 만발성(노년기)알츠하이머병으로 구분
⑤ 조발성보다 만발성이 더 빈번히 나타남

28 성 도착장애

하위장애	핵심증상
관음장애	성적 흥분을 위해서 다른 사람이 옷을 벗거나 성행위하는 모습을 몰래 훔쳐봄
노출장애	성적 흥분을 위해서 자신의 성기를 낯선 사람에게 노출시킴
접촉마찰 장애	성적 흥분을 위해서 원하지 않는 상대방에게 몸을 접촉하여 문지름
성적 피학 장애	성적흥분을 위해서 상대방으로부터 고통이나 굴욕감을 받고자 함
성적 가학 장애	성적 흥분을 위해서 상대방에게 고통이나 굴욕감을 느끼게 함
아동성애 장애	사춘기 이전의 아동(보통 13세 이하)을 상대로 성적인 행위를 함
성애물 장애	물건(예 여성의 속옷)을 통해서 성적 흥분을 느끼고자 함
의상전환 장애	다른 성의 옷을 입음으로써 성적 흥분을 느끼고자 함
기타의 성 도착 장애	동물애증, 외설언어증, 전화외설증, 분변애증, 소변애증, 시체애증

29 성격장애

하위장애		핵심증상
A군 성격장애	편집성 성격장애	타인에 대한 강한 불신과 의심, 적대적인 태도, 보복행동
	조현성 성격장애	관계형성에 무관심, 감정표현부족, 대인관계 고립
	조현형 성격장애	대인관계 기피, 인지적, 지각적 왜곡, 기이한 행동
B군 성격장애	반사회성성격장애	법과 윤리의 무시, 타인의 권리 침해, 폭력 및 사기 행동
	연극성 성격장애	타인의 관심을 끌려는 행동, 과도한 극적인 감정표현
	경계성 성격장애	불안정한 대인관계, 격렬한 애증의 감정, 충동적 행동
	자기애성 성격장애	웅대한 자기상, 찬사에 대한 욕구, 공감능력의 결여
C군 성격장애	강박성 성격장애	완벽주의, 질서정연함, 절약에 대한 과도한 집착
	의존성 성격장애	과도한 의존욕구, 자기주장의 결여, 굴종적인 행동
	회피성 성격장애	부정적 평가에 대한 예민성, 부적절감, 대인관계 회피

제5과목 | 진로상담

1 진로상담의 일반적인 목표

① 자신에 대한 더욱 정확한 이해 증진
② 직업세계에 대한 이해 증진
③ 합리적인 의사결정 능력 증진
④ 정보탐색 및 활용능력 함양
⑤ 일과 직업에 대한 올바른 가치관 및 태도 형성

2 진로상담의 기본 원리

① 진학과 직업선택에 초점을 맞추고 전개한다.
② 라포가 형성된 관계 속에서 이루어져야 한다.
③ 진로결정에 있어서 진로의사결정 과정의 상담을 거쳐야 한다.
④ 진로발달이론에 근거해야 하며 진로발달이 진로상담에 영향을 미친다.
⑤ 직업세계의 이해, 진로정보 활동을 중심으로 개인과 직업을 연결시킨다.
⑥ 각종 심리검사의 결과를 기초로 합리적인 결과를 이끌어 내도록 한다.
⑦ 상담윤리강령에 따라 전개되어야 한다.
⑧ 겔라트(Gelatt)의 진로의사를 결정하는 상담과정
  진로결정 목표의식 확립 → 관련 정보 수집 → 가능한 대안 열거 → 각 대안의 실현 가능한 결과 예측 → 결과의 가능성 예언 → 결과에 대한 가치평가 → 대안 선택 → 결정에 대한 평가 및 추후 재투입

3 진로상담의 과정

① 관계수립 : 관계형성을 위해 내담자의 정서상태를 고려하고 조절
② 진로의사결정 수준에 따른 내담자의 분류 : 진로결정자, 진로미결정자, 우유부단형
③ 문제의 평가
④ 목표 설정 : 내담자와 더불어 진로상담의 목표 설정
⑤ 문제해결을 위한 개입
⑥ 훈습 : 개입과정의 연장 필요시 새로운 평가과정 수행
⑦ 종결과 추수지도 : 합의한 목표를 달성하였는지 확인하고, 앞으로 부딪힐 문제 예측하고 대비

4 특성요인이론 - 윌리암슨(Williamson)

① 변별진단

진로 무선택	공식적인 교육과 훈련을 마친 후에 자신의 선택 의사를 표현할 수 없고, 자신이 무엇을 원하는지조차 모른다고 대답함
불확실한 선택	직업을 선택했고 그것을 직업 명칭으로 말할 수 있지만 자신의 결정에 대해 의심을 나타냄
현명하지 못한 선택	능력과 흥미 간의 불일치, 내담자의 능력과 직업이 요구하는 것들 간의 불일치, 충분한 적성(능력)을 가지고 있지 않은 직업을 결정함
흥미와 적성간의 모순	흥미를 느끼는 직업이 있으나 능력이 부족한 경우 혹은 적성이 있는 직업에는 흥미가 적고, 흥미가 있는 직업에는 적성이 낮은 경우

② 상담과정 : 분석 → 종합 → 진단 → 예측 → 상담 → 추후지도
③ 상담기법
- 촉진적 관계형성
- 자기이해의 신장 : 장점이나 특성에 대해 개방된 평가를 하도록 조력
- 행동계획의 권고·설계 : 실제적인 행동을 계획·설계하도록 조력
- 계획의 수행 : 계획을 실행에 옮겨 직접 직업선택을 해보도록 조력
- 위임 : 문제해결이 어려운 경우 다른 상담자에게 의뢰

5 크릿츠(Crites)의 변별진단

① 적응형 : 흥미와 적성이 일치하는 유형
② 부적응형 : 흥미와 적성이 맞는 분야를 찾지 못한 사람
③ 다재다능형 : 가능성이 많아 흥미와 적성을 가진 직업 사이에서 결정을 못 내리는 사람
④ 우유부단형 : 흥미와 적성에 관계없이 성격적으로 선택과 결정을 못 내리는 사람
⑤ 비현실형 : 흥미를 느끼는 분야는 있지만 그 분야의 적성을 가지고 있지 못한 사람
⑥ 불충족형 : 자신의 적성수준보다 낮은 직업을 선택하는 사람
⑦ 강압형 : 적성 때문에 선택했지만 흥미를 못 느끼는 사람

6 홀랜드(Holland)의 성격이론 6가지 유형

실재형	기계, 도구, 동물에 관한 체계적인 조작활동을 좋아함 예 기술자, 운동선수 등
탐구형	분석적, 호기심 많고 조직적, 리더십 기술 부족 예 과학자, 의사 등
예술형	표현 풍부, 독창적 비순응적 예 음악가, 미술가 등
사회형	다른 사람과 함께 일하거나 돕는 것을 즐김 예 상담자, 교육자 등
기업가형	경제적 목표를 달성하기 위해 타인을 조작하는 활동 즐김 예 기업경영인 등
관습형	체계적으로 자료를 잘 처리, 기록 정리 및 자료를 재생산하는 것을 좋아함 예 경리사원, 사서 등

7 크롬볼츠(Krumboltz)의 사회학습이론

① 환경적 요인 : 개인에게 영향을 미치나 통제할 수 있는 영역 밖에 있는 것으로 변화 불가능(유전적 요인과 특별한 능력, 환경적 조건과 사건)
② 심리적 요인 : 개인의 사고, 감정, 행동을 결정하는 변화 가능한 요인(학습경험, 과제접근기술)

8 다위스(Dawis)와 롭퀴스트(Lofquist)의 직업적응이론

성격양식 (성격구조가 작동하는 방식)	민첩성	환경과의 작용에서 빨리 혹은 천천히 반응하는 정도
	속 도	활동수준이 높거나 낮은 정도
	리 듬	활동수준 패턴이 안정적이거나 특정한 사이클 있는지의 여부
	지속성	환경과의 상호작용에서 반응의 길이
직업적응 방식	유연성	개인-환경 간 부조화 시 대처에 반응하기 전에 부조화를 견디는 정도

(개인이 환경과 조화를 이루기 위해 사용하는 행동)	적극성	개인-환경 간 부조화 시 환경을 변화시켜 대처
	반응성	개인-환경 간 부조화 시 자신의 직업성격을 변화시켜 대처
	인내	환경과의 조화를 이루기 위해 노력하는 기간과 관련
조화의 지표	만족	조화의 내적지표, 직업환경이 개인의 욕구를 얼마나 채워 주고 있는지에 대한 개인의 평가
	충족	조화의 외적지표, 직업에서 요구하는 과제와 이를 수행할 수 있는 개인의 능력과 관련

9 로우(Roe)의 욕구이론(직업선택이론)

① 직업분류체계 : 흥미에 대한 분석을 기초로 해서 직업을 8개의 군집으로 나누고 각각의 군집에 알맞은 직업들을 배열하고 곤란도와 책무성을 고려하여 8 × 6의 구조를 만들었다.
② 8개의 직업군 : 일반문화직(군집1), 과학직(군집2), 옥외활동직(군집3), 기술직(군집4), 단체직(군집5), 비즈니스직(군집6), 서비스직(군집7), 예능직(군집8)

10 하렌(Harren)의 의사결정유형

① 합리적 유형
 • 자신과 상황에 대한 정확한 정보 수집
 • 신중하고 논리적으로 의사결정 수행
 • 의사결정에 대한 책임을 자신이 짐
② 직관적 유형
 • 의사결정 기초로 상상을 사용
 • 현재의 감정, 정서적 자각에 초점
 • 선택에 대한 확신은 빨리 내리지만 결정의 적절성은 설명 못함
③ 의존적 유형
 • 의사결정에 대한 개인적 책임을 부정하고 책임을 외부로 돌리는 경향이 있음
 • 타인의 영향을 많이 받고, 수동적·순종적임
 • 사회적 인정에 대한 욕구가 높음

11 긴즈버그(Ginzberg)의 진로발달 3단계

기간	연령	특징
환상기	유년기 (11세 이전)	• 초기는 놀이중심단계 • 마지막에서 놀이가 일 중심으로 변화하기 시작
잠정기	초기 청소년기 (11~17세)	• 일이 요구하는 조건에 대해 점차 인식하는 단계 • 흥미, 능력, 일의 보상, 시간적 측면에 대한 인식이 이루어짐 • 흥미단계 – 능력단계 – 가치단계 – 전환단계
현실기	청소년 중기 (18세~청장년기)	• 능력과 흥미의 통합단계 • 가치발달, 직업적 선택 구체화, 직업적 패턴의 명료화가 가능해짐 • 탐색단계 – 구체화 단계 – 특수화 단계

12 수퍼(Super)의 생애공간이론

① 생애진로무지개 : 개인의 생애에서 경험하게 되는 주요 역할을 주부/부모, 직업인, 시민, 여가활동가, 학생, 아동의 여섯 가지로 나누어 설명할 수 있고, 이러한 역할은 공부, 일, 지역사회 봉사, 가정과 가족을 돌보는 일, 여가활동을 통해서 수행된다.

② 진로아치문 모형 : 진로아치문은 인간발달의 생물학적·지리학적인 면을 토대로 구성된 세 개의 커다란 돌로 이루어진 문이다. 아치웨이(Archway)의 기둥은 발달단계와 삶의 역할을 의미하며, 왼쪽 기둥은 개인(욕구, 지능, 가치, 흥미, 적성)을, 오른쪽 기둥은 사회(경제자원, 경제구조, 사회제도 등)를 나타낸다.

13 수퍼(Super)의 직업발달 단계

단계		연령	특징
성장기 (0~14세)	환상기	4~10세	아동의 욕구가 지배적, 역할수행 중시
	흥미기	11~12세	진로목표, 내용 결정 시 흥미 중시
	능력기	13~14세	능력 중시, 직업의 요구조건 중시
탐색기 (15~24세)	잠정기	15~17세	• 욕구, 흥미, 능력, 가치, 취업기회 등을 고려하기 시작 • 잠정적인 진로를 선택
	전환기	18~21세	• 취업에 필요한 훈련·교육을 받으며 자아개념 확립 • 현실적 요인 중요시
	시행기	22~24세	적합하다고 판단되는 직업을 선택하고 종사하기 시작
확립기 (25~44세)	시행기	25~30세	자신이 선택한 일의 분야가 적합하지 않을 경우, 적합한 일을 발견할 때까지 몇 차례의 변동이 있는 시기
	안정기	31~44세	진로유형이 분명해짐에 따라 그것을 안정시키고 직업세계에서 안정된 위치를 굳히기 위한 노력을 하는 시기
유지기		45~65세	안정 속에서 비교적 만족스러운 삶을 살아감
쇠퇴기		65세 이후	은퇴, 다른 새로운 역할과 활동을 찾음

14 Super의 C-DAC모형

① Super는 이론을 진로상담과 접목하여 Career Development Assessment & Counseling(C-DAC) 모형으로 구현
② Super의 전 생애이론은 내담자의 진로문제 종단적으로 탐색
③ 진로 발달단계에서 성인 내담자의 진로고민과 발달과업을 측정하기 위해 Adult Career Concerns Inventory(ACCI) 개발
  • 탐색기, 확립기, 유지기, 쇠퇴기 등 4가지 진로단계에서 발달과업에 관한 계획이나 걱정 측정, 각 진로단계 3가지 과업 포함
④ 진로의사결정 준비도 측정할 수 있는 진로발달검사(Career Development Inventory ; CDI) 개발
  • 진로설계, 진로탐색, 일에 세계 정보, 진로의사결정 원리에 관한 지식 평가
⑤ 생애역할 우선순위가 다른 진로상담 모형과 구분
⑥ 내담자가 자신의 일, 놀이, 친구, 가족에서의 기본적 역할을 전체 삶 속에서 어떻게 조화할 수 있는지 도움
⑦ 생애진로무지개, 역할 명확성 검사(Salience Inventory ; SI), 생애역할 활동(Pie of life) 등
  • 주요한 생애역할 탐색
⑧ 생애역할 상대적 중요도 검토
⑨ 일상에서 보내는 시간 확인 → 생애 파이 내 각 생애활동의 가치 확인

15 타이드만(Tiedeman)과 오하라(O'Hara)의 진로의사결정 단계

예상기	탐색	각 대안의 목적·능력·여건 평가, 각 대안의 충분한 가치 여부를 분석해 봄
	구체화	방향·결과·가치관·목적·실용성을 고려하여 어느 하나를 밀고 나갈 준비를 함
	선택	선택의 적절성 유무는 구체화 과정의 적합성 여부에 의해 좌우됨
	명료화	선택의 분석·검토 후 미흡한 점과 의심스러운 사항을 명확히 하는 작업
실천기	적응	새로운 상황의 요구에 대한 수용적인 태세를 갖춤
	개혁	자신의 역할에 대해 강경한 태도 보이기 시작함
	통합	집단의 요구와 개인의 요구 간에 균형이 이루어짐

16 갓프레드슨(Gottfredson)의 제한 - 타협이론

① 제한이론(진로포부 발달단계) : 청소년기까지 진로발달을 4단계로 나눔

1단계(3~5세)	힘과 크기 지향성, 서열 획득단계
2단계(6~8세)	성역할 지향성, 성역할 획득단계
3단계(9~13세)	사회적 가치 지향성, 사회적 가치 획득단계
4단계(14세 이후)	내적, 고유한 자아 지향성, 내적 자아 확립단계

② 타협이론 : 발달단계 타협의 중요한 요소는 성역할 유형, 사회적 지위, 흥미가 있음. 흥미 > 사회적 지위 > 성 역할 유형 순서로 적합한 진로대안을 포기

17 인지적 정보처리(Cognitive Information Processing ; CIP)의 과정

① 의사소통 : 질문을 받아들여 부호화하며 송출
② 분석 : 한 개념적 틀 안에서 문제를 찾고 분류
③ 통합 : 문제해결단계
④ 평가 : 성공과 실패 확률에 관해 각각의 행위 판단, 다른 사람에게 미칠 파급효과 판단
⑤ 실행 : 성공 가능성 있다면 직업 선택, 책략 통해 계획 실행

18 사회인지이론 모형 - 렌트(Lent), 브라운(Brown), 헤켓(Hackett)

자기효능감, 결과기대, 목표, 개인변인, 환경변인들이 진로와 관련된 흥미, 선택, 수행과정에 어떻게 영향을 미치는지를 설명하고 있다.

흥미발달모형	• 흥미는 개인의 진로를 결정하는 중요한 요인으로 자기효능감과 결과기대에 의해 직접적으로 형성됨 • 흥미를 사정하는 목적 : 자기인식 발전시키기, 직업대안 규명하기, 여가선호와 직업선호 구별하기, 직업·교육상의 불만족의 원인 규명하기, 직업탐색 조장하기
선택모형	• 목표형성 : 특정영역에 대해 향상된 흥미와 자기효능감, 결과기대는 해당 영역의 활동에 계속 참여하고자 하는 의도를 증가시키고 활동의 내용도 좀 더 높은 수준의 것을 선택하게 함 • 실행 : 개인은 자신이 설정한 목표에 따라 무엇을 해야 할지 결정하고 행동으로 옮기게 됨
수행모형	개인의 수행수준과 수행의 지속성을 설명하기 위해 능력, 자기효능감, 결과기대, 목표라는 요인 포함

19 가치중심적 진로이론

① 브라운(Brown)이 제안한 진로발달에 관한 가치중심적 접근 모델은 인간 행동이 개인의 가치에 의해 상당 부분 영향을 받는다는 가정에 기초한다.

② **가치(value)** : 어떻게 행동하는 것이 개인적으로 혹은 사회적으로 더 바람직한지에 대해 장기적으로 지속되는 믿음으로, 흥미는 가치를 반영한다.

20 구성주의 진로이론

① 인간이 자신의 경험을 통해서 진로를 만들어 나간다는 것, 즉 '구성'에 초점을 두고 상담을 진행한다.
② 주요 개념
- 직업적 성격 : 진로와 관련된 각 개인의 능력, 욕구, 가치, 흥미 등을 의미한다.
- 진로 적응성 : 진로변화나 직업 환경에 적응하는 데 필요한 태도, 행동, 능력을 의미한다.
- 생애주제 : 개인의 이야기를 검토하고 이야기에 일관되게 드러나는 줄거리를 찾는 것을 통해 규명할 수 있다. 생애주제를 담은 개인의 진로 관련 경험담을 '진로 스토리'라고 하는데, 내담자의 여러 진로 스토리를 통합하여 생애주제를 찾아 나가는 과정이 구성주의 진로에서 상담과정이 된다.

③ 생애설계 상담
- Savickas의 관점을 확대시킨 것으로 특성과 상태를 맥락에 따라 보고, 처방 대신 과정 중심으로 보며 비선형적이고 역동적인 인과관계를 보여준다.
- 과학적 사실보다는 내러티브적 실재 중시, 기술이나 설명하려는 입장보다는 관찰하면서 배우려는 입장을 중시한다.

④ 생애설계 상담모형 6단계 : 문제 확인 → 주관적 정체성 탐색 → 관점 확대 → 문제 재정의 → 정체성 실현을 위한 행동 정의 → 추수지도
- 구성단계(주관적 정체성 탐색) : 자신에 대한 진로를 구성하는 단계이다.
- 해체단계(관점확대) : 내담자의 관점을 폭넓게 열어주는 것이다.
- 재구성단계(문제 재정의) : 전 단계에서 찾은 새로운 관점으로 문제를 재조명해 보는 단계이다.
- 협력구성 단계(정체성 실현을 위한 행동 정의) : 재구성한 새로운 이야기 속에서 문제를 바라보면서 해결책을 찾고 변화를 촉진하는 단계이다.

21 직업카드 활용

① 직업카드 분류활동 : 직업 흥미 탐색, 다양한 직업 세계 탐색, 진로 및 직업관련 정보를 찾는 방법 제시
② 직무분석
- 직무기술과 작업들을 열거한 작업알림표를 기술하기 위해 직무명세서 작성
- 직무명세서를 토대로 각 작업마다 작업명세서를 작성
- 작업명세서는 작업요소, 작업표준, 작업조건, 사용하는 기계 및 공구, 재료, 전문지식, 일반지식, 안전 등 사항 명시

22 진로상담이론

① 특성요인 진로상담 검사결과의 해석방법 : 설득, 설명, 직접 충고
② 내담자 중심 상담자의 태도 : 일치성, 공감적 이해, 무조건적 긍정적 수용
③ 정신역동적 진로상담기법 : 명료화, 비교, 소망 방어체계 해석

제6과목 | 집단상담

1 Yalom의 치료적 요인 11가지

희망의 고취	집단원에게 자신의 문제가 개선되고 해결될 수 있다는 희망
보편성	집단성원들도 자신과 비슷한 갈등과 경험, 문제가 있다는 것을 알게 됨
정보전달	교육내용이나 집단성원들의 제안, 지도, 충고 등을 들으면서 자기 문제를 보다 명확하게 이해
이타심	서로 도움을 주고받는 과정에서 자신도 누군가를 도울 수 있음을 발견
사회기술발달	특정 사회기술에 대한 학습을 통해 대인관계에 필요한 사회기술 개발
대인관계학습	집단성원 간의 상호작용 속에서 자신의 대인관계에 대한 통찰
모방행동	집단원들은 새로운 행동을 배우는 데 좋은 모델
1차 가족집단의 교정적 재현	집단원들이 초기 아동기에 자신의 부모형제와 상호작용했던 방식으로 리더나 다른 집단원들과 상호작용하면서 가족 내 갈등이 집단에서 재현되고 탐색과 새로운 역할실험의 기회가 됨
집단응집력	인정받고 수용된다는 소속감으로 긍정적인 변화에 영향
정화	안전한 분위기 속에서 억압되어온 감정을 자유롭게 발산
실존적 요인들	집단성원과의 경험 공유를 통해 각 구성원은 자신들의 인생에 대한 궁극적인 책임은 스스로에게 있다는 것을 배움

2 분류기준에 따른 집단유형

분류기준	집단유형
구조화의 정도	구조화집단, 비구조화 집단
진행 중 개방여부	개방집단, 폐쇄집단
시간적 연속성	집중집단, 분산집단
인구통계학적 배경	동질집단, 이질집단
참여 동기	자발적집단, 비자발적 집단

3 기능에 따른 집단유형

① 교육(지도)집단
② 과업집단
③ 성장집단
④ 상담집단
⑤ 치료집단
⑥ 자조집단
⑦ 지지집단

4 로저스의 참만남 집단의 15단계 과정

단계	내용
떼 지어 기웃거리는 양식	초기에는 상담자의 정확하고 명확한 지시가 없으므로 어찌할 바를 몰라 행동적이거나 기웃거린다.
사적인 표현저항	상담 초기에 사적인 자아를 표현하는 데 있어 두려워하며 저항한다.
과거의 느낌과 진술	집단의 신뢰성에 대한 의심과 자기노출에의 위험이 있음에도 불구하고 사적 느낌의 노출이 시작된다.
부정적 느낌의 표현	흔히 집단 상담자에 대한 공격성의 형식을 취한다.
사적으로 의미 있는 자료의 표현과 탐색	부정적 느낌의 표현이 집단원들에 의해서 수용적인 것으로 보여지면 신뢰의 분위기가 나타난다. 이러한 신뢰의 느낌 때문에 집단원들은 위험을 무릅쓰고 사적 자료를 노출한다.
집단 속에서의 즉시적인 대인 간의 느낌 표현	집단원들은 서로에 대한 긍정적, 부정적 느낌을 표현한다.
집단 속에서의 상담능력의 발달	집단원들은 자발적으로 서로에 대해 보살핌, 지지, 이해 그리고 관심을 표현한다. 이 단계에서 흔히 집단 내에 조력관계가 형성된다.
자기수용과 변화의 시작	자기수용은 집단원들에게 있어서 변화의 시작을 표시한다. 이 단계에서 내담자들은 이전에 부인 또는 왜곡했던 자신에 대한 측면들을 수용하기 시작한다.
가면의 파괴	여기서 가면과 가장을 벗고, 유의미한 참만남을 가진다. 위험을 감수할 때 일어난다는 이론의 타당성을 입증한다.
피드백	긍정적, 부정적 피드백을 받는 과정에서 다른 집단원들이 자신을 어떻게 경험하는지, 또는 자신이 다른 집단원들에게 미치는 영향에 관한 많은 자료를 얻는다.
직면	여기서 집단원들은 긍정적, 부정적 피드백을 의미하는 강력한 정서적 과정 속에서 서로를 직면한다.
집단과정 밖에서의 조력관계형성	이 단계에 의해 집단원들은 집단 밖에서 접촉을 하기 시작하게 된다.
기초적 참만남	집단속에서 집단원들이 일반적으로 일상생활에서의 경우보다 더 가까워지고 보다 직접적인 접촉을 하기 때문에 진솔한 인간 대 인간의 관계가 일어난다.
긍정적 느낌과 가까움의 표현	집단 내부에서의 온정과 가까움이 점증적으로 발달하게 된다.
집단 속에서의 행동변화	집단원들이 자신의 느낌 표현에 점점 편안해짐에 따라 행동이나 표정까지도 변화하기 시작한다.

5 집단상담자

① 코리(G. Corey)가 주장한 유능한 집단지도자의 개인적 특징 5가지
  - 유머
  - 용기
  - 집단과정에 대한 신뢰
  - 개인적 힘
  - 함께 함
② 스라브슨(S. Slavson)의 집단상담자의 기능
  - 지도적 기능
  - 확충적 기능
  - 자극적 기능
  - 해석적 기능
③ 인간적 자질과 전문적 자질

6 정신역동 집단상담

① 주요 개념 : 무의식, 전이, 역전이, 저항, 불안, 자아방어기제 등
② 집단상담 기법 : 불안탐색, 자유연상, 꿈 분석, 통찰과 훈습, 해석
③ 집단상담자의 역할 : 집단원이 과거와 현재, 무의식과 의식, 중요 인물과 전이 문제, 저항을 연결하여 해석하고 집단원들이 통찰하도록 함

7 개인심리학 집단상담

① 주요 개념 : 열등감, 보상, 우월성 추구, 가상적 목적론, 공동체감, 생활양식, 가족구조와 출생순위
② 집단상담 기법 : 해석, "마치 ~인 것처럼" 행동하기, 가족구도, 생활양식 분석 기법, 역설적 의도, 즉시성, 격려
③ 집단상담자의 역할 : 집단원의 부적절한 생활방식이나 목표를 수정하고 사회적 관심과 개인이 소속감을 갖도록 함

8 행동주의 집단상담

① 주요 개념 : 고전적조건형성, 조작적조건형성, 사회인지학습이론
② 행동을 강화시키는 기법 : 강화, 행동조성, 행동계약, 모델링, 토큰경제, 프리맥원리
③ 행동을 약화시키는 기법 : 체계적둔감법, 소거, 처벌, 혐오치료, 체계적 과민성 제거, 홍수법, 타임아웃
③ 집단상담자의 역할 : 집단원의 구체적인 문제를 제거, 생산적인 행동 및 바람직한 인간관계의 증진

9 인간중심 집단상담

① 주요 개념 : 심리적 부적응, 자기실현 경향성, 집단과정에 대한 신뢰
② 성장을 위한 치료적 조건 : 진실성, 무조건적 긍정적 존중과 수용, 공감적 이해
③ 집단상담자 역할 : 집단과정을 신뢰하며 직접적인 개입 없이도 집단이 발전해 나갈 수 있음을 믿음

10 실존주의 집단상담

① 주요 개념 : 죽음, 고립, 자유, 책임, 무의미, 실존적 욕구좌절
② 집단상담자의 역할 : 전문가 역할보다 구성원과 함께하는 인생의 동반자 역할

11 게슈탈트 집단상담

① 주요 개념 : 게슈탈트, 전경, 배경, 알아차림, 접촉, 미해결과제, 회피
② 접촉수준 : 가짜층, 공포층, 교착층, 내파층, 폭발층
③ 알아차림-접촉주기 : 배경-감각-알아차림-에너지/ 흥분-행동-접촉-마감
④ 접촉경계혼란 : 알아차림을 방해하는 요소로 내사, 투사, 융합, 반전, 편향, 자의식
⑤ 상담기법 : 뜨거운 자리, 빈 의자 기법, 꿈작업, 순회하기, 신체활동 과장하기, 환상대화법, 반전기법, 질문형을 진술형으로 고치기, 머물러 있기
⑥ 집단상담자의 역할 : 집단원들이 순간의 자기 경험을 알아차리도록 하여 자신의 행동과 감정에 대해 통찰을 얻고 스스로 책임지도록 함

12 합리적, 정서적, 행동적 집단상담

① 주요 개념 : 비합리적 사고, 자기수용, 앨리스의 ABCDE 모형
② 집단상담 기법 : 인지적기법(비합리적 신념 논박하기, 내담자의 언어 변화시키기 등), 정서적기법(합리적 심상법, 유머 등), 행동적 기법(강화와 처벌 기법, 역설적 과제 등)
③ 집단상담자의 역할 : 집단원의 부정적 행동을 유발시킨 비합리적 사고에 대해 논박하여 합리적 사고로 변화

13 인지행동 집단상담

① 주요 개념 : 자동적 사고, 인지도식, 역기능적 인지도식, 인지오류
② 인지오류 : 흑백논리, 임의적 추론, 과잉일반화, 선택적 추상화, 개인화, 잘못된 명명 등
③ 집단상담 기법 : 특별한 의미 이해하기, 절대성에 도전하기, 재귀인하기, 인지왜곡 명명하기, 장점과 단점 연결하기, 소크라테스 질문법, 문제 축약 기법, 빈 틈 메우기 기법 등
④ 집단상담자의 역할 : 집단원이 자신의 정보처리의 오류를 확인하고 수정하도록 조력

14 현실치료 집단상담

① 주요 개념 : 선택이론, 기본욕구 5가지(사랑과 소속, 힘, 즐거움, 자유, 생존의 욕구)
② 인지오류 : 흑백논리, 임의적 추론, 과잉일반화, 선택적 추상화, 개인화, 잘못된 명명 등
③ 집단상담 과정 : R(관계형성)-W(욕구파악)-D(행동초점)-E(평가)-P(계획세우기)
④ 집단상담 기법 : 질문하기, 동사와 현재형으로 표현, 긍정적으로 접근, 은유적 표현, 유머, 역설적 기법 등
⑤ 상담환경 조성 : 내담자이야기 경청, 변명허용 금지, 처벌이나 비판하지 않기, 은유적 표현에 귀 기울이기, 계획실천 약속받기, 예상하지 못한 행동하기 등

15 교류분석 집단상담

① 주요 개념 : 자아상태(어버이, 어른, 어린이자아), 스트로크, 생활태도
② 집단상담 기법 : 구조/기능분석, 교류분석, 게임분석, 인생 각본분석
③ 집단상담 과정 : 계약-구조분석-교류분석-게임분석-각본분석-재결단

16 해결중심 집단상담

① 기본규칙 : 문제 없으면 손대지 마라, 효과가 있으면 계속하라, 효과가 없으면 그만두라
② 집단상담 기법 : 질문기법 (상담 전 변화에 대한 질문, 예외질문, 기적질문, 척도질문, 대처질문, 관계성 질문, 악몽질문), 간접적인 칭찬

17 심리극

① 구성요소 : 무대, 연출자, 주인공, 보조자아, 관객
② 기법 : 마술상점, 역할 바꾸기, 빈 의자 기법, 이중자아, 거울기법, 미래투사, 등뒤기법

18 이야기치료

① 치료과정 : 문제의 경청과 해체, 독특한 결과의 해체, 대안적 이야기의 구축, 대안적 정체성 구축
② 치료자 역할 : 탈중심적 입장, 영향력의 행사

19 공동상담자

① 2인 이상 집단상담자가 협력하여 한 집단을 이끔
② 장점 : 소진을 막고, 역할분담이 용이, 상호보완, 피드백 교환, 상호정보교환 가능
③ 단점 : 인력활용 비효율, 상담자간의 의견불일치, 경쟁유발, 편애 가능성

20 집단원의 문제행동

대화독점, 소극적 참여자, 습관적 불평, 일시적 구원, 사실적 이야기 늘어놓기, 질문공세, 충고 일삼기, 적대적 태도, 의존적 자세, 우월한 태도, 하위집단 형성, 지성화, 감정화

21 집단발달과정

① 초기 단계(참여단계) : 집단원은 집단경험에 대한 호기심, 불확실감, 두려움, 의문을 갖고 눈치를 보며 수동적인 태도
② 과도기 단계(전환단계) : 자기 개방에 대한 부담감과 불안을 경험, 저항과 갈등을 다루면서 새로운 것을 학습
③ 작업 단계(생산단계) : 신뢰와 응집력을 가지면서 더 이상 집단상담자에 의존하지 않고 자신의 행동에 책임
④ 종결 단계 : 집단경험을 긍정적으로 생각하고 희망, 직면하는 주요과제는 자신의 학습을 통합, 정리하고 학습한 것을 외부환경으로 전환

22 집단상단 계획순서

① 욕구를 파악
② 계획안을 작성
③ 집단원을 사전면담 후 선정
④ 사전검사 실시

23 청소년집단상담

① 청소년기는 중요한 타인(significant others)이 부모나 교사에서 또래, 친구들로 변화되어 집단상담이 필요하다.
② 또래들이 주는 피드백에 매우 민감하며 또래 속에서의 소속감과 안정감을 찾으려 노력한다.

제7과목 | 가족상담

1 개인상담과 가족상담의 차이

구 분	개인상담	가족상담
세계관	기계론적 세계관	유기체론적 세계관
기본 가정	• '왜'라는 질문 • 직선적 인간관계 • 결정론적 • 이분법(이것 아니면 저것) • 환원주의적 • 개인주의적 • 객관성의 과학, 객관주의적 인식론	• '무엇'이라는 질문 • 상호, 순환적 인간관계 • 선택의 자유 • 변증법적(이것과 저것 모두) • 맥락적 • 관계적 • 인식의 과학, 주관주의적 인식론
상담 대상	개인의 내적, 심리적 요소	가족구성원의 관계 및 기능
상담자 역할	문제의 진단자 및 해결자	• 조정자, 안내자, 조력자 역할 • 가족구성원이 문제해결자 역할

2 초기 가족상담모델 - 체계이론

① 체계 : 가족도 개인들이 서로 상호작용하는 집단으로 하나의 체계
② 전체성 : 체계는 부분들을 단순히 합쳐 놓은 것보다 더 크다는 비합산성의 특징
③ 순환적 인과성 : 체계에서 일어나는 행동은 서로 영향을 미쳐서 순환적 결과를 일으키므로 원인과 결과를 정확하게 구분하기 어렵다는 것
④ 동일결과성 : 다양한 원인이라도 동일결과에 이르는 경향
⑤ 다중결과성 : 한 가지 원인이 다양한 결과에 이르는 경향
⑥ 항상성 유지 : 체계는 균형이나 규칙적인 상황이 깨졌을 때 원 상태로 돌아가려는 경향
⑦ 일반체계이론과 1차 사이버네틱스는 동일한 것으로 간주

3 조현병 환자 가족의 역기능

① 이중구속 : 언어적 메시지와 비언어적 메시지가 서로 일치하지 않고 모순되는 메시지
② 부부 균열 : 부부가 서로 역할을 교환할 수 없고 목표를 공유하거나 보완할 수 없는 상황, 부모로서의 지위를 손상
③ 부부 불균형 : 부부간의 권력이 지나치게 불균형으로 부부 중 한 사람은 강하고 다른 한 사람은 약한 위치
④ 가짜 친밀성 : 겉으로는 친밀한 상호작용이 있으나 사실은 거짓된 모습
⑤ 고무울타리 : 가족의 구성원이 개인의 정체성과 녹자성을 찾으려는 시도를 하나, 가족의 모호한 경계선 때문에 무시되고 방해받는 것

4 의사소통 가족상담모델 - 그레고리 베이트슨(G. Bateson)과 돈 잭슨(D. Jackson)

① 상담목표 : 표현된 대화의 형태를 이해하고 밝힘
② 주요 개념 : 이중구속 이론, 가족 항상성, 대칭적 관계와 보완적 관계
③ 상담기법 : 역설적 개입(증상처방), 재명명, 보상

5 다세대 가족상담모델 - 보웬(Bowen)

① 상담목표 : 불안을 감소시키고 자아분화를 증가시키고, 탈삼각화하는 것
② 상담자 역할 : 가족원의 분화, 불안감소 성취, 가족에게서 탈삼각 관계로 남아 중립성을 유지
③ 주요 개념 : 자기 분화, 삼각관계, 핵가족 정서체계, 가족투사 과정, 정서적 단절, 다세대 전수 과정, 출생순위 체계, 사회적 정서 과정
④ 상담기법 : 가계도, 치료적 삼각관계, 관계실험, 코칭, 과정질문, 나의 입장 기법 등

6 경험적 가족상담모델 - 워터커(Whitaker)와 사티어(Satier)

① 상담목표 : 내담자의 자아존중감을 높이고, 일치적 의사소통과 합리적 가족규칙 만들기
② 상담자 역할 : 유능성(Competent), 자신감(Confident), 일치성(Congruent)의 3C 강조
③ 주요 개념 : 자아존중감, 의사소통유형(회유형, 비난형, 초이성형, 산만형, 일치형), 가족규칙
④ 상담기법 : 빙산탐색(행동 – 대처방식 – 감정 – 감정에 대한 감정 – 지각 – 기대 – 열망 – 자아), 가족조각, 원가족도표, 가족 재구조화, 역할극

7 구조적 가족상담모델 - 미누친(Minuchin), 피셔먼(Fishman), 아폰테(Aponte), 몬탈보(Montalbo), 로스(Rosman)

① 상담목표 : 역기능적인 가족구조의 재구조화
② 상담자 역할 : 가족체계에 합류하면서 상담자 자신을 도구로 활용
③ 주요 개념 : 가족구조, 하위체계, 경계선, 제휴, 권력, 위계 구조, 가족규범
④ 상담기법 : 합류(유지, 추적, 모방), 교류의 창조(실연화, 가족 내 과제 설정), 가족 재구조화 기법(긴장 고조, 증상 활용, 과제 부여, 재정의), 불균형 기법

8 전략적 가족상담모델 - 헤일리(Haley)

① 크게 세 부류, MRI 상호작용모델, 헤일리의 전략적 구조주의모델, 밀란의 체계적 모델이 있다.
② 상담목표 : 증상 행동에 제거는 일차적 변화, 행동을 규제하는 가족체계 변화는 이차적 변화
③ 상담자 역할
　• MRI모델 : 내담자가 제시한 문제의 해결을 상담목표로 삼는다.
　• 밀란모델 : 중립성을 지키며 가족의 '게임규칙'을 파악, 가족 스스로 해결책을 찾도록 한다.
④ 주요 개념 : 의사소통, 이중구속, 피드백 고리, 가족항상성, 가족규칙, 권력과 위계, 가족게임
⑤ 상담기법 : 증상 처방, 시련 처방(고된 체험), 위장 기법(가장하기), 은유 기법, 긍정적 의미부여, 의식, 불변의 처방, 순환질문, 협동치료

9 후기 가족상담모델 기본 이론

① 포스트모더니즘 : 다양성, 차이, 비본질주의를 강조하며 탈중심적이고 다원적인 사고, 탈이성적인 사고가 가장 큰 특징
② 2차 사이버네틱스 : 일반체계이론이나 1차 사이버네틱스의 한계를 벗어나 인식론으로 발전, 포스트모더니즘 관점과 일치

③ 1차 사이버네틱스과 2차 사이버네틱스 비교

순환 단계	지배사조	이론적 틀	가족치료이론	체계의 속성
1차 사이버네틱스	모더니즘	• 일반체계이론 • 블랙박스모델 • 초기 가족상담	• 의사소통 • 다세대 • 구조적 • 경험적 • 전략적 가족상담	• 상호의존성 • 개방성 • 경계선 • 의사소통 규칙
2차 사이버네틱스	포스트 모더니즘	• 구성주의 • 사회구성주의 • 후기구조주의 • 블랙박스＋관찰자모델 • 후기가족상담	• 해결중심 단기가족상담 • 이야기치료 가족상담 • 협력언어체계모델 • 반영팀모델	• 자율성 • 자기준거성 • 구조적 결정 • 자기조직 • 자기제작

10 해결중심 단기가족상담 - 앤더슨(Anderson)과 굴리시안(Goolishian)

① 상담목표 : 내담가족과 함께 협동적으로 목표수립
② 상담자 역할 : 해결중심적 대화, 알지 못함의 자세를 가짐
③ 상담자-내담자 유형 : 불평형 관계, 방문형 관계, 고객형 관계
④ 상담기법 : 질문기법(상담 전 변화에 대한 질문, 예외질문, 기적질문, 척도질문, 대처질문, 관계성질문, 악몽질문, 간접적인 칭찬, '그 외의 또 무엇이 있습니까?' 질문), 메시지 전달기법

11 이야기치료 가족상담

① 상담목표 : 단기목표는 내담자 가족이 호소하는 문제를 감소시키는 것, 궁극적 목표는 내담자 가족 스스로가 자신들이 선호하는 방향으로 자기 가족의 이야기를 써나갈 수 있도록 하는 것
② 상담자 역할 : 상담자와 내담자 간의 권력구조를 해체하는 데 민감해야 하며 탈중심적이고 영향력있는 위치 고수
③ 주요 개념 : 이야기, 지배적 이야기, 빈약한 서술, 대안적 이야기, 풍부한 서술, 해체적 경청
④ 상담기법 : 문제의 경청과 해체(가족의 문제 이야기 경청하기, 외재화, 문제의 영향력 탐색하기, 문제의 영향력 평가, 평가의 정당화), 독특한 결과의 해체, 대안적 이야기의 구축(재저작과 스캐폴딩), 대안적 정체성 구축(회원재구성, 정의예식과 외부증인집단, 치료적 문서)

12 가족 상담 과정

① 초기 과정 : 접수면접, 가족과 라포 형성, 가족기능 사정(문제의 명료화), 상담의 구조화(상담여건 구조화, 상담관계 구조화, 비밀보장에 관한 구조화), 목표의 설정
② 중기 과정 : 상담 과정에서 의사소통문제, 가족은 문제에 대한 자각 증가, 표면적 문제행동 완화, 문제해결을 위한 동기 증대, 다른 사람의 수용, 기능적 방식의 상호작용 증가 등
③ 종결 과정 : 상담목표 평가, 종결감정 처리, 추수 면접

13 가족상담의 주요 윤리원칙

① 가족평가는 가족을 진단하고 평가하여 측정하는 일련의 행위
② 가족평가의 방법

주관적(질적) 평가 도구	면접, 관찰, 동적 가족화, 합동가족화, 가계도, 생태도, 가족조각
객관적(양적) 평가 도구	MMPI, ENRICH검사, 가족환경모델, BEAVERS모델, PREPARE, 순환모델(FACES), MBTI, McMaster모델, 가족건강성척도

14 카터와 맥골드릭의 가족생활주기

가족생활 주기 단계	전환기의 정서적 과제	역할 및 과업
결혼 전기	자신에 대한 정서적, 재정적 책임을 수용하고 부모-자녀 관계의 분리	• 원가족과의 관계에서의 분화 • 친밀한 이성관계의 발달 • 일과 재정적 독립 측면에서 자신에 대한 확립
결혼 적응기	부부간의 일체감을 가지고 새로운 체계에 대한 수용	• 부부체계의 형성 • 배우자가 포함된 확대가족 등 재정비
자녀 아동기	새로운 가족구성원을 수용하고 경계와 역할을 분담	• 부부체계에 자녀를 위한 공간 수립 • 부모역할 수용 • 확대가족과의 관계형성
자녀 청소년기	자녀의 독립과 조부모의 허약함을 고려하여 가족경계의 융통성 증가	• 청소년 자녀가 가족체계에 출입이 자유롭도록 부모-자녀 관계의 변화 • 중년기 부부의 결혼 및 진로문제에 재초점 • 노인세대를 돌보기 위한 준비 시작
자녀 독립기	부모와 자녀가 분리되며 가족구성원 수의 증감을 수용하고 빈 둥지 증후군에 대한 대처	• 부부체계를 이인군 관계로 재조정 • 성장한 자녀와 부모와의 관계 재정비 • 새롭게 포함된 관계 재정비(사위, 며느리 등) • 부모 또는 조부모의 무기력과 죽음에 대처
노년기	가족상황에 따른 다양한 상실을 경험하며 부모-자녀의 돌봄 관계 변화	• 신체적 쇠퇴로 자신, 부부의 기능, 관심사 유지 • 다음 세대가 중추적 역할을 하도록 지원 • 연장자가 할 수 있는 일을 대신하지 않으면서 자신의 지혜와 경험이 활용될 수 있는 여지 마련 • 배우자, 형제, 친구의 죽음에 대처하면서 자신의 죽음을 대비하며 삶을 되돌아보고 통합

15 가족상담 윤리

① 내담자의 다양성 존중 : 내담자의 인종, 성별, 종교, 출신 국가, 성적지향 등의 이유로 내담자를 차별 금지
② 이중관계 금지 : 상담자는 내담자와 전문적 치료관계 외에 다른 사적 관계 금지
③ 내담자의 자기결정권 존중
④ 고지된 동의(비밀보장, 전문성과 품위, 상담회기, 주기 등의 상담 형식, 비용 및 청구 방법, 치료중단 권리, 치료에 따르는 위험, 녹음, 녹화 시 내담자 동의 등)

제8과목 | 학업상담

1 학업상담

① 학업문제를 중심으로 다루는 상담영역
② 학업문제의 원인
- 개인의 원인(신체적, 인지적, 정서적 원인)
- 가족의 원인(바람직하지 못한 양육태도, 비현실적 기대, 형제간 경쟁, 학습환경 열악)
- 환경 및 문화적 맥락 원인(교우 및 교사와의 관계 및 재학중인 학교 및 학원의 특성 등)

③ 학업 상담 절차 : 상담관계형성 → 상담구조화 → 학업문제진단 → 목표설정 → 개입전략설정
④ 행동변화를 용이하게 하는 목표의 특징(로크와 라뎀(Locke & Latham))
- 구체성 : 막연하고 모호한 형태가 아니라 구체적이고 명확한 형태여야 한다.
- 근접성 : 가까운 시일 내에 이룰 수 있는 단기목표의 형태여야 한다.
- 난이도 : 어렵게 느껴지지만 학습자의 능력 범위 안에 도달 가능한 정도의 형태여야 한다.

2 학업 관련 요인

인지적 요인	두뇌의 기능, 지능, 학업기초능력, 선수학습수준, 학습전략
정의적 요인	학습동기, 매슬로우 욕구이론, 성취동기, 자기결정성 이론, 귀인이론, 자기효능감, 흥미, 자아개념, 켈러의 'ARCS이론'
환경적 요인	가정환경, 학교환경 등

3 인지적 영역

두뇌	• 전두엽 : 주의집중력이나 기억, 감정, 추론, 판단, 계획 등의 인식기능 • 두정엽 : 감각 정보의 통합 및 판단을 담당, 자극의 구체적인 차이를 구분 • 후두엽 : 시각정보를 분석하고 통합하는 역할 • 측두엽 : 언어, 이해를 담당 • 좌반구 : 언어와 관련되어 있으며 분석적 기능을 담당 • 우반구 : 시공간과 관련된 지각능력, 운동능력, 정서기능
지능	• 지능은 학업성취도와 관련이 있는 변인 • 지능인식에 따라 학습자 태도에 영향 • 지능지수는 같은 연령대 학생들 간의 상대적 위치 • 지능점수로 인지적 강점 및 약점을 파악
학업기초능력	읽기, 쓰기, 말하기, 셈하기, 정보처리 등 학습을 수행하기 위해 가장 기본적으로 갖추어야 할 기초적인 학습능력으로 학업성취 전반에 영향을 주는 요인
선수학습수준	지능지수나 학업능력과는 별도로 학업성취에 영향을 주는 요인으로 이전 학년에서의 지식이 어느 정도 이루어졌는지에 대한 부분
학습전략	• 공부하는 방법이나 기술을 의미한다. • 댄서로우(Dansereau)는 학습전략이란 정보를 획득, 저장, 활용을 촉진시킬 수 있는 과정

4 정의적 영역

동기	동기는 행동을 유발하고, 방향을 제시하고, 유지하는 신체적, 심리적 상태
귀인	• 와이너(Weiner)는 사람들이 자신의 성공 및 실패의 원인으로 가장 많이 귀인하는 '능력', '노력', '과제 난이도', '운' 이라는 4가지 요소를 설정 • 귀인의 3가지 차원 : 통제소재, 안정성, 통제가능성
자기효능감	• 자기효능감이란 자신이 어떤 일을 잘해낼 수 있다는 개인적 신념 • 반두라(Bandura)는 자기효능감이 네 가지 요인 : 성취경험, 대리경험, 언어적 설득, 생리적 및 정서적 상태
흥미	• 특정한 과목이나 주제에 대한 관심영역 • 하이디(Hidi)와 레닝거(Renninger)의 흥미발달단계 : 상황적 흥미의 촉발 – 상황적 흥미의 유지 – 개인적 흥미의 등장 –개인적 흥미로 자리잡음
자아개념	개인이 그 자신에 관해 사실이라고 믿는 믿음들의 복합적이고 역동적인 체제로서, 자기 자신에 대한 지각이나 관점

5 발레란드와 비소네트 (Vallerand & Bissonnette) – 자율성이 낮은 순서 8단계

무기력 단계	학습동기가 전혀 내면화 되지 않은 상태다.
외적 강압 단계	직접적으로 보상을 주거나 통제를 가하거나, 구체적인 행동을 지시할 때 행동을 수행하게 되어진다. 벌을 피하고 보상을 받기 위해 공부를 한다.
내적 강압 단계	자기가 스스로를 통제하려 하지만 행동에 직접적인 통제자가 자신으로 외적 가치나 보상체계가 그대로 내면화 한 단계이다.
유익 추구 단계	목표를 이루기 위해 유익한 행동을 스스로 선택해 수행하는 단계이다.
의미부여 단계	행동을 수행하면서 갈등을 경험하지 않은 단계로 공부하면서 내적 갈등이나 긴장을 경험하지 않는다.
지식탐구 추구단계	알고 이해하고 의미를 추구하려는 욕구에 위해 공부를 한다.
지적성취 추구단계	과제를 완벽하게 수행하므로 스스로 유능감을 느끼고, 즐거움과 만족을 얻기 위해 공부하는 단계다.
지적자극 추구단계	흥분되는 학습 내용을 통해 강렬한 지적 즐거움을 얻기 위해 공부하는 단계다.

6 켈러(Keller)의 'ARCS 이론'에서 학습자의 동기 유발, 유지를 위한 4가지의 중요한 변인

① 주의(attention)
② 관련성(relevance)
③ 자신감(confidence)
④ 만족감(satisfaction)

7 환경적 영역

가정환경	부모가 자녀의 학습 환경이나 학습에 대해 보이는 관심은 자녀의 학업성취와 밀접한 관련
학교환경	교사가 학생에 대한 신념, 교사로서의 효능감 등을 나타내는 방법은 모두 학생의 학습 과정 및 결과에 큰 영향을 미치는 요인이다.

8 교사의 피드백 유형

유형		정의
긍정적 피드백	수행피드백	과제를 얼마나 정확하게 했는지 그리고 제대로 하기 위해서는 어떻게 수정해야 하는지 등에 대한 피드백을 제공
	동기피드백	잘하고 있는지에 대한 정보를 제공하고 다른 학습자와의 비교나 설득이 포함
	귀인피드백	학생의 수행을 하나 또는 그 이상의 다른 속성으로 귀인
	전략피드백	학생이 사용한 전략이 효과적이었는지 대해 피드백을 제공하고 아울러 과제를 하기 위해 어떤 전략을 사용해야 할지를 알려줌
부정적 피드백		• 적절하거나 혹은 부정확한 상황을 학생들에게 알리기 위해 사용 • 부정적 피드백은 짧고 자주 사용하지 않을 때 효과적

9 학업부진요인

학습부진(under achievement)은 지능은 정상인데도 심리적인 요인이나 환경적 요인에 의해 학업성취가 그 연령에서 기대되는 수준보다 낮은 경우

능력 요인	• 지능과 적성불일치, 기초·선수학습결손, 학습전략부족 등
인지적요인	• 주의집중력, 추리력, 정의감, 분석력이 부족 • 흥미의 범위가 좁고, 어휘력 부족
정서적요인	• 불안과 수줍음이 많고, 잘 복종하고, 자기 판단력이 결여 • 사회성과 학습동기가 부족하고 자아개념이 낮음
환경적요인	• 심리적환경(부모, 교사, 또래와의 관계) • 물리적 환경

10 학습과진아와 학습부진아의 비교

학습과진아	학습부진아
불안을 덜 갖는다.	불안수준이 높다.
학업 지향적이다.	사회 지향적이다.
목표에 대해 현실적이다.	목표에 대해 비현실적이다.
자신을 수용하고 낙관적이다.	자기 비판적이고 부적절감을 가진다.
의존감, 독립감의 갈등이 비교적 적다	의존감과 독립감의 갈등을 더 겪는다.
대인관계가 적응적이다.	대인관계가 무심하고 비판적이다.

11 시험불안

① 스필버그(C.Spielberger)는 불안을 특성불안과 상태불안으로 구별하고 시험불안을 상태불안으로 봄
② 리버트(R.Liebert)와 모리스(L.Morris)는 시험 불안이 인지적 반응인 걱정(worry)과 정서적반응인 감정(emotionality)으로 구성된다고 봄
③ 시험불안 개입전략 : 합리적 사고로 바꾸기, 학습전략 및 시험전략 훈련

④ 시험불안 원인에 대한 이론적 접근

욕구 이론적 접근	과제수행욕구보다 불안욕구가 더 커져 시험불안이 일어난다고 봄
정신 역동적 접근	부모의 양육태도 특히 자녀의 학업성적에 대한 부모의 과도한 기대가 시험불안을 가중한다고 봄
행동주의적 접근	시험불안은 조건형성이 잘못 이루어졌기 때문에 생긴다고 봄
인지 주의적 접근	인지적 간섭모델, 인지적 결핍모델

12 학업부적응 관련장애

지적장애	IQ 70 이하로 개념, 사회, 실질적 영역에서 지적 기능과 적응 기능에 결함
특정 학습장애	지능은 정상 범위에 있지만 학습능력의 결손, 즉 말하기, 읽기, 쓰기, 추론 등에서의 결손
주의력 결핍과잉행동장애(ADHD)	부적절한 주의력의 결핍이나 부족, 충동성, 과잉활동성과 이에 따른 증상들을 보여주고, 12세 이전에 시작하며 성인기까지 계속
학교공포증	모호한 신체증상을 호소하며 학교 가는 것을 거부
학습지진	지능으로 대표되는 지적 능력 저하로 인해 학업성취가 뒤떨어진 상태
학업저성취	학습부진과 혼용되는 개념으로 일반적 성취수준을 집단별로 구분하여 하위집단에 속하는 경우, 결과로 학업 성취 수준을 이야기한다.
학업지체	국가적으로 혹은 지역적으로 규정된 학년, 학기의 학습 목표를 달성하지 못한 상태

13 학습전략 학자들의 개념

① 맥키치(W. McKeachie) : 학습전략을 인지, 상위인지, 자원관리 전략으로 구분
② 댄서로우(Dansereau) : 주전략과 보조전략으로 나누고, 주전략으로 이해, 파지, 회상, 사용전략으로 구분. 학습전략을 정보의 획득, 저장, 활용을 촉진시킬 수 있는 과정
③ 와인슈타인(C.Weinstein) : 학습전략을 인지적 전략, 정의적 전략, 동기화전략, 학습상태를 유지하는 전략으로 구분
④ 와인슈타인(C.Weinstein)과 메이어(Mayer) : 학습자의 정보 약호화 과정에 영향을 미치거나 학습에 관여하는 모든 사고 체계와 행동양식
⑤ 존슨(Jones) : 학습을 촉진시키기 위해 학습자가 사용하는 여러 가지 정신적 조작. 의식적이든 무의식적이든 목적지향적인 구체적인 행동

14 맥키치의 학습전략

인지적 학습전략	시연, 정교화, 조직화 전략
상위인지 학습전략	계획하기, 조정하기, 조절하기 전략
자기자원관리 전략	시간관리, 공부환경관리, 노력관리, 타인의 조력추구 전략

15 댄서로우 학습전략

주전략	이해 전략과 파지 전략	학습 내용을 이해하고 기호를 기억하는 데 도움
	회상 전략과 사용 전략	이전에 기억해둔 학습 내용을 필요한 순간에 다시 꺼내서 활용
보조전략	목표 계획과 설계 전략, 주의집중전략, 자기점검과 진단전략	

16 전략

① 학업 지연행동 극복 전략 : 현실적인 목표를 설정하고 무리한 스케줄을 계획하지 않음
② 협동학습전략 : 학생 간 활발한 사회적 상호작용을 통해 학습효과 극대화
③ 질문생성학습전략 : 학생이 질문을 고안해내는 것으로써 교수자의 질문과 구별하여 사용
④ 자기조절 학습전략 : 아동이 학습할 때 자기 스스로 초인지적, 동기적, 행동적으로 학습에 참가하는 능동적인 학습

17 토마스와 로빈슨(Thomas & Robinson)의 PQ4R

미리보기 – 질문하기 – 읽기 – 숙고하기 – 암송하기 – 복습하기

18 코넬 노트필기법

① 학습 내용을 한눈에 알아볼 수 있게 체계적으로 정리하고 조직화한 것
② 코넬노트 형식 : 제목칸, 키워드칸, 노트필기칸, 요약칸의 4구역으로 구성

19 사고력 전략 프로그램

① 브레인스토밍 : 브레인스토밍은 집단적 사고의 전형적인 형태로서 특정한 과제를 해결하기 위해 참가자 모두 자신의 사고를 거리낌 없이 제안
② 길포드(J. Guildford)의 창의적 사고의 6가지 하위요인 : 민감성, 유창성, 유연성, 독창성, 정교성, 재구성력

20 휴식과 수면

① 규칙적으로 수면을 취하는 것은 학습효과를 높이는 데 도움된다.
② 가벼운 운동 후 따뜻한 물로 샤워하면 숙면에 도움된다.
③ 낮잠은 오후 3시 이후에는 자지 않는 것이 좋고, 2시간 이상을 넘기지 않는 것이 좋다.
④ 나만의 휴식 방법을 알아내고, 다양한 휴식 방법을 계속 개발한다.
⑤ 불을 켜고 자면 멜라토닌 분비가 억제되어 숙면에 방해가 되므로 불을 끄고 잔다.
⑥ 학습 후 3시간 이내에 잠을 자는 것은 학습내용을 장기기억으로 저장할 수 있다.
⑦ 한낮에 15분 정도의 낮잠은 학습효과에 도움을 준다.

필수과목 청소년 상담의 이론과 실제

Section 01   청소년 상담의 이해
Section 02   청소년 상담 이론
Section 03   청소년 상담의 실제

Section 01 청소년 상담의 이해

> **학습목표**
> 청소년에 대한 신체적, 정서적, 인지적, 사회적, 도덕적 특징과, 청소년상담의 정의 및 목표, 특징, 원리 및 과정에 대해서 알아보고, 청소년상담자의 자질과 청소년내담자에 대한 특징을 살펴본다.

1 청소년기 특징

(1) 신체발달 특징

① **호르몬 분비** : 남성호르몬인 안드로겐과 여성호르몬인 에스트로겐 분비가 증가한다.
  ㉠ **남성** : 정소에서 테스토스테론이 분비되어 성기가 커지고 음모가 자라며 목소리가 변한다.
  ㉡ **여성** : 난소에서 에스트로겐 분비로 가슴이 커지고 생리를 시작하며 음모가 자란다.
② **성장 폭발** : 신장과 체중이 급성장하고, 성적인 성숙이 급격히 이루어진다.
  ㉠ **신장** : 평균적으로 남자는 18세, 여자는 16세경까지 증가하며 최대 발육량이 나타나는 시기는 여자가 남자보다 2년 정도 빠르다.
  ㉡ **체중** : 체중증가의 속도는 신장과 비슷하나 남자가 여자보다 약간 늦다.
③ **사춘기 신체적 성숙의 영향**
  ㉠ 조숙한 소년, 만숙한 소녀는 자신의 신체에 대해서 긍정적이며 자신감이 생긴다.
  ㉡ 만숙한 소년, 조숙한 소녀는 자신의 신체에 대해서 부정적이며 열등감이 생긴다.
④ 청소년기는 신체적 변화에 따른 '질풍노도의 시기'라는 견해가 지배적이다.

(2) 인지발달 특징 2018년, 2016년, 2014년 기출 ★

① **인지발달** : 피아제의 인지발달 4단계(감각운동기, 전조작기, 구체적 조작기, 형식적 조작기) 중에서 형식적 조작기에 해당한다. 형식적 조작기는 가설적·과학적·연역적 추론이 가능하다.
  ㉠ 가설-연역적 사고의 발달로 추상적이며 융통성 있는 사고가 가능하여 메타 인지적 사고가 가능하다.
  ㉡ 가설설정능력이 시작되면 구체적이고 실재론적인 사고의 한계에서 벗어나 가능성에 대해서 생각할 수 있으며 전 영역에 걸친 이상주의로 확장된다.
  ㉢ 여러 명제 간의 논리적 추론을 다루는 명제적 사고가 가능하다.
  ㉣ 체계적·조합적 사고가 가능해져 사전에 계획을 세우고 해결책을 체계적으로 사고할 수 있다.
  ㉤ 언어, 시각정보와 같은 상징적 표현체계를 가지고 지식체계를 구성할 수 있다.

② 사회인지적 : 엘킨드의 자아중심성 2015년 기출 ★

청소년은 자신의 생각과 관념 속에 사로잡히게 되어 자신이 중요하고 특별한 존재라는 청소년기 특유의 독특성에 빠져들게 되며, 자신이 우주의 중심이 된다고 믿을 만큼 강한 자의식을 보이는 특징이 있다. 자아중심성을 대표하는 개념은 상상적 청중(상상적 관중), 개인적 우화 및 이상주의 등이 있다.

㉠ 상상적 청중(상상적 관중)
ⓐ 청소년기의 과장된 자의식으로 인해 자신이 타인의 집중적인 관심과 주의의 대상이 되고 있다고 믿는 것을 말한다.
ⓑ 자신을 무대 위의 주인공으로 생각하고 행동하며 다른 사람들은 모두 구경꾼이라고 생각한다. 구경꾼은 청소년이 설정한 상상에서 나온 것이기 때문에 상상적 청중이라고 한다.
ⓒ 상상적 청중은 다른 사람들의 눈에 띄고 싶어 하는 청소년의 욕망에서 비롯된다.

㉡ 개인적 우화
ⓐ 개인적 우화란 청소년들이 자신의 감정과 사고는 너무 독특하고 특별한 것이어서 다른 사람들이 이해할 수 없을 것이라고 믿는 것이다.
ⓑ 자신의 우정이나 사랑 등을 타인은 결코 경험하지 못한 것으로 생각하고, 다른 사람들이 경험하는 죽음이나 위험 혹은 위기가 자신에게는 일어나지 않을 것이라고 확신한다. 모든 사람이 죽어도 자신은 영원히 죽지 않으리라는 불멸의 신념을 갖고 있다.
ⓒ 이로 인해 현실성이 결여되어 무모하게 위험한 행동을 하는 경향이 있다.

㉢ 이상주의 : 이상주의는 부정부패, 빈부격차, 저속한 행위 등이 존재하지 않는 보다 완전한 세계에 대한 시각을 갖고 있기 때문에 현실세계의 잘못에 대해 강력한 비판을 하게 된다. 이로 인해 성인과 청소년 간 세상을 보는 시각의 불일치가 일어나게 된다.

(3) 자기개념과 자아정체감
① 자기개념
㉠ 자기개념은 자신에 대한 지각과 평가를 의미한다.
㉡ 청소년기에는 많은 변인을 체계적으로 탐색할 수 있는 형식적 조작사고의 발달로 인해 자아지각이 다양화되고 세분화된다.
㉢ 청소년기 자기평가는 청소년들이 중요하다고 판단되어진 타인들이 자기에 대해서 어떤 평가를 하느냐에 따라 크게 영향을 받는다.
㉣ 청소년기 가장 큰 영향을 주는 타인은 부모, 또래집단이며 자기개념 형성에 부모의 사회경제적 지위, 외모나 신체적 매력이 결정적인 역할을 한다.

② Blos의 자아적응체계이론
  ㉠ 청소년기 발달을 이차 개체화과정으로 설명하였다. 이차 개체화란 청소년의 자아가 부모로부터 이탈해가는 과정을 뜻한다. 이는 부모에 대한 오이디푸스적인 집착으로부터 벗어나는 것을 의미하므로 개인의 성적 정체성의 확립에 도움이 된다고 하였다.
  ㉡ 자아발달과정을 여섯 개의 하위단계로 구분하였다.

잠재기	리비도의 충동이 약화되고 반면 자아가 강력하게 발달되는 시기
청소년 전기	급격히 증가된 성적 욕구와 공격적 욕구가 산만하고 방향성 없이 표출되는 시기
청소년 초기	성적 욕구를 표출할 구체적 대상을 찾는 목표 지향적 행동(친구, 운동 등)을 하는 시기
청소년 중기	성적 혼돈과 갈등이 심리적으로 구조화되는 단계로 불안, 우울이 지속되지만 통합하려는 자아의 기능도 크게 강화되는 시기
청소년 후기	성적 혼돈과 갈등을 극복하려는 노력으로 자아가 안정되고 통합되는 시기
청소년 말기	성인기로 이행하는 과도기로 성숙한 대처능력과 적응체계를 가지는 시기

③ 에릭슨의 정체적 위기이론
  ㉠ 에릭슨은 확고한 자아정체성을 확립하기 위해 일생을 통해 여덟 가지 위기를 성공적으로 해결해야 한다고 하면서 청소년기의 주요 위기는 정체성 위기라고 하였다.
  ㉡ 정체성 위기는 "나는 누구인가?"라는 의문으로부터 출발하여 답을 추구하는 과정에서 긍정적인 자기평가와 부정적인 자기평가 간의 양극적인 갈등과 이를 극복해가는 과정이다. 자신에 대해 절망하고 방황과 동요를 경험하면서 자신의 한계를 인정하고 수용함으로써 객관적인 정체감을 확립하게 된다.

④ Marcia의 정체성 지위이론 2016년, 2014년 기출 ★
  ㉠ **정체성 성취** : 삶의 목표, 가치 등 위기를 경험하고 충분히 탐색하는 몰입을 한 후 확고한 개인정체성 지위를 가진 상태이다.
  ㉡ **정체성 유예** : 삶의 목표, 가치 등 위기를 경험하고 대안들을 탐색하나 충분한 몰입이 이루어지지 않아 여전히 불확실한 상태에 머물러 있어서 구체적인 과업에 관여하지 못하는 지위 상태이다.
  ㉢ **정체성 유실** : 자신의 가치관이나 진로에 대한 의문을 제기하거나 대안을 탐색하는 등의 위기를 경험하지 않고, 부모나 의미 있는 타인의 기대나 가치를 검토 없이 수용하고 받아들여 자신의 삶의 목표를 확립하고 몰입한 지위상태이다.
  ㉣ **정체성 혼미** : 삶의 목표와 가치를 탐색하려는 시도도 하지 않고 자신의 생애를 계획하고 설계하려는 욕구도 부족한 지위 상태이다.

Section 01 청소년 상담의 이해

> **Plus Study** ● Marcia의 정체성 지위이론
>
> | 구 분 | 정체성 성취 | 정체성 유예 | 정체성 유실 | 정체성 혼미 |
> |---|---|---|---|---|
> | 위기 | + | + | − | − |
> | 관여 | + | − | + | − |
>
> 정체성 지위는 정체성 탐색의 위기를 경험하는가와 주어진 신념을 갖고 몰입하여 관여하는가의 여부의 배합에 의해 결정된다.
> - 위기 : 자신의 현재 상태와 역할에 의문을 제기하고 대안적 가능성을 탐색하는 과정
> - 관여 : 자신에게 주어진 역할과 과업에 신념을 가지고 몰입하는 상태의미

(4) 정서적 특징

① 성년기보다 강도 높은 정서적 경험
  ㉠ 청소년기의 성적·공격적 에너지의 불안정성에 의해 불안감·죄책감·수치감을 경험한다.
  ㉡ 외적(신체, 사회)·내적(정신, 인지)으로 많은 변화가 일어나는데 이를 적절하게 대처할 이론이나 지식, 경험, 대안이 부족하여 현명하게 대응하지 못함으로 인해 불안과 긴장, 혼돈, 갈등을 극심하게 경험한다.
  ㉢ 작은 일에도 화를 잘 내고 반항적이며 쉽게 우울해지는 경향을 보인다.

② 방어기제 발달
  ㉠ 안나 프로이트는 청소년이 증가하는 성적 긴장에 적응하기 위해 주로 사용하는 방어기제는 금욕주의, 주지화를 제시하였다.
  ㉡ 금욕주의는 성적 욕구같이 개인의 본능적 욕구나 무의식적으로 연합된 활동에 참여하는 것을 거절하는 자기 부정행동으로 성욕에 대한 두려움을 통제하려는 방어기제에서 비롯된다.
  ㉢ 주지화는 스트레스를 부정하는 고차원적 수단으로 감정적인 혼란 상태에서 자신을 분리하여 지나치게 추상적으로 생각하거나 인지화하는 자아방어기제이다.

③ 정서적 경험에 대한 자각적 태도 : 자신의 감정을 알아차리고 어떤 감정인지를 명명할 수 있는 기술이 발달하게 된다.

(5) 도덕적 발달 특징 2016년 기출 ★

① 콜버그(Kohlberg)의 도덕성 발달
  ㉠ 도덕성이란 선악을 구별하고 옳고 그름을 바르게 판단하며 인간관계에서 지켜야 할 규범을 준수하는 능력을 말한다.
  ㉡ 콜버그는 도덕적 발달 단계를 크게 '전인습 – 인습 – 후인습' 수준으로 나누었다.
  ㉢ 청소년기는 인습수준의 도덕적 사고를 가지는 시기에 속한다. 도덕적 사고는 사회가 기대하는 바에 따라 행동하며 사회적 규범과 의무를 준수하려는 수준이다.

수준	단계		도덕성 발달내용
전인습	1단계	벌과 복종지향	보상과 처벌 여부를 기준으로 행동
	2단계	도구적 쾌락주의 지향	자신의 욕구충족을 위해 규칙준수
인습	3단계	착한소년/소녀 지향	권위적 인물이나 좋아하는 사람의 승인 여부에 따라 행동을 결정
	4단계	법과 질서 지향	사회의 법과 규칙을 따라 행동 판단
후인습	5단계	사회계약 지향	복지와 권리를 보호하는 법과 사회계약 준수
	6단계	보편적 원리 지향	보편 윤리를 기준으로 행동

② 길리건(Gilligan)의 도덕성 발달 2019년 기출 ★

㉠ 콜버그의 도덕성 이론이 주로 남성을 대상으로 하여 정의, 이성, 평등 등과 같은 도덕성의 합리적 측면만을 다룬 이론이라고 비판하여 여성의 도덕성을 이해할 수 있는 새로운 기준을 제시하였다.

㉡ 여성에게 강하게 나타나는 인간관계 속 타인을 배려하고 타인의 요구에 민감하게 반응하는 배려지향 이론을 제시하였다.

㉢ 최근에는 정의와 배려의 도덕성이 통합적인 관점에서 자연스럽게 접근되어 가고 있다.

수준	도덕성 발달 내용
수준1 : 자기이익 지향	• 여성이 자신의 이익과 생존에 몰두하는 단계이다. • 과도기 : 이기심에서 책임감으로 자신이 하고 싶은 개인적 욕구와 자신이 해야 하는 책임을 구별하기 시작한다.
수준2 : 타인에 대한 책임으로부터 선의 식별	• 청소년기 동안 도덕성의 사회적 조망이 발달한다. • 자신의 욕구를 억제하고 타인의 요구에 응하려는 시도를 한다. • 과도기 : 선에서 진실로 개인의 욕구와 타인에 대한 배려와 책임감에 대한 균형의 필요를 깨닫고 선에 대한 본질을 인식한다.
수준3 : 자신과 타인 간 역동	• 자신과 타인 사이의 역동에 중점을 두고 책임에 대한 조화를 이루게 된다. • 개인적인 권리와 타인에 대한 배려가 조화를 이루는 도덕성의 주요 지표이다.

(6) 사회적 발달특징 2020년 기출 ★

① 부모에 대한 의존과 동일시에서 벗어나 자율성과 책임감을 획득하는 시기 : 청소년들이 부모와의 안정된 애착관계를 유지하면서 부모와는 다른 독특한 한 개별체임을 인식하고 스스로에 대한 자율성과 책임감을 가져야 하는 시기이다.

② 부모로부터 독립과 의존의 갈등

㉠ 청소년기의 바람직하지 못한 갈등은 부모로부터 독립하려는 욕구와 성급한 자율의 욕구를 인정하지 않으려는 부모의 상반된 욕구 사이에서 일어나는 결과이다.

㉡ 최근에는 부모-청소년 자녀와의 관계 관점을 달리하여 부모의 안정된 애착관계를 유지하고 자녀의 의사결정능력 등 부족한 분야에서 부모의 계속적인 조언을 받으며 부모도 성장해 가는 자녀를 독립된 한 인격체로 존중해 주어야 한다는 관점으로 변화되고 있다.

③ 또래집단에 몰두
  ㉠ 청소년기에 자신이 속한 또래집단으로부터 수용되고 인정받고 있다는 느낌은 안정감과 긍정적인 자아상을 확립하는 데 매우 중요한 요소이다.
  ㉡ 청소년기 또래집단은 이전보다 심리적인 관여정도가 깊고 친밀한 관계형성을 하며 강한 동일시를 보인다.
  ㉢ 이성관계가 새로운 관심의 대상이지만 동성 간의 친구관계를 더 소중히 여긴다.
  ㉣ 또래와의 연대가 갖는 기능에는 정체감 형성, 인기 획득, 동조감 지지 획득, 우정관계 형성, 활동성 등이 있다.

2 청소년 내담자 특징

(1) 청소년 내담자의 특징 2020년, 2017년, 2016년, 2015년, 2014년 기출 ★

① 상담의 동기 부족 : 자발적인 내담자라기보다는 부모나 학교 등 의뢰된 경우가 대부분이라 상담에 대한 자발성이 낮고 그로 인해 동기가 부족하다. 심지어 상담에 대해 의심과 적대감을 드러내기도 한다.

② 상담자에 대해 부정적인 인식 : 청소년들은 상담자가 자신에 대해 지시와 요구, 훈계나 평가를 하는 부정적인 존재로 인식하여 상담자를 부정적으로 지각하는 경향이 있다.

③ 오랜 시간 집중할 수 있는 지구력 부족 : 청소년들은 여러 회기의 상담에서 요구되는 지구력이 부족하고 상담 장면에서도 집중력의 한계가 있어서 꾸준하게 상담기간에 임하기에 어려움을 가지고 있다.

④ 인지능력 부족 : 연령적으로는 형식적 조작기의 인지능력시기이지만 인지능력이 급격하게 발달됨에 따라 인지능력의 한계가 있고 부족함이 있다.

⑤ 높은 감각적 흥미와 재미 추구 : 청소년들은 즉각적이고 감각적인 부분이 발달되면서 감각적인 흥미와 재미의 추구 정도가 높아져 상담과정에서 이를 충족시키지 못하면 중도하차 되는 경향이 있다.

⑥ 언어의 표현정도 부족 : 청소년들은 인터넷이나 핸드폰 등 문물의 사용으로 인해 자신들만의 언어를 사용하는 빈도가 높아지고 유행어, 비속어, 불건전한 언어습관, 줄임말 등의 친숙함으로 인해 상담시 언어표현정도가 빈약하다. 이에 청소년 내담자들은 언어적 상담뿐 아니라 다양한 매개체를 사용하여 상담을 진행하는 것이 바람직하다.

⑦ 주변 환경의 많은 영향 : 청소년들은 주변에 대해 민감하게 반응하는 시기이고, 부모, 친구, 교사 등의 영향도 많이 받으며 환경적인 영향도 크게 받는다.

⑧ 동시다발적인 관심 : 청소년들은 한 가지에 관심을 지속적으로 갖는 것에 어려움이 있어서 동시적으로 다양한 것들에 대해 관심을 가진다.

⑨ 여러모로 급성장하는 불균형의 시기 : 청소년기는 급속하게 성장하고 발달하는 시기로 신체적 변화의 적응, 정체성의 혼란, 사고의 미성숙, 정서의 불안 등으로 전체적인 불균형을 경험한다.

(2) 청소년 발달과제

① 일반적인 발달과제
  ㉠ **자아정체감 형성** : 자신의 신체적, 지적 능력을 인지하고 자신의 적성을 잘 수용함으로써 자신에 대한 정체성을 형성해야 하는 과제를 가진다.
  ㉡ **사회적인 역할 획득** : 동성과 이성을 포함한 또래친구들과 성숙한 교우관계를 맺으며 사회에서 기대하는 성 역할을 인식하는 등의 사회적인 역할을 획득할 과제를 가진다.
  ㉢ **독립적인 과업 성취** : 부모나 다른 성인들로부터 정서적인 독립을 추구하고, 자신에게 맞는 진로를 선택하고 직업을 준비하며 경제적인 독립, 결혼과 새로운 가족생활을 준비하는 과제를 가진다.
  ㉣ **사회적 가치관과 윤리체계 획득** : 사회적으로 책임질 수 있는 행동을 실천하고 행동지침이 되는 가치관과 이념을 발달시켜야 하는 과제를 가진다.

② 하비거스트(Havighurst)의 발달과제 2015년 기출 ★
  ㉠ 신체적, 정신적 발달에 적응하고 각자의 성 역할과 기능을 인식하고 수용한다.
  ㉡ 또래(동성, 이성)와의 새로운 관계를 형성한다.
  ㉢ 부모나 다른 성인들로부터 정서적이고 정신적인 독립을 한다.
  ㉣ 경제적으로 독립의 필요성을 인정하고 확신을 갖는다.
  ㉤ 진로를 준비하고 직업을 선택하는 데 몰두한다.
  ㉥ 유능한 시민생활을 위한 지식, 기능, 태도, 개념을 발달시키고 습득한다.
  ㉦ 사회적으로 책임 있는 행동에 대해 이해하고 실천한다.
  ㉧ 결혼과 가정생활을 준비한다.
  ㉨ 적합한 가치체계와 윤리관을 확립한다.

(3) 청소년 문제 유형 2016년 기출 ★

① 학업문제
  ㉠ 대부분의 청소년들은 학생신분에 해당하기 때문에 이들은 청소년기 내내 학업문제를 지니고 있다고 볼 수 있다. 청소년상담의 가장 높은 문제 영역 비중도 공부, 학업성적 영역이다.
  ㉡ 학업문제에는 학습방법, 성적저하, 집중력 부족, 시험불안, 학업에 대한 무관심 등이 포함된다.
  ㉢ **학업 중단** : 정규학교를 다니다가 졸업하기 전에 중단하는 것을 의미한다. 개인적인 요인도 있지만 학교적, 사회적 요인 등 환경적인 요인도 크게 작용한다. 학업을 중단한 청소년들은 소속 이탈로 인해 소외감과 좌절감을 경험하고 비행의 위험도가 높아진다.

② 진로문제
  ㉠ 진로라는 말은 한 개인이 생애 동안 일과 관련해서 경험하고 거쳐 가는 모든 체험을 의미하는데, 청소년기는 자신이 평생 어떤 일과 직업을 선택해야 할지 준비하는 시기이므로 진로선택은 매우 중요한 관심사이다.
  ㉡ 진로상담에서는 진로정보탐색에 대한 요구가 큰 편이다.
  ㉢ 청소년기는 자아를 탐색하며 정체감을 성공적으로 달성하는 시기이다. 이 시기에 형성된 새로운 자기인식은 청소년이 일생을 헌신할 만한 진로를 선택하고 결정하는 데 중요한 영향을 미친다. 청소년기에 객관적인 자기 이해를 전제로 한 진로지도는 중요하다.
  ㉣ 청소년들은 신체적·인지적·사회적인 변화를 겪고 있으며 현실과 이상의 괴리로 인해 진로선택에 고민을 하게 되며 막연한 압박감과 두려움을 느낀다.
  ㉤ 청소년들은 자신에 대한 정확한 이해 증진, 직업세계에 대한 이해 증진, 합리적인 의사결정능력 증진, 정보탐색 및 활용능력 함양과 올바른 가치관과 태도를 형성할 필요가 있다.

③ 심리적 부적응 문제
  ㉠ 청소년들은 심리적 고통을 느끼며 불편해 하지만 이를 통제하거나 해결하기 어려워하고, 때로는 심리적 부적응에 있거나 심리적 고통을 전혀 느끼지 못하거나 자신의 문제를 인식하지 못할 수도 있다.
  ㉡ **청소년기 심리적 부적응 유형**
    ⓐ 우울증 : 학업이나 진로, 대인관계 등으로 받는 스트레스가 주원인이며 기분이 저조하거나 슬픔 또는 우울 등의 감정을 직접 표현하기보다는 짜증을 내거나 권태나 무기력한 모습, 수면장애, 섭식장애로 나타날 수 있고, 게임이나 인터넷에 집중하기도 한다.
    ⓑ 자살 : 일시적으로 죽고 싶다는 생각에서 죽으려고 구체적인 계획을 세우는 경우 모두 자살생각이라 하고, 행동으로 옮겨 죽으려고 하였으나 결과적으로 목적을 달성하지 못하는 것을 자살시도라고 한다. 청소년 자살은 다음과 같은 특징이 있다.
      • 외부자극 변화에 민감하여 충동적이다.
      • 사소한 일에도 쉽게 충격을 받아 단순자살경향이 높다.
      • 다분히 감정적이고 모방 자살이 많고, 여학생 비율이 남학생보다 높다.
      • 친구와의 동일시로 인한 집단자살이 많다.
      • 가정의 불화, 성적비관, 신체결함, 경제적 어려움이 원인이며 우울증이나 약물남용도 청소년 자살 원인 중 하나이다.
    ⓒ 섭식장애
      • 신경성 식욕부진증(거식증) : 살찌는 것에 대한 두려움 등으로 인해 최소한의 음식마저 섭취하기를 거부하여 급격하게 체중이 감소하는 질환이다. 강박적, 완벽주의적, 이기적이며 지적인 여성 청소년에게 많이 발생한다.

- 신경성 폭식증 : 한번에 많은 음식을 섭취한 후 불쾌감, 수치감, 죄책감으로 의도적으로 토하거나 부적절한 보상행동을 시도한다. 진단을 위해서는 폭식과 부적절한 보상행동이 3개월 동안 평균적으로 최소 1주일에 두 번 이상 발생해야 한다.

④ 대인관계 문제
  ㉠ 부정적이고 파괴적인 대인관계에서 대처하는 기술이 미숙하여 자신을 보호하지 못하고 관계의 어려움이 발생하게 된다.
  ㉡ 가족관계 문제의 주 대상은 부모와 형제이며 이들의 지나친 통제나 방임, 의존의 관계에서 발생하며 심하면 부모의 폭력과 학대 등의 문제도 있다.
  ㉢ 청소년기는 대인관계가 급격하게 확대되는 시기로 동성친구, 이성친구 관계에서 여러 가지 갈등과 어려움을 겪게 된다. 교우관계 형성의 어려움으로 인한 고립과 불안, 교우와의 의견 차이를 조율하지 못해 갈등의 어려움, 따돌림, 놀림, 폭력 등 다양한 형태의 관계문제가 발생한다.

⑤ 비행 및 일탈 문제
  ㉠ 가출
    ⓐ 18세 미만 청소년이 집을 나와 최소한 하룻밤을 지내는 것이다.
    ⓑ 가출 유형으로는 시위성 가출, 도피성 가출, 추방형 가출, 방랑성 가출, 생존성 가출이 있다.
    ⓒ 부모와의 불화, 별거나 이혼 등의 가족의 구조적, 기능적 결손의 원인이 있으며 교우관계 악화, 학업스트레스, 충동성과 낮은 통제력, 가정 밖 사회 환경적 요인을 들 수 있다.
  ㉡ 학교 폭력
    ⓐ '학교 폭력'이란 학교 안이나 밖에서 학생을 대상으로 발생한 상해, 폭행, 감금, 협박, 모욕, 공갈, 강요, 강제적 심부름, 성폭력, 따돌림, 정보통신망을 이용한 음란, 폭력 정보 등에 의한 신체, 정신, 재산상 피해를 수반하는 행위를 말한다.
    ⓑ 청소년 학교 폭력의 특징
      - 단순한 탈선을 넘어 심각한 범죄단계에까지 이르고 있다.
      - 가해자들이 자신의 행동에 대한 심각정도를 잘 인식하지 못하고 있다.
      - 단독보다는 집단화되는 경향이 있다.
      - 비행청소년들 뿐만 아니라 보통 청소년에게도 쉽게 발견되는 일반화된 비행 유형이 되고 있다.
      - 피해에 대해 적극적으로 알리지 않는 경우가 많아 심각한 이후에 발견되는 경향이 있다.

© 성 문제 `2015년 기출` ★
- ⓐ 청소년들은 신체적 성숙이 완전하게 이루어지지 않은 상태에서 신체적, 생리적인 급격한 변화로 혼란을 경험하여 성인의 행동을 모방하고자 하는 과정에서 여러 가지 성적 일탈행동이 유발된다.
- ⓑ 청소년 성 비행은 행위자가 청소년이기에 문제가 되는 지위비행적 성격과 동시에 법에 위반되는 범죄행위적 행위를 포함하고 있다.
- ⓒ 청소년의 성 문제에 영향을 끼치는 요인으로는 가정의 구조적 요인, 양육방식, 친구관계, 학습과정 등이 있다고 본다.
- ⓓ 성별에 따른 2차성징이 잘 나타나지 않으면 부정적인 신체상을 갖기 쉽다.

② 약물 오·남용 문제
- ⓐ 약물오용 : 처방약물을 임의로 사용하거나 지시대로 사용하지 않는 것을 말한다.
- ⓑ 약물남용 : 쾌락을 추구하기 위해 약물을 사용하거나 과잉으로 사용하는 행위로 내성이 생김에 따라 용량의 증가나 약물의 복합적 남용이 되는 것을 말한다.
- ⓒ 약물의존 : 약물을 지속적으로 사용한 결과 약물사용을 중단하거나 조절하는 행위가 어렵게 된 상태를 말한다.
- ⓓ 약물중독 : 약물에 강박적, 과도한 집착으로 약물 사용을 적절히 통제하거나 조절하는 것이 스스로 도저히 불가능한 상태를 말한다.

⑥ 인터넷 중독 및 게임중독 문제
- ⊙ 미국 피츠버그 대학의 영(Young)은 인터넷 중독을 '중독성 물질이 없는 충동조절장애'로 정의하였다.
- ⓒ 인터넷 중독의 원인으로는 익명성, 개인의 심리적 충동성, 가정과 사회요인, 개방성, 자기통제력 상실, 낮은 자아존중감과 외로움 등을 들 수 있다.
- ⓒ 게임 중독의 원인으로는 유전적 요인, 가정환경, 개인의 성격, 습관적인 게임, 게임중심의 청소년문화 등이 있다.
- ② 게임중독의 증상으로는 게임중단을 놓고 부모와 잦은 싸움, 게임으로 인한 밤샘, 비용마련을 위해 돈을 훔침, 고가 게임 아이템 구입, 게임을 하기 위해 학교를 가지 않는 증상 등이 있다.
- ⑩ 인터넷 중독 청소년을 상담할 때 상담자가 사용할 수 있는 효과적 방법 `2016년 기출` ★
  - ⓐ 인터넷 외 다른 활동을 즐기게 한다.
  - ⓑ 인터넷 사용 시간을 계획하고 실천하게 한다.
  - ⓒ 청소년이 가지고 있는 부정적 정서를 조절하게 한다.
  - ⓓ 인터넷에 몰입하게 된 상황이나 원인에 대해서 알아본다.

⑦ 최근 우리나라 청소년 상담 문제의 전반적인 경향 2014년 기출 ★
　㉠ 비행 상담에서는 학교폭력 관련 문제가 가장 많다.
　㉡ 진로상담에서는 진로정보탐색에 대한 요구가 큰 편이다.
　㉢ 인터넷 중독 등 컴퓨터 사용과 관련된 문제가 증가하고 있다.
　㉣ 또래 관계는 대인관계 문제에서 가장 큰 비중을 차지하는 문제이다.
　㉤ 전체 상담에서 가장 큰 비중을 차지하는 것은 학업, 진로에 관한 고민이다.

3 청소년 상담의 기초

(1) 청소년 상담의 특징

① 청소년 상담의 대상 2019년 기출 ★
　㉠ **청소년**
　㉡ **청소년 관련인** : 부모, 교사, 청소년 지도사 등 청소년의 주변 사람
　㉢ **청소년 관련기관** : 가정, 학교, 청소년 고용업체, 청소년 수용기관, 청소년 봉사기관

> **Plus Study**
> 청소년 상담의 1차적 대상은 청소년이지만 청소년 관련인 및 청소년 관련기관 역시 청소년 상담의 대상이 될 수 있다.

② 청소년 상담의 특징 2021년, 2020년, 2019년, 2018년, 2017년, 2016년, 2015년 기출 ★
　㉠ 청소년 상담에는 건강한 발달과 성장을 돕는 예방적, 교육적 측면이 포함된다.
　㉡ 청소년은 성장과정의 연속선상에 있다는 것을 염두하고 발달단계 특성을 고려한 상담개입 방안을 구성하여 활용한다.
　㉢ 청소년은 환경의 영향을 많이 받는 시기이며 사회변화에 민감하기 때문에 환경의 재적응을 돕는 것이 필요하다.
　㉣ 청소년 내담자는 자발적이기보다는 부모나 교사의 의뢰에 의해 진행하는 경우가 많으므로 가족, 교사, 관련기관과의 협력이 필요하다.
　㉤ 청소년 상담은 청소년 관련 정책에 영향을 받는다.
　㉥ 청소년 상담은 언어적 의사소통 이외에도 다양한 미술치료, 독서치료 등 매체를 통한 다양한 상담접근이 필요하다.
　㉦ 일대일 개인면접뿐 아니라 소규모 혹은 대규모 집단으로 교육과 훈련을 실시한다.
　㉧ 청소년 상담은 성인 상담과 구별되어야 한다.

(2) 청소년 상담의 정의 및 목표

① 청소년 상담의 정의
- ㉠ 상담이란 전문적인 훈련을 받은 상담자가 어려움(인지적, 정서적, 행동적 등)을 겪는 내담자와의 상호작용을 통하여 내담자의 문제해결 및 행복한 삶을 살아가도록 돕는 과정이다.
- ㉡ **청소년 상담의 정의** : 청소년에 대한 이해를 바탕으로 인간적이고 전문적인 자질과 태도를 훈련받은 청소년 상담사가 어려움을 겪고 있는 청소년, 청소년 관련인 및 청소년 기관과 상호작용을 맺으며 청소년의 다양한 문제를 해결해가는 과정이라 할 수 있다.

② 청소년 상담의 목표 2017년, 2016년, 2014년 기출 ★
- ㉠ 상담사와 내담자 간의 합의하에 결정한다.
- ㉡ 목표는 구체적이고 상세하게 작성한다.
- ㉢ 목표달성의 기준이 명확하고 수치화시켜야 측정이 가능하다.
- ㉣ 목표는 행동 계획에 의해 실천계획을 수립한다.
- ㉤ 목표는 현실적이고 실현가능해야 한다.
- ㉥ 시기별로 추진계획을 세워 중간점검이 가능해야 한다.

③ 청소년 상담의 기능
- ㉠ **교육 및 발달적 기능** : 내담자가 바람직한 방향으로 행동을 변화시키고 성장할 수 있도록 발달적인 측면을 고려한 교육적인 기능을 가지고 있다.
- ㉡ **진단 및 예방적 기능** : 내담자의 부적응문제의 원인이 무엇인지 정확하게 진단하여 그에 적절한 개입을 시도하고 더불어 문제행동을 사전에 예방할 수 있는 기능이 있다.
- ㉢ **교정적 기능** : 내담자의 올바르지 못한 생각이나 행동을 바람직하게 수정하고 해결할 수 있도록 하는 기능이 있다.
- ㉣ **치료적 기능** : 내담자가 겪고 있는 심리적 고통이나 부적응의 증상들을 제거하고 치료하는 기능이 있다.

(3) 청소년 상담의 원리 및 과정

① 청소년 상담의 원리
- ㉠ **개별화의 원리**
  - ⓐ 내담자 개개인의 독특한 특성을 이해하고 상담 시 개인차에 따라 상이한 원리나 방법을 활용하는 것이다. 상담 방법 또한 내담자의 개인차에 따라 달라져야 함을 의미한다.
  - ⓑ 개별화 수단
    - 내담자의 성별, 직업, 나이에 따라 면접시간 조정하기
    - 내담자를 위한 개별 환경 조성하기

- 내담자와 약속 시간 준수하기
- 면접을 위한 사전 준비 철저히 하기

ⓒ **수용의 원리**
  ⓐ 내담자의 강점, 약점, 바람직한 성격, 긍정적·부정적 감정, 파괴적 행동 등 있는 그대로 이해하고 다뤄나가는 것이다.
  ⓑ 수용의 대상과 판단
  - 수용의 대상은 '선한 것'이 아니라 '있는 그대로의 것'이다.
  - 내담자의 일탈행동과 행동을 허용한다는 것이 아니라, 그것에 대해 '좋다', '나쁘다' 비판하지 않고 일단 아무런 판단을 하지 않는다는 정도이다.
  - 상담자는 윤리와 법, 전문적 가치에 의거하여 바람직한 것과 수용할 수 있는 것에 대한 기준을 가져야 한다.

ⓒ **자기결정의 원리**
  ⓐ 상담자는 내담자의 자기결정권을 존중하여 내담자 스스로 해결책을 선택하고 의사결정을 할 수 있도록 해야 한다.
  ⓑ 자기결정의 제한
  - 내담자의 신체적, 정신적 능력을 넘어서는 자기결정 능력을 기대할 수 없다.
  - 법률적 도덕적 제한이 있으며 사회 기관의 규정에 따라야 한다.

ⓔ **비판적 태도의 금지 원리(비심판적 태도의 원리)**
  ⓐ 상담자는 내담자의 행동과 태도, 가치관 등을 평가할 때 객관적이고 중립적인 자세를 유지해야 한다.
  ⓑ 비심판적 태도의 장애요인
  - 편견이나 선입견
  - 성급한 확신
  - 다른 사람과의 비교
  - 내담자의 부정적 감정 표현

ⓜ **비밀보장의 원리**
  ⓐ 상담사는 상담 과정에서 얻은 정보를 내담자의 성장과 발달을 위한 목적을 제외하고 사용 또는 공개해서는 안 된다.
  ⓑ 비밀보장의 예외조건
  - 내담 청소년이 신체적, 정신적, 성적 학대를 받았을 때
  - 청소년의 부모나 보호자의 요청이 있을 때
  - 법원의 요구가 있을 때
  - 내담 청소년의 범죄 사실이 드러날 때

- 내담 청소년이 법정 질병에 감염된 사실이 드러날 때
- 내담 청소년이 자신과 타인을 해하려고 할 때

ⓑ **의도적인 감정표현의 원리**
  ⓐ 내담자의 감정 표현을 위해 상담자가 통제된 수준에서 정서적으로 관여하는 것이다.
  ⓑ 상담자의 역할
  - 편안한 분위기를 만든다.
  - 감정표현을 진지한 자세로 경청하고 지지한다.
  - 부정적 감정에도 주의를 기울인다.
  - 섣부른 충고나 해결책을 제시하지 않는다.
  ⓒ 정서적 관여의 구성요소
  - 민감성 : 생각을 민감하게 파악하고 적절히 대처한다.
  - 이해 : 내담자의 주관적 경험에 대한 감정을 인지하고 정확한 의미를 포착한다.
  - 반응 : 감정적인 변화에 호응한다.

② **청소년 상담과정(Brammer 8단계)**
  ㉠ 준비와 시작의 단계
  ㉡ 명료화의 단계
  ㉢ 구조화의 단계
  ㉣ 관계심화의 단계
  ㉤ 탐색의 단계
  ㉥ 견고화의 단계
  ㉦ 계획화의 단계
  ㉧ 종결의 단계

(4) 청소년 상담자의 자질 및 태도

① **청소년 상담자의 기본 자질** 2021년, 2020년, 2015년 기출 ★
  ㉠ 인간적인 자질
    ⓐ 인간에 대한 깊은 이해와 존중 및 타인에 대한 온정과 수용의 태도
    ⓑ 자기에 대한 이해와 수용
    ⓒ 삶의 역설적인 면을 볼 수 있는 감각
    ⓓ 성숙한 대인관계와 사회적 관심
    ⓔ 상담에 대한 건전한 동기 및 열의
    ⓕ 상담자의 욕구보다 내담자의 욕구를 우선하는 자기 부정의 능력
    ⓖ 다양한 감정을 인식할 수 있는 정서적 통찰력

ⓗ 적극적 경청능력, 대화능력 및 유머감각
ⓘ 치료적 도구로서의 상담자, 본보기로서의 상담자
ⓙ 호기심과 탐구심

ⓒ **전문가적 자질** 2016년, 2014년 기출 ★
ⓐ 전문가적 소양 및 객관적 평가능력
ⓑ 심리학적 지식
ⓒ 상담이론에 대한 이해
ⓓ 심리검사, 진단분류체계에 대한 이해
ⓔ 상담을 효율적으로 진행하는 방법과 절차에 대한 이해
ⓕ 사회학 및 문화인류학적인 지식
ⓖ 내담자의 문화적 차이에 대한 이해
ⓗ 상담법과 상담상황에서의 지켜야 할 윤리규정의 숙지
ⓘ 조직에 관한 실무지식 및 행정능력과 연구능력
ⓙ 사례관리 방법숙지

② **청소년 상담자의 태도** 2016년, 2015년, 2014년 기출 ★
㉠ 상담자로서의 전문성뿐 아니라 호감을 주는 태도를 가져야 한다.
㉡ 청소년의 발달특성과 행동에 대한 이해를 지니고 있어야 한다.
㉢ 내담자가 겪고 있는 어려움과 비슷한 문제를 해결하지 못한 경우 내담자를 다른 상담자에게 의뢰한다.
㉣ 상담자는 자신이 어떤 사람이며 그것이 내담자에게 어떤 영향을 주는지 알고 있을 필요가 있다.
㉤ 상담이 무엇인지 내담자에게 설명하고 자신의 전문가로서 한계를 분명히 한다.
㉥ 상담의 목표는 내담자와 합의 하에 설정한다.
㉦ 내담자와 관계 맺기를 위해 개방적 자세를 취한다.
㉧ 상담자가 말한 것을 청소년 내담자가 이해하고 있는지 피드백을 통해 점검한다.

(5) 청소년 상담의 윤리 2018년, 2017년, 2016년, 2015년, 2014년 기출 ★
① 청소년 상담자의 윤리문제의 이해
㉠ 윤리란 인간의 품행과 도덕적 의사결정에 관한 철학에 속해 있는 규율이다.
㉡ 상담자 윤리의 핵심은 상담자가 상담서비스를 제공하기에 충분한 능력이 있는가, 즉 상담자가 내담자의 어려움을 감소시키기 위한 태도와 기술을 가지고 있는가 하는 점이다.
㉢ 상담과정에서 여러 가지 문제와 갈등을 해결하기 위해서는 상담자와 내담자를 보호하면서 지침에 의한 윤리적 판단을 내려야 한다.

② 키치너(Kitchener)의 윤리적 결정원칙 2016년 기출 ★
  ㉠ **자율성** : 내담자가 스스로 자신의 삶의 방향을 정하고 자발적인 의사결정을 하는 것으로 타인의 권리를 해치지 않아야 한다.
  ㉡ **무해성** : 내담자를 힘들게 하거나 고통스럽게 하지 않으며 상담자는 내담자에게 해를 끼치는 행동을 피해야 한다.
  ㉢ **선의성(덕행)** : 내담자들이 자신의 사회와 문화권 안에서 성장하고 발전하는 데 기여하도록 하는 것과 관련되어 있으며 상담자는 내담자의 안녕과 복지를 증진시키기 위해 선한 일을 해야 한다.
  ㉣ **공정성(정의)** : 내담자의 인종, 성별, 재정상태, 종교 등에 의한 영향을 받지 않고 편향되지 않아야 하며 내담자는 평등하고 공정하게 보장받아야 한다.
  ㉤ **충실성(성실성)** : 상담자는 내담자와의 약속을 성실하게 지키고, 내담자를 존중하며 관계에 충실해야 한다.

③ 상담에 대한 사전 동의가 필요한 사항 2018년 기출 ★
  ㉠ 비밀보장과 비밀보장의 예외사항
  ㉡ 상담자의 학위와 경력, 이론적 지향
  ㉢ 상담 약속과 취소 및 필요 시 연락 방법
  ㉣ 내담자가 본인 상담 자료를 열람할 수 있는 권리
  ㉤ 상담 비용과 지불방식
  ㉥ 치료기간과 종결 시기

④ 윤리적 갈등상황 시 상담자가 취해야 할 행동 2017년 기출 ★
  ㉠ 관련된 윤리규정을 찾아 적용하기
  ㉡ 상급자 혹은 기관의 책임자와 의논하기
  ㉢ 윤리적 결정을 내리게 된 근거, 과정에 대해 기록하기

Plus Study • 청소년상담사 윤리강령 2021년, 2018년, 2017년, 2016년, 2015년, 2014년 기출 ★

청소년상담사는 청소년의 정서, 인지, 행동 발달을 조력하는 유일한 상담전문 국가자격증이다. 청소년상담사는 항상 청소년과 그 주변인들에게 인간으로서의 존엄성을 높이고자 노력할 것이며, 청소년이 스스로 결정할 수 있도록 도와줄 것이며, 청소년이 행복할 수 있도록 기회를 제공하는 데 최선을 다할 것이며, 청소년의 아픔과 슬픔에 대해 청소년상담사로서의 책임을 가슴에 새길 것입니다.
청소년상담사는 청소년이 사랑하는 가족, 이웃과 더불어 행복하게 살아갈 수 있도록 지원하기 위해 다음과 같이 윤리규정을 숙지하고 준수할 것을 다짐합니다.

Ⅰ. 목 적
1. 청소년상담사의 책임과 의무를 분명하게 제시하여 내담자를 보호한다.
2. 청소년상담사가 직무 중에 발생하는 문제를 처리할 수 있는 기준을 제공한다.
3. 청소년상담사가 자신의 사생활과 인격을 보호하는 근거를 제공한다.
4. 청소년상담사의 활동이 전문직으로서의 상담의 기능 및 목적에 저촉되지 않도록 기준을 제공한다.
5. 청소년상담사의 활동이 지역사회의 도덕적 기대에 부합하도록 준거를 제공한다.

Ⅱ. 청소년상담사로서의 전문적 자세 2016년 기출 ★

1. 청소년상담사의 책임
① 청소년상담사는 청소년기본법에 따라 청소년의 권리와 책임을 다할 수 있게 지원해야 한다.
② 청소년상담사는 자기의 능력 및 기법의 한계를 인식하고, 전문적 기준에 위배되는 활동을 하지 않도록 한다.
③ 청소년상담사는 검증되지 않고 훈련받지 않은 상담기법의 오·남용을 삼간다.
④ 청소년상담사는 현행법이 윤리강령을 제한한 경우는 현행법을 우선적으로 적용하지만 윤리강령이 보다 엄격한 기준을 설정하고 있다면, 윤리강령을 따른다.
⑤ 청소년상담사는 청소년상담사 윤리강령에 어긋나는 사실을 알게 된 경우 청소년상담사의 의무에 준하여 윤리위원회에 보고해야 한다.

2. 품위유지의 의무 2018년 기출 ★
① 청소년상담사는 전문상담자로서 품위를 손상하는 행위를 하지 않는다.
② 청소년상담사는 동종에 종사하는 자와 협력하여야 한다.

3. 상담관계
① 청소년상담사는 자신의 법적·도덕적 한계를 벗어난 다중 관계를 맺지 않는다.
② 청소년상담사는 청소년 내담자에게 무력, 정신적 압력 등을 사용하지 않는다.
③ 청소년상담사는 상담적 배임행위(내담자 유기, 동의를 받지 않은 사례 활용 등)를 하지 않는다.
④ 청소년상담사는 외부 지원이 적합하거나 필요할 때 의뢰를 요청할 수 있으며 의뢰에 대해 청소년 내담자와 부모(보호자)에게 알리고 서비스를 받도록 노력한다.
⑤ 매체(전화, 인터넷, 모바일 폰 등)를 활용한 서비스 지원에 있어 위해 요소로부터 청소년을 보호하기 위한 신뢰할 수 있는 조치를 취한다.

4. 부모/보호자와의 관계
① 청소년상담사는 부모(보호자)이 권리와 책임을 존중하고, 청소년 내담자의 성장을 최대한 촉진시키기 위해 부모(보호자)에게 상담자의 역할에 대해 설명하여 협력적인 관계를 성립하도록 노력한다.
② 청소년상담사는 내담자의 성장과 복지에 필요하다고 판단된 경우에 한해 부모(보호자)에게 정확하고, 종합적인 정보를 제공한다.

5. 자격과 수련
① 청소년상담사는 자신의 전문성을 유지하기 위해 법적으로 정해진 보수교육에 반드시 참여한다.
② 청소년상담사는 다양한 사람들을 상담함에 있어 상담에 필요한 이론적 지식, 전문적 실습, 연구능력을 향상시키기 위한 교육, 자문, 훈련 등의 지속적인 노력을 추구한다.

Section 01 청소년 상담의 이해

Ⅲ. 비밀보장

1. 사생활과 비밀보장의 의무
① 청소년상담사는 내담자의 부모(보호자)의 사생활과 비밀보장에 대한 권리를 최대한 존중해야 한다.
② 청소년상담사는 고용인, 수퍼바이저, 직원 등 주변인에게도 내담자의 사생활과 비밀이 보호되도록 주지시킨다.
③ 청소년상담사는 청소년 내담자 상담 시 사전에 상담에 대한 내담자의 동의를 받고 상담 과정에 부모나 보호자가 참여할 수 있으며, 비밀보장의 한계에 따라 정보를 제공할 수 있음을 알린다.
④ 청소년상담사는 청소년 내담자 상담 시, 상담의뢰자(교사, 경찰 등)에게 내담자의 동의를 얻어 정보를 제공할 수 있다.
⑤ 청소년상담사는 비밀보장의 의미와 한계에 대하여 청소년 내담자의 발달단계에 적합한 용어로 알기 쉽게 설명해 주어야 한다.

2. 비밀보장의 한계   2020년 기출 ★
① 청소년상담사는 상담 시 비밀보장의 1차적 의무를 내담자의 보호에 두지만, 비밀보장의 한계에 있어 청소년의 부모(보호자)에게 공개할 수 있다.
② 비밀보장의 한계가 있는 경우는 다음과 같다.
- 청소년상담사는 내담자의 생명이나 사회의 안전을 위협하는 경우, 비밀을 공개하여 안전을 확보한다.
- 청소년상담사는 법적으로 정보의 공개가 요구되는 경우, 내담자의 허락을 득하고 최소한의 정보만을 공개한다.
- 청소년상담사는 내담자에게 감염성이 있는 치명적인 질병이 있을 경우, 그 질병에 노출되어 있는 제3자에게 정보를 공개할 수 있다.

3. 기록 및 녹음의 보관과 양도
① 청소년상담사는 내담자에게 전문적인 서비스를 제공하기 위해 상담 내용을 기록하고 보관한다.
② 청소년상담사는 기록 및 녹음에 관해 내담자의 사전 동의를 구한다.
③ 청소년상담사는 면접기록, 심리검사 자료, 편지, 녹음·녹화 테이프, 기타 문서기록 등 상담과 관련된 기록을 보관하고 처리하는 데 있어서 비밀이 보장되어야 한다.
④ 청소년상담사는 내담자의 동의 없이는 상담의 기록을 제3자나 기관에 공개하지 않는다.
⑤ 청소년상담사는 내담자와 보호자가 상담 기록의 삭제를 요청할 경우 법적, 윤리적 문제가 없는 한 삭제하여야 한다. 상담 기록을 삭제하지 못할 경우 타당한 이유를 내담자와 보호자에게 설명해 주어야 한다.
⑥ 청소년상담사는 퇴직, 이직 등의 이유로 상담을 중단하게 될 경우 기록과 자료를 적절한 절차에 따라 기관이나 전문가에게 양도한다.

Ⅳ. 수퍼비전과 심리검사

1. 자문 및 수퍼비전
① 청소년상담사는 자신의 사례에 대해 보다 나은 전문적 상담을 위해 내담자의 동의를 구한 후, 내담자에 대해 사실적이고 객관적인 정보만을 사용하여 동료나 수퍼바이저에게 자문을 받는다.
② 청소년상담사는 비밀보호의 예외 및 한계에 관한 타당성이 의심될 때에 동료 및 수퍼바이저의 자문을 구한다.
③ 청소년상담사는 내담자를 의뢰할 수 있는 전문가, 협회 및 기타 지지자원을 알고 있으며, 이를 활용한다.

2. 심리검사
① 청소년상담사는 심리검사를 실시하고 해석할 수 있는 능력을 배양해야 한다.
② 검사 도구를 선택, 실시, 해석함에 있어서 모든 전문가적 기준을 고려하여 사용한다.
③ 청소년이 이해할 수 있는 언어로 심리검사의 잠재적 영향력, 결과, 목적, 성격에 대한 설명을 제공한다.
④ 심리검사 결과 해석의 사용을 감독하고, 다른 이들이 그 정보를 오용하지 않도록 적합한 절차를 취한다.

Ⅴ. 지역사회 참여 및 제도 개선에 대한 책임

1. 지역사회를 돕는 전문가 역할
① 청소년상담사는 경제적 이득이 없는 경우에도 청소년의 최선의 유익을 위하여 지역사회의 기관, 조직 및 개인과 협력하고 사회 공익을 위해 전문적 활동에 헌신함으로써 사회에 공헌하도록 한다.
② 청소년상담사는 자문을 요청한 내담자나 기관의 문제 혹은 잠재된 사회문제를 규명하고 해결하는 데 도움을 준다.
③ 청소년상담사는 내담자가 다른 정신건강 전문가와 상담을 받고 있음을 알게 되면, 내담자의 동의하에 그 전문가와 긍정적이고 협력적인 관계를 맺도록 노력한다.

2. 제도 개선 노력
① 청소년 관련법과 정책 개선의 노력
　청소년상담사는 청소년 및 복지관련 법령, 정책 등의 적용과 개선을 위해 노력한다.
② 청소년상담사 자격제도 개선의 노력
　청소년상담사는 자격검정 및 연수 등 청소년상담사 자격제도 개선을 위해 노력한다.

Ⅵ. 상담기관 설립 및 운영

1. 상담기관 운영자의 역할
① 상담기관 운영자는 직원이나 학생, 수련생, 동료 등을 교육, 감독하거나 평가 시에 착취하는 관계를 가져서는 안 된다.
② 상담기관 운영자는 자신과 현재 종사하고 있는 직원의 발전에 책임이 있다.
③ 상담비용을 책정할 때 내담자의 재정상태와 지역성을 고려해야 한다.

2. 상담기관 종사자의 역할
① 청소년상담사는 자신이 종사하는 기관의 목적과 운영방침을 따라야 하며, 기관의 성장 발전을 위해 노력해야 한다.
② 청소년상담사는 고용기관에 손해를 끼칠 수 있는 상황이나 기관의 효율성에 제한을 줄 수 있는 상황에 대해 미리 알려주어야 한다.

Ⅶ. 연구 및 출판

1. 연구 활동
① 청소년상담사는 청소년 문제 해결을 위해 윤리적 기준에 따라 과학적인 방법으로 연구를 계획하고 수행한다.
② 청소년상담사는 연구 대상자를 심리적·신체적·사회적 불편이나 위험으로부터 보호하여야 하며, 연구대상자의 요구가 있을 경우 연구 결과나 결론 등을 제공하여야 한다.

2. 출판 활동
① 청소년상담사는 연구결과를 출판할 경우에 자료를 위조하거나 결과를 왜곡해서는 안 된다.
② 청소년상담사는 투고논문, 학술발표원고, 연구계획서를 심사할 경우 제출자와 제출내용에 대해 비밀을 유지하고 저자의 저작권을 존중한다.

Ⅷ. 청소년상담사 윤리위원회

1. 윤리위원회의 구성은 윤리위원회 규정에 따른다.
2. 윤리위원회의 기능
　① 청소년상담사 윤리강령 보급
　② 청소년상담사 윤리강령 심의·수정
　③ 윤리강령 위반 행위에 대한 접수·처리·의결
　④ 윤리위원회는 청소년기본법과 윤리위원회 규정이 정한 절차에 따라 자격의 박탈, 정지 등의 징계를 할 수 있다.
　⑤ 청소년상담사는 윤리위원회의 조사, 요청, 소송절차에 협력한다.
　⑥ 윤리위원회의 활동에 대해서는 윤리위원회 규정을 제정하여 이에 따른다.

Ⅸ. 청소년 사이버상담

1. 사이버상담에서 비밀보호의 한계
① 사이버상담자는 상황들이 내담자의 사적인 정보 공개를 요구할 때 오직 기본적인 정보만을 밝힌다. 더 많은 사항을 밝히기 위해서는 사적인 정보의 공개에 앞서 내담자와 보호자에게 알린다.
② 운영 특성상, 한 명의 내담자가 여러 명의 사이버상담자를 만나게 되는 경우 상담자들 간에 정보를 공유할 수 있음을 내담자에게 알린다.
③ 사이버상담자는 해킹이나 사이트를 통해 들어오는 바이러스는 컨트롤 할 수 없으므로, 인터넷 상에서 완벽하게 보안을 유지하는 데 한계가 있음을 내담자에게 알리고, 이에 대한 대안적인 서비스 방법에 대해 논의해야 한다.

2. 사이버상담기록의 보존 및 활용
① 사이버상담 운영기관은 상담기록의 보관여부와 보존연한에 대해 알릴 필요가 있다.
② 사이버상담 운영기관이나 연구단체는 상담기록 및 보관에 관한 규정을 작성해야 하며, 그렇지 않을 경우 상담기록은 사이버상담자가 속해있는 기관이나 연구단체의 기록으로 간주한다. 사이버상담자는 내담자 혹은 보호자가 기록에 대한 열람이나 상담기록 인쇄물을 요구할 경우, 그 기록이 내담자에게 잘못 이해될 가능성이 없고 내담자와 상담자가 해가 되지 않으면 응하는 것이 원칙이다.

3. 사이버상담에서의 내담자 신분확인
① 사이버상담자는 만약에 있을지 모르는 위기개입 등의 상황을 대비하기 위해서 내담자의 신분을 확인할 방법을 가지고 있어야 한다.
② 사이버상담운영기관에서는 이용자가 다른 사람의 신분을 도용하지 않도록 절차를 마련해야 한다.

4. 사이버상담에서의 위기개입
① 사이버상담자는 내담자가 자해, 자살, 폭행, 살인 등 자신 및 타인에게 심각한 위험을 끼칠 가능성이 있는 경우, 내담자(또는 타인)의 안전 확보를 위해 다음과 같은 조치를 취해야 한다.
- 사이버상담자는 내담자의 보호자에게 해당 사실을 신속히 알리고, 협조체제를 구축하여 합리적인 조치를 취해야 한다.
- 사이버상담자는 내담자가 언제든지 도움을 요청할 수 있는 긴급연락망(상담자, 1388, 112, 119, 지역사회 전문가)을 구축하여 긴급 지원이 필요한 경우, 유관기관 전문가의 도움을 구할 수 있다.

② 사이버상담자는 내담자의 안전 및 안녕을 위해 만 19세 미만 내담자의 성범죄와 아동학대 피해 또는 가해 사실을 알게 될 경우, 해당 사실을 수사기관에 신고해야 한다.

5. 사이버상담의 지속
① 사이버상담이 내담자에게 부적절하다고 간주될 경우, 상담자는 대면상담 연계 등 이에 적절한 서비스 연계를 고려한다.
② 사이버상담자의 개인적인 문제(기관 이전, 이직 등)로 내담자를 적절하게 도와줄 수 없을 때에는 다른 상담자나 정신건강 전문가에게 의뢰하는 등 내담자를 도울 수 있는 방법을 강구한다.

Section 02 청소년 상담이론

> **학습목표**
> 청소년 상담이론인 정신분석, 아들러의 개인심리학, 행동주의, 인간중심, 합리정서행동, 인지행동, 실존주의, 게슈탈트, 교류분석, 현실치료, 해결중심, 여성주의상담에 대한 개요, 인간관, 주요개념, 상담목표, 상담과정, 상담기법 등을 알아본다.

1 정신분석 상담

(1) 개요 2014년 기출 ★
① 정신분석 상담은 지그문트 프로이트(Sigmund Freud)에 의해 시작되었다.
② 표면적 문제보다는 문제를 만들어낸 원인에 관심(근원적, 심층적)을 두고 그 원인을 찾아서 제거하는 데 초점을 두었다.
③ 초기 아동기인 0세부터 6세까지 어떤 경험을 하느냐에 따라 성격이 형성된다는 이론을 주장하면서 아동기경험이 중시되었다.
④ 인간의 마음 안에 우연히 일어나는 것이 없고 모든 정신적 형상은 반드시 어떤 원인이 있다. 이 원인을 알면 그 사람의 행동을 이해할 수 있게 된다.

(2) 인간관
① **생물학적 존재** : 인간의 행동과 사고, 감정은 생물학적 본능에 지배를 받는다. 본능은 행동을 추진하고 방향짓는 동기로 크게 성적 본능(리비도 : 삶의 본능)과 공격적 본능(타나토스 : 죽음의 본능)의 역할을 강조하였다.
② **결정론적 존재** : 인간의 행동은 비합리적인 힘, 무의식적 동기, 그리고 생후 6년 동안 주요한 심리성적 사상에 의해 전개된 본능적 충동에 의해 결정된다고 본다.
③ **갈등론적 존재** : 인간의 세 자아[원초아(Id), 자아(Ego), 초자아(Superego)]가 갈등하는 존재로 보았다.
④ **무의식적 존재** : 사람들이 겪는 심리적 문제는 무의식이 작용한 결과로 무의식의 저장고에 있어야 할 고통스런 기억들이 방어력이 약해진 틈을 타 의식 상태로 올라오려는 과정에서 심리적 증상이 형성된다.

(3) 주요 개념
① 의식 구조
  ㉠ **의식** : 빙산의 일각, 개인이 각성하고 있는 순간의 기억, 경험 등이 해당된다.
  ㉡ **전의식** : 보통 의식되고 있지 않지만 주의를 기울이면 의식될 수 있는 정신세계이다.

ⓒ **무의식** : 인간 정신의 심층에 잠재, 가장 큰 비중을 차지하고 있으며 가장 강력하고 정신세계의 가장 깊고 중요한 역할을 감당한다. 이 무의식은 개인의 행동을 지배하고 행동방향을 결정한다.

② **성격 구조**
  ㉠ **원초아(id)** : 쾌락의 원칙을 가지고 있으며 먹고 마시고 잠자는 등의 본능이다.
  ㉡ **자아(ego)** : 현실적이며 합리적으로 원초아와 초자아를 조절하는 기능을 한다.
  ㉢ **초자아(superego)** : 이상적·도덕적·규범적이며 부모의 영향으로 받은 가치관이 작용한다.

> **Plus Study** ● 정신분석 상담의 지배 원리
> - 원초아(id) : 쾌락의 원리로 본능적 욕구들을 지체 없이 즉각적이고 직접적으로 충족시키고자 한다.
> - 자아(ego) : 현실의 원리로 현실에 맞는 합리적인 방식으로 욕구충족을 하거나 지연하거나 다른 것으로 대체한다.
> - 초자아(superego) : 양심의 원리로 옳고 그른가에 대한 사회적 기준을 통합하며 이상을 추구한다.

③ **성격 발달(심리 성적 발달단계)**
  ㉠ **구강기** : 출생~18개월
    성적 에너지가 구강 주위에 집중하는 시기로 빨거나 마시거나 핥으며 쾌감을 경험한다.
  ㉡ **항문기** : 18개월~3세
    성적 욕구가 항문에 집중하는 시기로 배변훈련의 중요성을 강조한다. 부모의 규칙 학습, 도덕적 규범을 습득한다.
  ㉢ **남근기** : 3~6세
    성적 관심이 성기주위로 집중하면서 이성의 부모에 대한 연애적 감정과 행동을 보이고 동성의 부모에 대해서는 적대적 감정이 일어나는 시기이다. 건강하게 동성에 대한 부모를 동일시하지 못하고 이성부모를 동일시하게 되면 남아는 오이디푸스 콤플렉스, 여아는 엘렉트라 콤플렉스가 된다.
  ㉣ **잠복기** : 7~12세
    학교에 가면서 성적 관심은 학교, 놀이친구, 운동 등 새로운 활동에 대한 관심으로 바뀐다.
  ㉤ **성기기** : 13세 이후
    ⓐ 청소년기가 되면서부터는 성기에 집중하는 시기로 일평생 지속된다.
    ⓑ 잠재되었던 리비도가 활성화되면서 이성에 대한 관심이 증가되고 노쇠할 때까지 계속된다.

④ **자아방어기제** : 원초아(id)와 자아(ego), 초자아(superego)가 지속적으로 갈등이 일어나면 심적인 불안이 생기게 된다. 이때 자아는 이 불안으로부터 자신을 보호하고 마음의 평정을 회복하기 위해 무의식적으로 불안을 방어하는 기제를 만들어낸다. 이를 자아방어기제라 한다.

2020년 기출 ★

자아방어기제

억압	의식에서 용납하기 힘든 생각, 욕망, 충동들을 무의식으로 눌러 넣어버리는 것
부정	고통을 주는 사실을 부인하는 것
투사	자신의 심리적 속성이 타인에게 있다고 보는 것
치환	전혀 다른 대상에게 자신의 욕구를 발산하는 것 예 '종로에서 뺨맞고 한강에서 화낸다.'
반동형성	겉으로 나타나는 태도나 언행이 마음속의 욕구와 반대되는 것
퇴행	마음의 상태가 낮은 발달단계로 후퇴하는 것
합리화	잘못된 견해나 행동이 그럴 듯한 이유로 정당하게 되는 것
해리	마음을 불편하게 하는 성격의 일부가 그 사람의 의식적 지배로부터 벗어나 다른 독립된 성격인 것처럼 행동하는 것
유머	자신이나 타인에게 불쾌한 감정을 느끼지 않게 하면서 자신의 느낌을 즐겁게 공개적으로 표현하는 것
승화	참기 어려운 충동에너지를 사회적으로 용납되는 형태로 돌려쓰는 것
억제	의식적, 반의식적으로 특정한 사실을 잊으려고 노력하는 것
수동/공격적 행동	다른 사람에 대한 공격성이 소극적을 통해 간접적으로 표현되는 것
신체화	무의식의 갈등이나 욕망이 의식으로 올라오지 않으며 신체증상으로 표현되는 것
주지화	고통스럽고 불편한 감정에 대해 단어, 정의, 이론적 개념 등을 사용하는 것

⑤ **불안** : 원초아(Id), 자아(Ego), 초자아(Superego) 간의 갈등이 야기되면 불안이 발생한다. 불안은 현실적 불안, 신경증적 불안, 도덕적 불안으로 구분된다. 2021년, 2019년, 2016년 기출 ★

㉠ **현실불안** : 실제적이고 현실적인 불안을 말한다.
   예 눈이 내린 가파른 내리막길에서 넘어질 것 같은 불안감

㉡ **신경증적 불안** : 자아와 이드의 갈등으로 자아가 본능적 충동을 통제하지 못해 불상사가 생길 것 같은 위협에서 오는 불안이다.

㉢ **도덕적 불안** : 원초아와 초자아 간의 갈등에서 비롯된 불안이다.

(4) 상담 목표 2016년 기출 ★

① **무의식의 의식화** : 표면적인 문제보다 심층적인 원인을 파악해야 한다고 보았기에 현재 문제와 관련된 과거에 억압된 갈등에 대해 무의식을 깊이 탐색해 가면서 이를 의식화한다.

② **자아 강화** : 자신의 성격구조를 탐색하여 본능의 충동에 따르지 않고 현실에 맞게 행동하도록 자아를 강화시키는 성격 구조로 수정한다.

③ **억압된 충동 자각** : 내담자의 불안을 야기시키는 억압된 충동을 자각하도록 한다.

(5) 상담의 과정 2017년 기출 ★

① 초기 단계
   ㉠ 상담자와 내담자의 신뢰관계를 형성하면서 치료동맹 관계를 맺는 것은 중요하다.
   ㉡ 치료동맹은 내담자의 어떠한 감정, 동기, 사고에 대해서도 비판하지 않고 있는 그대로 수용하고 이해할 때 더 깊어진 관계를 가질 수 있다.

② 전이 단계
   ㉠ 신뢰관계가 돈독해지면 내담자는 어릴 적 중요한 사람에게 가졌던 욕구와 감정을 상담자에게 반복하려고 한다. 이런 상태를 전이라고 한다.
   ㉡ 전이가 일어나면 상담관계는 비현실적이 되면서 내담자는 어릴 적 중요한 사람에게 가졌던 욕구를 상담자에게 충족하고자 한다.
   ㉢ 상담자는 내담자의 전이에 대한 욕구를 알아차리고 중립적 태도를 취하며, 해석 및 관찰자 역할로 전이욕구를 좌절시킨다.
   ㉣ 내담자는 욕구의 좌절을 견디기가 힘들어서 다양한 방법으로 저항을 한다.

③ 통찰 단계
   ㉠ 내담자는 자신의 의존 욕구나 사랑 욕구의 좌절 때문에 상담자에게 적개심을 표현하는 모험을 시도한다.
   ㉡ 이를 통해 자신의 숨은 동기를 파악하고 통찰하게 된다.

④ 훈습 단계
   ㉠ 내담자의 저항을 정교하게 탐색한다.
   ㉡ 통찰을 했다고 문제가 해결되는 것은 아니다. 통찰한 것을 실제 생활로 옮겨 가는 과정이 훈습 단계이다.
   ㉢ 훈습 단계를 통해 내담자의 행동 변화가 어느 정도 안정되면 종결을 준비한다.

(6) 상담자의 역할

① 내담자의 떠오르는 생각, 심상, 느낌을 왜곡, 검열, 억제, 판단 없이 자유롭게 표현하도록 한다.
② 내담자는 무의식적으로 상담자를 마치 자기의 부모나 중요인물로 생각하고 행동하는데, 이를 전이라고 한다. 전이를 만드는 동시에 해석을 통하여 전이를 좌절시키는 과정이 핵심이다.
③ 어떤 형태로 심리적 저항을 나타내는지 관심을 기울이며 저항을 다루어 준다.
④ 내담자의 자유로운 표현 속에서 내담자의 성격구조와 역동관계를 이해하고 심리적 문제의 윤곽을 파악하여 해석하며 관찰자로서 거울이 되어 준다.

(7) 상담 기법

① **자유연상(Free Association)**
  ㉠ 내담자로 하여금 떠오르는 생각이나 느낌을 의식적으로 검열하지 않고, 그대로 표현하게 함으로써 무의식적으로 어떤 의미를 지니는지 이해하게 된다.
  ㉡ 무의식적 소망, 동기, 갈등 등을 의식화시키는 데 사용한다.

② **꿈(Dream) 분석**
  ㉠ 수면 중에는 방어가 허술해져 억압된 무의식적 욕구와 감정들이 꿈으로 표면화된다.
  ㉡ 꿈을 해석하여 증상의 의미나 상태를 깨닫도록 한다.

③ **해석(Interpretation)** 2018년, 2016년 기출 ★
  ㉠ 꿈, 자유연상, 저항, 전이, 방어기제 또는 치료관계에서 나타난 내담자의 행동의 의미를 치료자가 설명하는 것이다.
  ㉡ 해석을 통해 내담자는 이전에 몰랐던 무의식적 내용들을 차츰 의식적으로 이해하게 된다.
  ㉢ **해석의 시기** : 시기가 적절하지 않을 경우 내담자에게 거부감을 주거나 저항을 불러일으킬 수 있기에 내담자의 반응을 통해 결정한다.
  ㉣ **해석의 단계**
    ⓐ 내담자가 해석을 들을 준비가 되어 있는지 확인한다.
    ⓑ 해석을 제공하고자 하는 상담자 자신의 의도를 재고한다.
    ⓒ 다양한 기법과 조화를 이루면서 해석을 제공한다.
    ⓓ 해석에 대해서 내담자가 어떻게 받아들이는지 확인한다.
  ㉤ **해석의 원칙**
    ⓐ 해석의 내용은 내담자의 의식수준과 근접해야 효과가 좋다.
    ⓑ 해석의 내용은 가능한 내담자가 통제·조절할 수 있는 것이 좋다.
    ⓒ 단정적·절대적 어투보다 잠정적·탄력적 어투를 사용하는 것이 좋다.
    ⓓ 내담자의 말에 대해 상담자가 자신의 이해와 판단을 사용하여 반응한다.
    ⓔ 내담자의 문제, 상황, 행동 등을 바라보는 상담자의 이해의 틀을 제시한다.

④ **전이(Transference)** 2016년, 2015년 기출 ★
  ㉠ 내담자가 과거의 부모나 중요한 타인과 경험했던 감정이나 갈등을 치료자에게서 재경험하는 것이다.
  ㉡ 전이의 분석은 내담자로 하여금 과거의 영향이 어떻게 작용하는지 통찰하게 한다.
  ㉢ **역전이** 2014년 기출 ★
    ⓐ 상담자가 내담자를 통해 일으키는 전이로 상담의 진전을 방해할 수 있고, 상담자가 자각하지 못하면 상담에 부정적이다.

ⓑ 역전이가 일어나면 수퍼비전을 통해 해결할 수 있다.
ⓒ 내담자가 상담자로 하여금 어떤 감정을 느끼도록 무의식적으로 유발하는 투사적동일시를 역전이로 볼 수 있다.

⑤ **저항(Resistance)** 2018년, 2014년 기출 ★
㉠ 치료의 진전을 저해하고 내담자가 무의식의 내용을 표현하는 것을 방해하는 것이다.
예 지각, 결석, 무례한 행동, 중요치 않은 얘기 오래하기, 자유연상을 잘 못하는 것 등
㉡ 상담자의 일방적인 과제 제시나 내담자가 준비되지 않았는데 빠른 변화를 위해 적극적으로 개입하면 저항의 원인이 된다.
㉢ 상담자는 내담자가 저항을 직면할 수 있는 자아강도가 있을 때 해석을 해 주고, 이 해석을 통해 내담자가 저항의 원인을 지각하고, 계속 탐색하도록 촉진한다.

2 아들러(Adler)의 개인심리학

(1) 개요
① 아들러는 사람들의 주요문제가 '사회적 관심의 결여', '상식의 결여', '용기의 결여'로 인해 유발된다고 보았다.
② 내담자를 어떤 징후를 제거해야 하는 치료의 대상으로 보지 않고, 자신의 자아인식을 증대시키는 일에 관심을 두는 대상으로 보았다.
③ 상담은 내담자로 하여금 자신의 열등감과 생활양식의 발달과정을 이해하도록 돕는 일이며 내담자 스스로 생활목표와 생활양식을 사회적 관심에 부합하도록 촉진한다.

(2) 인간관 2019년, 2017년 기출 ★
① **전체적 존재(총체적 인간)** : 인간을 분리할 수 없는 전체적이고 통합된 존재로 보았다.
② **사회적 존재** : 인간은 성적 동기보다 사회적으로 동기화되는 '사회적 존재'이며 범인류적 공동체감을 중시한다.
③ **목표지향적 및 창조적** : 인간의 행동은 목적적이고 목표지향적이다. 또한 자기의 삶을 창조, 선택할 수 있고, 자기결정을 할 수 있으며 환경을 창조하는 능력이 있다. 인간의 행동은 삶에 대한 허구적인 중심목표에 의해 인도된다.
④ **주관적 존재** : 현상학적인 관점을 수용하여 개인이 세계를 어떻게 인식하느냐 하는 주관성을 강조한다.

(3) 주요 개념

① 열등감과 보상 2021년, 2018년 기출 ★
  ㉠ 열등감이 인생 전반에 걸쳐서 커다란 영향을 미치고 있음을 통찰하고 열등감과 인간병리 현상의 관계를 밝힌다.
  ㉡ 열등감이 중요한 것이 아니라 이 열등감을 인간이 어떻게 받아들이고 대응해 나가느냐가 더 중요하다.
  ㉢ 열등감은 연약한 인간에게 자연이 준 축복으로 열등상황을 극복하여 '우월의 상황'으로 갈 때 열등감은 인간이 지닌 잠재능력을 발달시키는 자극제 역할을 한다.
  ㉣ 열등감을 극복하여 우월해지고 상승하고자 하는 목표를 달성하려고 노력할 때 보상은 인간의 열등감을 조정하는 효과가 있다.

② 우월성 추구
  ㉠ 인간의 궁극적인 목적은 우월하게 되는 것이다.
  ㉡ 우월의 추구는 인간이 문제에 직면하였을 때 부족한 것은 보충하고, 낮은 것은 높이며 미완성된 것은 완성하고, 무능한 것은 유능하게 만드는 경향이다.

③ 가상적 목적론 2018년, 2016년 기출 ★
  ㉠ 인간은 자신에게 중요하다고 지각된 목표를 향해 나간다. 어떤 행동을 하는 데는 목적이 있고 이해하기 어려운 행동이라 할지라도 내면에 숨은 목표나 목적을 이해하면 이해할 수 있다고 본다.
  ㉡ 가상적인 목적을 달성하면서 열등감을 극복하기 때문에 열등감이 크고 많을수록 가상적 목표가 더 필요하다.
  ㉢ 바이힝거(Vaihinger)는 '가상적 목표' 개념 형성에 영향을 준 철학자이다.

④ 공동체감
  ㉠ 인간의 행복과 성공은 사회적 관계와 깊은 관계가 있다고 보며 자신이 인정하고 있는 집단에서 받아들여지고 소속감을 가질 때, 자신의 문제를 다룰 힘을 가진다.
  ㉡ 인간의 불안은 타인과 협력을 통해서만 제거될 수 있으며 다른 사람들과 연합하여 사회적 결속을 가지는 공동체감을 가질 때 안정감을 가진다.

⑤ 생활양식 2018년 기출 ★
  ㉠ 어릴 때부터 자신의 열등감을 극복하고 우월을 이루는 과정에서 스스로 만들어 낸 자신만의 독특한 생활로 보통 4~5세에 형성된 후 거의 변하지 않는다.
  ㉡ 생활양식의 유형은 사회적 관심과 활동성 수준에 의해 구분된다.
    ⓐ 지배형 : 사회적 자각이나 관심이 부족한 반면 활동성은 높은 편이고, 타인을 배려하지 않고 부주의하고 공격적이다.

ⓑ 기생형/획득형 : 자신의 욕구를 다른 사람에게 의존하여 기생의 관계를 유지한다.
ⓒ 도피형/회피형 : 사회적 관심과 활동성이 떨어지는 유형으로 문제를 회피하고 모든 실패와 두려움에서 벗어나려 한다.
ⓓ 유용형 : 사회적 관심과 활동성이 모두 높은 유형으로 삶을 적극적으로 대처한다.

구 분	지배형	기생형/획득형	도피형/회피형	유용형
사회적 관심	적음	적음	적음	높음
활동성 수준	높음	보통	적음	높음

⑥ **가족구조와 출생순위** 2020년, 2018년, 2015년 기출 ★

㉠ 출생순위가 한 사람의 생활양식이나 성격형성 과정에 매우 중요한 요인이며, 열등감 형성과 극복 기제를 만드는 데도 매우 중요한 변인이다.

㉡ 아들러의 출생순위는 심리적 출생순위이다.

첫째	• 책임감 있고, 규칙적이며 사회적으로 적절한 방법으로 행동하고 즐긴다. • 동생이 태어나면 누리던 사랑을 훔쳐갔다고 생각하여 '폐위된 왕'이라고도 한다.
둘째	• 맏이의 심리적 위치와 경쟁해야 한다. • 아동은 맏이를 따라잡기 위해 경주하듯 하며 경쟁심이 강하고 야망을 가진 성격이 된다. • 동생이 태어나면 중간이 되면서 자신이 특별한 위치를 가지지 않는 것을 느끼고 낙담을 하고 인생이 불공평하다고 느낄 수도 있다. • 그러나 중간 아이는 갈등이 있는 가족 상황을 결합시키는 조정자나 평화의 사도가 될 수도 있다.
막내	• 다른 형제들로부터 사랑과 관심을 받으며 자기의 매력을 잘 표현하는 법을 알고 있다. • 가족 안에서 가장 어리고 약한 자의 열등감을 가지고 있어서 버릇이 없거나 의존적인 막내로의 역할을 벗어나는 데 어려움을 느낄 수 있다.
독자	• 자기중심성이 현저하게 나타나며 경쟁과 압박을 덜 받지만 협동을 배우지 못하는 결함을 가지고 있다. • 자신이 중심이 되고자 하며 자신의 위치에 도전을 받으면 불공평하다고 느낀다.

(4) 상담 목표

① 열등감을 극복하여 우월로의 추구를 꾀한다.
② 잘못된 생의 목표와 생활양식을 수정한다.
③ 사회에서 다른 사람들과 상호작용할 수 있도록 타인과 동등한 감정을 갖고 공동체감을 향상시킨다.

(5) 상담 과정 2016년, 2015년 기출 ★

① 1단계(관계형성하기) : 내담자가 상담자로부터 이해받고, 공감받고 있다는 것을 느끼도록 라포형성을 하며 서로 상호 협력적인 관계를 맺는다.

② 2단계(생활양식 탐색하기)
  ㉠ 가족구성, 분위기, 형제서열, 가족가치 등에 관한 정보를 수집한다.
  ㉡ 내담자의 생활양식을 결정하는 동기나 목표, 신념과 정서를 이해할 수 있도록 생활양식을 탐색하는 과정으로 초기 기억기법을 사용한다.
  ㉢ 생활양식을 탐색하고 이해하며 생활양식이 개인의 기능에 어떠한 영향을 미치고 있는지 이해한다.
③ 3단계(통찰력 가지기) : 내담자의 잘못된 목표나 자기패배적 행동을 자각하고 왜 자신이 그런 방식으로 행동하는지 이해하는 통찰을 가진다.
④ 4단계(재방향(재교육)하기)
  ㉠ 해석을 통해 획득된 내담자의 통찰이 실제 행동으로 전환하는 단계이다.
  ㉡ 상담자는 내담자의 과거의 잘못된 신념이나 행동, 태도를 버리고 새로운 생활양식과 사회적 관심을 갖도록 시범도 보여주고 내담자가 다른 사람에게 실시하도록 격려하며 돕는다.

(6) 상담 기법
① 단추누르기 기법
  ㉠ 내담자가 자신의 감정을 창조할 수 있음을 깨닫기 위한 기법이다. 유쾌한 경험과 불쾌한 경험을 가진 다음 이 경험들에 수반되는 감정에 주의를 기울이는 것이다.
  ㉡ 기법의 목적은 내담자가 생각에 따라 어떤 감정이든지 만들어낼 수 있으며 감정을 통제할 수도 있다는 것을 가르치기 위한 것이다.
② 스프에 침 뱉기 : 내담자의 자기 패배적 행동(스프) 뒤에 감춰진 의도나 목적을 드러내 밝힘으로써 같은 행동을 더 이상 하지 않거나 주저하도록 하는 기법이다. 내담자는 더 이상 행동에 감춰진 의미를 무시할 수 없게 된다. 2016년, 2014년 기출 ★
③ 수렁피하기 : 사람들이 흔히 빠지는 함정과 난처한 사항을 피하도록 돕는 기법이다.
④ '마치 ~인 것처럼' 행동하기
  ㉠ 내담자가 마치 자신이 그런 상황에 있는 것처럼 상상하고 행동하도록 하는 역할놀이 상황을 설정한다.
  ㉡ 내담자의 치료 목표를 분명히 한 후 마치 목표를 이룬 것처럼 행동해 볼 것을 제안하는 것이다.
⑤ 역설적 의도 2016년 기출 ★
  ㉠ 바라지 않거나 바꾸고 싶은 행동을 의도적으로 반복 실시하여 역설적으로 그 행동을 제거하거나 행동에서 벗어나도록 하는 것이다.
    예 질질 끌기 좋아하는 내담자에게는 더 과제를 연기하도록 요구한다. 시간의 대부분을 걱정으로 보내는 내담자에게는 하루를 온통 가능한 모든 것을 걱정하는 데 소비하는 과제를 준다.

ⓒ 내담자는 그런 행동에 대해 더 이상 매력을 느끼지 않게 된다. 내담자의 눈에 증상이 어리석게 비치고, 나아가 과장된 방식으로 문제에 직면하면 그는 자기가 원하는 것을 얻을 수 있는 대안을 생각하게 된다.

⑥ 즉시성 2015년 기출 ★
㉠ 현재 순간에 무엇이 일어나고 있는지를 다루는 기법이다.
㉡ 회기 중에 내담자의 부적절한 행동을 파악하고 변화시키기 위해 사용한다.
㉢ 상담과정을 방해하는 치료관계에서의 문제를 표현한다.
㉣ 상담과정에서 발생한 문제를 개방적이고 직접적으로 다루어 적절한 의사소통 기술을 보여준다.
㉤ 예상되지 않았던 결과가 초래될 수도 있다.

⑦ 격려
㉠ 격려란 용기를 북돋아 주는 것으로 내담자의 신념을 바꿀 수 있는 가장 강력한 방법이며 내담자가 자기신뢰와 용기를 갖도록 돕는다.
㉡ 격려에서 중요한 요인은 용기의 방향성 문제로 용기로 삶을 직면하며 나아가 공공의 유익을 위해서 나아갈 수 있도록 하는 것이다.

⑧ 초기기억
㉠ 초기기억(6개월~8세)이 개인이 자기 자신과 다른 사람, 삶을 어떻게 지각하는지, 삶에서 무엇을 갈구하는지 간략한 틀을 제시해 준다고 본다.
㉡ 상담과정 2단계에서 정보를 수집할 때 사용한다.

3 융의 분석심리학

(1) 개요
① 프로이트가 인간의 생물학적 성적 측면을 강조한 것에 반대하여 성 뿐만 아니라 다른 삶의 에너지를 포함한 정신에너지에 대해 관심을 가졌다.
② 인간의 정신을 의식, 개인무의식, 집단무의식으로 구분하였다.
③ 인간의 성격은 프로이트가 말하는 과거의 사건이나 과정들에 의해서 결정되는 것 뿐만 아니라 미래에 무엇을 하기를 열망하는 가에 의해 결정되어진다고 보았다.

(2) 인간관
① 인간의 자유의지와 자발성을 인정한다.
② 인간의 성격의 목적은 개성화 혹은 자기실현에 있다.
③ 인간은 중년기의 경험 및 미래에 대한 희망과 기대에 의해서 보다 많은 영향을 받는다.
④ 개인은 독특한 존재이지만 개성화 혹은 자기화 수준이 중년기에 어느 정도 달성되면 성격의 어느 한 측면이 계속해서 지배하지 않는 이른 바 '보편적 성격'을 발달시킨다.

⑤ 개인은 끊임없이 성장하고, 발달하고, 확장하고, 개선하며 앞으로 나아가고자 노력하는 존재이다. 인간의 발달과 변화 및 진보는 끝이 없는 영원한 과정이라고 보았다.

> **Plus Study**
> 개성화의 과정은 독특한 개인, 단 하나의 동일체적 존재가 되어가는 것이라고 정의하였다.

(3) 주요 개념

① 의식(자아)
  ㉠ 자아(ego)는 의식적인 마음이며 언제 어느 때나 우리가 알 수 있는 지각, 기억, 사고 및 감정으로 되어 있다.
  ㉡ 자아는 '의식에 이르는 문지기'로서 의식을 지배하고 있다고 할 수 있다.
  ㉢ 우리 의식의 상당 부분은 외향성 태도와 내향성 태도에 의해 결정된다.

> **Plus Study** • 심리적 유형
>
> 두 가지 자아의 태도(외향성, 내향성)와 네 가지 자아의 기능(사고, 감정, 감각, 직관)이 결합된 8가지 심리유형이 있다.
>
> | 구 분 | 외향성 | 내향성 |
> | --- | --- | --- |
> | 사고 | 객관적 사고와 실천적, 실제적 행동을 한다. | 생각이 내면으로 향해 있다. |
> | 감정 | 사고보다 감정을 우위에 놓는다. | 독창적이고 자신의 감정을 감춘다. |
> | 감각 | 외부 사실파악에 몰두한다. | 주관적 현실과 정신적 감각에 몰두한다. |
> | 직관 | 외부의 새로운 가능성 발견에 몰두한다. | 원형의 이미지에 몰두한다. |

② 개인무의식
  ㉠ 개인무의식은 무의식부에서 보다 상부에 있고 보다 표면에 있으며 본질적으로 의식 속에 더 이상 남아 있지는 않지만 쉽게 의식부로 떠오를 수 있는 자료의 창고 혹은 저장소이다.
  ㉡ 개인무의식은 살아가면서 축적되어 있는 억압된 기억·환상·소망·외상·욕구의 저장소로서 개인무의식에서는 성격의 착한 면과 악한 면을 모두 갖고 있는 음영(shadow)이 존재한다.

③ 집단무의식 2019년 기출 ★
  ㉠ 집단무의식은 정신의 가장 접촉하기 어려운 가장 깊은 수준에 존재하며 개인의 정신의 토대가 된다.
  ㉡ 종족기억이라고도 불리는 집단무의식은 융이 제안한 독창적인 개념으로 분석심리학의 이론체계에서 가장 핵심적인 개념이다.
  ㉢ 인간 정신의 기초를 형성하는 집단무의식의 기본 구조는 원형으로 융은 이러한 구조를 생물학적으로 기초가 되면서 타고난 것이라고 믿었다.

ⓔ **원형** : 원형이란 인간의 꿈, 환상, 신화 및 예술에서 반복해서 나타나는 우리 조상들의 경험을 대표하는 원시적인 정신적 이미지 혹은 패턴이다. 원형은 인간이 갖는 보편적, 집단적, 선험적인 심상들로 융의 분석심리학에서 성격의 중요한 구성요소이다.
  ⓐ **페르조나** : 우리 자신을 숨기기 위해서 쓰는 가면이라는 의미로 페르조나라는 말을 사용하였다. 건강한 정신의 목표는 페르조나를 수축시키고 정신의 다른 측면을 발달시키는 것이다.
  ⓑ **아니마와 아니무스** : 여성의 성격은 남성적인 성분(아니무스의 원형)을 포함하고 있고, 남성의 성격은 여성적인 성분(아니마의 원형)을 포함하고 있다는 것이다. 남성 속의 여성적 원형은 아니마, 여성 속의 남성적 원형은 아니무스라고 불렀다.
  ⓒ **그림자(음영)** : 동물적인 측면으로 인간의 어둡고 사악한 측면을 나타내는 원형이다.
  ⓓ **자기** : 자기는 모든 의식과 무의식의 주인으로 아니마와 아니무스와 같은 정신의 갈등적 측면들을 통합한 정신의 측면이다. 자기는 전체로서 인간 성격의 조화와 통합을 위해 노력하는 원형이다.

Plus Study • 융의 정신세계

구분		내용
의식	자아	의식의 주체
무의식	집단무의식 (원형)	자기	완전한 인격의 통일을 위해 노력하는 원형
		아니마	남성의 여성적인 측면
		아니무스	여성의 남성적인 측면
		음영(그림자)	자신의 부정적 측면
		페르조나	자아의 가면
	개인무의식	콤플렉스	프로이드의 전의식과 무의식을 포함한 개념

4 행동주의 상담

(1) 개요

① 행동주의 관련이론으로 파블로프의 고전적 조건형성, 스키너의 조작적 조건형성, 반두라의 사회학습이론이 있다.
② 행동을 학습의 결과로 보며 과거나 미래보다 현재의 행동을 강조한다.
③ 관찰 및 측정 가능한 행동만을 치료 대상으로 본다.
④ 상담과정을 교육과정으로 보며 과학적인 방법을 사용한다.

⑤ 명확한 목표설정, 단기간의 치료, 체계적인 계획 아래 치료가 진행되고 지속적인 치료 효과에 대한 확인과 검증을 선호한다.

(2) 인간관
① 인간의 모든 행동은 학습된다.
② 인간은 수동적이고, 중립적 존재이며 결정론적 존재이다.
③ 인간행동은 내면적인 동기가 아닌 외적 자극에 의해 동기화되고, 결과에 따라 유지된다.

(3) 주요 개념
① 고전적 조건형성(파블로프)
   ㉠ 러시아의 생리학자 파블로프가 개를 대상으로 소화에 관한 연구를 하는 중에 우연히 발견하게 된 이론이다.
   ㉡ 무조건자극을 주면 무조건반응이 나오는데, 무조건자극과 조건자극이 연합되어 나중에는 조건 자극만으로도 무조건 반응을 일으키게 된다는 것이다.
   ㉢ 인간의 정서나 감정, 공포증의 형성 등 인간에게 있을 수 있는 다양한 현상 설명이 가능하게 되었다.
   예 엘리베이터(조건자극) 안에서 사람이 다쳐서 피가 난 모습(무조건자극)을 본 후 감정적으로 무섭고 공포가 형성되어(무조건반응) 이후 엘리베이터(조건자극)만 봐도 무서워하는 현상(무조건반응)이 일어났다.

② 조작적 조건형성(스키너)
   ㉠ 행동은 행동한 후의 어떤 결과가 오느냐에 따라 그 행동을 할 수도, 안할 수도 있다.
   ㉡ 행동 후 보상이 오면 행동은 증가하고, 행동 후 처벌이 오면 행동은 감소한다.
   ㉢ 행동은 조작이 가능하다. 예 인사를 하는 아이에게 사탕을 주었더니 만날 때마다 인사를 한다.

③ 사회학습이론(반두라) 2014년 기출 ★
   ㉠ 다른 사람들의 행동을 관찰하고 모방하면서 학습이 일어난다.
   ㉡ 다른 사람의 행동을 그대로 따라 하는 '모방학습', 다른 사람들의 행동이 어떤 결과를 가져오는지 관찰함으로 초래될 결과를 예상하는 '대리학습', 다른 사람들의 행동을 관찰해 두었다가 유사한 상황에서 학습한 행동을 표현하는 '관찰학습'이 있다.
   ㉢ '주의과정', '저장과정', '운동재생과정', '동기화과정'으로 나눈다.
      ⓐ 모델이 매력적일수록 효과가 크다.
      ⓑ 인지능력이 떨어질 때는 관찰학습이 어려울 수도 있다.
      ⓒ 복잡한 행동에 대해서는 말로 설명해 주는 것이 도움이 된다.
      ⓓ 실제 인물이 아닌 소설 속의 인물이나 가상의 인물들도 모델역할을 한다.
      ⓔ 습득한 행동을 실제 시연해 봄으로써 더욱 정확하게 학습할 수 있다.

(4) 상담 목표

① 바람직하지 못한 행동을 소거하고 바람직한 행동을 학습한다.
② 문제 행동에 대한 평가와 분석을 토대로 치료자는 내담자와 함께 구체적인 상담목표를 설정하는데 상담목표는 명확하고, 구체적이고, 목표달성 여부를 객관적으로 확인할 수 있는 측정 가능한 형태로 하는 것이 바람직하다.
  ㉠ 적합한 목표
    예 인터넷 게임을 30분 줄인다. 운동이 부족한 경우 하루에 30분씩 한다. 거절을 못하는 경우 '아니'라고 말한다.
  ㉡ 적합지 않은 목표
    예 대인관계를 잘 하도록 한다. 아침마다 학교에 지각하는 경우의 목표 : 책임감 있고 매사에 완벽한 학생이 된다.

(5) 상담 과정

① **상담관계 형성** : 내담자와 라포를 형성하는 것은 상담을 성공적으로 진행하는 데 매우 중요한 단계이다.
② **문제행동 규명** : 가장 먼저 치료가 필요한 표적행동을 정한다.
③ **내담자의 현재 상태 파악** : 문제행동이 정해지면 그 문제행동의 빈도와 지속기간에 초점을 맞추고 전면적인 행동사정이 이루어진다. 표적행동의 특성을 면밀히 평가하고, 표적행동의 발달과정과 유지하고 강화하는 환경적 요인, 인적 요인, 상황적 요인 등을 파악한다.
④ **상담목표 설정** : 문제 행동에 대한 평가와 분석을 토대로 내담자와 함께 구체적인 상담 목표를 설정한다. 상담 목표는 상담의 방향, 학습의 방향을 제시하는 만큼 무척 중요하다.
⑤ **상담기술 적용** : 내담자의 현재 상태 파악과 목표설정단계에서 수집된 정보를 바탕으로 문제행동에 따라 가장 적절한 상담 기법을 선택하고 이를 실행할 구체적인 절차를 정한다. 행동주의 상담의 경우는 내담자의 적극적인 참여와 협조가 필수적이다. 내담자는 통찰 그 이상으로 새로운 행동을 실행하려는 모험이 필요하다.
⑥ **상담결과 평가** : 지속적으로 상담이 진행되는 동안 표적행동의 개선 정도를 평가한다. 행동이 긍정적으로 변화되어졌으며 강화를 지속하고 만약 부정적인 결과가 나오면 상담계획을 다시 점검하고 기술을 수정한다.
⑦ **상담 종결** : 목표행동의 성취여부를 평가하고 긍정적일 때는 재발방지 계획을 세우고 상담을 종결한다.

(6) 상담자의 역할

① 상담자는 내담자의 부적응 행동을 진단한다.
② 상담자는 부적응행동을 적응행동으로 수정하도록 하기 위해 방법을 제시하고, 조언하고, 때로는 지시하는 교사, 무대감독, 전문가의 역할을 한다.
③ 상담자는 내담자를 위한 역할모델이 되어 준다. 인간으로서 상담자는 중요한 모델이 된다.

(7) 상담기법

① **강화와 처벌** 2016년, 2015년, 2014년 기출 ★
  ㉠ 강화는 행동 뒤에 보상을 통해 지속적으로 행동이 유지되고 높아지도록 하는 기법이다.

  > **Plus Study • 강화의 종류**
  > - 정적 강화 : 행동을 높이기 위해 자극을 주는 것 예 심부름을 잘해서 용돈을 주는 것
  > - 부적 강화 : 행동을 높이기 위해 자극을 빼는 것 예 수업태도가 좋아서 숙제를 면제시키는 것

  ㉡ 처벌은 행동 뒤에 벌이나 고통을 줌으로써 행동을 제거하거나 억제시키는 기법이다.

  > **Plus Study • 처벌의 종류**
  > - 정적 처벌 : 행동을 없애기 위해 자극(불쾌자극)을 주는 것 예 동생을 때려서 10분씩 벌을 서는 것
  > - 부적 처벌 : 행동을 없애기 위해 자극(유쾌자극)을 빼는 것 예 숙제를 안 해서 게임을 못하는 것

② **소거**
  ㉠ 학습된 행동에 강화를 제공하지 않음으로써 행동이 중단되도록 하는 기법이다.
  ㉡ 바람직하지 못한 행동이 여러 가지 보상에 의해 행동이 강화되어졌을 때 강화요인을 제거하여 행동을 감소하게 하는 기법이다.

③ **변별** : 유사한 자극들의 차이를 깨닫고 다르게 반응할 수 있도록 하는 기법이다.

④ **자극통제** : 변별학습의 결과로 특정한 자극의 상황에서 행동이 강화를 받았을 경우 비슷한 자극상황이 오면 그 행동을 할 가능성이 높으므로 자극상황을 통제하여 행동을 조절할 수 있다는 기법이다. 2018년 기출 ★

  예 비디오로 샌드백을 때리는 장면을 보고 방에 들어갔을 때, 샌드백이 있으면 샌드백을 때릴 가능성이 높다. 이 행동은 자극통제를 받은 것이다.

⑤ **체계적 둔감법** : 울페의 상호억제원리는 체계적 둔감법으로 구체화되었다. 상호억제는 제거대상 반응(불안)과 양립할 수 없는 반응(이완)을 함께 제시하여 이들 간의 상호방해로 두 가지 중 하나를 기억할 수 없도록 하는 것이다. 2021년, 2018년 기출 ★

⑥ **홍수법** : 강한 불안을 유발하는 자극이나 심상을 노출시키고 불안이 감소될 때까지 노출을 계속하는 기법이다.

⑦ **혐오기법** : 바람직하지 않은 행동에 대해 혐오자극을 제시하여 부적응행동을 제거하는 기법이다.
  2015년 기출 ★

⑧ **토큰경제** : 내담자가 적절한 행동을 할 때마다 강화물로 토큰이 주어지는 기법이다.

⑨ **타임아웃** : 비강화장소로 나가게 하는 기법이다. 2021년, 2015년, 2014년 기출 ★

⑩ **조형** : 원하는 목표 행동에 근접하는 행동을 보일 때마다 강화를 하여 단계적으로 목표행동을 학습시키는 기법이다. 2015년 기출 ★

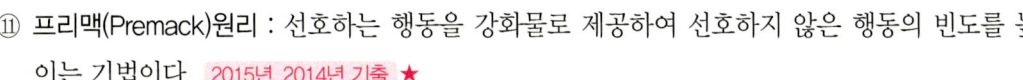

⑪ 프리맥(Premack)원리 : 선호하는 행동을 강화물로 제공하여 선호하지 않은 행동의 빈도를 높이는 기법이다. 2015년, 2014년 기출 ★

  예 숙제(선호하지 않은 행동)를 다하면 게임(선호하는 행동)을 하게 하는 것

⑫ 용암법 : 도와주거나 촉진하는 것을 점차 줄이면서 스스로 문제를 해결하게 하는 기법이다.
  2018년 기출 ★

⑬ 모델링 : 타인의 행동을 간접 체험함으로써 모델의 행동을 내면화하게 하는 기법이다.
  2017년 기출 ★

⑭ 행동계약 : 표적행동을 서면으로 동의하는 것이다. 2018년 기출 ★

⑮ 주장 훈련법 : 내담자가 자신의 판단을 신뢰하고 자신감을 갖도록 하여 사회적 상황에 적절히 반응하고 자신의 의견을 사회가 용납하는 방법으로 표현하여 목적을 달성하도록 지도·훈련하는 기법이다.

Plus Study ● 라지루스(A. Lazarus)의 중다양식 심리상담 2016년 기출 ★

- 라지루스(A.Lazarus)의 중다양식 심리상담
- 인간의 성격에는 7가지 기능영역이 있다는 것이다.

BASIC – ID

B (Behavior)	행동	"당신은 얼마나 활동적입니까?"
A (Affective Reponses)	감정	"당신을 웃게 하는 것은 무엇입니까?"
S (Sensations)	감각	"당신은 감각에서 오는 쾌락과 고통에 얼마나 초점을 맞춥니까?"
I (Images)	심상	"당신의 신체상은 어떤 이미지입니까?"
C (Cognitions)	인지	"당신의 사고가 당신의 감정에 어떻게 영향을 미칩니까?"
I (Interpersonal Relationships)	대인관계	"당신은 얼마나 타인과 소통합니까?"
D (Drugs or Biology)	약물–생물	"당신은 얼마나 생물학적으로 건강합니까?"

Plus Study ● 행동분석 A–B–C 2021년 기출 ★

- 환경에 적응하는 인간행동의 기본원리를 이용하여 바람직한 행동을 향상시키거나 문제 행동을 감소시키기 위해 사용되는 중재전략이다.
- 응용행동분석(행동수정)의 원리: 행동수정은 A–B–C 모델에 근거를 두고 있다.
- 선행자극은 행동의 단서가 되고, 행동 그 자체는 수정이 필요한 문제행동이며, 후속자극은 목표행동을 증가 혹은 감소, 유지하게 하는 자극을 의미한다.
  – 선행사건(A) : 행동 직전에 일어난 사건
  – 행동(B) : 실제적인 행동
  – 결과(C) : 행동의 결과

5 인간중심 상담 2015년, 2014년 기출 ★

(1) 개요
① 1930~40년대 칼 로저스의 이론에 근거하여 발전된 상담이론이다.
② 정신분석상담이 인간의 본능적 욕구를 강조하고, 상담자가 진단적·해석적·지시적인 태도를 취하는 것에 반대하고, 행동주의 이론이 인간의 행동을 자극에 대한 반응으로 지나치게 단순화한 측면을 비판하면서 두 이론을 대체할 새로운 이론으로 인본주의에 기반을 둔 비지시적인 인간중심 상담을 주장하였다.
③ 상담에서 상담자와 내담자 관계를 중요하게 여기게 되었고, 상담효과에 큰 영향을 미친다는 것을 인식하게 되었다.

(2) 인간관
① 인간은 선천적으로 성장가능성을 가지고 태어난다.
② 자신의 인생목표, 행동 방향을 스스로 결정하고 책임을 수용하는 자유로운 존재로서 스스로 자기를 조절하고 통제하는 능력을 지니고 있다.
③ 심리적 부적응 상태에서 심리적 건강 상태로 나아갈 수 있는 능력을 타고 났기에 타고난 능력을 발휘할 수 있는 조건들만 갖추면 무한한 성장과 발전이 가능하다.

(3) 주요개념
① **성격의 구성요소** : 로저스는 성격을 유기체, 자기, 현상학적 장과 같은 요소로 설명한다.
  ㉠ **유기체**
    ⓐ 인간을 유기체로 언급하며 유기체로서 세계에 반응한다.
    ⓑ 어떤 자극이 있을 때 그 자극에 대하여 우리의 전 존재가 반응하고 이러한 경험을 유기체적 경험이라 한다.
    ⓒ 생애초기에 세계를 유기체적으로 있는 그대로 경험하고 어떻게 느끼느냐에 따라 상황을 평가하고 반응한다.
    ⓓ 인간은 성장하면서 점차 자기가 발달한다.
  ㉡ **자기**
    ⓐ 사람들이 자기에 대해 갖고 있는 조직적이고 지속적인 인식으로 성격구조의 중심이다.
    ⓑ 인간이 자라면서 유기체적으로 반응하는 것을 타인이 수용해주고 인정하면 건강한 자기가 발달한다.
    ⓒ 건강한 자기가 발달한 사람은 개방적이고 자신의 감정을 수용하며 현재 삶에 충실하다.

ⓒ **현상학적 장** 2020년 기출 ★
  ⓐ 현상학적 장은 개인이 주관적으로 지각한 세계를 의미하며 동일한 현상이라도 개인에 따라 다르게 지각하기 때문에 개인적 현실, 즉 현상학적 장만이 존재한다고 본다.
  ⓑ 개인은 객관적 현상이 아닌 현상학적 장에 입각하므로 동일한 사건을 경험하더라도 각자 다르게 행동할 수 있다.
  ⓒ 이 속성 때문에 개인은 서로 다른 독특한 특성을 보인다.

② **성격발달** 2019년, 2018년, 2016년 기출 ★
  ㉠ 신생아는 모든 대상과 나를 하나로 지각하여 자아가 존재하지 않는다.
  ㉡ 커가면서 자기 자신을 제외한 나머지 세계를 구분하기 시작하면서 자아가 발달하고 자기개념이 형성된다.
  ㉢ 자기개념 발달에 결정적인 역할을 주는 것은 긍정적 존중과 사랑받고자 하는 욕구이다.
  ㉣ 아동은 사람(특히 부모)에게 긍정적 존중과 사랑받고자 하는 강한 욕구로 인해 사람(특히 부모)의 기대와 태도를 수용하려고 한다.
  ㉤ 그러나 대부분의 사람(특히 부모)은 무조건적 존중과 사랑보다는 조건적인 존중과 사랑을 준다. 즉, 아동을 무조건 수용하기보다는 부모의 기대에 부응해야 수용하는 조건적 존중과 사랑을 한다.
  ㉥ 사람들이 조건적 존중과 사랑을 하는 것을 '조건적 가치부여'라 한다.
  ㉦ 조건적 가치부여는 아동이 자신의 욕구보다 타인의 기준에 맞추어 행동하고 생각하여 타인의 존중과 관심을 받으려 하고 이것이 내면화되어 자기개념을 형성하는 데 영향을 미친다.

③ **자기실현경향성**
  ㉠ 로저스는 성장 지향적 동기, 자기실현 욕구가 기본적인 행동동기라고 보았다.
  ㉡ 인간은 태어나서부터 자기실현을 위해 끊임없이 노력하는 성장 지향적 성향을 가진다.
  ㉢ 자기실현 과정은 자신을 창조하는 과정으로 삶의 의미를 찾고 주관적인 자유를 실천한다.
  ㉣ 자유를 실천함으로 점진적으로 완성되어 간다.

④ **충분히 기능하는 사람** 2018년 기출 ★
  ㉠ 현재 자신의 자아를 완전히 자각하는 사람이다.
  ㉡ **충분히 기능하는 사람의 5가지 특징**
    ⓐ 경험에 개방적이다.
    ⓑ 실존의 삶으로 매 순간 충실히 삶을 영위한다.
    ⓒ 자신의 유기체를 신뢰한다.
    ⓓ 창조적이다.
    ⓔ 자유롭다.

(4) 상담 목표 2020년 기출 ★
① 유기체적 존재는 긍정적 존중과 사랑받고자 하는 욕구를 가지고 있는데 사람들이 자라면서 유기체로서 자신의 경험을 무시하고 타인의 반응을 민감하게 받아들여 타인의 가치체계에 의해 형성된 자기개념은 자신이 유기체로서 느끼고 생각하는 것과 차이가 난다. 이에 상담의 목표는 내담자의 자기개념과 유기체적 경험 간의 불일치를 제거하는 것이다.
② 충분히 기능하는 사람이 되도록 돕는 것이다.

(5) 상담 과정
① **상담초기** : 내담자는 자기개념과 경험 간의 불일치에 따른 심리적 문제를 자유롭게 이야기하기 힘들기 때문에 상담자는 무조건적 수용과 공감의 태도를 취하여 내담자가 자신의 감정을 탐색하도록 한다.
② **상담중기** : 지금까지의 자기개념에 맞추어 왜곡되어진 자신의 감정, 사고, 욕구를 새로운 각도에서 받아들이며 그것들의 참된 의미를 깨달아 실현하도록 한다.
③ **상담종결** : 내담자는 전에 부인했던 감정을 수용하는 힘이 생겨서 현실을 왜곡 없이 받아들이고 자신의 문제를 스스로 해결해 나가게 된다.

(6) 상담자의 역할 : 성장 촉진적 관계를 중요시하였다. 2017년 기출 ★
① 무조건적 긍정적 존중
　㉠ 사람들은 인정과 수용, 사랑을 받기 위해 자신을 왜곡하거나 억제하고 부모의 가치조건을 따른다.
　㉡ 이러한 왜곡된 가치조건을 벗어나기 위해서는 무조건적 긍정적 존중이 핵심적이다.
　㉢ 무조건적 긍정적 존중이란 아무런 전제나 조건 없이 내담자를 긍정적인 존재로 존중하는 것이다.
　㉣ 내담자를 평가, 판단하지 않는다.
　㉤ 내담자의 어떤 행동이나 태도에 대해서도 존중의 태도를 일관되게 유지한다. 이것은 바람직하지 못한 행동을 수용하라는 의미가 아니라 그런 행동과 생각, 감정을 가진 내담자를 인간으로서의 가치로 존중하는 것이다.
　㉥ 상담자의 일관적인 긍정적 존중의 태도는 심리적 문제해결은 물론 가능성과 잠재력을 개발하여 참된 성장과 성숙의 길로 접어들게 한다.
② 공감적 이해
　㉠ **공감적 이해의 상담적 의미** : 지금 여기에서 나타나는 내담자의 감정과 경험을 민감하고 정확하게 이해하는 것이다.
　　ⓐ 내담자와 동일한 입장에 서게 하는 풍부한 정서적 상상력이 필요하다.

　　　ⓑ 내담자의 감정을 경험하되 사사로운 의견이나 감정을 배제한다.
　　　ⓒ 내담자 감정에 동참하되 거기에 함몰되지 않는 것이다.
　　　ⓓ 공감적 이해를 통해 내담자는 자기탐색과 이해, 자기수용과 성장이 가능해진다.
　　ⓒ **공감적 이해의 치료적 효과**
　　　ⓐ 내담자의 소외와 외로움을 해소한다.
　　　ⓑ 내담자가 자신의 있는 모습 그대로가 가치 있다고 느낀다.
　　　ⓒ 스스로에게 부여된 여러 가지 제한과 한계들에서 자유로워진다.
　　　ⓓ 개성과 정체감을 지니게 된다.
　　　ⓔ 자기에 대한 새로운 측면들을 지각하게 되고 자기 개념의 변화가 일어난다.
　③ **진솔성**
　　ⓘ 내담자를 대함에 있어 상담자가 무엇을 경험하는가에 대해 그대로 느끼고 경험하고 표현한다.
　　ⓙ 내담자에 대한 상담자의 진솔성은 내담자의 진솔성을 촉진하는 기폭제 역할을 한다.
　　ⓚ 상담자의 진솔성은 상담자의 인격적 성숙을 전제로 한다.

6 합리적 정서행동 상담(REBT) 2020년 기출 ★

(1) 개요 2017년 기출 ★

① 합리적 정서행동치료(Rational Emotive Behavior Therapy ; REBT)는 1950년 알버트 앨리스가 발전시킨 성격이론이다.
② 인간이 가진 감정, 사고, 행동 중에서 사고에 초점을 두었으며 어떻게 사고를 하느냐에 따라 감정 또는 행동이 달라진다고 본다.
③ 정서적 문제를 경험하게 되는 것은 비합리적인 사고방법으로 해석하기 때문이다.
④ 강조점은 감정표현보다는 사고와 행동에 있으며 상담을 교시적이고 지시적인 교육과정으로 보며 상담사가 '교사'의 역할을 한다.

(2) 인간관

① 인간은 합리적이고 올바른 사고를 할 수 있는 존재일 뿐만 아니라 비합리적이고 올바르지 못한 왜곡된 사고도 할 수 있는 존재이다.
② 인간은 외부의 어떤 상황보다는 자기 스스로 정서적으로 일으키는 여건을 만든다.
③ 인간은 비합리적 사고를 바꾸기 위해 노력하는 생득적 경향을 가지고 있다.
④ 인간은 성장과 자아실현 경향성이 있다.
⑤ 인간의 사고, 정서, 행동은 서로 영향을 미친다.

(3) 주요 개념

① 비합리적 사고
  ㉠ 정서적 문제를 겪는 이유는 일상생활에서 겪는 구체적인 사건들 때문이 아니라 그 사건을 합리적이지 못한 방식으로 사고하기 때문이다.
  ㉡ 11가지 비합리적 신념
    ⓐ 나는 내가 만나는 모든 사람에게 사랑이나 인정을 받아야 한다고 생각한다.
    ⓑ 나는 완벽할 정도로 유능하고 합리적이며 가치 있고 성공한 사람으로 인식되어야 한다.
    ⓒ 어떤 사람들은 나쁘고 사악하고 악랄하기 때문에 비난과 벌을 받아야 한다.
    ⓓ 내가 원하는 대로 일이 되지 않는 것은 내 인생에서 큰 실패를 의미한다.
    ⓔ 불행은 내가 통제할 수 없는 상황에 의해 발생한다.
    ⓕ 위험하거나 두려운 일들이 내게 일어나 큰 해를 끼칠 것이 항상 걱정된다.
    ⓖ 어떤 난관이나 책임은 부딪쳐 해결하려 하기보다 피하는 것이 더 쉽다.
    ⓗ 나는 다른 사람들에게 어느 정도는 의존해야 하며 나를 돌봐 줄 수 있는 사람들이 주위에 있어야 한다.
    ⓘ 과거의 영향은 결코 사라지지 않고, 과거의 경험과 사건들은 현재 나의 행동을 결정한다.
    ⓙ 나는 다른 사람들의 문제나 고통을 나 자신의 일처럼 아파해야 한다.
    ⓚ 모든 문제에는 완벽한 해결책이 있으므로 그 해결책을 찾아야 한다. 그렇지 않으면 결국 큰 혼란이 생길 것이다.
  ㉢ **비합리적 사고의 요소** 2016년 기출 ★
    ⓐ 당위적 사고 : '~해야만 한다'로 표현되며 경직된 사고이다.
    ⓑ 파국화 : 지나친 과장으로 '~ 하는 것은 끔찍하다.'로 표현된다.
    ⓒ 낮은 인내심 : 좌절유발 상황을 잘 견디지 못한다.
    ⓓ 자기 및 타인에 대한 비하 : 자신과 타인을 경멸하거나 비하한다.
    ⓔ 비합리적 사고와 합리적 사고의 비교 2014년 기출 ★

구 분	합리적 사고	비합리적 사고
논리성	논리적으로 모순 없음	논리적으로 모순 많음
실용성	삶의 목적달성에 도움이 됨	삶의 목적달성에 방해
현실성	경험적 현실과 일치	경험적 현실과 일치하지 않음
융통성	경직되어 있지 않음	절대적/ 극단적/경직되어 있음
파급효과	적절한 정서와 적응적 행동에 영향	부적절한 정서와 부적응적 행동유도

② 자기수용
  ㉠ 자기수용은 REBT에서는 중요한 개념으로 정서적 문제는 조건적 자기수용을 가진 사람에게 흔히 발견된다.

ⓒ 조건적 자기수용은 인간의 근본 가치를 수용하는 것이 아니라 성취나 성공 여부에 따라 가치 수순을 평가하는 것이다.
ⓒ 따라서 자신은 수용하고 자신의 생각과 행동을 평가하도록 한다.

Plus Study ● 앨리스의 ABCDE 모형 [2021년 기출] ★

Activating Event (선행사건)	개인에게 정서적 혼란을 일으키는 문제 장면이나 선행사건
Belief System (신념체계)	선행사건에 대해 개인이 갖게 되는 비합리적 사고방식
Consequence (결과)	비합리적 사고방식으로 생긴 정서적·행동적 결과
Dispute (논박)	비합리적 사고에 대한 논박
Effect (효과)	논박함으로써 얻게 되는 합리적 신념

(4) 상담 목표

① 비합리적 사고를 합리적으로 바꾸는 것이며 궁극적으로는 내담자가 가지고 있는 삶의 철학 자체를 변화시키는 것이다.
② 세부목표는 자신에 대한 관심, 사회적 관심, 자기결정, 인내성, 융통성, 불확실한 것에 대한 수용, 헌신, 과학적 사고, 자기수용, 위험감수, 낙원지상주의에서의 탈피, 좌절에 대한 높은 수준의 인내심, 문제에 대한 책임 수용 등이다.

(5) 상담 과정 [2015년 기출] ★

① 1단계 : 상담자는 내담자에게 문제를 질문한다.
② 2단계 : 문제점을 규명한다.
③ 3단계 : 부적절한 부정적 감정을 알아본다.
④ 4단계 : 선행사건(A)을 찾아내고 평가한다.
⑤ 5단계 : 이차적 정서 문제를 규명한다.
⑥ 6단계 : 신념체계(B) – 결과(C)의 연관성을 가르쳐 준다.
⑦ 7단계 : 비합리적 신념(iB)을 평가, 확인한다.
⑧ 8단계 : 비합리적인 신념체계(iB)와 연관시켜 비합리적 신념을 확인시킨다.
⑨ 9단계 : 비합리적인 신념을 논박한다.
⑩ 10단계 : 합리적 신념체계를 내담자가 학습하고 심화하도록 한다.
⑪ 11단계 : 새로 학습된 신념체계를 실천에 옮기도록 내담자를 격려하고 연습한다.
⑫ 12단계 : 합리적 인생관을 확립하게 한다.

(6) 상담자의 역할
① 상담자는 내담자에게 현재 문제를 일으킨 인지적 가설을 가르친다.
② 비합리적 신념이 부정적인 결과를 초래하는 방식을 보여줌으로써 내담자에게 합리적 신념을 가지게 한다.
③ 행동적 과제를 제시하여 비합리적 사고를 최소화할 수 있도록 돕는다.

(7) 상담 기법
① 인지적 기법 2019년, 2018년 기출 ★
  ㉠ **비합리적 신념 논박하기** : 내담자로 하여금 사건이나 상황이 아닌 자신이 가지고 있는 비합리적 신념 때문에 장애를 느낀다는 것을 깨닫게 한다.
  ㉡ **인지적 과제 주기** : 내담자들에게 자신의 문제 목록표를 만들고, 절대론적 신념을 밝히며 그 신념을 논박하게 한다. 그리고 내면화된 자기 말의 일부인 '해야만 한다', '하지 않으면 안 된다' 등을 줄이기 위해 과제를 낸다.
  ㉢ **내담자의 언어 변화시키기** : 부정확한 언어가 왜곡된 사고를 일으키는 원인 중의 하나라고 본다. "만약 ~한다면, 그것은 정말 끔찍한 것이다"라는 말 대신, "만약 ~한다면 그것은 좀 불편할 것이다"라고 말하는 것을 배우게 한다.

② 정서적 기법
  ㉠ **합리적 정서 상상** : 내담자 자신에게 일어날 수 있는 최악의 상황을 상상하게 하여 그 상황에 맞지 않는 부적절한 감정을 적절한 감정으로 변화시키는 방법이다.
  ㉡ **유머의 사용** : 필요 이상으로 심각하게 받아들이는 것에 대하여 반박하고, 틀에 박힌 생활 철학을 논박하도록 조언하는 데 유머를 사용한다.
  ㉢ **부끄러움 제거연습** : 정서장애의 중요한 핵심 중 하나는 부끄러움 혹은 자기비난이라고 보고, 상담자는 내담자로 하여금 창피하거나 부끄럽게 느끼는 행동을 해보도록 한다. 이 과제를 통해 내담자는 자신이 생각했던 만큼 다른 사람이 관심을 두지 않는 것을 깨닫게 된다.

③ 행동적 기법 2019년 기출 ★
  ㉠ **수치심 깨뜨리기** : 평소 위험하고 부끄럽고 당황스럽고 굴욕적이라고 생각했던 일을 실생활 장면에서 시도해 보도록 하고, 이를 통해 생각과는 달리 실제로 당황스럽거나 자기비하감을 가져오지 않는다는 사실을 깨닫게 한다.

> **Plus Study** 2017년 기출 ★
> 다른 이들이 '우스꽝스럽다'고 생각할까 봐 하지 못하는 그 행동을 많은 사람 앞에서 해 보도록 하는 것.

  ㉡ **보상기법** : 낮은 행동을 높이기 위해 보상이나 강화를 사용한다.
  ㉢ **역할연기** : 스트레스 상황에서 무엇을 느끼는지 알아보기 위해 행동을 시연해 본다.

7 인지행동상담

(1) 개요
① 앨리스는 인간이 가진 비합리적 신념에 초점을 맞추었고, 아론 벡은 개인이 가진 정보처리 과정상의 인지적 왜곡에 초점을 두었다.
② 최근 연구결과에 의하면 인지행동치료는 특히 우울이나 공황장애, 대인공포증, 강박장애, 섭식장애에 좋은 성과를 거두고 있다.
③ 심리치료의 목표는 당면한 현재 문제를 해결하고 역기능적인 사고와 행동을 수정하는 데 있다.
④ 정신과적 장애를 지닌 집단에 인지치료를 성공적으로 적용시켰으며 성격 및 정신병리에 관한 통합된 이론이다. 2016년 기출 ★
　㉠ 비현실적인 부정적 인지가 부적응적 증상을 유발한다.
　㉡ 정신장애의 유형은 자동적 사고의 주제와 밀접하게 관련되어 있다.
　㉢ 정신병리는 개인이 현실을 정확하게 인식하지 못하고 과장하거나 왜곡할 때 생겨난다.
　㉣ 정상과 정신병리는 연속선상의 차이에 의해 구별되는 것으로 본다.

(2) 인간관
인간은 자신의 인지구성에 의해 행동하고 느끼는 방식에 따라 결정하는 존재이다.

(3) 주요 개념
① 자동적 사고
　㉠ 어떤 환경적 사건에 대해 자기도 모르는 사이에 떠오르는 생각과 심상을 말한다. 환경적 사건으로부터 심리적 증상이 생기도록 매개하는 주요한 인지적 요인이 된다.
　㉡ 심리적 문제를 가진 사람의 자동적 사고는 왜곡되어 있거나 부정확한 극단적 내용이 대부분이다.
　㉢ 자동적 사고는 구체적이며 축약되어 있다.
　㉣ 우울 증상을 경험하는 사람들의 자동적 사고는 크게 인지 삼제로 구성되어 있다.
　　ⓐ 자신에 대한 비관적 생각 : 나는 가치 없는 사람이다.
　　ⓑ 미래에 대한 염세주의적 생각 : 나의 미래는 절망뿐이다.
　　ⓒ 세상에 대한 부정적 생각 : 세상은 나를 받아주지 않는다.
② 인지도식(스키마)
　㉠ 도식이란 마음속에 있는 인지 구조로 정보 처리와 행동의 수행을 안내하는 비교적 안정적인 인지적 틀을 말한다.
　㉡ 동일한 생활사건의 의미를 사람마다 다르게 해석하는 이유는 사람마다 인지도식이 다르기 때문이다.

③ 역기능적 인지도식 2018년, 2016년, 2015년 기출 ★
   ㉠ 비합리적이고 부적응적이며 자기비판적인 사고의 틀이다.
   ㉡ 역기능적 인지도식은 부정적 내용의 자동적 사고를 활성화시킨다.
   ㉢ 역기능적 인지도식을 가진 사람은 일상에서 스트레스 사건을 경험하게 되면 부정적인 자동적 사고를 자신도 모르게 떠올리게 되어 결과적으로 심리적 문제 유발을 경험하게 된다.
   ㉣ 역기능적 인지도식은 청소년기 이전부터 형성되기 시작한다.

④ 인지적 오류 2017년, 2014년 기출 ★
   ㉠ 어떤 사건이나 상황을 체계적으로 왜곡해서 그 의미를 해석하는 정보처리 과정에서 일으키는 체계적인 잘못을 말한다.
   ㉡ 개인적 사건에서 사건의 실제적 의미를 확인하지도 않고 성급하게 현실과 동떨어진 결론을 내리는 오류를 범하는데 오류를 많이 범할수록 심리적 어려움을 겪을 가능성이 높다.
   ㉢ 인지적 오류는 잘못된 인지 도식으로 인해 왜곡해서 지각할 가능성이 높으며 어떤 사건을 접했을 때 부정적인 내용의 자동적 사고를 떠올릴 가능성이 크다.
   ㉣ 인지적 오류의 종류 2021년, 2020년, 2019년 기출 ★
      ⓐ 흑백논리(이분법적 사고) : 사건을 흑백논리로 사고하고 해석하거나 경험을 극단적으로 범주화하는 것이다.
      ⓑ 임의적 추론 : 어떠한 결론을 내릴 때 충분한 증거가 없으면서도 최종적인 결론을 성급히 내려버리는 오류이다.
      ⓒ 과잉일반화 : 한두 번의 단일 사건에 근거하여 극단적 신념을 가지고 일반적 결론을 내려 그와 무관한 상황에도 그 결론을 적용하는 오류이다.
      ⓓ 선택적 추상화 : 상황이나 사건의 주된 내용은 무시하고 일부 특정 정보에만 주의를 기울여 사건 전체에 의미를 해석하는 오류이다.
      ⓔ 개인화 : 자신과 관련시킬 근거가 없는 외부 사건을 자신과 관련시키는 오류이다.
      ⓕ 과장/축소 : 어떤 사건 또는 한 개인이나 경험이 가진 특성에 한 측면을 실제보다 과대평가 하거나 과소평가 하는 오류이다.
      ⓖ 잘못된 명명 : 하나의 행동이나 부분 특성을 사건이나 사람에게 완전히 부정적으로 단정하여 이름붙이는 오류이다.
      ⓗ 파국화 : 개인이 걱정하는 한 사건을 지나치게 과장하여 두려워하는 오류이다.

(4) 상담 목표 2016년 기출 ★
   ① 자동적 사고를 변화 시킨다.
   ② 인지 도식을 재구성하여 새로운 사고를 하도록 한다.

③ 인지적인 오류를 제거한다.
④ 부적응적 행동과 정서를 수정하여 적응적 행동과 정서로 바꾸어 준다.

(5) 상담 과정

① 내담자의 자동적 사고에 주의를 기울인다.
② 자동적 사고를 구체적으로 인식하고 합리적인 사고로 변화시킨다.
③ 내담자가 가지는 인지적 오류들을 확인할 수 있으며 내담자가 가지고 있는 역기능적 가정들을 인식하고 재구성함으로써 내담자가 가지고 있는 부적응적인 도식을 변화시킨다.
④ 긍정적인 경험을 할 수 있는 행동과제를 부여하여 병행한다.

(6) 상담 기법

① **인지행동치료 기법들의 공통적 특징**
  ㉠ 과학적 연구의 의한 치료 기법을 개발하고 개선하려 한다.
  ㉡ 대부분의 심리장애는 일상생활 속에서 만들어진 역기능적인 문제행동으로 본다. 이러한 역기능적 문제 행동이나 사고방식은 인지 행동적 원리를 통해 변화 가능하다고 본다.
  ㉢ 문제행동 별로 특정한 치료 기법을 적용하여 역기능적 행동이나 인지를 변화시킨다.
  ㉣ 단기 치료를 선호하는 기간 한정적 치료이다.
  ㉤ 필수적 치료 절차로서 인지, 행동 평가가 이루어진다. 인지행동 평가는 행동적 면접, 자기 관찰 및 보고, 타인 관찰 및 보고 등의 방식을 통해 내담자 문제와 유발요인을 파악하고 문제를 지속시키는 요인과 내담자가 가진 자원과 지지 요인, 내담자의 강점과 약점들을 파악한다.
  ㉥ 상담자는 교육자이고 코치의 역할을 감당한다.

② **인지적 기법**
  ㉠ **탈파국화** : 내담자가 걱정하고 염려하여 사건을 지나치게 파국화시키는 것에서 벗어나도록 돕는 기법이다. 지나치게 자신의 염려 두려움 불안이 확대되어 있다는 것을 깨닫도록 한다.
  ㉡ **재귀인** : 내담자가 개인적으로 사건을 받아들이고 자신 때문에 사건이 발생했다고 지각할 때 자동적 사고와 감정을 검증하여 내담자로 하여금 사건에 대한 책임과 원인을 공정하게 귀인하도록 돕는다.
  ㉢ **재정의** : 자동적 사고와 인지 도식에 따라 같은 말도 다른 의미를 가질 수 있다. 문제를 재정의하는 것은 좀 더 구체적이고 개인적으로 만들고 내담자 자신의 관점에서 말할 수 있도록 돕는다.

② **탈중심화** : 타인의 관심이 자신에게 집중되어 있다는 잘못된 신념으로 불안한 내담자에게 사용하는 기법이다.

③ 행동적 기법
  ㉠ **노출기법** : 불안을 경험한 내담자가 불안을 느낀 상황에 다시 접하는 것으로 단계적 노출과 홍수법이 있다.
  ㉡ **사고 중지** : 원치 않는 생각이 떠오를 때마다 '멈춰'라고 말한다.
  ㉢ **행동적 시연과 역할 연기** : 현실생활에 적용되는 기술과 기법을 연습하면서 개인이 자신에 대해 갖는 새로운 생각들을 현실화하는 것을 가능하게 한다.
  ㉣ 이외에도 가설 검증, 자기 대화, 일기, 편지 쓰기, 인지적 내면적 모델링, 정서적 정신적 심상, 정서적 역할, 독서치료 등 다양한 기법이 활용된다.

(7) 마이켄바움의 인지행동수정

① 주요 개념
  ㉠ 내담자의 자기 언어를 변화시키는 것에 중점을 두고 자기 대화를 인식하도록 한다.
  ㉡ 인지 재구성 방법을 사용한다.
  ㉢ 비합리적 내적언어는 정서적 장애의 원인이 되며 내적 언어의 발달은 타인 또는 자기 교습을 통해서 행동을 통제하는 것이 가능하다.

② 상담 과정
  ㉠ 내담자가 부적응적인 자기 말을 지각, 규명하도록 한다.
  ㉡ 상담자가 효과적인 언어, 행동을 시범을 보인다.
  ㉢ 내담자가 자기 언어를 크게 말하면서 목표행동을 하게 한다.
  ㉣ 상담자의 강화로 내담자는 새로운 자기 언어를 구축한다.

③ 행동변화법
  ㉠ **제1단계(자기 관찰)** : 내담자가 자신의 행동을 관찰하는 방법을 학습하는 것이다.
  ㉡ **제2단계(새로운 내적 대화의 시작)** : 내담자는 자신의 부적응 행동을 알아차리는 것을 배우고, 적합한 행동 대안에 주목하기 시작한다. 상담을 통해 자신의 내적 대화를 변화시키는 것을 배우게 된다. 새로운 내적 대화는 새로운 행동을 유도하고 내담자의 인지구조에 영향을 미친다.
  ㉢ **제3단계(새로운 기술의 학습)** : 효과적인 대처기술을 내담자에게 가르치고 이를 일상생활에서 실행하도록 한다.

④ 대처기술프로그램
  ㉠ **개념적 단계** : 상담관계 수립, 내담자는 매일 자신의 구체적인 사고, 감정 행동을 체계적으로 기록한다.

ⓛ **기술획득과 시연단계** : 상담자는 내담자로 하여금 스트레스 상황에서 다양한 행동적·인지적 대처기법을 적용하도록 돕는다. 이완기법 학습 등의 직접적인 행동 훈련도 배운다.

ⓒ **적응과 수행단계** : 실제 생활에서도 변화하고 이를 유지, 자기 진술을 연습하여 실제 상황에서 새로운 기술을 적용해야 한다.

8 실존주의 상담

(1) 개요 2019년, 2017년, 2016년 기출 ★

① 인간의 삶에 의미를 탐구하는 데 초점을 둔다.
② 인간을 단순한 지성적 존재 이상으로 보고 있기 때문에 '문제' 자체보다는 내담자의 있는 그대로의 경험을 이해하는 것을 강조한다.
③ 상담의 기술보다 치료자와 내담자의 관계를 더 중요하게 여긴다.
④ 삶에 대한 가치관을 점검하고 현재 가치체계의 출처를 탐색한다.
⑤ 불안의 원인을 인식한다.
⑥ 선택의 자유와 책임을 인식한다.
⑦ **실존주의 학자** 2019년, 2015년 기출 ★

프랭클	• 프로이드의 결정론을 반대하고 자유, 책임능력, 의미, 가치추구 등의 기초개념을 포함한 "의미를 통한 심리상담 치료"라는 뜻의 의미치료(Logotherapy)를 개발하였다. • 우리시대의 사회적 질병은 무의미 즉, '실존적 공허'인데 일상적인 생활이나 일이 바쁘지 않을 때 자주 경험하게 된다고 본다.
메이	"실존"하기 위해서는 용기가 필요하고 우리 자신의 모습은 우리가 선택하며 우리 안에는 끊임없는 갈등이 있다고 본다.
얄롬	죽음, 자유, 실존적 고립, 무의미 4개의 관심을 둔 실존치료를 개발하였다.
보스	죽음, 자유, 고립, 무의미성을 인간의 4가지 궁극적 관심사로 들면서 궁극적 관심사로 인해 갈등과 불안을 느낀다.
빈스반거	내담자의 세계관을 발견하는 것과 그 세계가 내담자에게서 어떻게 나타나는지에 관한 문제를 중점적으로 다루었다.

(2) 인간관 2020년, 2016년 기출 ★

① 인간은 존엄성과 가치를 지닌 존재이다.
② 인간은 자신의 자기 인식의 능력을 지닌 존재이다.
③ 인간은 계속해서 되어가는 존재이다.
④ 인간은 실존적으로 단독자이면서 타자와의 관계를 추구하는 존재이다.
⑤ 인간은 이 세상에 우연히 내던져진 존재이다.
⑥ 인간은 영원히 사는 것이 아니라 언젠가는 죽을 수밖에 없다는 사실을 알고 있는 존재이다.
⑦ 자신을 초월할 능력을 가진 존재이다.

(3) 주요 개념 2020년, 2018년 기출 ★

① 죽음
   ㉠ 죽음을 부정적으로 보지 않으며 삶에 대한 의미를 부여하는 인간의 기본조건으로 본다.
   ㉡ 인간을 인간답게 하는 특성 중의 하나는 죽음의 불가피성을 받아들이는 능력이다.
   ㉢ 죽음의 인식은 삶에 대한 열정이나 창조성의 근원이 된다.
   ㉣ 죽음을 두려워하는 사람은 삶도 두려워하기 때문에 삶을 충분히 긍정하고 충분히 현재에 서 사는 사람은 삶의 종결에 집착하지 않는다.

② 고립
   ㉠ 개인 간 고립은 자신과 타인 사이에 존재하는 거리를 말하고, 개인의 고립은 자기 자신의 부분들과 고립되어 있다는 사실을 말한다.
   ㉡ 실존적 고립은 다른 개인들이나 세계로부터 근본적인 고립이다.

③ 자유
   ㉠ 실존적 의미에서 자유는 긍정적 개념으로 보지 않는다. 반대로 인간이 응집력 있는 거대한 설계를 지닌 구조화된 우주에 들어가지 못하고, 그 곳에서 나오지도 못한다는 의미이다.
   ㉡ 인간은 여러 선택 중에서 어느 것을 선택할 수 있는 자유를 가진 존재이다.
   ㉢ 자유란 인간이 그 자신의 세계, 인생설계, 선택과 행동에 대해 전적인 책임이 있다는 사실을 의미한다.

④ 책임 : 인간은 스스로 결단해서 자기 운명을 결정하고 존재를 개척하며 자신의 인생에 책임을 져야하는 존재이다.

⑤ 무의미
   ㉠ 삶의 의미가 없을 경우 계속 살아야 할 이유가 없다. 그러므로 무의미에서 벗어나기 위해 의미를 찾아야 하는데, 삶의 의미는 각 개인에 따라 독특하기에 각자가 자신에게 적절한 방식으로 찾아야 한다.
   ㉡ 삶의 의미를 가져다 줄 세 가지 방법 '창조적 가치', '경험적 가치', '태도적 가치'이다.

⑥ 실존적 욕구좌절 : 인간이 자기 삶의 의미를 상실한 상태에 빠진 것을 말한다.

(4) 상담 목표

① 자신의 내면세계를 있는 그대로 자각하여 이해하도록 하며 지금 현재 자기 자신을 신뢰하도록 한다.
② 삶의 의미와 목적을 스스로 발견하도록 하며 인생에 대한 확고한 방향 설정과 결단을 내리도록 한다.
③ 삶에 있어서 의미 있는 선택을 하고, 그에 따른 개인적 책임성을 수용하도록 한다.

(5) 상담 과정

① 메이의 상담 과정
  ㉠ **친밀한 관계의 수립** : 악수를 하는 것은 이에 가장 적절한 시작일 수 있다.
  ㉡ **고백** : 내담자와 친밀한 관계가 수립되면 고백이라는 상담의 중심적인 단계에 접어든다.
  ㉢ **해석** : 내담자가 문제를 기탄없이 이야기하고 자기가 처한 상황을 설명하고 테이블 위에 자기가 가진 모든 계획을 들어내면 해석의 단계가 시작된다.
  ㉣ **내담자 인격 변형** : 상담 과정 전체의 종결 및 목표는 내담자 인격 변형이다.

② 프랭클의 의미치료 과정
  ㉠ **증상 확인** : 적절한 진단은 상담치료의 첫 단계로 중요한 단계이다.
  ㉡ **의미 자각** : 내담자를 증상으로부터 분리하고 삶에 대한 의미를 자각하게 도와준다. 삶과 죽음의 의미를 포함하여 일, 사랑, 고통의 의미에 대한 자각이 강조되어야 한다.
  ㉢ **태도 수정** : 의미 자각을 통해 내담자가 증상으로부터 거리를 유지하게 되면 자기 자신이나 삶에 대한 새로운 태도를 가지게 된다.
  ㉣ **증상 통제** : 내담자로 하여금 증상을 약화시키거나 증상 자체를 통제할 수 있다는 사실을 받아들이도록 도와준다.
  ㉤ **삶의 의미 발견** : 미래를 향한 정신건강의 예방적 측면에서 내담자로 하여금 의미 있는 활동과 경험을 하도록 도와준다.

(6) 상담자의 역할  ★

① 내담자로 하여금 자신의 잠재력을 깨닫게 한다.
② 내담자가 삶의 불안을 직면할 수 있도록 격려한다.
③ 내담자가 있는 그대로의 세상을 볼 수 있도록 도와준다.
④ 내담자 스스로 선택과 책임을 활용할 수 있도록 도와준다.

(7) 상담 기법 2020년, 2016년 기출 ★

① 직면
  ㉠ 내담자가 겪는 실존적 불안이나 공허감의 문제를 진솔하게 직면할 수 있도록 격려한다.
  ㉡ 개인의 네 가지 궁극적 관심사 죽음, 자유, 고립, 무의미의 각각에 대해 직면하게 될 때, 실존적인 준거들로부터 나온 내적 갈등의 내용이 구성된다고 보았다.
② **역설적 의도** : 내담자의 증상에 대해 자신의 태도를 반전시켜줌으로써 내담자로 하여금 자기 증상에서 벗어날 수 있게 해 준다.

③ 탈숙고
　㉠ 역설적 의도와 더불어 악순환에서 벗어나기 위해 사용되는 기법으로 자신의 문제에 대해 지나치게 숙고하면 자발성과 활동성에 방해되므로 지나친 숙고를 하지 않도록 하는 기법이다.
　㉡ 자신 외에 다른 관심에 대하여 초점을 맞추는 것이다.

9 게슈탈트 상담

(1) 개요
① 1949년 펄스에 의해 창안되었으며 '게슈탈트'는 독일어로 '전체' 또는 '형태'를 의미하며 우리나라에서는 게슈탈트 상담을 형태상담이론이라고 한다.
② 개체의 욕구나 감정, 환경조건 및 상황 간의 상호작용을 강조하는 장이론과 인간의 주관적 지각과 경험과 의미를 강조하는 현상학적 접근과 인간은 스스로 끊임없이 다시 만들고 발견한다고 보는 실존주의의 기본전제를 따르고 있다.
③ 게슈탈트 상담은 사람들이 자신의 삶을 풍성하게 살지 못하게 방해하는 것이 무엇인지 알아차리고, 자기와 세계의 분열된 부분을 재통합하여 의미 있는 성장을 촉진하는 데 목적을 둔다.

(2) 인간관
① 인간은 현상학적이고 실존적인 존재이다.
② 인간은 전체적, 통합적이며 현재 중심적이다.
③ 인간은 환경의 일부분으로 환경과 분리할 수 없다.
④ 인간은 자신의 행동을 자유롭게 선택할 수 있으며 자신의 자유로운 선택에 의해 잠재력을 각성할 수 있다.
⑤ 인간은 자기 자신의 삶을 효과적으로 영위할 수 있는 능력을 가진다.
⑥ 인간은 기본적으로 선하지도 악하지도 않다.

(3) 주요 개념
① 게슈탈트
　㉠ 사물을 볼 때 부분과 부분을 하나하나 따로 떼어 보지 않고 하나의 의미 있는 전체 상으로 파악하는데 그 전체 상을 게슈탈트라 한다.
　㉡ '개인에 의해 지각된 자신의 행동동기'를 의미한다. 즉, 개체가 자신의 욕구나 감정을 자각하고 의미 있게 행동으로 옮길 수 있는 형태로 조직화하여 자각하는 것이다.
　　예 외롭다는 감정을 자각하면서 친구와 커피를 마셔야겠다는 행동동기를 조직화하며 자각한다.

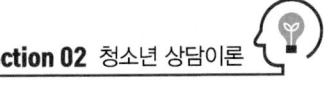

ⓒ 조직화된 행동 형태를 본인이 자각하면 게슈탈트형성이 이루어진 것이고, 이루어진 게슈탈트를 실행하고 완결짓고 싶어 한다.

ⓔ 욕구나 감정은 게슈탈트가 아니며 개체가 의미 있는 전체로 조직화하여 지각했을 때 비로소 게슈탈트가 된다. 게슈탈트를 형성하는 이유는 우리의 모든 욕구나 감정을 유의미한 행동으로 만들어서 실행하고 완결짓기 위해서이다.

ⓜ 개인은 자신의 모든 활동을 게슈탈트를 형성함으로써 조정하고 해결하며 만일 개인이 게슈탈트 형성에 실패하면 심리적, 신체적 장애를 겪게 된다.

ⓗ 건강한 삶이란 바로 분명하고 강한 게슈탈트를 형성할 수 있는 능력을 가진 것이다.

② 전경과 배경
  ㉠ **전경** : 어느 한 순간에 중요한 욕구나 감정을 떠올리며 관심의 초점이 되는 부분을 전경이라고 하며, 건강한 개인은 매순간 자신에게 중요한 게슈탈트를 선명하고 강하게 형성하여 전경으로 떠올릴 수 있다.
  ㉡ **배경** : 게슈탈트가 해소되고 나면 전경에서 사라지면서 배경이 된다.
  ㉢ 새로운 게슈탈트가 형성되어 전경으로 떠오르고, 그것이 해소되면 다시 배경으로 물러나는 과정을 되풀이한다.
  ㉣ 이러한 순환과정을 '게슈탈트의 형성과 해소' 혹은 '전경과 배경의 교체'라고 부른다. 건강한 사람의 경우에 전경과 배경이 자연스럽게 교체된다.

③ 알아차림과 접촉
  ㉠ **알아차림(의식)**
    ⓐ 알아차림은 개체가 자신의 욕구나 감정을 지각한 다음 게슈탈트로 형성하여 전경으로 떠올리는 행위를 말한다.
    ⓑ 알아차림에는 미해결 과제의 알아차림과 지금 여기에서 새로 형성되는 게슈탈트에 대한 알아차림의 두 가지로 나눌 수 있다.
    ⓒ 지금 여기서 매순간 형성되는 게슈탈트의 알아차림과 나-너 관계를 통한 게슈탈트의 해소가 가장 중요하지만 미해결과제가 있을 때에는 먼저 미해결과제를 해결하는 것이 중요하다.
  ㉡ **접촉**
    ⓐ 접촉은 전경으로 떠오른 게슈탈트를 해소하기 위해 환경과 상호작용하는 행위를 뜻한다. 게슈탈트가 형성되어 전경으로 떠올라도 이를 환경과의 접촉을 통해 완결짓지 못하면 배경으로 사라지지 않는다. 따라서 접촉은 알아차림과 서로 상호보완적으로 작용하여 '게슈탈트 형성-해소'의 순환과정을 도와주어 유기체의 성장에 이바지한다.

ⓑ 접촉 수준 2016년 기출 ★

가짜층 (진부층)	서로 형식적이고 의례적으로 반응하고 습관적으로 상황을 처리하고 사회적 관계는 가짜로 행동하는 수준이다.
공포층 (연기층)	자신이 원하는 것을 숨기고 부모나 주위 환경에서 바라는 대로 맞춰서 행동하는 수준이다.
교착층 (막다른 골목)	지금까지 하던 자신의 역할을 그만두고 스스로 자립할 시도를 하지만 힘이 없어 공포감과 공허감을 느끼는 수준이다.
내파층	• 가짜 주체성이 무너지기 시작하여 지금까지 억압하고 차단해 왔던 자신의 욕구와 감정을 알아차리는 수준이다. • 게슈탈트는 형성하지만 환경과 접촉을 통해 게슈탈트를 해소하지 못하고 부정적 감정을 자신에게 돌려 비난과 질타의 행동을 한다.
폭발층	• 더 이상 자신의 욕구나 감정을 억압하지 않고 외부로 표출하는 수준이다. 타인과의 관계에서도 참 만남이 가능하게 된다.

ⓒ 알아차림과 접촉의 주기

> 배경 – 감각 – 알아차림 – 에너지/흥분 – 행동 – 접촉 – 마감

배경에서 어떤 유기체 욕구나 감정이 신체의 감각의 형태로 나타나고 이를 개체가 알아차려 게슈탈트로 형성하여 전경으로 떠올리고 이를 해소하기 위하여 에너지(흥분)를 동원하여 행동으로 옮기고 마침내 환경과의 접촉을 통해 게슈탈트를 해소한다.

④ 알아차림과 접촉방해(접촉경계혼란) 2021년, 2020년, 2019년, 2018년, 2016년, 2014년 기출 ★
  ㉠ 접촉경계혼란으로 말미암아 개체는 자신의 경계를 명확하게 인식하지 못한다.
  ㉡ 접촉경계혼란으로 정체성을 확립하지 못하여 자신이 누구이며 무엇을 원하는지, 자기와 타인의 경계가 어떠한지에 대한 판단의 문제가 생긴다.
  ㉢ 접촉경계혼란이 심해지면 경계가 매우 불투명해져서 신체 건강의 문제와 심리적 불안을 경험한다.
  ㉣ 접촉경계혼란으로 정신병리적 현상이 발생한다고 본다.
  ㉤ 알아차림을 방해하는 요소로 내사, 투사, 융합, 반전, 자의식, 편향을 제시하였다.

내사 (Introjection)	권위자의 행동이나 가치관을 무비판적으로 받아들임으로써 자기 것으로 동화되지 못한 채 개체의 행동이나 사고방식에 악영향을 미치는 것 예 부모가 정해준 직업을 그대로 받아들이는 것
투사 (Projection)	자신의 생각, 욕구, 감정을 타인의 것으로 왜곡하여 지각하는 것 예 자신이 부모를 싫어하면서 모든 아이들이 부모를 싫어한다고 생각하는 것
융합 (Confluence)	밀접한 관계에 있는 두 사람이 서로 간에 차이점이 없다고 느끼도록 합의함으로써 발생 예 선생님이 친구를 혼내는 것을 마치 자신을 혼내는 것으로 느끼는 것
반전 (Retroflection)	개체가 타인이나 환경에 대하여 하고 싶은 행동을 자기 자신에게 하는 것 혹은 타인이 자기에게 해주기를 바라는 행동을 스스로 자기 자신에게 하는 것 예 부모님에 대한 분노를 자해로 표현하는 것

자의식 (Egotism)	개체가 자신에 대해 지나치게 의식하고 관찰하는 현상 예 친구들이 자신만 쳐다본다고 생각하고 부자연스러운 행동을 하는 것
편향 (Deflection)	내담자가 환경과의 접촉이 자신이 감당하기 힘든 심리적 결과를 초래할 것이라 예상할 때, 이러한 경험으로부터 압도당하지 않기 위해 환경과의 접촉을 피해버리거나 혹은 자신의 감각을 둔화시켜버림으로써 환경과의 접촉을 약화시키는 것 예 이야기 중에 딴소리를 하면서 말의 요점을 흐리게 하는 것 등

⑤ 미해결 과제
  ㉠ 미해결과제란 게슈탈트를 형성하지 못했거나 게슈탈트를 형성하긴 했지만 해결되지 못한 채 배경으로 사라지지 못하고 전경으로 떠오르지도 못하므로 중간층에 남아 있는 것이다.
  ㉡ 주로 하고 싶어도 할 수 없었던 것, 말하고 싶어도 말할 수 없었던 것 등이 원망, 분노, 증오, 고통, 불안, 슬픔, 죄의식, 포기 등과 같은 억압된 감정으로 남아 미해결과제가 된다.
  ㉢ 미해결 과제는 완결하려는 강한 동기로 인해 계속 전경으로 떠오르려고 하여 개체가 전경을 형성하는 데 방해를 준다.
  ㉣ 미해결 과제는 전경과 배경의 자연스런 교체를 방해하기 때문에 개인의 적응에 장애가 되며 미해결 과제가 많아질수록 개인은 자신의 욕구를 효과적으로 해소하는 데 실패하게 되고 결국 심리적·신체적 장애를 일으킨다.
  ㉤ 게슈탈트 심리치료는 미해결 과제를 완결짓는 일을 중요한 목표로 삼고 있으며 이러한 미해결 과제를 해결할 수 있는 방법은 '지금 여기'(Here and Now)를 알아차리는 것이다.

⑥ 회피
  ㉠ 미해결 과제에 직면하거나 미해결 상황과 연관된 불안정한 정서를 경험하는 것으로부터 자신을 지키기 위하여 회피한다.
  ㉡ 변화에 무엇이 필요한지 생각하고 자각하는 것보다도 고통스런 감정을 경험하는 것이 더 두렵기에 행해지는 양상이다.

⑦ 지금-여기
  ㉠ 과거는 지나가 버린 것이며 미래는 아직 오지 않는다. 지금 이외에 존재는 없다.
  ㉡ 순수한 만남을 위한 시도이다.

(4) 상담 목표
  ① 내담자가 생각하고 느끼고 행동하는 것을 충분히 알아차리도록 돕는다.
  ② 사랑과 미움, 내부와 외부, 현실과 비현실 등 삶에 존재하는 양극단 사이에서 양극성 요인을 알아차리고 상황을 인정하고 수용하여 양극성의 통합을 이룬다.
  ③ 타인에게 의존하려는 마음을 버리고 자신을 신뢰하며 스스로 선택하고 책임지도록 한다.
  ④ 새로운 변화를 수용하고 성장하도록 한다.

(5) 상담 과정

게슈탈트 상담은 내담자의 전경에 떠오르는 것이 무엇인지에 따라 치료과정이 진행되기 때문에 치료 과정에 형식이 따로 있지 않다. 즉 체계적 상담 과정이 정립되어 있지 않다.

(6) 상담자의 역할

① 내담자의 전 존재가 모든 감각을 완전히 활용하여 자신 변화과정을 실제로 체험할 수 있는 분위기를 제공한다.
② 게슈탈트 상담에서는 상담자와 내담자 사이의 생생한 실존적 만남을 중요하게 본다.
③ 지금-여기에서 삶을 살아가게 한다.
④ 내담자의 언어사용 습관 및 신체언어에 주의를 기울인다.

(7) 상담 기법

① **욕구와 감정의 자각** : 게슈탈트를 원활하게 하고, 환경과의 접촉을 가능케 하며 상담자는 내담자의 감정을 찾아내어 자각시킨다.
② **신체자각** : 정신작용과 신체작용이 밀접하게 연관되어 있으며 내담자의 감정상태를 명확히 파악할 수 있다.
③ **환경자각** : 내담자의 감정과 욕구 자각을 위해 주위 환경에서 체험하는 것을 자각한다. 환경과의 생생한 접촉이 가능하다.
④ **언어자각** : 자신이 책임지는 문장으로 바꾸어 말하게 하여 책임의식이 높아진다.
⑤ **책임자각** : 자신이 한 일에 대해 책임지게 하고 스스로 그렇게 할 수 있는 내적 힘이 있음을 알아차리게 한다.
⑥ **과장하기** : 감정의 정도와 깊이를 명확히 자각하지 못한 내담자를 위해 상담자가 어떤 행동이나 언어를 과장되게 표현함으로써 내담자의 감정의 정도와 깊이를 자각하도록 한다.
⑦ **빈 의자 기법** : 현재 참여하지 않은 사람과 대화를 나누는 형식으로 관계탐색이 가능하고, 억압된 부분, 개발되지 않은 부분들과 접촉이 가능하다.
⑧ **꿈 작업** : 내담자의 욕구나 충동 혹은 감정이 외부로 투사된 것으로 꿈의 각 부분을 연기해 보게 하여 투사된 부분들과 접촉을 시도한다.
⑨ **자기 부분간의 대화** : 내담자의 인격에서 분열된 부분을 찾아 그것 간에 대화를 시킴으로써 분열된 자기 부분을 통합할 수 있도록 도와주는 기법이다.
⑩ **뜨거운 의자** : 대인관계의 문제나 저항과 관련하여 내담자의 자기 각성을 촉진시키는 기법이다. 집단상담 장면에서 많이 사용하며 한 구성원에게 한 동안 집중적으로 초점을 맞춘다.
⑪ **역할극** : 평소 자신이 거부했거나 억압했던 자신의 부분들과 타인의 관점을 연기하도록 하는 실험이다.

⑫ 상전과 하인 : 우리의 무의식적 행동을 지배하는 두 가지 부분의 대화가 있는데 이를 각각 상전(Top Dog)과 하인(Under Dog)이라고 부른다. 상전은 프로이트의 초자아개념에 해당하는 권위적이고 명령적이며 도덕적이다. 하인은 아무 힘도 없지만 상전과의 싸움에서 만만치 않은 전략을 구사한다. 그는 변명과 사과를 잘하는가 하면 억지 부리기, 보채기, 회피하기, 아양 떨기 등을 무기로 상전을 괴롭히고 곧잘 상전을 궁지로 몬다. 2017년 기출 ★

10 교류분석 상담

(1) 개요
① 교류분석은 1958년 에릭 번이 소개한 심리치료 기법이다.
② 교류분석은 성격에 인지적, 합리적, 행동적 측면을 모두 강조하였다.
③ 내담자가 새로운 결정을 통해 삶의 과정을 바꿀 수 있도록 자각을 증대시킨다.
④ 교류분석은 의사소통의 체계와 구성을 분석하는 방법을 제공하였다.

(2) 인간관
① 인간은 과거 불행한 사건을 경험했다 하더라도 변화 가능한 긍정적인 존재이다.
② 인간은 현실 세계에 대한 인식 정서를 표현할 수 있고, 친근한 관계를 형성, 유지할 수 있는 자율적 존재이다.
③ 사회 환경이나 어린 시절 경험에 의해 결정되지 않는 자유스러운 존재이다.
④ 인간은 존재 가치가 있고, 존엄성이 있으므로 삶과 환경에 대해 재결정할 수 있으며 그에 따라 사고, 감정, 행동방식을 재구조화할 수 있는 존재이다.
⑤ 자신의 사고, 감정, 행동에 책임질 수 있는 능력을 가진 존재이다.

(3) 주요 개념
① 자아 상태 모델 2016년 기출 ★

> **Plus Study** ● 자아 상태의 형태와 기능에 따른 분류
> • 인간의 자아상태는 한 가지 자아 상태에서 다른 상태로 변화하여 변화한 자아 상태에 따라 행동이 달라진다고 본다.
> • 자아 상태를 크게 어버이 자아(Parent), 어른 자아(Adult), 어린이 자아(Child)로 나눈다.
> • 자아 상태를 기능에 따라 어버이 자아(P)를 비판적 부모 자아(CP), 양육적 부모 자아(NP)로 나누고, 어른 자아(A), 어린이 자아를 자유로운 어린이 자아(FC), 순응하는 어린이 자아(AC)로 나눈다.

㉠ 어버이 자아(P)
ⓐ 정신분석의 수퍼에고(Superego)와 유사한 자아 상태이다.
ⓑ 부모나 형제 혹은 정서적으로 중요한 인물들의 행동이나 태도에 영향을 받아 형성된다.

ⓒ 기능적으로 '비판적 어버이', '양육적 어버이'로 나눌 수 있다.
ⓓ 비판적 어버이 자아 상태는 양심과 관련된 것으로 필요한 규칙을 가르치는 동시에 비판적이며 지배적으로 질책하는 경향이 있다.
ⓔ 양육적 어버이 자아 상태는 격려하고 보살피며 공감적이고 성장 촉진적이다.

ⓛ **어른 자아(A)**
ⓐ 정신분석 성격구조 중 에고(Ego)와 같이 행위에 관한 정보 수집, 자료 처리, 현실적인 가능성을 추정하는 기능을 한다.
ⓑ 이성과 관련되어 있어 사고를 기반으로 적응적 기능을 하는 성격이며 현실적이고 합리적으로 판단하여 의사 결정을 한다.

ⓒ **어린이 자아(C)**
ⓐ 정신분석 성격구조 중 이드(Id)와 유사하다.
ⓑ 어린 시절 실제로 경험한 감정이나 행동, 그와 비슷한 느낌이나 행동에 관한 성격이다.
ⓒ 본능적으로 일어나는 모든 충동과 감정 및 5세 이전에 경험한 외적 일들에 대한 감정적 반응 체계를 말한다.
ⓓ 기능적으로 '자유로운 어린이 자아'와 '순응적인 어린이 자아'로 나뉜다.
ⓔ 자유로운 어린이 자아는 습관화된 영향을 받지 않는 본능적이며 자기중심적이고 적극적인 성격으로 열정적이며 즐겁고 호기심에 차 있다.
ⓕ 순응적인 어린이 자아는 감정이나 욕구를 억제하고 부모나 교사의 기대에 맞추고자 한다.

② **부모의 각본 메시지** 2018년 기출 ★

부모가 각본 메시지를 어떻게 자녀에게 전달하는지를 보여주는 모형이다. 2015년 기출 ★

허용	부모의 어린이 자아(C)에서 자녀의 어린이 자아(C)로 전달된 메시지 중 긍정적인 경우
프로그램	부모의 어른 자아(A)에서 자녀의 어른 자아(A)로 전달된 메시지
금지령	부모의 어린이 자아(C)에서 자녀의 어린이 자아(C)로 전달된 메시지 중 부정적인 경우 예 ~~하지마라
대항금지령	부모의 부모 자아(P)에서 자녀의 부모 자아(P)로 전달된 메시지 예 ~~해라

③ **구조/기능 분석** 2020년 기출 ★
㉠ 구조분석이란 어버이(P), 어른(A), 어린이(C)의 세 가지 자아 상태가 어떻게 구성되어 있는지 분석하는 것이다.
㉡ 자신의 자아 상태를 확인하게 되고 자아상태의 구조를 분석하게 되어 의사소통방식과 행동 유형을 해결하는 데 도움을 준다.
㉢ 기능분석이란 개인이 개인상태를 어떻게 사용하고 있는가를 알기 위한 방법이다. 기능적인 인간이란 다섯 가지 자아상태 에너지를 잘 선택하여 그 기능을 충분하게 활용하는 사람을 말한다. 어느 한 기능이라도 제 기능을 못하면 역기능적이 될 수 있다.

Plus Study

자아가 제대로 역할을 하지 못하여 문제를 일으키는 대표적인 경우로 '혼합'과 '배타'를 들 수 있다.
- 혼합 : 각 자아경계가 지나치게 이완되거나 약화되어 특정자아 상태가 자아경계를 침범하는 경우이다.
- 배타 : 각 자아의 경계가 지나치게 경직되어 하나 또는 두 개의 자아상태가 독자적으로 사용되는 반면, 나머지 자아상태는 폐쇄되어 전체기능에서 제외되는 상태이다.

④ **교류분석** 2018년 기출 ★
  ㉠ 일상생활에서 주고받는 말, 태도, 행동 등을 분석하는 것이다.
  ㉡ 어버이(P), 어른(A), 어린이(C)의 이해를 바탕으로 대인관계에서 나타나는 상호작용을 관찰, 분석함으로써 개인의 행동을 이해하고 예견하는 방법이다.
  ㉢ 구조 분석이 개인 내면에 초점을 둔다면 교류분석은 개인과 개인 사이에 초점을 둔다.
  ㉣ 교류분석의 유형에는 상보교류, 교차교류, 이면교류가 있다.
    ⓐ 상보교류 : 두 사람이 동일한 자아 상태에서 작동되거나 상호보완적인 자아 상태에서 자극과 반응을 주고받는 것이다.
    ⓑ 교차교류 : 상대방에게 기대한 반응과는 다른 자아 상태의 반응이 활성화되어 되돌아오는 경우로 인간관계에서 고통의 근원이 된다. 교차교류는 의사소통이 잘 되지 않는 느낌이 있고 대화의 단절과 인간관계에 부정적인 영향을 미친다.
    ⓒ 이면교류 : 두 가지 자아 상태가 동시에 활성화되어 한 가지 메시지가 다른 메시지를 위장하는 복잡한 상호작용이다. 숨겨져 있는 요구나 의도가 이면에 깔려 있다.

⑤ **게임분석** 2018년 기출 ★
  ㉠ 게임이란 표면적으로는 합리적이고 친밀한 대화로써 동기화되고 보안적인 것으로 보이나 그 이면에는 정형화된 함정이나 속임수가 내포되어 있는 교류이다.
  ㉡ 게임 공식
    ⓐ 먼저 게임 플레이어는 숨겨진 동기(Con)를 가지고 게임 연출의 상대를 발견하면 계략(Trick)을 쓴다.
    ⓑ 게임에 대해 번이 제시한 공식은 다음과 같다. 2014년 기출 ★

    > 속임수 + 약점 = 반응 ➡ 전환 ➡ 혼란 ➡ 결말
    > (Con) (Gimmick) (Response) (Switch) (Crossed-Up) (Pay-Off)

  ㉢ 에누리에서 시작되는 게임
    상대를 에누리하면서 게임이 시작되고, 그레이 스탬프의 수집(불쾌 감정에 비축)이 이루어진다. 이후 불만은 증대되면서 이자가 붙으며 결국 방아쇠를 잡고 정조준 폭발(스탬프 청산, 교환)시키게 된다. 마지막에 Not-ok 생활 자세를 확인하면서 청산 과정을 마친다.

② 드라마 삼각형 게임
연극이 여러 면에서 게임과 유사하다는 점에 주목하고 게임을 이해하기 위해 '박해자', '구원자', '희생자'의 삼각 구도로 된 드라마 삼각형을 고안하였다.

⑩ 라켓 감정 2020년, 2017년 기출 ★
ⓐ 라켓은 초기 결정을 확증하기 위하여 다른 사람을 조작하는 과정을 말하며 조작적, 파괴적인 행동과 연관된 감정이다.
ⓑ 게임을 한 후 맛보는 불쾌하고 쓰라린 감정이며 개인의 인생각본의 기본이 된다.

⑥ 인생 각본 분석
㉠ 각본은 어릴 때부터 형성하기 시작하는 자신의 욕구를 충족시키기 위하여 초기에 결정한 무의식적인 인생 계획이다.
㉡ 배우가 무대 위에서 각본에 따라 연기하듯 사람은 각자의 인생 각본으로 살아간다.
㉢ 각본 분석은 사람들이 각자 특정한 방법으로 행동하는 것에 대해서 설명해 준다.
㉣ 각본 분석이란 자신의 자아 상태에 대하여 통찰하고 자기 각본을 이해하고 거기서 벗어나는 것을 말한다.

⑦ 스트로크
㉠ 스트로크란 사람과 사람 간의 피부접촉, 표정, 감정, 태도, 언어, 기타 여러 형태의 행동을 통해서 상대방에 대한 자신의 반응을 알리는 인식의 기본 단위이다.
㉡ 스트로크는 사회적 상호작용의 기본 동기이며 개인이 건전하게 기능하기 위해 필수적이다.
㉢ 스트로크의 유형
ⓐ 신체적 스트로크 : 신체적 접촉으로 안아 주기, 손잡아주기, 머리 쓰다듬어 주기 등의 자극이다.
ⓑ 긍정적 스트로크 : 합당한 칭찬과 인정, 마음을 주고받는 사랑의 행위 등의 자극이다.
ⓒ 부정적 스트로크 : 인간의 부정성을 유발시키는 자극이다.
ⓓ 상징적 스트로크 : 얼굴 표정, 자세, 사용하는 언어와 말투 등의 자극이다.
ⓔ 언어적 스트로크 : "우리 ~는 착해"와 같이 말을 서로 주고받는 경우이다.
ⓕ 무조건적 스트로크 : 상대의 존재나 행동에 관계없이 주는 인정 자극이다.
ⓖ 조건적 스트로크 : "만약 네가 ~한다면 나도 ~하겠어."와 같이 조건이 붙는 인정 자극이다.

⑧ 생활태도 2016년 기출 ★
㉠ 자기 자신과 타인 그리고 세계에 대해 갖고 있는 개인의 태도를 통칭하는 것으로 초기 경험과 초기결정에 의해 형성된다.

ⓒ 생활태도의 유형
　　ⓐ 자기긍정-타인긍정(I am OK - You are OK)
　　　• 바람직하고 생산적인 인간관계에 형성되는 생활자세이다.
　　　• 대체로 정서적 신체적 요구가 애정적이고, 수용적인 방식으로 충족되며 다른 존재의 미를 충분히 인정하는 건강한 인생관을 가진다.
　　ⓑ 자기긍정-타인부정(I am OK - You are not OK)
　　　공격적인 생활 자세로 자신의 실수를 남 탓, 사회 탓으로 여기고 자신이 사회나 가족의 희생과 박해를 당했다고 여긴다. 자기 주장적이며 배타적 생활자세이다.
　　ⓒ 자기부정-타인긍정(I am not OK - You are OK)
　　　부모의 무조건적인 자극을 경험하게 되면서 자신은 무능하며 타인 도움 없이는 생존할 수 없다는 좌절감을 가진다. 타인에게 의존적이며 자신에 대해 열등감을 가진다.
　　ⓓ 자기부정-타인부정(I am not OK - You are not OK)
　　　삶이 허무하고 절망에 가득 차 있을 것이라고 지각한다. 스트로크가 심하게 결핍되어 있고 극도로 부정적이며 허무적이다. 심한 정신적 문제를 가질 가능성이 많다.

(4) 상담 목표
① 내담자가 그의 현재 행동과 삶의 방향에 대한 새로운 결정을 내리도록 하는 것이다.
② 새로운 결정을 내릴 수 있도록 자율성을 성취시켜 준다.
③ 어른 자아의 확립이다.
④ 상담 과정을 통해 내담자가 지금까지 타인과의 교류에서 이면교류, 교차교류, 게임 등을 발생했던 여러 문제를 살피고, 상보 교류를 시도하고 P, A, C 사이를 자유롭게 왕래할 수 있는 것이다.

(5) 상담 과정
① 1단계(계약) : 상담을 시작하는 초기에 상담자와 내담자의 사이 라포 형성과 상담구조화 상담 목표를 세우고 상담 달성을 위해 상담 계약이 이루어진다.
② 2단계(구조분석)
　㉠ 현재 자신의 자아상태가 균형 있게 기능하지 못하는 원인을 찾고 수정하는 단계이다.
　㉡ 상담자는 내담자에게 구조분석의 의미와 세 가지 자아상태와 기능을 이해시키고, 내담자의 행동 특징 및 자아기능을 확인한다.
③ 3단계(교류분석)
　㉠ 내담자가 어떤 의사 교류를 하고 있는지 알아보는 단계이다.
　㉡ 내담자에게 의사 교류 의미와 유형을 이해시키고 사람 간의 의사교류를 분석하도록 한다.

④ 4단계(게임분석) : 내담자에게 게임에 의미와 유형을 이해시키고 내담자의 암시적 의사 교류가 어떠한지를 찾아보는 단계이다.

⑤ 5단계(각본분석)
　㉠ 내담자에게 각본의 의미와 종류에 대해 이해시키고 내담자가 가지고 있는 각본을 찾아보는 단계이다.
　㉡ 내담자 문제 행동과 관련 각본을 확인 시켜 어떻게 형성되었는지를 분석한다.

⑥ 6단계(재결단)
　㉠ 내담자가 지금까지 문제 있는 각본, 의사교류, 게임 등에서 탈피하여 자율적이고 정상적인 자아 상태를 회복하도록 결단하도록 돕는 단계이다.
　㉡ 내담자는 더욱 자율적이고 책임감 있게 살아가기를 선택할 수 있다.

(6) 상담자의 역할 2019년 기출 ★

① 상담자의 역할은 교훈적이고 인지적인 것에 관심을 기울이며 교사, 훈련자, 정보제공자의 역할을 한다.
② 교사로서 상담자는 구조분석, 교류분석, 각본분석, 게임분석의 개념을 설명해 준다.
③ 상담자는 내담자 자신의 초기 결정과 인생 계획에 있어서 과거의 불리한 조건을 발견하도록 도와주며 새로운 전략을 발달시키도록 돕는다.
④ 상담자의 주요 임무는 내담자의 어린 시절 잘못된 결정에 따라 살지 않고 현재 상황에 적절한 결정을 할 수 있도록 삶을 변화시킬 수 있는 능력을 발견하도록 돕는 것이다.
⑤ 상담자는 내담자와 상담 과정에 대한 계약을 맺어야 한다.

(7) 상담 기법 2019년 기출 ★

① 상담분위기를 형성하는 상담 기법인 허용, 보호, 잠재력과 전문적 상담 행동을 규정하는 조작 기법이 있다.
② 상담분위기를 형성하는 기법
　㉠ **허용** : 대부분 내담자들은 부모로부터 받은 불공평하고 부정적인 금지령에 따라 행동한다. 무엇보다 내담자의 부모가 '하지 마라'라고 한 것에 대해서 허용해 주는 것이다.
　㉡ **보호** : 부모의 금지령을 포기하고 어른 자아를 사용하도록 허용받게 되면 내담자의 어린이 자아는 쉽게 두려움을 느낀다. 이때, 상담자의 어른 자아가 내담자 어린이 자아를 보호하여 내담자가 보다 안전하게 새로운 자아를 경험하도록 보호한다.
　㉢ **잠재력** : 잠재력이란 적절한 시기에 적절한 상담 기술을 사용할 수 있는 상담자의 능력을 말한다. 즉, 구조분석, 교류분석, 게임분석, 각본분석 등과 같은 이론적 내용을 숙지하고, 내담자가 바람직한 방향으로 재결정할 수 있도록 돕는 상담 기술을 갖추어야 한다.

③ 조작 기법
　㉠ **질의** : 내담자의 어른 자아 사용이 어려울 때 어른 자아가 반응할 때까지 질문을 한다. 내담자가 저항을 할 수 있으므로 주의해서 사용한다.
　㉡ **명료화** : 내담자의 특정행동이 어떤 자아 상태 때문인지 상담자와 내담자가 일치하였을 때 교류를 하는 자아상태를 확인하기 위한 기법이다.
　㉢ **직면** : 내담자의 행동과 말이 일치하지 않을 때, 이를 통찰하도록 알려주는 방법이다. 자신의 문제를 파악하고 대안적 방법을 고려하는 기회를 제공한다.
　㉣ **설명** : 상담자가 교류분석의 특징적인 측면에 관하여 가르치는 것이다.
　㉤ **확인** : 내담자의 특정 행동은 상담을 하면 일시적으로 달라졌다 원래대로 돌아가는 경우가 많다. 이때, 상담자는 아직까지 내담자가 특정 행동을 실제로 포기하지 않고 있다는 점과 새로운 행동을 위해서 열심히 해야 된다고 알리고 확인시키는 것이다.
　㉥ **해석** : 내담자가 자신의 숨어 있는 행동의 원인을 모를 때 내담자가 알 수 있도록 도와주는 기법이다.
　㉦ **결정화** : 내담자가 스트로크를 받기 위해 사용해 왔던 게임을 그만두고 자유로워지기 위한 행동을 하면 스트로크를 좀 더 긍정적으로 얻을 수 있다는 것을 알려주는 기법이다.

11 현실치료 상담 2018년 기출 ★

(1) 개요 2016년 기출 ★
① 1956년 윌리엄 글래서는 여자 비행청소년 치료를 위해 캘리포니아 주립 시설에서 벤츄라 여학교의 정신과 자문으로 활동하면서 현실치료의 기본 개념들을 비행청소년 치료에 적용하였다.
② 학생들에게 자신들의 행동에 대한 책임을 지도록 하며 처벌을 금지하고 규칙을 어기면 개인적 책임이 요구되었고 행동을 변화시킬 결심을 하고 실천에 옮길 수 있도록 격려하였다.
③ 정신질환을 인정하지 않는다.
④ 내담자의 정서, 감정, 혹은 태도보다 현재 행동에 초점을 맞춘다.
⑤ 과거가 아닌 현재에 중점을 둔다.
⑥ 내담자의 가치 – 판단을 강조한다.
⑦ 전이를 강조하지 않는다.

(2) 인간관
① 자신의 건강을 증진하고 성장하는 힘을 가지고 있으며 자신과 환경을 통제할 수 있는 존재이다.
② 스스로 자기 행동을 결정하고 자신의 행동에 책임질 수 있는 존재이다.
③ 성공적인 정체감을 발전시키며 의미있는 인간관계를 맺고 싶어 하는 존재이다.

④ 기본적 욕구를 충족시키려는 존재이다. 기본욕구는 사랑과 소속, 힘과 성취, 자유, 즐거움, 생존의 욕구이다.

(3) 주요 개념 2014년 기출 ★

① 선택이론(통제이론) 2017년, 2015년 기출 ★
  ㉠ 우리는 태어나서 죽을 때까지 행동하며 예외가 있기는 하지만 우리가 하는 모든 행동은 선택된다.
  ㉡ 인간의 모든 행동은 다섯 가지 욕구를 충족하기 위한 선택이다.
  ㉢ 모든 전체 행동은 자신이 만족시키고자 하는 것을 얻기 위한 최선의 시도들이다.
  ㉣ 전체 행동은 모든 행동이 분리될 수는 없지만 구별되는 4개의 구성요소(활동하기, 생각하기, 느끼기, 생리적 반응)로 이루어지고 이것은 반드시 행위와 사고와 감정을 동반한다.
  ㉤ **선택이론의 기본 원리** 2019년 기출 ★
    ⓐ 우리의 행동을 통제할 수 있는 사람은 우리 자신이며 불행과 갈등도 선택할 수 있다.
    ⓑ 우리는 타인으로부터 모든 정보를 얻을 수 있다.
    ⓒ 지속되는 모든 심리적 문제 근원은 관계에 관한 문제이다.
    ⓓ 관계 문제는 항상 개인이 현재 영위하는 삶의 일부분이다.
    ⓔ 과거에 일어난 고통스러운 일이 현재 우리 자신에게 많은 영향을 주고 있지만 이 고통스러운 과거를 다시 들추어내는 것만으로는 현재 우리가 필요로 하는 것을 얻어낼 수 없다.
    ⓕ 기본 욕구인 생존, 사랑과 소속, 힘, 자유, 즐거움은 행동을 하게 만드는 동기이다.
    ⓖ 우리가 할 수 있는 모든 것은 결국 행동뿐이다.
    ⓗ 전체 행동은 동사 부정사 동명사로 표현될 수 있다. 예 나는 우울하고 고통 받고 있다.
    ⓘ 전체 행동은 선택될 수 있지만 우리가 직접적으로 통제할 수 있는 부분은 단지 '행동하기'와 '생각하기'다. '행동하기'와 '생각하기'를 선택함으로써 간접적으로 '느끼기'와 '생물학적 반응'을 통제할 수 있다.

② 5가지 기본 욕구
  ㉠ 인간은 5가지 기본 욕구를 가지고 태어난다.
  ㉡ 생존 욕구를 제외한 다른 욕구는 심리적 욕구이다.
  ㉢ 개인 내 욕구 충족뿐만 아니라, 개인 간 욕구 충족 사이에서도 갈등이 발생한다.

사랑과 소속의 욕구 (Belonging Need)	사랑하고 나누고, 협력하고자 하는 인간의 속성을 말한다. 자기 자신의 가족을 형성하기를 원하고 결혼하고 싶어하거나 친구를 사귀고 싶어하는 것 등이다. 생존욕구와 같이 절박한 욕구는 아니지만 인간이 살아가는 데 원동력이 되는 기본 욕구이다.
힘에 대한 욕구 (Power Need)	경쟁하고, 성취하고, 중요한 존재이고 싶어하는 속성을 의미한다. 힘에 대한 욕구에 매력을 느끼게 되면 종종 소속에 대한 욕구 등 다른 욕구와 직접적인 갈등을 겪게 된다.

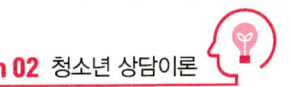

자유에 대한 욕구 (Freedom)	각자 원하는 곳에서 살고 대인관계와 종교 활동 등을 포함한 삶의 모든 영역에서 어떠한 방법으로 삶을 영위해 나갈지 선택하고 자신의 의사를 마음대로 표현하고 싶어 하는 욕구를 말한다.
즐거움에 대한 욕구 (Fun Need)	새로운 것을 배우고 놀이를 통해 즐기고자 하는 욕구를 말한다. 즐거움에 대한 욕구 충족 활동의 유형에는 단순한 놀이(Playing)도 있지만 학습(Learning)도 매우 중요한 즐거움을 추구하는 욕구 충족활동이라고 하였다.
생존에 대한 욕구 (Survival Need)	생명을 유지하고 생식을 통해 자신을 확장시키고자 하는 욕구이다.

③ 3R 2019년 기출 ★
  ㉠ 핵심적인 개념으로 3R, 즉 책임(Responsibility), 현실(Reality), 옳고 그름(Right and Wrong)을 강조한다.
  ㉡ 책임이란 다른 사람이 그들의 욕구를 충족시키는 것을 방해하지 않는 범위 내에서 자신의 욕구를 충족시키는 능력을 의미한다.
  ㉢ 책임은 현실을 직면하는 것이라고 할 수 있다. 현실은 자신의 현실 세계와 직면하게 하여 문제를 해결해 나가는 것이다.
  ㉣ 옳고 그름 가치 판단은 현실적으로 주어진 상황에서 책임 있게 행동 하는 사람에게 매우 중요하다.

④ 정체감
  ㉠ 인간의 기본 욕구인 정체감은 자신과 다른 사람들의 관여로 형성된다.
  ㉡ **성공적 정체감** : 자신이 가치 있다고 여기며 적절한 방법으로 사랑을 교류한다.
  ㉢ **패배적 정체감** : 가치 있는 행동 경험이 없어서 발생하며 사랑교류, 가치 행동의 부재로 형성이 된다. 자신의 욕구를 충족시키지 못함으로 패배적 정체감이 형성된다고 본다.

(4) 상담 목표

① 내담자의 기본적 욕구를 충족시켜 줄 수 있는 효율적인 방법을 찾고, 스스로 선택한 행동에 책임지도록 한다.
② 자신의 삶에 대한 통제력을 회복하도록 하고 성공적인 정체감을 갖도록 한다.

(5) 상담 과정 2019년, 2017년 기출 ★

① 우볼딩의 상담진행 과정(R-W-D-E-P)

R (Rapport)	내담자와 상담관계 형성하기
W (Want)	욕구 탐색하기 (내담자의 소망이나 바람에 대해 마음속으로 그려보게 한다.)

D (Doing)	현재 행동에 초점 두기 (내담자들이 통제할 수 있는 활동을 스스로 탐색할 것을 강조한다.)
E (Evaluation)	내담자가 자신의 행동 평가하기(내담자의 행동이 자신에게 도움이 되는지, 자신이 원하는 것을 얻을 수 있는지, 유용한지를 살핀다.)
P (Plan)	책임 있게 행동하는 계획 세우기 (내담자의 진정한 바람과 욕구를 충족시킬 수 있는 계획을 수행하도록 돕는다.)

② 상담환경 가꾸기
  ㉠ AB법칙 실시하기 : 상담자가 상담환경 가꾸기 과정에서 반드시 지켜야 할 5가지 태도이다.
    ⓐ 침착하고 예의바를 것
    ⓑ 항상 신념을 가질 것
    ⓒ 항상 열정적일 것
    ⓓ 항상 확고할 것
    ⓔ 항상 진실할 것
  ㉡ 상담자는 지지적인 환경을 조성하여 내담자가 자신의 삶에 변화를 주도하도록 한다.
  ㉢ 상담자는 친근한 태도와 열정을 가지고 내담자의 이야기를 경청한다.
  ㉣ 내담자의 행동에 대한 판단을 보류한다.
  ㉤ 무책임한 행동에 대해 변명을 허용하지 않는다.
  ㉥ 결과에 대해 처벌하거나 비판하거나 보호하는 행위를 피한다.
  ㉦ 내담자의 계획실천에 대해서 약속을 받아낸다.
  ㉧ 은유적 표현에 귀기울인다.
  ㉨ **예상하지 못한 행동하기** : 내담자가 호소하고 있는 좌절과 고통 외에 다른 소망이나 바람을 나눔으로써 잠시나마 불행한 상황에서 벗어나도록 한다.
  ㉩ **가장 자기다운 방법으로 상담하기** : 상담자는 상담자 역할을 연기하는 것이 아니라 자연스럽게 표현하고 편안한 태도로 한다.
  ㉪ 진지하지만 개방적인 태도를 취한다.
  ㉫ 내담자의 이야기를 요약하고 원하는 것에 초점을 맞추도록 한다.
  ㉬ **침묵 허용하기** : 내담자가 말을 하고 있지 않아도 이에 대해서 허용한다.

(6) 상담 기법 2016년 기출 ★
  ① 질문하기 : 전체 상담과정에서 중요한 역할을 담당한다. 질문은 내담자가 원하는 것에 대해 생각하고 자신의 행동이 옳은 방향으로 나가고 있는지 평가하는 유익한 기법이다.
  ② **동사와 현재형으로 표현하기** : 내담자가 자신의 삶을 스스로 통제할 수 있으며 자신의 전체 행동을 선택할 수 있다는 인식을 심어주는 것이 중요하므로 의도적으로 강한 의미의 동사와 현재형의 단어를 사용한다.

③ **긍정적으로 접근하기** : 긍정적인 것에 초점을 두고 내담자가 할 수 있는 것을 안내한다.
④ **은유적 표현** : 내담자가 자주 사용하는 언어의 주의를 기울이고, 언어적 표현을 사용하는데 은유적 표현에 관심을 기울인다.
⑤ **유머** : 평안하고 친밀한 관계를 맺는 데 도움이 되며 자기표현의 새로운 방법을 제시하고 융통성을 갖게 한다.
⑥ **역설적 기법** : 내담자의 통제감과 책임감을 증진시키기 위해서 적용된다. 역설적 기법은 계획 실행에 저항하는 내담자가 나타나는 경우에 사용하며 내담자에게 모순되는 지시를 하는 것이다.
⑦ **직면** : 내담자의 말과 행동이 일치하지 않는 것을 인식시키는 것이다.

12 해결중심 상담

(1) 개요

① 내담자는 자신이 문제를 해결하려는 의지와 능력을 갖고 있다고 믿기 때문에 내담자 스스로 해결을 찾아가는 데 주력을 하고 문제 해결에 집중한다.
② 상담의 초점을 문제의 원인에 두지 않고 내담자가 원하는 변화, 문제 해결, 방문과 새로운 행동유형에 초점을 맞춘다.
③ 상담에서는 문제의 원인이 되는 과거가 아니라 문제가 해결될 미래를 더 강조하기 때문에 정확한 미래에 대해서 설명해 주면 현재 무엇을 해야 할지 분명히 내담자는 알 수 있다고 본다.
④ 단기상담을 지향한다.

(2) 인간관

① 인간은 근본적으로 건강하고 능력이 있으며 문제를 해결할 수 있다고 본다.
② 인간이 문제가 생긴 것은 자신이 지닌 자원 강점을 잘 활용하지 못해서 생긴 것이기 때문에 성공적 경험을 많이 하도록 하면 더욱 행복하고 성공적인 삶을 산다.

(3) 주요 개념

① 해결중심 접근
  ㉠ 해결중심 상담에서는 삶의 어려움을 성공적으로 해결하지 못한 것을 문제로 보기 때문에 문제에 대한 대해 깊이 알려고 하기보다 새로운 해결 방법을 찾는 것을 더 중요하게 생각한다.
  ㉡ 해결중심 질문에서는 처음 질문부터 내담자를 상담자의 동반자로 초대한다. 내담자가 달성하고자 하는 것과 내담자가 원하는 것을 성취하고자 하는 것을 어떻게 알 수 있는지 계속 질문하면서 내담자가 변화에 대한 기대를 가지고 변화 가능성이 있음을 강조한다.

② 긍정적 관점지향
  ㉠ 해결중심 상담에서는 내담자를 문제를 가진 존재로 보기보다 감정과 자원을 가진 존재로 본다.
  ㉡ 실제 상담에 적용하는 데 있어 원칙이 되는 핵심 개념인 임파워먼트, 소속감, 레질리언스, 치유, 대화와 협동적 관계, 불신의 종식 등이 해결중심 상담의 긍정적 관점을 잘 설명한다.
    ⓐ 임파워먼트 : 자신의 여러 가지 내부, 외부에 있는 자원과 도구를 발견하고 확정하도록 돕는 과정을 말한다.
    ⓑ 소속감 : 지역 사회에서 책임과 가치가 있는 구성이 되고자 하는 욕구를 의미한다.
    ⓒ 레질리언스 : 엄청난 시련을 견디어 낼 수 있는 능력을 말한다.
    ⓓ 치유 : 어려움에 당면했을 때 무엇이 자기에게 필요한지를 판단할 수 있는 지혜를 갖고 인간 스스로 치유할 수 있다는 능력을 말한다.
    ⓔ 대화와 협동적 관계 : 사람을 일상생활에서 대화를 통해 상대방의 입장과 생각을 더 잘 이해하게 되며 관계를 회복하거나 문제를 해결하게 된다.
    ⓕ 불신의 종식 : 내담자를 믿고자 하는 의지를 나타내는 개념이다.

③ 해결중심 상담의 기본 규칙
  ㉠ **문제가 없으면 손대지 말라** : 사람이 문제가 아니라 사람은 문제를 가지고 있다는 것이다. 내담자가 문제가 아니라고 생각하면 다루지 않는다.
  ㉡ **효과가 있으면 계속하라** : 내담자가 이미 하고 있는 긍정적인 행동들을 계속하도록 격려한다.
  ㉢ **효과가 없으면 그만두라** : 효과가 없는 행동은 더 이상 계속하지 말고 실패의 악순환을 깨뜨릴 수 있는 새로운 것을 시도하도록 권한다.

④ 해결중심 상담의 기본 가정과 기본 원리 2016년 기출 ★
  ㉠ 기본 가정
    ⓐ 항상 긍정적인 측면에 초점을 둔다.
    ⓑ 작은 변화는 생성적이므로 더 큰 변화를 야기할 수 있는 다양한 효과를 가진다.
    ⓒ 사람들은 더 나은 방향으로 변화하기를 원한다.
    ⓓ 예외상황에 대한 해결점을 제시한다.
    ⓔ 문제 분석을 피한다.
    ⓕ 협동작업을 할 수 있도록 제시한다.
    ⓖ 사람들은 자신의 문제를 해결하기 위하여 필요한 자원을 가지고 있다.
    ⓗ 의미와 체험의 변하는 상호작용 속에서 일어난다.
    ⓘ 내담자가 전문가다.
    ⓙ 행동과 묘사는 순환적이다.

ⓚ 내담자는 문제를 해결할 상담자의 의도를 신뢰한다.
ⓛ 상담팀은 치료목표와 치료 노력을 공유하는 사람들로 구성된다.
ⓒ **기본 원리**
ⓐ 병리적인 것 대신에 건강한 것에 초점을 둔다.
ⓑ 내담자의 강점, 자원, 건강한 특성을 발견하여 상담에 활용한다.
ⓒ 이론적·비규범적이며 내담자의 견해를 존중한다.
ⓓ 일차적으로 단순하고 간단한 방법을 사용한다.
ⓔ 변화는 항상 일어나며 불가피한 것이다.
ⓕ 현재에 초점을 맞추며 미래지향적이다.
⑤ 상담자와 내담자의 관계유형
㉠ **방문형과의 관계** : 자발적인 동기에 의해서 온 것이 아니라 일반적으로 주위의 가족이나 기관, 교사 등에 의해서 상담이 의뢰된 경우이다. 상담에 대해 저항이 강하며 자기 문제 인식이나 문제 해결의 동기는 희박하다.
㉡ **불평형과의 관계** : 자기 때문에 문제가 있는 것이 아니면 다른 사람 문제 때문에 자신이 힘들다고 불평하는 유형이다. 문제 해결에 대한 인식을 바꿔 내담자 자신이 문제 해결의 주체임을 알아차리게 도와야 한다.
㉢ **고객형과의 관계** : 자신에게 문제가 있다는 것을 알고 자신의 문제를 해결하기 위해 자발적으로 도움을 요청하는 사람으로 문제 해결을 위해 무엇인가 행동을 변화시키고 준비가 된 내담자이다.

(4) 상담 목표

① 내담자가 이미 문제 해결의 자원과 강점을 가지고 있기에 내담자가 가지고 있는 자원을 활용하여 상담 목표를 이루어 나가도록 돕는다.
② 내담자가 가지고 있는 목표가 윤리적이고 합리적이며 그것이 상담의 목표가 된다.
③ 상담목표의 원칙
㉠ 내담자에게 중요한 것을 목표로 한다.
㉡ 작은 것을 목표로 한다.
㉢ 구체적이고 명확하며 행동적인 것을 목표로 한다.
㉣ 문제를 없애는 것보다는 긍정적인 행동에 관심을 둔다.
㉤ 목표를 종식보다는 시작으로 간주한다.
㉥ 내담자의 생활에서 현실적이고 성취 가능한 것을 목표로 한다.
㉦ 목표 수행을 힘든 일로 인식한다.

(5) 상담 과정

① 첫 회기 상담 과정(7단계)
   ㉠ 상담구조와 절차 소개
   ㉡ 문제 진술
   ㉢ 예외탐색
   ㉣ 상담 목표 설정
   ㉤ 해결책 정의
   ㉥ 메시지 작성
   ㉦ 메시지 전달

② 첫 회기 이후 상담 과정
   ㉠ 이끌어내기
   ㉡ 확장하기
   ㉢ 강화하기
   ㉣ 다시 시작하기

(6) 상담 기법 2021년, 2020년, 2018년 기출 ★

① **질문기법** : 내담자가 지닌 문제 해결의 힘과 능력을 찾아내서 확장시키고, 강화시킬 수 있는 다양한 질문들을 개발하였다. 해결중심 상담에서는 상담자의 질문을 매우 중요하게 다룬다.

   ㉠ **상담 전 변화에 대한 질문** : 변화는 계속해서 일어난다는 가정 하에 한다.

   예
   - 처음 상담을 약속 했을 때와 오늘 상담을 받으러 오기 전까지 상황이 좀 나아진 사람들이 많았는데 혹시 그런 일이 있으셨습니까?
   - 전화로 약속하고 오늘 오기까지 어떤 변화가 있었나요?

   ㉡ **예외질문** : 예외란 문제라고 생각하는 행동이 일어나지 않은 상황이나 행동을 뜻한다. 예외 질문은 문제 해결을 위해 우연적이며 성공적으로 실시한 방법을 발견하여 의도적으로 실시하는 것이다.

   예
   - 최근 문제가 일어나지 않은 때는 언제였습니까?
   - 문제가 해결되었다면 그것을 어떻게 알 수 있었습니까?
   - 문제가 발생하지 않았다는 것을 어떻게 알 수 있습니까?
   - 문제가 발생하는 상황과 발생하지 않은 상황의 차이는 무엇입니까?

   ㉢ **기적질문** : 문제를 제거하거나 감소시키지 않고, 문제와 분리하여 문제가 해결된 상태를 상상해 보게 하고, 해결하기 원하는 것들을 구체화하고 명료화하는 데 도움이 된다.

   예 당신이 밤에 잠이 들었을 때 기적이 일어나서 당신이 상담을 받으러 온 문제들이 모두 사라졌다고 상상해 보세요. 당신이 잠든 사이에 일어난 일이기에 당신은 기적이 일어났는지 모릅니다. 그런데 당신이 아침에 일어나서 지난밤에 기적이 일어났다는 것을 알 수 있었어요. 그렇다면 무엇을 보면 기적이 일어났다는 것을 알 수 있을까요?

   ㉣ **척도질문** : 내담자 자신의 문제, 문제의 우선순위, 변화에 대한 의지와 확신, 문제 해결에 대한 희망, 문제가 해결된 정도 등을 수치로 나타내는 질문이다.

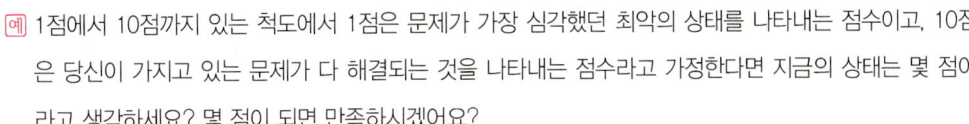

　　예 1점에서 10점까지 있는 척도에서 1점은 문제가 가장 심각했던 최악의 상태를 나타내는 점수이고, 10점은 당신이 가지고 있는 문제가 다 해결되는 것을 나타내는 점수라고 가정한다면 지금의 상태는 몇 점이라고 생각하세요? 몇 점이 되면 만족하시겠어요?

ⓜ **대처질문** : 문제 해결의 예외를 발견하지 못하고 문제 해결에 어떠한 희망도 찾지 못해 절망하고 있는 내담자에게 사용하는 질문이다.

　　예 · 그 어려운 상황 속에서 어떻게 견딜 수 있었나요?
　　　· 어떻게 해서 상황이 더 이상 나빠지지 않았나요?
　　　· 어떻게 죽지 않고 살아남을 수 있게 되었습니까?
　　　· 그런 악조건에서 어떻게 참고 견뎌낼 수 있었습니까?

ⓗ **관계성질문** : 내담자가 문제해결 상황을 자기중심적 생각에서 벗어나 중요한 타인의 시각에서 보면서 문제해결에 관한 새로운 가능성을 찾는 데 중요한 도움을 주는 질문이다.

　　예 · 너의 선생님이 여기 계시다고 생각해 보자. 너의 어떤 점이 변화되면 선생님께서 너의 학교생활이 나아졌다고 말씀하시겠니?
　　　· 네가 저녁에 컴퓨터를 하지 않고 공부하는 모습을 본다면 어머니는 어떻게 반응하실까?

ⓢ **악몽질문** : 면담 전 변화에 대한 질문, 기적질문, 예외 질문이 효과가 없을 때는 악몽 질문을 한다. 유일하게 문제 중심적인 부정적인 질문이다.

　　예 한밤중에 악몽을 꾸었습니다. 오늘 여기에 가져온 모든 문제가 갑자기 더 많이 나빠진 것입니다. 이것이 바로 악몽이겠죠. 그런데 이 악몽이 정말 실제로 일어났습니다. 내일 아침에 무엇을 보면 악몽 같은 인생을 살고 있다는 것을 알 수 있을까요?

ⓞ **간접적인 칭찬** : 내담자가 긍정적인 삶을 살 수 있도록 대처하고 있는 방식에 대한 칭찬이다.

　　예 · 내가 소리를 지를 때 잠시 참으면 상황이 더 악화되지 않는다는 것을 어떻게 아셨나요?
　　　· 그런 상황에서 화를 참기가 쉽지 않은데 어떻게 그렇게 조용히 참아낼 수 있었나요?

ⓩ **'그 외의 또 무엇이 있습니까?' 질문** : 내담자의 장점과 자원 해결 능력 성공적인 경험들을 더욱 촉진시키고 유지시키기 위한 목적으로 사용된다.

　　예 · 그 외에 또 무엇이 있습니까? 뭐가 더 있을까요? 더 좋은 생각이 없을까요?
　　　· 이전에 말한 것과 연관시켜 또 다른 게 있을까요? 또 다른 좋은 생각이 없습니까?

② **메시지 전달기법** : 상담을 종료하고 5~10분 휴식 시간을 가진 후 상담 회기에 대한 피드백을 '메시지'라는 형태로 전달한다. 이때, 전달되는 메시지는 교육적 기능, 정상화에 기능, 새로운 의미에 기능, 과제 기능을 가지고 있으며 칭찬, 연결문, 과제로 구성된다.

13 여성주의 상담

(1) 개요 2020년, 2017년 기출 ★

① 여성주의 상담은 전통적인 성 역할과 남녀에 대한 성 역할 고정관념이 여성 문제에 있어서 중요한 원인이라고 본다.
② 여성 자신의 문제가 여성 자신의 개인 내적인 것 뿐만이 아니라 사회 구조적인 것에서 비롯되었다고 본다.
③ 내담자에게 내면화된 성 역할 메시지를 확인한다.
④ 상담자와 내담자 관계는 평등한 관계로 유지한다.
⑤ 내담자가 환경변화를 위해 사회적 행동에 참여하도록 돕는다.
⑥ 여성주의 학자 2019년, 2016년 기출 ★
  ㉠ **길리건** : 콜버그의 도덕성 이론이 주로 남성을 대상으로 하여 정의, 이성, 평등 등과 같은 도덕성의 합리적 측면만을 다룬 이론이라고 비판하여 여성의 도덕성을 이해할 수 있는 새로운 기준을 제시하였다. 여성에게 강하게 나타나는 인간관계 속 타인을 배려하고 타인의 요구에 민감하게 반응하는 배려지향이론을 제시하였다.
  ㉡ **밀러** : 여성의 정체감은 관계 맥락을 통해 확인할 수 있으며 종속 집단에 해당하는 여성은 지배계층을 기쁘게 하기 위해 수동성, 의존성, 무능력 등의 특성을 형성해 간다고 주장한다.

(2) 인간관

성에 관한 알파편견(남녀를 불평등하게 분리하는 편견), 베타편견(남녀차를 인정하지 않고 똑같이 취급하는 편견)을 가진 존재이다.

(3) 주요 개념(원리)

① 사람은 정치적이다.
② 상담자와 내담자의 관계는 평등하다.
③ 내담자와 계약을 맺고 상담 목표를 합의한다.
④ 여성의 경험은 존중되어야 한다.
⑤ 심리적 스트레스를 질병이 아니라 공정하지 못한 체제의 의사 표현으로 재개념해야 한다.
⑥ 여성주의 심리 상담의 치료자는 억압을 통합적으로 분석하고, 재구성하기를 통해 문제의 원인을 사회적 차원으로 인식하게 한다.

(4) 상담 목표

① 우울, 의존성, 수동성 등 편향된 증상을 제거하여 여성 스스로 자존감을 높인다.
② 자신의 요구를 희생하지 않는 대인 관계를 통하여 삶의 질을 향상시킨다.
③ 여성의 성이나 신체를 있는 그대로 수용하고, 문화적 배경의 다양성을 존중한다.
④ 여성 내담자의 역량을 강화하여 능동적으로 선택할 수 있는 행동 범위를 넓히고 스스로 양육을 통한 즐거움을 경험한다.
⑤ 남녀를 이분법적으로 구분하는 것에서 벗어나 다양성을 인정하고 수용한다.
⑥ 심리적 문제를 사회 정치적 차원에서 재구성해서 이해한다.
⑦ 남녀의 행동 차이는 선천적이라고 하기 보다 사회화에 의한 것이다.
⑧ 내담자들의 문제는 개인적 특성보다 사회 정치적 환경에 의해 더 잘 유발된다.
⑨ 상담 원리는 계층, 인종 등에 확대·적용할 수 있다.
⑩ 내담자의 개인적 변화뿐 아니라 사회의 변화에도 관심을 갖는다.
⑪ 사회적 성역할 기대는 개인의 정책성 형성에 커다란 영향을 미치는 것으로 간주한다.
⑫ 성의 근거한 차별하는 모든 형태의 제도적 사회적 불평등 정책에 대항한다.

(5) 상담자의 역할 2021년 기출 ★

① 여성이 자신의 성 역할이 어떻게 사회화 되었는지를 깨닫도록 돕는다.
② 여성의 내면화된 성 역할 메시지를 확인하고 자신만의 건설적 신념과 대처하도록 한다.
③ 남성 중심의 억압적 사회가 여성에게 얼마나 부정적인 방향으로 영향을 주었는지 이해하도록 돕는다.
④ 여성은 환경 변화를 일으키는 능력을 갖고 있음을 알게 한다.
⑤ 내담자가 자유롭게 선택해서 행동 범위를 넓힐 수 있도록 한다.

(6) 상담 기법

성 역할 분석	내담자가 경험하고 내면화된 부정적 성 역할의 메시지를 변화시킨다.
힘의 분석	사회의 다양한 힘에 대해 인식하고 대처하도록 한다.
주장훈련	타인을 무시하지 않으면서 자기주장을 단호히 한다.
의식향상 훈련기법	강의, 영화, 토의 등을 통해 부당한 경험들을 깨닫고 사회변화에 참여한다.
독서요법	독서를 통해 전문성을 증진하고 상담자와의 권력 불균형을 줄인다.
재구성	내담자의 문제 원인을 자신에 대한 비난에서 사회적 요인으로 이동한다.

Section 03 청소년 상담의 실제

학습목표
청소년 상담을 진행하는 과정과 상담에 사용되는 기법에 대해서 살펴보고, 다양한 상담유형들에 대해 알아본다.

1 청소년 상담 과정 2018년 기출 ★

(1) 준비단계
① 상담자의 태도와 함께 상담실의 위치, 내부 환경 등이 포함된다.
② 상담자의 태도는 친절하고 부드러우며 호의적이고 성실해야 한다.
③ 상담실 환경은 비교적 편안하고 깨끗하며 내담자가 편안하게 상담받을 수 있도록 수용적이고, 안전한 환경과 분위기를 갖추어야 한다.
④ 외부 소음을 차단할 수 있어야 하고, 검사 실시를 위해 편안한 테이블과 의자가 좋으며 상담에 방해되지 않는 조명이 필요하다.

(2) 접수면접
① 상담신청과 정식 상담의 다리 역할을 하는 절차이다.
② 심리검사, 면접, 행동, 관찰을 통해 내담자에 대한 정보를 수집하고, 수집된 정보를 토대로 내담자의 특성, 문제 및 증상, 원인, 방향에 대해서 개념적으로 설명한다.
③ 접수면접 시 고려사항
  ㉠ 접수면접자와 본 상담자의 역할을 구분한다.
  ㉡ 내담자의 기초정보를 탐색하고, 심리적 상태를 평가하는 역할을 한다.
  ㉢ 내담자가 자신이나 문제에 대해 상세하게 노출한 경우 접수면접 시는 노출을 제한시키고 본 상담에서 하도록 안내한다.
  ㉣ 호소 문제를 구체화하는 개입행동을 삼간다.
④ 접수면접 내용
  ㉠ 면접 날짜, 이름, 생년월일 등을 기록한다.
  ㉡ 내담자의 호소문제가 무엇이며 내담자가 상담을 받으려는 목적이 무엇인지 파악한다.
  ㉢ 내담자의 최근 기능상태, 대인관계능력, 학업수행능력 등 최근 6개월간의 기능 수행 정도를 파악한다.
  ㉣ 스트레스의 원인, 내담자가 문제를 바라보는 시각 등 내담자의 스트레스 조건들을 확인한다.

⑩ 과거 동일한 문제에 대한 내담자의 대처방법, 내담자의 호소문제에 대한 가족들의 행동 및 태도 등을 살펴본다.
ⓑ 외모와 행동, 내담자의 옷차림이나 표정, 말투, 시선 등에 대해서 살핀다.
ⓢ 면접자의 소견으로 내담자에 대한 느낌, 인상, 관찰, 내용, 상담 계획에 대해서 의견을 낸다.

(3) 초기단계 2020년, 2017년, 2015년 기출 ★

① 상담관계 형성
  ㉠ 내담자와 라포 관계, 상호 신뢰의 관계, 협동적, 우호적 관계를 형성한다.
  ㉡ 상담자는 온정적이고 허용적인 분위기로 끊임없이 내담자를 이해하려는 진지한 자세를 취한다.
  ㉢ 내담자 중심적 태도를 가지고 진솔하고 투명하게 도움을 주고자 하는 조력적 자세를 취하며 일관적인 태도와 행동을 보인다.
  ㉣ 상담초기에는 관심 기울이기, 경청, 공감, 수용적 존중과 개방형 질문 등을 사용하며 상담 초기에는 직면기법은 권장하지 않는다. 2016년 기출 ★

② 내담자의 문제 파악
  ㉠ 내담자가 가지고 있는 현재 문제점을 파악하도록 한다.
  ㉡ 도움을 청하는 직접적인 이유가 무엇인지 확인하고, 내담자 문제의 심각성 정도를 평가하고 어떤 점에 초점을 맞출지 결정한다.
  ㉢ 왜 지금 문제가 되는지 구체적인 경험에 대한 탐색과 과거에 비슷한 문제는 없었는지 과거의 해결방식에 대한 탐색을 한다.
  ㉣ 내담자가 상담을 통해 문제를 해결할 의지와 동기가 있는지 확인한다(비자발적 내담자는 약한 동기를 가지고 있기에 상담에 관한 충분한 대화가 필요하다).
  ㉤ 행동관찰을 통해 대인관계 방식의 재현을 살핀다.
  ㉥ 상담자는 내담자의 문제를 이해하여 상담 목표 및 계획을 명확히 기록하면서 정보를 기록한다. 기록은 내담자의 동의를 구해야 한다.

③ 상담의 구조화 2019년, 2016년, 2014년 기출 ★
  ㉠ 상담초기를 비롯하여 모든 단계에서 이루어진다.
  ㉡ 상담자와 내담자의 공감적 탐색과 과정을 통해 이루어진다.
  ㉢ 상담이 효율적으로 진행되기 위해서 자주 구조화가 이루어지지 않도록 한다.
  ㉣ 내담자가 상담자에 대한 비현실적 기대를 갖는다면 구조화가 더욱 필요하다.
  ㉤ 내담자 정보에 대한 상담자의 비밀보장은 예외가 있음을 알려준다.

ⓑ 구조화는 상담여건의 구조화, 상담관계의 구조화, 비밀보장의 구조화로 구분한다.

상담여건의 구조화	상담시간, 상담횟수, 장소, 늦을 경우 연락방법 등
상담관계의 구조화	'상담 과정이 어떻게 진행되는가?', '상담자와 내담자의 역할은 무엇인가?' 등의 구조화
비밀보장의 구조화	상담내용에 대한 비밀보장을 구조화 (비밀보장의 예외 : 내담자가 법적인 문제가 발생한 경우, 자살, 성폭력 등의 위기로 제3자에게 알릴 필요성이 있는 경우, 자신이나 타인을 해칠 위험이 있는 경우, 감염병이 있는 경우)

④ 상담의 목표 설정 2020년, 2017년 기출 ★

ⓐ 상담목표를 정할 때는 구체적이고, 성취 지향적이며 측정 가능하고, 행동적으로 관찰가능하며 분명하게 재진술될 수 있어야 한다.

ⓑ 내담자와 합의 하에 설정해야 한다.

ⓒ 목표는 상담이 진행되면서 수정되어질 수 있다.

ⓓ 상담의 1차적 목표는 내담자의 생활적응을 돕는 것이며 2차적 목표는 성격을 재구조화하여 인간적 발달과 성숙을 이루는 것이다.

(4) 중기단계 2014년 기출 ★

① 개요

ⓐ 상담목표에 도달하기 위해 노력하는 상담의 핵심단계이다.

ⓑ 내담자 성격, 문제근원, 환경, 사고, 감정, 행동패턴을 이해한다.

ⓒ 저항과 통찰을 다루게 된다.

ⓓ 상담자는 관찰내용을 피드백한다.

② 내담자의 자기탐색과 통찰

ⓐ 내담자는 자신을 힘들게 하는 심리적인 문제발생의 배경 등을 깨닫는다.

ⓑ 통찰을 통해 자기 탐색이 깊어지고 생각이나 감정들에 대한 자기 개방이 많아진다.

ⓒ 자신이 처한 외부 환경이 과거 사건 및 현재 경험과 어떻게 연결되는지 깨닫는다.

ⓓ 현재 성격이 어떻게 형성되고 어떤 사건으로 문제가 발생되는지를 깨닫는다.

ⓔ 이와 같은 자각을 통해 내담자는 자신이 가진 문제와 고통의 의미를 발견하고, 해결할 수 있는 부분과 해결하지 못한 부분에 대해서 현실적 판단을 내린다.

③ 상담자의 역할

ⓐ 깨달은 사실을 구체적인 행동으로 옮기도록 격려한다.

ⓑ 상담이 어떻게 진행되어지는지 끊임없이 평가한다.

ⓒ 변화의 부분을 어떻게 가져올 수 있는지 자신이 원하는 행동을 찾기 위한 행동전략을 개발하도록 돕는다.

② 사고, 감정, 행동의 불일치를 직면한다.
③ 내담자가 심리적 어려움을 더 깊이 이해할 수 있도록 설명하고 해석한다.
④ 유용한 다른 절차와 다양한 기법을 사용지만 내담자에게 맞지 않으면 바꿀 수 있다.

(5) 종결단계 2021년, 2020년, 2018년, 2016년, 2015년, 2014년 기출 ★

① 개요
  ㉠ 상담관계를 종결하기 전에 내담자가 관계를 마칠 준비가 되었는지 평가하여 적절하게 다룬다.
  ㉡ 심리적 문제를 이해하고, 자신의 강점과 사회적 자원에 대해 알게 된다.
  ㉢ 내담자가 앞으로 실천할 행동을 결정하고 구체적인 계획을 세운다.

② 상담의 종결 조건 2017년 기출 ★
  ㉠ 내담자가 호소 문제를 더 이상 경험하지 않을 때
  ㉡ 현재의 생활에 잘 적응하고 있는 것으로 판단되어질 때
  ㉢ 내담자가 호소 문제를 경험하더라도 감내할 수 있을 정도로 호전되었다고 느낄 때
  ㉣ 내담자가 스스로 해결했던 문제 상황에 대해 더 많이 이야기할 때

③ 종결단계에서 하는 일
  ㉠ 상담성과에 대한 평가와 문제 해결력 다지기
    ⓐ 상담자는 내담자가 상담 과정을 통해 변화한 것, 성장한 것, 해결하지 못한 것들을 탐색한다.
    ⓑ 상담의 성과를 이루기 위해 노력한 과정에 대해 검토한다.
  ㉡ **심리검사의 실시**: 사전심리검사와 비교하여 얼마나 변화가 되었는지 확인한다.
  ㉢ **종결 시 이별의 감정 다루기**: 상담의 종결로 이별이 힘들고 어려울 수 있으므로 의존적인 내담자는 분리 불안이 클 수 있다. 그러므로 감정을 다루어 내담자 스스로 설 수 있도록 지지한다.
  ㉣ 추수 상담에 관해 논의한다.
    ⓐ 종결한 후 필요한 경우 추수 상담을 한다.
    ⓑ 내담자의 행동 변화를 지속적으로 점검하고, 내담자가 잘 하는 점을 강화하고, 부족한 점을 보완한다.

④ 성공적인 상담종결의 조건
  ㉠ 문제증상의 완화가 된다.
  ㉡ 인간관계 개선, 일의 개선 등 현실 적응력이 증진된다.
  ㉢ 성격기능성이 증진된다.
    ⓐ 심리적 갈등의 기원이나 배경에 대해 충분히 이해한다.
    ⓑ 충동에 대한 인내력이 향상된다.
    ⓒ 자신에 대한 현실적인 평가가 이루어진다.

⑤ 종결에 대한 저항 2019년 기출 ★
  ㉠ 내담자와 상담자가 깊은 수준의 친밀감이 형성되어지면 종결에 대한 저항이 일어난다.
  ㉡ 저항을 불러일으키는 요인으로는 조기 상실에 따른 고통, 외로움, 미해결된 슬픔, 거부당하는 두려움, 자기 의존에 대한 두려움 등을 들 수 있다.
  ㉢ 내담자의 저항
    ⓐ 회기 종결 시 더 많은 시간을 요구한다.
    ⓑ 상담 목표가 달성되었는데 상담하기를 원한다.
    ⓒ 상담 초기 호소했던 문제가 아닌 새로운 문제를 들고 온다.
    ⓓ 상담자만이 자신을 도와줄 수 있다고 설득한다.
    ⓔ 상담자의 저항 : 내담자와 작별하는 것을 어려워한다.

⑥ 조기종결 2019년 기출 ★
  ㉠ **외부요인에 의한 조기종결** : 이사, 발병 등의 사유
  ㉡ **상담자로 인한 조기종결** : 상담자의 다양한 사유
  ㉢ **내담자에 의한 조기종결** : 일방적 관계단절이 있을 때 내담자의 선택을 존중하고 향후 상담이 필요할 시 다시 찾아올 수 있음을 알려준다.

2 상담 기법과 상담 유형

(1) 상담 기법 2019년 기출 ★

  ① 경청하기 2018년, 2016년 기출 ★
    ㉠ 경청은 내담자의 이야기를 주의깊게 귀담아 듣는 태도로 말하는 내용뿐만 아니라 의도와 심정까지 정성들여 듣는 것이다.
    ㉡ **힐과 오브라이언의 경청요령 9가지**

    > E(Eye) : 내담자의 눈을 바라본다.
    > N(Nod) : 가볍게 고개를 끄덕인다.
    > C(Cultural difference) : 경청의 방법에도 문화적 차이가 있다.
    > O(Open) : 내담자 쪽으로 열린 자세를 유지한다.
    > U(Uhm) : "음", "예", "아~"로 호응한다.
    > R(Relax) : 편안한 상태를 가진다.
    > A(Avoid) : 산만한 행동을 피한다.
    > G(Grammatical style) : 내담자의 문법적 스타일을 맞춘다.
    > E(Ear) : 제3의 귀를 통해 내담자가 느끼는 것을 진정으로 듣는다.
    > S(Space) : 내담자와 거리를 잘 유지한다.

② 질문하기 2016년 기출 ★
  ㉠ 내담자에게 정보를 탐색하는 질문의 유형에는 개방형 질문과 폐쇄형 질문이 있으며 상담 상황에서는 개방형 질문이 더 유용하다.
  ㉡ 개방형 질문
    ⓐ 내담자에게 더 많은 이야기를 할 수 있는 기회를 준다.
    ⓑ 내담자로 하여금 어떤 문제에 대해 구체적으로 탐색하는 데 도움을 준다.
    ⓒ 내담자가 말하고 있는 것을 상담자가 더 잘 이해할 수 있게 한다.
  ㉢ 폐쇄형 질문
    ⓐ 한 두 마디의 답으로 상담자가 원하는 정보나 자료를 얻기 위해 사용된다.
    ⓑ 구체적인 상황에 초점을 맞추거나 정확한 정보를 얻는 데에는 폐쇄형 질문이 유용하다.

    〈개방형 질문〉 "이 문제에 대해서 어떻게 생각하시나요?"
    〈폐쇄형 질문〉 "그 친구를 떠올리면 분노가 치밀어 오르나요?"

③ 감정 반영 2020년, 2018년, 2017년, 2016년, 2015년 기출 ★
  ㉠ 내담자가 표현한 기본적인 감정이나 태도 등을 상담자가 다른 참신한 말로 표현해 주는 것이다.
  ㉡ 내담자의 내면을 잘 파악해 거울에 비친듯이 그대로 되돌려 주려고 노력한다.
  ㉢ 감정반영의 기술
    ⓐ 내담자의 탐색을 돕는다.
    ⓑ 내담자의 정서적 정화를 고무시키는 것을 돕는다.
    ⓒ 내담자 스스로 명료화하고 설명할 수 있게 한다.
    ⓓ 내담자가 느끼는 감정을 가장 적절한 단어로 표현해 준다.
    ⓔ 말뿐만 아니라 자세, 몸짓, 목소리, 비언어적인 감정까지도 반영해 준다.

    • 내담자 : 아빠는 늘 그래요 도대체 내 말을 들으려고 하시지 않아요.
    • 상담자 : 아빠에게 서운하기도 하고 답답하기도 한가 보군요.

④ 재진술 2020년 기출 ★
  ㉠ 내담자가 표현한 말을 상담자의 언어로 뒤바꾸어 표현한 것이다.
  ㉡ 되돌려주기 반응은 내용 되돌려 주기와 정서 되돌려 주기로 구분한다.
    ⓐ 재진술은 대화에 인지적 측면의 내용에 강조를 둔다.
    ⓑ 반영은 정서적 측면에 강조를 둔다.

⑤ 바꾸어 말하기 2016년, 2015년 기출 ★
  ㉠ 내담자의 이야기를 듣고 상담자가 자기의 표현양식으로 바꾸어 말해 주는 것을 말한다.
  ㉡ 내담자의 입장을 이해하고 있음을 전달하며 내담자 생각을 구체화할 수 있다.
  ㉢ 상담자가 내담자의 이야기를 올바르게 이해했는지 확인할 수 있다.

⑥ 명료화
  ㉠ 내담자의 말에 내포되어 있는 뜻을 내담자에게 명확하게 말해 주거나 분명하게 말해 달라고 요청하는 것이다.
  ㉡ 내담자 자신은 미처 충분히 자각하지 못하는 의미나 관계, 애매한 부분이나 혼란스러운 부분에 대해 더 확인이 필요할 때 사용한다.

⑦ 구체화
  ㉠ 메시지 중에 불분명하고 불확실한 부분, 애매모호한 혼란을 주는 부분, 내담자 고유의 지각이 반영되어 이해하기 어려운 부분 등을 정밀하게 확인하는 것이다.
  ㉡ 명료화는 내담자 메시지의 전후 문맥을 분명히 하기 위한 기법이라면, 구체화는 내담자가 사용하는 언어 내용의 전체를 구체적으로 확인하는 기법이다.

⑧ 공감하기
  ㉠ 내담자가 경험하는 세계 속으로 들어가 내담자의 감정을 느끼고 내담자의 시각으로 바라보는 것이다.
  ㉡ **효과적인 공감의 방법**
    ⓐ 내담자가 침묵하더라도 반드시 필요하고 도움이 되는 반응을 한다.
    ⓑ 공감 반응을 전달할 때는 간결한 것이 좋다.
    ⓒ 전달할 내용과 일치하는 억양을 사용한다.
    ⓓ 내담자가 사용하는 언어를 사용하여 전달한다.

⑨ 해석 2020년, 2019년, 2018년, 2014년 기출 ★
  ㉠ 내담자가 명확하게 인식하지 못하는 것을 여러 가지 형태로 하는 교육적 설명이다.
  ㉡ 따로 분리되어 있는 말이나 사건을 연결해 주고, 방어, 감정, 저항, 내담자의 행동이나 성격 속에 인과 관계를 지적해 주는 등의 형태로 내담자의 통찰을 촉진한다.
  ㉢ 상담 초기에는 감정에 반영, 이후에는 성격과 태도를 명확하게 하는 해석을 많이 한다. 심층적인 해석은 상담 중간에 하는 것이 일반적이다.
  ㉣ 내담자 스스로 해석하도록 도와주는 것이 바람직하다.
  ㉤ **해석 시 유의점**
    ⓐ 해석의 내용은 가능한 내담자가 통제, 조절할 수 있는 것이 좋다.
    ⓑ 해석의 내용이 내담자의 준거체계와 밀접할수록 좋다.
    ⓒ 해석 시 올 수 있는 저항에 대해 직면할 수 있는 강도가 있을 때 한다.
    ⓓ 상담자와 충분한 라포가 형성된 후가 바람직하다.
    ⓔ 가설적이고 단정적인 표현보다는 잠정적인 표현을 사용한다.

⑩ 직면 2020년, 2019년, 2018년, 2015년, 2014년 기출 ★
  ㉠ 내담자의 사고, 감정, 행동에 불일치나 모순이 일어날 때 지적해 주는 상담자의 반응이다.

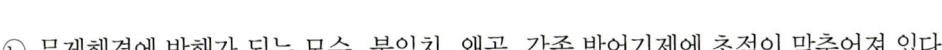

ⓒ 문제해결에 방해가 되는 모순, 불일치, 왜곡, 각종 방어기제에 초점이 맞추어져 있다.
ⓓ 목적은 내담자의 성장을 방해하는 것에 도전하도록 하는 데 있다.

> • "너는 아빠가 밉다고 하면서도 아빠를 걱정하고 있구나."
> • "좋은 성적을 받고 싶다고 하면서 대부분의 시간을 게임하는 데 쓰고 있구나."
> • "웃고 있지만 손을 꽉 쥐고 있구나."

⑪ **초점화** 2015년 기출 ★
ⓐ 내담자가 이야기 방향을 산만하게 가져가거나 주제를 바로잡지 못할 때, 주제의 방향을 바꾸어 내담자의 특정한 관심이나 주제에 주의를 집중하도록 돕는다.
ⓑ **초점화의 단계**
   ⓐ 내담자가 가진 문제나 어떤 대상에 관한 전반적인 느낌에 집중하게 한다.
   ⓑ 주의를 끄는 하나의 관심을 찾아내고 그것에 주의를 기울이게 한다.
   ⓒ 하나의 감정에 주의를 유지하면서 감정으로부터 나타난 단어나 이미지를 떠올리게 한다.
   ⓓ 감정의 흐름에 주의를 기울이게 하고, 그것을 판단하지 말고 단지 경험하게 한다.
   ⓔ 현재 내담자의 문제에 관해 느껴지는 새로운 감정을 가져오게 한다.
   ⓕ 5단계를 거치면서 의식에 나타났던 단어나 이미지를 묘사하게 한다.

⑫ **요약** 2015년 기출 ★
ⓐ 표현했던 중요한 주제를 상담자가 정리해서 말로 하는 것이다.
ⓑ 내담자가 미처 의식하지 못한 것을 학습하고 문제해결의 과정을 밝히며 자신의 생각과 느낌을 탐색하도록 돕는다.
ⓒ 내담자의 말을 요약함으로써 상담자가 내담자의 말에 주목하고 있음을 알려 준다.

> • 내담자 : 아빠를 대하는 게 너무 어려운데요. 왜냐면 아빠가 어떤 때는 잘 해주시다가 어떤 때는 무섭게 대하시거든요. 아빠 비위를 맞추기가 너무 어려워요.
> • 상담자 : 아빠 태도가 자주 바뀌어 진짜 마음을 잘 모르겠다는 것이구나.

⑬ **자기개방** 2020년 기출 ★
ⓐ 상담과정에서 상담자가 자신의 생각, 감정, 경험, 생활 철학 등을 내담자에게 드러내는 것이다.
ⓑ 자기 개방을 통해 갈등을 자기만 겪는 혼자의 문제로 인식하는 것에 대해 변화시킬 수 있다.
ⓒ 내담자가 상담자를 인간적으로 느끼면서 관계 촉진을 가져올 수 있다.
ⓓ 상담에 부정적인 영향을 미칠 수 있으므로 너무 자주 사용하지 않는 것이 좋다.

⑭ **재명명**
ⓐ 주어진 상황을 부정적인 것보다 긍정적 시각으로 변화하도록 돕기 위한 것으로, 내담자가 가진 의미를 수정함으로 시각을 긍정적으로 변화시키는 방법이다.

ⓛ 내담자가 문제를 다른 시각이나 다른 방법으로 이해하도록 돕기 위해서 사용한다.
　　ⓒ '재구성' 혹은 '재규정'이라 한다.
⑮ **침묵**
　　㉠ 상담자와 내담자가 말을 하지 않아서 침묵이 지속되는 경우이다.
　　ⓛ 상담 초기의 침묵은 내담자의 당황과 저항을 의미하나 진행되면서 나타나는 침묵은 내담자의 감정과 생각을 간접적으로 전달하는 의미를 가진다.
　　ⓒ **침묵의 의미**
　　　　ⓐ 상담 관계 전 침묵은 부정적이며 두려움의 한 형태이다.
　　　　ⓑ 무슨 말을 해야 좋을지 모를 때 침묵이 온다.
　　　　ⓒ 상담자에 대해 적대감이나 저항, 불안 때문에 침묵이 온다.
　　　　ⓓ 말로 잘 표현하기 힘들 때 침묵이 온다.
　　　　ⓔ 상담자의 확인이 필요하거나 해석을 기대할 때 침묵이 온다.
　　　　ⓕ 방금 이야기했던 것을 계속 생각하고 있을 때인데, 이때는 방해하지 말아야 한다.
⑯ 즉시성 : 현재 순간에 무엇이 일어나고 있는지를 다루는 기법이다. 2021년, 2016년 기출 ★

> • "철수가 지금 나와 함께 있는 것에 짜증이 난 것처럼 느껴져."
> • "수미는 상담실에 올 때마다 가슴이 답답하다고 하는데 그 말을 들으니 '내가 수미를 제대로 이해하지 못하고 있나?'라는 미안한 느낌이 들어."

⑰ **조언(충고)** 2020년, 2016년 기출 ★
　　㉠ 내담자가 해야 할 것을 추천하거나 제한하는 기술이다.
　　ⓛ 자칫하면 내담자의 반발과 저항을 초래할 수 있다.
　　ⓒ 내담자의 자기 이해, 자기 탐색, 자기 성장의 기회를 박탈하기 쉬우며 내담자를 열등한 위치에 처할 수 있게 한다.
　　ⓔ 너무 자주 사용하는 것은 바람직하지 않다.
　　ⓜ 미성년자인 중, 고등학생을 상담하는 경우는 다소 지시적인 방법으로 직접적인 조언과 정보를 제공하는 것이 유용할 수 있다.
　　ⓗ **충고나 조언의 개입방법**
　　　　ⓐ 충고나 조언을 하기 전에 내담자가 어떤 시도나 노력을 해 보았는지 확인한다.
　　　　ⓑ 내담자가 원하는지 확인하고 충고나 조언을 한다.
　　　　ⓒ 충고나 조언을 한 후 내담자가 일을 제대로 실행했는지 확인한다.
　　　　ⓓ 충고나 조언한 내용에 대해 즉각적인 피드백과 실행 피드백을 받는다.
⑱ **정보제공**
　　㉠ 사람, 활동, 행사, 자원, 대안, 결과나 절차에 관한 자료 또는 사실을 말로 전달해 주는 것으로 상담자의 기술이 중요하다.

ⓛ 정보제공은 내담자의 현재 욕구와 목표에 맞으면서 내담자가 가장 잘 받아들일 시점에 제공하는 것이 좋다.
ⓒ 정보 제공 후 그에 따른 선택은 내담자 스스로 할 수 있도록 한다.

(2) 상담 유형

① 단기상담
  ㉠ 개요
    ⓐ 단기상담은 일반적으로 주1회 25회기 미만을 단기상담으로 본다.
    ⓑ 상담시간의 제한성으로 인해 상담목표의 제한성이 있다.
    ⓒ 현재 중심의 치료적 초점을 맞춘다.
    ⓓ 시간과 비용이 절감된다.
    ⓔ 직접적인 조언 및 정보의 제공이 중요한 전략이다.
  ㉡ 목표
    ⓐ 내담자의 가장 절실한 불편함을 없애고 합리적이고 적절한 수준에서 기능하도록 한다.
    ⓑ 내담자가 이전보다 더 생산적인 방식으로 자신의 문제를 극복하고 미래의 어려움을 다루도록 한다.
  ㉢ 단기상담에 적합한 내담자 **2017년 기출 ★**
    ⓐ 비교적 경미한 문제를 지닌 내담자
    ⓑ 대인관계능력을 지닌 내담자
    ⓒ 정신기능이 능률적인 내담자
    ⓓ 발달과정에 있어 위기를 맞은 내담자
    ⓔ 중요인물에 대한 상실로 생활상의 적응이 필요한 내담자
    ⓕ 급성적 상황으로 정서적인 어려움을 가진 내담자 등
  ㉣ 상담자의 역할
    ⓐ 단기상담은 상담자의 적극적인 역할을 강조한다.
    ⓑ 내담자에게 더 민감하고 반응적이어야 한다.

② 장기상담
  ㉠ 개요
    ⓐ 일반적으로 주1회 25회기를 넘어가는 상담을 장기상담이라 한다.
    ⓑ 정신분석상담에서 많이 이루어지며 성격의 변화를 도모할 때 사용된다.
  ㉡ 장단점
    ⓐ 장점 : 상담을 통해 내담자의 자기 이해가 깊어지고 근본적인 문제점을 해결할 수 있다.
    ⓑ 단점 : 시간과 비용이 많이 소모되며 상담자에게 의존성을 일으킬 수 있다.

③ 전화상담 2020년, 2019년 기출 ★
  ㉠ 개요
    ⓐ 음성중심의 상담으로 단회성 상담이 주를 이룬다.
    ⓑ 특정주제에 대한 상담이 주를 이루며 상담자는 특정주제 전문가일 경우가 높다.
    ⓒ 내담자의 음성의 질이 감정, 태도 등 내담자의 정보를 제공한다.
  ㉡ 내담자의 특성
    ⓐ 신분을 노출하지 않고 도움을 요청하고자 하는 경우
    ⓑ 대면상담에 거부감을 가지고 있는 경우
    ⓒ 시간상, 거리상, 생활상의 이유로 직접 찾아가서 상담하기가 어려운 경우
    ⓓ 응급상황에 누군가와 이야기를 나누고 싶어 하는 경우
  ㉢ 장단점
    ⓐ 장점 : 접근성 및 용이성, 익명성, 친밀성, 신속성, 내담자 위주의 주도성, 내담자 자발성, 내담자 선택성 등
    ⓑ 단점 : 정보습득의 한계, 전화침묵의 한계, 상담의 미완성, 일방적 종결로 인한 상담관계의 불완전성 등
  ㉣ 전화상담 시 고려사항
    ⓐ 상담자의 즉각적인 대처능력을 요구한다.
    ⓑ 대체로 위기 상황에서 적절한 개입을 요구한다.
    ⓒ 내담자의 음성에 의존한다.
    ⓓ 익명성의 따른 거짓 등의 문제를 동반한다.

④ 사이버상담
  ㉠ 컴퓨터를 매개로 가상공간에서 이루어지는 문자 중심의 상담이다.
  ㉡ 내담자에 대한 익명성이 보장되어 정확한 인적사항이 파악되지 않는다.
  ㉢ **사이버 상담의 유형** : 채팅상담, 화상상담, 이메일상담, 게시판상담, 데이터베이스상담
  ㉣ **사이버 상담의 기법** 2020년 기출 ★
    ⓐ 즉시성과 현실기법 : 상담자가 내담자의 글에 대한 자신의 심정과 모습을 생생하게 시각화하여 표현하는 것이다.
    ⓑ 괄호 치기 : 글 속에 숨어 있는 정서적 내용을 보여주며 사실에 대한 대화를 하면서 정서적 표현을 전달한다.
    ⓒ 말줄임표 : 침묵의 상황이나 눈으로 글을 읽고 있을 때 사용한다.
    ⓓ 비유적 언어사용 : 문제나 상황에 대한 의미를 전달하고 싶거나 심화시키기 위해 사용한다.
    ⓔ 글씨체 사용 : 강조하고 싶을 때 큰 글씨를 사용하거나 또는 다양한 글씨체를 통해 내담자의 내적 세계를 공유한다.

ⓒ **장단점** 2015년 기출 ★
  ⓐ 장점 : 시간적, 공간적 제약의 극복, 풍부하고 용이한 정보획득, 신속한 상담관계 형성, 감정정화기능, 내담자의 자발적 참여 등
  ⓑ 단점 : 의사소통의 제약, 응급 시 적극적 대처 곤란, 신뢰문제, 상담의 연속성 문제, 대화예절의 파괴 등
⑤ **기타 상담방법** 2020년, 2017년, 2016년, 2014년 기출 ★
  ㉠ **미술치료**
    ⓐ 미술 표현은 내담자의 문제를 또 다른 관점으로 이해할 수 있게 한다.
    ⓑ 미술이 지닌 상징성은 내담자의 감정을 안전하게 표현할 수 있게 한다.
    ⓒ 미술 활동으로 생산된 구체적인 위험물은 새로운 통찰을 가능하게 한다.
    ⓓ 말로 표현하기 어려워하는 내담자이며 어른도 유용한 매개체가 된다.
    ⓔ 미술치료에서 미술 매체는 내담자의 인지 수준에 따라 재료를 제한해 주어야 한다.
  ㉡ **독서치료** : 책, 신문, 잡지 등의 독서자료를 활용하여 심리적 문제를 해결하려는 치료방법이다.
  ㉢ **음악치료** : 음악치료에서 사용되는 음악은 내담자의 선호도가 계획되지 않은 객관적 기준으로 선정한다.

3 청소년 상담의 현장

(1) 청소년 상담의 패러다임 전환

① **상담목표의 전환** : 상담에서 예방 활동은 내담자가 처해 있는 위험성의 수준, 문제의 심각도에 따라 개입 수준을 달리한다.
  ㉠ **1차 예방활동** : 모든 문제의 원인이 되는 공통적인 요인에 대해 개입한다.
  ㉡ **2차 예방활동** : 특정영역에서 문제가 발생하고 높은 환경적 위험 요소를 지닌 청소년들을 대상으로 조기에 발견하여 개입한다.
  ㉢ **3차 예방활동** : 학업중단이나 성매매와 같이 심각한 특정문제를 갖고 있는 청소년들이 사회적 적응 수준을 유지하면서 생활할 수 있도록 도와주기 위해 개입한다.
② **상담대상의 전환** : 청소년들은 다양한 관계망의 많은 영향을 받는 발달단계에 있기 때문에 청소년문제를 효과적으로 해결하기 위해서는 인간망 자체를 개입의 대상으로 삼아야 한다.
③ **상담방법의 전환**
  ㉠ 지역사회 상담의 통합적 서비스 체계를 강조한다. 통합적 서비스 체계는 지역 사회의 각종 전문 인력과 청소년 관련 집단 및 기관 상담자원봉사 등 집단 사회에서 활용 가능한 자원 연계망을 구성하여 내담자 요구에 따라 협조 요청이 원활하게 이루어질 수 있는 조직이다.
  ㉡ 청소년들은 찾아오는 것이 아니라 적극적으로 찾아가는 상담이어야 한다.

④ 청소년상담자 역할의 전환
  ㉠ **자문** : 청소년상담이 다양한 전문가 팀형식으로 이 팀을 리드하는 것이 자문역할이다.
  ㉡ **평가** : 임상진단보다 광범위한 평가활동으로 개인과 개인에게 영향을 주는 체제도 포함한다. 평가 결과에 따라 다양한 종류의 서비스가 개입된다.
  ㉢ **교육** : 문제해결에만 그치지 않고 예상차원의 접근이 이루어져야 한다.
⑤ 지역 청소년상담의 역할
  ㉠ **예방교육** : 전체 청소년을 대상으로 교육하고 훈련시키는 예방적 활동이 필요하다.
  ㉡ **상담** : 상담자들은 개인역량뿐 아니라 지역사회의 특수상황에 관심을 두어야 한다.
  ㉢ **지역사회 정책수립** : 지역사회의 청소년 육성환경을 변화시키는 데 개입할 필요가 있다.
  ㉣ **청소년 권익옹호 자문** : 취약청소년들은 청소년상담자가 후견인 역할을 제공한다.
⑥ **지역 청소년상담의 기능** : 청소년상담이 청소년들의 건강한 성장을 위해 지역사회 상담으로 수행해야 하는 가장 중요한 기능은 지역 사회 내 청소년 관련기관이나 시설들을 효과적으로 연계하는 허브 역할이다.

(2) 청소년상담 복지서비스 2021년 기출 ★

① **지역사회청소년통합지원체계(CYS-Net)** : 지역사회청소년통합지원체계(CYS-Net)는 지역 사회 활용 가능한 청소년 관련 자원들을 연계하여 위기 청소년들에게 상담, 보호, 교육 등 맞춤형 서비스를 제공함으로써 가정 및 학교 사회로 복귀를 지원하는 서비스이다.
② **청소년동반자 프로그램** : 청소년 동반자는 상담센터에 방문하기 힘든 위기 청소년들을 위해서 직접 찾아가 상담 서비스를 제공하고 있는 프로그램이다.
③ **청소년전화(1388) 및 청소년사이버상담센터** : 위기 청소년들은 청소년전화(1388)나 청소년사이버상담센터를 통해 손쉽게 전화 및 인터넷 상담을 받을 수 있다.
④ **학업중단 지원사업(두드림, 해밀)** : 학교를 중도에 탈락한 학업중단 청소년들을 위해 여성가족부가 대표적으로 두드림, 해밀 프로그램을 운영한다. 두드림, 해밀에 의뢰된 청소년들은 상담을 통해 어떤 서비스를 받게 될지 분류하며 분류 유형에 따라 다양한 서비스를 지원받게 된다.
⑤ **인터넷중독 청소년 예방 및 치료** : 여성가족부는 한국청소년상담복지개발원을 중심으로 전국 청소년 상담복지센터와 연결하여 인터넷 중독 대응 체계를 구축 운영하고 있다.
⑥ **솔리언 또래상담 프로그램** : 청소년기 또래관계의 중요성 때문에 이를 효과적으로 다룰 수 있는 프로그램인 또래 상담 프로그램이 개발되었다.
⑦ **청소년품성계발 프로그램** : 한국청소년상담복지개발원에서는 도덕성 및 기본적인 품성 함양을 위해 품성계발 프로그램 사업을 진행하고 있다.

실력 다지기 01 O·X 문제

01 남성의 에스트로겐의 분비로 인해 제2차 성징이 나타난다. ◯, ✕

02 청소년기의 인지발달은 형식적 조작기에 해당한다. ◯, ✕

03 자신의 감정과 사고가 너무 독특해서 다른 사람은 이해할 수 없다고 생각하는 것을 상상적 청중이라 한다. ◯, ✕

04 정체성 유예는 부모나 의미 있는 타인의 기대나 가치를 검토 없이 수용하고 받아들여 자신의 삶의 목표를 확립하고 몰입한 지위상태이다. ◯, ✕

05 길리건은 여성의 도덕성을 이해할 수 있는 새로운 기준을 제시하였다. ◯, ✕

06 정신분석에서 자아와 이드의 갈등으로 생기는 불안은 현실적 불안이다. ◯, ✕

07 아들러의 '가상적 목표'개념에 영향을 준 철학자는 빈스반거이다. ◯, ✕

08 고전적 조건형성은 무조건자극과 조건자극의 연합으로 형성된다. ◯, ✕

정답 및 해설 01. ✕ 02. ◯ 03. ✕ 04. ✕ 05. ◯ 06. ✕ 07. ✕ 08. ◯

01 남성은 테스토스테론의 분비로 제2차 성징이 나타난다.
02 피아제의 감각운동기, 전조작기, 구체적 조작기, 형식적 조작기 중 청소년기는 형식적 조작기에 해당한다.
03 자신의 감정과 사고가 너무 독특해서 다른 사람은 이해할 수 없다고 생각하는 것은 개인적 우화이다. 상상적 청중은 자신을 무대 위의 주인공으로 생각하고 행동하고 다른 사람들은 모두 구경꾼이라고 생각하는 것이다.
04 부모나 의미 있는 타인의 기대나 가치를 검토 없이 수용하고 받아들여 자신의 삶의 목표를 확립하고 몰입한 지위상태는 정체성유실이다.
05 길리건은 콜버그의 도덕성 이론이 주로 남성을 대상으로 하여 정의, 이성, 평등 등과 같은 도덕성의 합리적 측면만을 다룬 이론이라고 비판하여 여성의 도덕성을 이해할 수 있는 새로운 기준을 제시하였다.
06 자아와 이드의 갈등으로 생긴 불안은 신경증적 불안이다.
07 '가상적 목표'개념 형성에 영향을 준 철학자는 바이힝거이다.
08 고전적 조건형성은 무조건자극을 주면 무조건반응이 나오는데, 무조건자극과 조건자극이 연합되어 나중에는 조건자극만으로도 무조건반응을 일으키게 된다는 것이다.

09 일부 특정 정보에만 주의를 기울여 사건 전체에 의미를 해석하는 오류는 과잉 일반화이다.   ○, ×

10 공포층은 주위 환경에서 바라는 대로 맞춰서 행동하는 수준이다.   ○, ×

11 얼굴 표정, 자세, 사용하는 언어와 말투 등의 자극은 긍정적 스트로크의 유형이다.   ○, ×

12 해결중심은 단기상담을 지향한다.   ○, ×

13 여성주의 알파편견은 남녀차이를 인정하지 않는 것이다.   ○, ×

14 접수면접은 상담신청과 정식 상담의 다리 역할을 하는 절차이다.   ○, ×

15 상담은 반드시 비밀보장을 해야 한다.   ○, ×

정답 및 해설 09.× 10.○ 11.× 12.○ 13.× 14.○ 15.×

09 일부 특정 정보에만 주의를 기울여 사건 전체에 의미를 해석하는 오류는 선택적 주상화이다.
10 자신이 원하는 것을 숨기고 부모나 주위 환경에서 바라는 대로 맞춰서 행동하는 접촉수준을 공포층이라 한다.
11 얼굴 표정, 자세, 사용하는 언어와 말투 등의 자극은 상징적 스트로크의 유형이다.
13 알파편견은 남녀를 불평등하게 분리하는 편견이고, 베타편견은 남녀차를 인정하지 않고 똑같이 취급하는 편견이다.
15 비밀보장의 예외조항
- 내담 청소년이 신체적, 정신적, 성적 학대를 받았을 때
- 청소년의 부모나 보호자의 요청이 있을 때
- 법원의 요구가 있을 때
- 내담 청소년의 범죄 사실이 드러날 때
- 내담 청소년이 법정감염된 사실이 드러날 때
- 내담 청소년이 자신과 타인을 해하려고 할 때

실력 다지기 02 단답형 문제

01 상담의 원리 중 개개인의 독특한 특성을 이해하고 상담 시 개인차에 따라 상이한 원리나 방법을 활용해야 한다는 것으로 내담자의 개인차에 따라 달라져야 함을 의미하는 원리는 무엇인가? _____

02 '종로에서 뺨맞고 한강에서 화풀이한다.'의 속담이 어울리는 방어기제는 무엇인가? _____

03 아들러의 4가지 생활양식은 무엇인가? _____

04 낮은 수준의 자극에서 높은 수준의 자극으로 점차적으로 유도하여 불안에서 벗어나도록 하는 행동주의 기법은 무엇인가? _____

05 어떤 환경적 사건에 대해 자기도 모르는 사이에 떠오르는 생각과 심상을 아론 벡은 무엇이라 하였는가? _____

06 인간중심에서 상담자의 역할은 무엇인가? _____

07 접촉경계혼란의 요소는 무엇인가? _____

08 부모의 각본메시지 중에서 부모의 어른자아(A)에서 자녀의 어른자아(A)로 전달된 메시지를 무엇이라 하는가? _____

Answer

01 개별화 원리
02 치환/ 전치
03 지배형, 기생형 / 획득형, 도피형 / 회피형, 유용형
04 체계적 둔감법
05 자동적 사고
06 무조건적 수용, 공감, 진솔성(솔직성)
07 내사, 투사, 융합, 반전, 편향, 자의식
08 프로그램

09 교류분석에서 생활태도유형으로 타인에게 의존적이며 자신에 대해 열등감을 가지는 유형은 무엇인가? _____

10 교류분석에서 게임 후에 오는 불쾌한 감정을 무엇이라 하는가? _____

11 현실치료에서는 인간의 행동은 다섯 가지 욕구를 충족하기 위해 선택한다고 하였다. 다섯 가지 욕구는 무엇인가? _____

12 '최근 문제가 일어나지 않은 때는 언제였습니까?'라는 질문은 질문기법 중 무슨 질문인가? _____

13 상담의 종결단계에서 내담자의 행동 변화를 지속적으로 점검하고, 내담자가 잘 하는 점을 강화하고, 부족한 점을 보완하기 위해 해야 할 일은 무엇인가? _____

14 내담자가 명확하게 인식하지 못하는 것을 여러 가지 형태로 설명하되 그 내용은 내담자가 통제, 조절할 수 있도록 하는 상담기법은 무엇인가? _____

15 컴퓨터를 매개로 가상공간에서 이루어지는 문자중심의 상담은 무엇인가? _____

Answer

09 I am not OK – You are OK
10 라켓감정
11 사랑과 소속의 욕구, 힘에 대한 욕구, 자유에 대한 욕구, 즐거움에 대한 욕구, 생존에 대한 욕구
12 예외질문
13 추수상담논의
14 해석
15 사이버상담

실력 다지기 03 괄호 넣기

01 청소년 전체 상담에서 가장 큰 비중을 차지하는 것은 (   ), (   )에 관한 상담이다.

02 청소년상담의 1차적 대상은 (   )이지만 (   ) 및 (   ) 역시 청소년상담의 대상이 될 수 있다.

03 미국 피츠버그 대학의 영은 (   )을 '중독성 물질이 없는 충동조절장애'로 정의하였다.

04 사례관리 방법을 숙지하고 있는 것은 상담자의 (   ) 자질이다.

05 (   )는 상담관계에서 내담자가 어릴 적 중요한 사람에게 가졌던 욕구를 상담자에게 갖는 것이다.

06 (   )는 출생순위에서 '폐위 당한 왕'이란 별명을 가진다.

07 (   )는 감춰진 의도나 목적을 드러내 밝힘으로써 같은 행동을 더 이상 하지 않거나 주저하도록 하는 기법이다.

08 행동주의 기법에서 행동을 높이기 위해서 자극을 빼는 것을 (   )라고 한다.

Answer
01 학업상담, 진로상담
02 청소년, 청소년관련인, 청소년관련기관
03 인터넷 중독
04 전문가적
05 전이
06 첫째
07 스프에 침뱉기
08 부적강화

09 우울한 사람의 인지삼제는 (　　　)비관, (　　　)비관, (　　　)비관으로 구성되어 있다.

10 게슈탈트를 형성하지 못했거나, 또는 게슈탈트를 형성하긴 했으나 해결되지 못한 채 배경으로 사라지지 못하고 전경으로 떠오르지도 못해 중간층에 남아 있는 것을 (　　　)라고 한다.

11 번이 제시한 게임 공식에서 빠진 부분을 채우시오.

> 속임수 + 약점 = (　　　) → (　　　) → 혼란 → 결말

12 구조화는 (　　　)의 구조화, (　　　)의 구조화, (　　　)의 구조화로 구분한다.

13 (　　　)기법은 사고, 감정, 행동에 불일치나 모순이 일어날 때 지적해주는 상담자의 반응이다.

14 음성중심의 상담으로 특정주제에 대해 상담이 주를 이루는 상담을 (　　　)이라 한다.

15 청소년상담 관련 국가자격증으로 (　　　)가 있다.

Answer
09 자신, 미래, 세상
10 미해결 과제
11 반응, 전환
12 상담여건, 상담관계, 비밀보장
13 직면
14 전화상담
15 청소년상담사

실전대비 01 — 2024년 제23회 기출문제

01 청소년상담자의 역할로 옳지 않은 것은?

① 갈등해결을 위한 중재자
② 문제해결을 위한 훈련가
③ 상담 관련 전문지식의 자문가
④ 내담자의 결정을 대신하는 구원자
⑤ 인간발달과 정신건강의 촉진자

해설 청소년상담자의 역할
- 갈등해결을 위한 중재자 : 청소년과 부모,교사 등 다양한 이해관계자간의 갈등을 조정하고 중재한다.
- 문제해결을 위한 훈련가 : 청소년에게 문제해결을 위한 다양한 기술과 전략을 훈련한다
- 상담 관련 전문지식의 자문가
- 인간발달과 정신건강의 촉진자
- 내담자의 결정을 돕는 조력자 : 청소년들의 여러 가지 고민(대인관계, 가족, 성격, 학업/진로 등)을 들어주고, 해결방법을 함께 모색하여, 최선의 대안을 찾을 수 있도록 조력하는 역할을 한다.

02 화상상담의 단점으로 옳은 것을 모두 고른 것은?

ㄱ. 비언어적 단서를 포착하고 활용하는 데 제약이 따른다.
ㄴ. 내담자의 갑작스러운 돌발 상황에 신속하게 대처하기 어렵다.
ㄷ. 상담자와 내담자의 사생활 침해, 개인정보 유출에 취약하다.
ㄹ. 상담실 이외의 공간에서 상담이 이루어지므로 내담자가 방어적 태도를 취하기 쉽다.

① ㄱ, ㄴ
② ㄴ, ㄷ
③ ㄷ, ㄹ
④ ㄱ, ㄴ, ㄷ
⑤ ㄱ, ㄴ, ㄷ, ㄹ

해설 ㄹ. 화상상담의 장단점

장 점	단 점
• 화상상담이 대면상담과 유사하게 상담자가 내담자의 움직임을 보고 목소리를 들을 수 있기 때문에 시각적 단서를 얻기에 용이하며 접근성이 높아 상담개입에 효과가 있다 • 특히, 우울, 불안과 같은 정신건강서비스(Mental Health)를 받는 내담자에게 치료 효과가 있어, 점점 발전하고 있는 새로운 상담시스템이다. • 상담 회기수가 늘어날수록 임상적 효과가 높다 • 시간과 공간의 제약이 없으며, 이동거리나 시간, 비용 등이 단축된다. • 필요한 경우, 녹화, 녹음 등의 데이터 활용이 용이하며, 상담 내용을 슈퍼비전 등 다양한 자료로 활용 가능하다. • 내담자에게 익숙한 공간에서 상담이 이루어지므로, 방어가 낮아져 내담자가 문제를 솔직하게 드러내기도 한다.	• 화면이 작은 스마트폰을 사용하는 경우, 내담자에게 나타나는 비언어적 단서 (예 동공의 움직임, 미묘한 표정, 자세의 변화)를 기민하게 알아채는데 한계가 있다. • 상담 시 신체적인 접촉을 활용한 개입이 어렵다. • 내담자의 갑작스러운 돌발 행동에 신속하게 대처하기 어렵다. • 상담도구(심리검사지, 활동지, 워크시트)의 활용이 어렵다. • 내담자가 화상상담을 하는 동안 주변에 방해를 받을 수 있고, 사생활 침해, 개인정보 유출에 취약하다. • 상담시간이 길어지면 집중력이 떨어지고 산만해진다. • 상담자 또는 내담자의 네트워크 상황 및 플랫폼 활용 능력이 상담 진행에 영향을 줄 수 있다. • 인터넷 및 네트워크 연결 상태에 따라 끊김 현상 등 원활한 상담 진행이 어려울 수도 있다

정답 01 ④ 02 ④

03 게슈탈트 상담에 관한 설명으로 옳은 것은?

① 상담목표는 내담자의 증상을 제거하는 데 있다.
② 내파층은 부모나 환경의 기대에 따라 행동하며 살아가는 단계이다.
③ 뜨거운 의자(hot seat)는 새로운 방식을 실험해 보도록 하는 기법이다.
④ 반전은 감각을 둔화시켜 자신 및 환경과의 접촉을 약화시키는 접촉경계장애이다.
⑤ 알아차림 접촉 주기는 욕구출현-알아차림-에너지 동원-행동-접촉-물러남 과정으로 반복된다.

해설 게슈탈트 이론에서 알아차림-접촉 주기는 개인이 자신의 욕구와 감정을 인식하고 환경과 상호작용하며 문제를 해결하는 과정을 단계적으로 보여준다.
(욕구출현-알아차림-에너지 동원-행동-접촉-물러남 과정)
① 인지행동치료에 대한 설명이다.
② 접촉의 5수준 (겉치레층(피상층,) - 공포층(연기층) - 곤경층(난국층)-내파층(내부파열층) - 외파층
  • 겉치레층(피상층,사이비층) : 형식적이고 의례적규범에 따라 피상적으로 접촉
  • 공포층(연기층) : 부모나 환경의 기대에 따라 행동하며 살아가는 역할 연기단계 (모범생, 지도자,)
  • 곤경층(난국층) ; 역할연기를 그만두고 자립을 시도하지만 허탈감과 두려움을 체험하는 단계
  • 내파층(내부파열층): 자신을 억압하고 차단해 왔던 욕구와 감정을 알아차리고 자신의 내부로 표현하는 단계
  • 외파층 : 자신의 욕구와 감정을 더 이상 억누르지 않고 직접 외부에 표현하는 단계
③ 뜨거운 의자는 개인의 자기각성을 촉진시키기 위하여 활용되는 기법으로 주로 집단상담에서 사용된다.
④ 편향에 대한 설명이며, 반전은 개인이 다른 사람이나 환경에게 하고 싶은 행동을 자기 자신에게 하는 것. 혹은 타인이 자신에게 해주기를 바라는 행동을 자기 자신에게 하는 것을 말한다.

04 자해 청소년에 대한 상담개입 방법으로 옳지 않은 것은?

① 마음챙김
② 바디워크(bodywork)
③ 대인관계 기술
④ 정서조절 기술
⑤ 변증법적 행동치료

해설 바디워크는 몸에서 몸으로 전달되는 손, 호흡, 언어의 소통작용이 생체에너지를 교류하는 과정을 통해 인체의 구조와 기능을 향상시킴으로써 신체적·정신적인 치유를 목적으로 한 치료요법이다.
※ 자해 청소년에 대한 상담개입 방법
• 청소년들이 어떠한 현상에 대해 흑백논리나 이분법적 사고로 바라보지 않고 변증법적으로 생각하고 행동할 수 있도록 한다.
• 변증법적 행동치료(DBT)는 자살 사고, 자해 행동, 만성 우울 등의 심한 감정 조절 문제를 치료하기 위해 개발된 인지행동치료이며, 많은 연구를 통하여 감정과 행동 조절의 어려움이 심한 사람들에게 효과적인 치료로 인정받은 근거 기반 심리치료프로그램이다.
• 마음챙김은 감정 마음챙김, 행동/충동 마음챙김, 생각 마음챙김 정서관리상담을 통하여 청소년들이 고통 감내, 인지정서 조절, 자해 행동과 자살 사고에서 유의미한 변화를 가져오도록 하는 상담개입방법이다.

05 다음 사례에서 상담자가 공통적으로 적용한 상담이론은?

> ○ 상담자 : A가 기억할 수 있는 가장 어린 시절의 기억을 떠올려보세요. (잠시 후) 어떤 기억이 떠올랐는지 이야기해 주세요.
> ○ 상담자 : (발표에 대한 두려움이 있는 내담자에게) B가 마치 발표를 아주 잘하는 사람처럼 행동해 봅시다.

① 개인심리학
② 교류분석
③ 현실치료
④ 정신분석
⑤ 실존주의 상담

해설 아들러의 개인심리학은 인간을 그 자신의 현상학적인 장 내에서 가공적 목표를 향해 움직이는 창조적이고, 책임이 있는, '형성되어 가는' 총체적인 존재로 보며, 치료적 과제는 치료자와의 관계, 분석 및 활동방법을 통하여 그 사람을 격려하고 그의 사회적 관심을 활성화시켜 주며, 새로운 생활양식을 재정립하고 발달시켜 주는 것이다.
아들러의 개인심리학 상담기법 중 첫번째 상담자는 '생활양식분석 (초기기억)' 기법을 사용하였고, 두번째 상담자는 '마치 ~인 것처럼 행동하기'의 기법을 사용하고 있다.

06 다음 사례의 상담자가 사용한 상담기법의 적용 시점으로 옳은 것은?

> 상담자 : (학업을 중단한 내담자에게) 학교밖 청소년을 위한 꿈드림센터라는 기관이 있어요. 꿈드림센터에서는 학교밖 청소년에게 상담, 교육, 자립 지원, 직업 체험 등을 지원하고 있어요.

① 상담의 주제나 초점을 이동하고자 할 때
② 내담자의 문제해결을 위한 정보가 필요할 때
③ 내담자 문제의 원인을 설명하고자 할 때
④ 내담자의 사고나 감정, 행동 등을 탐색하고자 할 때
⑤ 내담자의 감정을 변별하고 표현할 수 있도록 돕고자 할 때

해설 사례는 내담자의 문제해결을 위한 정보가 필요할 때 적용되어야 할 기법이다.

07 다음 사례에 대한 행동적 개입으로 옳지 않은 것은?

> 고등학생 A는 음주 상태에서 등교하여 징계를 받았다. 어려서부터 선수 생활을 했기 때문에 학업 성적은 하위권이다. 야구선수로 성공하지 못하면 인생이 힘들어 질 거라고 생각하니 경기를 앞두면 불안이 심해지고 그럴 때마다 술을 마시고 주량은 점점 늘고 있다.

① 재결단작업 ② 행동계약 ③ 모델링
④ 이완훈련 ⑤ 체계적 둔감법

해설 재결단작업은 어린이 자아상태에서 결단한 병적 메시지를 거부하고 지금-현재의 상황에 맞게 적절히 재결단하는 것으로, 고등학생A가 어린시절 (야구선수로 성공하겠다는)결단했던 것을 거부하고 새로운 재결단해야하는 것은 아니기 때문에 행동적 개입은 옳지 않다.

08 사례개념화에 관한 설명으로 옳지 않은 것은?

① 사례개념화는 내담자에 대한 잠정적인 가설이다.
② 내담자에 대한 정보가 추가될 때마다 수정, 보완할 수 있다.
③ 상담자의 전문적 소견이므로 이론적, 추상적 용어를 사용한다.
④ 사례개념화는 구체적인 상담개입의 방향을 제시해주는 역할을 한다.
⑤ 사례개념화의 목적은 내담자의 문제를 해결하기 위한 효과적인 계획을 세우는 데 있다.

해설 이론적, 추상적 용어보다는 현실적, 구체적 용어를 사용하면, 보다 명확한 이해를 통해 그에 맞는 개입방법을 찾는데 도움이 된다.

09 다음에서 설명하는 상담이론은?

> ○ 인간의 고통을 보편적이며 정상적인 것으로 본다.
> ○ 상담목표는 심리적 유연성을 증대시키는 것이다.
> ○ 내담자의 문제는 경험회피와 인지적 융합으로 인한 심리적 경직성에서 비롯된다.

① 해결중심상담 ② 자아초월상담 ③ 수용전념치료
④ 실존주의 상담 ⑤ 변증법적 행동치료

해설 수용전념치료(ACT)
- 심리적 고통은 그 자체로 비정상적이거나 문제가 아니며, 오히려 정상적이라고 할 만큼 인간에게 보편적으로 존재하는 현상이라고 본다.
- 인간은 경험해보지 않고 미리 예상할 수 있는 예측력이 있기 때문에, 원치 않는 생각이나 감정, 감각 경험을 회피하는 데도 활용하며, 이를 경험회피라고 한다. 즉, 직접 경험해보지도 않고 회피하는 태도가 심리적인 경직성의 원인이 되며, 이러한 심리적 경직성은 정신병리에 노출시키게 된다고 한다.
- 따라서 수용전념치료에서의 치료 목표는 심리적 경직성을 심리적 유연성으로 변화시키는 것이다.

10 상담기법에 관한 설명으로 옳지 않은 것은?

① 경청은 내담자의 말과 행동에 집중해서 보고 듣는 것으로 내담자가 생각이나 감정을 자유롭게 표현하게 한다.
② 감정반영은 내담자가 표현한 감정을 상담자가 다른 말로 부연해주는 것으로 내담자로 하여금 이해받고 있다는 인식을 갖게 한다.
③ 명료화는 모호한 표현을 명확하게 하기 위한 질문 형태의 기술로 내담자가 미처 생각하지 못했던 측면을 다시 생각해 보게 한다.
④ 해석은 지금-여기에서 일어나는 상담자와 내담자 사이의 역동을 피드백하는 것으로 내담자는 자신에 대한 통찰을 얻게 된다.
⑤ 재진술은 내담자가 진술한 내용을 상담자의 말로 바꾸어 기술하는 것으로 내담자로 하여금 자신이 한 말에 주의를 기울이게 한다.

해설 ④ 즉시성에 대한 설명이다.
해석은 내담자가 자신의 문제를 새로운 각도에서 이해하도록 생활경험과 행동의 의미를 설명해 주는 것이다(예: 음주와 흡연을 하는 이유는 선생님이나 부모님에 대한 반항의 표현이 아닐까?).

11 분석심리학에 관한 설명으로 옳은 것을 모두 고른 것은?

ㄱ. 정신적 기능은 사고, 감정, 감각, 직관으로 구성된다.
ㄴ. 콤플렉스는 의식과 무의식의 구성요소로 특히 집단무의식의 내용으로 구성된다.
ㄷ. 해석단계에서는 증상의 의미, 아니마와 아니무스, 그림자 등을 알아차리도록 한다.
ㄹ. 상담은 관계형성-분석과 사정-해석-재정향 단계 순으로 진행된다.

① ㄱ, ㄴ
② ㄱ, ㄷ
③ ㄴ, ㄹ
④ ㄱ, ㄴ, ㄷ
⑤ ㄴ, ㄷ, ㄹ

해설 ㄴ. 콤플렉스(complex)는 현실 행동이나 지각에 영향을 미치는 무의식의 감정적 관념으로 (의식 ×), 융의 콤플렉스는 개인무의식뿐 아니라 집단무의식 요소를 강조하며, 무의식적 콤플렉스를 경험하게 되었을 때, 누구나 공포와 두려움을 경험하게 될 수 있다고 하였다. 이런 경우 이를 억압하거나 숨기기보다는 의식화해서 수용함으로써 자신의 성숙과 발전을 위한 계기를 마련하는 것이 치료의 목표이다.
ㄹ. 아들러의 개인심리학에 대한 설명이다.

12. 현대 정신분석 이론가와 주요개념의 연결이 옳지 않은 것은?

① 코헛(H. Kohut) – 자기대상(self-object)
② 클라인(M. Klein) – 탈융합(defusion)
③ 페어베언(W. Fairbairn) – 분열 자리(schizoid position)
④ 위니컷(D. Winnicott) – 과도적 대상(transitional object)
⑤ 말러(M. Mahler) – 분리개별화(separation-individuation)

해설 멜라니 클라인(M. Klein)은 프로이트의 이론을 재구성하면서 어린아이의 무의식적 환상과 심리적 현실, 충동에 대한 이해는 성인과는 다른 아이의 심리세계를 이해하고 통찰하는 데 유용한 메커니즘으로 기여하였다. 특히 아동의 놀이가 성인의 자유연상과 같다고 보았으며, 이러한 전이를 해석하기 위해서는 아동의 무의식적인 면을 명료화하는 작업이 필요하다고 하였다. 탈융합은 수용전념치료와 관련이 있다.

13. 스마트폰 과의존에 관한 설명으로 옳지 않은 것은?

① 스마트폰 과의존 유형에는 SNS, 게임, 음란물, 도박, 검색 등이 있다.
② 금단은 스마트폰을 사용하지 못하면 초조하고 불안함을 느끼는 현상이다.
③ 스마트폰 과의존 자가진단 척도(S-척도) 결과가 35점 이상이면 위험 사용자군에 해당된다.
④ 고위험 사용자군은 스마트폰 사용에 대한 통제력을 상실한 상태로 전문적인 도움이 필요하다.
⑤ 스마트폰 과의존은 과도한 스마트폰 이용으로 인해 스마트폰에 대한 현저성이 증가하고 이용 조절력이 감소해 문제적 결과를 경험하는 상태이다.

해설 청소년 스마트폰과의존 자가진단 척도

고위험사용자군	45점 이상 (스마트폰 사용에 대한 통제력을 상실한 상태로 대인관계 갈등이나 일상의 역할 문제, 건강문제 등이 심각하게 발생한 상태이다. 관련 기관의 전문적인 지원과 도움이 요청된다.)
잠재적 위험 사용자군	42점 이상~44점 이하(스마트폰 사용에 대한 조절력이 약화된 상태로 대인관계 갈등이나 일상의 역할에 문제가 발생하기 시작한 단계이다. 스마트폰 과의존에 대한 주의가 필요하다.)
일반사용자군	41점 이하

14 다음 상황에 해당하는 키치너(K. Kitchener)의 윤리적 의사결정 원칙으로 옳은 것은?

> ㄱ. 상담자 A는 애완동물의 죽음으로 상실감을 겪고 있는 내담자를 상담하면서 자신의 전문성이 부족하다고 판단하여 다른 상담자에게 의뢰하였다.
> ㄴ. 상담자 B는 집에서 먼 청소년상담복지센터보다 가까운 학교 Wee클래스에서 상담을 받고 싶어하는 내담자의 의견을 수용하였다.

① ㄱ: 선의(beneficence), ㄴ: 충실성(fidelity)
② ㄱ: 무해성(nonmaleficence), ㄴ: 충실성(fidelity)
③ ㄱ: 무해성(nonmaleficence), ㄴ: 공정성(justice)
④ ㄱ: 충실성(fidelity), ㄴ: 자율성(autonomy)
⑤ ㄱ: 선의(beneficence), ㄴ: 자율성(autonomy)

해설 ㄱ: 선의(beneficence), ㄴ: 자율성(autonomy)에 대한 설명이다.
- 충실성: 내담자와 계약을 위반하거나 신뢰를 저버리는 행위를 하지 않는다.
- 공정성: 내담자의 연령, 성별, 인종등에 상관없이 모든 내담자에게 동등한 수준의 서비스를 제공하는 것이다.
- 무해성: 상담자가 다른 사람에게 손해를 주거나 해를 입히거나 위험에 빠뜨리지 않아야 한다는 것을 의미한다.

15 현실치료에 관한 설명으로 옳지 않은 것은?

① 내담자는 자신의 정서와 행동에 대한 책임이 있다.
② 우볼딩(R. Wubbolding)은 지지적인 상담환경을 강조하여 구체적인 권장사항을 제시하였다.
③ 내담자의 욕구를 탐색하고 원하는 것을 얻기 위해 무엇을 해왔는지 파악한다.
④ 내담자의 현재 행동에 초점을 두고 행동의 효과성에 따라 새로운 전행동(total behavior)을 선택하도록 한다.
⑤ 내담자의 선택을 중요시하여 계획을 실천하지 못할 경우 변명을 허용한다.

해설 현실치료는 W. Glasser 박사의 선택이론에 근거한 이론으로 자신의 활동, 사고나 감정에 대해서 책임이 있다는 기본 개념 위에 성립되어 있다. 따라서 무책임한 행동(약속을 어긴 것)에 대한 변명을 허용하지 않으며, 벌하거나 비판하지 않되 내담자가 자신의 선택에 대한 결과를 깨닫도록 해야 한다고 주장한다.

정답 12 ② 13 ③ 14 ⑤ 15 ⑤

16. 청소년상담사 윤리강령에 명시된 '내담자의 권리와 보호'에 관한 내용으로 옳은 것은?

① 청소년 내담자에게 무력, 정신적 압력을 사용하지 않는다.
② 청소년상담사는 심리검사를 실시하고 해석할 수 있는 능력을 배양해야 한다.
③ 청소년 문제 해결을 위해 윤리적 기준에 따라 과학적인 방법으로 연구를 수행한다.
④ 내담자에게 전문적인 서비스를 제공하기 위해 상담내용을 기록하고 보관한다.
⑤ 청소년상담사는 사적 대화에서 내담자의 신원확인이 가능한 정보를 공개하지 않는다.

해설 내담자의 권리와 보호
1. 청소년상담사는 내담자의 복지를 증진하고 존엄성을 존중하는 것에 최우선 가치를 둔다.
2. 청소년상담사는 내담자가 상담 계획에 참여할 권리, 상담을 거부하거나 개입방식의 변경을 거부할 권리, 거부에 따른 결과를 고지받을 권리, 자신의 상담 관련 자료를 복사 또는 열람할 수 있는 권리 등을 보장해 주어야 한다. 단, 기록물에 대한 복사 및 열람이 내담자에게 해악을 끼친다고 판단될 경우 내담자의 기록물 복사 및 열람을 제한할 수 있다.
3. 청소년상담사는 외부 지원이 적합하거나 필요할 때 의뢰를 요청할 수 있으며 이를 청소년 내담자 및 보호자(만 14세 미만 내담 청소년의 경우)에게 알리고 서비스를 받을 수 있도록 노력한다.
4. 청소년상담사는 자신의 질병, 죽음, 이동, 퇴직 등으로 인하여 상담을 중단해야 하는 경우 이에 대한 적절한 조치를 취해야 한다.
5. 청소년상담사는 청소년 내담자에게 무력, 정신적 압력 등을 사용하지 않는다.

17. 해결중심상담에 관한 설명으로 옳은 것을 모두 고른 것은?

ㄱ. 변화에 낙관적이다.
ㄴ. 내담자의 언어체계에 관심이 있다.
ㄷ. 예외적인 상황을 탐색한다.
ㄹ. 모더니즘의 보편적 진리를 강조한다.
ㅁ. 심리평가에 의한 진단을 중시한다.

① ㄱ, ㄴ, ㄷ　　② ㄱ, ㄴ, ㄹ　　③ ㄷ, ㄹ, ㅁ
④ ㄱ, ㄴ, ㄷ, ㄹ　　⑤ ㄴ, ㄷ, ㄹ, ㅁ

해설 ㄹ. 1950년대 문학, 예술에 등장한 포스트 모더니즘이 1980년대 가족치료에도 중요한 영향을 미치며 패러다임의 변화와 모더니즘의 보편적 진리는 있는가에 대한 의문을 제기하면서 해결중심상담의 사회구성주의이론이 등장하였다.
ㅁ. 진단을 중시하는 것은 문제중심적 사고이며, 해결중심적 사고는 진단보다는 내담자가 원하는 해결이 무엇인지에 초점을 둔다.

18. 교류분석에 관한 설명으로 옳지 않은 것은?

① 내담자의 자아상태 분석을 통해 성격구조와 기능을 파악한다.
② 카프만(S. Karpman)은 게임분석을 위해 드라마 삼각형을 고안하였다.
③ 굴딩(M. Goulding)은 각본분석에 의한 금지령 목록을 제시하고 있다.
④ 라켓감정은 스트레스 상황에서 적절성 여부와 상관없이 반복적으로 사용된다.
⑤ 교차교류는 상대방의 하나 이상의 자아상태를 향해서 상보적 교류와 잠재적 교류가 동시에 작용하는 교류이다.

해설 의사교류의 유형
- 상보교류 : 어떤 자아상태에서 보내지는 메시지에 대해 원하는 반응이 돌아오는 교류
- 교차교류 : 상대방의 어떤 반응을 기대하기 시작한 교류에 대해 예상외의 반응이 돌아오는 교류
- 이면교류 : 상대방의 하나 이상의 자아상태를 향해서 상보(표면적)교류와 잠재적 교류가 동시에 작용하는 교류

(예) 엄마:성적표 나오지 않았니? (성적표 숨기지말로 얼른 가져와), 자녀:여기 있잖아.(엄마는 오로지 성적이 중요하지?)

19. 청소년상담에 관한 설명으로 옳지 않은 것은?

① 청소년의 잠재가능성을 실현할 수 있도록 돕는다.
② 청소년 고용, 보호 기관 관련자도 상담 대상에 포함된다.
③ 다양한 매체를 활용한 상담보다는 대면상담에 주력한다.
④ 일상에서 당면한 문제 해결과 예방을 위해 교육을 실시한다.
⑤ 위기개입 및 자립을 지원하여 건전한 발달과 성장을 돕는다.

해설 청소년상담은 방법적인 면에서 일대일 개인면접뿐만 아니라 소규모 혹은 대규모 집단으로 교육과 훈련을 하거나 전화나 인터넷 매체를 이용하는 등 다양한 방법을 활용한다.

20. 다음에서 설명하는 인지적 오류로 옳은 것은?

○ 상황이나 사건의 주된 내용은 무시하고 특정 정보에만 주의를 기울여 전체 맥락의 중요한 부분을 간과하는 것
○ 작품발표회에서 다수가 긍정적인 반응을 보였음에도 불구하고 부정적 반응을 보인 소수에게 주의를 기울여 실패한 작품이라고 단정 짓는 경우

① 개인화   ② 선택적 추론   ③ 흑백논리적 사고
④ 부정적 예측   ⑤ 과잉일반화

해설 선택적 추론(특정정보만 선택하거나 소수에게만 주의를 기울임)에 대한 설명이다.

정답 16 ① 17 ① 18 ⑤ 19 ③ 20 ②

21 합리정서행동상담(REBT)에 관한 설명으로 옳은 것은?

① 인간의 본성에 대해 결정론적인 입장을 강조한다.
② 심리적 문제는 미해결과제가 해소되지 못할 때 발생한다.
③ 상담목표는 내담자의 억압된 정서를 자각하게 하는 것이다.
④ 내담자가 자기실현 경험을 바탕으로 이상적 자기에 부합하도록 돕는다.
⑤ 인지, 정서, 행동이 상호작용하는 과정에서 인지적 요인이 핵심이 된다.

해설 인간을 이해하는 데 있어서 핵심을 이루는 세 가지 영역인 인지, 정서, 행동에 초점을 맞추고 있다. 특히 이 이론에서는 인지, 정서, 행동이 상호작용하는 과정에서 인지가 중심이 되어 정서와 행동에 영향을 준다고 강조한다.
① 합리정서행동상담은 결정론적 입장이 아니라 오히려 인본주의적 이론으로서, 인간을 유능하고 성장 지향적이며 가치를 지닌 비결정론적 존재라고 간주한다.
② 게슈탈트 상담이론에 대한 설명이다.
③ 정신분석적 상담이론에 대한 설명이다.
④ 인간중심적 상담이론에 대한 설명이다.

22 상담단계와 과업의 연결이 옳은 것을 모두 고른 것은?

ㄱ. 초기 – 상담의 구조화
ㄴ. 초기 – 상담목표 설정
ㄷ. 중기 – 통찰과 변화 시도
ㄹ. 중기 – 추수 회기
ㅁ. 종결 – 문제탐색과 정보수집

① ㄱ, ㄴ
② ㄱ, ㄴ, ㄷ
③ ㄴ, ㄷ, ㄹ
④ ㄱ, ㄷ, ㄹ, ㅁ
⑤ ㄴ, ㄷ, ㄹ, ㅁ

해설 ㄹ. 종결 – 추수 회기
ㅁ. 초기 – 문제탐색과 정보수집

23 지역사회 청소년통합지원체계(CYS-Net, 청소년안전망)에 관한 설명으로 옳지 않은 것은?

① 청소년 보호법령에 명시되어 있다.
② 지역사회기반으로 통합서비스를 제공하기 위한 시스템이다.
③ 청소년에 대한 상담, 긴급구조, 보호, 의료지원 등을 지원한다.
④ 필수연계기관에 시·도 교육청과 초·중등학교 등이 포함된다.
⑤ 필수연계기관은 위기청소년에 대한 지원 의뢰가 있을 경우 최우선적으로 지원하도록 상호 협력하여야 한다.

해설 청소년복지지원법령에 명시되어 있다.

24. 청소년상담에서 사전동의(informed consent)의 내용으로 옳지 않은 것은?
   ① 상담자의 경력
   ② 상담을 거부할 권리
   ③ 상담 약속과 취소 방법
   ④ 상담 성과에 대한 보장
   ⑤ 상담 참여의 잠재적 위험

   해설 청소년상담사는 내담자에게 상담의 목표와 한계, 상담료 지불 방법 등을 명확히 알려야 하며, 상담 성과에 대한 보장을 해서는 안된다.

25. 청소년상담의 통합적 접근에 관한 설명으로 옳지 않은 것은?
   ① 특정 이론의 한계를 극복하고자 포괄적으로 접근하는 시도이다.
   ② 다양한 이론과 기법을 통합하여 치료효과를 증가시키는 데 목적이 있다.
   ③ 내담자에게 동일한 치료관계와 방법을 적용하기 위해 고안해낸 접근법이다.
   ④ 라자루스(A. Lazarus)의 다중양식치료는 기술적 통합 접근에 해당한다.
   ⑤ 동화적 통합 접근은 특정한 주요 이론을 선택하고 다양한 치료적 접근을 결합·적용하는 것이다.

   해설 내담자의 다양한 특성을 고려하여 상담의 효과성을 높이기 위한 접근방법으로, 다양한 이론적 접근과 기법을 필요에 따라 선별적으로 적용한다.

정답 21 ⑤ 22 ② 23 ① 24 ④ 25 ③

01 청소년내담자의 특징으로 옳지 않은 것은?

① 청소년내담자는 상담자에 대해 부정적으로 인식하는 경향이 많다.
② 청소년내담자는 오랜 시간 집중할 수 있는 지구력이 부족하다.
③ 청소년내담자는 인지적으로 형식적 조작기이므로 인지능력은 부족하지 않다.
④ 청소년내담자는 언어의 표현정도가 부족하다.
⑤ 청소년내담자는 주변 환경의 영향을 많이 받는다.

02 Marcia의 정체성 지위이론 설명으로 옳은 것은?

① 자신의 가치관이나 진로에 대해 탐색하는 등의 위기를 경험하지 않고, 타인의 기대나 가치를 검토 없이 수용하고 받아들여 자신의 삶의 목표를 확립한 상태는 정체성 유실이다.
② 삶의 목표, 가치등 위기를 경험하고 대안들을 탐색하나 충분한 몰입이 이루어지지 않아서 여전히 불확실한 상태에 머물러 있어서 구체적인 과업에 관여하지 못한 상태는 정체성 혼미이다.
③ 삶의 목표와 가치를 탐색하려는 시도도 하지 않고 자신의 생애를 계획하고 설계하려는 욕구도 부족한 지위 상태는 정체성 유예이다.
④ 삶의 목표, 가치등 위기를 경험하고 충분히 탐색하는 몰입을 한 후 확고한 개인정체성 지위를 가진 상태는 정체성 유예이다.
⑤ 자신에게 주어진 역할과 과업에 신념을 가지고 몰입하는 상태의미를 위기라고 한다.

03 콜버그의 도덕성 발달상태의 설명으로 옳지 않은 것은?

① 1단계 : 벌과 복종 지향
② 2단계 : 도구적 쾌락주의 지향
③ 3단계 : 착한소년/소녀 지향
④ 4단계 : 보편적 원리 지향
⑤ 5단계 : 사회계약 지향

04 청소년상담에 대한 경향 중 옳지 않은 것은?

① 대인관계에서는 또래의 문제가 큰 비중을 차지한다.
② 진로상담에서는 진로정보탐색에 대한 욕구가 많다.
③ 전체 상담에서 가장 큰 비중을 차지하는 것은 학교폭력, 또래에 관한 고민이다.
④ 인터넷 중독에 대한 문제가 증가하고 있다.
⑤ 비행 상담에서는 학교폭력 관련 문제가 가장 많다.

05 청소년상담의 목표로 바르지 않은 것은?

① 목표는 구체적이고 상세하게 작성한다.
② 목표는 상담자에 의해 이끌어져야 한다.
③ 목표는 현실적이고 실현가능해야 한다.
④ 목표달성의 기준이 명확하고 수치화시켜야 측정이 가능하다.
⑤ 목표는 행동 계획에 의해 실천계획을 수립한다.

06 청소년상담의 기능이 아닌 것은?

① 교육 및 발달적 기능
② 진단 및 예방적 기능
③ 교정적 기능
④ 치료적 기능
⑤ 처벌 및 훈계적 기능

정답 및 해설 01.③ 02.① 03.④ 04.③ 05.② 06.⑤

01 ③ 연령적으로는 형식적 조작기의 인지능력시기이지만 인지능력이 급격하게 발달됨에 따라 인지능력의 한계가 있고 부족함이 있다.

02 • 정체성 성취 : 삶의 목표, 가치등 위기를 경험하고 충분히 탐색하는 몰입을 한 후 확고한 개인정체성 지위를 가진 상태.
• 정체성 유예 : 삶의 목표, 가치등 위기를 경험하고 대안들을 탐색하나 충분한 몰입이 이루어지지 않아서 여전히 불확실한 상태에 머물러 있어서 구체적인 과업에 관여하지 못한 상태.
• 정체성 유실 : 자신의 가치관이나 진로에 대한 의문을 제기하거나 대안을 탐색하는 등의 위기를 경험하지 않고, 부모나 의미 있는 타인의 기대나 가치를 검토 없이 수용하고 받아들여 자신의 삶의 목표를 확립하고 몰입한 지위상태이다.
• 정체성 혼미 : 삶의 목표와 가치를 탐색하려는 시도도 하지 않고 자신의 생애를 계획하고 설계하려는 욕구도 부족한 지위 상태이다.

03 ④ 4단계 : 법과 질서 지향으로 사회의 법과 규칙을 따라 행동 판단하는 도덕적 단계이다.

04 ③ 전체 상담에서 가장 큰 비중을 차지하는 것은 학업, 진로에 관한 고민이다.

05 ② 목표는 상담사와 내담자간의 합의하에 결정하여야 한다.

06 ⑤ 청소년상담의 기능에 처벌이나 훈계적 기능은 포함되지 않는다.

07 청소년상담사의 자질 중 다른 것은?

① 인간에 대한 이해
② 내담자의 문화적 차이에 대한 이해
③ 상담이론에 대한 이해
④ 윤리규정의 숙지
⑤ 심리검사, 진단분류체계에 대한 이해

08 기록과 녹음의 보관과 양도에 대한 윤리규정으로 바르지 않은 것은?

① 청소년상담사는 내담자에게 전문적인 서비스를 제공하기 위해 상담 내용을 기록 보관한다.
② 청소년상담사는 퇴직, 이직 등의 이유로 상담을 중단하게 될 경우 모든 기록은 삭제한다.
③ 청소년상담사는 내담자의 동의 없이는 상담의 기록을 제3자나 기관에 공개하지 않는다.
④ 청소년상담사는 기록 및 녹음에 관해 내담자의 사전 동의를 구한다.
⑤ 청소년상담사는 내담자와 보호자가 상담 기록의 삭제를 요청할 경우 법적, 윤리적 문제가 없는 한 삭제하여야 한다.

09 프로이드의 정신분석의 기법만 모은 것은?

| ㄱ. 자유연상 | ㄴ. 지지하기 | ㄷ. 꿈분석 |
| ㄹ. 해석 | ㅁ. 마치~인것처럼 | ㅂ. 저항 |

① ㄱ, ㄴ, ㄷ, ㄹ
② ㄱ, ㄴ, ㄷ, ㅂ
③ ㄱ, ㄷ, ㄹ, ㅂ
④ ㄱ, ㄹ, ㅁ, ㅂ
⑤ ㄱ, ㄴ, ㅁ, ㅂ

10 엘리베이터 안에서 사람이 다쳐서 피가 난 모습을 본 후 감정적으로 무섭고 공포가 형성되어되었는데 이후 엘리베이터만 봐도 무서워하는 현상이 일어났다. 이런 현상이 생긴 것은 학습원리는 무엇인가?

① 관찰학습
② 조작적 조건형성
③ 사회학습이론
④ 인지학습이론
⑤ 고전적 조건형성

11 강화와 처벌의 설명으로 옳지 않은 것은?

① 부적 강화 : 행동을 없애기 위해 자극(불쾌자극)을 주는 것
② 정적 강화 : 행동을 높이기 위해 자극을 주는 것
③ 부적 처벌 : 행동을 없애기 위해 자극(유쾌자극)을 빼는 것
④ 정적 처벌 : 예로 동생을 때려서 10분씩 벌을 서는 것
⑤ 정적 강화 : 예로 심부름을 잘해서 용돈을 주는 것

12 라지루스(A.Lazarus)는 인간의 성격에는 7가지 기능영역이 있다고 하였다. 이에 해당하지 않는 것은?

① 행동
② 감정
③ 진로
④ 인지
⑤ 약물-생물

정답 및 해설 07.① 08.② 09.③ 10.⑤ 11.① 12.③

07 ① 인간에 대한 이해는 상담사의 인간적 자질이다. ②, ③, ④, ⑤는 상담자의 전문적 자질이다.

08 ② 청소년상담사는 퇴직, 이직 등의 이유로 상담을 중단하게 될 경우 기록과 자료를 적절한 절차에 따라 기관이나 전문가에게 양도한다.

09 정신분석이론의 기법은 자유연상, 꿈분석, 해석, 저항이며, 지지하기, 마치~인것처럼의 기법은 아들러의 개인심리학의 기법이다.

10 엘리베이터(조건자극) 안에서 사람이 다쳐서 피가 난 모습(무조건자극)을 본 후 감정적으로 무섭고 공포가 형성되어(무조건반응) 이후 엘리베이터(조건자극)만 봐도 무서워하는 현상 (무조건반응)이 일어났다. 이런 조건의 학습원리는 고전적 조건형성이다.

11 ① 부적 강화는 행동을 높이기 위해 자극을 빼는 것이다.

정적 강화	행동을 높이기 위해 자극을 주는 것 예 심부름을 잘해서 용돈을 주는 것
부적 강화	행동을 높이기 위해 자극을 빼는 것 예 수업태도가 좋아서 숙제를 면제 시키는 것
정적 처벌	행동을 없애기 위해 자극(불쾌자극)을 주는 것 예 동생을 때려서 10분씩 벌을 서는 것
부적 처벌	행동을 없애기 위해 자극(유쾌자극)을 빼는 것 예 숙제를 안 해서 게임을 못하는 것

12 라지루스(A.Lazarus)는 인간의 성격에는 7가지 기능영역(BASIC-ID : 중다양식)이 있다고 하였다.

B(Behavior)	행동	"당신은 얼마나 활동적입니까?"
A(Affective Reponses)	감정	"당신을 웃게 하는 것은 무엇입니까?"
S(Sensations)	감각	"당신은 감각에서 오는 쾌락과 고통에 얼마나 초점을 맞춥니까?"
I(Images)	심상	"당신의 신체상은 어떤 이미지입니까?"
C(Cognitions)	인지	"당신의 사고가 당신의 감정에 어떻게 영향을 미칩니까?"
I (Interpersonal Relationships)	대인관계	"당신은 얼마나 타인과 소통합니까?"
D(Drugs or Biology)	약물-생물	"당신은 얼마나 생물학적으로 건강합니까?"

13 충분히 기능하는 사람의 특징이 아닌 것은?

① 창조적이다.
② 개방적이다.
③ 자유롭다.
④ 평등적이다.
⑤ 유기체를 신뢰한다.

14 합리, 정서, 상담이론의 인간관에 설명으로 옳지 않은 것은?

① 인간은 비합리적이고 올바르지 못한 왜곡된 사고도 할 수 있는 존재다.
② 인간은 비합리적인 사고가 아닌, 합리적이고 올바른 사고를 하는 존재다.
③ 인간의 사고, 정서, 행동은 서로 영향을 미친다.
④ 인간은 외부의 어떤 상황보다는 자기 스스로 정서적 상황을 일으키는 여건을 만든다.
⑤ 인간은 비합리적 사고를 바꾸기 위해 노력하는 생득적 경향을 가지고 있다.

15 벡의 인지치료 상담에서 마음속에 있는 인지 구조로 정보 처리와 행동의 수행을 안내하는 비교적 안정적인 인지적 틀을 무엇이라 하는가?

① 비합리적 신념
② 자동적 사고
③ 인생각본
④ 라켓
⑤ 스키마

16 벡의 인지치료에서 다음의 사례에 대한 인지왜곡은 무엇인가?

> 내담자는 어제 부부싸움을 한 것에 대해 고민하며, 어제의 싸움으로 조만간 이혼을 할 것이라고 이야기하였다.

① 임의적 추론
② 과잉일반화
③ 파국화
④ 과장
⑤ 잘못된 명명

17 실존주의 학자들의 주장에서 옳은 것을 모두 고른 것은?

> ㄱ. 프랭클 : 우리시대의 사회적 질병은 무의미 즉, '실존적 공허'인데 일상적인 생활이나 일이 바쁘지 않을 때 자주 경험하게 된다고 본다.
> ㄴ. 메이 : "실존"하기 위해서는 용기가 필요하고 우리 자신의 모습은 우리가 선택하며 우리 안에는 끊임없는 갈등이 있다고 본다.
> ㄷ. 얄롬 : 죽음, 자유, 실존적 고립, 무의미 4개의 관심을 둔 실존치료를 개발하였다.
> ㄹ. 빈스반거 : 내담자의 세계관을 발견하는 것과 그 세계가 내담자에게서 어떻게 나타나는지에 관한 문제를 중점적으로 다루었다.

① ㄱ, ㄴ
② ㄱ, ㄴ, ㄷ
③ ㄱ, ㄴ, ㄹ
④ ㄴ, ㄷ, ㄹ
⑤ ㄱ, ㄴ, ㄷ, ㄹ

18 게슈탈트를 형성하긴 했으나 해결되지 못한 채 '완결되지 않은 게슈탈트'를 무엇이라고 하는가?

① 회피
② 미해결 과제
③ 전경
④ 배경
⑤ 접촉경계혼란

정답 및 해설 13.④ 14.② 15.⑤ 16.③ 17.⑤ 18.②

13 충분히 기능하는 사람은 현재 자신의 자아를 완전히 자각하는 사람이다. 이런 사람은 다섯가지 특징을 가지고 있는데 개방적, 충실함, 유기체의 신뢰로움, 창조적, 자유로운 특징을 지닌다.

14 ② 인간은 합리적이고 올바른 사고를 할 수 있는 존재일 뿐만 아니라 비합리적이고 올바르지 못한 왜곡된 사고도 할 수 있는 존재이다.

15 동일한 생활사건의 의미를 사람마다 다르게 해석하는 이유는 사람마다 인지도식이 다르기 때문인데 이런 인지도식을 스키마라고 한다.

16 ③ 파국화 : 개인이 걱정하는 한 사건을 지나치게 과장하여 두려워하는 오류이다.
① 임의적 추론 : 어떠한 결론을 내릴 때 충분한 증거가 없으면서도 최종적인 결론을 성급히 내려버리는 오류이다.
② 과잉일반화 : 한두 번의 단일 사건에 근거하여 극단적 신념을 가지고 일반적 결론을 내려 그와 무관한 상황에도 그 결론을 적용하는 오류이다.
④ 과장/축소 : 어떤 사건 또는 한 개인이나 경험이 가진 특성에 한 측면을 실제보다 과대평가 하거나 과소평가 하는 오류이다.
⑤ 잘못된 명명 : 하나의 행동이나 부분 특성을 사건이나 사람에게 완전히 부정적으로 단정하여 이름붙이는 오류이다.

17 각 학자들의 주장이 모두 맞다. 실존주의 학자는 프랭클, 메이, 얄롬, 보스, 빈스반거가 있다.
• 보스 : 죽음, 자유, 고립, 무의미성을 인간의 4가지 궁극적 관심사로 들면서 궁극적 관심사로 인해 갈등과 불안을 느낀다고 하였다.

18 미해결과제는 게슈탈트를 형성하지 못했거나, 또는 게슈탈트를 형성하긴 했으나 해결되지 못한 채 배경으로 사라지지 못하고 전경으로 떠오르지도 못하므로 중간층에 남아 있는 '완결되지 않은 게슈탈트'다.

19 상규는 가족이나 환경에 대한 분노를 자해로 표출하고 있다. 게슈탈트에서 상규의 행동을 설명할 수 있는 '접촉-경계' 혼란 상태는?

① 내사
② 투사
③ 반전
④ 편향
⑤ 융합

20 교류분석에서 상담과정의 단계를 바르게 나열한 것은?

① 계약 – 상호의사교류분석 – 구조분석 – 게임분석 – 생활각본분석 – 재결단
② 계약 – 게임분석 – 상호의사교류분석 – 구조분석 – 생활각본분석 – 재결단
③ 계약 – 생활각본분석 – 상호의사교류분석 – 게임분석 – 구조분석 – 재결단
④ 계약 – 구조분석 – 상호의사교류분석 – 게임분석 – 생활각본분석 – 재결단
⑤ 계약 – 구조분석 – 게임분석 – 상호의사교류분석 – 생활각본분석 – 재결단

21 현실치료에서 인간의 '전체행동'에 해당하지 않는 것은?

① 행동하기
② 생각하기
③ 느끼기
④ 놀이하기
⑤ 생리기능

22 해결중심상담에서 다음과 같은 질문법은?

- 그 어려운 상황 속에서 어떻게 견딜 수 있었나요?
- 어떻게 해서 상황이 더 이상 나빠지지 않았나요?
- 어떻게 죽지 않고 살아남을 수 있게 되었습니까?
- 그런 악조건에서 어떻게 참고 견뎌낼 수 있었습니까?

① 상담 전 변화에 대한 질문
② 예외질문
③ 대처질문
④ 관계성질문
⑤ 간접적인 칭찬

23 여성주의 이론의 개념으로 옳지 않은 것은?

① 사람은 정치적이다.
② 상담자와 내담자의 관계는 평등하다.
③ 심리적 스트레스를 질병이 아니라 공정하지 못한 체제의 의사 표현으로 재개념화하여야 한다.
④ 여성주의 심리 상담의 치료자는 억압을 통합적으로 분석하고, 재구성하기를 통해 문제의 원인을 사회적 차원으로 인식하게 한다.
⑤ 모든 사람의 경험은 존중되어야 한다.

24 충고나 조언의 개입방법으로 바르지 않은 것은?

① 충고나 조언은 내담자를 위해 비교적 자주 한다.
② 내담자가 원하는지 확인하고 충고나 조언을 한다.
③ 충고나 조언을 한 후 내담자가 일을 제대로 실행했는지 확인한다.
④ 충고나 조언한 내용에 대해 즉각적인 피드백과 실행 피드백을 받는다.
⑤ 충고나 조언을 하기 전에 내담자가 어떤 시도나 노력을 해 보았는지 확인한다.

25 전화상담 시 고려사항이 아닌 것은?

① 대체로 위기 상황에서 적절한 개입을 요구한다.
② 내담자의 자발성이 있으므로 정보습득이 다양하다.
③ 익명성의 따른 거짓 등의 문제를 동반한다.
④ 내담자의 음성에 의존한다.
⑤ 상담자의 즉각적인 대처능력을 요구한다.

정답 및 해설 ▶ 19.③ 20.④ 21.④ 22.③ 23.⑤ 24.① 25.②

19 반전 : 개체가 타인이나 환경에 대하여 하고 싶은 행동을 자기 자신에게 하는 것 혹은 타인이 자기에게 해 주기를 바라는 행동을 스스로 자기 자신에게 하는 것이다
21 인간의 전체행동은 행동하기, 생각하기, 느끼기, 생리기능 4가지로 구성된다.
22 대처질문 : 문제 해결의 예외를 발견하지 못하고 문제 해결에 어떠한 희망도 찾지 못해 절망하고 있는 내담자에게 사용하는 질문이 대처 질문이다.
23 ⑤ 여성의 경험은 존중되어야 한다고 전제한다.
24 ① 충고나 조언은 비교적 자제하는 것이 효과적이다.
25 ② 전화상담은 정보습득의 한계가 있으며 일방적인 종결로 인해 상담관계의 불완전성이 있다.

26 청소년기 인지발달의 특징으로 옳지 않은 것은?

① 피아제의 인지발달 4단계 중에서 형식적 조작기에 해당한다.
② 언어와 시각정보와 같은 상징적 표현체계를 가지고 지식체계를 구성할 수 있다.
③ 타인의 입장, 감정, 인지 등을 추론하고 이해할 수 있는 조망수용능력을 습득하게 된다.
④ 체계적, 조합적 사고가 가능해져서 사전에 계획을 세우고 해결책을 체계적으로 사고한다.
⑤ 여러 명제 간의 논리적 추론을 다루는 명제적 사고가 가능하다.

27 청소년의 발달과제로 적절하지 않은 것은?

① 사회적인 역할을 획득한다.
② 자아정체감을 형성한다.
③ 사회적 가치관과 윤리체계를 획득한다.
④ 옳고 그름을 판단하는 것을 배운다.
⑤ 독립적인 과업을 성취한다.

28 청소년 학교폭력 특징으로 옳지 않은 것은?

① 자신들의 피해에 대해서 적극적으로 알리는 경우가 많다.
② 단순한 탈선을 넘어 심각한 범죄단계에까지 이르고 있다.
③ 단독보다는 집단화되는 경향이 있다.
④ 가해자들이 자신의 행동에 대한 심각 정도를 잘 인식하지 못하고 있다.
⑤ 최근에는 스마트폰 사용 급증으로 사이버상에서 정서적 공격을 가하는 것이 큰 문제가 되고 있다.

29 키치너의 윤리적 결정원칙에 속하지 않는 것은?

① 선의성
② 책임성
③ 자율성
④ 무해성
⑤ 충실성

30 청소년상담사가 심리검사를 실시할 때 고려사항이 아닌 것은?

① 심리검사 결과 해석의 사용을 감독하고, 다른 이들이 그 정보를 오용하지 않도록 적합한 절차를 취한다.
② 청소년상담사는 심리검사를 실시하고 해석할 수 있는 능력을 배양해야 한다.
③ 검사 도구를 선택, 실시, 해석함에 있어서 모든 전문가적 기준을 고려하여 사용한다.
④ 청소년이 이해할 수 있는 언어로 심리검사의 잠재적 영향력, 결과, 목적, 성격에 대한 설명을 제공한다.
⑤ 심리검사는 전문적이기 때문에 전문적 용어를 사용하는 것이 바람직하다.

정답 및 해설   26.③ 27.④ 28.① 29.② 30.⑤

26 ③ 타인의 입장, 감정, 인지를 추론하고 이해할 수 있는 조망수용능력은 자기중심성에서 벗어나는 구체적 조작기의 특징이다. 청소년기는 인지발달 4단계 중 형식적 조작기에 해당하며 형식적 조작기의 인지적 특징은 가설적, 과학적, 연역적 추론이 가능하다.

27 ④ 옳고 그름을 판단하는 것은 영유아기의 발달과제이다.
　하비거스트(Havighurst)의 청소년기 발달과제
　• 신체적, 정신적 발달에 적응하고 각자의 성역할과 기능을 인식하고 수용한다.
　• 또래 (동성, 이성)와의 새로운 관계를 형성한다.
　• 부모나 다른 성인들로부터 정서적이고 정신적인 독립을 한다.
　• 경제적으로 독립의 필요성을 인정하고 확신을 갖는다.
　• 진로를 준비하고 직업을 선택하는데 몰두한다.
　• 유능한 시민생활을 위한 지식, 기능, 태도, 개념을 발달시키고 습득한다.
　• 사회적으로 책임 있는 행동에 대해 이해하고 실천한다.
　• 결혼과 가정생활을 준비한다.
　• 적합한 가치체계와 윤리관을 확립한다.

28 ① 청소년 학교폭력은 피해에 대해 적극적으로 알리지 않는 경우가 많아서 심각한 이후 발견되는 경향이 있다. 최근 학교폭력의 특징으로는 심각한 범죄화, 집단화, 가해자들이 자신의 행동에 대한 심각도에 대해 자각하는 능력이 매우 낮은 부분과 또한 스마트폰 또는 인터넷상의 정서적 공격이 심각해지고 있다.

29 키치너의 윤리적 결정원칙은 자율성 무해성, 선의성(덕행), 공정성(정의), 충실성(성실성)이다.

30 ⑤ 심리검사를 해석하거나 설명할 때는 내담자가 잘 이해할 수 있는 언어를 사용하는 것이 바람직하다.

[필수과목] # 상담연구방법론의 기초

- Section 01 상담연구의 기초
- Section 02 연구 주제와 연구 계획서
- Section 03 연구방법
- Section 04 측정과 척도
- Section 05 기술통계
- Section 06 추론통계
- Section 07 집단 간 비교를 위한 통계방법

Section 01 상담연구의 기초

> **학습목표**
> 과학적 연구의 타당도, 연구주제와 연구방법론, 연구를 통한 상담효과를 측정하는 방법을 이해한다.

1 상담연구의 패러다임과 분석방법

(1) 패러다임

한 시대의 사람들의 견해나 사고를 근본적으로 규정하고 있는 인식의 체계/사물에 대한 이론적인 틀이나 체계를 의미한다.

(2) 연구의 종류

① 인식론적 접근방법에 따라서 실증주의에 입각한 양적 연구(자연과학적 전통에서 사회현상을 연구하는 방법론)
② 후기 실증주의에 입각한 질적 연구(인류학적 전통을 따르는 연구 방법론)

2 상담연구의 윤리적 문제

(1) 연구 윤리의 일반 원칙 2020년, 2017년, 2016년, 2015년, 2014년 기출 ★

① **무피해의 원칙** : 실험참가자는 연구에 참여함으로 피해를 입어서는 안 된다.
② **이익의 원칙** : 상담연구는 인류의 건강과 안녕에 기여해야 한다.
③ **자율성의 원칙** : 연구에 참여하느냐, 안 하느냐는 실험참가자의 자발적 의사에 달려 있다.
④ **신용의 원칙** : 연구자는 실험참가자에게 한 약속을 지켜야 한다.

(2) 연구자의 윤리 2021년 기출 ★

① 사전 동의를 구하는 문제
　㉠ 연구자는 연구대상에게 충분한 정보를 제공하고 동의를 구해야 한다.
　㉡ **사전 동의에 반드시 들어가야 할 내용** 2018년 기출 ★
　　ⓐ 연구 목적
　　ⓑ 예상되는 기간 및 절차
　　ⓒ 연구에 참여하거나 중간에 그만 둘 수 있는 권리
　　ⓓ 부작용이나 위험요소
　　ⓔ 비밀보장의 한계
　　ⓕ 참여에 대한 보상 및 불이익

② **연구대상의 선정과 제외의 문제** : 연구대상으로 연구 참여 시 입을 수 있는 손실의 정도는 성별, 연령, 지적능력, 심리적 특성, 건강 상태 등에 따라 다양하게 나타나며 연구자는 이 요인들을 고려하여 다양한 전집이 포함되도록 연구대상들을 연구에 참여시켜야 한다.

③ **지원자의 활용과 관련된 문제**
　㉠ 지원자들은 사회적으로 약자인 경향이 있다.
　㉡ 연구대상들이 의무감을 가질 수 있다.
　㉢ 지원자들은 해당 연구가 자신에게 도움이 될 것이라는 기대를 가지고 연구에 참여하는 경향이 있다.
　㉣ 연구대상의 분류와 관련된 문제로서 지원자들을 특정 개체나 결핍요인을 지닌 대상으로 간주한다면 연구결과가 그들의 인생에 영향을 미칠 수 있다.

④ **연구대상자를 속이는 문제**
　㉠ 상황에 따라 연구 목적이나 방법을 숨기거나 달리 말해야 하는 경우가 있다.
　㉡ 기만은 사실과 다른 거짓정보를 제공하는 것이고, 은폐는 알아야 할 정보를 제공하지 않는 것이다.
　㉢ 속임으로 인한 위험과 이익의 측면을 고려해야 한다.
　㉣ **디브리핑**　2016년 기출 ★
　　　ⓐ 불가피하게 연구대상을 속일 수밖에 없었다면 연구가 끝난 후에라도 그 이유에 대해 충분히 설명해야 한다.
　　　ⓑ 사후 설명에서는 미리 알려졌을 때 결과에 영향을 미칠 수 있으므로 알리지 않았던 정보들에 대해 설명해야 한다.

⑤ **비밀보장 및 사생활 보호의 권리**
　㉠ 개인의 신상을 익명으로 처리해야 하고, 개인 자료 사용에 대해 윤리적·법적으로 합당한 근거가 있는 상태로 이루어져야 하며 자료 처리 과정의 초기부터 암호를 사용해야 한다.
　㉡ 연구목적상 거울이나 녹음장치가 있을 경우 대상자에게 알려 동의를 얻어야 한다.

⑥ **중도탈락의 권리** : 대상자가 원하면 언제든지 연구 참여를 중단할 수 있어야 한다.

⑦ **연구에 따른 위험과 이익의 고려** : 어떤 연구든 연구 참여자가 겪는 손실이나 위험보다 더 많은 혜택이 연구 참여자에게 돌아갈 수 있도록 해야 한다.

⑧ **문화적 차이의 고려** : 연구대상의 문화적 차이를 이해하고 연구자의 문화나 특정 가치, 이념을 강요하지 않도록 한다.

3 고지된 동의 2017년, 2014년 기출 ★

(1) 연구에는 위험과 이익이 공존하므로 실험참가자는 이에 대한 설명을 듣고 참여에 대해 동의할 권리를 갖는다.

(2) 동의능력은 제공된 정보를 이해하는 능력, 참여 유무에 따른 결과를 스스로 이해할 수 있는 능력, 합리적 선택을 내릴 수 있는 있는 능력이 있음을 의미한다.

(3) 동의는 서면으로 해야 한다.

(4) 미성년자의 경우 부모나 법적 보호자로부터 동의를 받아야 하며, 동의를 받은 경우에도 미성년자 스스로 언제든지 참가를 거부할 수 있다.

(5) 실험참가자가 자발적인 선택에 의해 동의해야 하며 실험이 진행되는 중에 언제든지 자유롭게 실험 참가를 그만둘 수 있어야 한다.

4 과학과 연구

(1) **과학적 연구 요소** 2021년 기출 ★

① 개념 : 일정하게 관찰된 사실에 대한 추상적 표현으로 특정 현상을 일반화하는 것이다.

② 개념의 구체화

㉠ 개념 → 개념적 정의(개념화) → 조작적 정의(조작화) → 현실세계(변수의 측정)

㉡ **개념적 정의 vs 조작적 정의** 2016년, 2015년, 2013년 기출 ★

개념적 정의	• 연구의 대상 또는 현상 등을 보다 명확하고 정확하게 표현하기 위해 개념을 정의하는 것이다. • 개념에 대한 표현이지만 여전히 추상적이고 일반적이다. • 개념적 정의는 단정적이어야 한다.
조작적 정의	• 개념이 추상적일 때 조사하기 어렵다. 그러므로 이 개념을 측정 가능한 형태로 수량화하여 간접적으로 측정하는 것이다. • 조작적 정의는 측정 가능한 형식으로 진술되며, 측정하고자 하는 요소와 논리적으로 관련성이 높다. • 한 요소에 대해 다양한 조작적 정의가 존재할 수 있다. 폭력성이라는 요소에 대해 정서적 폭력을 측정할 수도 있고, 신체적 폭력으로 측정할 수도 있다. • 구체적일수록 반복적으로 수행하기 쉽다. • 지식이 축적되어 새로운 연구 성과가 나오면 새로운 측정 방법이나 측정도구가 등장해 조작적 정의를 변경해야 하는 경우가 생기기도 한다.

(2) 과학적 연구의 논리전개 방식 _{2018년, 2017년 기출} ★

① 연역법
  ㉠ 참으로 인정된 보편적 원리를 현상에 연역시켜 설명하는 방식이다.
  ㉡ 법칙과 이론으로부터 어떤 현상에 대한 설명과 예측을 도출하는 방법이다.
  ㉢ 가설 설정 → 관찰 → 관찰·경험 → 검증

② 귀납법
  ㉠ 확률에 근거한 설명으로 과학이 관찰과 경험에서 시작한다고 보는 견해이다.
  ㉡ 관찰과 자료의 수집에 근거해서 보편적이고 일반적인 한 가지 결론에 도달하는 방법이다.
  ㉢ 주제 선정 → 관찰 → 유형의 발견 → 임시 결론(이론)

(3) 과학적 연구 방법의 특징 _{2020년, 2016년 기출} ★

① 간결성 : 어떤 현상을 이해하는 데 최소한의 설명 변수나 정보에 근거하여 최대한 설명하는 것을 의미한다.

② 인과성 : 어떤 현상이 한 원인에 의해 발생하며 논리적으로 원인과 결과로 이해 가능해야 한다. 즉, 과학자는 한 가지 현상이 자연적으로 일어나는 것이 아니라 어떤 원인에 의해 발생한다고 밝혀야 한다.

③ 일반성 : 과학은 개별적인 현상을 하나씩 상술하기보다 전체에 대한 일반적인 이해를 설명해야 한다.

④ 경험적 검증 가능성 : 이론은 현실세계에서 경험을 통해 검증할 수 있어야 한다. 과학적 방법이란 획득된 지식의 과정과 절차도 경험적으로 검증이 가능해야 한다.

⑤ 논리성 : 어떤 현상이 선행적으로 일어나야 하고, 사건과 사건의 연결이 경험적으로 객관적 사실에 의해 기초가 되어야 한다. _{2017년, 2016년 기출} ★

⑥ 구체성 : 과학자는 자신의 연구에서 각 개념을 보다 분명하게 정의해야 한다. 연구의 목적에 맞게 개념을 설정하는 것을 조작화라고 하며 이 과정을 통해 과학자는 개념을 어떻게 측정하였는가를 명확하게 밝힐 수 있다.

⑦ 상호주관성 : 동기나 목적이 달라도 동일한 내용을 조사할 경우 절차가 객관적이었다면 결과는 동일해야 한다.

⑧ 반복 가능성(재현 가능성) : 다른 연구자가 같은 방법과 과정을 거쳤다면 연구 결과는 같아야 한다.

⑨ 수정 가능성(반증 가능성) : 이론의 절대성은 있을 수 없으며 절대적 진리는 없기 때문에 수정의 가능성을 염두에 두어야 한다.

⑩ 효용성 : 사회현상에 적용하는 데 있어서 쓸모가 있어야 한다.

(4) 과학적 연구의 타당도 2019년, 2016년, 2015년 기출 ★

① 내적타당도
  ㉠ 변수 간 인과관계가 있다는 결론을 추적하는 데 필요한 타당도이다.
  ㉡ **내적 타당도 저해 요인**
    ⓐ 역사 : 실험 중에 실험참가자들의 학교, 가정, 직장에서 일어나는 사건들
    ⓑ 성숙 : 실험 중에 자연적으로 발생하는 실험 참가자들의 정신적, 신체적 발달
      예 초등학생 대상 실험-재실험 반복의 경우 6개월 후에 실시하게 되면 성숙의 문제가 제기될 수 있다.
    ⓒ 반복검사 : 검사-재검사의 경우 같은 검사가 반복되면 과거 검사를 기억하기 때문에 결과를 왜곡할 수 있다.
    ⓓ 측정도구의 변화 : 측정기계가 이상이 생겨 측정기계가 달라지거나 연구자가 코딩이나 분류 기준을 변화시킬 경우 가져올 수 있는 왜곡이다.
    ⓔ 통계적 회귀 : 반복적으로 측정을 지속하다 보면 점수들이 자연스럽게 중앙으로 이동할 확률이 커진다.
    ⓕ 선발 : 무선적으로 배치하지 않는다면 실험집단과 통제집단에 차이가 생길 수 있다.
    ⓖ 탈락 : 실험 중 실험 참가자가 이탈하는 경우가 발생한다.
    ⓗ 실험참가자 선발과 상호작용 : 실험집단과 통제집단의 선발에 문제가 있어 통계적으로 이질적인 집단으로 밝혀질 수 있다.
    ⓘ 인과관계의 애매함 : 독립변수와 종속변수의 인과관계가 불분명할 수 있다.
    ⓙ 확산/모방효과 : 실험 내 처치 내용이 알려질 경우 모방 효과가 일어날 수 있다.
    ⓚ 통제집단 실험참가자들의 보상적 경쟁 : 통제집단 내 경쟁적으로 노력하는 현상이 일어날 수 있다.
    ⓛ 통제집단 실험참가자들의 사기저하 : 자연적으로 무처치한 것보다 훨씬 더 사기저하가 일어날 수 있다.

② 외적타당도
  ㉠ 연구 결과를 타 대상, 장면, 시기 등에 일반화시킬 수 있는 정도이다.
  ㉡ **외적 타당도 저해 요인**
    ⓐ 선발과 처치의 상호작용 : 실험참가자들에 따라 실험조건에 영향을 받는다.
    ⓑ 검사경험의 반응적 효과 : 실험 전에 실시하는 사전검사 경험이 사후 결과에 대한 일반화 가능성을 제한한다.
    ⓒ 실험처치의 반응적 효과 : 실험참가자가 실험에 참여하고 있다고 의식하면 열심히 할 것이고 결과가 의외로 높아지는 효과가 나타날 것이다.
    ⓓ 처치 간 간섭 : 동일한 실험참가자에게 두 가지 이상의 처치를 반복적으로 시행할 경우, 처치 순서가 실험결과에 영향을 줄 것이다.

ⓒ **외적타당도 향상 방법**
  ⓐ 실험 시 결과에 대한 일반화가 한계가 있음을 분명히 할 필요가 있다.
  ⓑ 표본의 대표성을 높이기 위해 성별, 지역, 연령 등을 균일하게 표집하도록 노력한다.
  ⓒ 연구에 참여하는 대상, 즉 실험참가자들이 평소 상황과 동일하게 행동하고 반응하도록 설계한다.

③ **통계적 결론타당도** 2018년 기출 ★
  ㉠ 통계검증을 근거로 한 연구자의 결론이 가지는 확신의 정도를 의미한다.
  ㉡ 연구의 통계적 결론은 추리통계에 관한 것이다.
  ㉢ **통계적 검증에 필수적인 요소**
    ⓐ 표집 자료에 기초하여 모집단의 내용을 추정하는 것
    ⓑ 검증하고자 하는 통계치가 의미가 없다는 영가설을 세우는 것
    ⓒ 영가설을 세우고 이를 부정하는 방식으로 검증절차를 밟는 과정을 통해 통계적 결론에 이르는 것
  ㉣ 통계적 결론의 오류 가능성(1종 오류, 2종 오류)을 의미한다.
  ㉤ **통계적 결론 타당도 위협 요소**
    ⓐ 낮은 통제 검정력 : 통계적 검정력은 대안가설이 진일 때 기각할 수 있는 힘(2종 오류)이 클 때 통계적 검정력이 낮다는 것을 의미한다.
    ⓑ 통계적 가정의 위반 : 표집분포가 정상분포여야 하고, 실험참가자 선발 과정이 무선적이어야 하며 집단 간 변량이 동질해야 한다는 점 등이 위반될 때 부정확한 결론에 도달할 가능성이 커진다.
    ⓒ 투망질식 검증 : 한 세트의 자료를 여러 번의 통계검증을 통해 의미 있는 결과만 추출하는 식으로 자료를 다루면 오류를 범할 확률이 높아진다.
    ⓓ 신뢰도 낮은 측정 : 측정도구의 신뢰도가 낮으면 오차변량이 커져서 통계적 검증을 약화시킨다.
    ⓔ 신뢰롭지 못한 처치 : 처치가 매번 달라질 때 신뢰도에 문제가 생긴다.
    ⓕ 훈습 상황이 제각각일 경우 이에 따라 반응이 각각 달라지고 결과적으로 오차 변량을 증가시켜 통계적 결론 타당도를 위협하게 된다.
    ⓖ 실험참가자의 무작위적 이질성 : 실험참가자가 무선적으로 배치되었지만 차이가 생겨 반응이 달라질 가능성이 커질 때 오차변량이 생긴다. 따라서 공변량 분석으로 변수 영향을 제거해야 한다.
  ㉥ **통계적 검증력 향상 방법** 2016년 기출 ★
    ⓐ 표집의 크기를 확장한다.
    ⓑ 실험의 절차나 측정의 신뢰도를 높여서 오차변량을 줄인다.

ⓒ 일방검증을 사용한다.
ⓓ 1종 오류의 한계, 즉 영가설이 참이지만 기각할 확률을 감소시켜야 한다.

(5) 과학자 – 실무자 모델 2015년 기출 ★

① 과학자 – 실무자 모델은 미국 볼더 지역에서 상담자들을 위한 교육훈련에 대한 기초 교육철학으로 정식으로 채택되어 '볼더 모델'이라고 불린다.
② 연구를 과학적으로 해야 할 의무가 있고, 동시에 이 결과를 상담 실무에 적용할 때 좋은 결과를 내야 한다는 책임을 강조한 모델이다.
③ 기본 원리
  ㉠ 상담자는 임상장면에서 적용 가능한 연구방법론을 개발하고 그 기술과 기법에 능숙해야 한다.
  ㉡ 상담자는 과학자와 실무자로서의 역할을 동시에 훈련받음으로써 이론적, 학문적, 응용적, 임상적인 역량을 강화할 수 있다.
  ㉢ 상담자는 인간 행동을 이해하기 위해 과학자로서 끊임없이 연구하는 동시에 실무자로서 그 과정을 통해 발견한 지식을 인간 행동의 변화를 위해 실천한다.
  ㉣ 상담자는 일차적으로 과학자(심리학자)가 되어야 하며 이후 임상가(전문가)가 되어야 한다.

5 상담연구의 절차

(1) 연구 문제의 선정 2018년 기출 ★

① 연구자가 연구에서 하고자 하는 주제, 연구의 목적 및 연구의 실제적 중요성과 이론적 의의 등에 관하여 명백한 구상을 갖고 이를 논리적으로 정립하는 단계이다.
② 연구 문제는 연구의 주제를 함축하고 있어야 한다.

(2) 가설의 설정 2018년, 2015년, 2014년 기출 ★

① 가설은 둘 이상의 변수의 관계에 대한 가정적인 진술로 문제를 해결하는 데 그 목적이 있다.
② 가설은 확률적으로 표현한다.
③ 가설은 아직 진실 여부가 확인되지 않은 사실로써 구체적이어야 하고 현상과 관련이 있어야 한다.
④ 가설은 간단하고 논리적이며 계량화가 가능해야 한다.
⑤ 가설은 광범위한 범위에 적용 가능해야 한다.
⑥ 가설은 보통 독립변수와 종속변수 간의 관계로 표현된다.
⑦ 현재 알려져 있는 사실에 대한 설명을 포함해서 미래의 사실로 예측 가능해야 한다.
⑧ 가설 설정할 때 윤리적이고 창의적이며 실용적이어야 한다.
⑨ 모든 변수는 실증적 연구 대상이 될 수 있어야 한다.

⑩ 문제 설정에서 제기된 질문에 대해 하나의 가정적 답을 제시해야 한다.
⑪ 경험적으로 검증하기 위해서는 변수를 조작적으로 정의해야 한다.
⑫ 최소한의 이론적 근거가 있어야 한다.
⑬ 연구를 통해 진위 여부를 검증해야 한다.
⑭ 서술하는 방법에 따라 서술적 가설과 통계적 가설로 구분된다.

(3) 상담심리 연구 설계와 타당도

Gelso는 상담심리 연구 설계를 크게 '통제'와 '연구 자료를 수집하는 장소'의 두 가지 차원으로 범주화하였다.

① 통제가 강할수록 연구의 내적타당도는 높지만 외적타당도는 낮아진다. 반면, 자료수집이 현장에서 이루어질수록 연구의 외적타당도는 높지만 내적타당도는 낮아진다.
② Gelso의 기포가설이란 연구는 '내적타당도를 높이면 외적타당도가 떨어지고, 외적타당도를 높이면 내적타당도가 떨어진다.'는 것이다.
③ Gelso가 제시한 4가지 연구설계와 타당도의 관계 `2020년 기출` ★

구 분	내적 타당도 vs 외적 타당도	내 용
실험실 실험연구	내적타당도↑ 외적타당도↓	• 모의상담연구, 모의연구, 유사상담연구 • 변수 간 인과성 속성 연구
현장 상관연구	내적타당도↓ 외적타당도↑	전문상담기관에서 수행하는 상담사례를 기록하여 분석하는 현장 기술 연구
현장 실험연구 (=준실험설계)	내적타당도↑ 외적타당도↑	• 가장 이상적인 실험설계 • 실험연구 • 실험실 연구와 비교해 가외변수 통제 어려움
실험실 상관연구	내적타당도↓ 외적타당도↓	현장에서 자료 얻을 수 없을 때 사용

(4) 연구 유형 `2017년, 2016년 기출` ★

① 연구 목적이나 이유에 따른 분류

탐색적 연구 (예비 연구)	• 연구 설계를 확정하기 이전에 타당성을 검증하거나 연구 문제에 대한 사전 지식이 부족한 경우에 실시한다. • 문헌연구, 경험자 연구, 특례분석 연구 등이 해당된다.
기술적 연구	• 현상을 정확하게 기술하는 것을 주목적으로 한다. • 둘 이상 변수 간 상관관계를 기술할 때 적용한다. • 자료수집에는 제한이 없다. • 횡단연구와 종단연구로 분류된다.
설명적 연구	• 기술적 연구 결과가 축적되어 어떤 사실과 관계를 파악하여 인과관계를 규명하거나 미래를 예측하는 연구이다. • '왜(Why)'에 대한 대답을 제공하는 연구이다. • 현상에 대한 단순한 기술이 아닌, 인과론적 설명을 전개하는 점에서 기술적 연구와 차이가 있다.

② 연구 방법에 따른 분류
　㉠ 문헌연구법 2013년 기출 ★
　　ⓐ 이미 발표된 연구 결과나 문서 등을 수집하여 연구자가 연구하려고 하는 문제를 분석하는 방법으로 연구 전체가 문헌연구일 수도 있지만 어떤 연구의 보조로 사용되기도 한다.
　　ⓑ 사건의 직접적인 참여자나 목격자가 남긴 기록인 1차 자료와 목격자나 참여자의 이야기를 듣고 서술한 2차 자료까지 포함할 수 있다.
　　ⓒ 과거의 사실을 연구하는 역사적인 연구로 문헌연구를 진행하는데 1차 자료를 기반으로 해야 창의적인 연구가 가능하다.
　　ⓓ 장점 : 시간과 공간의 제약이 없고, 시간과 비용 면에서 절약 가능하며 기존 연구의 동향을 살펴볼 수 있다.
　　ⓔ 단점 : 연구자의 주관적 판단이 개입될 가능성이 크고, 문헌의 신뢰도에 문제가 있을 때 연구는 무의미해지며 실험연구가 아니기 때문에 평면적이고 서술적 연구가 되기 쉽다.
　㉡ 조사연구 2020년 기출 ★

전수조사	• 조사대상이 되는 모집단 전체를 연구하는 방법이다. • 경제성, 신속성이 낮다. • 표본오차는 없으나 비표본오차가 크고, 표본조사에 비해 정확성이 떨어진다. 예 인구조사
표본조사	• 조사 대상이 전체를 대표할 수 있는 선택된 일부를 연구하는 방법이다. • 시간과 비용이 적게 들어 경제성이 높고, 심도 있는 조사가 가능하다. • 표본추출 오류가 조사결과에 영향을 미친다. • 표본오차가 있으나 비표본오차가 전수조사에 비해 작으므로 전수조사보다 더 정확한 자료 습득이 가능하다.
서베이조사	• 설문지 등 표준화된 도구를 사용한다. • 필요한 질문을 통해 정보를 수집한다. • 대규모 모집단의 특성을 기술하는 데 유용하다. • 시간과 비용이 많이 들어 비경제적이고, 획득된 정보가 피상적이거나 상대적으로 정확한 조사가 아닐 가능성이 높다.

　㉢ 실험연구 2017년 기출 ★
　　ⓐ 독립변수의 효과를 측정하거나 독립변수가 종속변수에 영향을 미치는 인과관계에 대한 가설을 검증하는 방법이다.
　　ⓑ 외부 요인들을 의도적으로 통제하고 관찰조건을 형성해야 한다.
　　ⓒ 인과관계 파악이 쉽고, 가외변수 통제도 쉬우며 변수의 조작적 정의를 명료하게 하기 쉽다.
　　ⓓ 변수의 조작이 가능할 때만 연구가 가능하고 현장조사 연구에 비해 연구결과의 일반화가 어렵다.

㉣ **모의상담연구** 2016년, 2015년, 2013년 기출 ★
  ⓐ 대표적 실험실 실험연구 중 하나로 관찰하려는 상담현상 자체를 단순화시키는 연구방법이다.
  ⓑ 연구자가 계획한 대로 독립변수 조작이 가능하고, 동시에 연구문제와 관련 없는 변수(가외변수)도 무작위화하거나 다른 방법을 통해 통제가 가능하다.
  ⓒ 실제보다 단순화시켜 결과 해석을 쉽게 할 수 있다.
  ⓓ 상담연구에서 발생할 수 있는 윤리적 문제를 줄일 수 있다.
  ⓔ 실험조건을 통제하기 때문에 외적타당도는 감소한다.
  ⓕ 모의상담이 실제 상황보다 지나치게 단순화되어 연구결과를 일반화시키기 어렵다.

㉤ **메타분석** 2016년 기출 ★
  ⓐ 동종의 여러 연구로부터 얻어진 양적 자료를 통합하여 분석하는 방법이다.
  ⓑ 상담분야의 메타분석은 통제된 연구에 대한 성과연구(처치의 효과 여부를 검증, 효과에 영향을 미치는 변수 분석, 기타 이론적 가설 및 예측에 대한 검토)를 하는 것을 의미한다.
  ⓒ 분석자료가 되는 모든 연구, 즉 각 처치의 효과 크기를 계산한다.
  ⓓ 효과 크기의 평균을 계산한다.
  ⓔ 효과의 크기와 다른 변수들과의 상관 여부를 분석한다.
  ⓕ 효과의 크기 2016년 기출 ★
    • 메타분석의 발전에 결정적인 역할을 하였다.
    • 효과의 크기는 두 평균의 차이를 검증하는 방식과 유사하며 일종의 표준점수이다.

$$효과의\ 크기 = \frac{처치집단의\ 평균 - 통제집단의\ 평균}{통제집단의\ 표준편차}$$

    • 효과 크기 : 0.2(작음), 0.5(중간), 0.8(큼)
  ⓖ 메타분석은 위와 같은 여러 장점에도 불구하고 타당성이 낮은 연구와 타당성이 높은 연구를 혼합할 때 왜곡된 결론을 유도할 수 있다는 점, 동일한 연구에서 여러 개의 효과크기(ES)가 나오는데 하나만 쓸 때는 유용한 정보를 상실할 수 있고 여러 개를 모두 쓸 경우에는 비독립적인 자료를 독립적인 것처럼 왜곡할 수 있다는 점, 한 연구가 가지는 다양한 정보를 지나치게 단순화한다는 점에서 비판받고 있다.

㉥ **관찰연구** 2016년 기출 ★
  ⓐ 자연관찰은 생태학적 타당도가 높다.

ⓑ 통제관찰은 실험실과 실제 환경에서 수행 가능하다.

참여 정도 구분 관찰	참여관찰	• 관찰 대상 내부로 들어감 • 조직 내 구성원으로 참여하면서 관찰 • 대상의 자연성과 유기적 전체성 보장
	준참여관찰	관찰집단의 생활 일부에만 참여하여 관찰
	비참여관찰	• 연구자가 신분을 밝히고 관찰 • 조작적 관찰에 사용
통제/조작 정도 구분 관찰	통제관찰	• 사전의 기획절차에 따라 관찰조건을 표준화하여 관찰 • 비참여관찰
	비통제관찰	• 관찰조건 표준화하지 않음 • 조사목적에 맞는 자료라면 다양하게 관찰 • 탐색적 조사에 사용

ⓒ 시간적 차원에 따른 분류

횡단연구	• 어느 한 시점에서 다수의 분석단위에 대한 자료 수집 연구 • 표본 연구 • 모집단을 대표할 수 있는 자료 제공 • 측정이 단 한번 이루어짐 • 정태적 연구(현상, 상태 등 한 시점 관찰) • 연구대상의 특성에 따라 집단 분류 및 비교분석 • 표본의 크기가 클수록 좋음 • 인구 연구, 여론 연구 등 포함
종단연구	• 둘 이상의 시점에서 동일한 분석단위 연구 • 현장 연구 • 연구마다 새롭게 표집된 표본에 관한 자료 제공 • 반복 측정 • 동태적 연구 • 유형에 따라 서로 다른 시점에서 동일 대상자 추적 연구 • 표본의 크기가 작을수록 좋음 • 동년배 집단 연구(코호트 연구), 경향연구, 패널 연구 등 포함
단기 종단연구 2017년 기출 ★	• 횡단 연구와 종단연구의 장점을 절충한 방법 • 비교적 짧은 시간 내 동일한 대상의 지속적 변화 관찰 • 연구대상이 손실되면 결과 타당성에 문제가 생길 소지

ⓓ 동년배 집단 연구(Cohort Study) 2016년, 2015년 기출 ★
• 시간이 경과해도 유사한 특성을 보일 것으로 기대되는 실험대상 집단들이 서로 다른 경험으로 인해 차이가 발생하는 연구이다.
• 고정된 모집단에서 조사 시점마다 표본을 다르게 추출하여 변화경향성을 분석하는 종단연구이다.
• 동일연배 집단을 대상으로 시간적 간격에 따라서 동일하게 자료를 수집·분석함으로써 연구 주제가 시대적으로 어떻게 변화되는지 연구한다.

- 둘 이상의 시점에서 동일한 분석단위를 연구한다.
- 현장연구이자 반복 측정 연구이다.
- 연구마다 새롭게 표집된 표본에 관한 자료를 제공한다.
- 독립변수 노출 정도에 따라 대상을 계획하는 것이 연구의 내적 타당도를 높이는 방법이다.

ⓔ 자료의 성격에 따른 분류 2021년, 2018년, 2017년, 2016년, 2014년, 2013년 기출 ★

양적연구	• 현상의 속성을 계량적으로 표현하고, 이들의 관계를 통계분석을 통해 밝힌다. • 연역법에 기초하여 연구결과의 일반화가 쉽다. • 객관성과 보편성을 강조한다. • 일반화 가능성은 높으나 구체화 가능성은 낮다. • 질문지 연구, 실험연구, 통계자료 분석 등
질적연구	• 현상학적 인식론을 바탕으로 하였다. • 연구자와 실험참가자 간 상호작용을 통해 진행된다. • 언어, 몸짓, 행동 등 상황과 환경적 요인을 연구한다. • 연구자의 개인적 준거틀을 사용하여 주관적 연구를 수행한다. • 탐색적 연구에 효과적이며 사회과학에서 자주 사용한다. • 귀납법에 기초하여 연구결과의 일반화에 어려움이 있다. • 현지연구, 사례연구 등
혼합연구 2018년 기출 ★	• 질적 연구와 양적 연구의 장점을 혼합한 것이다. • 다양한 목적을 만족시켜 줄 뿐 아니라 각 방법으로 얻은 결론의 의미가 다양하다. • 단일 연구 방법에 비해 시간과 비용이 많이 소요된다. • 질적 자료와 양적 자료의 가중치는 세부연구에 따라 달리 적용된다. • 혼합연구 방법의 설계 유형 중 하나인 삼각검증 설계에서는 양적 자료와 질적 자료를 동시에 수집한다.

(5) 연구와 상담효과

① 상담효과의 평가기준

㉠ **주관적 기준**

ⓐ 상담 회기의 과정, 절차, 상담의 결과, 상담자의 전문성 등에 대해 내담자와 중요한 타인에게 질문지나 질문을 통해 측정한다.

ⓑ 내담자, 상담자의 상담에 대한 의견, 만족도, 평가 등을 측정한다. 현상학적 자료는 객관성 확보에 어려움이 있다.

㉡ **객관적 기준**

ⓐ 실험참가자의 주관적 느낌보다 객관적으로 관찰되는 것을 측정한다.

ⓑ 신체적-생리적 반응, 심리적 반응, 행동 관찰 등을 측정한다.

㉢ **임상적 기준**

ⓐ 얼마만큼 효과가 있는가?

ⓑ 어떤 처치 후 사전과 비교해서 차이가 있을 때, 그 차이가 임상적으로 충분한 것인지에 대해 전문적 견해를 의미한다.
ⓒ 차이는 내담자, 상담자, 제3의 전문가 등이 측정했을 때 의미 있는 차이를 말한다.

ⓔ **통계적 기준**
ⓐ 통계적으로 유의미한 차이(.05, .01, .001 수준에서의 차이)가 있는지를 말한다.
ⓑ 표준화된 절차에 의해 추리했을 때, 표집에서의 통계치가 모집단을 반영한다는 결론을 내릴 수 있다.

② 상담성과 측정의 방법
㉠ **자기보고법**
ⓐ 실험참가자가 자신의 체험을 글로 작성하거나 설문지에 응답하는 방법이다.
ⓑ 실험참가자의 내면적 생각이나 기분을 측정하고 현상학적 자료를 수집한다.
ⓒ 연구 목적을 짐작하여 응답을 왜곡할 가능성이 있고, 행동을 직접적으로 측정하기 어려울 수 있다.

㉡ **타인 평정**
ⓐ 상담전문가, 교사, 가족 등 내담자의 나아진 정도를 평정한다.
ⓑ 상담 효과에 대한 내담자 외의 새로운 관점이 주어진다.
ⓒ 평정자의 편견이 쉽게 작용할 수 있다.

㉢ **행동측정**
ⓐ 측정하고자 하는 목표 행동을 사전에 정의한 후 훈련된 관찰자가 관찰 기록을 하는 방법이다.
ⓑ 행동 관찰로 관찰자의 해석을 최소화하고 객관성을 확보할 수 있다.
ⓒ 개인의 내면적 감정, 생각 등을 측정하기에는 어려움이 있다.

㉣ **생물학적 지표**
ⓐ 혈압, 맥박, 불안 지수, 두뇌 활동 등을 측정한다.
ⓑ 자기보고식 응답의 문제점을 보완하고 내면적, 외현적 행동특성을 측정한다.

㉤ **심리검사** : 주제통각 검사(TAT), 로샤 검사(잉크반점), HTP(집, 나무, 사람 검사), SCT(문장완성검사) 등 투사적 검사들이 있다.

Section 02 연구 주제와 연구 계획서

학습목표
연구 주제와 연구의 절차, 연구계획서 작성, 연구보고서 작성 등을 이해하고 정리하도록 한다.

1 연구주제 탐색

(1) 연구문제 : '무엇을 연구하는가?'에 대한 것

(2) 연구주제를 정하는 방법
① 상담의 이론, 실제, 연구를 통합하고자 시도하는 일련의 작업이다.
② 이론이 실제 적용된 결과를 과학적으로 분석하는 작업이다.
③ 심리치료를 포함하여 상담심리학의 연구주제를 이해하고자 하는 것이다.

(3) 연구주제를 효과적으로 선정하는 방법
① 관련 주제 개관논문을 찾아 정독하는 등 적극적으로 정보를 수집한다.
② 가장 관심 있는 것부터 실제 연구보고서를 독서한다.
③ 주제가 떠오르면 혼자 생각하기보다 지도 교수 및 동료들과 공식적으로나 비공식적으로 공유하고 피드백을 받는다.
④ 아이디어를 매번 노트에 기록한다.

(4) 연구절차
① 연구 문제 구체화
② Drew의 연구문제 종류

종 류	기술형	차이형	관계형
연구 문제	• 어떤 사상이나 현상이 어떻게 드러나는가를 묻는 문제 • 설문조사, 관찰, 면담, 상담 축어록 분석 방법	실험 참가자 내/간 어떤 차이가 있는지에 대한 질문/가설	둘 또는 셋 이상의 구인들 사이에 관계가 있는지 알아보려는 연구
통계 방법	기술통계, 회귀분석, 요인분석, 군집분석	변량분석	회귀분석

③ 변수결정
　㉠ 변수(Variable)
　　ⓐ 연구에서 관심을 갖고 있는 현상과 관련된 자료의 속성이나 특징이다.
　　ⓑ 변인이라고도 한다.
　㉡ 변수의 종류
　　ⓐ 독립변수 : 연구자가 조작하는 변수
　　ⓑ 종속변수 : 독립변수의 영향을 받는 변수

> **Plus Study**
> 독립변수에서 종속변수로 이루어지는 설계, 실험설계로 이는 인과관계를 발견하는 데 그 목적이 있다.

　　ⓒ 예언변수 : 어떤 다른 변수의 값을 예언할 수 있는 변수 예 수능점수
　　ⓓ 준거변수 : 예언변수로 예측하고자 하는 변수 예 대학학점

> **Plus Study**
> 예언변수에서 준거변수로 이루어지는 설계, 기술설계로 이는 인과관계가 성립되지 않는 상관을 발견하는 데 그 목적이 있다.

④ 측정도구 : 측정은 관찰하고자 하는 특성에 대해 수량적 개념을 부과하는 것이다.
　㉠ 타당도 : 연구하고자 하는 변수를 제대로 측정하고 있는가?
　㉡ 신뢰도 : 측정도구의 일관성을 제대로 측정하고 있는가?

⑤ 자료수집 : 연구 목적에 부합하고 연구방법론상 합당해야 한다.
　㉠ 선발(표집, 표본추출) : 연구대상을 대표할 수 있는 실험참가자를 선발한다.
　㉡ 자료수집 방법에는 설문지, 행동관찰, 면접 등이 있다.
　㉢ 자료 누락을 예방하기 위해 자료수집 과정을 통제한다.

⑥ 자료분석 : 자료의 성질, 자료수집 방법, 실험 참가자의 성질을 분석하는 것으로 양적 분석과 질적 분석이 있다.
　㉠ 양적 분석
　　ⓐ 기술분석 : 빈도분석, 분포의 특성 분석
　　ⓑ 회귀분석 : 상관관계 분석(단순 상관, 중다 상관)
　　ⓒ 변량분석 : 평균과 변량, 분산을 응용한 분석
　　ⓓ 경로분석, 구조방정식분석, 연계분석 등
　㉡ 질적 분석 : 코딩과 분류, 주요 사례추출, 빈도분석, 분류체계 분석, 성분분석, 원인분석, 계획분석, 과정분석 등이 있다.

Section 02 연구 주제와 연구 계획서

2 연구계획서와 연구보고서

(1) 연구계획서 작성

① **제목** : 연구에 포함된 변수 이름, 실험참가자에 대한 내용, 어떤 성격의 연구인지 고지할 필요가 있다.

② **서론**
  ㉠ 논문의 도입 부분으로 관심을 끌 수 있는 일반적 사실을 서술한다.
  ㉡ 연구의 필요성을 상술한다. 이때 연구와 관련된 일반적 현상을 설명하고 연구분야와 영역 등을 서술한다.
  ㉢ 연구 목적을 기술한다. 이때 연구의 개괄적인 목적을 독자들이 이해할 수 있도록 서술한다.
  ㉣ 연구를 유도하는 데 필요한 사회현상을 설명하거나 연구의 필요성을 강조할 수 있는 논문을 인용하는 것이 좋다.

③ **이론적 배경**
  ㉠ 이론적 배경, 선행연구 결과 및 논의를 언급하면서 이전 연구의 비합리성과 연구자 간의 불일치를 언급하여 이전 연구 결과에 첨가할 변수, 모집단 등을 지적한다.
  ㉡ 최근 연구동향을 소개하고 연구자가 연구하고자 하는 주제와 관련 있는 논문을 언급하면서 연구의 쟁점을 끌어낸다.

④ **연구방법** : 연구문제를 검증하는 설계, 절차, 도구 등 방법에 대한 상세한 내용을 의미한다.
  ㉠ **연구대상** : 실험참가자 수, 실험참가자 선발방법, 연구대상 정보와 연구대상의 속성 등을 기술한다.
  ㉡ **연구절차** : 연구 대상이 선정된 후 연구결과를 얻기 전까지 일어나는 모든 연구행위를 체계적으로 기술한다.
    ⓐ 실험연구
    ⓑ 조사연구
    ⓒ 관찰연구
  ㉢ **측정도구**
    ⓐ 독립변수, 종속변수의 조작된 정의를 구체적으로 표현한다.
    ⓑ 실험연구에서 독립변수를 구성한 상황조건과 절차를 구체적으로 표기한다.
    ⓒ 측정도구의 이름, 선택 이유, 측정도구에 대한 설명(문항 예시, 전체 문항수, 신뢰도, 타당도 등)을 적는다.
  ㉣ **연구가설 및 자료 분석 방법**
    ⓐ 연구가설은 연구목적을 구체화한 것이다. 7개 이하의 연구가설을 선정하는 것이 바람직하며 연구가설을 배치할 때 중요도 순으로 나열하는 것이 좋다.

ⓑ 자료분석 방법은 빈도수로 검증하는 방법, t검정, x^2검정, F검정, 중다회귀분석, 메타분석, 경로분석 등이 있다.

⑤ 기대되는 결과
  ㉠ 일반적으로 기대되는 결과는 연구계획서에 포함시키지 않는다. 그럼에도 기대되는 결과를 서술하면 좋은 이유는 논문을 작성할 때 시간절약이 가능하고, 연구논문의 결과 서술이 쉽기 때문이다.
  ㉡ 연구결과로 얻어질 수치를 모르더라도 표나 그림을 사전에 그려놓으면 논문작성에 걸리는 시간을 줄일 수 있다.

⑥ 연구일정 및 연구예산
  ㉠ 연구일정은 연구기간과 세부적인 연구 작업에 필요한 기간을 단계별로 서술한다.
  ㉡ 연구예산은 연구비를 연구자가 부담하는 경우 기록할 필요가 없고, 연구비를 신청하여 연구를 수행하는 경우에 기록한다.

(2) 연구보고서 작성 2020년, 2017년, 2016년 기출 ★

① 제목
② 초록 : 연구문제, 가설, 방법, 결과, 결론 등을 10줄 이내로 약술한다.
③ 서론 : 연구의 목적 및 방법, 연구 문제, 연구의 필요성 및 연구 범위 등을 기술한다.
④ 이론적 배경 : 선행 연구 결과를 인용할 경우 반드시 출처를 밝혀야 한다.
⑤ 연구방법 : 연구 가설은 탐색적 질문과 검정을 위한 질문으로 구성한다.
⑥ 연구 결과
  ㉠ 연구문제에 대한 결과적 자료를 축약하되 핵심적인 정보를 제공한다.
  ㉡ 요약 통계, 실험조작 확인, 결과를 객관적으로 기술한다.
  ㉢ 통계적으로 의미 있는 결과와 의미 없는 결과(가설과 다른 결과가 나왔을 경우)를 기술한다.
⑦ 결론 및 논의
  ㉠ 결과가 가설을 지지했는지 여부를 설명하고, 결과에 근거한 결론을 진술한다.
  ㉡ 본 연구의 한계점 제시, 결과가 시사하는 상담의 실제적, 이론적 함의 등을 논의한다.
⑧ 참고문헌 : APA 요강 및 각 학술지가 권유하는 편집지침을 참고하여 기술한다.
⑨ 부록

Section 03 연구방법

> **학습목표**
> 조사연구 방법, 연구절차, 실험연구, 연구의 타당도와 실험연구 설계, 관찰연구와 표집방법 등을 명확하게 숙지한다.

1 연구방법론

(1) '어떻게 수행하는 것인가?'에 대한 이론

① 단일사례연구(단일실험참가자연구)
  ㉠ 한 연구에서 한 상담사례만을 관찰하고 분석한다.
  ㉡ 질적 분석을 자주 사용하고 통계분석은 시계열분석, 연계분석을 사용한다.
  ㉢ 일반화의 어려움이 있다.

② 다사례연구
  ㉠ 각각의 사례연구를 분석·관찰 후 통계 분석 실시한다.
  ㉡ **변량분석** : 평균의 차이를 분석하는 것
  ㉢ **회귀분석** : 변수 간 상관계수를 기본자료로 분석하는 것

③ 집단 간 설계와 실험참가자 내 설계
  ㉠ **집단 간 설계** : 2개 이상의 집단 간의 차이를 분석하는 방법으로 집단은 어떤 처치에 의해 구분하고 실험집단과 통제집단의 사후점수 차이를 분석한다.
  ㉡ **실험참가자내 설계법** : 실험집단의 사전사후 점수의 차이를 분석한다.

④ 양적연구와 질적연구 2021년, 2020년, 2017년 기출 ★

구 분	양적연구	질적연구
실재의 본질	• 객관적 실재를 형성하는 인간의 특성과 본질이 존재한다고 가정 • 복잡한 패러다임에 포함된 변수들에 대한 연구 가능	• 객관적 실재라고 일반화시킬 수 있는 인간의 속성과 본성은 없다고 가정 • 단편적 연구가 아닌, 총체적 연구의 필요성 주장
가치의 개입	• 가치중립적 연구 • 설문지, 구조화된 면접 등 • 관찰 통한 측정, 통계 사용한 양적 분석	• 가치개입적 연구 • 심층면접, 참여관찰, 문서연구 통한 해석적, 서술적 분석
인과관계	결과에 시간적으로 선행되거나 동시에 일어나는 원인이 실재	원인과 결과의 구분이 불가능
연구목적	• 일반적 원인과 법칙 발견 • 인과관계/상관관계 파악 • 현상 간의 관련성 탐색	• 특정현상에 대한 이해 • 특정현상에 대한 해석이나 의미의 차이 이해

구 분	양적연구	질적연구
연구대상	• 대표성을 갖는 많은 수의 표본 • 확률적 표집방법을 주로 사용 (비확률적 표집방법도 사용 가능)	• 적은 수의 표본 • 비확률적 표집방법 주로 사용

2 실험설계

(1) 진실험설계 2021년, 2020년 기출 ★

① 통제집단 전후검사설계
  ㉠ 인과관계의 추정을 위한 가장 전형적인 설계이다.
  ㉡ 실험집단과 통제집단에 무선배치하고 두 집단에 사전, 사후 검사를 모두 실시한다.
  ㉢ 실험의 오류, 사전검사와 실험처치 간 상호작용, 실험참가자 선발과 실험처치 간 상호작용으로 인해 외적타당도가 낮다.
  ㉣ 주시험효과가 있고, 상호작용효과가 있다.
    ⓐ 주시험효과 : 사전검사가 사후검사에 영향을 미치는 것
    ⓑ 상호작용효과 : 사전검사가 프로그램에 영향을 미치는 것

② 통제집단 사후검사설계
  ㉠ 실험집단 및 통제집단에서 사전검사는 모두 빠진다.
  ㉡ 실험집단에만 실험처치를 하고 실험집단과 통제집단에는 사후검사를 실시한다.
  ㉢ 내적타당도를 저해하는 내적 및 외적요인들을 배제하고(사전검사를 실시하지 않아 검사 및 도구의 영향은 자동적으로 배제), 검사와 실험처치와 상호작용이 없으므로 외적타당도 저해요인이 자동적으로 통제된다.
  ㉣ 가장 보편적으로 이용되는 형태이다.
  ㉤ 주시험효과가 없고, 상호작용효과도 없다.

③ 솔로몬의 4집단설계 2018년 기출 ★
  ㉠ 무선할당, 두 번의 처치, 두 개의 사전집단, 4개의 사후집단을 갖는다.
  ㉡ 통제집단 사후설계와 통제집단 전후설계 방안을 혼합한 것으로 두 설계 방안의 장점을 가지는 동시에 실험자로 하여금 사전검사와 처치를 더한 조합과 양자 중 하나만 더하거나 양자 모두 배제한 조합으로 결과가 다른지를 보여준다. 이 조합의 효과가 다른 경우 이를 상호작용효과라고 한다.
  ㉢ **장점** : 통제집단의 동등성을 확보하고 검사에 대한 민감화를 제한할 수 있고, 가외변수의 영향력을 가장 널리 제거할 수 있는 내적·외적타당도가 높은 설계방안이다.
  ㉣ **단점** : 많은 대상자를 필요로 하고 설계비용이 많이 든다.

④ 요인설계 2017년, 2016년, 2014년 기출 ★
　㉠ 두 개 이상의 독립변수와의 조합에 따라 나올 수 있는 모든 집단의 수만큼 무선적으로 실험집단을 설정하고, 그 독립변수와 조합에 따른 집단의 종속변수가 실험처치 후에 어떻게 변화되는지를 비교하는 것이다.
　㉡ 장점
　　ⓐ 몇 개의 단일요인 실험설계(독립집단 실험설계)를 동시에 실시함으로써 실험참가자의 수, 시간, 노력 등의 면에서 경제성이 확보된다.
　　ⓑ 오염변수의 통제 가능성이 증가한다.
　　ⓒ 외적타당도를 높일 수 있다. 한 가지 이상의 독립변수의 각각 다른 영향을 인정하고 개별 독립변수의 영향을 보는 것으로 일반화가 높아진다.
　　ⓓ 두 독립변수의 상호작용의 영향을 알 수 있다. 주 효과는 전 검사가 후 검사에 미치는 영향으로 특정 독립변수가 종속변수에 미치는 효과가 다른 독립변수의 하위수준들에 걸쳐서 방향 또는 강도 면에서 유의미하게 차이가 나지 않는 경우를 말한다.
　　ⓔ 조사에서 많이 이용되는 것으로 특히 상호작용의 효과를 잘 이해하는 것은 변량분석을 이해하는 데에도 도움이 된다.
　㉢ 단점
　　ⓐ 독립변수가 많아지면 하위 분류 조합에 따라 너무 많은 실험집단을 설정해야 한다.
　　ⓑ 그 결과 비용 발생이 커지게 된다.
⑤ 종류

독립집단설계	다른 실험대상자들을 각 실험의 분리된 셀에 무선적으로 배치한다. 10명의 실험대상자들을 우선적으로 네 개의 실험집단에 배치할 때, 즉 한 셀에 10명씩을 할당하기 위해서 모두 40명의 실험대상자가 필요한 셈이다.
반복측정설계	독립집단설계와 같이 무선적으로 선택된 10명의 실험대상자 집단이 실험의 각 셀에 배치되나 독립집단 설계와는 달리 하나의 집단에 대하여 측정을 거듭한다. 이 설계는 적은 수의 대상으로 분석이 가능하나 검사와 민감화 등에 오염될 수 있다.
혼합설계	실험참가자 내 요인(검사 시기의 효과)과 실험참가자 간 요인(집단의 효과)의 상호작용 효과를 검증하는 것으로 독립변수 A에는 처치 수준에 상관없이 같은 실험대상자를, B에는 처치 수준에 따라 서로 다른 실험대상자를 배치한다. 즉 요인 A 수준 a1과 a2의 대상자는 s1부터 s20까지 20명으로 같은 사람이지만 요인 B 수준 b1에는 s1부터 s10까지, 수준 b2에는 s11부터 s20까지, 즉 서로 다른 10명씩의 대상자가 할당된다.

(2) 준실험설계 2016년 기출 ★
① 준실험설계는 실험집단이나 통제집단이 무선적으로 배치되지 않는 상태에서 행해지는 실험설계를 말한다.
② 준실험설계는 실험설계의 실험적 조건에 해당하는 무작위할당, 독립변수의 조작, 통제집단, 사전·사후 검사 중 한두 가지가 결여된 설계유형이다.

③ 무작위할당에 의해 실험집단과 통제집단을 동등하게 할 수 없는 경우 무작위할당 대신 실험집단과 유사한 비교집단을 구성한다.
④ 순수실험설계에 비해 내적타당도가 낮지만 현실적으로 실험설계에서 인위적인 통제가 어렵다는 점을 감안할 때 실제 연구에서 더 많이 적용된다.
⑤ 시계열설계, 단일집단 설계, 이질집단 설계 등이 있다.
  ㉠ **시계열설계**(종단설계)
    ⓐ 비교집단을 설정하기 곤란한 경우 한 집단을 선택해서 독립변수의 조작이나 독립변수에 노출되기 전에 3번 이상씩 관찰(검사)하고, 독립변수를 도입한 후에 3번 이상씩을 관찰하여 전후의 점수 또는 경향을 비교하는 것이다. 독립변수 도입의 전후 상태를 비교하고 변화의 차이가 있다면 독립변수의 영향으로 본다.
    ⓑ 내적타당도를 저해하는 대부분의 요인통제가 가능하고 역사요인은 통제하기 어렵다. 즉, 인과관계가 특정조사에만 나타날 수 있어 외적타당도도 문제가 된다.
    ⓒ 독립변수 도입 전의 반복되는 검사로 인해 검사 및 독립변수의 상호작용이 일어나서 인과관계가 특정조사에만 나타날 수 있어 외적타당도도 문제가 된다. 이를 개선하기 위해서는 같은 조사를 여러 집단에 되풀이 실시하여 같은 결과를 얻을 수 있는지를 확인하는 것이 필요하다.
    ⓓ 시계열설계 사용의 문제
      • 순수한 처치 효과를 탐지하기 어려워 이를 보완하기 위해 중단시계열설계를 사용하는 것이 효과적이다. 중단시계열설계는 단순시계열설계에 통제집단을 첨가하거나 서로 다른 종속변수를 첨가하여 처치효과를 알아보는 것이다.
      • 통계적 해석 시 신중할 필요가 있다.
      • 연구문헌들을 찾기 어렵고, 설령 문헌들을 찾더라도 관찰치 간 시간간격이 너무 커서 여러 가지 가외변수가 혼입될 가능성이 있어 재해석할 때는 신중해야 한다.
  ㉡ **단일집단 사후검사설계**
    ⓐ 일회적 사례연구로 이 설계에서는 한 집단의 구성원에게 특정의 처치를 먼저 실시한 다음 특성을 관찰하여 처치 효과를 평가한다.
    ⓑ 하나의 집단을 대상으로 독립변수로서 한 번의 실험처치를 가하고, 그 실험처치가 종속변수에 미친 영향을 사후 측정하여 두 변수 간의 단순관계를 확인하는 방식이다.
    ⓒ 조건통제가 전혀 되지 않으며 결과를 의미 있게 비교할 만한 근거도 거의 갖추고 있지 못하다.
  ㉢ **단일집단 사전-사후검사설계**
    ⓐ 한 집단만을 선정하여 처치 실시 전에 사전검사를 하여 미리 종속변수와 관련된 특성을 확인해 놓은 다음 처치 실시 후 사후 검사를 실시하고 두 검사결과의 차이를 분석하여 프로그램의 효과를 평가하는 방법이다.

ⓑ 내적·외적타당성에 여러 문제점을 내포한다. 사전 검사와 사후검사 사이에 시간적 간격이 크면 연구설계의 내적타당성을 저해하고 외적타당성을 위협하게 된다.

ⓔ 이질집단 사후검사설계
ⓐ 무처치 집단비교 설계로 두 개 집단의 실험참가자들을 대상으로 하되 한 집단은 특정의 처치를 실시하고 다른 집단은 처치를 실시하지 않고 그대로 두었다가 이 두 집단에서 동일한 사후검사를 실시한 후 검사결과를 서로 비교하여 그 차이를 프로그램의 효과로 인정하는 방법이다.
ⓑ 두 개의 집단을 무선적으로 나눈 것이 아니라 이미 존재하는 두 개의 집단을 활용한다.
ⓒ 내적타당성을 가장 위협하는 요인은 실험참가자 선정과 실험참가자 탈락으로 실험집단과 통제집단 간의 등질화가 깨지게 되어 처치의 효과에 편파적인 영향을 미치게 된다. 두 집단 간 차이가 있어도 처치의 효과 때문인지, 처음부터 두 집단 간에 존재한 차이 때문인지 명확히 밝혀낼 수 없다.

ⓜ 이질통제집단 사전-사후검사설계
ⓐ 실험집단과 통제집단이 존재하지만 두 집단이 무선적으로 등질화된 것은 아니다. 학교나 학급과 같이 기존의 집단을 자연 상태로 유지한 채, 적당히 실험집단과 통제집단으로 삼아 연구에 이용하게 된다.
ⓑ 내적타당성을 가장 위협하는 요인은 실험참가자 선정과 성숙의 상호작용이다. 실험집단의 참가자들이 현저하게 높은 잠재적 성장 가능성을 지니고 있어서 처치의 효과 이상으로 더 좋은 결과를 나타낼 수도 있다.

(3) 전실험설계

무선화로 조사대상자가 선정되지 않고, 비교집단이 선정되지 않거나 선정되어도 집단 간 동질성이 확보되지 않으며 독립변수의 조작에 의한 관찰이 한두 번 정도로 제한되어 있어 내적 및 외적 타당도 저해요인이 거의 통제되지 못한다.

① 단회사례연구
㉠ 단일집단에게 특정한 독립변수를 조작하거나 단일집단이 특정한 프로그램이나 사회제도의 실시를 경험하게 한 후에 그 집단의 종속변수의 특성을 검사하여 그 결과를 평가하는 것이다.
㉡ 처치변수를 제외하고 모든 변수가 적절히 통제되지 않아 내적타당도가 저해되며 선택의 편견과 실험처치와의 상호작용으로 외적타당도도 저해된다.
㉢ 단회사례연구는 탐색적 목적의 연구에 유의하게 이용된다.

② 단일집단 전후검사설계
㉠ 무선할당도 없고 통제집단도 없다.
㉡ 사전검사를 실시하고, 독립변수 조작 혹은 독립변수에 노출된 후 사후검사를 실시하며 전후검사의 점수차를 비교하여 변수 간 인과관계를 추정하는 것이다.

ⓒ 추정된 인과관계의 신뢰도가 낮아지고 일반화에도 위험성이 커져 내적타당도는 낮아지고, 외적타당도도 낮아진다.

③ 고정집단비교설계
  ㉠ 독립변수를 조작하고 경험한 집단과 난선화가 아닌 방법에 의해 특성이 비슷하도록 선정된 집단에 대해 사후조사를 실시하고 양 집단의 사후검사 결과를 비교하는 것이다.
  ㉡ 비교집단은 배합(특히 빈도배합)에 의해 특징이 비슷한 집단이 선정되거나 이미 형성된 비슷한 특징의 집단으로 선정된다.
  ㉢ 문제점
    ⓐ 두 집단은 무선화로 선정되지 않았으므로 종속변수에 영향을 미칠 요인들이 이미 작용하고 있다.
    ⓑ 두 집단 간 종속변수의 차이는 한 집단이 적극적으로 참여하려는 의도 때문에 나타날 수도 있다. 따라서 내적타당도는 낮아지고, 선택의 편의와 독립변수 조작의 상호작용으로 외적타당도도 낮아진다.

(4) 집단 간 실험설계 2016년 기출 ★

① 의의
  ㉠ 실험에서 처치조건에 따라 서로 다른 실험참가자 집단을 사용하는 설계이다.
  ㉡ 처치조건 간 반응의 차이는 독립된 실험참가자 집단 간의 차이이므로 실험참가자 간 설계라고도 한다.

② 실험방법
  ㉠ 실험참가자 간 실험설계에서는 참가자를 두 집단 이상으로 구분한다. 이 연구에서 같은 실험참가자가 결코 두 처치를 같이 받지 않는다. 여기에서 집단은 실험(처치)조건에 노출된 집단인 실험집단과 실험(처치)조건에 노출되지 않은 집단인 통제집단을 말한다. 즉, 실험참가자 집단들은 독립변수의 상이한 수준을 받게 된다.
  ㉡ 실험참가자는 실험의 초기에 동등한 집단을 구성하도록 노력한다. 어떤 실험참가자 간 설계에 존재하는 잠재성이 있는데 이는 두 집단에 속해 있는 실험참가자들의 차이 때문이다.
  ㉢ 개인차를 통제하기 위해 실험참가자들 집단에 무선 배정하거나 각 집단에 실험참가자 특성을 짝짓기 한다.
    ⓐ 무선화 : 무선적으로 두 집단을 형성하는 방법은 참가자에게 임의의 숫자를 배정하거나 숫자가 적힌 종이를 꺼내는 식의 제비뽑기, 한 특정한 참가자를 한 조건에 배정하려고 할 때 짝수는 한 집단에, 홀수는 다른 집단에 배정하는 등 주사위로 배치, 홀수, 짝수가 표시된 난수표 등을 사용할 수 있다.

ⓑ **짝짓기(대응표집)** : 중요한 실험참가자의 특성을 다양한 처치 조건에서 짝짓기 하는 것으로 예비검사를 실시하여 같거나 매우 비슷한 반응 비율을 가진 실험참가자들이 짝 지워지면 각 쌍의 실험참가자는 한 집단에 무선적으로 배정하고, 다른 짝은 두 번째 집단에 배정하는 식이다.

ㄹ. 실험참가자 간 실험 후 나온 통계분석은 실험결과가 독립변수로 인한 것일 가능성을 평가하는 것이다. 결과가 독립변수 때문이라면 '통계적으로 유의미하다'고 말한다.

③ 집단 내 설계에 비해 설계 및 분석이 쉽고 통계적 가정이 엄격하지 않다는 장점이 있다.
④ 실험참가자 수가 많이 필요하고, 처치효과를 검토할 수 있는 민감도가 부족하며 집단의 크기가 작은 경우 집단 간 차이가 생겨 실험참가자 간 설계에서는 한 집단 당 최소 10명의 참가자를 포함시켜야 한다는 단점이 있다.

(5) 집단 내 실험설계 2021년, 2016년 기출 ★

① 의의
ㄱ. 실험에서 각 처치 조건에 동일한 실험참가자 집단을 사용하는 설계이다.
ㄴ. 처치조건 간 반응의 차이는 동일한 실험참가자 내의 차이이므로 실험참가자 내 설계라고도 하며 반복측정 설계라고도 한다.
ㄷ. 이 방식에 대비되는 집단 간 설계에 비해 적은 실험참가자 수를 가지고 더 민감한 실험을 할 수 있으나 상대적으로 엄격한 통계적 가정을 충족시켜야 하는 것은 실험참가자들이 처치조건에 따라 변하는 '실험참가자와 처치 간 상호작용'의 문제가 있을 수 있다.

② **실험방법** : 실험참가자 행동을 실험 처치 이전에 관찰하고, 처치 도중이나 처치 후에 또 관찰한다. 실험참가자 내 설계에서는 각 실험참가자들의 수행이 상이한 실험조건에 걸쳐서 비교된다. 각 참가자는 한 번은 실험집단에 속했다가 다른 때는 통제집단에 속하게 된다. 즉, 각 참가자는 환경의 변화에 노출되고, 이때 참가자의 행동이 비교되며 종속변수 상의 차이가 생길 경우 이를 경험상의 차이의 결과로 해석한다.

③ 장점
ㄱ. **개인차의 통제** : 한 집단의 실험참가자들을 선택해서 모든 처치 조건을 제시하면 동일한 능력을 지닌 실험참가자들에게 처치조건에서 관찰된 어떤 차이도 단지 처치 효과만을 반영할 수 있다. 그러나 실험참가자라 해도 태도나 동기의 변화, 과제에 대한 학습 등에서 차이로 인해 각 검사에서 다르게 반응할 수 있다. 따라서 실험참가자들은 연속된 검사에서 동일한 상태가 아닐 뿐 아니라 물리적 환경이나 검사 장치에서 변화와 같은 통제되지 않은 변산으로 인해 처치 간 차이를 만들어 낼 수 있다.

ⓛ 경제성
  ⓐ 집단 내 설계에서 개인차는 다른 실험조건에 실험참가자들을 무선적으로 배치했을 때 생기는 차이만큼 크지는 않다. 오차변량이 감소하면 경제성과 검증력은 직접적으로 증가하게 된다.
  ⓑ 반복측정치 설계에서는 서로 다른 처치조건마다 상세한 설명을 하지 않아도 관찰하는 데 걸리는 시간이 감소한다.
ⓒ **학습연구에서의 유용성** : 반복측정치 설계는 학습, 전이, 연습효과와 같은 현상을 연구하는 데 가장 흔히 사용된다. 이는 과제를 연속적으로 경험함으로써 생기는 수행상의 변화에 초점을 둔다. 학습실험에서 경험은 같은 학습과제에 반복적으로 노출하게 하고, 시행의 수는 독립변수가 된다. 전이실험에서는 서로 다른 과제나 자료를 가지고 경험한 것을 통해 어떻게 학습기술을 발달시키느냐 집중한다.

④ **단점**
  ㉠ **연습효과** : 실험참가자들이 검사를 여러 번 실시하는 동안 체계적으로 변화할 것이라는 사실과 관련되어 있다. 연습효과를 통제하기 위해서는 측정간격을 조정하거나 동형검사를 실시한다.
    ⓐ 긍정적 연습효과 : 연습으로 인해 점수가 체계적으로 증가한다.
    ⓑ 부정적 연습효과 : 피로나 지루함으로 점수가 체계적으로 감소한다.
    ⓒ 연습효과 무시 : 연구영역에서 수행이 결과적으로 점근선(무한히 뻗어나가는 곡선에서 그 곡선이 향상점이나 감소점에 이르지 않는 단계)에 이르러 과제에 대해 부가적 연습이 더 이상 향상을 가져오지 않을 때가 있다.
  ㉡ **차별적 이월효과**
    ⓐ 검사가 다 끝난 뒤에도 먼저의 처치가 계속 영향력을 가져서 이어진 처치조건에 영향을 미치는 것을 말하며 어떤 처치를 먼저 경험했느냐에 따라 다음 처치에서 실험참가자의 수행이 달라진다.
    ⓑ 통제방법
      • 무선화 : 처치 사이의 이월을 최소화하는 방식 중 가장 일반적인 방법은 적용하는 순서를 무선적으로 결정하는 것이다. 난수표, 제비뽑기 등으로 무선적 순서를 만든다.
      • 라틴 – 정방설계 **2015년 기출** ★
        – 사전에 통제할 두 요인을 하나는 종축, 다른 하나는 횡축으로 처치의 수만큼 설정하고, 종축과 횡축 안에서 각 처치를 무선적으로 배정하여 각 처치가 횡열과 종열에서 단 한 번씩만 나타나도록 설계한다.
        – 무선구획설계가 횡열에서만 잡음변수의 효과를 통제한다면 라틴정방형 설계는 횡열과 종열에서 모두 잡음변수를 통제한다고 할 수 있다.

- 이 설계를 사용하는 목적은 복수의 처치를 동일대상에게 반복 실행할 때 처치의 이월효과나 순서효과까지 통제할 수 있다는 점이다.
- 4가지 처치 순서를 상대적으로 균형화시키는 라틴-정방 설계는 다음과 같은 순서로 진행된다.

구분		처치 순서			
		첫 번째	두 번째	세 번째	네 번째
실험참가자 번호	1	1	2	3	4
	2	2	3	4	1
	3	3	4	1	2
	4	4	1	2	3

⑤ ABA 역전 설계

㉠ 실험참가자가 처치 전과 처치 후 도중 변화하는 문제가 있을 수 있으므로 다시 처치, 즉 개입을 철회시켜 본래 A단계로 돌아가 실험참가자의 행동이 다시 원래의 상태로 돌아가는지 확인한다. 처치를 가하기 전 상태를 보고 처치 후의 상태를 본 후 다시 처치를 안 한 상태를 보고, 또 처치를 한 상태를 계속해서 본다.

㉡ **장점** : 변화의 개입 효과를 구체적으로 파악하는 것이 가능하다.

㉢ **단점** : 변화가 일어난 실험참가자에 대한 개입을 중단함으로써 문제 상황에 다시 빠트린다는 점에서 비윤리적이다. 또, 개입을 철수해도 개입효과가 지속될 수 있기 때문에 상대적으로 조사기간이 길어지고 비경제적이다.

(6) 단일실험참가자(사례) 실험설계

① 단일사례연구의 의의 및 특징 2016년, 2015년 기출 ★

㉠ **단일사례연구의 개념** : 변수 간 관계 규명을 위한 것이 아니라 연구자의 의도적인 개입이 표적행동에 바라는 대로 효과를 가져왔는지 평가하기 위해 적용하는 설계이다.

㉡ **단일사례연구의 특징**

ⓐ 사례가 하나로 외적타당도가 낮다.
ⓑ 어떤 표적행동에 대한 개입 효과를 관찰하여 분석한다.
ⓒ 시계열적인 반복관찰을 통해 개입 전과 개입 후 상태를 비교한다.
  • 체계적 반복 : 원래 실험에 적용된 요소들을 의도적으로 변경시켜 반복 연구 시행한다.
  • 직접 반복 : 많은 대상자를 상대로 동일한 실험 절차를 적용하는 것이다.
ⓓ 연구조사와 실천을 통합하고, 실천지향의 연구조사를 한다.
ⓔ 혐오적 중재를 사용하기 전에 대안적인 중재 방안을 탐색한다.
ⓕ 대상자 수는 연구자의 의도에 따라 결정된다.

ⓖ 결과해석이 용이하다.
ⓗ 기초선이 확정된 후에 처치를 가한다.
ⓘ 한 개인의 행동을 살펴볼 수 있는 강력한 방법이다.
ⓙ 처치가 끝난 후 원래 기초선으로 돌아가는 가역성을 보여주어야 한다.

② 단일사례설계의 기본 개념 및 유형

㉠ **기본 개념**

ⓐ 기초선 단계 : 기초선이란 연구자가 개입활동을 실시하기 전의 표적행동의 상태를 관찰하는 기간을 의미한다. 또, 중재 없이 관찰된 표적행동의 상태를 수집하는 것을 의미한다. 단일사례설계 구조에서 기초선은 일반적으로 'A'로 표시한다.

ⓑ 개입단계 : 표적행동에 대한 개입활동이 이루어지는 기간으로 이 기간 동안 표적행동 상태에 대한 관찰이 병행되어야 한다. 관찰 횟수나 기간은 기초선과 같은 정도로 하는 것이 바람직하다. 단일사례연구 설계 구조에서 개입을 일반적으로 'B'로 표시한다.

ⓒ 표적행동 : 개입을 통해 변화시키려는 행동이다.

㉡ **단일사례연구의 유형**

ⓐ AB 설계 : 기본 단일사례연구설계
- 통제집단 없이 수행된 처치효과 검증연구와 유사하다.
- 하나의 기초선 단계(A)와 하나의 개입단계(B)로 구성된다. A단계에서는 단순히 표적행동과 빈도에 관한 관찰만 이루어지고, B단계에서는 표적행동에 대한 개입활동과 변화에 대한 관찰이 이루어진다.
- 외생변수 통제가 없고, 개입이 표적행동 변화에 미치는 효과와 신뢰도는 낮다.

ⓑ ABA설계
- AB설계에 개입이후 또 하나의 기초선(A)을 추가한 설계로 즉, 개입을 철회시켜 본래 A단계로 돌아가서 실험참가자의 행동이 다시 원래 상태로 돌아가는지를 확인해 보는 것이다.
- 장점 : 제2기초선을 추가하여 AB설계의 낮은 신뢰도 문제를 극복할 수 있다.
- 단점 : 개입중단은 윤리적 문제로 제 2기초선 동안 무슨 변화가 일어났는지 알 수 없으므로 외생적인 요인의 영향인지, 개입의 효과가 지속되고 있는 것인지 알 수 없다.

ⓒ ABAB설계
- AB설계에 또 하나의 AB(기초선 A와 개입 B)를 추가한 설계로 기초선(A) 측정 후 일정기간 동안 개입(B)하고 일정기간 동안 중단(A)한 후 다시 개입(B)을 하는 것이다.
- ABA 설계에서 처치의 효과만 확인하고 다시 처치 전의 상태로 돌아간 상태에서 실험을 마치면 중대한 윤리문제가 발생한다.

- 두 번째 처치를 다시 실시한 후 첫 번째 단계와 같은 변화를 보인다면 개입의 효과를 더욱 신뢰할 수 있다.
- 개입의 효과를 가장 높이 확신할 수 있는 실제 현장에서 가장 유용한 설계이다.

ⓓ 복수기초선설계
- 기초선을 여러 개 설정하여 관찰하는 설계로서 하나의 동일한 개입방법을 여러 문제, 여러 상황, 여러 사람에게 적용하여 같은 효과를 얻음으로써 표적행동에 대한 개입효과를 정하는데 신뢰도를 높이려는 것이다.
- AB설계는 처치 효과에 대한 내적타당도가 약하고, ABAB설계는 효과가 있다고 보이는 처치를 연구목적을 위해 철회한다는 점에서 비윤리적이라는 비판이 있다. 이 두 약점을 보완하기 위한 방법이 복수기초선설계이다.
- 목표행동들이 기저선 기간과 처치개입 기간 내 상당한 변화가 있다면 이는 처치개입의 영향에 의한 것으로 내적타당도는 높아진다.

ⓔ 중다기초선설계 2016년 기출 ★
- 여러 개 기초선을 측정하여 순차적으로 중재를 적용하고 그 이외 조건을 동일하게 함으로써 목표행동의 변화가 오직 중재에 의한 것임을 입증하는 설계로 중재를 제거하거나 반전하지 않고도 현장에 적용하게 쉬운 설계이다.
- 다수의 기초선을 동시에 측정하기 어렵다. 기초선 기간이 길어짐에 따라 실험참가자를 지치게 하여 타당하지 않은 결과가 나타날 가능성이 있다는 단점이 있다.

ⓒ 중재비교설계 : 새로운 훈련방법이 기존 훈련방법보다 우월하다는 것을 밝혀 새로운 훈련방법에 대한 설득력 있는 근거를 제시하기 위해 여러 훈련조건을 비교할 수 있도록 개발된 연구방법이다.

ⓐ 중다중재설계
- 목표행동에 대한 두 개 이상의 중재조건의 효과를 검증하기 위한 방법이다.
- 여러 중재 방법을 한 연구에서 검증해 볼 수 있는 장점이 있으나 내적 타당도 문제, 즉 외부 변수나 발달 변수의 개입 가능성의 단점이 있다.

ⓑ 교대중재설계 2015년 기출 ★
- 한 대상자에게 여러 중재를 빠른 간격으로 교대로 실시하여 그 중재 간 효과를 비교하는 설계이다.
- 장점 : 기초선 측정을 반드시 하지 않아도 되고, 반전설계나 중다중재설계가 갖는 내적타당도 위협이 감소하며 중다중재설계에 존재하는 전이문제가 해결되고, 실험종료 시기가 빨라지더라도 타당도에 문제가 되지 않는다.
- 단점 : 훈련자의 독립변수 신뢰도가 매우 중요해지고, 중재방법이 인위적이며 연구절차가 번거롭다.

ⓒ 동시중재설계
- 두 중재를 동시에 제시하여 실험대상자가 선택하는 것으로 두 명의 중재자가 필요한 설계이다.
- 장점 : 교대중재설계 장점을 그대로 가지면서 중재 간 순서효과를 배제할 수 있고, 반전단계를 개입시키거나 중재단계에서 기초선 측정이 필요 없어서 시간적으로 유리하다.
- 단점 : 다수의 중재자가 개입되기 때문에 중재자의 변수가 결과를 오염시킬 위험이 많고, 중재자 변수와 시간변수가 통제되기 어려워 타당도를 위협할 수 있으며 실험참가자가 중재 변별이 어렵고, 복잡한 설계 방식 때문에 변수 통제가 요구된다.

ⓓ 평행중재설계
- 독립적이지만 난이도가 유사한 행동에 대한 중재기법 간 효과를 간접적으로 비교할 수 있는 설계이다.
- 장점 : 중재 간 순서효과를 배제할 수 있고, 실험참가자나 행동 반복을 통해 타당도를 높일 수 있다.
- 단점 : 중재 간 효과 비교에는 비효율적이다.

(7) 기타 실험설계

① **무선구획설계** 2016년, 2014년 기출 ★
㉠ 실험대상자를 각 집단에 무선 배치하여 비교집단 간 동등성을 확보하는 과정에서 추가적으로 구획을 설정하여 동일 구획 내에서는 각 집단에 동질적인 실험참가자들이 배치되도록 하는 방법이다.
㉡ 예를 들어, 3가지 훈련 방법이 실험참가자의 운동 능력 향상에 대한 효과분석 연구에 15명의 실험참가자를 사전에 운동 시작 기간별로 5가지 구획을 만들어 무선화로 각 구획의 3명에게 훈련방법 처리를 하는 경우를 말한다.
㉢ 구획은 종속변수와 상관이 높은 변수를 기준으로 설정되므로 구획 내 실험참가자들은 반응(종속변수의 값)이 동질적이고, 집단 내 분산을 구획에 의한 분산과 오차분산으로 분리하는 효과가 있다. 따라서 가설검정을 위한 오차분산이 축소되어 가설검정력을 높이는 효과가 있다.

② **배속설계(위계설계)** 2016년 기출 ★
㉠ 구획설계처럼 실험외적 변수가 종속변수에 미치는 효과를 통제하기 위해 만들어진 설계로 방식에 차이가 있다.
㉡ 구획설계에는 외재변수(운동시작 기간)를 구획을 나누어 배치했다면, 배속설계는 외재변수를 하나의 독립변수로 간주해서 계산한다.

Section 03 연구방법

3 관찰연구

(1) 정의
① 관찰연구는 연구자의 관찰에 의해 연구대상의 특성을 파악하고 분석하는 연구이다.
② 양적연구는 관찰대상이 다수이고 관찰내용이 값으로 매겨져서 분석된다.
③ 질적연구는 관찰대상이 소수이고 관찰내용이 기록으로 분석된다.
④ 연구대상이 아닌 관찰자에 의해 결과가 기록되어 자기기록방법의 한계를 극복할 수 있다.

(2) 연구유형

① 관찰의 통제여부에 따른 구분

통제적 관찰	처치나 자극을 준 실험적 상황에서 관찰을 통해 효과를 분석한다.
비통제적 관찰	전혀 통제하지 않은 상태에서 관찰하는 연구이다.

② 관찰의 조직성 여부에 따른 구분

자연관찰	관찰 내용, 시기, 방법 등을 규명하지 않고 자연스럽게 관찰하는 방법이다.
조직적 관찰	관찰의 내용이 제한적이고 관찰내용, 시기, 방법이 사전에 규명되어 있는 관찰이다.

③ 연구 참여 여부에 따른 구분

참여 관찰		연구자가 관찰 상황에 참여하여 관찰하는 연구방법이다.
	완전참여 관찰	• 장점 : 연구대상이 관찰자의 영향을 받지 않는다. • 단점 : 관찰자가 신분을 숨기고 연구대상을 기만하는 것으로 윤리적 문제가 있을 수 있으며 기록이 쉽지 않고, 관찰자로 밝혀질 때는 연구에 차질을 빚기도 한다.
비참여 관찰		• 연구대상과 상호작용을 극소화하기 위해 관찰상황에 관찰자가 참여하지 않는 방법이다. • 비디오 촬영 후 관찰하는 방법, 일방경이 있는 관찰실을 이용하는 방법을 통해 관찰 결과 기록을 극대화한다.

④ 관찰대상의 표집과 관찰기록

표집 방법	시간표집법	• 관찰 시간을 설정하여 그 시간동안 발생하는 특정 행위나 사건을 주기적으로 기록하는 방법이다. • 비교적 자주 일어나는 대표적 행동을 대상으로 한다. • 표집시간과 관찰시간은 연구 목적, 관찰하고자하는 행동 빈도, 유형에 따라 달라진다. • 장점 : 짧은 시간동안 다양한 상황에서 발생하는 많은 행동을 표집하고 기록하며 분석하는 데 용이하다. • 단점 : 표집되는 행동이 관찰 시간에 자주 나타나는 행동으로 제한될 가능성이 높고, 행동의 원인이나 질적 측면을 분석하기 어렵다.
	사건표집법	• 특정행동의 출현을 확인하는 행동이 일어나는 순서를 파악하기 위한 기록 방법이다. • 관찰의 단위가 특정행동이나 사건 그 자체이다. • 서술식 사건표집법 : 문제행동 전후 사건을 서술하여 행동의 원인을 밝혀내는 것 • 빈도식 사건표집법 : 문제행동이 얼마나 자주 일어나는지 알 수 있는 것

관찰 기록 방법	일화기록법	• 개인의 특성을 이해하기 위해 구체적 행동이나 어떤 사건과 관련된 일들을 직접 관찰하고 기록하는 방법이다. • 개인의 특성이나 조직 내 관계, 문화인류학적 현상을 연구하는 데 사용된다. • 예기치 않은 행동이나 사건을 관찰하여 기록할 때 좋다. • 어떤 행동이나 사건이 언제, 어떤 상황에서 발생되었는지를 사실적으로 진술한다. • 객관적 사실과 이에 대한 관찰자의 해석과 처리방안을 명확히 구분하여 기록하는 것으로 구체적이고 특수한 사건을 기록하는 것이 좋다. • 각각의 일화를 독립적으로 기록하고, 일어난 순서대로 정리하는 것이 좋다.
	표본기록법	• 계획된 시간, 인물, 상황 등에 따라 관찰된 행동이나 사건 내용을 기록하는 것으로 진행 기록, 설화적 기술이라고 한다. • 장점 : 수집된 정보를 비교하고, 진행상황을 도표화하여 변화양상을 검토하고 검증할 수 있어 계획을 세워 문제를 해결하기 위한 정보를 수집할 수 있다. • 단점 : 시간이 많이 들고 주관적 해석과 추론만 가능하며 한 번에 적은 수의 대상을 관찰할 수밖에 없다.
	점검표나 평정지 활용	• 점검표 : 관찰하고자 하는 행위나 내용이 있을 때 기록하는 방법이다. • 평정지 : 관찰한 내용을 3단계나 5단계 척도로 평정하는 방법이다.
오디오, 비디오, PC를 이용하여 관찰하고 정보를 기록한다.		

4 질적 연구

(1) 사례연구 2014년 기출 ★

① 소수의 사례를 심도 깊게 다루어 문제를 총체적으로 파악한다.
② 어느 특정 사상이나 사례에 대한 특례 분석과 같은 탐색적 작업에 사용된다.
③ 조사대상에 대한 문제의 원인을 파악할 수 있다.
④ 조사대상을 종합적으로 파악하기 쉽다.
⑤ 대표성이 불분명하고 기타 조사와 같은 변수에 대한 관찰이 없기 때문에 비교가 불가능하다.
⑥ 일반화시키기 어렵다.

> **Plus Study** • 사례사 연구(Case Study) 2016년 기출 ★
> • 어떤 특정 사례에 대해 일어난 일을 자세하게 조사하고 해당 사건이나 현상을 파악하여 실증적으로 분석하는 방법이다.
> • 변수의 통제가 불가능하고, 인과적 결론을 내리기 어렵고, 연구자의 편견 개입 가능성, 자료가 잘못된 기억에 의존될 가능성 등의 단점이 있다.

(2) 근거이론 2021년, 2017년, 2015년, 2014년, 2013년 기출 ★

① 일련의 과정을 통해 어떤 현상에 대해 하나의 이론을 귀납적으로 이끌어내는 질적연구 방법이다.
② 연구하고자 하는 영역에서 보이는 행위의 다양성을 상술하고, 해석할 수 있는 개념을 발견하여 이 개념 간 관계를 설명한다.

③ 실험참가자의 주요 문제를 찾아내고, 이들이 지속적으로 문제를 해결해 나가는 과정을 발견할 수 있다.
④ 새로운 개념이나 개념간의 관계가 나타나지 않을 때까지 새로운 자료를 분석하면서 개념이나 관계를 지속적으로 규정하고, 재규정한다.
⑤ 표본에서 얻은 자료를 지속적으로 비교, 분석하면서 새로운 내용이 더 이상 나타나지 않으면 비로소 샘플추출을 중단한다.
⑥ 근거이론 방법을 사용하는 이유는 이론을 정립하고자 하는 것이므로 현상을 깊이 탐구하고 유동적인 연구 질문을 해야 한다.

> 예 '특정 상황이나 조건 하에서 상호작용과 그 상호작용으로 인해 초래된 결과 등을 설명하는 기본적인 사회 심리적 과정은 무엇인가?'

⑦ 연구과정

연구 과정	내용
자료수집	• 현장 연구 패턴을 따른다. 연구 현장에 거주하면서 연구하고자 하는 집단이나 환경 속에 몰입한다. • 사건의 상징적 의미가 언어적, 비언어적 행동을 나타내기 때문에 관찰의 초점은 상호작용에 있다. • 자료수집 방법으로 관찰, 인터뷰, 포커스 그룹, 기록 등이 있다.
표본	• 표본의 크기는 생성된 자료에 대한 자료 분석에 따라 결정한다. • 초기에 표본을 선택할 때는 특수성보다는 개방성에 초점을 두고 자료는 포화가 이루어질 때까지 계속 수집한다. • 포화 결정 기준은 첫째, 자료의 실증적 한계의 조화, 둘째 이론의 통합과 밀도, 셋째, 연구자의 이론적 민감도이다. • 연구자가 자료의 원인, 맥락, 결론 등과 관련된 질문에 대답할 수 있다면 자료는 포화된 것이다.
이론적 표본추출	• 이론적 표본 추출은 전개되는 이론에 대해 관련성을 가진 개념들을 근거로 표본을 추출하는 것이다. • 질문과 비교하면서 다양한 범주들과 속성 및 차원을 가리키는 사건, 우연한 일들을 표본추출하여 발전시키고 개념적으로 연결시키는 것이다.
지속적 비교	• 자료를 코딩하고 분석하는 동안 연구자는 패턴에 관심을 가지면서 사건과 사건을 비교하고, 사건과 범주, 마지막으로 범주와 범주, 개념과 개념을 비교하여 사건의 유사점과 차이점을 구분한다. • 연구자는 비교분석을 통해 구조, 원인, 맥락, 차원, 결과 등 다양한 범주와의 관계를 연구하면서 생성된 개념이나 범주를 확정한다. 이런 속성에 대한 심층 조사는 행동적 변이를 설명하는 심층이론을 생성한다.
코딩	• 자료를 분해하고 개념화하고 이론을 형성하도록 통합시키는 분석과정이다. • 개방코딩, 축코딩, 선택코딩으로 구성된다.
메모	• 연구기간 동안 끊임없이 연구 내용을 생각하며 떠오르는 아이디어나 관련 상황을 인덱스카드, 수첩 등에 수시로 기록한다. • 메모에는 날짜, 시간, 장소 등을 포함해야 한다.
분류	• 코드가 풍부하고 메모가 쌓이면 분류를 시작한다. • 분류하는 동안 연구자는 범주와 그 관계를 설명하는 논리적 도표를 포함하는 통합적인 그림을 그려본다. • 분류의 목적은 자료들을 응집력 있게 전체로 결합하는 것이다.
핵심범주	• 이론 생성의 기본 개념이다. • 이론의 통합은 유의미한 핵심범주를 발견하는 과정이다. • 자료를 지속적으로 엄격하게 분석적으로 사고하고 접근하면 결국 핵심범주를 생성하게 된다.

⑧ 연구평가 기준의 속성
  ㉠ **적합성** : 이용할 실제적인 영역에 적합해야 한다.
  ㉡ **이해** : 이 영역에 대해 독자들이 이해하기 쉬워야 한다.
  ㉢ **일반성** : 실제 영역 내 다양한 일상에 적용할 수 있을 만큼 충분히 일반적이어야 한다.
  ㉣ **통제** : 이용자에게 일상에서 구조와 과정에 대한 부분적 통제력이 있어야 한다.

⑨ **코딩의 유형** 2018년, 2015년 기출 ★

개방 코딩	• 세심한 자료 검토를 통해 현상에 이름을 붙이고 범주화하는 과정이다. • 개념을 밝히고 속성과 차원을 자료 내에서 발견해 나가는 분석과정이다. • 범주화란 똑같은 현상에 속하는 개념들을 Grouping하는 과정이다. • 범주를 만들 때는 그 속성에 의해서 만들게 되며 속성은 일정하게 차원화된다. 즉, 속성은 범주의 특성이고, 차원은 연속선상에서 속성의 위치를 나타낸다.
축 코딩	• 범주를 하위 범주와 연결시키는 과정이다. • 코딩이 한 범주의 축을 중심으로 생성되면 속성과 차원 수준에서 범주들을 연결하는 작업이다. • 범주들은 인과적 조건, 현상, 맥락, 중재적 조건, 작용·상호작용 전략, 결과를 나타내는 범주에 따라 연결된다. • 현상은 어떤 작용·상호작용에 따라 조절되거나 관계를 맺는 중심 생각이나 사건들이다. • 인과적 조건은 어떤 현상에 영향을 미치는 사건을 의미한다. • 맥락은 어떤 현상이 일어나는 일련의 속성들의 구체적인 나열이다. • 중재적 조건은 특정 맥락에서 일어나는 작용·상호작용 전략을 촉진하거나 억제하기 위해 작용하는 조건이다. • 작용·상호작용 전략은 현상을 조절하고 수행하는 데 사용하는 전략이고, 연속적이며 과정적이다. • 결과는 작용·상호작용 전략에 따른 결과를 말한다. • 축 코딩을 하는 동안에 연역적으로 제안된 모든 가설적 관계는 계속 나오는 자료를 반복적으로 대조하면서 검증될 때까지 임시적으로 생각해야 한다.
선택 코딩	• 패러다임 모형을 구축한다. • 마지막 과정으로 이론을 통합 및 정교화하는 과정이다. • 이론의 통합을 돕는 기법으로 메모와 도표가 사용된다.

(3) 합의적 질적 연구론(CQR) 2020년, 2015년 기출 ★

① Hill, Thomson, Williamson(1977)이 일반적 질적 연구방법과는 차별화된 상담에 초점을 맞춘 합의적 질적 연구를 개발하였다.
② 다양한 연구자를 참여시켜 자료를 분석하는 과정에서 양적 연구과정의 엄격함을 도입하여 체계적인 분석과 구성원의 합의를 강조하였다. 예를 들면, 수집된 자료를 바탕으로 중심 주제를 추출하는 과정에서 사례 안에서(Within case analysis) 발견된 주제를 추출한 후 사례 간 주제들을 추출하는(Cross case analysis) 이중 분석과정을 거쳐 최종 결정에서 연구자 간 합의를 유도함으로써 질적 연구의 유연성과 양적 연구의 엄격함을 동시에 충족시키는 연구모델이라는 평가를 받는다.
③ 반구조화된 자료수집방법(개방형 질문)을 이용한다.

④ 면접 자료를 중심으로 연구자간 경험을 범주화하는 귀납적 연구방법론이다.
⑤ 자료의 의미를 결정할 때 합의를 통해 진행한다.
⑥ 합의를 통해 자료의 의미를 영역, 중심개념, 교차분석의 절차로 판단한다.
⑦ 질적 연구의 타당성을 확보하는 방법으로 삼각검증(자료수집의 다양화), 참여자 선정 시 엄격한 기준 제시, 다수 평정자의 사용, 참여자 확인(도출된 결과를 참여자에게 확인시킬 것), 양적 자료의 활용 등이 있다.
⑧ 코딩

영역코딩	· 유사한 내용을 묶어 영역을 만드는 과정이다. · 연구자를 포함한 평정자들이 원자료를 바탕으로 각자 영역을 분류한 뒤 함께 모아서 일치, 불일치를 합의하는 과정을 거친다. · 초기 영역은 자료를 부호화하는 과정에서 재정의되거나 삭제되기도 한다.
중심개념 코딩	· 연구 참여자들의 단어를 간결하고 명료하게 편집하는 과정이다. · 대명사는 일관성을 위해 변경하고, 반복은 삭제하며 망설임과 비언어적 측면은 발화의 내용을 중심으로 추출해야 한다. · 중심개념 코딩을 위해 참여자의 언어로 표현하는 것이 중요하고, 이때 해석적 분석은 하지 않도록 주의한다.
교차분석	· 영역에 대한 중심개념을 범주화하는 과정이다. · 자료를 더 높은 추상화 수준으로 옮겨가는 것이다. · 자료 특성을 나타내는 빈도를 표시한다. · 각 영역에서 유사한 중심개념을 포함하고 있는지 확인하고, 범주를 최종적으로 확정한 후 각 사례에서 등장하는 빈도를 표시한다. · 대부분의 사례에서 나타나는 경우를 '일반적'으로, 과반수 이상의 사례에서 나타나는 경우를 '전형적'으로, 과반수 이하 사례에서 나타나는 경우를 '변동적'으로 표시한다.

(4) 현상학적 연구

① 의의 : 현상학적 연구는 개인의 있는 그대로의 경험을 서술하고, 경험에 대한 해석을 통해 의미와 구조, 현상의 본질을 규명하려는 시도이다.
② 주요 개념

현상	선입견이나 편견이 없는 경험으로 의식에 의한 경험의 대상이 의식 앞에 나타나는 구체적인 모습이다.
생활세계	연구자에 의해 설명이나 판단이 일어나기 이전의 세계, 즉 학문적 규정 이전에 존재하는 있는 그대로의 세계를 의미한다.
판단중지	사람들은 흔히 자신의 가치관에 근거하여 세계를 판단하고 규정하는 버릇을 가지는데, 이런 판단을 유보하고 가치중립적인 태도나 자연적 태도를 유지하는 것으로 현상의 본질을 보기 위해 기존 의식이나 무의식에 내재되어 있는 모든 가치판단을 잠시 중지하는 것을 의미한다.
괄호치기	판단 중지와 유사한 개념으로 현상에 대한 사전 지식, 추측, 가정 등을 배제하는 것이다.
존재론적 환원 (본질적 환원)	판단중지와 괄호치기를 통해 현상의 본질에 집중하는 것이다.

③ 연구 절차

연구의 초점화	• 연구자가 관심 있는 현상을 파악하는 등 주로 사람의 경험이어야 한다. • 어떤 체험이나 현상의 본질을 규명할 수 있는 것으로 현상학적 질문을 통해 연구문제를 구체화하고 문헌 고찰을 통해 연구주제에 대한 선행 연구가 존재하는지, 자신의 연구는 기존 연구와 어떻게 차별화할 것인지를 논의한다. • 연구자는 자신의 가치판단 체계를 중지하고 현상에 대해 자신이 가진 선입견, 선수 지식, 가정 등을 배제하는 작업이 필요하다.
자료수집 및 분석	• 경험과 현상의 본질을 기술하기 위해 심층 인터뷰나 참여관찰 등의 방법을 활용하여 자료를 수집한다. • 수집된 자료를 바탕으로 연구 참여자 체험의 구조적, 주제적 측면에 대해 반성적으로 분석한다.
결과 보고	• 생각, 고찰, 인식 등의 반복된 과정을 통해 탐구하고자 했던 경험과 현상에 대해 정리하는 것이다. • 글쓰기 과정을 통해 인간 경험에 대해 더 깊이 이해하도록 하고, 당연히 여겨지던 현상들을 보다 풍부한 의미를 가지고 드러내도록 한다.

④ 자료수집 및 분석방법

자료 수집 방법	연구 대상자 선정	적절성	탐구하고자 하는 연구주제에 대해 가장 좋은 정보를 제공할 수 있는 적절한 참여자를 선택한다.
		충분성	탐구하고자 하는 현상에 대해 충분하고 풍부하게 설명하기 위해 자료가 포화상태에 도달하도록 자료를 수집해야 한다.
	자료 수집		• 연구 참가자들로부터 경험과 현상에 대한 풍부한 진술을 얻기 위해 연구자의 면담 기법도 중요하다. • 심층 인터뷰 및 참여관찰을 통한 자료 수집이 주로 이용되는데 인터뷰 후에 인터뷰 내용뿐 아니라 연구 참가자의 비언어적 표현과 특징, 연구자에게 떠오르는 생각이나 질문사항 등 현장기록 노트를 확보하는 것이 중요하다. • 수집되는 자료 간 괄호치기를 반드시 사용한다.
분석 방법			• 연구자는 연구 참가자 인터뷰 녹취 자료를 반복 청취하여 원 자료의 내용과 비교하면서 불명확한 연구 참가자에게 확인하여 인터뷰 내용의 정확성을 확보한다. • 인터뷰 내용이나 수집된 전체 자료 속에서 연구 참가자 경험의 본질을 나타내는 내용을 추출·분리한다. • 연구 참가자의 반응이나 느낌에 초점을 맞추어 본질적 주제를 분리시키고 체험의 의미를 함축하는 용어로 변경한다. • 분석된 주제들이 연구자의 경험, 현상학적 문헌, 기타 자료들과 어떻게 관련되는지를 비교·검토하여 종합적으로 현상을 기록한다.

⑤ 평가기준

사실적 가치	얼마나 실재를 정확하게 반응하였는지를 평가한다. 연구 참가자에게 자신의 연구 면접 내용과 분석기록을 보여주고 연구 참가자의 경험과 일치하는지 검토한다.
적용성	양적 연구의 외적타당도와 유사한 개념으로 연구결과의 일반화 가능성을 보는 것이다.
일관성	양적 연구에서 신뢰도를 의미하는 것으로 비슷한 연구 참가자와 비슷한 설정에서 연구를 반복했을 때 연구결과가 같게 나올지를 평가하는 것이다.
중립성	편견이 배제되는 것으로 중립성을 확보하기 위해 사실적 가치의 적용, 일관성이 확보되어야 한다.

(5) 질적 연구의 진실성 2018년 기출 ★

① 양적 연구에서의 신뢰도와 타당도에 해당하는 것으로 질적 연구에서는 진실성(Trustworthiness)이라는 용어를 점차 많이 쓰고 있다.

② 질적 연구의 진실성을 만족시키는 요건에는 '전이가능성, 안정성, 확증가능성, 신뢰성' 등이 있다.

Section 04 측정과 척도

> **학습목표**
> 심리검사의 근간인 측정의 정의와 척도의 종류, 신뢰도와 타당도 등을 이해한다.

1 측정

(1) 측정 개념
① 이론을 구성하는 개념이나 변수를 관찰 가능한 자료와 연결시키는 것이다.
② 특정 분석 단위에 대해 질적이나 양적으로 값을 결정하는 과정이다.

(2) 측정 수준
① 명목수준 측정
   ㉠ 어떤 특징에 대해 이름을 부여하는 것이다.
   ㉡ 성, 인종, 종교적 선호, 정당적 선호 등으로 구분할 수 있다. 예를 들어, 종교적 선호에 따라 분석 단위를 기독교, 불교, 이슬람교, 유대교 등으로 구분하여 명칭을 부여할 수 있다.
   ㉢ 명목 수준의 측정에는 '완전성'을 유지해야 하는데 완전성이란 질문에 대한 범주가 충분히 많아서 하나도 빠짐없이 할당되어야 함을 의미한다. 또한, '상호 배타성'을 유지해야 하는데 이는 개인이나 사물 같은 분석 단위가 하나 이상에 배치되지 않도록 주의하는 것을 의미한다.

② 서열수준 측정
   ㉠ 측정대상을 일정한 범주, 즉 상대적인 순서, 서열상의 관계를 나타내는 것이다.
   ㉡ 명목수준 측정으로 가능한 사물에 대해서도 변경을 통해 서열수준 측정이 가능해진다. 예를 들어, 키에서 145cm, 157cm, 163m 등은 단순히 명목수준의 측정이지만 키를 '가장 큰 순서부터 작은'의 순서로 재배치한다면 서열 수준 측정이 될 수 있다.
   ㉢ 서열 수준의 측정은 순서나 서열을 부여하지만 이 숫자들이 거리나 간격을 의미하지는 않는다. 또, 서열수준 측정은 명목수준 측정 조건인 완전성과 상호배타성 외에도 이행성과 비대칭성을 충족해야 한다.
   ㉣ 서열척도로 개발된 척도로는 보가더스(Bogardus)의 사회적 거리척도, 모레노(Moreno)의 소시오메트리, 리커트(Likert)의 리커트척도, 거트만(Guttman)의 거트만 척도 등이 있다.

③ 등간수준 측정
   ㉠ 측정 대상을 특징 및 속성에 따라 서열화할 뿐 아니라 서열 간 간격이 일정하도록 수치를 부여하는 것이다.

Section 04 측정과 척도

ⓒ 등간수준 척도는 덧셈(+), 뺄셈(−)과 같은 수학적 조작을 가능하게 하는 양적 자료이다. 그러나 곱셈(×), 나눗셈(÷)은 가능하지 않다.
ⓒ 등간수준 측정은 명목수준 측정과 서열수준 측정의 조건인 완전성, 상호배타성, 이행성, 비대칭성 외에도 부가성(덧셈, 뺄셈이 가능한 것)을 특징으로 한다.

④ 비례수준 측정
  ⊙ 측정대상의 속성에 '0(절대영점)'을 가진 척도로 수치를 부여하는 것이다. 뿐만 아니라 명목수준의 특징(명명), 서열수준의 특징(순서 가능), 등간수준의 특징(거리 측정)을 모두 포함한다.
  ⓒ 측정 유형은 교육수준, 소득수준, 백분율 이외에도 연령, 가족구성원의 수 등이다.
  ⓒ 비례수준 측정은 가감승제 등 모든 수학적 조작이 가능한 양적 자료이다.

(3) 측정의 타당도 및 신뢰도 2016년 기출 ★

① 측정의 타당도와 신뢰도에 영향을 미치는 요인
  ⊙ 측정에서 검사 도구와 그 내용에서 문화적 요인이라든지 개방형 질문이나 폐쇄형 질문 등을 통해 신뢰도와 타당도에 영향을 줄 수 있다.
  ⓒ 측정 방법이 면접인지 설문지인지, 측정 문항이 간접적 표현인지 직접적 표현인지 등 환경적 요인이 신뢰도와 타당도에 영향을 줄 수 있다.
  ⓒ 응답자의 사회·경제적 지위, 연령, 성별, 성숙도, 기억력 등이 신뢰도와 타당도에 영향을 줄 수 있다.
  ⓔ 코딩이 얼마나 객관적인지, 습득 점수를 해석하는 데 있어서 검사자의 해석 등이 신뢰도와 타당도에 영향을 줄 수 있다.

② 측정의 타당도 2018년, 2017년, 2016년, 2014년, 2013년 기출 ★

내용타당도 (논리타당도)	의의	• 측정도구가 보여주려고 하는 행동과 내용이 얼마나 잘 반영되는지를 의미한다. • 검사자가 만든 도구가 조사하고자 하는 대상의 속성을 얼마나 잘 대표하는지, 측정의 과정이 논리적인지를 보여준다.
	종류	• 척도의 논리성을 2가지로 구분한다. • 내용타당도 : 검사를 구성하는 문항들이 실제 측정하고자 하는 전 영역을 얼마나 잘 반영하는가를 전문가들이 동의할 때 확보된다. • 안면타당도 : 검사문항이 전문가가 아닌 일반인이 읽고 그 검사가 얼마나 타당해 보이는지 평가하는 낮은 수준의 타당도이다.
	특징	• 적용과 시간절약 면에서 경제적이다. • 전문가의 주관적인 편견이나 오류 가능성을 포함한다. • 객관적 검정력은 낮으나 타당도 측정에서 가장 일반적으로 이용되는 도구이다.
기준타당도 (준거타당도)	의의	검사자의 측정도구가 이미 타당도가 입증된 측정도구의 측정값과 비교해서 얼마나 관련성이 높은지를 보는 것이다.

기준타당도 (준거타당도)	종류	• 기준이 되는 변수가 미래 시점인 경우와 현재 시점인 경우로 구분된다. • 예언타당도 : 어떤 행위가 일어날 것이라고 예측한 것과 실제로 대상자나 집단이 나타낸 행위 간 관계를 측정한 것으로 신입사원을 위한 Aptitude test 등이 이에 속한다. 이 점수가 높을 때 신입사원이 근태라던가 일을 잘 할 것이라고 예측한다. • 일치 혹은 공인타당도 : 새롭게 제작된 검사가 기존에 이미 타당도를 보장받고 있는 검사와 얼마나 유사한지를 측정함으로 타당도를 검증하는 방법이다. 새롭게 지능을 측정하는 도구를 개발했다면 기존에 있던 웩슬러 검사와 공인타당도를 검증하는 것이다.
	특징	• 내용타당도에 비해 객관적이다. • 비교할 기준이 필요하기 때문에 비교기준이 있는지 확인해야 한다. • 그 비교 기준이 타당한 것인가를 검증하는 데 추가 비용이 발생한다.
개념타당도 (구성타당도) 2021년 기출 ★	의의	연구자가 측정하고자 하는 개념이 자신이 만들려는 측정도구에 의해 제대로 측정되었는가를 검정하는 것이다.
	종류	• 이해타당도 : 특정 개념에 대해 이론적 구성을 토대로 체계적이고 논리적으로 이해하고 있는가를 보여주는 타당도이다. • 수렴타당도 : 동일한 개념을 측정하기 위해 서로 다른 측정방법을 사용하여 측정으로 얻은 측정치 간 높은 상관이 존재한다는 것을 보여준다. • 판별타당도 : 서로 다른 개념을 측정했을 때 측정문항 간 상관관계가 낮아야 구분이 뚜렷해짐을 의미한다.
	특징	측정하고자 하는 개념이 지나치게 추상적일 때 개념타당도를 확보하기 어렵다.
교차타당도	의의	• 동일한 모집단에서 표집된 두 독립 표본에서 예언변수와 기준변수의 관계가 얼마나 일관적인지를 의미한다. • 예를 들어, 6백 명의 모집단 샘플을 수집한 경우, 6백 명 전체를 분석하고, 2개 집단, 즉 3백 명씩 2개로 임의로 나누어 분석했을 때 세 집단의 자료가 일치한다면 교차타당도가 높다고 할 수 있다.
	특징	• 한 타당도의 결과 신뢰도를 검증하는 것이다. • 이 과정을 통해 우연한 변산 오차 크기를 추정하여 타당도 자료에 필요한 수정이 가능하다.

③ 측정의 신뢰도 2018년, 2017년, 2015년, 2014년 기출 ★

검사- 재검사 신뢰도	특징	• 동일한 실험참가자에게 서로 다른 시기에 동일한 측정도구로 두 번 실시한 검사 점수를 비교하여 상관을 검토한 점수이다. • 검사 점수가 시간이 지남에 따라 변화했는지, 변화하지 않았는지 측정하는 것이다.
	문제점	이월효과(검사 간격이 짧을 때 나타날 수 있음), 성숙/역사 요인
동형검사 신뢰도	특징	한 검사의 내용과 난이도는 동일하나 문항이 다른 검사를 제작하여 두 검사에서 얻은 점수의 상관을 산출하는 방식이다.
	문제점	• 동일한 내용의 표집, 형식, 문항, 난이도 등 제작에 어려움이 있다. • 비경제적이다.
내적 일관성 신뢰도	반분 신뢰도	• 해당 검사를 문항수가 같도록 반씩 나누어 참가자별로 두 개의 점수를 구해 내용표집의 일관성을 측정한다. • 검사-재검사의 문제점을 보완한다(시간 간격에 의한 외생변수 배제, 주시험 효과 배제 등). • 완전히 반으로 나누는 것이 어렵고 문항이 적을 경우 사용이 불가능하다.
	문항내적 일관성 신뢰도	• 문항 각각 하나의 검사로 간주하고, 문항 간 일치도를 측정한다. • Cronbach α : 신뢰도가 낮을 때 신뢰도를 저해하는 문항을 찾을 수 있는 문항 측정 방법으로 계수는 0~1사이에 존재하며 .7 이상이 바람직하고 .8~.9가 높은 신뢰도를 보여준다. 2021년 기출 ★

Section 04 측정과 척도

카파계수	· 검사점수 평정자 간의 일치도를 추정하기 위해 사용된다. · 평정자 간 일치도가 과대추정되는 일치도 통계 문제점을 해결하기 위해 Cohen(1960)이 우연에 의해 일치된 부분을 통제하고 순수하게 평정이 일치한 두 평정자 간 일치도를 계산하기 위해 제안한 계수이다. · 0~1.0 이하의 값을 가진다. · 우연에 의한 평정자 일치확률을 제거했으므로 다른 일치도 계수보다 항상 작은 값을 가진다.

④ **타당도와 신뢰도의 관계** 2014년 기출 ★

㉠ 신뢰도가 높다고 해서 반드시 타당도가 높은 것은 아니다.

㉡ 타당도가 낮다고 해서 신뢰도가 낮은 것은 아니다.

㉢ 타당도가 없어도 신뢰도가 있을 수 있지만, 타당도가 있다면 반드시 신뢰도는 있다.

㉣ **신뢰도를 높이는 방법** 2017년, 2016년 기출 ★

ⓐ 측정 항목 수를 많이 배치하거나 동일한 질문을 2회 이상 배치

ⓑ 동질적인 문항

ⓒ 실험참가자들의 검사에 대한 높은 흥미와 동기

ⓓ 신뢰성이 인정된 기존의 측정도구 사용

ⓔ 변별도가 높은 문항 선택

ⓕ 문항 난이도가 적절하게 배치

ⓖ 충분한 검사시간

⑤ **측정 오류** 2016년 기출 ★

㉠ 체계적 오류

ⓐ 변수에 일정하게, 체계적으로 영향을 주어 측정결과가 항상 일정한 방향으로 편향되는 오류를 의미한다.

선행효과 오류	고학력일수록 응답 문항 가운데 앞쪽에 있는 답을 선택하는 경향으로 인한 오류이다.
후행효과 오류	저학력일수록 응답 문항 가운데 뒤쪽에 있는 답을 선택하는 경향으로 인한 오류이다.
중앙집중 경향 오류	무성의한 응답자일수록 중립적인 답(중간에 있는)을 선택하는 경향으로 인한 오류이다.

ⓑ 체계적 오류 원인을 파악함으로써 체계적인 제거가 가능하다.

㉡ 비체계적 오류

ⓐ 측정 대상, 측정 과정, 측정 수단, 측정자 등에 일관성 없이 영향을 미침으로 발생되는 오류를 의미한다.

측정자에 의한 오류	측정자의 건강상태나 주관적인 감정 상태에 의해 측정결과에 영향을 미치는 오류
측정대상자로 인한 오류	응답자의 피로감, 긴장상태에 의해 측정결과에 영향을 미치는 오류
측정상황으로 인한 오류	측정시간이나 장소, 분위기에서 나오는 오류
측정도구로 인한 오류	측정도구에 대한 적응 및 사전 교육에서 시작된 오류

ⓑ 비일관적이라 통제하기 어렵다.

2 척도

(1) 개요
① 척도는 측정을 하기 위한 도구로 측정하고자 하는 대상에 수치나 기호를 부여하는 것이다.
② 척도의 가장 중요한 요소는 규칙성으로 얼마나 규칙적으로 부여할 것인지에 관한 기준을 제시하는 것이다.
③ 척도의 조건은 계산과 이해가 쉬워야 한다는 단순성, 척도가 유용해야 한다는 유용성, 상황을 달리 해서 측정해도 똑같은 결과가 나오는 신뢰성, 측정하고자 하는 것을 정확하게 측정하는 타당성이 확보되어야 한다.
④ 척도 개발 순서 2018년 기출 ★

척도 사용목적 수립 → 개념 정의 → 문항 개발 → 문항 검토 → 예비검사 → 문항 수정 → 척도 확정

(2) 유형 2021년, 2020년, 2018년, 2014년 기출 ★

명목척도 (=명명척도)		• 단순 분류 목적 • 낮은 수준의 측정 • 성, 인종, 종교, 결혼 여부, 직업 등
서열척도		• 서열, 순서를 매길 수 있는 수치 • 서열 간 간격이 동일하지 않을 수도 있음
	보가더스 사회적 거리척도	• 소수민족, 사회 계급 등에 대한 사회적 거리감 측정 • 사회적 거리의 원근 순위만 표시
	리커트 척도	• '총화평정 척도' • 여러 개의 문항을 하나의 척도로 사용 • 사회과학에서 일반적으로 사용
	거트만 척도	• '척도도식법' • 단일차원적이고 예측성이 있다. • 서열적으로 척도화 할 수 있다. • 경험적 관측을 토대로 척도가 구성되어 이론적으로 우월하나 두 개 이상의 변수를 측정하는 다차원적 척도로 사용하기는 거의 불가능하다.
등간척도		• 서열을 정하고 분류된 범주 간 간격 측정 가능 예 지능, 온도, 시험 점수 등
	써스톤 척도	• 등간-비율척도 • 가장 긍정적인 태도와 가장 부정적인 태도를 나타내는 양 극단을 등간적으로 구분하여 수치 부여한다. • 중요성이 있는 항목에 가중치 부여한다.
	요인척도	• 등간-비율척도 • 변수 간 존재하는 상호관계의 유형을 밝혀서 결국 가장 적은 수의 변수들로 축소하기 위한 방법이다.
비율척도		• 서열, 등간, 절대영점을 가진 척도이다. • '몇 배 크다, 작다'를 정하는 것이 가능하고 가감 연산이 가능하다. • 연령, 무게, 키 등에 해당한다.
기 타		• 소시오메트리 : 집단 내 선택, 커뮤니케이션, 상호작용 패턴에 관한 자료를 분석 • 의미분화척도 : 어떤 대상이 개인에게 주는 주관적인 의미를 측정 • Q 분류척도 : 특정 자극에 대한 비슷한 태도를 가진 사람이나 대상을 분류

Section 05 기술통계

학습목표
통계의 개념과 종류, 변수에 대한 이해를 습득하고 기초적인 통계량, 집중경향, 분산도, 표준편차와 정상분포 등에 대해 이해한다.

1 통계

(1) 통계의 정의
이론을 도출하거나 지지하거나 거부, 수정하기 위해 수집된 자료를 바탕으로 가설을 검증하는 것이다.

(2) 통계의 종류
① **기술통계** : 조사 대상 전체가 연구대상이고 얻어진 자료를 요약·정리하며 단순화시키는 작업, 즉 평균, 분산, 표준편차, 상관계수 등이 포함된다.

② **추론통계**
  ㉠ 수집된 자료를 바탕으로 추출한 모집단의 현상이나 사실을 추정·예견하고 일반화하는 것으로 모집단, 표본, 표본의 크기, 모수, 통계량 등이 포함된다.
   ⓐ 모집단과 표본 : 통계적 관찰의 대상이 되는 집단 전체인데 집단 전체를 조사하는 것이 여러 가지 이유로 어려운 경우 전체에서 일부를 추출하여 조사함으로써 전체의 성질을 추정하는 방법을 취한다. 이때, 원래 집단 전체를 모집단이라 하고, 추출된 일부를 표본이라고 한다.
   ⓑ 모수 : 모집단의 특성을 수치로 나타내는 것으로 영문 대문자로 표시한다.
   ⓒ 통계량 : 표본의 특성을 수치로 나타내는 것으로 영문 소문자로 표시한다.
  ㉡ **모수적 통계** : 정상분포를 가정하는 통계값으로 t검정, 분산분석, 상관분석, 회귀분석 등이 있고 통계에서 다루는 대부분의 검정을 의미한다.
  ㉢ **비모수적 통계** : 정상분포를 가정하지 않는 통계값으로 x^2(카이) 검정, 무작위 검정 등이 있다. 2018년 기출 ★
   ⓐ Friedman 검정 : 세 집단 이상의 대응표본을 비교하는 방법이다.
   ⓑ Mann-Whitney U 검정 : 두 집단의 분포가 동일한지 조사하는 방법이다.
   ⓒ Wilcoxon 검정 : 서로 짝을 이룬 두 표본의 값 차이를 이용하여 두 표본의 분포 차이를 검정하는 방법이다.
   ⓓ Kruskal-Wallis 검정 : 셋 이상의 집단에 정규성을 만족하지 않는 집단이 포함되어 있어서 분산분석을 사용할 수 없는 경우에 사용하는 검정법이다.

③ 차이점
  ㉠ 연구결과의 일반화에 있다.
  ㉡ 연구결과를 일반화하기 위해서는 일반화시킬 수 있는 모집단이 있어야 하기 때문에 추론통계에선 표집방법이 고려되어야 한다.

2 변수

(1) 의의 : 두 가지 또는 그 이상의 값으로 경험적으로 분류할 수 있는 개념으로 연구대상의 경험적 속성인 동시에 그 속성에 수치를 부여할 수 있는 개념이다.

(2) 인과관계에 의한 변수 구분 2018년 기출 ★

① **독립변수** : 영향을 주는 변수로 연구자가 조작·통제하는 변수이다. 실험참가자에게 할당된 처치조건을 의미한다.
② **종속변수** : 영향을 받는 변수. 처치 효과를 평가하기 위해 관찰되는 변수이다.
③ **매개변수** : 독립변수 이외에 종속변수에 영향을 주는 변수로 연구에서 통제되어야 할 변수이다.
④ **외생변수** : 두 개 변수 간 상관관계가 있는 것처럼 보이지만 실제로는 가식적인 관계에 불과한 경우, 이 가식적 관계를 만드는 제3의 변수이다.
⑤ **왜곡변수** : 두 개 변수 간 관계를 정반대 관계로 나타나게 하는 제3의 변수이다.
⑥ **억압변수** : 독립변수와 종속변수 간 사실적 관계를 약화시키거나 소멸시키는 변수이다.
⑦ **통제변수** : 두 개 변수 간 관계를 파악하기 위해 그 관계에 영향을 미칠 수 있는 제3의 변수를 통제하는 변수이다. 외생변수, 매개변수, 억제변수 등이 설계에서 통제된다면 통제변수가 되는 것이다.

> **Plus Study** ● **천장효과와 바닥효과**
>
> 독립변수가 신뢰롭다 하더라도 종속변수의 결함 때문에 자주 무위결과(Null Result)가 나올 수 있다. 가장 흔한 원인은 종속변수가 제한된 한정된 범위에 있는 경우인데 이 경우 종속변수가 척도의 맨 위나 맨 아래에서 옴짝달싹 못하기도 한다.
> • 천장효과 : 수행이 척도의 상한에 있는 경우
>   예 문제가 너무 쉬워 학급 내 학생의 거의 모두가 문제를 맞힌 영어시험의 경우
> • 바닥효과 : 수행이 척도의 하한에 있는 경우
>   예 문제가 너무 어려워서 학급에 있는 거의 모든 학생이 어떤 문제도 풀지 못한 수학 시험의 경우

(3) 특성에 의한 변수 구분

양적 변수	질적 변수
• 양의 크기를 나타내기 위해 값으로 표시되는 변수이다. • 연속변수 : 체중, 키, 나이 등 • 비연속변수 : 자동차 대수, IQ 점수, 휴가 일수 등	• 분류를 위해 수량으로 표시되는 변수이다. • 서열변수 : 학력 등 • 비서열변수 : 성별, 인종 등

(4) 범주변수

① 척도가 범주로 구성되어 있는 변수로 개인의 인식이나 만족도 등을 묻는 질문으로 단계적 순서에 의해 정도를 측정한다.

② '매우 만족, 만족, 보통, 불만, 매우 불만'이라든가, '전혀 그렇지 않다, 그렇지 않다' 등과 같이 어떤 느낌이나 정도를 묻는 Likert 척도가 있다.

(5) 상수 : 변수와 반대개념으로 변하는 않는 수, 즉 남성은 m으로 여성은 f로 나타내는 식이다.

3 자료 분류와 요약

(1) 빈도분석

① 목적
  ㉠ 도수분포표 작성 및 데이터 입력 오류를 발견하는 데 사용된다.
  ㉡ 빈도분석은 입력된 데이터들이 도수분포표 상에서 어떤 분포 특성을 가지고 있는지 파악하는 데 사용된다.

② 도수분포표 : 수집된 자료를 적절한 계급으로 나누어 묶어 정리한 표이다.
  ㉠ 계급의 수 : 자료의 성질, 연구 목적에 따라 10~20개 범위 내에서 결정한다.
  ㉡ 급간 : 묶은 자료에서 전체를 구성하고 있는 각 점수와 점수 사이의 간격을 말한다.
  ㉢ 정확한계와 표현한계 : 65~69라는 급간에서 표현하한계는 65, 표현상한계는 69, 정확하한계는 64.5, 정확상한계는 69.5이다.
  ㉣ 도표로는 막대그래프, 꺾은선 그래프, 도수곡선, 히스토그램, 누적도수분포도 등이 있다.

(2) 주요 개념

① 집중경향(중심경향)
  ㉠ 평균(M ; Mean)
    ⓐ 묶지 않은 자료 : 원자료를 그대로 가진 경우 모든 사례수의 값을 더해 총사례수로 나눈 값이다.
    ⓑ 묶은 자료 : 원자료가 아닌 급간에 나누어진 자료로 묶은 자료로 평균을 계산할 때는 각 급간의 중앙치와 해당 급간의 빈도를 곱한 후 그 값을 더하여 총사례수로 나눈 값이다.
  ㉡ 중앙치(Mdn ; Median)
    ⓐ 자료를 순서대로 오름차순이나 내림차순으로 재배열한 후 한가운데 속하는 값이 중앙치가 된다.

ⓑ 중앙치 값 구하기
- 사례수가 홀수인 경우에는 나열된 점수 중에서 가장 가운데 값이다.
- 사례수가 짝수인 경우에는 가운데 두 값을 더해서 2로 나눈 값이다.

ⓒ 최빈치(Mo ; Mode)
  ⓐ 점수 중 가장 자주 나타나는 값, 빈도가 가장 높은 점수이다.
  ⓑ 명명, 서열, 등간, 비율 척도 모두에 사용될 수 있는 집중경향치이다.

ⓓ 평균, 중앙치, 최빈치의 관계성
  ⓐ 정상분포 : 수집된 점수들이 정상분포를 그릴 때, 평균, 중앙치, 최빈치의 값은 동일하다.
  ⓑ 부적편포 : 분포가 부적으로 편포되었을 때, 최빈치, 중앙치, 평균의 순서로 높은 값을 갖는다(최빈치〉중앙치〉평균).
  ⓒ 정적편포 : 분포가 정적으로 편포되었을 때는 평균, 중앙치, 최빈치의 순서로 높은 값을 갖는다(평균〉중앙치〉최빈치).

② 분산도(산포도)
  ㉠ 범위
    ⓐ 점수의 퍼진 정도를 간단하게 알아보는 방법으로 점수 간격이 넓게 퍼져 있으면 범위는 커지고, 점수가 좁게 있으면 범위는 작아진다.
    ⓑ 범위를 구하는 공식 : R=최댓값 − 최솟값
    ⓒ 연속적 변수의 경우 자료의 최고점수와 최하점수의 차이를 계산하고 1을 더한다. 1을 더하는 이유는 최고점수의 정확상한계, 최하점수의 정확하한계를 사용하기 위함이다.
    ⓓ 문제점 : 분포의 양 극단값에 의해 범위를 구하므로 그 외 다른 점수는 무시하게 된다.
  ㉡ 평균편차(AD ; Average Deviation)
    ⓐ 편차는 각 점수에서 평균을 뺀 값이다.
    ⓑ 편차를 구하는 목적은 각 점수가 평균으로부터 얼마나 떨어져 있는지를 찾는 것으로 각 점수를 평균으로 빼서 알아볼 수 있다.
    ⓒ 편차의 절댓값이 작으면 점수들이 평균으로부터 가까이 있으며 반대로 편차의 절댓값이 크면 점수들이 평균으로부터 멀리 떨어져 있다는 것을 의미한다.
    ⓓ 평균편차는 각각의 편차점수를 모두 합한 값을 전체 사례수로 나눈 값이다.
  ㉢ 표준편차(SD ; Standard Deviation)
    ⓐ 표준편차는 모집단으로부터 추출된 표본들이 표본의 평균을 중심으로 얼마나 퍼져 있는지를 보여주는 지표이다.
    ⓑ 표준편차는 분산의 양의 제곱근이다. 분산은 편차들을 제곱하여 그 합을 총 사례수로 나누어서 구한다.

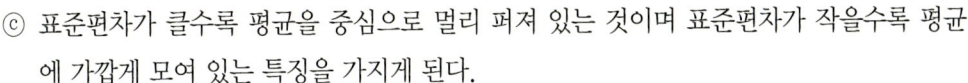

ⓒ 표준편차가 클수록 평균을 중심으로 멀리 퍼져 있는 것이며 표준편차가 작을수록 평균에 가깝게 모여 있는 특징을 가지게 된다.

ⓓ 분산도의 가장 신뢰되는 통계치이다.

ㄹ. **분산(Variance)**

ⓐ 평균을 중심으로 자료의 값이 얼마나 흩어져 있는가를 나타낸다.

ⓑ 변량은 편차를 제곱한 후 그 수를 모두 더하여 전체 사례수로 나눈 값이다.

ㅁ. **사분편차(Quartile Deviation)**

ⓐ 점수분포의 중앙부에서 50%를 반으로 나눈 것으로 상하위 25% 위치에 해당하는 점수의 범위이다. 자료들이 얼마나 중간 부분에 있는지 보여주는 퍼짐의 정도이다.

ⓑ 공식

$$사분편차(Q) = \frac{Q_3 - Q_1}{2}$$

ⓒ 사분편차의 장단점
- 분포 중앙의 50%에 집중하며 극단 점수에 의해 거의 영향을 받지 않는다.
- 개별점수 간 실제 간격을 계산하지 못하므로 점수들이 얼마나 흩어져 있는지, 모여 있는지에 대한 정확한 그림을 줄 수 없다.

③ **정규분포(Normal Distribution)**

㉠ 정규분포곡선

ⓐ 정규분포는 좌우대칭인 종 모양의 분포로 연속확률분포 중에서 가장 중요한 분포로 전체 사례 수(N)가 무한히 크다고 가정했을 때 얻을 수 있는 이론적인 분포이다.

ⓑ 정규분포곡선의 특징
- 정상분포 곡선은 평균에 대하여 대칭이다. 즉, 평균, 중앙치, 최빈치가 동일한 값을 갖는다.
- 정규분포곡선은 연속적이다.
- 중앙치에 사례수가 모여 있고 곡선의 양끝은 수평선에 접근하지만 만나지는 않는다.
- 최고 높이는 평균에서 수직인 선과 만나고 그것의 값은 .399이다.
- 정규분포곡선 내 전 영역은 1 또는 100%이다.
- 평균을 중심으로 좌우대칭이고, 정규분포곡선하의 전 영역의 반은 평균의 좌측에, 나머지 반은 평균의 우측에 놓는다.

㉡ **표준정규분포** : 평균이 0이고, 표준편차가 1인 정규분포로 Z 분포 또는 정상분포라고도 한다.
2017년 기출 ★

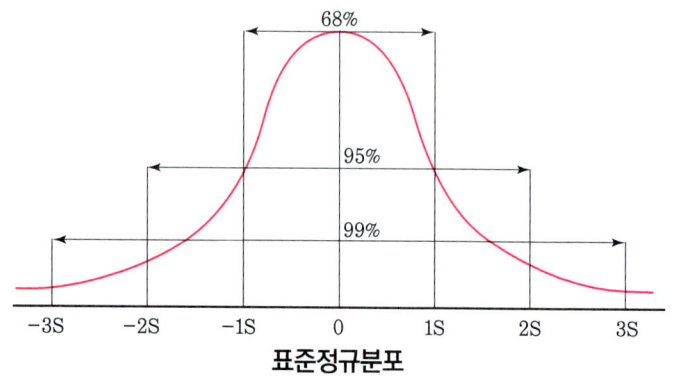

표준정규분포

㉢ 분포의 첨도, 왜도

ⓐ 첨도

- 변수의 분포가 정상분포 곡선으로부터 위쪽이나 아래쪽으로 치우친 정도를 보여주는 값이다.
- 분포의 형태에서 최정점의 뾰족한 정도를 나타낸다.
- 특징
  - 정규분포곡선 : 첨도 = 0(or 3)
  - 첨도 > 0(or 3)일 경우 정규분포보다 뾰족하다.
  - 첨도 < 0(or 3)일 경우 정규분포보다 무딘 모양이다.

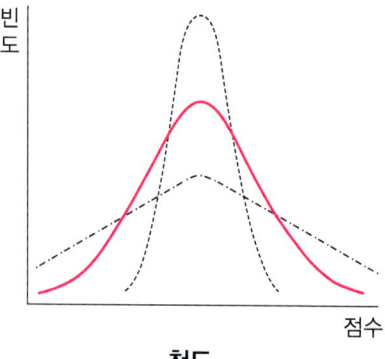

첨도

ⓑ 왜도

- 정적편포, 부적편포 변수의 분포가 정상분포곡선으로부터 오른쪽이나 왼쪽으로 치우친 정도를 보여주는 값이다.
- 특징
  - 정규분포 곡선 : 왜도 = 0
  - 좌측으로 기울어진 경우
    → 왜도 > 0
    → 평균 > 중앙값 > 최빈값
  - 우측으로 기울어진 경우
    → 왜도 < 0
    → 최빈값 > 중앙값 > 평균

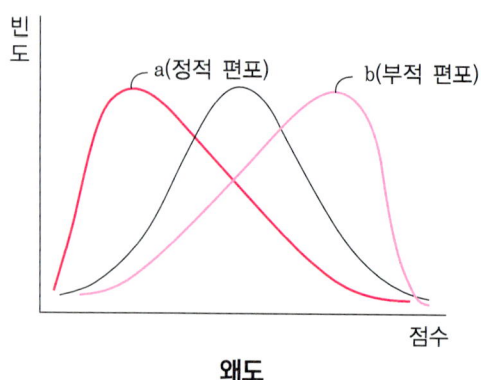

왜도

㉣ **종속변수의 정규성 검정** 2018년 기출 ★
  ⓐ 정규성은 통계치들이 정규분포를 따르는 모집단에서 추출되었는지를 검정하는 것이다.
  ⓑ Kolmogorov-Smirnov 검정, Sapiro-Wilks 검정, Kernel Density plot, Q-Q plot 등의 종류가 있다.
  ⓒ 첨도, 왜도 확인도 중요한 절차이다.
㉤ **표준점수**
  ⓐ Z점수
   • 어떤 측정치의 점수 분포에서 특정 점수를 표준점수로 변환시키기 위해 그 점수의 편차를 원래 점수 분포의 표준편차로 나눈 값이다.
   • 표준점수 Z는 평균이 0이고 표준편차가 1인 점수 분포를 이룬다.
   • Z 점수는 점수의 출발점과 그 단위를 같게 하여 기준점이 서로 다른 여러 집단의 점수를 상호비교하거나 통합할 때 사용할 수 있다.
   • Z 점수 산출 공식

$$Z = \frac{원점수(X) - 평균(M)}{표준편차(SD)}$$

  ⓑ T점수
   • 표준점수 중 하나로 마이너스값을 피하기 위해 평균은 50, 표준편차는 10으로 임의적으로 잡는다.
   • T점수 산출공식

$$T = 10 \times 표준점수(Z) + 50$$

  ⓒ 스테나인 점수
   • 스테나인(Stenine)이란 'Standard'와 'Nine'의 합성어로 9간 점수나 9단계 점수로 불린다.
   • 평균이 5이고, 표준편차가 2인 정상분포를 참조하여 1/2 표준편차 구간을 1점 구간으로 표현하여 9개 구간으로 척도화한 점수이다.
   • 장점 : 이해하기 쉽고 수리적 조작이 쉬우며 점수의 범위를 나타내므로 평균을 계산할 수 있어 미세한 점수 차의 영향을 적게 받는 편이다.
   • 단점 : 9개 점수만 사용함으로 상대적 위치를 정밀하게 나타내기는 어렵다.
   • Z점수나 T점수 분포는 원점수의 분포형태를 변화시키지 않지만 원점수를 스테나인 점수로 변환하면 원래 분포가 편포를 이룰 경우에도 정상분포로 바꾼다.

Section 06 추론통계

> **학습목표**
> 모집단과 표본, 표본추출과 표집방법, 가설검정과 유의수준, 가설검정 오류 등 통계에서 확실하게 이해해야 하는 추론통계를 습득한다.

1 추론통계 이해

(1) 모집단과 표본의 기본 개념

① **모집단** : 연구의 조사 대상이 되는 모든 집합을 뜻하고 구체적인 범위는 연구 목적에 따라 결정된다. 모집단이 불명확한 경우 범위를 명확하게 구분하는 것이 우선 중요하다.

② **표본**
  ㉠ 모집단의 특성을 구체적으로 알기 위해 모집단을 대표할 수 있는 소수 집단을 선발한 것이다.
  ㉡ 표본에서 얻은 평균과 표준편차로 표기하며 통계치나 추정치라 한다.
  ㉢ 표본의 크기가 작으면 표집에 따라 정규분포나 편포가 될 수 있다.

③ **표본의 대표성** : 모집단 전체에서 일부만을 대상으로 자료를 수집하는 경우 수집한 자료가 모집단의 특성을 일반화할 수 있을 만큼 충분히 대표할 수 있어야 한다.

④ **표집틀**
  ㉠ 표본이 추출되는 연구대상 모집단 전체의 실제적이고 구체적인 목록을 의미하며 표본은 추출되는 표집틀보다 더 정확할 수는 없다.
  ㉡ 조사 시작 시점에서 모집단이 결정되면 실제로 조사 가능한 표집틀을 탐색하고 이 표집틀이 모집단을 잘 대표하는가를 검토한 후 비로소 조사연구가 실행된다.

⑤ **표집** 2018년, 2017년, 2016년, 2014년 기출 ★
  ㉠ 표본을 구성하기 위해서 모집단에서 표본을 추출하는 것이다.
  ㉡ 표본은 모집단의 일부를 의미하는 말이고, 표집은 이 표본을 조사하기 위한 체계적인 방법으로 선정하는 절차를 의미한다.
  ㉢ 표집에서 가장 중요한 것은 표본이 모집단을 대표할 수 있는지, 즉 대표성이 가장 중요하다.
  ㉣ **장점** : 경제적이고 신속하며 전수조사의 한계를 극복할 수 있으며 정확하고 응답률을 높일 수 있고 응답률의 신뢰도가 높다.
  ㉤ **단점** : 대표성이 문제가 있을 경우 일반화에 어려움이 있고, 모집단 크기가 작을 때 표집이 무의미해지며 표본설계가 복잡할 때는 오히려 비용이 많이 든다.

⑥ 표본설계과정(표본추출과정)

모집단 확정 → 표집틀 선정 → 표집방법 결정 → 표본 크기 결정 → 표본추출

⑦ **표집오차(표본오차)** 2020년, 2017년 기출 ★
   ㉠ 표본 설정 과정에서 발생하는 오류로 표본의 통계치가 모집단의 모수치와 다른 정도를 의미한다.
   ㉡ **표집오차 결정 요인** : 표본 크기, 신뢰도, 모집단의 이질성 정도, 표본추출 방법 등이 영향을 준다.
      ⓐ 표본크기는 클수록 표본오차는 줄어드는 경향이 있다.
      ⓑ 신뢰도가 높을수록 표본오차는 커진다. 즉, 표본크기가 6백 명일 때 신뢰 수준이 90%이면 표본오차는 ±4.0%지만, 다른 조건이 모두 동일한 상황에서 신뢰 수준이 99%가 되면 표본오차는 ±5.3%로 커진다.
      ⓒ 모집단의 이질성 정도가 크면 표본오차는 커질 수 있는데 반해 모집단이 동질하면 표본오차는 작아진다.

⑧ **비표집오차(비표본오차)** : 자료를 수집하는 과정에서 발생하는 오류로 무응답, 거짓말, 작성 오류 등이 있다.

⑨ **표준편차** : 어떤 표본 분포에서 평균을 중심으로 각 사례의 값이 얼마나 떨어져 있는지 알아보는 통계치이다.

⑩ **표준오차** : 평균분포에서 평균을 중심으로 각각의 표본평균이 어느 정도 떨어져 있는지를 의미하는 통계치이다.
   ㉠ **공식** 2020년, 2017년, 2016년 기출 ★

$$\sqrt{\frac{p \times q}{n}} \quad [n : 크기, \ p+q=1인 \ 확률]$$

   ㉡ 표본의 표준편차는 표준편차이고, 평균분포의 표준편차는 표준오차이다.

⑪ **모수치**
   ㉠ 모집단을 구성하는 요소가 갖는 특정 변수의 값이다.
   ㉡ 현실적으로 모집단 전체를 조사하는 것이 불가능하기 때문에 일반적으로 모수치는 표본추출을 통해 조사된 표본의 통계치를 근거로 추정된다.
   ㉢ 전수조사가 이루어졌다면 각 변수의 빈도나 평균 수치가 곧 모수치이다.

⑫ **통계치**
   ㉠ 실제 표본조사를 통해 나타난 표본의 특징을 요약한 수치로 대부분 연구에서 사용하는 수치는 통계치이다.

ⓛ 일반적으로 모집단을 조사하는 것은 비효율적이기 때문에 표본의 통계치를 근거로 모집단의 모수치를 확률적으로 추정한다.

⑬ 신뢰수준과 신뢰구간
　㉠ 신뢰수준과 신뢰구간은 표본오차 추정의 두 가지 핵심 구성요소로 표본의 통계치가 모수치로부터 어느 정도 차이가 나는지 보여줄 때 사용된다.
　　ⓐ 신뢰수준 : 표본의 결과를 통해 추정하려는 모수치가 어느 정도 신뢰성을 갖는지 의미한다.
　　ⓑ 신뢰구간 : 모집단의 모수치가 일정한 확률을 가지고 갖게 될 값의 범위를 의미한다.
　㉡ 표본조사를 통해 나타난 결과를 통해 모수치를 추정할 때 신뢰수준을 높게 설정하면 신뢰구간의 분포는 넓어지고, 반대로 신뢰구간을 좁게 설정하면 신뢰수준은 상대적으로 낮아지게 된다.

(2) 모집단의 추론 방법

① 통계적 추정
　㉠ 모집단으로부터 표본을 수집하고 표본으로부터 얻은 정보를 분석하여 모집단의 특성을 알아내는 것이다.
　㉡ 종류
　　ⓐ 점추정
　　　• 모수를 단일 수치로 추정하는 방법이다. 모수를 추정하기 위해 사용하는 통계량을 추정치라고 한다.
　　　• 저소득층 1가구당 가족 수나 시 단위 지방자치단체 평균 공무원 수 등을 나타낼 때 사용한다.
　　ⓑ 구간 추정
　　　• 구간을 설정하여 모수의 값을 추정하는 방법이고 모수의 값이 포함될 기대 측정치를 일정한 범위로 나타내는 것인데 실제 모수의 값을 추정할 때 이 방법을 주로 사용한다.
　　　• 저소득층 1가구당 월소득 범위 등을 나타낼 때 사용한다.
　　　• 신뢰도(=신뢰수준)가 추정의 정확성과 관련된 것으로 신뢰도가 90%라는 의미는 표본을 100번 뽑아서 그 평균을 구했을 때 90번은 모집단 평균에 포함된다는 의미이다. 오차율(=α)은 신뢰구간 내 모집단 평균이 포함되지 않을 확률을 뜻한다. 신뢰도와 표준오차는 다음과 같이 추정한다.

신뢰도($1-\alpha$)	z(표준오차)
.90(90%)	1.64
.95(95%)	1.96
.99(99%)	2.58

② 가설검정
　㉠ **가설** : 연구자가 주장하는 검정을 하기 이전에 이를 하나의 문장으로 표현하는 것을 말한다.
　㉡ **가설의 종류** 2016년 기출 ★
　　ⓐ 귀무가설(H_0) : 실제로 검증하려는 가설로 '변수 간이나 집단 간 평균의 차이가 존재하지 않는다'든지 '두 변수 간 상호관련성이 존재하지 않는다'든지 '~하지 않는다'로 표현될 수 있는 명제로 영가설이라고도 한다.
　　ⓑ 대립가설(H_1) : 수집된 자료 분석을 통해 연구자가 주장하는 하나의 가설로 받아들여지는 것으로 '변수 간이나 집단 간의 평균의 차이가 존재한다'로 표현되는 명제이다. 귀무가설이 기각될 때 채택될 수 있는 가설이다.
　㉢ **가설검정 절차**
　　ⓐ 귀무가설과 대립가설 설정
　　ⓑ 유의수준과 임계치 결정
　　ⓒ 귀무가설의 채택영역과 기각영역 결정
　　ⓓ 검정통계량 계산
　　ⓔ 검정통계량과 임계치를 비교하여 귀무가설 채택 및 기각 여부 결정
　㉣ **임계치** : 귀무가설의 채택 및 기각 여부를 결정하기 위해 표본으로부터 검정통계량과 비교할 수 있는 기준치를 의미한다. 임계치는 유의수준과 자유도에 의해 결정된다.

2 표본조사

(1) 표본추출 과정

① **모집단 선정** : 연구대상, 표집할 요소, 범위, 기간 등을 결정한다.
② **표본틀 선정** : 좋은 표본틀은 표본이 전체 모집단의 구성요소를 포함하는 것이 중요하다.
③ **표집방법 결정** : 표집틀이 선정되면 어떤 방식으로 모집단을 대표할 수 있는 표본을 확보할지 검토해야 한다. 확률표집과 비확률표집이 있다.
④ **표본크기 결정** : 표집방법, 모집단 성격, 시간과 비용, 연구자 및 조사자의 능력 등을 고려하여 결정한다.
⑤ **표본추출** : 결정된 표집방법으로 표본을 결정한 후 체계적으로 표본을 추출하는 작업을 시작한다.

(2) 대표성과 표본의 크기

① 대표성은 추출된 표본의 특징이 모집단의 특성과 일치해서 표본이 모집단을 대표할 수 있는지에 따라 평가한다.

② 표본 크기 결정요인 2014년 기출 ★

내적 요인	신뢰도	일정한 오차 범위대로 신뢰구간을 설정할 때 신뢰도를 높일수록 표본 크기를 크게 한다.
	표준편차	일정한 범위대로 신뢰구간을 설정할 때 모집단의 분산이나 표준편차가 클수록 표본의 크기는 크게 한다.
	오차의 한계	오차를 적게 하기 위해 표본의 크기를 크게 한다.
외적 요인	모집단의 동질성	모집단이 이질적일수록 표본이 커져야 한다.
	표집방법 및 조사방법의 유형	표집방법과 자료수집방법에 따라 표본 크기가 달라진다.
	분석범주 및 변수의 수	분석범주와 변수의 수가 많을수록 표본이 커야 한다.
	카테고리 수	독립변수의 카테고리 수를 어떻게 할 것인지에 따라 표본의 크기가 결정된다.
	비용, 시간, 인력	비용, 시간, 인력에 따라 표본 크기가 영향을 받는다.

(3) 표집방법 2020년, 2018년, 2017년, 2016년, 2014년 기출 ★

① 확률표집

㉠ 의미

ⓐ 무작위적 방식으로 표본을 추출하는 것으로 모집단의 각 표집단위가 모두 추출의 기회를 갖고 있다.

ⓑ 각 표집단위가 추출될 확률을 정확하게 알고 있는 가운데 표집하는 방법이다.

㉡ 종류

단순무선 표집	모집단의 모든 개체가 표본에 포함될 확률이 동일하고 각 개체의 표집 시행 간 상호독립이 보장되는 표본선정 절차로 모집단을 대표하는 표본을 얻는 데 효과적이다. 예 난수표, 제비뽑기 등
유층표집 (층화표집)	모집단 안에 동일성을 갖는 여러 개의 하위집단이 있다고 가정할 때 모집단을 속성에 따라 계층으로 구분하여 각 계층에서 단순무선 표집하는 방법으로 연령별, 성별, 지역별 등 하위로 구분하고 각 하위집단에서 무선적으로 표집하는 것이다.
군집표집	표집단위가 개인이 아니라 집단단위로 표집할 때 모집단을 군집으로 나누고 무선표집으로 군집을 추출하는 방식이다. 예 서울시 강서지역 중학교 3학년 남학생의 키 변화 조사
계통표집	모집단 표집에서 일정한 간격을 두고 연구대상을 추출하는 표집방법이다. 예 100명의 학생 중 10명에게 설문지를 배부할 때, 출석부에서 5번 학생을 선택하고 10번 간격으로 추출
단계적 표집	모집단에서 1차 단위를 먼저 선정하고 일정 비율에 의해 2차 추출단위를 선정하는 방식이다. 예 경기도 중학교 3학년 1천명을 표집할 때, 1차로 학교 10개를 선정하고, 2차로 선정된 학교에서 임의로 10개 학급을 선정하여 한 반당 10명씩 무선 표집을 하는 방식
체계적 표집	단순무선표집을 보완하는 방법으로 체계적이고 일정한 간격으로 표집하는 방식이다. 예 100명 중 10명을 표집할 때 표집간격을 10으로 하고 난수표에서 5가 나왔다면 5, 15, 25, 35, …, 95까지 10명을 선발

② 비확률표집 2021년, 2015년 기출 ★
  ㉠ 전체 집단 요소들이 선정될 확률을 고려하지 않은 채 연구자의 주관에 의해 임의적으로 표집하는 방법이다.
  ㉡ 종류

의도적 표집 (유의표집)	연구자의 주관적 판단에 의해 전체 집단을 잘 대표하리라고 믿는 사례들을 의도적으로 표집하는 방식이다.
할당표집	전체 집단의 여러 특징을 대표하도록 몇 개의 하위집단을 구성해서 각 집단에 적절한 표집의 수를 할당하여 그 범위 내에서 임의로 표집하는 방법이다.
우연적 표집 (편의표집)	임의로 쉽게 구할 수 있는 대상 중에서 표집하는 방식이다.
눈덩이표집	• 연구자가 1차적으로 자신의 연구대상으로 적합하다고 판단되는 소수의 사람을 선정해서 정보를 수집하는 방식이다. • 2차로 이 응답자로 하여금 동일한 조건과 특징을 지닌 사람들을 추천받아 조사한다. • 또 이 응답자들로부터 소개를 받아 조사하는 것을 반복하는 표집방식이다. • 주로 질적 연구에서 사용된다.

(4) 표집분포

① 추리통계의 의사결정을 위한 이론적 분포로 이론적으로 표본의 크기가 n인 표본을 무한히 반복 추출한 다음 무한 개 표본들의 평균을 가지고 그린 분포를 의미하며 추정치의 분포라고 한다.
② 표집분포는 추리통계의 가설검정을 위한 판단의 기준을 제시하는 기각범위(기각역)와 채택범위(채택역)를 나타낸다. 모집단의 분포가 정규분포가 아니더라도 정규분포 형태를 띨 수 있다.

(5) 중심극한정리(MVT ; Mean Value Theorem)

① 중심극한정리는 표본크기 n이 증가함에 따라 평균의 표본분포는 모집단의 분포모양에 관계없이 정규분포 모양을 가지게 되는 것을 의미한다. 이때, 정규분포 가정을 충족시키기 위해서는 표본크기가 최소 30개 이상이 되어야 한다.
② 표집분포 평균은 모집단의 평균이고 표집분포의 표준편차는 모집단의 표준편차를 표본크기의 제곱근으로 나눈 것과 같다. 표본의 크기가 충분히 클 때(n>30) 모집단의 분포와 상관없이 정규분포가 됨을 의미한다.

3 가설검정

(1) 가설

① 의미 : 두 개 이상의 변수나 현상 간의 특별한 관계를 검증 가능한 형태로 서술하는 진술문으로 가설 내용의 긍정이나 부정이 가능하도록 진술되어야 한다.

② 특징

상호연관성	2개 이상의 변수 간 관계로 표현되어야 한다.
문제해결성	가설을 통해 문제를 해결할 수 있어야 한다.
검증가능성	가설을 경험적으로 검증 가능해야 한다. 이를 위해서는 변수의 조작적 정의가 필요하다.
명확성	가설은 개념적 정의와 조작적 정의를 통해 설정되어야 한다.
추계성	가설은 아직 검증되지 않았으므로 확률적으로 표현해야 한다.
구체성	가설은 구체적으로 변수 간 관계를 측정할 수 있어야 한다.

③ 가설검정
  ㉠ 귀무가설(H_0)을 채택하거나 기각하는 과정으로 귀무가설이 옳다는 전제하에 검정통계량의 분포를 구하는 것이다.
  ㉡ 실제 표본관측에서 구한 검정통계량의 값이 나타날 가능성에 의해 귀무가설의 채택여부를 결정한다.

④ 가설검정의 종류 2021년, 2016년 기출 ★

영가설 (H_0, 귀무가설)		• 통계량의 차이는 단지 우연의 법칙에서 나온 표본추출 오차로 인한 차이이다. • 논문에서 영가설은 제시하지 않는다.
	서술적 영가설	• 집단 비교연구에서는 "~차이가 없다."로 표현한다. • 상관연구에서는 "~관련이 없다."로 표현한다.
	통계적 영가설	$H_0 : \mu_1 = \mu_2 \ (\mu_1 - \mu_2 = 0)$
대립가설 (H_A, 연구가설)		• 통계량의 차이는 우연발생적인 것이 아니라 표본을 대표하는 모집단의 모수치 간에 유의한 차이가 있기 때문이다. • 논문에서 가설이 채택되는 것은 대립가설이 채택되었다는 것을 의미한다.
	서술적 대립가설	• 집단 비교연구에서는 "~차이가 있다."로 표현한다. • 상관연구에서는 "~관련이 있다 혹은 효과가 있다."로 표현한다.
	통계적 대립가설	$H_A : \mu_1 \neq \mu_2 \ (\mu_1 - \mu_2 \neq 0)$

  ㉠ 영가설과 대립가설의 진술 : 집단 간 비교연구에서 연구 주제가 정서조절이 회복탄력성 향상에 미치는 효과라는 주제로 연구를 한다고 하면 영가설은 정서조절이 회복탄력성 향상에 영향을 주지 않는다고 진술하고, 대립가설은 정서조절이 회복탄력성을 향상시킨다고 진술한다.

(2) 가설검정과 기본 개념

① 가설검정 절차
  ㉠ 영가설과 연구가설 설정
    ⓐ 일반적으로 모수에 대한 주장은 대립가설로 설정한다.
    ⓑ 대립가설에 대한 확증이 표본 정보를 통해 확증되지 않는 한 영가설을 주장한다.
  ㉡ 유의수준과 임계치 결정
    ⓐ 문제의 특성을 고려하여 유의수준은 .01, .05, .10 중에서 정한다. 유의수준(Significance

Level)은 허용 가능한 1종오류(Type1 Error, 귀무가설이 참인데도 기각하는 오류)의 최대 수준으로 즉, 판단이 틀릴 가능성을 어느 정도까지 허용할 수 있을 지에 대한 기준을 말한다.
ⓑ 유의수준에 의한 임계치 구하기 : 임계치(Critical Value)는 귀무가설이 참(True)인 경우의 분포, 즉 가설검정을 하기 위한 분포에서 유의수준에 따라 변하게 되는 데 유의수준이 클수록 분포의 안쪽으로 이동한다. 즉, 유의수준이 클수록 기각역(검정통계량으로부터 바깥부분, Rejection Region)이 커지게 되므로 귀무가설(Null Hypothesis)은 그만큼 쉽게 기각된다.
ⓒ 통계치 계산
- 표본분포에 따라 검정법을 결정한다.
- Z분포(Z검정), t분포(t검정), F분포(분산분석), χ^2분포(카이제곱 검정)
ⓓ 통계치를 일정 유의수준 임계치에 비교
- 검정통계량의 측정값과 임계치를 비교하여 영가설의 기각여부를 결정한다.
 - 기각역에 속한 경우 : 영가설을 기각한다(통계적으로 유의하다). → 유의성 검정
 - 채택역에 속한 경우 : 영가설을 채택한다.
- 임계치는 귀무가설을 기각하거나 채택하는 기준의 경곗값이다.
ⓔ 결론 : 연구가설을 긍정하거나 부정한다.

② **유의수준(α)**
㉠ 연구자가 내린 판단이 오판일 확률을 의미한다.
㉡ 오판을 했을 경우 그 영향이 심각하다면 유의수준을 낮추어야 한다.
㉢ 사회과학에서 유의수준은 .01이나 .05 수준에서 결정한다.
㉣ 유의수준 .01은 실제로 영가설을 기각해야 하지만 그것을 채택하는 경우가 100번 중 1번 정도를 의미한다.
㉤ **집단 간 차이에서의 유의수준의 의미**
ⓐ 5% 유의수준(α=.05)에서 의미 있다(p<.05).
→ 두 집단 간 평균의 차이가 우연에 의해 발생할 확률은 5% 미만이다.
ⓑ 1% 유의수준(α=.01)에서 의미 있다(p<.01).
→ 두 집단 간 평균의 차이가 우연에 의해 발생할 확률은 1% 미만이다.
ⓒ 0.1% 유의수준(α=.001)에서 의미 있다(p<.001).
→ 두 집단 간 평균의 차이가 우연에 의해 발생할 확률은 0.1% 미만이다.
㉥ **유의확률 ρ값(ρ value)** 2017년 기출 ★
ⓐ 유의확률 값이 .05보다 작으면 '유의한 차이가 있다'고 하며 .05보다 큰 경우에는 '유의한 차이가 없다'고 한다.
ⓑ 유의확률은 가설(H_0, H_1)과 관련 있는 개념으로 실제로는 H_0가 참인데도 불구하고 H_1이라고 잘못 선택할 확률, 즉 제1종 오류를 범할 확률을 의미한다. 즉 "H_1이다."라고

주장했는데 이것이 틀릴 확률을 말한다.

> H_0 : 남자의 몸무게와 여자의 몸무게는 같다.
> H_1 : 남자의 몸무게와 여자의 몸무게는 다르다.
>
> p값이 .01이라고 하면 해석은 이 결론이 틀릴 확률이 1%라는 뜻이다. 즉 우리가 내린 결론이 맞을 확률이 0.99(99%)라는 의미로 결론적으로는 "H_1이다 : 남자의 몸무게와 여자의 몸무게는 유의한 차이가 있다."는 결론을 내려야 한다.

③ **가설검정에서 2가지 오류** : 통계학에서는 제1종 오류를 중심으로 가설검정을 실행한다. 대립가설이 참일 때 귀무가설이 기각되는데 이를 정확한 결론이라고 할 수 있다. 2021년 기출 ★

2가지 결정	일방검증	
	H_0가 참	H_0가 거짓
H_0 : 수용	정확한 결론($1-\alpha$)	제2종 오류(β)
H_0 : 기각	제1종 오류(α)	정확한 결론($1-\beta$)

㉠ **제1종 오류** : 귀무가설이 맞음에도 불구하고 틀렸다고 결론을 내리는 오류로 유의수준과 같은 말이다(효과가 없는데 효과가 있다고 채택). 이 오류의 크기를 α라고 한다. 심각한 오판을 1종 오류, 덜 심각한 오판을 2종 오류라고 한다.

㉡ **제2종 오류** : 대립가설이 맞는데도 귀무가설이 맞다고 결론을 내리는 오류로 이 오류의 크기를 β라고 한다. $1-\beta$는 대립가설이 맞는 경우 이를 옳다고 결정할 확률이며 이를 검정력이라고 한다.

④ **일방검정과 양방검정**
  ㉠ **검정통계량**
    ⓐ 가설검정에서 관찰된 표본으로부터 구하는 통계량이다.
    ⓑ 귀무가설이 옳다는 전제하에서 구한 검정통계량의 값이 나타날 가능성, 즉 유의수준이 크면 귀무가설을 채택하고, 나타날 가능성이 적으면 귀무가설을 기각한다.
    ⓒ 유의수준 α(1%, 5%, 10%) 이상이면 귀무가설을 채택하고 이하이면 귀무가설을 기각한다.
  ㉡ **일방검정과 양방검정**
    ⓐ 기각역 : 표집분포에서 극단에 위치한다. 귀무가설이 옳다는 전제하에서 구한 검정통계량의 분포가 유의수준 α인 부분으로 검정통계량의 값이 기각역에 속하면 귀무가설을 기각한다.
    ⓑ 양방검정
      • 확률분포의 양끝을 포함시켜 유의수준을 결정짓는 방법이다.
      • 대립가설이 '모평균이 어떤 값과 같지 않다'인 경우의 가설검정, 즉 모수가 특정값이 아니다($H_A : \mu \neq \mu_0$).
      • 유의수준이 5%이면 양극단 각각에 2.5%의 기각역이 있다는 의미이다.

ⓒ 일방검정
- 확률분포의 한쪽 방향에만 유의수준을 설정하는 방법이다.
- 대립가설인 '모평균이 어떤 값보다 크다 또는 작다'인 경우
  - 가설검정 모수가 μ_0보다 작다($H_A : \mu < \mu_0$).
  - 가설검정 모수가 μ_0보다 크다($H_A : \mu > \mu_0$).
  - 유의수준이 5%이면 양극단 중에서 한쪽에 5% 기각역이 존재한다는 의미이다.

ⓓ 일방검정과 양방검정의 예
- 양방검정 : 양육만족도가 높은 집단과 낮은 집단 간에는 자녀에 대한 교육적 기대에 차이가 있을 것이다.
- 일방검정 : 양육만족도가 높은 집단은 낮은 집단에 비해 자녀에 대한 교육적 기대가 높을 것이다.

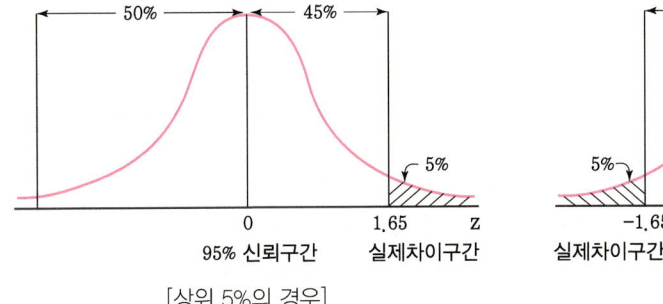

[상위 5%의 경우] [하위 5%의 경우]

(3) 자유도(Degree of Freedom)
① 자유도는 주어진 조건에서 자유롭게 변화할 수 있는 점수로 변수의 수이다.
② 표본을 통해 모집단을 예측하기 때문에 표본분산을 사용해서 모분산을 추정한다. 이때, 표본의 크기를 자유도로 나누었을 때 모분산을 정확하게 추정할 수 있다.
③ 100명 중 99명의 값을 알면 1명의 값은 자동적으로 결정되므로 일반적으로 자유도는 N-1이다.
④ 분석기법의 자유도
  ㉠ t-test : 전체 사례수에서 1을 뺀다(N-1).
  ㉡ F-검증(ANOVA) : 자유도는 2가지로 구할 수 있다.
    ⓐ 집단 간 자유도 : 집단 수-1
    ⓑ 집단 내 자유도 : N-집단 수
  ㉢ χ^2(카이제곱) 분석 : 자유도가 사례수가 아니라 셀의 수이므로 전체 사례수에서 1을 빼는 것이 아니라 독자적 정보를 가지는 가로축 셀의 수와 세로축 셀의 수로 계산한다.

$$(가로축 \ 셀 \ 수-1) \times (세로축 \ 셀 \ 수-1)$$

Section 07 집단 간 비교를 위한 통계방법

> **학습목표**
>
> t검정, F검정, x^2검정의 비교를 정리하고 분산분석의 가정, 원리, 종류, 집단 간 관계가 얼마나 높은지를 검정하는 상관분석, 문항 구성을 만들어내는 요인분석, 구조방정식을 포함하는 기타 분석까지 집단 간 비교를 위한 통계방법을 명확하게 이해하도록 한다.

1 t검정

(1) 기본 가정

① 종속변수는 양적변수이어야 한다.
② 모집단의 분산과 표준편차를 알 수 없다.
③ 모집단의 분포는 정상분포를 따른다.
④ 등분산성의 가정이 충족되어야 한다.

(2) 의미

① 독립된 두 집단 간 표본평균의 차이를 검정하거나 단일 집단 내 종속관계에 있는 두 변수의 평균값의 차이를 검정하는 통계적 방법이다.
② t분포에 의해 가설 검증하는 통계적 방법으로 두 집단 간 차이를 검정하는 Z검정과 같으나 사례수가 30보다 적은 소집단에 적용된다.
③ 사례수가 많아지면 정상분포에 가까워지므로 결과에 있어 Z검정과 거의 같다.

(3) 종류 2014년 기출 ★

① 단일표본 t검정
  ㉠ 모집단의 분산을 알지 못할 때 모집단에서 추출된 표본의 평균과 연구자가 이론적 배경이나 경험적 배경에 의해 설정한 특정한 수를 비교하는 방법이다.
  ㉡ 한 변수의 평균이 특정값과 차이가 있는지 분석할 경우에 사용하는 통계방법이다.
  ㉢ 비교 혹은 검정하고자 하는 준거 측정치의 통계치가 존재해야 한다.
  ㉣ 연구자가 설정한 특정값과 표본이 평균값의 차이가 크면 두 값은 같다는 영가설을 기각하게 된다.

② 독립표본 t검정
  ㉠ 표본이 추출된 모집단이 서로 독립적일 때, 두 집단의 평균이 같은지 비교하기 위해 사용되는 통계 방법이다.

ⓒ 두 모집단의 유사성(동질성)을 검정하는 방법이다.
　　ⓒ 두 독립표본 t검정 전에 두 집단의 분산이 동일한지, 즉 등분산성이 가정되어 있는지 확인한다.
　　ⓔ 두 표본의 평균 차이가 크면 두 모집단이 평균이 같다는 영가설을 기각한다.
　③ 대응표본 t검정
　　㉠ 종속변수가 양적이고 두 집단이 독립적이지 않을 때, 두 집단의 종속변수에 대한 차이를 검정한다.
　　ⓒ 두 집단이 종속적이라는 의미는 추출된 표본의 모집단들이 서로 관계가 있다는 뜻이다.
　　ⓒ 한 집단을 실험 전후에 나누어(사전 – 사후) 측정하는 반복 표집의 경우에 주로 사용된다.

2 분산분석(ANOVA ; Analysis of variance) 2021년, 2020년, 2016년 기출 ★

(1) 기본 가정
① 종속변수는 양적변수이어야 한다.
② 모집단의 분포가 정규분포이어야 한다.
③ 각 집단에 해당되는 모집단의 분산이 같아야 한다.
④ 모집단 내 오차나 모집단 간 오차는 서로 독립적이어야 한다.
⑤ 검정을 위한 F값을 구하는 공식

$$F = \frac{집단 \ 간 \ 변량}{집단 \ 내 \ 변량}$$

　㉠ 집단 내 분산을 집단 간 분산의 비율로 계산한다.
　ⓒ 집단 간 분산이 커지면 집단 간 차이가 있다는 의미이다.
　ⓒ 집단 분산에 대한 집단 간 분산의 비율을 F 통계값이라고 하고, F값이 F분포에 의한 기각값보다 클 때 집단 간에 유의한 차이가 있다고 결론을 내릴 수 있다.

⑥ 분산분석과 t검정의 비교
　㉠ t검정
　　ⓐ 단지 두 처치만을 비교하기 때문에 두 독립표본이나 종속표본 중 하나를 사용해서 표본 평균차를 계산한다.
　　ⓑ t통계치 구조는 표본 간 실제차와 우연으로 인한 표준차를 비교한다.

$$t = \frac{평균차}{평균오차} = \frac{표본 \ 간 \ 차이}{우연에 \ 의한 \ 차이}$$

ⓛ 분산분석
ⓐ 몇 가지 표본평균의 차를 측정한다. 몇 개의 표본 평균이 모두 함께 모여 있는지, 또는 모두 퍼져 있는지(큰 평균차)를 판정해야 한다.
ⓑ F비의 분모는 비통제, 즉 우연에 의한 차의 측정치를 제공한다. F비의 구조는 표본 간 실제차와 우연으로 인한 차를 비교한다.

$$F = \frac{처치\ 간\ 변량}{처치\ 내\ 변량} = \frac{표본\ 간\ 차이}{우연에\ 의한\ 차이} = \frac{처치효과 + 개인차 + 실험오차}{개인차 + 실험오차}$$

ⓒ t통계치나 F비에서 큰 값은 표본 간 차이가 우연에 의한 것보다 큼을 나타낸다. t나 F값이 충분히 클 때 영가설을 기각하고 처치 간 유의한 차이가 있다고 결론을 내린다.

(2) 분산분석의 종류 2016년 기출 ★

① **일원분산분석(one-way ANOVA)** : 독립변수가 하나(독립변수 상태 3, 3 집단 표집)인 경우일 때 시행하는 분석이다.
㉠ 독립변인 하나로 분산의 원인이 집단 간 차이에 기인한 것인지를 분석하는 방법이다.
㉡ 하나의 독립변수가 두 가지 이상의 상태를 가질 때 종속변수의 평균치 간의 차, 즉 두 개 이상의 평균치 간에 유의한 차이가 있는지 분석하는 방법이다.
㉢ 고등학교 학년(독립변수 1개)의 차(독립변수 상태 3가지 : 1학년, 2학년, 3학년)가 학년 별 영어성적(종속변인)에 어떤 영향을 미치는지 알고자 했을 때, 1, 2, 3학년 영어성적의 평균치를 구해 학년의 차가 영어성적의 변화에 어떤 영향을 미치는지 분석하는 방법이다.

② **일원분산분석 집단 간 상호비교(사후분석)** 2020년 기출 ★
㉠ 분산분석에서 전체 가설이 기각되었을 경우 이것이 구체적으로 어떤 집단 간 차이에서 기인하는지 분석하는 것이다.
㉡ 사후분석이라는 다중비교검정, 추가분석이 필요하다.
㉢ 다중 t검정은 사후분석의 Duncan, Tukey, Scheffe를 주로 사용한다. Tukey의 다중 t검정은 실험참가자 수가 같을 때, Scheffe의 다중 t검정은 실험참가자 수가 다를 때 독립변수의 집단별로 2개 집단끼리 t검정을 반복해서 모든 경우의 수로 시행한다.
㉣ 즉 독립변수 각 집단이 1번에서 4번까지 4개가 있다면 1×2, 1×3, 1×4, 2×3, 2×4, 3×4끼리의 실험참가자 수가 같을 때 t검정을 반복해서 시행한다.

③ **이원분산분석(Two-way ANOVA)** : 독립변수 2 혹은 두 개의 요인일 경우 시행하는 분석이다.
㉠ 교차설계는 두 독립변수와 그 상호작용의 효과를 알아보기 위한 설계로 주효과와 상호작용 효과를 추론할 수 있다.
㉡ 독립변수 효과란 상호작용의 효과를 말하고, 이 효과들은 모두 집단 간 차이의 일부이다.

④ **반복측정 분산분석(실험참가자 내 요인설계)** : 실험참가자 수가 적고 실험참가자의 각종 성향들을 무선할당에 의해 통제하기 어려운 경우에 모든 실험조건에서 동일한 실험참가자들을 반복적으로 관찰하는 방법이다.
  ㉠ 정상성 가정, 변량의 동질성 가정, 종속변수 측정의 독립성, 모든 조건의 공변량이 모집단에서 동일하게 적용될 때 시행한다.
  ㉡ **장점** : 가외변수 통제, 독립집단 사례에 비해 통계적 검정력이 우수하다.
  ㉢ **단점** : 연습이나 순서, 범람효과에 의해 결과가 왜곡될 가능성이 높다.
  ㉣ 이 단점을 극복하기 위해 실험참가자마다 참여하는 실험 조건 순서를 다르게 하는 것이 필요하다.

⑤ **공변량분석(Analysis of Covariance ; ANCOVA)** 2015년, 2014년 기출 ★
  ㉠ 공변량은 둘 이상의 변량이 서로 관련성을 지니며 분포하는 모양을 전체적으로 나타내는 분산을 의미한다.
  ㉡ 매개변수가 연속변수일 때, 이 영향을 통계적 방법으로 통제하여 독립변수 효과를 검정하는 것으로 회귀분석과 분산분석을 결합한 방법이다.
  ㉢ 실험으로는 통제하기 어려운 종속변수와 관련이 높은 변수를 공변인으로 설정하여 종속변수의 평균점수를 조정하는 분석이다.
  ㉣ 예를 들어 학습방법이 학습에 미치는 영향을 연구할 때 공변인은 지능으로 지능의 영향을 통계적으로 통제하는 방법이다.
  ㉤ 실험설계 전후의 사전-사후 검사 시, 사후검사의 점수 차이만으로 두 집단의 차이를 결론짓는 것은 오류로, 사전검사 시 이미 두 집단에서 차이가 있었을 수도 있기 때문이다.
  ㉥ 공변량을 사전검사로 놓고 일반선형검사를 하면 공변량 분석이 되고, 그 값이 0.05 이하로 나오면 유의미하다. 공변량에 p값은 가장 중요한 것으로써 이 값이 0.05보다 작다는 것은 공변량이 의미가 있다, 즉 이 공변량이 종속변수에 영향을 준다는 의미로, 그 결과 공변량 분석 모형에서 공변량에 대한 효과를 통계적으로 통제한다는 의미이다.
  ㉦ 공변인의 측정에 처치 효과의 영향이 없어지고, 측정은 측정의 오차 없이 이루어져야 하며, 공변인의 각 수준에서 종속변수의 변화는 정규분포를 이루어야 하고, 각 수준에서 종속변수의 변량은 처치집단 간 일정해야 하며, 공변인과는 독립적이어야 한다는 가정이 필요하다. 2015년 기출 ★

⑥ **다변량 분산분석(Multi-variate Analysis of Variance ; MANOVA)** 2020년 기출 ★
  ㉠ 종속변수가 2개 이상인 경우 종속변수들의 선형조합에 대한 독립변수의 효과를 분석하기 위한 통계적 방법이다. 예를 들어 3가지 교수법에 따라 어휘발달에 차이가 있는지 검정하고자 할 때, 종속변수가 유아의 어휘발달이 문자해독능력, 말하는 빈도 수, 어휘 수준 등이 합성된 개념이라면 다변량 분산분석을 사용해야 한다.

ⓒ 개별 독립변수가 종속변수에 미치는 영향인 주효과와 독립변수 간 상호작용 효과도 분석할 수 있다.
ⓒ 여러 종속변수를 한 번에 분석함으로써 1종 오류를 통제한 상태에서 변수 간 관계성을 명확히 밝힐 수 있다는 장점이 있다.

3 카이제곱(x^2)검정 – 집단 간 빈도 비교

(1) 빈도분석(교차분석) 2017년 기출 ★
① 한 변수에 속한 빈도수와 다른 변수에 속한 빈도수를 함께 교차로 분석한다.
② 2개 변수를 교차시키는 교차표를 산출한다.
③ 배경변수의 유목별 빈도분석을 한다.
④ 교차분석을 카이검정이라고 부르며 독립성 검정과 동질성 검정이 있다.
　ⓐ 범주의 구분기준이 서로 다른 두 변인이 독립적인지, 즉 서로 관계가 없는지 검정하는 독립성 검정이 필요하다.
　ⓑ 범주의 비율이 서로 같은지, 즉 동질한지 검정하는 동질성 검정이 필요하다.

(2) 기본 가정
① 종속변수가 명명변수에 의한 질적변수거나 최소한 범주변수에 속해야 한다. 성별, 인종, 자동차 유형 등 전체 표본의 크기는 적어도 30 이상이어야 한다.
② 연속변수를 어떤 목적 하에 비연속변수로 변환한 범주변수로 지능지수에 따란 집단 구분으로 우수, 보통, 보통 이하로 구분하거나 수입에 따른 구분으로 고소득층, 중산층, 저소득층 등으로 구분할 수 있다.
③ 영가설이 참일 때 각 범주에 기대되는 도수를 기대도수나 기대빈도라고 한다. 이 기대빈도는 20% 이하여야 하는데 유목수별로 종속변수 항목 수를 유사한 것끼리 묶어준다.
④ 각 칸에 떨어져 있는 도수는 각각 독립적이어야 한다. 예를 들어 학력별로 분류한다면 고졸, 전문대졸, 대졸로 분류할 때 동일인이 각 항목에 중복되는 일이 없어야 한다. 중복응답문항의 경우, x^2검정을 적용할 수 없다.

(3) 개요
① 실제 빈도가 이론적인 기대빈도와 같은지, 다른지 또 그 차이가 우연한 것인지, 유의미한 것인지를 분석하는 방법이다.
② 대부분의 셀에서 관측빈도와 기대빈도가 상당한 차이를 보이면 대립가설을 채택하고 p값이 유의수준보다 작으면 대립가설을 채택하고 크면 대립가설을 채택할 수 없다.

(4) 카이제곱 검정의 목적

① **동질성 연구** : 여러 모집단에서 각 변수를 추출하여 각 모집단의 속성이 유사한가를 검정하는 것으로 실험연구에서 실험집단, 비교집단, 통제집단이 동질한지를 검정할 때 사용한다.

② **상관성 연구** : 한 모집단에서 하나의 표본을 추출하여 표본의 각 사례에서 두 변수를 관찰하여 서로 관계가 있는지 검정하는 것으로 두 개의 변수가 관계가 있음을 알려줄 뿐 인과관계를 추론할 수는 없다.

(5) 유의점

① 분석 결과를 해석할 때, 변수 간 분포 차이에 중심을 두고 독립성을 검정하고 '변수 간에 차이가 있다'로 해석한다.

② 표본 크기에 영향을 받지만 표본 크기가 1,000 이상일 경우에는 의미가 없다.

③ 각 칸의 사례수를 볼 때 획득빈도가 0과 1이 많다는 것은 질문에서 필요 없는 범주를 만들어 놓은 것이므로 이는 연구의 이론적 배경이 약하다는 것을 암시한다.

4 상관분석

(1) 개념

① 상관분석은 서열척도, 등간척도, 비율척도로 측정된 두 변수 간 상관관계가 존재하는지 알아보고 그 정도를 측정하는 것이다.

② 두 변수 간 얼마나 밀접한 선형관계를 가지는가를 분석하는 통계방식으로 두 변수 간 관계의 강도를 의미한다.

③ 2개의 변수가 어느 정도 강렬하게 관계가 있는지 나타내는 단순상관분석, 3개 이상의 변수 간 관계에 대한 강도를 측정하면 다중상관분석, 다중상관분석에서 다른 변수들과 관계는 고정되고 두 변수와의 관계에 대한 강도를 나타내는 것을 편상관분석이라고 한다.

(2) 기본 가정

① **직선성** : 두 변수 X와 Y 관계는 선형적인 관계를 가져야 한다. 점수가 곡선적 관계를 가지면 한 점수를 가지고 다른 점수를 예측하기 어렵기 때문이다.

② 두 변수가 정규분포를 가정해야 한다. 둘 중 하나가 정상분포를 가지면 상관계수는 의미가 없기 때문이다.

③ X변인의 값에 상관없이 Y변인의 흩어진 정도가 같은 동변량성을 가정한다.

④ X변수가 변해감에 따라 Y변수가 흩어지는 폭이 넓어지거나 좁아지는 이분산성을 가정한다.

⑤ 두 점수 X와 Y는 등간척도 이상이어야 한다.

(3) 상관계수 2017년, 2016년, 2015년 기출 ★

① 상관계수는 두 변수 X, Y의 표준편차의 곱에 대한 공분산의 비율로 정의한다.

$$상관계수(\gamma) = \frac{공분산}{A척도의\ 표준편차\ \times\ B척도의\ 표준편차}$$

② 표본상관계수는 γ, 모상관계수는 ρ로 표시하고 상관계수 부호는 분자에 있는 공분산의 부호에 의해 결정된다.

③ 상관계수 γ의 범위는 $-1 \leq \gamma \leq 1$이다. 상관계수가 ± 1에 가까울수록 '상관이 높다' 하고, 상관이 높다는 것은 독립변수가 종속변수에 대해 변화율이 유사하다는 것을 의미한다.

④ 상관계수 γ을 제곱한 값이 결정계수이다.

(4) 편상관계수(Partial Correlation Coefficient) 2016년 기출 ★

① 서로 상관이 있는 다변량 중 특정한 두 개의 변수만 선택하여 다른 변수의 영향을 제거했을 때 얻어지는 두 변수 간의 상관계수를 편상관계수 또는 부분상관계수라 한다.

② **구하는 방법** : 예를 들어 성별과 국어, 영어, 수학의 성적이 나온 데이터가 있다면 수학의 영향을 제거한 국어와 영어의 편상관계수를 산출할 수 있다. 이때, 수학을 제어변수에 넣고 국어와 영어의 상관계수를 구하면 된다.

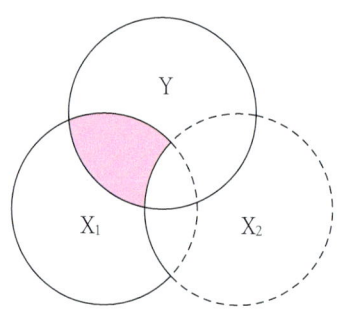

(5) 분석하고자 하는 변수의 특성에 따라 상관계수 달리 적용 2015년, 2014년 기출 ★

① Spearman의 등위상관계수, Kendall의 타우 : 순서척도에 의한 두 서열 변수 사이의 관계를 나타내는 상관계수이다.

② **양류상관계수** : 명명척도에 의해 이분화된 질적변수와 연속적인 양적변수 간 관계를 나타내는 상관계수로 성별이나 학업성취도 등과 같은 것이다.

③ **양분상관계수** : 인위적으로 이분된 변수와 연속적인 양적변수 간 관계를 나타내는 상관계수로 완전학습(완전학습, 불완전학습) 여부와 학업성취도(상, 중, 하) 간 상관관계를 추론할 때 사용할 수 있다.

Section 07 집단 간 비교를 위한 통계방법

④ 파이계수 : 두 변수 모두 이분화된 질적변수일 때 두 변수의 상관정도를 나타내는 계수로 성별(남, 여)과 찬반(찬성, 반대)여부의 상관을 알아볼 때 가능하다.
⑤ 크래머V : 두 변수 모두 3개 이상의 범주를 갖는 질적변수일 때 두 변수의 상관정도를 타나내는 계수로 소득순위와 지방도시 간의 상관을 알아볼 때 가능하다.

(6) 상관계수 종류와 내용 2015년, 2014년 기출 ★

Phi 계수	• 두 변수가 모두 이분변수일 때 두 변수간의 상관관계를 나타내는 지수 예 성별과 워라밸 찬반 상관관계를 나타내는 지수
Spearman 등위상관계수	• 측정형 변수(키, 온도 등)나 순서형 분류형 변수(학년 등)의 상관관계 정도를 자료의 순위값에 의해 계산하는 상관계수 • 측정 방법은 자료의 서열을 정하고, 서열 간 Pearson 상관계수를 계산
점이연계수	• 하나가 연속변수이고 다른 하나가 이분변수일 때 사용하는 상관계수 • 이분변수를 0과 1로 코딩한 후, Pearson 상관계수 계산 • 검사에서 총점과 문항 간 상관계수를 구할 때 자주 사용(≒t-검증)
이연계수	• 하나가 연속변수이고 다른 하나가 이분변수일 때 사용하는 상관계수 • 이분변수가 원래는 연속변수인데 이분화한 경우에 사용 • 완전학습 여부(완전, 불완전 학습)와 학업성취도(상, 중, 하) 간 상관관계
Pearson 상관계수	• 등간척도와 비율척도로 이루어진 변수 간 관계를 분석하는 계수 • 두 변수 간 직선형 상관관계를 측정하기 위한 목적으로 사용

(7) 기본 원리 2017년, 2016년, 2015년 기출 ★

① 상관은 두 변수의 관계에서 변수가 변화할 때 다른 변수가 어떻게 변하는지 알려준다.
② 한 변수가 변화하는 정도는 분산으로 두 변수가 변화하는 정도는 공분산으로 추정한다.
③ 공분산 값이 양수이면 정적 상관이고, 음수이면 부적 상관이다.
　㉠ 정적 상관(+) : 한 변수의 측정치가 증가할 때 다른 변수의 값도 같이 증가하면 두 변수 사이에는 정적 상관이 존재한다.
　㉡ 부적 상관(-) : 한 변수의 측정치가 증가할 때 다른 변인의 값이 감소하면 두 변수 사이에는 부적상관이 존재한다.

(8) 단순상관분석

① 산포도 : X축에 한 변수, Y축에 또 다른 변수를 설정하고 각 변수의 값을 나타내는 점을 찍어 두 변수 간 관계를 파악할 때, 연구집단의 각 사례에서 얻어진 두 변수의 값을 짝으로 하여 이차평면상에 나타난 점들의 흩뿌려진 정도이다.
② 공변량
　㉠ 두 변수 X와 Y가 평균 X와 Y로부터 얼마나 퍼져 있는지 보여주는 것이다.

ⓛ **장점** : 두 변수 간 선형관계의 방향을 알 수 있다.
ⓒ **단점** : 측정 단위에 따라 값이 민감하게 변화하기 때문에 두 변수 간 상관관계를 나타내는 좋은 지표가 될 수는 없다.

③ **결정계수** : 예언변인이 준거변인을 설명할 수 있는 비율을 의미한다. 예를 들어 r=.80일 때 결정계수(r^2)는 .64가 되며, 이 경우 Y분산의 64%를 X가 설명할 수 있다고 해석한다. 2021년 기출 ★

④ **이관계수** : 한 변수에서 다른 변수를 예측할 때 생기는 오차의 정도를 의미한다.

⑤ **피어슨 적률상관계수** 2021년 기출 ★
ⓐ 두 변수 간 모두 등간이나 비율 척도에 의해 측정된 양적변수일 때 사용될 수 있고, 두 변수 간 상관관계에 대한 통계적 유의성을 검정하는 분석방법이다.
ⓑ 상관계수 범위는 −1.0~1.0 사이의 값을 갖는다.
ⓒ 상관계수의 크기는 관련성 정도를 나타내는 것으로 절댓값이 크면 두 변인이 양으로나 음으로 밀접하게 관련되어 있다는 것을 의미하고, 절댓값이 작으면 두 변수 간 관련성이 낮다는 것을 의미한다. 그러나 상관관계는 인과관계를 의미하지는 않는다.
ⓓ 상관계수의 해석 범위

상관계수 범위	상관관계 해석
.00 − .20	상관이 거의 없다.
.20 − .40	상관이 낮다.
.40 − .60	상관이 있다.
.60 − .80	상관이 높다.
.80 − 1.00	상관이 매우 높다.

5 요인분석

(1) 개념

① 알지 못하는 특성을 규정할 수 있는 문항이나 변수 간 상호관계를 분석하여 상관이 높은 문항이나 변수를 모아 같은 요인으로 구분하고 그 요인의 의미를 부여하는 통계적 방법이다.
② 인간의 심리적 특성을 규정하기 위해 개발된 통계적 방식으로 지능을 밝히는 데 시작되었다. 즉, 구인타당도를 검증하는 데 사용되었다. 지능이 7가지 하위능력으로 합해진 것임을 알게 되었는데 이 하위능력들을 요인이라고 한다.
③ 최근에는 구조방정식 모형에서 잠재변인을 밝히는 데도 사용된다.

(2) 절차

① 문항점수를 얻거나 변수를 측정한다.

② 문항이나 변수 간 상관계수의 행렬을 구한다.
③ 회전하지 않은 요인을 추출한다.
④ 요인을 회전시킨다.
⑤ 회전된 요인과 관계있는 요인부하량이 큰 문항이나 변수들 내용에 근거하여 요인을 해석하고 이름을 부여한다.

(3) 종류
① **탐색적 요인분석** : 연구자가 어떤 요인들과 요인의 수에 대해 확실한 정보가 없을 경우에 실시하는 분석이다. 요인의 수를 결정하기 위해 고윳값(Eigen Value)을 참고하여 고윳값이 1 이상일 때 하나의 요인으로 간주한다.
② **확인적 요인분석** : 요인 수에 대한 정보가 있을 때 실시하는 분석이다.
③ **요인계수** : 문항이나 각 변수가 어떤 요인과 관련이 있는지 결정하는 계수로 요인계수가 .30 이상인 문항이나 변수를 해당 요인과 관계가 있다고 해석한다.

6 회귀분석 2016년, 2015년, 2014년 기출 ★

(1) 개념 및 목적
① 독립변수가 종속변수 사이의 선형식을 구하여 독립변수 값이 주어졌을 때 종속변수의 값을 예측하고, 종속변수에 대한 독립변수의 예측력을 분석하는 방법이다.
② 종속변수는 양적변수, 독립변수는 양적 또는 질적변수이다.
③ 종속변수와 독립변수 모두 등간척도나 비율척도로 측정된 변수여야 하지만 독립변수가 명목척도인 경우에도 더미(Dummy) 변수를 이용해 분석이 가능하다.
④ **다중공선성** 2015년 기출 ★
　㉠ 독립변수 간 높은 선형관계가 존재하는, 즉 통계학의 회귀분석에서 독립변수 간 강한 상관관계가 나타나는 현상이다. 독립변수가 하나인 단순회귀분석에서는 문제가 되지 않는다.
　㉡ 다중회귀분석에서 독립변수 간 상관관계가 높을 때 한 변수가 통계적으로 유의미하게 나오면 이 변수가 상관관계가 높은 다른 변수는 통계적으로 거의 유의미하지 않게 되는데 이를 다중공선성의 문제라고 한다.
　㉢ 다중공선성이 생기면 종속변수에 대한 독립변수의 영향력이 잘못 해석된다.
　㉣ 두 변수 간 상관관계만을 파악할 경우, 산점도나 상관계수를 이용하여 진단하는데 분산확대인자(VIF)나 상태지수(Condition Index)로 진단하는데 VIF값이 10 이상일 경우 Condition Index 100 이상일 때 다중공선성의 문제가 있다고 본다.

ⓜ 다중공선성의 문제를 해결하기 위해서는 첫째, 다중공선성 문제를 일으킬 것으로 판단되는 독립변수를 처음부터 제거하거나 둘째, 종속변수와 상관관계가 낮은 독립변수를 제거하거나 셋째, 상관계수 값의 차이가 크지 않으면 해석하기 쉬운 변수를 남기는 방법을 사용한다.

⑤ 회귀분석과 상관분석의 비교
  ㉠ 회귀분석은 두 변수 간 인과관계 파악과 한 변수에서 다른 변수의 변화를 예측할 수 있다.
  ㉡ 상관분석은 두 변수 간 관계가 있다는 것만 알 수 있다.

(2) 종류

① **단순회귀분석** : 종속변수가 양적이거나 독립변수가 양적이나 질적변수일 때 사용한다.
② **중다회귀분석** : 다수의 독립변수, 1개의 종속변수로 알지 못하는 사회현상을 설명할 때 사용한다.

> 예 어머니의 유아 양육태도에 영향을 주는 변수를 밝혀내기 위해 독립변수는 학력, 직업 종류, 자녀 수, 수입, 부부 애정 만족도 등으로, 종속변수는 유아 양육태도 5가지 독립변수가 유아 양육태도에 영향을 주는 정도 결정계수 R^2으로 설명한다. 즉 각 독립변수가 종속변수에게 영향을 주는 정도는 회귀계수인 β에 의해 설명된다. 결정계수 R^2은 유아 양육태도의 총변화량, 독립변수가 설명한 총변화량의 비율결정계수가 높을수록 독립변수들의 설명력이 높다는 해석을 할 수 있다.

③ **회귀모형** : 회귀분석을 시도하기 위해 가정된 함수식으로 선형적 관계성을 나타낸다.

(3) 로지스틱 회귀분석

① 종속변수가 집단을 두 집단으로 나누는 이분변수일 때 사용하는 통계적 방법이다. 예를 들어, 자격시험에 합격한 집단과 불합격한 집단에 영향을 주는 독립변수는 무엇인지, 집단 분류를 어떤 변수들이 얼만큼 설명하고 있는지를 보여준다. 두 집단에 대한 판별분석과 유사한 방법이다.
② 자료가 판별분석을 사용하기 위한 기본가정에 위배될 때 로지스틱 회귀분석을 사용한다.
③ 가정
  ㉠ 종속변수를 두가지로 나누어야 할 경우에 사용한다. 즉, 종속변수가 정규분포가 아니라 이항분포이다.
  ㉡ 종속변수가 정규분포 가정을 충족하지 못한다.
  ㉢ 두 모집단 간 등분산 가정을 충족하지 못한다.
  ㉣ 종속변수가 정규분포 가정과 등분산성 가정의 충족여부에 제한받지 않고 회귀분석과 유사하기 때문에 사용할 수 있다는 장점이 있다.

Section 07 집단 간 비교를 위한 통계방법

7 기타분석

(1) 판별분석 2021년, 2017년 기출 ★

① 독립변수들의 특성이 범주화된 종속변수에 어떤 영향을 미치는지 분석하기 위한 통계기법으로 집단들을 구분할 수 있는 판별함수를 예측하거나 다수의 독립변수 가운데 집단 구분에 영향을 미치는 변수를 찾기 위한 방법이다.
② 집단 간 통계적으로 유의미한 차이가 존재하는지를 결정하고 예측된 판별함수를 이용해서 집단 내 알려지지 않은 새로운 관측치가 어떤 집단에 속해야 하는지 분류한다.
③ 판별분석이 잘 되려면 Outlier(극단치 : 통계적 자료분석의 결과를 왜곡시키거나, 자료분석의 적절성을 위협하는 변숫값)가 없어야 한다. 그러므로 독립변수들이 상호 독립적이어야 하고, 각 독립변수가 정규분포를 가정해야 하며 종속변수는 비연속변수여야 한다.

(2) 구조방정식 모형 2020년, 2017년 기출 ★

① 회귀분석, 경로분석, 요인분석을 병합한 모형으로 변수 간 인과관계를 명확하게 규명할 수 있는 통계적 방식이다.
② 관측이 가능한 측정변수를 이용하여 관측이 불가능한 잠재변수를 추론한 후, 잠재변수 사이의 상관관계를 기초로 하여, 연구자가 설정한 이론적 인과관계를 실제 자료가 얼마나 지지하는지를 보여주는 분석방법이다.
③ 다양한 적합도(Fit Index)를 적용하여 연구자가 개발한 모형이 실제 자료와 얼마나 부합되는지 평가할 수 있다. 상대적합도 지수로 NFI(Norm Fit Index, .90 이상), TLI(Tucker-Lewis Index, .90 이상), CFI(Comparative Fit Index, .90 이상) 등, 절대적합도 지수로는 GFI(Goodness of Fit Index, .90 이상), AGFI(Adjusted Goodness of Fit Index, 없음), RMSEA(Root Mean Square Error of Approximation, .05 이하) 등이 있다. 2021년 기출 ★
④ 측정 오차를 통제할 수 있다는 점, 적합도 지수를 통해 이론적 모형에 대한 통계적 평가가 가능한 점, 여러 개의 독립변수, 매개변수, 종속변수 간 관계를 동시에 분석할 수 있다는 장점이 있다.

(3) 로짓분석

종속변수가 0, 1 등 명명척도로 측정되는 경우에 사용되는 회귀분석으로 로짓분석이 활용 가능한 사례로는 노조파업에 영향을 미치는 관계를 알고자 할 때, 유권자가 투표를 할 것인지를 결정하는 것에 영향을 미치는 변수를 분석할 때 등에 사용한다.

실력 다지기 01 > O·X 문제

01 첨도는 자료의 분포 모양이 어느 쪽으로 얼마만큼 기울어져 있는지, 즉 비대칭 정도를 나타내는 척도이다.   O, X

02 라틴-정방형 설계는 실험설계이다.   O, X

03 실제로 귀무가설이 옳은데 검정결과 이 귀무가설이 틀렸다고 기각하는 잘못을 범하는 것을 제1종 오류라고 한다.   O, X

04 5명의 학생에게 자신이 좋아하는 한 명을 선택하라는 조건에서 자유도는 4이다.   O, X

05 동양인, 서양인의 분류는 서열척도에 해당한다.   O, X

06 신뢰도는 무엇을 측정하려고 하는가의 문제이다.   O, X

07 표준정규분포는 평균이 1이고 표준편차가 1인 분포이다.   O, X

정답 및 해설   01. X   02. O   03. O   04. O   05. X   06. X   07. X

01 첨도는 위, 아래의 최정점을 알려주는 분포곡선이다.
04 자유도는 다양한 방식으로 집계되지만 보통 N(사례수)-1로 계산한다.
05 성별, 인종과 같은 것은 분류를 목적으로 하는 것이기 때문에 명명 혹은 명목척도이다.
06 신뢰도는 얼마나 믿을 수 있느냐의 문제이고, 타당도는 측정하고자 하는 개념이 실제로 측정되었는가와 그 측정이 얼마나 정확하게 이루어졌는가의 문제이다.
07 표준정규분포는 평균이 0이고 표준편차가 1인 분포이다.

08 분산분석은 3개 이상의 집단 평균의 차이를 동시에 비교하기 위한 검정 방법으로 집단의 동질성을 알아보기 위한 분석기법이다. ○, ×

09 비확률적 표집에는 단순무선표집, 층화표집, 군집표집, 눈덩이표집이 있다. ○, ×

10 양적연구에는 내용분석과 기술통계분석 등이 있다. ○, ×

정답 및 해설 08. ○ 09. × 10. ×

08 t-검정은 2개 집단, 분산분석은 3개 집단의 동질성을 검정하기 위한 방법이다.
09 확률 표집에는 단순무선표집, 유층표집(층화표집), 군집표집 등, 비확률표집에는 의도적 표집, 할당표집, 눈덩이표집 등이 있다.
10 양적 연구에는 기술통계와 추리통계방법을 활용하고, 질적연구에는 내용분석과 기술통계 분석을 활용한다.

실력 다지기 02 단답형 문제

01 신뢰를 측정하는 방법 중 하나로 검사의 내용과 난이도는 동일하나 문항이 다른 검사를 제작하여 두 검사에서 얻은 점수의 상관을 산출하는 방식으로 동일한 내용의 표집, 형식, 문항, 난이도 등 제작에 어려움이 있고 비경제적인 이 신뢰도는?

02 다음은 어떤 실험설계에 대한 설명인가?

- 실험대상을 무작위로 선정한다.
- 외생변수 통제가 가능하다.
- 실험변수 조작이 가능하다.

03 이것은 귀무가설이 맞는데도 틀렸다고 결론을 내리는 오류이며 유의수준과 같은 말로 이 오류의 크기를 a라고 한다. 무엇인가?

04 알지 못하는 특성을 규명하기 위해 문항이나 변인들 간 상호관계를 분석하여 상관이 높은 문항이나 변인들을 모아 규명하고 그 요인의 의미를 부여하는 통계적 방법은 무엇인가?

05 다음에서 설명하는 통계적 방법은?

- 회귀분석, 경로분석, 요인분석을 병합한 모형이다.
- 측정 오차를 통제할 수 있다.
- 다양한 적합도(Fit Index), 즉 NFI, TLI, CFI, GFI, AGFI, RMSEA 등을 적용한다.

06 서로 상관이 있는 다변량 중 특정한 두 개의 변수만 선택하여 다른 변수의 영향을 제거했을 때 얻어지는 2변수 간의 상관계수를 무엇이라 하는가?

07 다음 가정을 설정하는 검정방법은?

- 종속변수는 양적변수여야 한다.
- 모집단의 분포는 정규분포를 따른다.
- 모집단의 분산과 표준편차를 알 수 없다.
- 등분산성의 가정이 충족되어야 한다.

08 다음의 검정을 통틀어 이르는 말은?

- 정상분포를 가정하지 않는 통계값이다.
- χ^2(카이) 검정, 무작위 검정 등이 있다.
- Friedman 검정, Mann – Whitney U 검정, Wilcoxon 검정, Kruskal – Wallis 검정법이 있다.

09 다음과 같이 정의되는 오류는?

변수에 일정하게 체계적으로 영향을 주어 측정결과가 항상 일정한 방향으로 편향되는 오류를 말하며 선행효과 오류, 후행효과 오류, 중앙집중경향 오류가 있다.

10 다음 타당도는 무엇인가?

- 검사자의 측정도구가 이미 타당도가 입증된 측정도구의 측정값과 비교해서 얼마나 관련성이 높은지 보려는 타당도이다.
- 예언타당도와 공인타당도가 있다.

Answer

01 동형검사 신뢰도
02 진실험설계
03 제1종 오류
04 요인분석
05 구조방정식 모형
06 편상관계수(=부분상관계수)
07 t-검정
08 비모수적 통계
09 체계적 오류
10 준거타당도

실력 다지기 03 괄호 넣기

01 (　　　　)는/은 개념이 지나치게 추상적이어서 직접 조사하기 어려운 경우에 측정 가능한 형태로 대체하거나 지수로 정립하는 것이다.

02 (　　　　)는/은 신뢰도 측정 방법으로 실험참가자에게 한 개의 평가 도구를 두 번 실시하여 두 점수 간 상관계수를 산출하는 방법이다.

03 (　　　　)은/는 귀무가설이 틀렸지만 수용하는 오류이다. 귀무가설이 맞았는데도 틀렸다고 기각하는 오류보다 치명적이지는 않다.

04 표본추출의 주된 목적은 표본으로부터 획득한 표본의 특성인 통계를 사용하여 (　　　　)의 특성을 추론하는 것이다.

05 (　　　　)는/은 자료가 평균에서 얼마나 퍼져 있는지를 보여주는 지표로 분산은 편차들을 제곱하여 그 합을 총 사례수로 나누어 구한 값이다.

06 (　　　　)는/은 조사자의 주관적인 판단으로 모집단에서 표본을 추출하는 방법을 말한다.

07 (　　　　)는/은 타당도 측정 방법으로 검사의 규준이 되는 기존 검사와 비교하는 방식으로 공인타당도와 예언타당도가 있다.

08 (　　　)는/은 주어진 조건에서 자유롭게 변화 가능한 점수의 개수로 표본분산으로 모분산을 추정할 수 있다.

09 (　　　)는/은 독립변인은 질적변인, 종속변인은 양적변인 이상이어야 하고 모집단의 분산이나 표준편차를 알지 못할 때 사용한다. 정상분포와 등분산성의 가정이 충족되어야 한다는 기본 가정이 필요한 검정이다.

10 (　　　)는/은 독립변수와 종속변수 간 선형식을 구해 독립변수 값이 주어졌을 때 종속변수 값을 예측하고 종속변수에 대한 독립변수의 영향력을 분석하는 방법이다.

Answer
- **01** 조작적 정의
- **02** 검사-재검사 신뢰도
- **03** 제2종 오류
- **04** 모집단
- **05** 표준편차
- **06** 비확률 표본추출
- **07** 준거타당도
- **08** 자유도
- **09** t검정
- **10** 회귀분석

실전대비 01 · 2024년 제23회 기출문제

01 다음 사례에서 연구가설이 표현하고 있는 효과는?

> 많은 선행연구에서 부모와의 안정애착(A)이 자녀의 학교생활적응(B)에 영향을 미치는 것으로 나타났다. 최근 한 연구자는 애착이론과 선행연구를 근거로, 두 변인(A, B)과 자기효능감(M)간 관계를 나타내는 연구가설을 다음과 같이 설정했다. "A는 M을 통해 B에 정적인 영향을 미칠 것이다."

① B의 직접효과
② B의 매개효과
③ A의 간접효과
④ M의 조절효과
⑤ B의 이월효과

해설 간접효과는 독립변수(A)가 어떤 변수(M)를 거쳐 종속변수(B)에 간접적으로 영향을 주는 효과로 매개효과라고도 한다. 설문은 A의 간접효과(매개효과)에 대한 설명이다.

02 가설 설정 및 검정에 관한 설명으로 옳지 않은 것은?

① 가설 설정은 주로 연역적 접근법을 사용한다.
② 유의수준보다 유의확률(p값)이 작으면 영가설을 기각한다.
③ 가설 검정을 위한 자료분석 방법은 논문의 연구방법에 기술한다.
④ 영가설을 기각했을 때 이 결정이 오류일 확률을 1종 오류라고 한다.
⑤ 자료분석 결과가 연구자의 예측과 다르게 나타나면 연구가설을 수정해서 논문에 보고한다.

해설 자료분석 결과가 연구자의 예측과 다르게 나타나면 연구가설을 기각하고 기각된 이유를 논문에 보고한다.
① 연역적 이론은 일반적인 이론이나 가설에서 출발하여 구체적인 관찰결과에 대한 결론을 도출하는 방식으로, 사회현상을 체계적으로 이해하고 검증하는 데 유용한 방법이다. 가설 설정은 주로 연역적 접근법을 사용한다.
② 유의수준보다 유의확률(p값)이 작으면 영가설(귀무가설)을 기각하고 대립가설을 채택한다.
③ 논문은 보통 『서론 – 연구방법 – 연구결과 – 논의 및 결론』의 순으로 구성되며, 서론에는 연구의 목적 및 배경을 기술하고, 논문의 연구방법에는 연구대상자, 측정도구, 자료분석방법을 기술한다.
④ 영가설을 기각했을 때 이 결정이 오류일 확률을 1종 오류라고 하고, 대립가설을 기각했을 때 이 결정이 오류일 확률을 2종 오류라고 한다.

03 연구 수행에 관한 설명으로 옳은 것을 모두 고른 것은?

> ㄱ. 연구의 독특성, 의의 및 실행 가능성을 고려하여 연구 주제와 연구문제를 결정한다.
> ㄴ. 관련 이론과 선행 연구들이 부재한 상황에서도 인과관계를 검증할 수 있는 실험연구를 우선적으로 고려한다.
> ㄷ. 양적 연구 수행 시 연구의 내적타당도뿐 아니라 연구 결과의 일반화 가능성도 중요한 고려 사항이다.
> ㄹ. 자기보고식 검사를 사용하면 모든 참여자들이 성실하고 정확하게 문항에 반응한다.

① ㄷ ② ㄱ, ㄷ ③ ㄴ, ㄹ
④ ㄱ, ㄴ, ㄷ ⑤ ㄱ, ㄴ, ㄹ

해설 ㄴ. 선행 연구는 연구의 필요성이나 연구 문제를 도출하는 배경으로서의 역할을 하며, 선행연구결과나 관련 이론들을 면밀히 고찰하여 선정된 연구문제의 변인과 변인 간의 구체적인 관계를 예측하는 연구가설을 도출해야 한다.
ㄹ. 수검자는 사회적 바람직성을 염두에 두고 자기방어적 반응을 할 수 있고, 응답 방식 및 반응에 따라서 개인은 긍정적 혹은 부정적 답변의 경향성을 나타내게 되어 응답결과가 오염될 가능성이 있다.

04 상담 연구에 관한 일반적인 설명으로 옳지 않은 것은?

① 눈덩이표집은 확률표집의 일종이다.
② 군집분석은 사람뿐 아니라 진술문이나 검사문항을 범주화하는 목적으로 활용된다.
③ 자기보고식 검사는 심층면접에 비해 상대적으로 실시하기 용이하다.
④ 이론은 인간 행동을 개념화할 뿐 아니라, 가설 도출 및 검증의 기반이 된다.
⑤ 연구자마다 다른 이론을 토대로 동일한 변인을 다르게 조작적으로 정의할 수 있다.

해설 ① 눈덩이표집, 편의표집, 유의표집, 할당표집은 비확률표집방법들이다.
② 예를 들어 소비자 행동분석을 위한 검사문항을 인구통계학적 군집(연령그룹, 성별그룹, 소득수준그룹), 구매행동군집(구매빈도그룹, 구매금액그룹, 구매채널그룹), 제품선호도군집(제품종류그룹, 제품품질그룹) 등으로 범주화하고 "온라인쇼핑을 자주하고 전자제품을 선호하는 40대"와 같은 특정군집을 찾을 수 있다.
③ 자기보고식 검사는 시행시간이 비교적 짧고 대량검사가 가능하며, 채점과 해석이 쉬워 심층면접에 비하여 실시하기가 용이하다. 심층면접은 면접관과 수험생이 마주하여 질의·응답하는 과정에서 지원자의 인지적, 정의적, 신체적 특성을 포괄하여 평가하는 방식으로 비용과 시간이 많이 소요된다.
④ 이론의 의의
1. 인간 행동을 개념화한다(예 사회학습이론에서는 관찰, 모방, 강화 등의 개념들을 사용하여 인간이 어떻게 학습하는지를 설명한다).
2. 가설도출(예 사람들은 모델의 행동을 관찰하고 이를 모방할 가능성이 높다는 가설도출) 및 검증(예 모방가설을 검증하기 위한 반두라의 보보인형실험)의 기반이 된다.
⑤ 예를 들어 스트레스라는 변인에 대하여 생리학적 이론을 따르는 연구자는 심박수나 스트레스와 연계된 호르몬인 코르티솔의 수치를 활용하여 정의할 수 있다. 반면 심리학적 이론을 따르는 연구자는 자기보고식 스트레스척도를 사용하여 스트레스라는 변인을 정의할 수 있다.

정답 01 ③ 02 ⑤ 03 ② 04 ①

05 양적 연구 패러다임에 관한 설명으로 옳은 것은?

① 일반적으로 구성주의 관점을 따른다.
② 주로 영역코딩, 축코딩, 개방코딩 등 귀납적인 자료분석을 실시한다.
③ 표본의 대표성, 관찰의 객관성, 실증주의적 관점을 중시한다.
④ 근거이론, 현상학적 연구, 합의적 질적 연구가 해당된다.
⑤ 참여관찰을 통해 연구대상이 상황에 부여하는 의미를 이해하고자 한다.

해설 양적연구와 질적연구

양적연구	질적연구
• 표본의 대표성, 관찰의 객관성, 실증주의(객관적 관찰이나 실험 등으로 검증 가능한 지식만을 인정하는 접근법) 관점을 중시한다.	• 구성주의(사회현상은 사회적 상호관계속에서 이루어지는 사람들의 행동, 해석에 의해 연속적으로 형성되고 변화된다) 관점을 따른다. • 근거이론은 수집된 자료를 귀납적 자료분석과 같이 체계적으로 분석하여 이론을 개발하는 연구이다. • 현상학적 연구는 하나의 개념이나 현상에 대해 개인들이 체험의 공통 의미를 기술해 내는 방법을 활용한 연구이다. • 합의적 질적 연구는 기존의 이론적 틀에서 결론을 찾는 것이 아니라, 수집한 자료를 근거로 현상을 기술하고 결론을 도출하는 귀납적 접근 방식을 취한다. • 참여관찰은 어떤 활동이나 상황이 일어나는 현장에 연구자가 직접 들어가 그 모습을 관찰하여 기록하는 질적 연구방법이며, 반드시 일반화를 목적으로 하지는 않는다.

06 양적 연구의 타당도에 관한 설명으로 옳지 않은 것은?

① 무선표집(random sampling)을 실시하면 일반적으로 외적타당도가 증가한다.
② 연구참여자들을 실험집단과 통제집단에 무선할당(random assignment)하면 일반적으로 내적타당도가 감소한다.
③ 일반적으로 실험연구는 가외변인을 통제하기 때문에 내적타당도가 높다.
④ 연구 수행 중에 참여자들이 이탈하고 측정도구가 바뀔 경우 연구의 타당도가 위협받는다.
⑤ 변인 간 상관관계를 토대로 인과관계를 단정할 수 없다.

해설 무선(random)표집을 하면 외적 타당도(연구결과를 모집단에 일반화할 수 있는 정도)가 증가한다. 무선(random)할당을 하면 내적 타당도(연구설계와 방법이 관찰하거나 측정하려고 했던 것을 원래 의도대로 관찰하고 있거나 측정하고 있는 정도)가 증가한다. 즉, 표집이나 할당을 연구자의 의도로 조작하게 되면 타당도는 낮아진다.

2024년 제23회 기출문제

07 통계적 검정력(statistical power)에 관한 설명으로 옳은 것을 모두 고른 것은?

ㄱ. 2종오류 (β)의 크기는 통계적 검정력과는 관련이 없다.
ㄴ. 통계 검정의 가정이 위배되면 일반적으로 통계적 검정력은 감소한다.
ㄷ. 통계적 검정력이 1에 가까울수록 1종오류(α)는 0에 가까워진다.
ㄹ. 1종오류 (α)의 수준을 보수적으로 설정하면(예 : .001), 실제 효과가 있을 때 효과가 있다고 결론내리기 어려워진다.

① ㄱ, ㄴ   ② ㄱ, ㄷ   ③ ㄴ, ㄹ   ④ ㄱ, ㄷ, ㄹ   ⑤ ㄴ, ㄷ, ㄹ

해설 ㄱ. 통계적 검정력 : 귀무 가설이 틀렸을 때 기각될 확률 = (1 − 2종오류(β))이므로 2종오류(β)의 크기는 통계적 검정력과 관련이 있다.
ㄷ. 통계적 검정력이 1에 가까울수록 2종오류(β)는 0에 가까워진다.
ㄴ. 통계 검정의 가정이 위배(예 : 자료가 정규분포를 따르지 않거나, 표본이 너무 적은 경우)되면 일반적으로 통계적 검정력은 감소한다. 예컨대 표본이 너무 적은 경우, 통계적 변동성이 커져 실제 효과를 발견하기가 어려워진다.
ㄹ. 1종오류(α)는 귀무가설(H₀)이 참임에도 귀무가설(H0)를 기각하는 오류이다. 1종오류(α)의 수준을 보수적으로 설정하면(예 .001) 실제 효과가 있는 경우에도 1종오류의 수준이 낮기 때문에 귀무가설을 기각할 오류의 정도가 낮아진다. 즉, 효과가 없다고 판단할 확률이 높아진다.

08 척도의 타당도를 평가할 수 있는 방법을 모두 고른 것은?

ㄱ. 요인분석
ㄴ. 문항의 내용 및 척도 구성에 대한 전문가의 판단
ㄷ. 타당성이 확보된 기존 척도와의 상관
ㄹ. 다특성-다방법(multitrait-multimethod) 접근

① ㄱ, ㄴ   ② ㄴ, ㄷ   ③ ㄷ, ㄹ   ④ ㄱ, ㄷ, ㄹ   ⑤ ㄱ, ㄴ, ㄷ, ㄹ

해설 ㄱ. 요인분석을 통해 추출된 요인(예컨대 성격척도 개발을 위해 추출된 공격성, 성실성, 신경증, 외향성 등)이 예상한 바와 일치하는지, 그리고 충분한 설득력을 가지는지를 검토하여 척도의 타당도를 평가할 수 있다.
ㄴ. ㄷ. 타당성을 평가할 수 있다.
ㄹ. 다특성-다방법(multitrait-multimethod) 접근은 둘 이상의 특성들을 둘 이상의 방법들로 측정할 때 그 결과들을 분석하는 방법으로, 동일한 특성을 서로 다른 방법들에 의해 측정한 후 이들 방법들을 통해 측정한 결과들 사이에 어느 정도의 상관관계가 있는지를 수렴적 타당성 측면과 변별(차별)적 타당성 측면에서 동시에 평가하는 방법이다. 예를 들어 해밀턴 우울척도(HRSD)와 Beck의 우울척도(BDI) 간의 상관관계가 높다면 두 척도들의 수렴적 타당도가 높다고 볼 수 있다. 또한 우울증을 측정하는 척도와 공포증을 측정하는 척도 간의 상관관계가 낮다면 두 척도들의 변별적 타당도가 높다고 볼 수 있다.

정답 05 ③ 06 ② 07 ③ 08 ⑤

09 측정도구 선정 및 사용에 관한 설명으로 옳은 것은?

① 반복된 측정으로 인한 연습효과가 예상될 경우, 연구자는 동형검사(parallel forms) 사용을 고려하는 것이 좋다.
② 측정도구의 신뢰도가 높으면 타당도 또한 당연히 높다고 가정한다.
③ 측정도구 선정 시 검사의 경제성, 피검자의 피로도는 고려할 사항이 아니다.
④ 측정도구가 특정 연령대를 대상으로 타당화되었다면 다른 연령대에도 타당도가 확보된 것으로 가정한다.
⑤ 일반적으로 한 개의 측정도구로도 특정 구성개념을 완벽히 구인할 수 있기 때문에, 구성개념을 측정하기 위해 두 개 이상의 측정도구를 사용할 필요가 없다.

> **해설** ① 동형검사(예) 지능검사를 하는 데 있어서 A, B 두 개의 버전을 가지고 첫 번째는 A버전으로 실시하고, 두 번째는 B버전으로 실시)를 실시하면 연습효과를 줄일 수 있다. 그러나 두 버전들 간의 동등성을 유지하기가 어렵다는 단점이 있다.

10 척도의 신뢰도(reliability)에 관한 설명으로 옳은 것을 모두 고른 것은?

> ㄱ. 척도의 문항이 1개일 경우 반분신뢰도 계수는 1이다.
> ㄴ. 같은 척도를 연령대가 다른 참여자들에게 실시해도 신뢰도 계수는 변하지 않는다.
> ㄷ. Cronbach의 alpha는 검사-재검사 신뢰도를 나타낸다.
> ㄹ. 문항들의 내용이 서로 유사하면 척도의 내적 일관성은 커진다.

① ㄱ
② ㄹ
③ ㄱ, ㄹ
④ ㄴ, ㄷ
⑤ ㄱ, ㄴ, ㄷ, ㄹ

> **해설** ㄹ. 문항들의 내용이 서로 유사하면 척도의 내적 일관성은 커진다.
> ㄱ. 반분검사 신뢰도는 한 번에 실시한 검사문항을 동형이 되도록 두 부분들로 나누어 두 부분들에서 얻은 점수들이 어느 정도 일치하는가의 정도를 의미한다. 척도의 문항이 1개일 경우 반분신뢰도 계수를 계산할 수 없다.
> ㄴ. 같은 척도를 연령대가 다른 참여자들에게 실시하면 신뢰도 계수는 변한다.
> ㄷ. 문항들 간에 어느 정도의 일관성을 가지는가를 나타내는 Cronbach의 alpha는 내적일관성 신뢰도를 나타내며, 0.6 이상이면 신뢰도가 높다고 한다.

11 다음 각각의 사례에 적절한 분석 방법을 옳게 짝지은 것은?

> ㄱ. 연구자는 '자기수용척도' 하위척도(자기수용-1, 자기수용-2, 자기수용-3) 점수의 프로파일을 토대로 연구 참여자들을 적극적 자기수용자, 소극적 자기수용자, 비수용자로 구분했다.
> ㄴ. 연구자의 관심은 A와 B의 관계를 C가 조절하는지를 확인하는데 있다. 이를 위해 연구자는 1단계에 공변인을 투입하고, 2단계에 A와 C를 투입하고, 마지막 3단계에 A와 C의 상호작용항을 투입해서 B를 설명하는 모형을 설정한 후 상호작용 항이 통계적으로 유의한지 확인했다.

① ㄱ: 경로분석, ㄴ: 위계적 회귀분석
② ㄱ: 요인분석, ㄴ: 경로분석
③ ㄱ: 군집분석, ㄴ: 메타분석
④ ㄱ: 군집분석, ㄴ: 위계적 회귀분석
⑤ ㄱ: 메타분석, ㄴ: 반복측정 분산분석

해설 ㄱ. 군집분석이란 서로 유사한 정도에 따라 다수의 객체들을 군집들로 나누는 작업 또는 이에 기반한 분석을 의미한다.
ㄴ. 위계적 회귀분석

구 분	내 용
모형설정	독립변수 A(스트레스), 종속변수 B(학업성적), 조절변수 C(사회적 지원)
회귀분석 실행	1단계 : A(스트레스)와 B(학업성적)을 포함한 단순회귀분석 2단계 : A(스트레스), B(학업성적), C(사회적 지원)을 포함한 다중회귀분석 3단계 : 2단계 다중회귀분석모형에 A(스트레스)와 C(사회적 지원)의 상호작용항을 포함한 다중회귀분석
결과해석	1단계에서 A(스트레스)가 B(학업성적)에 영향을 미친다면, 2단계 및 3단계에서 C(사회적 지원)이 이 관계를 어떻게 조절하는지 확인한다. A(스트레스)와 C(사회적 지원)의 상호작용항이 유의미하다면 C(사회적 지원)이 A(스트레스)와 B(학업성적) 간의 관계를 조절한다고 해석할 수 있다.

12 논문 작성 시 '논의 및 결론'에 포함될 내용에 관한 설명으로 옳은 것은?
① 연구 가설을 지지하지 않는 연구결과는 보고하거나 해석하지 않는다.
② 연구 결과가 상담 실무 및 관련 이론에 갖는 시사점을 기술한다.
③ 연구에서 활용한 척도 및 자료 수집 절차를 상세히 기술한다.
④ 연구의 배경이 되는 이론과 선행연구들을 소개하고 가설을 진술한다.
⑤ 연구 참여자들의 인구통계학적 정보를 표로 제시한다.

해설 논의 및 결론
1. 실험결과에 대한 해석/연구결과에 대한 해석
 • 연구결과가 상담 실무 및 관련 이론에 갖는 시사점을 기술한다.
 • 가설 검정을 위한 자료 분석 결과를 기술한다.
2. 연구결과요약 및 선행연구와의 비교
 • 연구 가설을 지지하지 않는 연구결과라도 결과를 그대로 진술한다.

정답 09 ① 10 ② 11 ④ 12 ②

13 논문 작성 시 '연구방법'에 포함될 내용으로 옳은 것은?
① 연구의 필요성과 목적
② 가설 검정을 위한 자료 분석 결과
③ 연구 결과 요약 및 선행 연구와의 비교
④ 가설 설정의 근거가 되는 이론과 선행연구 결과
⑤ 참여자 모집 절차 및 선정 기준

해설 연구방법
1. 실험설계 또는 실험 방법의 개관/연구설계
2. 피험자들의 표집방법 및 속성/표집절차(참여자 모집 절차 및 선정 기준)
 • 연구 참여자들의 인구통계학적 정보를 표로 제시한다.
3. 실험처치 방법 및 자료/자료수집 및 분석방법
 • 연구에서 활용한 척도 및 자료수집절차를 상세히 기술한다.
4. 측정 또는 검사도구/조사기간
5. 실험절차

14 진실험설계가 충족해야 할 조건으로 옳지 않은 것은?
① 외생(extraneous)변수의 통제
② 무작위 집단 배정
③ 현장실험
④ 종속변수값 간의 비교
⑤ 독립변수의 조작

해설 진실험설계는 무작위집단배정을 통해 실험집단과 통제집단의 비교가 가능하고 독립변수가 조작가능하며, 외생변수의 통제가 가능한 실험실 설계(현장실험 ×)를 말한다.

조건	내용 (예 AI 학습방법의 효과를 실험한다고 했을 때)
무작위 집단 배정	연구참여자를 실험집단과 통제집단에 무작위로 배정하여 외부변수가 결과에 미치는 영향을 최소화한다. (예 학생들을 무작위로 실험집단으로 배정한다.)
독립변수의 조작	독립변수를 연구자가 의도적으로 변화시켜 독립변수가 종속변수에 미치는 영향을 확인한다. (예 실험집단에는 AI학습방법을 적용하고, 통제집단에는 구학습방법을 적용한다.)
외생변수의 통제	실험결과에 영향을 미칠 수 있는 외생변수를 통제하여 실험의 내적 타당도를 높인다. (예 실험기간동안 동일한 환경에서 학습하고, 동일한 조건에서 시험을 치른다.)
종속변수값들 간의 비교	독립변수의 조작결과로 나타나는 종속변수의 값들을 측정함으로써 독립변수의 효과를 평가한다. (예 실험집단과 통제집단의 시험결과를 비교한다.)
재현성	실험을 반복했을 때 동일한 결과들을 얻을 수 있도록 실험을 설계한다. 연구자는 실험의 모든 단계들을 문서화하고 다른 연구자들이 동일한 조건에서 실험을 재현할 수 있도록 한다.

15. 자료의 총체로부터 귀납적으로 이론을 개발하는 방법으로서, 연구자는 수집한 자료에 기초하여 가설을 설정하고 검증하며, 분석적 귀납법이라고 부르는 과정을 통해 이론을 개발하는 연구방법은?

① 현상학적 연구
② 사례연구
③ 문화기술지 연구
④ 합의적 질적 연구
⑤ 근거이론 연구

해설 근거이론 연구 방법은 질적 연구 방법으로 자료를 수집하고 체계적으로 분석하여 이론을 생성하는 방법이다. 분석적 귀납법의 개방코딩, 축코딩, 선택코딩은 근거이론 연구 방법에서 사용하는 코딩 방법들이다.

16. 단순선형회귀분석에서 총변동(SST; sum of squares total) 중 선형관계로 설명되지 않는 변동(SSE; sum of squares error)이 차지하는 비중이 $\frac{1}{5}$이라면 결정계수 R^2의 값은?

① $\frac{1}{25}$ ② $\frac{1}{5}$ ③ $\frac{4}{5}$ ④ 5 ⑤ 25

해설 $SSE = \frac{1}{5}(SST)$, 결정계수 $R^2 = 1 - \frac{SSE}{SST} = 1 - \frac{SST}{5SST} = \frac{4}{5}$

17. 집단간 설계에 해당하는 것을 모두 고른 것은?

ㄱ. 사후검사 통제집단 설계	ㄴ. 솔로몬 4집단 설계
ㄷ. 교차설계	ㄹ. 라틴정방형(Latin square) 설계

① ㄱ, ㄴ ② ㄱ, ㄷ ③ ㄴ, ㄷ ④ ㄴ, ㄹ ⑤ ㄷ, ㄹ

해설 교차설계는 예컨대 임상시험대상자들이 2가지 이상의 새로운 치료방법들에 순차적으로 무작위 배정되어 치료방법들 간 비교시 시험대상자들 자신들이 대조군이 되는 설계이다.
라틴정방형 설계는 주로 두 개의 교란변수들을 통제하기 위해 사용되는 실험방법이다. 예를 들어 3가지 비료(A,B,C)이 작물 성장에 미치는 영향들을 비교하기 위해 교란변수들인 토양유형과 환경을 행렬에 놓고 행과 열의 교차점에 각 비료를 배치하게 되면 교란변수들을 통제하면서 3가지 비료들의 효과들을 잘 파악할 수 있다.

	환경 1	환경 2	환경 3
토양 1	A	B	C
토양 2	C	A	B
토양 3	B	C	A

18 질적 연구의 특징에 관한 설명으로 옳지 않은 것은?

① 자연스러운 상황에서 수행되고 밀접한 상호작용이 자료의 원천이다.
② 면접, 관찰, 문서 등 다양한 형태의 자료들을 수집한다.
③ 참여자의 관점·의미 또는 참여자의 다양한 주관적 견해에 초점을 맞춘다.
④ 이론과 가설은 수집된 자료로부터 연역적 방법으로 진화하여 발견된다.
⑤ 연구설계에 있어서 초기계획이 엄격하게 규정되지 않고, 연구과정이 유연하다.

해설 양적연구 방법에 대한 설명이다. 질적연구는 연구 문제 분석을 위하여 귀납법을 사용한다.
① 참여자가 처한 자연적인 상황에서 질적연구자는 시간의 흐름에 따라 직접 얼굴을 대하며 상호작용하게 된다.
② 질적연구자는 대체로 단일한 자료 원천에 의존하기보다는 면접, 관찰, 문서 등의 다양한 형태의 자료들을 수집한다.
③ 참여자는 전체 질적연구과정에서의 연구대상자이며, 질적연구는 참여자의 관점·의미 또는 참여자의 다양한 주관적 견해에 초점을 맞춘다.
⑤ 질적연구의 경우 연구질문이나 가설이 명확하게 설정되지 않을 수 있으며, 연구과정에서 새로운 질문이나 주제가 떠오를 수 있으므로 연구설계에 있어서 초기계획이 엄격하게 규정되지 않고, 연구과정이 유연하다.

19 인간참여자를 대상으로 한 연구에서 연구 참여에 대한 동의를 받을 때 고지해야 하는 사항으로 옳지 않은 것은?

① 연구의 목적, 예상되는 기간 및 절차
② 연구참여에 따른 잠재적 위험
③ 연구기간 중 연구참여를 철회할 권리
④ 예상되는 실험결과나 연구결과
⑤ 비밀보장의 한계

해설 ①, ②, ③, ⑤ 외에 연구참여자는 연구종료 후 연구결과에 대한 요약자료를 얻을 수 있다.

20 연구부정행위에 관한 설명으로 옳지 않은 것은?
① 존재하지 않은 데이터를 허위로 만들어 내는 것은 위조에 해당한다.
② 존재하지 않은 연구결과를 허위로 만들어 내는 것은 변조에 해당한다.
③ 타인의 아이디어를 정당한 승인 또는 인용 없이 활용하는 것을 표절이라 한다.
④ 연구에 기여하지 않은 사람에게 논문저자 자격을 부여하는 것은 부당한 저자표시이다.
⑤ 이전에 출판된 자신의 연구결과를 해당 사실을 밝히지 않고 사용하는 것도 연구부정행위에 해당한다.

해설 "위조"라 함은 자료나 연구결과를 허위로 만들고 이를 기록하거나 보고하는 행위를 말한다.
"변조"라 함은 연구와 관련된 자료, 과정, 결과를 사실과 다르게 변경하거나 누락시켜 연구가 진실에 부합하지 않도록 하는 행위를 말한다.

21 혼합연구방법에 관한 설명으로 옳은 것을 모두 고른 것은?

> ㄱ. 미숙련 연구자에게 적합한 연구방법이다.
> ㄴ. 질적 연구방법과 양적 연구방법을 결합한 연구방법이다.
> ㄷ. 현상에 대한 이해를 넓히고 깊이 있는 연구가 가능하다.

① ㄱ ② ㄱ, ㄴ ③ ㄱ, ㄷ ④ ㄴ, ㄷ ⑤ ㄱ, ㄴ, ㄷ

해설 혼합연구방법은 숙련 연구자에게 적합한 연구방법이다.

22 유사실험설계(quasi-experimental design)에 관한 설명으로 옳지 않은 것은?
① 비동질통제집단설계(nonequivalent control group design)는 유사실험설계에 속한다.
② 진실험설계(true experimental design)에 비해 내적타당도 확보가 우수하다.
③ 피험자를 무선적으로 배치하지 못한다.
④ 실험실 상황이 아닌 실제 상황에서 독립변수를 조작해 연구하는 설계이다.
⑤ 진실험설계에 비해 외생변수의 효과를 통제하기 어렵다.

해설 유사실험설계는 실험군과 대조군을 무작위로 배정하지 않고 자연적으로 발생하는 집단을 비교하여 연구하는 방법이므로, 외생변수의 통제가 곤란하여 내적타당도가 낮다. (예 새로운 교육프로그램의 효과를 평가하기 위해 서울시내의 2개 인접학교들을 선정하여 한 학교에는 새로운 프로그램을 실시하고, 다른 한 학교에는 기존 프로그램을 유지하도록 설계하는 것을 말한다.)

23 상담연구에서 단일사례연구설계(single-case research design)에 관한 설명으로 옳지 않은 것은?

① 연구결과의 일반화 가능성이 높다.
② 통계적 검증보다는 임상적 유의미성을 중시한다.
③ ABAB설계(reversal design)와 다중기저선설계(multiple-baseline design) 등이 있다.
④ 연구를 진행하면서 연구설계나 연구절차를 유연하게 수정할 수 있다.
⑤ 한 개인 또는 집단을 상대로 연구대상 내 차이를 분석하여 처치효과를 추정한다.

> **해설** 단일사례연구설계는 단일사례연구만으로 인과관계를 확신하기는 어렵고, 하나의 사례만 관찰하기 때문에 연구자의 편견이 개입될 여지가 많아 일반화가 어렵다.

구 분	내 용
ABAB설계	알코올 중독자의 개입전 행동이나 상태를 수집(A) – 금주 프로그램에 참석한 후의 금주행동의 상태나 행동을 기록(B) – 다시 일정시간 개입을 중단한 이후에 어떤 변화를 보이는지 관찰(A) – 다시 개입한 후 두번째 개입 후의 행동이나 상태를 관찰(B)하는 설계이다.
다중기저선 설계	우울증 증세를 가지고 있는 참여자 A, B, C의 개입전 상태를 기록한 후 첫 번째 주에는 A에게만, 두 번째 주에는 B에게만, 세 번째 주에는 C에게만 행동치료(CBT)를 도입하고, 각각의 기초선데이터와 개입후 데이터를 비교하여 개입의 효과를 평가한다.

② 행동변화를 분석해 임상적 유미미성을 평가할 수 있다.
④ 연구를 진행하면서 발생하는 문제나 변화를 신속하게 분석하고 대안을 모색하여 연구설계나 연구절차를 유연하게 수정할 수 있다.

24 모의상담연구에 관한 설명으로 옳지 않은 것은?

① 독립변수의 수준을 조작함으로써 실험 상황을 통제할 수 있다.
② 대리 내담자의 활용을 통해 재정적 부담을 완화할 수 있다.
③ 상담과정 단순화를 통해 연구결과의 해석이 용이해진다.
④ 변수의 조작적 정의를 구체화 할 수 없다는 것이 단점이다.
⑤ 실험과정에서 발생할 수 있는 윤리적 문제를 회피할 수 있다.

> **해설** 모의상담연구는 실제 상담상황을 시뮬레이션하여 상담기법, 상담자의 태도, 내담자의 반응 등을 연구하는 방법이며, 독립변수, 종속변수, 통제변수 등의 다양한 변수들을 조작하여 구체화할 수 있다.
> ① 모의상담연구시 독립변수의 수준을 조작함으로써 실험 상황을 통제할 수 있다.

25. **실험실 실험연구에 관한 설명으로 옳지 않은 것은?**
   ① 종속변인에 영향을 미치는 처치변인 외에 가외변인에 대한 통제가 중요하다.
   ② 처치를 인위적으로 조작하여 종속변인이 어떤 변화를 보이는지를 분석한다.
   ③ 상담 연구의 실험실 실험연구에는 모의상담이 해당된다.
   ④ 일반적으로 현장 실험연구에 비해 외적타당도가 낮다.
   ⑤ 우연적 사건, 성숙효과는 외적타당도를 저해하는 가외변인에 해당한다.

   해설 참여자의 건강상태 악화와 같은 우연적 사건, 시간이 지남에 따라 실험대상인 아동이나 청소년 등의 성장에 따른 성숙효과는 실험실 실험연구의 내적타당도를 저해하는 가외변인들에 해당한다.

실전 대비 02 적중 예상 문제

01 다음은 연구자들의 가설이다. 이 가설에 포함된 변수에 관한 옳은 설명을 보기에서 모두 고른 것은?

> 연구자들은 학생들의 회복탄력성이 학교폭력을 당한 사실에서 빨리 빠져나올 수 있게 한다고 보았다. 특히나 학교폭력에 시달렸다 하더라도 친구나 부모님과의 관계가 좋다면 회복이 빨리 될 것이라고 보았다. 그런데 학생들의 어릴 적 가정환경이 회복탄력성의 가장 중요한 원인일 것이라는 다른 연구자들도 있다.
> ㄱ. 회복탄력성은 독립변수이고, 학교폭력에서 치료된 것은 종속변수이다.
> ㄴ. 학교폭력은 매개변수이다.
> ㄷ. 친구나 부모와의 관계는 조절변수이다.
> ㄹ. 어릴 적 가정환경은 외생변수이다.

① ㄱ
② ㄱ, ㄴ
③ ㄴ, ㄷ
④ ㄱ, ㄹ
⑤ ㄱ, ㄴ, ㄷ, ㄹ

02 이론에 관한 설명으로 옳은 것은?

① 이론은 현상에 대한 설명과 예측을 목적으로 변수 간 관계를 밝힘으로 그 현상에 대한 체계적인 견해를 제공한다.
② 이론은 산재한 일정한 현상들을 일반화함으로 대표할 수 있는 추상화된 개념이다.
③ 추상화된 자료를 수집하여 추상적이고 관념적인 한 가지 결론에 도달하는 방법이다.
④ 논리적이고, 검증 가능하나 아직은 미래를 예측하기에는 부족해서 보완해야 하는 설명이나 모형이다.
⑤ 이론의 절대성은 보존되는 것이며 절대적 진리가 있기 때문에 수정 가능성은 일부로 제한한다.

03 가설의 설명 중 옳지 않은 것은?

① 가설이란 아직 진실여부가 확인되지 않은 사실로서 실증적인 확인을 위해 구체적이어야 하고 현상과 관련성을 가져야 한다.
② 가설 설정할 때, 윤리적이고 창의적이고 실용적이어야 한다.
③ 문제의 설정에서 제기된 의문에 대한 답을 모두 제공함으로 광범위한 범위에 적용 가능해야 한다.
④ 가설은 둘 이상의 변수의 관계에 대한 검증된 진술이다.
⑤ 가설은 간단하고 계량화가 가능하며 확률적으로 표현되어야 한다.

04 과학적 연구의 특징에 속하지 않는 것은?

① 직관성
② 객관성
③ 재생가능성
④ 변화가능성
⑤ 체계성

05 다음 중 횡단연구에 해당하는 것만을 고른 것은?

| ㄱ. 동년배 연구 | ㄴ. 인구조사 | ㄷ. 경향연구 |
| ㄹ. 패널연구 | ㅁ. 여론조사 | |

① ㄱ, ㄴ, ㄷ
② ㄱ, ㄷ, ㄹ
③ ㄹ, ㅁ
④ ㄴ, ㅁ
⑤ ㄱ, ㄷ, ㄹ, ㅁ

정답 및 해설 01.⑤ 02.① 03.③ 04.① 05.④

01

독립변수	다른 것을 설명하는 변수. 어떤 효과를 관찰하기 위해 실험적으로 조작되거나 혹은 통제된 변수
종속변수	설명되는 변수
매개변수	몇 개의 변수 사이에 함수관계를 정하기 위해서 사용되는 또 다른 하나의 변수
조절변수	종속변수에 대한 독립변수의 효과를 중간에서 조절하는 변수
외생변수	경로분석모형에서 가설화된 원인을 포함하지 않은 변수, 즉 그 체계 내부에서 결정되지 않는 변수
내생변수	내생변수는 최소 하나의 가설화된 원인을 포함한 변수, 즉 연립방정식으로 표시되는 모델에 있어서 미지수인 변수
가외변수	종속변수에 영향을 미칠 것으로 가정되지만 연구에서 다루어지지 않은 변수

03 가설은 문제 제기에서 하나의 가정적 답변을 제시하면 된다.

05

횡단연구	종단연구
인구조사, 여론조사	동년배연구, 경향연구, 패널연구 등

06 근거이론에 대한 설명으로 옳은 것은?

① 일련의 과정을 통해 어떤 현상에 대해 하나의 이론을 연역적으로 이끌어내는 질적연구 방법이다.
② 연구하고자 하는 영역에서 보이는 행위의 다양성을 상술하고, 해석할 수 있는 개념을 발견하여 이들 개념 간 관계를 설명한다.
③ 일반적인 과학적 실험연구인 '어떻게'에 대한 관심이 아니라 '무엇'에 대한 관심에서 시작되었다.
④ 새로운 개념이나 개념간의 관계는 어느 순간 나타나는 것이므로, 그 관계가 나타날 때까지 자료를 분석하는 작업을 거친다.
⑤ 표본을 처음부터 충분히 얻어 자료를 비교, 분석하는 과정을 거친다.

07 서베이 조사의 단점으로 옳은 것은?

① 대규모 모집단의 특성을 기술하는데 유용하다.
② 시간과 비용이 적게 들고 심도 깊은 조사가 가능하다.
③ 면대면으로 만나는 것이 아니기 때문에 상대적으로 정확한 조사가 아닐 경우가 많다.
④ 표본추출 오류가 조사결과에 영향을 미친다.
⑤ 조사 대상이 전체를 대표할 수 있는 선택된 일부를 연구한다.

08 표본추출의 절차에 관한 설명으로 옳은 것은?

① 모집단은 그 특성을 잘 알지 못하도록 광범위하게 선정한다.
② 모집단이 확정된 경우 표본을 추출하게 될 표집들을 선정해야 한다.
③ 표본추출의 전제는 일반화 하는 것이 최종목표이기 때문에 오차를 허용하지 않는다.
④ 표본추출시 필요하면 표본을 수정해도 된다.
⑤ 표본추출의 절차에서는 가장 먼저 표집방법을 결정해야 한다.

09 표본의 크기가 100이고, 모집단 크기의 수가 2천명일 때 표집간격은?

① 20명 ② 30명 ③ 45명
④ 50명 ⑤ 100명

10 다음 중 비확률표집에 속하지 않는 것은?

① 할당표집   ② 유의표집   ③ 눈덩이표집
④ 군집표집   ⑤ 편의표집

11 크기 N=300명의 모집단에서 남자 N1=212명, 여자 N2=88명이었다. 계통표집으로 사용하여 남자 n1=18명, 여자 n2=18명을 추출하였다. 이들에 대해 외제 물품 불매 운동을 할 것인지를 묻는 질문을 했고 이에 대해 "그렇다"고 대답한 사람은 남자가 10명, 여자가 12명이었다. 모집단 전체에서 한국으로서 자부심을 갖고 있는 사람의 비율을 추정한 것은?

① .14   ② .48   ③ .62
④ .72   ⑤ .86

12 표집오차에 관한 설명으로 옳은 것은?

① 표본의 크기가 같을 경우, 할당표집에서보다 층화표집의 경우 표집오차가 더 크다.
② 표본의 크기가 같을 경우 집락표집에서 단순무작위표집의 경우보다 표집오차가 더 크다.
③ 일반적으로 표본의 분산이 클수록 표집오차는 작아진다.
④ 모집단이 동질하면 표본오차는 커진다.
⑤ 일반적으로 표본의 크기가 클수록 표집오차는 작아진다.

정답 및 해설   06.②   07.③   08.②   09.①   10.④   11.③   12.⑤

06 ① 근거이론은 이론을 생성하기 위해 일상적 행동이나 조직적인 패턴을 이용한 귀납적 방법을 적용한다.
③ 일반적인 과학적 실험연구인 '무엇'에 대한 관심이 아니라 '어떻게'에 대한 관심에서 시작되었다.
④ 새로운 개념이나 개념간의 관계는 점진적으로 나타나는 것이므로, 그 관계가 나타날 때까지 자료를 수집, 분석하는 작업을 거친다.
⑤ 표본에서 얻은 자료를 지속적으로 비교, 분석하면서 새로운 내용이 더 이상 나타나지 않으면 비로소 샘플추출을 중단한다.

07 ①은 서베이조사의 장점, ②·④·⑤는 표본조사에 대한 설명

09 표집간격 = $\dfrac{\text{모집단전체의 크기}}{\text{표본크기}}$

10 집락표집은 확률표본추출에 속한다.

표본추출방법

확률 표본추출	단순무작위표집, 계통표집, 층화표집, 집락표집
비확률 표본추출	편의표집, 할당표집, 눈덩이표집, 유의표집

11 (12+10) ÷ (18+18) = .62

13 다음 중 측정도구가 측정하고자 하는 현상을 제대로 측정하는지를 보여주는 것을 무엇이라 하는가?

① 타당도　　　　② 신뢰도　　　　③ 측정도
④ 일관도　　　　⑤ 명확도

14 확률표집과 비확률표집에 관한 설명으로 옳지 않은 것은?

① 확률표집은 모집단으로부터 선택될 확률이 미리 알려지지 않은 경우 사용한다.
② 확률표집은 무작위적 표집을, 비확률표집은 인위적 표집을 한다.
③ 확률표집은 모수치 추정이 가능하지만, 비확률표집은 모수치 추정이 불가능하다.
④ 비확률표집은 확률표집보다 시간과 비용이 절약된다.
⑤ 비확률표집은 편의표집, 유의표집, 눈덩이표집, 할당표집 등이 있다.

15 표집오차에 관한 설명으로 옳은 것은?

① 표본의 통계치가 모집단의 모수치와 다른 정도를 의미한다.
② 표집오차에서 나타나는 오류는 무응답, 거짓말, 작성 오류 등이 있다.
③ 모집단의 이질성 정도가 크면 표본오차는 작아진다.
④ 표본크기는 작아질수록 표본오차는 줄어드는 경향이 있다.
⑤ 자료를 수집하는 과정에서 발생하는 오류이다.

16 측정의 기능에 해당하는 것은?

① 통계의 기능　　　② 주관화의 기능　　　③ 오차 검증의 기능
④ 반복된 효과의 기능　　⑤ 의사소통의 기능

17 측정의 신뢰도를 높이는 방법으로 옳지 않은 것은?

① 문항의 난이도가 적절하게 배치되도록 한다.
② 기존의 측정도구를 사용한다.
③ 변별도가 높은 문항들을 선택한다.
④ 검사시간이 촉박해야 더 정확한 신뢰도를 답보할 수 있다.
⑤ 측정 항목 수를 많이 배치한다.

18 다음 보기에서 알아보고자 한 타당도는?

> 새로 개발한 아동용 지능검사와 현재 널리 사용되고 있는 웩슬러 아동용 지능검사와의 상관관계를 산출하였다.

① 내용타당도 ② 예언타당도
③ 공인타당도 ④ 구인타당도
⑤ 이해타당도

19 신뢰도 중 크론바하 알파에 관한 설명으로 옳지 않은 것은?

① 동일한 실험참가자에게 서로 다른 시기에 측정하여 구한 값을 비교하는 방법이다.
② 문항들 각각 하나의 검사로 간주하고 문항들 간 일치도를 측정한다.
③ 문항 내적 일관성을 측정하는 방법 중 하나이다.
④ 신뢰도가 낮을 때 신뢰도를 저해하는 문항을 찾을 수 있는 문항 측정 방법이다.
⑤ 계수는 0~1사이에 존재하며 .7이상이 바람직하고 .8~.9가 높은 신뢰도를 보여준다.

20 척도 개발 순서가 올바른 것은?

① 예비검사 → 문항 개발 → 개념 정의 → 목적 검토 → 문항 수정 → 척도 확정
② 개념 정의 → 문항 개발 → 문항 검토 → 예비검사 → 문항 수정 → 척도 확정
③ 예비검사 → 개념정의 → 문항 검토 → 목적 검토 → 척도확정 → 문항수정
④ 문항 개발 → 문항 검토 → 목적 검토 → 예비검사 → 문항수정 → 척도확정
⑤ 문항 개발 → 개념정의 → 목적 검토 → 문항 검토 → 척도 확정 → 문항수정

정답 및 해설   13.① 14.① 15.① 16.⑤ 17.④ 18.③ 19.① 20.②

15 ②, ⑤ 비표본오차 설명이다.
ⓒ중심경향을 나타내는 특정한 값인 중심경향값의 종류에는 평균,중앙값,최빈값이 있다.
16 측정은 객관화, 일치/조화의 기능, 계량화의 기능, 반복과 의사소통의 기능이 있다.
17 충분한 답할 시간이 주어질 때 측정의 신뢰도는 높아진다.
19 ① 검사-재검사 신뢰도에 관한 설명이다.
20 척도 개발 순서는 척도 사용목적 수립 → 개념 정의 → 문항 개발 → 문항 검토 → 예비검사 → 문항 수정 → 척도 확정 순으로 이루어진다.

21 각 척도와 개념을 설명한 것으로 옳은 것은?

① 보가더스 척도 : 사회적 거리(원근)뿐 아니라 친밀도를 측정한다.
② 거트만 척도 : 서열척도로 두 개 이상의 변수를 동시에 측정하는 다차원적 척도이다.
③ 써스톤 척도 : 한정된 집단성원 간 관계를 추출하여 역동성과 상호작용을 분석한다.
④ 리커트 척도 : 총화평정척도 또는 다문항 척도로 여러 문항을 하나의 척도로 사용한다.
⑤ 의미분화척도 : 특정 자극에 대한 비슷한 태도를 가진 사람이나 대상을 분류하기 위한 방법이다.

22 총화평정척도에 관한 설명으로 옳지 않은 것은?

① 응답자가 응답하는 전체 문항에 대한 값을 전체 태도의 측정치로 보고 계산한다.
② 단일문항척도라고도 한다.
③ 하나의 개념을 측정하기 위해 여러 개의 문장을 이용한다.
④ 실용적이어서 사회 과학 분야에서 많이 사용된다.
⑤ 대표적인 것인 리커트 척도이다.

23 다음과 같은 특징을 가진 연구방법은?

- 동종의 여러 연구로부터 얻어진 양적 자료를 통합하여 분석하는 방법이다.
- 통제된 연구에 대한 성과연구로 처치의 효과 여부를 검증, 효과에 영향을 미치는 변수 분석, 기타 이론적 가설 및 예측에 대한 검토하는 것이다.
- 분석자료가 되는 모든 연구들, 즉 각 처치의 효과 크기를 계산한다.
- 효과 크기의 평균을 계산하여 효과의 크기와 다른 변수들과의 상관 여부를 분석한다.

① 질적연구법　　② 모의상담연구　　③ 메타분석
④ 내용분석법　　⑤ 관찰법

24 다음 중 내적타당도와 외적타당도를 저해하는 대부분의 요소를 통제할 수 있어서 매우 신뢰도가 높은 실험설계는?

① 진실험설계　　② 요인설계　　③ ABA 설계
④ 복수요인설계　　⑤ 솔로몬 4집단 설계

25 정규분포에 대한 설명으로 옳지 않은 것은?

① 모든 연속형의 확률변수는 정규분포를 따른다.
② 정규분포를 따르는 변수는 평균, 중위수, 최빈값이 모두 같다.
③ 정규분포를 따르는 변수는 평균이 0이고, 분산이 1이다.
④ 이항분포를 따르는 변수는 언제나 정규분포를 통해 확률값을 구할 수 있다.
⑤ 밀도함수곡선은 수평에서부터 어느 방향으로든지 수평축에 닿는다.

26 상관계수의 설명으로 옳지 않은 것은?

① 상관계수의 값은 −1에서 1사이에 존재한다.
② 상관계수 값이 0이면 두 변수는 선형이다.
③ 상관계수는 두 변수의 선형관계를 나타낸다.
④ 공분산의 값이 0이면 상관계수는 0이다.
⑤ 상관계수의 값은 0−1사이에 있다.

27 p값(p−value)과 유의수준 α 에 관한 설명으로 옳지 않은 것은?

① p−값 > α 이면 귀무가설을 기각할 수 있다.
② p−값 < α 이면 귀무가설을 기각할 수 있다.
③ p−값이 > α 이면 귀무가설은 채택된다.
④ p−값이 = α 이면 귀무가설은 채택된다.
⑤ α는 H_0가 참인데 H_0을 기각하는 확률을 의미한다.

정답 및 해설   21.④ 22.② 23.③ 24.⑤ 25.② 26.⑤ 27.①

21 ① 보가더스는 사회적 거리만 측정한다.
② 거트만 척도는 두 개 이상의 변수를 동시에 측정할 수 없다.
③ 설명은 소시오메트리 척도이다.
⑤ 설명은 Q 분류 척도이다.
22 다문항 척도라고 한다.
23 양적 연구 자료들을 새로 분석해서 그 효과 크기를 분석하는 연구방법이다.
24 솔로몬 4집단 설계는 가장 이상적인 설계로 내적타당도와 외적타당도가 모두 높은 이상적 실험설계방법이다.
27 ① p−값이 작을수록 표본분석의 결과는 귀무가설과 상반된다.

28 전국의 고교생 2만명을 대상으로 모의수능시험을 실시한 결과, 수리영역(100점 만점)에서 평균 40점, 표준편차가 10점이었다. A학생의 원점수가 70점일 때, 평균이 40점, 표준편차는 5점으로 환산한 표준점수는 얼마인가?

① 65.0 ② 72.5 ③ 60.0
④ 55.0 ⑤ 75.0

29 10명의 스포츠댄스 회원들이 댄스 프로그램에 참가하여 프로그램 시작 전 체중과 한 달 후 체중이 달라진 것을 알아보려고 할 때 가장 적합한 검정방법은?

① 카이제곱 검정
② 독립표본-t 검정
③ z-검정
④ F-검정
⑤ 대응표본-t 검정

30 다음 중 연구결과를 작성할 때 검토해야 할 사항으로 옳지 않은 것은?

① 연구자가 조사한 자료가 연구목적에 적합한 통계절차를 거쳤는지 검토한다.
② 연구 문제와 연구가설과 관련된 분석결과를 적절하게 제시하고 있는지 검토한다.
③ 통계분석 결과의 제시방식이 적절한지 검토한다.
④ 연구 설계가 설득적으로 충분히 기술되어 있는지 검토한다.
⑤ 연구결과를 객관적으로 잘 기술하고 있는지 검토한다.

정답 및 해설 28.④ 29.⑤ 30.④

29 대응표본 t-검정은 한 집단을 대상으로 개입의 효과를 사전, 사후로 값을 알아보는 검정방법이다.
30 ④ 연구방법 기술할 때 검토해야 할 부분이다.

3과목

[필수과목] **심리측정 평가의 활용**

Section 01   심리검사의 개념과 역사
Section 02   심리평가와 면접
Section 03   기본통계
Section 04   지능검사
Section 05   다양한 심리검사
Section 06   미네소타 다면적 인성검사 (MMPI, MMPI-2)
Section 07   투사검사

Section 01 심리검사의 개념과 역사

학습목표
심리검사의 개념과 발전되어온 역사, 여러 심리검사들의 기초를 살펴보고 상담자가 갖추어야 할 윤리의식을 학습한다.

1 심리검사의 개요

(1) 심리검사의 개념 및 특징 2020년 기출 ★

① 성격, 지능, 적성 같은 인간의 다양한 심리적 특성에 대해 파악하려는 데 목적이 있다.
② 다양한 도구를 사용하여 특성들을 양적, 질적으로 측정하고 평가하는 절차이다.
③ 심리검사를 통해 각 사람마다의 개인차에 대해서 파악한다.
④ 인간의 심리적인 과정 자체에 대한 이론적인 통찰을 습득한다.
⑤ 심리검사를 통해서 얻어진 정보를 중심으로 면담, 행동관찰, 개인력 등에서 자료를 참조하여 종합적 평가를 내리는 전문적인 과정이다.
⑥ 표준화된 방식에 따라 수행하며 절차가 구조화되어 있고 평가와 해석이 표준화되어 있다.

(2) 심리검사의 유형 2019년 기출 ★

① 객관적 검사(objective test)
  ㉠ 구조화되어 있고 채점과정이 표준화되어 있으며 해석의 규준이 제시되어 있는 검사이다.
  ㉡ 검사에서 평가하고자 하는 영역에 대해 구체적으로 측정할 수 있도록 구성되었다.
  ㉢ 그 특성을 측정하는 데 가장 적합하다고 생각되는 일정한 방식에 따라 응답되고 해석된다.
  ㉣ 개인마다 공통적으로 지니고 있는 특성이나 차원의 기준으로 개인의 상대적인 위치를 비교하고 평가한다.
  ㉤ 대표적인 객관적 검사
    ⓐ 지능검사 : WISC, WAIS, WPPSI 등
    ⓑ 성격유형 검사 : MMPI, MBTI 등
    ⓒ 적성 및 흥미검사 : 직업흥미검사, 학습흥미검사, 적성검사 등
  ㉥ 장점
    ⓐ 검사 실시와 해석이 명확하게 구조화되어 있고 간편하다.
    ⓑ 검사의 신뢰도 및 타당도가 검증되었다.

Section 01 심리검사의 개념과 역사

ⓒ 검사자 변인이나 검사의 상황변인에 따른 영향이 비교적 적다.
ⓓ 개인간 비교를 객관적으로 제시 가능하다.
ⓔ 검사자 간 일치도가 높고 표준화가 되어 있다.

Ⓢ **단점**
ⓐ 피검자들이 자신이 의도하는 방향으로 문항에 대해 반응할 수 있다.
ⓑ 수검자의 언어 능력을 비롯해 지적 능력의 영향을 많이 받는다.
ⓒ 검사가 측정하고자 하는 특성의 양적인 면에 치우칠 수 있다.
ⓓ 개인의 질적인 독특성에 대한 정보는 쉽게 무시된다.

② 투사적 검사(projective test) 2021년 기출 ★
㉠ 검사 자극이 모호할수록 자극을 인지적으로 해석하는 과정에 개인의 욕구, 갈등, 성격 같은 심리적 특성의 영향이 강하게 투영되는 경향이 있다.
㉡ 비구조적 검사 과제를 통해 개인의 독특성을 최대한 이끌어내는 검사라고 볼 수 있다.
㉢ 개인의 다양한 반응을 도출시키기 위해서 가능한 한 간단한 지시 방법을 사용하며 검사자극 또한 불분명하고 모호한 것이 특징이다.
㉣ 대표적인 투사적 검사에는 Rorschach 검사, TAT, CAT, DAP, HTP, BGT, SSCT 검사가 있다.
㉤ **장점**
ⓐ 검사자극이 모호하고 피검자가 가능한 한 자유롭게 반응하도록 허용한다.
ⓑ 내면의 사고 과정과 내용, 정서 상태, 욕구 및 충동, 갈등과 방어 등 독특하고 다양한 반응이 도출된다.
ⓒ 자극의 모호성 때문에 피검사자가 방어적으로 반응하기 어렵다.
ⓓ 의식화되지 않던 사고나 감정이 자극됨으로써 전의식, 무의식적인 심리적 특성이 반영된다.
ⓔ 언어적 제약을 상대적으로 덜 받고 수검자가 임의로 반응을 조작하기 힘들다.
㉥ **단점**
ⓐ 해당 검사에 대한 평가자의 풍부한 경험과 숙련도가 필수적이다.
ⓑ 평가자의 태도가 수검자의 반응 도출에 영향을 미칠 수 있다.
ⓒ 전반적으로 신뢰도와 타당도가 객관적으로 검증되기 어렵다.

※ 어떤 심리검사든 완벽하지는 않고 장·단점을 보완하여 적절하게 사용해야 한다.

2 심리검사의 역사와 발전

(1) 역사의 시작

① 심리학의 출현, 분트(Wundt)
  ㉠ 1879년, Wundt가 라이프치히에 실험실을 개설하였다.
  ㉡ Wundt는 심리학 연구를 위해 실험실 조작과 객관적 측정을 강조함으로써 심리측정학(Psychometrics)의 발달에 중요한 토대를 마련하였다.
  ㉢ Wundt는 모든 인간에게서 나타나는 일반 원리를 발견하고자 노력하였다.

② 현대 심리검사의 시조, 골턴(Galton)
  ㉠ 개인차 연구의 선구자였던 Galton은 개인차가 지적 능력의 차이로 유전에 의해서 결정된다고 생각하였다. 그래서 태어나는 천재를 탐지하기 위한 검사를 고안하였다.
  ㉡ 평정 척도(rating scale)를 사용해서 심리적 기능을 평가하였고 후기에는 자유연상기법을 사용하였다.
  ㉢ 개인차에 대한 자료 분석을 통해 통계적 기법을 도입하였고 결국 상관계수를 개발하였다. 이를 통해 심리검사 발달에 큰 공헌을 하였다.

③ 정신검사의 창시자, 카텔(Cattell) 2020년, 2019년 기출 ★
  ㉠ Wundt의 심리학 실험실의 제자였던 Cattell은 '정신검사(mental test)'라는 용어를 사용했다.
  ㉡ 행동 관찰에 있어서 철저한 통제와 객관적 관찰의 중요성에 초점을 맞추었다.
  ㉢ 개인차에 대해서는 Wundt와 견해가 달라, 모든 인간에게 공통적 원리를 찾아내는 것에 반대 입장을 보였다.
  ㉣ 개인차가 중요한 연구 대상이었고, 영국의 Galton과 함께 개인차 연구에 관심을 보였다.
  ㉤ 이후 미국으로 건너가서 펜실베이니아 대학과 콜롬비아 대학에서 심리학 연구소를 설치하였다.
  ㉥ 감각과 운동반응 능력에 관한 10가지 항목으로 구성된 지능 검사를 제안하였다.

④ 지능검사의 시작, 비네(Binet)
  ㉠ Binet는 Cattell의 검사가 너무 단순하고 감각 과제에만 한정되어 있다는 점을 들어 비판하였고 좀 더 복잡한 내용의 검사가 필요하다고 생각했다.
  ㉡ 1904년, 프랑스에서 첫 의무교육을 실시하기 위해 정규교육이 불가능한 아동에 대한 논의하고자 특별 위원회를 구성하였다. Binet는 소르본대 심리학 실험실 교수로서 위원의 자격으로 참여하였다.

ⓒ 논의 결과, 객관적 진단도구가 필요하다고 결론지었고, 동료인 Simon과 함께 정상아와 정신지체아를 구별할 목적으로 'Binet – Simon 검사'를 개발하였다.
ⓔ Binet – Simon검사로 정신 연령(mental age)이라는 용어를 소개하였고 체계화된 최초의 지능검사를 실시하였다.
ⓜ 후에 Terman은 Binet – Simon 검사를 개정하였고 1916년, 'Stanford – Binet 검사'라는 이름으로 발표하여 임상심리학의 초석을 마련하였다.
ⓐ 이 검사는 외국인이나 언어 능력이 제한된 사람들의 지능을 측정하기 위해 비언어적 방식으로 동작성 검사도 부분적으로 진행하기도 하였다.
ⓑ 점차 집단용 검사로 발전하게 되었다.

⑤ 제1차 세계대전, 심리학 발전의 기반
ⓐ 전쟁 중, 신병들을 신속하고 효율적으로 적소에 배치할 필요성이 커졌는데, Binet 검사는 개인용이라 이 부분을 충족하기 어려웠다.
ⓑ 스탠포드대 Otis는 미 육군성의 요청을 받아 이전 검사를 지필검사용으로 새롭게 개정하여 집단용 지능검사인 'Army Alpha'를 제작하였다.
ⓒ 문맹자나 영어를 모르는 외국인을 위해 비언어적인 검사인 'Army Beta'도 제작하였고, 이 검사들은 전쟁 후에도 일반적으로 사용하게 되었다.

(2) 다양한 방법의 심리 기능 측정

① 프로이트(Freud), 의식 밖의 영역에 대한 이해
ⓐ 상담을 통한 내담자의 생각과 감정, 표현 방법, 내담자 특유의 언어, 행동 양식 등을 관찰하였다.
ⓑ 성격의 무의식적 측면을 연구하기 위해서 인간의 내재된 측면은 민감하고 유연하며 자세한 질문을 통해서만 이해될 수 있다고 보았다.

② 융(Jung), 분석심리학의 창시자
ⓐ 정서가가 있는 여러 단어를 선택하여 제시된 단어에 대한 연상 내용, 반응 시간, 특이한 표출행동(얼굴 붉힘, 소리 내어 웃음)에 주목함으로써 단어연상 검사를 고안하였다.
ⓑ 이 연상과정을 통해 사람 마음속에 '감정적으로 강조된 콤플렉스'가 있어서 이를 자극어에 의해 자극시키면 연상 과정이 방해받는다는 것을 알게 되었다.

③ Rorschach 검사의 출현
ⓐ 1911년, Rorschach는 Munsterlingen 병원 정신과에서 수련을 받던 중에 잉크 반점 카드 놀이에서 정상인이 보이는 반응과 정신과 환자들이 보이는 반응에 차이가 있다는 사실에 착안하여 1917년부터 본격적으로 연구에 착수했다.

ⓒ 1921년에 『Psychodiagnostik』을 출간하면서 10개의 카드로 구성된 Rorschach 검사 도구를 출판하였으나, 불행히도 1922년에 37세의 나이로 요절하였다. 동료들은 Rorschach 검사에 대한 연구를 지속해 나갔다.

ⓒ 1930년대 중반, 임상심리학자들에게 이 검사는 큰 인기를 끌었고, 특히 이들 중 Beck, Hertz, Rappaport, Schafer 등이 Rorschach 연구에 크게 기여하였다.

ⓔ 1974년, Exner는 학자들의 Rorschach 채점체계를 종합하여 수검자들의 반응을 부호화하고 채점할 수 있도록 체계화한 'Rorschach 종합체계'를 발표하였다. 2019년 기출 ★

ⓜ 반면 Lerner는 Rorschach검사에 대한 정신분석적 접근을 시도하여 구조적 요약이 아니라 내용분석을 통한 해석을 시도하였다.

④ TAT(Thematic Apperception Test)

ⓐ 1920년대 후반 Prince는 다양한 임상적, 학문적 견해를 조화하려는 목적으로 Harvard Psychological Clinic을 설립하였다.

ⓑ 후임이던 Murray는 학문 및 임상적 심리학의 선구자로 활동하면서 Morgan과 함께 1935년 TAT 검사를 개발하였다.

ⓒ 1938년 『Exploration in Personality』가 출판되면서 '욕구-압력'이라는 이론적 체계를 갖추게 되었다.

ⓔ 1936년에 제작된 원 도판을 3회의 개정을 거쳐 1943년에 31개의 도판으로 이루어진 TAT 도구를 정식으로 출판하였고, 이 도판은 현재까지 변경 없이 그대로 사용되고 있다.

(3) 지능검사의 발전 – 웩슬러 지능검사의 시작

① 'Wechsler – Bellevue 지능검사' 개발

ⓐ Stanford – Binet 검사가 유일한 표준 지능검사였으나 이 검사는 처음에는 아동용 검사로 고안되었다.

ⓑ 후에 성인 규준을 첨가하였고 성인의 지능 측정에도 사용되었다.

ⓒ 직선적인 증가를 가정하는 '정신 연령' 개념이 가정되었다.

ⓔ 이 검사가 언어적 측정에 치중하여 비언어적인 면에 대한 평가가 제외되었다는 비판을 받으면서 새로운 검사에 대한 필요성이 커졌다.

② Wechsler는 이전에 나온 여러 검사들에 바탕을 두고 자신의 이론적 입장을 더하여 'Wechsler – Bellevue Intelligence Scale'을 개발하였다.

③ 후에 아동용 Wechsler 검사도 개발하였다.

④ 성인용과 아동용 모두 여러 번의 개정을 거쳤고, 현재 Wechsler 지능검사는 가장 널리 쓰이는 개인용 지능검사로 유명하다.

⑤ 우리나라에서도 1963년에 표준화하여 '한국판 Wechsler 지능검사(K-WIS)'라는 이름으로 사용해 왔으며 1992년에 'K-WAIS'라는 이름으로 재표준화하였다.

3 심리검사의 윤리

(1) 상담자가 갖추어야 할 유능성
① 전문적 능력
  ㉠ 상담 관계자는 수련, 경험 등에 의해 준비된 범위 안에서 전문적인 서비스와 교육을 제공한다.
  ㉡ **성실성**
    ⓐ 자신의 신념체계, 가치, 제한점 등 상담에 미칠 영향력을 인식해야 한다.
    ⓑ 내담자에게 상담의 목표, 기법, 한계점, 심리검사 보고의 목적과 용도 등을 명확히 알린다.
② 사회적 책임
  ㉠ **사회와의 관계** : 사회의 윤리와 도덕기준을 존중하고, 사회공익과 자신이 종사하는 전문직의 바람직한 이익을 위해 최선을 다한다.
  ㉡ **다른 전문직과의 관계**
    ⓐ 상담 전문가는 자신의 방식과 다른 전문적 상담 접근을 존중해야 한다.
    ⓑ 함께 일하는 다른 전문 집단의 전통과 실제를 알고 이해해야 한다.
③ 인간권리와 존엄성에 대한 존중
  ㉠ **내담자의 복지** : 상담심리사의 일차적 책임은 내담자의 복리를 증진하고 존엄성을 존중하는 것이다.
  ㉡ **내담자의 권리**
    ⓐ 내담자는 비밀유지를 기대할 권리가 있다.
    ⓑ 자신의 사례기록에 대한 정보를 가질 권리가 있다.
    ⓒ 어떤 서비스에 대해서는 거절할 권리가 있다.
    ⓓ 그런 거절에 따른 결과에 대해 조언 받을 권리가 있다.
④ 정보 보호
  ㉠ **사생활과 비밀유지** : 사생활과 비밀 유지에 대한 내담자의 권리를 최대한 존중해야 할 의무가 있다.
  ㉡ **기록 보존** : 내담자에게 전문적인 서비스를 제공하기 위해 법, 규제 혹은 제도적 절차에 따라 반드시 기록을 보존한다.

ⓒ **비밀보호의 한계** 2018년 기출 ★
  ⓐ 상담자는 내담자 개인 및 사회에 임박한 위험이 있다고 판단될 때 내담자에 관한 정보를 국가 및 관련 당사자에게 제공해야 한다.
   - 내담자가 자신이나 타인의 생명 혹은 사회의 안전을 위협하는 경우
   - 내담자가 감염성이 있는 치명적인 질병이 있다는 확실한 정보를 가졌을 경우
   - 미성년인 내담자가 학대를 당하고 있는 경우
   - 내담자가 아동학대를 하는 경우
   - 법적으로 정보의 공개가 요구되는 경우
  ⓑ 상담자는 만약 내담자에 대한 상담이 여러 전문가로 구성된 집단에 의한 지속적인 관찰을 포함하고 있다면, 그러한 집단의 존재와 구성을 내담자에게 알릴 의무가 있다.
  ⓒ 상담자는 내담자의 사적인 정보의 공개가 요구될 때 기본적인 정보만을 공개한다. 더 많은 사항을 공개하기 위해서는 사적인 정보의 공개에 앞서 내담자에게 알리고 동의를 얻어야 한다.
  ⓓ 상담자는 비밀보장의 예외 및 한계에 관한 타당성이 의심될 때에는 다른 전문가나 지도감독자 및 본 학회 윤리위원회의 자문을 구한다.

(2) 상담자의 상담 윤리

① 상담자의 기본 윤리 5가지
  ㉠ **자율성** : 타인의 권리를 해치지 않는 한 내담자가 자신의 행동을 선택할 권리가 있다.
  ㉡ **선행** : 내담자와 타인을 위해 선한 일을 하는 것이다.
  ㉢ **무해성** : 내담자에게 해를 끼치는 행동을 하지 않는 것이다.
  ㉣ **공정성** : 모든 내담자는 평등하며, 성별과 인종, 지위에 관계없이 공정하게 대우받아야 한다.
  ㉤ **충실성** : 상담자는 내담자에게 믿음과 신뢰를 주며 상담관계에 충실해야 한다.

② 심리평가자의 자격
  ㉠ 충분한 훈련과 자격 취득 과정을 거치지 않은 무자격자들이 심리평가 서비스 장면에 유입되는 실정이다.
  ㉡ 심리평가를 정확히 실시하고 해석하려면 심리학 전반에 대한 전문적인 교육과 체계적이고 엄격한 훈련을 거쳐 공인 자격을 취득한 임상 심리학자에 의해 실시되어야 한다.

ⓒ **심리평가와 관련된 윤리적 문제** : 법적, 사회적 가치와 이해가 상충하는 경우가 종종 발생한다.
  ⓐ 개인의 사생활 침해
  ⓑ 비밀 보장
  ⓒ 무자격자가 제공하는 잘못된 심리평가 서비스
  ⓓ 문화적 편견
  ⓔ 신뢰도와 타당도가 확보되지 않은 검사의 오남용
  ⓕ 심리검사 자극에 대한 대중 노출 등
ⓔ 심리평가를 실시하는 심리학자나 정신건강 관련 분야의 전문가들은 심리평가를 윤리적으로 사용해야 하며, 윤리적 가이드라인을 숙지하고 준수해야 한다.

Section 02 심리평가와 면접

학습목표

심리평가의 기본 개념을 학습하고 심리평가의 근간인 면접, 행동관찰, 평가를 학습한다.

1 심리평가(psychological assessment)

(1) 심리평가의 정의

① 심리평가는 개인의 신체적, 심리적, 사회적 특성을 이해하고 추론, 예측하기 위한 전문적인 과정이다.
② 심리평가는 문제를 분석한 뒤 심리검사, 면담, 행동 관찰 등을 통해 필요한 자료를 수집하여 병리 및 인간 행동 발달 등과 관련된 전문 지식을 바탕으로 자료를 해석한다.
③ 심리평가는 전문 지식을 쌓고 충분한 훈련을 거쳐 자격을 취득한 임상심리학자에 의해 실시된다.
④ 심리평가를 실시하는 심리학자들은 전문가로서의 윤리를 숙지하고 준수해야 할 책임과 의무가 있다.

(2) 심리평가의 목적

① 심리평가는 다음과 같은 목적에서 실시된다.
　㉠ 심리적 증상과 문제의 심각도 평가, 진단 제시
　㉡ 전반적인 지적 기능, 주의력, 집중력, 기억력, 실행 기능 등 인지 능력
　㉢ 정서 상태, 정서 표현 양식 및 정서 조절 능력
　㉣ 성격 구조와 특성
　㉤ 자아 강도 및 대처 능력
　㉥ 자기 지각 및 대인 지각
② 치료 계획과 관련해 적절한 치료 유형, 치료 전략 및 기법 등을 제시한다.
　㉠ 수검자의 자기 인식을 도와 치료적 관계 성립
　㉡ 치료적 반응 예측, 치료 효과 평가

(3) 심리평가의 절차

심리평가는 일반적으로 다음과 같은 네 단계로 진행된다.

① 의뢰 문제 분석 및 평가하기
   ㉠ 수검자가 스스로 심리평가를 받고자 원하기도 하지만 다른 사람이 의뢰자가 될 수 있다.
   ㉡ 심리평가를 의뢰하는 이들은 심리평가를 통해 알고자 하는 바를 명확히 밝혀야 하며, 심리평가자는 의뢰인들이 표면적으로 제시한 사유 외에도 이면의 주제나 기대하는 바, 의뢰인이 인식하지 못하지만 중요한 측면 등을 파악하는 것이 필요하다.

② 문제 내용에 대한 지식 획득
   ㉠ 평가자는 내담자의 주호소 문제와 관련해 기분 장애, 불안 장애, 정신병적 장애, 성격 장애, 인지 장애 등 조작적 정의를 내리고 분류하여 개입한다.
   ㉡ 심리평가자는 의뢰 문제를 정확히 평가하면서도 수검자의 상태와 능력에 적합한 평가 절차와 기법을 결정해야 한다.
      ⓐ 수검자의 연령, 성별, 인종, 교육적 배경, 사회 및 경제적 상태, 직업, 대인 관계 환경, 수행 동기, 심리평가에 대한 사전 경험 등을 고려한다.
      ⓑ 심리검사 선택 시 고려 사항

이론적 지향	• 검사가 측정하려고 하는 이론적 구성개념을 충분히 이해하고 있는가? • 검사 항목이 구성 개념의 이론적 기술 내용과 부합하는가?
실제적 고려 사항	• 수검자는 해당 검사를 수행할 만한 지적 능력 및 독해 능력을 갖추었는가? • 검사 길이가 적당한가?
표준화	• 검사하려는 집단이 그 검사가 표준화할 때 사용했던 집단과 유사한가? • 표준화 연구에 사용되었던 표집 수가 적당한가? • 특별 하위 집단 규준이 있는가? • 검사 지시가 얼마나 적절하게 표준화된 검사 실시를 따르고 있는가?
신뢰도	• 신뢰도가 충분히 높은가?(임상적 의사 결정시 0.90, 연구 목적에서는 0.70) • 특성의 상대적 안정성, 신뢰도를 측정하는 방법, 검사 형식이 신뢰도에 어떤 의미를 갖고 있는가?
타당도	• 검사를 타당화하기 위해 사용된 준거와 절차는? • 검사를 이용하려는 목적과 맥락에 맞게 정확한 측정을 하는가?

③ 자료 수집
   ㉠ 의뢰 문제를 확인하고 이에 대한 지식을 획득한 이후 실제 자료를 수집해야 한다.
   ㉡ 실시한 심리검사의 결과, 수검자의 반응 내용, 평가 장면에서의 관찰된 행동 특성을 관찰한다.
   ㉢ 부모, 교사를 비롯해 중요한 주위 사람들을 대상으로 면담을 한다.
   ㉣ 학교 생활, 의학 기록, 군복무 경력, 법적 기록 등 과거사와 관련해 다양한 자료를 수집한다.

④ 결과 해석
  ㉠ 수집된 수검자의 현재 기능, 증상과 관련된 변인, 예후, 추천되는 치료 또는 개입 방법 등에 대해 설명한다.
  ㉡ 수집된 검사 자료는 객관적이고 경험적일 수 있지만, 수검자에게 어떻게 적용될 수 있는지에 대해 가설을 세우고 결론을 내리며, 심리평가자의 경험과 훈련에 의존한다.
  ㉢ 평가 자료 해석을 위한 개념적 모델

단계	내용		
1단계	초기 자료 수집		
2단계	추론 생성		
3단계	추론 기각	추론 수정	추론 수용
4단계	가설 수립 및 통합		
5단계	수검자에 대한 역동적 모델		
6단계	상황적 변인		
7단계	행동 예측		

(4) 심리검사

① 개인의 인지적, 정서적, 행동적 특성을 측정하기 위한 절차, 방법 및 도구
② 개인차에 대한 비교에 기초
③ 심리평가 또는 심리검사와 관련한 다양한 용어들 2021년 기출 ★
  ㉠ **심리검사(test)** : 인간의 행동 경향성을 측정하는 절차, 방법 및 도구
  ㉡ **심리측정(measurement)** : 일정한 법칙에 의거하여 어떤 사물이나 속성에 수치 부여
  ㉢ **검진(examination)** : 심리적 장애나 문제의 존재 여부를 확인할 목적의 검사
  ㉣ **평가(evaluation)** : 사물 또는 그 속성에 대한 가치 판단을 포함한 개념
  ㉤ **평가/사정(assessment)** : 개인에 대한 정보를 수집하여 신체적, 심리적, 사회적 특성을 추론하고 예언하기 위해 사용되는 일련의 과정
④ 내용에 따른 유형 분류
  ㉠ **능력 검사**
    ⓐ 지능 검사, 각종 신경심리검사, 발달 검사, 학업 성취도 검사, 적성 검사 등
    ⓑ 해당 능력을 측정하는 문항들에 대해 정/오답이 정해져 있다.
    ⓒ 일반적으로 정답을 많이 할수록 해당 능력이 우수한 것으로 평정된다.
  ㉡ **성향 검사**
    ⓐ 정답과 오답이 존재하지는 않는다.

ⓑ 각 항목에 대한 수검자의 선택을 토대로 선호도나 성향을 평정한다.
ⓒ 각종 투사 검사, 질문지형의 성격 검사나 정서 검사 등

2 행동평가 2021년 기출 ★

(1) 행동평가의 정의

① 행동에 선행하는 사건(상황)과 행동에 수반하는 결과에 초점을 맞춰 인간의 행동 특성을 평가하는 심리평가의 종류이다.
② 행동평가는 고전적 조건 형성 및 조작적 조건 형성 연구를 기반으로 행동 치료와 함께 발달하였다. 2018년 기출 ★
③ 공포증이나 강박 행동, 공격 행동과 같이 겉으로 드러나는 문제 행동의 내용과 심각도 평가, 평가된 내용을 토대로 한 치료 기법 선정 및 치료 효과 평가 등을 위해 주로 사용된다.
④ 행동평가에서는 다양한 방법을 통해 문제 행동을 유발하고 지속시키는 조건을 확인하며, 그 결과로서의 행동을 직접 측정한다.
⑤ 행동 면담 기법, 행동 관찰 기법, 인지-행동적 측정, 정신-생리학적 측정 등이 대표적인 행동평가 기법이다.

(2) 조건형성 이론에서의 행동치료 기법

① 조건형성 이론에서는 행동은 물론 정서 반응 역시 조건화를 통해 효과적으로 학습될 수 있다고 가정한다.
② 행동 치료의 효시는 큰 소음과 털 인형을 연합해 조건화된 공포 반응 및 이에 대한 소거를 보여준 왓슨(Watson)의 '리틀 앨버트(Little Albert)' 실험이다.
㉠ 1950년대 후반, 불안 장애 환자들을 대상으로 행동 치료의 적용이 증가하였다.
㉡ 1960년대, 행동 치료 효과를 검증하기 위해 임상 장면에서 행동평가 측정을 사용하였다.
　ⓐ 행동의 빈도, 비율, 지속 시간 등 행동 패턴 관찰
　ⓑ 수량화하는 데 초점
㉢ 1970년대, 상황적 변인이 행동에 미치는 영향을 강조하고, 행동평가의 적용 범위를 확장하였다.
　ⓐ 가족, 대인 관계, 직장 등 사회적 맥락이 평가에 포함
　ⓑ 감정, 감각, 내적 이미지, 인지, 대인 관계, 정신 생리적 기능 등 행동 표집의 범위 확대
　ⓒ 임상가의 직접 관찰뿐 아니라 자기 보고, 제3자 평정 등 행동평가 영역에 포함

③ 행동평가에서는 행동을 행동 상황적 변인과 개인이 상호 작용하여 나타난 결과라고 보며 행동에 대한 상황적 결정 요인을 강조한다.
　㉠ 행동에 관여하는 선행 사건(상황, A)과 사후 결과(C) 등 맥락에 초점을 맞추어 인간 행동을 이해하는 것이 행동평가의 핵심이다.
　㉡ 문제 행동과 유발 조건 및 지속 조건을 관찰 가능한 방법으로 수량화하고 측정한다.

(3) 행동평가와 다른 전통적 심리평가 비교

구 분	행동평가	다른 전통적 심리평가
목적	• 문제 행동과 유지 조건 확인 • 적절한 치료 개입 선택 • 치료 효과 평가와 수정	• 문제 조건 진단, 분류 • 병인론적 요인 확인 • 예측
가정		
행동의 원인	상황적 맥락 변인, 또는 상황과 개인 간 변인의 상호작용	개인의 심리적 변인 함수
행동의 의미	특정 상황 시 인간의 다양한 행동 표집	지속적, 근본적 특질 또는 개인 변인의 징후
적용		
도구 구성	• 관련된 상황의 맥락 강조 • 행동의 대표성 강조	• 맥락적 특성 덜 강조 • 특질 강조
평가 범위	• 문제 행동 유발 조건 • 문제 행동 유지 조건 • 치료의 시행 ~ 치료 결과	문제 유발 조건에 국한해서 평가
평가 계획	반복 평가	일반적으로 치료 전·후 비교
평가 방법	직접 측정 방법	간접 측정 방법

(4) 행동평가의 특징

① 행동은 상황 특정적이라 보며 환경의 기여도를 강조한다.
　㉠ 행동을 유발, 지속시키는 환경적 요인과 상황 특정적인 행동을 측정한다.
　㉡ 인지 과정을 검토하고 통합한다.
　㉢ 행동에 선행하거나 동시에 발생하는 자극(선행 사건)과 행동 결과를 조사하고 평가한다.
② 개인차를 중요하게 여기며 각 수검자마다 개별화된 평가 기법을 적용할 것을 강조한다.
　※ 행동의 맥락과 결과를 중요하기 때문에 관련된 개인의 과거 경험과 환경은 차이가 있음
③ 경험적 평가 과정을 강조하며, 행동 및 맥락 변인에 대해 구체적으로 정의를 내리고 이에 근거해 체계적인 관찰 기법을 적용한다.
　㉠ 치료 목표를 설정한다.
　㉡ 치료 동안에는 치료적 향상을 측정한다.
　㉢ 선택된 치료 방법의 적합성 여부나 치료의 결과를 평가한다.

④ 환경 요인에 의해 유발되는 문제 행동을 평가하는 데에 유용하다.
⑤ 장점
    ㉠ 문제 행동에 대해 치료적 개입이 실제 행동 변화를 지속적으로 측정 가능하게 한다.
    ㉡ 다양한 상황에 적용할 수 있는 다양한 행동평가 기법도 개발된다.
⑥ 단점
    ㉠ 관찰자 편향, 초두 효과, 평정자간 낮은 일치도
    ㉡ 통제되지 않고 개인에 특화되다 보니 신뢰도나 타당도가 낮은 편이다.
    ㉢ 개인을 대상으로 한 직접 관찰의 경우 평가에 시간과 에너지가 소모되며, 비용-효과가 낮다.
    ㉣ 외현적인 행동 문제가 크지 않은 심리 장애에 대해서는 적용이 어렵다.

3 행동 면담

(1) 개요

① 가정
    ㉠ 행동의 ABC, 즉 선행 사건(antecedents), 행동(behavior) 및 결과(consequence)의 관련성에 초점을 맞춘 면담 형식으로 진행한다.
    ㉡ 행동의 기저선이나 치료 전 측정치로서 행동의 빈도와 강도, 행동이 지속되는 정도 등을 체계적으로 평가한다. 또, 특정 행동이 과도하거나 부족한지 등에 대해서도 평가한다.
    ㉢ 목표 행동을 확인하고 추가적으로 어떠한 행동평가 절차를 선택하여 진행할 것인지 결정하는 것이 목표이다.
    ㉣ 이러한 행동과 관련된 과거력, 행동에 선행하는 원인 요인, 행동이 초래한 결과 등 기능적 분석이 이루어진다.
    ㉤ 수검자가 이전에 참여했던 개입 프로그램과 그에 대한 효과성을 평가할 수 있으며, 변화에 대한 수검자의 동기를 증진할 수 있다.

② 행동 면담의 초기 단계
    ㉠ 전통적인 면담 기법의 요소들이 많이 포함되어 있다.
        ⓐ 충분한 라포 형성이 필요하며, 면담의 목적, 절차 등을 설명한다.
        ⓑ 반영, 탐색, 이해, 공감, 개방형 질문을 통해 포괄적인 정보를, 폐쇄형 질문을 통해 구체적인 정보를 얻는다.
        ⓒ 상황적 맥락을 중요하게 여기기 때문에 수검자의 현재 문제나 고통을 초래한 목표 행동에 초점을 맞춘다.

ⓛ 수검자들의 기술을 구체적인 행동 언어로 재진술하도록 한다.
  ⓐ "우울한 성격" ×
  ⓑ "하루에 활동하지 않고 누워 있는 시간", "동작이 느려지는지"
  ⓒ "수면 시간 및 수면 패턴"
  ⓓ "일을 지속하는 시간"
  ⓔ "사람들을 만나거나 피하는 횟수" 등을 기술
ⓒ 문제 행동의 구체적인 양상을 파악하고 문제가 다른 영역으로 일반화되어 나타나는지에 대해서도 기술해야 한다.
  ⓐ 틱 증상을 보이는 아동
  ⓑ 틱 증상이 가정 내에서 가족들과의 관계에
  ⓒ 틱 증상이 학교 장면에서 수업 참여에
  ⓓ 틱 증상이 또래 관계에 어떠한 영향을 미치는지
  ⓔ 광범위하게 평가해야 한다.
ⓔ 행동 면담 평가에 기초해 치료 계획을 단기적, 장기적 관점을 모두 고려해 수립한다.
  ⓐ 후반부에는 수검자에게 지금까지 도출된 정보를 요약해 주고 가능한 치료 기법에 대해 설명한다.
  ⓑ 추가적으로 어떠한 정보가 필요한지, 어떠한 방법으로 이러한 정보를 수집할 것인지, 다른 정보원이 필요한지 등을 수검자와 논의한다.
  ⓒ 수검자가 아동이라면 아동의 행동을 면밀히 관찰해 온 부모나 교사와의 면담 평가가 필요할 수 있다.
  ⓓ 치매 노인들의 정신 – 행동 증상을 평가하기 위해서라면 해당 노인과 오랫동안 같이 생활해 온 보호자나 간병인을 대상으로 한 면담 평가가 필요할 수도 있다.
ⓜ 상대적으로 덜 구조화되어 있고 수검자에게 비공식적인 인상을 주어 평가의 신뢰도와 타당도가 낮아질 수 있다.

단계	설명
문제 확인 단계	• 문제를 구체화하여 탐색하기 • 현재 수행 측정 • 바람직한 목표 행동을 위한 절차 마련
문제 분석 단계	• 수검자의 자원평가 • 행동에 영향을 미치는 환경과 조건 분석 • 행동 표출 증가나 감소시키는 맥락 분석
계획 실행 단계	치료 진행과 연관된 자료를 지속적으로 수집
치료 평가 단계	사전 – 사후 평가

(2) 행동 관찰

① 개념과 정의
- ㉠ 행동 관찰은 행동 면담에서 수집된 행동의 특정 영역을 직접적으로 관찰해 측정하는 구체적인 전략과 기법에 해당한다.
- ㉡ 특히 치료 전, 치료 기간 동안 및 치료 후의 행동 변화를 객관적으로 확인하기 위해서는 실제 행동 관찰이 유용하다.
- ㉢ 행동 면담을 통해 어떠한 방법에 기초해 행동 관찰을 할 것인지를 결정한다.
    - ⓐ 지적 장애나 자폐 스펙트럼 장애, 의사소통 장애와 같이 신경 발달학적 장애를 보여 행동 면담을 통한 평가가 용이하지 않은 경우
    - ⓑ 행동 면담에 저항적, 방어적인 수검자의 경우
    - ⓒ 행동 관찰을 통한 평가가 더 신뢰할 만하고 타당할 것이다.

② 행동 관찰 유형
- ㉠ **참여 관찰(participants observation)** : 교사, 부모, 배우자, 간병인 등이 관찰하고 기록
- ㉡ **자기 관찰(self-monitoring)** : 수검자(내담자) 자신이 관찰자가 되는 것
- ㉢ **다양한 장면의 관찰**
    - ⓐ 자연 관찰(natural observation) : 집, 교실, 직장, 놀이 상황과 같이 수검자의 생활과 직접적으로 관련이 있는 자연적인 맥락에서 이루어지는 관찰
    - ⓑ 유사 관찰(analogue observation) : 놀이와 같이 실생활과 유사하게 연출한 환경에서 이루어지는 관찰
- ㉣ **목표 행동(target behavior) 설정**
    - ⓐ 행동 관찰에서 가장 핵심 요소
    - ⓑ 목표 행동이 부적응을 초래하는 광범위한 상호작용 요소일 때도 있다.
    - ⓒ 부적응 행동 자체가 목표 행동이 되기도 하며, 부적응 행동과 연관된 선행 사건 및 결과 등도 행동 관찰에 포함된다.
    - ⓓ 언어적으로 명확히 설명이 가능하고, 구체적인 행동으로 기술되어 강도와 지속 정도를 객관적으로 측정할 수 있어야 한다.

③ 행동 관찰 방법
- ㉠ **이야기 기록(narrative recording)** 2020년 기출 ★
    - ⓐ 관찰자가 관심 있는 행동을 선정해서 추론하도록 한다.
    - ⓑ 장점
        - 별도의 장비가 필요 없다.
        - 많은 가설을 수립할 수 있다.

- 향후 좀 더 구체적인 영역에서 양적인 방법으로 측정할 수 있도록 한다.
  ⓒ 단점
  - 관찰을 수량화하기 어렵다.
  - 타당도가 낮다.
ⓛ **시간 간격 기록**(interval Recording)
  ⓐ 정해진 시간 간격 내에 목표 행동이 발생하는지를 기록한다.
  ⓑ 출현 빈도가 적당하고 명확한 관찰이 가능하되 시작 시점과 종료 시점을 분명하게 확인하기 어려운 행동(예 눈 깜빡이기)을 측정하는 데에 유용하다.
  ⓒ 시간 표집, 간격 표집, 시간/간격 표집 등의 기록 방법이 있다.
  ⓓ 장점
  - 특정 행동에 초점이 맞춰져 시간 효율적이다.
  - 목표 행동의 출현 여부 확인에 유용하다.
  ⓔ 단점
  - 목표 행동의 질적인 측정이 어렵다.
  - 인위적이다.
  - 다른 주요 행동을 간과할 수 있다.
ⓒ **사건 기록**(event recording)
  ⓐ 목표 행동이 출현했을 때에 초점을 맞춰 그 행동에 대해 적절한 세부 사항을 기록하도록 한다.
  ⓑ 장점
  - 출현 빈도가 낮고 시간에 따라 가변적인 행동을 측정하는 데에 유용하다.
  - ADHD 아동이 수업 시간에 자리에서 일어나는 행동을 측정하는 것이 가능하다.
  ⓒ 단점
  - 시작과 끝이 불분명한 행동인 경우,
  - 오래 지속되어 평가자가 주의를 지속적으로 기울이기 어려운 행동인 경우, 그 행동의 인과 관계를 추정하기가 어렵다.
ⓔ **평정 기록**(rating recording)
  ⓐ 특정한 행동 특징에 대해 1~5점 혹은 1~7점 척도 등으로 수량화해 측정한다.
  ⓑ 장점
  - 비용이 효과적이다.
  - 다양한 행동에 적용이 용이하고 수량화해 통계 분석이 수월하다.

ⓒ 단점
- 평정자 간 일치도가 낮다.
- 부정확한 측정 가능성이 있다.

④ 인지 행동평가

㉠ 1980년대 무렵부터 행동의 기저에 있는 인지적 과정을 이해하고 이를 측정하기 위해 많은 학문적 노력을 기울였다.

㉡ 인지 행동 기록 방법은 관찰 가능한 외현화된 행동평가에 초점을 맞추었던 초기 행동평가와 차이가 있다.

㉢ 행동(behavior)과 인지(cognition) 간의 관련성이 입증되고, 특히 대안적 사고를 통해 행동을 바꿀 수 있다는 효과가 입증되면서 각광을 받았다.

㉣ 자기 보고 질문지

ⓐ 안면 타당도가 높고 쉽게 사용할 수 있다.

ⓑ 우울, 공포 및 불안, 자기 효능감, 사회적 기술 등 특정 영역에 대한 내적 사고, 태도, 행동 특성 등을 평정한다.

ⓒ 종류
- 우울 장애
  - 역기능적 태도 척도(Dysfunctional Attitudes Scale ; DAS)
  - 귀인 양식 질문지(Attributional Styles Questionnaire ; ASQ)
  - 자동적 사고 질문지(Automatic Thoughts Questionnaire ; ATQ)
- 불안 장애
  - 사회적 회피 및 불편감 척도(Social Avoidance and Distress Scale ; SADS)
  - 역기능적 신념 검사(Irrational Beliefs Test ; IBT)

㉤ 인지 기록 기법 2018년 기출 ★

ⓐ 생각을 중얼거리며 말하기(think aloud)
- 자유 연상처럼 5~10분 동안 떠오르는 지속적인 생각을 말로 표현하도록 한다.
- 경쟁적인 많은 생각 중 일부가 표현된 것이므로 기록해 놓은 생각이 전체 사고나 인지를 충분히 반영하지 못할 수 있다.
- 언어적으로 보고한 생각이 실제 생각과 다를 수 있고 연속적 생각보다 더 적게 보고된다는 한계가 있다.

ⓑ 사적인 언어(private speech)
- 주로 아동을 대상으로 사용된다.
- 사적인 언어가 내적 사고를 반영한다고 가정한다.

- 관찰자가 아동 가까이에서 놀이 활동을 지켜보면서 아동이 사용하는 언어에 주목하고 기록하며, 아동의 인지 상태를 평가한다.
ⓒ 명확한 사고(articulated thoughts)
- 수검자가 보고하는 문제와 비슷하게 구조화된 상황 또는 가상 상황을 제시하고 수검자에게 자기 주장을 하도록 한다.
- 비난이나 공포스러운 자극에 노출시킨다.
- 몇 가지 질문을 통해 수검자로 하여금 머릿속에 드는 생각을 명확하게 표현하도록 한다.
ⓓ 산출법(production methods) 2019년 기출 ★
- 실제 상황(비난, 공포 자극 상황 등)에서 전형적으로 나타나는 생각을 기록하도록 한다.
- '실제 자기 보고(in vivo self-report)'라 불리기도 한다.
ⓔ 생각 리스트(thought listing)
- 생각을 지속적으로 하되, 계속해서 기술하기보다는 관련 생각을 요약하여 유목화한다.
- 특정 자극, 문제 영역에 의해 유발된 생각일 수도 있고 특정 자극 상황을 예상하여 도출된 생각일 수도 있다.
ⓕ 사고 표집(thought sampling) : 외부 자극(예 휴대전화나 PDA 등의 알람)을 제시하고 이 자극이 제시되기 전까지 수검자가 어떤 생각을 했는지 기록하도록 한다.
ⓖ 사건 기록(event recording)
- 해당 사건(예 강박 장애 환자에게 숫자 세기 행동이 일어난 사건)이 일어날 때까지 기다렸다가 그 사건이 일어난 시점에 떠오른 생각을 기록하도록 한다.
- 소망하는 행동(예 자기 주장을 하는 상황)이 일어났을 때를 상상하며 그때 떠오른 생각을 기록하도록 한다.
- 이렇게 연관된 생각은 해당 행동의 발생 가능성을 높여 준다고 가정한다.
ⓗ 한계
- 내적 사고 과정이라는 자료는 수검자의 자기 보고를 통해 도출되므로 이는 어디까지나 추론 수준이며 수검자 스스로도 이러한 결론에 이르게 된 것을 설명하는 데에 어려움을 느낀다.
- 성공적으로 회상했다 하더라도 개인의 욕구, 편견, 기대에 따라 편향 또는 왜곡될 가능성이 있다.

⑤ 정신-생리학적 평가
  ㉠ 개인의 행동을 온전히 이해하기 위해서는 인지, 행동, 정서뿐 아니라 이들이 상호 작용한 결과와 생리적 기능에 어떻게 의존하는지 그 방식에 대해서도 알아야 한다.
  ㉡ 특정 정서, 생각, 행동에 노출되었을 때 신체적, 생리학적 변화가 어떻게 나타나는지를 평가하는 것이 정신-생리학적 평가 방법이다.
  ㉢ 다양한 영상학적 기법, 전기-생리적 측정 기법, 컴퓨터 기법 등이 개발되면서 이러한 정신-생리학적 평가가 전보다 용이해졌다.
    ※ 심박 수, 혈압, 체온, 근육의 긴장도, 혈관 확장, 전기 피부 반응(galvanic skin response, GSR), EEG, 기능적 MRI(functional magnetic resonance imaging ; fMRI) 등

⑥ 면접 2018년, 2017년 기출 ★
  ㉠ 연구대상이 되는 사람 또는 정보제공자와의 "목적이 있는 대화"를 통해서 자료를 수집하는 것을 말한다.
  ㉡ 면접이라는 용어는 질적 연구에서 선호하는 경향이 있다.
    ⓐ 참여관찰(participant observation)을 하는 상황에서 그때그때 옆에 있는 사람에게 궁금한 것을 물어보거나 대화를 나누는 것도 면접에 포함되기는 하지만, 이것은 공식적으로 면접을 하는 것이 아니기 때문에 비공식 면접이라고 부른다.
    ⓑ 면대면 면접 : 일반적인 면접은 시간과 장소를 약속하여 이루어지는 공식적 면접이며, 대부분 얼굴을 보고 진행한다.
    ⓒ 개별면접 vs. 집단면접
    ⓓ 심층면접 vs. 일반면접
    ⓔ 구조화 면접, 비구조화 면접, 반구조화 면접
      • 구조화 면담
        - 표준화된 면담으로, 질문과 순서가 일정하게 규격화되어 있다.
        - 진단의 신뢰도와 정확도가 높다.
        - 초보 면담자의 경우, 빠짐없이 질문한다. 미리 준비한 질문 리스트의 순서대로 차례차례 질문을 해 나가는 방식이다.
        - 미리 준비된 질문에 대한 답 이외에는 얻기 어렵다.
      • 비구조화 면담
        - 면담문항이 일정하지 않고 내담자나 내담자가 제공하는 정보에 따라 면담을 진행한다.
        - 임상가의 독단적인 결정에 치우칠 수 있다.
        - 임상가의 숙련된 경험과 기술을 요구한다.

- 연구자가 질문 내용들을 머릿속에 떠올린 채 대화형식으로 질문해 나가는 것이다.
- 어떤 질문에 대한 답변에 따라 관련된 질문을 추가해 나가면서 진행한다.
- 반구조화 면담
  - 일반적으로 임상가들이 채택하는 면담방식이다.
  - 내담자의 반응에 따라 면담자가 융통성을 발휘하는 것이 가능하다.
  - 가장 이상적이지만 전문연구자가 아니면 실시하기 어려우며 분석시간이 많이 걸린다.
  - 미리 준비한 질문리스트를 사용하고, 답변내용에 따라서 필요 질문을 추가한다. 질문순서를 바꾸기도 한다.

Section 03 기본통계

학습목표
측정에 중요한 척도, 표집, 신뢰도와 타당도, 오류, 표준화, 규준 등 기초 통계를 학습한다.

1 측정과 척도

(1) 측정

① 측정의 개념
  ㉠ 이론의 명제에서 나온 가설이 의미가 있으려면 적절한 방법을 통해 경험적으로 전환되어야 한다.
  ㉡ 가설 내에서 대상이 되는 사물이나 사건에 대해 숫자를 부여하는 것이라고 할 수 있다. 예를 들어 ADHD 아동의 공격성을 검증한다고 할 때, 공격성이라는 단어는 추상적 개념이지만 공격성이라는 개념을 "친구를 때린다."라거나 "물건을 던진다."라는 등 관찰 가능한 구체적 행동으로 조작하고 일정 기간 동안 이런 행동이 몇 번이나 나타나는지 숫자로 나타낼 수 있어야 한다.

② 측정의 기능
  ㉠ 측정은 추상적 개념과 현실세계를 일치시키는 기능을 가진다.
  ㉡ 측정은 과학적인 현상, 즉 객관화시키는 것이 가능하고, 측정이 가능하도록 표준화할 수 있다.
  ㉢ 관찰 대상이나 현상에 대해 다양한 변수를 통해 통계적 분석이 가능하도록 계량화할 수 있다.
  ㉣ 과학적 연구 결과는 반복해도 같은 결과를 생성하는 특징이 있고 이 결과를 통해 효율적으로 전달할 수 있는 의사소통의 기능이 있다.

③ 측정의 과정
  ㉠ 측정의 첫 번째 단계는 개념화이다. 즉, 연구자가 측정하고자 하는 이론적 개념을 관찰 가능하고 누구나 이해할 수 있을 만큼 분명하게 정의해야 한다.
  ㉡ 두 번째 단계로 개념화에서 나아가 추상적 개념은 수리적으로 측정이 불가하기 때문에, 개념을 변수로 전환시켜야 하는데 이 과정에서 변수와 함께 지표(indicator)가 정해져야 한다.
  ㉢ 측정 과정의 마지막 단계는 조작화로 분석 단위를 범주별로 분류하는 것이다. 즉, 변량의 범위를 나타내는 것으로, 연구대상에 대해 예상되는 속성의 분포에 따른 결정으로 최소와 최대 극단 간의 변량을 나타낸다. 예를 들어 긍정적 양육 행동을 조작화할 때, 직접 관찰의

경우, 칭찬하기, 격려하기, 일관성 등을, 바람직하지 않은 양육 행동은 위협하기, 때리기, 소리 지르기, 비판하기, 얕보기 등으로 목록화하고 자기보고는 양육에 대한 지식과 태도의 수준, 아동학대와 방임 발생건수 등을 목록화할 수 있을 것이다.

(2) 척도

① 척도의 개념
  ㉠ 척도는 측정도구를 의미하며, 일정한 규칙에 따라 측정대상에 적용할 수 있도록 만들어진 체계화된 기호나 숫자를 말한다.
  ㉡ 이 기호나 숫자는 연속성을 가지고 있어서 실제로 측정대상의 속성과 대응적 관계를 맺으면서 대상의 속성을 양적으로 표현한다.
  ㉢ 이렇게 양적으로 표현하는 이유는 첫째, 특정 대상의 속성을 객관화하여 본질을 파악하기 위해서이고, 둘째, 측정 대상들 간의 일정한 관계나 대상 간 비교를 할 수 있도록 하기 위해서라고 볼 수 있다.

② 척도의 종류
  ㉠ **명목척도(=명명척도, Nominal Scale)** : 가장 기본이 되는 척도로 성별, 결혼 유무, 종교, 인종, 직업유형 등 연구에서 주로 기술 통계에 사용된다. 양적으로 크거나 작다/많거나 적다 등을 구분할 수 없다.
  ㉡ **서열척도(Ordinal Scale)** : 등급을 순서대로 결정하는 척도로 선호도, 석차, 소득 수준, 학위 등의 서열을 결정한다. 등급순위만 결정하고 등급 간 격차는 고려하지 못한다. 크다/작다, 많다/적다 등의 등가를 구분할 수 있다.
  ㉢ **등간척도(Interval Scale)** : 크기의 정도를 제시하는 척도로 크다/작다 등을 구분한다. 간격도 동일하다는 의미이며 동일한 거리를 가지지 않으면 적용하기 어려운 척도이다. IQ, 온도, 학력, 시험점수, 물가지수 등
  ㉣ **비율척도(=비례척도, Ratio Scale)** : 가장 높은 수준의 척도로 절대영점, 사칙연산이 모두 가능하다. 평균을 내는 것도 가능하다. 거리, 무게, 시간 등

2 표본 추출(Sampling, 표집)

(1) 특징

① 표집(sampling)은 모집단 가운데 자료를 수집할 일부의 대상을 표본으로 선택하는 과정으로 표본 모집단의 일부를 의미한다.

② 표집(sampling)은 조사대상을 체계적인 방법으로 선정하는 절차로 통계를 사용하여 모집단의 특성을 추론하기 위한 것이다.
③ 대표성
④ 적절성

(2) 표본의 크기와 표집오차
① 표본의 크기는 통계학적 신뢰도를 확보할 수 있을 만큼 충분히 커야 한다. 비용이 허락하는 범위에서 가장 효과적으로 필요한 정보를 얻을 수 있어야 한다.
② 표집오차는 표집하는 과정에서 발생하는 오차로 표본의 대표성으로부터 이탈 정도를 의미한다.
③ 표본의 크기가 커질수록 비용은 많이 들지만, 모수와 통계치의 유사성이 커지며, 표집오차가 일정수준 줄어듦으로써 조사의 신뢰성은 높아진다.
④ 동일한 표집오차를 가정한다면 분석변수가 많아질수록 표본의 크기는 커져야 한다.

(3) 표본추출 또는 표집(sampling) 과정
① 1단계 : 모집단 확정
② 2단계 : 표집틀 선정
③ 3단계 : 표집방법 결정
④ 4단계 : 표집크기 결정
⑤ 5단계 : 표본추출

(4) 확률표본추출 방법
① 단순무작위표집 : 모집단 전체로부터 균등한 확률로 선출하는 것이다.
② 계통표집/체계적 표집 : 모집단 목록 자체가 일정한 주기성을 가지지 않는다는 전제하에 목록의 구성요소에 대해 일정한 표집간격에 따라 매 k번째 요소를 추출한다.
③ 층화표집/유층표집 : 모집단의 어떤 특성에 대한 사전지식을 토대로 해당 모집단을 동질적인 몇 개의 층으로 나눈 후 이들 각각으로부터 적정한 수의 요소를 무작위로 추출한다.
④ 집락표집/군집표집 : 모집단 목록에서 이질적인 구성요소를 포함하는 여러 개의 집락을 구분하고, 집락을 표집단위로 하여 무작위로 몇 개의 집락을 표본으로 추출한 다음, 표본으로 추출된 집락의 구성요소를 전수조사한다.

⑤ 표본추출의 장단점

장점	단점
• 모집단 전체를 연구할 경우, 예상되는 막대한 시간과 비용 절감 • 자료수집, 집계, 분석의 신속성 • 전수조사가 불가능한 경우 적용 가능 • 비표본오차 감소와 조사대상의 오염방지를 통해 전수조사보다 더 정확한 자료 획득 가능 • 전수조사보다 더 많은 조사항목을 포함할 수 있으므로 다방면의 정보 획득 가능	• 표본의 대표성 문제가 제기될 경우, 일반화의 가능성이 낮음 • 모집단의 크기가 작은 경우, 표집 자체가 무의미해짐 • 표본설계가 복잡한 경우, 시간과 비용 낭비

(5) 비확률표본추출 방법

① 편의 표본추출(convenient sampling)
  ㉠ 연구자가 가장 접근하기 쉬운 대상자들을 공원, 역, 길거리 등지에서 임의로 선정하는 방법
  ㉡ 가장 자주 사용되는 표본추출 방법

② 유의 표본추출(purposive sampling)
  ㉠ 판단 또는 목적 표본추출
  ㉡ 연구 목적에 적합한 특정 대상자를 해당분야 전문가나 특정 조직 등 상대적으로 제한된 집단들만을 대상으로 표본 추출하는 방법

③ 지원자 표본추출(volunteer sampling) : 메일이나 광고지 등을 통해 연구를 광고한 뒤 참가 희망자들을 대상으로 표본 추출

④ 눈덩이 표본추출(snowball sampling)
  ㉠ 네트워크 표본추출(network sampling)
  ㉡ 소수 참여 대상자로부터 또 다른 여러 명의 참여 대상자를 계속적으로 소개받는 식으로 표본을 추출
  ㉢ 주로 특정한 모집단의 구성원, 즉 외국인 노동자나 노숙자, 유학생 등 구하기 어려운 대상자들을 상대로 할 때 사용하는 표본추출

⑤ 할당 표본추출(quota sampling)
  ㉠ 인구통계학적 특성이나 거주지와 같은 모집단의 속성을 미리 파악할 수 있을 때
  ㉡ 각 속성의 구성 비율을 고려해 표본 추출하는 방식
  ㉢ 층화 표본추출과 외견상 매우 비슷하지만, 표본추출 프레임이 없다.

3 신뢰도와 타당도

(1) 신뢰도

① 신뢰도의 개념과 특징 2020년, 2017년 기출 ★

㉠ 신뢰도는 측정도구가 측정하고자 하는 현상을 일관성 있게 측정하는 능력이다. 즉, 어떤 측정도구를 동일한 현상에 반복 적용했을 때 동일한 결과를 얻게 되는 정도를 의미한다.

㉡ 어떤 도구를 사용해서 동일 대상을 반복 측정했을 때 항상 같은 결과가 나온다면 신뢰도가 높다는 것을 의미한다.

㉢ 이 신뢰도는 연구조사 결과와 해석에 필수적인 조건으로 신빙성, 안정성, 일관성, 예측성을 기준으로 한다.

㉣ 내적 신뢰도

ⓐ 어떤 사건이나 현상에 대해 관찰자들이 평정한 점수가 얼마나 일치하는지를 보여주는 신뢰도이다. 연구 자료의 수집 및 분석, 해석상의 일관성 정도 등을 의미한다.

ⓑ 다른 연구자들에게 이미 산출된 일련의 구성개념을 제시했을 때 본래의 연구자가 했던 것과 동일한 방식으로 자료와 구성개념을 결부시킬 수 있다면 내적 신뢰도가 높다는 의미이다.

㉤ 외적 신뢰도

ⓐ 연구결과의 일치도

ⓑ 동일한 설계를 바탕으로 다른 연구자들도 동일한 현상을 발견하거나 유사한 상황에서 동일한 구성개념을 산출한다면 외적 신뢰도가 상승한다.

② 신뢰도에 영향을 주는 요인

㉠ 신뢰도에 영향을 미치는 요인으로는 개인차와 문항 수, 문항 반응 수, 난이도, 검사 시간, 검사 시행 후 경과 시간, 응답자 속성의 변화, 검사 후 재검사까지의 절차 등이 있다.

ⓐ 문항 수 : 많아야 한다.

ⓑ 문항의 난이도 : 적절해야 한다.

ⓒ 문항변별도 : 높아야 한다.

ⓓ 검사도구의 측정 내용의 범위 : 좁은 범위의 내용이어야 한다.

ⓔ 검사 시간과 속도 : 검사 시간은 길어야 하고, 속도는 빨라야 한다.

ⓕ 문항 반응 수 : 응답한 반응 수가 많아야 한다.

㉡ 요인들이 위의 조건에 맞을수록 신뢰도가 높아진다. 이외에도 개인차가 뚜렷해야 하고, 신뢰도의 측정방법에 따라서도 신뢰도 계수에 영향이 미칠 수 있다.

③ 신뢰도 측정방법
  ㉠ **신뢰도 제고를 위한 구체적 방법**
    ⓐ 측정상황의 분석 : 어떤 요인이 측정의 신뢰도를 떨어뜨리는가를 결정하기 위해 측정상황을 분석한다. 동시에 측정도구는 항상 표준화된 상태에서, 통제된 환경에서, 동일 조건하에서 실시되도록 한다.
    ⓑ 표준화된 지시와 설명 : 측정도구를 사용할 때 가능한 분명하고 표준화된 지시를 하도록 설명함으로써 측정오차를 줄인다.
    ⓒ 문항의 추가적 사용 : 측정도구가 믿을만하지 못할 때는 동일한 종류의 문항을 추가로 사용하도록 한다.
    ⓓ 문항의 구성 : 측정도구의 문항은 누구에게나 동일하게 이해될 수 있도록 분명하게 구성해야 한다.
    ⓔ 대조 문항들의 비교분석 : 각 문항의 성격을 비교해서 서로 대조적인 문항은 비교분석하도록 한다.
  ㉡ **신뢰도의 종류** 2018년 기출 ★
    ⓐ 검사-재검사 신뢰도(Test-Retest Reliability) 2016년 기출 ★
      • 가장 기초적인 신뢰도 추정방법으로 동일 대상에 동일한 측정도구를 서로 상이한 시간에 두 번 측정한 다음, 결과를 비교하는 것이다.
      • 반복측정을 통해 그 결과에 대한 상관관계를 계산하고, 도출된 상관계수로써 신뢰도를 추정하는 방법이다. 상관계수가 커질수록, 신뢰도는 높아진다.
      • 두 검사의 실시간격에 크게 영향을 받으며, 이월효과(기억효과), 성숙효과(반응민감성 효과), 역사 요인, 물리적 환경의 변화 등이 단점이다.
      • 적용은 간편하나 대부분의 심리검사에서 신뢰도를 찾는 방법으로 적합하지는 않다.
    ⓑ 동형검사 신뢰도(Equivalent-Form Reliability)
      • 새로 개발한 검사와 여러 면에서 거의 동일한 검사를 하나 더 개발해서 두 검사의 점수 간 상관계수를 구하는 방법으로 검사-재검사 신뢰도의 변형이라고 볼 수 있다.
      • 동일한 조작적 정의나 지표들에 대한 측정도구를 두 종류씩 만들어 동일한 측정대상에게 각각 응답하도록 하는 방법이다.
      • 각 측정도구가 매우 유사해야만 신뢰도를 측정할 수 있는 수단으로 인정받을 수 있고, 각 검사의 동등성 보장이 검토되어야 한다.
      • 문항 수, 문항표현 방식, 문항 내용 및 범위, 문항난이도, 검사지시 내용, 구체적인 설명, 시간제한 등으로 동등성을 검증한다.

ⓒ 반분신뢰도(Split-Half Reliability)
- 검사를 한 번 실시한 후 이를 적절한 방법에 의해 두 부분의 점수로 분할하여 그 각각을 독립된 두 개의 척도로 사용함으로써 신뢰도를 추정하는 방법이다.
- 조사항목의 반을 가지고 조사 결과를 획득하고, 다음 항목의 다른 반쪽을 동일한 대상에게 적용하여 얻은 결과와 일치하는지, 동질한지 비교하는 것이다.
- 양분된 각 척도의 항목 수는 그 자체가 완전한 척도를 이루고 충분히 많아야 한다.
- 단 한 번의 시행으로 신뢰도를 구할 수 있다는 핵심 장점이 있으나 단일 측정치가 산출될 수 없고, 이밖에도 연습효과, 피로효과, 특정 문항군이 함께 묶여 제시될 때는 신뢰도 산출에 어려움이 있다는 단점이 있다.

ⓓ 문항내적합치도(Item Internal Consistency)
- 단일한 신뢰도계수를 계산할 수 없는 반분법을 교정하기 위한 방법으로 가능한 모든 반분신뢰도를 구한 다음, 그 평균값을 신뢰도로 추정하는 방법이다.
- 동일한 개념을 측정하는 항목인 경우, 그 측정 결과가 일관성이 있어야 한다. 그러므로 문항 중에서 신뢰성을 저해하는 항목을 배제해야 한다.
- 문항내적합치도는 반분신뢰도와 같이 단 한 번의 시행으로 신뢰도를 구할 수 있다는 장점이 있고, 검사내용이 이질적인 경우에는 신뢰도 계수가 낮아진다.

(2) 타당도

① 타당도(Validity)의 개념과 특징 2020년, 2018년, 2017년 기출 ★
㉠ 연구자가 측정하고자 한 것을 실제로 정확히 측정하고 있는가를 보여준다.
㉡ 조작적 정의나 지표가 측정하고자 하는 개념을 얼마나 제대로 반영하는지 보여준다.
㉢ 타당도에는 내적 타당도와 외적 타당도가 있다.

② 내적 타당도
㉠ 연구에서 종속변인에 나타난 변화가 독립변인의 영향 때문이라고 결론지을 수 있는 정도를 말한다.
㉡ 각 변수 사이의 인과관계를 추론하여 실험을 통한 진정한 변화에 의한 것으로 판명되는 경우 내적 타당도가 높다고 본다.
㉢ **내적 타당도 저해 요인** 2021년, 2020년 기출 ★
ⓐ 역사효과로 검사 기간 중 특수한 사건이 발생했을 경우, 이 사건이 검사 측정에 반영이 될 수 있다.
ⓑ 성숙효과로 검사 기간 중 나이가 많아지거나 피로가 누적되는 등의 영향이 발생한다.
ⓒ 이월효과, 혹은 학습 효과라고도 하고 사전검사를 통해 이미 경험했던 결과가 사후검사에 영향을 미친다는 것이다.

ⓓ 피험자의 선발에 있어서 실험집단과 통제집단의 동질성이 결여될 때 내적 타당도는 낮게 측정된다.
ⓔ 극단적 점수의 피험자를 선발했을 경우, 실험처치의 효과에 관계없이 다음 검사에서 평균으로 돌아가려는 현상인 통계적 회귀가 발생할 수 있다.
ⓕ 불가피하게 피험자가 탈락되었을 경우, 사전과 사후 인원이 동질하지 못한 상황이 발생하게 된다. 이때 내적 타당도는 낮아지게 된다.
ⓖ 선발-성숙 상호작용이 생길 수 있다. 예를 들어 성별을 달리해서 남, 여를 선발하여 실험할 경우, 사전검사의 측정치는 같을 수 있지만 사후검사의 측정치가 성숙의 영향을 받아 다를 때 내적 타당도는 위협받게 된다.

③ 내적 타당도 저해 요인 통제방법
㉠ 무작위 할당으로 연구대상을 실험집단과 통제집단으로 무작위로 배치하여 두 집단이 동질하게 함으로써 통제할 수 없는 변인들이 상쇄될 것을 기대한다.
㉡ 배합으로 연구주제에 영향을 미칠 수 있는 주요 변수들을 미리 알아내어 이를 실험집단과 함께 통제하는 방법이다.
㉢ 통계적 통제로 실험설계를 통해 통제할 필요성이 있는 변수들을 독립변수로 간주하여 실험을 실시하고, 결과를 통계적으로 분석하여 해당변수의 영향을 통제한다.

④ 외적 타당도
㉠ 연구 결과에 의해 기술된 인과관계가 연구 대상 이외의 경우까지 확대될 수 있을 때 일반화되었다는 정도를 나타낸다.
㉡ 연구결과가 얼마나 정확한지에 대한 개념으로 외적 타당도는 연구결과의 일반화 가능성이 있을 때 외적 타당도가 높다고 한다.
㉢ **외적 타당도 저해 요인**
ⓐ 검사실시와 실험실시 간 상호작용 효과로 사전검사 후 실험을 실시할 때 관심이 증가하면서 효과에 영향을 미칠 수 있다.
ⓑ 실험상황에 대한 반발효과로 실험상황에서 이질성이 생길 때 발생한다. 예를 들어, 일상에서는 덜 그런 사람인데 실험이 시작되면서 훨씬 수줍어서 개입을 덜 하게 될 경우가 있다.
ⓒ 한 사람의 참가자가 여러 실험에 참여할 경우, 이전 실험의 경험이 남아있어서 간섭효과 혹은 이월효과가 남게 된다.
ⓓ 실험자 자신이 연구 결과의 일반화에 영향을 미칠 수 있다. 즉, 실험자의 불안 수준이나 연령, 성별 등 참가자들과의 상호작용에 영향을 미칠 요소가 많다.

⑤ 외적 타당도 저해 요인 통제방법
  ㉠ 모집단에 대한 타당성을 높이는 것으로 표본의 대표성을 높이는 방법이다. 즉, 표본자료가 모집단의 특성을 충분히 반영하고 있는지를 파악한다.
  ㉡ 환경에 의한 타당성을 높이는 것으로 연구결과가 연구 환경을 벗어나 보다 현실적이면서 다양한 환경에서도 적용될 수 있는지를 검토한다.

⑥ 타당도의 종류
  ㉠ **내용타당도(Content Validity)**
    ⓐ 논리적 타당도, 측정항목이 연구자가 의도한 내용대로 실제로 측정되고 있는가의 문제로 측정도구가 측정대상이 가지고 있는 많은 속성 중 일부를 대표적으로 포함하는가를 의미한다.
    ⓑ 논리적 사고에 입각한 논리적 분석 과정으로 판단하는 주관적인 타당도로 객관적인 자료에 근거하지 않는다. 즉, 측정도구의 내용 타당도는 문항구성 과정에서 그 개념을 얼마나 잘 반영하고 있는지, 해당문항들이 각 내용영역들의 독특한 의미를 얼마나 잘 나타내주고 있는지를 의미하는 것이다.
    ※ 안면타당도 : 내용타당도와 마찬가지로 측정항목이 연구자가 의도한 내용대로 실제로 측정하고 있는가를 나타내는 도구인데, 내용타당도가 전문가의 평가 및 판단에 근거한 것이라면 안면타당도는 일반인의 일반적인 상식에 기초한 타당도이다.

  ㉡ **준거타당도(Criterion Validity)**
    ⓐ 기준(준거) 관련타당도, 혹은 경험적 타당도로 경험적 근거에 의해 타당도를 확인하는 방법이다. 전문가가 만들어놓은 신뢰도와 타당도가 검증된 측정도구에 의한 측정결과를 기준으로 통계적으로 타당도를 평가하는 방법이다.
    ⓑ 연구하려는 속성을 측정해 줄 것으로 알려진 외적 준거(기준)와 측정도구의 측정결과(척도의 점수) 간의 관계를 비교함으로써 타당도를 파악한다.
    ⓒ 준거타당도는 공인타당도, 예언(예측)타당도로 구분한다.
    • 공인타당도
      - 새로 제작한 검사의 타당도를 위해 기존에 타당도를 보장받고 있는 검사와의 유사성 및 연관성에 의해 타당도를 검증하는 방법이다.
      - 직장인에게 응사자용 문제를 제시하여 시험을 실시한 후, 직장인의 평소 근무실적과 시험성적을 비교하여 근무실적이 좋은 직장인이 시험에서도 높은 성적을 얻었다면, 해당시험은 공인타당도를 갖추었다고 할 수 있다.

- 예언(예측)타당도 2018년, 2017년 기출 ★
  - 어떤 행위가 일어날 것이라고 예측한 것과 실제 대상자나 대상 집단이 나타낸 행위 간의 관계를 측정하는 것이다.
  - 신입직원 선발시험에서 높은 성적을 얻은 사람이 이후, 근무실적에서도 높은 점수를 얻었다면, 해당 선발실험은 근무실적을 잘 예측한 도구로 볼 수 있다.

ⓒ **구인타당도(=개념타당도, Construct Validity)**
  ⓐ 조작적으로 정의되지 않은 인간의 심리적 특성이나 성질을 심리적 개념으로 분석하여 조작적 정의를 부여한 뒤, 검사점수가 조작적 정의에서 규명한 심리적 개념들을 제대로 측정하였는가를 검정하는 방법이다.
  ⓑ 응답 자료가 계량적 방법에 의해 검증되어 과학적이고 객관적이다.
  ⓒ 개념타당도 분석 방법
   - 수렴타당도 2018년 기출 ★
     - 검사결과가 이론적으로 해당속성과 관련 있는 변수들과 어느 정도 높은 상관관계를 가지고 있는지 측정하는 것이다.
     - IQ와 성적 같이 검사결과가 이론적으로 연관되어 있는 변수들 간의 상관관계를 측정할 때, 두 검사 간 상관계수가 높다면, 새로운 지능검사는 지능이라는 개념을 잘 측정했다는 뜻이다.
   - 변별타당도 2018년 기출 ★
     - 검사결과가 이론적으로 해당속성과 관련 없는 변수들과 낮은 상관관계를 가지고 있는지를 측정하는 방법이다.
     - IQ와 키와 같이 검사결과가 이론적으로 연관되어 있지 않은 변수들 간 상관관계를 측정하는 경우, 두 검사 간의 상관계수가 낮게 나와야 새로운 지능검사가 지능이라는 개념을 잘 측정한 것이라고 할 수 있다.
   - 요인분석
     - 검사를 구성하는 문항들의 상관관계를 분석하여 상관이 높은 문항들을 묶어주는 통계적 방법이다.
     - 수학과 영어 문항들을 혼합하여 한 번의 시험을 치른다고 가정할 때, 수학을 잘 하는 학생의 경우 수학 문항에 대해, 영어를 잘 하는 학생의 경우 영어 문항에 대해 좋은 결과를 나타내 보일 것이므로 해당문항들은 두 개의 군집, 즉 두 개의 요인으로 추출될 것이다.

4 규준

좋은 검사는 규준을 잘 갖추어야 한다.

(1) 규준의 특징

① **규준** : 특정검사 점수의 해석에 필요한 기준이 되는 정보로, 한 개인의 점수가 평균 혹은 표준편차 내에서, 집단 내에서 어떤 의미를 지니는지를 보여주는 것을 의미한다.
  ㉠ 비교대상 점수를 연령별, 사회계층별, 직업군별로 정리하여 비교한다.
  ㉡ 전형적이거나 평균적인 점수로 수행지표를 제공할 수 있다.
  ㉢ 비교대상이 되는 집단을 규준 집단 혹은 표준화 표본집단이라고 한다. 규준참조검사는 어떤 개인의 점수를 해석하기 위해 유사한 사람들의 점수를 비교하며 평가하는 상대를 검토하기 위한 것으로 원점수를 규준에 따라 상대적으로 평가하는 것을 의미한다.
  ㉣ 규준은 절대적이거나 영구적이지 않기 때문에 규준집단이 모집단을 잘 대표하는지 확인하는 과정이 반드시 필요하다.

② **발달규준**
  ㉠ 수검자가 정상적 발달경로상에서 어느 정도 위치하는지 표현하는 방식으로 원점수에 의미를 부여하는 것이다.
  ㉡ 종류로는 연령규준(정신연령규준), 학년규준, 서열규준, 추적규준 등이 있다.

(2) 집단 내 규준

① 개인의 원점수를 규준집단의 수행과 비교할 수 있도록 조정하는 과정이다.
② 원점수가 서열척도에 불과한 것에 비해 집단 내 규준점수는 측정상 등간척도의 성질을 가진다.
③ 백분위 점수와 표준점수, 표준등급으로 나뉜다.
  ㉠ **백분위 점수**(percentile rank)
    ⓐ 어떤 원점수보다 낮은 점수를 받은 인원수를 전체 인원수로 나누어 얻은 점수, 즉 일정한 퍼센트가 그 점수 아래에 있는 척도상의 원점수를 의미한다.
    ⓑ 누적백분율 분포에서 어떤 점수의 위치를 알아보는 통계적 방법으로 대상자 수가 다른 집단의 직접적인 비교가 가능하다.
  ㉡ **표준점수** : 평균에서 떨어진 정도를 표준편차 단위로 표시한 점수로 점수의 상대적 위치를 제공하고, 다른 검사 점수 비교가 가능하며 점수의 간격은 상대적으로 표시된다.

ⓒ 표준등급
　　ⓐ 스테나인 : 정규분포를 표준편차 0.5 단위로 9개의 부분으로 나눈 다음, 각 부분에 1부터 9까지 부여한 점수로, 각 구간에 일정한 점수나 등급을 부여한다.
　　ⓑ 최저 점수 1점과 최고 점수 9점을 제외하여 계산하고 평균 5점에 표준편차 2인 표준점수이다.

(3) 대표적 표준점수

표준점수 종류	내용
Z점수	• 원점수 평균 0, 표준편차 1인 Z분포상의 점수로 변환한 점수이다. • Z점수 0은 원점수가 정확히 평균에 위치한다는 의미이다. • Z점수는 −1.5는 원점수가 평균으로부터 하위 1.5표준편차만큼 떨어져 있다는 것을 의미한다. • Z점수는 소수점과 음수 값으로 제시한다. • Z점수=(원점수−평균) ÷ 표준편차
T점수	• 소수점과 음수 값을 가지는 Z점수의 단점을 보완하기 위해 만들어졌다. • Z점수에 10을 곱하고, 50을 더해 평균이 50, 표준편차가 10인 분포로 전환한 점수이다. • MMPI 등 다수의 심리검사 점수에 사용된다. • T점수=10 × Z점수+50

Section 04 지능검사

> **학습목표**
> 지능의 일반적 개념과 특징, 역사, 대표적인 지능 검사인 웩슬러 검사에 대해 종합적으로 학습한다.

1 지능

(1) 지능의 일반적 정의
① 지능은 적응적(Adaptive)이며 다양한 상황과 문제에 융통성을 갖고 반응하는 데 사용된다.
② 지능은 학습능력(Learning Ability)과 관련이 있다. 특별한 영역이 지적인 자는 그렇지 아니한 자보다 더 신속하게 새로운 정보를 처리할 수 있다.
③ 지능은 새로운 상황을 효과적으로 분석하고 이해하기 위해 선행지식(Use of Prior Knowledge)을 활용하는 것이다.
④ 지능은 여러 가지 다른 정신 과정들의 복잡한 상호작용과 조정을 포괄한다.
⑤ 지능은 문화 특수적(Cultural Specific)이다. 한 문화에서 지적인 행동이 반드시 다른 문화에서 지적인 행동으로 간주되지는 않는다. 즉, 지능은 보편적이지 않다.
⑥ 지능은 영구적이고 변하지 않는 특성은 아니다. 지능은 경험과 학습을 통해 변화될 수 있다.

(2) 지능검사의 목적
① 전반적인 지적 능력 수준을 평가한다.
② 지적 기능 및 인지적 특성을 파악한다.
③ 기질적 뇌손상 및 뇌손상에 따른 인지적 손상을 평가한다.
④ 임상적 진단을 명료화한다.
⑤ 지능검사 결과를 토대로 합리적인 치료 목표를 수립한다.
⑥ 성격과 자아기능의 역동에 관한 정보를 제공한다.

2 지능 검사의 발전

(1) Binet-Simon 검사
① 공교육에서의 아동 판별 검사
  ㉠ Binet와 Simon(1905)은 프랑스 정부로부터 일반 학급에서 정신지체아와 정상아를 구별할 수 있는 검사 개발을 위탁받았다.

ⓒ 초등학교 정규 교육 과정을 수학할 능력이 없는 지체 아동을 판별할 목적의 평가 도구인 Binet-Simon Test(1905)를 개발하였다.

② 지능에 대한 개념
㉠ Binet는 "지능이란 잘 판단하고 이해하며 추리하는 일반적인 능력"이라고 정의하였다.
ⓒ 그는 지능의 구성 요소로 '판단력', '이해력', '논리력', '추리력', '기억력'을 제안하였다.

③ 정신연령 개념의 도입
㉠ Binet는 연령이 증가함에 따라 구조화된 과제에 대한 수행이 향상된다고 보았다.
ⓒ 어떤 아동이 또래 아동보다 과제를 잘 해결하면 정신연령과 지능이 높다는 전제하에 정신연령(mental age)의 개념을 도입하였다.

④ 대상 연령
㉠ Binet-Simon Test는 3~13세 아동에게 실시하였다.
ⓒ 1908년과 1911년에 재표준화를 거치면서 대상 연령이 15세까지 확장되었다.

(2) Wechsler 지능검사

① Wechsler-Bellevue 지능검사 : Wechsler는 1930년대 중반 자신의 임상적 기술과 통계적 훈련(영국에서 Charles Spearman과 Pearson 밑에서 수학)을 결합하여 11개의 소척도로 구성된 Wechsler-Bellevue Intelligence Scale Form I(WB-I, 1939)과 WB-II(1946)를 개발하였다.

② Binet-Simon 검사와의 차이점
㉠ Wechsler는 Binet 검사가 언어 능력을 요하는 문항에 너무 치중되어 있다고 비판하였다.
ⓒ 비언어적 지능도 따로 측정되어야 한다고 주장하였다.
ⓒ Wechsler 검사는 언어적 검사와 비언어적(동작) 검사를 구분하여 측정할 수 있었다.
ⓔ 개인의 수행 수준은 같은 연령 집단 사람들의 점수와 비교하는 표준점수로 지능지수를 산출하였다.

③ 성인용 지능검사의 시초
㉠ WB-I는 웩슬러 성인 지능검사(Wechsler Adult Intelligence Scale ; WAIS, 1955)로 개정되었다.
ⓒ 수차례의 재개정 작업을 거쳐 WAIS-IV(2008)까지 출시되었다.

④ 아동용 검사
㉠ WB-II의 대상 연령을 낮춰 5~15세의 아동들에게 적용할 수 있는 Wechsler Intelligence Scale for Children(WISC)이 1949년 출시되었다.
ⓒ WISC(1949)는 수차례의 재개정 작업을 통해 WISC-IV(Wechsler, 2003)로 개정되었다.

ⓒ 2014년, WISC-V가 출시되었고, 영유아 대상으로 Wechsler Preschool and Primary Scale of Intelligence(WPPSI, 1967)가 개발되었으며, WPPSI-III(Wechsler, 2002)까지 개정되었다.

⑤ 한국에서의 표준화
  ㉠ 성인용 검사
    ⓐ 1939년 웩슬러가 제작한 검사를 1963년에 전용신, 서봉연, 이창우가 표준화하였고, 현재 사용하고있는 검사는 K-WAIS(Korea Wechsler Intelligence Scale)로 2011년에 표준화된 검사이다.
    ⓑ WAIS-R(1981)을 염태호, 박영숙, 오경자, 김정규, 이영호가 한국판 K-WAIS(1992)로 표준화하였다.
    ⓒ WAIS-IV(2008)는 K-WAIS-IV(황순택, 김지혜, 박광배, 최진영, 홍상황, 2012)로 표준화되었다.
  ㉡ 아동용 검사
    ⓐ 아동용 검사는 이창우, 서봉연이 WISC(1949)를 K-WISC(1974)로 표준화하였다.
    ⓑ 개정판 WISC-R(1974)은 한국교육개발원에서 표준화하여 KEDI-WISC(Korean Educational Developmental Institute-Wechsler Intelligence Scale for Children, 1987) 검사로 제작하였다.
    ⓒ WISC-III(1991)는 K-WISC-III(곽금주, 박혜원, 김청택, 2001)로 표준화하였고, WISC-IV(2003)는 K-WISC-IV(곽금주, 오상우, 김청택, 2011)로 표준화하였다.
    ⓓ 유아용 검사인 WPPSI-R(1989)은 K-WPPSI(박혜원, 곽금주, 박광배, 1996)로 표준화하였다.

(3) 다중지능 이론

① 단일 지능에 대한 비판에서 시작
  ㉠ 다중지능의 이론적 단서는 1970년대까지 지능 이론과 실제, 측정에서 중심축을 이끌어 왔던 지능검사, IQ, 요인 이론에 대한 비판에서 시작되었다.
  ㉡ 지능을 단일한 속성으로 개념화한 스피어만(Spearman)의 일반 요인(g-factor)에 대해 반대한다.
    ⓐ 다중지능이론은 지능이 단일하다는 사고(일차원적 접근, one-dimensional approach)에서 벗어나 인간의 정신, 마음을 다원적이라는 시각(다원적 접근, multi-dimensional approach 혹은 pluralistic view)에서 접근하고 있다.
    ⓑ 지능이 단일한 요인이라고 주장하는 스피어만의 일반 요인의 개념이나 지능검사 속의 문항을 푸는 능력을 통해 지능을 측정하려는 단순 접근법을 함께 거부한다.

ⓒ 인간의 지능은 다양한 얼굴(facets)을 갖고 있으며, 각 개인도 상이한 인지능력 및 인지 유형을 지니고 있다는 신념에서 출발한다.
ⓒ 다중지능이론이 중요시하는 지능의 다원적 개념은 지능이 문화 의존적이고 상황 의존적이라는 것을 강조한다.
ⓔ 다중지능이론에서는 한 문화·사회에서 인간의 삶에 필요한 기능이 무엇이며, 어떻게 키워 나가는가 하는 자연적 정보를 중요시한다.
 ⓐ 사냥사회에서는 신체적 민첩성, 효과적 이동 능력, 자연환경에 대한 이해가 매우 중요하다.
 ⓑ 중세 유럽의 도제 제도에서는 신체적, 공간적, 대인관계적 능력에 보다 강조점을 둔다.
 ⓒ 서구사회에서는 언어적, 논리-수학적 기능에 더 강조점을 두고 있다.

② **다중지능 이론의 특징** 2020년, 2019년, 2018년 기출 ★
 ⓐ 1983년 하버드대 Gardner에 의하여 등장한 다중지능이론은 인간의 지능이 언어·음악·논리수학·공간·신체운동·인간친화·자기성찰·자연친화라는 독립된 8개의 지능과 1/2개의 영적 실존지능으로 이루어져 있다고 한다.
 ⓑ 다중지능이론은 '8과 2분의 1' 지능론으로도 불린다.
 ⓒ 지능검사(IQ Test)만으로는 인간의 모든 영역을 판단하거나 재단할 수 없다는 것이다.
 ⓔ 각각의 지능이 조합됨에 따라 개인의 다양한 재능이 발현된다.
  ⓐ 각 영역에 있어서 수많은 종류의 천재가 있을 수 있는 것이다.
  ⓑ 과학자, 시인, 작곡자, 조각가, 외과의사, 엔지니어, 무용수, 운동경기 코치에게는 각기 다른 인지능력이 요구된다.
  ⓒ 즉, 지능이 한 가지가 아니라 여러 가지 종류임을 그리고 다양한 형태의 지능은 문화와 시대에 따라 그 중요성과 가치의 정도가 다르다는 것을 시사한다.
  ⓓ Gardner는 지능을 한 문화권에서 가치 있고 의미 있다고 여겨지는 특정 영역의 문제를 해결하는 능력 또는 특정 문화상황 속에서 가치 있게 여기는 어떤 결과(산물)를 만들어내는 능력으로 정의하였다.

③ **다중지능 이론의 원리**
 ⓐ 지능은 단일한 능력요인 또는 다수의 능력요인으로 구성된 하나의 지능으로 구성된 것이 아니라 서로 별개로 구분되는 다수의 지능으로 구성된다.
  ⓐ 다수의 지능이란 언어지능, 논리-수학지능, 시각-공간지능, 음악지능, 신체운동지능, 대인관계지능, 자기성찰지능 및 자연탐구지능의 8가지 종류이다.
  ⓑ 각각의 지능을 구성하는 능력들이 서로 별개인 것을 강조하고, 또 각각의 지능은 그 자체가 하나의 독립된 체제(system)로서 기능한다.

ⓒ 이 지능들은 서로 자율적(독립적)이다.
　　ⓐ 이론상 어떤 지능의 조건에서 평가된 능력들은 다른 지능의 조건에서 사정된 능력들을 예측할 수 없다.
　　ⓑ 인간은 다양한 종류의 내용에 대한 능력은 있으나, 한 내용에 대한 능력은 다른 내용에 대한 능력과는 무관하다.
ⓒ 지능은 서로 상호작용적이다.
　　ⓐ 각각의 지능이 서로 별개로 기능한다고 해서 그들이 다함께 작용할 수 없다는 것을 의미하지는 않는다.
　　ⓑ 언어지능과 논리수학지능을 모두 필요로 하는 수학문제를 풀 때 두 지능이 서로 독립적이라 해도 함께 작용하여 문제를 풀 수 있다.
ⓒ 그러므로 전통적인 지능검사는 다중지능 영역의 많은 부분을 설명해 줄 수 없기 때문에 수행평가나 상황에 기초한 보다 공정한 지능 평가도구가 만들어져야 한다고 보았다. 다중이론의 핵심은 인간에게는 IQ검사로 가늠하는 한 가지 지능만 있는 것이 아니라 개인에 따라 정도의 차이가 있을지언정 누구나 8가지 지능을 모두 갖고 태어나고, 사람에 따라 강점지능과 약점지능이 있다는 것이며, 교육과 훈련을 통해 강점지능을 키워 주고 약점지능을 보강해 주어야 하며, 강점지능을 이용해 약점지능을 보완하고 계발해 주는 방법을 사용하는 것이 효과적·교육적이라고 본다. 개인의 다중지능 프로파일을 알면 학습지도나 진로지도에 도움이 될 수 있다.

④ 다중지능 검사
　㉠ 지능을 측정하기 위해 2006년 이종구, 현성용, 최인수가 개발했으며, 만 4~6세가 대상이다.
　　ⓐ 검사 시간은 약 20분이다.
　　ⓑ 검사주기는 1년에 2회이다(6개월 주기적 관리).
　㉡ (주) 다중지능 연구소에서 개발한 검사는 2가지로 구분된다.
　　ⓐ 아동에게 직접 검사, 질문(20분)+수행(10분)+음악수행(8분)
　　ⓑ 주 양육자, 부모 중 한 사람이 관찰한 바를 표시, 30분 이내, 각 지능 영역 6문항씩 총 48문항

3 Wechsler 지능검사

(1) Wechsler 지능검사의 의의

① 1939년 Wechsler가 개발한 개인지능 검사로 현재 가장 일반적인 지능검사로 사용된다.
② 개인의 지능이 인지적 사고뿐 아니라 합리적 사고와 환경을 이해할 수 있는 종합적이고 통합적 능력이라고 생각하였다. 그러므로 유전적 요인, 초기 교육환경, 정서적 상태, 기질적 정신장애, 검사 당시 상황 등 상호작용에 의해 결정된다고 보았다.

(2) Wechsler 지능검사의 특징

① 구조화된 검사
　㉠ 검사자가 한 사람의 수검자를 대상으로 직접 지시해야 하는 개인검사이다.
　㉡ 관계형성이 중요하고 수검자에 대한 관찰이 용이하다.
　㉢ 구조화된 객관적 검사이다.

② 편차지능지수 사용
　㉠ 정신연령과 생활연령을 비교한 기존의 지능검사와 다르다.
　㉡ 개인의 지능을 동일 연령대 집단에서의 상대적 위치로 규정하는 편차지능지수를 사용한다.

③ 발달적 특징 평가 가능
　㉠ 언어성 검사와 동작성 검사로 구성되어 언어성 지능, 동작성 지능, 전체 지능 등 모두 측정 가능하다.
　㉡ 각 요소의 하위요인을 통해 지능에서 발달적 특징을 평가할 수 있다.
　　ⓐ 개인의 성격과 정신역동, 심리내적 갈등을 이해하고 정신병리를 파악할 수 있다.
　　ⓑ 현재의 지능과 병전 지능수준을 추정하여 기능장애를 양적으로 검토 가능하다.

④ 언어성 검사 vs. 동작성 검사 : 검사자가 모든 문제를 언어나 동작으로 지시하기 때문에 어린 수검자나 문맹 수검자도 시행 가능하다.

(3) Wechsler 지능검사의 역사

① Wechsler 지능검사의 개발 과정

용도 구분		개발연도	대상연령
범용	WB I(Wechsler-Bellevue I)	1939년	7~69세
	WB II(Wechsler-Bellevue II)	1946년	10~79세
성인용	WAIS(Wechsler Adult Intelligence Scale)	1955년	16~64세
	WAIS-R(Wechsler Adult Intelligence Scale-Revised)	1981년	16~74세
	WAIS-III(Wechsler Adult Intelligence Scale III)	1997년	16~89세
	WAIS-IV(Wechsler Adult Intelligence Scale IV)	2008년	16~90세
아동용	WISC(Wechsler Intelligence Scale for Children)	1949년	5~15세
	WISC-R(Wechsler Intelligence Scale for Children-Revised)	1974년	6~16세
	WISC-III(Wechsler Intelligence Scale for Children III)	1991년	6~16세
	WISC-IV(Wechsler Intelligence Scale for Children IV)	2003년	6~16세
유아용	WPPSI(Wechsler Preschool & Primary Scale of Intelligence)	1967년	4~6.5세
	WPPSI-R(Wechsler Preschool & Primary Scale of Intelligence-Revised)	1989년	3~7.5세
	WPPSI-III(Wechsler Preschool & Primary Scale of Intelligence III)	2002년	2.6~7.5

② 한국판 Wechsler 지능검사의 개발 과정

용도 구분		개발연도	대상연령
성인용 (청소년)	KWIS(Korean Wechsler Intelligence Scale)	1963년	12~64세
	K-WAIS(Korean Wechsler Adult Intelligence Scale)	1992년	16~64세
	K-WAIS-IV(Korean Wechsler Adult Intelligence Scale-IV)	2012년	16~69세
아동용	K-WISC(Korean Wechsler Intelligence Scale for Children)	1974년	5~16세
	KEDI-WISC(Korean Educational Developmental Institute-Wechsler Intelligence Scale for Children)	1987년	5~15세
	K-WISC-III(Korean Wechsler Intelligence Scale for Children III)	2001년	6~16세
	K-WISC-IV(Korean Wechsler Intelligence Scale for Children IV)	2011년	6~16세
유아용	K-WPPSI(Korean Wechsler Preschool & Primary Scale of Intelligence)	1995년	3~7.5세

4 한국판 Wechsler 지능검사

(1) 검사의 시행순서

기본지식(언어성) → 빠진 곳 찾기(동작성) → 숫자 외우기(언어성) → 차례 맞추기(동작성) → 어휘문제(언어성) → 토막짜기(동작성) → 산수문제(언어성) → 모양 맞추기(동작성) → 이해문제(언어성) → 바꿔쓰기(동작성) → 공통성 문제(언어성)

(2) 검사 시행 시 유의사항

① 표준 시행과 함께 검사행동 관찰을 하여 수검자의 특징을 확보하는 등 행동관찰에 훈련이 되어 있어야 한다.
② 결과의 의미 있는 해석을 위해 표준절차를 엄격하게 따르고 수검자의 주의를 분산시키는 환경을 제어한다.
③ 간단하게 설명하고 질문하는 것이 바람직하고 수검자의 불안전한 반응에 대처할 수 있도록 채점의 원칙을 잘 숙지하고 있어야 한다.
④ 특별한 이유가 없이는 한 번에 전체 검사를 진행하는 것이 바람직하고 검사가 중요하지만 검사 자체가 수검자보다 중요한 목적이 되어서는 안 된다.
⑤ 검사 시행이 적절하지 않을 시 시행을 중단하거나 면접을 통해 상황이 극복되도록 노력한다.
⑥ 검사도구는 소검사를 실시할 때까지 수검자의 눈에 띄지 않도록 주의한다.

(3) K-WISC-3과 K-WISC-4의 비교 2019년 기출 ★

① 유동적 추론, 작업기억, 처리속도 측정을 개선하기 위한 5가지 새로운 소검사를 도입했다.

소검사	약자	지시사항
토막 짜기	BD	수검자가 제한시간 내 흰색과 빨간색으로 이루어진 토막으로 제시된 모형이나 그림과 똑같은 모양을 만든다.
공통성	SI	수검자가 공통적 사물이나 개념을 나타내는 두 개의 단어를 듣고, 두 단어가 어떻게 비슷한지 말한다.
숫자	DS	숫자 바로 따라 하기에서는 검사자가 큰 소리로 읽어준 것과 같은 순서로 수검자가 따라하고 반대로, 숫자 거꾸로 따라 하기에서는 검사자가 읽어준 것과 반대 방향으로 따라한다.
공통그림 찾기	PCn	수검자에게 두 줄이나 세 줄로 된 그림을 제시하면 수검자는 공통된 특성으로 묶이는 그림을 각 줄에서 한 가지씩 고른다.
기호쓰기	CD	수검자는 간단한 기하학적 모양이나 숫자에 대응하는 기호를 그린다. 수검자는 기호표를 사용하여 해당하는 모양이나 빈칸에 기호를 주어진 시간 안에 그린다.
어휘	VC	그림 문항에서 수검자는 소책자에 있는 그림의 이름을 말하고, 말하기에서는 검사자가 크게 읽어주는 단어의 뜻을 말한다.
순차연결	LN	수검자에게 연속되는 숫자와 글자를 읽어주고, 숫자가 많아지는 순서와 한글의 가나다 순서대로 암기하도록 한다.
행렬추리	MR	수검자는 불완전한 행렬을 보고, 다섯 개의 반응 선택지에서 제시된 행렬의 빠진 부분을 찾아낸다.
이해	CO	수검자는 일반적인 원칙과 사회적 상황에 기초하여 질문에 대답한다.
동형 찾기	SS	수검자는 반응 부분을 훑어보고 반응 부분의 모양 중 제시된 모양과 일치하는 것이 있는지 제한시간 내에 표시한다.
빠진 곳 찾기	PCm	수검자가 그림을 보고 제한시간 내 빠져있는 중요한 부분을 대답한다.

② 유동적 추론에 대한 측정을 향상시키기 위해 행렬추리, 공통그림 찾기, 단어추리 소검사를 포함했다.

③ 작업기억이 측정을 강화하기 위해 순차연결 소검사를 개발하고, 산수 소검사에서 요구되는 수학적 지식을 연령에 보다 적합하게 변경하여 작업기억이 더욱 필요하도록 개정했다.

④ 시간보너스의 비중은 줄었다.

⑤ 언어적 지시를 단순화하였다.

⑥ 시각적 자극의 크기를 확대하였다.

⑦ 산출 지능지수의 범위를 140~160으로 확장하였다.

⑧ 수행과정의 운동 요구를 감소시켰다.

Section 04 지능검사

Plus Study — K-WAIS-IV/K-WISC-IV의 소검사 구성

[K-WAIS-IV 소검사 구성]

언어 IQ(VIQ) / 수행 IQ(PIQ)

구 분	언어이해지표 (VCI)	작업기억지표 (WMI)	지각추론지표 (PRI)	처리속도지표 (PSI)
핵심 소검사	공통성, 어휘, 상식	숫자, 산수	토막짜기, 행렬추론, 퍼즐	동형 찾기, 기호쓰기
보충 소검사	이해	순서화	무게비교, 빠진 곳 찾기	지우기

[K-WISC-IV 핵심 소검사와 보충 소검사]

구 분	언어이해지표	작업기억지표	지각추론지표	처리속도지표
핵심 소검사	공통성, 어휘, 이해	숫자, 순차연결	토막짜기, 공통그림 찾기, 행렬추리	동형 찾기, 기호쓰기
보충 소검사	상식, 단어추리	산수	빠진 곳 찾기	선택

(4) 지능검사의 내용

Wechsler 지능검사는 과거에는 11개의 소검사로 구성되었고 언어성 소검사와 동작성 소검사로 분류되었으나 현재는 15개의 핵심, 보충 소검사로 구성되어 있다.

① 언어성 소검사

소검사	측정 내용
기본 지식	• 일반적이고 사실적·전반적인 지식의 범위 및 획득된 지식수준 • 과거 교육적·문화적 경험 및 독서의 정도 • 지적 호기심, 지적인 동기 수준, 지식을 추구하고자 하는 욕구 • 장기 기억, 의미 기억
숫자 외우기	• 주의력의 범위(숫자 폭의 길이) • 안정된 주의 유지(반복 시행 점수) • 즉각 기억 및 기계적 학습(바로 따라 외우기) • 청각적 연속 처리 능력 • 이중 정신 추적, 가역적 사고를 포함한 복잡한 정신적 조작 능력(거꾸로 따라 외우기) • 인지적 융통성('바로 따라 외우기'에서 '거꾸로 따라 외우기'로 전환하는 과정) • 불안의 영향을 받음
어휘	• 언어적 표현력과 이해력 및 언어 발달 • 축적된 언어 지식 및 언어 학습 능력 • 언어적 개념화 능력, 추상적으로 언어를 다루는 능력 • 일반지능, 결정적 지능 • 획득된 사고, 경험 및 흥미의 범위

소검사	측정 내용
산수	• 수리 및 계산 능력 • 주의집중력 및 주의지속 능력 • 연속적 처리 능력 • 청각적 기억력 • 논리적 추론 및 수리 문제를 분석하는 능력 • 시간 압력하에서 과제를 수행하는 능력 • 불안의 영향을 받음
이해	• 사회 현상, 사회적 가치와 관련된 상식 및 이를 설명하는 능력 • 보편적, 관습적 행동 기준, 도덕규범, 규칙 등에 대한 지식 • 사회적 이해력과 판단력 • 사회적 성숙의 정도, 도덕 및 양심의 발달 정도 • 은유 및 상징적 의미 파악, 추상적 사고력, 일반화 능력 • 언어적 이해력과 개념화 능력 • 일상 세계에 대해 주의를 기울이고 현실을 인식·이해하는 능력
공통성	• 언어적 개념화 및 범주화 능력 • 논리적, 추상적 사고력, 추론 및 연상능력 • 본질적이고 핵심적인 속성과 부차적이고 중요하지 않은 속성을 구별하는 능력 • 인지적 융통성 • 은유 및 상징적 의미 파악, 추상적 사고력, 일반화 능력

② 동작성 소검사

소검사	측정 내용
빠진 곳 찾기	• 시각적 주의집중력 • 시지각적 조직화 능력 • 시각적 기억력 : 장기 기억력, 시각적 확인 및 재인 능력 • 사물의 본질적이고 핵심적인 속성과 부차적이고 중요하지 않은 속성을 구별하는 능력 • 시각적 개념화 능력 : 부분적 요소들의 관계 내에서 전체를 지각하는 능력 • 모호하고 불확실한 상황에서의 반응 능력
차례 맞추기	• 사회적 이해력과 판단력 • 상황의 전반적인 흐름을 이해하고 파악하는 능력 • 비언어적인 대인관계 상황을 이해하는 능력 • 인과관계를 추론하고 예측하는 능력 • 계획 능력 • 중요하고 핵심적인 시각 단서를 지각하는 능력 • 연속적 처리 능력(시간적 연속성, 시각적 연속 처리 능력 등)
토막 짜기	• 시지각 능력(형태 지각) • 시지각직 조직화 및 시공간 구성 능력 • 전체를 부분적인 요소로 분석하여 재통합하는 능력 • 시각-운동-공간 협응 및 지각적 처리 속도 • 지속적인 주의집중력 • 동시적, 전체적 처리 • 비언어적 개념 형성 능력, 추상적 사고력 • 좌절에 대한 내성 • 피드백을 통한 교정 능력

모양 맞추기	• 시지각 능력(형태 지각) • 시지각적 조직화 및 시공간 처리 능력 • 여러 부분적인 요소를 친숙한 형태로 통합해 내는 능력 • 형태 관계의 평가 및 부분적인 요소들 간의 관계를 예측하는 능력 • 동시적, 전체적 처리 능력 • 불확실한 상황에 대해 반응하는 능력
바꿔 쓰기	• 정신 운동 속도 및 쓰기 속도 • 시각-운동 협응 능력 및 미세 운동 기술 • 시각적 단기기억력 및 연합학습능력(새로운 시각 정보를 학습하는 능력) • 시각적 연속 처리 능력 • 지속적 주의집중력 • 필기 기술 : 종이와 연필을 사용하는 능력 및 친숙성 • 지시를 따르는 능력 • 시간 압력하에 작업하는 능력 • 익숙하지 않은 과제를 학습하는 능력

③ 지능의 진단적 분류

지 능	백분위	분 류
130 이상	98~100%	최우수(very superior)
120~129	91~97%	우수(superior)
110~119	76~90%	평균상(high average)
90~109	25~75%	평균(average)
80~89	10~24%	평균하(low average)
70~79	3~9%	경계선(borderline)
69 이하	0~2%	장애수준(defective)

※ 출처 : 심리평가의 이해와 활용, https://slidesplayer.org/slide/15350268/

④ 질적 분석

㉠ 반응 내용, 반응 방식, 언어적 표현방식, 검사행동방식 등을 기초로 개인의 독특한 심리적 특성을 알아보고자 하는 것이다.

㉡ 쉬운 문항에는 실패하고, 오히려 어려운 문항에 성공하는 경우, 의도적(aggressive)이라거나 체계적 교육을 받지 못한 결과일 수 있다.

㉢ 주의해서 고려되어야 할 사항은 쉬운 문항에 실패하고 어려운 문항에 성공하는 경우, 드물거나 기괴한 내용을 응답하는 경우, 한 문항에 대해 강박적으로 여러 가지 응답을 나열하는 경우, 잘 모르면서 짐작으로 응답하는 경우, 지나치게 구체화된 응답을 하는 경우, 정서적인 응답을 하는 경우, 반항적인 내용의 응답을 하는 경우, 차례 맞추기에서 순서는 제대로 맞추었으나 적절한 설명은 하지 못하는 경우 등 여러 경우가 있다.

⑤ K-WISC의 문제점
  ㉠ 전반적으로 내용이 어려워지고 난이도 순으로 배열되지 않는다.
  ㉡ 언어성 소검사 중 '어휘문제, 이해문제, 공통성문제'는 주관식으로 답하게 되는데, 채점기준이 애매하다. 즉, 정답의 예가 적은 편이다.
  ㉢ 빠진 곳 찾기에서 그림이 단순해서 다른 답의 가능성이 많다.
  ㉣ 동일한 환산점수가 나오면 연령집단 간에 지능점수 차이가 너무 크게 난다.
  ㉤ 저 연령층에서 낮은 지능이 나오는 경우, 전체적으로 지능 지수가 낮은 연령대여서, 낮은 지능자가 과소 추정될 가능성이 높다.
  ㉥ 고 연령층에서 낮은 지능이 나온 경우, 전체적으로 지능 지수가 높은 연령대여서, 낮은 지능자가 과대 추정될 가능성이 높다.

(5) K-WISC의 구성

① K-WISC 체계의 소검사 항목

소검사	약어	설명	지표
토막짜기	BD	아동이 제한시간 내 흰색과 빨간색으로 이루어진 토막을 사용하여 제시된 모형이나 그림과 똑같은 모양을 만든다.	지각추론지표 (PRI)
공통성	SI	공통적 사물이나 개념을 나타내는 두 개의 단어를 듣고 두 단어가 어떻게 유사한지 말한다.	언어이해지표 (VCI)
숫자	DS	숫자 바로 따라하기에서는 검사자가 큰 소리로 읽어준 것과 같은 순서로 따라한다. 숫자 거꾸로 따라하기에서는 검사자가 읽어준 것과 반대방향으로 따라한다.	작업기억지표 (WMI)
공통그림 찾기	PCn	두 줄이나 세 줄로 이루어진 그림들을 제시하고, 공통된 특성으로 묶일 수 있는 그림을 각 줄에서 한 가지씩 고른다.	지각추론지표 (PRI)
기호쓰기	CD	간단한 기하학적 모양이나 숫자에 대응하는 기호를 그린다. 기호표를 이용하여 해당하는 모양이나 빈칸 안에 각각의 기호를 주어진 시간 안에 그린다.	처리속도지표 (PSI)
어휘	VC	그림 문항에서 수검자는 소책자에 있는 그림들을 말한다. 말하기 문항에서는 검사자가 크게 읽어주는 단어의 정의를 말한다.	언어이해지표 (VCI)
순차연결	LN	연속되는 숫자와 글자를 읽어주고 숫자가 많아지는 순서와 한글의 가나다 순서대로 암기하도록 한다.	작업기억지표 (WMI)
행렬추리	MR	아동은 불완전한 행렬을 보고 다섯 개의 반응선택지에서 제시된 행렬의 빠진 부분을 찾아낸다.	지각추론지표 (PRI)
이해	CO	일반적 원칙과 사회적 상황에 대한 이해에 기초하여 질문에 대답한다.	언어이해지표 (VCI)
동형찾기	SS	반응 부분을 훑어보고 반응 부분의 모양 중 표적 모양과 일치하는 것이 있는지 제한 시간 내 표시한다.	처리속도지표 (PSI)
빠진 곳 찾기	PCm	그림을 보고 제한시간 내 빠져있는 중요한 부분을 가리키거나 말한다.	지각추론지표 (PRI)

선택	CA	무선으로 배열된 그림과 일렬로 배열된 그림을 훑어보고 제한 시간 내 표적 그림들에 표시한다.	처리속도지표 (PSI)
상식	IN	일반적 지식에 관한 광범위한 주제를 다루는 질문에 대답한다.	언어이해지표 (VCI)
산수	AR	구두로 주어지는 일련의 산수 문제를 제한 시간 내 암산으로 푼다.	작업기억지표 (WMI)
단어추리	WR	일련의 단서에서 공통된 개념을 찾아내어 단어로 말한다.	언어이해지표 (VCI)

② 지표 구분 및 핵심/보충 소검사 2020년, 2018년, 2017년 기출 ★

㉠ 언어이해지표(Verbal Comprehension Index ; VCI)

공통성 (Similarities, 핵심 소검사)	논리적이고 추상적인 추론 능력, 인지적 융통성과 결합된 연상 능력
어휘 (Vocabulary, 핵심 소검사)	언어 발달의 정도, 일반적인 언어 지능
이해 (Comprehension, 핵심 소검사)	일반적이고 사실적·전반적인 지식의 범위, 학교 교육 및 장기간의 학습을 통해 축적된 지식
상식 (Information, WISC-4 보충 소검사)	관습적인 행동기준, 도덕, 사회규칙 등에 대한 지식 및 이해력
단어추리 (Word Reasoning, 보충 소검사)	공통된 개념에 대한 추론 지식

㉡ 지각적 추론지표(Perceptual Reasoning Index ; PRI)

토막짜기 (Block Design, 핵심 소검사)	시지각 능력, 시지각적 조직화 및 구성능력, 비언어적·추상적 사고 능력 등
행렬추리 (Matrix Reasoning, 핵심 소검사)	시지각 추리력 및 추상적 추론능력, 동시적 처리 능력
공통그림 찾기 (Picture Concepts, 핵심 소검사)	시각적 재인 및 전체를 부분적 요소로 분석하는 능력, 주의집중력 등
빠진 곳 찾기 (Picture Completion, 보충 소검사)	시각적 재인 및 추론 능력

㉢ 작업기억지표(Working Memory Index ; WMI)

숫자 (Digit Span, 핵심 소검사)	자극을 수동적으로 수용하는 능력, 집중력, 즉각 회상 및 학습 등
순서화(=순차연결) (Letter-Number Sequencing, WISC-4 핵심 소검사)	주의력 및 집중력, 청각적 단기기억 능력, 연속적 처리능력 등
산수 (Arithmetic, WISC-4 보충 소검사)	집중력, 청각적 단기기억력, 연속적 처리능력 등

ⓔ 처리속도지표(Processing Speed Index ; PSI)

기호쓰기 (Coding, 핵심 소검사)	정신운동 속도, 주의지속능력, 집중력, 연속적 처리능력
동형 찾기 (Symbol Search, 핵심 소검사)	정보처리 속도, 정보 부호화, 시각-운동 협응 능력
선택 (보충 소검사)	정보처리 속도, 협응 능력, 집중력, 연속적 처리 능력

5 아동용 카우프만 검사(K-ABC ; Kaufman-Assessment Battery for Children)

(1) 이론적 배경

① 정보처리이론
  ㉠ 신경심리학과 인지심리학에 근거하여 내용보다는 과정에 초점을 둔 순차-동시 처리모델을 채택하였다.
  ㉡ 지능을 문제해결과 관련된 기능으로 정의하고 있다.
  ㉢ 기존의 내용 중심 검사와 달리 아동이 왜 그러한 정도의 수행을 했는지 처리과정 중심의 검사로 이를 통해 교육적 처치가 가능하다.
    ⓐ 지능과 후천적으로 습득된 지식수준인 습득도를 분리하여 측정한다.
    ⓑ 아동의 문제해결능력과 이를 통한 학습의 정도를 비교하는 것이 가능하다.
  ㉣ 개발과 표준화 과정은 다음과 같다.
    ⓐ 2세 6개월에서 12세 6개월까지 아동의 지능 및 성취를 평가하기 위해 카우프만(A. Kaufman) 등(1983)이 개발하였다.
    ⓑ 문수백과 변창진(1997)이 한국판 K-ABC로 수정 및 개발하였다.

② 제작 목적
  ㉠ 심리학적이자 임상적 평가를 위한 도구이다.
  ㉡ 학습장애아나 기타 장애아의 심리교육적 평가를 위해 사용 가능하다.
  ㉢ 취학 전 아동 평가를 위해 사용한다.
  ㉣ 신경심리학적 평가와 연구 활동의 일환으로 사용할 수 있다.

(2) K-ABC로 측정되는 지능

① 좌·우뇌 지능
  ㉠ 아동이 선호하는 정보처리 패턴이 좌뇌 지향적인지 우뇌 지향적인지 비교할 수 있다.
  ㉡ 동시처리, 순차처리, 인지처리과정, 습득도, 비언어성 척도의 다섯 가지 지능점수가 산출된다.

② 학습 부진 평가
  ㉠ 장애아나 학습부진아의 진단에 효과적이다.
  ㉡ 아동의 지적 능력의 특색을 상세하게 알 수 있으므로 교육상담에 효과적이다.

③ K-ABC 검사와 적용연령 2018년 기출 ★
  ㉠ 총 16개의 하위검사로 구성되어 있다.
  ㉡ 연령에 따라(만 3세~18세) 적용되는 검사의 종류 및 수가 달라진다.
  ㉢ 각 하위척도는 평균 100, 표준편차 15의 표준점수로 산출하도록 되어 있다.

④ K-ABC의 종합척도
  ㉠ 검사 실시 시간을 효율적으로 사용하도록 두 시스템으로 구성하였다.

척 도	내 용
인지처리과정 척도	문제해결 및 정보처리 과정
동시처리척도	부분적으로 주어진 과제를 통합하는 척도
순차처리척도	과제의 순서적·계열적 처리능력
비언어성척도	언어요인이 배제된 상태에서의 지능수준
습득도척도	후천적으로 습득한 사실적 지식 수준

  ㉡ 핵심 하위검사의 실시를 통해 전체 척도 지수와 각 하위척도 지수를 산출한다.
  ㉢ 보충 하위검사는 핵심하위 검사를 통해 측정된 능력과 처리과정을 보다 깊게 탐색하고자 할 때 보충적으로 실시된다.
  ㉣ 기록지에 각 하위검사마다 질적 지표를 두어 검사 중 관찰된 피검자의 특별한 행동을 기록할 수 있도록 하여 검사 결과 해석에 참고할 수 있도록 한다.

하위척도	적용연령	내용	인지처리 순차	인지처리 동시	인지처리 비언어
인지처리					
1. 마법의 창	2/6~4/11	좁은 틈의 회전판을 통해 연속적으로 사물 제시, 사물의 이름 말하는 과제		○	
2. 얼굴기억	2/6~4/11	짧은 시간 동안 1~2명의 사진 제시, 다른 포즈로 찍힌 사람을 맞추는 과제		○	○
3. 손동작	전체	검사자가 보여주는 손동작을 보고 순서대로 재연하는 과제	○		○
4. 그림통합	전체	모호한 잉크반점을 보고 무엇인지 말하는 과제		○	
5. 수회생	4/0 이상	일련의 숫자를 불러주면 순서대로 말하도록 하는 과제	○		
6. 삼각형	4/0 이상	노란색과 파란색이 앞뒤로 붙은 삼각형을 검사틀에 제시된 그림으로 완성하는 과제		○	○
7. 단어배열	4/0 이상	검사자가 불러주는 단어를 듣고 실루엣이 그려진 선택지 중 해당 그림을 차례로 선택하는 과제	○		
8. 시각유추	5/0 이상	제시된 그림 중 관계있는 것이나 완성할 수 있는 도형의 모양을 선택하는 과제		○	○
9. 위치기억	5/0 이상	무선 배치된 그림의 위치를 재생하는 과제		○	○
10. 사진순서	5/0 이상	무선 배열된 사진을 순서에 맞게 배열하는 과제		○	○

하위척도	적용연령	내용	인지처리
습득도 : 환경적 영향이 많이 관여함			
11. 표현어휘	2/6~4/11	사물과 동물 그림을 보여주고 이름을 이야기하도록 하는 과제	아동의 초기 환경, 지식 추구, 가정 내 문화적 기회, 취미, 환경에 대한 관심, 독서기회 등을 반영
12. 인물·장소	전체	이야기 속 인물, 잘 알려진 명소 등 그림을 보고 이름을 말하는 과제	
13. 산수	3/0 이상	숫자를 읽거나 계산하는 과제	
14. 수수께끼	3/0 이상	사물이나 사람, 장소에 대한 언어적 단서를 통해 이름을 유추하도록 하는 과제	
15. 문자해독	3/0 이상	제시된 음절이나 낱말 단위의 글자를 읽게 하는 과제	
16. 문장이해	7/0 이상	문장으로 주어진 지시를 읽고 동작으로 표현하는 과제	

ⓜ K-ABC의 해석
ⓐ 단계1 : 환산 점수의 산출과 기술
ⓑ 단계2 : 순차처리척도와 동시처리척도의 비교
ⓒ 단계3 : 인지처리과정 척도와 습득도척도의 비교
ⓓ 단계4 : 인지처리과정 하위검사들에 대한 강약 판정
ⓔ 단계5 : 습득도 하위검사들에 대한 강약 판정

Section 05 다양한 심리검사

학습목표
객관적 성격검사인 MBTI와 PAI 검사, TCI 검사, 이외에도 진로적성 검사, 흥미적성 검사 등 개념과 특징에 대해 학습한다.

1 MBTI 성격검사

(1) 특징
① Jung의 심리유형이론, 인간의 건강한 심리에 기초를 두어 만든 심리검사 도구로 인간의 일관성 및 상이성에 근거하였다.
② 자기보고식 문항, 선호경향을 추출하는 95개 문항으로 구성되었다. 약 30분이 소요되고 4개의 양극차원에 따라 분류하며 총 16가지 성격유형으로 구분한다.

(2) 선호지표에 따른 성격유형 〔2020년 기출〕 ★
① 에너지 방향 : 주의집중 및 에너지 방향이 어디로 향하는지 반영

내향형(I)	외향형(E)
• 내부 활동, 아이디어에 집중 • 조용하고 신중 • 말보다 글로 표현 • 이해 우선 • 사려 깊음	• 활동력, 활동성 • 쉽게 알려짐 • 글보다 말로 표현 • 경험 우선 • 사교적

② 인식 기능 : 정보의 인식 및 수집 방식의 경향성

감각형(S)	직관형(N)
• 지금, 현재에 초점 • 실제 경험 강조 • 정확함, 철저한 일 처리 • 나무 보려는 경향 • 세부적, 사실적, 실리적 • 일관성 • 가꾸고 추수함	• 미래 가능성에 초점 • 아이디어, 영감 강조 • 신속, 비약적인 일처리 • 숲을 보려는 경향 • 상상적, 임의적, 개혁적 • 다양성 • 씨뿌림

③ 판단 기능 : 인식된 정보를 토대로 판단 및 결정 내리는 경향성 2019년 기출 ★

사고형(T)	감정형(F)
• 사실과 논리에 근거 • 원리와 원칙 강조 • 객관적인 가치에 따라 결정 • 맞다/틀리다 • 규범, 기준 중시 • 머리로 생각 • 지적 논평, 비판	• 인간 및 인간관계에 주목 • 의미와 영향을 강조 • 인간중심적 가치에 따라 결정 • 좋다/나쁘다 • 나에게 주는 의미 중시 • 가슴으로 느낌 • 우호적 협조, 설득

④ 생활 양식/이행 양식 : 외부 세계에 대한 태도, 생활방식, 적응 양식이 어떤 과정을 선호하는지 반영

판단형(J)	인식형(P)
• 철저한 준비와 계획 중시 • 의지적 추진 • 임무 완수, 신속한 결론 강조 • 통제와 조정 • 조직과 체계 • 분명한 목적의식과 방향감각 • 뚜렷한 기준과 자기 의사	• 가능성 중시 • 이해로 수용 • 과정을 즐김 • 융통성과 적응성 • 유연성, 호기심 • 목적과 방향의 변화에 대한 개방성 • 상황 및 재량에 따른 포용성

2 성격평가질문지(PAI)

(1) 개요

① PAI 역사
  ㉠ 미 심리학자 Morey(1991)가 개발한 성인용 성격 및 정신병리 평가를 위한 자기보고형 검사로 충분한 문항을 선별하였으며 구성개념타당도에 기초하여 개발하였다.
  ㉡ 한국에서는 김영환, 김지혜, 오상우, 임영란, 홍상황(2001)이 표준화하였고 총 344문항, 4점 척도로 구성되었다. 4개 타당도 척도, 11개 임상척도, 5개 치료척도, 2개 대인관계 척도로 구성되어 있으며 이 중 10개의 척도는 3~4개의 하위척도를 포함한다.
  ㉢ 각각의 척도들은 타당성척도, 임상척도, 치료고려척도, 대인관계척도 등 4가지 척도군으로 분류하는데 이 중 내담자의 치료동기, 치료적 변화, 치료결과에 민감한 치료고려척도, 대인관계를 지배와 복종이나 애정과 냉담이라는 2가지 차원으로 개념화하는 대인관계척도를 포함하는 것이 특징이다.
  ㉣ 344문항의 성인용 검사(PAI)와 청소년용 검사(PAI-A)가 있으며 168문항의 단축형 청소년용 검사(PAI-A)가 있다.

② PAI 특징 2017년, 2016년 기출 ★
   ㉠ 내담자 집단의 성격 및 정신병리 특징뿐 아니라 정상 성인의 성격평가에 매우 유용하다. 일반적 성격검사들이 내담자 집단에 유용하고 정상인의 성격을 판단하는 데 다소 제한적이지만 PAI는 두 장면 모두에서 유용하다.
   ㉡ DSM-IV 진단분류에 가장 가까운 정보, 즉 조현병, 기분장애, 불안장애 등 축1의 장애 및 편집성 성격장애, 분열성 성격장애, 반사회성 성격장애 등 축2 장애를 포함하고 있어 DSM 진단 분류에 가까운 정보를 제공한다.
   ㉢ 행동손상정도 및 주관적 불편감 수준을 정확하게 파악할 수 있는 4점 평정척도로 구성되었다. MMPI 질문지형의 경우, '예/아니오'의 이분법적 반응 양식으로 되어 있는 반면, PAI는 4점 평정척도로 이루어져 있어서 행동 손상이나 주관적 불편감을 이전 검사에 비해 좀 더 정확하게 측정하고 평가할 수 있다.
   ㉣ 분할점수를 사용하여 각종 진단과 함께 꾀병, 과정, 문제에 대한 부인 등 반응 왜곡 탐지에 유용하다.
   ㉤ 10개 척도는 해석을 용이하게 하고 임상적 구성개념을 포괄적으로 다루기 위해 개념적으로 유도한 3~4개의 하위척도를 포함하고 있어서 장애의 상대적 속성을 정확하게 측정 평가할 수 있다. 예를 들어, 불안척도의 경우, 인지적, 정서적, 생리적 불안으로 하위척도의 상대적 상승에 따른 해석적 가설을 제공하고 있다.
   ㉥ 높은 변별타당도 및 여러 가지 유용한 지표를 활용한다. 문항을 중복시키지 않아서 변별타당도가 높고 꾀병지표, 방어성지표, 자살가능성지표 등 관찰하기 적합한 지표들이 존재한다.
   ㉦ 임상척도의 의미를 보다 정확하게 평가할 수 있는 결정 문항지를 제시한다. 내담자가 질문지에 반응한 것을 분석하는 데 그치지 않고, 임상장면에서 반드시 체크해야 할 결정문항을 제시하고 있다.
   ㉧ 수검자가 경험하고 있는 다양한 증상이나 심리적 갈등을 이해하는 데 도움을 준다. 결정문항 질문지를 통해 수검자가 경험하고 있는 다양한 증상이나 갈등을 이해하고 프로파일의 의미를 구체화하고 해석하는 데 도움이 된다.
   ㉨ 채점 및 표준점수 환산과정이 편리하다. 채점판을 사용하지 않고 채점할 수 있어서 채점이 쉽고 프로파일 기록지에 원점수와 T점수가 같이 기록되어 규준표를 찾아야 하는 번거로움이 없다. 또 온라인 검사로 PAI를 실시할 경우, 검사 실시 후 실시간으로 결과를 바로 확인할 수 있다.

(2) 구성 척도

① 타당도 척도
- ㉠ **비일관성(ICN)** : 내용적으로 관련성이 높은 10개 문항 쌍, 문항에 대한 수검자의 일관성 있는 반응 태도
- ㉡ **저빈도(INF)** : 수검자의 부주의하거나 무선적인 반응태도 확인, 8개의 문항 중 반은 "전혀 그렇지 않다, 반은 매우 그렇다."로 반응 기대
- ㉢ **부정적 인상(NIM)** : 지나치게 나쁜 인상을 주거나 꾀병 등 왜곡된 반응과 관련된 9개 문항
- ㉣ **긍정적 인상(PIM)** : 지나치게 좋은 인상을 주거나 자신의 결점을 부인하려는 왜곡된 반응 9개 문항

② 임상 척도
- ㉠ **신체적 호소(SOM)** : 신체적 기능 및 건강과 관련된 문제, 24문항, 전환/신체화/건강염려 등 3개 하위척도
- ㉡ **불안(ANX)** : 불안 경험에서 공통적 나타나는 임상적 특징, 24개 문항, 인지적/정서적/생리적 불안 등 3개 하위척도 2019년 기출 ★
- ㉢ **불안 관련 장애(ARD)** : 불안장애와 관련된 증상과 행동에 초점, 24개 문항, 강박장애/공포증/외상적 스트레스장애 등 3개 하위척도
- ㉣ **우울(DEP)** : 우울증후군의 공통적인 임상적 특징 반영, 24개 문항, 인지적/정서적/생리적 우울 등 3개 하위척도
- ㉤ **조증(MAN)** : 조증 및 경조증 인지적/정서적/행동적 특징, 24개 문항, 활동수준/자기확대/초조감 등 3개 하위척도
- ㉥ **편집증(PAR)** : 편집증의 공통적 임상특징 반영, 24개 문항, 과경계/피해의식/원한 등 3개 하위척도
- ㉦ **조현병(SCZ)** : 조현병의 다양한 특징적 증상에 초점, 24개 문항, 정신병적 경험/사회적 위축/사고장애 등 3개 하위척도
- ㉧ **경계선적 특징(BOR)** : 대인관계 및 정서의 불안정성 반영, 경계선증후군의 특징적 증상, 24개 문항, 정서적 불안정/정체감 문제/부정적 관계/자기손상 등 4개 하위척도
- ㉨ **반사회적 특징(ANT)** : 범죄행위, 권위적 인물과의 갈등, 자기 중심성 등 반사회적 성격 반영, 24개 문항, 반사회적 행동/자기중심성/자극추구 등 3개 하위척도
- ㉩ **알코올문제(ALC)** : 알코올남용/의존/중독 등 문제적 음주행동, 12개 문항
- ㉪ **약물문제(DRG)** : 약물남용/의존/중독 등 문제적 약물사용 행동, 12개 문항

③ 치료 척도 `2021년, 2018년 기출` ★
  ㉠ **공격성(AGG)** : 공격성, 적대감, 분노심 등 태도 및 행동 반영 18개 문항, 공격적 태도/언어적 공격/신체적 공격 등 3개 하위척도
  ㉡ **자살관념(SUI)** : 죽음이나 자살과 관련된 사고, 12개 문항
  ㉢ **스트레스(STR)** : 개인이 현재 경험하고 있거나 최근 경험한 바 있는 스트레스와 관련된 8개 문항
  ㉣ **비지지(NON)** : 접근이 가능한 사회적 지지의 수준 및 질 고려, 지각된 사회적 지지의 부족과 관련된 8개 문항
  ㉤ **치료거부(RXR)** : 개인의 심리적, 정서적 변화, 치료에의 참여 의지, 변화의 필요성에 대한 인식 등 반영, 8개 문항
④ 대인관계 척도
  ㉠ **지배성(DOM)** : 대인관계에서의 통제성 및 독립성을 유지하는 정도 평가, 12개 문항
  ㉡ **온정성(WRM)** : 대인관계에서의 지지 및 공감의 정도 평가, 12개 문항

(3) 실시방법

① 적용 대상
  ㉠ 원래는 18세 이상에 속하는 성인(PAI)의 임상적 문제를 평가하기 위해 제작되었다.
  ㉡ 18세 미만의 중·고등학생(PAI-A)도 검사 가능하다(중·고등학생 규준을 포함시켜야 한다).
  ㉢ 교육 수준 4학년 정도의 독해 능력이 있어야 한다.
  ㉣ 수검자가 자기 보고형 검사를 실시하는 데 필요한 신체적, 정서적 요건을 갖추고 있어야 한다.
② 실시 환경
  ㉠ 개인이나 집단 모두 실시 가능하다.
  ㉡ 비밀보장과 적절한 소음이 없고 조도가 있는 조명 아래서 진행할 수 있다.
  ㉢ 질문지에 기술된 지시문에 따라 수검자는 읽고 실시한다.
  ㉣ 약 40~50분 정도 시간이 소요되고 검사자는 수검자가 이해하지 못한 문항에 대해 설명을 실시한다.
③ 채점방법(해석방법) `2018년 기출` ★
  ㉠ 무응답 문항이 17개 이상이면 수검자에게 재검사하도록 지시한다.
  ㉡ 무응답 문항은 0점을 주고 척도별 무응답 문항이 20% 이상이면 해석하지 않는다.
  ㉢ 전체 22개의 척도 프로파일은 기록지 A면, 하위척도 프로파일은 B면에 기록한다.

② 비일관성 척도(ICN)의 채점은 프로파일 기록지 뒷면 하단에 있는 계산표의 항목에서 10개의 문항 쌍의 점수를 빼서 절대값을 계산한다.
⑩ PAI와 같은 여러 척도로 구성된 인벤토리형 성격검사를 해석할 때는 먼저 수검자의 반응을 검토하여 검사결과의 타당성을 결정한 후, 위와 같은 단계적 해석 과정을 거쳐야 한다. 즉 문항, 하위척도, 전체척도, 형태적 수준이라는 4가지 단계를 거쳐 해석할 수 있다.

3 TCI 검사(Temperament & Character Inventory) 2021년 기출 ★

(1) 개요
① TCI는 성격 특성의 개인 차이의 근본 원인을 설명하려는 심리학적 모델을 기반으로 한다.
② Cloninger의 심리생물학적 모델에 근거한다.
③ 기질모델
  ㉠ 기존의 인성모델이 신경생물학적 연구 결과들과 잘 통합되지 않는 것에 한계를 느꼈다.
  ㉡ 신경생물학적 구조와 일치하는 기질 차원 탐색, 4가지 독립적 기질 차원을 발견하였다.
④ 기질 및 성격 모델
  ㉠ 기질모델은 DSM 성격장애 유형을 분류하고 기술하는 데 적용한다.
  ㉡ 기질모델만으로는 기질 유형 내에서 잘 적응하는 개인과 그렇지 못한 개인을 구분하기 어렵다.
  ㉢ 이에 따라 세 가지 성격 차원이 포함되었고, 인성모델은 기질모델에서 기질 및 성격모델로 발전하였다.
  ㉣ 같은 기질의 사람이라도 성격 발달의 차이에 따라 서로 다르게 행동할 수 있음을 보고하였다.
  ㉤ 성격 차원의 발달 양상을 통해 개인의 성숙도, 적응도, 정신병리 정도를 파악할 수 있다.

(2) 기질 및 성격 목록
① Cloninger 등이 고안한 성격 특성의 목록이다.
② TPQ(Tri-dimensional Personality Questionnaire)와 밀접하게 관련되어 있다.
③ Zuckerman의 Alternative 5와 Eysenck의 모델, 5요인 모델의 성격 차원과도 관련이 있다.

(3) 7가지 기질 및 성격 특성
① 4가지 기질(temperament) : 자극에 대해 자동적으로 일어나는 정서적 반응 성향
  ㉠ 자극 추구(NS, Novelty Seeking)
    ⓐ 새롭거나 신기한 자극, 잠재적 보상 단서에 끌리면서 행동이 활성화되는 유전적 경향성

ⓑ 두뇌의 행동 활성화 시스템(BAS)과 도파민 기제와 관련된다.
ⓒ 위험회피(HA, Harm Avoidance)
  ⓐ 위험하거나 혐오스러운 자극에 대해 행동이 억제되고 위축되는 유전적 경향성
  ⓑ 두뇌의 행동 억제 시스템(BIS)과 세로토닌 기제와 관련된다.
ⓒ 사회적 민감성(RD, Reward Dependence)
  ⓐ 사회적 보상신호(타인의 표정이나 감정 등)에 대해 강하게 반응하는 유전적 경향성
  ⓑ 두뇌의 행동 유지 시스템(BMS)과 노어에피네프린 기제와 관련된다.
ⓔ 인내력(PS, Persistence)
  ⓐ 지속적 강화가 없어도 한번 보상된 행동을 꾸준히 지속하려는 유전적 경향성
  ⓑ 두뇌의 행동 유지 시스템(BMS)과 관련된다.
② 3가지 성격(character) : 개인이 추구하는 목표와 가치에서의 개인차 `2017년 기출 ★`
  ㉠ 자율성(SD, Self-Directedness)
    ⓐ 자기가 선택한 목표와 가치를 이룰 수 있도록 상황을 만들어가는 능력
    ⓑ 자기 행동에 대한 통제력, 조절력, 적응력과 관련된다.
  ㉡ 연대감(CO, Cooperativeness)
    ⓐ 자기 자신을 사회의 통합적인 한 부분으로 지각할 수 있는 정도
    ⓑ 타인에 대한 수용 능력과 타인과의 동일시 능력에서의 개인차를 보여준다.
  ㉢ 자기 초월(ST, Self-Transcendence)
    ⓐ 우주 만물과 자연을 수용하고 동일시하며 이들과 일체감을 느끼는 능력에서의 개인차
    ⓑ 개인의 영성(spirituality)과도 관련된다.

(4) 하위척도의 설명

성인용/140문항		청소년용/82문항	아동용/86문항	유아용/86문항
척 도	척도명			
NS	탐색적 흥분/관습적 안정성 충동성/심사숙고 무절제/절제 자유분방/질서정연	좌동	좌동	좌동
HA	예기불안/낙천성 불확실성에 대한 두려움 낯선 사람에 대한 수줍음 쉽게 지침/활기 넘침	좌동	좌동	좌동
RD	정서적 감수성 정서적 개방성 친밀감/거리두기 의존/독립	좌동	좌동	좌동

P	근면 끈기 성취에 대한 야망 완벽주의	–	좌동	좌동
SD	책임감/책임전가 목적의식 유능감/무능감 자기수용/자기불안 자기일치	좌동	좌동	좌동
CO	타인수용 공감/둔감 이타성/이기성 관대함/복수심 공평/편파	좌동	좌동	좌동
ST	창조적 자기망각/자의식 우주만물과의 일체감 영성 수용/합리적 유물론	좌동	좌동	좌동

4 일반직업 적성검사(GATB)

(1) 특징

① 1947년 미국 정부 직업안정국에서 일반적성감사 배터리를 표준화한 검사로 포괄적 적성을 측정하는 종합적성검사이다.
② 11개의 지필검사와 4개의 수행검사(동작)를 포함하는 15개의 하위검사로 구성되어 총 9개 분야의 적성이 나타난다.
③ 검사의 타당화에 대한 연구가 거의 없어 타당도에 대한 증거가 미흡한 검사이다.

(2) 검사의 구성

① **지필검사** : 기구대조검사/형태대조검사/명칭비교검사/타점속도검사/표식검사/종선기입검사/평면도판단검사/입체공간검사/어휘검사/산수추리검사/계수검사

② 수행검사(동작검사)
  ㉠ **환치검사** : 상판과 하판에 48개 구멍이 뚫린 팩보드에서 상판 막대기를 뽑아 하판 대응 위치에 꽂기
  ㉡ **회전검사** : 환치검사를 통해 하판에 꽂은 팩을 한 손으로 한 개씩 빼낸 후 뒤집어 다시 꽂기
  ㉢ **조립검사** : 상판과 하판에 50개 구멍과 원주가 있고 일정한 간격으로 못과 좌철이 놓여있는 손가락 재치보드에서 상판에 꽂힌 못과 좌철을 양손으로 빼서 조립, 못을 빼낸 손으로 하판 대응 위치에 꽂기

② **분해검사** : 조립검사를 통해 하판에 꽂아 넣은 못과 좌철의 조립물을 분해하여 못과 좌철의 원래 위치로 동시에 꽂아 넣기

(3) GATB에 의해 검출되는 적성

① **지능/일반학습능력** : 설명/지도/원리 이해 능력, 추리판단
　㉠ **언어능력** : 언어의 뜻과 개념, 사용 능력, 문장 이해 능력
　㉡ **수리능력/수리적성** : 신속하고 정확하게 계산하는 능력
　㉢ **사무지각** : 문자, 인쇄물, 전표 등 세부 식별 능력, 교정/대조
　㉣ **공간적성** : 평면과 물체의 관계 이해, 기하학적 문제 해결
　㉤ **형태지각** : 실물, 도해, 표의 세부 사항 지각 능력
② **운동반응/운동협응** : 눈과 손/눈과 손가락을 함께 사용하여 빠르고 정확하게 하는 운동 능력, 운동 조절 능력
　㉠ **손가락 재치/손가락 정교성** : 손가락을 정교하고 신속하게 움직이는 능력
　㉡ **손 재치/손 정교성** : 손을 정교하게 조절하는 능력
③ **채점 및 적용**
　㉠ 채점 및 원점수 산출은 지필검사는 맞은 문항수, 수행검사는 완성한 개수를 센다.
　㉡ 원점수를 그에 부합하는 환산점수로 변환한다.
　㉢ 적성별 점수 산출 환산 점수 이용, 9개 적성분야별 점수를 산출한다.
　㉣ 적정 직무군 선정 GATB는 2~3개 적성분야 조합, 각 15개의 직무군 제공, 각 직무군에서 필요로 하는 적성분야 점수에 따라 2~3개의 하위직무로 분류한다.

5 Holland 유형 직업적성검사(CAT ; Career Aptitude Test)

(1) 특징

① Holland는 개인-환경적합성 모형을 통해 직업 환경과 개인의 행동이 직업 환경 특성들 간 상호작용에 의해 결정된다고 보았다.
② 개인의 성격은 직업적 선택을 통해 표현된다고 보고, 개인의 직업적 만족, 안정, 성취, 적응, 성격과 직업 환경 간의 적절한 연결에 달려 있다고 하였다.
③ 개인이 해당직무를 수행할 수 있는 능력이 있는지 판단하여 직무의 실제 특성을 6가지 유형으로 분류하였다.

(2) 직업분류 체계의 기본가정

① 현실형(Realistic), 탐구형(Investigative), 예술형(Artistic), 사회형(Social), 진취형(Enterprising), 관습형(Conventional) 등 직업 환경 또한 6가지 유형이나 유형의 조합으로 분류하였다.
② 인간은 자신의 능력과 기술을 발휘할 수 있는 환경과 자신의 태도와 가치를 표현할 수 있는 환경을 찾고자 하는 경향성을 가짐을 보여준다.
③ 자신의 직업 환경 및 특성, 자신의 성격 및 흥미특성의 상호작용에 의해 결정된다고 보았다.

(3) RIASEC 유형 2019년 기출 ★

① 현실형(R)
  ㉠ 일반적 특징
    ⓐ 확실하고 현재적, 실질적인 것 지향
    ⓑ 현장에서 수행하는 활동/직접 손이나 도구 활용하는 활동 선호
    ⓒ 추상적 개념을 통해 자신의 생각을 표현하는 일
    ⓓ 친밀한 대인관계를 선호하지 않음
  ㉡ 성격적 특징
    ⓐ 신체적으로 강인
    ⓑ 안정적, 인내심, 평범하고 솔직
    ⓒ 정치적/경제적 측면에서 보수적
  ㉢ **직업 활동 양상** : 기술직, 토목직, 자동차 엔지니어, 비행기 조종사, 농부, 전기, 기계기사

② 탐구형(I)
  ㉠ 일반적 특징
    ⓐ 추상적 문제나 애매한 상황에 대한 분석적이고 논리적 탐구활동 선호
    ⓑ 새로운 지식, 이론을 추구하는 학문 활동 선호
    ⓒ 대인관계에 관심이 없고, 공동작업을 선호하지 않음
  ㉡ 성격적 특징
    ⓐ 자신의 지적인 능력에 대한 자부심이 높고 새로운 정보에 집중
    ⓑ 문제해결보다 문제 자체에 더 많은 초점
  ㉢ **직업활동 양상** : 화학자, 생물학자, 물리학자, 의료 기술자, 인류학자, 지질학자, 디자인 기술자 등

③ 예술형(A)
  ㉠ 일반적 특징
    ⓐ 상상과 창조적인 작업 지향
    ⓑ 문학, 미술, 연극 등 문화 관련 활동분야 선호
    ⓒ 직업 활동이 자신의 개인적 관심 분야와 밀접
    ⓓ 구조화된 상황이나 정서적으로 억압적인 상황을 선호하지 않음
  ㉡ 성격적 특징
    ⓐ 독립적 상황에서 자신의 내면세계를 작품으로 표현
    ⓑ 심미적 가치를 높이 평가, 예술적 방식으로 외현화
  ㉢ **직업 활동 양상** : 문학가, 작곡가, 미술가, 무용가, 무대감독, 디자이너, 인테리어 장식가 등
④ 사회형(S)
  ㉠ 일반적 특징
    ⓐ 인간의 문제와 성장, 인간관계를 지향
    ⓑ 사람과 직접 일하기 선호, 원만한 대인관계 선호
    ⓒ 타인을 교육하거나 개인적 이익보다 타인을 돕는 활동을 선호
    ⓓ 논리적·분석적 활동·인간의 가치가 배제된 경쟁적 활동을 선호하지 않음
  ㉡ 성격적 특징
    ⓐ 타인에 대해 협력적
    ⓑ 친절, 유머감각과 재치
    ⓒ 평화로운 인간관계 선호, 타인의 복지에 관심
  ㉢ **직업 활동 양상** : 사회사업가, 교사, 상담사, 간호사, 임상치료사, 언어 재활사, 목회자 등
⑤ 진취형(E)
  ㉠ 일반적 특징
    ⓐ 정치적, 경제적 도전 극복 지향
    ⓑ 지위와 권한을 통해 타인의 행동을 이끌고 통제하는 활동 선호
    ⓒ 타인과 함께 일하는 것을 선호, 조직화된 환경에서 공동목표를 달성하려고 노력
    ⓓ 추상적이고 애매한 상황이나 상징적 활동을 선호하지 않음
  ㉡ 성격적 특징
    ⓐ 자기주장이 강하고, 지배적이며, 자기확신이 매우 큼
    ⓑ 자신감과 모험심이 강하고, 낙천적, 논쟁적
  ㉢ **직업 활동 양상** : 기업실무자, 영업사원, 보험설계사, 정치가, 변호사, 판매원, 연출가 등

⑥ 관습형(C)
  ㉠ **일반적 특징**
    ⓐ 구조화된 상황에서 구체적 정보를 토대로 정확하고 세밀한 작업 선호
    ⓑ 정확성을 요구하고 숫자를 이용하는 활동 선호
    ⓒ 비구조화된 상황이나 창의성을 요하는 활동을 선호하지 않음
  ㉡ **성격적 특징**
    ⓐ 보수적, 안정적, 성실하고 꼼꼼함
    ⓑ 자기통제를 잘함, 인내심, 주어진 일을 묵묵히 수행
  ㉢ **직업 활동 양상** : 사무직, 경리, 컴퓨터 프로그래머, 사서, 은행원, 회계사, 법무사, 세무사

(4) 직업성격유형의 차원
① 일관성(Consistency)
② 변별성/차별성(Differentiation)
③ 정체성(Identity)
④ 일치성(Congruence)
⑤ 계측성/타산성(Caculus)

Section 06 미네소타 다면적 인성검사 (MMPI, MMPI-2)

학습목표
임상 진단검사의 대표검사인 MMPI의 특징과 전반적인 개요를 이해하고 MMPI-2와 MMPI-A에 대한 내용도 학습한다.

1 MMPI(MMPI-2) 이해

(1) MMPI의 의의

① Minnesota Multi-phasic Personality Inventory(=MMPI) 검사
  ㉠ 1943년 미국 미네소타 대학의 Hathaway와 McKinley가 처음 발표하였고, 진단적 도구로서의 유용성과 다양한 장면에서 활용 가능성을 인정받은 검사이다. `2019년 기출 ★`
  ㉡ 임상장면의 규준집단을 이용하여 개발한 검사 도구로, 비정상적 행동과 증상을 객관적으로 측정하여 임상진단에 관한 정보 제공이 목적으로 일반적 성격특성을 측정하기 위한 검사는 아니다.
  ㉢ 진단적, 병리적 분류 개념이 정상인의 행동을 설명하는 데 어느 정도 유효하다는 전제하에 일반적 성격특성을 유추하기 위한 용도로 사용되기도 한다.

② MMPI 특징
  ㉠ 실제 내담자들의 반응을 토대로 외적 준거접근의 경험적 제작방법에 의해 만들어졌다.
  ㉡ 대표적 자기보고식 검사로 검사의 실시, 채점, 해석이 용이하여 시간과 노력이 절약되고 비교적 덜 숙련된 임상가도 해석이 가능하나, 여전히 성격과 정신병리에 대한 체계적 지식이 요구된다.
  ㉢ 550개 문항과 16개의 중복 문항으로 총 566문항이고, 16개 문항은 수검자의 반응일관성을 확인하기 위한 지표로 사용된다. 수검자는 각 문항에 대해 "예," "아니오," 두 가지 답변 중 하나를 선택하게 된다.
  ㉣ 주요 비정상행동을 측정하는 10가지 임상척도와 수검자의 검사태도를 측정하는 4가지 타당도척도에 따라 채점한다. 수검자가 검사문항에 솔직하게 반응하는지, 의도적으로 좋거나 나쁘게 보이려고 하는지를 파악할 수 있다.

(2) MMPI-2와 MMPI-2-RF

① MMPI-2 개발
  ㉠ 1943년에 개발된 이후 임상장면이 아닌 인사선발이나 입학, 징병 등의 경우에도 사용하게 되면서 어떤 문항들은 사생활을 침범하고 불쾌감을 줄 수 있다는 지적이 제기되었다.

- ⓒ 사회문화적 상황이 급변함에 따라 사람들의 인식도 변화를 겪으면서 새로운 규준이 필요하게 되었다. 즉, 성차별적 문구나 구식 관용적 표현 등은 적절히 수정하고, 사회적 문제로 대두되는 자살이나 약물사용, 치료 관련 행동 등 임상적으로 중요한 내용은 추가하였다.
- ⓒ 1980년대 초부터 재표준화 작업을 시작하여 남자 1,138명, 여자 1,426명을 규준집단으로 선정하여 1989년 MMPI가 처음 출판되었고, 이후 축적된 연구결과를 토대로 2001년 MMPI-2가 출판되었다.
- ⓔ 총 567개 문항과 재구성 임상척도, 내용척도, 보충척도, 성격병리 5요인(PSY-5 척도) 등으로 구성된 검사이다.
- ⓜ 원칙은 MMPI 원본의 기본 타당도 척도 및 임상척도의 틀을 유지하면서 원본 MMPI와 연속성을 갖는 검사를 만드는 것과 검사결과의 해석에 있어서 MMPI 원본에 적용되던 해석내용을 그대로 적용 가능하도록 한다는 데 있다.

② MMPI-2-RF 개발
- ⓒ 다면적인성검사 개정판의 재구성판인 MMPI-2-RF는 MMPI의 단축형, 338문항으로 구성되고, 남자 1,138명, 여자 1,138명을 규준집단으로 하였다.
- ⓒ 성별에 따라 서로 다른 T 점수를 제공하던 기존 방식에서 벗어나 전체 규준에 따른 T 점수를 제공하였다.
- ⓒ MMPI-2 문항의 임상적 의미를 효과적으로 측정하기 위한 총 50개 척도, 타당도 척도 8개, 재구성 임상척도 9개, 특정문제척도 23개, 흥미척도 2개, 성격병리 5요인 척도 5개를 포함하였다.
- ⓔ MMPI-2와 다르게 재구성 임상척도가 임상척도를 대체한다.

2 미네소타 다면적 인성검사(MMPI, MMPI-2) 시행, 채점, 해석

(1) MMPI(MMPI-2) 실시 전 수검자에 대한 고려사항
① **수검자의 독해력** : 연령하한선 16세, 독해력 수준은 12세 이상으로 수검자의 IQ 80 이하는 부적합하다.
② **수검자의 임상적 상태, 검사시간** : 제한은 없는 편이나, 다만 검사소요시간에 영향을 미치는 수검자의 우울증, 강박증 성향, 충동성, 비협조적 태도 등은 진단적으로 유의미하므로 기록에 남겨둔다.

(2) MMPI(MMPI-2) 시행상 유의사항
① 가능한 한 검사자가 지정하는 곳에서 검사자의 감독 하에 실시한다.
② 검사자와 수검자의 충분한 관계 형성이 필요하고 검사의 목적, 용도, 결과에 대한 비밀보장 등에 대해 설명한다.

③ 검사 후 보호자나 주변 인물과의 면접, 수검자의 객관적 정보와 자료 검토를 해석에 반영하는 것이 중요하다.
④ 채점 후 수검자와 면접을 실시하여 추가적인 정보를 얻도록 한다.

(3) MMPI(MMPI-2) 해석

① MMPI(MMPI-2) 해석할 때 고려되어야 할 것 : 수검자의 특징적인 검사에 대한 태도, 강박적이거나 우유부단한 모습, 우울증, 충동적인 수검자, 개별척도 해석, 정상 범주인지 이탈해 있는지 등을 고려해야 한다.

② 상승척도쌍 해석 2020년 기출 ★
  ㉠ 단일척도 해석보다 강력한 영향일 수 있다.
  ㉡ 낮은 임상척도에 대한 고려가 필요하다.
  ㉢ 전체 프로파일에 대한 형태 분석이 필요하다.
  ㉣ 전반적으로 상승되어 있는 경우에는 심리적 고통이나 혼란이 심각한 상태라고 해석해야 할 것이다.
  ㉤ 신경증과 관련된 세 척도(척도 1, 2, 3)와 정신병과 관련된 네 척도(척도 6, 7, 8, 9)의 상대적 상승도를 살피는 방식이 매우 중요하다.

③ 빠트린 문항의 원인(? 척도 상승 이유) 및 대처방법
  ㉠ 수검자가 강박적으로 문항 내용에 대한 정확한 응답에 과도하게 집착하는 경우에는 정답이 있는 것이 아니라고 안심시켜 주는 것이 필요하다.
  ㉡ 수검자가 정신적 부주의나 혼란으로 인해 문항을 빠뜨린 경우에는 충분한 시간과 여유를 갖도록 독려한다.
  ㉢ 수검자가 방어적인 태도로 자신을 드러내는 것에 거부감을 느끼거나 검사와 검사자에 대해 불신하는 경우에는 검사 결과에 대해서 비밀이 유지될 것임을 사전에 공지하여 불안감을 최소화하는 것이 필요하다.
  ㉣ 수검자가 검사자에게 비협조적이고 반항적인 태도를 보이는 경우에는 검사를 중단하는 것이 바람직하나, 최소한 라포를 형성한 후 검사를 재실시하는 것이 좋다.
  ㉤ 수검자가 극도의 불안이나 우울증상을 보이는 경우에도 검사를 실시하지 않는 것이 바람직하고, 검사자는 수검자의 불안이나 우울이 어느 정도 경감된 후에 시행하도록 한다.

(4) 코드 유형

① 각 척도는 해당척도명의 의미에 따라 단일증상행동을 측정하는 데 한계가 있고, 정신병리 증상들은 다양하고 복잡하게 나타나며, 이질적 성향의 집단 간에도 동일한 증상 행동이 나타날 수 있다.

② 다면적 인성검사의 형태분석에서 T점수가 일정 수준 이상으로 상승된 임상척도들을 하나의 프로파일로 간주하여 해석할 수 있다.
③ 코드 유형에 따른 해석법은 상호연관성이 높은 척도들을 결합하여 해석하므로 높은 행동 예언력을 보이고 다양한 척도 간의 관계를 통해 보다 유효한 진단적 정보를 제공한다.

3 MMPI-2의 타당도 척도

(1) ?척도(무응답척도, Cannot Say)
① 응답하지 않은 문항과 "그렇다, 아니다."에 모두 응답한 문항들의 총합 점수이다.
② 반응이 적절하지 않은 방어적인 태도를 측정한다.
③ "그렇다, 아니다."를 결정할 수 없을 때 답하지 않아도 된다는 지시를 주면 무응답 문항이 많아지는 경향이 있어서 주의를 요한다. 또 30개 이상의 문항이 누락되었거나 양쪽 모두에 응답하는 경우, 프로파일은 무효로 한다.
④ 제외되는 문항들은 척도 높이를 저하시키는 결과를 가져온다.
⑤ MMPI-2는 단축형 검사를 위해 370문항 안에 임상척도를 모두 배치하였기 때문에 무응답 문항이 370번 문항 이후에 많다면, 무응답 문항수가 많다는 이유만으로 검사결과의 타당성을 의심할 필요는 없다.

(2) VRIN척도, TRIN척도
① VRIN척도(무선반응 비일관성 척도, Validity Response Inconsistency) 2021년 기출 ★
   ㉠ 피검자가 무선적으로, 즉 문항의 내용을 고려하지 않고 '아무렇게나' 반응하는 경향을 탐지한다.
   ㉡ 피검자가 문항의 내용을 전혀 고려하지 않은 채 완전히 무선적인 응답을 했을 때 VRIN척도의 T점수는 남자의 경우 96점, 여자의 경우는 98점이 된다. 모두 '그렇다' 또는 '아니다'로 답했을 때는 거의 50점에 가까워진다. 피검자가 자신에게 심각한 정신병리가 있음을 솔직하게 인정한 경우와 의도적으로 부정왜곡(faking bad)했을 때는 일반적으로 평균 수준에 머문다. 일반적으로 VRIN척도의 원섬수가 13점 이상(T≥80)일 때는 검사의 타당성을 의심해야 한다.
   ㉢ F척도 점수가 상승한 경우, VRIN척도와의 관계를 통해 어떤 이유로 상승했는지를 이해하는 데 도움을 받을 수 있다. 예를 들어, F척도와 VRIN척도가 함께 상승했다면 피검자가 무선 반응을 했을 가능성이 시사된다. F척도는 높지만 VRIN척도는 낮거나 보통 수준이라면, 자신의 문제에 대해서 솔직하고 타당하게 응답한 경우이거나 자신의 문제를 과장하려는 의도를 가진 경우라고 생각할 수 있다.

② TRIN척도(고정반응 비일관성 척도, True Response Inconsistency)
  ㉠ 피검자가 문항 내용과 관계없이 모든 문항을 '그렇다'로 반응하거나 '아니다'로 반응하는 경향을 탐지한다.
  ㉡ TRIN의 원점수가 13점 이상(T≥80)인 경우는 '그렇다' 방향으로 답한 경우이며, 원점수가 5점 이하(T≥80)인 경우는 '아니다' 방향으로 답한 경우이다. 이 두 경우 모두 검사 자료의 타당성을 의심해야 한다.

(3) F척도(비전형척도, Infrequency) 2017년 기출 ★
  ① 비전형방식으로 응답한 사람을 걸러내기 위한 척도, 즉 정상인들이 응답하는 방식에서 벗어나는 경향성을 측정한다.
  ② 수검자의 부주의나 일탈된 행동, 증상의 과장/자신을 나쁘게 보이려는 의도, 질문항목에 대한 이해 부족이나 읽기 어려움 등 오류를 식별해야 한다.
  ③ 비정상적 방식의 응답이 10%를 초과하지 않는 것들로 총 60개 문항으로 구성되어 있다.
  ④ F척도 점수가 높을수록, 정상적인 사람이 하는 것처럼 반응하지 않았다는 의미이다.
  ⑤ F척도가 상승할 경우, VRIN척도와 TRIN척도를 함께 검토해야 한다. VRIN척도가 80T 이상인 경우, 무작위응답에 의해 F척도가 상승했을 가능성이 높다. TRIN척도가 80T 이상인 경우, 고정반응에 의해 상승했을 가능성이 있다.
  ⑥ 측정결과가 65~80T 정도인 경우, 수검자의 신경증이나 정신병, 현실검증력 장애를 의심해 본다. 자신의 정체성 문제로 고민하고 있는 청소년에게도 나타날 수 있음을 고려해야 한다.
  ⑦ 측정결과가 100T 이상인 경우, 수검자가 의도적으로 심각한 정신병적 문제를 과장해서 응답한 것으로 유추 가능하다.

(4) F(B)척도, F(P)척도
  ① F(B)척도
    ㉠ 수검자의 수검태도상 변화를 탐지하는 척도로 검사 후반부에 총 40개의 문항으로 구성되어 있다.
    ㉡ 기존의 F척도만으로 수검자가 검사 후반부에 어떤 수검태도를 보였는지를 보완하기 위해 고안된 문항으로 F(B)점수가 크게 상승된 경우, 수검태도에 변화가 있음을 의미한다.
    ㉢ 90T 이상이면서 F척도보다 최소 30T 이상 높은 경우, 태도상 유의미한 변화가 있는 것으로 간주해야 한다.
  ② F(P)척도 2017년 기출 ★
    ㉠ 규준집단과 정신과 외래내담자집단에서 모두 매우 낮은 반응 빈도를 보인 총 27개의 문항으로 구성된다.

ⓛ VRIN척도와 TRIN척도 점수를 함께 검토한 결과, 무선반응이나 고정반응으로 인해 F척도 점수가 상승된 것이 아니라고 판단될 때 사용한다.
ⓒ F척도의 상승이 실제 정신과적 문제 때문인지 혹은 의도적으로 자신을 부정적으로 보이려고 한 것인지를 판별할 때 사용한다.
ⓔ 100T 이상일 경우, 수검자의 무선반응이나 부정왜곡을 짐작하여 프로파일 무효로 간주해야 한다.

(5) FBS척도(증상타당척도, Fake Bad Scale) 2020년, 2018년 기출 ★

① 부정왜곡척도로 개발되어 증상타당척도로 불린다.
② 개인상해 소송이나 꾀병 탐지를 위한 43개 문항으로 신체와 통증에 관한 내용, 신뢰나 정직함에 관한 내용이 포함되어 있다.
③ MMPI-2의 다른 척도 가운데 가장 낮은 타당도의 척도로 논란의 여지가 있다. 그래서 표준 채점 양식에서는 FBS척도를 제외하는 경향이 있다.

(6) L척도(부인척도, Lie)

① 사회적으로 좋으나 실제로는 극도의 양심적인 사람에게서 발견되는 태도나 행동을 측정하는 문항으로, 이성적으로는 가능하나 실제 그대로 실행하기 어려운 내용으로 총 15개 문항이다.
② 심리적 세련, 즉 자신을 좋게 보이려고 하지만 세련되지 못한 시도를 측정한다.
③ 수검자의 지능, 교육수준, 사회경제적 위치 등과 연관이 있고, 지능이 높을수록 L척도 점수가 낮다.
④ L척도는 논리적 근거에 의해 선발된 문항으로 70T 이상인 경우, 자신의 결점을 부인하고 도덕성을 강조하며 고지식하며 부인이나 억압의 방어기제를 사용할 가능성이 높다고 판단할 수 있다. 80T 이상인 경우, 솔직하게 응답하지 않았을 가능성이 크기 때문에 무효로 볼 수 있다.

(7) K척도(교정척도, Correction) 2019년 기출 ★

① 분명한 정신적 장애를 지니면서도 정상적 프로파일을 보이는 사람을 식별하기 위해 개발한 척도로, 정상집단과 정상 프로파일을 보이는 내담자집단을 구별하는 총 30개 문항으로 구성된다.
② 심리적 약점에 대해 방어적 태도 탐지, 수검자가 자신을 바람직한 방향으로 좋은 인상을 주려고 노력하는지, 검사에 대한 저항의 표시로 나쁜 인상을 주려고 하는지 파악 가능하다.
③ L척도의 측정내용과 중복, L척도보다 은밀하게, 세련된 사람을 측정한다.
④ K척도가 상승한 수검자는 임상척도에서 주목할 만한 상승이 없다 하더라도 심리적 문제가 없는 것으로 생각하면 안 된다. 5가지 임상척도의 진단상 변별력을 높이기 위한 교정 목적 척

도, 특히 척도 7(강박), 8(조현)에는 K척도의 원점수를 전부 더하고, 척도 1(건강염려), 4(반사회성), 9(경조)에는 K척도 점수 일부를 더해 교정하도록 한다.

⑤ 65T 이상인 경우, 수검자가 자신을 좋은 방향으로 왜곡해서 대답하는 긍정왜곡할 가능성이 높고, 자신의 정신병리에 대한 방어나 억압이 있을 가능성이 시사된다.

(8) S척도(과장된 자기제시척도, Superlative Self-Presentation)

① 인사선발, 보호감찰, 양육권 평가 등 비임상집단에서 도덕적 결함을 부인하고 자신을 과장된 방식으로 표현하는 것을 평가하기 위해 개발되었다.

② 인간의 선함에 대한 믿음, 평정심과 평온함, 삶에 대한 만족감, 흥분과 분노에 대한 인내심이나 부인, 도덕적 결점에 대한 부인 등 총 50개 문항으로 구성된다.

③ S척도와 K척도는 수검자의 방어성을 측정하는 척도로, K척도 문항은 전반부에, S척도 문항은 검사 전반에 걸쳐 있다.

④ 70T 이상인 경우, 긍정왜곡의 가능성이 높고, 주로 자신의 문제에도 "아니다."로 응답할 경향이 크다.

4 MMPI-2 임상척도

(1) 척도별 해석

① 척도 1 Hs(Hypochondriasis, 건강염려증)
  ㉠ 수검자의 신체적 기능과 건강에 대한 과도하고 병적인 관심을 반영하는 척도이다.
  ㉡ 33개의 문항, 32문항 구성, 특히 척도 3 Hy(히스테리)와 중복되어 같은 방향으로 채점한다.
  ㉢ 65T 이상인 경우, 만성적 경향이 있는 모호한 여러 신체증상 호소, 불행감을 느끼고 자기중심적이며 애처롭게 호소하는 동시에 적대적이고 타인의 주의집중을 원한다. 병을 구실로 타인을 조정하고 지배하려고 한다. 80T 이상인 경우, 극적이면서도 기이한 신체적 염려를 하고, 척도 3도 높다면 전환장애 가능성을 고려해야 한다.

② 척도 2 D(Depression, 우울증)
  ㉠ 수검자의 우울한 기분, 상대적인 기분상태를 알아보기 위한 척도이다.
  ㉡ 60문항, 총 57개 문항, 5개의 소척도, 주관적 우울감, 정신운동지체, 신체적 기능장애, 둔감성, 깊은 근심으로 이루어진다.
  ㉢ 내인성 우울증보다는 외인성 우울증을 측정하는 것으로 척도 점수는 수검자의 현재 기분상태에 의해 변화가 가능하다. 수검자의 자신이나 생활환경에서의 안정감이나 만족감을 파악할 수 있는 지표로 활용 가능하다.

② 70T 이상인 경우, 우울하고 비관적이며, 근심이 많고 무기력하다. 지나치게 억제적으로 보이고, 쉽게 죄의식을 느끼며, 심한 심리적 고통을 반전하고픈 소망이 있다.

③ 척도 3 Hy(Hysteria, 히스테리)
㉠ 현실적 어려움이나 갈등을 회피하고, 부인기제를 사용하는 성향을 반영한다.
㉡ 60개 문항, 5개 소척도, 사회적 불안의 부인, 애정욕구, 권태-무기력, 신체증상 호소, 공격성 억제 등으로 이루어진다.
㉢ 전환성 히스테리 경향 지표, 스트레스로 인해 일시적으로 나타나는 신체마비, 소화불량, 심장이상 등의 신체 기능장애나 신경쇠약, 의식상실, 발작 등 심리적 기능장애와 연관되고, 척도 3 문항은 척도 1 Hs와 중복되어 같은 방향으로 채점한다.
㉣ 지능, 교육수준, 사회경제적 위치와 연관되고, 지능이 높을수록 척도 3의 점수도 상승한다.
㉤ 70T 이상인 경우, 유아적이고 의존적이며, 자기도취적이고 요구가 많다. 스트레스 상황에서 특수한 신체증상을 나타내 보이고, 스트레스 처리에 있어서 부인/부정(Denial), 억압(Repression)의 신경증적 방어기제를 사용한다. 80T 이상인 경우, 신체적 증상을 이용해 책임을 회피하는 경향이 높아진다.

④ 척도 4 Pd(Psychopathic Deviate, 반사회성)
㉠ 반사회적 일탈행동, 가정/권위적 대상에 대한 불만, 반항, 적대감, 충동성, 자신 및 사회와의 괴리, 학업이나 진로문제, 범법 행위, 알코올이나 약물남용, 성적 부도덕을 반영한다.
㉡ 50개 문항, 5개 소척도, 가정불화, 권위와의 갈등, 사회적 침착성, 사회적 소외, 자기 소외 등으로 구성되고, 잠재시기에는 오히려 다른 사람의 호감을 사고, 지적인 사고와 행동을 한다.
㉢ 척도 4가 약간 높은 경우, 자기주장이 강하고 솔직, 진취적이고 정력적이며, 실망스러운 상황이나 좌절에 처하면 공격적이고 부적응적 반응을 보인다.
㉣ 65T 이상인 경우, 외향적이거나 사교적이면서도 신뢰할 수 없고, 자기중심적, 무책임, 스트레스를 경험하면 적대감이나 반항심으로 표출된다. 척도 4가 높은 사람은 외향화, 행동화(acting-out), 합리화, 주지화의 방어기제를 사용하는 경향이 있다.

⑤ 척도 5 Mf(Masculinity-Femininity, 남성성-여성성)
㉠ 동성애자를 변별하기 위해 개발되었으나, 남성성 혹은 여성성 정도를 측정하는 척도로 개정되었다.
㉡ 60문항, 56문항, 흥미양상이 남성적 성향에 가까운지, 여성적 성향에 가까운지를 나타내는 지표이다. 대부분 직업 및 여가에 대한 관심, 걱정과 두려움, 과도한 민감성, 가족관계 등
㉢ 65T 이상인 경우, 강한 이성적 취향의 가능성이 있고, 남성의 경우는 예민하고 탐미적이며

여성적, 수동적 성향을 보이고, 여성의 경우는 거칠고 공격적이며 무딘 경향을 보인다. 낮은 경우는 자기 성에 대한 고정관념에 충실한 경향을 보인다.

⑥ 척도 6 Pa(Paranoia, 편집증)
  ㉠ 대인관계에서의 민감성, 의심증, 집착증, 피해의식, 자기 정당성 등을 반영한다.
  ㉡ 40개 문항, 3개 소척도, 피해의식, 예민성, 순진성/도덕적 미덕, 박해, 망상, 희망상실, 죄책감 등의 편집증적 요인과 냉소적 태도, 히스테리, 경직성 등 신경증적 요인으로 나타난다.
  ㉢ 정상 범주인데 척도 6이 약간 높은 경우, 호기심과 탐구심이 많고 진취적이며 흥미범위가 넓다. 과도한 스트레스 경우, 민감성과 의심증, 왜곡된 지각을 반영한다.
  ㉣ 70T 이상인 경우, 수검자는 피해망상, 과대망상, 관계사고 등 정신병적 증상을 보일 수 있고, 남을 비난하고 원망하며, 적대적이거나 따지기를 좋아한다. 척도 6 점수가 높은 사람은 투사와 합리화 방어기제를 자주 사용하는 경향이 있다.
  ㉤ 정신병적 소견이 있는 내담자인데 점수가 낮은 경우, 자기중심적 경향으로 문제해결에 있어서 경직되고 경계심이 많으며, 편집증적이고 망상적 양상을 보인다.

⑦ 척도 7 Pt(Psychasthenia, 강박증)
  ㉠ 심리적 고통이나 불안, 공포, 자신의 능력에 대한 의심과 회의, 강박관념의 정도를 반영하는 지표, 심리적 고통과 불안을 측정하므로 척도 2(우울증)와 함께 정서적 고통의 척도로 알려져 있다.
  ㉡ 48개 문항, 자신이 부적응적이라는 사실을 알고도 특정행동이나 사고를 하지 않을 수 없는 상태, 척도 8(Sc, 조현병)과 척도 2(우울증)에서 상당 부분 중복적 양상, 척도 7의 점수가 높은 경우, 주지화의 방어기제를 주로 사용하고, 합리화나 취소(Undoing)의 기제를 사용한다.
  ㉢ 이 척도가 높은 정상인 남성의 경우, 책임감이 있고 양심적, 이상주의적이다. 여성의 경우, 불안과 걱정이 많고 신체가 긴장되어 있다. 내담자의 경우, 매우 긴장되고 불안하며 생각에 집착한다.

⑧ 척도 8 Sc(Schizophrenia, 조현병)
  ㉠ 정신적 혼란과 불안정 상태, 자폐적 사고와 왜곡된 행동을 반영하는 지표이다.
  ㉡ 78개 문항, 6개의 소척도, 사회적 소외, 정서적 소외, 자아통합결여-인지적, 자아통합결여-동기적, 자아통합결여-억제부전, 감각운동해리, 조현병으로 진단된 2개의 집단 내담자들의 반응을 대조하여 경험적으로 제작하였다.

ⓒ 정상범주이나 척도 8이 약간 높은 경우, 창의성과 상상력이 풍부, 전위적인 성격, 과도한 스트레스를 받으면 비현실적이고 기태적 행위를 보일 수 있다.
ⓔ 측정결과가 높은 경우, 전통적인 규범에서 벗어나는 정신분열성 생활방식을 반영, 위축되고 수줍어하며 우울함, 열등감과 부족감을 느끼며, 주의집중 및 판단력 장애, 사고장애를 보이기도 한다. 측정결과가 75T 이상인 경우, 기이한 사고, 환각, 판단력 상실 등 정신병적 장애를 보인다.

⑨ 척도 9 Ma(Hypomania, 경조증)
ⓐ 심리적, 정신적 에너지 수준을 반영하고, 사고나 행동에 대한 효율적 통제 지표가 된다.
ⓑ 46개 문항, 4개의 소척도, 비도덕성, 심신운동 항진, 냉정함, 자아팽창, 인지영역에서 사고의 비약이나 과장, 행동영역에서 과잉활동적 성향, 정서영역에서는 과도한 흥분상태, 민감성, 불안정성을 반영한다.
ⓒ 정상범주이나 척도 9의 점수가 약간 높은 경우, 적극적이고 열성적 성격을 보이나, 과도한 스트레스 상황의 경우, 피상적이고 신뢰성이 결여되며 일을 끝맺지 못한다.
ⓔ 70T 이상인 경우, 외향적, 충동적, 과대망상적 성향과 함께 사고의 비약 반영, 비현실적으로 근거 없는 낙관성을 보이기도 하고, 신경질적으로 자신의 갈등을 행동으로 표출한다. 80T 이상인 경우, 조증삽화 가능성, 부인(Denial)과 행동화(Acting-out)의 방어기제 경향이 있다.

⑩ 척도 0 Si(Social Introversion, 내향성)
ⓐ 사회적 활동 및 사회에 대한 흥미 정도, 사회적 접촉이나 책임을 피하는 정도를 나타내는 지표이다.
ⓑ 70문항, 69문항, 3개의 소척도, 수줍음/자의식, 사회적 회피, 내적/외적 소외, 혼자 있는 것을 좋아하는가(내향성), 타인과 함께 있는 것을 좋아하는가(외향성) 등 타인과의 관계 양상 반영, 전반적 신경증적 부적응 상태, 정신병리와는 무관한 경우가 대부분이다.
ⓒ 70T 이상인 경우, 내성적 성향으로 수줍어하고 위축되어 있으며, 사회적으로 보수적-순응적, 지나치게 억제적이고 무기력하며, 융통성이 없고 죄의식에 잘 빠진다.

Section 06 미네소타 다면적 인성검사(MMPI, MMPI-2)

(2) 해석 요약

척도번호	약 자	척도명	특 징
1	Hs	건강염려	신경증, 자기중심적, 타인의 주의집중을 원함, 병을 구실로 타인을 조종지배 (65T↑)
2	D	우울	우울, 비관, 근심이 많고 무기력, 지나치게 억제적, 쉽게 죄의식 느낌(70T↑)
3	Hy	히스테리	유아적, 의존적, 자기도취적, 요구多, 공격적, 스트레스 상황에서 신체증상 호소/부인부정 방어기제, 신체증상으로 책임회피(80T↑)
4	Pd	반사회성	반사회적 일탈, 불만, 반항, 적대감, 충동, 범법 행위, 약물 남용, 성적 부도덕
5	Mf	성역할	낮은 경우, 성적 고정관념 충실
6	Pa	편집	의심증, 집착증, 피해의식, 타인 비난 및 원망, 적대적, 따지기 좋아함, 투사/합리화 방어기제
7	Pt	강박	불안, 공포, 특정행동을 하지 않을 수 없는 상태, 주지화/합리화/취소(undoing)의 방어기제
8	Sc	조현	정신적 혼란과 불안정 상태, 정신분열성 행동 장애 특징(환각, 환상, 망상 등)
9	Ma	경조	심리적 정신적 에너지 수준
0	Si	내향	전반적 신경증적 부적응 상태

(3) MMPI 타당도 척도와 기본 임상척도 요약

① MMPI 타당도 척도와 기본 임상척도

척도명	약 자	척도 번호	문항수(MMPI)	문항수(MMPI-2)
타당도 척도				
무응답 척도	?			
비전형 척도	F		64	60
부인 척도	L		15	15
교정 척도	K		30	30
기본 임상척도				
건강염려	Hs	1	33	32
우울	D	2	60	57
히스테리	Hy	3	60	60
반사회성	Pd	4	50	50
남성성-여성성	Mf	5	60	56
편집	Pa	6	40	40
강박	Pt	7	48	48
조현	Sc	8	78	78
경조	Ma	9	46	46
내향	Si	0	70	69

② MMPI-2에 추가된 타당도 척도

척도명	약 자	문항수
무선반응 비일관성 척도	VRIN	98
고정반응 비일관성 척도	TRIN	40
비전형-후반부 척도	F(B)	40
비전형-정신병리 척도	F(P)	27
과장된 자기제시 척도	S	50

5 MMPI의 주요상승척도 쌍 - 코드 유형

(1) 1-2 또는 2-1 코드(Hs & D)

① 신체 기능에 몰두함으로 다양한 신체 증상을 호소하는 증세로 정서적으로 불안과 긴장, 감정 표현에 어려움을 겪는 경향이 있다. 주로 내향적 성격으로 타인과의 관계에서 수동적인 동시에 의존적 양상을 보인다.
② 사소한 자극에도 쉽게 안정을 잃으며, 의심과 경계심을 가진다.
③ 억압과 신체화로 인한 방어, 신체적 불편함을 견디려 하기 때문에 치료를 통한 변화 동기가 부족하다.
④ 신체증상과 관련된 장애, 즉 신체형 장애, 불안장애 진단이 가능하다.

(2) 1-3 또는 3-1 코드(Hs & Hy)

① 심리적 문제가 신체적 증상으로 전환되어 나타나기 때문에 겉으로 드러나는 증상이 심리적이라는 것을 부정하는 경향이 있다. 부인(denial) 방어기제를 사용하고 우울이나 불안감을 드러내지 않으려고 한다.
② 스트레스 받을 때 사지의 통증, 두통, 가슴 통증, 식욕부진, 어지럼증, 불면증을 호소하고 자기중심적인 동시에 의존적이다. 대인관계는 피상적이고 전환장애일 가능성을 염두에 둔다.

(3) 2-6 또는 6-2 코드(D & Pa)

① 심각한 정서적 어려움 겪는 정신병 초기 환자에게 나타난다. 평소에도 우울한 상태나, 우울한 감정 밑바닥에는 분노와 적개심이 내재해 있다. 그래서 우울증 환자와 달리 자신의 공격성을 공공연하게 드러내는 편이다.
② 타인의 친절을 거부하고, 곧잘 시비를 걸며, 보통의 상황에 대해서도 악의적으로 해석한다. 편집증적 경향이 심하게 나타나는 편이다.

(4) 3-8 또는 8-3 코드(Hy & Sc)

① 심각한 불안, 긴장, 우울감과 무기력감을 호소하고, 주의력과 집중력에 장애가 있고, 시간과 장소, 환경 등에 대한 인식능력인 지남력을 상실한다.
② 망상 및 환각 등 사고장애 증세를 보이고 정서적으로 취약하며 타인에 대한 애정과 관심을 지나치게 요구한다. 자신의 욕구가 좌절되었을 때는 스스로를 벌 주는 태도를 보인다. 반복적이고 비기능적이고 충동적인 방식으로 문제에 접근하는 경향이 심하고, 과도한 정신적 고통이 두통이나 현기증, 흉통, 위장장애 등 신체 증상으로 나타나기도 한다.
③ 조현병(정신분열), 신체증상 및 관련장애 중 신체형 장애 진단 가능성이 있다.

(5) 4-6 또는 6-4 코드(Pd & Pa) 2021년 기출 ★

① 사회적 부적응이 심각하고 공격적 태도를 보이는 비행청소년에게 주로 나타나는 특징이다.
② 미성숙하고 자기중심적 경향으로 행동하고, 타인으로부터 관심과 동정을 유도하며, 화를 내면서 자신 내부에 억압된 분노를 폭발시킨다. 분노의 원인을 항상 외부에 전가하는 경향을 보인다.
③ 부인, 합리화 방어기제를 사용하고, 자신의 심리적 문제는 외면하고 지적하는 사람에게 분노와 비난을 퍼부으며, 다른 사람을 의심해서 정서적 유대관계를 맺지 않으려고 한다.
④ 비현실적 사고와 자신에 대한 과대망상적 평가 경향, 수동-공격성 성격장애와 조현병, 특히 편집형 조현병 진단의 가능성이 있다.

(6) 4-9 또는 9-4 코드(Pd & Ma) 2018년 기출 ★

① 재범 우려가 있는 범죄자나 신체노출, 강간 등 성적 행동화(acting-out)를 보이는 사람, 결혼 문제나 법적 문제 등에 연루된 사람, 충동적인 동시에 반항적 성격과 과격하고 공격적인 행동을 일삼는 사람에게 나타난다.
② 일시적으로 타인에게 좋은 인상을 주기도 하나, 자기중심적 태도와 다른 사람에 대한 불신으로 대인관계가 피상적이다. 자신의 행동에 대해 책임을 지지 않고, 신뢰감을 주지 못하며, 사회적 가치를 무시하는 한편, 반사회적 범죄행위까지 저지를 수 있다.
③ 합리화를 주요 방어기제로 쓰고, 자신의 문제는 외면하는 동시에 실패 원인을 타인에게 전가한다.

(7) 6-8 또는 8-6 코드(Pa & Sc)

① 편집증적 경향과 사고장애 등으로 편집증적 조현병으로 의심할 수 있는 증세로 피해망상, 과대망상, 환청 등 작은 고통에도 괴로워한다.

② 타인과의 관계에서 적대감과 의심, 과민한 반응, 변덕스러운 태도로 불안정하다. 현실 인지 능력이 떨어지고 동시에 자폐적이고 분열적 환상이나 성적 문제로 갈등이 일어난다.
③ 편집형 조현 증세와 분열성 성격장애 가능성이 시사된다.

(8) 7-8 또는 8-7 코드(Pt & Sc)

① 불안, 우울, 긴장, 예민하고, 집중력을 갖기 매우 어렵다고 호소한다. 사고력이나 판단력 장애, 망상, 외부 자극에 대해 어떤 주관적인 느낌이 없는 것처럼 보이는 정서적 둔마 상태가 나타난다.
② 사회적 상황에서 현실회피적이고 수동적인 동시에 의존적인 대인관계로 대인관계 자체를 회피하려고 한다.
③ 성과 관련된 공상으로 오히려 성숙한 이성관계 형성이 어렵고, 우울장애, 불안장애, 조현성 성격장애, 조현형 성격장애 가능성이 시사된다.

(9) 8-9 또는 9-8 코드(Sc & Ma) 2017년 기출 ★

① 편집증적 망상, 환각, 공상, 기태적 사고, 부적절한 정서 등이 나타나고 특히 한 가지 생각에 집중하지 못하며 예측불허의 행동과 타인에 대한 의심과 불안 등으로 친밀한 대인관계 형성이 어렵다.
② 성적 적응에도 어려움이 있고, 성적 문제에 대한 갈등도 일어나며 조현병이나 양극성 장애 진단이 가능하다.

6 검사별 척도 비교

(1) MMPI-2

① 통계
  ㉠ **문항수** : 567문항
  ㉡ **T점수** : 전체 규준 & 성별 규준
  ㉢ **K교정 점수** : Hs, Pd, Pt, Sc, Ma 척도에 K교정 적용, K교정 안 한 T점수도 제공
  ㉣ **타당도 척도** : VRIN, TRIN, F, F(B), F(P), FBS, L, K, S
② 척도
  ㉠ **임상척도** : 10개(Hs, D, Hy, Pd, Mf, Pa, Pt, Sc, Ma, Si)

Section 06 미네소타 다면적 인성검사(MMPI, MMPI-2)

ⓛ **재구성 임상척도** : 9개(RCd, RC1, RC2, RC3, RC4, RC6, RC7, RC8, RC9) 2024년 기출 ★

척도번호	약어	척도명	설명
RCd	dem	의기소침 (demoralization)	• 전반적인 정서적 불편감, 정서적 동요 정도 • 대처 능력의 취약성, 낮은 자존감, 무력감, 비관적이고 염세적 태도
RC1	som	신체증상 호소 (Somatic Complaints)	• 신체 건강에 대한 염려와 집착, 만성 통증 및 다양한 신체적 증상 호소 • 척도 1(Hs) 및 내용척도 중 건강염려 소척도(HEA)와 유사
RC2	lpe	낮은 긍정 정서 (Low Positive Emotions)	긍정적인 정서 경험의 부족, 불행감, 사기 저하, 심신 에너지 부족, 약한 결단력과 추진력, 무력감, 절망감, 소극성, 위축감 등
RC3	cyn	냉소적 태도(Cynicism)	다른 사람들이 불친절하고 자신만을 생각하며 배려가 부족하다고 착취적이어서 믿기 어렵다고 여김
RC4	asb	반사회적 행동 (Anti-social Behavior)	• 분노, 공격성, 논쟁, 비순응성, 사기, 물질 남용, 법적 문제 연루 가능성이 높아짐 • 타인을 착취하는 행동, 대인관계 갈등
RC6	per	피해의식(Ideas of Persecution)	외부 압력에 통제받고 희생당한다거나 부당하게 학대당한다는 피해 사고, 불신, 의심
RC7	dne	역기능적 부적 정서 (Dysfunctional Negative Emotions)	불안감, 과민함, 짜증스러움, 높은 부정적인 정서 반응성, 거부나 비판에 민감, 실수 및 실패에 대한 집착, 부정적 사고 몰두, 반추
RC8	abx	기태적 경험 (Aberrant Experience)	• 명백한 환각 및 기태적인 감각적 · 지각적 경험 가능성이 높음 • 현실 검증력이 손상된 망상적 사고 장애
RC9	hpm	경조증적 상태 (Hypomanic Activation)	• 심신 에너지의 항진, 고양된 기분, 경조증적 상태에서 보이는 다양한 정서적 · 인지적 · 행동적 징후 • T>75인 경우 조증 삽화 가능성↑

ⓒ **척도 구성**

ⓐ 타당도 척도 9개

ⓑ 임상척도 10개

ⓒ 임상 소척도 31개

- Harris – Lingoes Sub – scales 2021년, 2019년 기출 ★

이름	설 명	상태 설명
D1	Subjective Depression	주관적 우울감
D2	Psychomotor Retardation	정신운동 지체
D3	Physical Malfunctioning	신체적 기능장애
D4	Mental Dullness	둔감성
D5	Brooding	깊은 근심
Hy1	Denial of Social Anxiety	사회적 불안의 부인
Hy2	Need for Affection	애정 욕구
Hy3	Lassitude – Malaise	권태 – 무기력
Hy4	Somatic Complaints	신체증상 호소
Hy5	Inhibition of Discord	공격성의 억제
Pd1	Familial Discord	가정 불화
Pd2	Authority Problems	권위 불화
Pd3	Social Imperturbability	사회적 침착성
Pd4	Social Alienation	사회적 소외
Pd5	Self – Alienation	내적 소외
Pa1	Persecutory Ideas	피해의식
Pa2	Poignancy	예민성
Pa3	Naivete	순진성
Sc1	Social Alienation	사회적 소외
Sc2	Emotional Alienation	정서적 소외
Sc3	Lack of Ego Mastery – Cognitive	자아통합 결여 – 인지적
Sc4	Lack of Ego Mastery – Conative	자아통합 결여 – 동기적
Sc5	Lack of Ego Mastery – Defective Inhibition	자아통합 결여 – 억제부전
Sc6	Bizarre Sensory Experiences	기태적 감각 경험
Ma1	Amorality	비도덕성
Ma2	Psychomotor Acceleration	심신운동 항진
Ma3	Imperturbability	냉정함
Ma4	Ego Inflation	자아팽창

Section 06 미네소타 다면적 인성검사(MMPI, MMPI-2)

- 사회적 내향성 소척도(Social Introversion Sub-scales)

이 름	설 명	상태 설명
Si1	Shyness/Self-Consciousness	수줍음/자의식
Si2	Social Avoidance	사회적 회피
Si3	Alienation-Self & Others	내적/외적 소외

ⓓ 재구성 임상척도 9개(상동)

ⓔ 성격병리 5요인 척도(Psy-5 scales) `2020년 기출` ★

척도명		설 명
AGGR	공격성 (Aggressiveness)	• 공격성, 지배 욕구, 권력 욕구, 타인에 대한 지배와 통제 위해 폭력적·위협적·공격적 행동 • 학교 장면에서 행동 문제, 가정 폭력, 체포 및 구금 과거력 등 시사
PSYC	정신증 (Psychoticism)	기태적 감각 및 지각 경험, 현실검증력 결여, 관계사고, 비현실적인 두려움, 특이한 생각이나 행동, 부적절성 및 소외감을 갖는다.
DISC	통제 결여 (Disconstraint)	자기 통제 능력 결여, 충동성, 모험적이고 감각적, 자극 추구적인 성향
NEGE	부정적 정서성/ 신경증 (Negative Emotionality/ Neuroticism)	• 불쾌감, 불안, 걱정, 죄책감 등 부정적 정서 경험, 자기 비판적, 죄책감, 우울감, 신체 증상 • 대인관계 지지 체계 빈약
INTR	내향성/ 낮은 긍정적 정서성 (Introversion/ Low Positive Emotionality)	내향적, 낮은 성취 욕구와 포부, 추진력이나 에너지 부족, 비관적, 염세적, 정서적 반응성↓

ⓕ 내용척도 및 내용소척도 `2019년 기출` ★

척도명		내용척도	내용소척도
ANX	불안 (Anxiety)	광범위한 불안 증상과 신체 증상	단일 요인
FRS	공포 (Fears)	다양한 유형의 공포증, 두려움, 소심함, 자신감 부족	• 일반화된 공포(FRS1) • 특정 공포(FRS2)
OBS	강박성 (Obsessiveness)	강박 사고나 행동, 우유부단함, 완고함, 변화에 대한 저항성, 반추적 사고	단일 요인
DEP	우울 (Depression)	우울감, 불행감, 공허감, 무망감, 사기저하, 의기소침, 자책감, 염세적이고 비관적 사고, 자살 사고	• 동기 결여(DEP1) • 기분 부전(DEP2) • 자기 비하(DEP3) • 자살 사고(DEP4)

약어	척도명	설명	소척도
HEA	건강염려 (Health Concerns)	신체적 쇠약감, 다양한 신체 증상 혹은 피로감 호소, 신체 기능에 몰두	• 소화기 증상(HEA1) • 신경학적 증상(HEA2) • 일반적인 건강 염려(HEA3)
BIZ	기태적 정신상태 (Bizarre Mentation)	정신증적 증상, 둔마된 정동, 동기결여, 대인관계 철수 및 부적절성	• 정신증적 증상(BIZ1) • 분열형 성격 특성(BIZ2)
ANG	분노(Anger)	분노, 적대감, 짜증, 비판적, 논쟁적, 공격적·폭력적 행동 문제 등	• 폭발적 행동(ANG1) • 성마름(ANG2)
CYN	냉소적 태도 (Cynicism)	불신, 의심, 경계적 태도, 편집증적 사고, 적대적 태도	• 염세적 신념(CYN1) • 대인적 의심(CYN2)
ASP	반사회적 특성 (Antisocial Practices)	법적 문제, 약물 남용, 학교 관련 문제 행동 등 반사회적 특성, 권위에 대한 반감	• 반사회적 태도(ASP1) • 반사회적 행동(ASP2)
TPA	A유형 행동 (Type A)	• 일 중심적, 성취 지향적 유형 • 경쟁적, 조급함, 참을성이 부족 • 비판적, 적대적, 짜증이 많음	• 조급함(TPA1) • 경쟁 욕구(TPA2)
LSE	낮은 자존감 (Low Self-Esteem)	• 부적절감, 자신감 부족 • 타인의 비판이나 거절에 민감하며 칭찬받는 상황을 불편해함 • 대인관계에 수동적, 소극적	• 자기회의(LSE1) • 순종성(LSE2)
SOD	사회적 불편감 (Social Discomfort)	내향적, 수줍음, 사회적 상황을 불편하게 여겨 철수되어 지냄	• 내향성(SOD1) • 수줍음(SOD2)
FAM	가정문제 (Family Problems)	가족 관계나 부부 관계에 대해 부정적 지각, 불행감, 분노, 적대감, 아동기 신체나 심리적 학대, 유기 가능성	• 가정불화(FAM1) • 가족 내 소외(FAM2)
WRK	직업적 곤란 (Work Interference)	불안정감, 집중력 저하, 우유부단함, 성취동기 결여, 자신감 부족, 동료에 대한 호의적이지 않은 태도 등 직업 적응의 어려움	단일 요인
TRT	부정적 치료지표 (Negative Treatment Indicators)	• 전문가에 대해 부정적인 태도 • 자신의 문제 타인과 공유 불가 • 문제에 직면 불가, 변화 불신, 저항적	• 낮은 동기(TRT1) • 낮은 자기 개방(TRT2)

ⓖ 보충척도(15개) 2019년 기출 ★

척도명		설명
A	불안 (Anxiety)	• 불안 증상, 확신감 부족, 우유부단함 • 관습에 순응적 • 스트레스 상황에서 의사결정 힘들어함
R	억압 (Repression)	순종적, 과잉통제 경향, 관습과 형식 중요시, 명확한 사고방식 및 상황 선호, 신중하고 조심스러우며 느리게 행동함

Section 06 미네소타 다면적 인성검사(MMPI, MMPI-2)

Es	자아강도 (Ego Strength)	• 자신의 심리적 문제를 인정하고 자발적으로 도움을 찾는 정도 • 전반적인 심리적 적응 및 치료적 예후의 지표 • 방어적 수검자의 경우 점수가 상승할 수 있으므로 해석에 주의해야 함
Do	지배성 (Dominance)	• 현실적, 업무 중심적 성향, 자신감, 유능감, 책임감, 추진력이 강함 • 주도적, 적극적인 대인관계
Re	사회적 책임감 (Social Responsibility)	• 정의감, 공정성을 중요시함 • 자신에게 높은 기준 적용 • 자신감이 강하고 독립적이며, 신뢰를 주는 긍정적·적응적 특성 반영
Mt	대학생활 부적응 (College Maladjustment)	• 근심, 걱정, 긴장감, 압박감, 염세적, 비판적, 불안정함 • 현재의 부적응 정도를 반영하나, 향후 부적응이나 심리적 문제 예측은 확실치 않음
PK	외상후 스트레스 장애 (Post-Traumatic Stress Disorder)	• 심리적 혼란감, 정서적 고통감, 통제 불능감 등 반영 • 해석에 주의
MDS	결혼생활 부적응 (Marital Distress)	• 결혼생활의 어려움 반영 • 별거, 이혼한 경우에만 적용 가능
Ho	적대감 (Hostility)	• 타인에 대한 의심, 불신감, 분노, 적대감, 불친절, 냉소적 태도 • 투사를 많이 함
O-H	적대감 과잉통제 (Overcontrolled-Hostility)	• 내재된 분노감, 적대감 부인, 억제 • 부정적 정서에 자극받을 때 과잉반응 가능 • 향후 폭력 행동에 대한 예측보다는 과거 행동 특성을 이해하는 데 유용
MAC-R	MacAndrew 알코올중독 (MacAndrew Alcoholism-Revised)	• 현재 알코올(물질) 사용 관련 문제보다는 향후 이러한 문제로 발전할 잠재적인 위험성을 반영 • 알코올 문제와 다른 물질 사용 문제의 구별이 어려움
AAS	중독 인정 (Addiction Admission)	• 자신에게 알코올 혹은 약물 관련 문제들이 있음을 자각하고 도움을 구하는 정도 • 물질 남용 탐지에 민감, 물질 남용을 부인하는 수검자는 점수가 낮을 수 있음
APS	중독 가능성 (Addiction Potential)	• 현재 물질 남용 문제보다는 물질 남용의 가능성 혹은 취약성 측정 • 60T 이상이면 물질 남용 관련 추가 정보 수집
GM	남성적 성 역할 (Masculine Gender Role)	• 높은 MG 점수는 강한 자신감, 모험성, 도전 정신, 추진력, 두려움, 걱정 부인 성향 반영
GF	여성적 성 역할 (Feminine Gender Role)	• 높은 GF 점수는 전형적인 여성적 흥미와 활동에 대한 선호, 예민함, 순응적 성향 반영

㉣ 결정적 문항 및 척도
ⓐ Koss – Butcher critical item(6개 영역)
ⓑ Lachar – Wrobel critical item(11개 영역)

(2) MMPI – 2 – RF

① 통계
㉠ 문항수 : 338문항
㉡ 전체 규준
㉢ K교정 점수 : 없음
㉣ 타당도 척도 : VRIN – r, TRIN – r, F – r, Fp – r, Fs, FBS – r, L – r, K – r

② 척도
㉠ 임상척도 : 없음
㉡ 재구성 임상척도(Restructured Clinical Scale) : 9개(RCd, RC1, RC2, RC3, RC4, RC6, RC7, RC8, RC9)
㉢ 척도 구성
ⓐ 타당도 척도 8개
ⓑ 상위차원 척도(Higher – Order Scales, 3개)
ⓒ 재구성 임상 척도(Restructured Clinical Scales, 9개, 동일)
ⓓ 성격병리 5요인 척도 5개
ⓔ 특정 문제 척도(Specific Problems Scales)
• 신체/인지 증상 척도(Somatic/Cognitive Scales)
• 내재화 척도(Internalizing Scales)
• 외현화 척도(Externalizing Scales)
• 대인관계 척도(Interpersonal Scales)
• 흥미 척도 2개
㉣ **결정적 문항 및 척도** : 7개의 결정적 척도(SUI, HLP, AXY, RC6, RC8, SUB, AGG)

(3) 청소년용 다면적 인성검사(MMPI – A)

① 청소년용 다면적 인성검사의 특징
㉠ MMPI – A는 14~18세(한국판은 13~18세) 청소년에게 적용하도록 개발되었으며, 원판 MMPI의 기본 타당도 척도와 임상척도의 틀을 유지하되, MMPI – 2와 마찬가지로 새로운 타당도 척도, 내용척도, 보충척도 및 PSY – 5척도들이 추가되었다.

Section 06 미네소타 다면적 인성검사(MMPI, MMPI-2)

ⓒ 성인과 청소년기 발달 단계, 사회-문화적 환경의 차이를 고려해 청소년에게 적용하기 적절하지 않은 문항은 삭제되거나 청소년들에게 맞게 수정되었고, 청소년기의 독특한 영역을 다루기 위해 새로운 문항들이 추가되어 총 478문항으로 구성되었다.

ⓒ MMPI-A의 기본적인 타당도 척도(?, VRIN, TRIN, F, L, K)의 구성은 MMPI-2와 동일하나, 타당도 척도 중 F척도가 F1(검사 전반부의 비전형적 양상), F2(검사 후반부의 비전형적 양상)로 구분된다.

ⓔ MMPI-A의 임상척도는 MMPI-2와 동일한 10개의 임상척도로 구성되나, Mf, Si척도에서 문항수가 줄어들었다. 또한 MMPI-A의 경우 재구성 임상척도는 개발되어 있지 않다.

ⓜ 내용척도의 경우 기본적으로는 MMPI-2와 유사하지만 공포(FRS), 반사회적 특성(ASP), A 유형의 행동(TPA), 직업적 곤란(WRK) 등은 제외되었으며, 소외(A-aln;Alienation), 품행문제(A-con;Conduct Problem), 낮은 포부(A-las;Low Aspiration), 학교문제(A-sch;School Problem) 등이 추가되었다. 2017년 기출 ★

ⓗ MMPI-A의 보충척도는 총 6개의 척도로 구성되어 있는데, MMPI-2에 사용되는 MacAndrew 알코올 중독 척도(MAC-R), 불안 척도(A), 억압 척도(R) 등 3개의 보충척도는 포함되는 한편, 알코올/약물 문제 인정 척도(ACK;Alcohol/Drug Acknowledgement Scale), 알코올/약물 문제 가능성 척도(PRO;Alcohol/Drug Proneness Scale), 미성숙 척도(IMM;Immaturity Scale)가 새롭게 개발되었다.

ⓢ MMPI-A의 PSY-5척도는 MMPI-2와 마찬가지로 공격성(AGGR), 정신증 척도(PSYC), 통제 결여 척도(DISC), 부정적 정서성/신경증 척도(NEGE) 및 내향성/낮은 긍정적 정서성 척도(INTR) 등 5가지로 구성되어 있으며, 수검자의 정신병리의 분류보다는 개인의 특질이나 성향과 관련한 정보를 제공한다.

② MMPI-A에만 적용되는 내용척도 및 보충척도 2017년 기출 ★

ⓐ 내용척도
  ⓐ 소외(A-aln)
  ⓑ 품행문제(A-con)
  ⓒ 낮은 포부(A-las)

ⓑ 보충척도
  ⓐ 알코올/약물 문제 인정(ACK)
  ⓑ 알코올/약물 문제 가능성(PRO)
  ⓒ 미성숙척도(IMM)

Section 07 투사검사

학습목표
대표적 투사검사인 Rorschach, TAT, BGT, HTP, SSCT 등의 특징과 핵심내용을 학습한다.

1 투사검사의 개념과 특징 2017년 기출 ★

(1) 비구조적 검사 과제를 제시하여 개인의 다양한 반응을 무제한적으로 허용하는 대표적인 비구조적 검사이다.

(2) 검사지시 방법이 간단하고 일반적인 방식이면서도 개인의 독특한 심리적 특성을 측정할 수 있는 도구이다.

(3) 모호한 자극에 대한 수검자의 비의도적 자기노출 반응이 가능하다.

(4) Murray는 검사자극이 모호할수록 수검자가 지각적 자극을 인지적으로 해석하는 과정에서 심리구조의 영향을 더욱 강하게 받는다고 주장하였다.

(5) 검사자극 내용을 불분명하게 함으로써 막연한 자극을 통해 수검자가 자신의 내면적인 욕구나 성향을 외부에 자연스럽게 투사할 수 있도록 유도하는 것이다.

2 Rorschach Test

(1) 역사

① 1921년 스위스 정신과 의사인 Rorschach가 심리진단에 발표한 논문을 통해 소개하였다.
② 좌우 대칭의 잉크 얼룩이 있는 열 장의 카드로 이루어져 있고, 형태가 뚜렷하지 않은 카드의 그림을 보여주면서 무엇처럼 보이는지, 무슨 생각이 나는지 등을 자유롭게 말하게 함으로써 정신과 내담자들이 일반인들과 다르게 반응한다는 사실에 주목하여, 405명의 수검자를 대상으로 한 테스트에 잉크반점 기법이 조현병 진단에 유효하다는 사실을 입증하였다.
③ 수검자는 카드의 잉크 반점이 무엇으로 보이는지 자유롭게 응답하고(자유 반응 단계), 검사자는 질문을 해, 어디가 어떻게 보이는지 등을(질의 단계) 질문하고, 이 과정에서 반응 시간, 반응 내용(무엇이 보였는지), 반응 영역(어디서 그렇게 보았는지), 결정 원인(어떤 특징에서 봤는지) 등을 기록한다.
④ Rorschach가 요절한 이후 연구는 다양한 방식으로 발전되었는데, 이중 Exner의 실증적 접근 방법과 Lerner의 개념적 접근이 대표적이다.

⑤ Exner의 실증적 접근 방법을 통해 보다 타당성 있고 신뢰가 있는 통합체계로 발전시켜 만든, 'Rorschach 종합체계'가 가장 표준화된 체계로 받아들여진다. 즉 기존의 방식들에서 경험적인 근거를 바탕으로 실증적으로 입증된 부분과 연구 결과들을 채택, 종합함으로써 과학적인 근거를 갖게 되었고 동시에 풍부한 해석 틀을 가지게 되었다.
⑥ Lerner의 개념적 접근방법(1991)은 정신분석적 개념을 발전시켜 적용한 방식으로, 개인의 주관적 세계의 조직화 원리처럼 외부세계에 대한 것도 조직화가 일어나는데, 이를 투사(projection)라고 한다. 검사를 수행하는 행동과 정신역동적 토대를 연결시키는 중재 과정으로써 사고의 조직화인 추론이 일어난다고 보았다.

(2) 특징

① 대표적인 투사, 비구조적 검사로 지각과 성격의 관계를 보여준다.
② 추상적, 비구성적 잉크반점을 자극자료로 하여 다양한 반응을 유도하여 개인이 잉크반점을 조직하고 구조화하는 방식이 근본적으로 그의 심리적 기능을 반영한다고 보았다.
③ 수검자는 지각 속에 자신의 욕구, 경험, 습관적 반응양식을 투사하고, 형태와 색채는 물론 음영에 대한 지각적 속성까지 고려할 수 있는 검사이다.
④ 옳고 그르다고 판단하는 정답은 없지만, 우울증상의 사람은 음영차원이나 무채색 반응 빈도가 높다. 대표적인 주관적 검사로 신뢰도나 타당도는 검증되지 않았고, 객관적 심리측정적 측면에서 부적합한 검사라고 할 수 있다.

(3) 실시과정

① 제1단계 : 소개단계
   ㉠ Rorschach 검사에 대해 자세히 설명하고 검사 받는 목적을 어느 정도 이해하고 있는지 확인하는 짧은 면접으로 진행한다.
   ㉡ 검사에 대한 부정적 이해나 오해가 확인될 경우, 검사 전 절차를 개략적으로 설명한다.
   "지금부터 그림이 있는 10장의 카드를 보여드리겠습니다. 잘 보시고 그림이 무엇처럼 보이는지 말씀해 주세요. 그림은 사람마다 다르게 보일 수 있습니다."
② 제2단계 : 반응단계
   ㉠ 그림에 대한 수검자의 지각 및 자유연상이 이루어지는 단계로, 수검자가 하는 말을 가능하면 그대로 기록한다.
   ㉡ 하나의 카드에서 한 가지 반응을 보이고 멈추는 경우, 더 연상하도록 격려한다.
   ㉢ 반대로 수검자의 반응이 너무 적은 경우, 질문단계로 넘어가지 말고 반응단계를 반복한다.
   "보통 하나의 그림에서 2개 이상을 이야기합니다. 더 보시면 그것 외에 또 다른 것을 보실 수도 있어요."

③ 제3단계 : 질문단계
  ㉠ 검사자는 수검자가 어떤 결정인에 의해 해당 반응을 한 것인지 확인하는 질문을 한다.
  ㉡ 개방적인 질문을 통해 어떤 영역을 무엇 때문에 그렇게 보았는지 질문한다.
  ㉢ 검사자는 수검자의 이야기를 반응기록으로 남기지만 과도한 질문은 수검자의 저항과 거부감을 유발할 수도 있음에 유의한다.
  "어디서 그렇게 보았나요?"(반응영역), "무엇 때문에 그렇게 보았나요?"(결정인), "무엇을 보았나요?"(반응 내용)

④ 제4단계 : 한계검증단계
  ㉠ 공식적인 검사가 끝난 후, 수검자에게 자연스럽게 질문을 건네는 단계로 수검자가 평범반응을 놓친 경우, 검사자가 해당카드에 대해 손으로 가리는 등 일정한 한계를 준 후, 재질문하는 과정을 포함한다.
  ㉡ 검사자는 수검자의 투사와 관련된 해석정보를 추가적으로 습득할 수 있으나, 이때 수검자의 새로운 반응내용을 채점에 포함시키지는 않는다.
  ㉢ 검사과정상의 반응에 대해 추가적으로 설명하도록 격려하고, 수검자가 선호하는 카드나 거부하는 카드를 고르도록 하여 그 이유를 설명하도록 하는 것이 일반적이다.

(4) 질문단계에서 주의사항

① 적절한 질문
  ㉠ 3가지 영역에 대한 질문으로 반응영역, 결정인, 반응내용에 초점을 두는 질문으로 자세한 설명을 요구하는 경우에 사용한다. "어떤 점이 ~처럼 보인 건가요?", "모양 외에 ~처럼 본 이유가 더 있습니까?", "~에 대해 좀 더 설명해 보시겠습니까?" 등 보충적인 질문을 한다.
  ㉡ 수검자의 대답이 잘 이해되지 않을 경우, '당신이 어디를 그렇게 보았는지 잘 모르겠네요.(반응영역)' '그것처럼 보이게 하는 게 무엇인지 모르겠네요.(결정인)' '어떤 것을 말씀하는지 좀 더 구체적으로 설명해 주시겠어요?'
  ㉢ 수검자가 반점을 보고 반응한 것인지, 카드에 대한 평을 한 것인지 모호한 경우, '이는 카드에 대한 대답인가요?'라고 질문하여 수검자가 회피하는 부분까지 명료화하도록 한다.

② 부적절한 질문
  ㉠ 직접적으로 질문하거나, 유도하거나 반응에 대한 묘사를 질문하는 것이 부적절한 질문이다.
  ㉡ 채점할 때 검사 자체와 직접적으로 관계가 없는 검사자가 궁금한 것에 대한 질문은 하지 않도록 한다.

ⓒ 모든 반응결정인을 염두에 두고 질문을 할 필요가 있지만, 강박적으로 할 필요는 없고 질문은 간결하고 비지시적으로 해야 한다.
ⓓ 질문 시, 검사자와 수검자가 주고받은 말은 대화체로 기록하고, 위치를 표시하는 용지는 영역 확인 시 정확하게 기록해 두어야 한다.

(5) Rorschach 검사의 채점 2020년 기출 ★

Rorschach 반응 범주에는 반응영역과 발달질, 결정인, 형태질, 내용, 평범 반응, 조직화 활동(Z점수), 특수점수의 7개가 있으며, 이를 단계적으로 채점해 나간다. 검사자는 정확한 채점을 위해 엑스너(Exner)의 종합체계 채점 규칙을 따라야 한다.

① 반응영역(location)과 발달질(developmental quality)
  ㉠ 반응영역
    ⓐ 의미 : 특정 반응에 카드 반점의 어느 부분이 사용되었는지를 말한다. 반응영역 정보를 통해 피검자가 Rorschach 카드에 어떤 식으로 접근하고 있는지를 알 수 있다.
    ⓑ 반응영역 채점표

기호	정의	기준	예
W	전체 반응 (Whole Response)	카드 반점의 전체가 반응에서 사용되었을 때	박쥐
D	보통 부분 반응 (Common Detail Response)	흔히 사용되는 반점영역을 사용하였을 때	사람 얼굴
Dd	드문 부분 반응 (Unusual Detail Response)	D영역 이외에 잘 사용되지 않는 반점영역을 사용하였을 때	개미
S	여백 반응(Space Response)	카드의 흰 공백 부분을 사용하였을 때 항상 다른 반응영역의 기호와 같이 사용함(WS, DS, Dds)	괴물의 눈

  ㉡ 발달질 : 반응에서 의미 있는 조직화 혹은 통합이 일어난 정도를 말한다. 반응을 하면서 카드 반점에 대한 정보처리의 질적인 수준이 어떠한지를 반영한다. 반응영역의 기호에 붙여 쓴다.

ⓐ 발달질 채점표 2021년 기출 ★

기호	정의	기준	예
+	통합 반응 (Synthesized Response)	반응에 포함된 둘 이상의 대상이 서로 관련을 맺고 있고, 그중 적어도 하나는 분명한 형태가 있을 경우	곰 두 마리가 손을 맞대고 있다.
o	보통 반응 (Ordinary Response)	단일 반점 영역이 형태를 가지고 있는 단일한 대상을 나타낼 경우	박쥐, 나비, 사람, 돼지
v/+	모호/통합반응 (Vague/Synthesized Response)	반응에 포함된 둘 이상의 대상이 서로 관련을 맺고 있고, 그들이 모두 분명한 형태가 없는 경우	구름이 양쪽에서 서로 뭉쳐지고 있다.
v	모호 반응 (Vague)	반응에서 형태를 가지고 있지 않은 단일 대상이 나타난 경우	구름, 어둠, 피

ⓑ 반응영역 및 발달질 채점의 예

카드	반응	위치 부호
I	• 한 여자 주위에서 춤을 추는 두 남자(W) • 얼음조각(D1) • 언덕을 오르고 있는(Dd24) 두 명의 늑대(DdS30)	W+ Dv Dds+

② 결정인(determinant) 2017년 기출 ★

㉠ 의미 : 피검자의 반응이 나오게 만든 반점의 특징이 무엇인가를 의미한다.

㉡ 결정인 채점표 2019년 기출 ★

범주	기호	기준	예
형태 (Form)	F	• 형태반응 : 반점의 형태에만 근거해서 나온 반응 • F는 다른 결정인과 함께 사용 가능하다(M과 m은 예외).	모양이 박쥐처럼 생겨서 나비이다.
운동 (Movement)	M	• 인간운동반응 : 반응이 사람의 움직임을 나타낼 때 • 동물이나 가공의 인물이라도 보통 사람이 하는 동작을 할 때는 M으로 채점	• 사람이 뭔가를 들려한다. • 곰 두 마리가 하이파이브를 하고 있다.
	FM	동물운동반응 : 반응이 동물의 특유한 자연스러운 움직임을 포함할 때	멧돼지가 산 정상을 향해 올라가고 있다.
	m	무생물운동반응 : 무생물 운동을 포함하는 반응	• 화산이 폭발하고 있다. • 물이 떨어지고 있다.
		운동이 능동이면(a), 수동이면(p), 능동·수동 둘 다(a-p)를 결정하여 운동결정인 옆에 소문자로 표시 Ma, FMp	

분류	기호	설명	예시
유채색 (Chromatic Color)	C	순수색채반응 : 반응이 색채에 근거한 경우	색이 빨개서 피 같다.
	CF	색채-형태반응 : 반응이 주로 색채에 근거하고 이차적으로 형태가 사용된 경우	색도 빨갛고 말라붙어 있는 모양이 피 같다.
	FC	형태-색채반응 : 반응이 주로 형태에 근거하고 이차적으로 색채가 사용된 경우	잎 모양과 색깔이 장미꽃 같다.
	Cn	색채명명반응 : 반점의 색채만 명명한 경우	이건 분홍색이고 이건 파란색이다.
무채색 (Achromatic Color)	C'	순수무채색반응 : 반응의 반점이 무채색에만 근거한 경우	색이 검어서 어둠 같다.
	C'F	무채색-형태반응 : 반응이 주로 무채색에 근거하고 이차적으로 형태가 사용된 경우	색도 검은색이고 뭉게뭉게 위로 피어 올라가는 모양이 연기 같다.
	FC'	형태-무채색 반응 : 반응이 주로 형태에 근거하고 이차적으로 색채가 사용된 경우	날개와 모양도 그렇고, 색깔이 검어서 박쥐 같다.
음영-재질 (Shading-Texture)	T	순수재질반응 : 반응이 반점의 음영 특징 가운데 촉감에만 근거한 경우	느낌이 폭신폭신해서 털 같다.
	TF	재질-형태반응 : 반응이 주로 촉감에 근거하여 이차적으로 형태가 사용된 경우	느낌이 보들보들하고 모양이 털가죽 같다.
	FT	형태-재질반응 : 반응이 주로 형태에 근거하여 이차적으로 촉감이 사용된 경우	얼굴 생긴 모습과 털이 폭신폭신해서 고양이 같다.
음영-차원 (Shading-Dimension)	V	순수차원반응 : 반응이 반점의 음영 특징으로 인해 깊이가 느껴지는 데 근거한 경우	울퉁불퉁 솟아 나와서 산을 위에서 바라본 것 같다.
	VF	차원-형태반응 : 음영 특징을 근거로 깊이에 근거하여 반응하고 이차적으로 형태가 사용된 경우	• 울퉁불퉁 솟아 나온 느낌이 산맥과 같은 모양이어서 산맥이다. • 입체적이고 뚱뚱해 보인다.
	FV	형태차원반응 : 주로 형태에 근거하고 음영 특징에 의한 깊이를 이차적으로 사용한 경우	산맥의 모양이고 울퉁불퉁 솟아 나온 느낌도 난다.
음영-확산 (Shading-Diffuse)	Y	순수음영반응 : 반응이 반점의 음영에만 근거한 경우	얼룩덜룩한 느낌이 그림을 그려 놓은 것 같다.
	YF	음영-형태반응 : 반응이 주로 음영에 근거하고 이차적으로 형태가 사용된 경우	얼룩덜룩하고 모양도 그래서 산을 그려 놓은 것 같다.
	FY	형태-음영반응 : 반응이 주로 형태에 근거하고 이차적으로 음영이 사용된 경우	모양도 그렇고 얼룩덜룩한 느낌이 버드나무 같다.
형태차원 (Form Dimension)	FD	형태에 근거한 차원 반응 : 음영이 개입되지 않고 반점의 모양이나 크기에만 근거하여 깊이 및 거리를 지각한 경우	발이 굉장히 크고 머리는 작아 보여서 거인이나 괴물을 아래에서 위로 올려다보는 것 같다.

쌍반응과 반사반응 (Pairs & Reflection)	(2)	쌍반응 : 반점의 대칭성에 근거하여 두 개의 동일한 대상을 보았을 경우	양쪽에 코끼리 두 마리가 있다.
	rF	반사-형태반응 : 반점의 대칭성 때문에 반쪽이 반사되거나 비친 것이라고 보며 대상의 형태가 분명하지 않은 경우	구름이 호수에 비친 것이다.
	Fr	형태-반사반응 : 반점의 대칭성 때문에 반쪽이 반사되거나 비친 것이라고 보며 대상의 형태가 분명한 경우	사람이 물속에 자신의 모습이 비친 것을 들여다보고 있다.
	쌍반응 기호(2)는 다른 결정인과 형태질 기호의 오른쪽에 표시한다.		
혼합반응 채점하기	하나의 반응에 한 가지 이상의 결정인이 사용되었을 때 다음과 같은 방법으로 적는다. 1. 운동반응(M, FM, m)을 먼저 적는다. 2. 형태, 색채, 음영을 그 다음에 적는다. 3. 반사반응(rF, Fr)을 마지막에 적는다. 4. 각 결정인 간에는 마침표를 찍는다. Mp. CF. rF		

③ 형태질(form quality)

㉠ 의미 : 피검자가 기술한 대상의 형태와 반응에 사용된 반점영역이 대상과 부합하는 정도에 대한 평가이다. 형태질의 부호는 결정인 기호의 제일 마지막에 표기한다.

㉡ 형태질 채점표

기 호	정 의	기 준	예
+	우수하고 정교한 (superior overelaborated)	반점의 형태에 맞게 정확히 기술하였거나 형태 사용이 적절하여 반응의 질적 수준이 향상되었을 경우	날개를 펴고 있는 나비인데 희귀한 나비 같다. 흰 무늬, 작은 더듬이, 동그란 머리를 가지고 있기 때문이다.
o	보통의 (ordinary)	일반적인 형태 특징을 분명하고 정확하게 사용한 반응	날개를 편 모양과 가운데 몸통 부분 모양이 나비이다.
u	드문 (unusual)	반응에 나온 대상의 형태와 반점의 형태가 잘 맞지는 않지만 어느 정도는 그렇게 볼 수 있는 반응	날개를 편 모습과 가운데 몸통 모양이 여왕벌 같다.
-	왜곡된 (minus)	반응에 나온 대상의 형태와 반점의 형태가 전혀 맞지 않고 왜곡된 반응	사람들이 많이 모여 있다(카드 Ⅰ의 반응).

㉢ Rorschach에서 형태 반응(F)의 의미

ⓐ Rorschach 검사에서 형태는 현실상황에서 정서적인 영향을 제거할 수 있는 정도 혹은 통제 능력을 의미한다. 정신분열증(조현병) 환자들에게 F반응이 많다.

ⓑ 심한 정서적 혼돈 속에 있는 사람은 F반응을 잘 하지 못한다.

ⓒ 형태 반응은 정서의 통제나 충동조절 능력뿐만 아니라, 주의집중력과 관련되어 있다.

ⓓ 형태질이 양호한 F반응은 상황에 정서적으로 말려들지 않고, 인지적인 통제를 발휘할 수 있는 능력을 반영한다.

ⓔ F반응이 지나치게 많은 것은 방어적이고 경직되고 위축되어 있음을 뜻한다.

ⓕ F반응의 비율이 너무 낮은 경우는 정서적 혼돈이 매우 심하여 자신의 감정을 통제하기 어려움을 의미한다.
ⓖ F반응은 자아 강도 및 현실 검증력의 지표이다.

④ 내용(content)
㉠ 의미 : 반응에 나온 대상이 무엇이며 어떤 종류인지를 말한다.
㉡ 내용 채점표

범 주	기 호	기 준
Whole Human	H	사람의 전체 모양, 역사적 실존 인물이 포함되면 Ay도 부가함
Whole Human, Fictional or Mythological	(H)	• 가공인물 혹은 신화에 나오는 인물 전체 모양 • 광대, 요정, 거인, 악마, 유령, 공상과학적인 인물이나 인간을 닮은 괴물
Human Detail	Hd	사람의 신체 일부(팔, 다리, 손, 머리)가 없는 사람 등
Human Detail, Fictional or Mythological	(Hd)	• 가공의 인물 혹은 신화에 나오는 인물의 신체 일부 • 악마의 머리, 마녀의 팔, 모든 종류의 가면 등
Human Experience	Hx	• 사랑, 증오, 우울, 행복, 소리, 냄새 등 인간의 정서나 감각 경험과 관련되는 내용 • '슬픈 고양이'처럼 인간의 감정이나 감각 경험이 분명한 반응에서 채점
Whole Animal	A	동물 전체 모양
Whole Animal Fictional or Mythological	(A)	• 가공 동물 혹은 신화에 나오는 동물의 전체 모양 • 유니콘, 용, 갈매기 조나단 리빙스톤
Animal Detail	Ad	동물의 일부, 말발굽, 가재의 집게발, 개의 머리
Animal Detail Fictional or Mythological	(Ad)	• 가공 동물 혹은 신화에 나오는 동물의 일부 • 토끼 피터의 머리, 푸우의 다리
Anatomy	An	• 신체 내부기관 : 뼈, 근육, 심장, 간 등 • 현미경으로 본 조직 슬라이드라면 Art 기호를 부가함
Art	Art	• 예술작품 : 동상, 보석, 상들리에, 장식품 등을 그린 것 • 두 마녀의 조각상(Art, (H)같이 이차적 내용 포함
Anthropology	Ay	• 역사 문화적 의미를 담고 있는 내용 • 로마 시대의 투구, 나폴레옹의 모자 등
Blood	Bl	인간이나 동물의 피
Botany	Bt	식물의 전체 혹은 일부
Clothing	Cg	의복류 : 모자, 넥타이, 장화 등
Clouds	Cl	• 구름 • 안개나 노을은 Na로 채점
Explosion	Ex	• 폭발 • 불꽃, 폭탄, 폭풍 등
Fire	Fi	불이나 연기
Food	Fd	사람이 먹는 음식 혹은 동물이 주식으로 먹는 음식
Geography	Ge	지도(지명이 있거나 없거나 모두 포함)

Household	Hh	가구용품
Landscape	Ls	풍경, 산, 산맥, 언덕, 섬 등
Nature	Na	• Bt, Ls로 채점되지 않는 다양한 자연적 대상 • 태양, 달, 안개, 노을, 무지개 등
Science	Sc	• 직·간접적인 과학적 산물 또는 공상과학과 관련된 내용 • 비행기, 건물, 다리, 학기, 기차, 무기 등
Sex	Sx	• 성기관이나 성적인 행동과 관련된 반응(남근, 질, 엉덩이, 월경 등) • H, Hd, An에 이차적으로 부가되는 경우 많음
X-ray	Xy	• 엑스레이 촬영한 사진을 지각한 반응으로 뼈나 내부기관을 포함할 수 있음 • Xy로 채점하면 An은 채점 안 함

⑤ 평범반응(popular response) 2021년 기출 ★

  ㉠ 의미 : 카드마다 일반적으로 자주 나오는 반응을 말한다.

  ㉡ 평범반응 채점표

카드	위치	기준
I	W	박쥐, 반점 위쪽을 박쥐 위쪽으로 보아야 함
I	W	나비, 반점 위쪽을 나비 위쪽으로 보아야 함
I	D1	곰, 개, 코끼리, 양 등의 구체적인 동물 전체
III	D9	인간의 모습, 인형이나 만화도 가능
IV	W 혹은 D7	인간이나 거인·괴물, 인간을 닮은 대상
V	W	박쥐, 반점 위쪽을 박쥐 위쪽으로 보아야 함
V	W	나비, 반점 위쪽을 나비 위쪽으로 보아야 함
VI	W 혹은 D1	동물가죽, 짐승가죽, 융단이나 모피
VII	D9	사람의 머리나 얼굴
VIII	D1	개, 고양이, 다람쥐 등의 동물 전체, D4와 가까운 부분이 머리
IX	D3	인간이나 마녀, 거인, 괴물 등 인간과 유사한 대상
X	D1	게, 모든 부속기관이 D1 영역에 한정됨
X	D1	거미, 모든 부속기관이 D1 영역에 한정됨

⑥ 조직화 활동(organizational activity)

  ㉠ 반응에 사용된 반점의 구성요소들이 각기 서로 의미 있게 연관되어 있는 경우에 조직화 활동점수(Z점수)를 주게 된다. 예를 들어 반응을 단순히 '곰'이라고 하지 않고 '곰이 산을 오르고 있다.'라고 말한다면 조직화 활동이 일어난 것이다.

ⓒ 조직화 활동 채점표

범주	정의	예
ZW (전체)	반응에 사용된 영역이 전체이고 발달질이 +, o, v/+일 때 (W+, Wo, Wv/+)	카드 Ⅰ. 박쥐
ZA (인접)	서로 다른 대상을 나타내는 서로 인접해 있는 반점 영역이 의미 있는 관계를 맺고 있을 때	카드 Ⅱ. 곰 두 마리가 손을 맞대고 하이파이브를 하고 있다.
ZD (원격)	서로 다른 대상을 나타내는 멀리 떨어져 있는 반점 영역이 서로 의미 있는 관계를 맺고 있을 때	카드 Ⅹ. D1이 서로 이야기를 나누고 있다.
ZS (공백)	반점영역과 공백 부분을 통합시켜 반응한 경우	카드 Ⅰ. 가면. 여백 부분이 눈이다.

ⓒ 인간운동반응(M)
ⓐ Rorschach에서 M반응이 가장 많이 연구된 변인이다.
ⓑ 개인이 타인과 공감적 교류를 맺을 수 있는 능력에 대한 중요한 개인적 의미를 이해할 수 있는 수단이다.
ⓒ M은 외부 세상과 관련된 내적 공상을 반영하며, 내적 자원을 현실과 연결시키는 것, 즉 '행동의 내면화'로 기술할 수 있다.
ⓓ M은 표출되는 행동의 억제자 역할을 하며 높은 M은 창조성, 내성화된 사고와 관련이 있다. M반응이 높다는 것은 활발한 내적 과정이 진행 중이며 행동을 표현하는 것의 지연 능력을 말한다.
ⓔ M은 긍정적인 자아 기능, 계획 능력, 충동 통제, 좌절을 견딜 수 있는 능력과 상관이 높다. 부정적인 측면에서는 공상 생활에 과잉 몰두하는 것을 의미할 수 있다.

⑦ 특수점수(special score)
㉠ 특이한 언어반응(unusual verbalization)
ⓐ 일탈된 표현(DV;deviant verbalization) : 언어능력으로 볼 때 충분히 정확하게 할 수 있음에도 불구하고 부정확한 말이나 신조어(neologism)를 사용 (뛰면서 난다는 뛰날이)
ⓑ 일탈된 반응(DR;deviant response) : 반응이 부적절하거나 관련되지 않은 어구 (새요. 하지만 나는 나비를 보고 싶었어요.)

㉡ 부적절한 결합 반응(inappropriate combinations)
ⓐ 모순적 결합(INCOM;incongruous combination) : 종의 속성과 관련이 없는 내용으로 반응이 모순적으로 결합되어 있다. (사람인데, 이게 날개고, 이게 몸이고 손이다.)
ⓑ 우화적 결합(FABCOM;fabulized combination) : 반점에서 보이는 2개 이상의 대상들 사이에 받아들이기 어려운 관련성을 짓는 경우이다. (나뭇잎을 타고 있는 거북이)
ⓒ 오염반응(CONTAM;contamination) : 가장 기괴하고 부적절한 조합으로 동일한 반점

을 보고 2개 이상의 인상이 비현실적인 단일반응으로 합쳐지는 것이다. (카드 4번 : 벌레 얼굴과 코뿔소 얼굴을 합친 '벌레 소 얼굴')
ⓒ **부적절한 논리(ALOG;inappropriate logic)** : 피검자가 대답을 정당화하기 위해 단서도 없이 비합리적인 논리를 사용하는 것이다. (이것은 사랑하는 사람들입니다. 빨간색이 있으니까요.)
② **반응반복과 통합실패(perseveration and integration failure)** : 같은 반응이 계속 반복된다. 카드 내, 카드 간 반복을 보인다.
⑩ **특수한 내용들**
  ⓐ 공격적 운동(AG;aggressive movement)
  ⓑ 협동적 운동(COP;cooperative movement)
  ⓒ 병적 내용(MOR;morbid content) : 대상을 죽은, 파괴된, 파멸된, 오염된, 손상된, 충격 받은, 상처 입은, 깨어진 등으로 묘사 또는 우울한 감정이나 특징을 대상에 부여한다. (카드 3번 : 하이에나가 살을 뜯어 먹어서 뼈만 남았어요.) 2018년 기출 ★
  ⓓ 좋은 인간 표상(GHR;Good Human Representation)과 나쁜 인간 표상(PHR;Poor Human Representation)
⑭ **기타 특수반응**
  ⓐ 추상적 내용(AB;abstract content) : 인간의 정서나 감각 경험을 표현하기 위해 사용하는 인간경험과 관련된 것 (2번 카드 : 검은색은 죽음을 상징하는 것 같아서 우울하게 느껴지네요.)
  ⓑ 개인적 반응(PER;personalized answer) : 피검자가 반응을 정당화하고 명확하게 하는 근거로 자신의 지식이나 경험을 참조할 때 채점한다.
  ⓒ 색채투사(CP;color projection) : 무채색 영역에서 유채색 반응을 하는 경우이다.

(6) 구조적 요약 `2019년, 2017년 기출` ★

S-Constellation(Suicide Potential) : 자살 지표	PTI(Perceptual-Thinking Index) : 지각-사고 장애 지표
☐ 8개 이상 해당될 경우 체크 주의 : 14세 이상의 수검자에게만 적용 　☐ FV+VF+V+FD>2 　☐ Color-Shading Blends>0 　☐ 3r+(2)/R<.31 이거나 >.44 　☐ MOR>3 　☐ Zd>+3.5 이거나 Zd<-3.5 　☐ es>EA 　☐ CF+C>FC 　☐ X+%<.70 　☐ S>3 　☐ P<3 이거나 P>8 　☐ Pure H<2 　☐ R<17	☐ XA%<.70 and WDA%<.75 ☐ X-%>.29 ☐ LVL2>2 이고 FAB2>0 ☐ R<17 이고 WSUM6>12 이거나 R>16이고 WSUM6>16 ☐ M->1 이거나 X-%>.40

DEPI(Depression Index) : 우울지표	CDI(Coping Deficit Index) : 대처손상지표
☐ 5개 이상 해당될 경우 체크 　☐ (FV+VF+V>0) 이거나 (FD>2) 　☐ (Col-Shd Blends>0) 이거나 (S>2) 　☐ (3r+(2)/(R)>.44 이고 Fr+rF=0)OR(3r+(2)/R<.33) 　☐ (Afr<.46) 혹은 (Blends<4) 　☐ (Sum Shading>FM+m)OR(SumC'>2) 　☐ (MOR>2) 혹은 (2xAB+Art+Ay>3) 　☐ (COP<2) 혹은 ([Bt 2xCl+Ge+Ls+2xNa]/R>.24)	☐ 4개 또는 5개 이상이면 체크 　☐ (EA<6) 이거나 (AdjD<0) 　☐ (COP<2) 이고 (AG<2) 　☐ (Weighted SumC<2.5) 이거나 R (Afr<.46) 　☐ (Passive>Active+1) 이거나 (PureH<2) 　☐ (SumT>1) 혹은 (Isolate/R>.24) (Food>0)

HVI(Hypervigilance Index) : 과잉경계지표	OBS(Obsessive Style Index) : 강박증지표
☐ 1번을 만족시키고 아래 7개 중 최소한 4개가 해당될 경우 체크 　☐ (1) FT+FT+T=0	☐ (1) Dd>3 ☐ (2) Zf>12 ☐ (3) Zd>+3.0 ☐ (4) Populars>7 ☐ (5) FQ+>1
☐ (2) Zf>12 　☐ (3) Zd>+3.5 　☐ (4) S>3 　☐ (5) H+(H)+Hd+(Hd)>6 　☐ (6) (H)+(A)+(Hd)+(Ad)>3 　☐ (7) H+A:Hd+Ad<4:1 　☐ (8) Cg>3	☐ 한 가지 이상 해당될 경우 체크 　☐ (1)~(5) 모두 해당 　☐ (1)~(4) 중에서 2개 이상 해당되고 FQ+>3 　☐ (1)~(5) 중에서 3개 이상이 해당되고 X+%>.89 　☐ FQ+>3이고 X+%>.89

구조적 요약

반응위치 특성	결정인			
	복합결정인	단일변인	내 용	접근방식
Zf =		M =	H =	I
ZSum =		FM =	(H) =	II
ZEst =		m =	Hd =	III
		FC =	(Hd) =	IV
W =		CF =	Hx =	V
D =		C =	A =	VI
W+ =		Cn =	(A) =	VII
W+D =		FC' =	Ad =	VIII
Dd =		C'F =	(Ad) =	IX
S =		C' =	An =	X
		FT =	Art =	
		TF =	Ay =	특수점수
발달질		T =	Bl =		Lv1	Lv2
+ =		FV =	Bt =	DV =	
o =		VF =	Cg =	INC =	
u =		V =	Cl =	DR =	
v/+ =		FY =	Ex =	FAB =	
v =		YF =	Fd =	ALOG =	
		Y =	Fi =	CON =	
	FQx	MQual	W+D	Fr =	Ge =	Raw SUM6 =
+ =	=	=	rF =	Hh =	Wgtd SUM6 =
o =	=	=	FD =	Ls =	
u =	=	=	F =	Na =	AB =	GHR =
none =	=	=		Sc =	AG =	PHR =
				Sx =	COP =	MOR =
				Xy =	CP =	PER =
	(2) =		Id =		PSV =

비율, 백분율과 이탈치

R =   L =

EB =:   EA =   EBPer =
eb =:   es =   D =
               Adj es =   Adj D =

FM =   SumC' =   SumT =
m =   SumV =   SumY =

정서
FC : CF+C = :
PureC =
SumC':Wsi,C = :
Afr =
S =
Blends:R = :
CP =

대인관계
COP = AG =
GHR:PHR =:
a:p =:
Food =
SumT =
Human Cont =
PureH =
PER =
Iso Indx =

관념화
a:p = :   Sum6 =   Sum6 =
Ma:Mp = : Lv2 =   Lv2 =
2AB+Art+Ay = WSum6 = WSUm6 =
MOR   M— =   M— =
            Mnone =   Mnone =

중재
WA+ =
WDA% =
X— =
S— =
P =
X+% =
Xu% =

처리
Zf =
W:D:Dd =::
W:M =:
Zd =
PSV =
DQ+ =
DQv =

자아-지각
3r+(2)/R =
Fr+rF =
SumV =
FD =
An+Xy =
MOR
H:(H)Hd+(Hd) =:

PTI =   DEPI =   CDI =   S-CON =   HVI =   OBS =

3 주제통각검사(TAT)

(1) 역사 및 의의

① 전 세계적으로 널리 사용되는 대표적 투사검사로 1935년 하버드대 Murray와 Morgan이 『공상연구방법론』을 통해 처음 소개하였다.
② 상상을 통해 인간 내면의 내용을 탐구하는 방식으로 고안해낸 새로운 검사 방식으로 정신분석이론에 근거해서 사람은 지각보다는 상상에 의한 반응이 우선이라는 점을 강조한 검사이다.
③ 소유욕, 친밀감에 대한 욕구, 공격성-정의적/언어적/사회적/신체적/파괴욕구, 지배욕구, 주변 환경에 대한 지각 등의 진단이 가능하다.
④ 카드형태의 TAT 도구를 개발하여 1936년부터 사용하였고, 1943년 출판한 31개의 도판 TAT 도구를 현재까지 사용하고 있다.

(2) 특징

① 통각(Apperception)은 투사와 유사하나 보다 포괄적 의미로 지각에 대한 의미 있는 해석을 의미한다.
② 투사적 검사로 자아와 환경관계, 자아와 대인관계의 역동적 측면을 평가하는 검사이다.
③ 수검자 자신의 과거 경험이나 꿈에서 비롯되는 투사와 상징에 기초하는 것으로 수검자가 동일시할 수 있는 인물과 상황을 그림으로 제시하게 된다.
④ 수검자는 그림을 보면서 현재 상황과 그림 속 인물들의 생각이나 느낌, 행동, 과거와 미래 상황들을 상상력을 발휘해 이야기하도록 한다.
⑤ 수검자의 그림에 대한 반응을 통해 수검자의 성격, 정서, 콤플렉스 등을 이해하게 되고, 수검자 개인의 내적 동기와 상황에 대한 지각방식 등에 대한 정보를 습득할 수 있다.
⑥ Rorschach 검사와 상호보완적으로 사용할 수 있는데, Rorschach가 사고의 형식적, 구조적 측면을 밝히는 것이라면, 주제통각검사는 주로 사고의 내용이 무엇인지를 모니터링하는 검사이다.
⑦ 가족관계 및 남녀관계 같은 대인 상황에서 욕구가 무엇인지, 호불호 관계에 놓인 대인관계에서의 서열, 개인의 원초아, 자아, 초자아의 타협구조 등을 파악하는 것이 가능해서 심리치료 초반에 사용할 수 있는 도구이다.

(3) 기본가정

① 통각(Apperception) : 개인이 대상을 인지할 때 지각, 이해, 추측, 심상의 심리적 과정을 거쳐 대상에 대한 결론에 이른다고 본다. 이 과정에서 내적 욕구와 경험에 의한 지각에 상상력을 발휘하게 된다.

② **외현화**(Externalization) : 전의식 수준에 있는 욕구와 외현화 과정을 통해 의식화, 바로 인식하지는 못하더라도 질문과정을 통해 자신에 대한 내용이라는 사실을 인식하기 시작한다.

③ **정신적 결정론**(Psychic determination) : 자유연상, 검사 결과 해석 등 정신적 결정론에 바탕, 수검자의 반응 내용은 역동성 반영, 역동적 원인과 관련시킬 수 있다.

(4) 구성

① 총 30장의 흑백그림카드와 1장의 백지카드로 구성되어 있으며, 그림카드 뒷면은 공용도판, 남성공용도판, 여성공용도판, 성인공용도판, 미성인공용도판, 성인남성전용도판, 성인여성전용도판, 소년전용도판, 소녀전용도판으로 구분한다.

② 한 수검자에게 20장을 적용할 수 있도록 구성하며, 숫자로만 표시되어 있는 카드는 연령과 성별 구분 없이 공통적으로 적용 가능하다.

③ 각 카드별 평범한 반응이나 채점기준이 명시되어 있지 않다.

(5) 시행방법

① 검사에 의한 피로를 최소화하기 위해 대략 1시간 정도 2회기로 나누어 시행하는 편인데, 하루 정도 간격이 적절하다.

② 보통 1~10번의 카드를 첫 회기에 시행하고 11~20번의 카드를 다음 회기에 사용한다.

③ 극적인 이야기나 연극적인 장면을 만들도록 요구하여 5분 정도 이야기하도록 한다.

④ 16번 백지카드에서 수검자는 어떤 그림을 상상하는지 요청하고 불완전한 부분에 대해 중간질문을 하지만, 연상의 흐름을 방해하지 않는 것이 좋다.

⑤ 종결 질문을 통해 자유로운 연상과정에서 의미 있는 경험을 의식화하도록 돕는다.

(6) 해석방법 2019년 기출 ★

유형	내용
표준화법	수검자의 반응을 항목별로 구분하여 표준화 자료와 비교하여 분석한다.
욕구-압력분석법	주인공 중심으로 해석하는 방법으로, 주인공의 욕구와 압력, 욕구 방어와 감정, 타인과의 관계 등에 초점을 둔다.
대인관계법	인물들의 상호관계 중심으로 해석하는 방식으로, 공격성과 친화성을 분석한다.
직관적 해석법	수검자의 반응에서 나타나는 무의식적 내용을 자유연상을 통해 해석한다.
지각법	수검자의 왜곡 반응이나 일탈된 사고, 기괴한 언어사용 등을 포착한다.

① **주인공** : 일반적으로 피검자는 주인공을 동일시하기 때문에, 주인공에게 강요되는 압력은 피검자에게 영향을 미치는 압력과 같고, 주인공의 욕구는 피검자의 욕구와 같으며, 주인공이 이야기하는 대상, 활동 및 감정도 피검자의 것과 동일하다고 가정할 수 있다.

② 이야기 중의 주인공
  ㉠ 피검자가 맨 처음으로 이야기에 등장시킨 인물
  ㉡ 이야기 전체를 통해서 피검자의 주의를 집중시킨 인물
  ㉢ 중요한 행동의 주동적 위치에 있는 인물
③ 주인공의 행동 : 욕구
  ㉠ TAT 분석은 이야기 속에 나타나는 주인공의 행동과 활동에 세심한 주의를 기울인다.
  ㉡ 이야기 속의 주인공을 분석함으로써 피검자의 욕구와 동기를 추측하고 평가할 수 있다.
④ 환경 자극 : 압력
  ㉠ 환경이 주인공의 발달을 돕는가, 혹은 방해하는가?
  ㉡ 주인공이 환경을 적당하다고 보는가, 혹은 부적당하다고 보는가?
  ㉢ 주인공이 환경과 조화를 이루는가, 혹은 대립하고 있는가?
  ㉣ 주인공이 환경을 만족스럽게 생각하고 있는가, 혹은 불만을 느끼고 있는가?

4 벤더게슈탈트검사(BGT)

(1) Bender 검사

① 1938년 어린이 신경의학자였던 Bender가 개발하였다. 당시에는 "시각동작 게슈탈트검사(Visual-Motor Gestalt Test)"라고 이름지었다.
② 그림을 직접 만들지는 않고, 게슈탈트 심리학의 거장 Wertheimer의 도안에서 차용, 이중 9개 도형을 선별, 응용하였다.
③ 시각적 자극 지각, 운동 능력을 통해 묘사하는 과정에서 발생하는 행동적 미성숙을 탐지하는 도구이다.
④ 일차적으로 뇌 영역에 문제가 있을 경우 제대로 된 모사가 불가능하고, 개인이 "미성숙"한 자아를 갖고 있을 경우 또 모사가 어렵다는 사실이 전제가 되었다.
⑤ BGT는 개인의 심리 문제 진단 외에도 뇌 손상, 병변 내담자들에 대한 신경심리평가가 가능하다.
⑥ 상담자들은 BGT를 통해 내담자의 "공격성, 적대감, 불안, 우울, 초조" 등을 탐색할 수 있다.

(2) 특징

① 형태심리학과 정신역동이론에 기초한 검사이다.
② 수검자에게 카드 9장으로 구성된 도형을 제시하는데, 도형 A와 1~8까지 도형이다.
③ 수검자가 관찰된 도형을 어떻게 지각하여 모사하는지 관찰하여 성격을 추론하고, 정신병리 및 뇌손상 여부를 진단한다.

④ 언어능력, 언어표현이 제한적이거나 방어가 심한 내담자, 정신지체, 뇌기능장애, 성격적 문제 진단에도 효과적이다.

(3) Hutt가 구분한 BGT 적용 가능한 수검자
① 적절히 말할 수 없거나 능력이 있어도 표현할 의사가 없는 수검자
② 말로 의사소통을 할 능력이 충분히 있어도 적절한 정보를 제공받기 어려운 수검자
③ 뇌기능 장애가 있는 수검자
④ 지적장애(정신지체)가 있는 수검자
⑤ 문맹자나 교육을 받지 못한 수검자 혹은 외국인 수검자

(4) Hutt의 BGT 검사 채점 체계 2019년, 2018년, 2017년 기출 ★
① **지각적 회전** : 도형의 주요 축(중심선)의 방향이 80~180°까지 변화가 있을 경우
② **겹침 곤란** : 도형의 겹친 부분을 그리는 것에 대한 어려움들을 포함하는 경우
③ **단순화** : 도형의 한 부분이 다르고 더 단순한 형태로 대치된 경우
④ **단편화** : 도형을 불완전하게 그리거나 형태(Gestalt)를 해체시킴으로써 도형의 형태를 파괴시킨 경우
⑤ **퇴형** : 자극 카드의 형태보다 더 원초적인 도형으로 대치시킨 경우
⑥ **보속성** : 그 자극에 필요한 한계를 넘어 한 도형의 요소를 부적절하게 계속하는 것이 특징으로, 종이의 끝에 도달할 때까지 그 자극을 계속 그리는 경우도 있다.
⑦ **중첩, 중첩곤란** : 도형들을 중첩해서 그리는 것이 어려운 경우, 도형들이 실제로 겹쳐지거나 충돌해서 그려진 경우, 한 도형을 다른 도형에 매우 가깝게 그렸을 경우
⑧ **불능** : 도형을 잘못 그린 피검자가 그 사실을 인식한 것 같지만 그 오류를 수정할 수 없거나, 수정하기 위해 반복 시도를 하지만 향상에 성공하지 못한 경우
⑨ **폐쇄곤란** : 피검자가 도형의 접속해야 할 부분을 접속시키는 것에 대한 어려움을 반복해서 보이는 경우(틈, 지운 자국, 필압의 증가, 접속부분에 있는 선들을 과도하게 그린 것에서 명백히 드러남)
⑩ **운동 비협응** : 도형들의 선들이 부드럽게 그려지기보다는 불규칙적으로 그려진 경우
⑪ **각도 곤란** : 도형의 각들을 나타내는 것이 어려운 경우, 요구되는 각의 각도가 실제보다 더 크거나 작은 경우
⑫ **응집력** : 다른 도형들에 비해 한 도형이나 한 도형의 한 부분의 크기를 크게 그리거나 작게 그린 경우, 또는 그 도형의 다른 부분에 비해 한 부분의 크기를 크게 하거나 작게 한 경우

(5) 시행 상 유의사항

① 자극카드는 수검자가 보지 못하도록 엎어놓았다가 검사실시와 함께 도형 A부터 도형 8까지 차례로 제시한다.
② 모사용지는 여러 장을 준비하도록 한다. 기본적으로 한 장을 제시하지만 추가적으로 사용이 필요할 때를 대비하여 여분을 준비한다.
③ 모사할 때 자 등 보조도구를 사용하지 않도록 지시하고, 수검자가 제시된 내용 이외의 질문을 하는 경우 짧게 "좋을 대로 하십시오."라고 답변하는 것이 좋다.
④ 검사할 때 수검자의 태도와 행동을 관찰하여 해석에 참고하고, 모사와 상관없이 용지를 회전하거나 점의 수를 헤아리는 행위, 무성의하게 스케치하는 경우에는 제지한다.

5 문장완성검사(SCT)

(1) 역사

① 단어연상검사의 변형으로 완벽한 투사검사는 아니지만 투사 검사의 일종이다.
② Galton의 자유연상법, Cattell과 Rappaport의 단어연상법, Jung의 임상적 연구 등에서 영향을 받았다.
③ 1897년 Ebbinghaus가 최초로 지능검사 도구로 사용하였고, 1928년 Payne이 성격검사 도구로, 1930년 Tendler가 사고 반응 및 정서반응 진단 도구로 발전시켰다.
④ 2차 세계대전 당시, 대규모의 병사선발 목적으로 심리검사 battery에 포함시키기 시작했고, 현재 임상 장면에서는 Sacks SCT가 널리 사용되고 있다.

(2) 특징

① 투사 검사로, 자유연상 토대로 수검자의 내적 갈등이나 욕구, 환상, 주관적 감정, 가치관, 자아구조, 정서적 성숙도 등을 파악할 수 있다.
② 언어표현의 정확성, 표현된 정서, 반응시간 등이 의미가 있다.
③ Rorschach 검사나 TAT보다 더 구조화된 검사인 동시에 단정적으로 답을 강요하지 않고, 옳은 답/그른 답을 분간할 수 없으며, 비교적 솔직한 응답을 얻을 수 있기 때문에 투사적 특징을 충분히 갖는다.
④ 검사의 시행과 해석에 있어서 특별한 훈련이 요구되지 않아 집단검사가 가능하고, 시간과 비용 면에서 경제적이다.
⑤ 다양한 상황에 부합하도록 검사문항 수정이 가능하다는 장점이 있고, 수검자의 언어표현 능력이 검사결과에 영향을 미치기 때문에 아동에게는 부적합한 검사이다.

(3) Sacks Sentence Completion Test

① 20명의 심리학자들이 가족, 성, 대인관계, 자아개념의 4가지 주요 영역의 주요 태도를 유도할 수 있는 미완성 문장을 만들도록 하여 개발하였다.
② 최종 검사문항은 가족 12문항, 성 8문항, 대인관계 16문항, 자아개념 24문항, 총 60개 문항이었으나 최종적으로 50문항이 남았다.
③ Sacks는 4개 영역을 15개 영역으로 세분화하여 각 영역에서 수검자가 보이는 손상 정도에 따라 0, 1, 2점으로 평가하고 해석체계를 구성하였다.

(4) 4가지 영역의 특징 2021년, 2017년 기출 ★

① 가족
  ㉠ 어머니와 아버지, 가족에 대한 태도를 측정한다.
  ㉡ 예 어머니와 나는 _____.

② 성
  ㉠ 남성과 여성, 결혼, 성관계 등 이성관계에 대한 태도를 측정한다.
  ㉡ 예 내 생각에 여자들은 _____.

③ 대인관계
  ㉠ 가족 외의 사람, 친구/지인/권위자 등에 대한 태도를 측정한다.
  ㉡ 예 내가 없을 때 친구들은 _____.

④ 자아개념
  ㉠ 자신의 능력, 목표, 과거와 미래, 두려움과 죄책감 등 태도를 측정한다.
  ㉡ 예 내가 저지른 가장 큰 잘못은 _____.

6 HTP(House-Tree-Person ; 집-나무-사람 그림)

(1) HTP에 대한 이론적 근거

① Goodenough의 인물화 검사(DAP;Draw A Person)
  ㉠ 아동기부터 청소년까지 인물화의 변화 과정을 제시한다.
  ㉡ 아동의 인물화를 통하여 그림을 그린 아동의 지능 발달 수준을 평가한다.
  ㉢ 주로 세부 묘사를 얼마나 정확하게 많이 하였는지를 측정한다.

② 메코버(Machover)의 인물화 검사
  ㉠ 개인이 그린 인물 그림에 그 자신의 신체상이나 자아개념이 투사될 뿐 아니라, 개인습관이나 정서적 특성이 나타난다고 가정한다.

ⓒ 인물 그림에 자신에게 중요한 인물에 대한 태도, 사회 상황에 대한 태도 및 검사자나 검사 상황에 대한 태도 등이 반영된다고 보았다.

③ 벅(Buck)의 집-나무-사람
  ㉠ 개인에게 가능한 가장 멋진 집(나무, 사람)을 그려 보라는 지시를 한 후, 완성된 그림에 대해 임상적인 해석을 하는 것이다.
  ㉡ **기본 가정** : 사람들이 그리는 그림에는 내면의 욕구, 감정, 생각, 자신의 환경과 경험이 투사되어 있다.
  ㉢ **특징**
    ⓐ 짧은 시간 내에 간편하게 실시할 수 있다.
    ⓑ 언어적·문화적 제약이 적다.
    ⓒ 개인의 의식적인 방어가 덜 관여하며, 피검자가 인식하지 못하는 내면세계까지 반영한다.
    ⓓ 복잡한 채점 절차를 거치지 않고 그림만으로 직접 해석이 가능하다.

(2) 해석 방법
① 그림 구조에 대한 해석 〔2019년 기출〕 ★
  ㉠ 크기
    ⓐ 지나치게 큰 그림 : 심신 에너지의 항진, 충동성, 행동화 경향, 과도한 자신감, 자아팽창 등 시사, 자신에 대한 열등감, 부적절감에 대한 일종의 방어
    ⓑ 지나치게 작은 그림 : 위축감, 무력감, 자기 억제, 불안감, 열등감 등 시사, 검사 상황에 대한 회피, 방어적 태도, 우울한 사람에 자주 나타남
  ㉡ 위치
    ⓐ 용지 중앙 : 적정 수준의 안정감, 지나친 정중앙을 고집하는 것은 오히려 불안정감이 심한 것 반영, 완고함, 경직성, 융통성의 부족 등 시사
    ⓑ 치우친 그림 : 우측에 치우친 그림은 욕구 지연 능력으로 통제할 수 있는 안정된 성향, 좌측에 치우친 그림은 즉각적 만족 추구, 행동화 경향, 충동성 반영, 귀퉁이에 치우친 그림은 자신감 저하, 위축감, 두려움 등 시사
    ⓒ 용지 상단이나 하단에 치우친 그림 : 상단에 치우친 그림은 정서적 불안정성, 현실과의 괴리 등 시사, 용지 하단에 치우친 그림은 안정감 강조
  ㉢ 선의 강도/필압
    ⓐ 강하고 진한 선 : 충동성, 공격성 등 높은 수준의 에너지 시사, 극도의 긴장감, 불안감 반영
    ⓑ 흐리고 약한 선 : 낮은 에너지, 무력감, 위축감, 부적절감, 불안, 억제된 상태 등 시사

ⓔ **세부 묘사** : 그림 전반에 세부 묘사가 과도한 경우, 강박적 성향, 억제적 경향, 주지화 경향 등 시사

ⓜ **지우기** : 지나치게 수정을 많이 가한 경우, 내면의 불확실감, 불안감, 초조감, 심리적 갈등, 자신에 대한 불만족감 등 시사

ⓗ **투명성(투시)** : 내장 기관이 드러났거나 옷을 입었음에도 신체 부위가 드러나는 등의 투시 그림은 인지적 미성숙 시사, 현실 검증력 문제, 판단력 저하, 심리적 퇴행 등 시사

② 그림 내용에 대한 해석 2018년 기출 ★

㉠ **집(House)** : 일반적으로 집 그림은 가족 구성원, 가족관계 및 가정생활에 대한 표상, 이와 연관된 생각, 감정, 소망이 반영된다.

지붕	정신생활, 즉 내적인 공상, 생각, 관념 및 기억을 반영한다.
벽	수검자의 자아 강도를 나타낸다. 집 그림의 벽은 나무 그림의 기둥, 사람 그림의 몸통과 유사한 상징으로 해석한다.
문	수검자 자신과 환경 간의 직접적인 접촉 및 소통 방식에 대한 정보를 제공한다.
창문	창문 역시 문과 마찬가지로 외부 환경과의 상호작용, 대인관계에 대한 수검자의 주관적 경험을 반영한다.
굴뚝	일반적으로 가족관계의 분위기, 가족 교류의 양상 등에 대한 정보를 제공한다.
기타 부속물	• 태양 : 강한 애정 욕구, 의존성 혹은 이에 대한 좌절감 • 구름 : 만연되어 있는 모호한 불안감 • 나무, 꽃, 잔디 : 적당한 정도는 생동감과 에너지를 반영하지만, 지나친 경우 강한 의존 욕구를 반영한다. • 울타리, 담장 : 방어적, 경계적 태도

㉡ **나무(Tree)** : 전통적으로 나무 그림에는 자신의 신체상, 자기개념이 투사되며 인생, 성장에 대한 상징이자 환경에 대한 적응의 정도가 반영된다고 보았다.

수관과 잎	• 나무의 수관은 집 그림의 '지붕', 사람 그림의 '머리'와 유사한 상징적 의미를 갖는데, 이들은 모두 내적인 공상, 사고 활동을 주로 반영한다. • 잎은 환경과 접촉하는 정도를 반영한다.
기둥	수검자 성격 구조의 견고함, 자아강도 및 기본적인 심적 에너지를 반영한다.
가지	환경 혹은 타인과의 접촉을 통해 성취를 향해 뻗어 나가고 만족을 얻는 심리적 자원, 능력을 반영한다.
뿌리	자신에 대한 안정감, 현실 접촉의 정도를 반영한다.

ⓒ **사람**(Person)
　ⓐ 심리적 자화상으로 볼 수 있다.
　ⓑ '집'이나 '나무' 그림에 비해 자기개념, 자기표상, 자신에 대한 태도 등이 더 직접적이고 의식적 수준에서 반영된다.
　ⓒ 수검자에게 방어를 유발하여 자신의 상태를 왜곡·변형시켜 표현하게 만들기도 하는데, 현재의 자기지각뿐만 아니라 나아가 중요한 타인에 대한 표상, 환경에 대한 지각 등도 드러난다.

머리	지적 능력, 공상 활동, 충동과 정서를 지적으로 통제하는 정도 등에 대한 정보를 제공한다.
얼굴	자신의 감정상태, 욕구를 표현하는 등 의사전달의 주요 수단이다. 따라서 얼굴의 방향, 이목구비의 표현 방식을 통해 외부환경, 대인관계를 대하는 태도 등을 살펴볼 수 있다.
목	목은 몸과 머리를 연결해 주는 신체기관으로 충동 및 행동반응(몸)과 이를 지적으로 통제하고자 하는 욕구(머리)의 관계를 나타낸다.
팔	팔은 외부 환경과 직접적으로 접촉하는 신체 부위로 환경을 통제하는 역할을 한다. 길고 굵은 팔 그림은 강한 성취 욕구, 스스로 환경을 통제하고자 하는 자율성에 대한 욕구 등을 반영한다.
다리, 발	다리와 발은 목표에 접근하게 해 주는 대처 능력, 현실 상황을 지탱해 나가는 능력 등을 상징한다.

실력 다지기 01 — O·X 문제

01 객관적 검사는 구조화된 절차, 표준화된 평가와 해석 등이 특징이고 대표적인 검사로는 MMPI, MBTI, WAIS-4 등이 있다. 　　O, X

02 상담자의 기본 윤리는 자율성, 선행, 무해성, 공정성, 충실성이다. 　　O, X

03 투사적 검사는 개인이 모호한 자극에 대한 반응을 기초로 한 타당도와 신뢰도가 높은 검사로 대표적으로 Rorschach 검사, TAT, HTP, SCT 등이 있다. 　　O, X

04 PAI검사는 행동손상정도 및 주관적 불편감 수준을 정확하게 파악할 수 있는 4점 평정척도로 구성되었다. 　　O, X

05 MMPI-2에서 4번 척도는 처음에는 동성애자를 변별하기 위해 개발되었으나 지금은 남성성이나 여성성의 정도를 측정하는 척도로 사용하고 있다. 　　O, X

06 면담에서 편파를 일으키는 요인으로는 할로효과(halo effect)와 확증편향 등이 있다. 　　O, X

07 HTP 검사는 자 등 보조도구를 사용하지 않도록 지시하고 수검자가 제시된 내용 이외의 질문을 하는 경우 짧게 "좋을 대로 하십시오."라고 답변하는 것이 좋다. 　　O, X

정답 및 해설　01.O　02.O　03.X　04.O　05.X　06.O　07.X

03 투사 검사는 신뢰도와 타당도가 낮다.
05 4번 척도가 아니라 5번 척도에 대한 설명이다.
07 BGT 시행 시 주의할 점에 대한 설명이다.

08 Sacks 문장완성 검사는 가족, 권위관계, 대인관계, 자아개념으로 구성되어 있다. ○, ×

09 MMPI에서 VRIN은 무선반응 비일관성 척도를 의미하며 짝지어진 문항 쌍에 대한 비일관적인 응답을 평가하는 타당도 척도이다. ○, ×

10 로샤 검사에서 색채 카드는 정서 상태를 반영한다. ○, ×

정답 및 해설 08. × 09. ○ 10. ○

08 가족, 성, 대인관계, 자아개념 4가지로 구성되어 있다.

실력 다지기 02 단답형 문제

01 심리검사가 측정하고자 하는 바를 정확하게 측정하고 있는지를 보여주는 것은?

02 로샤 검사에서 1번 카드의 평범반응은?

03 PAI 척도에서 대인관계 척도는?

04 부정왜곡 척도로 개발되어 증상타당 척도로 불리며, 개인상해 소송이나 꾀병 탐지를 위한 MMPI-2 타당도 척도는?

05 전 세계적으로 널리 사용되는 대표적 투사검사로 1935년 하버드대 Murray와 Morgan이 개발하여 31개의 도판을 사용하는 검사는?

06 MMPI-A에만 적용되는 보충척도로 약물문제 인정과 가능성을 제외한 척도는?

07 MMPI-2에서 나오는 재구성 임상척도로 RCd로 명명되고 전반적인 정서적 불편감, 정서적 동요 정도를 나타내는 척도명은?

08 그림 검사에서 지나치게 수정을 많이 가한 경우는 내면의 어떤 상태를 반영하는가?

09 Holland 검사에서 손이나 도구 활용 활동을 선호하고 대인관계적 활동은 선호하지 않는 유형은?

10 MBTI 검사에서 판단 유형은?

Answer

01 타당도
02 나비/박쥐
03 지배성(DOM)과 온전성(WRM)
04 FBS척도
05 TAT 검사
06 미성숙척도(IMM)
07 의기소침(dem) 척도
08 불확실감(불안, 초조, 갈등, 불만족감 등)
09 실재형(R)
10 사고형(T) – 감정형(F)

실력 다지기 03 괄호 넣기

01 (   )은(는) 성격검사 중의 하나로서 MMPI-2 검사와 함께 정신장애 진단용 검사로 널리 활용되고 있으며 MMPI-2 검사에 비해 일반인의 정신건강을 측정한다는 특징이 있다.

02 MMPI-2 임상척도 중 (   )의 점수가 높은 사람은 인정과 애정을 갈구하고 부인과 억압이 우세하며 통찰이 없는 순응성, 순진성이 나타난다.

03 로샤 검사에서 형태는 현실상황에서 정서적인 영향을 제거할 수 있거나 통제하는 능력을 의미하고 특히 (   )은(는) 조현병 환자들에게 많이 나타난다.

04 로샤 검사에서 W반응, D반응이 아니면 자동적으로 (   )로(으로) 기호화한다.

05 검사에 의한 피로를 최소화하기 위해 대략 1시간 정도 2회기로 나누어 시행하는 TAT검사는 (   )(백지)카드에서 어떤 그림을 상상하는지 질문한다.

06 (   ) 검사는 9개 카드를 사용하여 개인의 심리문제 진단 외에도 뇌손상, 병변 내담자들에 대한 신경심리평가가 가능하다.

07 K-WISC-4 검사는 언어이해 지표, (   ) 지표, 작업기억 지표, 처리속도 지표 등 4가지 지표를 측정한다.

08 K-WISC-4 검사 중 지각적 추리지표의 핵심소검사로 제한 시간 동안 (   )을(를) 재구성해서 3개 반응을 찾아낸다.

09 MBTI의 판단과 인식은 (   )에 따른 구분이다.

10 (   )검사는 친숙하고 쉽게 그릴 수 있는 집, 나무, 사람 그림을 통해 투사된 개인의 무의식적 갈등, 소원 등을 해석한다.

Answer

01 PAI 검사
02 히스테리(Hy ; 3번) 척도
03 형태반응(F)
04 Dd
05 16번
06 BGT
07 지각추론
08 퍼즐
09 생활양식
10 HTP

실전대비 01 ▶ 2024년 제23회 기출문제

01 다음에서 설명하고 있는 개념으로 옳은 것은?

> ○ 수검자와 다른 사람들의 점수를 비교하여 높거나 낮은 정도를 확인할 수 있다.
> ○ 검사 실시 후 수검자들의 점수를 해석하기 위해 필요하다.

① 규준　　　　　② 심리측정　　　　③ 척도
④ 심리검사　　　⑤ 행동 표본

해설 규준에 대한 설명이다. 규준은 특정집단의 평균이나 기준을 의미하며, 이는 개인의 성취나 능력을 집단내 다른 개인과 비교하여 평가하는 기준이 된다.

02 심리검사와 평가의 윤리에 관한 설명으로 옳은 것은?

① 표준화된 검사인 경우 결과 해석 시 수검자의 문화적 차이를 고려하지 않아도 된다.
② 동의할 능력이 없는 사람에게는 평가의 본질과 목적에 대해 알려주지 않아도 된다.
③ 법률에 의해 검사가 의뢰된 경우 수검자에게 평가 동의를 받지 않아도 된다.
④ 다른 사람에게 해를 끼칠 위험은 비밀보장의 예외적 조항에 포함되지 않는다.
⑤ 평가 결과를 수검자에게 보여주면 안 되는 경우, 사전에 수검자에게 이 사실을 알려주지 않아도 된다.

해설 법원이나 검사등 법적절차에 의해 심리검사가 요구되는 경우에는 동의의 예외가 적용된다.

03 심리평가의 목적에 관한 설명으로 옳지 않은 것은?

① 적절한 라포를 형성한다.
② 자아 강도를 확인한다.
③ 치료적 반응을 예상하고 치료 효과를 파악한다.
④ 성격 구조와 특성을 이해한다.
⑤ 증상의 심각도를 평가한다.

해설 라포형성은 심리상담 초기의 목적이다.
※ 심리평가의 목적
- 개인의 성격, 강점,약점을 이해하고 자아능력 즉, 자아 강도를 확인하여 자기인식을 높인다.
- 개인의 특성과 필요에 맞춘 치료계획 수립 및 치료적 반응을 예상하고 치료 효과를 파악한다.
- 개인의 성격 구조와 특성을 이해한다.
- 개인이 보이는 심리적 증상과 문제의 정도 및 증상의 심각도를 평가한다.

정답 01 ① 02 ③ 03 ①

04 심리검사의 역사에 관한 설명으로 옳지 않은 것은?
① 정신연령 개념은 Binet-Simon 검사에서 처음 제안되었다.
② Exner는 로샤(Rorschach) 검사의 종합체계를 고안하였다.
③ 비율 IQ는 Stanford-Binet 검사에서 도입되었다.
④ Army Beta의 한계점을 보완하기 위해 언어적 검사인 Army Alpha를 제작하였다.
⑤ 편차 IQ는 Wechsler 지능검사에서 사용되었다.

해설 문자해독력이 낮거나 외국어를 구사하는 군인은 Army Alpha시험의 비언어적 버전인 베타지능검사(Army Beta)를 택할 수 있도록 후에 개발되었다.

05 면담에 관한 설명으로 옳은 것은?
① 면담 시 직면은 수검자가 말하려는 주제를 충분히 표현하지 않을 때 명확하게 해 달라고 요청하는 것이다.
② K-SADS는 정동장애와 조현병을 알아보기 위한 성인용 면담 도구이다.
③ 면담 시 실시하는 정신상태검사는 지적 기능 영역을 포함한다.
④ 면담 초기에는 정확한 정보를 파악할 수 있는 폐쇄형 질문을 먼저 시작하는 것이 바람직하다.
⑤ 구조화된 면담은 수검자에게 얻은 자료를 양적으로 바꾸기 어렵다.

해설 정신상태 검사는 전반적인 서술, 정서적인 상태, 지각경험, 사고, 지각과 인지 등을 검사한다.
① 명료화에 대한 설명이다.
② K-SADS는 우울증, 불안장애, 주의력결핍과잉행동장애 (ADHD)등 아동과 청소년의 정신장애를 평가하기 위한 도구이다.
④ 면담 초기에는 내담자로 하여금 말할 수 있는 시간을 충분히 부여하며, 가능한 한 많은 대답을 선택할 기회를 제공하기 위하여 개방형 질문을 하는 것이 좋다.
⑤ 구조화된 면담(예) 질문지 등의 사용)은 수검자에게 얻은 자료를 양적으로 바꾸는 것이 가능(예) 리커트 5점 척도 등을 사용)하여, 일관된 데이터수집이 가능하고, 결과의 신뢰성을 높일 수 있다.

06 행동평가에 관한 설명으로 옳지 않은 것은?
① 전통적 행동관찰과 비교하여 특정한 행동과 맥락 변인에 초점을 둔다.
② 행동 면담을 통해 선행사건, 행동, 결과 간의 관련성을 기술한다.
③ 규준적(nomothetic) 접근보다 개인 특이적(idiographic) 접근을 더 선호한다.
④ 상황적 결정 요인을 강조하며 개인차를 중요하게 여긴다.
⑤ 심박수나 혈압과 같은 생리적 측정은 평가도구에 포함되지 않는다.

해설 행동평가기법에는 행동면담기법, 행동관찰기법, 인지행동적 측정, 정신-생리학적 측정 등의 평가기법이 있으며, 특정 정서, 생각, 행동에 노출되었을 때 심박수나 혈압과 같은 신체적, 생리학적 변화가 어떻게 나타나는지를 평가하는 것이 정신-생리학적 평가 방법이다.

07 내담자의 특성을 측정하기 위한 심리검사 선정이 적절한 것은?
① 병리적 성격을 진단하기 위해 MBTI를 실시한다.
② 성인의 지능을 평가하기 위해 K-ABC를 실시한다.
③ 전반적인 성격을 측정하기 위해 16PF를 실시한다.
④ ADHD를 변별하기 위해 TAT를 실시한다.
⑤ 직업적성을 알아보기 위해 HTP를 실시한다.

해설 전반적인 성격을 측정하기 위해 16PF다요인 인성검사를 실시한다.
① 병리적 성격을 진단하기 위해 MMPI를 실시한다.
② 성인의 지능을 평가하기 위해 K-WAIS를 실시한다.
④ 한국판 아동·청소년 행동평가척도(K-CBCL 6-18)를 사용하여 ADHD와 품행장애를 변별할 수 있다.
⑤ HTP검사는 H(House), T(Tree), P(Person) 세가지 항목 검사를 통해 내면의 심리상태를 보다 자세히 알아볼 수 있는 검사이다.

08 심리검사의 실시와 해석에 관한 설명으로 옳지 않은 것은?
① 검사자는 표준화된 검사 절차를 지키는 것이 원칙이다.
② 의뢰 목적에 맞는 검사를 선택하는 것이 바람직하다.
③ 검사자의 기대가 수검자의 반응 결과에 영향을 미친다.
④ 수검자가 지시문을 정확하게 이해할 수 있도록 하여야 한다.
⑤ 검사결과는 반영구적이거나 영구적으로 해석된다.

해설 심리검사결과는 개인의 현재상태를 반영하는 것이며, 시간이 지남에 따라 변화할 수 있다.

09 심리검사에 관한 설명으로 옳지 않은 것은?
① 심리적 구성개념을 측정하기 위한 수단이다.
② 지능검사는 최대수행검사의 한 종류이다.
③ 심리적 특성의 개인차를 비교할 수 있다.
④ 투사검사는 객관적 검사에 비해 채점 시 평정자 간 일치도가 낮다.
⑤ 특정 영역에서 행동 전집을 수집하여 측정한다.

해설 실제로 존재하는 것이 아니라 인간의 행동을 이해하고 예측하기 위해 만들어낸 구성개념(예 지능, 공격성, 성격 등)이 잘 반영될 수 있는 모든 행동(행동전집)들 중에서 실제로 측정하는 일부 행동(행동표집)들의 객관적이고 표준화된 측정이라고 할 수 있다.

정답 04 ④ 05 ③ 06 ⑤ 07 ③ 08 ⑤ 09 ⑤

10 전통적 심리검사의 제작 순서로 옳은 것은?

> ㄱ. 검사 규준과 요강 작성 ㄴ. 검사목적의 명료화
> ㄷ. 문항의 개발 ㄹ. 검사의 내용과 방법 결정
> ㅁ. 문항 분석

① ㄱ-ㄴ-ㄷ-ㄹ-ㅁ ② ㄴ-ㄹ-ㄷ-ㅁ-ㄱ ③ ㄷ-ㄴ-ㄱ-ㄹ-ㅁ
④ ㄹ-ㄷ-ㄴ-ㅁ-ㄱ ⑤ ㅁ-ㄱ-ㄷ-ㄹ-ㄴ

해설 ㄴ.검사목적의 명료화 – ㄹ.검사의 내용과 방법 결정 – ㄷ.문항의 개발 – ㅁ.문항 분석 – ㄱ. 검사 규준과 요강 작성

11 심리검사의 신뢰도와 타당도에 관한 설명으로 옳은 것은?
① 검사 문항 수가 적을수록 신뢰도는 높아진다.
② 예측타당도는 구성타당도의 한 종류이다.
③ 측정의 표준오차 값이 작을수록 신뢰도는 높아진다.
④ 동형신뢰도는 시간경과에 따른 검사의 안정성을 측정하는 신뢰도이다.
⑤ 크론바하 알파(Cronbach's alpha) 계수는 타당도 측정의 한 방법이다.

해설 측정의 표준오차란 관찰점수(검사점수)를 가지고 진점수(true score)를 추정할 때 생기는 오차의 정도를 말한다. 예컨대 IQ 관찰점수가 110 이라면 이 개인의 실제 IQ 점수가 110 이라는 것을 얼마나 신뢰할수 있는가?를 의미하며, 측정의 표준오차가 높다면 신뢰도가 낮으며 측정의 표준오차가 낮다면 신뢰도가 높다고 할 수 있다.
① 신뢰도 계수는 문항 수가 증가함에 따라 정비례하여 커진다.
② 준거타당도의 종류 : 예측타당도, 동시(공인)타당도
④ 시간경과에 따른 검사의 안정성을 측정하는 신뢰도는 검사-재검사신뢰도이다.
⑤ 크론바하 알파 (Cronbach's alpha) 계수는 신뢰도 측정의 한 방법이다

12 다음 설명에 해당하는 K-WISC-V의 소검사는?

> 제한 시간 내에 사물들이 그려진 자극 페이지를 제시한 후, 반응 페이지에 있는 사물들 중 자극 페이지에서 보았던 것들을 가능한 한 순서대로 고르도록 하는 과제

① 그림기억 ② 순차연결 ③ 선택
④ 공통그림찾기 ⑤ 행렬추리

해설 그림기억에 대한 설명이다.
② 연속되는 숫자와 글자를 읽어주고 숫자가 커지는 순서와 한글의 가나다 순서대로 암기하도록 한다.
③ 선택은 무선으로 배열된 그림과 일렬로 배열된 그림을 훑어보고 제한시간 안에 표적 그림에 표시한다.
④ 두 줄 혹은 세 줄로 이루어진 그림들을 보고 각 줄에서 공통된 특성으로 묶을 수 있는 그림들을 하나씩 골라낸다.
⑤ 완성되지 않은 행렬이나 연속의 일부를 보고, 행렬 또는 연속을 완성하는 보기를 찾아야 한다.

13 K-WAIS-Ⅳ의 소검사 중 핵심 소검사가 아닌 것은?

① 상식 ② 행렬추론 ③ 빠진곳찾기
④ 산수 ⑤ 동형찾기

해설 K-WAIS-Ⅳ의 소검사

구 분	언어이해	지각추론	작업기억	처리속도
핵심소검사	공통성, 어휘, 지식	토막짜기, 행렬추리, 퍼즐	숫자, 산수	동형찾기, 기호쓰기
보충소검사	이해	무게비교, 빠진곳찾기	순서화	지우기

14 지능 이론에 관한 설명으로 옳은 것을 모두 고른 것은?

ㄱ. Spearman의 2요인 이론에서 일반 지능은 모든 종류의 인지적 과제를 수행할 때 사용되는 능력이다.
ㄴ. 결정 지능은 개인의 축적된 학습 경험을 반영하므로 나이가 들어도 계속 발달할 수 있다.
ㄷ. CHC(Cattell-Horn-Carroll) 이론은 일반 지능 g요인 하위에 넓은 인지능력, 그 하위에 좁은 인지능력으로 구성된다.
ㄹ. Thurstone이 제안한 기본 정신능력에는 문제해결 영역이 포함된다.

① ㄱ, ㄴ ② ㄱ, ㄴ, ㄷ ③ ㄱ, ㄷ, ㄹ
④ ㄴ, ㄷ, ㄹ ⑤ ㄱ, ㄴ, ㄷ, ㄹ

해설 Thurstone이 제안한 7가지 기본 정신능력
언어 이해, 언어유창성, 기억, 귀납적 추론, 공간적 시각화, 수, 지각 속도

15 MMPI-2에서 재구성 임상척도의 T점수가 65 이상일 때 해석으로 옳지 않은 것은?

① RC1: 소화 기능 문제, 두통, 신경과적 증상과 같은 다양한 신체증상을 보고한다.
② RC2: 불행하게 느끼며 의기소침하고 미래에 대해 비관적이다.
③ RC3: 냉소적 태도를 가지고 있으며 타인을 신뢰할 수 없고 이기적인 존재라고 생각한다.
④ RC4: 사회적 규범과 기대에 순응하지 않고 타인에게 공격적이며 갈등적인 인간관계를 보인다.
⑤ RC6: 비현실감, 환각 증상이 나타난다.

해설 RC6 : 개인이 다른 사람에게 박해를 받거나 학대받는 편집증적인 생각과 감정을 경험한다.
RC8 : 비현실감, 환각 증상이 나타난다.

정답 10 ② 11 ③ 12 ① 13 ③ 14 ② 15 ⑤

16 홀랜드(Holland) 직업적성검사에서 다음의 성격 특징을 포함하는 유형은?

○ 자유분방함   ○ 독창적이며 비순응적임
○ 상상력이 풍부하고 감수성이 높음   ○ 구조화된 활동에는 흥미를 느끼지 못함

① 예술적(Artistic) 유형
② 탐구적(Investigative) 유형
③ 관습적(Conventional) 유형
④ 기업적(Enterprising) 유형
⑤ 사회적(Social) 유형

해설 예술적 유형에 대한 설명이다.
② 탐구심이 많고 논리적, 분석적,합리적이며, 지적호기심이 많으며, 비판적, 내성적이고, 신중하다.
③ 정확하고 빈틈없고, 세밀하고 계획성 있으며, 변화를 좋아하지 않고, 완고하고 책임감이 강하다.
④ 지배적이고, 통솔력, 지도력이 있으며, 말을 잘하고, 설득적이며, 경쟁적, 야심적이며, 외향적이고 낙관적, 열성적이다.
⑤ 사람들을 좋아하며, 어울리기 좋아하고, 친절하고, 이해심이 많으며 남을 잘 도와주고, 봉사적이며, 감정적이고, 이상주의적이다.

17 MBTI에서 정보를 수집하고 지각하는 지표로 옳은 것은?

① 외향(E), 내향(I)
② 감각(S), 직관(N)
③ 사고(T), 감정(F)
④ 판단(J), 인식(P)
⑤ 감각(S), 사고(T)

해설 MBTI에서 인간의 성격분류

외향(E), 내향(I)	에너지 방향이 외부세계 인지 내부세계인지의 지표
감각(S),직관(N)	정보를 수집하고 지각하는 지표
사고(T),감정(F)	판단하고 결정하는 근거방식의 지표
판단(J),인식(P)	일을 처리하고 꾸려나가는 삶의 지표.

18 MMPI-A에 관한 설명으로 옳은 것은?

① L척도의 상승은 솔직한 검사태도를 시사한다.
② A-cyn척도의 상승은 자존감이 낮고 다른 사람만큼 유능하지 못하다는 느낌과 관련된다.
③ A-aln척도의 상승은 절도나 반항 같은 품행장애와 관련된다.
④ 무응답 반응이 30개 이상으로 너무 많으면 전체 척도를 신뢰하기 힘들다.
⑤ 임상척도에서 강박척도의 상승은 다양한 행동화, 비행과 관련된다.

해설 무응답이 10개 이상인 자료는 매우 조심스럽게 해석하며, 무응답이 30개 이상인 자료는 전체 척도를 신뢰하기 힘들므로 해석하지 않는다
① L척도는 개인의 진정한 감정이나 태도와 일치하지 않는 방식으로 반응하는 경향을 측정하는 척도이다.
② A-lse척도에 대한 설명이다.
③ A-aln척도의 상승은 소외수준이 높음을 나타낸다.
⑤ 다양한 행동화, 비행과 관련된 임상척도는 반사회성 척도이다.

19 NEO-PI-R에 관한 설명으로 옳은 것은?

① 지능을 성격의 기본적 구성요소로 간주한다.
② 신경증(Neuroticism) 척도의 하위척도에 불안이 포함되어 있다.
③ 개방성(Openness) 척도가 높은 사람은 관습적, 현실적이다.
④ 외향성(Extraversion) 척도의 하위척도에 신중성이 포함되어 있다.
⑤ 성실성(Conscientiousness) 척도가 높은 사람은 창조적, 독창적이다.

해설 NEO-PI-R은 5요인 성격모델

5성격요인	하위척도
신경성	불안, 적대감, 우울, 자의식, 충동성, 스트레스 민감성(심약성)
외향성	온정, 사교성, 주장, 활동성, 자극 추구, 긍정적 정서
개방성	상상, 미학, 감정, 행동, 사고, 가치
성실성	유능감, 정연성, 충실성, 성취갈망, 자기규제, 신중성
친화성	신뢰성, 솔직성, 이타성, 순응성, 겸손, 동정

20 TCI 척도에 관한 설명으로 옳은 것을 모두 고른 것은?

ㄱ. 자기초월 : 우주 만물과 자연을 수용하고 동일시하는 경향
ㄴ. 인내력 : 자신의 행동을 상황에 맞게 통제, 조절, 적응시키는 능력
ㄷ. 자율성 : 지속적 강화가 없더라도 보상 받은 행동을 일정한 시간 동안 지속하려는 성향

① ㄱ   ② ㄴ   ③ ㄱ, ㄴ   ④ ㄴ, ㄷ   ⑤ ㄱ, ㄴ, ㄷ

해설 TCI 기질 및 성격척도

기질 척도	자극추구(NS)	새로운 자극이나 보상에 대한 탐색과 처벌을 회피하는 성향
	위험회피(HA)	처벌이나 위험이 예상될 때 이를 회피하는 성향
	사회적민감성(RD)	사회적 보상(친밀감 혹은 애착)을 위해 타인의 표정이나 감정에 민감하게 반응하는 경향
	인내력(P)	강화나 보상이 없더라도 성취라는 보상을 위해 일정시간동안 행동을 지속하는 경향
성격 척도	자율성(SD)	자신의 행동을 상황에 맞게 통제, 조절, 적응시키는 능력
	연대감(C)	자신을 '인류 혹은 사회의 통합적인 한 부분'으로 이해하고 동일시하는 정도
	자기초월(Se)	우주 만물과 자연을 수용하고 동일시하는 경향

정답 16 ① 17 ② 18 ④ 19 ② 20 ①

21 PAI의 임상척도로 옳지 않은 것은?

① 강박증(OBS) ② 신체적 호소(SOM) ③ 음주 문제(ALC)
④ 경계선적 특징(BOR) ⑤ 조증(MAN)

> **해설** PAI의 임상척도

타당도척도	비일관성척도(ICN)	임상척도	신체적인 호소척도(SOM)
	저빈도척도(INF)		불안척도(ANX)
	부정적 인상척도(NIM)		불안관련 장애척도(ARD)
	긍정적 인상척도(PIM)		우울척도(DEP)
치료척도	공격성척도(AGG)		조증척도(MAN)
	자살관념척도(SUI)		망상척도(PAR)
	스트레스척도(STR)		정신분열병척도(SCZ)
	비지지척도(NON)		경계선적 특징척도(BOR)
	치료거부척도(RXR)		반사회적 특징척도(ANT)
대인관계척도	지배성척도(DOM)		알코올 문제척도(ALC)
	온정성척도(WRM)		약물사용척도(DRG)

22 한국판 아동·청소년 행동평가 척도(K-CBCL 6-18)에 관한 설명으로 옳은 것은?
① 아동 및 청소년 본인이 실시하는 자기보고형 질문지이다.
② 신체 증상 척도는 내재화 척도에 해당된다.
③ 위축/우울 척도는 외현화 척도에 해당된다.
④ 문제행동 총점은 내재화 척도와 외현화 척도를 합산한 점수이다.
⑤ 공격행동 척도는 규칙을 어기거나 사회적 규범에 어긋나는 문제행동들을 충동적으로 하는 성향을 나타낸다.

> **해설** ② 내재화척도 : 위축/우울 + 신체 증상 + 우울/불안
> ① K-CBCL6-18은 6세~18세 아동·청소년의 사회적 적응, 정서·행동 문제를 제3자, 즉 아동 및 청소년의 주양육자의 관찰, 보고를 통해 평가하는 부모보고식검사이며, 진단에 앞서 특정 문제행동의 유무를 판단하는 초기 선별도구이다. 그러나 검사자가 아동 및 청소년의 주양육자로 되어 있어 전문지식의 부족과 주양육자의 편파성으로 인해 결과가 다소 왜곡될 가능성이 있다.
> ③ 외현화척도 : 규칙위반 + 공격행동
> ④ 문제행동총점 = 내재화척도 + 외현화척도 + 사회적 미성숙 + 사고문제 + 주의집중문제 + 기타 문제
> ⑤ 규칙위반척도에 대한 설명이다. 공격행동척도는 '말다툼을 많이 한다.', '자기물건을 부순다' 등 언어적, 신체적으로 파괴적이고 공격적인 행동이나 적대적인 태도와 관련이 있다

23 투사검사에 관한 설명으로 옳은 것을 모두 고른 것은?

> ㄱ. 로샤(Rorschach) 검사는 흑백 카드 10장으로 구성된다.
> ㄴ. 주제통각검사(TAT)는 백지카드를 포함하여 총 31장으로 구성된다.
> ㄷ. 수검자의 반응을 통해 의식 또는 무의식적 내용이 나타난다고 가정한다.
> ㄹ. 집-나무-사람(HTP) 검사에서 집 그림의 창과 창문은 환경과의 간접적인 접촉을 나타내는 지표이다.

① ㄱ, ㄴ, ㄷ ② ㄱ, ㄴ, ㄹ ③ ㄱ, ㄷ, ㄹ
④ ㄴ, ㄷ, ㄹ ⑤ ㄱ, ㄴ, ㄷ, ㄹ

[해설] 로샤검사는 흑백과 컬러로 된 10장의 잉크 반점 그림 카드로 구성되어 있다.

24 투사적 검사의 장점으로 옳은 것을 모두 고른 것은?

> ㄱ. 반응의 독특성   ㄴ. 방어의 어려움
> ㄷ. 검사실시와 해석의 간편성   ㄹ. 무의식적 내용의 반응

① ㄱ, ㄷ ② ㄱ, ㄴ, ㄹ ③ ㄱ, ㄷ, ㄹ
④ ㄴ, ㄷ, ㄹ ⑤ ㄱ, ㄴ, ㄷ, ㄹ

[해설] ㄷ. 투사적 검사는 검사결과의 채점 및 해석을 위해서는 전문성이 필요하다.

25 문장완성검사(SCT)에 관한 설명으로 옳지 않은 것은?

① 수검자에게 가장 먼저 떠오르는 생각을 적어 문장을 완성하도록 지시한다.
② 수검자의 반응을 면담에 활용할 수 있다.
③ 개인과 집단에 실시할 수 있다.
④ 반응시간에 제한이 있다.
⑤ 지능, 교육수준, 문장력 등의 영향을 받는다.

[해설] ④ 문장반응시간에 제한이 없지만 너무 오래 끌지 않도록 한다.

정답 21 ① 22 ② 23 ④ 24 ② 25 ④

실전 대비 02 적중 예상 문제

01 비밀보장의 한계에 적용되지 않는 사안은?

① 내담자가 자신이나 타인의 생명, 사회의 안전을 위협하는 경우
② 내담자가 감염성이 있는 치명적인 질병이 있다는 확실한 정보가 있을 경우
③ 미성년인 내담자가 학대를 당하고 있는 경우
④ 내담자가 아동학대를 하는 경우
⑤ 내담자가 상담기록 열람을 요구할 경우

02 다음 설명 중 옳지 않은 것은?

① Binet는 정신검사(mental test)라는 용어를 제안하였다.
② 개인의 지적 능력의 차이는 유전에 의해서 결정된다고 생각한 사람은 Galton이었다.
③ Wundt는 심리측정학(Psychometrics)의 발달에 중요한 토대를 마련하였다.
④ Terman은 1916년 'Stanford-Binet 검사'를 개발하였다.
⑤ 1921년 Rorschach는 10개의 카드로 구성된 로르샤흐 검사 도구를 개발하였다.

03 면담의 역사와 발전사로 가장 적절한 설명은?

① 일반적으로 상담자들은 신뢰도와 정확도가 높아서 질문과 순서가 일정하게 규격화된 면담을 선호한다.
② 면담은 내담자의 심리적 역동성을 주로 보는 정신분석의 영향을 가장 크게 받았다.
③ 정신상태평가는 내담자의 현재기능, 즉 외관, 행동, 사고과정, 사고내용, 기억, 주의, 말투, 통찰, 판단을 종합적으로 평가하는 것이다.
④ 1940년대 초, 상담이 급격하게 발선하면서 여러 학파가 각자 자신의 견해를 내세워 팽팽하게 대립하였다.
⑤ 1970년대에는 구조화된 면담이 강조되면서 Rogers, Carkhuff, Beier, 행동주의적 면담 등이 득세하였다.

04 심리검사에 대한 설명으로 옳지 않은 것은?

① 장교훈련에 적합하거나 정신 능력이 떨어지는 군인을 가려내는 검사는 Army-α검사이다.
② Army-β 검사는 영어를 모르는 사람도 실시할 수 있도록 그림을 많이 추가하였다.
③ 제한된 시간 내에 수행능력을 측정하는 것으로 문제해결력보다는 숙련도를 측정하는 검사는 속도검사이다.
④ 집단검사는 많은 노력과 경비를 필요로 하며 임상적 관찰을 위해서 검사자의 전문적 훈련이 필요하다.
⑤ 어려운 문제로 구성되고 시간제한 없이 숙련도보다 문제해결력을 측정하는 검사는 역량검사이다.

05 표본과 표집오차에 대한 설명으로 옳지 않은 것은?

① 표본의 크기는 충분히 커야 한다.
② 표집오차는 표집하는 과정에서 발생하는 오차이다.
③ 동일한 표집오차를 가정하면 표본의 크기가 클 때 분석변수는 적어진다.
④ 표본의 크기가 커질수록 모수와 통계치의 유사성이 커진다.
⑤ 표본의 크기가 커질수록 표집오차는 줄어든다.

정답 및 해설 01.⑤ 02.① 03.③ 04.④ 05.③

01 비밀보장에 한계가 있음을 내담자에게 사전에 반드시 고지해야 한다. 자신의 생명이나 타인의 생명, 사회 안전에 위협을 할 경우, 감염성 있는 치명적 질병이 확실한 경우, 미성년인 내담자가 학대를 당하는 경우, 내담자가 아동학대를 할 경우 등이 이에 해당한다.

02 정신검사를 제시한 학자는 Cattell이다. Binet는 자신의 지능검사에서 정신연령 지식을 기반에 두었다.

03 • 상담자들은 비구조화된, 혹은 반구조화된 면담을 선호한다.
• 면담 방식은 의학적 모델, 정신분석학적 모델, 정신상태 평가, 전기적 자료와 정신질환 예측 등의 영향을 다양하게 받았다.
• 1960년대에는 심리학 연구가 활발해지면서 Rogers, Carkhuff, Beier, 행동주의적 면담 등이 팽팽하게 대립하였다.
• 1970년대는 정신과적 진단 신뢰도가 낮다는 비판 때문에 구조화된 면담에 대한 관심이 커졌다.

04 ④ 집단검사는 한꺼번에 많은 수의 수검자를 대상으로 하기 때문에 상대적으로 노력과 경비가 덜 든다.

05 ③ 동일한 표집오차를 가정하면 분석변수가 많아질수록 표본의 크기는 커져야 한다.

06 표본추출 과정이 옳게 연결된 것은?

① 표집틀 선정 → 표본추출 → 표집크기 결정 → 표집방법 결정 → 모집단 확정
② 표본추출 → 표집틀 선정 → 표집방법 결정 → 모집단 확정 → 표집크기 결정
③ 모집단 확정 → 표집틀 선정 → 표집크기 결정 → 표집방법 결정 → 표본추출
④ 모집단 확정 → 표집방법 결정 → 표집틀 선정 → 표집크기 결정 → 표본추출
⑤ 모집단 확정 → 표집틀 선정 → 표집방법 결정 → 표집크기 결정 → 표본추출

07 다음 중 다른 한 가지는?

① 편의표집   ② 유층표집   ③ 스노우볼 표집
④ 할당표집   ⑤ 판단표집

08 다음 설명 중 구인타당도에 포함되지 않는 것은?

① 새로 만든 우울검사를 BDI 검사와 상관계수를 구해 높은 점수를 얻었다.
② 적성검사에서 높은 점수가 나왔던 신입사원이 1년 후 근태에서도 높은 점수를 받았다.
③ 우울을 구성하는 개념을 대표하는 문항들을 중심으로 요인분석을 실시하였다.
④ IQ와 성적 간 상관관계를 측정해서 두 검사 간 상관계수가 높았다.
⑤ 새로 만든 우울검사 척도를 성적 간 상관계수를 구했더니 점수가 낮았다.

09 규준의 특징에 대한 설명으로 적절하지 않은 것은?

① 규준집단이 모집단을 잘 대표하는지 확인하는 과정이 반드시 필요하다.
② 비교대상이 되는 집단을 규준 집단 혹은 표준화 표본집단이라고 한다.
③ 정상적 발달경로 상에서 어디에 위치하는지 보여주는 것이 발달규준이다.
④ 한 개인의 점수가 집단 내 절대적 위치를 보여주는 것이다.
⑤ 정신연령규준, 학년규준, 서열규준, 추적규준 등이 있다.

10 표준편차에 관한 설명으로 옳은 것을 모두 고른 것은?

> ㄱ. 분산의 제곱근이다.　　　　　　ㄴ. 첨도에 비례한다.
> ㄷ. 점수분포의 변산성을 알 수 있다.　　ㄹ. 대푯값이다.

① ㄱ, ㄴ
② ㄱ, ㄷ
③ ㄱ, ㄴ, ㄷ
④ ㄱ, ㄷ, ㄹ
⑤ ㄱ, ㄴ, ㄷ, ㄹ

11 K-WISC-4에서 시간제한이 있는 소검사가 아닌 것은?

① 지우기
② 선택
③ 빠진 곳 찾기
④ 무게 비교
⑤ 이해

12 K-WISC-4 핵심 및 보충 소검사에 대한 설명으로 옳지 않은 것은?

① 산수는 작업기억 지표의 보충 소검사이다.
② 단어 추리는 언어이해 지표의 보충 소검사이다.
③ 퍼즐은 처리속도 지표의 보충 소검사이다.
④ 숫자는 작업기억 지표의 핵심 소검사이다.
⑤ 공통 그림 찾기는 WISC-4에 새롭게 추가된 소검사이다.

정답 및 해설　06.⑤　07.②　08.②　09.④　10.④　11.⑤　12.③

06 표본추출 과정 : 모집단 확정 → 표집틀 선정 → 표집방법 결정 → 표집크기 결정 → 표본추출
07 비확률적 표집은 편의표집, 스노우볼 표집, 할당표집, 판단표집 등이 있고 확률적 표집에는 군락표집, 유층/층화표집, 무선표집, 계통표집 등이 있다.
08 ① 수렴타당도, ② 예언타당도, ③ 요인분석, ④ 구인타당도, ⑤ 변별(판별)타당도
구인타당도에는 수렴, 판별(변별)타당도, 요인분석이 있다.
09 ④ 개인 점수가 집단 내 상대적 위치를 보여주는 것이 규준점수이다.
10 표준편차는 여러 자료의 대푯값으로 평균이라고도 하고, 분산의 제곱근으로 자료 분포의 분산성을 알 수 있다.
11 ⑤ 이해는 언어이해 지표의 핵심검사이다.
12 ③ 퍼즐은 지각추리 지표의 핵심 소검사로 시간제한이 있는 검사이다.

13 K-ABC 검사에 대한 설명으로 틀린 것은?

① 12세 6개월부터 18세까지 청소년의 지능 및 성취를 평가하기 위해 카우프만(A. Kaufman) 등(1983)이 개발하였다.
② 아동이 선호하는 정보처리 패턴이 좌뇌 지향적인지 우뇌 지향적인지 비교할 수 있다.
③ 동시처리, 순차처리, 인지처리과정, 습득도, 비언어성 척도의 다섯 가지 지능점수가 산출된다.
④ 장애아나 학습부진아의 진단에 효과적이고 학습부진에 개입할 수 있다.
⑤ 신경심리학과 인지심리학에 근거하여 내용보다는 과정에 초점을 둔 순차-동시 처리모델을 채택하였다.

14 다음 MBTI에 대한 설명으로 옳지 않은 것은?

① 4개의 양극차원에 따라 분류하고 총 16가지 성격유형으로 구분한다.
② 에너지 방향은 자극추구(S)와 회피(A)로 구분한다.
③ 인식기능은 감각형(S)과 직관형(N)으로 구분한다.
④ 판단기능은 인식된 정보를 바탕으로 판단이나 결정을 내리는 경향성이다.
⑤ 생활양식은 판단형(J)과 인식형(P)으로 구분한다.

15 PAI검사에 대한 설명으로 적절하지 않은 것은?

① Morey(1991)가 개발한 성인용 성격 및 정신병리 평가를 위한 자기보고형 검사이다.
② 총 344문항이고 MMPI 검사와는 달리 4점 척도이다.
③ 4개 타당도 척도, 11개 임상척도, 5개 치료척도, 2개 대인관계 척도로 구성되어 있다.
④ 무응답이 17개 이상이면 점수는 무의미하다.
⑤ 대인관계척도에는 애착과 불안이라는 하위요인을 포함하는 것이 특징이다.

16 PAI 검사의 치료척도가 아닌 것은?

① 공격성(AGG) ② 자살관념(SUI)
③ 스트레스(STR) ④ 약물문제(DRG)
⑤ 치료거부(RXR)

17 다음과 같은 특징에 적합한 Holland 유형은?

> • 추상적 문제나 애매한 상황에 대한 분석적, 논리적 탐구활동 선호
> • 새로운 지식, 이론 추구하는 학문 활동 선호
> • 인간관계에 관심이 거의 없음
> • 공동작업 선호하지 않음

① 실재형(R) ② 탐구형(I)
③ 예술형(A) ④ 관습형(C)
⑤ 진취형(E)

18 다음 Holland가 말하는 직업성격 유형의 차원이 아닌 것은?

① 일관성 ② 변별성
③ 문제성 ④ 일치성
⑤ 계측성

19 MMPI-2에 대한 설명으로 옳지 않은 것은?

① 1943년에 개발된 이후 1회 수정 작업이 있었다.
② 총 567개 문항과 재구성 임상척도, 내용척도, 보충척도, 성격병리 5요인으로 구성되었다.
③ MMPI 원판과 함께 단축형이 존재한다.
④ F(P) 척도는 F척도가 상승할 때 같이 상승하면 정신과적 문제임을 알 수 있는 척도이다.
⑤ FBS척도는 부정왜곡척도로 증상타당 척도라고도 불린다.

정답 및 해설 13.① 14.② 15.⑤ 16.④ 17.② 18.③ 19.④

13 ① K-ABC 검사는 2세 6개월에서 12세 6개월까지 아동의 지능 및 성취 평가 검사이다.
14 ② 에너지 방향은 내향형(I)과 외향형(E)으로 구분되며 자극추구와 회피는 TCI검사에서 나오는 성격 하위요인이다.
15 ⑤ 대인관계 척도에는 지배성(DOM)과 온정성(WRM)이 있다.
16 치료척도에는 공격성, 자살관념, 스트레스, 비지지(NON), 치료거부 등 5가지 하위척도가 있다.
17 ② 이론과 지식을 추구하고 관계에 대한 관심이 없는 유형은 탐구형(Investigative)이다.
18 직업성격 유형의 차원은 일관성, 변별성, 정체성, 일치성, 계측성이다.
19 ④ F(P) 척도는 F척도가 상승할 때 같이 상승하면 실제 정신병리가 아니라 부정왜곡 태도를 보여준다.

20 MMPI-2 검사 임상척도에 대한 설명으로 적절한 것은?

① 1번 척도는 자기중심적이고, 타인의 주의집중을 원하며 병을 구실로 타인을 조종한다.
② 3번 척도는 우울하고 비관적이며 지나치게 억제적이다.
③ 5번 척도는 고집스럽고 성적 고정관념에 충실하다.
④ 7번 척도는 환각, 망상 등의 행동장애 특징이 있다.
⑤ 9번 척도는 심리적, 정신적 에너지 수준을 보여준다.

21 타당도 척도에 대한 설명으로 옳지 않은 것은?

① VRIN 척도는 무선반응 비일관성 척도로 98문항이다.
② TRIN 척도는 고정반응 비일관성 척도로 40문항이다.
③ F(B)척도는 비전형-후반부 척도로 40문항이다.
④ F(P) 척도는 비전형-정신병리 척도로 27문항이다.
⑤ S척도는 무응답척도로 총 50문항이다.

22 다음 증세를 보여주는 상승척도 쌍은?

- 심각한 불안, 긴장, 우울감과 무기력감 호소
- 타인에 대한 애정과 관심을 지나치게 요구
- 시간과 장소, 환경 등에 대한 지남력 상실
- 망상 및 환각 등 사고장애
- 두통이나 현기증, 흉통, 위장장애 등 신체 증상 동반

① 6-8　　　　　　　　　　② 4-6
③ 4-9　　　　　　　　　　④ 1-3
⑤ 3-8

23 다음 증세에 대한 척도는?

- 범죄자나 행동화(acting-out), 법적 문제 등, 공격적인 행동
- 자기중심적 태도와 타인에 대한 불신, 피상적 대인관계, 불신, 반사회적 범죄 행위
- 방어기제는 합리화, 자신의 문제는 외면, 타인에게 책임 전가

① 6-8   ② 7-8
③ 4-9   ④ 2-6
⑤ 4-6

24 로샤 검사에 대한 설명으로 옳지 않은 것은?

① Rorschach는 잉크 얼룩이 있는 열 장의 카드를 사용해서 심리검사를 개발했다.
② 로샤는 잉크반점 기법이 조현병 진단에 유효하다는 사실을 입증하였다.
③ 로샤의 사후, Exner는 실증적 접근 방법으로 로샤 검사를 해석하는 종합체계를 개발했다.
④ 정답이 있는 것은 아니나 강박증상의 사람은 음영차원이나 무채색 반응 빈도가 높다.
⑤ 강박적으로 꼭 질문할 필요는 없고 질문은 간결하고 비지시적으로 해야 한다.

정답 및 해설 ▶ 20.① 21.⑤ 22.⑤ 23.③ 24.④

20 ② 3번 척도 설명은 우울감(Depression)이다.
③ 5번 척도는 성역할 척도로 낮을 때 성적 고정관념이 높음을 시사한다.
④ 설명은 조현 척도이며, 7번 척도는 강박척도로 주지화, 합리화 방어기제를 주로 사용한다.
⑤ 9번 척도는 내향척도로 전반적 신경증적 부적응 상태를 보여준다.

21 S척도는 과장된 자기제시 척도로 자신을 과장된 방식으로 표현하는 문항이며 총 50문항이다. 무응답 척도는 ?로 CANNOT SAY 문항이다.

22 • 시간과 장소, 환경 등에 대한 지남력 상실, 망상 및 환각 등 사고장애 → 8번
• 두통이나 현기증, 흉통, 위장장애 등 신체 증상 동반, 타인에 대한 애정과 관심을 지나치게 요구 → 3번

23 범죄자나 행동화(acting-out), 법적 문제 등, 공격적인 행동 → 4번, 9번

24 ④ 음영 차원이나 무채색 반응 빈도는 우울증상을 보여준다.

25 로샤에서 형태 반응(F)의 의미로 옳지 않은 것은?

① 형태는 현실상황에서 정서적인 영향을 제거할 수 있는 능력을 의미한다.
② 정신분열증(조현병) 환자들에게 F반응이 많다.
③ 형태 반응은 정서의 통제가 가능하지만 산만한 것을 반영한다.
④ 형태질이 양호한 F반응은 상황에 정서적으로 말려들지 않음을 반영한다.
⑤ F반응이 지나치게 많은 것은 방어적이고 경직되고 위축되어 있음을 뜻한다.

26 평범반응 중 옳지 않은 것은?

① 카드 I - 박쥐, 나비
② 카드 III - 인간
③ 카드 V - 박쥐
④ 카드 IV - 얼굴
⑤ 카드 X - 게, 거미

27 로샤 검사 중 특수점수를 줄 수 있는 반응에 대한 설명으로 적절한 것은?

① DV : 뛰면서 난다해서 뛰날이
② DR : 이 사람에게는 날개가 있어요.
③ CONTAM : 빨간 색으로 칠한 걸 보니 서로 연인이군요.
④ ALOG : 나뭇잎 타고 다니는 개미
⑤ MOR : 검은색은 죽음 같아 우울하네요.

28 다음 지표 중 자살 지표가 아닌 것은?

① X-% > .29
② MOR > 3
③ Zd > +3.5 이거나 Zd < -3.5
④ 3r+(2)/R < .31 이거나 > .44
⑤ X+% < .70

29 우울지표로 적합한 것은?

① $Zd > +3.5$ 이거나 $Zd < -3.5$
② $(3r+(2)/(R) > .44$ 이고 $Fr+rF=0)$ OR $(3r+(2)/R < .33)$
③ $MOR > 3$
④ $X-\% > .29$
⑤ $H+(H)+Hd+(Hd) > 6$

30 BGT 검사의 시행상 유의사항에 해당하지 않는 것은?

① 자극카드는 수검자가 보지 못하도록 엎어놓았다가 검사를 실시할 때 도형 A부터 도형 8까지 차례로 제시한다.
② 모사용지는 여러 장을 준비하도록 한다.
③ 모사할 때 자 등 보조도구를 사용하지 않도록 지시한다.
④ 제시된 내용 이외의 질문을 하면 짧게 "좋을 대로 하십시오."라고 답변하는 것이 좋다.
⑤ 모사와 상관없이 용지를 회전하거나 무성의하게 스케치하는 경우에도 제지하지 않는다.

정답 및 해설 25.③ 26.④ 27.① 28.① 29.② 30.⑤

25 ③ 정서의 통제가 가능할 뿐 아니라 주의집중력과도 관련이 있다.
26 ④ 카드 Ⅳ - 거인이나 괴물
27 ① DV는 일탈된 표현으로 언어로는 충분히 정확하게 할 수 있음에도 부정확한 말이나 신조어를 사용하는 경우
② DR은 일탈된 반응으로 "새요. 하지만 나는 나비를 보고 싶어요."의 경우
③ CONTAM은 오염반응으로 카드 4번의 경우, 벌레 얼굴과 코뿔소 얼굴을 합친 '벌레 소 얼굴'의 경우
④ ALOG는 부적절한 논리로 "이것은 사랑하는 사람입니다. 빨간색이 있으니까요."의 경우
⑤ MOR는 병적 내용으로 대상을 죽은, 손상된, 상처 입은, 깨진 등으로 묘사, "부서진 꽃병"의 경우
28 ① $X-\% > .29$는 지각-사고장애 지표인 PTI
29 ①·③ 자살지표, ④ 지각-사고장애 지표, ⑤ 과잉경계지표
30 ⑤ 모사와 상관없이 용지를 회전하거나 무성의하게 스케치하는 경우에는 제지한다.

4과목

필수과목 이상심리

Section 01	이상심리 개관
Section 02	이상행동의 분류 및 진단
Section 03	신경발달장애
Section 04	조현병 스펙트럼 및 기타 정신병적 장애
Section 05	양극성 및 관련 장애
Section 06	우울장애
Section 07	불안장애
Section 08	강박 및 관련 장애
Section 09	외상 및 스트레스 관련 장애
Section 10	해리장애
Section 11	수면-각성 장애
Section 12	급식 및 섭식장애
Section 13	배설장애
Section 14	신체증상 및 관련 장애
Section 15	파괴적 충동통제 및 품행장애
Section 16	신경인지장애
Section 17	물질 관련 및 중독 장애
Section 18	성 관련장애
Section 19	성격장애

Section 01 이상심리 개관

학습목표
이상심리학의 주요이론모형인 정신분석, 행동주의, 인지주의, 인간중심, 생물학적 · 통합적 · 생물심리사회적 · 사회문화적 이론을 설명하고, 이상행동 판별기준에 대해서 알아본다.

1 이상심리학(Abnormal Psychology)의 의미

(1) 이상행동과 심리장애를 과학적으로 연구하는 심리학의 한 분야이다.

(2) 인간이 나타내는 다양한 이상행동과 심리장애로 인해 드러나는 현상을 현상학적으로 기술하고 분류하며 그 원인을 규명하여 설명하고, 치료 방법 및 예방 방안을 연구하는 학문이다.

2 이상심리학 주요 이론모형 2020년, 2018년 기출 ★

(1) **정신분석 모형** 2021년, 2018년 기출 ★
  ① 기본 개요
    ㉠ 이상행동은 초기 아동기의 무의식적 갈등의 결과로 나타나는 현상으로 본다.
    ㉡ 심리적 결정론으로서 인간의 모든 행동은 우연히 일어나지 않고 원인이 있다.
    ㉢ 성적 욕구는 인간의 가장 기본적인 욕구이며 무의식의 주요한 내용을 구성한다.
    ㉣ 어린 시절이 중요하기 때문에 개인을 이해하기 위해서는 어린 시절 과거의 기억과 경험을 탐색한다.
  ② 성격
    ㉠ 원초아(Id), 자아(Ego), 초자아(Superego)는 성격의 삼원구조이론을 제시한다.
    ㉡ 원초아는 쾌락원리, 자아는 현실원리, 초자아는 도덕원리를 따른다.
    ㉢ 성격은 심리성적으로 발달하며 구강기, 항문기, 남근기, 잠복기, 성기기를 거친다.
    ㉣ 발달과정에서 결핍이나 과잉충족은 성격형성에 영향을 준다.
  ③ 불안
    ㉠ 원초아(Id), 자아(Ego), 초자아(Superego) 간의 갈등이 야기되면 불안이 발생한다.
    ㉡ 현실불안은 실제적이고 현실적이다. 예 눈이 내린 내리막길에서 넘어질 것 같은 불안감
    ㉢ **신경증적 불안** : 자아(Ego)와 원초아(Id)의 갈등으로 자아가 본능적 충동을 통제하지 못해 불상사가 생길 것 같은 위협에서 오는 불안이다.
    ㉣ **도덕적 불안** : 원초아(id)와 초자아(superego) 간의 갈등에서 비롯된 불안이다.

Section 01 이상심리 개관

④ 치료 목표
  ㉠ 무의식에 있는 억압된 내용을 의식화하여 진정한 욕구와 동기가 무엇인지 이해하게 하며 갈등에 대한 현실적 해결을 가능하게 한다.
  ㉡ 성격의 자아를 강화시킨다.
  ㉢ 방어양식을 개조하거나 크게 수정한다.
⑤ 치료 방법 : 자유연상, 꿈 분석, 해석, 저항, 전이 등이 있다. 2019년 기출 ★

(2) 행동주의 모형 2021년 기출 ★
  ① 기본 개요
    ㉠ 이상행동은 어린 시절에 부적절한 학습과 강화 때문이며, 타인과 관계맺는 것을 배우지 못했거나 비효과적이고 부적응적인 습관을 지닌 결과라고 본다.
    ㉡ 관찰 및 측정 가능한 행동만을 치료 대상으로 본다.
    ㉢ 행동주의 관련이론으로 파블로프의 고전적 조건형성, 스키너의 조작적 조건형성, 반두라의 사회학습이론이 있다.
  ② 관련 이론
    ㉠ **고전적 조건형성(파블로프)** : 무조건 자극과 조건 자극을 짝지어 반복적으로 제시하면 조건 자극만으로도 조건 반응이 유발될 수 있다는 연합의 법칙이 적용된다.
    ㉡ **조작적 조건형성(스키너)** : 행동은 행동한 후의 어떤 결과가 오는가에 따라 그 행동을 할 수도 안할 수도 있다는 효과의 법칙이 적용된다.
    ㉢ **사회학습이론(반두라)**
      ⓐ 다른 사람들의 행동을 관찰하고 모방하면서 학습이 일어난다.
      ⓑ 다른 사람의 행동을 그대로 따라하는 '모방학습', 다른 사람들의 행동이 어떤 결과를 가져오는지 관찰하며 초래될 결과를 예상하는 '대리학습', 다른 사람들의 행동을 관찰해 두었다가 유사한 상황에서 학습한 행동을 표현하는 '관찰학습'이 있다.
      ⓒ 관찰학습에서는 '주의관찰 과정', '보존 과정', '운동재생 과정', '동기화 과정'으로 나눈다.
  ③ 치료 방법
    ㉠ 소거는 부적응적 행동이 반복되어 나타나도록 하는 강화 요인을 없애는 것이다.
    ㉡ 처벌은 부적응적 행동을 할 때 불쾌한 자극을 줌으로써 그 행동을 억제시키는 방법으로 혐오치료가 있다.
    ㉢ **체계적 둔감법** 2016년, 2014년 기출 ★
      ⓐ 울피(Wolpe)의 의해 개발되어진 기법으로 조건화 되어진 반응을 해제시키고 새로운 조건형성(역조건화)이 이루어지도록 한다.

ⓑ 불안위계를 통해 점진적 이완과 불안을 반복적으로 짝을 지어 불안 증상을 없애는 방법으로 특히 공포증 치료에 많이 사용한다.

(3) 인지주의 모형 2019년 기출 ★

① 기본 개요
　㉠ 정신장애는 인지적 기능이 한쪽으로 치우쳐 있거나 결손과 밀접하게 연관되어 있으며 또 이러한 인지적 요인에 의해 유발되어질 수 있는 부적응적인 인지적 특성을 지니고 있다.
　㉡ 심리장애를 지닌 사람들은 왜곡된 인지내용으로 구성된 인지구조 또는 인지 도식(Schema)을 지니고 있는데 이를 역기능적 신념이라고 한다.

② 치료 방법
　㉠ 인지적 재구성은 부적응적 인지를 적응적인지로 대체하는 방법이다.
　㉡ 대처기술치료는 다양한 스트레스 상황에 대처할 수 있도록 다양한 인지 행동적 기술을 습득하도록 한다.
　㉢ 문제 해결치료는 치료자와 함께 해결방안을 모색하고 각 장단점을 평가하는 방법이다.

③ 심리도식 치료
　심리도식치료(Schema Therapy)는 미국의 임상심리학자 제프리 영(Jeffrey E. Young)이 개발한 통합적인 심리치료이다. 그는 성격장애를 효과적으로 치료하는 방법을 제시하기 위해서 인지행동치료, 대상관계치료, 게슈탈트치료 및 정신분석치료의 핵심요소를 통합하였으며, 다양한 심리장애의 밑바닥에 깔려있는 만성적인 성격문제를 이해하는 개념 틀로 18가지 유형의 초기부적응도식(Early maladaptive schema)을 소개하였다.

④ 변증법적 행동치료(DBT)
　㉠ 1991년 워싱턴 대학교의 마샤 리네한(Marsha Linehan)이 변증법적 행동치료(Diaectical behavior therapy)를 발표하였다.
　㉡ 인지행동치료 기법 중 하나로 행동을 수정하는 데 집중하기 보다는 부정적 감정을 회피하거나 통제하는 대신 자신의 감정을 바라보고 수용할 수 있도록 돕는 치료법이다. 우울, 불안과 같은 감정이나 자살 및 자해 충동을 느끼거나 경계선성격장애를 가진 사람에 대한 치료법으로 매우 효과적인 것으로 알려져 있다.

⑤ 마음 챙김(MBCT)
　㉠ 마음챙김(Mindfulness)에 기초한 인지치료(MBCT)는 우울증의 재발을 방지하기 위해 최근에 개발된 치료법이다.
　㉡ 기존의 인지치료는 우울증 환자들의 사고와 역기능적 태도를 바꿔주는 것이 핵심이었으나, 마음 챙김에서는 평상시 감지하지 못하던 심신의 느낌에 주목하고 집중하여 자신의 상태를 알아채고, 상태를 있는 그대로 받아들일 것을 강조한다.

(4) 인간중심 모형

① 기본 개요
  ㉠ 이상행동은 개인이 공포와 위협으로 살아온 삶들 때문에 눈앞에 놓여 있는 선택들이 현명한지 자기 파괴적인지 모르는 상태에서 하는 행동이다.
  ㉡ 현상학적 장을 중요시하며 모든 인간은 자유의지와 자기실현 욕구를 지니고 있다고 본다.

② **치료자의 역할** : 치료자는 내담자의 감정을 인지하여 명료화하고 내담자가 자신이 왜곡된 경험, 느낌, 자아개념, 타인에 대한 지각, 주변 환경에 대한 지각 등을 발견하고 변화시키도록 한다.

③ **치료 방법** : 그 사람 속에 이미 존재하는 잠재 능력을 발휘하여 자아개념과 자기가 경험한 것과의 차이를 인정하며 이 두 사이의 간격을 좁혀서 최상의 심리적 정서 적응을 이루도록 하는 것이다.

(5) 생물학적 모형

① 유전적 요인
  ㉠ 유전적 이상이 뇌의 구조적 결함이나 신경생화학적 이상을 초래하여 정신장애를 유발할 수 있다고 보는 것이다.
  ㉡ 어떤 정신장애가 얼마나 유전적 영향을 받았는지 밝히기 위해 가계연구, 쌍둥이 연구, 입양아 연구가 이루어지고 있다.

② 뇌의 구조적 손상
  ㉠ 이상행동은 뇌의 구조적 이상에 의해 나타날 수 있다.
  ㉡ 생물학적 입장에서는 정신장애를 지닌 환자들이 뇌의 어떤 구조나 기능에 손상을 나타내고 있는지에 대해서 깊은 관심을 보인다.
  ㉢ 전산화된 단층촬영술(CT), 자기공명 영상술(MRI), 양전자방출 단층촬영술(PET) 등과 같은 다양한 뇌영상술(brain imaging)을 통해 정신장애 환자가 나타내는 뇌의 구조적, 기능적 특성을 연구한다.
  ㉣ 뇌의 손상과 관련된 다양한 심리적 기능을 측정하는 신경심리검사(Neuropsychological Teat)를 통해서 손상된 뇌의 영역과 손상정도를 평가하는 방법도 사용한다.

③ **뇌의 생화학적 이상** : 정신장애와 관련된 주요한 신경전달물질은 도파민, 세로토닌, 노아에피네프린 등이 있으며 이밖에도 GABA, 글루타메이트(Glutamate), 아세틸콜린(Acetylcholine)과 같은 다양한 신경전달물질이 정신장애와 관련되어 있는 것으로 알려지고 있다.

2016년, 2015년 기출 ★

도파민 (Dopamin)	• 정서적 각성, 주의집중, 쾌감각, 수의적 운동과 같은 심리적 기능에 영향을 미치며 특히 정신분열증과 관련된 신경전달물질로 알려져 있다. • 파킨슨병(Parkinson's Disease) : 도파민 결핍으로 생기는 신체적 질병이다. • 조현병 : 도파민 활동이 과다할 때 발생한다.
세로토닌 (Serotinin)	기분조절, 수면, 음식섭취, 공격성, 통증에 영향을 주는 신경전달물질로서 신경계통의 여러 부위에서 억제적 기능을 하며 우울증과 밀접히 관련된 것으로 알려져 있다.
노아에피네피린 (Norepinephrine)	정서적 각성, 공포, 불안과 관련된 신경전달물질로서 우울증에도 영향을 미치는 것으로 알려져 있다.

④ 치료방법으로는 약물치료, 전기충격치료, 뇌 절제술 등이 있다. 2019년 기출 ★

(6) 통합적 이론

① 취약성-스트레스 모델(Vulnerability-Stress model) 2017년, 2015년 기출 ★

㉠ 이상행동이 생물학적·심리적·사회적 측면의 다양한 요인에 의해서 유발된다고 본다.

㉡ 정신장애는 취약성을 지닌 사람에게 어떤 스트레스가 주어졌을 때 발생하며 취약성과 스트레스 중 어떤 한 요인만으로는 정신장애가 발생하지 않는다.

㉢ 취약성(Vulnerability or Diathesis)은 특정한 장애에 걸리기 쉬운 개인적 특성을 말한다.
예 유전적 이상, 뇌신경 이상, 개인의 성격특성, 어린 시절 부모의 학대 등

㉣ 심리사회적 스트레스(Psychosocial Stress)는 환경 속에서 느끼는 부정적인 생활사건으로 사건에 대처하기 위한 심리적인 부담을 말한다. 예 직업의 변화

㉤ 인간의 행동이 개인내적 심리사회적 여건과 환경의 관계를 설명하고 있으며 정신장애의 발생에 영향을 미치는 개인적 요인과 환경적 요인을 통합할 수 있는 이론적 토대를 제공하고 있다.

② 생물심리사회적 모델(Biopsychosocial Model) 2015년 기출 ★

㉠ 이상행동과 정신장애에 영향을 미치는 생물학적·심리적·사회적 요인을 종합적으로 고려하고 있으며 생물학적·심리적·사회적 요인이 상호작용한다는 가정에 기초한다.

㉡ 기본적으로 체계이론에 근거한다.

㉢ 체계이론(Systems Theory)이란 다양한 체계 간의 상호작용을 강조하는 개념이며 세상을 이해하는 데 필요한 폭넓은 시각을 제공한다.

ⓐ 전체론(Holism) : 전체는 그것을 구성하는 부분의 합 이상이다. 인간은 신경체계, 신체기관, 순환계 등의 합 그 이상이라는 이해에 근거한다.

ⓑ 동일결과성의 원리(Principle of Equifinality) : 다양한 원인에 의해 동일한 정신장애가 유발할 수 있다.

ⓒ 다중결과성의 원리(Principle of Multifinality) : 동일한 원인으로 다양한 결과를 유발할 수 있다.

ⓓ 상호적 인과론(Reciprocal Causality) : 인간 정신세계의 현실은 직선적 인과론보다는 상호적 인과론에 의해서 더 잘 설명된다.
ⓔ 항상성 유지(Homeostasis) : 유기체가 항상 일정한 상태를 유지하려는 성향을 의미한다.

(7) 사회문화적 이론

① 개요
㉠ 인간은 사회적 존재이며 이상행동은 사회문화적 요인에 의해 유발된다는 이론이다.
㉡ 정신장애의 원인에 대한 학설 `2015년 기출 ★`

사회적 유발성	낮은 사회계층에 속한 사람은 타인으로부터 부당한 대우, 낮은 교육 수준, 낮은 취업기회 및 취업 조건 등으로 많은 스트레스와 좌절 경험을 통해 정신장애(조현병)로 발전할 수 있다.
사회적 선택설	중상류층 사람도 정신장애를 겪으면 사회적응력이 적어져 결국 사회 하류 계층으로 옮겨가게 된다.
사회적 낙인설	정신 장애에 대한 사회적 낙인은 정신 장애를 지닌 사람들의 재활을 어렵게 하고 심리적으로 악화시키는 결과를 초래한다.

(8) 정신장애에 대한 최근 동향

① 탈시설화 증가 : 정신장애 개입을 과거는 입원 시설을 통해 관리하던 부분이 최근에는 탈시설화되면서 다양한 주거프로그램을 제공하여 지역사회에서 관리하는 방향으로 바뀌어간다.
② 항정신성 약물이 발전되어 가고 있으며 약물치료가 보편화 되어 가고 있다.
③ 다양한 심리치료 서비스가 제공되고, 이에 대한 이용이 증가하고 있다.
④ 정신장애 치료적 접근 뿐 아니라 더 적극적으로 예방적 접근을 강조한다.

3 이상행동 판별기준

(1) 적응적 기능의 저하 및 손상

① 개인의 인지적, 정서적, 행동적, 신체 생리적 기능이 저하되거나 손상되어 원활한 적응에 지장을 초래할 때, 부적응적인 이상행동으로 간주할 수 있다.
② 문제점
㉠ 적응과 부적응의 경계가 모호하다.
㉡ 적응과 부적응을 누가 무엇에 근거하여 평가하느냐에 따라 기준이 다르다.
㉢ 개인의 부적응이 어떤 심리적 기능 손상에 의해 초래되었는지를 판단하기가 어렵다.

(2) 주관적 불편감과 개인적 고통

① 스스로 매우 심한 고통과 불편감을 느끼게 하는 행동을 이상행동이라고 본다.

② 주관적 고통은 부적응 상태에 의해 유발될 수도 있고 주관적 고통으로 부적응 상태가 유발될 수도 있다.
③ 문제점
   ㉠ 심리적인 고통을 경험한다고 해서 비정상적이라고 할 수는 없다.
   ㉡ 어느 정도의 주관적 고통과 불편감이 비정상적이라고 판단내리기가 어렵다.
   ㉢ 매우 부적응적인 행동을 하지만 개인적인 고통과 불편감을 느끼지 않는 경우들이 있다.

(3) 문화적 규범의 일탈
① 문화적 규범에 어긋나거나 일탈된 행동을 나타낼 때 이상행동으로 본다.
② 문제점
   ㉠ 문화적 상대성으로 어느 문화에서는 정상적 행동이 다른 문화에서는 부적응일 수 있다.
   ㉡ 문화적 규범 자체가 바람직하지 못할 경우에도 이를 적용해야 하느냐 하는 점이 있다.

(4) 통계적 규준의 일탈
① 통계적 속성에 따라 평균으로부터 멀리 일탈된 특성을 나타낼 경우 '비정상적'이라고 본다.
② 한계
   ㉠ 평균으로부터 일탈된 행동 중에는 바람직한 방향으로 일탈한 경우가 있다.
      예 IQ150은 평균에서 많이 이탈되었지만 이상으로 볼 수 없다.
   ㉡ 인간의 심리적 특성을 측정하여 그 평균과 표준편차를 확인하는 것이 어렵다.
   ㉢ 흔히 평균으로부터 두 배의 표준편차만큼 일탈된 경우를 이상행동과 정상 행동의 경계선으로 삼고 있지만 이러한 통계적 기준은 전문가들이 세운 편의적 경계일 뿐 이론적이거나 경험적인 타당한 근거에 기초한 것은 아니다.

Plus Study • 지각장애와 사고장애

1. 지각장애
들어온 자극을 과소평가하거나 과대평가하는 단순한 장애부터 자극을 잘못 판단하는 착각, 또는 없는 자극을 있는 것처럼 지각하는 환각에 이르기까지 다양하다.
① 환청 : 환각 중 가장 많이 나타나는 것으로 남들에게 들리지 않는 소리가 들리는 것이다.
② 환시 : 남들에게 보이지 않는 물체가 보이는 현상으로 뇌의 후두엽피질에 국소문제가 있거나, 측두엽이나 두정엽에 병변이 있는 경우도 나타난다.
③ 환촉 : 실제 존재하지 않는 감각들이 비정상적으로 느껴지는 현상이다. 대개 알코올중독이나 진전섬망, 코카인 중독 등에서 흔하다.
④ 환미 : 비정상적인 맛을 느끼는 호소가 주로 보고되며, 독을 타거나 수면제를 탔다고 호소하여 직접 음식을 조리해 먹으려는 행동이 나타난다.
⑤ 환취 : 대개 기분 나쁜 냄새를 맡는 것으로 나타난다. 주로 성과 관련된 정액, 암내, 썩는 냄새 등이 난다고 지각하는 경우가 많다.

2. 사고장애 2020년, 2016년 기출 ★

① 사고의 비약 : 어떤 한 관념에서 통상적인 연상과정을 거치지 않고 생각이 원래의 주제에서 벗어나 지엽적인 내용을 따라 다른 방향으로 발전하는 현상이다.
② 사고의 지연 : 사고과정에서 연상의 속도가 늦어 전체적인 사고진행이 느려지거나 때론 이루어지지 않아 결론에 도달하지 못하는 현상이다.
③ 사고의 차단 : 사고의 흐름이 갑자기 멈추게 되는 현상이다.
④ 사고의 이탈 : 사고가 어떤 관념에서 출발하여 다시 중심 요점으로 되돌아가지 못해 결과적으로 처음 의도한 생각이나 목표에 도달하지 못하는 현상이다.
⑤ 사고의 우회(우원증)(circumstantiality) : 많은 불필요한 묘사를 거친 후에야 말하고자 하는 목적에 도달하는 현상이다.
⑥ 사고의 보속증(perseveration) : 사고를 진행하려는 노력에도 불구하고 계속적으로 한 단어 또는 몇 개의 단어만 반복해서 되풀이 하는 현상이다.
⑦ 말비빔(word salad) : 지리멸렬의 극심한 형태로 전혀 무관한 것으로 보이는 일련의 단어만 나열하는 현상이다.
⑧ 음향연상(clang association) : 사고의 흐름이 극단적으로 빨라서 소리가 비슷한 단어만 연결하는 현상이다. 예 '사람, 사슴, 사랑 …'.
⑨ 연상이완(loosening of association) 또는 연합이완이라고도 하는데 본래 관련이 없는 관념이 상호 연결되기 때문에 문맥이 끊겨서 이야기가 정리되지 않는 사고장애유형이다.
⑩ 신어조작증 : 자기자신만이 아는 의미를 가진 새로운 말을 새롭게 만들어 내는 현상이다.
⑪ 사고의 지리멸렬 : 사고가 조리나 일관성 없이 서로 연결되지 않고 토막토막 끊어지는 경우로 도무지 줄거리를 알 수 없는 잡다한 이야기를 계속하는 현상이다.

Plus Study ● 이상행동 또는 정신장애와 연관된 용어들 2016년 기출 ★

- 이상행동(Abnormal Behavior) : 외현적으로 관찰되거나 측정될 수 있는 행동으로서 판별기준에 의해 '비정상적'이라고 평가될 수 있는 행동
- 부적응 행동(Maladaptive Behavior) : 적응을 개인과 환경의 원활한 상호작용이라고 보는 관점에서 특히 환경적 요구에 적절히 대응하지 못하여 여러 가지 문제를 일으키는 개인의 행동
- 역학 : 얼마나 많은 사람이 특정한 정신장애로 고통받고 있으며 특히 어떤 특성을 지닌 사람들에게 이러한 정신장애가 흔히 나타나는지에 대해 분포 양상에 대한 연구
- 위험요인(Risk Factor) : 이상행동이나 정신장애의 발생 가능성을 증가시키는 어떤 조건이나 환경
- 증상 : 내면된 심리적, 신체적 장애 또는 심리사회적인 문제가 생길 가능성이 있는 지표로서 개인이 호소하는 질병의 표현
- 장애 : 신체기관이 본래의 제 기능을 발휘하지 못하거나 정신능력에 어떤 결함이 있는 상태
- 유병률(Prevalence) : 전체 인구 중 특정한 정신장애를 지니고 있는 사람들의 비율
  - 시점 유병률(Point Prevalence) : 현재 시점에서 특정한 정신장애를 지니고 있는 사람들의 비율
  - 기간 유병률(Period Prevalence) : 일정한 기간 동안에 특정한 정신장애를 경험한 사람들의 비율
  - 평생 유병률(Lifetime Prevalence) : 평생 동안 특정한 정신장애를 한 번 이상 경험한 사람들 비율

Section 02 이상행동의 분류 및 진단

> **학습목표**
> DSM-5의 특징과 이상행동 분류와 진단방법에 대해서 설명하고, 이상행동을 평가하는 방법에 대해서 알아본다.

1 DSM(정신장애 진단 및 통계편람)

(1) 특징 2014년 기출 ★

① 미국정신의학회(APA)에서 1952년 DSM-I이 처음 출간된 이후 지속적인 연구를 통해 2013년 DSM-5를 출간하였다.
② 정신장애의 원인보다 질환의 증상과 증후들에 초점을 두었다.
③ 정신질환자들의 분류체계와 진단을 효율적으로 적용하기 위해 마련하였다.
④ 정신의학적 진단의 신뢰성과 타당성을 확보하기 위해 마련하였다.
⑤ 정신장애를 20개의 주요 범주로 나누고, 그 하위범주를 여러 개로 세분화하였다.

범 주	하위 장애	범 주	하위 장애
신경 발달 장애	• 지적장애 • 의사소통 장애 　- 언어장애　　- 발화음장애 　- 유창성장애　- 사회적 의사소통 장애 • 자폐 스펙트럼 장애 • 주의력 결핍/과잉행동 장애 • 특정 학습장애 • 운동장애 　- 틱장애　　- 발달적 협응 장애 　- 상동증적(정형적) 운동장애	정신분열 스펙트럼 및 기타 정신증적 장애	• 조현병(정신분열증) • 조현정동장애 　(분열정동 장애) • 조현양상장애 　(정신분열형 장애) • 단기 정신병적 장애 • 망상장애 • 조현형 성격장애 　(분열형 성격장애) • 긴장증(약화된 정신증 증후군)
우울장애	• 주요 우울장애 • 지속성 우울장애 • 월경전기 불쾌장애 • 파괴적 기분조절부전 장애	양극성 및 관련 장애	• 제1형 양극성 장애 • 제2형 양극성 장애 • 순환감정 장애
불안장애	• 범불안장애　　• 특정공포증 • 광장공포증　　• 사회불안장애 • 공황장애　　　• 분리불안장애 • 선택적 무언증	강박 및 관련 장애	• 강박장애 • 신체변형 장애 • 저장장애 • 모발 뽑기 장애 • 피부 벗기기 장애
외상 및 스트레스 사건-관련 장애	• 외상 후 스트레스 장애 • 급성 스트레스 장애 • 반응성 애착장애 • 적응장애 • 탈억제 사회유대감 장애	해리장애	• 해리성 정체감 장애 • 해리성 기억상실증 • 이인증/비현실감 장애

범주	하위 장애	범주	하위 장애

수면-각성 장애	• 불면장애
	• 과다수면 장애
	• 기면증(수면발작증)
	• 호흡관련 수면장애
	• 일주기 리듬 수면-각성 장애
	• 수면이상증
	  - 비REM 수면 각성장애
	  - 악몽장애
	  - REM 수면 행동장애
	  - 초조성 다리 증후군
		급식 및 섭식장애	• 신경성 식욕부진증
			• 신경성 폭식증
			• 폭식장애
			• 이식증
			• 반추장애
			• 회피적/제한적 음식섭취 장애

배설장애	• 유뇨증 • 유분증	신체증상 및 관련 장애	• 신체증상장애 • 질병불안장애 • 전환 장애 • 허위성 장애
파괴적, 충동통제 및 품행장애	• 적대적 반항장애 • 품행장애 • 간헐적 폭발성 장애 • 반사회성 성격장애 • 방화증 • 도벽증	신경인지 장애	• 주요 신경인지장애 • 경도 신경인지장애 • 섬 망
물질 관련 및 중독장애	물질 관련 및 중독장애 — 물질 유도성 장애: 물질 사용 장애 / 물질 중독 / 물질 금단 / 물질/약물 유도성 정신장애 비물질 관련 장애: • 도박 장애	기타 정신장애	• 다른 의학적 상태에 기인한 달리 명시된 정신장애 • 다른 의학적 상태에 기인한 명시되지 않은 정신장애 • 달리 명시된 정신장애 • 명시되지 않은 정신장애
성 관련 장애	성 기능 장애: • 남성 성욕감퇴 장애 • 발기 장애 • 조루증 • 지루증 • 여성 성적 관심/흥분 장애 • 여성 절정감 장애 • 생식기-골반 통증/삽입 장애 성 도착 장애: • 관음장애 • 노출장애 • 접촉마찰 장애 • 성적 피학, 가학 장애 • 아동성애 장애 • 성애물 장애 • 의상전환 장애 성 불편증: • 아동의 성별불쾌감(성불편증) • 청소년 및 성인 성별불쾌감	성격장애	A군 성격장애: • 편집성 성격장애 • 분열성 성격장애 • 분열형 성격장애 B군 성격장애: • 반사회성 성격장애 • 연극성 성격장애 • 경계성 성격장애 • 자기애성 성격장애 C군 성격장애: • 회피성 성격장애 • 의존성 성격장애 • 강박성 성격장애

신설된 장애	제외된 장애
• 피부 벗기기 장애 • 저장장애 • 월경전 불쾌감 장애 • 파괴적 기분조절곤란 장애 • 도박장애 • 자폐스펙트럼 장애(ASD) • 폭식장애 • 초조성 다리증후군 • 성불편감 • 사회적의사소통장애 • REM수면행동장애 • 회피적/제한적 음식섭취 장애	• 아스퍼거 증후군 • 소아기 붕괴성 장애(CDD) • 정신분열증 하위유형 • 성정체성 장애 • 사별배척

(2) DSM-5 체계의 특징 2019년, 2017년 기출 ★

① **진단체계를 폐지** : DSM-Ⅳ에서 쓰던 다축체계를 객관성과 타당성이 부족하다는 비판에 따라 폐지하였다.

② **범주적 분류와 더불어 차원 분류 도입** 2020년 기출 ★
   ㉠ 범주적 분류는 이상행동이 정상 행동과는 질적으로 구분된다고 보는 것으로 흑백논리적인 분류 특성을 지니고 있다.
   ㉡ 일차적으로 범주적 분류에 기초하나 한계를 보완하기 위해 차원적 분류방식을 도입하였다.
   ㉢ 차원적 분류는 정상 행동과 이상행동이 부적응 정도의 차이가 있을 뿐 질적으로 다르지 않다는 가정에 근거한다.

③ **숫자를 로마자에서 아라비아숫자로 변경** : DSM-Ⅳ까지 쓰던 로마자 표기를 DSM-5에서는 아라비아 숫자로 바꾸었다.

④ **세부기준 적용 확대** : DSM-Ⅳ에서는 심각도 세부기준이 정신지체, 품행장애, 조증삽화, 주요우울삽화에만 적용되었는데 DSM-5에서는 정신분열증, 불안장애, 강박장애, 외상 후 스트레스장애, 해리장애, 성격장애, 성도착장애를 제외한 대부분의 장애에 핵심증상의 심각도에 대한 세부기준이 적용되었다.

⑤ **인권에 대한 존중** 2020년 기출 ★
   ㉠ 가치의 다양성을 배려하고 문화적 차이를 고려하였다.
   ㉡ 진단명을 내담자 존중 진단명으로 바뀌었다. 예 말더듬-유창성 장애, 정신지체-지적장애 등

⑥ 달리 분류되지 않는 범주(NOS) 대신 달리 명시된(other specified) 또는 명시되지 않은(unspecified) 것 중에 선택하도록 하였다

(3) DSM-Ⅳ와 DSM-5의 주요 비교 2016년 기출 ★

① **삭제된 진단명** : 아스퍼거 증후군, 소아기 붕괴성 장애(CDD), 전반적 발달장애(PDD), 성정체성 장애, 정신분열증 하위유형, 주요 우울증 삽화의 사별배척항목

② **신설된 진단명** : 자폐스펙트럼 장애, 피부 벗기기 장애, 저장장애, 월경 전 불쾌감 장애, 파괴적 기분조절곤란 장애, 폭식장애, 도박장애, 초조성 다리증후군, 사회적 의사소통 장애, 성불편감 등

Section 02 이상행동의 분류 및 진단

③ '불안장애'의 하위유형인 '강박장애'와 '외상 후 스트레스 장애'가 각각 '강박 및 관련 장애'와 '외상 및 스트레스 관련 장애'로 독립된 장애범주로 분류되었다.
④ '기분장애'의 하위유형이었던 '우울장애'와 '양극성 장애'가 각각 독립된 장애범주로 구분되었다.
⑤ '강박 및 관련 장애'에 '저장장애'와 '피부 벗기기 장애'가 하위 진단으로 추가되었다.
⑥ '우울장애'에 '파괴성 기분조절 불쾌장애', '월경 전 불쾌 장애'가 추가되었다.
⑦ '배설 장애'가 독립된 장애범주로 분류되었다.
⑧ '아동기자폐', '아스퍼거장애'와 '아동기붕괴성장애'가 '자폐 스펙트럼장애'로 통합되어지면서 '신경발달장애'로 분류되었다.
⑨ '주의력 결핍 과잉행동장애'가 '신경 발달장애' 하위유형으로 분류되었다. 증상의 발현시기도 7세 이전에서 12세 이전으로 조정되었다.
⑩ '폭식 장애'는 '급식 및 섭식 장애'의 하위유형으로 정식 진단명이 부여되었다.
⑪ '정신분열증'의 하위유형인 망상형, 해체형, 긴장형, 감별 불능형, 잔류형의 분류가 폐지되었다.
⑫ '물질 관련 장애'는 '물질관련 및 중독 장애'로 확장되고 '물질 관련 장애'와 '비물질 관련 장애'로 나뉘어 심각도를 경도, 중도, 고도 3등급으로 구분하였다.
⑬ 병적 도박이 '도박장애'로 명칭이 변경되어 '비물질 관련 장애'로 분류되었다.
⑭ 치매가 심각도에 따라 '주요 신경인지장애' 및 '경도 신경인지장애'로 분류되었다.

2 이상행동 분류와 진단 2018년, 2015년 기출 ★

(1) 개요

① 현재 가장 널리 사용되고 있는 정신장애의 분류체계는 미국 정신 의학회(APA)가 발간한 DSM-5와 세계보건기구(WHO)에서 제정하여 국제적으로 통용되는 '국제질병분류' 제10개정판(ICD-10) (1992)이다.
   ※ DSM은 1952년에 시작되었으며, 원인보다 증상에 초점을 두고 정신질환에 집중하는 반면, ICD는 모든 질병을 다룬다.
② 진단은 사회적이고 문화적인 부분을 고려해야 한다.

(2) 분류의 장단점 2021년 기출 ★

장 점	• 연구자들이 일관성 있게 공통적으로 사용할 수 있는 용어를 제공한다. • 연구자나 임상가에게 효과적인 정보를 제공한다. • 과학적 연구와 이론개발을 위한 기초를 제공한다. • 환자 간의 유사성과 차이점을 인식하는 데에 도움을 준다. • 장애의 진행과정을 예측할 수 있게 한다.
단 점	• 환자의 개인적 정보가 유실되고 환자에 대한 고정관념이 형성된다. • 환자에 대한 낙인이 될 수 있으므로 신중해야 한다. • 진단은 환자의 예후나 치료효과에 대한 선입견을 줄 수 있다.

(3) 범주적 분류와 차원적 분류 2016년 기출 ★

① 이상행동과 정상행동의 구분을 양적인 문제로 보는지 질적인 문제로 보는지에 따라 '범주적 분류'와 '차원적 분류'로 나눌 수 있다.
② 범주적 분류(Categorical Classification)는 질적인 구분으로 이상행동은 독특한 원인에 의한 것이기 때문에 정상행동과는 명료한 차이가 있으며 흑백 논리적이다.
③ 차원적 분류(Dimensional Classification)는 양적인 구분으로 정상행동과 이상행동의 구분이 부적응성에 따른 정도 차이지 질적인 차이는 없다고 본다.

(4) 분류체계의 신뢰도와 타당도

① 신뢰도(Reliability) : 한 분류체계를 적용하여 환자들의 증상이나 장애를 평가했을 때 동일한 결과가 도출되는 정도이다.
② 타당도(Validity) : 분류체계가 증상이나 원인 등에 있어서 정말 서로 다른 장애들을 제대로 분류하고 있는가에 대한 평가이다.
③ 분류체계는 신뢰도와 타당도에 근거하여 평정한다.

3 이상행동 평가 2019년, 2018년 기출 ★

(1) 면접법 2020년 기출 ★

① 구조화된 면접법
   ㉠ 면접자의 주관성을 배제하기 위해서 질문의 구체적인 내용과 순서를 비롯하여 응답에 대한 채점방식 등이 정해져 있는 면접방법이다.
   ㉡ 초보자가 실시하기 용이하다.
② 비구조화된 면접법
   ㉠ 면담의 내용과 순서를 정하지 않고, 면담 시 상황과 내담자의 반응에 따라 유연성 있게 진행하여 정보를 수집하는 면접방법이다.
   ㉡ 신뢰도는 낮으나 훈련된 평정자가 실시하면 타당도가 높다.

(2) 행동관찰법

① **자연관찰법** : 일상생활이나 특정 장소에서 발생하는 행동 자체를 관찰하고 기록하는 방법이다. 어떠한 조작이나 자극을 주지 않고 통제하지 않기 때문에 비통제 관찰이라고도 한다.
② **실험적 관찰법** : 관찰 대상과 장소와 방법을 한정하고, 행동을 인위적으로 일으키거나 조직적으로 변화시켜서 관찰한다. 인위적으로 통제하기 때문에 통제 관찰이라고도 한다.

③ **우연적 관찰법** : 우연히 나타난 두드러진 행동을 기록하고 관찰하는 방법이다. 이것은 일정 기간 동안 관찰대상의 행동에서 특별하다고 생각되는 행동을 선별하여 기록하기 때문에 일화기록법이라고도 한다.

④ **참여관찰법** : 관찰자가 직접 집단에 참여하여 그 집단구성원과 같이 생활하면서 관찰하는 방법이다.

⑤ **자기관찰법** : 환자가 자신의 행동을 체계적으로 관찰하는 방법이다.

⑥ **행동분석법** : 어떠한 문제행동이 나타나는 전후 상황을 구체적으로 평가하는 방법이다.

(3) **심리검사법**

① 심리검사법은 개인의 심리적 특성을 가장 객관적으로 측정할 수 있는 방법이다.

② 객관적 성격검사는 검사과제가 구조화되어 있으며 객관적이고 명확하여 모든 사람이 동일한 방법으로 해석할 수 있는 검사이다. 예 MMPI, MBTI, 지능검사 등

③ 투사적 성격검사는 비구조화 검사로 다양한 반응을 이끌어낼 수 있는 검사이며 채점자와 해석자가 전문성을 가지고 있어야 한다. 예 로샤, 문장완성검사, 그림검사, 주제통각검사 등

④ 신경심리검사는 다양한 심리적 기능을 측정하여 뇌의 손상 유무, 손상의 정도와 부위를 평가하는 검사이다.

(4) **심리 생리적 측정법** : 심리 생리적 반응을 측정할 수 있는 도구를 통해 심리적 상태나 특성을 평가하는 방법으로 뇌파검사, 다원 측정 장치 등이 있다.

(5) **뇌 영상술** : 뇌 영상술은 전자기술의 발달로 인해 뇌의 손상을 직접적으로 평가할 수 있는 방법으로 단층 촬영술(CT), 자기공명 영상술(MRI) 등이 있다.

> **Plus Study** ● 뇌 2020년 기출 ★
>
> - **대뇌** : 뇌의 대부분을 차지하는 중추신경계의 중추로 운동, 감각, 언어, 기억 및 고등 정신을 수행하는 기관이다. 대뇌피질은 뇌의 가장 상위 수준의 구조로 가장 복잡한 지각, 정서, 운동과 사고에 관여한다. 대뇌피질의 각 반구는 네 영역 혹은 엽(Lobes)으로 구분한다.
>   - **전두엽** : 전두엽은 가장 큰 대뇌엽으로 변연계와 밀접하게 연결되어 있다. 전두엽은 어떤 상황이 위험한지 아닌지의 여부를 결정하는 데 중요한 역할을 하며, 운동, 추상적 사고, 계획, 기억과 판단 등에 관여한다.
>   - **후두엽** : 뇌 뒤쪽에 있으며, 이 후두엽에는 시각 중추가 있어서 시각피질이라고도 부른다.
>   - **측두엽** : 청각 피질이라고 부르는 우표 크기만한 청각 조절 중추가 있으며, 다른 부위에서는 인지 기능과 기억 기능을 조절한다.
>   - **두정엽** : 외부로부터 오는 정보를 조합하는 곳으로, 문자를 단어로 조합하여 의미가 있는 것으로 만들며, 촉각에 관한 정보를 처리하는 기능을 한다.
> - **소뇌** : 뇌의 한 부분으로 대뇌 아래, 중뇌 뒤쪽에 위치하는 작은 뇌. 주로 운동기능과 평형감각을 조절한다.

- 간뇌 : 시상과 시상하부로 구성되어 있다. 시상은 모든 감각기로부터 대뇌 피질로 가는 흥분을 중계하고, 시상하부는 체온 조절, 혈당량 조절, 삼투압 조절의 중추이며 식욕·생식·수면에 대한 본능적 욕구의 중추이기도 하다.
- 중뇌 : 뇌간에 속하는 것으로 뇌간에서는 가장 윗부분이 되며, 간뇌 바로 아래에 있어서 눈의 움직임과 청각에 관여하고 소뇌와 함께 평형을 유지하는 데에도 참여한다.
- 연수 : 뇌간에서 가장 작은 부위로 숨뇌라고도 한다. 자발적으로 호흡을 하는 것과 심장을 뛰게 하는 것, 혈압과 맥압혈류 등의 생체 활동을 일정하게 유지시켜 주는 반사 기능의 중추 역할이다.
- 편도체 : 감정을 조절하고 공포 및 불안에 대한 학습 및 기억에 중요한 역할을 한다.
- 기저핵 : 수의운동의 조절, 절차상 학습, 이 갈기와 같은 습관, 눈의 움직임, 인식, 감정을 포함한 많은 기능들과 관련이 있다.
- 해마 : 해마는 새로운 사실을 학습하고 이를 단기적으로 기억하며, 이것을 대뇌피질로 보내 장기기억으로 저장하거나 삭제한다.

(6) 정신상태 검사 (MSE) 2020년 기출 ★

① 신경학적 검진에서 가장 복합적인 것이 정신 상태검사이다.
② 정신 상태란 한 사람의 정서반응, 인지 능력 및 성과, 성격을 총괄하는 것으로 개인의 능력과 환경과의 상호작용 능력을 확인하는 과정이다.
③ 검사의 요소로는 전반적인 외모와 행동, 기분 상태, 지각의 상태, 사고의 상태 및 사고 내용, 의식 및 인지기능이 있다.

※ 지남력 측정 : 지남력이란 시간과 장소, 상황이나 환경 따위를 올바르게 인식하는 능력이다.
예 '이름이 뭐예요?', '오늘 몇월 며칠인가요?', '여기는 어딘가요?' 등

Section 03 신경발달장애

학습목표

신경발달장애의 하위장애에 대해 각각 임상적 특징과 DSM-5 진단기준을 확인하고, 원인과 치료방법에 대해서 살펴본다.

신경발달장애의 하위유형 2021년, 2020년, 2019년, 2016년, 2015년 기출 ★

하위장애			핵심증상
지적장애			지적능력이 현저하게 낮아서 학습 및 사회적 적응에 어려움을 나타낸다.
의사소통장애	언어장애	표현성 언어장애	언어의 발달과 사용에 지속적인 곤란을 나타낸다. 아동기 수용성언어장애는 표현성 언어장애를 동반한다.
		수용성 언어장애	
		수용성-표현성 언어장애	
	발화음 장애		발음의 어려움으로 인해 언어적 의사소통의 곤란을 보인다.
	아동기-발생 유창성 장애		말더듬기로 인해 유창한 언어적 표현의 곤란을 보인다.
	사회적 의사소통장애		언어적, 비언어적 의사소통 기술을 사회적 상황에서 적절하게 사용하지 못한다.
	미분류형 의사소통장애		음의 고저, 크기, 질, 억양, 공명에서의 비정상성
자폐 스펙트럼 장애			사회적 상호작용과 의사소통의 심각한 곤란, 제한된 관심과 흥미 및 상동적 행동의 반복을 보인다.
주의력 결핍/과잉행동 장애			주의 집중의 곤란, 산만하고 부주의한 행동, 충동적인 과잉행동을 보인다.
특정 학습장애			읽기, 쓰기, 수리적 계산을 학습하는 것에 어려움을 보인다.
운동장애	틱 장애	운동틱 (얼굴이나 몸)	뚜렛 장애	가장 심각하며, 운동틱과 음성틱이 함께 존재한다.
		음성틱 (단순음성틱, 복합음성틱)	지속성 운동 또는 음성 틱장애	운동틱이나 음성틱 중 하나의 증상이 1년 이상 지속된다.
			일시성 틱장애	운동틱이나 음성틱 중 하나의 증상이 일시적으로 나타난다.
	발달적 협응장애			운동발달이 늦고 동작이 현저히 미숙하다.
	상동증적(정형적) 동작장애			특정한 패턴의 행동을 아무런 목적 없이 반복한다.

※ 중추신경계, 즉 뇌의 발달지연 또는 뇌 손상과 관련된 것으로 알려진 정신 장애이다. 생애 초기부터 나타나는 아동기 및 청소년기의 정신장애를 포함한다.

1 지적장애 2018년 기출 ★

(1) 임상적 특징

① 지능이 비정상적으로 낮아서 학습 및 사회적 적응에 어려움을 나타내는 경우이다.

② 표준화된 지능검사에서 IQ 70 미만의 지능지수를 보인다.

③ 개념적·사회적·실제적 영역에서 지적기능과 적용기능에서의 결손을 보인다.
  ㉠ **지적기능** : 추리, 문제해결, 계획, 추상적 사고, 판단, 학교에서의 학습 및 경험을 통한 학습할 수 있는 능력을 말한다.
  ㉡ **적응기능** : 가정, 학교, 직장, 지역사회와 같은 다양한 환경에서의 의사소통, 사회적 참여, 독립적인 생활과 같은 일상생활을 영위할 수 있는 능력을 말한다.
④ **지적장애의 심각도** 2014년 기출 ★

경도	IQ50/55~70 미만 (지적장애의 85%)	교육이 가능하며 독립적 생활 또는 지도가 가능하다.
중등도	IQ35/40~IQ50/55 (지적장애의 10%)	초등학교 2학년 정도로 지도나 감독 하에 사회적·직업적 기술 습득이 가능하다.
고도	IQ20/25~IQ35/40 (지적장애의 3~4%)	간단한 셈, 철자의 습득 및 감독 하에 단순작업 수행이 가능하다.
최고도	IQ20/25 이하 (지적장애의 1~2%)	지적학습 및 사회적 적응이 거의 불가능하다.

  ㉠ **경도**(IQ 50~55에서 70 미만으로 지적장애의 85%)
    ⓐ 개념적 영역 : 학령기 아동과 성인에서는 학업기술을 배우는 데 어려움이 있으며, 연령에 적합한 기능을 하기 위해 하나 이상의 영역에서 도움이 필요하다.
    ⓑ 사회적 영역 : 또래에 비해 사회적 상호작용이 미숙하고 사회적 위험에 대한 이해가 제한적이다.
    ⓒ 실행적 영역 : 성인기에는 개념적 기술이 강조되지 않는 일자리에 종종 취업이 가능하다.
  ㉡ **중등도**(IQ 35~40에서 50~55으로 지적장애의 10%)
    ⓐ 개념적 영역 : 개념적 기술이 연령 수준에 비해 심하게 뒤처지며 학령기 내내 읽기, 쓰기, 산술의 이해가 느리고 제한적이다.
    ⓑ 사회적 영역 : 사회적 의사소통이 연령 수준에 비해 매우 늦고 사용 언어도 단순하다. 성인기에 이성관계가 가능하고 직장에 다닐 수 있으나 사회적 신호(몸짓, 표정, 상징적 표현), 사회적 판단에 있어 도움이 필요하다.
    ⓒ 실용적 영역 : 기본적 행동(식사, 옷입기, 배설)이 가능하고 집안일에 참여 가능하다. 단순한 일의 직장은 고용 가능하나 복잡한일 처리는 상당한 도움이 필요하다.
  ㉢ **중증도-고도**(IQ 20~25에서 35~40으로 지적장애의 3~4%)
    ⓐ 개념적 영역 : 문자, 숫자, 돈, 수량, 시간에 관한 개념을 거의 이해하지 못하며 인생 전반에 걸쳐 지원이 필요한 수준이다.
    ⓑ 사회적 영역 : 사용하는 언어는 한 단어나 구절이며 문법적인 면도 상당히 제한적이다. 언어와 의사소통은 일상생활 속 현 시점에만 초점을 둔 상태이다.

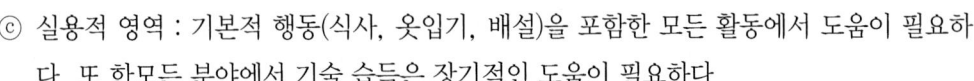

ⓒ 실용적 영역 : 기본적 행동(식사, 옷입기, 배설)을 포함한 모든 활동에서 도움이 필요하다. 또 한모든 분야에서 기술 습득은 장기적인 도움이 필요하다.
ㄹ) **최고도**(IQ 20~25 이하 지적장애의 1~2%)
ⓐ 개념적 영역 : 개념적 기술은 상징적인 것보단 물질적인 것과 관련되며 연결, 분류 등 특정 시공간적 기술을 훈육할 수 있지만 운동 및 감각 손상으로 제한적이다.
ⓑ 사회적 영역 : 상징적 의사소통(언어능력, 몸짓)을 이해하는데 상당히 제한적. 감각과 신체 손상으로 사회적 활동이 제한적이다.
ⓒ 실용적 영역 : 신체적 돌봄, 건강, 안전, 여가 활동의 모든 면에서 지원이 필요하며, 감각과 신체 손상으로 대부분 활동에 지장이 있다. 신체 손상이 없다면 지속적인 도움 속에서 아주 단순한 직업 참여가 가능하다.

(2) DSM-5 진단기준

지적장애(지적발달장애)는 발달기에 발병하며 개념·사회·실질 영역에서 지적 및 적응적 기능에 결함이 있는 상태를 말한다. 다음 3가지 기준을 충족시켜야 한다.
① 추리, 문제해결, 계획, 추상적 사고, 판단, 학업, 경험 학습 등과 같은 지적기능의 결함이 있는데 이는 임상적 평가와 개별 표준화 지능검사 모두에서 확인되어야 한다.
② 개인 독립성 및 사회적 책임에 대한 발달적·문화적 기분을 충족시키지 못하는 적응 기능에서의 결함이 있다. 지속적인 지원이 없다면 적응결함은 가정, 학교, 일터, 지역사회 등의 여러 환경에서 의사소통, 사회참여, 독립생활과 같은 일상생활 활동 중 1가지 이상 제한을 가져온다.
③ 지적 및 적응 결함이 발달기에 발병한다. 심각도에 따라 가벼운(경도), 보통의(중등도), 심한(고도), 아주 심한(최고도) 정도로 구분한다.

(3) 원인

① 유전자 이상(약 5%), 임신 및 태내 환경의 이상, 임신 및 출산과정의 이상, 열악한 환경요인 등이 있다.
② 다운증후군(Down Syndrome)은 유전자 이상으로 염색체 이상에 의해 유발되는 대표적인 지적 장애이다(21번 염색체가 3개이다.).

(4) 치료

① 일상생활에 필요한 다양한 적응 기술을 학습시키고, 적응기술이 유지되도록 한다.
② 지적장애에 대한 최선의 치료는 예방이다.

2 의사소통장애 2019년, 2017년, 2015년, 2014년 기출 ★

(1) 일반적 지능 수준인데도 의사소통에 사용하는 말이나 언어의 사용에 결함이 있는 경우를 말한다.

(2) 언어장애
   ① 임상적 특징
      ㉠ 언어를 이해하거나 표현하는 데 현저한 어려움을 나타낸다.
      ㉡ 감각기능 결함과 같은 신체적 원인이 언어발달을 지체시킬 수 있으며 언어발달이 이루어지는 유아기에 적절한 언어적 환경과 자극이 주어지지 못한 경우에 발생한다.
      ㉢ 어순, 시제, 어휘 부족, 문장구조 부족, 대화능력 문제를 위한 여러 가지 언어이해나 표현 능력이 손상이 되어졌다.
      ㉣ 4세 이전에는 언어장애와 정상적 언어 발달의 표현을 구분하는 것이 어렵다.
   ② DSM-5 진단기준
      ㉠ 다음 증상을 포함하여 이해나 생성의 결함에 기인하여 여러 양상에 따른 언어 습득과 사용이 지속적인 문제를 보인다.
         ⓐ 한정된 단어지식과 사용
         ⓑ 제한된 문장 구조
         ⓒ 손상된 화법
      ㉡ 언어능력이 나이에 비해 현저하게 저하되어 효과적인 의사소통, 사회적 참여, 학업적 성취, 직업적 수행에서 기능적 저하를 초래한다.
      ㉢ 언어장애 증상들이 초기 발달기에 나타난다.
      ㉣ 언어장애 증상이 청각이나 다른 감각 손상, 운동 기능 장애 혹은 다른 의학적·신경학적 상태에 기인하지 않고, 지적장애나 광범위성 발달지연으로 설명되지 않는다.
   ③ 치료
      ㉠ 이비인후과 등 신체적 문제가 없는지 검진한다.
      ㉡ 부모-자녀 관계를 탐색하고 정서적 어려움이 없는지 확인하고 해결하도록 한다.

(3) 발화음 장애
   ① 임상적 특징
      ㉠ 발음의 어려움으로 인해 의사소통에 지장을 초래하는 경우를 말한다.
      ㉡ 혀 짧은 소리, 현저하게 부정확한 발음을 사용하고 단어의 마지막을 발음하지 못하거나 생략하는 문제를 보인다.
      ㉢ 청각장애, 발성기관 결함, 인지장애와 같은 문제에 의해 유발되며 정서적 불안이나 긴장 등 심리적인 부분에 의해서 기인할 수 있다.

② DSM-5 진단기준
  ㉠ 말의 명료성을 저해하거나 언어적 의사소통을 방해한다.
  ㉡ 발음의 문제로 인하여 학업적·직업적 성취나 사회적 의사소통에 현저한 어려움을 겪게 된다.
  ㉢ 발화음 장애가 초기 발달기에 나타난다.
  ㉣ 뇌성마비, 구개파열, 청각상실, 외상성 뇌손상, 기타 의학적·신경학적 상태 등과 같은 획득된 상태에 기인하지 않아야 한다.

③ 치료
  ㉠ 음성학적 문제를 유발하는 신체적·심리적 문제를 해결한다.
  ㉡ 언어치료사의 도움을 받아 정확한 발음교정을 한다.

(4) 아동기 발병 유창성 장애(말더듬)

① 임상적 특징
  ㉠ 말을 시작할 때 첫음절을 반복하여 사용하거나 특정음을 길게 하는 등 의사소통 중 말을 더듬는 증상을 보인다.
  ㉡ 다른 사람들의 말더듬는 것을 흉내내거나 정서적으로 불안하거나 흥분하였을 때 심리적 압박 등으로 인해 유발될 수 있다.
  ㉢ 아동들은 놀림의 대상이 될 수 있고, 이로 인해 사회적으로 위축이 될 수 있으며 말하는 상황을 회피하는 현상을 초래할 경향이 있다.

② DSM-5 진단기준
  ㉠ 말을 만드는 정상적인 유창성과 말 속도 장애로서 개인의 연령과 언어기술에 부적절하며 오랜 시간동안 지속된다.
  ㉡ 다음과 같은 증상이 뚜렷하게 자주 발생한다.
    ⓐ 소리와 음절의 반복
    ⓑ 자음과 모음을 길게 소리내기
    ⓒ 분절된 단어(한 단어 내에서 소리가 멈춤)
    ⓓ 청각적 혹은 무성 방해
    ⓔ 단어 대치
    ⓕ 과도하게 힘주어 단어 말하기
    ⓖ 단음절 단어 반복
  ㉢ 말더듬기로 인해 사회적 관계에서 좌절감과 불안감을 경험하게 되고 낮은 자존감과 사회적 위축을 초래한다.

② 증상들이 초기 발달기에 나타난다.
③ 장애가 말-운동 결함, 신경학적 손상을 수반한 유창성장애나 다른 의학적 상태에 기인하지 않으며 또 다른 정신장애로 설명되지 않는다.
③ **치료**: 사회적 상황에 과도한 긴장이나 불안을 완화시킬 수 있도록 한다.

(5) 사회적 의사소통 장애　2017년 기출 ★

① 임상적 특징
　㉠ 언어적·비언어적 의사소통에 있어서 사회적인 사용을 이해하거나 따르는 데 어려움을 느낀다.
　㉡ 사회 맥락에 맞는 소통이 어렵고, 언어의 함축적 의미, 이중적 의미를 이해하기 어렵다.
　㉢ 사회관계 발전뿐 아니라 학업 및 직업적 수행 기능에도 제한을 초래한다.
　㉣ DSM-5에서 새로운 진단범주로 사용하였다.
② DSM-5 진단기준
　㉠ 다음 네 가지 기능 모두에서 어려움을 나타내어 사회적 적응에 현저한 지장이 초래되는 경우 사회적 의사소통 장애로 진단된다.
　　ⓐ 인사하기나 정보교환과 같은 사회적 목적을 위해서 맥락에 적절하게 의사소통하는 능력
　　ⓑ 맥락이나 듣는 사람의 필요에 맞추어 의사소통을 적절하게 변화시키는 능력
　　ⓒ 대화와 이야기하기에서 규칙을 따르는 능력
　　ⓓ 명시적으로 표현되지 않은 것이나 언어의 함축적이거나 이중적 의미를 이해하는 능력
　㉡ 개별적으로나 복합적으로 결함이 효과적인 의사소통, 사회적 참여, 사회적 관계, 학업적 성취 또는 직업적 수행의 기능적 제한을 야기한다.
　㉢ 증상의 발병은 초기 발달 시기에 나타난다.
　㉣ 다른 의학적 또는 신경학적 상태나 부족한 단어 구조 영역과 문법 능력에 기인한 것이 아니며 자폐스펙트럼장애, 지적장애, 전반적 발달지연 또는 다른 정신질환으로 더 잘 설명되지 않는다.

3 자폐스펙트럼장애　2016년 기출 ★

(1) 임상적 특징

① 지체된 언어발달이며 주로 사회적 관심의 부재나 특이한 사회적 상호작용(상대를 보지 않고 손으로 끌기 등)을 한다.
② 제한적이고 반복적 패턴의 행동이나 관심, 활동이 나타난다.
③ 이런 증상은 초기 아동기부터 나타나며 일상의 기능을 제한시키거나 혹은 손상시킨다.

④ 자폐스펙트럼 장애가 있는 사람 중 상당수가 지적손상이나 언어손상을 갖고 있다.
⑤ DSM-Ⅳ에서는 '광범위한 발달장애'에 포함되었던 것이 '자폐스펙트럼장애'로 이름이 바뀌고, '아동기붕괴성장애', '아스퍼거장애'가 통합되었다.

(2) DSM-5 진단기준

① 다양한 맥락에 걸쳐 사회적 의사소통과 상호작용에 지속적인 결함이 나타난다. 이러한 결함은 현재 또는 과거에 다음과 같은 방식으로 나타난다.
  ㉠ 사회적-정서적 상호작용의 결함을 나타낸다. 타인에게 비정상적인 방식으로 사회적 접근을 시도하고, 정상적으로 상호작용하며 대화하지 못하고, 타인의 관심사나 감정을 공유하지 못하며 심한 경우 사회적 작용을 시작하지 못하거나 그에 반응하지 못한다.
  ㉡ 사회적 상호작용을 위해 사용되는 비언어적 의사소통 행동에 결함을 나타낸다. 언어적·비언어적 의사소통을 통합된 형태로 사용하지 못하고, 눈 맞춤과 몸동작에서 비정상적인 모습을 보이며 심한 경우 표정이나 비언어적 의사소통을 전혀 사용하지 못한다.
  ㉢ 대인관계를 발전시키고 유지하며 이해하는 데 결함을 나타낸다. 다양한 사회적 맥락에 맞게 행동을 조율하지 못하고, 타인과 상상적 놀이를 함께하거나 친구를 사귀는 데 어려움을 나타내며 심한 경우 또래친구에 대해서 전혀 관심을 나타내지 않는다.

② 행동, 흥미 또는 활동에 있어 제한적이고 반복적인 패턴이 다음 네 가지 중 2개 이상의 증상으로 나타난다.
  ㉠ 정형화되거나 반복적인 운동 동작, 물체 사용이나 언어를 사용한다.
  ㉡ 동일한 것에 대한 고집, 일상적인 것에 대한 완고한 집착 또는 언어적·비언어적 행동의 의식화된 패턴을 나타낸다.
  ㉢ 매우 제한적이고 고정된 흥미를 지니는데 그 강도나 초점이 비정상적이다.
  ㉣ 감각적 자극에 대한 과도한 혹은 과소한 반응성을 나타내거나 환경의 감각적 측면에 대해서 비정상적인 관심을 나타낸다.

③ 증상들은 어린 아동기에 나타난다.
④ 증상들로 인해 사회적·직업적 또는 다른 중요한 기능 영역에 심각한 손상을 초래한다.
⑤ 이러한 장해는 지적 장애나 전반적 발달 지연에 의해 더 잘 설명되지 않는다.

(3) 원인

① 유전적 요인
  ㉠ 대부분의 유전적 요인을 본다. 자폐아동의 형제 중 자폐증이 발생할 수 있는 확률은 일반의 50배 내지 200배 높다는 보고가 있다.
  ㉡ 유전자의 다양한 기제와 관련되어 상호작용으로 발생한다는 견해이다.

② 생물학적 요인 : 세로토닌의 이상이 일관되게 보고되고 있다.
③ 환경적 요인 : 높아진 부모의 나이, 태아의 발프로에이트 노출과 같은 위험요인들이 원인이 될 수 있다.

(4) 치료
① 원칙적으로 치료가 어렵다고 보며 통합적 치료를 실행한다. 통합적 치료란 약물치료, 행동치료, 놀이치료, 언어훈련 등이다.
② 치료교육은 초기부터 지속적으로 개입하고 제공하는 것이 효과적이다.

4 주의력 결핍 및 과잉행동장애(ADHD) 2021년, 2020년, 2016년 기출 ★

(1) 임상적 특징
① 동등한 발달 수준에 있는 아동들보다 더 빈번이 지속적인 주의력 결핍, 과잉행동, 충동성의 양상을 6개월 이상 지속적으로 보이는 상태를 말한다.
② 장애를 일으키는 과잉행동, 충동, 부주의 증상이 12세 이전에 있었다(DSM-Ⅳ에서는 7세 이전이었다).
③ 주의력 결핍은 학업적·직업적·사회적 상황에서 드러난다. 세부적인 면에 주의를 기울이지 못하고 학업이나 다른 과업의 부주의한 실수를 범한다. 활동을 체계화하는 데 어려움을 지니고 있으며 혼란스럽고 부주의하고 분실이 많으며 일상적인 활동을 자주 잊어버린다.
④ 과잉행동은 가만히 앉아 있지 못하고 부적절한 상황에서 지나치게 뛰어다니거나 조용하지 못하고 끊임없는 활동을 한다. 청소년이나 성인의 과잉 행동 증상은 안절부절못하고 조용히 앉아서 하는 활동에 참여하지 못하는 양상을 취한다.
⑤ 충동성은 성급함, 반응을 연기하는 어려운 질문이 끝나기 전에 대답하기, 자신의 차례를 기다리지 못하기 등으로 사회적·학업적 장면에서 장애를 초래할 정도로 다른 사람의 활동을 방해하거나 간섭하는 양상으로 나타난다.
⑥ 아동은 지능에 비해 학업성취가 낮고 또래와의 관계 맺기가 어려워 거부당하거나 소외된다. 이로 인해 부정적 자아개념 및 정서적 불안감이 형성되어 적대적 반항장애 또는 품행장애로 발전되어질 가능성이 높다.
⑦ '복합형', '주의력결핍 우세형', '과잉행동-충동 우세형'으로 나뉜다.
⑧ 여성보다 남성에게 더 흔하게 나타난다.

(2) DSM-5 진단기준
① 부주의와 과잉행동-충동성 중 한 가지 이상의 증상이 발달수준에 맞지 않게 6개월 이상 나타나서 사회적·학업적·직업적 활동에 직접적으로 부정적인 영향을 미칠 경우 진단된다.

㉠ **부주의의 증상**
ⓐ 세부적인 면에 대해 면밀한 주의를 기울이지 못하거나 학업, 작업 또는 다른 활동에서 부주의한 실수를 저지른다.
ⓑ 일을 하거나 놀이를 할 때 지속적으로 주의를 집중할 수 없다.
ⓒ 다른 사람이 직접 말을 할 때 경청하지 않는 것으로 보인다.
ⓓ 지시를 완수하지 못하고 학업, 잡일, 작업장에서의 임무를 수행하지 못한다.
ⓔ 과업과 활동을 체계화하지 못한다.
ⓕ 지속적인 정신적 노력을 요구하는 과업에 참여하기를 피하고, 싫어하고, 저항한다.
ⓖ 활동하거나 숙제하는 데 필요한 물건들을 잃어버린다.
ⓗ 외부의 자극에 의해 쉽게 산만해진다.
ⓘ 일상적인 활동을 잊어버린다.

㉡ **과잉행동-충동성의 증상**
ⓐ 손발을 가만히 두지 못하거나 의자에 앉아서도 몸을 움직이려 한다.
ⓑ 앉아 있도록 요구되는 교실이나 다른 상황에서 자리를 떠난다.
ⓒ 부적절한 상황에서 지나치게 뛰어다니거나 기어오른다.
ⓓ 조용히 여가 활동에 참여하거나 놀지 못한다.
ⓔ 끊임없이 활동하거나 마치 무언가에 쫓기는 것처럼 행동한다.
ⓕ 지나치게 수다스럽게 말을 한다.
ⓖ 질문이 채 끝나기 전에 성급하게 대답한다.
ⓗ 차례를 기다리지 못한다.
ⓘ 다른 사람의 활동을 방해하고 간섭한다.

② 장애를 일으키는 부주의 또는 과잉행동-충동이 12세 이전에 있었다.
③ 증상으로 인해 장애가 두 가지 또는 그 이상의 장면에서 존재한다.
④ 사회적·학업적·직업적 기능에 임상적으로 심각한 장애가 초래된다.
⑤ 증상이 광범위성 발달장애, 조현병 또는 기타 정신증적 장애의 경과 중에만 발생하는 것이 아니며 다른 정신장애에 의해 잘 설명되지 않는다.

(3) 원인
① 유전적 요인, 생물학적 요인과 심리사회적 요인이 복합적으로 작용하여 유발되는 것으로 보고 있다.
② 유전적 요인으로 생물학적 1촌 관계에 있을 때 유전성이 높아진다.
③ 신경생물학적 요인으로 전두엽 영역의 대사저하와 도파민 시스템과 관련 있다고 본다.
④ 심리사회적 요인으로 아동 학대와 방임, 가정의 경제적 곤란, 가족 간의 갈등, 별거 등의 가정 문제가 있을 수 있다.

⑤ 환경적 위험요인으로 임신 중 산모의 흡연, 음주, 납 성분 노출, 심한 저체중, 출산 등이다.

(4) 치료
① 약물치료가 가장 보편적이다.
② 중재 프로그램으로 유관성 관리 프로그램이 있는데 이론적 근거는 사회학습이론, 조작적 조건화, 인지-행동적 접근이다.
③ 가족 구성원이 부적응적인 가족 체계 및 상호작용 과정 등을 인식하고 개선하게 도와줄 수 있는 구조화된 가족치료, 사회적 기술 훈련 등이 적용된다.

5 특정학습장애 2016년 기출 ★

(1) 임상적 특징
① 특정 학습장애(Specific Learning Disorder)는 정상적인 지능을 갖고 있고 정서적인 문제가 없음에도 불구하고 나이와 지능에 비해 실제적인 학습기능이 낮아서 현저한 학습부진을 보이는 경우이다.
② 학습장애는 결함이 나타나는 특정한 학습기능에 따라 읽기 장애, 산술 장애, 쓰기 장애로 구분된다.
③ 행동문제, 낮은 자존감, 사회기술의 결함이 학습장애와 연관될 수 있다.
④ 학습 장애 유병률은 학령기 아동의 경우 5~15%이고 성인의 경우 4%이다.
⑤ 읽기 손상 : 단어 읽기 정확도, 읽기 속도 또는 유창성, 독해력
⑥ 쓰기 손상 : 철자 정확도, 문법과 구두점 정확도, 작문의 명료도와 구조화
⑦ 수학 손상 : 수감각, 단순 연산값의 암기, 계산의 정확도 또는 유창성, 수학적 추론의 정확도

(2) DSM-5 진단기준
다음 중 한 가지 이상의 증상이 6개월 이상 나타날 경우 특정학습 장애로 진단한다.
① 부정확하거나 느리고 부자연스러운 단어 읽기
② 읽은 것의 의미를 이해하는 것의 어려움
   예 글을 정확하게 읽지만 내용의 순서, 관계, 추론적 의미, 또는 더 깊은 의미를 이해하지 못함
③ 맞춤법이 미숙함 예 자음이나 모음을 생략하거나 잘못 사용함
④ 글로 표현하는 것에 미숙함 예 문장 내에서 문법적 또는 맞춤법의 실수를 자주 범함
⑤ 수 감각, 수에 관한 사실, 산술적 계산을 숙달하는 데의 어려움
   예 수와 양을 이해시키는 데의 어려움. 산술 계산 중간에 길을 잃어버림
⑥ 수학적 추론에서의 어려움
   예 양적인 문제를 해결하기 위해 수학적 개념, 사실 또는 절차를 응용하는 데에서의 심한 어려움

(3) 원인
① 생물학적 원인이 관여되어 있고 상당부분 유전된다는 근거들이 보고된다.
② 쌍둥이 연구(Herman, 1959) : 일란성 쌍둥이의 경우 읽기 장애의 일치율이 100%, 이란성 쌍둥이의 경우 약 30%만 일치한다.
③ 뇌손상과 관련된 주장으로 출생 전후 외상이나 생화학적 또는 영양학적 요인에 의한 뇌 손상이 인지 처리과정의 결함을 초래하여 학습장애를 유발할 수 있다는 것이다. 미세한 뇌 손상이 후에 특정한 학습기능에 어려움을 유발할 수 있다. 특히, 뇌의 좌-우반구의 불균형이 학습장애를 유발한다고 본다.
④ 감각적 또는 인지적 결함과 깊은 관련성이 있다는 것으로 대부분 학습장애 아동은 읽기에 문제를 보이는데 다른 아동에 비해 소리를 정확하게 구분하는 청각적 변별력이 떨어지기 때문에 발생한다.
⑤ 후천적·환경적 요인인 부모의 불화, 아동학대는 아동의 불안을 증대시켜 학습기능을 저하시킬 수 있다.

(4) 치료
① 읽기, 쓰기, 산술과제를 해결하는 구체적인 학습기술을 체계적으로 가르친다.
② 자존감과 자신감을 키워 주는 것으로 학습장애 아동의 수동성과 무기력감을 극복하고 동기를 유발시키도록 심리적 지지가 필요하다.
③ 가정과 학교에서 효과적으로 공부하고 자신의 생활을 관리할 수 있도록 지도하는 것이 중요하다.

6 운동장애

(1) 틱 장애   2019년, 2016년 기출 ★
① 임상적 특징
  ㉠ 얼굴 근육이나 신체 일부를 갑작스럽게 움직이거나 갑자기 이상한 소리를 내는 이상 행동을 반복적으로 하는 경우를 말한다.
  ㉡ 틱은 갑작스럽고 재빨리 일어나는 목적이 없는 행동이 동일하게 반복되는 현상으로 운동 틱과 음성 틱으로 구분된다.
  ㉢ 운동 틱은 머리, 어깨, 입, 손, 부위를 갑자기 움직이는 특이한 동작이 반복되어지고 단순 운동 틱과 복합운동기구로 구분된다.
  ㉣ 음성 틱은 갑자기 소리를 내는 행동으로써 헛기침, 쿵쿵 거리기, 컥컥 거리기, 엉뚱한 단어 구절 반복하기 등이 있다.
  ㉤ 모든 형태의 틱은 스트레스를 받는 동안 악화되었다가 편안한 상태가 되면 감소된다.
  ㉥ 틱 장애를 뚜렛 장애, 지속성 운동 및 음성 틱 장애, 일시적 틱 장애로 구분한다.

ⓐ 뚜렛 장애 : 다양한 운동 틱과 한 개 이상의 음성 틱이 1년 이상 지속적으로 나타나는 경우이다.
ⓑ 지속성 운동 또는 음성 틱 장애 : 운동 틱 또는 음성 틱 중 한가지의 틱이 1년 이상 지속적으로 나타나는 경우이다.
ⓒ 일시적 틱 장애 : 운동 틱 또는 음성 틱 중 한가지의 틱이 나타나지만 1년 이상 지속적으로 나타나지 않는 경우이다.

② DSM-5 진단기준
㉠ 뚜렛 장애 DSM-5 진단기준
ⓐ 18세 이전에 발병하며 여아보다 남아에게서 더 많이 나타난다.
ⓑ 틱 장애 중 가장 심각한 유형으로 여러 '운동성 틱'과 한 가지 이상 '음성 틱'이 일정 기간 나타난다. 두 가지 틱이 반드시 동시에 나타날 필요는 없다.
ⓒ 틱은 1년 이상의 기간 동안 거의 매일 또는 간헐적으로 하루에 몇 차례씩(대개 발작적) 일어난다.
ⓓ 장애는 물질의 생리적 효과나 다른 의학적 상태로 인한 것이 아니다.

㉡ 지속성 운동 또는 음성 틱 장애 DSM-5 진단기준 2016년 기출 ★
ⓐ 한 가지 또는 여러 가지 운동성 틱이 나타나거나 음성 틱이 나타나는 경우이다. 운동성 틱과 음성 틱이 모두 나타나지는 않는다.
ⓑ 틱 증상은 1년 이상의 기간 동안 거의 매일 또는 간헐적으로 하루에 몇 차례 일어난다.
ⓒ 18세 이전에 발병한다.
ⓓ 장애는 물질의 생리적 효과나 다른 의학적 상태로 인한 것이 아니고, 뚜렛 장애의 진단기준에 맞지 않아야 한다.

㉢ 일시적 틱 장애 DSM-5 진단기준
ⓐ 한 가지 또는 다수의 운동 틱 또는 음성 틱이 존재한다.
ⓑ 틱은 처음 틱이 나타난 시점으로부터 1년 미만으로 나타난다.
ⓒ 18세 이전에 발병한다.
ⓓ 장애는 물질의 생리적 효과나 다른 의학적 상태로 인한 것이 아니고, 뚜렛 장애나 지속성 운동 또는 음성 틱 장애의 진단기준에 맞지 않아야 한다.

③ 원인
㉠ 유전적 요인이 크다고 알려져 있다.
㉡ 틱 장애는 신체적 원인, 심리적 원인, 복합적 원인에 의해 유발된다고 본다.
㉢ 가벼운 틱 장애는 자연히 사라지는 경우가 많아 무시하는 것이 좋으나 틱이 심해져서 아동의 정서문제를 야기하면 전문가의 평가와 치료를 받아야 한다.

④ 치료
  ㉠ 뚜렛 장애의 가장 효과적인 방법은 약물치료이다.
  ㉡ 만성 틱도 심각성과 빈도에 따라 약물치료 및 행동치료와 심리치료를 받도록 한다.
  ㉢ 주변 환경에서 주어지는 긴장이나 불안감을 제거해주고 지지적 심리치료나 가족 치료를 한다.

(2) 발달적 협응 장애
① 임상적 특징
  ㉠ 앉기나 기어 다니기, 걷기, 뛰기 등의 운동 발달이 늦고, 동작이 서툴러 물건을 자주 떨어뜨리고 운동을 잘 하지 못하는 경우를 뜻한다.
  ㉡ 나이나 지능 수준에 비해 움직임과 운동 능력이 현저하게 미숙한 경우로 움직임에 관여하는 근육운동에 조정 능력의 결함을 나타내는 것으로 운동기능장애라고도 한다.
  ㉢ 경과는 다양하며 청소년기와 성인기까지 지속되는 경우도 있다.

② DSM-5 진단기준
  ㉠ 협응 운동의 습득과 수행이 개인의 연령과 기술습득 및 사용 기회에 기대되는 수준보다 현저하게 낮다. 장애는 운동 기술 수행의 지연과 부정확성, 서툰 동작으로도 나타난다.
  ㉡ **진단기준** : 협응 운동 기술 결함이 생활연령에 걸맞은 일상생활에 지속적인 방해가 되며 학업이나 직업 활동, 여가 놀이에 현저한 영향을 미친다.
  ㉢ 증상은 초기 발달 시기에 시작된다.
  ㉣ 운동 기술의 결함이 지적장애나 시각 손상으로 더 잘 설명되지 않으며 운동에 영향을 미치는 신경학적 상태에 기인한 것이 아니다.

(3) 상동증적 (정형적) 운동 장애 2017년, 2015년 기출 ★
① 임상적 특징
  ㉠ 특정한 행동의 패턴을 아무런 목적 없이 반복적으로 지속하여 정상적인 적응의 문제를 야기하는 경우를 말한다.
  ㉡ 심한 신체적 손상을 초래하며 의학적 치료를 받아야 하는 경우가 있어서 보호 장비를 찾기도 한다.
  ㉢ 틱 행동은 비의도적이고 급작스러운 방식으로 나타나는 반면 상동증적 운동장애는 다분히 의도적이고 율동적이며 자해적인 측면이 있다.
  ㉣ 운동행동이 사회적 또는 학업적 활동을 방해한다.
  ㉤ 증상의 심각도가 경도이며 감각자극이나 주의전환에 의해 증상이 쉽게 억제된다.

② DSM-5 진단기준
  ⊙ 억제할 수 없는 것처럼 보이고 목적 없는 것 같은 행동을 계속 반복한다.
  ⓒ 반복적인 행동이 사회적·학업적 또 다른 활동을 방해하고, 자해의 원인이 되기도 한다.
  ⓒ 초기 발달시기에 발병한다.
  ⓔ 반복적 행동은 물질의 생리적 효과나 신경학적 상태로 인한 것이 아니며 다른 신경발달장애나 정신질환으로 더 잘 설명되지 않는다.

Section 04 조현병 스펙트럼 및 기타 정신병적 장애

> **학습목표**
> 조현병 스펙트럼 및 기타 정신병적장애 하위장애에 대해 각각 임상적 특징과 DSM-5 진단기준을 확인하고, 원인과 치료방법에 대해서 살펴본다.

정신분열 스펙트럼 장애 하위유형 2020년, 2016년, 2014년 기출 ★

하위 장애	핵심증상
조현병(정신분열증)	망상, 환각, 혼란스러운 언어, 부적절한 행동, 둔마된 감정 및 사회적 고립이 6개월 이상 지속되는 경우
조현정동장애(분열정동 장애)	조현병 증상과 조증 또는 우울증 증상이 함께 나타나는 경우
조현양상장애(정신분열형장애)	조현병 증상이 4주 이상 6개월 이내로 나타나는 경우
단기 정신병적 장애	조현병 증상이 4주 이내로 짧게 나타나는 경우
망상장애	한 가지 이상의 망상을 1개월 이상 나타내는 경우
조현형 성격장애(분열형 성격장애)	대인관계의 기피, 인지적 왜곡, 기이한 행동 등의 증상이 성격의 일부처럼 지속적으로 나타나는 경우
약화된 정신증 증후군(긴장증)	조현병 증상이 매우 경미한 형태로 짧게 나타나는 경우

1 조현병(정신분열증) 2018년 기출 ★

(1) 임상적 특징

① 조현병(정신분열증)은 망상, 환각 혼란스러운 언어를 특징적으로 나타내는 매우 심각한 정신장애이다.

② 조현병(정신분열증)의 가장 대표적인 증상은 망상이다. 망상은 자신과 세상에 대한 잘못된 강한 믿음이다.

> **Plus Study • 망상의 구분**
>
> 피해망상, 과대망상, 관계망상, 애정망상, 신체망상 등으로 구분된다.

③ 조현병의 다른 핵심증상은 환각으로서 현저하게 왜곡된 비현실적 지각으로 외부자극이 없음에도 불구하고 어떤 소리나 형상을 왜곡되게 지각하는 것이다.

> **Plus Study • 환각의 구분**
>
> 환각 : 환청, 환시, 환후, 환촉, 환미로 구분되며 가장 흔한 환각 경험은 환청이다.

④ 와해된 언어와 사고를 보이며 정서장애를 보인다.
  ㉠ **와해된 언어** : 무논리증이나 무언어증으로 말을 할 때 제한된 단어만 사용하며, 말하는 방식에 있어서 자발성이 부족하다.
  ㉡ **사고장애** : 사고비약, 강박사고, 지리멸렬 등과 같은 사고를 한다.
  ㉢ **정서장애** : 정서적 둔마로 정서표현이 거의 없거나 드물며 흥미와 욕구가 결핍되어진 무의욕증을 보인다.
⑤ 혼란스러운 긴장성 행동을 자주 보이며 간혹 공격적인 행동이나 자살시도를 감행한다.
⑥ 음성증상으로 보이지만 음성증상은 눈에 띄지 않고, 양성증상보다 치료예후도 좋지 않으며 치료도 한계가 있다. 2015년 기출 ★

양성증상	음성증상
• 적응적 기능의 과잉이나 왜곡 • 과도한 도파민 등 신경전달물질의 이상 • 스트레스시 급격히 발생 • 약물치료로 호전되며 인지적 손상 적음 • 망상, 환각, 환청, 와해된 언어 등	• 정상적, 적응적 기능의 결여 • 유전적 소인이나 뇌세포 상실 • 스트레스 사건과 연관이 거의 없음 • 약물치료로 쉽게 호전되지 않고 인지적 손상이 큼 • 무언증, 무쾌감증, 무의욕증, 사고차단, 사회적 위축 등

(2) DSM-5 진단기준 2017년, 2016년 기출 ★

① 다음의 증상 가운데 2개 이상(㉠, ㉡, ㉢ 중 하나는 반드시 포함)이 있고, 그 각각이 1개월의 기간(또는 성공적으로 치료되었을 경우 그 이하) 중 의미 있는 기간 동안 존재한다.
  ㉠ 망상
  ㉡ 환각
  ㉢ 와해된 언어
  ㉣ 전반적으로 혼란스러운 혹은 긴장성 행동
  ㉤ 음성증상 (감정적 둔마, 무언증 혹은 무의욕증)
② 장애가 발생한 이후로 상당 기간 동안, 일, 대인관계, 자기 돌봄 등과 같은 영역 가운데 하나 또는 그 이상에서의 기능 수준이 발병 이전에 성취한 수준보다 현저히 낮다.
③ 장애의 증상이 적어도 6개월 이상 지속되어야 한다. 6개월의 기간은 망상, 환각, 와해된 언어, 전반적으로 혼란스러운 혹은 긴장성 행동, 음성증상을 충족시키는 증상(활성기 증상)이 존재하는 적어도 1개월의 기간을 포함하고 있어야 하며 또한 전구기 또는 관해기의 증상이 나타나는 기간을 포함한다. 이러한 전구기나 관해기 동안 장애의 증상은 단지 음성증상만으로 나타나거나 기준 ①에 열거된 증상이 2개 이상의 증상으로 약화된 형태로 나타날 수 있다.
④ 조현정동장애와 정신병적 특성을 나타내는 우울 또는 양극성 장애의 가능성이 배제되어야 한다. 이는 주요 우울삽화나 조증삽화가 활성기 증상과 함께 동시에 나타난 적이 없고, 기분삽화가 활성기 증상과 함께 나타난다 해도 그것은 활성기와 잔류기의 전체기간 중 짧은 기간 동안에만 존재하기 때문이다.

Section 04 조현병 스펙트럼 및 기타 정신병적 장애

⑤ 장애는 물질이나 다른 신체적 질병의 생리적 효과에 의한 것이 아니다.
⑥ 아동기에 시작하는 자폐 스펙트럼 장애나 의사소통장애를 지닌 과거병력이 있을 경우 조현병의 진단에 필요한 다른 증상에 더해서 현저한 망상이나 환각이 1개월 이상 나타날 경우에만 조현병을 추가적으로 진단한다.

(3) 원인

① 유전적 요인
  ㉠ 조현병은 유전적 요인의 영향력이 매우 크다.
  ㉡ 조현병 환자의 부모나 형제자매는 일반인의 10배, 조현병 환자의 자녀는 15배까지 조현병에 걸리는 비율이 높다. 특히, 부모 모두가 조현병 환자일 경우에는 자녀의 36% 정도가 조현병을 나타내며 쌍둥이의 공병률은 57% 정도이다.

② **생물학적 요인** : 신경전달물질 중에서 조현병과 관련된 것으로 가장 주목을 받고 있는 것은 도파민이다. 도파민 외에 세로토닌이 주목을 받고 있는데 이 두 가지 신경전달물질의 수준이 높으면 조현병의 증상이 나타난다는 세로토닌-도파민 가설이 제기되고 있다. `2016년 기출 ★`

③ **가족관계 및 사회 환경적 요인** : 부모의 양육태도, 가족 간 의사소통, 부모와 자녀의 의사소통 방식, 부모의 부부관계 등이 조현병의 발병과 경과에 중요한 영향을 미친다고 본다.
  ㉠ **이중구속이론** : 조현병 환자의 부모는 상반된 의사전달, 감정과 내용의 불일치하는 이중적 의미의 의사소통을 하는 경향이 있다.
  ㉡ **표현된 정서** : 가족 간 갈등이 많고 분노를 과하게 표현하며 간섭이 심한 정서적 표현을 한다.
  ㉢ 유병률은 인종과 민족에 따라 다르게 나타난다.

④ 심리적 요인
  ㉠ **정신분석적 입장** : 통합된 자아가 발달하기 이전 단계, 즉 오이디푸스 단계 이전의 심리적 갈등과 결손에 의해 생겨나는 장애로 보았다. 자아경계(Ego Boundary)의 붕괴에 기인한 것으로 보았다.
  ㉡ **인지적 입장** : 조현병 환자들이 나타내는 주의 장애에 초점을 두고 있다. 조현병은 기본적으로 사고장애이며 사고장애는 주의 기능의 손상에 기인한다고 주장한다.

⑤ **취약성-스트레스 모델**
  ㉠ 유전적 취약성을 지닌 사람이 과중한 환경적인 스트레스가 주어지면 조현증이 발병한다고 본다.
  ㉡ 약물치료뿐만 아니라 심리사회적 개입을 통해 임상적 경과에 영향을 미치는 환경적 스트레스를 감소시키고 스트레스에 대한 대처능력을 향상시키는 것이 중요하다.

(4) 치료 2016년, 2015년 기출 ★

① 약물치료를 받는 것이 바람직하다.
② 조현병 환자에게 행동 치료 기법인 체계적 둔감법을 사용하여 불안을 효과적으로 다룬다.
③ 사회적 기술훈련을 통해 다양한 사회적 상황에 대처하는 기술을 가르치고 이러한 상황에서 발생하는 불안을 극복하도록 도움으로써 타인과의 상호작용을 증진시킨다.
④ 인지 치료적 기법인 자기지시 훈련을 시행한다.
⑤ 집단치료를 통해 동료로부터 지지를 받는 동시에 사회적 상호작용의 기술을 익힌다.
⑥ 가족치료의 초점은 표현된 정서를 감소시키고 환자의 가정생활을 안정시키는 데 있다. 가족들의 조현병과 의사소통방식을 교육하고, 부정적인 감정 표현을 감소하도록 한다.

> **Plus Study** • Bleuler의 조현병의 4A 증상
>
> - 연상의 장애 : 사고 형태 및 조직화의 장애, 와해된 언어 등
> - 정서의 장애 : 부적절한 정서, 둔마된 감정, 무감동, 무의욕증 등
> - 양가성 감정 : 감정, 의지, 사고의 양가성, 혼란스러운 행동 등
> - 자폐성 : 현실에서 철수, 자폐적 고립, 비현실적 공상 등

2 조현정동장애(분열정동 장애) 2019년, 2016년 기출 ★

(1) 임상적 특징

① 조현병의 증상과 동시에 기분 삽화(주요 우울 또는 조증 삽화)가 일정한 기간 동안 지속적으로 나타나는 경우로 조현병과 함께 증상의 심각도와 부적응 정도가 가장 심한 장애에 속한다.
② 환청과 피해망상이 2개월 정도 나타나다가 주요 우울증의 증상이 나타나고 이후에는 조현병 증상과 주요 우울증의 증상이 공존한다.
③ 분열정동장애는 발병시기가 빠르고, 갑작스러운 환경적 스트레스에 의해 급성적으로 시작되며 심한 정서적 혼란을 나타낸다. 병전 적응상태가 양호하고, 조현병의 가족력이 없는 대신 기분장애의 가족력이 있으며 조현병에 비해 예후가 좋다는 것이 특징이다.

(2) DSM-5 진단기준

① 조현병 DSM-5 진단기준과 동시에 주요우울 또는 조증 삽화가 있다.
② 유병 기간 동안 주요우울 또는 조증 삽화 없이 존재하는 2주 이상의 망상이나 환각이 있다.
③ 주요 우울 또는 조증 삽화의 기준에 맞는 증상이 병의 활성기 및 잔류기 전체 지속 기간 동안 대부분 존재한다.
④ 장애가 물질의 효과나 다른 의학적 상태로 인한 것이 아니다.

Section 04 조현병 스펙트럼 및 기타 정신병적 장애

3 조현양상장애(정신분열형 장애) 2021년, 2020년, 2017년, 2015년, 2014년 기출 ★

(1) 임상적 특징

① 조현병과 동일한 임상적 증상을 나타내지만 장애의 지속기간이 1개월 이상 6개월 이하인 경우를 말한다.
② 조현병의 증상이 나타나서 6개월 이전 회복된 경우로 정서적 스트레스가 선행하고 급작스런 발병을 나타내며 병전 적응 상태가 비교적 양호하고, 완전한 회복을 보이는 특징이 있다.

(2) DSM-5 진단기준

① 다음 증상 중 2가지 이상이 1개월 기간 동안 상당 부분의 시간에 존재하고, 이 중 최소한 하나는 ㉠, ㉡, ㉢ 증상이어야 한다.
  ㉠ 망상
  ㉡ 환각
  ㉢ 와해된 언어
  ㉣ 심하게 혼란스러운 행동이나 긴장성 행동
  ㉤ 음성증상(감정적 둔마, 무언증 혹은 무의욕증)
② 장애의 삽화가 1개월 이상 6개월 이내로 지속된다. 회복까지 기다릴 수 없어 진단이 내려져야 할 경우에는 '잠정적'을 붙여 조건부 진단이 되어야 한다.
③ 조현정동장애와 정신병적 양상을 동반한 우울 또는 양극성 장애는 배제된다(주요 우울 또는 조증 삽화가 활성기 증상과 동시에 일어나지 않고, 기분삽화가 활성기 증상 동안 일어난다고 해도 병의 전체 지속 기간의 일부에만 존재하기 때문에 배제한다).
④ 장애가 물질의 생리적 효과나 다른 의학적 상태로 인한 것이 아니다.

4 단기정신병적 장애 2019년, 2016년 기출 ★

(1) 임상적 특징

① 단기 정신병적 장애는 조현병의 주요 증상(망상, 환각, 혼란스러운 언어, 전반적으로 혼란스럽거나 긴장증적 행동) 중 한 가지 이상이 하루 이상 1개월 이내로 짧게 나타나며 병전 상태로 완전히 회복되는 경우다.
② 단기 정신병적 장애 상태에 있는 사람은 전형적으로 격렬한 감정적인 동요나 혼란을 경험한다.

(2) DSM-5 진단기준

① 다음 증상 중 1가지 이상 존재하고, 이 중 최소한 하나는 ㉠, ㉡, ㉢ 증상이어야 한다.
  ㉠ 망상
  ㉡ 환각
  ㉢ 와해된 언어
  ㉣ 심하게 혼란스러운 행동이나 긴장성 행동
② 장애 삽화 기간은 최소 1일 이상 1개월 이하이며 삽화 이후 병전 기능 수준으로 완전히 회복된다.
③ 장애가 정신병적 양상을 동반한 주요우울장애나 양극성 장애, 혹은 조현병이나 긴장증 같은 다른 정신병적 장애로 더 잘 설명되지 않으며 물질이나 일반적인 의학적 상태의 직접적인 생리적 효과로 인한 것이 아니다.

5 망상장애 2015년 기출 ★

(1) 임상적 특징

① 망상장애는 한 가지 이상의 망상을 최소한 1개월 이상 지속적으로 나타내지만 조현병의 진단기준에는 해당되지 않는 경우를 말한다.
② 망상장애를 타나내는 사람들은 망상과 관련된 생활영역 외에는 기능적인 손상이 없으며 뚜렷하게 이상하거나 기괴한 행동을 나타내지 않는다.
③ 망상장애는 다른 정신장애에 비해 치료가 어렵다. 망상은 환자의 현실적 생활과 밀접하게 연결되어 있기 때문에 지속되는 경향이 강하다.
④ 망상의 유형 : 가장 높은 유병률을 보이는 것은 피해형이다. 2021년 기출 ★

애정형	어떤 사람, 특히 신분이 높은 사람이 자신과 사랑에 빠졌다고 믿는 망상
과대형	자신이 위대한 재능이나 통찰력을 지녔거나 중요한 발견을 했다는 과대망상
질투형	배우자나 연인이 부정을 저질렀다는 망상
피해형	자신 또는 자신과 가까운 사람이 피해를 받고 있다는 망상 예 자신이 모함을 당해 감시나 미행을 당하고 있거나 음식에 독이 들어 있다고 생각하는 망상
신체형	자신에게 어떤 신체적 결함이 있거나 자신이 질병에 걸렸다는 망상
혼합형	어느 한 가지 양상이 두드러지지 않는다.

(2) DSM-5 진단기준 2018년 기출 ★

① 기이하지 않은 즉, 실생활에서 충분히 일어날 수 있는 1가지 이상의 망상이 1개월 이상 지속되어야 한다.
② 조현병의 DSM-5 진단기준 ①에 부합되지 않는다.

Section 04 조현병 스펙트럼 및 기타 정신병적 장애

③ 망상이나 그것의 결과 외에는 그 사람의 기능이 심하게 망가지지 않고, 행동도 두드러지게 이상하거나 기이하지 않다.
④ 기분장애의 삽화가 망상과 같이 있었다면 그 기간이 망상이 있는 기간보다 상대적으로 짧다.
⑤ 약물이나 남용하는 물질 또한 정신적인 내과적 질병에 의한 직접적인 생리적 과정의 결과로 인한 것이 아니다.

6 조현형 성격장애(분열형 성격장애)

(1) 임상적 특징 : 조현형 성격장애는 친밀한 인간관계를 불편해하고, 인지적 또는 지각적 왜곡과 더불어 기괴한 행동을 나타내는 성격장애이다.

(2) DSM-5 진단기준
① 친분관계를 급작스럽게 불편해하고, 관계 능력의 감퇴 및 인지·지각의 왜곡, 행동의 기괴성으로 구별되는 사회적 관계의 결함이 광범위하게 나타난다. 다음 중 5가지 이상 나타나다.
 ㉠ 관계사고(우연한 사고, 사건이 자신과 특별한 관계가 있다고 해석)
 ㉡ 소문화권 기준에 맞지 않는 마술적인 사고(미신, 천리안, 텔레파시, 기이한 공상)
 ㉢ 신체적 착각을 포함한 이상한 지각 경험
 ㉣ 괴이한 사고와 언어
 ㉤ 편집증적인 생각 또는 의심
 ㉥ 부적절하고 제한된 정동
 ㉦ 기묘한 또는 괴팍한 행동이나 외모(이상한 동작, 혼잣말)
 ㉧ 가족을 제외하면 가까운 친구나 친한 사람이 없음
 ㉨ 부적절하거나 위축된 정서(냉담, 동떨어진 정서)
② 성인기 초기에 시작되며 여러 상황에서 나타난다.

7 약화된 정신 증후군(긴장증)

약화된 정신 증후군은 정신증과 유사한 증상을 나타내지만 증상의 심각도가 덜하고 지속기간이 짧은 경우를 말한다.

Section 05 양극성 및 관련 장애

학습목표

양극성 및 관련장애 하위장애에 대해 각각 임상적 특징과 DSM-5 진단기준을 확인하고, 원인과 치료방법에 대해서 살펴본다.

양극성 관련 스펙트럼 장애 하위유형

하위장애	핵심증상
제1형 양극성 장애	과도하게 들뜬 고양된 기분을 나타내며 자존감이 팽창되어 말과 활동이 많아지고 주의가 산만해져서 일상적인 생활이 불가능한 조증삽화를 나타냄
제2형 양극성 장애	조증삽화보다 부적응 정도가 경미한 경조증삽화를 나타냄
순환감정 장애	조증 상태와 우울증 상태가 경미한 형태로 2년 이상 지속적으로 나타냄

1 제1형, 제2형 양극성 장애

(1) 임상적 특징 2016년 기출 ★

① 제1형 양극성 장애
  ㉠ 우울한 기분상태와 고양된 기분상태가 교차되어 나타나는 경우를 뜻한다.
  ㉡ 기분이 몹시 고양된 조증 상태에서 평소보다 훨씬 말이 많아지고 빨라지며 행동이 부산해지고 자신감에 넘쳐 여러 가지 일을 벌이는 경향이 있다. 때로는 자신에 대한 과대 망상적 사고를 나타내며 잠도 잘 자지 않고 활동적으로 일하지만 실제로 이루어지는 일은 없으며 결과적으로 현실적응에 심한 부적응적 결과를 나타내게 된다.
  ㉢ 이러한 조증 상태가 나타나거나 우울장애 상태와 번갈아 나타는 경우를 양극성 장애라고 하며 조울증이라고 불리기도 한다.

② 제2형 양극성 장애
  ㉠ 제2형 양극성 장애는 제1형 양극성 장애와 매우 유사하지만 조증삽화의 증상이 상대적으로 미약한 경조증삽화를 보인다는 점에서 구분된다.
  ㉡ 1회 이상의 주요우울삽화와 1회 이상의 경조증삽화가 혼재되어 나타난다.
  ㉢ 주요우울삽화가 최소 2주 이상 지속되어야 하며 경조증삽화는 최소 4일간 지속된다.
  ㉣ 갑작스러운 기분의 심한 변화로 인해 사회적, 직업적 저하가 올 수 있다.

(2) DSM-5 진단기준 2019년, 2018년 기출 ★

① 제1형 양극성 장애
  ㉠ DSM-5 조증삽화 진단기준을 적어도 1회 부합한다.
  ㉡ 조증삽화는 적어도 1주일 이상 지속되는데 경조증삽화나 주요우울삽화에 선행하거나 뒤따른다.

Section 05 양극성 및 관련 장애

② 제2형 양극성 장애
  ㉠ 조증삽화보다 정도가 약한 '경조증삽화' 진단기준에 적어도 1회 부합하고, 주요우울삽화의 진단기준에 부합한다(단, 조증삽화는 1회도 없어야 한다).
  ㉡ 조증삽화가 나타나는 경우 제1형 양극성 장애로 변경된다.

조증 삽화(Manic Episode) 2020년 기출 ★

A. 비정상적으로 들뜨거나, 의기양양하거나, 과민한 기분, 그리고 활동과 에너지의 증가가 적어도 1주일 간(만약 입원이 필요한 정도라면 기간과 상관없이) 거의 매일, 하루 중 대부분 지속되는 분명한 기간이 있다.
B. 기분 장애 및 증가된 에너지와 활동을 보이는 기간 중 다음 증상 가운데 3가지(또는 그 이상)를 보이며(기분이 단지 과민하기만 하다면 4가지) 평소 모습에 비해 변화가 뚜렷하고 심각한 정도로 나타난다.
  1. 자존감의 증가 또는 과대감
  2. 수면에 대한 욕구 감소 예 단 3시간의 수면으로도 충분하다고 느낌
  3. 평소보다 말이 많아지거나 끊기 어려울 정도로 계속 말을 함
  4. 사고의 비약 또는 사고가 질주하듯 빠른 속도로 꼬리를 무는 듯한 주관적인 경험
  5. 주관적으로 보고하거나 객관적으로 관찰되는 주의산만
    예 중요하지 않거나 관계없는 외적 자극에 너무 쉽게 주의가 분산됨
  6. 목표 지향적 활동의 증가(예 직장이나 학교에서의 사회적 활동 또는 성적 활동) 또는 정신운동 초조(예 목적이나 목표 없이 부산하게 움직임)
  7. 고통스러운 결과를 초래할 가능성이 높은 활동에의 지나친 몰두
    예 쇼핑 등 과소비, 무분별한 성행위, 어리석은 사업 투자 등
C. 기분 장애가 사회적, 직업적 기능의 현저한 손상을 초래할 정도로 충분히 심각하거나 자해나 타해를 예방하기 위해 입원이 필요, 또는 정신병적 양상이 동반된다.
D. 삽화가 물질(예 남용약물, 치료약물, 기타 치료)의 생리적 효과나 다른 의학적 상태로 인한 것이 아니다.
※ 주의 : 우울증 치료(예 약물치료, 전기경련 요법) 중 나타난 조증삽화라 할지라도 그 치료의 직접적인 생리적 효과가 나타날 수 있는 기간 이후까지 명백한 조증 증상이 지속된다면, 제1형 양극성으로 진단할 수 있다.

경조증 삽화(Hypomanic Episode)

A. 비정상적으로 들뜨거나, 의기양양하거나, 과민한 기분, 그리고 활동과 에너지의 증가가 적어도 4일 연속으로 거의 매일, 하루 중 대부분 지속되는 분명한 기간이 있다.
B. 조증과 동일
C. 삽화는 증상이 없을 때의 개인의 특성과는 명백히 다른 기능의 변화를 동반한다.
D. 기분의 장애와 기능의 변화가 객관적으로 관찰될 수 있다.
E. 삽화가 사회적, 직업적 기능의 현저한 손상을 일으키거나 입원이 필요할 정도로 심각하지는 않다. 만약 정신병적 양상이 있다면, 이는 정의상 조증 삽화이다.
F. 삽화가 물질(예 남용약물, 치료약물, 기타치료)의 생리적 효과나 다른 의학적 상태로 인한 것이 아니다.
※ 주의 : 우울증 치료(예 약물치료, 전기경련 요법) 중 나타난 경조증 삽화라 할지라도 치료의 직접적인 생리적 효과가 나타날 수 있는 기간 이후까지 경조증 증상이 지속된다면 이는 경조증 삽화로 진단할 수 있는 근거가 된다. 하지만 진단 시 주의가 필요하고, 한두 가지 증상(증가된 과민성, 불안 또는 항우울제 사용 이후의 초조)만으로 경조증 삽화를 진단하지는 못하며, 이는 양극성 경향에 대해서도 마찬가지다.

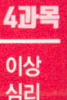

2 순환감정 장애 2021년, 2017년, 2015년 기출 ★

(1) 임상적 특징

① 순환감정 장애는 우울증 또는 조증삽화에 해당되지 않는 경미한 우울 증상과 경조증 증상이 번갈아가며 2년 이상(아동과 청소년의 경우는 1년 이상) 중 적어도 반 이상의 기간에 나타나야 한다.
② 조증삽화, 경조증삽화, 주요 우울삽화를 한 번도 경험한 적이 없어야 한다.
③ 주기적인 우울 및 경조증 증상으로 인해서 현저한 고통을 겪거나 일상생활의 기능에 상당한 지장이 초래되어야 한다.
④ 남녀의 유병률이 비슷하며 주요 발병시기는 청소년기와 성인기 초기이다.
⑤ 물질 관련 장애 또는 수면장애가 동반될 수 있다.

(2) DSM-5 진단기준

① 적어도 2년 동안(아동·청소년은 1년) 다수의 경조증 기간과 우울증 기간이 있다.
② 2년 이상(아동·청소년은 1년) 경조증 기간과 우울증 기간이 절반 이상 차지하고, 증상 없는 기간이 2개월 이상 지속되지 않는다.
③ 주요우울삽화, 조증삽화, 경조증삽화가 존재하지 않는다.
④ 진단기준 ①의 증상이 조현병 스펙트럼 및 기타 정신병적 장애로 더 잘 설명되지 않는다.
⑤ 증상이 물질의 생리적 효과나 다른 의학적 상태로 인한 것이 아니다.
⑥ 증상이 사회적·직업적 또는 다른 중요한 기능 영역에서 임상적으로 유의미한 고통이나 손상을 초래한다.
⑦ 불안증을 동반할 수 있다.

(3) 원인

① 생물학적 요인
  ㉠ 양극성 장애는 유전을 비롯한 생물학적 요인에 의해서 많은 영향을 받는 장애로 알려져 있으며 양극성 장애로 진단되는 사람들은 가족 중에 주요 우울장애를 지녔던 사람이 있을 경우가 많다.
  ㉡ 노르에피네프린(Norepinephrine), 세로토닌(Serotonin), 도파민(Dopamin) 등의 신경전달물질의 이상이 제기되고 있다.

② **정신분석적 요인** : 무의식적 상실이나 자존감의 손상에 대한 보상 반응으로 본다. 우울증의 핵심갈등은 동일하지만 에너지가 외부로 방출된 것으로 무의식적 대상의 상실에 대한 분노가 외부로 방출된 것으로 본다.

③ **인지적 입장** : 현실에 대한 해석의 인지적 왜곡으로 본다.

(4) 치료 2018년 기출 ★

① 약물치료로 리튬을 사용한다.
② 심리치료에는 인지행동치료와 대인관계 및 사회적 리듬치료가 효과적인 것으로 알려져 있다.
③ 제1형 양극성 장애 환자의 경우, 인지행동치료와 약물치료를 병행한 집단이 약물치료만 받은 집단보다 재발방지 효과가 현저하게 우수한 것으로 나타났다.

Section 06 우울장애

학습목표
우울장애 하위장애에 대해 각각 임상적 특징과 DSM-5 진단기준을 확인하고, 원인과 치료방법에 대해서 살펴본다.

우울장애 하위유형

하위장애	핵심증상
주요 우울장애	지속적인 우울한 기분 및 의욕과 즐거움의 감퇴를 비롯하여 주의집중력과 판단력 저하, 체중과 수면패턴의 변화, 무가치감 죄책감, 죽음이나 자살에 대한 사고의 증가
지속성 우울장애	2년 이상 장기간 나타나는 경미한 우울증상
월경전기 불쾌장애	여성의 경우 월경 전에 나타나는 우울 증상
파괴적 기분조절 부전장애	불쾌한 기분을 조절하지 못하는 분노 폭발의 반복

1 주요 우울장애 2021년, 2019년, 2015년 기출 ★

(1) 임상적 특징 2016년 기출 ★

① 주요우울장애는 우울장애 중에서 가장 심한 증세를 나타내는 하위 장애이다.
② DSM-5의 진단기준 아홉 가지의 증상 중 5개 이상의 증상이 거의 매일 연속적으로 2주 이상 나타나야 한다.
③ 우울증상으로 인하여 임상적으로 심각한 고통이나 사회적, 직업적, 기타 중요한 기능영역의 손상이 초래되어야 한다.
④ 기분과 일치하지 않는 정신병적 양상이 동반되어지기도 하며, 물질관련장애, 공황장애, 경계성 성격장애 등이 흔히 동반된다.
⑤ 지나치게 과민하고 타인에게 공격적으로 반응을 보이기도 한다.
⑥ 우울증상이 물질(남용하는 물질이나 치료약물)이나 일반적 의학적 상태(예 갑상선 기능 저하증)의 직접적인 생리적 효과에 의한 것이 아니어야 한다.
⑦ 우울증상은 양극성 장애의 삽화로 나타나는 것이 아닐 뿐만 아니라 다른 정신장애에 의해서 더 잘 설명되는 것이 아니어야 하며 평생 유병율이 여자는 10~25%이며 남자는 5~12%로 보고되고 있다.
⑧ 우울장애는 자살의 위험도가 높으나 예후는 매우 양호하며 재발위험이 높다.
⑨ 주요우울장애에 동반하는 세부유형으로는 혼재성 양상동반, 멜랑콜리 양상 동반, 비전형 양상 동반, 정신병적 양상 동반, 긴장증 양상 동반, 주산기 양상 동반, 계절성 양상 동반이 있다.
⑩ 우울의 기준으로는 정신병적우울과 신경증적 우울, 내인성 우울과 반응성 우울, 지체성 우울과 초조성 우울로 양분된 차원이 있다.

(2) DSM-5 진단기준 `2020년, 2016년 기출` ★

다음 9가지의 증상 중 5개 이상의 증상이 거의 매일 연속적으로 2주 이상 나타나야 한다.

① 하루의 대부분 그리고 거의 매일 지속되는 우울한 기분이 주관적 보고나 객관적 관찰을 통해 나타난다.
② 거의 모든 일상 활동에 대한 흥미나 즐거움이 하루의 대부분 또는 거의 매일같이 뚜렷하게 저하되어 있다.
③ 체중조절을 하고 있지 않은 상태에서 현저한 체중 감소나 체중 증가가 나타난다. 또는 현저한 식욕감소나 증가가 거의 매일 나타난다.
④ 거의 매일 불면이나 과다수면이 나타난다.
⑤ 거의 매일 정신운동성 초조나 지체를 나타낸다. 즉, 안절부절못하거나 축 처져 있는 느낌을 주관적으로 경험할 뿐만 아니라 다른 사람에 의해서도 관찰된다.
⑥ 거의 매일 피로감이나 활력상실이 나타난다.
⑦ 거의 매일 무가치감이나 과도하고 부적절한 죄책감을 느낀다.
⑧ 거의 매일 사고력, 집중력의 감소, 또는 우유부단함이 주관적 호소나 관찰에서 나타난다.
⑨ 죽음에 대한 반복적인 생각이나 특정한 계획 없이 반복적으로 자살에 대한 생각이나 자살 기도를 하거나 자살하기 위한 구체적 계획을 세운다.

(3) 원인

① **유전적 요인**
  ㉠ 쌍생아법으로 조사한 우울장애의 유전적 경향은 매우 높은 것으로 보인다.
  ㉡ 한 연구에 의하면 일란성 쌍생아의 일치율은 68%, 이란성 쌍생아의 일치율은 23%이다.

② **생물학적 요인**
  ㉠ 신경전달물질, 뇌구조의 기능, 내분비 계통의 이상이 우울장애와 관련 있다고 본다.
  ㉡ 카테콜라민 결핍이 우울장애와 관련이 있다는 가설이 있다.
  ㉢ 뇌의 시상하부에 기능장애로 우울장애가 유발된다고 한다.
  ※ 세로토닌이 부족하거나, 코르티솔 수준이 높으면 우울증이 유발될 수 있다.

③ **정신분석적 요인**
  ㉠ 프로이트는 우울장애를 분노가 무의식적으로 자기에게 향해진 현상이라고 본다. 분노가 내향화되면 자기비난, 자기책망, 죄책감을 느끼게 되어 자기 존중감의 손상과 더불어 자아 기능이 약화되고 그 결과 우울장애가 나타나게 된다.
  ㉡ 손상된 자기 존중감을 우울장애의 가장 중요한 특징으로 본다.
  ㉢ 인생 초년기에 가장 중요한 어머니나 아버지를 실제로 또는 상상 속에서 상실하여 무력감을 느꼈던 외상 경험이 우울장애를 유발하는 근본적 원인이라고 본다.

④ 행동주의적 요인
  ㉠ 우울장애가 사회 환경으로부터 긍정적 강화가 약화되어 나타난 현상이라고 본다.
  ㉡ 개인이 스스로 통제할 수 없는 스트레스 상황이 반복될 때 무기력감이 학습되고 결국 통제 가능한 스트레스 상황에서도 적절한 수행을 어렵게 하여 우울 증상으로 이어진다고 본다.
  ㉢ **귀인이론** : 우울한 사람들은 실패경험에 대해 내부적, 안정적, 전반적 귀인을 한다.

내부적/외부적 요인	• 실패의 원인을 자신의 능력 또는 노력의 부족, 성격의 결함 등 내부적인 요인으로 귀인하는 경우 우울증이 증폭된다. • 실패 원인을 과제난이도, 운 같은 외부적 요인으로 귀인하는 경우 우울감은 상대적으로 낮은 수준을 보인다.
안정적/불안정적 요인	• 실패 원인을 자신의 능력 부족, 성격의 결함 등 안정적 요인으로 귀인 하는 경우 우울감은 만성화, 장기화된다. • 실패원인을 노력부족 등 불안정 요인으로 귀인하는 경우 우울감은 상대적으로 단기화된다.
전반적/특수적 요인	• 실패원인을 자신의 전반적인 능력 부족이나 성격 전체의 문제 등으로 귀인하는 경우 우울증이 일반화된다. • 실패의 원인을 자신의 특수 능력 부족, 성격상 일부의 문제로 귀인 하는 경우 우울증이 특수화된다.

⑤ 인지적 요인
  ㉠ 우울한 사람들이 현실을 부정적으로 왜곡하는 근본적인 이유는 부정적으로 편향된 인식의 틀을 가지고 있기 때문이다.
  ㉡ 우울한 사람들이 지니는 인지도식의 내용은 역기능적 신념의 형태로 되어 있다.
  ㉢ 우울한 사람들은 어떤 사건에 대하여 습관처럼 부정적인 생각이 자동적으로 떠오른다.
  ㉣ **아론 벡의 인지 삼제** 2018년 기출 ★

나 자신	나 자신에 대한 비관적인 생각
나의 미래	앞날에 대한 염세주의적 생각
나의 주변세계	주변 환경에 대한 비관적인 생각

  ㉤ **우울증과 관련된 인지적 오류** 2017년 기출 ★
    ⓐ 흑백 논리적 사고 : 세상을 흑백논리로 해석하고 평가한다.
    ⓑ 과잉일반화 : 한두 번 사건의 근거에 일반적 결론을 내린다.
    ⓒ 선택적 추상화 : 여러 가지 상황 중 일부만을 뽑아 상황 전체를 판단한다.
    ⓓ 의미확대 또는 의미축소 : 어떤 사건이나 사건의 의미와 중요성을 실제보다 지나치게 확대하거나 축소한다.
    ⓔ 파국적 : 부정적인 부분만 보고 최악의 상태를 생각한다.
    ⓕ 개인화 : 자신과 무관한 사건을 자신과 관련된 것으로 잘못 해석한다.
    ⓖ 잘못된 명명 : 사람들의 특성이나 행위를 기술 할 때 부적절한 명칭을 사용한다.
    ⓗ 독심술 : 근거 없이 다른 사람 마음을 맘대로 추측하고 단정한다.

Section 06 우울장애

⑥ 생활사건 요인
  ㉠ **주요 생활사건** : 커다란 좌절감을 안겨주는 충격적인 사건을 뜻한다.
  ㉡ **작은 생활사건** : 작은 부정적 사건들이 누적되어 생겨날 수 있다.
⑦ **사회적 지지요인** : 삶을 집중시켜주는 심리적 지지와 물질적 지원 부족, 친밀감 부족, 인정과 애정의 결핍, 소속감 부재, 정보 제공 부재 등과 같은 안정감과 자존감을 유지시켜 주는 자원의 부족으로 우울증이 생겨날 수 있다.

(4) 치료 2019년 기출 ★

① 인지치료
  ㉠ 우울증에 가장 많이 활용되어지고 있다.
  ㉡ 내담자의 사고 내용을 탐색하여 인지적 왜곡을 찾아 교정함으로 현실적·긍정적인 신념과 사고를 지닐 수 있도록 한다.
  ㉢ 문제해결 훈련, 자기주장훈련, 사회기술 훈련, 의사소통훈련, ABC기법 등
② **정신분석치료** : 내담자의 무의식적 갈등을 파악하여 직면시키고 해석하여 중요한 타인에 대한 억압된 분노감정을 자각하도록 한다.
③ **약물치료 실시** : 삼환계 항우울증, MAO억제제, 세로토닌 재흡수 억제제를 사용한다.

2 지속성 우울장애

(1) 임상적 특징

① 지속성 우울장애는 우울증상이 2년 이상 지속적으로 나타는 경우를 말하며 지속성 우울장애의 핵심증상은 우울감이다.
② DSM-Ⅳ의 '만성 주요 우울장애'와 '기분부전 장애'를 합하여 DSM-5에서 새롭게 제시된 진단명이다.

(2) DSM-5 진단기준

① 우울 증상이 최소 2년간 하루 대부분 지속되며, 증상이 없는 날보다 있는 날이 더 많다.
② 우울장애는 다음 중 2가지 증상 이상이 나타난다.
  ㉠ 식욕부진 또는 과식   ㉡ 불면 또는 과다수면
  ㉢ 기력저하 또는 피로감   ㉣ 자존감저하
  ㉤ 집중력 감소 또는 우유부단 ㉥ 절망감
③ 장애를 겪는 2년(아동·청소년은 1년) 동안 증상 지속 기간이 최소 2개월이며 진단기준 ①과 ②의 증상이 존재하지 않는 경우가 없다.

④ 주요 우울장애의 진단기준을 만족하는 증상이 2년 동안 지속적으로 나타날 수 있다.
⑤ 조증삽화나 경조증삽화가 없어야 하고, 순환성 장애의 진단기준에 부합하지 않는다.
⑥ 증상이 물질이나 일반적인 의학상태의 직접적인 생리적 효과로 인한 것이 아니고, 사회적·직업적 기타 중요한 기능 영역에서 임상적으로 심각한 고통이나 손상을 초래한다.

3 월경전기 불쾌장애 2018년 기출 ★

(1) 임상적 특징
① 월경전기 불쾌장애는 여성의 경우 월경이 시작되기 전 주에 정서적 불안정성이나 분노감, 일상 활동에 대한 흥미 감소, 무기력감과 집중곤란 등의 불쾌한 증상이 주기적으로 나타나는 경우를 말하며 월경시작 1주일 전에 나타나고 월경 시작 시 혹은 직후 사라진다.
② 월경전기 불쾌장애는 주요 우울장애, 양극성 장애 및 불안장애와 공병률이 높은 것으로 알려져 있다.
③ 원인은 아직 밝혀지지 않았으나 월경주기마다 난소에서 분비되는 호르몬(에스트로겐과 프로게스테론)과 뇌에서 나오는 신경전달물질의 상호작용에 의한 것으로 여겨지고 있다.
④ 폐경까지 지속된다.
⑤ DSM-5에 새롭게 추가되었으며 진단을 위해 연속되는 2개월 이상의 일일 증상기록이 필요하다.

(2) DSM-5 진단기준
① 대부분 월경 주기마다 월경이 시작되기 1주 전에 다음 중 5가지 증상 이상이 시작되고, 월경이 시작된 후 수일 안에 호전되며 월경 끝난 후에는 증상이 경미하거나 사라진다.
② 다음 중 적어도 1가지 이상 증상이 포함된다.
   ㉠ 현저한 정서적 불안정
   ㉡ 현저한 과민성이나 분노 또는 대인관계의 갈등 증가
   ㉢ 현저한 우울 기분, 무기력감 또는 자기 비하적 사고
   ㉣ 현저한 불안, 긴장 또는 안절부절 못하는 느낌
③ 다음 중 적어도 1가지 이상 추가 증상이 존재하며 진단기준 ②에 해당하는 증상과 더불어 총 5가지 증상이 포함된다.
   ㉠ 일상 활동에 대한 흥미 감소
   ㉡ 주의집중의 곤란
   ㉢ 무기력감, 쉽게 피곤해짐
   ㉣ 식욕의 현저한 변화

ⓜ 과다수면 또는 불면
ⓑ 압도되거나 통제력을 상실할 것 같은 느낌
ⓢ 신체적 증상(유방의 압통 또는 팽만감)

4 파괴적 기분조절 부전장애 2020년 기출 ★

(1) 임상적 특징
① 반복적으로 심한 분노를 폭발하는 행동을 나타내는 경우를 말한다.
② 주로 아동기나 청소년기에 나타나는 장애로서 자신의 불쾌한 기분을 조절하지 못하고 분노행동으로 표출하는 것이 주된 특징이다.
③ 분노발작이 발달에 맞지 않고 일주일에 3회 이상이며 1년 이상 지속되어야 한다.
④ 파괴적 기분조절 부전장애를 지닌 아동은 좌절에 대한 과민반응성을 보이며 목표달성이 좌절되었을 때 다른 아동들에 비해 더 기분이 나빠지고 불안해했으며 공격적인 반응을 나타낸다.

(2) DSM-5 진단기준
① 언어 또는 행동을 통하여 심한 분노폭발을 반복적으로 나타낸다. 이러한 분노는 상황이나 촉발자극의 강도나 기간보다 현저하게 과도한 것이어야 한다.
② 분노폭발은 발달수준에 부적합한 것이어야 한다.
③ 분노폭발은 평균적으로 매주 3회 이상 나타나야 한다.
④ 분노폭발 사이에도 거의 매일 하루 대부분 짜증이나 화를 내며 이러한 행동은 다른 사람에 의해서 관찰될 수 있다.
⑤ 이상 증상(①~④)이 1년 이상 지속적으로 나타나야 한다.
⑥ 이상 증상(①~④)이 3가지 상황(가정, 학교, 또래와 함께 있는 상황) 중 2개 이상에서 나타나야 하며 한 개 이상에서 심하게 나타나야 한다.
⑦ 이 진단은 6세~18세 이전에만 적용될 수 있다.
⑧ 이상 증상(①~⑤)이 10세 이전에 시작되어야 한다.

(3) 치료
① 비지시적인 놀이치료가 효과적인 것으로 알려져 있다. 다양한 인형과 장난감이 제공되는 놀이를 통해서 아동이 자유로운 자기표현을 할 수 있을 뿐만 아니라 좌절감을 해소할 수 있는 내면적 공상이 촉진될 수 있다.
② 가족치료를 통해서 가족 간의 갈등을 해소하고 부모의 양육행동을 긍정적으로 변화시킬 수 있다. 파괴적 기분조절 불쾌장애를 지닌 아동에게 스트레스와 좌절감을 유발하는 가족의 생활패턴을 변화시키고 부모가 인내심 있는 양육행동을 일관성 있게 나타내는 것이 바람직하다.

Section 07 불안장애

> **학습목표**
> 불안장애 하위장애에 대해 각각 임상적 특징과 DSM-5 진단기준을 확인하고, 원인과 치료방법에 대해서 살펴본다.

불안장애 스펙트럼 장애 하위유형 2020년 기출 ★

하위장애		핵심증상
범불안장애		미래에 발생할지 모르는 다양한 위험에 대한 과도한 불안과 걱정
공포증	특정공포증	특정한 대상(예 뱀, 개, 거미 등)이나 상황(예 높은 곳, 폭풍 등)에 대한 공포
	광장공포증	다양한 장소(예 쇼핑센터, 극장, 운동장, 엘리베이터, 지하철 등)에 대한 공포
	사회불안장애	다른 사람으로부터 평가받는 사회적 상황에 대한 과도한 불안과 공포
공황장애		갑작스럽게 엄습하는 죽을 것 같은 강렬한 불안과 공포
분리불안장애		중요한 애착 대상과 분리되는 것에 대한 과도한 불안
선택적 무언증		특수한 사회적 상황에서 지속적으로 말을 하지 않는 행동

- 병적인 불안으로 인하여 과도한 심리적 고통을 느끼거나 현실적인 적응에 심각한 어려움을 겪는 경우를 불안장애(Anxiety Disorders)라고 한다.
- 특징
  - 현실적인 위험이 없는 상황이나 대상에 대해서 불안을 느낀다.
  - 현실적인 위험의 정도에 비해 과도하게 심한 불안을 느낀다.
  - 불안을 느끼게 한 위협적 요인이 사라졌음에도 불구하고 불안이 과도하게 지속된다.

1 범불안장애 2015년 기출 ★

(1) 임상적 특징

① 최소 6개월 동안 증상이 나타나는 경우 진단되며 다양한 상황에서 만성적 불안과 과도한 걱정을 나타내는 경우를 말한다.
② 범불안장애를 지닌 사람들은 일상생활 속에서 겪게 되는 여러 가지 사건이나 활동에 대해서 지나치게 걱정함으로써 지속적인 불안과 긴장을 경험한다. 이런 상태가 계속되면 개인은 몹시 고통스러울 뿐만 아니라 일상생활의 적응에도 심각한 어려움을 겪게 된다.
③ 불안하고 초조하며 사소한 일에도 잘 놀라고 긴장한다.
④ 만성적 두통, 수면장애, 소화불량, 과민성 대장증후군 등의 증상을 경험한다.
⑤ 불필요한 걱정에 집착하기 때문에 우유부단, 꾸물거림, 지연행동을 나타내며 현실적 업무처리가 미비하다.
⑥ 범불안장애는 정상인과는 뚜렷하게 다른 생리적 반응을 한 가지 나타내는데 바로 근육긴장이다. 이들은 만성적으로 근육이 긴장되어 있다.

(2) DSM-5 진단기준

① 여러 사건이나 활동에 대해 과도한 불안과 걱정을 하며 그 기간이 6개월 이상 이어진다.
② 자기 스스로 걱정을 통제하는 것이 어렵다고 느낀다.
③ 불안과 걱정은 다음 6가지 증상 중 3가지 이상과 연관된다(아동의 경우 1가지 이상).
  ㉠ 안절부절못함 또는 긴장이 고조되거나 가장자리에 선 듯한 느낌
  ㉡ 쉽게 피로해짐
  ㉢ 주의집중이 어렵거나 정신이 멍한 듯한 느낌
  ㉣ 과민한 기분상태
  ㉤ 근육 긴장
  ㉥ 수면 장애
④ 불안이나 걱정 또는 신체 증상이 사회적·직업적 기능 또는 다른 중요한 기능 영역에서 임상적으로 유의미한 고통이나 손상을 초래한다.

(3) 원인

① 정신분석적 입장에서는 무의식적 갈등이 불안을 유발한다고 주장한다.
② 인지치료적 입장에서는 독특한 사고경향에 주목하고 위험에 대한 인지도식이 발달되어졌다고 본다.
※ 생물학적 입장에서 그레이(J. Gray)에 따르면 불안과 긴밀한 뇌영역은 변연계이다.

(4) 치료

① 약물치료로 벤조다이아제피닌 계열의 약물을 사용한다.
② 인지행동적 치료
  ㉠ 걱정과 관련된 인지적 요인을 이해하고 내적인 사고과정을 자각한 후 이것이 얼마나 비효율적이고 비현실적인지를 자각하도록 한다.
  ㉡ 구체적인 방법으로 "걱정사고 기록지" 작성, 하루 중 '걱정하는 시간'을 정해놓고 다른 시간에는 일상적 일에 집중하는 방법, 불안을 유발하는 걱정의 사고나 심상에 반복적으로 노출시켜 걱정에 대한 인내력을 증가시키는 방법 등이 있다.

2 공포증 2018년 기출 ★

(1) 임상적 특징

① 어떤 대상이나 상황에 강렬한 공포와 회피행동을 뜻한다.

② 공포증은 범불안장애보다 훨씬 심한 강도의 불안과 두려움을 경험할 뿐만 아니라 다양한 상황에서 만성적인 불안을 느끼는 범불안장애와 달리 특정한 대상이나 상황에 한정된 공포와 회피행동을 나타낸다. 공포증은 공포를 느끼는 대상과 상황에 따라 특정 공포증, 광장공포증, 사회공포증(또는 사회불안장애)으로 구분된다.

(2) 특정공포증

① 임상적 특징
  ㉠ 특정 대상, 상황에 대한 현저한 공포나 불안을 경험한다(비행, 동물, 주사기 등).
  ㉡ 공포를 유발하는 대상이나 상황에 노출되면 예외 없이 즉각적인 공포반응을 유발하며 현실적이고 사회적 맥락으로 보아 이러한 공포나 불안은 지나치다.
  ㉢ **유형** : 동물형, 자연환경형, 혈액-주사-상처형, 상황형 2017년 기출 ★

동물형	대개 아동기에 시작되는데 동물이나 곤충을 두려워하는 것이다.
자연 환경형	천둥, 번개, 높은 곳과 같은 자연 환경에 대한 공포이다.
혈액-주사-상처형	피를 보거나 주사를 맞는 경우로 혈관미주신경 반사가 매우 예민해서 주로 초등학교 아동기에 발병한다.
상황형	비행기, 엘리베이터 등의 상황에 대한 공포를 느끼는 유형으로 아동기와 20대 중반에 발병한다.

② DSM-5 진단기준
  ㉠ 특정 대상이나 상황에 대해 현저한 공포·불안을 느끼는데 실제적인 위험과 사회문화적 맥락을 고려할 때 과도한 양상을 보인다.
  ㉡ 공포 대상이나 상황은 거의 즉각적인 공포나 불안을 야기한다.
  ㉢ 공포 대상이나 상황이 유발하는 극심한 공포나 불안을 회피하거나 견디려는 모습을 보인다.
  ㉣ 공포, 불안, 회피는 보통 6개월 이상 지속되는데, 사회적·직업적 기능 또는 다른 중요한 기능 영역에서 임상적으로 유의미한 고통이나 손상을 초래한다.

③ 원인
  ㉠ **행동주의적 학습이론** : 공포반응은 학습으로 일어난다고 본다.
    ⓐ 고전적 조건형성 : '왓슨의 쥐 실험 공포'라고도 하며 앨버트(생후 11개월 아이)가 하얀 쥐 인형에게 다가갈 때마다 커다란 쇳 소리를 내서 깜짝 놀라게 했는데 5회의 경험만으로 앨버트는 하얀 쥐 인형을 보면 쇳소리가 없음에도 불구하고 공포 반응을 나타냈다. 무조건 자극인 쇳소리와 조건자극인 하얀 쥐를 짝지어 공포 반응을 학습하게 된 것이다.
    ⓑ 관찰학습 : 공포증은 다른 사람이 특정한 대상을 두려워하며 회피하는 것을 관찰함으로써 그에 대한 두려움을 학습하는 관찰학습에 의해서 습득되어질 수 있다.

Section 07 불안장애

ⓒ **정신분석적 입장** : 프로이트는 공포증이 오이디푸스 갈등과 관련된 것이라 보았다.

④ 치료 2020년, 2016년 기출 ★

체계적 둔감법	• 울피(Wolpe)의 의해 개발되어진 기법으로 조건화되어진 반응을 해제시키고 새로운 조건형성(역조건화)이 이루어지도록 한다. • 불안위계를 통해 점진적 이완과 불안을 반복적으로 짝을 지어 불안증상을 없애는 방법으로 특히 공포증 치료에 많이 사용한다.
노출법	반복적인 노출을 통해 공포자극에 적응하도록 하여 치료한다. 예 홍수법 : 단번에 강한 공포자극을 직면시키는 방법이다.
참여적 모방학습	다른 사람이 공포자극을 불안 없이 대하는 것을 관찰함으로써 공포증을 치료한다.
이완훈련	신체적 이완상태를 유도하는 기술을 통해 공포증을 극복하도록 한다.

(3) 광장공포증

① 임상적 특징

   ㉠ 특정한 장소나 상황에 대한 공포를 나타내는 경우를 말한다.
   ㉡ 광장공포증은 공황발작을 함께 경험하는 경우가 흔하다.
   ㉢ 광장공포증 환자들의 전형적인 회피 상황은 백화점, 식당에 줄서기, 엘리베이터, 넓은 길, 운전하기, 자동차, 에스컬레이터 등이다.
   ㉣ 발병 연령은 20대 중반에 가장 많이 발병하며 남자보다 여자에게 더 많이 나타나는 것으로 보고된다.

② DSM-5 진단기준 2017년 기출 ★

   ㉠ DSM-5에 따르면 광장공포증을 지닌 사람은 다음의 5가지 상황 중 적어도 2가지 이상의 상황에 대한 현저한 공포와 불안을 나타낸다.
      ⓐ 대중교통수단(예 자동차, 버스, 기차, 배, 비행기 등)을 이용하는 것
      ⓑ 개방된 공간(예 주차장, 시장, 다리 등)에 있는 것
      ⓒ 폐쇄된 공간(예 쇼핑몰, 극장, 영화관 등)에 있는 것
      ⓓ 줄을 서 있거나 군중 속에 있는 것
      ⓔ 집 밖에서 혼자 있는 것 또는 이러한 상황을 두려워하거나 회피하는 이유가 공황과 유사한 증상이나 무기력하고 당혹스러운 증상이 나타날 경우에는 그러한 상황을 회피하고자 한다. 예 노인의 경우 쓰러질 것 같은 공포, 오줌을 지릴 것 같은 공포 등
   ㉡ 때로는 동반자가 있으면 공포나 불안을 느끼면서도 공포상황을 참아낼 수 있다.
   ㉢ 공포유발 상황의 실제적인 위험과 사회문화적 맥락을 고려할 때, 이러한 공포는 지나친 것이어야 한다.
   ㉣ 공포와 회피행동이 6개월 이상 지속되어 심한 고통을 경험하거나 사회적·직업적 활동에 현저한 방해를 받을 경우 광장공포증으로 진단된다.

③ 원인
　㉠ 정신분석 입장은 광장공포증은 어린아이가 어머니와 이별할 때 나타내는 분리불안과 관련된 것으로 해석하고 애정결핍과 관련되어 있다고 주장한다.
　㉡ 인지 행동적 입장은 '공포에 대한 공포'로 장소보다는 장소에서 경험하게 될 공포를 두려워한다는 것이며 또한 불안을 유발한 선행사건을 잘못 해석하는 경향이라고 본다.

(4) 사회공포증(사회불안장애) 2019년 기출 ★
① 임상적 특징
　㉠ 다른 사람들과 상호작용하는 사회적 상황을 두려워하여 회피하는 장애로서 사회불안장애라고 불린다.
　㉡ 불편감이나 불안이 매우 심하여 이를 회피하려는 것을 주 증상으로 하여 사회적, 직업적 기능이 크게 지장을 받는다.
　㉢ 공통점은 다른 사람들이 지켜보고 또한 평가하는 가운데 어떤 일을 수행해야 할 때 대중 앞에서 창피를 당할까 두려워하며 불안과 관련된 많은 신체적 증상을 경험한다.
　㉣ 사회불안장애는 문화적 차이에 따라 한국, 일본, 중국 사람들의 경우 특유의 사회불안장애를 나타내고 있다.
　㉤ 일반적으로 10대 중반에 발병하며 사회적으로 억제되어 있었다거나 수줍음을 많이 탄다는 등의 과거력을 가지고 있다.
　㉥ 사회불안장애에 가장 많이 동반되는 것은 90% 이상 하나 이상의 공포감을 가지고 있으며, 불안과 관련된 신체적 증상을 경험한다.

② DSM-5 진단기준
　㉠ 개인이 다른 사람들에 의해서 관찰되고 평가될 수 있는 한 가지 이상의 사회적 상황에 대해서 현저한 공포나 불안을 지닌다. 이들이 두려워하는 주된 사회적 상황은 일상적인 상호작용 상황(예 다른 사람과 대화를 하거나 낯선 사람과 미팅하는 일 등), 관찰 당하는 상황(예 다른 사람이 보는 앞에서 음료를 마시거나 음식을 먹는 일 등), 다른 사람 앞에서 수행을 하는 상황(예 연설이나 발표를 하는 일 등)이다.
　㉡ 이러한 사회적 상황에서 다른 사람들로부터 부정적인 평가를 받을 수 있는 행동을 하거나 불안증상을 나타내게 될 것을 두려워한다. 즉, 부적절한 행동을 통해서 다른 사람들로부터 모욕과 경멸을 받거나 거부를 당하거나 타인에게 피해를 주게 될 것을 두려워한다.

③ 원인
　㉠ 유전적 요인으로 사회공포증을 지닌 사람들은 자율신경계 활동이 불안정하여 다양한 자극에 쉽게 흥분하는 경향이 있을 뿐만 아니라 수줍음, 사회적 불편감, 사회적 위축과 회피, 낯선 사람에 대한 두려움과 같은 기질적 특성을 지니는 경향이 있다.

Section 07 불안장애

ⓒ 변연계는 뇌의 감정 영역으로 흥분과 공포, 불안, 기억, 욕망 등을 관장한다.
ⓒ 정신분석적 요인으로 무의식적인 갈등이 사회적 상황에 투사된 것으로 본다. 어릴 적 중요한 타인에 대한 내면적 표상이 형성되어 이후 지속적인 영향을 미친다고 본다.

3 공황장애 2018년, 2017년, 2016년 기출 ★

(1) 임상적 특징
① 공황장애는 공황발작이 주요 증상으로 나타나는 불안장애다.
② 개인은 자신이 곧 죽을 것 같은 느낌, 자신에 대한 통제감을 읽고 미쳐버릴지 모른다는 두려움 혹은 심장마비를 일으키게 될 거라는 강한 공포를 느낀다.
③ 공황발작 증상은 갑작스럽게 나타나며 10분 이내 최고조에 달하다가 극심한 공포를 야기하게 되는데 약 10분~20분간 지속된다.
④ 미국 의사 타코스타의 연구로 공황장애 증상은 타코스타 증후군으로 불리다가, 1919년 루이스에 의해 군인심장증후군 또는 로작증후군으로 불리게 되었으나, DSM-Ⅲ에서 공황장애로 명명되었다.

(2) DSM-5 진단기준 2021년 기출 ★
비정기적인 강한 공포나 불편이 있고 다음 중 적어도 4가지 또는 그 이상의 증상이 갑작스럽게 나타나며 10분 이내에 그 증상이 최고조에 도달한다.

① 심장박동이 빨라지고 강렬하거나 심장박동수가 점점 더 빨라짐
② 진땀 흘림
③ 몸이나 손발이 떨림
④ 숨이 가쁘거나 막히는 느낌
⑤ 질식할 것 같은 느낌
⑥ 가슴의 통증이나 답답함
⑦ 구토감이나 통증
⑧ 어지럽고 몽롱하며 기절할 것 같은 느낌
⑨ 한기를 느끼거나 열감을 느낌
⑩ 감각 이상증
⑪ 비현실감이나 자기 자신과 분리된 듯한 이인증
⑫ 자기통제를 상실하거나 미칠 것 같은 두려움
⑬ 죽을 것 같은 두려움

(3) 원인 2020년 기출 ★
① 생물학적 원인 – 질식 오경보 이론 : 질식감찰기가 CO_2 수준의 변화에 대해서 잘못된 질식경보를 내림으로써 환자들이 순간적으로 호흡곤란을 느끼고 과잉호흡과 공황발작을 경험하게 된다. 그러나 공황장애에는 이러한 생리적 요인 외에 심리적 요인이 중요한 역할을 하는 것으로 알려지고 있다.
② 인지이론 원인 – 신체감각에 대한 파국적 오해석 : 공황발작이 신체감각을 위험한 것으로 잘못 해석한 것으로 공황발작 촉발요인으로 외적자극(특정장소 등)과 내적자극(불쾌한 기분, 생각, 신체감각 등) 등이 있다.

> **Plus Study** ● 파국적 오해석
>
> 클락(D. Clark)이 제시한 공황장애의 인지모델은 파국적 오해석이다. 파국적 오해석이란 공황발작이 신체 감각을 위험한 것으로 잘못 해석하여 일어났다고 보는 것이다. 예를 들어 운동 후 경험하는 심박항진을 위험한 일이 일어난 것으로 해석하고 갑작스런 불안에 사로잡힌다. 다시 이 불안으로 교감신경계의 활동은 더 많은 신체 감각을 불러일으키고 이는 이전보다 더 위험한 일이 일어난 것으로 지각되는 악순환이 계속 이루어져 결국 공황발작을 일으키게 된다고 본다.

(4) 치료
① **약물치료** : 벤조디아제핀 계열 약물, 삼환계 항우울제, 세로토닌 재흡수 억제제 등
② **인지행동치료** : 일반적으로 인지행동치료는 불안을 조절하는 복식호흡 훈련과 긴장이완훈련, 신체적 감각에 대한 파국적 오해석의 인지적 수정, 점진적 노출 등과 같은 치료적 요소로 구성된다.

4 분리불안장애 2021년, 2019년, 2018년, 2017년 기출 ★

(1) 임상적 특징
① 애착대상과 떨어지는 것에 대해서 심한 불안을 나타내는 정서적 장애를 뜻한다.
② 아동은 어머니가 시장을 가거나 유치원에서 어머니와 떨어지게 될 때 극심한 불안과 공포를 나타내게 된다.
③ 불안의 증상이 성인은 6개월, 아동·청소년은 1개월 이상 지속해야 진단이 된다.

(2) DSM-5 진단기준
① 다음 증상 중 최소 3가지 증상 이상이 나타난다.
  ㉠ 집이나 주요 애착 대상으로부터 분리를 경험하거나 이를 예상할 때 반복적으로 심한 고통을 느낀다.

ⓒ 주요 애착대상을 잃는 것 혹은 그들에게 질병·부상·재난·사망 같은 일이 일어나지 않을까 지속적으로 과도하게 근심한다.
ⓒ 분리불안으로 인해 집으로부터 멀리 떠나거나 학교나 직장에 가는 것을 지속적으로 꺼리거나 거부한다.
ⓔ 혼자 있는 것 혹은 주요 애착대상 없이 집이나 다른 장소에 있는 것에 대해 지속적으로 꺼리거나 과도한 공포를 느낀다.
ⓕ 집으로부터 멀리 떠나 잠을 자는 것 혹은 주요 애착대상이 가까이 없이 잠을 자는 것에 대해 지속적으로 꺼리거나 거부한다.
ⓗ 분리의 주제를 포함하는 악몽을 반복적으로 꾼다.
ⓘ 주요 애착대상으로부터 분리되거나 이를 예상하게 될 때 신체증상을 반복적으로 호소한다.
② 공포, 불안, 회피 반응 등이 아동·청소년은 4주 이상, 성인은 최소 6개월 이상 지속된다.
③ 장애는 사회적·학업적·직업적 기능 또는 다른 중요한 기능 영역에서 임상적으로 유의미한 고통이나 손상을 초래한다.

(3) 원인
① 분리불안장애는 아동의 유전적 기질, 부모의 양육행동, 아동의 인지행동적 요인들이 복합적으로 작용하여 발생하는 심리적 장애로 여겨지고 있다. 또한 부적절한 양육행동은 분리불안장애를 유발하는 중요한 요인으로 알려져 있다.
② 지나치게 밀착된 가정에서 자랐거나 의존적인 성향의 아이에게 나타날 수 있다.

(4) 치료 : 분리불안장애는 행동치료, 인지행동치료, 놀이치료 등을 통해서 호전될 수 있다.

5 선택적 무언증(함구증) 2018년, 2017년 기출 ★

(1) 임상적 특징
① 말을 할 수 있음에도 불구하고 특정한 상황에서 지속적으로 말을 하지 않는 장애로 주로 아동에게서 나타난다.
② 아동은 다른 상황에서는 말을 잘 하면서도 말하는 것이 기대되는 사회적 상황(예 학교, 친척 또는 또래와의 만남)에서 지속적으로 말을 하지 않는다.
③ 다른 사람과 함께 있을 때 먼저 말을 시작하지 않거나 다른 사람이 말을 해도 반응하지 않는다.
④ 선택적 무언증을 지닌 아동들은 가정에서 가까운 직계가족과 함께 있을 때만 말하고, 조부모나 사촌과 같은 친인척이나 친구들 앞에서는 말을 하지 않는 경우가 흔하다.
⑤ 1달 이상 말을 하지 않아야 하지만 학교에 들어간 첫 달은 해당되지 않는다.

(2) DSM-5 진단기준
① 다른 상황에서는 말을 할 수 있음에도 불구하고, 특정한 사회적 상황에서 지속적으로 말을 하지 못한다.
② 장애가 학업적·직업적 성취나 사회적 의사소통을 저해한다.
③ 증상이 적어도 1개월은 지속되어야 한다.
④ 말하지 못하는 이유가 사회생활에서 요구되는 언어에 대한 지식이 없거나 그 언어에 대한 불편한 관계가 없는 것이어야 한다.
⑤ 장애가 의사소통장애에 의해 잘 설명되지 않고, 전반적 발달장애, 조현병, 다른 정신병적 장애의 기간 중에만 발생되는 것은 아니다.

(3) 원인
① 선택적 무언증은 사회적 상황에서의 심한 불안에 의해 유발된다고 본다.
② 대부분의 사람이 사회공포증을 함께 지니고 있으며 또는 애착대상과의 분리불안으로도 나타난다.

Section 08 강박 및 관련 장애

학습목표
강박 및 관련장애 하위장애에 대해 각각 임상적 특징과 DSM-5 진단기준을 확인하고, 원인과 치료방법에 대해서 살펴본다.

강박 및 관련 장애 하위유형 2021년 기출 ★

하위장애	핵심증상
강박장애	불안을 유발하는 강박사고(예 성적인 생각, 오염이나 실수에 대한 생각 등)에 대한 집착과 강박행동(예 손 씻기, 확인하기, 숫자세기 등)을 반복한다.
신체변형장애	자신의 신체 일부가 기형적이라는 생각(예 코가 비뚤어짐, 턱이 너무 짧 등)에 대한 집착을 한다.
저장장애	다양한 물건을 과도하게 수집하여 저장하는 것에 집착한다.
모발 뽑기 장애	자신의 머리털을 뽑는 행동을 반복한다.
피부 벗기기 장애	자신의 피부를 벗기는 행동을 반복한다.

- 강박은 '강한 압박'을 의미하며 무엇인가에 집착하여 어찌할 수 없는 심리상태를 뜻한다.
- 강박 및 관련 장애는 개인의 의지와 상관없이 어떤 생각이나 충동이 자꾸 의식에 떠올라 그것에 집착하며 그와 관련된 행동을 반복하게 되는 부적응 문제를 뜻한다.

1 강박장애 2018년 기출 ★

(1) 임상적 특징

① 원하지 않은 불쾌한 생각이 자꾸 떠올라 그것을 제거하기 위한 행동을 반복하는 장애이다.
② 강박장애의 주된 증상은 강박사고와 강박행동이다.
③ 강박사고는 반복적으로 의식에 침투하는 고통스러운 생각, 충동 또는 심상을 말한다. 이러한 강박사고는 매우 다양한 주제를 포함하는데 이러한 생각이 부적절하다는 것을 인식하지만 잘 통제되지 않고 반복적으로 의식에 떠올라 고통스럽게 한다.
④ 강박행동은 대체로 강박사고에 대한 반응으로 불안을 감소하기 위해 하는 행동이다.
⑤ 발병이 남성이 여성보다 빠르며 남자는 6~15세, 여자는 20~29세이다.
⑥ 강박장애의 하위 유형

순수한 강박사고형	외현적 강박 행동이 나타나지 않고 내현적 강박 사고만 지니는 경우 예 원치 않는 성적인 생각, 난폭하거나 공격적 충동, 비윤리적 심상 등
내현적 강박행동형	강박적 사고와 더불어 겉으로 관찰되지 않는 내면적 강박 행동만을 말함 예 숫자세기, 기도하기, 단어반복 등
외현적 강박행동형	강박사고와 더불어 분명히 겉으로 드러나는 강박행동 예 청결행동, 확인행동, 반복행동, 정돈행동, 수집행동, 지연행동 등

(2) DSM-5 진단기준 2020년 기출 ★

① 강박사고 또는 강박행동 중 어느 하나가 존재하거나 둘 다 존재한다.

강박 사고	• 심한 불안이나 곤란을 초래하는 반복적·지속적인 사고, 충동 또는 이미지가 침입적이고 원치 않게 경험되며 현저한 불안과 고통을 유발한다. • 그러한 사고, 충동, 이미지들을 무시하거나 억압하려고 노력하거나 다른 사고나 행동으로 중화시키려고 노력한다.
강박 행동	• 개인이 강박사고에 대한 반응으로서 해야만 한다고 느끼거나 엄격한 규칙에 따라 행하는 반복적인 행동(손 씻기, 점검 등) 또는 정신적 행위(기도, 숫자세기 등)를 말한다. • 이 같은 행동이나 정신적 행위는 불안·고통을 방지하거나 감소시키고, 무서운 사건이나 상황을 방지할 목적이어야 한다. 현실상황에서 중화시키려고 계획된 실제적인 방법과는 관련이 없거나 관련이 있더라도 명백히 지나친 것이다.

② 강박사고나 강박행동이 많은 시간을 소모시키거나(하루 1시간 이상) 개인의 정상적 일상생활, 직업, 학업 기능 또는 통상적 사회활동이나 대인관계에 명백히 지장을 준다.

③ 이 장애가 물질 또는 일반적 의학 상태에 의한 직접적인 생리적 효과 때문이 아니고, 다른 정신장애의 증상으로 설명될 수 없다.

(3) 원 인

① **인지 행동적 입장** 2019년, 2015년 기출 ★
  ㉠ **침투적 사고** : 심리학자 살코프스키(Salkovskis)가 강박장애가 발생하는 인지적 과정을 분석하여 침투적 사고에 대한 자동적 사고가 강박장애의 원인이 된다고 본다.
    ⓐ 침투적 사고(Intrusive Thought) : 우연히 의식에 떠오르는 원치 않는 불쾌한 생각으로 자동적 사고이다.
    ⓑ 자동적 사고(Automatic Thought) : 거의 반사적으로 발생하고 매우 빨리 지나가서 의식되지 않으며 당연한 것으로 여겨지게 되고 결과적으로 강박사고를 유발하는 역할을 한다.
  ㉡ **사고-행위 융합** : 인지적 오류 개입(도덕성 융합, 발생가능성 융합)으로 발생한다고 본다. 사고한 것이 곧 행동한 것과 다르지 않다는 것이다.
  ㉢ 라크만(Rachman)은 강박장애를 유발하는 핵심적 인지요인은 침투사고에 대한 평가 과정에서 나타나는 파국적 해석이라고 주장하였다.
  ㉣ 베그너와 그의 동료(Wegner et al.)는 사고를 통제하면 할수록 그 생각이 더 잘 떠오르는 현상인 사고억제설이 강박장애를 일으킨다고 본다.

② **정신분석적 입장**
  ㉠ 프로이트는 항문기에 억압된 욕구나 충동이 재활성화되어 나타난 것이라고 본다.
  ㉡ 충동의식이 떠오르면 불안을 경험하게 되어 이를 통제하기 위해 네 가지 방어기제인 격리, 대치, 반동형성, 취소가 사용된다.

③ 생물학적 입장
  ㉠ 안와 전두피질이나 기저핵의 기능이상이 관련될 수 있다.
  ㉡ 세로토닌 재흡수 억제제를 사용 할 경우 우수한 치료효과를 나타낸다는 점에 근거하여 세로토닌과 관련되어 있다고 주장한다.

(4) 치료
① **약물치료** : 클로미프라민, 세로토닌 재흡수 억제제 처방이 대표적이다.
② **노출 및 반응방지법** : 불안을 초래하는 자극에 노출시켜 사고 행동을 못하게 하는 것이다.
  예 물건을 만지고 더러운 세균이 묻었다는 생각을 하지만 손 씻는 행동은 못하게 한다.
③ **사고 중지법** : 강박사고가 떠오를 때마다 중지시킨다.
④ **역설적 의도법** : 강박사고를 억누르기보다 오히려 과장된 방식으로 행동하는 방법이다.
⑤ **자기주장훈련** : 강박장애자는 억제경향이 크므로 자신의 의견, 생각을 표현하는 훈련이다.

2 신체변형장애 2018년 기출 ★

(1) 임상적 특징
① 자신의 외모가 기형적이라고 잘못된 집착을 하는 경우를 말하며 '신체추형장애' 또는 '신체기형 장애'라고 불리기도 한다.
② 신체적 외모 대해서 한 개 이상의 주관적 결함에 과도하게 집착하는 것이 주된 증상이다. 주관적 결함이란 그러한 결함이 다른 사람에 의해서 인식되지 않거나 경미한 것으로 여겨지기 때문이다.
③ 신체변형 장애를 지닌 사람은 반복적인 외현적 행동(예 거울 보며 확인하기, 지나치게 몸단장하기, 피부 벗기기, 안심 구하기 등)이나 내현적 행위(예 자신의 외모를 다른 사람과 비교하기 등)를 나타낸다.
④ 이러한 증상으로 인해 심각한 고통을 받거나 중요한 삶의 영역에서 현저한 장해를 나타낼 경우 신체변형 장애로 진단된다.
⑤ 대부분 15~20세 사이의 청소년기에 많이 발생하며 미혼의 여성에게 흔하다.

(2) DSM-5 진단기준
① 다른 사람이 알아볼 수 없거나 아주 경미한 신체의 결점이 인식되는 것에 집착한다.
② 외모 걱정에 대한 반응으로 반복행동(예 거울보기, 과한 꾸밈 등) 또는 정신 활동(예 외모 비교 등)을 행한다.
③ 외모에 대한 집착이 사회적·직업적 기능 또는 다른 중요한 기능 영역에서 임상적으로 유의미한 고통이나 손실을 초래한다.
④ 외모 집착은 섭식장애의 진단기준을 충족하는 경우에서 체지방 또는 몸무게를 걱정하는 것으로 더 잘 설명되지 않는다.

(3) 원인

① 신체변형 장애의 원인은 아직 잘 알려져 있지 않다.
② **정신분석적 입장** : 어린 시절의 심리성적 발달과정에서 특수한 경험을 하게 되고 이러한 경험과 상징적인 연관성을 지닌 특정한 신체부위에 집착하게 되는 것이라고 보고 있다. 즉, 무의식적인 성적 또는 정서적 갈등이 신체부위에 대치되어 나타난다는 것이다.
③ **인지행동적 입장**
  ㉠ 우연한 사건에 의해 자신의 신체적 증상에 주목하고 선택적 주의를 기울여 신체적 특성이 심각한 것으로 인식한다.
  ㉡ 외모와 관련된 평가를 일반인들보다 더 부정적이고 위협적으로 해석한다.
④ **생물학적 입장** : 세로토닌과 관련 있다는 주장이다.

(4) 치료

① 세로토닌 재흡수 억제제를 사용한 약물치료로서 망상적 수준의 신체변형에 효과가 있다.
② 인지 행동적 치료방법의 하나인 노출 및 반응 억제법으로서 비교적 경미한 증상을 지닌 신체변형장애에 효과적이다.

3 저장장애 2017년 기출 ★

(1) 임상적 특징

① 필요 없는 물건을 버리는 거 자체를 고통으로 받아들이는 장애이다.
② DSM-5에 새롭게 신설된 장애이다.
③ 강박적 저장은 불필요한 물건을 버리지 못하고 보관하는 것이며 강박적 수집은 불필요한 물건을 집안으로 끌어들이는 행위이다.

(2) DSM-5 진단기준

① 실제 가치와 관계없이 소유물을 버리거나 분리하는 데 있어 지속적인 어려움을 겪는다. 이러한 어려움은 물건을 버리는 것에 연관되는 고통이나 물건을 보유하려는 필요성으로 인한 것이다.
② 소유물이 축적되어서 생활공간이 채워지고 혼잡해지며, 사용목적이 상당히 손상되는 결과를 야기한다. 만약 생활공간이 어지럽혀지지 않았다면, 제3자의 개입으로 인한 것이다.
③ 증상은 사회적·직업적 기능 또는 다른 중요한 기능 영역에서 임상적으로 유의미한 고통이나 손실을 초래한다. 또한 다른 의학적 상태로 인한 것이 아니고, 다른 정신질환으로 더 잘 설명되지 않는다.

(3) 원인
① **정신 역동적 입장** : 항문기 고착으로 반항적 공격성이 저장장애로 표현된 것으로 본다.
② **인지 행동적 입장** : 가치 판단 능력과 의사결정 능력의 손상으로 본다.
③ **생물학적 입장** : 뇌의 전두엽 부위가 제 기능을 못 할 때 저장장애를 보인다고 보고된다.

4 모발 뽑기 장애

(1) 임상적 특징
① 자기 몸에 있는 털을 뽑는 충동을 억제 하지 못해서 반복적으로 털을 뽑는 행위를 말한다.
② 털을 뽑기 전 불안감이나 긴장감 지루함이 정서에 의해 촉발되기도 하며 털을 뽑은 후 만족감, 쾌감, 안도감을 느낀다.
③ DSM-Ⅳ에서는 충동통제장애로 분류되었으나 DSM-5에서는 강박장애에 포함하였다.
④ 대체로 아동기나 청소년기에 발병한다.

(2) DSM-5 진단기준
① 반복적인 모발 뽑기 행동으로 모발 손실을 초래한다.
② 모발 뽑기를 줄이거나 중단하려고 반복적으로 시도한다.
③ 모발 뽑기가 사회적·직업적 기능 또는 다른 중요한 기능 영역에서 임상적으로 유의미한 고통이나 손실을 초래한다.
④ 모발 뽑기나 모발 손실이 다른 의학적 상태로 인한 것이 아니고, 다른 정신장애의 증상으로 잘 설명되지 않는다.

(3) 원인
① 심리적인 원인과 생물학적 원인이 복합적이다.
② 아동의 경우 엄마와 이별, 상실에 의해 또는 엄마를 위협적으로 지각할 때 발생한다.
③ 생물학적으로는 세로토닌 체계의 이상으로 본다.

5 피부 벗기기 장애

(1) 임상적 특징
① 강박적으로 자기의 피부를 뜯는 행위를 말한다.
② 피부를 벗기는 행동은 불안하거나 긴장이 높아질 때 증가하나 긴장하지 않거나 인식하지 않고 있을 때에도 자동적으로 피부를 벗기는 행동을 보인다.

③ 주로 얼굴, 팔, 손, 등을 긁거나 벗기며 다양한 신체 부위가 대상이 될 수 있다.
④ DSM-5에서 처음 강박 관련 장애 하위 장애에 포함되었다.

(2) DSM-5 진단기준

① 반복적인 피부 벗기기로 인해 피부 병변으로 이어진다.
② 피부 벗기기를 줄이거나 중단하려고 반복적으로 시도한다.
③ 피부 벗기기가 사회적·직업적 기능 또는 다른 중요한 기능 영역에서 임상적으로 유의미한 고통이나 손실을 초래한다.
④ 피부 벗기기가 물질의 생리적 영향 또는 다른 의학적 상태로 인한 것이 아니고, 다른 정신장애의 증상으로 잘 설명되지 않는다.

(3) 원인

① **정신 역동적 입장** : 미해결된 아동기의 정서적 문제와 관련이 있으며 모발 뽑기 장애와 유사한 정신적 역동에 의해서 발생하는 것으로 권위적인 부모에 대한 억압된 분노의 표현으로 본다.
② **인지 행동적 입장** : 스트레스에 대한 일종의 대처방식으로 본다.

Section 09 외상 및 스트레스 관련 장애

학습목표

외상 및 스트레스장애 하위장애에 대해 각각 임상적 특징과 DSM-5 진단기준을 확인하고, 원인과 치료방법에 대해서 살펴본다.

외상 및 스트레스 관련 장애 하위유형

하위장애	핵심증상
외상후 스트레스 장애	충격적인 외상 사건을 경험한 이후에 1개월 이상 지속되는 재경험 증상과 회피행동
급성 스트레스 장애	외상 사건을 경험한 이후에 1개월 이내로 나타나는 재 경험 증상과 회피행동
적응장애	중요한 생활 사건에 대한 적응 실패로 나타나는 정서적 행동적 문제
반응성 애착장애	부적절한 양육환경에서 애착 외상을 경험한 아동이 나타내는 정서적 위축과 대인 관계 회피
탈억제 사회유대감 장애	부적절한 양육 환경에서 애착 외상을 경험한 아동이 부적절하게 나타내는 과도한 친밀감과 무분별한 대인 관계 행동

- 외상이란 외부로부터 주어진 충격적 사건에 의해 입은 심리적 상처로 트라우마라고 한다.
- 인간 외적인 외상 : 지진, 태풍, 산사태, 홍수, 화산폭발과 같이 인간이 개입되지 않은 자연재해를 의미한다.
- 대인 관계적 외상 : 전쟁, 테러, 살인, 폭력, 강간, 고문 등 타인의 고의적 행동에 의해 입은 상처와 피해를 의미한다.
- 애착 외상 : 신체적 학대, 가정폭력, 정서적 학대나 방임, 성폭행과 성적 학대 등이 부모와 양육자와 같이 정서적으로 매우 긴밀하고 의존도가 높은 관계에서 입은 심리적 상처를 애착 외상이라 한다.

1 외상 및 스트레스 장애(PTSD)

(1) 임상적 특징 2016년 기출 ★

① 외상 사건을 경험한 사람이 충격과 후유증으로 인해 심각한 부적응 증상을 나타내는 경우이다.
② 외상 후 스트레스 장애는 외상 사건을 경험한 후에 네 가지 유형의 심리적 증상을 나타낸다.
  ㉠ **침투증상** : 외상 사건과 관련된 기억이나 감정을 재경험하는 것이다.
  ㉡ **회피증상** : 외상 사건과 관련된 자극을 회피하는 증상이다.
  ㉢ **인지, 감정 부정변화** : 외상 사건과 관련된 인지와 감정에 부정적인 변화가 나타난다.
  ㉣ **각성의 변화** : 평소에도 늘 과민하며 주의집중을 잘 못하고 사소한 자극에도 크게 놀라는 과각성 반응을 한다.
③ 외상 경험은 개인이 그런 외상 경험을 직접 경험한 것뿐만 아니라 가까이에서 목격하거나 친밀한 사람에게 일어났을 때도 발생할 수 있다.
④ 아동기를 포함하여 어느 연령에서도 발생 가능한 장애이다.
⑤ 증상은 대부분 사건 발생 후 3개월 이내 일어나고 증상이 지속되는 기간은 몇 개월에서 몇 년도 지속된다.
⑥ 진단 시에는 해리 증상의 여부를 명시해야 한다.

(2) DSM-5 진단기준 2019년 기출 ★

① 실제 죽음이나 죽음에 대한 위협, 심각한 상해 또는 성폭력에 다음 중 1가지 이상의 방식으로 노출된다.
  ㉠ 외상 사건을 직접 경험
  ㉡ 외상 사건이 다른 사람에게서 일어나는 것을 목격
  ㉢ 외상성 사건이 가까운 가족이나 친구에게 일어났음을 알게 됨
  ㉣ 외상성 사건이 혐오스러운 세부내용에 반복적으로 또는 극단적으로 노출됨

② 외상 사건이 일어난 후 외상 사건과 관련된 침투 증상이 다음 중 1가지 이상 나타난다.
  ㉠ 외상 사건의 고통스러운 기억을 자기 의지와 상관없이 반복적, 침투적 경험
  ㉡ 외상 사건과 관련된 내용 또는 정서가 포함된 고통스러운 꿈을 반복적 경험
  ㉢ 외상성 사건이 실제로 일어난 것처럼 느끼고 행동하는 해리반응
  ㉣ 외상성 사건과 유사하거나 상징적인 내적 또는 외적 단서에 노출되었을 때 극심한 심리적 고통의 경험
  ㉤ 외상성 사건과 유사하거나 상징적인 내적 또는 외적 단서에 노출되었을 때 극심한 생리적 반응

③ 외상 사건이 일어난 후 외상 사건과 관련된 지속적인 자극 회피가 다음 중 1가지 이상의 방식으로 나타난다.
  ㉠ 외상 사건 또는 그것과 밀접하게 연관된 고통스러운 기억, 생각, 감정을 회피하거나 회피하려는 노력
  ㉡ 외상 사건 또는 그것과 밀접하게 연관된 고통스러운 기억, 생각, 감정을 유발하는 외적인 단서들을 회피하거나 회피하려는 노력

④ 외상 사건이 일어난 후 혹은 악화된 이후 외상 사건과 관련된 인지와 기분의 부정적인 변화가 다음 중 2가지 이상 나타난다.
  ㉠ 외상 사건의 중요한 측면을 기억하지 못함
  ㉡ 자기 자신, 타인 혹은 세상에 대한 과장되거나 부정적인 신념·기대를 지속적으로 나타냄
  ㉢ 외상성 사건의 원인이나 결과에 대한 왜곡된 인지를 지니며, 이로 인해 자신이나 타인을 책망함
  ㉣ 부정적인 정서상태(예 공포, 분노, 죄책감 등)
  ㉤ 중요한 활동에 대한 관심이나 참여가 현저하게 감소함
  ㉥ 다른 사람에 대해서 거리감이나 소외감을 느낌
  ㉦ 긍정적인 감정을 경험할 수 없는 지속적인 무능력

Section 09 외상 및 스트레스 관련 장애

⑤ 외상 사건이 일어난 이후 혹은 악화된 이후 외상 사건과 관련된 각성 및 반응성에서 현저한 변화가 다음 중 2가지 이상 나타난다.
  ㉠ 사람이나 사물에의 언어적 또는 물리적 공격으로 나타나는 짜증스러운 행동과 분노 폭발
  ㉡ 무모한 행동 혹은 자기 파괴적 행동
⑥ 위에 제시된 ②~⑤ 장애증상이 1개월 이상 나타난다.
⑦ 장애가 사회적·직업적 기능 또는 다른 중요한 기능 영역에서 임상적으로 유의미한 고통이나 손실을 초래한다.
⑧ 위 진단 기준은 성인, 청소년, 만 6세 이상 아동에게 적용된다. 만 6세 미만 아동에 대해서는 별도의 진단 기준을 적용한다.
⑨ 이인증, 비현실감 같은 해리 증상을 동반할 수 있다.

(3) 원인 2015년 기출 ★

① 외상 후 스트레스 장애는 외상 사건이라는 분명한 촉발 요인이 존재하기 때문에 이러한 장애에 취약한 사람들의 특성을 밝히는 데 있다.

외상 전 요인	외상 사건 이전에 정신장애에 대한 가족력, 우울이나 불안장애의 과거력, 성격장애, 부모와의 애착파괴, 아동기 외상의 병력 등이 있다.
외상 중 요인	• 외상 경험 자체의 특성을 지닌다. • 강도가 심할수록 장애가 나타날 가능성이 높다.
외상 후 요인	외상 후 사회적 지지체계나 친밀감 관계 부족, 추가적인 생활 스트레스, 결혼과 직장생활의 불안정, 음주와 도박 등이 있다.

② **생물학적 입장** : 유전적 요인이 외상 후 스트레스 장애에 대한 취약성과 연관되어 있다고 본다.
③ **정신분석적 입장** : 외상사건이 유아기의 미해결된 무의식적 갈등을 다시 불러일으키고, 그 결과 퇴행, 억압, 부인, 취소의 방어기제가 동원 된 증상이 초래되었다고 본다.
④ **인지치료 이론**
  ㉠ **호로위츠의 스트레스 반응이론** : 외상 사건을 경험한 사람들은 일반적으로 5단계의 과정을 나타낸다.

> **Plus Study** • 호로위츠의 스트레스 반응이론
>
> 극심한 절규 – 외상경험의 회피 – 부적응 상태를 의미하는 동요단계 – 인지적 처리를 통해 기존체계와 통합되는 전이단계 – 통합의 단계

  ㉡ **야노프 – 불만의 신념특성** : '세상의 우호성에 대한 신념', '세상의 합리성에 대한 신념', '자신의 가치에 대한 신념'으로 외상경험은 이러한 신념과 배치되는 것으로 심각한 혼란과 무기력감을 유발하게 되며 긍정적 신념을 지닌 사람일수록 외상 사건에 강한 충격을 받게 된다.

ⓒ **정서적 처리 이론(포아와 동료들이 제시)** : 외상 사건과 관련된 부정적 정도들의 연결망으로 이루어진 공포 기억구조를 형성한다.

(4) 치료
① 행동 치료의 지속적 노출 치료가 가장 효과적인 것으로 관찰되었다. 지속적 노출치료는 단계적으로 외상 사건을 떠올리게 하여 불안한 기억에 반복으로 노출시킴으로써 궁극적 외상 사건을 큰 불안 없이 직면하도록 유도하는 것이다.
② 약물치료는 세로토닌 재흡수 억제제나 삼환계 항우울제 등을 사용한다.
③ 정신 역동적 치료는 방어기제에 초점을 맞추어 카타르시스를 통해 외상 사건을 재구성하고 외상 경험으로 발생하는 심리적 갈등을 해소하도록 하는 것이다.
④ 이외 긴장감이나 호흡곤란을 통해 안정된 심리 상태를 유도한다.

2 급성 스트레스 장애

(1) 임상적 특징
① 외상 사건을 직접 경험했거나 목격하고 난 직후에 나타나는 부적응 증상들이 3일 이상 1개월 이내의 단기간 동안 지속되는 경우를 뜻한다.
② 특징은 증상의 지속 기간이 짧고, 해리 증상을 나타낸다는 것이다. 해리는 기억이나 의식의 통합이 교란되어져 현실에 부정하는 비현실감, 이인증, 정서적 마비나 기억 상실 등을 나타낸다.
③ 4주가 넘어도 증상이 지속되면 이후 '외상 후 스트레스 장애'로 진단된다.

(2) DSM-5 진단기준
① 실제 죽음이나 죽음에 대한 위협, 심각한 상해 또는 성폭력에 다음 어느 1가지 이상의 방식으로 노출된다.
　㉠ 외상 사건을 직접 경험
　㉡ 외상 사건이 다른 사람에게서 일어나는 것을 목격
　㉢ 외상 사건이 가까운 가족성원이나 친구에게 일어난 것을 알게 됨
　㉣ 외상 사건의 혐오스러운 세부 내용에 반복적 혹은 극단적 노출
② 다음 5가지 영역에 해당하는 증상 중 9개 이상이 외상 사건 이후 나타나거나 악화된다. 증상 지속 기간은 사고 이후 최소 3일 최대 4주까지이다. 2017년 기출 ★
　㉠ **침습**
　　ⓐ 반복적·불수의적·침습적으로 괴로운 외상 기억이 자꾸 떠오른다.
　　ⓑ 외상 사건과 관련된 내용이나 정서를 포함한 고통스러운 꿈이 반복된다.
　　ⓒ 외상 사건이 다시 일어나고 있는 것 같은 해리 반응이 나타난다.

Section 09 외상 및 스트레스 관련 장애

ⓒ **부정적 정서** : 긍정적인 감정을 지속적으로 경험할 수 없다.
ⓒ **해리**
  ⓐ 자기 자신이나 주변에 대한 현실감이 떨어진다.
  ⓑ 외상 사건의 중요한 측면을 기억하지 못한다.
ⓔ **회피**
  ⓐ 외상 사건과 관련된 고통스러운 기억, 생각, 감정을 회피하거나 회피하려고 노력한다.
  ⓑ 외상 사건을 생각나게 하는 요소들을 회피하거나 회피하려고 노력한다.
ⓜ **각성**
  ⓐ 수면 장애
  ⓑ 과잉 경계
  ⓒ 집중 곤란
  ⓓ 과도한 놀람 반응
  ⓔ 타인이나 물체에 대한 언어적 또는 신체적 공격으로 표현되는 과민한 행동과 분노
③ 증상이 사회적, 직업적 기능 또는 다른 중요한 기능 영역에서 임상적으로 유의미한 고통이나 손실을 초래한다.
④ 증상이 물질의 생리적 반응이나 또는 다른 의학적 상태에 기인한 것이 아니다.

(3) 치료 : 인지치료가 널리 사용되는데 인지적 재구성을 중심으로 한 인지행동치료가 증상을 완화시키고 외상 후 스트레스 장애로 진행되는 것을 예방하는 데 효과적인 것으로 알려져 있다.

3 적응장애

(1) 임상적 특징
① 주요한 생활사건에 대한 적응실패로 나타나는 정서적 또는 행동적 증상을 말한다.
② 적응장애는 모든 연령대에서 다양한 증상이 일어나는데 성인에게는 우울, 불안이 혼합되고, 사회적 직업적 기능장애가 일어날 수 있으며 노인들은 신체증상이 흔하게 발병된다.
③ 성인의 경우 여성이 남성보다 2배 높고, 아동 청소년 경우 남녀 유병률은 같다.
④ 전 연령대에서 발생 가능하지만 청소년에게 가장 흔히 진단되어지며 독신여성이 가장 적응장애의 위험도가 높은 것으로 알려졌다.

(2) DSM-5 진단기준
① 조건은 분명히 확인될 수 있는 심리적 스트레스 사건에 대한 반응으로 부적응 증상이 나타나야 하며 부적응 증상이 스트레스 사건이 발생한 3개월 이내에 나타나야 한다.

② 부적응 증상이 환경적 맥락과 문화적 요인을 고려할 때 스트레스 사건의 강도에 비해서 현저하게 심한 것이어야 한다.
③ 적응 문제로 인하여 개인이 심각한 고통을 느끼거나 중요한 삶의 영역에서 기능장애가 나타나야 한다.
④ 개인이 나타내는 부적응 증상이 다른 정신장애의 진단기준에 해당되지 않아야 한다.

(3) 치료 : 심리치료가 가장 널리 사용된다. 스트레스 요인이 사라지면 증상이 감소하는 경우가 대부분이므로 일반적으로 지지적인 심리치료가 가장 많이 사용된다.

4 반응성 애착장애 2021년 기출 ★

(1) 임상적 특징
① 양육자와 애착 외상으로 인하여 과도하게 위축된 대인관계 패턴을 나타내는 경우이다.
② 생후 9개월부터 만 5세 이전의 아동에게 주로 발생한다.

(2) DSM-5 진단기준
① 아동이 주양육자에 대해 거의 항상 정서적으로 억제되고 위축된 행동이 다음 2가지 양상으로 나타난다.
  ㉠ 아동이 스트레스를 느낄 때 거의 위안을 구하지 않거나 최소한의 위안만을 구한다.
  ㉡ 아동이 스트레스를 느낄 때 양육자의 위안에 거의 반응하지 않거나 최소한의 반응만을 나타낸다.
② 지속적인 사회적, 정서적 장애가 다음 중 최소 2가지 이상 나타낸다.
  ㉠ 다른 사람에 대하여 최소한의 사회적·정서적 반응만 보인다.
  ㉡ 긍정적인 정서가 제한적으로 나타난다.
  ㉢ 양육자와의 비위협적인 상호작용 중에 이유 없이 짜증, 슬픔, 공포를 나타낸다.
③ 불충분한 양육의 극단적인 형태를 경험했다는 것이 다음 중 1가지 이상으로 나타난다.
  ㉠ 위안, 자극, 애정에 대한 기본적인 욕구가 양육자에 의해 지속적으로 결핍되어 사회적 방임이나 박탈의 형태로 나타난다.
  ㉡ 주된 양육자가 자주 바뀜으로 인해서 안정된 애착을 형성할 기회가 극히 제한된다.
  ㉢ 선택적인 애착을 형성할 기회가 극히 제한된 비정상적인 환경에서 양육된다.
④ 진단기준 ③의 불충분한 양육이 진단기준 ①의 장애 행동을 초래한 것으로 추정된다.
⑤ 진단기준이 자폐 스펙트럼 장애에 해당하지 않아야 한다.
⑥ 이러한 장애는 아동의 연령 5세 이전에 시작된 것이 명백하다.
⑦ 아동의 발달연령은 최소 9개월 이상이어야 진단이 가능하다.

(3) 원인

① 생애초기 아동은 정상적인 심리 발달을 위해 특정한 양육자와 일관성 있는 안정애착을 형성하는 것이 중요하지만 부모의 이혼, 가정불화, 우울증, 학대, 방임 상태로 양육되면 애착외상이 생긴다.
② 반응성 애착장애는 아동의 기질이 어떤가도 영향을 미칠 수 있다는 주장도 있다.
③ 아동의 기질과 어머니의 양육태도가 어떻게 상호작용하는지에 따라 발생한다고 본다.

(4) 치료

① 반응성 애착장애를 치료하고 예방하는 주된 방법으로 아동과 양육자의 애착관계를 개선하는 데 초점이 맞춰지고 있다. 아동에게 정서적으로 애정과 관심을 기울일 수 있는 한 명의 양육자를 제공하는 것이 필수적이다.
② 반응성 애착장애의 치료에는 아동이 흥미를 느끼며 쉽게 몰입할 수 있는 놀이치료가 효과적이다.

5 탈억제 사회유대감 장애

(1) 임상적 특징 2015년 기출 ★

① 탈억제 사회관여 장애는 양육자의 애착 외상을 경험한 아동이 누구든지 낯선 성인에게 주저 없이 과도한 친밀감을 표현하며 접근하는 경우를 말한다.
② 애착장애처럼 양육자로부터 학대나 방임을 당한 동일한 경험을 지니고 있으며 위축된 반응 대신 무분별한 사회성과 과도한 친밀감을 나타내는 부적응 행동을 나타낸다.
③ 생후 9개월 이상의 아동에게 진단된다.
④ 적어도 5세 이전에 발병하며 자폐스펙트럼에 해당되지 않는다.

(2) DSM-5 진단기준

① 아동이 낯선 사람에게 적극적으로 접근해서 상호작용하려는 행동이 다음 중 2가지 이상 나타난다.
  ㉠ 낯선 성인에게 접근하거나 상호작용하는 데 주저함이 없다.
  ㉡ 지나치게 친밀한 언어적 또는 신체적 행동을 나타낸다.
  ㉢ 낯선 상황에서도 주변을 탐색·경계하는 정도가 떨어지거나 부재한다.
  ㉣ 낯선 성인을 망설임 없이 기꺼이 따라 나선다.
② 진단기준 ①의 행동이 충동성에 국한되지 않고, 사회적 탈억제 행동을 포함한다.

③ 불충분한 양육의 극단적인 형태를 경험했다는 것이 다음 중 1가지 이상으로 나타난다.
  ㉠ 위안, 자극, 애정에 대한 기본적인 욕구가 양육자에 의해 지속적으로 결핍되어 사회적 방임이나 박탈의 형태로 나타난다.
  ㉡ 주된 양육자가 자주 바뀜으로 인해서 안정된 애착을 형성할 기회가 극히 제한된다.
  ㉢ 선택적인 애착을 형성할 기회가 극히 제한된 비정상적인 환경에서 양육된다.
④ 진단기준 ③의 불충분한 양육이 진단기준 ①의 장해 행동을 초래하는 것으로 추정된다.
⑤ 장애가 현재까지 12개월 이상 지속된다.
⑥ 아동의 발달연령은 최소 9개월 이상이어야 진단이 가능하다.

(3) 원인과 치료
① 장애의 원인은 잘 알려져 있지 않으나 대체로 반응성 애착장애와 유사한 것으로 추정한다.
② 치료도 반응성 애착장애와 비슷하게 한 명의 양육자와 친밀한 애착관계를 형성하는 데 초점을 맞춘다.

Section 10 해리장애

학습목표
해리장애 하위장애에 대해 각각 임상적 특징과 DSM-5 진단기준을 확인하고, 원인과 치료방법에 대해서 살펴본다.

해리장애 하위유형 2016년 기출 ★

하위장애	핵심증상
해리성 정체감 장애	한 사람의 내면에 두 개 이상의 독립적인 정체감과 성격이 존재한다.
해리성 기억상실증	자기의 과거 또는 전부 또는 특정기간에 기억에 대해 망각한다.
이인증, 비현실감 장애	평소와 달리 자신과 주변 환경에 대해 반복적으로 낯선 느낌이 든다.

- 해리장애는 의식, 기억, 행동 및 자기정체감의 통합적 기능에 갑작스러운 이상을 나타내는 장애이다. 해리란 자기 자신, 시간, 주위환경에 대해 연속적인 의식이 단절되는 현상을 말한다.
- 어려운 충격적 경험으로부터 자신을 보호하는 기능을 지니고 있으나 지나치게 부적응적인 양상으로 나타날 때 해리 장애라 한다.
- 해리 증상은 외상을 겪고 난 후에 나타나며 개인의 심리적 기능영역을 와해시킬 수 있다.

1 해리성 정체감 장애 2019년 기출 ★

(1) 임상적 특징

① 한 사람 안에 둘 이상의 각기 다른 정체감을 지닌 인격이 존재하는 경우를 말한다. 과거에는 다중 인격 장애라고 불리기도 했다.
② 기억에 있어서 빈번한 공백을 경험한다.
③ 각각의 인격은 각기 다른 이름, 과거 경험, 자아상과 정체감을 갖고 있는 것처럼 행동한다.
④ 대체적으로 교체되는 인격들은 일차적 인격과 대조적인 성격을 지니는 경우가 많다.
⑤ 인격이 변하는 데는 몇 초 이내이지만 서서히 진행되는 경우도 있다.
⑥ 인격의 수는 2~100개 이상 보고되고 있으며 보고된 사례의 절반 이상이 10개 이하의 인격을 나타낸다.

(2) DSM-5 진단기준

① 두 개 이상의 다른 성격 상태를 특징적으로 나타내는 정체감의 분열을 보이며 일부 문화에서는 빙의경험으로 기술된다.
② 일상적인 사건, 중요한 개인 정보, 외상적 사건을 기억함에 있어 공백이 반복적으로 나타나는데 이러한 기억의 실패는 일상적인 망각으로는 설명할 수 없는 것이다.
③ 이 증상으로 인해서 현저한 고통을 사회적, 직업적, 중요한 기능에서 손상이 초래되어야 한다.
④ 이 장애는 널리 수용되는 문화적 또는 종교적 관습의 정상적인 일부가 아니어야 한다.

⑤ 이 장애는 물질이나 신체적 질병의 생리적 효과로 인한 것이 아니어야 한다.

(3) 원인

① 외상모델
  ㉠ 아동기의 외상 경험과 관련되어 있다는 주장이 많으며 외상 모델은 주로 아동기의 외상경험과 해리적 방어에 초점을 맞추고 있다.
  ㉡ 외상 모델은 아동기에 경험한 외상경험을 회피하기 위한 방어로서 나타난 해리현상이 아동의 발달과정을 통해서 점차 정교해지면서 해리성 정체감 장애로 발전하게 된다고 설명한다.

② 4요인 모델 : 해리성 정체감 장애를 유발하는 네 가지 요인으로 해리능력, 아동기의 압도적인 외상경험, 응집력 있는 자아의 획득 실패, 진정 경험의 결핍이 있어야 한다고 제시한다.

해리 능력	외상에 직면하면 현실로부터 해리 할 수 있는 내적능력이 있어야 한다.
외상 경험	일상적 방어 능력을 넘어서는 압도적인 외상 경험으로 성적학대, 신체학대 등이 있어야 한다.
응집력 있는 자아의 획득 실패	하나의 응집력 있는 자아를 형성할 수 없을 때 해리성 정체감 장애로 발전한다.
진정 경험의 결핍	외상 경험을 타인이 달래주고 위로해 줘서 진정시켜 주므로 그 충격에서 회복되어 줄 수 있는 기능이 결핍되어질 것을 말한다.

③ 행동주의적 입장에서 해리장애는 학습에 의해서 습득된다고 본다. 새로운 역할이나 정체감은 관찰학습에 의해서 습득될 수 있다고 본다.

(4) 치료

① 치료목적은 여러 인격 간의 통합을 통한 적응기간의 향상이다.
② 해리성 정체감 장애의 심리치료를 성공적으로 하기 위한 세 가지 지침이 있다.
  ㉠ 환자와 치료자 간의 견고한 치료적 관계가 형성되어야 한다.
  ㉡ 과거의 외상경험을 드러내고 정화시킬 수 있도록 도와주어야 한다.
  ㉢ 인격들 간의 원활한 협동을 이루도록 유도한다.

2 해리성 기억상실증 2021년 기출 ★

(1) 임상적 특징

① 잊을 수 없는 중요한 과거경험을 기억하지 못하여 부적응을 겪게 되는 경우를 말한다.
② DSM-5에서는 해리성 기억 상실을 해리성 둔주가 나타나는 유형과 그렇지 않은 유형으로 구분한다.

Plus Study • 해리성 기억상실 유형 2020년 기출 ★

- 국소적 기억상실 : 일정 기간 동안 일어났던 사건을 회상하지 못하는 것으로서 대개는 심각하게 혼란스런 사건이 있은 후 처음 몇 시간 동안 일어난다.
- 둔주성 기억상실 : 기억상실과 더불어 주거지를 이탈하여 떠돌아다니거나 방황한다.
- 전반적 기억상실 : 자신의 전 생애에 대해 회상하지 못한다.
- 지속성 기억상실 : 어떤 시기 이후부터 현재까지의 일을 회상해 내지 못한다.
- 체계성 기억상실 : 가족이나 특별한 사람과 관련되는 특정 정보에 대해서만 일어나는 기억상실이다.

③ 기억하지 못하는 경험 내용은 심리적 고통, 충격적인 사건들과 관계되어진 것들이 많다.
④ 기억 장애가 특징이지만 의식의 혼란이나 현실 감각의 장애 등이 수반되어질 수 있다.

(2) DSM-5 진단기준

① 통상적인 망각과는 일치하지 않는 보통 외상성 또는 스트레스성의 중요한 자전적 정보를 회상하는 능력의 상실이다. 해리성 기억상실에는 주로 특별한 사건이나 사건들에 대한 국소적 또는 선택적 기억상실이 있다. 또한 정체성과 생활사에 대한 전반적 기억상실도 있다.
② 증상이 사회적·직업적 또는 다른 중요한 기능 영역에서 임상적으로 유의미한 고통이나 손상을 초래한다.
③ 장애는 물질의 생리적 효과나 신경학적 상태 또는 기타 의학적 상태로 인한 것이 아니다.
④ 장애는 해리성 정체감 장애, 외상 후 스트레스 장애, 급성 스트레스 장애, 체중상장애, 주요 및 경도 신경인지장애로 더 잘 설명되지 않는다.

(3) 원인

① 전쟁이나 천재지변, 가정에서 불행한 사건(예 배우자 학대, 아동학대)은 주요한 촉발요인이다.
② **정신분석적 입장** : 해리현상은 능동적인 정신과정으로 해리성 기억상실증은 억압과 부인의 방어기제를 통해 경험내용이 의식에 이르지 못하게 하는 것이라 본다. 즉, 고통스러운 환경자극을 회피하는 것이다.
③ **행동주의적 입장** : 기억상실 행동이 학습에 의해 습득된 것으로 망각을 통해 스트레스를 감소시키기 때문에 강화되어 해리증상이 지속된다고 본다.

(4) 치료

① 치료의 목표는 상실된 기억을 회복시키는 것이 중요하다.
② 약물치료는 효과가 빠르다.
③ 외상에 대해 가지고 있는 인지왜곡을 교정하여 인지치료를 사용한다.
④ 최면치료가 적용되기도 하며 심리치료를 통해 환자의 정신적 충격과 정서적 갈등을 완화시켜 주면 기억의 회복이 빨라진다.

3 이인증·비현실감 장애

(1) 임상적 특징 2018년, 2015년 기출 ★

① 이인증은 자신의 생각, 감정, 감각, 신체 또는 행위를 생생한 현실로 느끼지 못하고 그것과 분리되거나 외부 관찰자가 된 경험을 뜻한다.
② 비현실감은 주변 환경이 비현실적으로 느껴지거나 그것과 분리된 듯한 느낌을 갖게 되는 경험을 뜻한다.
③ 이인증이나 비현실감을 경험하는 동안에 현실 검증력은 손상되지 않은 채로 양호하게 유지된다.
④ 이인증과 비현실감은 자기 또는 세상과 유리된 듯한 주관적인 경험으로서 지각적 통합의 실패를 의미하는 전형적인 해리증상이다.

(2) DSM-5 진단기준

① 이인증이나 비현실감을 지속적으로 또는 반복적으로 느끼는 것이다.
② 이 증상으로 인해서 임상적으로 심각한 고통이나 사회적·직업적 또는 다른 중요한 기능 영역에서 심한 장애를 초래한다.

(3) 원인

① 일종의 방어기제로 간주한다. 불안을 유발하는 소망이 의식에 들어오는 것을 막는 방어적 기능을 한다고 본다.
② 자존감을 유지하려는 자기애적 조절노력에 실패한 것으로 본다.
③ 외상과 관련이 깊으며 생명을 위협당한 경험을 한 사람들 60%가 사건 직후 경험한다고 보고한다.

(4) 치료

① 정신 분석적 심리치료는 이인증을 지닌 사람들이 외상적 기억들을 정화시키는 데에 중점을 둔다.
② **인지 행동적 치료** : 심리적 교육을 통해서 이인증·비현실감 증상에 대한 정확한 정보를 제공하는 동시에 그에 대한 파국적 귀인을 하지 않도록 돕는다. 또한 자신의 내면적 상태에 주의를 기울이는 자기 초점적 주의 성향을 변화시키도록 돕는다. 이러한 인지행동적 치료방법은 이인증 환자의 치료에 효과적인 것으로 나타났다.

Section 11 수면 – 각성 장애

학습목표
수면-각성장애 하위장애에 대해 각각 임상적 특징과 DSM-5 진단기준을 확인하고, 원인과 치료방법에 대해서 살펴본다.

수면 – 각성장애 하위유형 2018년, 2015년 기출 ★

하위장애		핵심증상
불면장애		자고자 하는 시간에 잠을 이루지 못하거나 밤중에 자주 깨어 1개월 이상 수면부족 상태가 지속된다.
과다수면장애		충분히 수면을 취했음에도 불구하고 졸린 상태가 지속되거나 지나치게 많은 잠을 자게 된다.
기면증(수면발작증)		낮에 갑자기 근육이 풀리고 힘이 빠지면서 참을 수 없는 졸림으로 인해 부적절한 상황에서 수면상태에 빠지게 된다.
호흡관련 수면장애		수면 중 자주 호흡곤란이 나타나 수면에 방해를 받게 된다.
일주기 리듬수면 – 각성장애		평소의 수면주기와 맞지 않는 수면상황에서 수면에 곤란을 경험하게 된다.
수면 이상증	비REM수면 각성장애	수면 중에 잠자리에서 일어나 걸어 다니거나 강렬한 공포를 느껴 자주 잠에서 깨어나게 된다.
	악몽장애	수면 중에 공포스러운 악몽을 꾸게 되어 자주 깨어나게 된다.
	REM수면 행동장애	REM수면 단계에서 소리를 내거나 옆 사람을 다치게 할 수 있는 움직임을 반복적으로 나타난다.
	초조성 다리증후군	수면 중 다리에 불쾌한 감각을 느끼며 다리를 움직이고자 하는 충동을 반복적으로 느끼게 된다.

1 수면 유형

(1) 인간은 매일 밤 평균적으로 6~8시간의 잠을 자는데 수면기간 동안에 여러 가지 변화가 일어난다. 수면은 수면 중 눈을 빨리 움직이는 급속안구운동이 나타나는지의 여부에 따라 REM수면과 비REM수면으로 구분된다.

(2) REM수면상태에서는 안구운동을 제외한 신체의 움직임은 없지만 깨어 있을 때와 비슷한 활발한 뇌파활동과 꿈이 나타난다. 이 기간 중의 EEG는 깨어서 활동 중인 뇌 상태와 거의 구별되지 않으며 산소 소비량도 어려운 수학문제를 풀 때보다 더 높다.

(3) 비REM수면은 크고 느린 뇌파가 나타나기 때문에 서파수면이라고도 하는데 이러한 수면상태에서는 산소소비량도 감소하며 뇌가 휴식을 취하는 상태로 여겨진다.

(4) 비REM수면은 주로 신체와 근육의 회복기능을 하며 REM수면은 단백질 합성을 증가시켜 뇌의 기능을 회복한다.

(5) REM수면은 약 90분 주기로 반복되어 나타나며 전체 수면시간의 약 20~25%를 차지한다.

2 불면장애 2021년 기출 ★

(1) 임상적 특징
   ① 잠을 자고 싶어도 잠을 이루지 못하는 날들이 지속되고 이로 인한 낮 동안의 활동에 심각한 장해를 받게 되는 경우다.
   ② 대부분 심리적 압박감을 느끼는 시기에 불면증이 갑자기 시작되며 나이가 많아질수록 증가 경향이 있고 여성에게 더 흔하다.

(2) DSM-5 진단기준

수면을 시작하거나 유지하는 데 어려움을 겪거나 이른 아침에 깨어 잠들지 못하는 어려움으로 인해서 수면의 양과 질에 대한 현저한 불만족을 경험해야 한다. 이러한 수면 장애가 매주 3일 이상의 밤에 3개월 이상 나타나서 심각한 고통을 겪거나 일상생활의 중요한 영역에 손상이 초래될 경우에 불면장애로 진단된다. 불면장애 또는 불면증은 그 양상에 따라 크게 세 가지 유형으로 구분된다.

   ① **수면시작 불면증** : 30분 이상 잠자리에 누워 잠을 이루지 못하는 불면증
   ② **수면유지 불면증** : 수면 중에 잠을 자주 깨며 다시 잠들기 어려운 불면증
   ③ **수면종료 불면증** : 예상한 기상시간보다 아침에 일찍 잠에서 깨어 잠을 이루지 못하는 불면증

(3) 원인
   ① **불면증 취약성 요인** : 심리적 특성은 높은 각성 수준과 강박적으로 몰두하는 경향이 높고 사소한 일에 과도하게 걱정하며 불안해한다.
   ② **불면증 유발요인** : 불면증을 일으키는 스트레스 사건으로 가족문제, 건강문제, 일과 관련된 스트레스가 흔하다.
   ③ **불면증 지속요인** : 일시적 불면증에서 만성불면증으로 발전시키는 요인은 부적응적인 수면습관, 불면에 대한 걱정과 두려움, 오랜 낮잠 등이다.

(4) 치료
   ① 약물치료로 벤조디아제핀계 항불안제가 주로 사용되며 이 약물은 불안과 흥분상태를 감소시키고 졸음을 유도한다.
   ② 불면증에 대한 인지행동치료
      ㉠ **수면위생** : 숙면을 취할 수 있는 소음, 불빛, 환경을 조성하고 습관을 교육한다.
      ㉡ **자극통제** : 수면을 유도하는 자극과 수면의 연합을 형성하고 강화한다.

ⓒ **긴장이완훈련** : 불면을 초래하는 높은 각성과 긴장 상태를 낮춘다.
ⓓ **인지적 재구성** : 수면을 방해하는 부정적 신념과 생각을 긍정적으로 대처한다.

3 과다수면장애

(1) 임상적 특징

① 불면장애와 반대로 과도한 졸림으로 인해 일상생활에 어려움을 겪는 경우이다.
② 야간수면 시간이 9~12시간 이상임에도 아침에 깨어나기 힘들어하며 '잠에 취한 상태'가 지속된다.
③ 흔히 게으름이나 무기력으로 오인되어 사회적, 가족적 관계가 손상될 수 있다.

(2) DSM-5 진단기준

과다수면장애는 최소한 7시간 이상의 수면을 취했음에도 불구하고 과도한 졸음을 보고하며 다음 중 한 가지 이상의 증상을 나타낸다.

① 같은 날에 반복적으로 자거나 잠에 빠져드는 일이 발생한다.
② 매일 9시간 이상 지속적으로 잠을 잔다(밀린 잠을 자는 경우가 아님).
③ 갑작스럽게 깨어난 후에 충분히 각성상태에 이르지 못한다.
④ 이러한 과도한 졸음이 매주 3일 이상 나타나고 3개월 이상 지속되어 일상생활에 현저한 부적응이 초래될 때 과다수면 장애로 진단될 수 있다.

(3) 원인과 치료

① 정신적·육체적 만성피로, 스트레스, 체력저하, 수면무호흡증과 같은 신체적 질병 등일 경우가 있다.
② 정확한 검사와 진단이 필요하고 적절한 약물치료를 시행한다.

4 기면증(수면발작증)

(1) 임상적 특징

① 주간에 깨어 있는 상태에서 갑자기 저항할 수 없는 졸음을 느껴 수면에 빠지게 되는 경우를 말한다.
② 이러한 수면발작 상태에서는 짧은 시간 동안 흔히 격렬한 감정(예 분노, 흥분, 놀람, 환희 등)을 경험한 후에 갑자기 근육의 긴장이 풀리며 주저 앉을 것 같은 상태인 탈력발작이 나타난다.

> **Plus Study** • 탈력발작
>
> 크게 웃거나 화를 내거나 흥분하는 등의 격렬한 감정변화를 느끼고 나누어 갑자기 운동 근육이 이완되어 쓰러질 것 같은 상태로서 몇 초에서 몇 분간 지속된다. 이러한 탈력발작은 수면발작증을 지닌 사람의 60%에서 나타난다.

③ 잠에서 깨어나는 과정에서 REM수면이 반복적으로 나타나며 수면이 시작되거나 끝날 때 환각을 경험하거나 수면마비가 나타날 수 있다.

(2) DSM-5 진단기준

이러한 일이 3개월 이상 지속으로 일어나서 일상생활의 적응에 현저한 곤란을 초래한다.

① 수면발작증은 낮에 갑작스럽게 심한 졸음을 느끼며 자기도 모르게 잠에 빠지는 수면발작이 주요 증상이다.
② 탈력발작은 크게 웃거나 화를 내거나 흥분하는 등의 격렬한 감정변화를 느끼고 난 후 갑자기 운동 근육이 이완되어 쓰러질 것 같은 상태로서 몇 초에서 몇 분간 지속된다.

(3) 원인과 치료

① 일반적으로 유전적 요인이 강하게 작용하는 것으로 보이며 기면증을 나타내는 사람의 35~80%는 가족 중에 기면증이나 과다수면 장애를 지닌 것으로 보고된다.
② **2역치 다중요인 모델** : 유전적 요인과 환경적 스트레스가 상호작용하여 수면발작을 초래한다는 설명이다.
③ 약물치료를 통해 각성수준의 증가를 꾀하고, 식이요법, 운동, 심리치료를 실시한다.

5 호흡관련 수면장애

(1) 임상적 특징

① 수면 중의 호흡장애로 인하여 과도한 졸음이나 불면증이 유발되는 경우를 말한다.
② 호흡장애로 인해 수면 중에 규칙적인 호흡이 어렵거나 한동안 호흡이 멈추는 현상이 나타나는데 이때 잠에서 깨어나게 된다.
③ 호흡장애는 크게 세 가지 유형이 있다.
　㉠ **폐쇄성 수면 무호흡증 및 호흡 저하증** : 수면 도중에 기도가 막혀 5번 이상의 무호흡증이나 호흡저하증이 반복적으로 나타나는 경우로 가장 흔하게 나타난다.
　㉡ **중추성 수면 무호흡증** : 기도의 막힘은 없으나 신경학적 질환이나 심장질환 등으로 인하여 수면 중에 다섯 번 이상의 호흡정지가 나타나는 경우를 말한다.

Section 11 수면-각성 장애

ⓒ **수면-관련 환기 저하증** : 수면 중에 호흡기능이 저하되면서 동맥의 이산화탄소 수준이 증가하는 현상으로 대부분 체중이 무거운 사람에게 나타나며 과도한 졸음이나 불면증을 호소한다.

(2) DSM-5 진단기준

① 폐쇄성 수면 무호흡증 및 호흡 저하증
  ㉠ 수면다원 검사에서 수면 시간당 적어도 5회 이상 폐쇄성 무호흡이나 저호흡이 있고, 다음 중 1가지 이상의 수면 증상이 있다.
    ⓐ 야간 호흡 장애 : 코골이, 거친 콧숨/헐떡임 또는 수면 중 호흡 정지
    ⓑ 충분한 수면을 취했음에도 주간 졸림, 피로감
  ㉡ 동반된 증상과 관계없이 수면다원 검사에서 확인된 수면 시간당 15회 이상 폐쇄성 무호흡 또는 저호흡을 나타낸다.

② 중추성 수면 무호흡증
  ㉠ 수면다원 검사에서 수면 시간당 5회 이상의 중추성 무호흡이 존재한다.
  ㉡ 장애가 다른 수면장애로 더 잘 설명되지 않는다.

③ 수면-관련 환기 저하증
  ㉠ 수면다원 검사에서 이산화탄소 농도의 상승과 연관한 호흡저하 삽화들이 나타난다.
  ㉡ 장애가 현재의 다른 수면장애로 더 잘 설명되지 않는다.

(3) 원인과 치료

① 수면 중에 호흡을 원활하게 함으로써 치료될 수 있다.
② 잠을 자는 자세를 변화시키거나 호흡기능을 억제하는 요인을 제거하거나 과체중일 때 체중을 감소시키도록 한다.

6 일주기 리듬 수면-각성 장애 2019년 기출 ★

(1) 임상적 특징

① 일주기 리듬 수면-각성 장애는 수면-각성 주기의 변화로 인해 과도한 졸음이나 불면이 반복되는 경우를 말한다.
② 환경에 의해 요구되는 수면-각성 주기와 개인의 일주기 수면-각성 주기의 부조화로 인하여 과도한 졸음이나 불면이 반복되고 지속되는 경우이다.
③ 이러한 수면문제로 인하여 현저한 고통을 느끼거나 사회적, 직업적 부적응이 나타날 때 일주기 리듬 수면장애로 진단된다.

④ 생체시계는 뇌 시상하부의 시교차상핵(SCN)에 위치한다.
⑤ 생체시계는 24시간보다 길기 때문에 취침/기상 시간을 조금씩 늦추는 것은 쉽지만 앞으로 당기는 것은 어렵다.
⑥ 청소년들이 아침에 일어나기 힘든 이유 중 하나가 일주기 리듬에 기인하며, 멜라토닌의 생성량이 많기 때문에 일주기 리듬이 2시간 정도 후퇴하여 생리적으로 늦게 자고 늦게 일어난다.
⑦ 일주기리듬을 재조정하는 과정에 관여하는 인자로 낮과 밤, 온도 등의 외부 환경과 일, 가족, 식사 등의 사회적 요인 등이 있는데, 이 가운데 가장 중요한 역할을 하는 것이 "빛"이다.

(2) DSM-5 진단기준 2017년 기출 ★

일주기 리듬 수면장애는 5가지 유형으로 구분된다.

① **지연된 수면 단계형** : 개인의 수면-각성 주기가 사회적으로 요구되는 것보다 지연되는 경우
② **조기 수면 단계형** : 개인의 수면-각성 주기가 사회적으로 요구되는 것보다 앞서 있는 경우
③ **교대 근무형** : 교대근무에 의해 요구되는 수면-각성 주기와 개인의 수면-각성 주기가 불일치하는 경우
④ **불규칙한 수면-각성** : 수면-각성 주기가 일정하지 못해서 하루에도 여러 번 낮잠을 자고 밤에 주된 수면을 취하지 않는다. 하지만 24시간 내 수면시간의 총합은 연령대에서 정상 시간에 해당한다.
⑤ **비24시간 수면-각성형** : 개인의 수면-각성 주기가 24시간 환경과 일치하지 않아서 잠들고 깨어나는 시간이 매일 지속적으로 늦어지는 경우

(3) 원인과 치료

① 정상적인 환경에서 일주기 리듬을 조정하여 적응하는 능력이 약한 것으로 알려져 있다.
② 청소년의 경우 지연된 수면 단계형 유병률이 약 7%이며 야간 교대 근무자의 경우 유병률은 약 60%라는 보고가 있다.
③ 광 노출 치료 : 2~3일간 밝은 빛에 노출시킴으로써 수면단계에 변화를 주는 치료법이다.

7 수면 이상증

(1) 비REM수면 각성 장애

① 임상적 특징
㉠ 주된 수면 시간의 첫 1/3 기간에 수면에서 불완전하게 깨어나는 경험을 반복적으로 한다.
㉡ 주된 증상에 따라 수면 중 보행형과 수면중 경악형으로 구분된다.

Section 11 수면-각성 장애

수면 중 보행형	• 수면 중 일어나 걸어 다니는 일이 반복되는 경우로 몽유병이라고 한다. • 깨어났을 때 대부분 보행에 대한 기억을 하지 못한다. • 아동의 10~30%는 적어도 한 번 이상 수면 중 보행을 나타내며 4~8세 사이 처음 반응을 보이다 12세 무렵 가장 높은 빈도를 나타낸다. • 수면 중 보행은 사춘기 이전 발병률이 높고 그 이후에 감소하는 것으로 보아 중추신경계의 성숙과 관련 있는 것으로 보인다.
수면 중 경악형	• 수면 중에 심장이 빨리 뛰고 호흡이 가쁘고 진땀을 흘리는 등 자율신경계 흥분과 강렬한 공포를 느껴 잠이 깨는 병으로 야경증이라 한다. • 수면 중 경악 상태에서 비명을 지르거나 울면서 갑자기 침대에서 일어나 놀란 표정과 심한 불안증상을 나타낸다. • 다양한 원인에 의해서 생기는 것으로 여겨진다. • 공포증, 우울증, 불안장애 같은 심리적 문제를 보이는 경향이 높으며 치료를 위해서 침실이 안전하다는 것을 구체적으로 확인시킨다.

② DSM-5 진단기준

㉠ 대개 주된 수면삽화 초기 1/3 동안 발생하는 잠에서 불완전하게 깨는 반복적인 삽화가 있고, 수면보행증이나 야경증을 동반한다.

㉡ 꿈을 전혀 또는 거의 기억하지 못한다.

㉢ 삽화를 기억하지 못한다.

㉣ 삽화가 사회적·직업적 또는 다른 중요한 기능 영역에서 임상적으로 유의미한 고통이나 손상을 초래한다.

㉤ 장애가 물질의 생리적 효과로 인한 것이 아니고, 공존하는 정신질환과 의학적 장애로 설명할 수 없다.

(2) 악몽장애 2018년 기출 ★

① 임상적 특징

㉠ 주된 수면 시간 동안이나 낮잠을 자는 동안에 생존, 안전, 자존감의 위협과 같은 무서운 꿈을 꾸게 되어 잠에서 깨어나는 일이 반복되는 경우를 말한다. 무서운 꿈에서 깨어난 후 신속하게 정상적인 의식을 회복하고 대부분 꿈의 내용을 상세하게 기억한다.

㉡ 악몽에서 깨어났을 때 자율신경계의 각성상태를 나타낸다. 그러나 악몽상태에서는 신체를 움직이거나 소리를 지르는 경우는 드물지만 악몽이 종결되면서 깨어날 때 비명을 지르거나 손발을 휘젓는 일이 잠시 나타날 수 있다.

㉢ 심각한 심리사회적 스트레스에 노출된 사람에게서 나타나기 쉬우며 성인의 경우, 매우 내성적인 성격을 지닌 사람에게 잘 나타나는 경향이 있으며 우울과 불안 증상을 함께 지니는 경우가 많다.

㉣ 전쟁 후나 극심한 충격과 같은 외상 경험 후에 잘 발생하는 경향이 있으며 고열이 나는 경우나 REM수면 억제제를 갑자기 끊는 경우에도 발생할 수 있다.

② DSM-5 진단기준
  ㉠ 대개 생존, 안전, 신체적 온전함에 대한 위협을 피하고자 노력하는 광범위하고 극도로 불쾌하며 생생하게 기억나는 꿈들의 반복적 발생이 일반적으로 야간 수면 시간의 후기 1/2 동안 일어난다.
  ㉡ 불쾌한 꿈으로부터 깨어나면 빠르게 지남력을 회복하고 각성한다.
  ㉢ 수면 교란이 사회적·직업적 또는 다른 중요한 기능 영역에서 임상적으로 유의미한 고통이나 손상을 초래한다.
  ㉣ 악몽 증상이 물질의 생리적 효과로 인한 것이 아니고, 공존하는 정신질환과 의학적 장애가 악몽에 대한 호소를 충분히 설명할 수 없다.

(3) REM수면 행동 장애

① 임상적 특징
  ㉠ REM수면 행동장애는 수면 중 소리를 내거나 옆 사람을 다치게 할 수 있는 복잡한 동작의 행동을 반복적으로 나타내며 깨어나는 경우를 말한다.
  ㉡ 수면 중에 한바탕 격렬하게 움직이거나 옆에서 자는 사람을 치기도 하며 침대에서 뛰어내리다 본인이 다치기도 한다. 이러한 행동은 REM수면단계에서 나타나는데 수면이 시작된 후 90분 이후에 자주 나타나며 수면의 후반부에 더 흔하게 나타난다.
  ㉢ 꿈을 꾸는 동안에도 소리를 지르고 주먹으로 때리고 발로 차는 등 꿈속의 행동을 실제로 행하게 되는 것으로 추정하고 있다.

② DSM-5 진단기준
  ㉠ 발성 및 복합 운동 행동과 관련된 수면 중 각성의 반복적인 삽화가 나타난다.
  ㉡ 이러한 행동들은 REM수면 중 발생하므로 적어도 수면 개시 후 90분 이후에 발생하며 수면 후반부에 빈번하다.
  ㉢ 삽화로부터 깨어날 때, 개인은 완전히 깨어나고 명료하며 혼돈되거나 지남력을 상실하지 않는다.
  ㉣ 다음 중 1가지에 해당한다.
    ⓐ 수면다원 검사 기록상 무긴장증이 없는 REM수면
    ⓑ REM수면 행동장애 과거력 및 확정된 시누클레인에 의한 신경퇴행성 질환 진단
  ㉤ 이러한 행동들은 사회적·직업적 또는 다른 중요한 기능 영역에서 임상적으로 유의미한 고통이나 손상을 초래한다.
  ㉥ 장애는 물질의 생리적 효과나 다른 의학적 상태로 인한 것이 아니고, 공존하는 정신질환 및 의학적 장애로 설명할 수 없다.

③ 원인과 치료
  ㉠ REM수면 행동장애가 스트레스가 심한 사건을 경험하고 나서 발생하는 경우가 많기 때문에 심리사회적 스트레스가 행동장애를 유발하는 원인으로 여겨지고 있다.
  ㉡ REM수면 억제제를 비롯한 약물치료를 통해서 효과적으로 치료될 수 있다.

(4) 초조성 다리 증후군

① 임상적 특징
  ㉠ 수면 중에 다리가 불편하거나 불쾌한 감각 때문에 다리를 움직이고 싶은 충동을 느끼는 경우를 말하며 하지불안 증후군이라고 불리기도 한다.
  ㉡ 잠을 자거나 휴식하는 중에 다리나 신체 일부에 무언가가 기어가는 듯한 간지러운 불쾌한 감각을 느끼게 되어 다리나 몸을 움직이고 싶은 충동을 느끼게 된다.
  ㉢ 이러한 증상으로 인해서 잠을 계속적으로 방해받게 되면 수면의 질이 낮아질 뿐만이 아니라 낮의 기능 수준이 저하될 수 있다.

② DSM-5 진단기준
  ㉠ 대개 다리에 불편하고 불쾌한 감각을 동반하거나 이에 대한 반응으로 다리를 움직이고 싶은 충동이 다음 내용을 모두 충족한다.
    ⓐ 다리를 움직이고 싶은 충동이 쉬고 있거나 활동을 하지 않는 동안에 시작되거나 악화
    ⓑ 다리를 움직이고 싶은 충동이 움직임에 의해 부분적으로 또는 완전히 악화
    ⓒ 다리를 움직이고 싶은 충동이 낮보다 저녁이나 밤에 악화되거나 저녁이나 밤에만 발생
  ㉡ 진단기준 ㉠의 증상이 일주일에 적어도 3회 이상 발생하고, 3개월 이상 지속된다.
  ㉢ 진단기준 ㉠의 증상이 사회적·직업적·교육적·학업적·행동적 또는 다른 중요한 기능 영역에서 유의미한 고통이나 손상으로 초래한다.
  ㉣ 진단기준 ㉠의 증상이 약물의 생리적 효과나 다른 의학적 상태로 인한 것이 아니고, 공존하는 정신질환 및 의학적 장애로 설명할 수 없다.

③ 원인과 치료
  ㉠ 생물학적 입장에 수면 중의 도파민 저하로 유발할 수 있다고 주장되고 있다.
  ㉡ 환자의 상당수가 철분을 투여했을 때 호전을 보였다는 연구결과에 근거하여 철분 부족이 유발에 관여하는 것으로 추정하고 있다.

Section 12 급식 및 섭식장애

> **학습목표**
> 급식 및 섭식장애 하위장애에 대해 각각 임상적 특징과 DSM-5 진단기준을 확인하고, 원인과 치료방법에 대해서 살펴본다.

급식 및 섭식장애 하위유형

하위장애	핵심증상
신경성 식욕부진증	체중 증가와 비만에 대한 극심한 두려움으로 인해 음식 섭취를 감소, 거부함으로써 체중이 비정상적으로 저하된 상태이다.
신경성 폭식증	짧은 시간 내에 많은 양을 먹는 폭식 행동과 체중증가를 막기 위해서 구토 등의 반복적인 배출 행동을 하는 행위이다.
폭식장애	신경성 폭식증과 마찬가지로 폭식행동을 나타내지만 배출 행동을 하지 않으며 과체중이나 비만에 문제를 지니게 된다.
이식증	먹으면 안 되는 것(예 종이, 머리카락, 흙 등)을 습관적으로 먹는 행동이다.
반추장애	음식물을 반복적으로 되씹거나 토해내는 행동이다.
회피적/제한적 음식섭취장애	심각한 체중저하가 나타나도록 지속적으로 음식을 먹지 않은 행동이다.

1 신경성 식욕부진증

(1) 임상적 특징

① 신경성 식욕부진은 체중증가와 비만에 대한 극심한 두려움을 지니고 있어서 음식섭취를 현저하게 감소시키거나 거부함으로써 체중이 비정상적으로 저하되는 경우를 말한다.
② 음식섭취를 거부한다는 의미에서 거식증이라고 불리기도 한다.
③ 식욕부진은 90% 이상이 여성에게 발생하며 특히 청소년기의 여성에게서 흔하다.
④ 음식거부로 인해 영양부족 및 심각할 경우 사망에 이를 수도 있다.

(2) DSM-5 진단기준

① 필요한 것에 비해 음식섭취(또는 에너지 주입)를 제한함으로써 나이, 성별, 발달수준과 신체건강에 비추어 현저한 저체중 상태를 초래한다.
② 심각한 저체중임에도 불구하고 체중 증가와 비만에 대한 극심한 두려움을 지니거나 체중 증가와 비만에 대한 극심한 두려움을 지니거나 체중 증가를 방해하는 지속적인 행동을 나타낸다.
③ 체중과 체형을 왜곡하여 인식하고, 체중과 체형이 자기평가에 지나친 영향을 미치거나 현재 나타내고 있는 체중미달의 심각함을 지속적으로 부정한다.

(3) 원인

① **정신분석적 입장**
  ㉠ 성적인 욕구에 대한 방어적 행동이라고 보았다.
  ㉡ 비만에 대한 공포와 날씬함의 환상에 대한 추구라고 할 수 있는데 그 이면에는 다음과 같은 다양한 무의식적 동기가 있다.
    ⓐ 특별하고 독특한 존재이고자 하는 필사적인 시도
    ⓑ 부모의 기대에 순응하여 길러진 자기 자신에 대한 공격
    ⓒ 청소년기에 막 발생하려고 하는 진정한 자기주장
    ⓓ 신체와 동일시되는 적대적인 어머니상에 대한 공격
    ⓔ 욕망에 대한 방어
    ⓕ 타인을 탐욕스럽고 무기력하게 느끼도록 만들려는 노력

② **행동주의적 입장** : 체중 공포증이라고 본다. 사회에서는 날씬함에 대해서는 강화, 뚱뚱함에 대해서는 처벌이 주어진다. 따라서 여성들은 뚱뚱함에 대한 공포와 과도한 음식섭취에 대한 공포를 지니게 된다. 두 가지 공포를 확실하게 감소시키는 방법은 음식을 먹지 않는 것이다.

③ **생물학적 입장**
  ㉠ 유전적 기반이 있음을 주장한다. 일란성 쌍둥이의 경우 46%가 신경성 식욕 부진증을 함께 지니고 있다는 보고이다.
  ㉡ 자가중독이론으로 단식하는 동안 엔도르핀이 증가하여 긍정적인 정서를 경험하게 되어 행동이 강화된다고 본다.
  ※ 시상하부 기능이 손상되어 섭식행동을 주관하는 시상하부에 기능이상이 발생하였기 때문에 적정한 체중수준에 대한 설정점(set point)이 저하되어 식욕을 느끼지 못하고 절식하게 된다.

④ **인지 치료적 입장**
  ㉠ 자신의 신체상에 왜곡이 생겼기 때문으로 자신의 몸매를 실제보다 더 뚱뚱한 것으로 지각한다. 이상적 몸매와의 차이를 줄이기 위해 과도한 노력을 한다.
  ㉡ 날씬한 몸매가 성공과 애정을 얻는 가장 중요한 요인이라고 믿으며 인간관계에서 경험하는 좌절을 자신의 불만족스러운 몸매 때문이라고 귀인한다.

(4) 치료

① 영양실조 상태에서 합병증 위험이 있기에 입원치료를 권하며 음식섭취를 통해 체중을 늘리는 것이다.
② 인지 행동적 기법을 통해 신체상에 대한 둔감화와 비합리적 신념과 왜곡된 사고를 수정한다.
③ 개인치료뿐 아니라 가족치료를 병행하는 것이 바람직하다.

2 신경성 폭식증 2020년, 2017년, 2015년 기출 ★

(1) 임상적 특징
① 신경성 폭식증은 짧은 시간 내에 많은 양을 먹는 폭식행동과 체중 증가를 막기 위해 구토 등의 보상행동이 반복되는 경우를 말한다.
② 보통 사람들이 먹는 것보다 훨씬 많은 양의 음식을 단기간에 먹으며 폭식행동을 조절할 수 없게 된다.
③ 폭식 후 보상행동으로 이뇨제, 설사제, 관장약 등을 사용한다.
④ 신경성 식욕 부진증의 삽화와 겹치지 않아야 하며 일반적으로 청소년기 혹은 성인기 초기에 시작된다.
⑤ 신경성 폭식증 환자들은 정상체중을 유지한다는 점에서 신경성 식욕부진과 차이가 있다.
⑥ 우울증을 동반하는 데 대체적으로 섭식장애가 선행한다.
⑦ 긴장감, 무기력감, 실패감, 자기 비하적 생각을 많이 하고 자해나 자살 기도를 하는 경우도 있으며, 성격적 문제, 대인관계의 어려움, 충동통제의 어려움, 약물남용의 문제도 동반한다.
⑧ 자기평가에서 체형과 체중이 지나치게 강조하며 이러한 요인이 자존감을 결정하는 데 있어 가장 중요하다.
⑨ 신경성 식욕부진증이 폭식증으로 바뀌기도 하지만 그 반대의 경우는 매우 드물다.
⑩ 폭식행동은 주로 밤에 혼자 있을 때, 스트레스를 받았을 때 자주 나타난다.

(2) DSM-5 진단기준
① 반복적인 폭식행동이 나타나야 한다. 예 일정시간 : 2시간 이내
② 스스로 유도한 구토 또는 설사제, 이뇨제, 관장약, 기타 약물의 남용 또는 금식이나 과도한 운동과 같이 체중 증가를 억제하기 위한 반복적이고 부적절한 보상행동이 나타난다.
③ 폭식행동과 부적절한 보상행동 모두 평균적으로 적어도 1주일에 1회 이상 3개월 동안 일어나야 한다.
④ 체형과 체중이 자기 평가에 과도한 영향을 미쳐야 한다.
⑤ 이상의 문제행동들이 신경성 식욕부진증에 나타나는 것이 아니어야 한다.

(3) 원인
① **정신분석적 입장** : 부모에 대한 무의식적인 공격성 표출과 관련되어 있다고 본다.
② **대상관계 입장** : 어린 시절 부모와의 분리에 심한 어려움을 겪었을 것인데 심리적으로 분리되는 것을 도와주는 담요나 인형과 같은 전이 대상을 갖지 못해 대신 신체 자체를 전이 대상으로 사용한다.

(4) 치료

① 초기 목표는 폭식-배출 행동의 악순환을 끊고 섭식행동을 정상화하는 것이다.
② 우울증과 같은 이차적 치료도 시도한다.
③ 심한 우울증이나 경계선 성격장애가 있으며 입원치료도 고려한다.

> **Plus Study** ● 폭식증에 대한 인지행동 치료 4요소
> - 음식을 먹은 후 토하는 등의 배출 행위를 하지 못하게 한다.
> - 인지적 재구성을 통해 음식과 체중에 대한 비합리적인 신념과 태도를 확인하고 도전한다.
> - 신체적 둔감화인 몸에 대한 긍정적 평가기법을 사용한다.
> - 영양상담을 통해 건강하고 균형적인 섭식 행동을 유도한다.

3 폭식장애

(1) 임상적 특징

① 폭식을 일삼으면서 자신의 폭식에 대해 고통을 경험하지만 음식을 토하는 등의 보상행동은 나타내지 않는 경우를 말한다.
② 엄격한 절식에 대한 반작용으로 나타날 수 있다.

(2) DSM-5 진단기준 [2019년 기출] ★

폭식장애에 대한 DSM-5 진단기준은 다음과 같다.

① 반복적인 폭식행동이 나타나야 한다. 이러한 폭식행동은 일정한 시간 동안(예 2시간 이내) 대부분의 사람이 유사한 상황에서 일정한 시간 동안 먹는 것보다 분명하게 많은 양의 음식을 먹는다.
② 또한 폭식행위 동안 먹는 것에 대한 조절 능력의 상실감을 느낀다.
   예 먹을 것을 멈출 수 없으며 무엇을 또는 얼마나 많이 먹어야 할 것인지를 조절할 수 없다는 느낌
③ 폭식행동을 나타낼 때 다음 세 가지 이상과 관련되어야 한다.
   ㉠ 정상보다 더 빨리 많이 먹음
   ㉡ 불편할 정도로 포만감을 느낄 때까지 먹음
   ㉢ 신체적으로 배고픔을 느끼지 않을 때에도 많은 양의 음식을 먹음
   ㉣ 너무 많은 양을 먹음으로 인한 당혹감 때문에 혼자 먹음
   ㉤ 먹고 나서 자신에 대한 혐오감, 우울감 또는 심한 죄책감을 느낌
④ 폭식행동에 대한 현저한 고통을 느낀다.
⑤ 폭식행동이 평균적으로 1주일에 1회 이상 3개월 동안 나타나야 한다.
⑥ 폭식행동이 신경성 폭식증의 경우처럼 부적절한 보상행동과 함께 나타나지 않아야 한다.

(3) 원인과 치료

① 스트레스 및 우울, 분노, 불안 등의 부정정서가 폭식행동을 촉진하는 것으로 알려졌다. 폭식이 위안을 주고 혐오적 자극으로부터 주의전환을 할 수 있게 해 준다.
② 인지 행동치료, 대인관계 심리치료, 그리고 약물치료가 효과적인 것으로 알려져 있다.
③ 대인관계 심리치료는 가족이나 친구와의 관계에 초점을 맞추어 갈등영역을 찾아내고 대인행동을 변화시키도록 돕는다.
④ 항우울제를 사용하는 약물치료도 폭식행동을 감소시키는 데 도움이 될 수 있다.

4 이식증

(1) 임상적 특징

① 이식증은 영양분이 없는 물질이나 먹지 못할 것(예 종이, 천, 흙, 머리카락 등)을 적어도 1개월 이상 지속적으로 먹는 경우를 말한다.
② 섭취하는 물질은 나이에 따라 다양한데 유아와 어린 아동은 전형적으로 종이, 헝겊, 머리카락, 끈, 회반죽, 흙 등을, 아동은 동물의 배설물, 모래, 곤충, 나뭇잎, 자갈 등을 먹기도 한다.
③ 가정의 경제적 빈곤, 부모의 무지와 무관심, 아동의 발달지체와 관련되는 경우가 많다.

(2) DSM-5 진단기준

① 적어도 1개월 동안 비영양성, 비음식 물질을 지속적으로 먹는다.
② 비영양성, 비음식 물질을 먹는 것이 발달 수준에 부적절하다.
③ 먹는 행동이 문화적으로 허용된 습관이 아니다.
④ 먹는 행동이 다른 정신장애의 기간 중에만 나타난다면 이 행동이 별도의 임상적 관심을 받아야 할 만큼 심각한 것이어야 한다.

(3) 원인과 치료

① 정신분석적 입장에서는 충족되지 않은 구순기 욕구를 반영한다고 본다.
② 이식증 아동의 가정은 심리적 스트레스의 수준이 높다는 연구보고가 있다.
③ 이식증은 영양결핍, 특히 철분 결핍에 의해서 유발될 수 있다는 주장도 있다.
④ 치료로는 부모와 아동에게 교육이 중요하다. 아동이 먹는 것에 대해 관심과 부족한 영양분 보충 및 적절한 식생활 교육이 필요하다.

5 반추장애

(1) 임상적 특징
① 음식물을 반복적으로 토해내거나 되씹는 행동이 1개월 이상 나타나는 경우를 말한다.
② 위장장애나 뚜렷한 구역질 반응이 없는 상태에서 부분적으로 소화된 음식을 입 밖으로 뱉어내거나 되씹은 후 삼키는 행동을 한다.
③ 반추장애를 지닌 사람들은 작은 노력으로도 소화된 음식을 쉽게 토해낸다.

(2) DSM-5 진단기준
① 적어도 1개월 동안 음식물의 반복적인 역류와 되씹기 그리고 뱉어내는 행동을 한다.
② 장애 행동은 위장상태 또는 일반적인 의학적 상태로 인한 것이 아니다.
③ 장애 행동은 신경성 식욕 부진증, 신경성 폭식증, 폭식장애 그리고 회피적/제한적 음식섭취장애의 경과 중에만 발생하지 않는다.
④ 만약 이 증상이 정신지체 또는 광범위성 발달장애의 경과 중에만 발생한다면 별도로 임상적 관심을 받아야 할 만큼 심각한 것이어야 한다.

(3) 원인과 치료
① 부모의 무관심, 정서적 자극의 결핍, 스트레스가 많은 생활환경, 부모-아동관계의 갈등이 중요한 유발요인으로 알려져 있다.
② 반추장애는 아동의 생명을 위협하는 장애가 될 수 있으므로 영양학적 개입과 행동 치료를 통해 신속하게 치료하는 것이 중요하다.

6 회피적/제한적 음식섭취 장애

(1) 임상적 특징
① 심각한 체중감소가 있지만 음식섭취에 관심이 없거나 회피하고, 먹더라도 제한적으로 나타나는 경우를 말한다.
② 흔히 아동에게 나타나며 먹는 동안에 달래기가 어렵고, 정서적으로 무감각하거나 위축되어 있으며 발달지체를 보이는 경우가 많다.

(2) DSM-5 진단기준
① 섭식 또는 급식 장애가 지속적으로 나타나며 다음 중 1가지 이상과 연관이 있어야 한다.
㉠ 심각한 체중감소

ⓒ 심각한 영양결핍
　　ⓒ 위장관 급식 또는 영양 보충제에 의존
　　ⓔ 정신사회적 기능 장애
② 이 장애는 음식을 구할 수 없는 상황 또는 문화적인 관행으로 설명되지 않는다.
③ 신경성 식욕부진증이나 신경성 폭식증 경과 중 나타나는 것이 아니고, 체중이나 체형에 관한 장애의 증거가 없다.
④ 섭식장애는 동반되는 다른 의학적 상태로 인한 것이 아니고, 다른 정신장애로 더 잘 설명되지 않는다. 이러한 섭식장애가 다른 증상 또는 장애와 관련하여 발생한다면 추가적으로 임상적 진단이 필요하다.

(3) 원인과 치료
① 부모와 아동의 상호작용 문제(예 공격적이거나 배척적인 태도로 부적절하게 음식을 주거나 유아의 음식거부에 대해 신경질적으로 반응하는 경우)가 유아의 급식문제를 일으키거나 악화시킬 수 있다
② 아동이 냄새, 질감, 풍미 등으로 인해 음식을 거부할 수 있다.
③ 음식을 먹는 것에 대해서 강요나 압력, 음식에 대한 부정적 경험이 장애가 된다.
④ 음식의 다양성을 꾀하고 음식섭취에 대한 긍정적이고 지지적 반응이 중요하다.

Section 13 배설장애

> **학습목표**
> 배설장애 하위장애에 대해 각각 임상적 특징과 DSM-5 진단기준을 확인하고, 원인과 치료방법에 대해서 살펴본다.

배설장애 하위유형 2015년 기출 ★

하위장애	핵심증상
유뇨증	5세 이상 아동이 신체 이상이 없으면서도 3개월간 주 2회 이상 부적절한 곳에 소변을 봄
유분증	4세 이상 아동이 3개월간 월 1회 이상 부적절한 곳에 대변을 봄

1 유뇨증

(1) 임상적 특징

① 배변훈련이 끝난 5세 이상의 아동이 신체 이상이 없으면서 옷이나 적절하지 않은 곳에 소변을 보는 경우이다.
② 연속적으로 3개월 이상 매주 2회 이상 부적절한 소변을 볼 때 진단된다.
③ 밤에만 나타나는 야간형 유뇨증, 낮에만 나타나는 주간형 유뇨증, 낮밤 구분 없는 주야간형 유뇨증으로 나눈다.
④ 주간형 유뇨증은 남자보다 여자에게 많고 9세 이후는 흔하지 않다.
⑤ 유뇨증을 지닌 아동은 사회활동의 제약, 친구의 놀림과 배척, 부모에 대한 불안과 분노, 낮은 자존감의 문제를 나타낼 수 있다.

(2) DSM-5 진단기준

① 침구나 옷에 반복적으로 소변을 본다.
② 장애 행동이 주 2회 이상 빈도로 적어도 3개월 동안 연속 일어난다.
③ 증상이 사회적·학업적 또는 다른 중요한 기능 영역에서 임상적으로 유의미한 고통이나 손상을 초래한다.
④ 아동의 발달연령은 최소 5세이어야 진단이 가능하다.
⑤ 행동이 물질이나 일반적인 의학적 상태의 직접적 생리적 효과로 기인한 것이 아니다.
⑥ 야간 수면 시에 나타나는 '야간형 유뇨증', 깨어 있는 동안 나타나는 '주간형 유뇨증', 밤낮 구분 없이 나타나는 '주야간형 유뇨증'으로 구분하여 명시한다.

(3) 원인과 치료

① 원인은 아직 명확하게 밝혀져 있지 않지만 유전적 요인, 중추신경계의 미성숙, 방광의 기능문제, 심리사회적 스트레스나 심리적 갈등, 부적절한 대소변훈련등과 관련이 있을 것으로 본다.
② 복합적인 요인에 의해 나타나므로 적절한 평가를 통해 다양한 치료방법이 적용되어야 한다.
③ 행동 치료적 기법이 가장 효과적인 것으로 알려져 있으며 가족치료, 놀이치료가 도움이 된다.

2 유분증

(1) 임상적 특징

① 4세 이상 아동이 대변을 적절치 않은 곳에 배설하는 경우를 말한다.
② 3개월 동안 최소 매달 1회 나타날 때 진단된다.
③ 유분증이 있는 아동은 유뇨증을 함께 나타나기도 한다.
④ 유분증을 지닌 아동도 사회활동의 제약, 친구의 놀림과 배척, 부모에 대한 불안과 분노, 낮은 자존감의 문제를 나타낼 수 있다.

(2) DSM-5 진단기준

① 부적절한 장소에서 반복적으로 대변을 본다.
② 장애 행동이 매달 1회 이상 빈도로 적어도 3개월 동안 연속 일어난다.
③ 아동의 발달연령은 최소 4세이어야 진단이 가능하다.
④ 장애 행동이 물질이나 일반적인 의학적 상태의 직접적인 생리적 효과로 기인한 것이 아니다.
⑤ 변비 및 범람 변실금을 동반하는 경우가 있다.

(3) 원인과 치료

① 적절한 시기에 대소변 훈련을 시키지 않았거나, 대소변훈련 과정에 일관성이 없거나, 지나치게 강압적이거나, 발달단계에 맞지 않게 일찍 훈련을 시킬 때 문제가 발생하기 쉽다.
② 심리사회적 스트레스로 입학이나 동생 출산, 부모 불안, 어머니와 이별, 병에 걸리거나 입원하는 사건 등에 의해 촉발될 수 있다.
③ 치료에는 대변가리기 훈련, 행동치료, 심리치료가 적용된다.
④ 규칙적인 시간에 대변을 보게 하는 습관을 기르는 훈련을 시키거나 대변을 잘 가리는 행동에 보상을 주는 행동치료 기법이 효과적이다.

Section 14 · 신체증상 및 관련 장애

> **학습목표**
> 신체증상 및 관련장애 하위장애에 대해 각각 임상적 특징과 DSM-5 진단기준을 확인하고, 원인과 치료방법에 대해서 살펴본다.

신체증상 및 관련 장애 하위유형 2019년, 2018년 기출 ★

하위장애	핵심증상
신체증상장애	한 개 이상의 신체적 증상에 대한 과도한 집착과 건강 염려를 한다.
질병불안장애	자신이 심각한 질병에 걸렸다는 과도한 집착과 공포를 가진다.
전환 장애	신경학적 손상을 암시하는 운동기능과 감각기능의 이상을 보인다.
허위성장애	환자 역할을 하기 위해서 신체적·심리적 증상을 의도적으로 만들어 내거나 위장을 하는 경우이다.

※ 몸과 마음은 연관되어 있어서 심리적 원인으로 다양한 신체증상을 나타내는 경우이다.

1 신체증상 장애

(1) 임상적 특징

① 한 개 이상의 신체적 증상을 고통스럽게 호소하거나 그로 인해 일상생활이 현저하게 방해받는 경우를 의미한다.
② 전형적으로 다양한 신체증상을 호소한다. 심각한 질병과 관련되지 않은 정상적인 신체적 감각도 불편감으로 호소하는 경우가 흔하다.
③ 질병과 관련된 과도한 걱정을 한다.
④ 일반적으로 사회경제적 지위와 교육수준이 낮을수록, 도시보다 시골에 거주하는 사람에게 흔히 나타나는 경향이 있다.
  ※ 문화적 차이가 있으며, 미국, 유럽보다 아시아, 아프리카에서 더 흔히 발병한다.

(2) DSM-5 진단기준 2020년 기출 ★

신체증상에 대한 과도한 사고, 감정 또는 행동이나 증상과 관련된 과도한 건강 염려를 다음 세 가지 중 1가지 이상의 방식으로 나타낸다.

① 자신이 지닌 증상의 심각성에 대해서 과도한 생각을 지속적으로 지닌다.
② 건강이나 증상에 대해서 지속적으로 높은 수준의 불안을 나타낸다.
③ 이러한 증상과 건강염려에 대해서 과도한 시간과 에너지를 투여한다. 신체증상에 대한 이러한 걱정과 염려가 6개월 이상 지속될 때, 신체증상장애로 진단된다.

(3) 원인

① **정신분석적 입장** 2016년 기출 ★
   ㉠ 신체 증상을 억압된 감정의 신체적 표현이라고 본다. 만약 감정표현이 차단되면 그 감정은 다른 통로, 즉 신체를 통해 더욱 과격하게 표현된다는 것이다.
   ㉡ 자신의 신체적 증상이 심리적 요인에 의한 것일 수 있다는 점을 인정하려 하지 않으며 심리치료에 저항적이고 비협조적인 태도를 나타내는 경향이 있다.
   ㉢ 심리적 문제로 인해 신체화를 어린 시절로 퇴행하는 것으로 여긴다.
   ㉣ **신체증상의 2차 이득** : 정신분석학적 관점에서 환자는 신체적 증상을 통해 내적 갈등을 깨달을 필요가 없는 1차 이득을 얻을 수 있으며, 또한 환자에게 말싸움이나 폭력 등 원하지 않는 특별한 행위를 하지 않을 수 있도록 하고, 주위 환경으로부터 관심과 보호를 받을 수 있으며 사회적으로 곤란한 상황에서 피할 수 있는 2차 이득을 얻게 됨으로써 질병을 일으키게 된다고 설명한다.

② **행동주의적 입장**
   ㉠ 외부 환경에 의해 강화된 것으로 본다. 주변으로부터 받는 관심과 애정이 강화에 의해 증상을 지속시킨다.
   ㉡ 관찰학습과 모방학습을 통해 습득된 것으로 어린 시절 부모나 가족이 신체화 경향이 나타난 것을 관찰해서 모방한 것으로 본다.

※ **인지주의적 입장**
 • 감각변화에 예민하게 주의를 기울인다.
 • 건강에 대한 경직된 신념을 가진다.

(4) 치료

① 신체증상 장애는 치료하기 매우 어려운 장애로 알려져 있으며 치료효과가 입증된 치료방법도 없다.
② 다각적인 심리 치료적 노력을 통해서 호전될 수 있다.
③ 스트레스를 줄이고 이에 잘 대처할 수 있도록 도와야 하며 환자의 가족이나 주변 사람들의 협조를 구하는 것이 중요하다.
④ 신체화 장애를 직접적으로 치료하는 약물은 없다.

2 질병불안장애

(1) 임상적 특징 2017년 기출 ★

① 질병불안장애는 자신이 심각한 질병에 걸렸다는 집착과 공포를 나타내는 경우를 말하며 건강염려증이라고 불리기도 한다.

② 병원을 돌아다니는 의료쇼핑을 하면서 자신의 신체를 반복적으로 점검하는 '진료 추구형'과 반대로 의학적 진료를 하지 않으려는 '진료 회피형'으로 구분한다.
③ 질병불안장애의 유병률은 남자와 여자가 비슷하며 어느 연령에서나 시작될 수 있으나 초기 청소년기에 가장 흔히 나타난다.
④ 질병불안장애가 만성적인 경과를 나타내기 때문에 성격특성의 일부라는 주장도 제기된다.
⑤ 의학적 상태가 실재하여도 진단할 수 있다.

(2) DSM-5 진단기준 2021년 기출 ★

질병불안장애에 대한 DSM-5의 진단기준은 다음과 같다.
① 기준은 심각한 질병을 지녔다는 생각에 과도하게 집착하는 것이다.
② 신체적 증상이 존재하지 않거나 존재하더라도 그 강도가 경미해야 한다.
③ 건강에 대한 불안 수준이 높으며 개인적 건강상태에 관한 사소한 정보에도 쉽게 놀란다.
④ 건강과 관련된 과도한 행동(예) 질병의 증거를 찾기 위한 반복적인 검사)이나 부적응적 회피행동(예) 의사와의 면담 약속을 회피함)을 나타낸다.
⑤ 질병 집착은 적어도 6개월 이상 지속되어야 하며 두려워하는 질병이 이 기간 동안에 변화해야 한다.

(3) 원인과 치료

① 정신분석적 입장
  ㉠ 실망하고 상처받고 버림받고, 사랑 받지 못함에 대한 분노에 기인한다고 본다.
  ㉡ 고통스러운 생각과 분노 감정을 외부에 토로하지 못하고 신체에 대한 과도한 관심으로 나타내며 매우 낮은 자기존중감과 무가치감에 시달리며 자신이 가치 없는 존재라고 느끼기보다 신체적 이상이 있다고 여기는 것이 더 견딜 만하기 때문에 신체적 건강에 집착하게 된다.
② 행동주의 입장 : 조건형성의 원리를 통해 설명한다.
③ 인지행동치료 입장
  ㉠ 질병불안장애의 치료에는 인지행동치료와 스트레스 관리훈련이 효과적이라고 보고되고 있다.
  ㉡ 질병불안장애에 대한 인지행동치료는 크게 세 가지 요소로 구성된다.
    ⓐ 신체적 감각을 질병과 관련하여 해석한 내용을 확인한다.
    ⓑ 특정신체부위에 주의를 집중하여 유사한 질병불안장애가 생겨나는 과정을 체험한다.
    ⓒ 의사나 병원에 방문하여 질병을 확인한다.
  ㉢ 의사가 자세한 설명을 통해 환자를 안심시키는 것이 효과적이라고 보고되고 있다.

3 전환 장애

(1) 임상적 특징
① 주로 신경학적 손상을 시사하는 한 가지 이상의 신체적 증상을 나타내는 경우를 말한다.
② 과거에 '히스테리'라고 불렸으며 프로이트가 정신분석학을 발전시키는 계기가 된 장애이기도 하다.
③ 전환 장애라는 명칭은 심리적 갈등이 신체적 증상으로 전환되어 나타난 것이라는 의미를 내포하고 있다.
④ 운동기능의 이상, 감각기능의 이상, 갑작스런 신체적 경련이나 발작, 세 가지가 복합적으로 나타나는 경우이다.
⑤ 전환증상은 비교적 짧은 기간 지속되며 입원한 환자 대부분 2주 이내 완화되지만 1년 이내 20~25%가 재발된다.

(2) DSM-5 진단기준
① 수의적 운동기능이나 감각기능에 영향을 미치는 1가지 이상의 증상이 있다.
② 증상과 확인된 신경학적 또는 의학적 상태간의 불일치를 보여주는 인상적인 증거가 있다.
③ 증상이 다른 신체적 질병이나 정신장애로 더 잘 설명되지 않는다.
④ 증상이 임상적으로 현저한 고통을 초래하거나 일상생활의 중요한 적응기능에 현저한 장애를 나타내야 한다.

(3) 원인과 치료
① 정신분석적 입장
　㉠ 프로이트는 전환 장애가 무의식적인 생각이나 감정을 표현하려는 욕구와 그것을 표현하는 것에 대한 두려움을 타협함으로 생긴다고 보았다.
　㉡ 오이디푸스시기에 생기는 수동적인 성적유혹과 관련되어 있다고 보았다.
② 행동주의 입장 : 충격적 사건이나 정서적 상태 후에 생기는 신체적 변화나 이상이 외부적으로 강화된 것이라고 본다.
③ 생물학적 입장 : 뇌의 손상이나 기능 이상 때문이라고 본다.
④ 치료할 때는 전환증상을 유발한 충격적인 스트레스 사건을 확인하고 이러한 부정적 상황이 지속될 경우에는 이를 제거하도록 노력해야 한다.
⑤ 최면치료가 적용되기도 한다.

4 허위성 장애

(1) 임상적 특징
① 환자의 역할을 하기 위하여 신체적 또는 심리적 증상을 의도적으로 만들어 내거나 위장하는 경우를 말한다.
② 현실적인 이득(예 경제적 보상, 법적 책임의 회피 등)이 없음이 분명하지만 환자역할을 하려는 심리적 욕구에 기인한 것으로 추정될 때 진단된다.
③ 신체적 증상을 위장한다는 점에서 '뮌하우젠증후군'이라고도 한다.
④ 지속적으로 피학적 또는 자기 파괴적 행동을 나타낸다.
⑤ DSM-5 진단기준에서는 '스스로에게 부과된 인위성장애', '타인에게 부과된 인위성장애'로 구분한다.

(2) DSM-5 진단기준
① 분명한 속임수와 관련되어 신체적 또는 심리적인 징후나 증상을 조작하거나 상처나 질병을 유도한다.
② 다른 사람에게 자기 자신이 아프고 장애가 있거나 부상당한 것처럼 표현한다.
③ 명백한 외적 보상이 없는 상태에서도 기만적 행위가 분명하다.
④ 행동이 망상장애나 다른 정신병적 장애와 같은 다른 정신질환으로 더 잘 설명되지 않는다.

(3) 원인과 치료
① 어린 시절 부모로부터의 무시, 학대, 버림받음 등의 경험을 지니는 경우 흔하게 나타난다.
② 아동기, 초기 청소년기에 실제로 병으로 입원해서 누군가의 사랑과 돌봄으로 회복된 경험이 있을 때 허위성 장애를 보인다.
③ 치료는 환자가 나타내는 증상이 허위성 장애임을 빨리 인식하여 환자가 고통스럽고 위험한 진단절차를 밟지 않도록 하는 것이다.
④ 스스로 허위 증상을 인정하도록 하는 것이 치료의 핵심이다.

Section 15. 파괴적 충동통제 및 품행장애

> **학습목표**
> 파괴적 충동통제 및 품행장애 하위장애에 대해 각각 임상적 특징과 DSM-5 진단기준을 확인하고, 원인과 치료 방법에 대해서 살펴본다.

파괴적 충동통제 및 품행장애 하위유형

하위장애	핵심증상
적대적 반항장애	어른에게 거부적이고 적대적이며 반항적인 행동이다.
품행장애	난폭하고 잔인한 행동, 기물파괴, 도둑질, 거짓말, 가출 중 타인의 권리를 침해하거나 사회적 규범을 위반하는 행동이다.
간헐적 폭발성 장애	공격적 충동의 조절 실패로 인한 심각한 파괴적 행동이다.
반사회성 성격장애	사회적 규범이나 타인의 권리를 무시하는 폭행이나 사기 행동을 지속적으로 나타내는 성격적 문제이다.
방화증	불을 지르고 싶은 충동 조절 실패로 반복적인 방화 행동을 한다.
도벽증	남의 물건을 훔치고 싶은 충동 조절 실패로 인해 반복적인 도둑질을 한다.

1 적대적 반항장애 2017년, 2016년, 2015년 기출 ★

(1) 임상적 특징
① 어른에게 거부적이고 적대적이며 반항적인 행동을 지속적으로 하는 경우를 뜻한다.
② 세 가지 핵심 증상은 분노하며 짜증내는 기분, 논쟁적이고 반항적인 행동, 복수심이다.
③ 화를 잘 내고 어른의 요구나 규칙을 무시하며 어른에게 논쟁을 통해 도전하고, 고의적으로 타인의 기분을 상하게 하거나 귀찮게 한다.
④ 학령기 아동 16~22%가 반항적 성향을 나타내며 여아는 적대적 반항장애로 남아는 품행장애로 진단되는 경우가 많다.
⑤ ADHD와 함께 나타나는 경우가 많다.

(2) DSM-5 진단기준
① 분노와 과민한 기분, 논쟁적, 반항적 행동, 보복적 양상이 적어도 6개월 이상 지속된다.
② 다음 중 적어도 4가지 이상 증상이 나타나고, 형제나 자매가 아닌 적어도 1명 이상 다른 사람과의 상호작용에서 나타난다.
　㉠ 분노, 과민한 기분
　　ⓐ 자주 욱하고 화를 냄
　　ⓑ 자주 과민하고 쉽게 짜증을 냄

ⓒ 자주 화를 내고 크게 격분함
ⓛ **논쟁적·반항적 행동**
ⓐ 권위자와의 잦은 논쟁
ⓑ 자주 적극적으로 권위자의 요구를 무시하거나 규칙을 어김
ⓒ 자주 고의적으로 타인을 귀찮게 함
ⓓ 자주 자신의 실수나 잘못된 행동을 남의 탓으로 돌림
ⓒ **보복적 양상** : 지난 6개월 동안 적어도 두 차례 이상 앙심을 품음
③ 행동 장애가 개인 자신 또는 사회적 맥락에 있는 상대방에게 고통을 주며 그 결과가 사회적·학업적·직업적 또는 다른 중요한 기능 영역에서 부정적인 영향을 미친다.

(3) 원인

① 부모와 자녀 간의 갈등이 중요한 역할을 한다.
② 기질적으로 자기주장과 독립성이 강한 아동과 지배 성향이 강한 부모가 아동을 힘이나 권위로 과도하게 억제하려는 경우 적대적 반항장애로 갈 수 있다.
③ **행동주의 입장** : 가족 내에서 모방 학습을 통해 학습되고 조작적 조건형성으로 강화된다고 본다.

(4) 치료

① 성장하면서 자연적으로 사라질 수 있으나 품행장애나 기분장애로 발전될 수 있는 위험이 있으므로 심한 경우 개인 심리 치료를 받게 하는 것이 좋다.
② 적응적 행동을 습득하고 강화해 주는 것이 필요하다.
③ 효과적인 부모 – 자녀 간 의사소통과 관계 개선이 이루어지도록 유도하는 것이 필수적이다.

2 품행장애 2019년, 2018년, 2016년 기출 ★

(1) 임상적 특징

① 여러 형태의 공격적 행동으로 나타난다.
② 약자를 괴롭히거나, 잔인한 행동을 하거나, 어른에게 반항하고 적대적이며 잦은 학교 결석, 성적 저조, 흡연, 음주, 약물 남용, 거짓말, 잦은 가출, 공공기물 파손 행동 등으로 나타난다.
③ 자신의 행동에 대해 죄책감을 느끼거나 후회하지 않고 다른 사람 탓으로 돌려버린다.
④ 남자는 10~12세, 여자는 14~16세 시작되며 '아동기 – 발병형', '청소년기 – 발병형'으로 구분하고 심각정도에 따라 경미한 정도, 상당한 정도, 심한 정도로 분류한다.
⑤ 소아기와 청소년기에 상당히 흔하게 나타나는 장애이다.

(2) DSM-5 진단기준 2021년 기출 ★

① 다른 사람의 기본적인 권리를 침해하고, 사회 규범 및 규칙을 위반하는 지속적·반복적 행동 양상으로서 다음 중 3개 이상 지난 12개월 동안 있어 왔고, 적어도 1개 이상의 증상이 지난 6개월 동안 있다.
  ㉠ 사람과 동물에 대한 공격성
  ㉡ 재산 파괴(고의적인 방화)
  ㉢ 사기 또는 절도
  ㉣ 심각한 규칙 위반
② 행동의 장애가 사회적·학업적·직업적 기능에 임상적으로 유의미한 고통이나 손실을 초래한다.
③ 18세 이상일 경우 반사회성 성격장애의 진단 기준에 맞지 않아야 한다.

(3) 원인

① 다양한 요인이 복합적으로 작용하여 발생하는 것으로 본다.
② 가장 큰 요인으로는 부모의 양육태도와 가정환경이다.
③ 강압적이고 폭력적인 양육태도와 무관심, 방임적 양육태도, 불화, 가정폭력, 아동학대, 결손가정, 정신장애, 알코올 사용 장애 등은 품행장애와 밀접한 관련을 맺고 있다.
④ 열악한 가정환경의 아동은 불만이 많고 화를 잘 내고 충동적이고 공격적인 사람으로 유도되어질 수 있다.
⑤ **정신분석적 입장** : 초자아 기능의 장애로 간주한다.
⑥ **행동주의적 입장** : 부모를 통한 모방학습이나 조작적 조건형성으로 습득·유지된다고 본다.
⑦ **사회문화적 입장** : 사회경제적 수준이 낮고 도시에 거주하는 아동이 품행장애가 많다.

(4) 치료 2016년 기출 ★

다각적인 방법을 통한 다중체계치료를 시행한다.

① 브롬펜부르너의 생태학적 이론에 기반을 둔 치료이다.
② 청소년이 속한 환경체계인 가족, 학교, 또래, 지역사회가 함께 협력적이다.
③ 행동 지향적이며 특정적이고 잘 정의된 문제를 대상으로 이루어진다.
④ 적극적인 환경개입과 찾아가는 서비스, 지역사회 자원 활용 및 팀 구성에 의한 활동으로 구성되어 있다.
⑤ 부모, 가족, 교사, 정신건강 전문가의 협력적 노력이 필요하다.

Section 15 파괴적 충동통제 및 품행장애

3 간헐적 폭발성 장애 2015년 기출 ★

(1) 임상적 특징
① 공격적 충동이 조절되지 않아 심각한 파괴적 행동이 가끔씩 나타나며 언어적 공격행위와 더불어 재산파괴와 신체적 공격을 포함하는 폭력적 행동이 반복적으로 나타낸다.
② 공격성의 강도는 자극 사건이나 심리사회적 스트레스 사건에 의해 현저하게 지나친 것이어야 한다.
③ 행동을 하기 전에 긴장감이나 각성 상태를 느끼며 행동하고 나서는 즉각적 안도감을 느낀다. 하지만 공격적 행동을 하고 나서 흔히 후회하며 당황스러워한다.
④ 아동기 후반 청소년기에 시작된다.

(2) DSM-5 진단기준 2017년 기출 ★
① 공격적 충동을 조절하지 못하여 반복적으로 행동폭발을 나타내고, 다음 항목 중 1가지를 보인다.
　㉠ 언어적 공격성 또는 재산, 동물, 타인에게 가하는 신체적 공격성이 3개월 동안 주 2회 이상 발생한다.
　㉡ 재산 피해 또는 동물이나 사람에게 상해를 입힐 수 있는 신체적 폭행을 포함하는 폭발적 행동을 12개월 이내에 3회 보인다.
② 반복적 행동폭발 동안 표현된 공격성의 정도는 스트레스 요인에 의해 촉발되는 정도를 심하게 넘어선 것이다.
③ 반복되는 공격적 행동폭발은 미리 계획된 것이 아니며 유형적인 대상에만 한정된 것이 아니다.
④ 반복되는 공격적 행동폭발은 개인에게 심리적 고통을 유발하거나, 직업적 또는 대인관계 기능에 손상을 주거나, 경제적 또는 법적 문제와 관련된다.
⑤ 생활연령은 적어도 6세 이상이어야 진단이 가능하다.

(3) 원인
① 부모나 다른 사람의 학대를 받거나 무시당한 것이 원인이 된다고 주장한다.
② 가족의 분위기가 폭력적일 경우 이러한 장애가 나타날 가능성이 높다.
③ 변연계 이상 등 신경생물학적 요인이 관여될 수 있다.

(4) 치료
① 심리치료를 통해 과거에 누적된 분노나 적개심을 표현하도록 하며 인내력을 증가시키도록 한다.

② 약물로는 리튬, 카바마제핀, 벤조디아제핀 등이 효과를 나타낸다고 본다. 최근은 세로토닌 재흡수를 차단하는 약물이 효과적이라고 제안한다.

※ 반사회적 성격장애는 '성격장애'에서 자세히 설명한다.

4 방화증

(1) 임상적 특징
① 불을 지르고 싶은 충동을 조절하지 못해 반복적으로 방화를 하는 경우이다.
② 사전에 미리 계획을 세우고 나름대로의 목적을 지니고 방화를 한 번 이상 한다.
③ 불을 지르기 전 긴장감을 느끼며 흥분하고 불과 관련된 상황에 대해 매혹을 느끼고 호기심에 이끌린다.
④ 불을 지르거나 남이 불을 지르는 것을 볼 때 기쁨이나 만족감, 안도감을 느낀다.

(2) DSM-5 진단기준
① 1회 이상의 고의적이고 목적 있는 방화 행위를 한다.
② 방화 행위 전의 긴장 또는 정서적 흥분이 나타난다.
③ 불과 연관된 상황적 맥락에 대한 매혹, 흥미, 호기심을 가지고 있다.
④ 불을 지르거나 불이 난 것을 목격하거나 참여할 때 기쁨, 만족 또는 안도감을 보인다.
⑤ 방화는 금전적 이득, 범죄행위 은폐, 분노나 복수심의 표현 등에 기인한 것이 아니다.
⑥ 방화 행위는 품행장애, 조증삽화 또는 반사회성 성격장애로 더 잘 설명되지 않는다.

(3) 원인
① **정신분석적 입장**
　㉠ 성적 욕구를 해소할 수 있는 대처 수단으로 불을 지르게 된다고 본다.
　㉡ 이밖에도 방화의 주된 동기는 복수심이라고 주장하는데 대인관계능력이 없는 사람이 다른 사람과 의사소통을 하고자 하는 방식으로 불을 지른다는 주장이다.
② **생물학적 입장** : 뇌 결함으로 방화증이 나타날 가능성도 제기한다.

5 도벽증

(1) 임상적 특징　2015년 기출　★
① 남의 물건을 훔치고 싶은 충동을 참지 못해 반복적으로 도둑질을 하게 되는 경우로, 절도광이라고 한다.

② 개인적으로 쓸모없거나 금전적으로 가치 없는 물건을 훔치려고 하는 충동을 억누르지 못해 훔치는 일이 반복된다.
③ 훔치기 직전 긴장감이 높아지며 훔치고 나서 기쁨, 만족감, 안도감을 느낀다.
④ 청소년기부터 시작하며 점차 만성화되는 경향이 있고, 남자보다 여자에게 더 흔한 것으로 알려져 있다.

(2) DSM-5 진단기준
① 개인적으로 쓸모가 없거나 금전적으로 가치 없는 물건을 훔치려는 충동을 저지하는 데 반복적으로 실패한다.
② 훔치기 직전에 고조되는 긴장감이 나타난다.
③ 훔쳤을 때의 기쁨, 만족감 또는 안도감이 있다.
④ 훔치는 행위는 분노나 복수 또는 망상이나 환각에 대한 반응이 아니다.
⑤ 훔치는 행위가 품행장애, 조증삽화 또는 반사회성 성격장애로 더 잘 설명되지 않는다.

(3) 원인
① **생물학적 입장** : 뇌의 특정 부분이 손상되거나 신경학적 기능 이상으로 물건을 훔치는 행동이 나타난다고 본다. 뇌의 구조적 손상으로 충동 조절 능력과 행동억제 능력이 저하되어진 것으로 본다.
② **정신분석적 입장** : 물건을 훔치는 행동이 아동기의 잃어버린 애정과 쾌락에 대한 대체물을 추구하는 행위라고 본다.

(4) 치료 : 행동치료 기법으로 체계적 둔감법, 혐오적 조건형성, 사회적 강화요인의 변화 등을 사용한다.

Section 16 신경인지장애

학습목표

신경인지장애 하위장애에 대해 각각 임상적 특징과 DSM-5 진단기준을 확인하고, 원인과 치료방법에 대해서 살펴본다.

신경인지장애 하위유형   2017년 기출 ★

하위장애	핵심증상
주요 신경인지장애	한 가지 이상의 인지적 영역에서 과거 수행 수준에 비해 심각한 인지적 저하가 나타나는 것이다.
경도 신경인지장애	주요 신경인지장애에 비해 증상 심각도가 경미한 경우를 말한다.
섬망	의식이 혼미하고 주의집중 및 전환능력이 현저하게 감소되고 인지기능에 일시적 장애가 나타나는 경우이다.

1 주요 신경인지장애   2016년 기출 ★

(1) 임상적 특징

① 한 가지 이상의 인지적 영역에서 과거수행 수준에 비해 심각한 인지적 저하가 나타나는 경우를 말한다.
② 인지적 저하는 본인이나 주변 사람들 또는 임상가에 의해서 인식될 수 있으며 표준화된 신경심리검사를 통해 평가될 수 있다.
③ 인지적 손상으로 일상생활을 독립적으로 영위하기 힘들 경우 주요 신경인지장애로 진단된다.
④ 알츠하이머, 뇌혈관질환, 충격에 의한 뇌손상, HIV감염, 파킨슨 질환 등과 같은 다양한 질환에 의해 유발될 수 있으며 혈관성과 알츠하이머병의 경우 인지 저하의 진행 속도가 서로 다르게 나타난다.

(2) DSM-5 진단기준   2020년 기출 ★

① 이전 수행 수준에 비해 1가지 이상 인지영역에서 인지 저하가 현저하다는 증거가 다음에 근거한다.
  ㉠ 환자 또는 환자를 잘 아는 사람이 현저한 인지 기능 저하를 걱정한다.
  ㉡ 인지 수행의 현저한 손상이 표준화된 신경심리 검사 또는 다른 정량적 임상평가에 의해 입증된다.
② 인지 결손은 독립적인 일상 활동을 방해한다.
③ 인지 결손은 섬망만 있는 상황에서 발생하는 것이 아니고, 다른 정신질환으로 더 잘 설명되지 않는다.

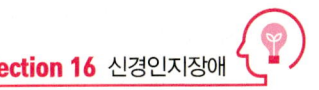

④ 병인에 따라 알츠하이머병, 전두측두엽 변성, 외상성 뇌손상, 물질·치료약물 사용, 파킨슨병, 다른 의학적 상태, 다중 병인 등으로 명시한다.

2 경도 신경인지장애

(1) 임상적 특징
① 주요 신경인지장애에 비해 증상의 심각도가 경미한 경우를 말한다.
② 인지적 손상으로 일상생활을 독립적으로 영위할 수 있는 능력이 저하 되지 않은 상태이다.
③ DSM-Ⅳ에서 치매로 되었던 장애가 DSM-5에서는 심각도에 따라 경도 또는 주요 신경인지장애로 지칭되었다.
④ 노년기에 나타나는 가장 대표적인 정신장애로 기억력이 현저히 저하되고 언어기능, 운동기능이 저하되며 물체를 알아보지 못하고 일상생활에 필요한 여러 가지 적응능력이 전반적으로 손상된다.

(2) DSM-5 진단기준 [2020년 기출 ★]
① 이전 수행 수준에 비해 1가지 이상 인지영역에서 인지 저하가 경미하게 있다는 증거가 다음에 근거한다.
   ㉠ 환자 또는 환자를 잘 아는 사람이 현저한 인지 기능 저하를 걱정한다.
   ㉡ 인지 수행의 현저한 손상이 표준화된 신경심리 검사 또는 다른 정량적 임상평가에 의해 입증된다.
② 인지 결손은 독립적인 일상 활동을 방해하지 않는다.
③ 인지 결손은 섬망만 있는 상황에서만 발생하는 것이 아니고, 다른 정신질환으로 더 잘 설명되지 않는다.
④ 병인에 따라 알츠하이머병, 전두측두엽 변성, 외상성 뇌손상, 물질·치료약물 사용, 파킨슨병, 다른 의학적 상태, 다중 병인 등으로 명시한다.

3 섬망 [2020년, 2018년 기출 ★]

(1) 임상적 특징
① 의식이 혼미하고 주의집중 및 전환 능력이 현저하게 감소하며 기억, 언어, 현실 판단 등의 인지기능에 일시적인 장애가 나타난다.
② 핵심증상은 주의 저하, 각성 저하이다.
③ 단기간 발생하여 심해지면 하루 중에 그 심각도가 변동한다.

④ 물질 사용이나 신체적 질병과 같은 다양한 원인에 의해서 나타난다.
⑤ 노년기의 흔히 나타나는 인지장애 하나로 의식이 혼미해지고 현실감각이 급격히 혼란되어 시간과 장소에 대한 인지장애가 나타나며 주위를 알아보지 못하고 헛소리를 하거나 손발을 떠는 증상이 나타난다.

(2) DSM-5 진단기준
① 주의 장애와 의식의 장애를 주된 특징으로 한다.
② 장애는 단기간에 걸쳐 발생하고, 기저 상태의 주의와 의식으로부터 변화를 보이며 하루 중 심각도가 변하는 경향이 있다.
③ 기억 결손, 지남력 장애, 언어, 시공간 능력 또는 지각과 같은 부가적 인지장애가 발생한다.
④ 진단기준 ①과 ③의 장애는 다른 신경인지장애로 더 잘 설명되지 않고, 혼수와 같은 각성 수준이 심하게 제한된 상황에서 일어나지 않는다.

4 신경인지장애 유형

알츠하이머병으로 인한 신경인지장애의 특징은 다음과 같다.

(1) 전형적 증상은 기억상실이며 기억상실이 아닌 시공간적·논리적 결함을 띤 실어증 변형이 나타나기도 하며 점진적으로 진행된다.

(2) 진행 과정에서 인지 기능 저하뿐만 아니라 성격변화, 초조행동, 우울증, 망상, 환각, 공격성 증가, 수면 장애 등의 정신행동 증상이 흔히 동반되며 말기에 이르면 경직, 보행 이상 등의 신경학적 장애 또는 대소변 실금, 감염, 욕창 등 신체적인 합병증까지 나타나게 된다.

(3) 발병 연령에 따라 65세 미만에서 발병한 경우인 조발성(초로기) 알츠하이머병과 65세 이상에서 발병한 경우인 만발성(노년기) 알츠하이머병으로 구분한다.

(4) 조발성 알츠하이머는 비교적 진행속도가 빠르고 언어기능 저하가 초기에 나타나며, 만발성은 진행이 느리고 다른 인지 기능에 비해 기억력 손상이 두드러지는데 조발성보다 만발성이 더 빈번히 나타난다.

(5) 알츠하이머병은 단백질의 일종인 베타 아밀로이드와 타우가 뇌에 과도하게 쌓여서 생기는 것으로 알려진다.

(6) 노인성 반점과 같은 구조적 변화가 관찰되고, 신경섬유 매듭이 정상발달 노인에 비해 매우 많다.

5 신경심리평가 평가영역 검사 도구 2020년, 2019년 기출 ★

(1) **기억** : WMS

(2) **언어** : Boston Naming 검사, 토큰(Token)검사

(3) **실행기능** : 위스콘신카드 분류검사, 스트룹검사, Ray-Ostrrieth검사, 선로잇기 등

(4) **시각구성능력** : VMI(시각-운동통합발달검사), BGT

(5) **지능** : 아동지능검사(WISC), 성인지능검사(WAIS)

Section 17. 물질 관련 및 중독 장애

> **학습목표**
> 물질 관련 및 중독장애 하위장애에 대해 각각 임상적 특징과 DSM-5 진단기준을 확인하고, 원인과 치료방법에 대해서 살펴본다.

물질 관련 및 중독 장애 하위유형

하위장애			핵심증상
물질-관련장애	물질 사용 장애		술, 담배, 마약과 같은 중독성 물질을 사용하거나 중독성 행위에 몰두함으로써 생겨나는 다양한 부적응적 증상이다.
	물질 유도성 장애	물질중독	특정한 물질의 과도한 복용으로 인해 일시적으로 나타나는 부적응적 증상이다.
		물질금단	물질 복용의 중단으로 인해 일시적으로 나타나는 부적응 증상이다.
		물질/약물유도성 정신장애	물질 남용으로 인해 일시적으로 나타나는 정신장애 증상이다.
비물질-관련장애	도박장애		심각한 부적응 문제를 유발하는 지속적인 도박행동이다.

1 물질-관련 및 중독 장애

(1) 특징

① 물질-관련 및 중독 장애는 술, 담배, 마약과 같은 중독성 물질을 사용하거나 중독성 행위에 몰두함으로써 생겨나는 다양한 부적응적 증상을 포함하고 있다.
② 크게 물질-관련 장애와 비물질-관련 장애로 구분된다.
③ 부적응적 증상으로는 내성이 생겨서 금단증상이 일어나게 되고 물질사용을 중단하거나 조절하려고 해도 뜻대로 되지 않는다.
④ 신체적, 정신적, 가정적, 사회적, 직업적으로 다양한 손상을 입는다.
⑤ 스트레스를 받는 사회경제적 조건에서 발생 비율이 높으며, 물질 사용이 보상을 줄 것이라는 기대감 때문에 사용이 증가한다.
⑥ 물질사용장애 원인으로는 다른 사람들에 비해 높은 의존성, 반사회성, 중독성, 물질에 대한 긍정적 기대와 신념 등이 있다.
⑦ 신경전달물질인 도파민이 보상중추를 계속 자극하여 중독을 더욱 강화하는데, 도파민이 부족해지면 보상결핍증후군이 나타나게 된다.

(2) 물질-관련 장애

① 물질사용 장애와 물질 유도성 장애로 구분되며 어떤 물질에 의해서 부적응 문제가 생겨나느냐에 따라 10가지 유목으로 구분된다.

Section 17 물질 관련 및 중독 장애

② 알코올, 타바코, 카페인, 대마계의 칸나비스, 환각제, 흡입제, 아편류, 진정제, 수면제 또는 항불안제, 흥분제, 기타물질이 있으며 물질별로 구체적인 진단이 가능하다.

> 예 알코올 사용장애, 알코올 중독, 알코올 금단, 알코올 정신장애 등으로 구분·진단된다.

③ 물질 사용 장애 종류

물질 의존	• 특정 물질을 반복 사용하면 양을 점점 많이 사용해야 전과 같은 효과를 내는 내성이 생긴다. • 물질을 끊으면 매우 고통스러운 상태가 되는 금단증상을 경험하게 되는 경우이다. • 복용량이 늘어나고 물질을 구하기 위해 시간적·경제적 투자를 하며 심각한 현실적 문제가 발생한다.
물질 남용	물질의 과도한 섭취로 인해 학업, 직업, 가정에서 역할을 수행하지 못하고 폭력적인 행동을 하거나 법적 문제를 야기한다.

④ 물질 유도성 장애
  ㉠ 과도한 또는 지속적인 물질복용으로 인해 파생된 부적응적인 행동변화로 다양한 양상이 있으며 물질에 따라 각기 다른 증상이 나타난다.
  ㉡ 물질중독, 물질금단, 물질/약물 유도성 정신장애로 나뉜다.

(3) 비물질-관련 장애 : 도박장애 한 개가 분류되어 있으며 도박행동이 12개월 이상 지속되고 심각한 적응문제와 고통을 경험하는 경우를 뜻한다.

2 알코올 관련 장애 2018년, 2015년 기출 ★

(1) 알코올 사용 장애
  ① 과도한 알코올 사용으로 인해 발생하는 부적응적 문제를 말한다.
  ② 가정의 경제적 곤란, 자녀들에 대한 나쁜 영향 등 가족의 기능장애를 초래하게 되어 사고, 비행, 자살 등 사회문제를 일으키는 직접적인 동기가 된다.
  ③ 옐리네크는 알코올의존이 단계적으로 발전하는 장애로 4단계의 과정을 제시하였다.
    ㉠ 전 알코올 증상단계로서 사교적 목적으로 음주를 시작하여 즐기는 단계이다.
    ㉡ 전조단계로서 술에 대한 매력이 증가하면서 점차로 음주량과 빈도가 증가하는 시기이다.
    ㉢ 결정적 단계로서 음주에 대한 통제력을 서서히 상실하게 되는 단계이다.
    ㉣ 만성단계로 알코올에 대한 내성이 생기고 심한 금단증상을 경험하게 되어 알코올에 대한 통제력을 완전히 상실하게 되는 단계이다.
  ④ 알코올은 대마초, 모르핀, 마약류 등 같은 진정제이다.

(2) 알코올 유도성 장애
  ① 알코올의 섭취나 사용으로 인해 나타는 부적응적인 후유증을 말한다.
  ② 알코올 중독, 알코올 금단, 알코올 물질/유도성 정신장애로 다양한 하위유형이 나온다.

③ 알코올 중독
  ㉠ 과도하게 알코올을 섭취하여 심하게 취한 상태에서 부적응적 행동이 생긴다.
    예 부적절한 공격적 행동, 정서적 불안정, 판단력장애, 사회적 또는 직업적 기능손상 등
  ㉡ 알코올 중독 상태에서는 다음 중 한 가지 이상의 증상이 나타난다.
    ⓐ 불분명한 말투
    ⓑ 운동 조정 장해
    ⓒ 불안정한 걸음
    ⓓ 안구 진탕
    ⓔ 집중력 및 기억력 손상
    ⓕ 혼미 또는 혼수

④ 알코올 금단
  ㉠ 알코올 금단은 지속적으로 사용하던 알코올을 중단했을 때 여러 가지 신체적·생리적 또는 심리적 증상이 나타나는 상태를 말한다.
  ㉡ 알코올 섭취 후 몇 시간 며칠 이내 2개 이상의 증상이 나타날 때 해당된다.
    ⓐ 자율신경계 기능 항진(발한 또는 맥박수가 100회 이상 증가)
    ⓑ 손 떨림 증가
    ⓒ 불면증
    ⓓ 오심 및 구토
    ⓔ 일시적인 환시, 환청, 환촉 또는 착각
    ⓕ 정신운동성 초조증
    ⓖ 불안
    ⓗ 대발작

⑤ 알코올 유도성 정신장애 : 알코올 사용으로 인해 나타나는 증상의 특성에 따라 다양한 하위유형이 있다.
  ㉠ **알코올 유도성 기억장애** : 코르사코프 증후군이 포함된다.

    > **Plus Study • 코르사코프 증후군**
    >
    > 건망증, 기억력 장애, 작화증(자신이 기억하지 못하는 것을 마치 있었던 것처럼 확신을 갖고 말하거나 사실을 위장, 왜곡하는 병적인 증상) 등을 특징으로 하며 해마가 손상되어 발생하는 것으로 알려져 있다.

  ㉡ **알코올 유도성 불안장애** : 알코올 섭취로 불안장애 증세가 나타나는 것이다.
  ㉢ **알코올 유도성 성기능 장애** : 발기불능 등 성기능에 어려움이 나타나는 것이다.
  ㉣ 알코올 유도성 치매 등을 비롯하여 알코올 유도성 기분장애, 알코올 유도성 수면장애 등이 있다.

Section 17 물질 관련 및 중독 장애

 Plus Study ● 알코올 사용장애나 중독에 의해 발생할 수 있는 질병 2019년 기출 ★

- 작화증 : 자신이 기억하지 못하는 것을 마치 있었던 것처럼 확신을 갖고 말하거나 사실을 위장, 왜곡하는 병적인 증상을 말한다.
- 베르니케병 : 비타민 B_1(티아민)의 결핍으로 발생하는 신경계 질환으로 알코올 중독자에게 흔히 일어나는 병이다.
- 코르사코프 증후군 : 코르사코프는 건망증, 기억력장애 등을 특징으로 하며 해마가 손상되어 발생하는 것으로 알려져 있다.
- 태아 알코올 증후군 : 임신 기간 동안 태아의 어머니가 술을 과도하게 마실 때 아직 태어나지 않은 일부 아기들에게서 나타나는 정신적, 신체적 결함이 나타나는 선천적인 증후군이다.

(3) 원인

① 생물학적 입장
  ㉠ 알코올 의존 환자들이 유전적 유인이나 알코올 신진대사에 신체적인 특성을 지닌다고 본다.
  ㉡ 알코올 의존자의 가족이나 친척 중에는 알코올 의존자가 많다는 것이 자주 보고된다.

② 정신분석적 입장
  ㉠ 알코올 중독자들이 심리성적 발달과정에서 유래한 독특한 성격특성을 지니고 있다고 본다.
  ㉡ 구순기에 자극결핍이나 자극과잉으로 인해 구순기에 고착된 구강기 성격을 지니고 있으며 의존적이고 피학적이며 위장된 우울증을 지니고 있다는 주장이다.
  ㉢ 물질 남용자들은 가혹한 초자아와 관련된 심각한 내면적 갈등을 지니고 있으며 이러한 긴장, 불안, 분노를 회피하기 위해서 알코올이나 약물을 사용한다는 주장도 있다.

(4) 치료

① 알코올 의존이 심한 사람은 입원치료를 받는 것이 바람직하다. 병원상황에서 금단현상을 줄일 수 있는 진정제 투여를 받게 된다.
② 약물치료와 더불어 알코올이 몸과 마음에 미치는 부정적 영향을 교육하고, 가정과 직장 및 사회적 활동에서 받게 되는 스트레스에 대한 대처훈련, 자기주장훈련, 이완훈련, 명상 등이 함께 시행되는 것이 일반적이다.
③ 가족의 영향력이 중요함으로 AA자조모임 등을 병행하는 것은 지속적인 재발방지를 위해 필요하다.
④ 비슷한 문제를 지닌 사람들이 모여서 집단상담 프로그램을 통해 의존욕구 만족과 자아긍정성을 높이며 사회적응력을 보다 쉽게 높일 수 있다.

3 타바코-관련 장애

(1) 특징
① 타바코는 중독성 물질인 니코틴을 함유하는 여러 종류의 담배를 포함하고 있다.
② 타바코-관련 장애는 타바코의 사용으로 인해 발생되는 다양한 심리적 장애를 말하며 크게 타바코 사용 장애와 타바코 금단으로 분류된다.
③ 담배를 처음 피우면 기침, 구토, 어지러움 등을 유발하지만 담배에 내성이 생기면 이러한 증상이 사라지고 적당한 각성효과를 얻기 위해 더 많은 담배를 피우게 된다.
④ 오랫동안 피워온 담배를 끊으면 불쾌감, 우울감, 불면, 불안, 집중력 저하 등의 금단증상이 나타난다.
⑤ 장기간의 니코틴 섭취로 인해 니코틴에 대한 내성과 금단현상을 비롯한 여러 가지 문제가 발생하여 일상생활에 부적응이 나타난다.
⑥ 흡연행동 심리적 원인
　㉠ 타인과 함께 있을 때 담배를 피우는 사회형
　㉡ 자극을 위해 담배를 피우는 자극형
　㉢ 편안함을 위해서 담배를 피우는 긴장 이완형
　㉣ 부정적 감정을 느낄 때 담배를 피우는 감정 발산형
　㉤ 혼자 있을 때 담배를 피우는 고독형
　㉥ 사회적 능력이나 자신감을 증가시키기 위해서 담배를 피우는 자신감 증진형
　㉦ 담배피우는 동작과 감각에서 즐거움을 느끼는 감각운동형
　㉧ 식욕억제를 위해 담배를 피우는 음식 대체형
　㉨ 자각 없이 담배를 피우는 습관형

(2) 원인
① **생물학적 입장** : 니코틴 일정효과이론, 니코틴 조절이론
② **행동주의 입장** : 즉시적인 긍정적 효과가 흡연행위를 강화하게 한다고 본다.

(3) 치료
① **니코틴 대체치료** : 니코틴이 들어있는 껌, 패치로 대체한다.
② **다중 양식적 치료** : 금연의 동기를 강화시키고 그 구체적 계획을 스스로 작성하며 인지 행동적 기법을 통해 금연계획을 실행에 옮기게 한다.

Section 17 물질 관련 및 중독 장애

4 기타 물질-관련 장애

(1) 카페인-관련 장애

① 카페인은 우리가 일상생활에서 흔히 섭취하는 커피, 홍차, 청량음료를 비롯하여 진통제, 감기약, 두통약, 각성제, 살 빼는 약 등에 포함되어 있으며 초콜릿과 코코아에도 적은 함량이지만 카페인이 포함되어 있다.

② 카페인이 포함된 음료나 약물을 장기간 섭취하면 내성이 생기고 금단 현상도 나타나는 등 의존성이 생겨난다.

③ 카페인으로 인한 내성과 금단현상은 물질 사용장애의 진단기준에 해당될 만큼 현저한 부적응을 초래하지 않는 것으로 알려져 있다.

(2) 칸나비스-관련 장애

① 칸나비스는 식물 대마초로부터 추출된 물질로서 한국어 용어로는 대마계 제제라고 한다.

② 대마의 잎과 줄기를 건조시켜 담배로 만든 것이 대마초, 즉 마리화나이다.

③ 하시시(Hashish)는 대마 잎의 하단부와 상단부에서 스며나온 진액을 건조한 것으로서 마리화나보다 훨씬 강력한 효과를 나타낸다.

④ 대마계 제제 관련 장애는 대마계 물질이나 화학적으로 유사한 합성물질에 대한 의존과 중독 현상을 말한다.

(3) 환각제-관련 장애

① 환각제는 환각효과를 나타내는 다양한 물질을 말한다. 펜사이클리딘, 엘에스디, 암페타민류, 항콜린성 물질 등이 속한다.

② 환각제는 주로 경구 투여되며 주사제로도 사용된다.

③ 환각제를 사용하면 시각이나 촉각이 예민해지는 등 감각기능이 고양되고, 신체상과 시공간지각이 변화되며 현실감각의 상실, 감정의 격변, 공감각(음악소리가 색깔로 보이는 등의 감각변형 현상) 등을 경험하게 된다. 잊었던 어린 시절의 기억이 회상되고, 종교적 통찰의 느낌을 갖게 되며 신체로부터 이탈되는 경험이나 외부세계로 함입되는 느낌을 갖게 되고 의식의 확장이나 황홀경을 경험하게 된다.

④ 환각제 사용장애는 환각제 사용으로 인한 내성과 금단현상으로 인해 반복적으로 환각제를 사용하는 경우를 말한다.

⑤ 환각제 유도성장애로는 환각제 중독과 환각제 지속적 지각장애가 대표적이다.

⑥ 환각제는 불안, 우울, 공포, 피해망상, 판단력 장애와 더불어 다양한 신체적 부작용을 유발하여 결과적으로 심각한 부적응 상태를 초래하게 된다.

(4) 흡입제 – 관련 장애

① 흡입제는 환각을 유발할 수 있는 다양한 휘발성 물질을 의미하며 주로 코를 통해 체내로 유입된다. 본드, 부탄가스, 가솔린, 페인트 시너, 분무용 페인트, 니스 제거제, 고무시멘트, 세척제, 구두약 등이다.
② 흡입된 대부분의 화학물질은 정신활성 효과를 유발할 수 있는 물질의 복합체이다.
③ 이 장애를 일으키는 정확한 물질을 알아내는 것은 어려우며 사용된 물질이 복합적이고 확인하기 어렵기 때문에 흡입제라는 용어를 사용하고 있다.

(5) 아편류 – 관련 장애

① 아편은 양귀비라는 식물에서 채취되는 진통효과를 지닌 물질로서 의존과 중독현상을 나타내는 대표적인 마약이다.
② 아편과 유사한 화학적 성분이나 효과를 나타내는 물질들을 아편류라고 통칭하며 천연 아편류(예 모르핀), 반합성 아편류, 모르핀과 유사한 작용을 하는 합성 아편류(예 코데인, 하이드로모르핀, 메사돈, 오시코돈, 메페리딘, 펜타닐)을 포함한다.
③ 아편류는 진통제, 마취제, 설사억제제, 기침억제제로 처방되고, 적절한 의학적인 목적 이외의 사용은 법적으로 허용되지 않고 있다.
④ 헤로인은 이러한 약물 중에서 가장 흔하게 남용되는 약물이고, 정제된 헤로인은 주사를 통해 사용되며 때로는 흡연을 하거나 코로 흡입하기도 한다.

(6) 자극제 – 관련 장애

① 자극제는 암페타민과 코카인을 비롯한 중추신경계를 자극하는 물질을 의미한다.
② 대표적인 자극제인 암페타민은 중추신경계 흥분제로서 각성과 흥분의 효과를 지니고 있다.
③ 암페타민은 초기에는 천식 치료제로 사용되었으나 오늘날은 과잉 활동을 수반하는 주의력 결핍 아동의 치료에 사용하기도 한다.
④ 적은 양의 암페타민은 각성 수준과 심장박동을 증가시키며 식욕을 감퇴시키고 유쾌감과 자신감을 높여주는 효과를 나타낸다. 그러나 많은 양을 복용하면 예민해지고 안절부절못하며 두통, 현기증 및 불면이 초래되며 때로는 의심이 많아지고 적대적이 되어 타인에게 공격적 행동을 하는 경우도 있다.

(7) 진정제 수면제 또는 항불안제 – 관련 장애 2020년 기출 ★

① 진정, 수면제, 항불안제는 벤조디아제핀 계열의 약물, 카바메이트 제제, 바비튜레이트와 그 유사 수면제를 포함한다.
② 알코올처럼 뇌기능 억제제이고 알코올과 유사한 문제를 일으킬 수 있다.
③ 이러한 약물은 알코올과 혼합되어 고용량으로 사용될 경우 치명적일 수 있다.

Section 17 물질 관련 및 중독 장애

> **Plus Study** ● 물질장애 구분 [2021년 기출] ★
> - 흥분제 : 코카인, 암페타민(필로폰), 카페인, 니코틴
> - 진정제 : 알코올, 아편, 모르핀, 헤로인, 벤조디아제핀
> - 환각제 : LSD, 메스칼린, 대마초, 엑스터시, 펜사이클리딘

5 비물질-관련 장애

(1) 도박장애 2018년, 2017년, 2016년, 2015년 기출 ★

① 임상적 특징
  ㉠ 화투나 카드 게임을 비롯하여 경마, 경륜, 슬롯머신과 같은 도박성 게임이 오락의 한 형태로 많은 사람에 의해서 행해지고 있다.
  ㉡ 무기력함을 느끼거나 원하는 흥분을 얻으려고 더 많은 액수로 도박을 하며 도박을 줄이거나 멈추고자 할 때 불안감과 짜증을 경험한다.
  ㉢ 흥분이나 쾌감 등을 얻기 위해 점점 더 많은 돈으로 도박하는 내성을 보여서 자칫 이러한 경제적 파산과 가정파탄을 초래하는 비참한 상태로 전락하게 된다.
  ㉣ 돈을 딸 수 있다는 낙관주의가 있다.
  ㉤ 합법적인 도박뿐만 아니라 인터넷이나 스마트폰 등을 사용한 불법도박도 심각한 사회문제를 일으킨다.

② 원인
  ㉠ **정신 역동적 입장** : 오이디푸스 갈등과 관련된 무의식적 동기로 도박 장애를 설명하고 있는데 공격적이거나 성적인 에너지를 방출하려는 욕구가 무의식적으로 대치되어 도박행동으로 나타난다고 본다.
  ㉡ 학습이론에서는 도박행동을 모방학습과 간헐적으로 돈을 따는 강화기제로 설명한다.
  ㉢ 인지치료에서는 돈을 따게 될 주관적 확률을 실제보다 높게 평가하며 비현실적이고 미신적인 인지왜곡을 한다고 본다.

③ 치료
  ㉠ 도박 장애의 증세가 심각하거나 자살에 대한 위험성이 있으면 입원치료를 해야 한다.
  ㉡ 도박 장애는 원인의 다양성만큼이나 치료법도 다양하게 제시되고 있다.
  ㉢ 도박장애는 치료가 매우 어렵고 재발률도 높은 편이다.
  ㉣ 정신 역동적 치료에서는 도박에 자꾸 빠져들게 하는 무의식적인 동기에 대한 통찰을 유도함으로써 도박행동을 감소시키고자 한다.
  ㉤ 약물치료로 클로피라민이나 세로토닌 억제제가 병적 도박에 효과적이라는 주장이 있다.
  ㉥ 이 외 집단치료와 단도박 모임(Gamblers Anonymous ; GA)도 도움이 될 수 있다. 단도박 모임은 병적 도박자들이 도박을 끊고 이를 유지하고 극복하도록 돕는 자조집단이다.

Section 18: 성 관련장애

> **학습목표**
> 성 관련장애 하위장애에 대해 각각 임상적 특징과 DSM-5 진단기준을 확인하고, 원인과 치료방법에 대해서 살펴본다.

1 성 기능 장애

성 기능 장애의 하위유형

	하위장애	핵심증상
남성 성 기능 장애	남성 성욕감퇴장애	성적 욕구가 없거나 현저하게 떨어진다.
	발기 장애	성관계를 하기 어려울 만큼 음경이 발기되지 않는다.
	조루증	여성이 절정감에 도달하기 전에 미리 사정을 한다.
	지루증	사정의 어려움으로 인해 성적 절정감을 느끼지 못한다.
여성 성 기능 장애	여성 성적관심/흥분장애	성적욕구가 현저하게 저하되어 있거나 성적인 자극에도 신체 흥분이 되지 않는다.
	여성 절정감 장애	성관계 시 절정감을 거의 느끼지 못한다.
	생식기-골반통증/삽입장애	성관계 시 생식기나 골반에 지속적인 통증을 경험한다.

(1) 성 기능 장애

① 성 기능 장애는 성관계를 하는 과정에서 경험되는 다양한 기능적 곤란을 의미한다.
② 성 반응 주기의 4단계에서 마지막 해소 단계를 제외한 어느 한 과정에서 문제가 발생하게 되는 것이 성기능 장애이다.
  ㉠ **성 욕구 단계** : 성적인 욕구는 흔히 다양한 외부적인 자극에 의해서 촉발되며 때로는 내면적인 상상에 의해서도 유발된다.
  ㉡ **성 흥분의 고조단계** : 성적인 쾌감이 서서히 증가하고 생체생리적인 변화가 나타난다. 남성은 음경이 발기되고 여성은 질에서 분비물이 나오며 성기 부분이 부풀어 오른다.
  ㉢ **절정단계** : 성적인 쾌감이 절정에 달하는 극치감을 경험하게 된다.
  ㉣ **해소단계** : 성행동과 관련된 생리적 반응이 사라지면서 전신이 평상시 상태로 돌아간다.

(2) 남성 성 기능 장애

① 남성 성욕 감퇴 장애
  ㉠ 남성이 성적 욕구를 느끼지 못하거나 성욕이 현저하게 저하하여 스스로 고통스럽게 생각하거나 대인관계(부부관계나 이성관계)에 어려움을 겪게 될 경우이다.
  ㉡ 최소한 6개월 이상 성적 공상이나 성행위욕구가 지속적으로 결여되어 있는 상태를 말한다.

ⓒ 성적 공상이나 성행위 욕구의 결여 여부는 개인의 나이와 그가 살고 있는 사회문화적인 맥락을 고려하여 임상가가 결정하는데 개인에게 심한 고통이 초래된 경우에 진단된다.
ⓓ 상당 기간 적절하게 성적 관심을 보이다가 심리적인 고통, 스트레스, 인간관계의 문제로 인해 성욕구의 문제가 생기는 경우가 많다.
ⓔ 우울증은 흔히 성욕감퇴와 밀접하게 연관되어 있으며 신체적 질병으로 인한 쇠약, 통증, 불안 등이 성욕을 저하시킬 수 있다.

② 발기 장애
ⓐ 성 욕구를 느끼게 되면 성적 자극과 애무를 통해 성적인 흥분이 고조된다.
ⓑ 흥분이 고조되면 남성은 음경이 확대되고 단단해짐으로써 여성의 질에 삽입이 가능하나 성행위의 욕구가 있음에도 불구하고 음경이 발기되지 않아 성교에 어려움을 겪는다.
ⓒ 성교가 가능하도록 충분히 발기되지 않는 불완전한 발기와 전혀 발기되지 않는 발기불능으로 구분되기도 한다.
ⓓ 자기 가치감을 상실하게 되고 삶의 의욕을 잃어 우울증에 빠지기도 한다.
ⓔ 불안감이 발기불능을 초래하고 이로 인해 불안감이 높아지는 악순환 과정이 유발된다.
ⓕ 과도한 음주나 흡연, 정신적 사랑과 성적욕구 사이의 갈등, 상대에 대한 신뢰감 부족, 도덕적 억제 등과 같은 다양한 심리적 요인이 원인이 된다.
ⓖ 발기 장애의 아형에는 평생형/후천형, 전반형/상황형으로 나뉜다.

③ 조루증
ⓐ 여성이 절정감에 도달하기 전에 미리 사정하는 일이 반복적으로 나타날 경우를 말한다.
ⓑ 성기를 여성의 질에 삽입한 후 1분 이내에 그리고 사정을 원하기 전에 일찍 사정하게 되는 일이 대부분의 성행위 시에 반복적으로 6개월 이상 나타날 경우 진단된다.
ⓒ 조루증은 심리적인 원인에 의해서 유발되는 경우가 대부분이다. 성교 시 상대방을 만족시켜주어야 한다는 강박관념과 불안, 불만스러운 결혼생활과 가정문제, 심리적 스트레스, 과도한 음주와 흡연 등이 조루증을 일으키는 주요한 심리적 요인으로 알려져 있다.
ⓓ 정신분석학에서는 조루증을 지닌 남자들이 여성의 질에 대한 무의식적인 공포를 지니고 있다고 주장한다.
ⓔ 이 밖에도 부적절한 상황(예 상대방의 재촉, 당황스러운 상황, 낯선 상대나 매춘부 등)에서 반복적 성경험이 조루증에 영향을 미칠 수 있다.

④ 지루증
ⓐ 사정에 어려움을 겪으며 성적 절정감을 느끼지 못하는 경우를 뜻하며 남성 절정감 장애라고 불리기도 한다.
ⓑ 성행위시 사정이 현저하게 지연되거나 사정을 하지 못하는 일이 대부분의 성행위 시에 반

복적으로 6개월 이상 나타날 경우에 진단된다.
ⓒ 원인은 대부분 심리적인 것으로 알려져 있다. 부부간의 갈등, 상대방에 대한 매력 상실, 여자에게 임신시키는 것에 대한 두려움, 상대방에 대한 적대감과 증오심 등이다. 더불어 약물(예 알코올, 항우울제, 항정신증 약물, 항고혈압제 등)의 복용에 의해서 유발되는 경우도 있다.

(3) 여성 성 기능 장애

① **여성 성적 관심/흥분 장애**
  ㉠ 여성의 경우 성욕구가 현저하게 저하되어 있거나 성적인 자극에도 신체적 흥분이 유발되지 않는 경우로 불감증이라고도 한다.
  ㉡ 여성의 경우에는 성욕 저하와 신체적 흥분 저하가 함께 나타나는 경우가 흔하기 때문에 이 둘을 통합하여 여성 성적 관심/흥분 장애라고 명명하였다.
  ㉢ 세 가지 이상의 문제를 6개월 이상 나타내어 개인이 심한 고통을 겪을 경우 진단한다.
    ⓐ 성행위에 대한 관심의 빈도나 강도가 감소하거나 결여됨
    ⓑ 성적/색정적 사고나 환상의 빈도나 강도가 감소하거나 결여됨
    ⓒ 성행위를 먼저 시작하려는 시도가 감소하거나 없으며 성행위를 시작하려는 파트너의 시도를 거의 받아들이지 않음
    ⓓ 성행위를 하는 대부분의 기간 동안 성적 흥분/쾌락을 거의 느끼지 못함
    ⓔ 내적 또는 외적인 성적/색정적 단서(예 글, 언어, 시각 자료)에 대해서 성적 관심/흥분을 거의 느끼지 못함
    ⓕ 성행위를 하는 대부분의 기간 동안 생식기 또는 비 생식기의 감각을 거의 느끼지 못함

② **여성 절정감 장애**
  ㉠ 여성의 절정 단계는 다양하지만 일반적으로 남성의 음경이 질에 삽입된 상태에서 지속적인 자극이 주어지는 성교를 통해 도달하게 된다.
  ㉡ 적절한 성적 자극이 주어졌음에도 불구하고 절정감을 느끼지 못하는 경우가 성행위 시에 반복적으로 6개월 이상 나타날 경우에 진단된다.
  ㉢ 심리적인 원인에 의해서 나타나는 경우가 대부분이다. 부부간의 갈등이나 긴장, 죄의식, 소극적 태도, 대화 결여 등이 절정감을 억제하는 요소로 알려져 있다.
  ㉣ 우울증, 신체적 질병 등으로 인해 절정감 장애가 발생할 수도 있다.

(4) 생식기-골반 통증/삽입 장애

① 성교 시에 지속적으로 통증을 경험하여 성행위를 고통스럽게 느끼는 사람들이다.
② 다음 중 한 가지 이상의 문제를 6개월 이상 나타내어 개인이 심한 고통을 겪을 경우에 진단된다.
  ㉠ 성행위 시에 질 삽입의 어려움

© 질 삽입이나 성교를 시도하는 동안 외음질(생식기의 입구 부분)이나 골반에 심한 통증을 느낌
© 질 삽입이 예상될 경우에 외음질이나 골반의 통증에 대한 심한 불안과 공포를 느낌
② 질 삽입을 시도하는 동안 골반 전부 근육이 심하게 긴장하거나 수축됨

③ 폐경기 전후에 가장 흔한 것으로 보고되고 있다.
④ 심리적 요인이 통증의 발생과 지속 과정에 영향을 미친다고 보는데 어린 시절 성적인 학대나 강간을 당하면서 느꼈던 고통스러운 경험이 성인이 되어도 통증을 유발할 수 있다.
이 밖에도 성행위에 대한 죄의식, 상대방에 대한 거부감이나 혐오감, 상대방을 조종하려는 무의식적 동기 등이 성교 통증에 영향을 미칠 수 있다.

2 성도착 장애 2019년 기출 ★

변태성욕장애 하위유형 2021년, 2016년, 2015년 기출 ★

하위장애	핵심증상
관음장애	성적 흥분을 위해서 다른 사람이 옷을 벗거나 성행위하는 모습을 몰래 훔쳐봄
노출장애	성적 흥분을 위해서 자신의 성기를 낯선 사람에게 노출시킴
접촉마찰 장애	성적 흥분을 위해서 원하지 않는 상대방에게 몸을 접촉하여 문지름
성적 피학 장애	성적흥분을 위해서 상대방으로부터 고통이나 굴욕감을 받고자 함
성적 가학 장애	성적 흥분을 위해서 상대방에게 고통이나 굴욕감을 느끼게 함
아동성애 장애	사춘기 이전의 아동(보통 13세 이하)을 상대로 성적인 행위를 함
성애물 장애	물건(예 여성의 속옷)을 통해서 성적 흥분을 느끼고자 함
의상전환 장애	다른 성의 옷을 입음으로써 성적 흥분을 느끼고자 함
기타의 성도착 장애	동물애증, 외설언어증, 전화외설증, 분변애증, 소변애증, 시체애증

(1) 임상적 특징 2018년, 2017년 기출 ★

① 성행위 대상이나 성행위 방식에서 비정상성을 나타내는 장애로서 변태성욕증이라 한다.
② 부적절한 대상이나 목표에 대한 성적 상상이나 행위가 6개월 이상 지속되고 이러한 문제로 인하여 스스로 심각한 고통을 받거나 현저한 사회적 직업적 부적응을 나타낼 때 진단된다.
③ 대부분 법적 구속의 대상이 될 수 있다. 관음 장애, 노출장애, 접촉마찰 장애, 아동성애 장애, 아동에 대한 성적 가학 장애는 체포된 성범죄자의 대부분에 해당된다. 성적 피학 장애의 경우와 같이 다른 사람에게 해를 입히지는 않지만 자신의 성도착적 상상이 현실화되어 자해적 결과가 초래될 수 있다.
④ 한 개인이 두 가지 이상의 변태 성욕을 보이는 경우가 꽤 많다.
⑤ 배우자나 성적 파트너 등이 성도착적 성행위를 수치스러워하여 강하게 반발하게 되면 사회적, 성적 관계에 부적응의 문제가 발생하게 된다.

⑥ 관음장애는 18세부터 진단할 수 있다.
⑦ 아동성애장애는 보통 13세 이하를 대상으로 성적 흥분이 발생하며 16세 이상일 때 진단을 내리고 성적 대상이 되는 아동보다 연령이 5세 이상이어야 한다. 또한, 아동에 대한 성적 공상이나 충동, 행동 등이 6개월 이상 지속되어야 진단된다.
⑧ 성적 피학 장애의 경우와 같이, 다른 사람에게 해를 입히지는 않지만 자신의 성도착적 상상이 현실화되어 자해적 결과가 초래될 수 있으며, 가학장애는 시간이 갈수록 강도가 높아져야 쾌감을 느낄 수 있다. 성인기 초기에 나타나며 보통 장기적으로 나타난다.

3 성 불편증(성별 불쾌감)

(1) 임상적 특징 2020년, 2016년 기출 ★
① 성 불편증은 자신의 생물학적 성과 성 역할에 대해서 지속적으로 불편감을 느끼는 경우이다.
② 반대의 성에 대한 강한 동일시가 나타나거나 반대의 성이 되기를 소망한다.
③ 아동에서부터 성인에 이르기까지 다양한 연령대에서 나타날 수 있다.
④ 아동의 성불편증과 청소년 및 성인의 불편증 진단기준이 다르다.

(2) DSM-5 진단기준 2017년 기출 ★
① 아동의 성 불편증
  ㉠ 반대 성이 되고 싶은 강한 갈망 또는 자신이 반대 성이라고 주장한다.
  ㉡ 반대 성의 옷을 입거나 반대 성 흉내내기를 선호한다.
  ㉢ 가상놀이나 환상놀이에서 반대 성 역할을 강하게 선호한다.
  ㉣ 반대 성이 사용하는 장난감이나 활동을 강하게 선호한다.
  ㉤ 반대 성 놀이 친구에 대해 강하게 선호한다.
  ㉥ 할당된 성의 전형적인 놀이와 활동에 대해 강하게 거부한다.
  ㉦ 자기 성별에 대한 강한 혐오감을 보인다.
  ㉧ 반대 성별의 일차성징 및 이차성징에 일치하는 것을 강렬히 선호한다.
② 청소년 및 성인의 성 불편증
  ㉠ 자신에게 부여된 일차적 성과 경험된/표현된 성에 있어서 현저한 불일치를 나타낸다.
  ㉡ 자신의 경험된/표현된 성과의 현저한 불일치 때문에 일차적 성 특성을 제거하려는 강한 욕구를 지닌다.
  ㉢ 반대 성의 일차적 성 특성을 얻고자 하는 강한 욕구를 지닌다.
  ㉣ 반대 성이 되고자 하는 강한 욕구를 지닌다.
  ㉤ 반대 성으로 대우받고자 하는 강한 욕구를 지닌다.

ⓑ 자신이 반대 성의 전형적 감정과 반응을 지니고 있단 강한 신념을 지닌다.

이러한 문제로 인해서 심각한 고통을 느끼거나 사회적 적응에 현저한 지장이 초래될 경우에 성 불편증으로 진단된다.

(3) 원인

① **선천적 원인** : 유전자의 이상이 성불편증을 유발할 수 있다는 주장으로 일란성 쌍둥이에서 성 정체감이 각기 다른 경우가 발견되어 유전적 요인은 성 불편증을 결정하는 한 요인일 뿐이라고 여겨지고 있다.

② **생물학적 원인**

　㉠ 태내 호르몬의 이상이 성 불편증을 유발할 수 있다는 주장이 있으므로 태아는 처음에 여성의 신체적 조직을 지니고 있으며 Y염색체로부터 발생되는 안드로겐이라는 남성호르몬에 의해서 남성의 성기가 발달하고 남성적인 특성이 나타나게 된다. 이처럼 남성 또한 여성의 육체적, 심리적 특성은 호르몬의 영향을 받는다.

　㉡ 성 불편증을 지닌 사람들은 태아의 유전적 결함이나 어머니의 약물복용이 원인이라 본다.

　㉢ 하지만 뇌 구조나 호르몬 분비에 있어서 정상인과 차이가 없다는 연구들이 다수 보고됐다.

(4) 치료

① 치료는 목표와 방법에 있어서 매우 복잡한 문제가 관여되어 있다.

② **의료적 수술**

　㉠ 우선적으로는 성 불편증을 지닌 사람들은 대부분 반대 성에 대한 동일시가 확고하여 강력하게 성전환 수술을 원한다.

　㉡ 성 불편증 환자에게는 성전환 수술이 주요한 치료방법이 된다.

　㉢ 성전환 수술을 받은 사람들의 70~80%는 수술 후의 생활에 만족하는 반면 약 2%가 수술 후의 후유증으로 자살한다는 보고가 있다.

③ **심리치료** : 성정체성 장애에 수반되는 우울이나 불안 등의 심리적 문제를 다루어 주는 것 외에는 이 장애의 치료에 한계가 있는 것으로 알려져 있다.

Section 19 성격장애

> **학습목표**
> A군, B군, C군에 속한 성격장애에 대해서 살펴보고, 10가지 성격장애의 임상적 특징, DSM-5 진단기준과 원인과 치료방법에 대해서 살펴본다.

성격장애 하위유형 2021년, 2020년, 2018년, 2016년 기출 ★

하위장애		핵심증상
A군 성격장애	편집성 성격장애	타인에 대한 강한 불신과 의심, 적대태도, 보복행동
	분열성 성격장애	관계형성에 무관심, 감정표현 부족, 대인관계 고립
	분열형 성격장애	대인관계 기피, 인지적, 지각적 왜곡, 기이한 행동
B군 성격장애	반사회성 성격장애	법과 윤리의 무시, 타인의 권리 침해, 폭력 및 사기 행동
	연극성 성격장애	타인의 관심을 끌려는 행동, 과도한 극적인 감정표현
	경계성 성격장애	불안정한 대인관계, 격렬한 애증의 감정, 충동적 행동
	자기애성 성격장애	웅대한 자기상, 찬사에 대한 욕구, 공감능력의 결여
C군 성격장애	강박성 성격장애	완벽주의, 질서정연함, 절약에 대한 과도한 집착
	의존성 성격장애	과도한 의존욕구, 자기주장의 결여, 굴종적인 행동
	회피성 성격장애	부정적 평가에 대한 예민성, 부적절감 대인관계 회피

1 A군 성격장애

(1) 편집성 성격장애(paranoid personality disorder)

① 임상적 특징

㉠ 타인에 대한 강한 불신과 의심을 지니고 적대적인 태도를 보이며 주변 사람들과 친밀한 대인관계를 맺기 어렵고 지속적인 갈등과 불화가 조장된다.

㉡ 타인의 위협가능성을 지나치게 경계하기 때문에 행동이 조심스럽고, 경계심이 많으며 생각이 지나치게 복잡하다.

㉢ 겉으로는 객관적, 합리적, 정중한 모습이 나타나지만 잘 따지고 고집이 세며 비꼬는 말을 잘해 냉혹한 사람으로 비쳐지기도 하고 타인을 믿지 않으며 혼자 일 처리를 한다.

㉣ 주변 사람과의 갈등으로 스트레스를 많이 경험하며 우울증, 공포증, 강박장애, 알코올 남용과 같은 정신장애를 나타낼 경우가 높다.

㉤ 다른 성격장애와 높은 관련성[조현형(분열형), 조현성(분열성), 자기애성, 회피성, 경계선 성격장애] 요소를 함께 지니고 있는 경우가 많다.

㉥ 주로 아동기, 청소년기 때부터 징후를 보이며 남성이 여성보다 더 많이 발병한다.

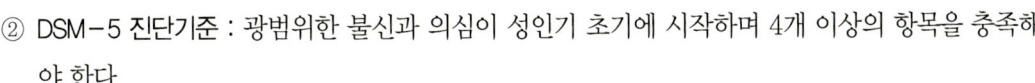

② DSM-5 진단기준 : 광범위한 불신과 의심이 성인기 초기에 시작하며 4개 이상의 항목을 충족해야 한다.
  ㉠ 충분한 근거 없이 타인이 자신을 착취하고 해를 주거나 속인다고 의심한다.
  ㉡ 친구나 동료의 성실성이나 신용에 대한 부당한 의심을 한다.
  ㉢ 정보가 자신에게 악의적으로 사용될 것이라는 부당한 공포 때문에 터놓고 얘기하기를 꺼린다.
  ㉣ 타인의 말이나 사건 속에서 자신을 비하하거나 위협하는 숨겨진 의미를 찾으려 한다.
  ㉤ 원한을 오래 풀지 않는다. 예컨대, 자신에 대한 모욕, 손상, 경멸을 용서하지 않는다.
  ㉥ 타인은 그렇게 생각하지 않지만 자신의 인격이나 명성이 공격당했다고 인식하고 즉시 화를 내거나 반격한다.
  ㉦ 이유 없이 배우자나 성적 상대자의 정절에 대해 반복적으로 의심한다.

③ 원인
  ㉠ 정신분석적 입장
    ⓐ 프로이트(Freud) : '동성애적 욕구에 대한 불안'을 제거하기 위해서 부인, 투사, 반동형성의 방어기제를 사용함으로써 편집성 성격특성이 나타난다고 주장한다.
    ⓑ 카메론(Cameron, 1963) : '기본적 신뢰(basic trust)의 결여'에서 기인한다고 주장한다. 어린시절 부모로부터 가학적인 양육을 받은 경향이 타인에 대한 가학적 태도를 내면화한다.
  ㉡ 인지적 입장
    ⓐ 편집적 성격장애자의 행동적 특징을 그들이 지닌 독특한 신념과 사고과정에 초점을 둔다.
    ⓑ 벡과 프리맨(Beck과 Freeman)의 편집성 성격장애자들이 가진 3가지 기본신념(1990)
      • 사람들은 악의적이고 기만적이다.
      • 그들은 기회만 있으면 나를 공격할 것이다.
      • 긴장하고 경계해야만 나에게 피해가 없을 것이다.

④ 치료
  ㉠ 이들이 겪고 있는 문제와 갈등의 근본적인 원인이 자신에게 있음을 자각하고 자신을 변화시키기 위한 실제적인 노력을 하게 하는 것이다.
  ㉡ 치료자와 내담자 간의 신뢰구축하고 내담자의 왜곡된 감정을 지적보다 수용해야 한다.
  ㉢ 편집성 성격장애는 성격적 문제보다 대부분 우울증이나 불안장애와 같은 문제로 치료를 원하게 된다.
  ㉣ 성격적 문제여서 수정하기가 어렵고, 그에 관한 경험적 연구는 부족한 상황이다.

(2) 조현성 성격장애(schizoid personality disorder)

① 임상적 특징
  ㉠ 타인과의 친밀한 관계형성에 무관심하며 감정표현의 부족으로 사회적 적응에 현저한 어려움을 나타낸다.
  ㉡ 가족을 제외한 극소수의 사람을 제외하면 친밀한 관계를 맺는 사람이 없으며 매우 단조롭고 메마르고, 무기력한 삶을 영위하는 경향이 있다.
  ㉢ 흔히 직업적 적응에 어려움을 겪게 되며 대인관계를 요하는 업무엔 취약하고, 혼자서 하는 일에는 능력을 발휘하기도 한다.
  ㉣ 강한 스트레스가 주어지면 짧은 기간 동안 정신증적 증상을 나타내기도 하고 망상장애나 정신분열증으로 발전되는 경우가 있다.
  ㉤ 우울증을 지니고 있는 경우가 흔하며 조현형, 편집성, 회피성 성격장애의 요소를 함께 지니고 있는 경우가 많다.
  ㉥ 사회적 고립, 빈약한 친구관계, 제한된 감정반응, 학교성적 저하를 나타낸다.

② DSM-5 진단기준
  대인 관계 상황에서 감정표현이 제한되어 있는 특성이 성인기 초기부터 생활 전반에 나타나며 다음의 특성 중 4개 이상의 항목을 충족시켜야 한다.
  ㉠ 가족의 일원이 되는 것을 포함하여 친밀한 관계를 원하지도 즐기지도 않는다.
  ㉡ 거의 항상 혼자서 하는 활동을 선택한다.
  ㉢ 다른 사람과 성 경험을 갖는 일에 거의 흥미가 없다.
  ㉣ 다른 사람과 성 경험을 갖는 일에 흥미가 있다 하더라도 소수의 활동에서만 흥미를 얻는다.
  ㉤ 직계가족 이외에는 가까운 친구나 마음을 털어놓는 친구가 없다.
  ㉥ 타인의 칭찬이나 비평에 무관심해 보인다.
  ㉦ 정서적인 냉담, 무관심 또는 둔마된 감정을 보인다.

③ 원인
  ㉠ **정신분석적 입장** : 기본적 신뢰의 결여에 기인한 것으로 본다. 부모로부터 충분히 수요되지 못하거나 거부당한 경험을 가지고 있으며 조용하고 수줍고 순종적인 모습이다.
  ㉡ **인지적 입장** : 부정적 자기개념과 대인관계 회피에 관한 사고가 원인이라고 본다.

④ 치료
  ㉠ 치료목표는 사회적 고립에서 벗어나고 사회적 상황에 효과적으로 적응하도록 돕는다.
  ㉡ 치료자는 내담자가 사회적 상황의 철수를 줄이고, 생활 속 즐거움을 경험하며 정서적 경험을 심화시켜 인간관계를 형성하도록 돕는다.

Section 19 성격장애

(3) 조현형 성격장애(schizotypal personality disorder)

① 임상적 특징
   ⊙ 사회적으로 고립되어 있으며 기이한 생각이나 행동을 나타내어 사회적 부적응을 초래하는 성격장애를 말한다.
   ⊙ 조현성 성격장애와의 차이는 유사한 특성을 지니고 있지만 조현형이 '대인관계에 대한 불안감'과 '경미한 사고장애와 다소 기괴한 언행'을 나타낸다는 점에서 구분된다.
   ⊙ 이러한 특성이 성인기 초기에 시작되고 다양한 상황에서 나타나야 하며 심각한 스트레스를 받으면 일시적으로 정신증적 증상을 나타내기도 한다.
   ⊙ 친밀한 대인관계에 대한 현저한 불안감, 인간관계를 맺는 제한된 능력, 인지적 또는 왜곡, 기이한 행동 등을 보인다.
   ⊙ 위의 항목에 의해 생활전반에서 대인관계와 사회적 적응에 현저한 손상을 나타내야 한다.

② DSM-5 진단기준 2016년 기출 ★
   다음의 특성 중 5개 이상의 항목을 충족시켜야 한다.
   ⊙ 관계망상과 유사한 사고(분명한 관계망상은 제외)
   ⊙ 행동에 영향을 미치는 괴이한 믿음이나 마술적 사고
      예) 미신, 천리안에 대한 믿음, 텔레파시나 육감, 아동이나 청소년의 경우 기괴한 환상이나 집착
   ⊙ 신체적 착각을 포함한 유별난 지각 경험
   ⊙ 괴이한 사고와 언어
      예) 애매하고 우회적이며 은유적이고 지나치게 자세하게 묘사되거나 또는 상동증적인 사고와 언어
   ⊙ 의심이나 편집증적인 사고
   ⊙ 부적절하거나 메마른 정동
   ⊙ 괴이하고 엉뚱하거나 특이한 행동이나 외모
   ⊙ 직계가족 외에는 가까운 친구나 마음을 털어놓을 수 있는 사람이 없음
   ⊙ 과도한 사회적 불안(이러한 불안은 친밀해져도 줄어들지 않으며 자신에 대한 부정적인 판단보다는 편집증적 공포와 연관되어 있음)

③ 원인
   ⊙ **유전적 요인** : 직계가족에서 유병률이 높으며 이 장애를 지닌 사람의 가족에는 정신분열증의 유병률이 높다.
   ⊙ 유아기에 경험한 부모와의 불안정한 애착관계로 인해 형성된다고 본다.
   ⊙ **조현형 성격장애자들의 가족의 특징** : 정서적 교류가 적고 냉담함이며 타인과의 관계형성에 대한 강화를 받지 못하여 의사소통기술을 제대로 학습하지 못한다고 한다.

ⓔ **인지적 입장 – 분열형 성격장애자들의 사고** : "나는 결함이 많은 사람이다.", "사람들과 관계를 맺는 것은 매우 위험하다.", "나는 사람들이 나를 좋아하지 않는다는 것을 알고 있다.", "나는 다른 사람들이 무슨 생각을 하는지 다 안다.", "내가 느끼는 감정은 앞으로 무슨 일이 벌어질지를 미리 알려주는 신호이다."

④ **치료**
  ㉠ 약물치료, 인지행동적 치료가 도움이 된다는 보고가 있다.
  ㉡ **구체적인 사회적 기술훈련** : 정신분석적 치료보다는 적응상태가 개선되어진다.
  ㉢ **벡과 프리맨(Beck & Freeman, 1990)의 사회적 기술훈련의 4가지 주요한 전략**
    ⓐ 사회적 고립을 줄이는 건전한 치료적 관계를 수립한다.
    ⓑ 사회적 기술훈련과 적절한 언행의 모방학습을 통해 사회적으로 적절한 행동을 증가한다.
    ⓒ 내담자의 두서없는 사고양식에 의해 방해받지 않도록 치료회기를 구조적으로 진행한다.
    ⓓ 내담자가 정서적 느낌보다는 객관적 증거에 의거하여 자신의 사고를 평가하도록 교육한다.

2 B군 성격장애

(1) 반사회성 성격장애(antisocial personality disorder)

① **임상적 특징** 2016년, 2015년 기출 ★
  ㉠ 자신의 쾌락과 이익을 위해 수단과 방법을 가리지 않고, 사회규범이나 법을 지키지 않는다.
  ㉡ 무책임하고 폭력적인 행동을 반복하고 사회적 부적응을 초래한다. 충동적, 호전(好戰)적이어서 육체적 싸움이 잦으며 배우자 또는 자녀를 구타하기도 하고, 가족부양이나 채무이행을 등한시한다.
  ㉢ 도시의 빈민층, 약물남용자, ADHD 아동에게 나타날 경향이 크며 청소년기에 품행장애를 보일 수 있다.
  ㉣ 본인 스스로 치료를 하려는 동기는 거의 없다.

② **DSM-5 진단기준**
  ㉠ 타인의 권리를 무시하거나 침해하는 행동양식이 생활전반에 나타난다. 이러한 특성이 15세부터 시작되어야 한다.
  ㉡ 다음 특성 중 3개 이상의 항목을 충족시켜야 한다.
    ⓐ 법에서 정한 사회적 규범을 준수하지 않으며 구속당할 행동을 반복한다.
    ⓑ 개인의 이익이나 쾌락을 위한 반복적인 거짓말, 가명 사용 또는 타인을 속이는 행동을 한다.

ⓒ 충동성 또는 미리 계획을 세우지 못한다.
ⓓ 빈번한 육체적 싸움이나 폭력에서 드러나는 호전성과 공격성을 보인다.
ⓔ 자신이나 타인의 안전을 무시하는 무모성이 있다.
ⓕ 꾸준하게 직업활동을 수행하지 못하거나 채무를 이행하지 못하는 행동으로 나타나는 지속적인 무책임성이 있다.
ⓖ 타인에게 상처를 입히거나 학대하거나 절도행위를 하고도 무관심하거나 합리화하는 행동으로 나타나는 자책의 결여성이 있다.

③ 원인
  ㉠ 유전적 요인
    ⓐ 범죄행위의 일치성이 일란성 쌍둥이는 55%, 이란성 쌍둥이는 13%이다.
    ⓑ 여성의 반사회적 성격과 범죄성향은 남성에 비해 유전적 소인이 크다고 본다.
  ㉡ 생물학적 요인 : 1500명의 반사회성 성격장애자 중 30~58%이 뇌파 이상을 보이며 자율신경계와 중추신경계의 각성이 저하되어 있는 경향이 있다고 한다.
  ㉢ 어린시절 양육경험 : 거칠고 거절을 잘하며 지배적인 부모의 태도가 공격적이고 반사회적인 아동을 만든다고 주장한다.
  ㉣ 정신분석적 입장 : 어머니와 유아 간의 관계형성의 문제에서 기인한다고 본다. 어머니와 기본적 신뢰가 형성되지 못해 폭력적이고 파괴적인 방법으로 타인과 관계를 맺으려는 시도가 반사회성 성격으로 나타난다고 본다.
  ㉤ 인지적 입장(Beck & Freeman, 1990) – 반사회성 성격장애자들의 신념체계 : "우리는 정글에 살고 있고, 강한 자만이 살아남는다.", "힘과 주먹이 내가 원하는 것을 얻는 최선의 방법이다.", "들키지 않는 한 거짓말을 하거나 속여도 상관없다.", "다른 사람들은 약한 자들이며 당해도 되는 존재들이다.", "내가 원하는 것을 이루기 위해서는 어떠한 행동도 정당화될 수 있다.", "내가 먼저 공격하지 않으면 다른 사람이 먼저 나를 공격할 것이다.", "다른 사람이 나를 어떻게 생각하는지는 중요하지 않다."

④ 치료
  ㉠ 권위적 인물에 저항하는 경향이 있으므로 치료자는 중립적, 수용적 태도를 지니며 치료적 관계를 맺어야 한다.
  ㉡ 행동 치료적 접근 : 심층적 심리치료보다 구체적인 부적응적, 행동치료적 접근이 더 효과적이다.
  ㉢ 반사회성 성격장애는 일단 형성되면 근본적 치료가 어렵기 때문에 문제아동, 비행청소년에 대한 조기개입이 필요하며 부모교육을 통한 예방을 한다.

(2) 연극성 성격장애(histrionic personality diorder)

① 임상적 특징 2016년 기출 ★
  ㉠ 타인의 애정과 관심을 끌기 위한 지나친 노력과 과도한 감정표현이 주 특징이며 희노애락의 감정기복이 심하다.
  ㉡ 원색적인 화려한 외모로 치장해 이성을 유혹하려 하며 관계지속 시 지나치게 요구적이고 끊임없는 인정을 바란다.
  ㉢ 자신의 중요한 요구가 좌절되는 상황에서는 자살하겠다고 위협하거나 상식 밖의 무모한 행동을 하면서 타인을 조종하려는 모습을 가진다.

② DSM-5 진단기준
  성인기 초기에 시작되며 지나친 감정표현, 관심 끌기의 행동이 생활전반에 나타나며 다음 특성 중 5개 이상의 항목을 충족시켜야 한다.
  ㉠ 자신이 관심의 초점이 되지 못하는 상황에서는 불편감을 느낀다.
  ㉡ 다른 사람과의 관계에서 흔히 상황에 어울리지 않게 성적으로 유혹적이거나 도발적인 행동을 특징적으로 나타낸다.
  ㉢ 감정의 빠른 변화와 피상적 감정 표현을 보인다.
  ㉣ 자신에게 관심을 끌기 위해서 지속적으로 육체적 외모를 활용한다.
  ㉤ 지나치게 인상적으로 말하지만 구체적 내용이 없는 대화 양식을 가지고 있다.
  ㉥ 자기 연극화, 연극조, 과장된 감정표현을 나타낸다.
  ㉦ 타인이나 환경에 의해 쉽게 영향을 받는 피암시성이 높다.
  ㉧ 대인관계를 실제보다 더 친밀한 것으로 생각한다.

③ 원인
  ㉠ **정신분석적 입장** : 오이디푸스 갈등에 기인한다고 주장한다.
    ⓐ 연극성 성격장애 여성의 경우 : 엄마의 애정부족에 실망하여 아빠에게 집착, 주의를 얻기 위해 애교스럽고 과장되고 유혹적인 감정표현 양식을 습득한다는 것이다. 하지만 궁극적으로 원하는 것은 어머니의 애정이다.
    ⓑ 남성의 경우 : 엄마, 아빠의 부재 또는 부족한 애정으로 어머니와 동일시하고 수동적이며 여성적인 정체감을 발달시키거나 여성성에 대한 불안과 회피를 위해 과도한 남성성이 나타나기도 한다.
  ㉡ **인지적 입장** : 독특한 신념과 사고방식, 즉 "나는 부적절한 존재이며 혼자서 삶을 영위하는 것은 너무 힘들다."라는 핵심적 믿음을 지니고 있어 다른 사람이 자신의 생존에 매우 중요하다고 보기에 "나는 돌봐줄 사람을 찾아야 한다.", "모든 사람으로부터 사랑을 받아야 한다.", "나는 다른 사람의 사랑을 독점적으로 가장 많이 받아야 한다.", "다른 사람이 나를

싫어하거나 무시하는 것은 참을 수 없는 일이다.", "나는 지루한 것을 참을 수 없다."라는 신념을 지닌다.

④ 치료
㉠ 아직 치료에 대해서는 알려진 바가 별로 없으나 치료 시 치료자에게 의존하고, 지나치게 협조적이며 인정받으려는 욕구와 조정, 연인 등으로 대하며 거부당하는 것의 두려움으로 인해 진정한 치료적 관계 맺기가 어렵다.
㉡ 치료자는 이를 잘 파악하여 대인관계 문제에 초점을 맞춘 심리치료를 진행한다.
㉢ 인지치료
  ⓐ 피상적인 것에서 구체적이고 체계적인 문제 중심적 사고로 변모하는 노력을 한다.
  ⓑ 부적응적인 사고 지적하고 도전하기, 사고 검증하는 행동실험하기, 활동계획 세우기, 문제해결기술훈련, 자기주장훈련 등의 기법을 사용한다.
  ⓒ "나는 부적절한 존재이며 혼자서 삶을 영위하는 것은 너무 힘들다."라는 핵심적 신념을 변화시키는 작업이 이루어진다.

(3) 자기애성 성격장애(narcissistic personality disorder) 2020년 기출 ★

① 임상적 특징
㉠ 자신에 대한 과장된 평가로 인한 특권의식을 지니며 타인에게 착취적이거나 오만한 행동을 나타내 사회적 부적응을 초래한다.
㉡ 공감능력이 결여되어 있으며 이상과 현실의 차이가 크기 때문에 자주 상처를 입게 되고, 우울해지거나 분노를 느끼게 된다.
㉢ 자기애성 성격의 구분(Wink, 1991)
  ⓐ 외현적 자기애 : 제3자가 객관적으로 관찰할 수 있을 정도로 자기애적 속성이 외적으로 드러난다. 자신만만하고, 외향적이며 타인의 반응을 무시하고 자기주장적인 모습을 보인다.
  ⓑ 내현적 자기애 : 내면의 깊숙한 곳에 자기애적 속성을 지니고 있으며 수줍고 내향적이며 타인의 반응에 민감하다.
㉣ 일명 '공주병', '왕자병'이라 하며 사춘기에 흔하나 반드시 성격장애로 발전하지는 않는다.

② DSM-5 진단기준
㉠ 공상이나 행동에서의 웅대성, 칭찬에 대한 욕구, 공감의 결여가 생활 전반에 나타난다.
㉡ 다음 특성 중 5개 이상의 항목을 충족시킨다.
  ⓐ 자신의 중요성에 대한 과장된 지각을 갖고 있다.
    예 자신의 성취나 재능을 과장함, 뒷받침할 만한 성취가 없으면서도 우월한 존재로 인정되기를 기대한다.

ⓑ 무한한 성공, 권력, 탁월함, 아름다움 또는 이상적인 사랑에 대한 공상에 집착한다.
ⓒ 자신이 특별하고 독특한 존재라고 믿으며 특별하거나 상류층의 사람들만이 자신을 이해할 수 있고 또한 그런 사람들(혹은 기관)하고만 어울려야 한다고 믿는다.
ⓓ 과도한 찬사를 요구한다.
ⓔ 특권의식을 갖는다.
ⓕ 착취적 대인관계를 갖는다.
ⓖ 감정이입 능력이 결여되어 있다.
ⓗ 흔히 타인을 질투하거나 타인들이 자신에 대해 질투하고 있다고 믿는다.
ⓘ 거만하고 방자한 행동이나 태도를 보인다.

③ 원인
㉠ **정신분석적 입장** : 자기애란 "심리적 에너지가 자신에게로 향해져서 자신의 신체를 성적인 대상으로 취급하는 태도"라고 정의한다.
㉡ **인지적 입장**
ⓐ 자기애성 성격장애자의 부적응적 행동을 유발하는 독특한 신념과 사고과정에 초점을 두고 있다. 즉, "나는 매우 특별한 사람이다.", "나는 너무나 우월하기 때문에 특별한 대우를 받고 특권을 누릴 자격이 있다.", "인정, 칭찬, 존경을 받는 것은 매우 중요한 일이다.", "내가 당연히 받아야 할 존경이나 특권을 받지 못하는 것은 참을 수 없는 일이다.", "사람들은 나를 비판할 자격이 없다.", "나 정도의 훌륭한 사람만이 나를 이해할 수 있다." 등의 신념이다.
ⓑ 긍정적 메시지는 선택적으로 주의를 기울이고, 부정적 메시지는 무시 또는 왜곡함으로 자기애적 신념은 더욱 발전하여 성격장애의 형태로 발전하게 된다.

④ 치료
㉠ 개인적 심리치료가 일반적이다.
㉡ 자기애적 손상이 취약함으로 예민성과 실망에 공감해 주고 치료과정에서 생긴 좌절과 실망에 대해 명료화한다.
㉢ 이상화나 평가절하의 태도를 다루는 과정이 중요하다.
㉣ 약물치료는 제한적으로 리튬과 세로토닌 제제를 사용할 수 있다.

(4) 경계선 성격장애(borderline personality disorder)
① 임상적 특징
㉠ 극단적인 심리적 불안정성이 가장 큰 특징이며 강렬한 애정과 분노가 교차하는 불안정한 대인관계를 나타낸다.

ⓒ 심한 충동성을 보이며 자살과 같은 자해적 행동을 반복적으로 나타내는 경향이 있다.
　　ⓓ 특히 이성을 이상화하여 강렬한 애정을 느끼고, 급속하게 연인관계로 발전한다.
　　ⓔ 심한 스트레스를 받을 시 일시적으로 정신증적 증상을 나타내지만 오랫동안 지속하지 않는다.
　　ⓜ 'borderline'은 정신증과 신경증의 경계라는 의미이며 정신증적 증상이 지속적이진 않으나, 일시적인 현실 검증력이 저하되기도 한다.
　　ⓗ 기분장애, 공황장애, 물질남용, 충동통제장애, 섭식장애 등과 함께 나타나며 기분장애가 나타날 시 자살가능성이 높다.
　　ⓢ 75%가 여성이다.
② DSM-5 진단기준
　　㉠ 자아상 및 정서의 불안정성, 심한 충동성이 생활전반에서 나타나야 한다.
　　㉡ 이러한 특징적 양상은 성인기 초기에 시작한다.
　　㉢ 다양한 상황에서 일어나며 다음의 특성 중 5가지 이상의 항목을 충족시켜야 한다.
　　　ⓐ 실제적 또는 가상적인 유기(버림받음)를 피하기 위한 필사적인 노력을 보인다.
　　　ⓑ 극단적인 이상화와 평가절하가 특징적으로 반복되는 불안정하고 강렬한 대인관계 양식을 보인다.
　　　ⓒ 정체감 혼란 : 자아상이나 자기지각의 불안정성이 심하고 지속적이다.
　　　ⓓ 자신에게 손상을 줄 수 있는 충동이 적어도 2가지 영역에서 나타난다.
　　　　예 낭비, 성관계, 물질남용, 무모한 운전, 폭식
　　　ⓔ 반복적인 자살 행동, 자살 시늉, 자살 위협 또는 자해 행동을 한다.
　　　ⓕ 현저한 기분변화에 따른 정서의 불안정성을 보인다.
　　　　예 간헐적인 심한 불쾌감, 과민성, 불안 등이 흔히 몇 시간 지속되지만 며칠 동안 지속되는 경우는 드물다.
　　　ⓖ 만성적인 공허감이 있다.
　　　ⓗ 부적절하고 심한 분노감을 느끼거나 분노를 조절하기 어렵다.
　　　　예 자주 울화통을 터트림, 지속적인 분노, 잦은 육체적 싸움
　　　ⓘ 스트레스와 관련된 망상적 사고나 심한 해리 증상을 일시적으로 나타낸다.
③ 원인
　㉠ 정신분석적 입장
　　　ⓐ 오이디푸스 갈등 이전의 어린 시절에 엄마와 맺었던 독특한 관계경험에 기원한다고 본다.
　　　ⓑ 유아기의 분리-개별화 단계에서 심한 갈등을 경험, 고착되어 어른이 된 후에도 '혼자'인 것을 참지 못하고, 중요한 타인으로부터 버려지는 것을 두려워한다.
　　　ⓒ 고착의 이유 : 엄마가 아이에게 안정된 애정을 줄 수 없는 여건, 아이의 타고난 공격적 특질로 인해 불안정한 정서적 관계의 형성을 원인으로 본다.

- ⓛ 어린 시절의 충격적인 외상경험
    - ⓐ 아동학대의 3가지 유형(Zanarini, 1989) : 언어적, 신체적, 성적 학대
    - ⓑ 경계선 성격장애의 72%는 언어적 학대, 46%는 신체적 학대, 26%는 성적 학대, 76%가 부모의 양육태만, 74%가 18세 이전에 부모의 상실이나 이별을 경험한다.
    - ⓒ 이러한 경험으로 인해 자신, 부모에 대한 긍정적, 부정적 경험을 통합시키지 못하고 '분리', '부인', '투사적 동일시'와 같은 방어기제를 사용한다고 본다.
- ⓒ **인지적 입장** : 경계선 성격장애자들이 지닌 3가지 독특한 내면적 믿음(Beck & Freeman, 1990)
    - ⓐ 세상에 대한 부정적 믿음 : "세상은 위험하며 악의에 가득 차 있다."
    - ⓑ 자신에 대한 부정적 믿음 : "나는 힘없고 상처받기 쉬운 존재이다."
    - ⓒ 의존성 : "나는 원래부터 환영받지 못할 존재이다."
- ⓔ **생물학적 입장** 2019년 기출 ★
    - ⓐ 선천적으로 충동적이고 공격적인 기질을 지닌다고 주장하며 가족이 공통적으로 충동적인 성격 특질을 나타낸다는 보고이다.
    - ⓑ 뇌의 신경인지적 결함과 관련된다고 본다.
        ※ 세로토닌의 활동수준이 낮다는 연구결과와 뇌의 신경인지적 결함과 관련된다고 본다.

④ 치료
- ㉠ 개인 심리치료가 일반적이다.
    - ⓐ 대부분 강렬하고 불안정한 대인관계 양상이 치료자와의 관계에 나타낸다.
    - ⓑ 치료자의 태도
        - 솔직하고 분명한 태도로 치료자의 의도를 오해하지 않게끔 해야 한다.
        - 일관성 있고, 안정된 지지적 태도를 견지해야 한다.
        - 내담자의 자아강도에 맞춤 접근해야 한다.
            (약한 사람 → 지지, 표현적 치료 / 강한 사람 → 통찰 지향적)
- ㉡ **정신역동 치료**
    - ⓐ 내담자의 자아를 강화시켜 불안을 잘 인내하고 충동에 대한 통제력을 향상시키도록 한다.
    - ⓑ 긍정적 내용과 부정적 내용이 분리되어 있는 내담자의 자기표상과 대상표상을 통합시킴으로써 안정된 자기인식과 대인관계를 유도하는 것이다.
    - ⓒ 긍정적이고 지지적인 내면적 표상을 보다 확고하게 강화시킴으로써 중요한 사람과의 분리나 이별을 참아낼 수 있게끔 하는 것이다.
- ㉢ **인지치료** : 흑백논리적 사고를 다룬다.
- ㉣ **입원치료 및 약물치료** : 항우울제, 항불안제를 처방(동반하는 장애에 따라 처방)한다.

3 C군 성격장애

(1) 강박성 성격장애(Obsessive-compulsive personality disorder)

① 임상적 특징
  ㉠ 지나치게 완벽주의적이고 세부적인 사항에 집착하며 과도한 성취지향성과 인색함을 특징으로 한다.
  ㉡ 효율적으로 일처리를 하지 못하고, 최선의 방법이 무엇인지 결정하지 못해 어떠한 것도 시작하지 못해서 자신과 주변사람들을 고통스럽게 한다.
  ㉢ 제멋대로 충동적인 사람을 보면 분노를 느끼나 감정표현을 억제하고, 자유로운 표현을 하는 사람과 함께 있을 시 불편해하는 경향이 있다.
  ㉣ 융통성 부족으로 직업적 부적응을 초래하기도 한다.
  ㉤ 남성이 여성보다 2배 더 많다.

② DSM-5 진단기준
  ㉠ 정리정돈, 완벽주의, 마음의 통제와 대인관계의 통제에 집착하는 행동특성이 생활전반에 나타난다.
  ㉡ ㉠의 특성으로 인해 융통성, 개방성, 효율성이 상실된다.
  ㉢ 성인기 초기에 시작된다.
  ㉣ 다음 중 4개 이상의 항목을 충족시켜야 한다.
    ⓐ 사소한 세부사항, 규칙, 목록, 순서, 시간계획이나 형식에 집착하여 일의 큰 흐름을 잃는다.
    ⓑ 과제의 완수를 저해하는 완벽주의를 보인다.
      예 지나치게 엄격한 기준에 맞지 않기 때문에 과제를 끝맺지 못하는 것
    ⓒ 일과 생산성에만 과도하게 몰두하여 여가 활동과 우정을 희생한다(분명한 경제적 필요성에 의한 경우가 아닌 경우).
    ⓓ 도덕, 윤리 또는 가치문제에 있어서 지나치게 양심적이고 고지식하며 융통성이 없다(문화적 또는 종교적 배경에 의해서 설명되지 않는다).
    ⓔ 낡아빠지고 무가치한 물건을 감상적 가치조차 없는 경우에도 버리지 못한다.
    ⓕ 자신이 일하는 방식을 그대로 따르지 않으면 타인에게 일을 맡기거나 같이 일하려 하지 않는다.
    ⓖ 자신과 타인 모두에게 구두쇠처럼 인색함 : 돈은 미래의 재난에 대비해서 저축해 두어야 하는 것으로 생각한다.
    ⓗ 경직성과 완고함을 보인다.

③ 원인
　㉠ 정신분석적 입장
　　ⓐ 심리성적 발달단계에서의 항문기의 고착이라고 본다.
　　ⓑ 항문기적 성격의 특성 : 규칙성, 완고성, 인색함, 정서적 억제, 자기회의, 강한 도덕의식이 있으며 주지화, 격리, 반동형성, 취소, 대치 등의 방어기제를 사용한다.
　㉡ 부모의 과잉통제(강압적 훈육방식)적 양육방식
　　ⓐ 기준에 어긋나는 행동에 대한 처벌을 받으며 성장하여 내면에 애정에 대한 갈망과 의존 욕구를 지니고, 이를 주지 않은 부모에 대한 분노를 지니고 있어서 인정받기 위해 완벽주의를 추구한다.
　　ⓑ 불만족스러운 부모의 모습이 엄격한 초자아로 내면화되었다고 본다.
　㉢ 인지적 입장
　　ⓐ 독특한 신념체계 : "나는 나 자신 뿐만 아니라 내 주변 환경을 완벽하게 통제해야 한다.", "나는 실수를 하지 않아야만 가치 있는 존재이다.", "실수는 곧 실패이다.", "모든 행동과 결정에는 옳고 그름이 있다.", "구체적이고 명확한 규칙이나 절차가 없으면 나는 아무것도 할 수 없을 것이다." 등
　　ⓑ 인지적 오류
　　　• 흑백 논리적 사고 : '완벽 아니면 실패', 어떤 일도 섣불리 시작하지 못하고 꾸물거리며 사소한 결점에도 실패한 것으로 간주하고 포기하게 된다.
　　　• 재난적 사고 : 불완전함이나 실수가 초래할 부정적 결과를 지나치게 과장한다.

④ 치료
　㉠ 신뢰로운 치료적 관계의 중요성이 강조된다.
　　ⓐ 적은 정서적 표현, 경직성, 대인관계를 중요하게 생각하지 않기 때문에 관계형성이 어렵다.
　　ⓑ 일단 치료적 관계가 형성되면 모범적인 내담자의 모습을 보일 확률이 높다.
　㉡ **정신 역동적 치료** : 어린 시절 부모의 엄격한 통제 하에 느꼈던 부정적 감정을 해소하고 자신 또한 불완전한 인간임을 수용하게 한다.
　㉢ 인지행동치료
　　ⓐ 내담자가 호소하는 현재의 문제에 초점을 맞추어 구체적인 목표를 설정하고 해결한다.
　　ⓑ 내담자로 하여금 부적응적인 신념을 탐색하고 부정적 결과를 확인하며 이해하도록 한다.
　　ⓒ 기존의 신념을 더 유연하고 현실적인 신념으로 대체하게 한다.

(2) 의존성 성격장애(Dependent personality diosorder)
　① 임상적 특징
　　㉠ 독립적인 생활을 하지 못하고 다른 사람에게 과도하게 의존하거나 보호받으려고 한다.

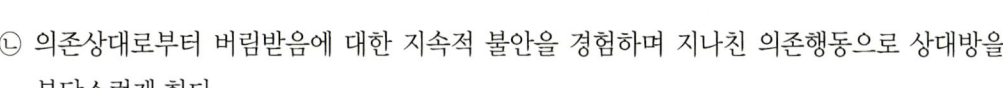

- ⓛ 의존상대로부터 버림받음에 대한 지속적 불안을 경험하며 지나친 의존행동으로 상대방을 부담스럽게 한다.
- ⓒ 힘든 스트레스 상황에서 타인에게 매달리거나 무기력해지며 눈물을 잘 흘린다.
- ⓔ 대인관계가 대체로 협소하며 의지하는 몇 사람에게만 국한되는 경향이 있다.
- ⓜ 진단 시 사회문화적 요인을 고려해야 한다. 어떤 사회에서는 의존성향을 차별적으로 조장하거나 억제할 수 있기 때문이다.
- ⓗ 특히 경계선, 회피성, 연극성 성격장애와 함께 나타날 경향이 높으며 기분장애, 불안장애, 적응장애의 발병 위험률이 높다.

② DSM-5 진단기준 2017년 기출 ★
- ㉠ 보호받고 싶은 과도한 욕구로 복종적이고 매달리는 행동과 이별에 대한 두려움을 나타낸다.
- ㉡ 성인기 초기에 시작된다.
- ㉢ 다음 중 5개 이상의 항목을 충족시켜야 한다.
  - ⓐ 타인으로부터의 많은 충고와 보장이 없이는 일상적인 일도 결정을 내리지 못한다.
  - ⓑ 자기 인생의 매우 중요한 영역까지도 떠맡길 수 있는 타인을 필요로 한다.
  - ⓒ 지지와 칭찬을 상실하는 것에 대한 두려움 때문에 타인에게 반대의견을 말하기가 어렵다.
  - ⓓ 동기나 활력이 부족하다기보다 판단과 능력에 대한 자신감이 부족하기 때문에 자신의 일을 혼자 시작하거나 수행하기가 어렵다.
  - ⓔ 타인의 보살핌과 지지를 얻기 위해 무슨 일이든 다 할 수 있다. 심지어 불쾌한 일을 자원하기도 한다.
  - ⓕ 혼자서 일을 감당할 수 없다는 과장된 두려움을 느끼기 때문에 혼자 있으면 불안하거나 무기력해진다.
  - ⓖ 친밀한 관계가 끝났을 때, 필요한 지지와 보호를 얻기 위해 또 다른 사람을 급하게 찾는다.
  - ⓗ 스스로 돌봐야 하는 상황에 버려지는 것에 대한 두려움에 비현실적으로 집착한다.

③ 원인
- ㉠ 부모의 과잉보호나 아동의 기질적 요인, 부모의 성격적 특성으로 인해 보호행동이 나타날 수 있다.
- ㉡ **공격성** : 의존성은 공격성이 위장된 것으로 상대방에 대한 적대감을 방어하기 위한 것이다.
- ㉢ **변연계 이상** : 의존성 성격장애자들은 작은 스트레스에도 변연계가 예민하게 반응해 지나친 공포, 긴장감을 느낀다.
- ㉣ 심리성적 발달 중 '구강기' 고착이다. 구강기는 의존성, 혼자됨에 대한 불안, 비관주의, 수동성, 인내심 부족, 언어적 공격성 등의 특성을 지닌다.

ⓑ **인지적 입장** : 고유의 신념체계, 즉 "나는 근본적으로 무력하고 부적절한 사람이다", "나는 혼자서는 세상에 대처할 수 없으며 의지할 사람이 필요하다."라는 신념으로 인해 독립적인 삶을 위한 자기 주장기술, 문제해결능력, 의사결정능력을 배우지 못했다.

④ 치료
  ㉠ 개인 심리치료가 일반적이다.
  ㉡ **약물치료** : 우울증, 불안증을 수반하기 때문에 항우울제, 항불안제를 처방한다. 하지만 성격을 변화시키지는 못한다.
  ㉢ **정신역동적 치료** : 내담자의 의존적 소망을 좌절시키고 내담자가 독립적으로 사고할 수 있도록 돕는다.
  ㉣ **인지 행동적 치료** : 자기신뢰, 자기 효능감 증진이 필요하며 이를 위한 수단으로 자기주장훈련, 의사소통훈련을 한다.

(3) 회피성 성격장애(avoident personality disorder)

① 임상적 특징 2018년 기출 ★
  ㉠ 다른 사람과의 만남에 대한 불안과 두려움 때문에 사회적 상황을 회피한다.
  ㉡ 내면으로는 애정에 대한 욕구가 있으나 거절에 대한 두려움으로 인해 심리적인 긴장상태 속에서 불안, 슬픔, 좌절, 분노 등의 부정적 감정을 만성적으로 지니고 있다.
  ㉢ 흔히 기분장애나 불안장애를 동반하며 사회공포증과 매우 유사하다.
  ㉣ 회피성 성격장애는 사회공포증에 비해 회피행동이 어린 시절부터 시작되고, 분명한 유발사건을 찾기 어려우며 비교적 일정한 경과를 나타낸다.

② DSM-5 진단기준 2019년 기출 ★
사회적 억제, 부적절감, 부정적 평가에 대한 과민성, 성인초기 시작, 여러 상황에서 나타난다. 다음 중 4개의 항목을 충족시켜야 한다.
  ㉠ 비난, 꾸중 또는 거절이 두려워서 대인관계가 요구되는 직업활동을 피한다.
  ㉡ 호감을 주고 있다는 확신이 서지 않으면 사람과의 만남을 피한다.
  ㉢ 창피와 조롱을 당할까 두려워서 대인관계를 친밀한 관계에만 제한한다.
  ㉣ 사회적 상황에서 비난당하거나 거부당하는 것에 사로잡혀 있다.
  ㉤ 부적절감 때문에 새로운 대인관계 상황에서는 위축된다.
  ㉥ 자신을 사회적으로 무능하고, 개인적인 매력이 없으며 열등하다고 생각한다.
  ㉦ 당황하는 모습을 보일까봐 두려워서 개인적 위험이 따르는 일이나 새로운 활동에는 관여하지 않으려 한다.

③ 원인
　㉠ 기질적인 수줍음, 억제적인 경향, 위험에 대한 과도한 생리적 민감성을 지니고 있으며 교감신경계의 낮은 역치로 인해 사소한 위협적 자극에도 교감신경계가 과도하게 활성화된다.
　㉡ 정신 역동적 입장
　　ⓐ 부정적 자아상과 관련된 수치심으로 인해 숨고자하는 소망이 생기고, 대인관계나 노출 상황을 꺼리게 된다.
　　ⓑ 이들은 자신의 부모를 수치심과 죄의식을 유발하는 비판적이고 거부적인 인물로 기억하며 자신보다 다른 형제를 더 좋아한 것으로 여긴다.
　㉢ 인지적 입장
　　자동적 사고, 즉 자신을 부적절하고, 무가치하고, 타인과의 관계에서 거절당할 것이라고 생각하며 사회적 상황에서 타인의 반응을 인지적 왜곡을 통해 해석하고 평가한다.
　　ⓐ 이분법적 사고 : 타인이 분명한 호의를 보이지 않으면 거부나 비난으로 해석
　　ⓑ 의미확대 및 의미축소 : 타인의 긍정적인 반응을 무시하고 부정적인 언급을 중시
　　ⓒ 정신적 여과 : 부정적인 증거에만 주의를 기울임
④ 치료
　㉠ 개인치료가 일반적이다.
　　ⓐ 내담자의 태도 : 치료자를 거부하고 두려워하며 소극적 수동적 자세, 자신에 대한 평가를 시험하려고 한다.
　　ⓑ 치료자의 태도 : 인내심을 가지고 내담자가 위축되지 않도록 한다.
　　ⓒ 편안한 관계를 통해 내담자가 자신의 문제를 개방할 수 있도록 해야 한다.
　㉡ 정신 역동적 치료 : 수치심의 기저에 깔려있는 심리적 원인을 살피고, 과거 발달과정에서 경험한 일들과의 관련성을 탐색한다.
　㉢ 인지 행동적 치료
　　ⓐ 회피성 성격장애자의 불안조절, 회피행동극복을 가능하게 할 구체적인 방법을 제시한다.
　　ⓑ 긴장이완, 복식호흡 훈련실시, 사회적 상황에 점진적 노출을 실시한다.
　　ⓒ 대인관계 기술 훈련을 실시한다(사회적 상황에서 자연스럽게 대처할 수 있도록).
　㉣ 약물치료 : 항우울제, 항불안제(우울증이나 불안장애를 수반할 수 있다.)

Plus Study ● 임상적 주의가 필요한 기타문제 2016년 기출 ★

정신장애 범주에 속하지는 않지만 임상적 관심과 보살핌이 필요한 다양한 심리적 문제들의 분류 범주에 속하는 문제들이 이에 속한다.

1. 관계 문제 2021년 기출 ★
① 가족 양육과 관련된 문제
- 부모-아동관계 문제
- 형제자매 관계 문제
- 부모와 떨어진 양육
- 부모의 관계 고충에 의해 영향받는 아동

② 1차 지지집단과 관련된 기타문제
- 배우자나 친밀 동반자와의 관계 고충
- 별거나 이혼에 의한 가족붕괴
- 가정 내 고도의 표출정서
- 단순사별

2. 학대와 방임
① 아동학대와 방임문제
- 아동 신체적 학대 확인/의심, 아동 신체적 학대와 관련된 기타사항
- 아동 정서적 학대 확인/의심, 아동 정서적 학대와 관련된 기타사항
- 아동 방임 확인/의심, 아동 방임 관련된 기타사항
- 아동 심리적 학대 확인/의심, 아동 심리적 학대 관련된 기타사항

② 성인학대와 방임문제
- 배우자나 동반자 신체적 폭력 확인/의심, 배우자나 동반자 신체적 폭력 관련된 기타사항
- 배우자나 동반자 성적 폭력 확인/의심, 배우자나 동반자 성적 폭력 관련된 기타사항
- 배우자나 동반자 방임 확인/의심, 배우자나 동반자 방임 관련된 기타사항
- 배우자나 동반자 심리적 학대 확인/의심, 배우자나 동반자 심리적 학대 관련된 기타사항
- 배우자나 동반자가 아닌 사람에 의한 성인 학대 확인/의심 등

3. 교육과 직업문제
① 교육문제 : 학업이나 교육문제
② 직업문제 : 현재 군대배치 상태와 관련된 문제, 고용과 관련된 기타의 문제

4. 주거와 경제문제
① 주거문제 : 노숙, 부적절한 주거, 이웃, 세입자 및 임대주 등과의 불화, 기숙시설에서의 생활과 관련된 문제
② 경제문제 : 음식, 식수부족, 극도의 가난, 적은 수입, 불충분한 사회보험이나 복지지원, 명시되지 않은 주거 혹은 경제 문제

5. 사회환경과 연관된 기타문제
① 생애단계 문제
② 혼자살기와 연관된 문제
③ 문화적응의 어려움
④ 사회적 배척이나 거부
⑤ 부정적 차별이나 박해의 표적
⑥ 사회 환경과 관련된 명시되지 않은 문제

6. 범죄 또는 법체계와의 상호작용과 연관된 문제
① 범죄의 피해자
② 불구속 상태의 민사 또는 형사소송에서 유죄판결
③ 구속 또는 기타 구금
④ 출감과 관련된 문제
⑤ 기타 법적 상황과 관련된 문제

7. 상담과 의학적 조언을 위한 기타의 건강 서비스 대면성 상담, 기타 상담 또는 자문

8. 기타 정신사회적, 개인적, 환경적 연관 문제
① 종교적 문제
② 원하지 않는 임신과 관련된 문제
③ 임신 반복과 관련된 문제
④ 테러나 고문의 피해자
⑤ 재앙, 전쟁 및 기타 적대행위에 노출
⑥ 정신사회적 상황과 관련된 기타문제
⑦ 보호관찰관 및 사례관리자, 사회복지사 등과 같은 사회복지 제공자와의 불화
⑧ 명시되지 않은 정신사회적 상황과 관련된 문제

9. 개인력의 기타상황
① 심리적 외상의 기타 개인력
② 자해의 개인력
③ 군대배치의 개인력
④ 기타 개인적 위험요인
⑤ 생활방식과 관련된 문제
⑥ 성인 반사회적 행동
⑦ 아동 청소년 반사회성 행동

10. 의학적 치료 및 건강관리에 대한 접근과 관련된 문제
① 건강관리 기관이 없거나 가기 어려움
② 기타 도움을 주는 기관이 없거나 가기 어려움
③ 의학적 치료를 멀리함

11. 기타
과체중 또는 비만, 꾀병, 정신질환과 연관된 배회, 경계성 지적 기능

실력 다지기 01 O·X 문제

01 유전적 요인, 개인의 성격특성, 어린 시절 부모의 학대 등은 취약성 요인이다. ○, ✕

02 중상류층 사람도 정신장애를 겪으면 사회적응력이 적어져 결국 사회 하류계층으로 옮겨가게 된다는 이론은 사회적 유발설이다. ○, ✕

03 지적장애는 심각도에 따라 3가지로 분류한다. ○, ✕

04 뚜렛장애는 다양한 운동 틱과 한 개 이상의 음성 틱이 1년 이상 지속적으로 나타날 때 진단된다. ○, ✕

05 환각 중에서 가장 흔한 것은 없는 것을 마치 보는 것처럼 지각하는 환시이다. ○, ✕

06 망상, 환각, 환청, 와해된 언어는 양성증상이다. ○, ✕

07 제2형 양극성 장애는 조증삽화보다 정도가 약한 '경조증삽화' 진단기준에 적어도 1회 부합하고, 주요우울삽화의 진단기준에 부합하나 조증삽화는 1회도 없어야 한다. ○, ✕

08 순환감정장애는 우울장애의 하위유형이다. ○, ✕

09 공포증 치료에 가장 효과적인 것은 체계적 둔감법이다. ○, ✕

10 저장장애는 DSM-5에 새롭게 신설된 장애로 정신분석 입장에서 남근기 고착이라고 본다. ○, ✕

11 외상 사건과 관련된 기억이나 감정을 재경험하는 심리적 증상을 침투증상이라고 한다. ○, ✕

실력 다지기 01 O·X 문제

12 급성 스트레스 장애는 외상 사건을 직접 경험했거나 목격하고 난 직후에 나타나는 부적응 증상들이 7일 이상 2개월 이내의 단기간 동안 지속되는 경우를 뜻한다. O, X

13 먹으면 안 되는 것(종이, 머리카락, 흙)을 습관적으로 먹는 행동은 회피적/제한적 음식섭취장애이다. O, X

14 의식이 혼미하고 주의 집중 및 전환 능력이 현저하게 감소되며 인지기능에 일시적 장애가 나타나는 것을 섬망이라고 한다. O, X

15 반사회적 성격장애, 연극성 성격장애, 자기애성 성격장애, 경계선 성격장애는 B군 성격장애이다. O, X

4과목 이상심리

정답 및 해설 01.O 02.X 03.X 04.O 5.X 06.O 07.O 08.X 09.O 10.X 11.O 12.X 13.X 14.O 15.O

02 사회적 선택설이다.
03 4가지로 분류한다.
05 환시가 아니라 환청이다.
08 순환감정장애는 양극성 및 관련장애 하위유형이다.
10 신설된 장애는 맞지만 항문기고착이다.
12 3일 이상 1개월 이내이다.
13 회피적/제한적 음식섭취장애가 아니라 이식증이라 한다.

실력 다지기 02 단답형 문제

01 정서적 각성, 주의 집중, 쾌감각, 수의적 운동과 같은 심리적 기능에 영향을 미치며, 특히 정신분열증과 관련된 신경전달물질은 무엇인가?

02 정상행동과 이상행동의 구분이 부적응성의 정도이지 질적인 차이는 없다고 보는 분류차원은 무엇인가?

03 혀 짧은 소리, 현저하게 부정확한 발음을 사용하고 단어의 마지막은 발음하지 못하거나 생략하는 문제를 보이는 장애는 무엇인가?

04 주의력 결핍 및 과잉행동장애를 일으키는 주요증상 3가지는 무엇인가?

05 자신 또는 자신과 가까운 사람이 피해를 받고 있다고 여기며, 자신이 모함을 당해 감시나 미행을 당하고 있거나 음식에 독이 들어 있다고 생각하는 망상의 유형은 무엇인가?

06 우울한 사람들의 인지삼제는 무엇인가?

07 다른 상황에서는 말을 할 수 있음에도 불구하고, 특정한 사회적 상황에서 지속적으로 말을 하지 못하는 장애명은 무엇인가?

08 각 개인이 강박사고에 대한 반응으로서 해야만 한다고 느끼거나 엄격한 규칙에 따라 행하는 반복적인 행동(손 씻기, 점검 등) 또는 정신적 행위는 무엇인가?

09 주요한 생활사건에 대한 적응실패로 나타나는 정서적 또는 행동적 증상을 말하며, 모든 연령대에서 다양한 증상이 일어나는데 성인에게는 우울, 불안이 노인들은 신체증상이 흔하게 발병하는 장애는 무엇인가?

10 기억상실과 더불어 주거지를 이탈하여 떠돌거나 방황하는 행동을 의미하는 용어는 무엇인가?

11 낮에 갑자기 근육이 풀리고 힘이 빠지면서 참을 수 없는 졸림으로 인해 부적절한 상황에서 수면상태에 빠지게 되는 장애는 무엇인가?

12 음식물을 반복적으로 토해내거나 되씹는 행동을 1개월 이상 나타내는 행동을 하는 장애는 무엇인가?

13 아동이 신체 이상이 없으면서도 옷이나 친구에게 소변을 보는 유뇨증을 진단하기 위해서는 몇 세 이상이어야 하는가?

14 아무런 이득이 없이 환자 역할을 하기 위해서 신체, 심리적 증상을 의도적으로 만들어 내거나 위장을 하는 신체증상 및 관련 장애 하위유형은 무엇인가?

15 A군 성격장애 3가지를 쓰시오.

Answer

01 도파민
02 차원적 분류
03 발화음 장애
04 주의력 결핍, 충동성, 과잉행동
05 피해망상
06 나 자신, 나의 미래, 주변세계에 대한 비관적인 생각
07 선택적 무언증(함구증)
08 강박행위
09 적응장애
10 해리성 둔주
11 기면증(수면발작증)
12 반추장애
13 5세
14 허위성 장애
15 편집성 성격장애, 분열형 성격장애, 분열성 성격장애

실력 다지기 03 괄호 넣기

01 (   )모델은 정신장애는 취약성을 지닌 사람에게 어떤 스트레스가 주어졌을 때 발생하며 취약성과 스트레스 중 어떤 한 요인만으로는 정신장애가 발생하지 않는다고 본다.

02 면접자의 주관성을 배제하기 위해서 질문의 구체적인 내용과 순서를 비롯하여 응답에 대한 채점방식 등이 정해져 있는 면접방법을 (   ) 면접법이라고 한다.

03 어순, 시제, 어휘 부족, 문장구조 부족, 대화능력 문제를 위한 여러 가지 언어이해나 표현 능력이 손상이 되어져 있으며 4세 이전에는 (   )와(과) 정상적 언어 발달의 표현 연상을 구분하는 것이 어렵다.

04 조현병 증상이 2주 이상 6개월 이내로 나타나는 것을 (   ) 장애라고 한다.

05 조현병 진단을 위해서는 (   ), (   ), (   ) 중 하나는 반드시 포함한다.

06 귀인이론에서 우울한 사람들은 실패경험에 대해 (   ), (   ), (   ) 귀인을 한다.

07 여러 가지 상황 중 일부만을 뽑아 상황 전체를 판단하는 인지오류를 (   )라 한다.

08 다양한 장소(예 쇼핑센터, 극장, 운동장, 엘리베이터, 지하철)에 대해 공포를 가지는 것을 (   )(이)라고 한다.

09 (   )은(는) 자신의 생각, 감정, 감각, 신체 또는 행위를 생생한 현실로 느끼지 못하고 그것과 분리되거나 외부 관찰자가 된 경험을 뜻한다.

10 (   )수면은 주로 신체와 근육의 회복기능을 하고, (   )수면은 단백질 합성을 증가시켜 뇌의 기능을 회복한다.

11 (   )은(는) 병원을 돌아다니는 의료쇼핑을 하면서 자신의 신체를 반복적으로 점검하는 '진료 추구형'과 반대로 의학적 진료를 하지 않으려는 '진로 회피형'으로 구분한다.

12 물질–유도성 장애는 크게 (   ), (   ), (   ) 정신장애로 구분한다.

13 비물질–관련 장애는 (   )장애가 있다.

14 (   )장애는 다른 성의 옷을 입음으로써 성적 흥분을 느끼고자 하는 것이다.

15 C형 성격장애는 (   ) 성격장애, (   ) 성격장애, (   ) 성격장애가 있다.

Answer

- **01** 취약성–스트레스 모델
- **02** 구조화된
- **03** 언어장애
- **04** 조현양상장애
- **05** 망상, 환각, 와해된 언어
- **06** 내부적, 안정적, 전반적
- **07** 선택적 추상화
- **08** 광장공포증
- **09** 이인증
- **10** 비REM, REM
- **11** 질병불안장애
- **12** 물질중독, 물질금단, 물질/약물 유도성
- **13** 도박
- **14** 의상 전환
- **15** 회피성, 의존성, 강박성

2024년 제23회 기출문제

01 이상심리의 행동주의 모형에 관한 설명으로 옳지 않은 것은?

① 이상행동을 조건형성을 통해 설명한다.
② 무의식적 욕구나 갈등은 가정하지 않는다.
③ 개념들이 너무 추상적이어서 측정하기 어렵다.
④ 이상행동을 잘못된 학습의 결과로 본다.
⑤ 행동주의 모형에 입각한 치료에는 체계적 둔감법이 있다.

해설 행동주의와 정신분석이론의 비교

구 분	행동주의 이론	정신분석 이론
의 의	심리학을 자연과학처럼 엄밀한 과학으로 발전시켜야 한다는 신념아래 정신분석이론 같이 개인 내부에서 일어나는 무의식적 욕구나 갈등을 가정하지 않았으며, 객관적으로 관찰되고 측정할 수 있는 행동만을 연구해야 한다고 주장하였다.	대부분 임상적 개별사례연구방법에 근거하여 발전되었는데 이러한 개별사례를 객관적으로 입증하기에는 개념들이 너무 추상적이고 모호한 비과학적 이론이다.
행동원리	고전적 조건형성, 조작적 조건형성, 사회적 학습이론 (모방학습, 대리학습, 관찰학습)	인간의 성격은 원초아, 자아, 초자아로 구성되며, 이들간의 역동적 관계에 의해 행동이 결정됨
이상행동의 원인	인간의 모든 행동은 환경과의 상호작용속에서 학습된 것인데 이상행동은 주변환경으로 부터의 잘못된 학습의 결과이다.	어린 시절의 경험에 뿌리를 둔 무의식적 갈등으로 설명한다.
치료기법	소거, 처벌, 체계적 둔감법, 행동조성법, 토큰 경제	자유연상, 해석, 꿈의 분석, 저항의 분석과 해석, 전이의 분석과 해석, 경청과 감정이입,

02 DSM-5에 포함되지 않은 정신장애는?

① 지속적 비탄장애
② 되새김장애
③ 유뇨증
④ 섬망
⑤ 병적 방화

해설 DSM-5-TR 정신질환의 진단 및 통계 편람에 지속적 비탄장애가 정신장애 분류에 포함되어 있다. DSM-5-TR은 정신질환의 진단 및 통계 편람의 제5판 수정판으로, 기존에 출판된 70개 이상의 질환에 대한 DSM-5 진단기준을 업데이트한 책이다.

03 정신장애 분류의 장점으로 옳지 않은 것은?

① 상담자들과 연구자들이 일관성 있게 공통적인 용어를 사용할 수 있다.
② 축적된 연구결과와 임상적 지식을 체계적으로 정리 및 전달할 수 있다.
③ 정신장애의 공통적 특성과 원인에 대한 연구가 가능해진다.
④ 진단된 장애 속성 이외에도 개인의 독특한 증상과 특성을 고려하며, 개인의 특수성에 초점을 맞출 수 있다.
⑤ 심리장애들 간의 유사성과 차이점을 인식하는 데 도움을 줄 수 있다.

> **해설** 정신장애 분류의 단점
> 1. 정신장애 분류나 진단을 통해서 환자의 개인적 정보가 유실되고 환자에 대한 고정관념이 형성된다. 환자개인은 진단된 장애의 속성외에도 독특한 증상과 특성을 지니고 있을 수 있으나 진단을 통해서 이러한 개인의 특수성이 소홀히 취급될 수 있다.
> 2. 진단은 환자에 대한 낙인이 될 수 있다.
> 3. 진단은 환자의 예후나 치료효과에 대한 선입견을 줄 수 있다. 치료방법이 환자가 지닌 실제적 증상보다는 진단에 의해 결정되는 경우가 많다.

04 DSM-5의 지적장애 중등도 수준에 해당하는 것을 모두 고른 것은?

> ㄱ. 말 표현 시 어휘나 문법에 상당한 제한이 있다.
> ㄴ. 학령 전기 아동에서는 언어와 학습 준비 기술이 느리게 발달한다.
> ㄷ. 전 발달 영역에 걸쳐, 개념적 기술이 또래에 비해 현저히 뒤처진다.
> ㄹ. 전 발달 과정에 걸쳐 사회적 행동과 의사소통 행동에서 또래들과 확연한 차이를 보인다.

① ㄱ, ㄴ, ㄷ　　② ㄱ, ㄴ, ㄹ　　③ ㄱ, ㄷ, ㄹ
④ ㄴ, ㄷ, ㄹ　　⑤ ㄱ, ㄴ, ㄷ, ㄹ

> **해설** ㄱ.은 지적장애 고도 수준에 해당한다.

05 다음 사례에 해당하는 DSM-5의 신경발달장애는?

> D군은 초등학교 3학년 학생으로 초등학교 1학년 때부터 눈을 깜박이고, 머리와 목을 빠르게 움직이고, 어깨를 들썩거리기 시작했다. 이러한 동작은 시도 때도 없이 나타났다. 1년 전부터는 이런 동작뿐만 아니라 중얼거리는 소리를 내기 시작했고, 부모가 그만두라고 야단을 치면 잠시만 조용할 뿐 다시 시작되었다. 중얼거리는 소리는 점점 커졌고, 여러 가지 욕도 들어 있었다.

① 투렛장애
② 잠정적 틱장애
③ 발달성 협응장애
④ 상동증적 운동장애
⑤ 지속성 운동 또는 음성 틱장애

> **해설** 뚜렛 증후군의 징후와 증상
> 뚜렛 증후군은 움직임과 소리를 둘 다 수반하고, 1년 이상 지속되는 틱을 유발하는 장애이다.
> 틱은 의도하지 않게 발생하는 갑작스럽고 급격한 움직임이나 소리로, 뚜렷한 목적 없이 어떤 근육군이 갑자기 연속적으로 움직이는 것을 말한다. 뚜렛 증후군의 증상은 다음과 같다.
> • 눈 깜박임, 눈동자 굴리기, 얼굴·코의 씰룩임, 어깨 들썩임, 고개를 갑자기 젖힘, 배 근육에 갑자기 힘주기, 다리 차기 등의 운동 틱
> • 기침 소리, 코를 킁킁거리는 소리, 동물의 울음소리, 상스러운 말 하기(욕, 외설증) 등의 음성틱

정답　01 ③　02 ①　03 ④　04 ④　05 ①

06 DSM-5에서 조현병의 음성증상은?

① 상황에 맞지 않는 부적절한 정서
② 망상
③ 환각
④ 와해된 언어
⑤ 정서적 둔마

해설 DSM-5에서 조현병의 양성증상 및 음성증상

양성 증상 (일반인에 없는 증상)	음성 증상 (일반인에 있지만 환자에게 결여된 증상)
• 환각 • 망상 • 와해된 언어 • 극도로 와해된 또는 긴장성 행동	• 감정표현의 저하 (정서적 둔마) • 무(의)욕증 (동기부여가 부족하거나 목표 지향적인 활동을 시작하고 지속할 수 없는 상태)

※ DSM-IV에서는 음성증상을 정서적 둔마(affective flattening), 무논리증(alogia), 무의욕증(avolition) 등을 예시로 들어 설명하고 있다. DSM-5에서는 무의욕증은 그대로 남아 있으나, 다른 예시는 삭제되었고 새롭게 감정 표현의 저하(diminished emotional expression)를 예시로 들고 있다. 즉, 정서적 둔마보다는 감정 표현의 저하라는 예시가 조현병 환자에서 보이는 감정의 이상을 더 명료하게 표현할 수 있다고 본 것이다.

07 DSM-5의 망상장애 아형(Subtypes)으로 옳지 않은 것은?

① 색정형 ② 과대형 ③ 공격형 ④ 피해형 ⑤ 질투형

해설 DSM-5의 망상장애 아형에는 피해형, 질투형, 색정형, 신체형, 과대형 등이 있으며, 두 가지 이상의 망상이 복합적으로 나타나는 경우를 혼합형이라고 한다.

08 DSM-5의 각 조현병 스펙트럼 장애와 그 진단기준을 옳게 짝지은 것을 모두 고른 것은?

ㄱ. 조현병: 망상, 환각, 혼란스러운 언어, 심하게 혼란스러운 행동이나 긴장증적 행동, 음성 증상들 중 최소 3가지 이상의 진단기준이 1개월간 지속되어야 한다.
ㄴ. 조현정동장애: 조현병의 증상과 더불어 주요 우울 또는 조증 삽화가 포함되어야 한다.
ㄷ. 망상장애: 1개월 이상의 지속 기간을 가진 한 가지 혹은 그 이상의 망상이 존재한다.
ㄹ. 단기 정신병적 장애: 망상, 환각, 와해된 언어, 극도로 와해된 또는 긴장성 행동의 지속 기간이 1개월 이상 6개월 이내이다.

① ㄱ ② ㄴ, ㄷ ③ ㄱ, ㄷ, ㄹ ④ ㄴ, ㄷ, ㄹ ⑤ ㄱ, ㄴ, ㄷ, ㄹ

해설 ㄱ. 2가지 이상의 진단기준이 1개월의 기간동의 상당부분의 시간에 존재하고, 최소한의 하나는 망상, 환각, 와해된 언어이어야 한다.
ㄹ. 지속 기간이 1개월 미만이다.

09 DSM-5의 조증 삽화 진단기준으로 옳지 않은 것은?

① 불면증
② 사고의 비약
③ 목표 지향적 활동의 증가
④ 자존감의 증가 또는 과대감
⑤ 고통스러운 결과를 초래할 가능성이 높은 활동에의 지나친 몰두

해설 조증 삽화의 DSM-5 진단기준
1. 과장된 자존심 또는 과대성.
2. 수면욕구 감소(예 단 3시간만 자도 충분하다고 느낌).
3. 평소보다 말이 많아지거나 계속 말을 함.
4. 사고의 비약 또는 사고가 질주하는 듯한 주관적인 경험.
5. 주관적으로 느끼거나 객관적으로 관찰되는 주의산만
6. 목표지향적 활동의 증가 또는 정신운동초조.
7. 고통스런 결과를 초래할 가능성이 높은 활동에 지나친 몰두(예 과도한 쇼핑 등의 과소비, 무분별한 성행위, 어리석은 사업 투자 등)

10 다음에 해당하는 우울증의 유형은?

> 가족과의 사별, 실연, 실직, 중요한 시험에의 실패, 가족의 불화나 질병 등과 같이 비교적 분명한 환경적 스트레스가 계기가 되어 우울증상이 나타난다.

① 반응성 우울증
② 내인성 우울증
③ 지체성 우울증
④ 정신병적 우울증
⑤ 신경증적 우울증

해설 우울증의 분류

증상을 유발한 외부적 촉발사건의 여부	반응성	예문참조 (외인성 우울증이라고도 함)
	내인성	흔히 유전적 요인, 호르몬 분비나 생리적 리듬 등과 같은 내부적인 생리적 요인에 의해서 우울증상이 나타나는 경우
우울증상의 심각성 여부	신경증적	• 현실판단력에 현저한 손상이 없는 상태에서 다만 우울한 기분과 의욕상실을 나타냄 • 자신에 대한 부정적 생각에 몰두하지만 이러한 생각이 망상수준에 도달하지는 않음. • 무기력하고 침울하지만 현실 판단 능력의 장애는 보이지 않음 • 최소한의 일상생활을 하는데는 지장이 없음.
	정신증적	• 매우 심각한 우울증상을 나타냄과 동시에 현실판단력이 손상되어 망상수준의 부정적 생각이나 죄의식을 지니게 됨 • 사회적응이 불가능하고, 입원치료가 필요함.
기 타	지체성	기분이 심하게 가라앉고 행동이나 말수가 줄고 느려지는 경우
	초조성	심한 불안과 긴장, 초조감, 좌불안석 등이 두드러지는 경우

정답 06 ⑤ 07 ③ 08 ② 09 ① 10 ①

11 DSM-5의 불안장애 하위유형에 해당하는 것을 모두 고른 것은?

| ㄱ. 선택적 함구증 | ㄴ. 분리불안장애 | ㄷ. 특정공포증 |
| ㄹ. 범불안장애 | ㅁ. 사회불안장애 | |

① ㄱ, ㄴ, ㄷ　　② ㄱ, ㄴ, ㄹ, ㅁ　　③ ㄱ, ㄷ, ㄹ, ㅁ
④ ㄴ, ㄷ, ㄹ, ㅁ　　⑤ ㄱ, ㄴ, ㄷ, ㄹ, ㅁ

해설 DSM-5의 불안장애 하위유형
　　ㄱ, ㄴ, ㄷ, ㄹ, ㅁ + 공황장애, 공황발작 명시자, 광장공포증, 물질/약물치료로 유발된 불안장애

12 DSM-5의 공황장애에 관한 설명으로 옳지 않은 것은?

① 반복적으로 예상하지 못한 공황발작이 일어난다.
② 발작 혹은 그로 인한 지속적인 염려와 걱정, 발작과 관련한 심각한 부적응적인 행동들이 3개월 이상 나타나야 한다.
③ 공황장애 3요인 인지이론은 공황장애가 불안 민감성, 파국적 오해석, 공황적 자기 효능감에 의해서 유발된다고 본다.
④ 신경생물학적 관점에서는 청반핵과 노르에피네프린이 공황장애와 관련되어 있다고 본다.
⑤ 대표적인 치료방법으로 공황통제치료(panic control treatment)가 있다.

해설 한번 이상의 공황발작 후 ㉠ 추가적인 공황발작에 대한 걱정이나 ㉡ 부적응적 행동 변화중 1개 이상이 한달 이상 지속되어야 한다.

13 다음 사례에 해당하는 DSM-5의 장애는?

> C씨는 3주 전 심각한 부상을 입고, 동승자는 사망하는 등 심각한 자동차 사고를 경험하였다. 그 후로는 그 사건에 대한 플래시백을 경험하고, 잠을 잘 못 자고 차를 타는 것을 두려워한다.

① 적응장애　　② 공황장애　　③ 강박장애
④ 급성스트레스장애　　⑤ 외상후 스트레스장애

해설 급성 스트레스 장애가 있는 사람은 외상성 사건에 노출된 지 1개월 이내에 나타나는 급성 스트레스 반응이 발생한다. 이러한 스트레스 반응은 불안 증가, 정신적으로 외상적 사건을 다시 경험, 외상에 대한 기억을 회피, 사건과 관련하여 외부적으로 생각나게 하는 것(사람, 장소, 대화, 활동, 대상 또는 상황)을 피하려고 노력, 수면 장애, 부정적인 기분 표현, 해리 증상(현실감 상실 및 기억 상실 포함) 발생, 그리고 흥분감 발현 증가를 포함한다.
⑤ 외상후 스트레스 장애는 증상이 1개월이상 있었던 경우에 진단된다.

14 DSM-5의 강박장애에 관한 설명으로 옳지 않은 것은?

① 강박사고나 강박행동은 시간을 소모하게 만든다.
② 일반적으로 발병 연령은 남성이 여성보다 더 빠르다.
③ 원하지 않은 불쾌한 생각이 자꾸 떠올라 그것을 제거하기 위한 행동을 반복하게 되는 장애이다.
④ 심리적 치료방법으로 노출 및 반응방지법이 효과적이라고 알려져 있다.
⑤ 강박사고와 강박행동 둘 중 하나가 존재하지 않는 경우 강박장애 진단을 내릴 수 없다.

해설 강박 장애는 강박사고와 강박행동 둘중에 하나 또는 둘 모두를 특징으로 한다.

15 다음에 해당하는 해리성 정체감 장애 관련 이론은?

> 해당 이론은 해리현상이 발생하는 심리적 구조를 설명하기 위해서 해리를 억압과 구별되는 다른 유형의 방어기제로 주장한다. 억압과 해리는 모두 불쾌한 경험을 의식에서 밀어내는 방어적 기능을 한다는 점에서 유사하지만 그 방식이 다르다. 억압의 경우 수평분할을 기반으로 사고의 내용이 무의식으로 내려가는 반면, 해리는 수직분할이 생기고 사고의 내용들은 수평적인 의식 속에 머물게 된다.

① 외상 이론
② 4요인 이론
③ 신해리 이론
④ 학습이론: 사회적 강화의 산물
⑤ 빙의 이론

해설 해리성 정체감 장애 관련 이론

외상이론	아동기에 외상경험과 외상경험을 회피하기 위한 방어로서 나타난 해리현상은 감당할 수 없는 외상기억과 감정을 묻어두는 역할을 하게 되는데 아동의 발달과정을 통해 점점 정교해 지면서 해리성 정체감장애로 발전하게 된다는 이론
클루프트의 (Kluft:1984) 4요인이론	• 해리능력: 외상에 직면했을 때 현실로부터 해리 될 수 있는 내적 능력 • 외상경험: 신체적·성적 학대와 같은 외상경험 • 응집력 있는 자아의 획득 실패 • 진정(위로) 경험의 결핍
신해리이론	힐가드(Hilgard :1977)가 해리현상이 발생하는 심리구조 설명하면서 해리와 억압을 구별 • 유사점 : 모두 불쾌한 경험을 의식에서 밀어내는 방어적 기능 • 차이점 : 억압의 경우 수평분할을 기반으로 사고의 내용이 무의식으로 내려가는 반면, 해리는 수직분할이 생기고 사고의 내용들은 무의식으로 내려가지 않고 수평적인 의식 속에 머물게 된다.

의식
억압장벽
무의식
〈억압〉

인격1	해리장벽	인격2
	〈해리〉	

정답 11 ⑤ 12 ② 13 ④ 14 ⑤ 15 ③

16 다음에 해당하는 DSM-5의 신체증상 및 관련 장애는?

> ○ 분명한 속임수와 관련되어 신체적이거나 심리적 징후나 증상을 허위로 조작하거나 상처나 질병을 유도한다.
> ○ 다른 사람에게 자기 자신이 아프고 장애가 있거나 부상당한 것처럼 표현한다.
> ○ 명백한 보상이 없는 상태에도 기만적 행위가 분명하다.

① 신체증상장애 ② 꾀병
③ 전환장애 ④ 인위성장애
⑤ 질병불안장애

해설 인위성 장애는 뚜렷한 외부적인 이유 없이(결근이나 결석과 같은 명백한 이득 없이) 신체적인 증상이나 심리적인 증상이 있다고 가장하거나 그러한 증상을 나타내는 장애이다. 그 원인은 알려져 있지 않지만 스트레스나 심한 인격 장애가 일부 원인일 수 있다. 심리치료, 특히 인지 행동 치료가 도움이 될 수 있다.

17 다음 사례에서 보이는 행동을 설명하는 DSM-5의 진단으로 옳은 것은?

> A씨는 남편과 심하게 싸운 후 다음날 일터로 나갔고 그날 집에 돌아오지 않았다. 3주후 A씨는 집에서 멀리 떨어져 있는 지방의 한 여관에서 눈을 떴으며, 어떻게 이곳에 왔는지 집을 떠난 후 무슨 일이 있었는지를 기억하지 못했다.

① 해리성 정체감 장애 ② 해리성 황홀경
③ 비현실감 장애 ④ 이인증
⑤ 해리성 기억상실: 해리성 둔주 동반

해설 해리성 기억상실은 스트레스나 외상을 겪은 후, 중요한 개인적 정보를 기억하는 능력이 상실되는 정신건강 장애이다. 해리장애의 일종으로, 해리장애 중 가장 흔한 유형이다. 해리성 둔주를 동반하는 경우 자신의 과거에 대한 기억 일부 또는 전체를 잃고, 일반적으로 가족과 직업을 떠나 일상적인 환경으로부터 종적을 감춘다.

18 다음 사례에 해당하는 DSM-5의 급식 및 섭식장애는?

> B씨는 정상 체중을 유지하며 2시간 안에 많은 음식을 섭취한다. 살찌는 것을 막기 위해 변비약을 복용하고 오랜 시간 운동을 한다. B씨는 이런 행동을 몇 개월간 매일 해왔다. 1 kg만 쪄도 B씨는 자기 자신이 가치 없고 못생겨진다고 생각한다.

① 이식증 ② 폭식장애
③ 신경성 폭식증 ④ 신경성 식욕부진증
⑤ 회피적/제한적 음식섭취장애

해설 ③ 신경성 폭식증은 반복적으로 다량의 음식을 빠르게 섭취(폭식)하고 나서, 과도하게 섭취한 음식에 대한 보상 행동을 하려는 것 (예 변비약등을 통한 섭취한 음식물을 강제로 제거, 금식 또는 운동)을 특징으로 하는 섭식 장애이다.

19 불면장애의 치료를 위한 수면위생 교육에 포함되지 않는 것은?
① 규칙적인 취침시간을 정한다.
② 낮에 길게 낮잠을 자는 것을 피한다.
③ 취침 전에 알코올을 섭취하지 않는다.
④ 취침 1시간 전에 격렬한 운동을 한다.
⑤ 잠자리에 누워 있는 동안 잠을 방해하는 행동을 하지 않는다.

해설 매일 규칙적인 운동을 한다. 다만 자기 6시간 전에는 운동을 마쳐야 한다.

20 DSM-5의 성별 불쾌감 장애 진단기준으로 옳지 않은 것은?
① 이성(반대 성)이 되고 싶은 강한 갈망은 있으나 자신이 이성(반대 성)이라고 주장하지는 않는다.
② 최소 6개월 기간으로 진단기준의 증상들이 나타나야 한다.
③ 남자 아이 또는 여자 아이는 이성(반대 성)의 복장을 선호하고 착장하기를 선호한다.
④ 자신의 해부학적 성별에 대해서는 강한 혐오를 가진다.
⑤ 가상 놀이 또는 환상 놀이에서 이성(반대 성)의 역할을 선호한다.

해설 이성(반대 성)이 되고 싶은 강한 갈망 또는 자신이 이성(반대 성)이라고 주장한다.

21 DSM-5의 품행장애 진단기준으로 옳지 않은 것은?
① 동물에게 신체적으로 잔인하게 대한다.
② 다른 사람의 집, 건물 또는 자동차를 망가뜨린다.
③ 심각한 손상을 입히려는 의도로 고의적으로 불을 지른다.
④ 부모의 제지에도 불구하고 13세 이전부터 자주 밤늦게까지 집에 들어오지 않는다.
⑤ 자주 화를 내고 크게 분개한다.

해설 ⑤ 적대적 반항장애의 증상에 해당한다.

정답 16 ④ 17 ⑤ 18 ③ 19 ④ 20 ① 21 ⑤

22 DSM-5의 병적 도벽에 관한 설명으로 옳은 것은?
① 여성에 비해 남성의 유병률이 높다.
② 체포될 것에 대해 염려하지 않는다.
③ 발병 연령은 보통 성인기에 시작된다.
④ 훔치기 직전에 고조되는 긴장감이 나타난다.
⑤ 필수 증상은 돈이 필요하거나 물건이 꼭 필요해서 훔치는 행위를 하는 것이다.

해설 병적 도벽은 다른 충동 조절 장애와 유사하게 물건을 훔치기 전에는 긴장 수준이 높아지다가 훔친 이후에는 만족감, 안도감, 긴장 완화를 경험하는 증상을 통해 진단할 수 있다.
① 병적 도벽은 주로 여성에게 나타나며, 생리와 관련되는 경우도 있다.
② 훔치다 붙잡혀서 사회적 체면이 손상되지 않을까 하는 우려로 우울, 불안, 죄책감에 시달리기도 한다.
③ 주로 청소년기 (사춘기) 부터 발병되며, 악화와 호전을 반복하며, 만성적 경과를 보인다.
⑤ 병적 도벽은 개인적으로 필요하지도 않고 금전적인 목적이 없음에도 물건을 훔치고 싶은 충동을 억제하지 못하여 물건을 훔치는 행위를 반복하는 질환이다.

23 DSM-5에 포함된 '임상적 주의의 초점이 될 수 있는 기타의 상태' 중 '의학적 치료 및 기타 건강관리에 대한 접근과 관련된 문제'에 속하지 않는 것은?
① 의학적 치료를 멀리함   ② 과체중
③ 자해의 개인력   ④ 꾀병
⑤ 경계성 지적 기능

해설 DSM-5에 포함된 '임상적 주의의 초점이 될 수 있는 기타의 상태'

개인력의 기타 상황	1) 심리적 외상의 기타 개인력	2) 자해의 개인력
	3) 군대 배치의 개인력	4) 기타 개인적 위험 요인
	5) 생활방식과 관련된 문제	6) 성인 반사회적 행동
	7) 아동 또는 청소년 반사회적 행동	
의학적 치료 및 기타 건강관리에 대한 접근과 관련된 문제	1) 건강관리 기관이 없거나 가기 어려움	
	2) 기타 도움을 주는 기관이 없거나 가기 어려움	
의학적 치료를 멀리함	1) 의학적 치료를 멀리함	2) 과체중 또는 비만
	3) 꾀병	4) 정신질환과 연관된 배회
	5) 경계선 지적 기능	

24. 다음 사례에 해당하는 DSM-5의 성격장애는?

A씨는 관계에 대한 욕구가 부족해, 시골에서 혼자 살고 타인과 거의 접촉하지 않는다.
A씨는 주변의 공기와 물에 포함된 유해한 화학물질을 두려워하고 극단적으로 오염을 걱정한다. A씨는 자신만의 정수 시스템을 개발했고 자신의 옷을 직접 만들어 입는다. 만약 밖에 나가야 할 일이 생기면 오염된 공기를 피하기 위해 온몸을 과도하게 감싸고 마스크를 쓴다.

① 편집성 성격장애
② 조현성 성격장애
③ 조현형 성격장애
④ 회피성 성격장애
⑤ 반사회성 성격장애

해설 조현형 성격장애는 대인관계가 어렵고 불편하다고 토로하지만 동은 친밀함에 대한 욕구가 감소되어 있다. 의심이나 편집증적인 사고를 하고, 기이하고 엉뚱하거나 특이한 행동이나 외모를 특징으로 한다.

25. '성격장애에 대한 대안적 DSM-5 모델'에서 도출될 수 있는 성격장애를 모두 고른 것은?

ㄱ. 경계성 성격장애   ㄴ. 강박성 성격장애
ㄷ. 의존성 성격장애   ㄹ. 자기애성 성격장애

① ㄱ, ㄴ, ㄷ
② ㄱ, ㄴ, ㄹ
③ ㄱ, ㄷ, ㄹ
④ ㄴ, ㄷ, ㄹ
⑤ ㄱ, ㄴ, ㄷ, ㄹ

해설 성격장애에 대한 대안적 DSM-5 모델
DSM-5는 기존 다섯 개로 구성된 다축분류체계(Axis) 대신 세개의 Section체계로 변경하였는데, 성격기능의 손상 2영역 (자기영역과 대인관계영역)과 병리적 성격 특성 5개영역(부정적 정서성, 무심함(애착상실), 적대성, 탈억제성, 정신증적 성향)에 근거해 Section Ⅲ는 기존 DSM-Ⅳ에 포함되어 있던 10개의 성격장애를 6개로 축소한 성격장애에 대한 대안적 DSM-5 모델을 다음과 같이 제시하였다

• 반사회적 성격장애   • 회피성 성격장애   • 경계성 성격장애
• 자기애성 성격장애   • 강박성 성격장애   • 조현형 성격장애

정답 22 ④ 23 ③ 24 ③ 25 ②

실전 대비 02 적중 예상 문제

01 이상심리에 대해 정신역동의 설명 중 옳지 않은 것은?

① 이상행동은 초기 아동기의 무의식적 갈등의 결과로 나타나는 현상으로 본다.
② 이상심리 치료목표는 무의식에 있는 억압된 내용을 의식화하여 진정한 욕구와 동기가 무엇인지 이해하게 하며 갈등에 대한 현실적 해결을 하는 것이다.
③ 원초아(id), 자아(ego), 초자아(superego) 간의 갈등이 야기되면 불안이 발생한다.
④ 이상심리 치료방법은 자유연상, 꿈 분석, 해석, 저항, 전이 등이 있다.
⑤ 신경증적 불안은 원초아(id)와 초자아(superego) 간의 갈등에서 비롯된 불안이다.

02 사회학습이론에서 관찰학습의 과정으로 옳은 것은?

① 주의관찰과정 – 보존과정 – 동기화과정 – 운동재생과정
② 주의관찰과정 – 보존과정 – 운동재생과정 – 동기화과정
③ 보존과정 – 운동재생과정 – 동기화과정 – 주의관찰과정
④ 운동재생과정 – 동기화과정 – 주의관찰과정 – 보존과정
⑤ 동기화과정 – 주의관찰과정 – 보존과정 – 운동재생과정

03 생물심리사회적 모델(biopsychosocial model)에서 체계이론에 대한 설명으로 옳지 않은 것은?

① 전체는 그것을 구성하는 부분의 합 이상이다.
② 다양한 원인에 의해 동일한 정신장애가 유발될 수 있다.
③ 동일한 원인으로 다양한 결과를 유발할 수 있다.
④ 인간 정신세계의 현실은 직선적 인과론보다는 상호적 인과론에 의해서 더 잘 설명된다.
⑤ 유기체는 항상 변화하려는 성향을 의미한다.

04 DSM-Ⅳ에서 DSM-5로 바뀐 점을 모두 고른 것은?

> ㄱ. 숫자를 로마자에서 아라비아숫자로 변경
> ㄴ. DSM-Ⅳ에서 쓰던 다축체계를 객관성과 타당성이 부족하다는 비판에 따라 폐지
> ㄷ. 범주적 차원만을 사용
> ㄹ. 대부분의 장애에 핵심증상의 심각도에 대한 세부기준이 적용

① ㄱ, ㄴ ② ㄱ, ㄴ, ㄷ
③ ㄱ, ㄴ, ㄹ ④ ㄱ, ㄷ, ㄹ
⑤ ㄱ, ㄴ, ㄷ, ㄹ

05 DSM-5에서 새롭게 신설되어진 진단명이 아닌 것은?

① 순환감정 장애 ② 월경전 불쾌감 장애
③ 피부 벗기기 장애 ④ 초조성 다리증후군
⑤ 폭식장애

06 지적장애의 심각도로 옳지 않은 것은?

① 경도 : IQ50/55 ~ 70 미만 ② 중등도 : IQ35/40 ~ IQ50/55
③ 고도 : IQ20/25 ~ IQ35/40 ④ 최고도 : IQ20/25 이하
⑤ 최최고도 : IQ10 미만

정답 및 해설 01.⑤ 02.② 03.⑤ 04.③ 05.① 06.⑤

01 신경증적 불안은 자아(ego)와 원초아(id)의 갈등으로 자아가 본능적 충동을 통제하지 못해 불상사가 생길 것 같은 위협에서 오는 불안이다. 원초아(id)와 초자아(superego) 간의 갈등은 도덕적 불안이다.
02 관찰학습에서는 '주의관찰과정', '보존과정', '운동재생과정', '동기화과정'으로 나눈다.
03 ⑤ 체계이론은 유기체가 항상 일정한 상태를 유지하려는 항상성 유지를 하려고 한다.
04 ㄷ. DSM-Ⅳ에서 DSM-5는 일차적으로는 범주적 차원이나 더불어 차원적 평가를 도입하였다.
05 ① 순환감정장애는 양극성 및 관련장애에 DSM-Ⅳ에도 분류되어져 있었다.
  ※ 신설된 장애 : 피부 벗기기 장애, 저장장애, 월경전 불쾌감 장애, 파괴적 기분조절곤란 장애, 자폐스펙트럼 장애(ASD), 도박장애, 폭식장애, 초조성 다리증후군, 성불편감, 사회적 의사소통장애, 회피적/제한적 음식섭취 장애, REM수면 행동 장애
06 지적장애의 심각도는 4단계로 나누며 경도, 중등도, 고도, 최고도이다.

07 언어장애의 진단 기준으로 옳지 않은 것은?

① 청각이나 감각의 손상
② 언어능력이 나이에 비해 현저하게 저하
③ 한정된 단어지식의 사용
④ 손상된 화법
⑤ 직업적 수행에서의 기능적 저하

08 뚜렛장애의 진단기준으로 옳지 않은 것은?

① 18세 이전에 발병한다.
② 여러 '운동성 틱'과 한 가지 이상 '음성 틱'이 동시에 나타나야 한다.
③ 여아보다 남아에게서 더 많이 나타난다
④ 여러 '운동성 틱'과 한 가지 이상 '음성 틱'이 일정 기간 나타난다.
⑤ 틱은 1년 이상의 기간 동안 거의 매일 또는 간헐적으로 일어난다.

09 신경전달물질 중에서 조현병과 관련된 것으로 가장 주목을 받고 있는 물질은 무엇인가?

① 글루타메이트
② 카테콜라민
③ 도파민
④ 노르에피네프린
⑤ GABA

10 조현병 스펙트럼 및 기타 정신병적 장애 하위유형에 포함되지 않는 것은?

① 단기 정신병적 장애
② 망상장애
③ 조현형성격장애
④ 조현정동장애
⑤ 조현성성격장애

11 우울한 사람들의 실패경험에 대한 귀인을 바르게 짝지은 것은?

> ㄱ. 내부적 요인　　ㄴ. 안정적 요인　　ㄷ. 전반적 요인
> ㄹ. 외부적 요인　　ㅁ. 불안정적 요인　　ㅂ. 특수적 요인

① ㄱ, ㄴ, ㄷ
② ㄹ, ㅁ, ㅂ
③ ㄱ, ㅁ, ㄷ
④ ㄴ, ㄹ, ㅂ
⑤ ㄷ, ㄹ, ㅁ

12 파괴적 기분조절곤란 장애에 대한 설명으로 옳지 않은 것은?

① 반복적으로 심한 분노를 폭발하는 행동을 나타내는 경우를 말한다.
② 주로 아동기나 청소년기에 나타나는 장애이다.
③ 분노발작이 발달에 맞지 않고 일주일에 5회 이상이며 6개월 이상 지속되어야 한다.
④ 목표달성이 좌절되었을 때 다른 아동들에 비해 더 기분이 나빠지고 불안해했으며 공격적인 반응을 나타낸다.
⑤ 분노폭발 사이에도 거의 매일 하루 대부분 짜증이나 화를 내며, 이러한 행동은 다른 사람에 의해서 관찰될 수 있다.

13 공포증에 대한 설명으로 옳지 않은 것은?

① 행동주의적 학습이론에서는 공포반응은 학습으로 일어난다고 본다.
② 공포증은 다른 사람이 특정한 대상을 두려워하며 회피하는 것을 관찰학습함으로써 습득되어질 수 있다.
③ 광장공포증은 공황발작을 함께 경험하는 경우가 흔하다.
④ 사회공포증은 문화적 차이는 존재하지 않는다.
⑤ 광장공포증의 발병 연령은 20대 중반에 가장 많이 발병하며, 남자보다 여자에게 더 많다.

정답 및 해설 07.① 08.② 09.③ 10.⑤ 11.① 12.③ 13.④

07 ① 언어장애 증상이 청각이나 다른 감각 손상, 운동 기능 장애 혹은 다른 의학적·신경학적 상태에 기인하지 않고, 지적장애나 광범위성 발달지연으로 설명되지 않는다.
08 ② 뚜렛장애는 틱장애 중 가장 심각한 유형으로서, 여러 '운동성 틱'과 한 가지 이상 '음성 틱'이 1년 이상의 기간 동안 나타나야 하지만, 두 가지 틱이 반드시 동시에 나타날 필요는 없다.
09 신경전달물질 중에서 조현병과 관련된 것으로 가장 주목을 받고 있는 것은 도파민이다. 도파민외에 세로토닌이 주목을 받고 있는데 이 두 가지 신경전달물질의 수준이 높으면 조현병의 증상이 나타난다는 세로토닌-도파민 가설이 제기되고 있다.
10 ⑤ 조현성 성격장애는 A군 성격장애에 포함된다.
정신분열 스펙트럼 장애 하위유형으로는 조현병, 조현정동장애, 조현양상장애, 단기정신병적장애, 망상장애, 조현형 성격장애, 약화된 정신증 증후군이 있다.
11 우울한 사람들은 실패경험에 대해 내부적, 안정적, 전반적 귀인을 한다.
• 실패의 원인을 자신의 능력 또는 노력의 부족, 성격에 결함 등 내부적인 요인으로 귀인
• 자신의 능력 부족, 성격상 결함 등 안정적 요인으로 귀인
• 실패의 원인을 자신의 전반적인 능력 부족이나 성격 전체의 문제 등의 전반적 귀인
12 ③ 분노발작이 발달에 맞지 않고 일주일에 3회 이상이며 12개월 이상 지속되야 한다.
13 사회공포증은 문화적 차이가 존재하며 한국, 일본, 중국 사람들의 경우 특유의 사회공포증을 나타내고 있다.

14 강박 및 관련 장애 하위유형이 아닌 것은?

① 신체변형 장애
② 전환장애
③ 저장장애
④ 모발 뽑기 장애
⑤ 피부 벗기기 장애

15 외상 및 스트레스 장애(PTSD)에 대한 설명으로 옳지 않은 것은?

① 급성 스트레스 장애는 외상 사건을 직접 경험했거나 목격하고 난 직후에 나타나는 부적응 증상들이 3일 이상 1개월 이내의 단기간 동안 지속되는 경우이다.
② 급성 스트레스 장애가 4주가 넘어도 증상이 지속되면 이후 '외상 후 스트레스 장애'로 진단된다.
③ 적응장애는 전 연령대에서 발생 가능하지만 청소년에게 가장 흔히 진단되어진다.
④ 반응성 애착장애는 생후 9개월부터 12세 아동에게 주로 발생한다.
⑤ 탈억제 사회유대감 장애는 애착 외상을 경험한 아동이 누구든지 낯선 성인에게 아무 주저 없이 과도한 친밀감을 표현하며 접근하는 경우를 말한다.

16 다음 보기와 관련 있는 장애는?

> **보기**
> 학생인 A씨는 마치 다른 자기가 자신을 쳐다보는 듯한 느낌을 받으며 현실이 마치 꿈같아서 자신이 미치는 것이 아닌가 하는 불안을 호소하였다. 생활도 정상으로 하고 일을 하는데도 전혀 문제가 없어서 다른 사람들은 모르지만 자신은 너무 힘들다는 것이다.

① 해리성 기억상실증
② 급성스트레스 장애
③ 이인증 / 비현실감
④ 해리성 둔주
⑤ 해리성 정체감장애

17 해리성 정체감 장애를 유발하는 네 가지 요인이 아닌 것은?

① 해리 능력
② 외상 경험
③ 응집력 있는 자아의 획득 실패
④ 진정 경험에 결핍
⑤ 해리성 둔주

18 다음 중 수면-각성 장애에 대한 설명으로 옳지 않은 것은?

① 기면증은 주간에 깨어있는 상태에서 갑자기 저항할 수 없는 졸음을 느껴 수면에 빠지게 되는 경우이다.
② 수면 이상증인 비REM수면 각성 장애는 주된 수면 시간 동안 생존, 안전, 자존감의 위협과 같은 무서운 꿈을 꾸게 되어 잠에서 깨어나는 일이 반복되는 경우이다.
③ REM수면 행동장애는 수면 중 소리를 내거나 옆 사람을 다치게 할 수 있는 복잡한 동작의 행동을 반복적으로 나타내며 깨어나는 경우이다.
④ 초조성 다리 증후군은 수면 중에 다리의 불편하거나 불쾌한 감각 때문에 다리를 움직이고 싶은 충동을 느끼는 경우이다.
⑤ 일주기 리듬 수면-각성 장애는 수면-각성 주기의 변화로 인해 과도한 졸음이나 불면이 반복되는 경우이다.

정답 및 해설 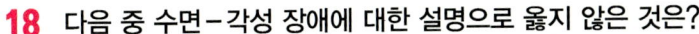 14.② 15.④ 16.③ 17.⑤ 18.②

14 ② 전환장애는 신체증상 및 관련 장애에 포함되어진다.
15 반응성 애착장애는 양육자와 애착 외상으로 인하여 과도하게 위축된 대인관계 패턴을 말하며 생후 9개월부터 만 5세 이전의 아동에게 주로 발생한다.
16 이인증과 비현실감은 자신의 생각, 감정, 감각, 신체 또는 행위를 생생한 현실로 느끼지 못하고 그것과 분리되거나 외부 관찰자가 된 경험을 뜻한다. 하지만 현실 검증력은 손상되지 않은 채로 양호하게 유지된다.
17 해리성 정체감 장애를 유발하는 네 가지 요인으로 해리능력, 아동기의 압도적인 외상경험, 응집력 있는 자아의 획득 실패, 진정 경험의 결핍이 있어야 한다고 본다.
⑤ 해리성 둔주는 기억상실과 더불어 주거지를 이탈하여 떠돌거나 방황하는 행동을 의미한다.
18 수면 이상증인 비REM수면 각성장애는 주된 수면 시간의 첫 1/3 기간에 수면에서 불완전하게 깨어나는 경험을 반복하는 것으로 주된 증상에 따라 수면 중 보행형과 수면중 경악형으로 구분된다.
※ 주된 수면 시간 동안 생존, 안전, 자존감의 위협과 같은 무서운 꿈을 꾸게 되어 잠에서 깨어나는 일이 반복되는 경우는 악몽장애이다.

19 급식 및 섭식장애 하위유형의 설명으로 옳은 것은?

① 신경성 식욕부진증 : 짧은 시간 내에 많은 양을 먹는 폭식 행동과 체중증가를 막기 위해서 구토 등의 반복적인 배출 행동을 하는 행위이다.
② 신경성 폭식증 : 폭식행동을 나타내지만 배출 행동을 하지 않으며 과체중이나 비만 등의 문제를 지니게 된다.
③ 회피적/제한적 음식섭취장애 : 흔히 아동에게 나타나며, 음식을 먹는 동안 달래기가 어렵다.
④ 반추장애 : 먹으면 안 되는 것(종이, 머리카락, 흙)을 습관적으로 먹는 행동이다.
⑤ 이식증 : 음식물을 반복적으로 되씹거나 토해내는 행동이다.

20 배설장애의 설명으로 옳지 않은 것은?

① 유뇨증은 연속적으로 3개월 이상 매주 2회 이상 부적절한 소변을 볼 때 진단된다.
② 야간형 유뇨증, 주간형 유뇨증, 주야간형 유뇨증으로 나눈다.
③ 유뇨증은 아동의 발달연령이 최소 5세이어야 진단이 가능하다.
④ 유분증은 3개월 이상 매주 3회 이상 나타날 때 진단된다.
⑤ 유분증은 아동의 발달연령이 최소 4세이어야 진단이 가능하다.

21 파괴적 충동통제 및 품행장애 하위유형에 속하지 않는 것은?

① 파괴적 기분조절부전장애
② 적대적 반항장애
③ 품행 장애
④ 도벽증
⑤ 반사회성 성격장애

22 섬망에 대한 설명으로 옳지 않은 것은?

① 물질 사용이나 신체적 질병과 같은 다양한 원인에 의해서 나타난다.
② 주의 장애와 의식의 장애를 주된 특징으로 한다.
③ 기억, 언어, 현실 판단 등에 대한 이상을 보이지는 않는다.
④ 단기간 발생하여 심해지면 하루 중에 그 심각도가 변동한다.
⑤ 노년기의 흔히 나타나는 인지장애 중 하나이다.

23 성불편증에 대한 설명으로 옳지 않은 것은?

① 성 불편증은 자신의 생물학적 성과 성역활에 대해서 지속적으로 불편감을 느낀다.
② 반대의 성이 되려는 강한 욕구가 있지만 자신의 성을 제거하려고 하지는 않는다.
③ 반대의 성에 대한 강한 동일시로 나타나거나 반대의 성이 되기를 소망한다.
④ 아동에서부터 성인에 이르기까지 다양한 연령대에서 나타날 수 있다.
⑤ 표현된 성과의 현저한 불일치 때문에 일차적 성 특성을 제거하려는 강한 욕구를 지닌다.

24 다음에 드러나는 성격장애의 유형은 무엇인가?

> 여성 A씨는 원색적인 화려한 외모로 치장해 이성을 유혹하며 끊임없는 인정을 갈구한다. 또한 자신의 중요한 요구가 좌절되는 상황에서는 자살하겠다고 위협하거나 상식 밖의 무모한 행동을 하면서 타인을 조종하려는 모습을 보인다.

① 편집성 성격장애 ② 조현형 성격장애
③ 의존성 성격장애 ④ 경계성 성격장애
⑤ 연극성 성격장애

정답 및 해설   19.③ 20.④ 21.① 22.③ 23.② 24.⑤

19 ① 신경성 식욕부진증 : 체중 증가와 비만에 대한 극심한 두려움으로 인해 음식 섭취를 감소, 거부함으로 인해서 체중이 비정상적으로 저하되어져 있는 상태이다.
② 신경성 폭식증 : 짧은 시간 내에 많은 양을 먹는 폭식 행동과 체중증가를 막기 위해서 구토 등의 반복적인 배출 행동을 하는 행위이다.
④ 반추장애 : 음식물을 반복적으로 되씹거나 토해내는 행동이다.
⑤ 이식증 : 먹으면 안 되는 것 (종이, 머리카락, 흙)을 습관적으로 먹는 행동이다.

20 유분증은 3개월 이상 매월 1회 이상 나타날 때 진단된다.

21 ① 파괴적 기분조절부전장애는 우울장애 관련 하위유형이다.

22 섬망은 의식이 혼미하고 주의집중 및 전환 능력이 현저하게 감소하며 기억, 언어, 현실 판단 등의 인지기능에 일시적인 장애가 나타난다.

23 성 불편증을 지닌 사람들은 대부분 반대 성에 대한 동일시가 확고하여 강력하게 성전환 수술을 원한다.

24 연극성성격장애는 타인의 애정과 관심을 끌기 위한 지나친 노력과 과도한 감정표현이 주 특징이다.

25 성격장애의 유형이 다른 하나는?

① 회피성 성격장애
② 반사회성 성격장애
③ 경계성 성격장애
④ 연극성 성격장애
⑤ 자기애성 성격장애

26 이상행동 판별기준으로 옳지 않은 것은?

① 적응적 기능의 저하 및 손상
② 주관적 불편감과 개인적 고통
③ 통계적 규준의 일탈
④ 사회적 이념에 따른 신념
⑤ 문화적 규범의 일탈

27 이상행동을 평가하는 방법으로 면접자의 주관성을 배제하기 위해서 질문의 구체적인 내용과 순서를 비롯하여 응답에 대한 채점방식 등이 정해져 있는 면접방법은 무엇인가?

① 심리 생리적 측정법
② 심리검사법
③ 행동관찰법
④ 비구조화된 면접법
⑤ 구조화된 면접법

28 망상유형의 설명으로 옳지 않은 것은?

① 피해형 : 자신 또는 자신과 가까운 사람이 피해를 받고 있다는 망상
② 신체형 : 자신에게 어떤 신체적 결함이 있거나 자신이 질병에 걸렸다는 망상
③ 애정형 : 배우자나 연인이 부정을 저질렀다는 망상
④ 과대형 : 자신이 위대한 재능이나 통찰력을 지녔거나 중요한 발견을 했다는 망상
⑤ 혼합형 : 어느 한 가지 양상이 두드러지지 않는다.

29 남성의 성기능장애가 아닌 것은?

① 생식기-골반통증/삽입장애
② 지루증
③ 발기 장애
④ 남성 성욕감퇴장애
⑤ 조루증

30 변태성욕장애에 대한 설명으로 옳지 않은 것은?

① 한 개인이 두 가지 이상의 변태 성욕을 보이는 경우가 꽤 많다.
② 성행위대상이나 성행위 방식에서 비정상성을 나타내는 장애이다.
③ 관음장애는 15세부터 진단할 수 있다.
④ 대부분 법적 구속 대상이 될 수 있다
⑤ 아동성애장애는 보통 13세 이하를 대상으로 성적 흥분이 발생하며 16세 이상일 때 진단을 내리고, 성적 대상이 되는 아동보다 연령이 5세 이상이어야 한다.

정답 및 해설 25.① 26.④ 27.⑤ 28.③ 29.① 30.③

25 ① 반사회성 성격장애, 경계성 성격장애, 연극성 성격장애, 자기애성 성격장애는 B군 성격장애이다.
회피성 성격장애는 C군 성격장애 유형이다.

26 이상행동의 판별기준으로는 적응적 기능의 저하 및 손상, 주관적 불편감과 개인적 고통, 통계적 규준의 일탈, 문화적 규범의 일탈이다.
이상행동의 판별기준
- 적응적 기능의 저하 및 손상 : 개인의 인지적, 정서적, 행동적, 신체 생리적 기능이 저하되거나 손상되어 원활한 적응에 지장을 초래할 때, 부적응적인 이상행동으로 본다.
- 주관적 불편감과 개인적 고통 : 스스로 매우 심한 고통과 불편감을 느끼게 하는 행동을 이상행동이라고 본다.
- 통계적 규준의 일탈 : 통계적 속성에 따라 평균으로부터 멀리 일탈된 특성을 나타낼 경우 이상행동으로 본다.
- 문화적 규범의 일탈 : 문화적 규범에 어긋나거나 일탈된 행동을 나타낼 때 이상행동으로 본다.

27 ① 심리 생리적 측정법 : 심리 생리적 반응을 측정할 수 있는 도구를 통해 심리적 상태나 특성을 평가하는 방법으로 뇌파검사, 다원 측정 장치 등이 있다.
② 심리검사법 : 개인의 심리적 특성을 가장 객관적으로 측정할 수 있는 방법이다.
③ 행동관찰법 : 행동을 관찰하면서 이상행동을 평가하는 방법이다.
④ 비구조화된 면접법 : 면담의 내용과 순서를 정하지 않고, 면담 시 상황과 내담자의 반응에 따라 유연성 있게 진행하여 정보를 수집하는 면접방법이다.

28 ③ 배우자나 연인이 부정을 저질렀다는 망상은 질투형이다.
애정형 : 어떤 사람, 특히 신분이 높은 사람이 자신과 사랑에 빠졌다고 믿는 망상이다.

29 ① 생식기-골반통증/삽입장애 : 여성이 성교 시 생식기나 골반에 지속적인 통증을 경험하는 장애이다.
② 지루증 : 남성이 사정에 어려움으로 인해 성적 절정감을 느끼지 못하는 장애이다.
③ 발기 장애 : 남성이 성행위를 하기 어려울 만큼 음경이 발기되지 않는 장애이다.
④ 남성 성욕감퇴장애 : 남성이 성적 욕구가 없거나 현저하게 떨어지는 장애이다.
⑤ 조루증 : 남성이 여성이 절정감에 도달하기 전에 미리 사정을 하는 장애이다.

30 ③ 관음장애는 18세부터 진단할 수 있다.

선택과목 진로상담

Section 01   청소년 진로상담
Section 02   진로선택이론
Section 03   진로발달이론
Section 04   진로상담이론
Section 05   청소년 진로상담의 실제

Section 01 청소년 진로상담

> **학습목표**
> 청소년 진로상담의 기본원리, 목표, 특징 등을 이해하고, 청소년 진로상담자의 역량과 자질을 숙지하며, 청소년 대상의 개인상담과 집단상담의 유사점과 차이점을 학습한다.

1 진로상담의 정의와 필요성

(1) 청소년 진로상담은 청소년인 내담자가 현재 당면하고 있는 진로 및 진학을 포함하는 문제에 대해 상담을 통해서 내담자가 진로를 계획하고, 실제로 준비하며 직업을 준비하고 선택할 수 있도록 돕는 과정이다.

(2) **진로와 직업 비교** 2015년, 2014년 기출 ★

진로 (Career)	• 개인의 생애 직업발달과 그 과정 내용을 가리키는 포괄적 의미의 모든 체험을 일컫는다. • 개인의 직업과 일에 관련된 가치, 흥미, 태도, 진로선택, 직업 변경, 여가 등을 포괄하는 과정이다. • 과거에 쌓은 경력을 의미하기도 하고 앞으로 모든 단계에서 쌓아가야 하는 행로를 의미한다.
직업 (Vocation)	• 경제적 소득을 얻거나 사회적 가치를 이루기 위해 참여하는 계속적인 활동을 의미한다(위키백과). • 생계를 유지하기 위하여 자신의 적성과 능력에 따라 일정한 기간 동안 계속하여 종사하는 일을 뜻한다(초등학생 천재사전). • 생계의 유지, 사회적 역할, 개성 발휘, 자아실현을 포괄하는 지속적인 활동과 노동행위를 의미한다(한국 직업사전의 5개념).

(3) **진로상담의 기본 원리** 2015년 기출 ★

① 청소년 진로상담은 특히 진학과 직업선택에 초점을 맞추어 전개되어야 한다.
② 특히 진로상담은 다른 상담과 마찬가지로 상담자와 내담자 간 라포 형성이 기초가 되어야 한다. 청소년 진로상담의 경우 비자발적일 가능성이 높기 때문에 라포 형성이 매우 중요하다.
③ 진로상담은 발달 이론에 근거해서 이루어져야 하는데 청소년 진로상담은 더욱 발달적 특성을 고려해야 한다. 자아정체감의 발달과 분화가 중요한 이슈인 청소년기에 진로발달적 접근은 매우 중요하기 때문이다.
④ 개인의 진로결정에 매우 중요한 상담이므로 합리적인 진로의사결정 과정과 기술을 습득하게 한다.
⑤ 지속적으로 변화하는 직업 세계와 넘쳐나는 직업정보 속에서 적절한 자료를 효과적으로 습득할 수 있는 방법에 초점을 두어야 한다.
⑥ 다양한 진로심리검사와 연계되어야 하고 상담윤리강령에 따라 전개되어야 하며 개인차를 고려해야 한다.

2 청소년 진로상담의 목표와 특징 2021년, 2020년, 2018년, 2016년, 2014년 기출 ★

(1) 자신과 직업에 대한 올바른 이해 향상 : 한 개인에게 적합한 일과 직업을 선택하기 위해 자신의 가치관, 성격, 적성, 흥미 등을 검토하여 직업세계를 탐색하고 객관적으로 이해할 수 있게 한다.

(2) 정보탐색과 활용능력 향상 : 직업을 잘 찾고 정보를 수집하고 활용하는 능력이 매우 중요하다.

(3) 올바른 직업 가치관과 직업의식 형성 : 청소년 내담자들은 직업 자체에 대한 의식이 약하기 때문에 자신의 가치관에 적절하게 부합하는 직업에 대해 주변인들과 효과적으로 상호작용하도록 돕는다.

(4) 합리적인 의사결정 능력 함양 : 진로상담은 '결정'이라는 과정에서 나타난 의사결정 기술을 습득하고 학습한다.

(5) 발달단계별 진로상담 목표 2015년, 2014년 기출 ★

초등생	• 진로인식 단계 • 아동의 기본적 흥미와 잠재력에 대해 탐색하는 시기로 되도록 많은 체험을 하도록 한다. • 체험을 통해 자신을 많이 알도록 돕는다.
중학생	• 진로탐색 단계 • 장래의 직업, 취미, 문화생활 등에 대한 포괄적 관심과 흥미를 이끌어 낸다. • 직업선택 능력과 태도를 형성하도록 한다. • 직업 가치관과 신념에 대해 배운다.
고등학생	• 진로준비 단계 • 구체적으로 진로 계획을 수립하도록 돕는다. • 필요한 진로 정보를 최대한 수집하고 분석하는 시간을 통해 자신에게 적합한 직업이나 학교를 선정하고 이를 위해 지속적으로 노력한다.
대학생	• 진로전문화 단계 • 전문적으로 직업 능력을 갖도록 돕는다.

3 청소년 진로상담자 역량과 자질

(1) 청소년 진로상담자가 갖추어야 할 역량 2014년 기출 ★

① 개인 및 집단검사를 실시할 수 있어야 하고, 해석 능력을 갖추어야 한다.
② 청소년들이 직업 세계를 탐색하고 쏟아지는 정보에서 적합한 자료를 수집하도록 정보 탐색 및 활용 능력이 요구된다.
③ 청소년의 발달 단계와 시기에 따라 적절한 상담 목표를 명확하게 할 수 있어야 한다. 특히 청소년은 자신이 말하는 표면적 목표와 진짜 원하는 이면적 목표가 다를 수 있으므로 상담 목표 확정을 쉽게 하지 말고 기다려주고 중간에도 바꿀 수 있다는 융통성을 발휘해야 한다.

④ 미성년자를 대하는 일이므로 특히 더 윤리의식이 요구된다.
⑤ 청소년 시기와 직업 세계 등 진로발달이론에 대한 전문 지식을 충분히 갖추고 있어야 한다.
⑥ 청소년 개인과 집단을 위한 상담 기술이 전문적으로 필요하다.

(2) 청소년 진로상담자의 역할 2016년 기출 ★

① 진로상담자는 자신의 역할에 최선을 다하기 위해 상담윤리를 잘 숙지하고 전문성을 유지하도록 한다.
② 진로상담자는 표준화된 검사를 선택해야 하고 결과 분석에 전문적이어야 하고 직업카드 분류법을 잘 활용할 수 있어야 한다.
③ 진로상담자는 자신의 전문성을 극대화하기 위해 수퍼비전을 받아 자신의 한계를 잘 수용하고 더 나은 능력을 함양하기 위해 노력해야 한다.
④ 진로상담자는 연구 목적을 위해서 사례를 공개적으로 발표할 때는 내담자의 동의를 먼저 구해야 한다.
⑤ 진로상담자는 다른 상담과 마찬가지로 비밀유지에 만전을 기해야 한다. 단, 내담자나 내담자 주변 사람들에게 닥칠 위험이 분명하고 위급한 경우, 법원의 명령이 있는 경우에는 예외적으로 내담자의 비밀을 사전 동의 없이 관련자에게 공개할 수 있다.

4 Herr & Cramer(1979)의 진로상담 분류 기준

(1) **특성요인이론(Trait-Factor Theory)** : 개인의 특성과 특정한 직업에서 필요로 하는 특성을 매칭하는 것에 초점을 둔다.

(2) **의사결정이론(Decision-Making Theory)** : 가장 큰 보상을 얻는 직업을 선택하려는 경향에 초점을 둔다.

(3) **사회학적 이론(Sociological Theory)** : 인종, 사회·경제적 위치, 성별, 교육 수준 등이 직업 선택에 미치는 영향에 초점을 둔다.

(4) **심리학적 이론(Psychological Theory)** : 동기, 욕구, 개인의 가치 등과 같은 심리적 요소가 직업 선택에 얼마나 중요한지에 초점을 둔다.

(5) **발달적 이론(Developmental Theory)** : 진로선택을 개인의 생애를 통해 발생하는 사건의 장기적인 연속으로 성격화하려는 이론이다.

(6) **통합적 이론** : 진로선택을 의사결정 이론, 정신분석 이론, 사회학습 이론, 인지발달 유형 등의 통합적 성격의 이론으로 본다.

5 청소년 대상 진로 개인상담 및 집단상담 실제

(1) 청소년 대상 진로 개인상담의 과정 2017년 기출 ★

① 상담자-내담자 관계 수립 및 문제의 평가
   ㉠ 관계의 수립과 문제의 평가는 주로 접수면접에서 이루어진다.
   ㉡ 관계 형성을 위해 우선적으로 고려해야 할 점은 내담자의 정서 상태를 고려하고 조절하는 것이다.
   ㉢ 청소년 내담자의 경우와 비자발적이고 적대적으로 상담의 자리에 왔을 경우의 단계는 매우 중요하다.
   ㉣ 이 관계가 안정적이라고 판단된다면 내담자의 문제를 이해하고 평가하기 위해 상담의 기본 기술과 이론을 적용하여 문제를 체계적으로 파악해야 한다.
   ㉤ 문제를 평가하기에 앞서 진로의사결정 수준에 따라 내담자를 분류하는 것이 필요하다. Sampson, Peterson, Reardon(1992)은 진로 욕구에 따라 내담자의 상태를 다음과 같이 세 가지로 구분하였다. 2020년, 2018년 기출 ★

구 분	유 형	내담자 진술
진로 결정자	진로를 이미 결정한 내담자의 경우 자신의 선택이 잘 된 것인지 더 분명히 하기 원한다.	"나는 내가 올바른 방향으로 가고 있는지 알고 싶어요."
	자신의 선택이 잘 되었다면 잘 수행할 수 있도록 격려와 지지를 받기를 원한다.	"이제부터 무엇을 준비해야 할지 알고 싶어요."
	진로의사가 결정된 것처럼 보이나 실제로는 결정하지 못해 잘 결정할 수 있도록 도움을 받고 싶어 한다.	"진로에 대한 결정은 내렸지만 불안해요."
	※ 이들은 자신에 대한 확신과 직업에 대한 정보를 가지고 있으나 적합도(fit)를 찾지 못해 진로 선택에 대한 확신이 필요한 경우이다.	
진로 미결정자	자신의 모습이나 직업, 의사결정에 대한 지식이 부족한 내담자들이다.	"내가 무엇을 잘 하고 좋아하는지 알 수가 없어요."
	잠재능력이 많고 기회가 많아 오히려 진로결정을 하기 힘든 내담자들도 있다.	"이것도 하고 싶고 저것도 하고 싶어서 결정을 내리기 어려워요."
	진로결정이 어려운 상태지만 성격적 문제나 정서적 어려움은 없는 내담자의 경우이다	"그냥 아직은 구체적 계획은 없어요."
	※ 이들은 정상 발달에 위치한 내담자로 진로선택이 명확하진 않으나 진로선택에 대한 압박이나 스트레스는 비교적 덜하다.	
우유 부단형	일상에서 전반적으로 불안이 있는 내담자를 의미한다.	"내가 과연 무엇을 할 수 있을지 잘 모르겠어요."
	문제해결 과정에서 부적응적인 성격을 지닌 내담자를 의미한다.	"나는 우울해요."
	※ 높은 수준의 우유부단함, 불안, 좌절감, 모호한 정체감, 낮은 자존감으로 진로문제보다 성격적 문제가 높은 경우의 내담자를 의미한다.	

② 문제 평가(김봉환, 2000)
　㉠ 상담자는 시간 내에 내담자의 이야기를 통해 내담자의 문제를 파악한다.
　㉡ 상담자는 상담에 대한 내담자의 기대와 지각을 고려하면서 내담자의 걱정이나 문제의 본질을 파악한다. 이때 호소하는 문제를 파악하는 것과 함께 문제가 발생하게 된 배경을 이해하는 일이 상담의 과정에서 가장 중요하다.
　㉢ 문제 평가를 위해 상담자는 다양한 배경의 이론적 지식을 갖고 통합적 관점을 개발해야 한다.
　㉣ 문제 평가를 위해 다양한 영역에 대한 정보가 필요하다. 즉, 진로 문제, 내담자 일반 정보, 진로계획과 진로 정보, 진로발달에 관한 정보가 포함되어야 한다.

③ 목표설정

진로결정자	• 진로를 결정하게 된 과정을 탐색한다. • 충분한 진로정보를 확인한다. • 합리적 과정인지 확인한다. • 내담자의 잠재능력을 확인하고 결정된 진로를 준비하게 한다.
진로미결정자	• 진로에 대해 탐색하고 직업정보를 활용한다. • 자신의 능력에 대해 구체적으로 파악한다. • 자기탐색을 통해 직업정보와 연결하고 의사결정 연습을 한다.
우유부단형	※ 성격적 문제를 먼저 다룬다. • 불안이나 우울, 불확실감을 감소시킨다. • 동기를 개발하고 긍정적 자아개념을 형성한다. • 자아정체감을 형성한다. • 가족간 기대 수준과 그 차이를 인정하고 갈등을 해소하도록 한다. • 부모나 사회에 대한 저항과 수동-공격적 행동을 교정한다.

④ 문제해결 개입
　㉠ **행동계획 수립** : 상담자가 주의해야 하는 사항들
　　ⓐ 내담자가 가질 수 있는 현실적인 성취와 기대를 보게 하고 목표와 행동계획 실행을 위한 기대와 욕구를 정하게 한다.
　　ⓑ 목표와 계획을 재검토하고 비판하여 목표와 계획을 정교화하도록 돕는다.
　　ⓒ 목표와 함께 계획도 객관적이고 의미 있는 준거에 의해 평가될 수 있는지 확인하고 조금씩 나아지는 내담자를 관찰하고 기록한다.

⑤ 훈습 : 개입의 연장으로 자기 이해를 더욱 견고하게 하고 진로탐색과 준비과정을 효율적으로 실천할 수 있도록 방법을 재확인하고 검토한다. 필요한 경우 새로운 평가 과정을 수행할 수 있다.

⑥ 종결과 추수상담　2014년 기출 ★
　㉠ **행동계획 수립**(상담자가 주의해야 할 사항들)
　　ⓐ 내담자와 합의한 목표를 달성했는지 확인하고 앞으로 대처해야 할 질문을 예측하고 답변을 결정한다.

Section 01 청소년 진로상담

ⓑ 내담자 변화에 대한 평가, 진로상담 과정에서 일어났던 변화를 내담자가 스스로 정리하고 검토할 수 있도록 상담자가 조언, 목표 달성 평가, 잔존한 문제에 대한 예측과 논의, 종결에 대한 내담자 태도를 평가한다.
ⓒ 추수상담
ⓐ 상담 후 내담자가 진로선택과 의사결정에 대해 만족감이 유지되는지 확인한다.
ⓑ 필요한 경우, 종결시점에서 이루어졌던 진로선택과 의사결정이 지속될 수 있도록 관리한다.

(2) 청소년 대상 진로 집단상담 `2021년, 2018년 기출 ★`

① 진로집단상담의 목표
㉠ **자기평가** : 청소년들이 자신을 객관적으로 이해하기 위해 심리검사 활용, 자기 관찰, 전문가의 조언 등 작업을 통해 이해한다.
㉡ **진로대안 형성** : 선택 가능한 다양한 진로 대안을 만든다. 브레인스토밍을 통해 최대한 많은 대안을 찾아내고 그 안에서 실질적으로 필요한 부분들을 찾아 줄여가거나 확장하는 활동이 필요하다.
㉢ **기술연습** : 정보수집이나 취업이나 진학에 실제적으로 필요한 기술, 즉 면접에 필요한 기술 등을 직접 연습해서 기술을 습득하는 것을 의미한다. 집단 내 시범과 모델링에 의한 반복 학습을 통해 연습할 수 있다.
㉣ **정보수집** : 학교, 학과, 직업 등에 대한 정보를 수집한다.

② 진로집단상담의 계획
㉠ 진로집단상담에 참여할 대상자 특성과 진로상담에 대한 요구조사를 시행한다.
㉡ 요구 조사 결과를 중심으로 집단상담의 목표를 설정한다.
㉢ 진로집단상담의 다양한 활동을 조사한 후 확정한다. 요구조사를 토대로 집단상담 대상자들의 욕구와 목표를 고려해야 하고, 동시에 환경 내 소화할 수 있는 활동이어야 한다.
㉣ 집단상담이 필요한 지원체계를 구축한다. 인적 자원, 시설, 예산 등이 필요하다.
㉤ 집단상담의 효과를 확인할 수 있는 평가방법과 절차를 결정해야 한다. 이 과정은 추후에 더 나은 집단상담으로 수정, 보완하기 위해 반드시 필요한 절차이다.

③ 진로집단상담의 과정
㉠ **초기단계**
ⓐ 1~2회기를 집단의 시작단계라 할 수 있고 상담자는 집단원들과 라포를 형성해야 한다.
ⓑ 집단을 통해 진로집단상담의 목표와 활동을 집단원 모두가 공유할 수 있도록 한다.
ⓒ 모든 집단원이 자신의 경험과 문제를 공개할 수 있도록 화제를 독점하는 집단원에 대한 제한이 필요하다.

ⓒ 중기단계
  ⓐ 과도기
     라포가 형성되면 집단원들은 집단에 대한 자신의 불확실감과 좌절감, 실망감 등을 표현한다. 이를 '집단의 위기'라고도 한다.
     - 상담자에 대한 불만족, 낮은 응집성 등의 문제가 대두되면 집단상담의 핵심 주제를 잠시 내려놓고 집단의 위기를 다루어야 한다.
     - 집단의 위기를 다루게 되면 집단의 응집성은 빠른 속도로 회복된다. 이후에는 집단원들이 상담자에 대한 의존심을 제한하면서 집단원들 상호간 활동이 활발해진다.
  ⓑ 작업단계
     - 진로집단상담의 주제를 깊이 있게 다루고 집단 활동이 가장 풍성해지는 시기이다.
     - 집단원들은 집단에 대한 몰입감을 경험하고 집단원들의 문제를 새로운 방식으로 다루면서 상호작용과 응집성이 최고조로 달하는 시기이다.
ⓒ 종결단계
  ⓐ 정서적으로 가장 친밀한 시기로 상담자는 집단원들이 탐색 과정에서 배운 점, 대안선택이 어느 정도 이루어졌는지 등을 구체적으로 확인하게 한다.
  ⓑ 집단이 종결된 후에도 진로문제가 닥쳤을 때 어떻게 대처할지 계획을 세우게 한다.

④ 청소년 진로집단상담에서 주의해야 할 사항 2014년 기출 ★
  ㉠ 집단원의 요구와 집단상담 프로그램 목표의 일치 여부를 검토한다.
  ㉡ 구조화된 프로그램을 실시하는 경우, 집단원의 진로발달 수준이 유사한지, 프로그램 적용 대상으로 적합한지 확인한다.
  ㉢ 집단 프로그램의 효과를 평가하여 이후 동일한 집단상담 프로그램 운영에 적용한다.

Section 02 진로선택이론

학습목표
다양한 진로 이론 중 특성요인과 관련된 진로선택 이론을 학습하고 이해하도록 한다.

1 Parsons 특성-요인이론 2017년, 2016년, 2014년 기출 ★

(1) 특성-요인이론 배경

Parsons는 직업지도 운동의 선두주자로 알려졌는데 초기 산업시대에 노동자 착취에 관심을 가졌고 이를 방지하기 위해 산업개혁이 필요하고, 근로자가 자신의 능력과 흥미에 맞는 직업을 선택하도록 교육과 사회제도를 개혁해야 한다는 것을 강조하였다. 청소년들에게도 관심이 많아 워싱턴과 보스턴의 중도탈락 학생들에 대한 연구를 하였고, 사망할 때까지 보스턴 교육 서비스를 위해 노력했다. Parsons의 주장은 다음과 같다.

① 개인분석, 직업분석, 과학적 조언을 통해 직업과의 매칭을 중요시한다.
② 자신의 강점과 약점을 포함하는 개인적 성향을 충분히 이해한다.
③ 주어진 직업에서의 성공 조건과 보상, 승진에 관한 정보를 획득한다.
④ 획득한 정보를 바탕으로 선택과정에서 '진실한 추론'을 해 나간다.
　㉠ Parsons 이후 많은 상담자, 교육자, 심리학자들은 위의 개념을 확장시켰고 개인 심리학의 발전은 과학적 측정을 통한 특성 확인을 통해 Parsons의 모델이 견고해졌다.
　㉡ Patterson은 진로상담자들을 위한 다양한 심리검사 도구를 개발하였고, Darley는 미네소타 특성-요인이론으로 유명해졌으며 Williamson은 Parsons를 이어 특성-요인이론의 대가로 떠올랐다.
　㉢ 미네소타 대학의 직업심리학자들은 특수적성검사, 인성검사 도구를 개발했으며 상담기법, 진단전략, 배치에 관한 정보를 담은 책도 펴냈는데 1977년에 「직업사전」을 출간하였다.

(2) 특성-요인 이론

① 특성-요인 진로상담의 기본은 변별진단(Differential Diagnosis)이다. 진로의사결정에 나타나는 다양한 문제를 진단하는 데 도움을 주기 위해 Williamson(1939)은 4가지 범주를 제시하였다. 2021년, 2020년, 2017년 기출 ★

진로 무선택	공식적 교육을 마쳤음에도 내담자는 자신의 선택을 표현하지 못하고 자신이 무엇을 원하는지 모른다고 한다.
불확실한 선택	내담자가 직업을 이미 선택했고 그 직업이 무엇인지 말할 수도 있지만 자신의 결정에 대해 의심한다.

현명하지 못한 선택	내담자의 능력과 흥미 간 불일치, 내담자의 직업이 요구하는 것들 간의 불일치를 의미한다. 즉, 내담자가 충분한 적성 능력을 갖고 있지 않은 직업을 결정했음을 뜻한다.
흥미와 적성 간의 모순	흥미를 가지고 있으나 그 흥미를 가질 능력이 부족한 경우로 적성이 있는 직업에는 흥미가 적고, 흥미가 있는 직업에는 적성이 낮은 경우 등이다.

② 그러나 Williamson의 진단체계뿐 아니라 다른 진단체계들의 결함이 발견되면서 Crites(1969)는 직업선택에 있어서 다양한 문제를 해결하기 위해 독립성이 있고 상호배타적인 진단체계를 고민하여 제시하였다.

구 분	직업선택 문제 정의
적응문제	• 적응된 사람은 자신의 흥미분야와 적절한 적성수준에서 직업을 선택한다. • 다양한 흥미가 있지만 직업선택을 할 때는 그 중 하나와 일치시킬 수 있다. • '확신이 없이' 상담하러 왔다 하더라도 그에게 큰 '문제는 없다.' • 부적응적 사람은 직업을 선택할 때 흥미와 적성이 일치하지 않는다. • 의사결정과정에서 완전한 불일치를 보여준다.
우유부단의 문제	가능성이 많은 사람은 두 번 이상의 선택을 하기도 하지만 흥미분야와 적성능력이 일치한다. 문제는 여러 대안 중 하나를 결정할 수 없다는 데 있다. 우유부단한 사람은 다양한 흥미를 가질 수 있고 적성능력이 높거나 보통이거나 낮을 수 있다. 문제는 미래에 갖고자 하는 직업에 확신을 갖고 말할 수 없다는 것이다. 즉, 미래에 갖고 싶은 직업에 확신이 없다는 것이다.
비현실성의 문제	비현실적인 사람은 자신의 흥미와 일치하거나 일치하지 않는 분야를 선택한다. 즉, 자신의 적성능력보다 높은 적성능력을 요구하는 직업을 선택한다. 수행 불가능한 사람은 흥미분야와 일치하지만 측정된 적성능력보다 낮은 적성을 요구하는 직업을 선택한다. 강요된 사람은 적절한 적성능력 수준에서 직업을 선택하지만 흥미와 일치하지 않는 직업을 선택한다. 문제는 적절하지 못한 흥미 영역에서 일어난다.

③ 상담의 과정

Parsons는 근로자와 직무를 가장 적합하게 연결시키는 3단계 과정(1909)을 만들었다.

㉠ 자신의 적성, 능력, 흥미, 자원, 한계, 기타 자질에 대해 명확하게 인지한다.
㉡ 다양한 직업에 대한 자격, 성공 조건, 장단점, 보상, 기회와 미래 등에 대한 지식을 탐색한다.
㉢ 위의 두 가지를 실천한 이후 자신에 대한 탐색과 정보를 통해 내담자가 진로를 선택하게 된다.
㉣ 이후 Williamson(1950)은 Parsons의 3단계를 좀 더 체계적으로 단계화하여 분석, 종합, 진단, 예측, 상담, 추수 지도 등 6단계로 체계화하였다. 2018년, 2015년 기출 ★

단 계	내 용	상담자 관여도
분석	다양한 자료에서 태도, 흥미, 가정환경, 지식, 교육을 통한 능력, 적성에 대한 자료를 수집한다.	상담자의 일방적 주도
종합	내담자의 독특성이나 개별성을 강조하기 위해 사례연구 기술과 검사목록에 의해 자료를 수집하고 요약한다.	상담자의 일방적 주도
진단	내담자의 문제와 특징을 선별하고 개인목록과 학문적, 직업적 능력목록을 비교하여 문제의 원인을 탐색한다.	상담자의 일방적 주도

Section 02 진로선택이론

단계	내용	상담자 관여도
예측	조정 가능성, 문제의 결과와 다양한 가능성을 판단한다. 대안이 가능한 방법들을 찾고 중요한 사안을 예측한다.	상담자의 일방적 주도
상담	미래나 현재에 적절하게 적응하게 하도록 내담자와 함께 이야기한다.	내담자의 능동적 참여
추수 지도	새로운 문제가 야기되었을 때 앞의 단계를 반복한다. 내담자가 바람직한 행동계획을 실행하도록 지속적으로 돕는다.	내담자의 능동적 참여

ⓜ 상담자의 역할
  ⓐ 상담자는 주로 교육자의 역할을 수행한다. 중재과정은 내담자를 교육하고 설득하며 상담자의 축적된 자료가 합리적이라고 확신시킨다.
  ⓑ 상담자는 내담자에게 큰 영향력을 행사할 뿐만 아니라 전문성, 신뢰, 매력 등이 중요하다고 보았다(Strong & Schmidt, 1970).

④ 특성-요인 이론 평가 2017년, 2016년 기출 ★
  ㉠ 특성-요인 이론에서는 객관적 절차, 즉 심리검사를 통한 개인의 특성을 타당하게 측정할 수 있다고 가정하는데 이 검사도구가 어떤 직업에서의 성공 여부를 정확하게 예측해주지 못한다는 예언타당도 문제, 측정된 검사 결과가 그의 특성을 정확하게 설명하느냐의 문제인 구인타당도의 문제가 대두된다.
  ㉡ 직업선택을 1회적 행위로 간주해 장기간에 걸친 인간의 직업발달을 경시하였고, 개인이 가진 다양한 특성 간의 역동성과 개인이 가진 여러 요인 중 어느 것을 고려하느냐에 따라 직업선택이 달라질 수 있다는 점을 고려하지 못했다.
  ㉢ 특성-요인 이론에서는 개인의 특성과 직업 간 관계를 보여주지만 개인의 특성이 어떻게 발달했는지, 개인이 왜 그런 특성을 갖게 되었는지에 대한 설명이 부족하다.
  ㉣ 개념이 단순하기 때문에 적용이 쉽지만 이론 자체로는 수많은 검사도구 중에 어떤 도구를 선택하는지, 그 검사결과를 어떻게 적용해야 하는지는 전적으로 상담가의 몫이기에 구조적이지 않다.

2 Holland의 성격이론 2018년, 2016년, 2014년 기출 ★

(1) 개관

① Holland는 2차 세계대전 중 군대에서 복무하는 군인들의 직업특성 분류를 제안하였다. 전쟁 이후 연구를 통해 분류체계를 개발하였고, Strong 흥미검사를 이용해 대학생들도 서로 다른 성격적 특성에 따라 서로 다른 직업과 적합도(fit)를 가진다는 것을 발견하였다.
② 「직업선택의 심리 : 성격유형과 모델 환경 이론」을 논문으로 발표(1966)하여 환경의 역할과 환경 측정에 대한 연구를 보고하였다.

③ 이후 1973년에 10가지 주요 이론에 근거한 연구들을 수행하면서 육각형 모형으로 배열한 「직업의 선택 : 진로이론」(Holland, 1973)에서 체계화하였다. 즉, 사람과 환경의 유형론을 논의했고 성격유형과 환경유형 간 유사도를 구체화하기 위해 육각형 모형을 사용하였다.
④ 발달적 측면과 이론적 구인을 측정하는 구체적인 방법도 제시하였다.

(2) 주요 가정

Holland 이론의 핵심은 4가지의 가정과 6가지의 유형, 5가지의 추가적인 특징으로 이루어졌다. 4가지의 가정은 다음과 같다.

① 대부분의 사람은 6가지의 성격유형(실재형, 탐구형, 예술형, 사회형, 기업형, 관습형) 중 하나로 분류된다.
② 환경에도 6가지의 직업 유형(실재형, 탐구형, 예술형, 사회형, 기업형, 관습형)이 있다. 각 환경 유형은 주어진 성격유형에 의해 결정되며 환경은 특정 문제와 기회를 포함하는 물리적 환경에 의해 특징지어진다. 예를 들어, 실재형인 사람들은 실재형 환경을 지배한다.
③ 사람들은 자신의 능력을 발휘하고 태도와 가치를 표현하며 이 특징에 부합되는 역할을 수행할 수 있는 환경을 찾는다.
④ 행동은 성격과 환경의 상호작용에 의해 결정된다. 만약 사람과 환경의 유형을 안다면 직업선택, 직업전환, 직업적 성취, 역량, 교육적 – 사회적 행동을 예측할 수 있다.

(3) Holland가 제시한 성격의 6가지 유형(RIASEC)(1963) 2020년, 2017년, 2016년 기출 ★

실재형 (Realistic)	• 기계, 도구, 동물에 관한 체계적인 조작활동을 선호한다. • 사회적 기술이 부족하다. • 기술자
탐구형 (Investigative)	• 분석적이고 호기심이 많고 조직적이며 정확하다. • 리더십 기술이 부족하다. • 과학자
예술형 (Artistic)	• 표현이 풍부하고 독창적이며 비순응적이다. • 규범적 기술이 부족하다. • 음악가, 미술가
사회형 (Social)	• 다른 사람과 함께 일하거나 타인을 돕는 것을 선호한다. • 도구와 기계를 포함하는 질서정연하고 조직적인 활동, 즉 기계적이고 과학적 능력이 부족하다. • 사회복지사, 교육자, 상담사
기업형 (Enterprising)	• 조직 목표나 경제적 목표를 달성하기 위해 타인을 조작하는 활동을 선호한다. • 상징적이고 체계적인 활동, 과학적 능력이 부족하다. • 경영인, 정치가
관습형 (Conventional)	• 체계적으로 자료를 잘 처리하고 기록을 정리하거나 자료를 재생산하는 것을 선호한다. • 심리적 활동이나 예술가적 능력은 부족하다. • 회계사, 사서

육각형 모형을 그림으로 표현하면 다음과 같다.

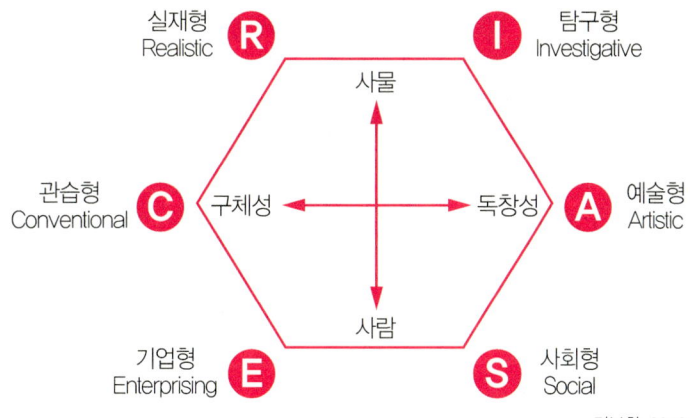

―김봉환, 2010

(4) 5가지의 추가적인 특징 2020년, 2017년, 2016년, 2015년, 2014년 기출 ★

Holland(1997)는 4가지 가정 외에도 1차적 개념에서 나온 설명이나 예측을 타당화하고자 5가지의 추가적인 특징을 제안하였다.

① **일관성(Consistency)** : 성격유형과 환경모형을 연결할 때, 어떤 쌍은 다른 쌍보다 더 가깝다. 예를 들어, 실제적(R)이면서 탐구적(I) 성격유형을 가진 사람은 관습적(C)이면서 예술적(A)인 성격유형의 사람보다 일관성이 높다는 뜻이다. 높은 일관성 수준은 긍정적 특징이고, 경력, 진로결정에 안정성을 준다.

② **변별성(Differentiation)** : 변별성은 사람이나 환경이 얼마나 잘 구별되는지를 의미한다. 즉, 특정 직업유형과 유사하면서 다른 유형과는 유사하지 않은 사람도 있고, 다양한 흥미유형에 골고루 유사하게 나오는 사람도 있다.

③ **정체성(Identity)** : 개인의 정체성은 인생의 목표, 흥미, 재능을 가질 때 획득할 수 있고 환경적 정체성은 통합된 목표, 일, 보상이 일관되게 주어질 때 생긴다.

④ **일치성(Congruence)** : 개인과 직업 환경 간 적합성 정도로 사람의 직업적 흥미가 직업 환경과 어느 정도 맞는지를 의미한다.

⑤ **계측성(Calculus)** : 계측성은 흥미유형과 환경유형 간 관계가 육각형 모형에 따라 결정될 수 있고, 육각형 모형에서 흥미유형이나 환경유형 간의 거리는 이론적 관계와 반비례한다.

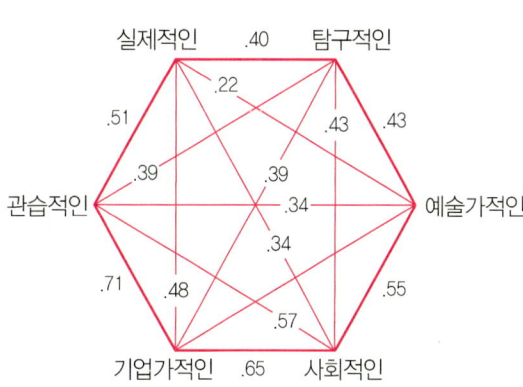

―김봉환, 2010

(5) 상담 과정

① 1단계 : 촉진적 관계 형성
  ㉠ 문제 진술
  ㉡ 내담자 관점 수용 및 생활양식 확인
  ㉢ 문제의 구체적, 우선순위 결정
  ㉣ 검사 소개, 상담 구조화하기

② 2단계 : 검사 실시
  ㉠ 검사 채점
  ㉡ 진로유형 결과
  ㉢ 진로유형 결정

③ 3단계 : 상담자 작업
  ㉠ 프로파일 형태, 긍정 응답률, 변별도, 일관도, 일치성 확인하기
  ㉡ 내담자 진로유형 개념화
  ㉢ 상담과정의 접근방법 개념화

④ 4단계 : RIASEC 유형 익히기
  ㉠ 내담자 진로코드 내면화 작업하기
  ㉡ 직업적 성격유형 이해하기
  ㉢ 진로유형에 대한 내담자의 이해와 만족도의 피드백
  ㉣ 내담자의 발달적 생활사 통한 자신의 유형 내면화하기

⑤ 5단계 : 직업 탐색 코드 및 직업군 탐색하기
  ㉠ 선택된 학과, 직업의 인터넷 및 직업 정보 통해 이해하기
  ㉡ 선택된 학과와 직업의 현장탐색, 생활양식 통합 관점에서 진로결정하기

⑥ 6단계 : 교육 및 훈련
  ㉠ 희망 직업을 갖기 위한 전공 또는 훈련 탐색하기
  ㉡ 선택된 학과의 인터넷 및 직업 정보 통해 이해하기
  ㉢ 선택된 학과에 대학의 현장탐색하기

⑦ 7단계 : 종결
  ㉠ 필요한 훈련이나 교육 권면하기
  ㉡ 진로에 따라 생애역할 구성하도록 격려하기
  ㉢ 생활계획표 만들기

(6) 이론에 대한 평가
① Holland의 이론은 조직화, 구조화, 단순화로 강력하다. 즉, 복잡하고 다양한 직업세계를 단순화해서 해석하는 데 유용한 방식이다.
② 특성이 잘 맞아 떨어지면, 즉 성격적 특성과 환경적 특성이 잘 맞으면 이 사람은 보다 성공적이고 만족스러우며 생산적인 직업생활을 하게 된다고 보았다.
③ 개인과 환경 간 상호작용에 대한 가설은 지지를 받지만 보다 많은 검증이 필요하다. 왜냐하면 변화하는 세계에서 서로 다른 특성이 함께 하는 이질성이 오히려 더 주목받는 시대이기 때문이다.

3 Roe의 욕구이론(직업선택이론) 2017년, 2016년, 2015년 기출 ★

(1) 개요
① 부모가 자녀에게 미치는 영향에 대한 논의의 선구자는 Freud지만 Freud는 일이 인간에게 주는 영향이나 중요성에 대해서는 거의 언급하지 않았다. 오히려 본격적으로 부모가 아동기 진로발달에 미치는 중요성에 대해 관심을 가진 사람은 Roe이다.
② Roe는 초기 아동기, 즉 12세 이전에 부모가 보여준 자녀양육방식이 진로선택에 영향을 줄 수 있다고 보았다.
③ 직업선택이 생물학적, 사회학적, 심리학적 개인차에 기초한다고 보았는데, 특히 부모가 자녀를 대하는 양육방식이 자녀의 심리적 욕구와 상호작용해서 직업선택이 이루어질 수 있음을 가정하였다.

(2) 직업분류체계
① Roe는 "직업만큼 모든 수준의 기본욕구를 충족시켜 줄 수 있는 단일상황은 없다."고 직업과 기본 욕구 충족의 관련성을 Maslow의 8단계 욕구위계설의 바탕으로 보고 인생 초기 경험과 진로 선택 관계 이론을 발전시켰다.
② 직업은 생리적 욕구와 안전의 욕구를 제공하며 동질집단과 일하는 것은 만족스러운 직업생활의 중요한 측면이자 그 집단 속 다른 동료에 의해 수용됨으로써 자존감을 증가시킬 수 있다는 것이다.
③ 개인이 이런 심리적 욕구를 발달시키는 과정에서, 특히 가정에서 부모가 자녀를 대하는 방식이 영향을 미치고 이것이 진로선택에도 연결된다.
　㉠ 즉, 부모의 태도 유형에 따라 자녀의 성격이 형성되는데, 특히 사람을 지향하거나 회피하는 태도가 형성되고 나아가 사람지향적인 직업이나 사람회피적인 직업과 관련된다는 것이다.

ⓛ 사람을 지향하는 것과 관련된 인간지향적 직업은 서비스직, 비즈니스직, 행정직, 문화직, 예능직, 사람을 회피하는 것과 관련된 비인간 지향적 직업은 기술직, 옥외활동직, 과학직의 서로 다른 8가지 직업군집과 관련된다(Roe, 1957). 2018년 기출 ★

ⓐ 수용형 : 온정적이며 수용적인 분위기에서 성장한 사람은 자신의 욕구를 사람에게서 충족시킨 경험이 많기 때문에 사람들과 접촉이 많은 서비스, 교직 등 직종에 종사하게 된다.

ⓑ 정서집중형 : 과보호형 부모는 자녀가 자신들이 원하는대로 했을 때만 사랑을 표현하므로 부모가 원하는 것과 부모의 감정에 민감하기 때문에 예민한 성격이 되어 예술계통의 직업을 선호하게 된다고 보았다.

ⓒ 회피형 : 부정적인 분위기에서 자란 사람들은 공격적이고 방어적인 성격을 갖게 되는데 사람들에 의해 충족된 경험이 거의 없기 때문에 사람과 접촉이 적은 기술직, 연구직 등 직업을 선호하게 된다.

ⓒ 이런 직업군은 직업활동과 관련된 인간관계의 특성과 강도에 따라 배열되는데 서로 가까이 위치한 군집들이 유사성이 강하다는 의미이다.

ⓔ **8가지 직업군집**(Roe & Clos, 1969) 2014년 기출 ★

서비스직	• 타인의 취향, 욕구, 복지에 관심을 갖고 봉사하는 것과 관련이 있다. • 사회사업, 보호지도, 가정적이고 보호적인 서비스 등 • 타인을 위해 무엇인가를 하는 환경
비즈니스직	• 일대일 만남을 통해 판매하는 것과 관련이 있다. • 공산품, 투자상품, 부동산, 용역 판매 사업 • 대인관계가 중요하지만 타인을 설득하는 환경
행정직	• 사업, 산업체, 정부기관 등에서 일하는 관리직이 해당한다. • 기업의 조직과 효율적 기능과 관련된 직업 • 인간관계보다는 업무, 수치, 정확성 등을 선호하는 환경
기술직	• 상품과 재화 생산, 유지, 운송과 관련이 있다. • 운송, 정보통신 관련 직업, 공학, 기능, 기계, 무역과 관계된 직업 • 대인관계는 중요하지 않고, 사물을 다루는 환경에 더 관심이 있다.
옥외활동직	• 농산물, 수산자원, 지하자원, 임산물, 기타 천연자원 개간, 보존, 수확, 축산과 관련이 있다. • 기계의 발전으로 이 군집에 속했던 직업이 군집 4(기술직)로 이동 • 대인관계는 거의 없는 환경
과학직	• 기술과는 달리 과학이론과 그 이론을 특정 환경에 적용하는 것과 관련이 있다. • 심리학, 인류학, 물리학, 의학직도 포함 • 인간관계 지향도 있고 비인간관계 지향도 있다.
보편적 문화직	• 보편적 문화유산의 보존과 전수와 관련된다. • 교육, 언론, 법률, 성직, 언어학, 인문학 • 개인보다는 인류 활동에 관심이 더 많다.
예능직	• 창조적 예술과 연예에 관련된 특별 기술 사용과 관련이 있다. • 예술직, 연예직 • 개인과 대중, 조직화된 집단과 대중 사이의 관계에 초점을 둔다.

ⓜ **직업수준** : 위의 각 직업군집이 기본적으로 개인의 욕구구조와 함수를 이루지만 각 군집은 책임, 능력, 기술 정도에 따라 몇 개의 단계로 아래와 같이 구분된다.

전문적, 관리적 단계 1	• 독립적 책임을 지는 전문가, 개혁자, 창조자, 최고 경영 관리자 • 중요하고 독립적이며 다양한 책임을 부여 • 정책 수립 • 박사나 이에 준하는 정도의 교육
전문적, 관리적 단계 2	• 자율성은 있으나 단계 1보다 영역과 책임 수준이 낮음 • 중요도나 다양성의 측면에서 타인에 대한 중간 수준의 책임 • 정책 해석 • 석사 학위 이상, 박사와 그에 준하는 교육보다 낮은 수준의 교육
반전문적 소규모	• 타인에 대한 낮은 수준의 책임 • 정책 적용 • 자신만을 위한 의사결정 • 고등학교, 기술학교, 그에 준하는 교육
숙련직	• 견습 • 다른 특수한 훈련과 경험 필요
반숙련직	• 약간의 훈련과 경험을 요구하지만 4단계보다 낮은 수준 • 훨씬 더 적은 자율과 주도권
비숙련직	• 특수한 훈련, 교육이 필요하지 않음 • 간단한 지시, 단순한 반복활동 종사

ⓑ 각 군집 내 성취수준은 개인의 능력이나 사회·경제적 배경요인에 영향을 받는다. Roe는 8개의 각 직업군과 함께 곤란도와 책무성을 고려한 8×6 구조를 만들었다(Zunker, 2004).

(3) 진로상담 과정

진로선택 이론은 직접적인 진로상담이 아니기 때문에 이러한 이론을 가지고 어떻게 상담에 적용할 수 있는지에 대해 아래와 같이 정리하였다(Lunneborg, 1990).

① 평가하기
   ㉠ 내담자가 어떤 문제로 상담에 왔는지 파악한다.
   ㉡ 심리적 욕구에 근거해서 직업선택을 한다고 보았기 때문에 일차적으로 내담자가 현재 진로와 관련해서 어떤 욕구를 가지고 있는지 파악한다.

청소년인 경우	자신의 욕구에 대한 인식이 부족할 수 있다.
	자신의 욕구를 자각하고 있으나 어떤 직업이 이 욕구를 충족시켜줄 수 있는지에 대한 정보가 부족할 수 있다.
성인인 경우 (이미 직업세계 진입)	현재 직업이 진로욕구를 충족시켜 주지 못할 수 있다.
	실직했을 경우, 내담자가 가진 진로욕구 재확인이 필요하다.

② 정보수집하기
    ㉠ 내담자가 갖게 된 진로욕구를 탐색함으로써 내담자에 대한 이해를 높인다.
    ㉡ 내담자의 진로욕구를 충족시켜줄 직업세계에 대한 다양한 정보를 수집한다.
    ㉢ 구체적 질문을 통해 내담자가 정리하는 과정이 필요하다.
    ㉣ 내담자 자신이 갖게 된 진로욕구를 새로운 시각으로 평가해 본다.
③ 탐색적 면담하기
    ㉠ 상담자는 내담자에게 자신이 찾는 직업을 갖고 있는 사람들을 만나도록 권유한다.
    ㉡ 이 과정을 통해 내담자 자신이 선택한 학과나 직업이 자신이 기대하는 구체적인 욕구를 충족시켜줄 수 있는지 확인한다.
    ㉢ 생각했던 대로 일이 자신과 일치하는지, 어떤 사람들이 이 분야에서 성공하는지, 보수는 어떤지, 장래는 어떤지 경험하게 한다.
    ㉣ 최종 결론에 이를 수 있도록 돕는다.
④ 활동계획 구축하기
    ㉠ 목표에 도달하기 위해 구체적인 계획을 세우도록 돕는다.
    ㉡ 몇 년 단위의 계획을 세우는 구체적인 진로활동 계획을 세운다.
    ㉢ 보다 장기적인 차원에서 성인기의 활동까지 진로계획을 세워본다.

(4) Roe 직업선택이론 평가(Roe & Lunneborg, 1990)

① 분류체계로서의 공헌도, 내담자가 매칭 준비가 되었을 때 매우 유용하다.
② 특히 직업선호도 검사, 직업흥미검사, 직업명사전과 같은 분류체계 영향을 주었다.
③ 미국의 다양한 기관 내 진로상담 프로그램이나 진로방법에도 Roe의 분류체계가 적용되고 있다.
④ 부정적 평가 2020년, 2017년 기출 ★
    ㉠ 실증적 근거가 결여되어 있고 진로상담을 위한 구체적인 절차를 제공하는 데 약하다.
    ㉡ 이론을 검증하기가 어려운데 왜냐하면 부모－자녀의 관계는 Roe의 이론처럼 획일적이거나 단순하지 않고 복합적이기 때문이다.

4 Krumboltz의 사회학습이론 2021년, 2018년 기출 ★

(1) 개요 2016년 기출 ★

개인의 진로에 영향을 미치는 4가지 요인이 있다고 하였다(Mitchell & Krumboltz, 1996).

① 선천적으로 타고난 능력
    ㉠ 학습된 것이 아니라 물려받거나 타고난 개인의 특성
    ㉡ 신체적 외모, 질병에 걸릴 소인(가족력), 기타 기질

Section 02 진로선택이론

② 환경적 상황과 사건들
  ㉠ 개인의 진로에 영향을 미치는 다양한 여건들도 한 개인의 진로에 영향을 미친다.
  ㉡ 진로에 영향을 미치는 사건들 중에서도 통제를 벗어나거나 우연적인 사건들도 존재한다.
  ㉢ 일의 기회, 소수민족 보호와 같은 사회정책, 직업에 제공되는 보상, 노동법, 물리적 여건, 자연환경, 기술의 발전, 사회조직의 변화, 가족자원, 교육체제, 공동체 및 지역사회 영향 등 12가지 환경 조건(Mitchell & Krumboltz, 1996)

③ **학습경험** 2018년, 2016년, 2015년 기출 ★
  이전에 어떤 경험을 했느냐가 진로에 선호도 경향을 갖게 한다는, 즉 학습경험의 결과로 보았다. 학습경험은 도구적 학습경험, 연합적 학습경험이 있다.
  ㉠ **도구적 학습경험**(조작적 조건화)
    ⓐ 행동과 그 행동의 결과와의 관계를 학습하게 된다.
    ⓑ 행동의 결과가 긍정적이라면 그 행동은 증가할 것이다(강화).
    ⓒ 사람이 행동의 결과로 긍정적인 것을 경험했느냐, 부정적인 것을 경험했느냐에 따라 어떤 일에 대한 호감 여부가 달라질 수 있다는 것이다.
  ㉡ **연합적 학습경험**(고전적 조건화)
    ⓐ 이전에는 중립적 자극이던 것이 긍정적이거나 부정적 자극과 함께 짝지어 경험되면서 부정적이거나 긍정적인 자극의 성격을 갖게 되는 것이다.
    ⓑ 고전적 조건화 : 자동차 사고를 경험한 사람은 자동차에 대해 부정적 느낌을 갖게 되고 자동차와 관련된 직업은 싫어하는 태도를 가질 수 있다.
    ⓒ 관찰 : 교사나 버스기사의 직업을 관찰하는 경험을 하고, 그 관찰 경험이 긍정적이라면 그 직업에 대한 호감을 가질 수 있을 것이다.
    ⓓ 대리학습 : 자신이 직접 경험하지 않더라도 타인의 행동에 대한 직접 관찰이나 영화, 책 등을 통해 하는 간접관찰을 통해 학습할 수 있다.

④ 과제접근기술
  ㉠ 개인이 자신에게 맞는 진로를 선택하기 위해 매우 중요한 능력
  ㉡ 신천적 능력, 환경적 상황, 학습 경험에 기반하여 갖추게 되는 기술
  ㉢ 수행에 대한 기대, 업무습관, 인지적 과정, 정서적 반응 등을 포함

(2) 기본 가정 2015년 기출 ★
① 진로상담의 목표는 한 번의 진로의사결정을 도우려는 것이 아니라 내담자가 보다 만족스러운 진로와 인생을 살아가기 위한 행동을 배우도록 돕는 것이다.
② 진로관련 심리검사는 개인 특성과 직업특성을 매칭하기 위한 것만이 아니라 내담자의 학습을 촉진하기 위해 활용하도록 한다.

③ 상담자는 내담자가 탐색적 활동에 집중하면서 우연히 일어난 일을 쉽게 활용할 수 있도록 한다.
④ 또한, 상담이 효과적인지는 상담실 밖에서 내담자가 점점 변화하는 모습에 달렸다.

(3) 진로와 관련된 내담자의 인지

① 진로신념검사(CBI ; Career Belief Inventory) : 내담자의 진로발달 및 진로선택을 방해하는 생각이나 가정을 좀 더 명확하게 해서 상담에서 그 방해 요인을 좀 더 구체적으로 다루기 위해서 개발되었다. 이 검사는 크게 5개의 영역, 25개의 척도, 96문항으로 구성되어 있고 5점 척도로 평정한다.

영역	내용	척도
영역1	나의 현재 진로 상태	• 취업상태 • 진로를 계획하는 것에 대한 불안 • 진로계획 • 자유롭게 이야기하려는 의지
영역2	나의 행복을 위해 필요하다고 생각되는 것	• 성취 • 좋아하는 일 • 구조화된 업무환경 • 대학교육 • 앞서고자 하는 의욕
영역3	나의 결정에 영향을 미치는 요인들	• 책임이 누구에게 있는가 • '전문가'에 대해서 기대하는 것은 무엇인가 • 누구를 기쁘게 하려고 하는가 • 누구와 경쟁하는가 • 선택하고자 하는 것이 얼마나 다양한가 • 진로가 얼마나 경직되어 있는가
영역4	내가 이루고자 하는 변화	• 초기에 훈련받은 것과 다른 것을 하고자 하는가 • 새로운 직업을 찾아보려 하는가 • 직장을 옮기려 하는가
영역5	내가 주도적으로 문제를 해결하고자 하는 노력	• 기술을 향상시키려고 하는가 • 어떤 힘든 일이 있을 때 일을 시작해 보기도 전에 무기력해 있지는 않은가 • 직업훈련 받는 것을 싫어하지 않는가 • 현재 직장에서 좀 더 잘 지내기 위해 어떻게 해야 하는지 알고 있는가 • 자신을 방해하고 있는 장애물은 무엇인가 • 성공하기 위해서는 고된 일도 있기 마련이라는 생각을 하는가

(4) '계획된 우연' 모형 2016년 기출 ★

① 개요 : 한 개인의 진로발달 과정에서 나타나는 우연적인 사건에 주목하여 이 사건이 그 사람의 진로에 긍정적으로나 부정적으로 작용하게 된다고 하였다. 사람들의 노력 여하에 따라 이 예기치 않은 사건들이 긍정적으로 작용하는 경우를 가리켜 '계획된 우연(Planned Happenstance)'이라고 불렀다(Mitchell, Levin & Krumboltz, 1999). 이 예기치 않은 사건을 만나는 것을 능력으로 보았는데, 이는 저절로 생기는 것이 아니라 교육하고 가르칠 때 갖춰질 수 있는 것으로 호기심(Curiosity), 인내심(Persistence), 융통성(Flexibility), 낙관성(Optimism), 위험감수(Risk-Taking) 등이 있다.

② 4단계(Mitchell, Levin, Krumboltz, 1999)

진로상담 과정에 '계획된 우연'을 접목할 때 다음과 같은 4가지 단계를 제시하였다.

㉠ 1단계 : 내담자로 하여금 '계획된 우연'은 삶에서 자연스럽게 일어날 수 있는 것임을 받아들이도록 한다.

> ※ 1단계에서 할 질문들
> - 계획하지 않은 일들이 ○○씨의 진로에 어떤 영향을 주었나요?
> - ○○씨는 어떻게 그런 각각의 일들이 ○○씨 자신에게 영향을 미치도록 할 수 있었나요?
> - 앞으로도 ○○씨의 삶에서 계획하지 않은 일들이 일어날 수 있을텐데, 어떻게 느끼나요?

㉡ 2단계 : 내담자가 갖는 호기심을 학습과 탐색을 위한 기회로 활용하도록 한다.

> ※ 2단계에서 할 질문들
> - ○○씨는 어떨 때 호기심을 느끼게 되나요?
> - 우연한 사건(일)들이 어떻게 ○○씨의 호기심을 자극했나요?
> - 자신의 호기심을 높이기 위해 어떤 행동을 했을까요?

㉢ 3단계 : 자신의 진로에 우연적인 일들을 바람직하게 만들어 내도록 가르친다.

> ※ 3단계에서 할 질문들
> - 자신에게 일어났으면 하고 바라는 우연적인 일이 있다면 어떤 것이 있을까요?
> - 그런 좋은 일이 일어나기 위해 지금 ○○씨가 할 수 있는 일은 무엇일까요?
> - 만약 ○○씨가 아무 것도 하지 않으면 인생은 어떻게 될까요?

㉣ 4단계 : 실천하는 데 방해되는 것들을 극복하도록 가르친다.

> ※ 4단계에서 할 질문들
> - 지금까지 ○○씨가 원하는 것을 할 때 어떤 어려움을 겪어 왔나요?
> - 다른 사람들은 그런 어려움을 어떻게 극복하던가요?
> - ○○씨는 어떻게 그런 어려움을 극복하려는 첫 시도를 할 수 있을까요?

(5) Krumboltz의 사회학습이론 평가

① 흥미 영역에 초점을 둔 진로상담이 주인 진로상담에서 독보적인 영역을 개척하였고 지시적인 상담이나 보다 구조화된 상담을 선호할 때 적합한 상담이다.

② 진로신념검사는 진로상담 초반에 진로를 방해할 수 있는 요인을 찾아 구체적인 상담으로 이어질 수 있게 하는 검사지만 다수의 문항을 그대로 번안하여 적용하기에는 한국 상황에 적절하지 않은 문항들이 있다(이경희, 2001). 개인 상담이 아닌 소그룹 단위, 학급 단위 등으로 진행하거나 진로에 방해되는 것뿐 아니라 진로에 도움이 되는 것도 생각하는 등의 대안이 필요하다.

③ 실제 삶에서 겪을 수 있는 예기치 못한 다양한 일들을 자신의 진로에 유용하게 사용하도록 가르치는 것은 중요한데, 이를 위해 보다 구체적인 사례집을 만들고 내담자를 교육하는 자료를 보완하는 것이 필요하다.

5 Dawis와 Lofquist의 직업적응이론

(1) 개요 2015년 기출 ★

① 1965년 장애인들을 대상으로 한 미네소타 직업재활 연구의 일부로 처음 발표되었고, Dawis와 Lofquist가 경험 연구들을 종합하여 이론을 발표하였다.
② 직업적응이론은 주로 미네소타 대학에서 이론을 발표한 연구자 집단에 의해 연구되어 왔는데, 이후 이론의 적용 영역 대상을 확장한 개인-환경 조화이론(Person-Environment Correspondence Theory)으로 수정되었다.
③ 직업적응이론이 개인의 직업행동을 설명하는 반면, 개인-환경 조화이론에서는 가족 문제 등 기타 영역까지 확대하여 적용하고 있으나 처음 나왔던 직업적응이론이 더 광범위하게 사용되고 있다.
④ 직업적응이론은 크게 개인에 대한 성격이론, 직업을 설명하는 직업환경이론, 개인과 환경과의 관계를 설명하는 직업적응이론으로 구분된다.

(2) 성격 이론

개인의 성격은 성격구조와 성격양식을 통해 파악이 가능하다.

① 성격구조
  ㉠ 개인의 능력과 가치의 목록, 이들 간의 관계를 의미한다.
  ㉡ 가치는 욕구와 기술을 통해 드러난다.
  ㉢ 욕구와 가치의 관계는 기술과 능력의 관계와 동일하다.
  ㉣ 직업적응이론에서 개인의 성격 구조를 파악하는 데 가치와 능력 파악을 중시한다.
  ㉤ 가치와 능력은 개인이 성장하면서 경험하는 환경에서 강화에 의해 안정된다.

② 성격양식
  ㉠ 성격구조가 작동하는 방식을 의미한다.
    ⓐ 민첩성 : 환경과의 작용에서 빨리 혹은 천천히 반응하는 정도
    ⓑ 속도 : 활동수준이 높거나 낮은 정도
    ⓒ 리듬 : 활동수준의 패턴이 안정적이거나 특정한 사이클이 있는지의 여부
    ⓓ 지속성 : 환경과의 상호작용에서 반응의 길이

© 개인의 성격 중 직업과 밀접하게 관련되는 부분을 직업성격이라 하는데 직업성격은 일반적성검사(General Aptitude Test Battery ; GATB)와 개인의 욕구와 가치를 평가하는 미네소타 중요도 검사(Minnesota Importance Questionnaire ; MIQ)를 통해 평가할 수 있다.

③ 직업적응이론과 관련된 검사도구 2020년 기출 ★

  ㉠ MIQ(미네소타 중요도 검사, Minnesota Importance Questionnaire) : 개인의 일과 환경에 대한 20개 욕구와 6개 가치관을 측정하는 도구로 190문항으로 구성되었다. 6가지 가치관은 성취, 안정, 안전, 지위, 이타성, 자율성 등이다.
  ㉡ JDQ(직무기술 검사, Job Description Questionnaire) : 일의 환경이 MIQ에서 정의한 20개 욕구를 만족시켜 주는 정도를 측정하는 도구로 하위척도는 MIQ와 동일하다.
  ㉢ MSQ(미네소타 만족도 검사, Minnesota Satisfaction Questionnaire) : 직무만족의 원인이 되는 일의 강화요인을 측정하는 도구로 능력의 사용, 성취, 승진, 활동, 다양성, 작업조건, 회사의 명성, 인간자원의 관리체계 등 척도로 구성되어 있다.
  ㉣ MOCS III(미네소타 직업분류체계, Minnesota Occupational Classification System III)

직업적성	지 각	높은 수준/평균/중요하지 않은 수준
	인 지	
	동 작	
직업강화인	내적강화	높은 수준/평균/중요하지 않은 수준
	사회적 강화	
	환경적 강화	
6가지 세부요인과 세 수준을 중심으로 1,769개의 직업으로 분류되어 있다.		

  ㉤ MSS(환경의 충족정도, Minnesota Satisfactoriness scales) : 환경의 충족 혹은 만족 정도를 측정하는 척도이다.

(3) 직업적응 이론

① 개인이 환경과 조화를 이루려 하고, 이를 유지하려는 기본적인 동기를 가지고 있다. 직업은 개인이 조화를 이루려고 하는 가장 주된 환경이다.
② 개인과 환경이 서로가 원하는 것을 충족시켜줄 때 조화롭다고 할 수 있는데 개인은 환경이 원하는 기술을 가지고 있고 직업환경은 개인의 욕구를 충족시켜줄 강화인을 가지고 있을 때 조화로운 상태가 된다.
③ 개인과 환경간 조화는 변화할 수 없는 특성에 의해 맺어지는 정적인 과정이 아니라 서로 조화를 이루려고 노력하는 역동적인 과정이고, 이를 직업적응이라고 한다.

④ 직업적응에서 중요한 2가지 개념 2020년 기출 ★
  ㉠ **만족** : 조화의 내적지표. 직업환경이 개인의 욕구를 얼마나 채워주고 있는지에 대한 개인의 평가이다. 개인의 욕구에 대한 직업의 강화가 적절히 이루어질 때 만족이 높아진다고 보았다.
  ㉡ **충족** : 조화의 외적지표. 직업에서 요구하는 과제와 이를 수행할 수 있는 개인의 능력과 관련된다. 직업환경이 요구하는 과업을 수행할 수 있는 기술(능력)을 개인이 가지고 있을 때 직업의 요구가 충족된다고 보았다.

⑤ 만족과 충족, 직업적응과의 관계

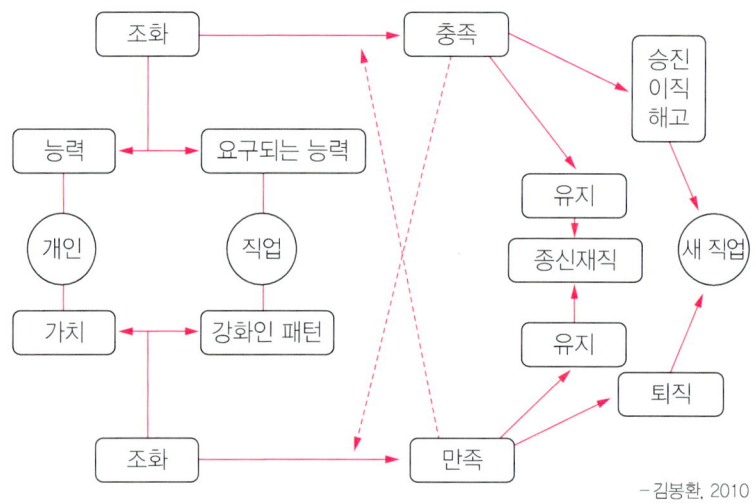

— 김봉환, 2010

⑥ **직업적응양식** 2020년, 2018년, 2017년, 2016년, 2014년 기출 ★

직업적응은 역동적인 과정으로 개인의 성격에 따라 환경과 조화를 이루기 위해 사용하는 행동이 저마다 다르게 나타나기 때문에 개인별 적응양식에 따라 적응과정이 달라질 수 있다. 적응양식의 중요한 4가지 측면은 다음과 같다.

  ㉠ **유연성** : 개인-환경간 부조화가 일어났을 때 대처반응을 하기 전에 부조화를 견딜 수 있는 정도이다. 예를 들어, 유연성이 낮을수록 작은 부조화에도 견디지 못하고 대처반응을 하게 된다.
  ㉡ **적극성** : 개인-환경 간 부조화의 정도가 유연성의 범위를 넘어설 때, 환경을 변화시킴으로써 대처하는 방식이다.
  ㉢ **반응성** : 개인-환경간 부조화 정도가 유연성의 범위를 넘어설 때, 자신의 직업성격을 변화시킴으로써 대처하는 방식이다.
  ㉣ **인내** : 환경과의 부조화가 있을 때 환경을 떠나지 않고 부조화를 견뎌내는 것이다. 대처전략을 이용해서 환경과의 조화를 이루기 위해 노력하는 기간과 관련된다.

⑦ 직업적응양식 차원들 간의 관계

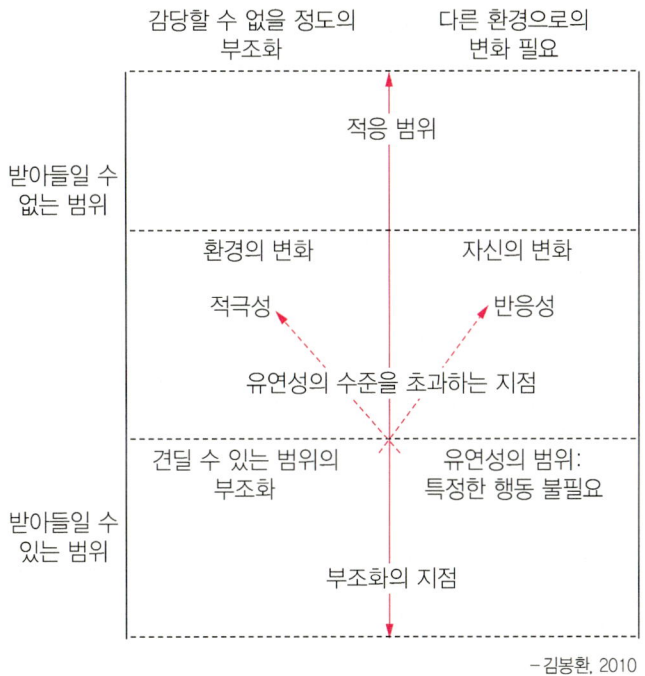

－김봉환, 2010

(4) 직업상담의 실제

① 개인의 가치－직업의 강화인 간 조화 및 직업의 요구－개인의 능력간 조화를 측정할 때 두 프로파일간 조화를 어떻게 조작하는지가 중요하다.
② 두 개의 프로파일을 비교할 때 비교할 수 있는 정보는 크게 점수의 상승 정도, 분산 정도, 프로파일 모양 등 3가지이다.
③ 점수의 상승 정도는 2개 프로파일에서 척도의 평균점수를 비교하고, 분산정도는 프로파일의 표준편차를, 프로파일 모양은 척도의 상승 순위를 비교함으로써 프로파일 간의 조화 정도를 평가한다.
④ 이때 두 프로파일의 모양을 비교하는 것이 만족도와 상관이 가장 높은 것으로 나타났다.

(5) Dawis와 Lofquist의 직업적응이론의 평가

① 직업적응이론에 관한 연구들은 6, 70년대에 많이 발표되었으나 80년대 중반 이후부터 축소되었는데, 90년대 이후 인지이론이 강세를 보이면서 행동주의 이론에 근거를 둔 직업적응이론도 전반적으로 쇠퇴하였다.
② 보다 많은 직업에서 직업환경의 요구와 강화인 패턴에 대한 파악이 필요하다.
③ 가치의 명료화 과정과 안정성, 개인－환경간 조화와 만족의 관계에서 모든 가치가 조화로워야 만족도가 높아지는지에 대한 연구가 더 필요하다.

Section 03 진로발달이론

> **학습목표**
> 진로 이론 중 발달적 관점으로 분류한 다양한 이론을 명확하게 숙지한다.

1 Ginzberg의 발달이론 2018년 기출 ★

(1) Ginzberg(1951)는 정신과 의사, 사회학자, 심리학자 등으로 구성된 연구팀을 이끌면서 직업선택 이론을 개발하고 검증하여 처음으로 직업선택이론을 발달적 관점에서 접근하였다. 즉, 개인의 진로(직업) 선택 행동을 일회적으로 이루어지는 것이 아니라 상당한 기간에 걸쳐 이루어지는 일련의 발달과정으로 보았다.

(2) 이러한 발달과정이 대체로 주변 환경에 따라 쉽게 변하지 않는, 즉 불가역적 특성을 지닌다.

(3) 그 과정의 모든 선택은 적성, 흥미, 능력, 가치관 및 성격 등의 개인의 내적 요인과 외부의 현실적인 요인을 고려한 타협(Compromise)의 결과로 보았다.

(4) **진로발달단계** 2017년, 2016년 기출 ★

  ① 환상기(Fantasy Period)
    ㉠ 6~10세의 아동기에 해당한다.
    ㉡ 이 단계에서는 진로에 대한 관심이 놀이를 통하여 표출되고 이러한 관심은 부모나 주변 환경의 영향을 받는다.
    ㉢ 이 시기의 진로 활동은 직업에 대한 선호도를 표출하는 것에서 그친다.

  ② 잠정기(Tentative Period)
    ㉠ 11~18세의 청소년기에 해당한다.
    ㉡ 세부 단계
      ⓐ 흥미단계(Interest Stage) : 11~12세경, 자신이 좋아하는 것과 싫어하는 것을 보다 명확하게 결정하는 시기로 자신을 인식하게 된다.
      ⓑ 능력단계(Capacity Stage) : 12~14세경, 자신이 흥미를 가지고 있는 분야에 대한 직업적 열망과 능력을 시험해보려 하며 직업에 대한 보수, 교육, 훈련에 대하여 인식하는 시기이다.
      ⓒ 가치단계(Value Stage) : 15~16세경, 자신의 직업선호와 직업유형에 대하여 명확하게 지각하고 가치관과 생애목표에 비추어 자신의 직업선호와 유형을 평가하는 시기로서 진로선택을 결정하는 데 주관적 가치가 더 큰 비중을 차지한다.
      ⓓ 전환단계(Transition Stage) : 17~18세 전후, 이 시기의 직업선호와 진로선택에서는

개인의 흥미나 가치관과 같은 주관적 요인보다는 직업 환경 등의 외적 요인들에 주의를 기울이고 관심을 보이면서 이전 시기보다 좀 더 현실적인 측면을 강조한다.

③ **현실기(Realistic Period)** 2016년, 2015년 기출 ★

18~22세경에 해당되며, 이 시기는 개인의 흥미, 능력, 가치, 교육기회와 더불어 직업의 요구조건, 작업환경 등의 외적 요인을 고려하여 진로를 선택하고자 한다.

㉠ **탐색 단계(Exploration Stage)** : 대학 입학 초기단계로서 직업선택에 필요한 교육, 경험을 쌓는 시기이며 이때의 진로선택은 대부분 애매모호하고 결단력이 부족하다.

㉡ **구체화 단계(Crystallization Stage)** : 개인의 가치, 성격, 적성 등의 주관적 요소와 직업환경 등의 외적 요소를 통합하여 진로를 선택하고, 선택한 진로영역에 대한 목표를 세우고 집중하는 시기로 언제든지 변화가 가능해 '유사 결정의 시기'라고도 한다.

㉢ **특수화 단계(Specification Stage)** : 자신이 선택한 진로의 목표를 수행하기 위하여 전문교육을 받거나 훈련하고 세밀한 계획을 세우며 실천하는 시기로 정서적 안정, 개인적 요인, 가정의 사회·경제적 위치 등에 따라 빠를 수도 있고 늦어질 수도 있다.

(5) Ginzberg의 발달이론의 평가

① 초기 연구는 생애 초기의 진로선택이 중요하다고 강조했지만 갈수록 진로발달을 전생애적 과정으로 받아들이고 있다.

② 교육장면에서 발달단계별 과제를 제시해 학생 수준에 적합한 진로지도와 교육이 이루어질 수 있도록 한 것이 가장 큰 공헌이라 할 수 있다.

③ 그러나 연구대상이 미국의 중산층 백인 남성 청소년이므로 다른 민족이나 여성, 농어촌 지역 등에 일반화하는 데 제한적이다.

2 Super의 생애진로발달이론

(1) 개요 2014년 기출 ★

① 가장 포괄적이고 종합적인 진로상담 이론으로 Ginzberg 등 종전의 진로발달이론가들의 한계를 극복하고자 하는 노력에서 시작되었다.

② 진로발달과정의 다양하고 복합적인 현상을 아우를 수 있는 종합적인 이론을 만들고자 하였다.

③ 이러한 Super의 시도는 그의 이론을 '전생애−생애공간이론'이라는 것으로 만들었다.

(2) Super이론의 14가지 가정 2017년, 2016년 기출 ★

① 각 개인은 능력, 성격, 필요, 가치, 흥미, 특질, 자아개념이 서로 다르다.

② 사람들은 각기 이런 특징들의 조합을 통해 다양한 직업에 어울리는 자격을 갖추게 된다.

③ 각 직업은 특정한 능력과 성격특성을 요구한다.
④ 직업선호, 역량, 여건, 자아개념 등은 시간의 흐름과 경험의 정도에 따라 변한다. 특히 사회학습의 산물인 자아개념은 청소년 후기부터 성인기에 이르기까지 연속적인 선택과 적응을 하면서 점차 안정이 된다.
⑤ 이런 자아개념의 변화과정은 성장, 탐색, 확립, 유지, 쇠퇴 등 일련의 대순환 생애단계를 거치는 동시에 각 단계별로 소순환, 즉 각 단계 사이의 전환기에 발생한다.
⑥ 진로유형의 특성은 부모의 사회·경제적 수준, 지적능력, 교육, 기술, 성격특성, 진로성숙도, 기회 등에 의해 결정된다.
⑦ 특정 생애진로 단계의 맥락에서 환경의 요구에 대처하는 능력은 개인이 이들 요구에 대처하는 준비도에 달려있다.
⑧ 진로성숙도는 가설적인 구인이며 단일한 특질이 아니다. 진로성숙도는 지능보다는 간결하면서도 포괄적인 방식으로 개념화된다.
⑨ 생애 단계를 통해 진로발달은 능력과 흥미를 성숙시키고, 현실검증과 자아개념의 발달을 촉진한다.
⑩ 진로발달과정은 직업적 자아개념의 발달과 실행과정이다. 자아개념은 타고난 적성과 신체적 특징, 여러 역할을 관찰하고 수행하는 기회, 역할수행에 대한 평가 간 상호작용을 통한 산물로서 통합적이고 타협적인 과정이다.
⑪ 개인과 사회적 요인, 자아개념과 현실간 통합과 타협의 과정은 역할수행과 피드백을 통한 학습의 과정이다.
⑫ 직업만족과 생애만족은 개인의 능력, 필요, 가치, 흥미, 성격특성, 자아개념에 따라 다르다.
⑬ 직업만족도는 자아개념을 실행할 수 있는 정도에 비례한다.
⑭ 직업은 대부분 인간에게 삶의 중심이다. 특정한 직업이 없거나 직업 자체가 그들에게 주변적인 기능을 하는 사람에게도 여가활동과 집안일 등이 중심이 될 수 있다.

(3) 자아개념, 진로성숙, 진로적응 2020년, 2016년 기출 ★

① 어떤 역할, 상황, 지위에서 특정한 기능을 수행하고 있으며 일련의 복잡한 관계 속에서 자신에 대한 상(image)을 제공하는데 이 개념은 심리사회적 개념이다.
② 아치문 모형과 생애진로무지개 모형을 통해 다양한 개인적·상황적 결정요인이 전 생애 과정에서 개인이 수행하는 다양한 생애역할을 형성하고, 개인적이거나 상황적인 결정개념이 개인의 자아개념 발달과 상호작용하면서 영향을 미친다.
③ 아치문 모형과 생애진로무지개 모형을 통해 진로발달의 종단적 과정과 특정 상황에서 나타나는 중요 진로의사결정의 내용을 설명하였다.
④ 아치문의 왼쪽 기둥은 성격, 흥미, 가치, 적성, 욕구 등의 개인심리적 측면을, 오른쪽 기둥은 노동시장, 사회, 학교, 지역사회 등의 사회적 측면을 나타내고 진로발달단계에 따라 개인심리적 요인과 사회적 요인의 상호작용 속에서 개인의 역할 자아개념이 발달하게 된다.

⑤ 자아개념은 객관적인 동시에 주관적인 요소를 포함한다. 즉, 생애이야기는 생애경험에서 의미를 갖는 우리 자신의 주관적 세계를 보여주고 이를 통해 우리가 환경과 상호작용하면서 진로를 선택하게 되고, 진로선택 후 경험들은 다시 우리의 자기이해에 영향을 주게 된다.
⑥ 진로성숙 개념은 Super의 진로발달이론 중 핵심적 개념으로 "진로발달의 연속선상에서 개인이 도달하는 위치"로 정의하고, 진로계획, 직업탐색, 의사결정, 직업세계에 대한 지식, 선호하는 직업군에 대한 지식 등을 진로성숙의 하위요인으로 구성하였다.
⑦ 진로적응(Super & Knasel, 1979) 개념을 제시하였는데, 이는 성인기의 진로발달이 개인마다 일률적이지 않기 때문에 성인의 진로의사결정 준비도에 진로성숙이라는 개념 대신 진로적응을 사용하였다. 각 개인이 일의 세계와 자신의 개인적 환경 사이에서 추구하는 균형에 초점을 맞춘다.
⑧ Savickas(1997)는 진로적응이 발달적 관점에서 보다 중요한 개념이기 때문에 진로성숙 개념을 대체해야 한다고 주장하였다.

(4) 전생애발달이론 2021년, 2020년, 2017년, 2016년, 2015년 기출 ★

성장기 (출생~13세)	발달과업	자기(self)에 대한 지각/직업세계에 대한 기본적 이해
	환상기	• 호기심을 통해 직업에 대한 환상이 시작된다.
	흥미기	• 가정, 학교, 부모, 또래 관계를 통해 환경을 탐색함으로써 일과 자신의 흥미, 능력에 대한 정보를 습득한다.
	능력기	• 환경에 대한 통제감과 의사결정능력을 키운다.
탐색기 (14~24세)	발달과업	미래에 대한 계획
	결정화기	• 직업과업을 보다 분명히 할 필요가 있다. • 성장기에 획득한 직업과 자신에 대한 정보를 기반으로 자신이 어떤 직업을 선호할지 보다 분명히 알게 된다.
	구체화기	고려해 왔던 직업들 중 선택할 수 있는 의사결정능력이 요구된다.
	실행기	선택한 분야를 향해 행동을 취하는 것이 발달과업이 된다.
확립기 (25~45세)	정착	자신이 선택한 직업이 자신의 자아개념을 잘 나타내는가를 평가한다.
	공고화	개인은 직업에 정착함으로써 신뢰할만한 생산자가 된다.
	발전	개인이 생산자가 되어 긍정적인 평판을 발전시킨다.
유지기 (45~65세)	유지	• 개인은 자신의 직업 분야에서 수행수준을 유지하거나 개선하거나 새로운 직업 분야를 택하는 선택상황에 직면할 수 있다.
	갱신	• 새로운 직업을 선택하게 되면 탐색-확립-유지 과업을 재순환해야 한다. • 이 시기에 있다면 개인은 자신의 기술을 갱신하거나 현재 직장에서 혁신적 방법으로 새로운 기술을 도입해야 한다.
	혁신	• 진로쇄신과 진로개입이 요구될 수도 있다.
쇠퇴기 (65세 이상)	발달과업	감속, 은퇴 준비, 은퇴
	• 개인의 신체 능력 저하 • 직업활동에 대한 흥미도 감소 • 은퇴 준비에 관심	

(5) 생애공간이론

① 종전의 진로이론과는 달리 진로는 직업과 직접적으로 관련이 없어 보이나 간접적으로 연관을 맺고 있는 다양한 삶의 역할에 대해 설명하였다.

② 생애역할들은 서로 상호작용을 하기 때문에 두 사람이 같은 직업을 갖고 있다고 하더라도 서로에게 직업은 서로 다른 의미를 지닌다고 볼 수 있다.

③ Super는 인간이 전 생애에 걸쳐 9가지, 즉 자녀, 학생, 여가인, 시민, 근로자, 배우자, 주부, 부모, 은퇴자 등의 역할을 수행하게 된다고 보았다.

  ㉠ 이 9가지 역할은 전 생애발달 5단계를 상층부에 기록한 진로발달을 의미하는데, 이를 생애진로무지개로 제시하였다.

  ㉡ 일생에서 진로발달과정은 전 생애에 걸쳐 계속되며, 성장, 탐색, 정착, 유지, 쇠퇴 등 대주기와 각 단계마다 성장, 탐색, 정착, 유지, 쇠퇴로 구성된 소주기가 존재한다. 생애무지개 그림은 다음과 같다. 2018년, 2017년, 2016년 기출 ★

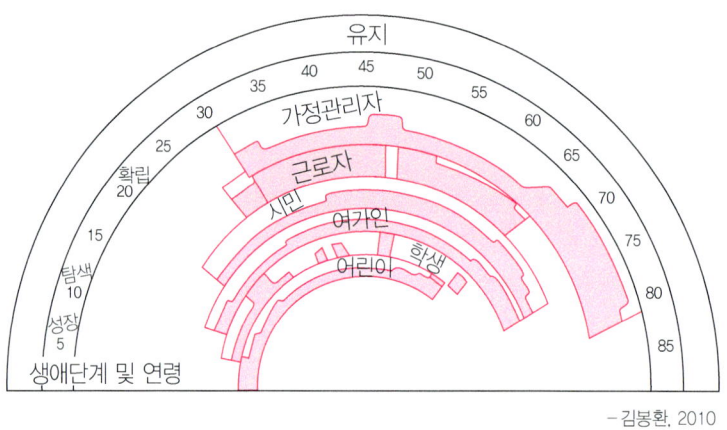

- 김봉환, 2010

④ 이 역할을 수행하는 극장은 가정, 학교, 직장, 지역사회 등 4가지 극장으로 보았다.

⑤ 한 개인이 이 여러 가지 생애의 역할에 항상 효과적으로 참여한다는 것은 매우 어렵다. 따라서 다양한 시점에서 특정한 생애역할에 우선순위를 정할 필요가 있다.

⑥ 삶은 생애역할이 서로 간의 조화를 이루면서도 자신이 추구하는 삶의 가치를 적절하게 표현할 수 있게 될 때 행복감을 느끼는 반면, 생애역할이 어긋나고 자신이 지향하는 삶의 가치를 표현할 기회가 적을 때는 불행감을 느끼게 된다.

Section 03 진로발달이론

⑦ 생애공간이론을 표현한 그림은 다음과 같다. 2018년, 2014년 기출 ★

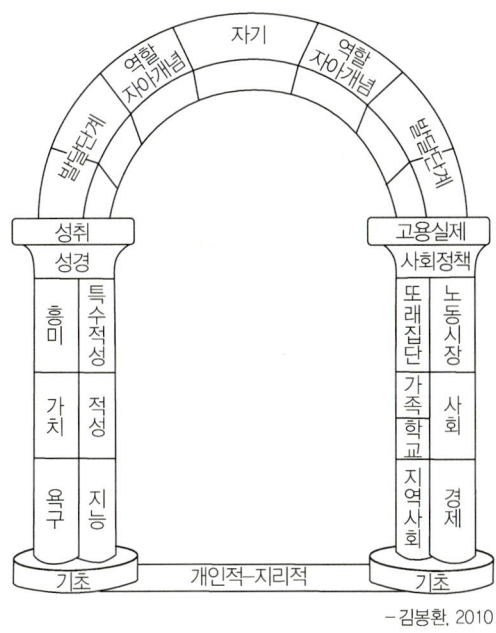

－김봉환, 2010

(6) C-DAC 모형 2015년 기출 ★

Super는 자신의 이론을 진로상담과 접목하고자 접근법을 C-DAC 모형으로 구축하였다.

① Super는 자신의 이론을 진로상담과 접목하고자 하였는데, 이 접근법을 Career Development Assessment & Counseling(C-DAC) 모형이라고 불렀다.
② Super의 전 생애 이론에서는 내담자의 진로문제를 종단적으로 탐색한다.
③ 진로발달 단계에서 성인 내담자의 진로고민과 발달과업을 측정하기 위해 Adult Career Concerns Inventory(ACCI)를 개발하였다.
  ㉠ ACCI는 탐색기, 확립기, 유지기, 쇠퇴기 등 4가지 진로단계에서 발달과업에 관한 계획이나 걱정을 측정한다.
  ㉡ 진로발달과업의 문제를 드러내서 내담자가 진로문제에 효과적으로 대처할 수 있도록 돕는다.
  ㉢ 내담자가 대처하고자 하는 진로문제에 대한 진로발달 상황을 확인할 수 있다.
④ 고등학생과 대학생들의 진로의사결정 준비 정도를 측정할 수 있는 진로발달검사(CDI ; Career Development Inventory)를 개발했는데 이 검사는 진로설계, 진로탐색, 일의 세계 정보, 진로의사결정 원리에 관한 지식을 평가한다.
⑤ Super의 생애공간이론에서 도출된 것으로 내담자가 생애역할에 부여한 우선순위를 결정하는 것과 관련되어 있는데, 이 생애역할의 우선순위는 다른 진로상담 모형과 구분되는 것이다.
⑥ 내담자가 자신의 일, 놀이, 친구, 가족에서의 기본적 역할을 전체의 삶 속에서 어떻게 조화할 수 있는지 돕는다.

⑦ 생애진로무지개, 역할 명확성 검사(SI ; Salience Inventory), 생애역할 활동(Pie of life) 등을 통해 주요한 생애역할을 탐색하고, 생애역할의 상대적 중요도를 검토하며 일상에서 보내는 시간을 확인함으로써 생애 파이 내 각 생애활동의 가치를 확인한다.

(7) Super 이론의 평가
① 내담자가 생애역할 정체감과 가치를 명확히 하는 데 도움을 주는 이론적 틀을 제공하였다.
② 그러나 시대가 변함에 따라 Super의 가정과 진로단계 모형에 대한 연구가 지속적으로 되지 않고 그 틀이 그대로 유지되었다는 점에서 제한적이다.
③ 최신 발달심리학의 이론적 발전을 적용하지 못하고 있어서 '발달적, 맥락적 관점'을 수용함으로써 보완해야 한다.
④ Super의 전생애이론은 인생의 각 단계에서 서로 다른 역할을 수행하는데 있어서 직업흥미, 일 가치관, 진로성숙 수준, 일 역할 명확성 등으로 법칙적, 기능중심적, 변인중심적 접근의 특징을 보여주지만, 발달에 대한 유기체적 관점, 즉 개인의 발달이 다양하고 상호연결된 맥락 간 역동적인 상호작용이라는 사실은 간과하고 있다.
⑤ Super의 전생애관점은 한 개인의 전체성이 기능하는 방식과 각 변인들 간의 관계가 모든 사람에 있어 동일하다는 가정에 근거했다.
⑥ 이 가정은 역동적인 상호작용 과정이라는 측면에서 개인의 진로행동을 개념화하는 데 거의 적용되지 못한다.

3 Tiedeman과 O'Hara의 의사결정발달이론 2021년 기출 ★

(1) 개요 2015년 기출 ★
① 자아정체감 발달이론을 진로발달과정에 적용하였다.
② 개인의 진로결정 과정과 방법, 진로결정에 영향을 미치는 요인을 설명한다.
③ 진로의사결정은 과정에 초점을 둔 개념이고 진로선택은 결과에 초점을 둔 개념이다.
④ 개인의 특정 진로선택에 대한 전체과정을 설명하는 진로발달이론과 달리 직업이 선택되는 구체적인 과정과 선택에 영향을 미치는 선행요소를 설명하는 데 초점을 둔다.

(2) 직업정체감
① **직업발달**
  ㉠ 직업 자아정체감을 형성해나가는 과정이다.
  ㉡ 개인은 분화와 통합의 과정을 거쳐 자아정체감을 형성한다.
  ㉢ 이 자아정체감은 직업 자아정체감의 형성에 중요한 기초요인이 된다.

Section 03 진로발달이론

② 직업 자아정체감
㉠ 개인이 자신의 여러 특징을 파악하고 자신의 자아를 실현시킬 수 있는 일이 무엇인지를 인식한다.
㉡ 직업 자아정체감은 의사결정을 되풀이하는 과정에서 성숙해진다.

③ 진로발달
㉠ 자아개념을 직업적 용어로 정의하는 과정이다.
㉡ Erikson의 심리사회적 8단계 중 청소년 시기를 정체감 대 역할혼란으로 보는 관점에서 이론을 전개하였다.

(3) **진로의사결정 단계** 2020년, 2018년 기출 ★

의사결정에서 고려사항과 선택의 확신성 여부에 따라 하위단계로 구분하였다.

예상기	탐색	• 자신이 지향할 수 있는 목표를 전부 고려 • 각 대안의 목적과 이를 만들어낼 능력과 여건을 평가 • 각 대안의 가치들로 분석
	구체화	• 여러 방향과 결과를 고려, 즉 자신의 가치관, 목적, 실용성 등을 고려 • 어느 하나를 결정할지 준비
	선택	• 어느 가지를 선택하려는 이유를 명료화 • 선택의 적절성 유무 ∝ 적합성 유무
	명료화	• 이미 내린 선택을 신중히 분석 • 미흡한 부분에 대해서 명확한 분석 필요
실천기	적응	• 새로운 상황에 대한 요구 • 수용적인 태도를 갖출 것
	개혁	자신의 역할에 대해 강경한 태도로 밀고 나가는 것
	통합	• 집단의 요구와 개인의 요구 간 균형을 이룰 것 • 직업적 자아개념, 발달, 분화와 통합을 통한 역동적 평형 상태 • 직업 성숙을 가져옴

(4) **진로결정과정**

① Tiedman은 발달단계에서의 핵심을 기간과 시기로 보았고 특정 활동에 투자된 시간은 개인의 진로발달 유형에 상당한 정보를 제공한다고 하였다.
② Tiedman은 의사결정 개별과정과 자아 발달을 중요시하였다.
③ 진로발달은 Tiedman에 의해 시간적 단계구조로 개념화되었는데, 지속적으로 자아정체감의 분화, 발달과업 수행, 심리적 위기 해결로 이어지는 과정이다.
④ 진로결정은 체계적, 문제해결적 패턴을 통해 이루어지는데, 전체적인 인지능력을 요구하고, 개인과 직업세계와의 고유성이 모두 일치됨으로써 이루어진다.
⑤ Super가 연령과 직업발달단계를 고정시키고 불가역적이라고 주장한 데 비해 Tiedman과 O'Hara는 직업발달 단계를 반복 가능한 순환관계로 보았다.

(5) 진로의사결정의 의미

① 진로의사결정

진로문제 해결을 위해 자신의 특징과 직업세계에 대한 많은 정보를 수집하고 이를 기초로 하여 다양한 대안을 탐색하고 그중 자신에게 가장 적합한 대안을 선택하는 것이다.

② 진로의사결정의 3요소

진로의사결정자	• 의사결정 과정의 중요 변수 • 의사결정자의 나이, 성별, 성격, 사회·경제적 지위에 따라 달라짐
진로의사결정의 상황	• 진로의사결정에 영향을 주는 환경적 요인 • 의사결정자 주변의 상황, 자원, 장애물, 사회적 기대 등
적절한 진로정보	• 진로의사결정에 근거가 되는 정보 • 내적으로 자신에 대한 정보 • 외적으로 환경에 대한 정보

③ 전제 : 개인의 일생에서 진로발달에 매우 큰 영향을 미치는 연속적인 선택이 가능한 중요한 시기가 있다. 예를 들어, 교육적 선택, 직장 선택, 직장 변화 등 선택할 때가 매우 중요하다는 사실을 인식하는 것이 필요하다.

4 Harren의 의사결정유형이론

진로의사결정유형이란 어떤 개인이 결정을 내릴 때 선호하는 접근방식을 일컫는 개념으로 "의사결정이 필요한 과제를 인식하고 그에 반응하는 개인의 특징적 유형, 개인이 의사결정을 내리는 방식"(Harren, 1979)이다. 2018년, 2017년, 2016년, 2015년, 2014년 기출 ★

(1) 진로결정 단계 2020년, 2019년 기출 ★

결정 단계	내 용
인 식	• 분화가 일어나기 시작하는 시기 • 개인이 심리적 불균형을 느끼고 어떤 결정을 해야 할 필요를 인식하는 시기
계 획	• 여러 대안을 탐색 • 가치의 우선순위와 연결 • 수정, 확장, 제한하는 모든 과정
확 신	• 자신의 선택에 대해 탐색하고 다각적인 검토 • 선택의 장단점을 명료화
이 행	• 사회적 인정에 대한 욕구와 자신의 선택 사이에서 조화와 균형을 추구 • 자신의 선택에 적응

(2) 의사결정 상황(Decision Making Situation)

① 의사결정에 영향을 미치는 변수로 의사결정상황이 있다. 즉, 의사결정자와 현재 심리상태에 영향을 미칠 수 있는 특징으로 자아개념과 의사결정유형이 제시되었다.

② 직업적 자아개념은 개인의 직업적으로 관련된 태도와 특징에서 나타나는 것으로 정체감이나 자아존중감과는 구분되는 개념이다.

③ 의사결정 상황

대인평가	• 의사결정자가 타인으로부터 받는 긍정적, 부정적 피드백을 의미한다. • 진로의사결정에서 확인과 이행단계에 영향을 미친다.
심리상태	• 의사결정자의 상태불안 수준을 뜻한다. • 지나치게 높은 불안이나 낮은 불안은 비효과적인 의사결정을 불러온다. • 적절한 불안은 의사결정과정을 촉진하고 단계의 진전을 가져온다.
의사결정과업 조건	진로와 관련하여 의사결정자가 실행하기 전에 사용하는 시간, 의사결정자가 지각하는 여러 대안들, 자신과 타인에게 미치는 긍정적이거나 부정적 결과까지 포함한다.
맥락조건	• 위의 모든 부분과 상호작용한다. • 의사결정에 영향을 미치는 타인들의 역할을 의미한다. • 타인으로부터 받는 정서적, 재정적 지원 등이 해당된다.

(3) 의사결정 유형 2021년, 2018년, 2017년, 2016년, 2015년, 2014년 기출 ★

합리적 유형	• 자신과 상황에 대한 정확한 정보를 수집한다. • 신중하고 논리적으로 의사결정을 수행한다. • 의사결정에 대한 최종 책임은 자신이 진다.
직관적 유형	• 상상해보고 현재 감정에 기초하고 정서적 자각을 이용한다. • 선택에 대한 확신은 빠르지만 결정의 적절성은 내적으로 느낄뿐 설명하지 못하는 경우가 많다. • 의사결정에 대한 최종 책임은 자신이 진다.
의존적 유형	• 의사결정과정에서 타인의 영향을 많이 받는다. • 수동적이고 순종적이고 사회적 인정에 대한 욕구가 높다. • 의사결정에 대한 최종 책임을 외부로 돌리는 경향이 있다.

(4) Scott와 Bruce(1995)는 Harren이 제시한 유형을 바탕으로 의사결정 유형을 행동적 관점에서 새롭게 분류하였다.

합리적 유형	대안을 탐색하고 논리적으로 평가한다.
직관적 유형	직관이나 감정에 의존한다.
의존적 유형	다른 사람의 충고나 지시를 구한다.
즉흥적 유형	즉흥적인 의사결정을 피하고 가능한 빨리 의사결정을 끝내고자 조급해 한다.

(5) Harren의 의사결정이론의 적용 및 평가 2015년, 2014년 기출 ★

① 효과적인 의사결정자는 적절한 자아존중감과 분화되고 통합된 자아개념을 갖고 있으며 합리적 유형을 활용하여 책임 있는 의사결정을 하고, 성숙한 대인관계와 분명한 목적의식을 가진다. 진로결정과 관련된 조력을 필요로 하는 내담자들을 변별하는 데 도움을 준다.

② 직업이 선택되는 구체적인 과정과 그 선택에 영향을 미치는 선행요소를 설명하는 데 초점을 맞춘다는 점에서 미시분석이라 할 수 있다.

5 Gottfredson의 제한-타협이론(직업포부 발달이론)

(1) 개요 2016년 기출 ★

① Gottfredson이 발달이론에 기초하여 설명한 제한-타협 이론은 2가지의 중요한 내용으로 구성된다.
② 각 발달단계이론 안에는 발달이론에서 전형적으로 제시하는 연령별 발달과업의 내용이 포함되어 있고, 이런 연령별 발달 과업을 수행하면서 산출된 결과물, 즉 한 개인이 습득하는 내용에 대해서 설명하고 있는데, 이를 제한이론이라고 한다.
③ 발달과정에 대한 내용과 함께 진로선택과정에 관한 내용도 포함하고 있는데 이는 제한-타협 이론 중 타협 부분에 해당하는 내용이다.

(2) 발달단계이론 : 진로대안의 제한

① 진로포부 발달 단계 2021년, 2018년, 2017년, 2016년, 2015년 기출 ★
  ㉠ 이 이론에서는 청소년기까지의 발달만을 연구했는데, 이는 가장 핵심적인 것들이 발달하는 시기에 초점을 두었기 때문이다.

단계	나이	단계의 이름	특징
1	3~5세	서열 획득단계	• 서열개념을 획득하는 것이 중요하다. • 크기와 힘에 대한 개념이 일과 관련된 영역에도 적용된다. • 일을 선망하는 시기이다.
2	6~8세	성역할 획득단계	• 자신을 어딘가에 동일시하고 싶어한다. • 이분법적 정체감, 즉 남녀대결 구도를 자기를 찾기 위한 노력으로 발전시킨다. • 성역할 사회화가 일어나면서 직업에 대한 성역할 고정관념도 습득된다.
3	9~13세	사회적 가치 획득 단계	• 모든 사람이 습득하는 사회적 가치를 알게 되고 규칙에 의해 나눠 갖는다는 사실을 인식한다. • 직업세계에 대한 인식으로 능력을 서열로 매기는 사회적 지위 개념 인식하게 된다. • 자신의 능력을 기준으로 적합한 직업을 매칭해 나간다.
4	14세 이후	내적 자아 확립 단계	• 사춘기와 이차성징을 경험하면서 정체감 혼란 시기에 놓인다. • 이전 단계에서 능력에 맞는 직업을 진로 대안으로 선택한 청소년들은 '이 정도 능력에 해당하는 직업이 하나가 아니라 여러 개인데 그 중에서 나는 뭘하는 게 좋을까?'라고 고민한다. • 내적 자아의 고유한 성질, 즉 흥미별로 직업을 분류하고 자신의 흥미에 맞는 직업세계를 추구하게 된다.

Section 03 진로발달이론

ⓒ 단계별로 발달하는 학생들의 진로발달을 그림으로 나타내면 다음과 같다.

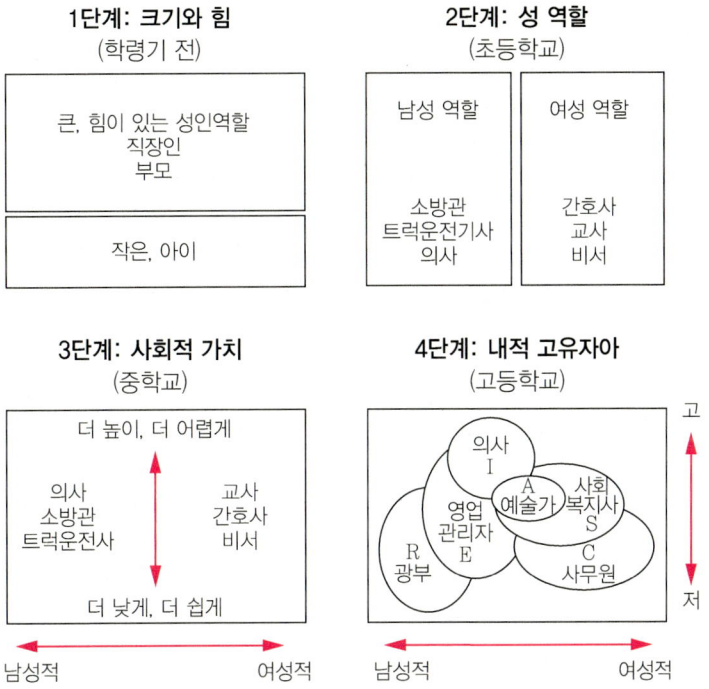

— 김봉환, 2010

ⓒ 이 발달단계 과정을 결과로 나타내면 다음 그림과 같다.

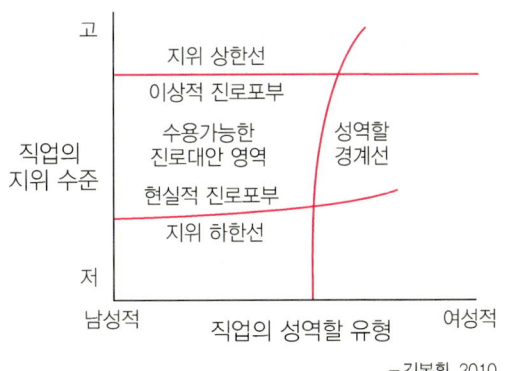

— 김봉환, 2010

ⓐ 중간정도의 능력을 가진 남자 아이의 진로포부를 보여주는 실례이다.
ⓑ 가로축은 직업의 성역할 유형을 나타내는 축이고, 오른쪽으로 갈수록 여성적이고 왼쪽으로 갈수록 남성적임을 나타낸다. 세로축은 직업의 사회적 지위를 나타내는 축이고, 위로 올라갈수록 직업의 지위수준이 높고 아래쪽으로 내려올수록 지위수준이 낮음을 나타낸다.
ⓒ 1단계에서는 어른만 되면 어떤 직업이든 자신이 원하는 직업을 가질 수 있다고 생각하다가, 2단계가 되면 그 직업들 가운데서 여성의 직업을 제외시킨다.

ⓓ 즉, '성역할 경계선'이라고 하는 세로줄을 그어 그 선보다 왼쪽에 있는 직업만을 선택하려고 한다. 이 성역할 경계선이 직선이 아니고 지위가 높아지면서 조금씩 기우는데 지위가 높은 직업에 대해서는 내 성역할과 맞지 않아도 수용한다는 것을 의미한다.

ⓔ 3단계에서는 지위 면에 있어서 '이 정도 지위는 내가 아무리 열심히 해도 못할 것 같아.'라고 하는 상향선과 '그래도 나 정도 되는 사람은 이렇게 낮은 지위의 직업을 가지면 안 되지.'라는 하향선을 가로로 그리게 된다.

ⓕ 성역할 경계선, 지위 하향선, 지위 상향선으로 둘러싸인 부분이 수용 가능한 진로대안 영역이 되는 것이다.

ⓖ 이 3단계를 거치고 나면 이 수용 가능한 진로대안 영역 내에서 자신의 흥미에 맞고 자신의 특성에 맞는 직업으로 축소해 나가는데, 이 과정이 모두 진로대안의 범위를 축소해 나가는 과정이라는 뜻에서 '진로포부의 제한 과정'이라고 부른다.

(2) 직업인지지도

① 진로발달 과정을 거치기 위해서는 어떤 직업이 남성적 직업인지, 여성적 직업인지 알아야 하고, 어떤 직업이 지위가 높은지 낮은지도 알아야 한다.

② 또한, 어떤 직업이 흥미를 충족시켜 주는지도 알아야 한다. 이와 같이 직업의 성역할 유형, 사회적 지위, 직업흥미유형 등에 대해 잘못 알고 있으면 자신이 제한시킨 진로대안의 범위도 소용이 없게 된다.

③ 아래 그림은 Gottfredson이 제안하는 직업인지지도이다. 특정한 직업명을 제시하고 얼마나 남성적(여성적) 직업이라고 생각하는지, 사회적 지위는 얼마나 높다고 생각하는지 응답하게 하고, 그 결과를 수합하여 그래프로 나타내본 것이다.

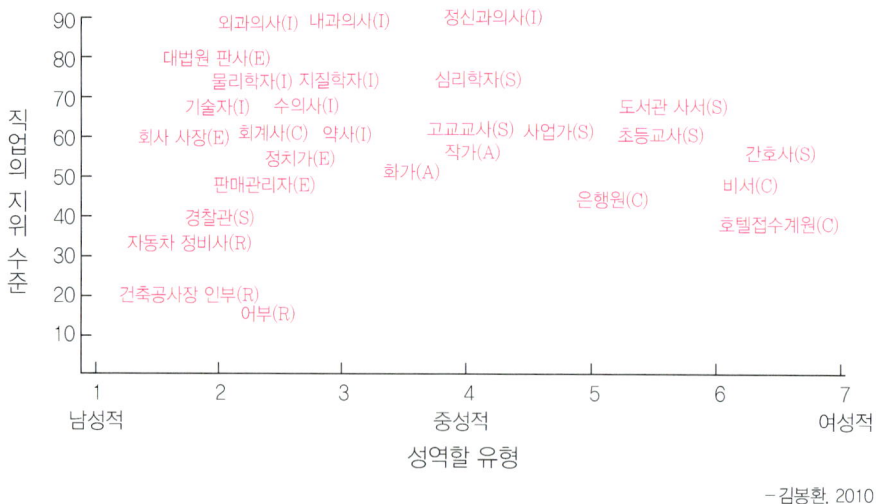

- 김봉환, 2010

(3) 진로선택이론 : 진로선택과정에서의 타협 `2020년, 2016년, 2014년 기출` ★

① 타협에 대한 심리적 적응 과정의 중요성을 강조하였다.
② 자신이 바라던 최고의 선택을 하지 못하고, 현실적으로 가능한 최선의 선택을 하면서 포기할 수밖에 없었던 것을 받아들이는 과정이 진로선택 이후의 적응을 좌우하게 된다.

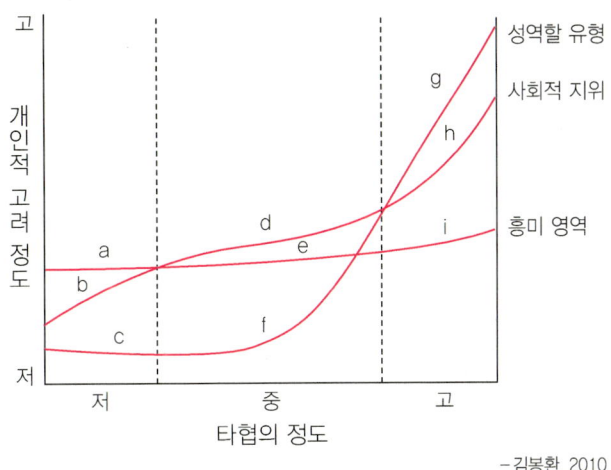

― 김봉환, 2010

③ 특히 타협에 대한 심리적 적응은 선택한 진로에서 만족도와 관련이 있다.
④ Gottfredson과 Becker(1981)의 연구
  ㉠ 적응적인 직업인들은 자신이 선택한 직업에 맞게 자신의 진로기대를 변화시킨다.
  ㉡ 젊었을 때 선택한 일이 현재와는 다른 경우도 있는데 현재는 자신이 원하는 영역에서 일을 하고 있다고 하였다.
  ㉢ 기타 연구에서도 흥미로 직업을 선택한 사람이나 그렇지 않은 사람이나 직업만족도의 큰 차이를 보이지 않았다.
  ㉣ 이는 흥미가 진로의사결정에 그만큼 중요한 요인이 아니라는 것을 보여주는 결과이다.
  ㉤ 한 개인은 일의 영역에서 많이 타협을 하더라도 심리적으로 적응이 가능하지만, 사회적 위치를 위협하는 사회적 지위에 대한 타협이나 성적 정체감을 실현하는 데 어려움을 주는 성역할을 포기한 타협은 어려워한다(Gottfredson, 1996)고 보았다.
  ㉥ 그러므로 타협에 대한 적응의 준비도는 타협의 여러 측면에 따라 달라질 수 있다.

Section 04 진로상담이론

> **학습목표**
> 전통적인 상담이론인 인간중심, 정신분석, 행동주의 진로상담 이론과 최근 이론 경향인 사회인지진로이론, 인지적 정보처리이론, 가치중심적 진로이론, 구성주의 진로상담 등에 대해 이해한다.

1 인간중심 상담이론

(1) 개요
① Rogers가 주창한 상담 기법으로 사람은 자신의 중요한 일을 스스로 결정하고 자신의 문제를 해결할 수 있는 능력을 가지고 있다는 점을 강조하였다.
② 인간의 삶은 능동적 과정이고 목적이 있으며, 자아실현을 위해 나아가고 현실적이면서도 신뢰할만한 선한 존재이다.
③ 인간은 누구나 자기 자신을 향상시켜 자아실현의 동기를 타고났다.
④ 인간은 자아와 현실 간 불일치가 생기거나 자아에 대한 자각이 이상적 자아와 일치하지 않을 경우 부적응이 나타난다고 보며 상담 및 심리치료의 과정에 대한 일차적 책임을 내담자에게 둔다.

(2) 진로상담의 원리 2016년 기출 ★
① 진로발달을 위한 내담자의 내적 성장을 촉진한다.
② 상담자의 태도가 기법보다 매우 중요하다.
③ 심리적 진단은 보조적 방법으로 사용한다.
④ 상담자는 공감적 이해, 무조건적인 존중과 수용, 진실성의 태도를 가져야 한다.

2 정신분석적 상담이론

(1) Freud에 의해 창시된 정신분석학은 정신의학과 심리학의 발전에 큰 기여를 하였다. 1880년대부터 Freud가 체계화한 정신분석학은 수많은 후계자들이 수정, 보완하였다.

(2) 정신분석에서 인간은 비합리적이고 결정론적 존재로 가정하여 인간의 행동이 기본적 욕구와 본능을 만족시키는 욕망에서 동기화된다고 보았다.

(3) 정신분석학에서 인간의 어린 시절과 이때 형성된 무의식을 강조하고, 적응을 방해하는 요소들이 무의식에서 동기로 작용하는 억압된 충동으로 보았다. 정신분석 상담이론은 억압되어 있는 감정이나 충동을 자유롭게 표현하도록 도왔는데, 이를 '무의식의 의식화'라고 하였다.

Section 04 진로상담이론

(4) Bodin의 직업상담과정

1단계 탐색과 계약 설정	상담자 : 내담자가 자신의 정신역동적 상태를 탐색할 수 있도록 돕고, 앞으로의 상담전략을 합의
2단계 핵심결정	내담자 : 자신의 성격적 제한을 수용, 자신의 목표를 유지할지, 보다 넓게 확대할지를 결정
3단계 변화를 위한 노력	상담자와 내담자 모두 지속적인 변화를 수행, 내담자에게 자아를 각성시키고 내담자의 이해를 확대하기 위한 노력

(5) 직업상담기법

① 명료화 : 내담자의 진로문제를 분명하게 재인식시켜주는 것
② 비교 : 개인과 진로발달 관계를 설명하고 내담자의 문제와 역동적인 현상 간 유사점과 차이점을 비교
③ 방어기제에 대한 해석 : 내담자의 욕구나 소망, 방어기제를 해석해주는 것

(6) 내담자의 문제영역 [2018년 기출 ★]

의존성	• 타인에게 지나치게 의존하거나 자신의 욕구 중재조차 타인에게 의존하려 한다. • 자신의 진로문제를 해결하고 책임지는 것을 어렵게 느끼고 문제해결이나 의사결정을 위한 적극적인 노력을 하지 못한다.
정보 부족	• 겉으로는 의존적인 것처럼 보일 수도 있지만 실제로는 정보가 부족한 사람들이다. • 적절한 정보를 접할 기회가 없어서 제대로 선택을 할 수 없었다. • 체험 폭의 제한, 체험의 부적절성, 필요한 기술 습득할 기회 부족 등도 포함된다.
자아갈등	• 둘 혹은 그 이상의 자아개념과 관련된 반응 사이의 갈등이다. • 진로와 결혼 사이의 역할 기대로 갈등을 겪는 여성의 경우가 그 예이다.
선택에 대한 불안	• 여러 대안 중 선택을 하지 못하고 불안해한다. • 자신이 하고 싶은 일과 타인이 기대하는 것이 다를 경우 불안과 갈등을 겪는다.
문제없음(확신 결여)	• 내담자가 현실적인 직업선택을 했어도 자신의 선택에 대한 확신이 부족할 수 있다. • 선택을 이미 했음에도 확신이 없어서 전문가로부터 조언을 구한다.

3 행동주의 진로상담

(1) 특징

① 상담의 행동주의적 접근은 Pavlov의 고전적 조건형성이론에서 출발하여, Hull의 학습이론, Skinner의 조작적 조건형성이론으로 이어진다.
② 행동주의 상담이론은 정신분석이나 인간중심 상담이론과 같이 가설적이거나 추정적인 개념은 배제하고 관찰과 측정이 가능한 행동에만 초점을 둔다.
③ 현재의 모든 행동이 오랜 학습을 통해 이루어졌으므로 그 행동을 지속시키는 환경적인 자극이 있음을 강조한다.

(2) 상담원리 : 상담자가 여러 학습 원리를 사용하여 내담자가 원하는 새로운 행동을 학습하도록 돕는다.

4 진로상담의 최근 경향

(1) 사회인지진로이론(SCCT ; Social Cognitive Career Theory) 2021년 기출 ★

① 개요
　㉠ Bandura(1986)의 사회인지이론을 바탕으로 Hackett와 Betz(1981)가 여성의 진로발달 및 선택을 설명하려는 시도에서 태동되었다.
　㉡ 이들은 여성들이 진로대안을 넓게 설정하지 못하는 이유에 관심을 가졌고 이렇게 진로대안 영역이 제한되는 과정에서 Bandura가 제안한 자기효능감의 역할에 주목하였다.
　㉢ 전통적인 진로발달 및 진로결정과 관련된 이론들은 개인의 진로선택이 주로 개인의 타고난 성향과 환경 간의 상호작용의 결과로 설명하였다.
　㉣ Hackett 등은 진로선택이 이 변인들 간의 단순한 조합의 결과가 아니라고 생각하고 자기효능감이라는 개념을 도입함으로써 진로발달과 선택에서 진로와 관련된 자신에 대한 평가와 믿음이라는 인지적 측면의 역할을 강조하였다.
　㉤ 처음에는 여성의 진로발달 및 선택과 관련하여 Bandura가 제안한 자기효능감 개념을 적용하는 것으로 시작되었지만 이후 남성과 여성 모두를 대상으로 개인특성과 환경변인 등을 아우르며 개인의 흥미, 선택, 실행 등 진로발달과 선택 과정을 설명하는 것으로 확장하였다(Lent, Brown & Hackett, 1994).
　㉥ 개인특성과 환경변인 등 선행변인들과 진로결정 및 만족과 같은 결과변인들을 통합적으로 파악하고 이들 간 관계에 대해 설명할 수 있다.
　㉦ 이 과정에서 이들은 다른 인지적 측면의 변인으로 결과기대와 개인적 목표라는 개념을 도입했으며, SCCT(Social Cognitive Career Theory)는 이 두 변인이 자기효능감과 함께 상호작용하여 개인 스스로 진로관련 행동의 방향을 결정하였다.
　㉧ 성, 인종, 사회적 계층과 같이 개인이 선택할 수 없는 인구학적 특성을 포함하는 개인 특성과 이런 인구학적 특성에 의해 개인에게 이익과 불이익을 주는 환경적 배경 등이 개인의 진로발달 및 선택에 어떤 영향을 미치는지를 설명하기 위해 이론 범위를 확장해 왔다.

② 이론적 배경 2014년 기출 ★
　㉠ Bandura(1986)의 사회학습(인지)이론에 바탕을 두고 진로와 관련된 Krumboltz(1979)의 사회학습이론, 여성진로 발달에 자기효능감 개념을 적용한 Hackett과 Betz(1981)의 연구가 근간이 되었다.
　㉡ Krumboltz의 사회학습이론은 주로 개인의 진로 흥미에 영향을 주는 개인의 직·간접 학습

경험을 강조한다. 연합적 학습과 도구적 학습과정을 통해 긍정적 자극과 연합되거나 긍정적 강화를 받은 행동을 학습함으로써 개인의 진로관련 흥미와 행동이 형성된다고 보았다. 또 타고난 재능 등 유전적 요인과 노동환경, 정부 정책 등 사회적 환경 요인이 개인의 진로 선택에 영향을 미친다고 보았다.

ⓒ Hackett와 Betz(1981)의 여성 진로발달 설명을 위해 Bandura(1986)의 자기효능감 이론을 도입한 것이 기원이 되었다. 이들은 여성의 성사회화가 여성의 진로 자기효능감에 부정적 영향을 주어 결과적으로 여성은 자신의 재능을 실현할 수 있는 진로를 선택하는 데 어려움을 겪는다고 보았다. 이 어려움을 극복하기 위해서는 진로행동을 위한 인지적 요인을 인식하고 사고행동에 개입시켜야 할 것이다.

ⓔ Bandura(1982, 1986)의 사회인지이론은 자기효능감, 결과기대, 개인적 목표 등 인지적 개념을 제공했고 진로와 관련된 개인 특성, 환경, 행동 요인들을 설명하였다. Bandura는 관찰 가능한 행동 변화보다는 행동을 변화시킬 수 있는 내적 정신구조의 변화에 초점을 두었다. 내적 정신구조 중에서는 자신에 대한 신념과 기대, 즉 자기효능감이 포함된다. 또한, Holland의 개인 특성과 환경적 요인의 일치를 중요시하는 개인 내 요인, 환경, 행동 등의 단선적 관계를 부정하고 서로 영향을 주고받는 상보적 인과관계를 중요시하는 Bandura의 이론을 수용하였다. 즉, 진로발달과 그에 관련된 결정은 개인특성과 환경의 단순한 결과물이 아니라 개인의 의지와 인지적 판단이 포함된 세 요인 간 지속적인 상호작용의 결과이다.

③ 사회인지진로이론(SCCT)의 기본 구인

진로발달의 역동적 주체로서의 개인을 설명하기 위해 사회인지진로이론은 세 가지 개념을 도입했는데, 이는 자기효능감(Self-efficacy), 결과기대(Outcome expectations), 목표(Personal goals)이다.

㉠ **자기효능감** 2020년, 2014년 기출 ★

ⓐ 목표한 과업을 완성하기 위해 필요한 행동을 계획하고 수행할 수 있는 자신의 능력에 대한 신념이다.

ⓑ 일반적으로 자기효능감은 특정영역에 한정되며 다른 영역으로 전이되지 않는다.

ⓒ 주로 개인의 과거수행 성취, 대리학습, 사회적 설득, 특성영역에서의 생리적, 정서적 경험에 의해 형성되고 변화되지만 이중 가장 영향력 있는 요인은 과거수행에서의 성취이다.

ⓓ Bandura는 개인이 무엇을 할 수 있는가가 바로 행동의 실행으로 이어진다기보다 무엇을 해낼 수 있다는 자신감이 행동의 실행을 결정한다고 보았다.

㉡ **결과기대**

ⓐ 특정 과업을 수행했을 때 자신과 주변에 일어난 일에 대한 평가를 말한다. 이는 이 일을 할 수 있을까에 대한 믿음인 자기효능감과는 달리 능력과 상관없이 단순히 자신이 어떤 과업을 수행했을 때 자신과 타인에게 일어날 일에 대한 믿음이다.

ⓑ 물리적 보상, 사회적 평가, 자신에 대한 평가 등의 측면이 있는데, 이중 특히 개인이 중요한 가치를 두고 있는 부분에서의 결과기대는 진로행동의 중요한 동기가 된다.

ⓒ 결과기대는 과거 자신의 성취에 대한 강화나 만족감, 지인의 성취에 주어지는 강화에 대한 관찰, 특정 행동을 하면 부모가 기뻐할 것이라는 주변의 설득 등에 의해 형성된다.

ⓓ 결과기대는 특정과업의 수행을 전제로 하기 때문에 자기효능감의 영향을 받는다.

ⓒ 목표 2020년 기출 ★

ⓐ 한 개인은 특정 목표를 세우는 결심을 통해 필요한 행동을 실행하고 어떤 성취를 추구하게 된다.

ⓑ 목표는 당장의 성과가 눈에 보이지 않아도 장기간 개인의 행동을 조직하고 유지시키는 데 도움을 준다.

ⓔ 개인변인과 환경변인

ⓐ SCCT는 성(Gender), 민족(인종), 신체적 건강(장애), 유전적 재능 등을 개인의 진로흥미나 선택에 영향을 미치는 중요한 개인변인으로 보았다.

ⓑ SCCT는 환경변인을 배경맥락요인과 근접맥락요인으로 구분하였다.

• 배경맥락요인 : 개인이 진로발달 과정에서 자신이 속한 가족, 사회, 문화에 의해 사회적 기능을 익히고 역할을 내면화할 때 자기효능감, 결과기대 등에 영향을 미치고 직업적 흥미 촉진

• 근접맥락요인 : 특정 진로를 추구할 수 있는 가족의 정서적·재정적 지원, 경제상황, 해당 시기의 사회·문화적 진로장벽 등 직접적이거나 간접적인 영향들

ⓒ SCCT에서 맥락변인이 중요한 것은 이 변인이 진로상담에서 개입의 대상이 되기 때문이다. 개인의 타고난 생물학적 성에 대해 개입하기는 어렵지만, 사회내 성사회화가 개인의 진로발달을 제한하는 것에 대해서는 상담 개입을 함으로써 극복 가능하기 때문이다.

④ 사회인지진로이론 모형

SCCT의 주요 구인들, 즉 자기효능감, 결과 기대, 목표, 개인변인, 환경변인들이 진로와 관련된 흥미, 선택, 수행 과정에 어떻게 영향을 미치는지 설명한다(Lent, Brown & Hackett, 2002). 진로모형이라고 불리지만 학업적 흥미발달, 선택, 수행의 과정도 포함하고 있다고 강조한다.

㉠ 흥미발달모형 2016년, 2015년, 2014년 기출 ★

ⓐ 진로상담에서 흥미는 전통적인 진로상담 모형에서 중요한 요인이었다. SCCT에서는 흥미가 자기효능감과 결과기대에 의해 직접적으로 형성된다고 한다. 자기효능감과 결과기대는 흥미와 함께 활동 의도 및 목표, 활동선택과 실행에 영향을 미치기 때문에 결과적으로 실행결과에도 영향을 준다. 실행 결과는 다시 자기효능감과 결과기대를 높이거나

저하시키고, 다시 흥미에 영향을 준다. 흥미발달모형은 아래와 같이 나타낼 수 있다.

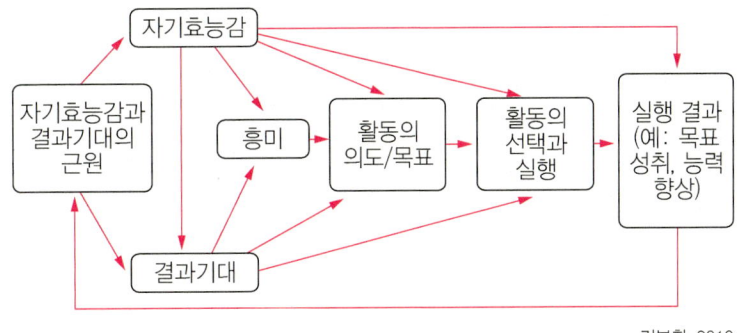

- 김봉환, 2010

ⓑ Super가 진로발달이 고유한 발달과업을 가진 단계를 거친다고 한 반면, SCCT는 진로 흥미발달을 계속되는 학습경험에 의한 연속적 개념으로 보았다.

ⓒ 흥미는 단순히 자기효능감이나 결과기대에 의해서만 형성되지는 않는다. 확장된 흥미 발달 선택 모형에서 볼 수 있듯이 SCCT는 자기효능감과 결과기대의 근원으로서 학습 경험이 개인적 배경과 환경적 배경에 의해 제한받는다고 설명한다.

ⓛ **선택모형** 2016년, 2015년, 2014년 기출 ★

ⓐ 선택모형은 진로흥미발달이 진로와 관련된 선택으로 이어지는 과정을 설명한다. 개인 변인, 맥락변인이 진로관련 선택에서 직·간접적으로 영향을 미친다는 것을 보여준다.

ⓑ 이 모형은 크게 세 부분으로 구분되는데 흥미발달, 진로관련 목표의 형성, 목표를 달성 하기 위한 실행과 실제 성취이다.

ⓒ 선택모형에서 개인변인과 배경맥락요인은 자기효능감과 결과기대를 설명하는 학습경 험의 범위에 영향을 미친다.

ⓓ 개인은 직접학습과 대리학습을 통해 특정영역의 경험에 대한 차별적 강화와 처벌을 경 험하는 이 경험을 반복적으로 할 때 개인의 특정 영역 부분을 계속하거나 포기한다. 각 개인은 이를 통해 특정 영역에 대해 기술을 개발해서 자기효능감과 결과기대를 형성한 다. 개인이 특정 영역에서의 기술에 자신감을 가지며(자기효능감), 그 영역에서의 성취 가 중요한 가치를 두고 있는 강화물을 얻을 수 있다고 믿을 때(결과기대) 특정 영역과 관련된 진로흥미발달에 직접적으로 영향을 미친다. 특정 영역에 대해 향상된 흥미와 자 기효능감, 결과기대는 해당 영역의 활동에 계속적으로 참여하려는 의도가 늘어나고 활 동 내용도 수준 높은 것을 선택하게 된다(목표). 개인은 자신이 세운 목표에 따라 무엇 을 할지 결정하고 행동에 옮기게 된다(실행). 자신이 세운 목표를 획득하기 위해 필요한 행동을 실천에 옮기면서 그 수행에 따른 결과(실제 성취)를 얻게 된다.

ⓔ 진로흥미가 진로목표와 실천으로 이어지는 것이 바람직하지만 실제 개인의 흥미 영역 이 진로 목표나 실천으로 이어지지 않는 경우도 많다. 그 이유를 근접맥락변인 개념으

로 설명할 수 있는데 예를 들면, 개인이 특정 영역에서 흥미를 형성하더라도 진로를 선택할 당시 경제적 상황이 침체기여서 해당영역에서 원하는 일자리가 제공되지 않는다거나, 부모가 취미로 활동에 참여하는 것은 반대하지 않지만 직업을 가지려는 것은 반대할 수도 있다.

ⓕ 개인의 흥미가 자유롭게 진로목표와 실천으로 연결될 수 있는 최적의 환경(맥락)에서 개인의 흥미가 진로목표와 실천으로 이어질 가능성이 높아진다. 이런 면에서 자신의 흥미와 일치하는 환경을 찾기 위한 최적의 우호적 조건이 필요하다고 보는 Holland의 의견과도 일치한다. 반면, 흥미와 실천 사이에 Bandura가 제안한 인지적 변인 중 하나인 목표라는 매개변인을 두고 있고, 또 다른 인지적 변인인 자기효능감, 결과기대가 목표와 함께 실천에 영향을 준다는 점에서는 다르다.

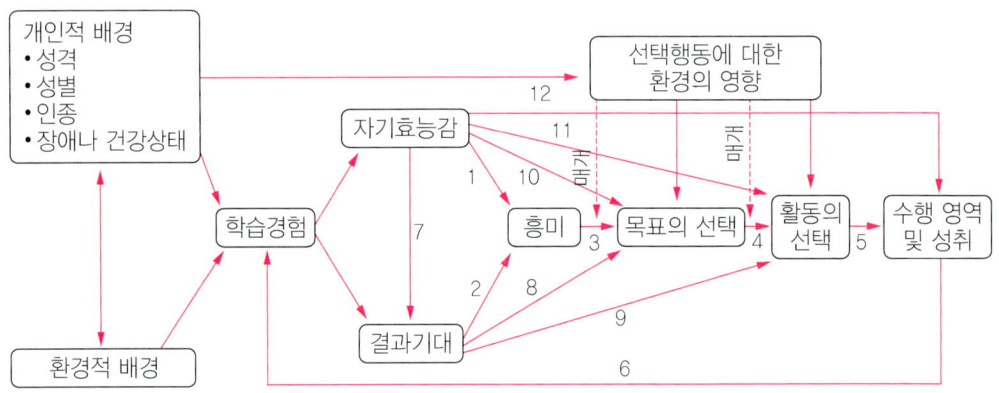

- 김봉환, 2010

ⓒ **수행모형** 2015년, 2014년 기출 ★

ⓐ 개인의 수행수준과 수행의 지속성을 설명하기 위해 능력, 자기효능감, 결과기대, 목표라는 요인을 포함한다.

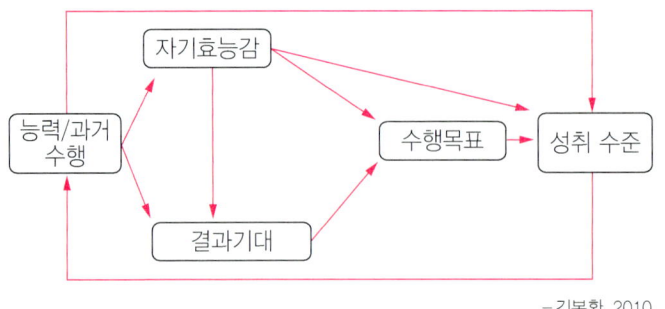

- 김봉환, 2010

ⓑ 능력은 주로 개인의 과거 수행수준에 의해 파악이 가능한데 개인의 수행수준과 수행의 지속성에 직접 영향을 주기도 하고, 자기효능감 등의 인지적 변인들을 통해 간접적으로 영향을 미치기도 한다.

Section 04 진로상담이론

ⓒ 수행모형에 나타나지는 않았으나 개인의 능력, 자기효능감 등의 형성에는 개인에게 학습경험을 제공하는 교사의 수준 등 환경맥락 변인들의 역할이 크다.
ⓓ 수행모형에서의 목표는 선택모형에서의 목표와는 개념적으로 다른데, 선택모형에서 목표는 '무엇을 할 것인가'와 관련이 있는 반면, 수행모형에서 목표는 '얼마나 잘할 것인가'와 관련이 있다.

(2) 인지적 정보처리이론(CIP ; Cognitive Information Processing)

① 인지적 정보처리이론의 발달 과정 2016년 기출 ★
  ㉠ 인지심리학의 관점에서 진로선택과 진로 의사결정에 대한 관점(Peterson, Sampson & R. Reardon, 1991)을 보여준 이론이다.
    ⓐ 개인이 어떻게 진로결정을 내리고 진로문제 해결과 의사결정을 할 때 어떻게 정보를 이용하는지에 관심을 가진다.
    ⓑ 진로문제를 해결하고, 진로의사결정 과정에 관련한 실제적 사고와 기억과정에 관심이 있다.
    ⓒ 개인들이 효율적이고 책임 있는 진로문제 해결자나 의사결정자가 되기 위해서, 자기지식, 직업지식, 진로결정기술, 상위인지를 획득할 수 있기 위해서 상담자는 무엇을 해야 하는지 질문한다.

② 인지적 정보처리이론의 기본 가정 2020년 기출 ★
"진로개입의 주요 책략들에 대한 학습기회를 제공함으로써 개인의 처리 능력을 발전시킬 수 있다." 내담자는 미래와 현재의 문제들을 충족시키는 진로문제 해결자로서의 잠재력을 개발해야 한다고 보았다.
  ㉠ 진로선택은 인지적 과정의 상호작용의 결과이다.
  ㉡ 진로를 선택한다는 것은 하나의 문제해결 활동이다.
  ㉢ 진로문제 해결자의 잠재력은 지식과 지식을 인지적으로 조작하는 능력이다.
  ㉣ 진로문제 해결은 고도의 기억력을 요하는 과제이다.
  ㉤ 동기를 앎으로써 자신을 이해하고 진로선택 욕구를 알게 된다.
  ㉥ 진로발달은 지식구조의 끊임없는 성장과 변화를 포함한다.
  ㉦ 진로정체성(Career Identity)은 자기지식에 의존한다.
  ㉧ 진로성숙은 진로 문제를 해결할 수 있는 자신의 능력에 의존한다.
  ㉨ 진로상담의 최종 목표는 정보처리 기술들을 개발하고 확장하는 것, 즉 진로문제의 궁극적 해결자이자 의사결정자인 내담자의 잠재력을 증진시키는 것이다.

③ 인지적 정보이론의 특징 2016년 기출 ★
  ㉠ 진로상담을 하나의 학습과정으로 간주한다.
  ㉡ 개인이 자신의 운명을 결정, 통제하는 데 무엇보다도 인지의 역할이 크다는 것을 강조한다.

④ 인지적 정보처리의 과정
  ㉠ 정보처리의 단계
    ⓐ 단기기억에서 입력을 선별 → 부호화 → 장기기억 속에 저장 → 작업기억 속에서 입력정보를 활용 → 재생 or 변형 → 문제해결
    ⓑ 상담자는 내담자의 욕구를 분류하고, 내담자의 지식을 획득하여 욕구가 무엇인지 알려준다.
  ㉡ 개인이 독립적이고 책임 있는 진로문제 해결자나 의사결정자로 성장하도록 하기 위해서 지속적인 정보처리능력 개발이 필요하다(Sternberg, 1980, 1985).
  ㉢ 각 지식영역에서 정보는 문제 인지로부터 시작하여 해결을 위하여 의사결정 영역에서 변형되는 일반적 정보처리 기술은 일련의 순환절차(CASVE)를 통해 증진될 수 있다. 2016년 기출 ★
    ⓐ 의사소통(Communication) : 질문들을 받아들여 부호화하며 송출하는 것이다.
    ⓑ 분석(Analysis) : 개념적 틀 안에서 문제를 찾고 분류하는 것이다.
    ⓒ 통합(Synthesis) : 일정교화와 결정화 과정을 통하여 가능한 행위를 생각한다.
    ⓓ 가치화(Valuing) : 승·패의 확률에 관해 각각의 행위를 판단하고 다른 사람에게 미칠 여파를 판단하는 것이다.
    ⓔ 집행(Execution) : 수단 – 결과 분석을 통하여 계획이나 책략을 실행하는 것이다.

⑤ 진로사고검사(CTI ; Career Thought Inventory) 2014년 기출 ★
  ㉠ 진로사고란 진로선택이나 진로결정과정에서 나타나는 다양한 생각들이다. 이중 부정적 진로사고는 진로탐색이나 진로선택을 어렵게 하는 생각들로 의사결정 회피, 진로미결정, 무력감과 우울 등 전반적인 진로결정을 어렵게 한다.
  ㉡ 인지적 정보처리이론(CIP)와 인지치료를 이론적 근거로 하여 진로에서의 부정적 인지를 측정한다.
  ㉢ 진로사고검사의 하위척도는 다음과 같다. 2018년, 2015년 기출 ★
    ⓐ 의사결정혼란 : 진로의사결정 과정을 시작하거나 유지하는 데 개인이 가지는 곤란수준을 측정한다.
    ⓑ 수행불안 : 여러 대안 중 한 가지 대안을 선택하거나 대안에 대해 우선순위를 매기는 선택을 할 때, 결단을 내리기 어려운 곤란수준을 나타낸다.
    ⓒ 외적갈등 : 결정에 대한 책임감을 회피하게 하는 갈등에 관한 것으로, 중요한 타인에게 얻는 정보의 중요성과 자신이 지각한 정보의 중요성 간 균형조절에 있어서 무능력을 반영한다.

(3) 가치중심적 진로이론

① Brown은 진로발달에 관한 가치중심적 접근모형은 인간행동이 개인의 가치에 의해 많은 영향을 받는다는 전제에서 출발했다.

② 가치중립적 진로접근 모형의 명제
  ㉠ 개인이 우선권을 부여하는 가치들은 얼마되지 않는다.
  ㉡ 가치는 환경 속에서 가치를 담은 정보를 획득함으로써 학습된다.
  ㉢ 생애만족은 중요한 모든 가치를 만족시키는 생애역할에 의존한다.
  ㉣ 생애역할에서 성공은 학습된 기술과 인지적, 정의적, 신체적 적성을 제외한 것에서 결정된다.

③ 개요 2016년, 2014년 기출 ★
  ㉠ 가치란 어떻게 행동하는 것이 개인적으로나 사회적으로 더 바람직한지에 대해 장기적으로 지속되는 믿음이다. 여기에 흥미는 가치를 반영한다.
  ㉡ 이 직업가치는 개인이 가지는 가치를 직업선택 과정에서 바라본 것으로 자신이 중요하게 여기는 것을 직업선택에 반영하고 이행함으로써 성취될 수 있는 가치를 의미한다.
  ㉢ 직업에 대한 가치모형은 '진로선택을 만족시키게 하는 요인은 무엇인가?'라는 질문에 대해 '개인의 가치에 기초하여 결정한다.'고 답하는 것이라고 보았다.

④ 진로선택에 대한 가치중심적 모델의 기본 가정 2017년, 2016년 기출 ★
  ㉠ 개인이 우선권을 부여하는 가치는 그리 많지 않다.
  ㉡ 우선순위가 높은 가치는 아래 조건을 만족시킬 경우 생애역할 선택에 있어서 가장 중요한 결정 요인이 된다.
    ⓐ 생애역할 가치를 만족시키려면 한 가지 선택권만 이용할 수 있어야 한다.
    ⓑ 생애역할 가치를 실행하기 위한 선택은 분명해야 한다.
    ⓒ 각 선택권을 실행에 옮기는 난이도는 동일하다.
  ㉢ 가치는 환경 속에서 가치를 담은 정보를 획득하면서 학습된다. 이 정보는 개인의 세습된 특성과 상호작용하면서 인지적으로 처리된다. 사회적 상호작용과 기회에 영향을 주는 다른 요인으로는 문화적 배경, 성별, 사회적, 경제적 수준이 있다. 이 요인들은 진로선택과 생애역할 선택에 영향을 미치게 된다.
  ㉣ 생애만족은 모든 필수적인 가치를 만족시키는 생애역할에 달려 있다.
  ㉤ 한 역할이 특히 다른 것은 역할 내에 있는 필수적인 가치들의 만족 정도와 직접 관련된다.
  ㉥ 생애역할에서의 성공은 많은 요인들에 의해 결정되는데 이들 중에는 학습된 기술도 있고 인지적, 정의적, 신체적 적성 등도 있다.

⑤ 상담자 유의사항 2016년 기출 ★
  ㉠ 면접과정에서 정서문제를 주의 깊게 살펴봐야 한다.

ⓛ 양적 및 질적인 방법으로 가치들이 평가되어야 한다.
ⓒ 검사결과를 해석하고 이야기를 나누는 것 자체도 하나의 개입으로 생각할 수 있다.
ⓔ 상담자의 역할은 내담자의 가치와 진로를 연결해 주는 것이다.
ⓜ 인간행동이 개인의 가치에 의해 상당부분 영향을 받는다는 가정에서 출발하기 때문에 가치의 우선순위가 매겨진 증거를 확인해야 한다.

(4) 구성주의 진로이론 2020년, 2018년, 2017년, 2016년, 2015년 기출 ★

① 개요
　㉠ 개인이 타고나거나 고정적인 특성을 가진 것이 아니라 적극적으로 자신의 삶의 주인이 되어 삶을 해석하고 개발해 나간다는 이론이다.
　㉡ **진로에 대한 구성주의적 접근**
　　ⓐ 담화적 상담(=이야기 치료) : 내담자 삶에 대한 묘사나 직업 역할에 대한 이야기를 통해 직업관이나 진로관을 파악하는 기법이다.
　　ⓑ 개인이 자신의 진로관련 행동과 직업적 경험에 의미를 부여하면서 스스로 자신의 진로를 구성해 나가는 것을 강조한다.

② 기본 가정
　㉠ 구성주의 진로이론은 Super의 초기 진로발달 이론에서 출발하는 것으로 진로와 관련된 경험에 대해 개인적인 의미를 부여함으로써 진로가 형성된다는 관점이다.
　㉡ 개인이 구성한 진로가 실행을 할 수 있도록 동기 부여하는 것은 개인적 구성주의이다.
　㉢ 개인의 진로발달은 내적인 성숙으로 이뤄지는 것이 아니라 환경에 적응하는 과정임을 강조하는 사회적 구성주의다.
　㉣ 사회로부터 개인이 영향을 받기만 하는 것이 아닌 사회에 영향을 미치고 사회를 변화시킨다는 개인의 주체성이 중요하다.

③ 주요개념
　㉠ 구성주의 이론은 진로와 관련된 행동, 직업적인 경험에 의미를 부여하면서 스스로 진로를 구성해 나가는 것을 중요하게 본다.
　㉡ 적극적 의미화 과정에서 상담자가 가져야 할 자세는 다음과 같다.
　　ⓐ 자신에게 유의미한 경험을 찾을 수 있도록 촉진한다.
　　ⓑ 자신만의 진로이야기를 만들어 갈 수 있도록 돕는다.
　　ⓒ 내담자가 직업적 성격(개인의 흥미, 적성, 가치 등의 내용), 진로적응도(특정한 일에 자신을 맞추는 것과 맞춰 나가는 과정에서 동원되는 개인의 태도, 능력, 행동 등), 생애주제(사람들이 진로와 관련된 경험에서 자아개념을 형상화하고 실현하고자 하는 것)를 찾아내도록 돕는다.

Section 04 진로상담이론

2020년 기출 ★ ⓓ Savickas의 진로적응도의 자원과 전략으로 관심, 통제, 호기심, 자신감 등이 있다.

ⓔ 직업흥미검사 결과가 나타나는 흥미가 내담자에게 고정된 흥미가 아닌 현재 내담자가 선호하는 방향성이라 가정하기 때문에 Holland 모형을 직업에 대한 정보를 체계화하고 이해하는 도구로 사용한다.

ⓕ 개인이 어떤 경험을 하고 의미를 부여하는지에 따라 선호와 흥미, 성격을 형성해 나가고 바꿀 수 있다고 보았다.

④ 생애설계 상담

㉠ Savickas의 관점을 확대시킨 것으로 특성과 상태를 맥락에 따라 보고, 처방 대신 과정 중심으로 보며, 비선형적이고 역동적인 인과관계를 보여준다.

㉡ 과학적 사실보다는 내러티브적 실재를 중시하고, 기술이나 설명하려는 입장보다는 관찰하면서 배우려는 입장을 중시한다.

㉢ **생애설계 상담모형 6단계** 2021년 기출 ★

문제 확인 → 주관적 정체성 탐색 → 관점 확대 → 문제 재정의 → 정체성 실현을 위한 행동 정의 → 추수지도

ⓐ 구성단계(= 주관적 정체성 탐색) : 자신에 대한 진로를 구성하는 단계이다.

ⓑ 해체단계(= 관점확대) : 내담자의 관점을 폭넓게 열어주는 것이다.

ⓒ 재구성단계(=문제 재정의) : 전 단계에서 찾은 새로운 관점으로 문제를 재조명해 보는 단계이다.

ⓓ 협력구성 단계(=정체성 실현을 위한 행동 정의) : 재구성한 새로운 이야기 속에서 문제를 바라보면서 해결책을 찾고 변화를 촉진하는 단계이다.

Section 05 청소년 진로상담의 실제

학습목표

청소년 진로상담을 적용하기 위해 진로심리검사, 진로발달수준, 진로정보 활용 방법, 특수영역의 진로상담 내용을 습득한다.

1 진로심리검사 – 심리검사의 기초

(1) 올바른 진로상담을 위해 성격, 신념, 적성, 흥미, 가치관 등 개인의 여러 가지 심리적 특성을 정확하게 평가하고 이해한다. 상담에서 심리검사는 상담자와 내담자 모두에게 도움되는 정보를 제공한다.

(2) 상담자는 사용하고자 하는 검사의 사용 목적과 검사 선정의 적절성을 검토하고 타당도와 신뢰도를 확인한다.

(3) 상담자는 심리검사를 통해 내담자의 문제를 평가하고 진단하여 개입전략을 수립하고 심리검사 결과를 통해 내담자를 객관적으로 이해하고, 학습이나 진로 문제와 관련하여 합리적인 결정을 내리는 데 도움을 준다.

2 심리적 특성의 이해

(1) **흥미검사** 2014년 기출 ★

① 직업선호도

㉠ Holland 이론에 기초하여 노동부가 개발한 검사로 만 18세 이상의 성인을 대상으로 한 검사이다.

㉡ 2008년 최종 개정하여 3점 리커트 척도로 측정하고, S형 검사는 활동, 유능성, 선호직업, 선호분야, 일반성향 등 5가지 하위척도로 구성되어 있고, 총 247문항이다. 일반성향은 2점 리커트, 나머지는 모두 3점 리커트로 측정한다.

② **Holland 진로탐색검사** 2021년, 2018년, 2016년, 2014년 기출 ★

㉠ Holland 진로탐색검사는 Holland의 이론적 배경에 근거하여 직업에 대한 선호도를 중심으로 제작한 Holland의 VPI(Vocational Preference Inventory, 1985)와 이를 발전시켜 자가 채점용으로 제작한 SDS가 있는데 국내에서는 1997년도에 SDS(Self-Directed Search, 1994)를 표준화한 검사가 사용되고 있다.

㉡ Holland는 6가지 직업환경 유형과 6가지 결합된 개인적 행동양식을 제시하였다. 실재형(R ; Realistic), 탐구형(I ; Investigative), 예술형(A ; Artistic), 사회형(S ; Social), 기업

형(E ; Enterprise), 관습형(C ; Conventional)으로 성격특성과 환경특성과의 상호작용에 초점을 두어 개발되었다.

ⓒ 표준화된 한국판 Holland 직업 및 적성탐색 검사는 총 396문항으로 RIASEC 각 하위척도별 66문항으로 구성되어 있다.

③ Strong 직업흥미검사(SII ; Strong Interest Inventory) 2018년, 2016년, 2014년 기출 ★

ⓐ Strong이 특정직업활동에 종사하는 사람들에게 공통적인 흥미패턴이 있다는 점에 착안하여 다양한 직업에 종사하는 사람들의 흥미패턴을 사람들의 교육 및 진로계획 수립에 도움을 주려는 목적으로 개발한 검사이다.

ⓑ 1927년 10개의 직업척도와 총 420문항으로 개발되었으나 수십 년간 수차례의 개정을 통해 총 317문항에 6개의 일반직업분류(GOT), 25개의 기본흥미척도(BIS), 211개의 직업척도(OS), 4개의 개인특성척도(SS)로 구성되었다.

ⓒ 한국판 Strong 진로탐색검사는 기본적으로 미국의 GOT를 채택하였고, 한국에서 자체 개발한 진로성숙도 척도를 포함해 GOT, BIS, PSS의 세 가지 세부척도를 적용하고 있다.

Strong 진로탐색	일반직업분류 (GOT)		실재형
			탐구형
			예술형
			사회형
			기업형
			관습형
	기본흥미척도 (BIS)	현장형	농업, 자연, 군사활동, 운동경기
		탐구형	과학, 수학, 의학
		예술형	음악/드라마, 미술, 응용미술, 글쓰기, 가정/가사
		사회형	교육, 사회봉사, 의료봉사, 종교활동
		진취형	대중연설, 법/정치, 상품유통, 판매, 조직관리
		사무형	자료관리, 컴퓨터 활동, 사무활동
	개인특성척도 (PSS)		업무유형
			학습유형
			리더십유형
			모험심유형

④ Kuder 직업흥미검사(KOIS) 2018년, 2016년, 2014년 기출 ★

ⓐ 1940년에 제작된 검사로 "무엇을 좋아하는가?"를 중심으로 인간의 직업선택을 돕고자 6가지로 나눈 Holland와 달리 10가지 흥미영역을 측정한다.

ⓑ 10가지 흥미영역으로는 운동적, 기계적, 연산적, 과학적, 설득적, 미술적, 문예적, 음악적, 사회봉사적, 사무적 흥미영역이다.

ⓒ 오랜 역사가 있음에도 강제선택법에 의한 결과로 신뢰도, 타당도가 낮아서 실제 사용에 무리가 있다는 평가를 받아왔고 국내에서도 거의 사용하지 않는다.

(2) 진로심리검사

① 심리검사의 기초 2018년 기출 ★
  ㉠ 심리검사는 특정 개인행동을 알아보기 위해 개인이 갖고 있는 특성에 대해 알려진 측정도구를 적용해서 통계적으로 관찰하는 과정이다.
  ㉡ 올바른 진로상담을 위해서는 성격, 신념, 적성, 흥미, 가치관 등 개인의 여러 가지 심리적 특성을 정확하게 평가하고 이해해야 한다.
  ㉢ 상담자는 사용하려는 검사의 사용 목적과 검사 선정을 적절하게 하고 타당도와 신뢰도를 확인한다.
  ㉣ 상담자는 심리검사를 통해 내담자의 문제를 평가하고 진단하며 개입전략을 수립한다.
  ㉤ 내담자는 심리검사 결과를 통해 자기 자신을 좀 더 객관적으로 이해하고, 학습이나 진로문제와 관련하여 합리적인 결정을 내리는데 도움을 얻는다.

② 진학상담을 위한 진로심리검사 : 진로탐색검사
  ㉠ 한국가이던스에서 출간한 진로탐색검사는 한국의 중, 고등학교 학생의 낮은 진로성숙도, 진로교육 기회의 결여, 문화적 차이 등을 고려하여 Holland와 동료들이 개발한 진로탐색검사와 거의 동일한 과정을 거쳐 재구성한 검사이다.
  ㉡ 학지사 심리검사 연구소에서 출간한 진로탐색검사는 미국 ACT검사의 일부인 직업흥미검사를 기초로 한국의 중, 고등학생들의 사회문화적 차이를 반영하여 재표준화한 후 중, 고등학생의 직업적 흥미, 적성, 성격 등을 파악하여 진로선택에 도움을 주는 검사이다.

③ 구직상담을 위한 진로심리검사 2016년, 2014년 기출 ★
  ㉠ 구직욕구검사
    ⓐ 만 18세 이상의 구직자를 대상으로 구직자의 취업에 대한 원함을 객관적으로 평가한다.
    ⓑ 경제적 어려움, 구직활동의 적극성, 일자리 수용 자세의 3개 하위척도를 포함한다.
  ㉡ 직업선호도 검사
    ⓐ 만 18세 이상 성인을 대상으로 실시하는 종합적인 직업심리검사이다.
    ⓑ 흥미검사, 성격검사, 생활사검사 등 3가지 하위검사로 구성되었다.
  ㉢ 성인용 직업적성검사
    ⓐ 만 18세 이상 성인, 즉 모든 성인과 대학 진학이나 취업을 앞둔 고등학교 3학년을 대상으로 다양한 직업 분야에서 자신이 맡은 직무를 성공적으로 수행하기 위해 요구되는 중요한 적성을 측정하기 위해 개발하였다.

ⓑ 구직자의 능력 특성이 어떤 직업 분야에 적합한지를 파악하고, 본인의 적성과 본인이 희망하는 분야에서 요구되는 직무수행 요건 및 중요 적성요인과의 차이를 비교함으로써 개인의 능력과 적성에 적합한 직업의 선택과 지도에 활용한다.

④ **직업적응 및 진로변경 상담을 위한 진로심리검사** 2014년 기출 ★

㉠ **구직효율성검사**

ⓐ 만 19세 이상의 실직자나 구직을 원하는 성인을 대상으로 구직활동에 영향을 미치는 개인의 심리적 특성을 측정하여 장기 실업의 위험을 예측하고 동시에 효과적인 구직활동을 지원하는 데 유용한 정보를 제공하기 위한 검사이다.

ⓑ 실직 충격 및 취약성 검사, 구직동기 검사, 구직기술 검사 등 3가지 하위검사와 13개 하위 척도, 검사수행신뢰도 척도로 구성된다.

㉡ **직업전환검사**

ⓐ 현재 직업에 적응하는 데 어려움을 느끼는 직장인, 재취업을 희망하는 실직자, 자신의 전공과 다른 직업을 구하는 대학생 등 만 18세 이상의 성인을 대상으로 한다.

ⓑ 직업적응과 관련된 개인의 성격적 특성을 측정하여 성격 특성에 가장 일치하는 직업군을 확인하는데 유용한 정보를 제공하기 위한 검사이다.

㉢ **창업진단검사**

ⓐ 창업을 희망하는 실직자를 주 대상으로 창업에 대한 소질여부를 평가하고 성공 가능한 최적의 업종을 탐색하기 위한 검사이다.

ⓑ 검사 결과는 창업 희망자의 사업가 적성 여부를 진단하고 어떤 업종을 창업하는 것이 적합한지 판단한다.

(3) 진로발달검사 2018년, 2014년 기출 ★

진로발달검사(CDI)	• Super의 진로발달 모형에 기초한 검사이다. • 적합한 교육 및 직업 선택에 대한 학생들의 준비도를 측정하고자 만든 검사이다.
진로성숙도검사 (CMI)	• Crites의 진로발달 모형에 기초한 검사이다. • 초6~고3을 대상으로 한다. • 진로계획 태도와 진로계획 능력을 측정하기 위한 심리검사이다.
진로결정 수준을 측정하기 위한 검사	• 진로결정척도(CDS ; Career Decision Scale) : Osipow(1980)가 개발한 척도로 진로결정과 미결정 2개 하위척도로 구성 • 진로상황검사(MVS ; My Vocational Situation) : Holland 검사 도구 중 하나로 20개 문항, 직업 정체성, 직업정보, 선택된 직업 목표의 장애 등 하위 척도로 구성 • 진로의사결정평가(ACDM ; Assessement of Career Decision Making) : Harren의 진로의사결정 모형에 기초한 척도, 진로의사결정 유형과 진로발달과업을 해결해 나가는 과정을 측정하기 위해 개발

(4) 진로심리검사 해석시 유의사항 2020년, 2016년 기출 ★

① 검사결과로 나타난 강점 및 약점은 모두 객관적으로 검토되어야 한다.
② 검사결과는 이해하기 위한 수단일 뿐 검사결과를 과신하고 단정짓는 것(labeling)은 피해야 한다.
③ 내담자가 검사결과를 잘 이해하도록 안내하고 격려한다.
④ 검사결과는 내담자가 이용 가능한 다른 정보와 관련지어 제시한다.

3 진로발달수준

(1) 진로성숙도

① Crites의 진로발달 모형에 기초해서 초등학교 6학년~고등학교 3학년 학생을 대상으로 진로의사결정에 대한 태도와 능력을 측정하기 위해 제작하였다.
② 진로계획 태도와 진로계획 능력을 측정하기 위한 두 척도로 구성되었다.
  ㉠ **진로계획 태도척도** : 결정성, 참여도, 독립성, 성향, 타협성
  ㉡ **진로계획 능력척도** : 자기평가, 직업정보, 목표선정, 계획, 문제해결척도

(2) 진로결정 수준

① 진로결정척도(CDS)
  ㉠ 진로선택 과정에 있는 고등학생과 대학생을 대상으로 한다.
  ㉡ 진로미결정의 선행조건을 확인하기 위해 개발하였다.
② 진로상황검사(MVS)
  ㉠ 고등학생과 대학생을 대상으로 한다.
  ㉡ 진로미결정에 기여하는 문제의 성격을 확인하기 위해 개발한다.
③ 진로의사결정평가(ACDM)
  ㉠ Harren의 진로의사결정 모형에 기초한 것이다.
  ㉡ 고등학생과 대학생을 대상으로 한다.
  ㉢ 진로의사결정 유형과 진로발달과업을 해결해 나가는 과정을 측정하기 위해 개발하였다.

(3) 진로적성검사

① 개요
  ㉠ 적성이란 어떤 과제나 임무를 수행하는 개인에게 요구되는 특수한 능력이나 잠재능력을 의미한다.

Section 05 청소년 진로상담의 실제

  ⓒ 개인의 적성을 구성하는 요인으로는 일반적으로 일반적성능력, 언어능력, 수리능력, 공간지각능력, 수공능력, 운동조절능력, 사무지각능력, 형태지각능력 등이 있다.
② 적성검사

적성분류검사	• 수리력, 추리력, 공간관계, 언어추리, 기계추리, 사무능력, 언어철자, 언어문장 등 8개 하위검사로 구성된다. • 고등학교에서 학업 및 직업지도를 위해 제작한 것이다. • 타당도, 신뢰도가 높아 성인용으로도 사용 가능하다.
일반적성검사	• 기구대조검사, 형태비교검사, 명칭비교검사, 종선기입검사, 타점속도검사, 표식검사, 평면도판단검사, 입체공간검사, 어휘검사, 산수추리검사, 기계검사의 11개 지필검사와 환치검사, 회전검사, 조립검사, 분해검사의 4개 기구검사로 구성된다. • 적성은 형태지각, 사무지각, 운동조절, 공간판단능력, 언어능력, 산수능력, 손재치, 손운동 속도, 학습능력인 일반지능 10가지이다. • 검사 결과는 요인별 표준점수와 그래프로 주어진다. • 몇 개의 적성요인에 대한 표준점수를 조합하면 개인이 어떤 유형의 직업에 적합한지 정보를 습득할 수 있다.
특수적성검사	• 과학, 예능 등 특수 분야의 적성을 측정하기 위한 검사 • 감각운동능력검사, 기계적성검사, 사무적성검사, 직업적성검사, 예능적성검사 등으로 분류

4 진로정보의 활용

(1) 개요 2018년 기출 ★

① 개인이 진로에서 어떤 선택을 하거나 적응을 하려고 할 때 필요한 자료를 의미한다. 일과 관련된 교육적, 직업적, 심리사회적 정보를 모두 총망라한다.
② 직업과 관련된 모든 분야를 이해시켜서 준비할 수 있는 기회를 제공하려는 것이 목적이다. 학생들에게는 특정 지식과 기술을 제시하여 미래 직업 생활에 원만하게 적응하게 하는 데 목적이 있다.
③ 정보 자체는 많은 사람들이 이용할수록 중요도가 높다. 그러므로 사람들이 많이 이용하면서도 활용도가 높은 정보가 좋은 정보이다.
④ 좋은 정보가 있어도 내담자가 비합리적 신념을 가지고 있을 때 정보를 효과적으로 사용하기 어렵다. 그러므로 진로결정을 할 때 완벽하게 자신에게 맞는 것을 찾는 것이 아니라 최선의 선택, 즉 합리적인 결과를 습득할 수 있도록 돕는 것이 중요하다.
⑤ 직업정보를 탐색할 때 정보 출처의 신뢰도, 얼마나 최근의 것인지, 취득 경로 등을 검토해야 한다. 직업사전이나 직업분류 등 직업에 대한 정보를 자세히 습득하는 것도 중요하다.

(2) 진로정보

① **공공기관에서 제공하는 진로정보** 2020년, 2017년 기출 ★
   ⊙ 한국노동연구원에서는 매월 고용동향분석, 국내 노동 동향, 노동시장 전망 등을 보고하고 있다.
   ⓒ 한국고용정보원에서는 지역고용동향브리프와 한국직업전망을 통해 국내 노동시장에서의 일자리를 보고하고 있다.
   ⓒ 한국직업능력개발원에서는 직업교육 훈련지표를 제시하고 각종 진학정보와 자격정보를 제공하고 있다.
   ⓔ 통계청에서 한국표준산업분류를 통해 산업분야에 대한 동향을 조사할 수 있고, 한국표준직업분류를 통해 국내의 다양한 직업 분야에 대한 지식을 습득할 수 있다.
   ⓜ 고용노동부에서는 구인구직통계와 고용노동통계연감 등을 통해 각종 직업과 노동시장의 실태를 보고하고 있다.

② **한국표준직업분류** 2017년 기출 ★
   ⊙ 한국표준직업분류는 국내에서의 경제활동을 위해 개인의 직업 형태를 분류한 체계로 직무와 직능 수준에 따라 설계하였다. 또한 국제적으로 통용되는 국제노동기구(ILO) 국제표준직업분류를 기초로 작성하였다.
   ⓒ 직업 항목은 대분류, 중분류, 소분류, 세분류, 세세분류 등으로 구분된다.

한국표준직업분류 대분류	직능 능력
1. 관리자	제4직능 수준 or 제3직능 수준
2. 전문가 및 관련종사자	제4직능 수준 or 제3직능 수준
3. 사무 종사자	제2직능 수준
4. 서비스 종사자	제2직능 수준
5. 판매종사자	제2직능 수준
6. 농림, 어업 숙련종사자	제2직능 수준
7. 기능원 및 관련 기능 종사자	제2직능 수준
8. 장치, 기계 조작 및 조립 종사자	제2직능 수준
9. 단순노무 종사자	제1직능 수준
A. 군인	제2직능 수준

(3) 진로정보의 평가 2014년 기출 ★

① 제작시기 관련 평가로 "언제 만들 것인가?"를 평가한다.
② 제작대상 관련 평가로 "어느 곳을 대상으로 한 것인가?"를 평가한다.
③ 제작자 관련 평가로 "누가 만든 것인가?"를 평가한다.
④ 제작목적 관련 평가로 "어떤 목적으로 만든 것인가?"를 평가한다.
⑤ 자료수집 관련 평가로 "어떤 방식으로 수집하고 제시했는가?"를 평가한다.

5 특수영역 진로상담

(1) 다문화 진로상담 2021년, 2017년 기출 ★

① 개요
- ㉠ 다문화적 시각은 하나의 독립된 이론이라기보다 모든 상담에서 고려해야 할 상담자의 내외적 태도와 행동이다.
- ㉡ 다문화주의적 상담을 상담의 제4세력이라고 명명하였는데, 이는 정신분석학, 행동주의, 인본주의의 뒤를 이어 앞으로는 다문화주의가 상담분야에 주된 세력으로 영향을 미칠 것이라는 의미이다(Sue, Ivey & Pedersen, 2008).
- ㉢ 인종, 성, 장애유무, 연령 등에 의한 차이는 개별 가족이나 개인적 차이보다 크며 차별과 억압이라는 사회불평등적 요소를 가진다. 다문화적 접근의 배경에는 이런 불평등적 요소를 이슈화하여 개선하려는 의도가 강하다. 소수이거나 약자로서 경험하는 내담자의 진로발달을 이루도록 돕는 것을 다문화 진로상담이라고 할 것이다.
- ㉣ 문화의 개념은 좁은 의미로는 국가, 민족, 종족의 테두리에서 이해할 수 있지만 넓은 의미로는 성별, 주거지역, 나이, 교육적 배경까지도 넓히게 된다. 다시 말해, 모든 상담관계는 문화가 서로 다른 상담자-내담자 간 관계로 이해될 수 있다(Herr, 1989). 이 넓은 의미의 문화적 차이를 포괄하는 새로운 개념이 다문화주의(Multi-Culturalism)이다(설기문, 1993).

② 다문화 상담의 필요성
- ㉠ 미국의 주류문화인 WASP에서 벗어나 소수집단의 각종 문제들이 사회적으로 부각되면서 상담분야에서도 백인 위주의 상담 접근에서 벗어나 비(非)백인과 타문화에 대한 이해를 중시하는 분위기가 확대되었다.
- ㉡ 우리나라도 국제결혼 이주여성, 외국인 근로자, 외국인 유학생, 북한이탈 주민 등의 비중이 커지면서 한국인 중심 상담에서 벗어나 다문화 인구에 적용 가능한 다문화 상담이 필요하게 되었다.
- ㉢ **다문화 상담 vs 전통적 상담**
    - ⓐ 상담의 초점을 개인으로부터 가족과 문화적 이슈로 옮겨가야 하고, 자기 지향적 협력과 관계 지향적 협력 사이에 균형이 필요하다.
    - ⓑ 상담자가 현재 사용하는 협력적 반응 중 어떤 것들은 내담자들에게 부적절할 수 있기 때문에 상담자는 협력방법을 다양화해야 한다.
    - ⓒ 인간의 문제를 다루는 방법은 문화마다 다르고, 어떤 문화권에서는 전통적 치료자들이 매우 높은 신망을 얻고 있으므로 상담자들은 문화에 근거한 치료의 역할을 이해할 수 있도록 훈련받아야 한다.

ⓓ 상담자들은 상담실 밖으로 시야를 돌려서 지역사회의 변화를 주장하고, 소수민을 위한 직업 기회를 확대시키며 내담자를 대신하여 개입할 수도 있다. 즉, 상담자는 조언자, 옹호자, 토속적 협력체계의 촉진자, 자문가, 변화매개체 등 다양한 모습을 가져야 한다.

③ 다문화 진로상담 관련 이론
  ㉠ 사회인지진로이론(SCCT)
    ⓐ 개별인종과 민족집단의 직업행동을 설명할 때 유용하다. 이 이론이 제안된 이래로 다양한 소수민집단을 대상으로 연구가 수행되었다.
    ⓑ Lent와 동료들은 광범위한 이론을 흥미의 발달, 교육적·직업적 선택, 교육적·직업적 영역에서의 성취와 인내 등을 설명하기 위해 개발하였다.
    ⓒ Hackett와 Betz(1981)의 진로자기효능감 이론과 Bandura(1986)의 사회인지이론을 진로발달이론을 수립하기 위해 확장시킨 것이다.
    ⓓ 개인의 성격, 성별, 인종, 장애, 건강상태 등 개인적 배경과 환경적 배경을 통해 접하는 학습 경험이 흥미와 자기효능감, 결과기대에 영향을 미친다고 가정한다.
    ⓔ 진로흥미가 목표와 행동의 선택에 직접적으로 영향을 미치고 목표와 행동의 선택은 진로수행과 획득에 영향을 미친다. 근접한 맥락요인들이 진로선택과 진로행동에 직접적인 영향을 미치며, 흥미와 선택 사이를 중재한다(Lent et al., 1994).
  ㉡ 인종/성 생태학적 모형
    ⓐ 인간의 행동이 개인과 환경 간 지속적이고 역동적인 상호작용에서 나온다고 주장한다. 직업행동은 맥락 속에서 일어나는 행동이고, 맥락은 개인의 행동에 대해 의미를 부여하는 데 필수적인 요소이다.
    ⓑ Bronfenbrenner(1977)는 인간의 행동에 영향을 미치는 4가지 주요 하위체계로 미시체계, 중간체계, 외체계, 거시체계를 제안하였다.
    ⓒ 인종/성의 생태학적 모형은 모든 개인이 특정 성과 인종에 속해 있고 결정적으로 개인의 전생애 진로를 형성한다고 가정한다. 왜냐하면 내담자는 인종이나 성으로 인해 기회나 장애에 직면하기 때문이다.
    ⓓ 상호관계는 다양한 수준에서 동시적으로 발생하게 되는데 어떤 수준의 상호작용에 지나치게 초점을 맞추는 것은 주어진 순간의 진로행동을 형성하는 역동을 이해하는 것을 방해한다.
    ⓔ 이 모형은 심리내적 과정 중심의 개입이 아니라 인생을 형성하는 복잡한 영향을 존중하는 다양한 기술이 요구된다. 상담자가 현재와 미래의 내담자 발달을 촉진하는 환경적, 사회적 변화를 위해 작업해서 내담자의 옹호자가 되기를 원한다.

© **다문화 청소년 진로상담 시 주의해야 할 점** 2018년, 2017년, 2014년 기출 ★
  ⓐ 진로문제가 내담자의 정체성 혼란과 관련이 있는지 탐색한다.
  ⓑ 상담자는 자신이 속한 문화 특성에 대해 자각 능력을 확장함으로써 내담자 문화에 대한 선입견을 최소화하도록 한다. 여기에는 청소년 내담자의 자국 문화에 대한 존중하는 태도가 더해져야 한다.
  ⓒ 내담자 가족 중 주요 의사결정자가 누구인지 이해하고 상담에 적용하도록 한다.
  ⓓ 상담자는 개인이 어찌할 수 없는 사회적 맥락요인이 진로목표 설정이나 행동 선택, 실행에 미치는 영향이 매우 크다는 것을 지각해서 그 대응방안을 내담자와 함께 찾을 수 있어야 한다.
  ⓔ 상담자는 청소년 내담자를 도울 대안적인 사회적 지지체계를 찾는데 적극적이어야 한다.

(2) 장애인 진로상담 2014년 기출 ★

① **고용상 차별** : 장애인을 위한 일자리 창출과 직업능력 개발훈련을 위한 기회들이 제공되고 있다 해도 이런 사업들이 활발하게 연결되도록 하는 작업은 별도로 이루어져야 하고 이 과정에서 상담자의 역할이 중요하다.

② **적합 직종의 제한** : 장애로 인해 업무 수행이 불가능한 영역에 대해서는 장애인의 진입이 불가하지만 장애인이 접근할 수 있는 직종들이 장애 범위를 넘어서서 과도하게 제한을 받는 경우가 많다.

③ **직업 관련 자기탐색 기회의 부족** : 직업지도를 위해 개별상담, 직업평가, 개별화된 계획 작성 등의 서비스가 제공되지만 움직임이 부자연스러운 장애인들이 심리검사나 개인상담을 받기 위해 이동하는 것은 현실적으로 어렵다.

④ **직업능력 개발 및 적응훈련 기회의 부족** : 노동시장에서 필요로 하는 기술이 부족한 장애인에게 다양한 경험을 제공함으로써 직업세계에 대한 이해, 대인관계 기술 등을 개발하기 위해 일상생활 훈련, 사회적응훈련, 직업환경 적응훈련 등을 실시하고 수업수행기관에 경비를 제공하고 있지만 장애유형에 따라 각종 훈련프로그램이 이루어지는 장소에 혼자 힘으로 갈 수 없어 혜택을 받지 못하는 경우가 많다.

⑤ **장애인 진로상담**
  ㉠ 어린 시절이나 장애 발생 시 가급적 빠른 시간 안에 진로교육을 실시하여 자신과 타인을 이해하고 존중할 수 있는 긍정적인 자아개념을 길러준다.
  ㉡ 장애인 진로발달을 돕기 위해서 프로그램들을 종합적으로 제시하는 개념은 전환교육이고, 중등교육 이후 교육과 직업 및 훈련을 통합하는 교육지원이다.

⑥ 장애인 진로상담 주제
  ㉠ 장애인의 진로발달을 위한 지도와 상담
    ⓐ 장애가 고용에 어떤 영향을 미치는지에 대한 지식과 정보를 제공한다. 고용을 위한 개별적 계획을 세우는 것이 여기에 포함된다.
    ⓑ 장애 학생이 원하는 직업을 탐색하게 하고 가능한 모든 자원을 활용할 수 있도록 도와준다.
    ⓒ 학생이 목표하는 직업에서 필요로 하는 기술을 가질 수 있도록 직업훈련을 실시한다.
    ⓓ 직업생활을 하기 위해 보조공학이 필요한지를 파악해서 필요한 보조공학 기계를 확인하는 등의 작업이 필요하다.
  ㉡ **장애인 진로상담을 위한 인프라 구축** : 홈페이지 구축, 직업교육 체험관 운영, 워크샵 필요, 직업교육 정책에 대한 현장 지원 등이 필요하다.
  ㉢ **찾아가는 상담 실시**
    ⓐ 중등학교에서 장애학생을 위한 전환교육 프로그램을 기획하고 실행하는 전환교육 코디네이터가 매우 절실하다.
    ⓑ 전환교육 코디네이터들은 학교별로 교사, 가족, 부모와 함께 진행하는 학생을 위한 전환교육 프로그램은 다음과 같이 구성되었다.
      • 학교 내 체계를 구축하는 학교 내 업무
      • 학교와 지역 정부를 연결함으로써 가능한 전환교육 업무
      • 직업훈련과 현장적응 능력을 길러주기 위한 고용 업무

(3) 여성 진로상담

① 여성진로상담의 특징
  ㉠ **성역할 고정관념 벗어나기** : 성역할 고정관념은 남녀를 구분 짓는 특정 개념으로 가부장적 편견으로 인한 성 편견이 고착화되고, 출산과 육아 등으로 여성의 경제활동이 단절되며, 성별 임금 격차가 지속되는 경향으로, 이런 편협한 경향에서 벗어나는 것이 필요하다.
    2017년, 2015년, 2014년 기출 ★
  ㉡ **자기효능감** : 성별과 진로의사결정 효능감의 관계에 대한 연구 결과는 엇갈리지만 대다수 국내외 연구결과에 따르면, 진로에서의 자기효능감은 여성이 남성보다 낮은 것으로 나타난다.
  ㉢ **경력단절** : 여성은 결혼과 육아로 인해 경력단절의 위협에 놓이고, 경력이 단절된 여성이 자신의 능력이나 경향에 맞는 진로를 탐색하고 진입하기에는 제약이 많다.
  ㉣ **유리천장** : 남성 위주의 직장에는 여성의 승진을 합법적 절차에 따라 막으려는 교묘한 태도와 업무 흐름이 있는데 충분한 능력을 갖춘 사람이 직장 내 성차별이나 인종차별 등의 이유로 고위직을 맡지 못하는 상황을 비유적으로 이르는 말이다.

Section 05 청소년 진로상담의 실제

　　ⓜ **다중역할 갈등** : 여성들은 직장생활, 육아, 가사 부담 등 다중역할로 신체적, 정신적 어려움을 겪는다.
　　ⓑ **직장 내 성희롱, 성폭력 피해 사례** : 조직에서 여성이 약자로서 직면하는 곤란한 문제로 성희롱, 성폭력 경험을 들 수 있다. 이에 대응하기 위해 여성 진로상담에서는 여성을 대상으로 하는 성희롱, 성폭력 예방과 사후 대응방법, 성희롱, 성폭력으로 인한 신체적, 심리적 피해로부터 회복하는 방법 등을 다룬다.

② **여성 진로상담 방법** 2014년 기출 ★
　　㉠ **직무태도 개선** : 여성의 진로발달상의 취약성 저변에서는 사회적 불평등 구조가 있지만 개인적 차원의 해결책을 모색하는 데에도 많은 시간을 할애한다.
　　㉡ **장기적인 진로설계 격려** : 경력단절 가능성을 고려하여 생애 전체에 대한 진로설계가 강화되어야 한다. 전 생애에 걸친 다중적 역할에 대한 이해가 필요하다.
　　㉢ **직장 여성의 위치에 대한 이해** : 잠재적·차별적 고용 관행, 유리천장의 이슈, 가정과 직장을 양립하는 이중 경력이 생활전반에 미치는 역동 등과 관련된 불편한 이슈를 드러내 문제화하고 그것을 다루는 현실적인 대응방법을 모색하면서 여성 내담자의 현실적 진로의식을 높인다.
　　㉣ **자기표현 능력 향상** : 불평등적 요소로 인해 자존감과 직업능력이 저하되는 것을 막고, 직장 내에서는 대인관계에 파괴적인 영향을 끼치지 않는 범위에서 자기주장을 해야 한다.
　　㉤ **스트레스 관리능력 증가** : 과도한 스트레스 상황에서 일하는 여성들은 완벽주의자가 많고, 이들의 경우 슈퍼우먼 증후군인 경우가 잦다. 상담자는 이들에 대한 인지적 재구조화를 시도하고 불안을 유발하는 상황을 확인하여 행동을 수정하도록 돕고 이완훈련, 역할 재규정 작업을 할 수 있다.

③ **Super가 제시한 여성 진로유형** 2016년 기출 ★
　　㉠ **안정된 가정주부형** : 졸업 후 신부수업을 받은 후 결혼하여 가정생활을 영위하는 여성
　　㉡ **전통적인 진로형** : 졸업하고 결혼하기 전까지 직업을 가졌다가 결혼과 동시에 직장을 그만두고 가정생활을 영위하는 여성
　　㉢ **안정적인 직업형** : 졸업 후 직업을 가진 뒤 결혼 여부와는 무관하게 정년까지 직업을 갖는 여성
　　㉣ **이중진로형** : 졸업 후 결혼하고 직업도 갖는 여성
　　㉤ **단절진로형** : 졸업 후 일을 하다가 결혼하면 직장을 그만두고 자녀교육에 전념하다가 자녀가 성장하면 재취업해서 자아실현과 사회봉사를 하는 여성
　　㉥ **불안정한 진로형** : 가정생활과 직장생활을 번갈아 가며 시행하는 여성
　　㉦ **충동적 진로형** : 기분에 따라 직장도 가졌다가 그만두고, 결혼도 했다가 이혼하는 등 일관성 없는 진로를 추구하는 여성

6 기타

(1) 직업카드 활용
① 직업카드 분류활동 2016년, 2015년, 2014년 기출 ★
  ㉠ 직업 흥미 탐색
  ㉡ 다양한 직업 세계 탐색
  ㉢ 진로 및 직업관련 정보를 찾는 방법 제시

(2) 직무분석의 단계
① 직업분석
  ㉠ 채용, 임금, 조직관리 등 직업 행렬표를 작성하여 인력의 과부족과 분석대상 직업들의 상호관련성을 분석한다.
  ㉡ 채용하는 직업이 요구하는 연령, 성, 교육과 훈련의 경험, 정신적·신체적 특질, 채용 후 책임과 권한 등 명시한 직업명세서를 작성한다.
② 직무분석
  ㉠ 직무기술과 작업들을 열거한 작업알림표를 기술하기 위해 직무명세서를 작성한다.
  ㉡ 직무명세서를 토대로 각 작업마다 작업명세서를 작성하는데 작업명세서는 작업요소, 작업표준, 작업조건, 사용하는 기계 및 공구, 재료, 전문지식, 일반지식, 안전 등에 관한 사항으로 구성된다.
③ 작업분석
  ㉠ 직무를 수행하는 작업환경이 직무 담당자에게 어떤 영향을 미치는가를 밝히는 것이다.
  ㉡ 자신의 의사와 관계없이 정신적으로나 신체적으로 어떤 종류의 불쾌한 영향을 받고 있는지에 대한 불쾌조건의 분석과 어떤 신체 활동이나 환경 조건에 의해 유해한 영향을 받게 되는지에 대한 재해 위험분석으로 구분한다.

(3) 사이버 진로상담 2020년 기출 ★
① 장점
  ㉠ 상담이 익명으로 이루어질 수 있다.
  ㉡ 상담의 관계가 상담자 – 컴퓨터 – 내담자로 형성된다.
  ㉢ 상담자와 내담자의 시·공간적 제약을 극복할 수 있다.
  ㉣ 상담내용과 정보의 저장이 쉽다.
  ㉤ 다양한 진로상담 형태로 변형할 수 있다.

② 단점
　㉠ 내담자의 공개된 정보만 파악하기 때문에 내면 파악에 한계가 있다.
　㉡ 지속적이지 못하다.
　㉢ 내담자의 비언어적 표현을 파악하기 어렵다.
③ 진로정보 웹사이트 활용 시 고려사항 2016년 기출 ★
　㉠ 공식적 채널의 정보전달력 여부
　㉡ 진로정보 제공의 기능 정비
　㉢ 진로정보의 표준 설정
　㉣ 정보의 업데이트 관리
　㉤ 검사나 서비스 비용
　㉥ 검사의 타당도 및 신뢰도

실력 다지기 01 O·X 문제

01 청소년 진로상담은 진학과 직업선택에 초점을 맞추어야 한다. O, X

02 고등학생의 진로탐색단계로 직업에 대한 가치관과 신념 등 다양하고 포괄적인 흥미를 통해 능력과 태도를 형성하도록 돕는 것이 좋다. O, X

03 진로의사결정의 수준에 따라 내담자를 분류할 때, 진로결정자, 진로미결정자, 우유부단형으로 나눌 수 있다. O, X

04 Williamson은 Parsons의 3단계를 좀 더 구체적으로 세분화해 분석, 종합, 진단, 예측, 상담, 추수지도 등 6단계로 체계화하였다. O, X

05 Krumboltz는 사회학습이론에서 진로에서 영향을 미치는 중요한 4가지 요소를 타고난 능력, 환경과 상황, 학습경험, 과제접근기술이라고 하였다. O, X

06 Ginzberg의 진로발달단계는 환상기, 잠정기, 현실기의 3단계로 구분되며, 잠정기는 초등학생 시기로 흥미를 탐색한다. O, X

정답 및 해설 01. O 02. X 03. O 04. O 05. O 06. X 07. O

02 고등학생은 진로준비단계로 구체적인 진로 계획 수립, 진로 정보 수집, 분석을 통해 직업이나 학교를 선정하고 이를 위해 노력해야 한다.
06 잠정기는 12~18세 시기로 청소년 시기에 더 적합하고 이 시기에는 흥미탐색도 중요하나 직업에 대한 적절한 태도와 가치관을 습득한다.

07 힘 있는 성인과 약한 어린이, 남성역할과 여성역할 등 이분법적인 구분으로 제한-타협을 제시한 학자는 Gottfredson이다. O, X

08 사회인지진로이론에서 Bandura가 가장 크게 기여한 것은 여성의 진로발달과 선택을 설명하려 한 시도이다. O, X

09 Kuder의 직업흥미검사는 Holland와 달리 9가지 흥미영역을 측정한다. O, X

10 남성 위주의 직장에서 여성의 승진을 합법적으로는 아니지만 성차별이나 인종차별 등으로 고위직을 맡지 못하는 상황을 유리천장이라고 한다. O, X

정답 및 해설 08. X 09. X 10. O

08 Bandura는 자기효능감 개념을, Hackett와 Betz는 여성의 진로발달과 선택에 대해 기여하였다.
09 Kuder는 10가지 흥미영역으로 운동적, 기계적, 연산적, 과학적, 설득적, 미술적, 문예적, 음악적, 사회봉사적, 사무적 흥미영역으로 분류하였다.

실력 다지기 02 단답형 문제

01 문제를 평가하기에 앞서 진로의사결정 수준에 따라 내담자의 상태를 3가지로 구분하는데 다음 유형을 어떤 내담자라 부르는가?

- 일상에서 전반적으로 불안이 있는 전반적 장애를 내담자를 의미한다.
- 문제해결과정에서 부적응적인 성격을 지닌 내담자를 의미한다.
- 높은 수준의 우유부단함, 불안, 좌절감, 모호한 정체감, 낮은 자존감으로 진로문제보다 성격적 문제가 높은 경우의 내담자를 의미한다.

02 진로집단상담에서 다음 과정은 무엇이라 불리는가?

- 라포가 형성되면 집단원들은 집단에 대한 자신의 불확실감과 좌절감, 실망감 등을 표현하게 된다.
- 상담자에 대한 불만족, 낮은 응집성 등의 문제가 대두될 때 상담자는 집단상담의 핵심 주제를 잠시 내려놓고 이를 먼저 다루어야 한다.

03 특성-요인 진로상담에서 진로의사결정에 나타나는 다양한 문제를 진단하기 위해 Williamson(1939)은 4가지 범주를 제시했다. 그중 다음의 경우를 나타내는 말은 무엇인가?

흥미를 가지고 있으나 그 흥미를 가질 능력이 부족한 경우, 적성이 있는 직업에는 흥미가 적고 흥미가 있는 직업에는 적성이 낮은 경우 등이다.

04 Roe의 8가지 직업군집에서 다음과 같은 특징을 가진 직업은 무엇인가?

- 농산물, 수산자원, 지하자원, 임산물, 기타 천연자원 개간, 보존, 수확하는 것, 축산과 관련이 있다.
- 기계의 발전으로 이 군집에 속했던 직업이 군집4로 이동
- 대인관계는 거의 없다.

05 다음 설명에 적합한 말은 무엇인가?

> Krumboltz는 한 개인의 진로발달 과정에서 나타나는 우연적인 사건에 주목하여 이 사건이 그 사람의 진로에 긍정적으로나 부정적으로 작용하게 된다고 하였다. 사람들의 노력 여하에 따라 이 예기치 않은 사건이 긍정적으로 작용할 때를 지칭하는 말이다. 이 예기치 않은 사건을 만나는 것도 능력으로 보았는데, 이는 저절로 생기는 것이 아니라 교육하고 가르칠 때 갖춰질 수 있는 것으로 호기심(Curiosity), 인내심(Persistence), 융통성(Flexibility), 낙관성(Optimism), 위험감수(Risk-Taking) 등이 있다.

06 Dawis와 Lofquist(1984)가 말한 직업환경 양식에는 2가지가 존재하는데, 이중 다음 설명에 해당하는 것은?

> - 반응의 유지 및 이후 그 반응이 일어날 가능성과 관련된 요소이다.
> - 직업에서 제공하는 강화를 줄 수 있고 평가할 수 있는 도구 등을 다양하게 사용한다.

07 다음 설명에 적합한 말은 무엇인가?

> - Super는 인간이 전 생애에 걸쳐 9가지, 즉 자녀, 학생, 여가인, 시민, 근로자, 배우자, 주부, 부모, 은퇴자 등의 역할을 수행하게 된다고 보았다.
> - 이 9가지의 역할은 전 생애 발달적으로 그릴 때 사용하는 도구이다.

Answer
01 우유부단형
02 집단의 위기
03 흥미와 적성간 모순
04 옥외활동직
05 계획된 우연(planned happenstance)
06 강화인
07 생애진로무지개

08 다음을 지칭하는 말은 무엇인가?

- Kuder 직업흥미검사와 함께 대표적인 흥미검사이다.
- 특정직업활동에 종사하는 사람들에게 공통적인 흥미패턴이 있다는 점에 착안하여 다양한 직업에 종사하는 사람들의 흥미패턴을 사람들의 교육 및 진로계획 수립에 도움을 주려는 목적으로 개발한 검사이다.
- 1927년 10개의 직업척도와 총 420문항으로 개발되었으나 수십 년간 수차례의 개정을 통해 총 317문항에 6개의 일반직업분류(GOT), 25개의 기본흥미척도(BIS), 211개의 직업척도(OS), 4개의 개인특성척도(SS)로 구성되었다.
- 한국판은 기본적으로 미국의 GOT를 채택하고, 한국에서 자체 개발한 진로성숙도 척도를 포함해 GOT, BIS, PSS의 세 가지 세부척도를 적용하고 있다.

09 다음은 특정 청소년 진로상담 시 주의해야 할 부분이다. 어떤 상담인가?

- 진로문제가 내담자의 정체성 혼란과 관련이 있는지 탐색한다.
- 상담자는 자신이 속한 문화 특성에 대해 자각 능력을 확장함으로써 내담자 문화에 대한 선입견을 최소화하도록 한다. 여기에는 청소년 내담자의 자국 문화를 존중하는 태도가 더해져야 한다.
- 상담자는 청소년 내담자를 도울 대안적인 사회적 지지체계를 찾는 데 적극적이어야 한다.

10 Super는 여성의 진로를 7가지 유형으로 나누었다. 다음에 해당하는 유형은 무엇인가?

졸업 후 일을 하다가 결혼하면 직장을 그만 두고 자녀교육에 전념하다가 자녀가 성장하면 재취업해서 자아실현과 사회봉사를 하는 여성

Answer
08 Strong 직업흥미검사
09 다문화 상담
10 단절진로형

실력 다지기 03 괄호 넣기

01 진로는 과거로부터 쌓아온 (   )을(를) 의미하는 동시에 앞으로 모든 단계에서 쌓아갈 행로를 의미한다.

02 Parsons는 개인분석, 직업분석, 과학적 조언을 통해 직업과의 (   )을(를) 중요시하였다.

03 Holland는 6가지 성격유형과 환경을 연구하였는데, 이는 실재형, (   ), 예술형, 사회형, 기업형, 관습형으로 분류된다.

04 개인-환경 조화이론(Person-Environment Correspondence Theory)으로 불리는 Dawis-Lofquist 연구에서는 직업에 적응하기 위해서는 (   )과 (   )이 중요하다고 보았다.

05 전생애발달이론으로 유명한 Super의 발달단계는 성장기, 탐색기, (   ), 유지기, 쇠퇴기 등 태어나서 죽을 때까지의 모든 기간을 포함한다.

06 Tiedeman과 O'Hara의 의사결정발달이론에서 의사결정을 할 때 사람은 합리적 유형, (   ) 유형, 의존적 유형으로 구분하였다.

Answer
01 경력
02 매칭
03 탐구형
04 만족, 충족
05 확립기
06 직관적

07 (　　　)은(는) 목표한 과업을 완성하기 위해 필요한 행동을 계획하고 수행할 수 있는 자신의 능력에 대한 신념이다.

08 Savickas의 구성주의 진로상담 6단계 : 문제 확인 → 주관적 정체성 탐색 → 관점 확대 → (　　　) → 정체성 실현을 위한 행동 정의 → 추수지도

09 Crites의 진로발달 모형에 기초해서 개발한 검사로 진로계획 태도척도와 진로계획 능력 척도로 구성되는 검사는 (　　　) 검사이다.

10 (　　　)은(는) 국내에서 경제활동을 위해 개인이 하는 직업의 형태를 분류한 체계로 직무와 직능 수준에 따라 설계하였다.

Answer
07 자기효능감
08 문제 재정의
09 진로성숙도
10 한국표준직업분류

실전대비 01 — 2024년 제23회 기출문제

01 진로상담자가 갖추어야 할 역량으로 옳은 것을 모두 고른 것은?

ㄱ. 진로 관련 이론에 대한 이해
ㄴ. 개인차와 다양성에 대한 이해
ㄷ. 진로검사 수행 역량
ㄹ. 자기성찰과 자기개발 역량

① ㄱ, ㄴ
② ㄷ, ㄹ
③ ㄱ, ㄴ, ㄷ
④ ㄴ, ㄷ, ㄹ
⑤ ㄱ, ㄴ, ㄷ, ㄹ

해설 진로상담자가 갖추어야 할 역량

이론기반 역량	• 진로 관련 이론에 대한 이해 • 변화의 원리에 대한 이해 • 개인차 및 다양성에 대한 이해
직무수행 역량	• 진로상담 수행역량 • 진로검사 수행 역량 • 진로정보 역량 • 진로프로그램 역량 • 자문 및 연계 역량 • 연구 및 저술 역량 • 조직 관리 역량
태도 및 개인 자질 역량	• 개인 인성 역량 • 전문가 윤리 및 사회적 책임감 • 자기성찰 및 자기계발 역량

02 진로상담의 목표로 옳은 것을 모두 고른 것은?

ㄱ. 자신에 대한 정확한 이해 증진
ㄴ. 직업세계에 대한 이해 증진
ㄷ. 진로정보 탐색 및 활용능력 함양
ㄹ. 합리적인 의사결정 능력 증진

① ㄱ, ㄴ
② ㄷ, ㄹ
③ ㄱ, ㄴ, ㄷ
④ ㄱ, ㄷ, ㄹ
⑤ ㄱ, ㄴ, ㄷ, ㄹ

해설 진로상담의 목표
• 자신에 대한 정확한 이해 증진
• 합리적인 의사결정 능력의 증진
• 직업세계에 대한 이해증진
• 진로정보 탐색 및 활용능력의 함양
• 올바른 직업관과 직업의식 형성 (일과 직업에 대한 올바른 가치관 및 태도형성)

정답 01 ⑤ 02 ⑤

03 윌리암슨(E. Williamson)의 진로상담과정에서 종합단계에 관한 설명으로 옳은 것은?
① 내담자의 독특성 또는 개별성을 탐색하기 위하여 사례연구나 검사결과를 통해 자료를 수집하고 요약한다.
② 내담자의 특성과 문제를 분류하고 교육적, 직업적 능력과 특성을 비교하여 문제의 원인을 찾아낸다.
③ 새로운 문제가 발생되었을 때 내담자가 바람직한 행동계획을 수행할 수 있도록 계속적으로 돕는다.
④ 여러 자료로 부터 태도, 흥미, 가정환경, 지식, 학교 성적 등에 대한 자료들을 수집한다.
⑤ 현재 또는 미래의 바람직한 적응을 위해 무엇을 해야할 지를 함께 상의한다.

해설 윌리암슨(E. Williamson)의 진로상담 6단계

단 계	내 용
분 석	여러 자료로 부터 태도, 흥미, 가정환경, 지식, 학교 성적 등에 대한 자료들을 수집한다.
종 합	내담자의 독특성 또는 개별성을 탐색하기 위하여 사례연구나 검사결과를 통해 자료를 수집하고 요약한다.
진 단	내담자의 특성과 문제를 분류하고 교육적, 직업적 능력과 특성을 비교하여 문제의 원인을 찾아낸다.
예후(처방)	진로문제를 해결할 수 있는 대안과 가능성을 탐구한다.
상 담	현재 또는 미래의 바람직한 적응을 위해 무엇을 해야할 지를 함께 상의한다.
추수지도	새로운 문제가 발생되었을 때 내담자가 바람직한 행동계획을 수행할 수 있도록 계속적으로 돕는다.

04 다음은 홀랜드(J. Holland)의 직업성격유형이론에 관한 설명이다. ( )에 공통으로 들어갈 용어로 옳은 것은?

> ○ ( )은 개인과 직업환경 간의 적합성 정도에 대한 것으로 사람의 직업적 관심이 직업환경과 어느 정도 맞는지를 의미한다.
> ○ 사람들은 자신의 유형과 비슷하거나 정체성을 갖게 하는 환경 유형에서 일하거나 생활할 때 ( )이 높아지게 된다.
> ○ 예술적인 사람이 관습적인 환경에서 일하거나 생활할 때는 ( )이 낮은 것이다.

① 정체성(identity) ② 일치성(congruence) ③ 계측성(calculus)
④ 변별성(differentiation) ⑤ 일관성(consistency)

해설 홀랜드(J. Holland)의 직업성격유형이론 5가지 가정

일관성	• 성격유형과 환경유형간의 관련성의 정도를 의미하며, 정육각형 모형상의 두 유형간 근접성에 따라 설명된다
변별성	• 어떤 사람들 또는 환경이 다른 환경이나 사람들보다 명백히 구별되는 정도를 말한다. • 변별성이 높은 사람은 일에서 경쟁력이 높고 만족도도 높으며, 변별성이 낮은 사람은 진로를 결정하는 데 어려움을 가질 수 있다.
정체성	• 개인이 가진 현재 및 미래 목표의 명확성과 안정성 또는 작업환경이나 조직의 목표,보상, 안정성을 의미한다.
일치성	예문 참조
계측성	육각형 모델에서 유형(환경)들 간의 거리는 그 것들 사이의 이론적 관계에 반비례 한다. 여기에서 6각형은 개인(환경)간 또는 개인내에 있는 일관성의 정도를 나타내주는 도형으로 이론의 본질적 관계를 설명해준다.

05 진로상담에서 활용하는 진로가계도(Career Genogram)에 관한 설명으로 옳지 않은 것은?
① 가족의 맥락 속에서 내담자 이해를 촉진시켜주는 기법이다.
② 내담자 가족의 지배적인 직업가치를 확인하기 위해 사용할 수 있다.
③ 남성은 원, 여성은 사각형, 중심인물은 두 겹의 원을 사용하여 진로가계도를 그린다.
④ 진로정보 수집단계에서 사용될 수 있는 질적 평가과정이다.
⑤ 내담자의 진로기대형성에 중요한 역할을 한 가족이 누구인지 확인이 가능하다.

해설 ③ 남성은 사각형 (□), 여성은 원 (○), 중심인물(IP)은 이중의 ▣ 이나 ◎ 으로 나타낸다.
④ 심리검사로 대표되는 양적 진로평가(수량화된 자료를 수집하여 통계적 분석을 통해 평가하는 방법)에 대비하여 진로가계도는 내담자의 3세대 이상 가족의 직업을 도표로 작성한 질적 평가 기법이다

06 파슨스(F. Parsons)의 특성요인이론에서 자신에 대한 이해를 증진시키기 위한 특성으로 옳지 않은 것은?
① 성격   ② 흥미   ③ 적성   ④ 직무   ⑤ 가치

해설 파슨스(F. Parsons)의 특성요인이론

구 분	내 용
개인(자신)에 대한 이해	흥미, 적성, 성격, 가치, 능력 등 각 직업에서의 성공 여부에 영향을 미치는 개인의 특성을 이해한다.
직업에 대한 이해	성실, 책임, 직업성취도 등 특정한 직업에서의 성공을 위해 요구되는 조건을 파악한다. 보수, 승진제도 등 직업정보를 통한 직업의 특성을 이해한다.

정답 03 ① 04 ② 05 ③ 06 ④

07 로우(A. Roe)의 욕구이론에 관한 설명으로 옳은 것은?
① 개인의 욕구는 직업선택에 영향을 미치지 않는다.
② 부모는 아동기 진로발달에 영향을 미치지 않는다.
③ 직업을 흥미에 기초하여 8개 직업군으로 제안하였다.
④ 직업에서의 곤란도와 책무성을 고려하여 5개의 직업단계를 설정하였다.
⑤ 베츠(N. Betz)의 이론을 근거로 직업과 기본욕구 만족 간의 관련성을 설명하였다.

해설 일반문화직, 과학직, 옥외활동직, 기술직, 단체직(조직), 비즈니스직, 서비스직, 예능직 등 8가지로 분류하여 직업 분류표를 만들었다.
④ Roe는 흥미에 기초해서 직업을 여덟 개의 군집으로 나누고 각각의 군집에 알맞은 직업들의 목록을 작성했다. 그 후 각 직업에서의 곤란도와 책무성을 고려하여 여덟 개의 단계(level)를 설정하여 8×8의 분류체계를 완성했는데 두 가지 단계를 탈락시키고 6개의 직업단계를 설정하여 결국 8×6의 구조를 만들었다.
⑤ 매슬로우의 욕구위계이론을 근거로 직업과 기본욕구 만족 간의 관련성을 설명하였다.

08 하렌(V. Harren)의 진로의사결정유형이론에 관한 설명으로 옳은 것을 모두 고른 것은?

ㄱ. 합리적 유형은 결정에 대한 자신의 책임을 부정한다.
ㄴ. 진로의사결정 단계는 '인식 – 계획 – 확신 – 이행'이다.
ㄷ. 합리적 유형, 직관적 유형, 의존적 유형으로 진로의사결정유형을 분류하고 있다.
ㄹ. 인식단계는 동조, 자율, 상호의존의 3가지의 하위단계로 나누어진다.

① ㄱ, ㄴ
② ㄴ, ㄷ
③ ㄱ, ㄴ, ㄷ
④ ㄱ, ㄷ, ㄹ
⑤ ㄱ, ㄴ, ㄷ, ㄹ

해설 ㄱ. 하렌(V. Harren)의 진로의사결정유형이론

합리적 유형	논리적이고 체계적으로 의사결정을 하고 자신의 결정에 대한 책임을 지는 유형
직관적 유형	의사결정에 있어서 개인 내적인 감정적 상태에 의존하는 유형
의존적 유형	의사결정에 대한 개인적 책임을 부정하고 외부로 책임을 돌리는 경향이 높은 유형

ㄹ. 이행단계에서 동조, 자율, 상호의존의 3가지의 하위단계로 나누어진다.

09 수퍼(D. Super)의 진로발달단계에서 다음과 같은 발달과업이 수행되는 단계는?

○ 정착(stabilizing) ○ 공고화(consolidating) ○ 발전(advancing)

① 성장기
② 탐색기
③ 확립기
④ 유지기
⑤ 쇠퇴기

해설 수퍼(D. Super)의 진로발달단계별 주요 발달과업

성장기 (출생~13)	• 환상기	• 흥미기	• 능력기
탐색기 (14~24)	• 결정화	• 구체화	• 실행
확립기 (25~45)	• 정착	• 공고화	• 발전
유지기 (45~65)	• 보유(유지)	• 갱신	• 혁신
쇠퇴기(65세이상)	• 퇴화	• 은퇴계획	• 은퇴생활

10 갓프레드슨(L. Gottfredson)의 제한타협이론에서 다음에 해당하는 단계는?

○ 이 단계의 아동들은 힘, 크기 등 서열의 개념을 획득하는 것이 중요하다.
○ 이 단계의 아동들은 성인의 역할을 통해 직업을 인식하게 된다.
○ 직업에 대한 무한한 상상력과 환상이 서열 개념에 의해 제한을 받게 된다.

① 성역할 지향 단계
② 외적이며 비교평가 지향 단계
③ 사회적 가치 지향 단계
④ 규모와 힘 지향 단계
⑤ 내적이며 고유한 자기 지향 단계

해설 갓프레드슨(L. Gottfredson)의 제한타협이론 중 직업포부발달단계이론

단 계	내 용
규모와 힘 지향 단계 (서열획득단계)(3~5세)	예문참조
성역할 지향 단계 (6~8세)	• 성역할과 자아개념이 형성되고 발달되는 시기 • 성역할에 따라 직업을 선호하는 경향이 뚜렷해진다.
사회적 가치지향 단계 (9~13세)	• 사회계층에 대한 개념이 발달하여 주변상황에 따라서 자기 자신을 인식하고 직업에 대한 선호도가 점차 발달하면서 선호도를 평가하기 위한 여러가지 준거를 형성한다.
내적이며 고유한 자기 지향 단계 (14세 이상)	• 자아정체감을 형성하고 내적인 사고가 발달하는 시기 • 좀 더 깊은 자기인식과 다른 사람에 대한 지각이 이루어져 자아개념과 타인에 대한 개념, 개인의 흥미, 능력, 가치, 성역할, 사회계층 등의 맥락에 비추어 직업의 선호도를 평가함으로써 직업선호도가 점차 분화한다.

11 다음 이론을 주장한 학자는?

○ 진로선택은 일생을 거쳐서 발달하는 과정이다.
○ 진로선택과정을 환상기, 잠정기, 현실기의 세 단계로 구분하였다.
○ 환상기의 아동은 다양한 역할놀이를 통해 일과 직업세계를 이해하고 선호한다.

① 블라우 (P. Blau)
② 긴즈버그 (E. Ginzberg)
③ 윌리암슨 (E. Williamson)
④ 갓프레드슨 (L. Gottfredson)
⑤ 보딘 (E. Bordin)

해설 긴즈버그(Ginzberg)의 진로발달이론

환상기 (6-11세)	• 자신의 욕구에 따라 직업을 선택하려 한다. • 초기단계의 놀이 중심이 단계 후반에서는 일 중심이 된다.
잠정기 (11-18세)	개인은 자신의 흥미, 능력에 따라 직업을 선택하려는 경향이 있다. 직업이 요구하는 조건을 점차적으로 인식하기 시작하는 과도기적 과정이다. • 흥미단계(11-12) -능력단계(13-14) - 가치단계(14-16)-전환단계(16-18)
현실기 (18~성인초기)	자신이 갖고 있는 흥미와 능력이 원하는 직업에서 요구하는 조건과 어느 정도 부합하는지 판단하여 직업을 선택하며, 심리상태나 경제적 여건이 선택의 방해요인이 되기도 한다. • 탐색단계 - 구체화 단계 - 특수화 단계

정답 07 ③ 08 ② 09 ③ 10 ④ 11 ②

12 타이드만과 오하라(D. Tiedeman & R. O'Hara)의 진로의사결정이론에 관한 설명으로 옳지 않은 것은?

① 실천기는 새로운 상황에 순응하는 순응기에서 집단의 요구와 개인의 요구 간에 균형을 이루는 통합기를 거쳐 자신의 의견이나 주장을 행사하는 개혁기로 전개된다.
② 개인의 진로의사결정 단계를 직업정체감 형성 과정에 따라 예상기와 실천기로 나누어 설명한다.
③ 구체화 단계에서는 가능한 대안을 선택하며, 각 대안의 장단점을 검토하여 서열화 및 조직화한다.
④ 선택기는 구체화 과정을 통해 나타난 결과를 토대로 명확한 목표를 설정하는 단계이다.
⑤ 개인이 일에 직면했을 때 분화와 통합을 통하여 직업정체감을 형성한다고 보았다.

해설 타이드만과 오하라(D. Tiedeman & R. O'Hara)의 진로의사결정이론

예상기 (전직업기)	탐색기	목표를 설정하고 대안을 탐색하며, 목표를 성취할 수 있는 능력과 여건이 되는지 예비평가를 해보는 단계이다.
	구체화기	가능한 대안을 선택하며, 각 대안의 장단점을 검토하여 서열화 및 조직화한다.
	선택기	구체화 과정을 통해 나타난 결과를 토대로 명확한 목표를 설정하는 단계이다.
	명료화기	이미 내린 의사결정을 신중히 분석, 검토하고 결론을 내리는 과정이다.
실천기 (적응기)	순응기	수용적인 자세로 새로운 상황에 순응하는 단계이다.
	개혁기	자기 자신의 의견이나 주장을 행사하는 단계이다.
	통합기	집단의 요구와 개인의 요구 간에 균형을 이루는 단계이다.

13 다위스와 롭퀴스트(Dawis & Lofquist)가 제시한 직업적응 방식에 관한 설명과 개념을 바르게 연결한 것은?

> ㄱ. 개인이 직업 환경과 개인적 환경 간의 부조화를 참아내는 정도
> ㄴ. 개인-환경 간 부조화 상태에서 개인이 직업 환경을 변화시킴으로써 대처하는 방식

① ㄱ: 끈기(perseverance), ㄴ: 유연성(flexibility)
② ㄱ: 끈기(perseverance), ㄴ: 적극성(activeness)
③ ㄱ: 유연성(flexibility), ㄴ: 적극성(activeness)
④ ㄱ: 유연성(flexibility), ㄴ: 반응성(reactiveness)
⑤ ㄱ: 적극성(activeness), ㄴ: 반응성(reactiveness)

해설 다위스와 롭퀴스트(Dawis & Lofquist)가 제시한 직업적응 방식

유형	내용
유연성 (융통성)	개인이 직업 환경과 개인적 환경 간의 부조화를 참아내는 정도
적극성	개인-환경 간 부조화 상태에서 개인이 직업 환경을 변화시킴으로써 대처하는 방식
끈기 (인내)	환경이 개인에게 맞지 않아도 개인이 얼마나 오랫동안 견뎌낼 수 있는가의 정도
반응성	개인이 작업성격의 변화로 인해 작업환경에 반응하는 정도

14 슐로스버그(N. Schlossberg)가 제시한 진로전환 상담에 관한 내용으로 옳지 않은 것은?
① 직업생활 전환에는 청사진과 위협의 양가적인 특성이 있다.
② 직업생활 전환의 개념을 생애 사건 가운데 결혼 및 출산에 한정하여 설명하고 있다.
③ 새로운 일자리로 진입하는 경우 기대치 전환이 중요하다고 보고 있다.
④ 개인의 직업생활 전환에 영향을 주는 요소로 자아(self), 지원(support), 상황(situation), 전략(strategy) 등을 강조한다.
⑤ 새로운 일자리에 적응하기 위해서는 네트워킹, 가족지원정책, 경제적 안정 등 다양한 차원의 개입이 요구된다.

> 해설 슐로스버그는 대인관계, 생활습관, 생애역할 등에서 변화를 일으키는 사건 또는 활성화되지 않은 사건을 전환이라고 하고 전환의 유형으로 예측된 전환(결혼, 출산 등), 예측하지 못한 전환(실직, 이혼 등), 비활성 전환(이직의 실패 등)으로 나누어 설명하였다. '

15 미러바일(R. Mirabile)의 퇴직자를 위한 카운슬링모델에서 다음이 설명하는 단계는?

> ○ 퇴직자가 퇴직의 충격에서 벗어나 본격적인 구직 활동에 집중한다.
> ○ 퇴직자는 인터뷰, 검사, 경청 등을 통해 퇴직과 관련된 감정과 반응들을 이해하고 수용한다.
> ○ 퇴직자가 강점과 약점, 동기부여 요인, 진로유형 파악에 초점을 두고 검사와 평가를 수행한다.

① 위안(comfort) ② 성찰(reflection)
③ 명료화(clarification) ④ 방향(direction)
⑤ 관점전환(perspective shift)

> 해설 성찰단계에 대한 설명이다.

16 크럼볼츠(J. Krumboltz)의 우연학습이론(happenstance learning theory)을 토대로 한 진로상담에 관한 설명으로 옳지 않은 것은?
① 진로결정과정에서 개인이 통제하기 어려운 요인들이 영향을 미치고 있음을 강조한다.
② 내담자가 호소하는 문제도 중요하지만 예기치 않은 사건이나 문제발생을 대비하는 역량을 키워주는 것이 중요하다.
③ 내담자의 호기심(curiosity), 인내심(persistence), 유연성(flexibility), 낙관성(optimism), 위험감수(risk-taking) 등의 기술을 촉진시킨다.
④ 미래는 불확실하므로 개인의 특성과 직업의 특성을 연결하는 전통적인 진로상담을 중시한다.
⑤ 상담의 성공여부는 내담자가 상담실 밖에서 다양한 경험을 위해 얼마나 노력하고 성장하는가에 좌우된다.

> 해설 전통적인 진로이론이 합리적인 진로선택과 준비라는 측면에서 기여한 바가 있지만 이 틀로만 진로결정을 할 경우 예측할 수 없는 미래에 대한 유연성이 부족해지므로, 우연히 발생하는 현상의 영향을 고려해야 한다고 하였다.

정답 12 ① 13 ③ 14 ② 15 ② 16 ④

17 사회인지진로이론(SCCT)이 진로상담에 주는 시사점으로 옳지 않은 것은?

① 내담자의 흥미나 가치, 능력 보다는 진로장벽에 영향을 미치는 환경적 조건을 중시한다.
② 내담자가 선택 가능한 진로를 일찍 제외하도록 만든 진로장벽을 확인하고 평가하는 것이 중요하다.
③ 내담자의 잘못된 직업정보를 점검하고 수정하는 것이 중요하다.
④ 자기효능감 점검, 결과기대에 대한 탐색과 현실성 강화, 진로준비행동 촉진 등이 중요한 개입전략이다.
⑤ 부적절한 자기효능감이나 결과에 대한 기대 때문에 내담자가 제외한 진로대안들을 다시 확인하는 것이 중요하다.

해설 진로상담의 최종목표는 내담자의 능력, 흥미, 가치관과 일치하는 직업을 찾도록 돕는 것이다.

18 사비카스(M.Savickas)의 진로구성주의에 근거한 진로상담의 전략으로 적절하지 않은 것은?

① 심리검사는 개인의 특성에 대한 과학적 접근이므로 표준화검사 결과를 중시한다.
② 내담자로 하여금 진로나 직업선택과 관련된 본인의 이야기(storytelling)를 하도록 한다.
③ 내담자의 진로이야기를 끌어내기 위해 진로유형면접(career style interview)을 사용한다.
④ 진로유형면접 자료를 근거로 내담자의 생애주제(life themes)를 이끌어 낸다.
⑤ 개인이 환경의 영향을 받기도 하지만, 개인도 환경을 만들어가는 발달의 주체임을 강조한다.

해설 사비카스(M.Savickas)의 진로구성주의에서 대표적으로 활용되는 상담전략은 이야기하기(storytelling)로, 진로상담자는 실제 상담시에 표준화검사의 사용 및 해석은 가급적 최소화하는 경향이 있다.

19 합리성을 토대로 한 전통적 진로상담이론의 한계를 극복하기 위해 최근 강조되고 있는 진로상담 대안이론(진로무질서이론 등)이 등장하게 된 배경으로 옳지 않은 것은?

① 기존의 이론들은 개인의 진로에 영향을 주는 객관적 맥락과 주관적 맥락의 영향을 모두 포함하지 못하고 있다.
② 기존의 이론들은 매칭 또는 조화의 역동에만 초점을 두고 인간의 적응적인 특성을 충분히 반영하지 못하고 있다.
③ 기존의 이론들은 인간이 현상과 경험을 새롭게 해석하고 의미부여하고 있는 점을 간과하고 있다.
④ 진로발달이 예상하지 못했던 사건과 경험, 즉 우연에 의해 변화될 수 있음을 충분히 고려하지 못하고 있다.
⑤ 기존의 이론들은 안정보다 변화를 가정하고 있어 이론과 실제가 부합되지 않는 한계가 있다.

해설 과거에는 변화보다는 안정이 우선시되었지만, 급속하게 변화하는 현대 사회 속에서는 퇴보하지 않도록 끊임없이 변화하는 게 필요하며, 계속되는 변화와 선택 과정 속에서 유연한 적응이 필요하다.

20 샘슨 등(J. Sampson et al.)이 제시한 내담자 분류체계를 기준으로 볼 때 "진주"의 진로발달 상태를 바르게 진단한 것은?

> "진주"는 아버지의 권유를 받아들여 회계사가 되기로 결정하고 대학의 경상계열에 진학하였다. 대학 진학 후에도 "진주"의 진로에 대한 생각은 바뀌지 않았지만 동기들과 달리 자격취득 등 회계사가 되기 위한 별다른 준비를 하지 않고 있다.

① 문제의 원인 - 내적 갈등
② 문제의 원인 - 의존성
③ 호소영역 - 진로미결정자
④ 진로의사결정 정도 - 희망과 현실의 괴리
⑤ 진로의사결정 정도 - 진로결정자

해설 샘슨 등의 내담자 분류체계에서는 진로의사결정 정도를 기준으로 내담자를 진로결정자, 진로미결정자, 우유부단형으로 분류한다. 이 중에서도 진로결정자는 이미 진로를 결정한 내담자를 의미한다. 따라서 진주의 경우, 진로의사결정 정도가 높아서 이미 진로를 결정한 상태이기 때문에 진로결정자로 분류된다. 2018년 출제되었던 문제이다.

21 다음의 사례가 보여주는 진로상담기법은?

> ○ 역할모델
>   - 자라면서 가장 존중했던 사람은 누구인가요?
>   - 어떤 사람의 삶을 따라서 살고 싶은가요?
> ○ 잡지/TV프로그램
>   - 장기적으로 구독하고 있는 잡지가 있나요? 그 잡지의 어떤 점이 좋은가요?
>   - 좋아하는 TV프로그램이 무엇이며, 그 이유는?
> ○ 좋아하는 책/영화
>   - 좋아하는 책이나 영화는 무엇이며, 그 이유는?
> ○ 교과목
>   - 중학교나 고등학교 때 좋아하는 과목은 무엇이며, 그 이유는?
> ○ 여가와 취미
>   - 여가시간을 어떻게 보내고 싶은가요?
>   - 취미는 무엇인가요? 취미생활의 어떤 점이 좋은가요?

① 진로유형면접(career style interview)
② 진로성숙도평가(career maturity assessment)
③ 직업카드
④ 표준화검사
⑤ 진로가계도(career genogram)

해설 사바카스의 진로유형면접(career style interview)에 대한 설명이다.

역할모델	이상적 자아를 나타낸다.
잡지/TV프로그램	개인의 생활양식에 맞는 환경에 대한 선호를 나타낸다.
좋아하는 책/영화	자신과 비슷한 문제에 당면해 있는 주인공이 어떻게 그 문제를 다루어 나가는지를 보여준다.
교과목	선호하는 직업의 근무스타일과 근로환경을 나타낸다
여가와 취미	자기를 어떻게 표현하고 있는지를 다루고 겉으로 드러난 흥미가 무엇인지를 나타낸다.

정답 17 ① 18 ① 19 ⑤ 20 ⑤ 21 ①

22 심리검사를 활용한 진로상담에서 내담자와의 작업동맹 전략으로 옳지 않은 것은?

① 내담자가 기대하는 것이 무엇인가와 같은 질문을 통해 촉진적 관계를 형성한다.
② 내담자의 비합리적인 진로기대 및 진로신념 등을 살펴보면서 내담자의 관점을 수용한다.
③ 내담자가 가장 중시하는 욕구가 무엇인가를 통해서 내담자의 생활양식을 확인한다.
④ 내담자에게 특정한 일을 좋아하는 이유 등을 질문하면서 내담자의 문제를 구체화 한다.
⑤ 내담자가 검사도구의 종류와 특징을 잘 모를 경우 상담자가 주도적으로 검사도구를 선택한다.

> **해설** 내담자가 검사도구의 종류와 특징을 잘 모를 경우 상담자는 잘 알려주어야 하고, 이를 바탕으로 검사도구 선택시 내담자가 포함되어야 한다.

23 직업분류 및 직업사전에 대한 설명 중 옳지 않은 것은?

① 한국표준직업분류에서는 직업을 11개 직업군으로 분류하고 있다.
② 한국표준직업분류에서는 직능수준을 교육과 훈련정도에 따라 4단계로 구분하고 있다.
③ 한국고용직업분류는 직업을 대분류, 중분류, 소분류, 세분류로 구분하고 있다.
④ 한국직업사전의 직업코드에서 마지막 세 자리 숫자는 자료(data), 사람(people), 사물(things)을 의미한다.
⑤ 한국직업사전에서는 부가직업정보로 직업별 필요한 정규교육수준, 숙련기간, 자격면허 등을 제공하고 있다.

> **해설** 직업코드
> 특정 직업을 구분해 주는 단위로서『한국고용직업분류(KECO)』의 세분류 4자리 숫자로 표기한다.
> 다만, 동일한 직업에 대해 여러 개의 직업코드가 포함되는 경우에는 직무의 유사성 등을 고려하여 가장 타당하다고판단되는 직업코드 하나를 부여한다.
> 직업코드 4자리에서 첫 번째와 두 번째 숫자는『한국고용직업분류(KECO)』의 24개 중분류를 나타내며, 세 번째 숫자는 소분류, 네 번째 숫자는 세분류를 나타낸다. 세분류 내 직업들은 가나다 순으로 배열된다.
> 한국직업사전에서는 부가직업정보의 직무기능은 해당 직업 종사자가 직무를 수행하는 과정에서 "자료(data)", "사람(people)", "사물(thing)"과 맺는 관련된 특성을 나타낸다. 각각의 작업자 직무기능은 광범위한 행위를 표시하고 있으며 작업자가 자료, 사람, 사물과 어떤 관련을 가지고 있는지를 보여준다.

24 청소년 집단진로상담에 관한 설명으로 옳지 않은 것은?

① 집단의 형태로 진로상담이 진행됨을 의미한다.
② 집단의 형태로 진행되어 자기이해의 기회가 없다.
③ 공통적으로 필요로 하는 직업정보를 효율적으로 제공할 수 있는 기회가 된다.
④ 자신의 직업적 적합성을 객관적이고 현실적으로 이해할 수 있다.
⑤ 자신의 진로계획을 검토하게 하는 기회를 제공한다.

> **해설** ② 집단진로상담은 학생들에게 자기이해의 기회가 된다. 학생들은 자아의 직업적 적합성을 보다 객관적이고 현실적으로 이해할 수가 있다.
> ⑤ 집단진로상담은 학생들로 하여금 자신의 직업계획을 검토하게 하는 기회가 되며, 자신의 직업계획에 대한 검토는 건전한 선택을 이끈다.

25 다문화 진로상담에 관한 내용을 모두 고른 것은?

> ㄱ. 내담자의 문화보다 상담자의 문화를 따르도록 만든다.
> ㄴ. 다문화에 대한 상담자의 지식과 인식은 중요하다.
> ㄷ. 내담자들이 직면하고 있는 진로문제를 이해하고자 노력한다.
> ㄹ. 내담자를 진단할 때 내담자의 문화적 특성을 신중하게 고려한다.

① ㄱ, ㄷ ② ㄴ, ㄹ ③ ㄱ, ㄴ, ㄷ
④ ㄴ, ㄷ, ㄹ ⑤ ㄱ, ㄴ, ㄷ, ㄹ

> **해설** 다문화 진로상담은 내담자의 문화적 특성을 고려하여 이루어져야 하고, 내담자의 문화적 정체성과 가치관을 존중하는 것이 중요하다. 따라서 상담자는 내담자의 문화에 대한 이해를 바탕으로 내담자가 자신의 문화적 특성을 바탕으로 진로를 설계할 수 있도록 돕는 것이 필요하며, 내담자가 상담자의 문화를 따르도록 만드는 것은 다문화 진로상담의 원리에 어긋난다.

정답 22 ⑤ 23 ④ 24 ② 25 ④

실전 대비 02 적중 예상 문제

01 중학생 진로상담의 목표로 옳지 않은 것은?

① 개인 특성 탐색을 통한 자기이해 증진
② 일과 직업세계에 대한 이해
③ 일과 직업에 대한 올바른 태도와 가치관 형성
④ 전문직업능력 배양
⑤ 진로의사결정 능력 향상

02 고등학생을 위한 진로상담의 특징으로 옳은 것은?

① 필요에 따라 진학정보를 수집, 분석한다.
② 전문적인 직업능력을 배양하도록 한다.
③ 취업기회에 관한 잠정적 가능성을 탐색한다.
④ 직업선택 능력과 태도를 함양한다.
⑤ 자기 이해를 증진한다.

03 다음 중 진로상담의 기본원리에 대한 설명으로 옳지 않은 것은?

① 진학과 직업선택에 초점을 맞추어 진행한다.
② 진로상담에서 라포 형성보다 정보를 주는 것이 제일 중요하다.
③ 개인의 진로결정에서 진로의사결정과정 상담을 거쳐야 한다.
④ 진로발달이 어느 정도 이루어졌느냐가 진로상담에 영향을 미친다.
⑤ 변화하는 직업, 진로에 대한 정보활동을 중심으로 개인과 직업을 연결시키는 것이 중요하다.

04 다음 중 진로상담의 목표설정 과정에 관한 설명으로 옳지 않은 것은?

① 전반적인 목표는 내담자의 욕구에 의해 결정된다.
② 현재 자신에게 있는 문제를 평가하고 나서 목표설정 과정에 돌입한다.
③ 상담자는 목표 설정 시 전혀 개입하지 않는다.
④ 내담자의 목표를 끌어내기 위한 기법에는 면접 안내가 있다.
⑤ 진로상담은 진학과 직업선택 모두에 초점을 맞추어 진행된다.

05 청소년 진로상담자의 역할과 자질에 관한 설명으로 옳은 것을 모두 고른 것은?

> ㄱ. 청소년들이 교내에서 겪을 수 있는 성추행, 성폭행 등 다양한 문제들을 교육할 수 있는 지식을 갖추어야 한다.
> ㄴ. 개인에 대한 평가능력을 갖추어야 한다.
> ㄷ. 진로발달이론에 대한 지식은 진로상담을 수행하는데 기본적으로 요구된다.
> ㄹ. 정보탐색 및 정보화기술 활용능력이 요구된다.
> ㅁ. 진로선택과 진로발달에 문제가 있는 사람을 위주로 상담한다.

① ㄱ, ㄴ
② ㄷ, ㄹ
③ ㄱ, ㄴ, ㄷ
④ ㄷ, ㄹ, ㅁ
⑤ ㄱ, ㄴ, ㄷ, ㄹ

06 진로상담 시 다음 개입방법에 적당한 유형은?

> • 내담자 자신에 대한 부정적 지각을 교정하도록 돕는다.
> • 내담자 자신의 의사결정이나 방법에 초점을 맞춘다.

① 다재다능형
② 회피형
③ 진로결정자
④ 진로미결정자
⑤ 우유부단형

07 진로사고검사(CTI)에 관한 설명으로 옳지 않은 것은?

① 진로의사결정과정을 시작하거나 유지하는데 개인이 가지는 곤란수준을 측정한다.
② 하위요인으로 수행불안, 의사결정 혼란, 외적갈등 등이 있다.
③ 진로선택이나 진로결정을 어렵게 하는 부정적 진로사고를 측정한다.
④ 하위요인에는 목표선택, 직업정보, 문제해결, 미래계획이 포함된다.
⑤ 인지적정보처리이론(CIP)과 인지치료를 이론적 근거로 하여 진로에서의 부정적 인지를 측정한다.

정답 및 해설 01.④ 02.① 03.② 04.③ 05.⑤ 06.⑤ 07.④

02 ②-대학생, ③, ④-중학생, ⑤-초등학생
03 어느 상담이든 라포형성이 중요하다. 특히 청소년 대상으로 한 상담에는 그 무엇보다 라포형성이 중요하다.
04 상담자는 내담자와 함께 목표를 설정한다.
06 우유부단형 내담자는 자신에 대한 부적절감, 부정적 자아상, 낮은 자존감 등으로 위축되어 있고, 심리적 문제가 진로 이슈보다 앞서 있다.
07 ④ 청소년 대상 진로상담은 관계 성립, 목표선택, 직업정보, 문제해결, 미래계획, 종결과 추수 상담이라는 과정을 통해 이루어진다.

08 인지적 정보처리 기술 중 설명이 옳은 것은?

① 의사소통(Communication) : 질문들을 받아들여 행동화(Acting-Out)하는 것이다.
② 분석(Analysis) : 개념적 틀 안에서 문제를 찾고 분류하는 것이다.
③ 통합(Synthesis) : 두 가지 문제를 한 가지 해결방식으로 적용하는 것이다.
④ 가치화(Valuing) : 유기체적 관계에서 부자연스럽게 조건을 강화시키는 것이다.
⑤ 집행(Execution) : 질문들을 받아들여 부호화하며 송출하는 것이다.

09 Ginzberg의 진로발달이론에서 환상기의 특징에 해당하는 것이 아닌 것은?

① 자신이 좋아하는 것과 싫어하는 것을 구분하는 것으로 자신을 인식하게 된다.
② 6~10세의 아동기에 해당한다.
③ 이 시기의 진로 활동은 직업에 대한 선호도를 표출하는 것이다.
④ 이 단계에서는 진로에 대한 관심이 놀이를 통해 표현된다.
⑤ 진로에 대한 관심은 부모나 주변 환경의 영향을 자연스럽게 받는다.

10 Ginzberg 진로발달단계 설명으로 옳지 않은 것은?

① 환상기 → 잠정기 → 현실기
② 놀이기 → 흥미기 → 정체기
③ 흥미기 → 능력기 → 가치기
④ 탐색기 → 구체화기 → 특수화기
⑤ 능력기 → 가치기 → 전환기

11 Super의 직업진로발달 이론의 순서가 옳은 것은?

① 탐색기 → 성장기 → 유지기 → 확립기 → 쇠퇴기
② 유지기 → 탐색기 → 확립기 → 쇠퇴기 → 성장기
③ 확립기 → 성장기 → 쇠퇴기 → 탐색기 → 유지기
④ 성장기 → 탐색기 → 확립기 → 유지기 → 쇠퇴기
⑤ 탐색기 → 쇠퇴기 → 확립기 → 성장기 → 유지기

12 Super의 생애진로발달이론에 대한 설명으로 옳지 않은 것은?

① Ginzberg 등 이전 진로발달이론가들의 한계를 극복하고자 하는 노력에서 시작되었다.
② 가장 포괄적이고 종합적인 진로이론으로 알려져 있다.
③ Super는 자신의 이론을 '전생애 – 생애공간이론'이라고 불렀다.
④ 진로발달과정의 다양하고 복합적인 현상을 포함하는 종합적인 이론이라고 하였다.
⑤ 진로발달 이론 중 최초로 제시된 이론이다.

13 한 정보고등학교 1학년에 재학 중인 민서의 직업선호도 검사 결과 해석으로 옳은 것은?

흥미유형	R	I	A	S	E	C
원점수	30	20	30	12	34	40

① 변별성이 높다.
② 일관성이 높다.
③ 일치성이 높다.
④ 직업으로 항공기 승무원을 추천한다.
⑤ 교우관계가 좋을 것 같다.

14 Gottfredson이 제시한 직업포부의 발달단계가 아닌 것은?

① 성역할 지향성
② 힘과 크기 지향성
③ 사회적 가치지향성
④ 개인차 지향성
⑤ 내적, 고유한 자아 지향성

정답 및 해설 08.② 09.① 10.② 11.④ 12.⑤ 13.③ 14.④

09 잠정기의 흥미단계의 특징이다.
11 Super의 진로발달이론은 성장기(14세 이전), 탐색기(15~24세), 정착기(25~44세), 유지기(45~64세), 쇠퇴기(65세 이후)의 다섯 단계로 나누고 평생에 걸쳐 진로발달이 이루어진다고 보았다.
12 진로발달 이론 중 최초로 제시된 것은 긴즈버그의 진로발달이론이다.
13 변별성은 특정 흥미유형 점수가 높고 다른 점수들은 낮으면 높다고 할 수 있다. 점수들이 비슷하다면 변별성이 낮다. 일관성은 첫 두문자가 육각형에 인접할 때 나타난다. RI나 SE, EC 등
14 힘과 크기 지향성(3~5세), 성역할 지향성(6~8세), 사회적 가치지향성(9~13세), 내적, 고유한 자아지향성(14세 이후)

15 구성주의 진로이론에 관한 설명으로 옳지 않은 것을 모두 고르면?

> ㄱ. 대표적인 학자로는 Cochran, Hansen 등이 있다.
> ㄴ. 상담과정은 문제 확인 → 주관적 정체성 탐색 → 관점 다양화 → 브레인스토밍 → 정체성 실현을 위한 행동 정의 → 추수지도로 진행된다.
> ㄷ. 생애적, 부분적, 맥락적, 치료적 접근이다.
> ㄹ. 진로유형 면접, 자서전 쓰기, 유언장 쓰기 등의 기법이 있다.

① ㄱ, ㄴ
② ㄴ, ㄷ
③ ㄷ, ㄹ
④ ㄱ, ㄷ
⑤ ㄴ, ㄹ

16 진로의사를 결정하는 데 있어서 예상기와 실천기 크게 2가지로 나누고 각각 탐색 – 구체화 – 선택 – 명료화, 적응 – 개혁 – 통합 등 하위영역으로 설명한 학자는?

① Super
② Gottfredson
③ Crites
④ Parsons
⑤ Tiedman과 O'Hara

17 진로결정단계에 대한 설명으로 옳지 않은 것은?

① 인식 – 분화가 일어나기 시작하는 시기로, 개인이 심리적 불균형을 느끼고 어떤 결정을 해야 할 필요를 인식하는 때를 의미한다.
② 계획 – 여러 대안을 탐색하고 가치의 우선순위와 연결짓고 수정, 확장, 제한하는 과정이다.
③ 계획 – 문제를 찾아 어떤 대안을 적용할지 목표를 정하고 성취할 방안을 구체적으로 준비한다.
④ 확신 – 자신의 선택에 대해 탐색하고 다각도로 검토하여 선택의 장단점을 명료화한다.
⑤ 이행 – 사회적 인정에 대한 욕구와 자신이 선택한 가치 사이에 조화와 균형을 추구하며 자신의 선택에 적응한다.

18 Tiedman과 O'Hara의 의사결정상황에 대한 설명으로 옳지 않은 것은?

① 의사결정에 영향을 미치는 변수로 의사결정상황을 제안하였다.
② 의사결정자와 그의 현재 심리상태에 영향을 미칠 수 있는 특징으로 자아개념과 의사결정유형을 제안했다.
③ 직업적 자아개념은 개인이 그 자신에게 귀인시키는 직업적으로 관련된 태도와 특성을 의미하고 정체감과 자아존중감으로 구분된다.
④ 의사결정자의 상태불안 수준을 뜻하는 심리상태는 지나치게 높은 불안이나 낮은 불안이 비효과적인 의사결정을 불러일으킴을 알려주고 있다.
⑤ 의사결정에 영향을 미치는 타인들의 역할을 의미하는 대인평가는 타인으로부터 받는 정서적, 재정적 지원 등이 해당된다.

19 다음 제시된 유형에 맞는 인물은?

> • 합리적 유형 : 자신과 상황에 대한 정확한 정보를 수집한다.
> • 직관적 유형 : 상상해보고 현재 감정에 기초하고 정서적 자각을 이용한다.
> • 의존적 유형 : 의사결정에 대한 최종 책임을 외부로 돌리는 경향이 있다.

① Tuckman
② Harren
③ Savickas
④ Scott & Bruce
⑤ Super

정답 및 해설 15.② 16.⑤ 17.③ 18.⑤ 19.②

15 ㄴ. 구성주의 생애설계 상담 6단계는 문제 확인 → 주관적 정체성 탐색 → 관점 확대 → 문제 재정의 → 정체성 실현을 위한 행동 정의 → 추수지도이다.
ㄷ. 생애적, 통합적, 맥락적, 치료적 접근이다.
18 의사결정에 영향을 미치는 타인들의 역할을 의미하고 타인으로부터 받는 정서적, 재정적 지원 등을 의미하는 것은 맥락적 조건이다.
19 Harren은 의사결정 유형에 합리적, 직관적, 의존적 유형이 있다고 하였다.

20 다음은 진로발달에 관한 어떤 이론의 주장인가?

- 진로발달단계에서 성인 내담자의 진로고민과 발달과업을 측정하기 위해 Adult Career Concerns Inventory(ACCI)를 개발하였다.
- ACCI는 탐색기, 확립기, 유지기, 쇠퇴기 등 4가지 진로단계에서 발달과업에 관한 계획이나 걱정을 측정한다.
- 각 진로단계들은 3가지 과업을 포함한다.

① C-DAC 모형
② 생애진로무지개
③ 생애공간이론
④ 전생애발달이론
⑤ 진로의사결정이론

21 특성-요인이론에 관한 설명 중 옳지 않은 것은?

① 대표적인 학자는 Parsons, Williamson, Hull 등이 있다.
② 상담목표는 내담자의 정서적 안정을 도와 이성적으로 생활하도록 정보를 수집, 분석, 종합하게 하여 직업을 선택하도록 돕는다.
③ 개인차에 관한 연구에서 시작하였고, 심리측정을 중요하게 다루지는 않았다.
④ 개인은 신뢰할 만한 존재이고 타당하게 측정될 수 있는 고유한 특성을 가진다고 보았다.
⑤ 개인의 진로발달과정을 보여주는 Super와 함께 진로이론의 대표적 이론이다.

22 Bandura의 개념 중 자기효능감에 대한 설명으로 옳지 않은 것은?

① 목표한 것을 달성하기 위해 필요한 행동을 계획하고 수행할 수 있다는 자신에 대한 믿음이다.
② 능력과 상관없이 단순히 자신이 어떤 과업을 수행했을 때 자신과 타인에게 일어날 일에 대한 믿음이다.
③ 일반적으로 자기효능감은 특정영역에 한정되며 다른 영역으로 전이되지 않는다.
④ 주로 개인의 과거 성공경험, 대리학습, 사회적 설득 등을 통해 영향을 받지만 이중 가장 영향력 있는 요인은 과거 성공경험이다.
⑤ Bandura는 개인이 무엇을 할 수 있는가가 바로 행동의 실행으로 이어진다기보다 무엇을 해낼 수 있다는 자신감이 행동의 실행을 결정한다고 보았다.

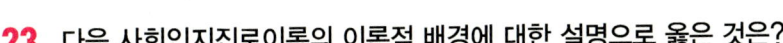

23 다음 사회인지진로이론의 이론적 배경에 대한 설명으로 옳은 것은?

① Bandura의 사회인지이론에 바탕을 두고 진로와 관련된 여성 진로 발달에 자기효능감 개념을 적용한 Krumboltz의 연구와 Hackett과 Betz의 사회학습이론이 근간이 되었다.
② Krumboltz는 여성 진로발달 설명을 위해 Bandura의 자기효능감 이론을 도입한 것이 기원이 되었다.
③ Hackett와 Betz의 사회학습이론은 주로 개인의 진로 흥미에 영향을 주는 개인의 직, 간접 학습경험을 강조한다.
④ Bandura는 관찰 가능한 행동 변화보다는 행동을 변화시킬 수 있는 내적 정신 변화, 즉 자기효능감, 결과 기대, 목표를 중시하였다.
⑤ Holland의 개인 특성과 환경적 요인의 일치를 중요시하는 개인 내 요인, 환경, 행동 등 폭넓은 개념을 제시한다.

24 Williamson의 상담모형 6단계 순서에 맞는 것은?

> ㄱ. 진단　　　ㄴ. 분석　　　ㄷ. 종합
> ㄹ. 예측　　　ㅁ. 추수지도　ㅂ. 상담

① ㄱ → ㄴ → ㄷ → ㄹ → ㅁ → ㅂ
② ㄴ → ㄷ → ㄱ → ㄹ → ㅂ → ㅁ
③ ㄷ → ㄹ → ㄱ → ㄴ → ㅂ → ㅁ
④ ㄹ → ㄱ → ㄴ → ㄷ → ㅂ → ㅁ
⑤ ㅂ → ㅁ → ㄱ → ㄴ → ㄷ → ㄹ

정답 및 해설 ◦ 20.① 21.③ 22.② 23.④ 24.②

20 Super는 자신의 이론을 진로상담과 접목할 수 있는 접근법을 C-DAC 모형으로 구축하였다.
21 개인차에 대한 이론을 전개하였고 이후의 연구자들이 다양한 심리검사 도구를 개발하면서 이론은 더욱 과학적으로 견고해졌다.
22 결과 기대에 대한 설명이다.
23 Bandura · 사회인지이론, Krumboltz – 사회학습이론, Hackett과 Betz – 진로와 관련된 여성 진로 발달에 자기효능감 개념 적용, 직선적 관계를 지양하고 서로 영향을 받는 상보적 인과관계 기반
24 Williamson 상담모형 6단계 분석(특성에 관한 자료 수집, 표준화 검사 실시) – 종합(개인의 장, 단점, 욕구, 문제 분류 위한 정보 수집, 조정) – 진단(진로문제 객관적 원인 파악) – 예측(가능한 대안 탐색, 각 대안의 성공가능성 평가, 예측) – 상담(개인 특성에 관한 자료에 기초하여 직업에 어떻게 적응해야 할지 상담) – 추수지도(내담자가 행동계획 실천할 수 있도록 돕고 결정과정의 적합성 검토, 필요한 부분 보충을 위한 추수지도

25 Holland 직업분류체계에서 대표적 직업이 화가, 연예인인 유형은?

① 실재형 ② 탐구형
③ 예술형 ④ 사회형
⑤ 기업형

26 다음 〈보기〉의 내용은 진로선택의 사회학습이론에서 진로발달과정에 영향을 미치는 어떤 요인과 관계가 있는가?

> 보기
> 고등학교 3학년인 B학생은 아버지가 경찰관으로 집에서 볼 수 있는 경우가 거의 없는데다 지난 여름에는 범인을 검거하다 심하게 다쳐 며칠간 입원까지 하셨다. 매일 걱정하는 어머니의 잔소리를 들으면서 매년 진로, 진학 검사를 학교에서 할 때마다 B학생은 경찰관은 절대 하지 않을 거라고 결심한다.

① 타고난 능력 ② 학습경험
③ 과제접근기술 ④ 제한과 타협
⑤ 대리경험

27 다음 괄호 안에 들어갈 단어를 순서대로 배열한 것은?

> Roe는 초기 (   ), 즉 12세 이전에 부모가 보여준 (   ) 방식이 진로선택에 영향을 줄 수 있다고 보았다. 사람을 지향하는 것과 관련된 (   ) 직업은 서비스직, 비즈니스직, 행정직, 문화직, 예능직, 사람을 회피하는 것과 관련된 (   ) 직업은 기술직, 옥외활동직, 과학직의 서로 다른 8가지 직업군집과 관련된다(Roe, 1957).

① 아동기 / 자녀양육 / 인간 지향적 / 비인간 지향적
② 청소년기 / 애착 / 전문적, 관리직1 / 전문적, 관리직2
③ 아동기 / 애착 / 사람 지향적 / 도구 지향적
④ 청소년기 / 자녀양육 / 사회성 / 비사회성
⑤ 아동기 / 애착 / 서비스직 / 비즈니스직

28 흥미검사와 관련된 설명 중 옳은 것을 모두 고른 것은?

> ㄱ. Strong 흥미검사는 수 백 개의 직업 활동에 관한 질문을 제시한 후 각 질문에 대한 선호도를 파악하여 특정 직업군에 대한 흥미를 결정한다.
> ㄴ. Kuder 흥미검사는 직업지도를 위해 제작되었다.
> ㄷ. Holland 진로탐색검사는 사람들의 성격유형과 생활환경을 모두 6가지로 구분하여 개인의 행동과 환경 특성의 상호작용에 의해 결정된다고 가정한다.
> ㄹ. Kuder 흥미검사는 Holland와 유사하게 6가지 흥미영역을 측정하는데 운동적, 기계적, 과학적, 문예적, 사회봉사적, 사무적 흥미영역이다.

① ㄱ
② ㄱ, ㄴ
③ ㄱ, ㄴ, ㄷ
④ ㄱ, ㄴ, ㄷ, ㄹ
⑤ ㄷ, ㄹ

29 다음 아래와 같이 말하는 내담자의 상태를 Sampson, Peterson, Reardon(1992)의 진로 욕구에 따라 진단한 것으로 옳은 것은?

> 내담자 : "내가 과연 무엇을 할 수 있을지 잘 모르겠어요…자주 우울해요."

① 진로의사가 결정된 것처럼 보이나 실제로는 결정을 하지 못한 내담자
② 자신의 모습이나 직업 등 의사결정을 위한 기초 지식이 부족한 내담자
③ 자신의 선택을 실행하기 위한 조력이 필요한 내담자
④ 자신의 선택이 잘된 것인지를 분명히 하는데 어려움이 있는 내담자
⑤ 생활에 전반적인 장애를 주는 불안을 동반한 내담자

정답 및 해설 25.③ 26.② 27.① 28.③ 29.⑤

26 사회학습이론 중 학습경험은 이전에 어떤 경험을 했느냐에 따라 어떤 직업에 호감을 가질 수도, 비호감을 가질 수도 있다.
28 Kuder 흥미검사는 Holland 진로탐색검사와는 달리 10가지 흥미영역으로는 운동적, 기계적, 연산적, 과학적, 설득적, 미술적, 문예적, 음악적, 사회봉사적, 사무적 흥미영역을 측정한다.
29 내담자 분류에서 생활에 불안을 가져 문제해결에 부적응적인 내담자로 우유부단형으로 분류된다.

30 청소년 진로집단상담을 운영할 때의 설명으로 옳지 않은 것은?

① 집단원의 요구와 집단상담 프로그램 목표의 일치여부를 검토한다.
② 구조화 프로그램을 실시하기 위해 집단원들의 진로발달 수준이 어떤지 탐색한다.
③ 집단원들이 프로그램의 적용 대상으로 적합한지 검토한다.
④ 자신만의 직업계획을 세우기에는 무리가 있다.
⑤ 효과를 평가하여 차후 동일한 집단상담 프로그램을 운영할 때 활용한다.

정답 및 해설 30.④

30 또래 집단원들의 상황과 꿈 등을 경험하면서 자신에 대한 계획을 검토하고 구체화하는데 오히려 더 도움이 된다.

선택과목 집단상담

Section 01   집단상담 개관
Section 02   집단상담이론
Section 03   집단상담 구성원 및 기법
Section 04   집단상담과정 및 계획과 평가

Section 01 집단상담 개관

> **학습목표**
> 집단상담의 기본개념과 집단상담과 개인상담, 토의상담을 비교하여 장점, 단점을 확인하고, 다양한 집단상담의 유형들을 살펴본다.

1 집단상담의 기본 개념

(1) 집단상담의 정의
생활 과정상의 문제를 해결하고 보다 바람직한 성장발달을 위하여 전문적으로 훈련된 상담자의 지도와 동료들과의 역동적인 상호교류를 통해 각자의 감정, 태도, 생각 및 행동양식 등을 탐색, 이해하고 보다 성숙된 수준으로 향상시키는 과정이다.

(2) 집단상담의 기초
① 집단상담의 목적
  ㉠ 자기의 문제, 감정 및 태도에 관한 통찰력을 통해 보다 바람직한 자기관리와 대인관계 태도를 터득하는 데 있다.
  ㉡ 자기이해, 자기수용 및 자기관리의 향상을 통한 인격적 성장을 꾀한다.
  ㉢ 개인적 관심사와 생활상의 문제에 대한 객관적 검토와 그 해결책을 위한 실천적 행동을 습득한다.
  ㉣ 집단생활 능력과 대인관계 기술의 습득을 배운다.

② 집단상담의 학습
  ㉠ 나뿐만 아니라 동료들도 비슷한 문제를 가지고 있다는 사실을 학습한다.
  ㉡ 자기의 결함에도 불구하고 집단동료로부터 배척당하지 않는다는 사실을 학습한다.
  ㉢ 다른 집단참여자들이 이해하지 못한다 하더라도 적어도 한 사람(집단상담자)은 자기를 이해하고 수용해 준다는 사실을 학습한다.
  ㉣ 자기도 동료들을 이해하고, 수용하며 도와줄 수 있다는 사실을 학습한다.
  ㉤ 자기 자신과 타인에 대한 솔직한 느낌을 말하고 들음으로써 자신과 타인을 더 이해하게 되고 수용하게 된다는 사실을 학습한다.

③ 효과적인 학습을 위한 기본 조건
  ㉠ **자기 투입과 참여** : 집단상담은 참여자들 스스로가 집단 내에서 자신들의 상호작용을 관찰하고 분석하는 것만으로도 학습이 이루어진다. 따라서 효과적인 학습을 위해서 참여자 개개인은 심신을 투입하여 적극적으로 집단활동에 참여하여야 한다.

Section 01 집단상담 개관

   ⓒ **'여기-지금' 중심의 활동** 2017년 기출 ★
    집단상담은 경험 중심적 학습 방법을 택하고 있기 때문에 '여기-지금', '나와 너' 사이에서 일어나고 있는 느낌, 생각, 행동을 상호 간에 관찰, 분석, 지적해 주는 것으로 진행되어야 한다. '지금-여기'에 초점을 둠으로 인해 집단원간 정서적 강도를 높일 수 있으며 집단에서 일어나는 일에 대한 집단원들의 책임을 자각하게 한다.

   ⓒ **피드백 활동**: 피드백이란 상대방의 행동이 나에게 어떤 반응을 일으키고 있는가에 대하여 그 상대에게 직접 솔직하게 이야기해 주는 것을 말한다. 구체적인 행동에 대해서 정서적으로 수용적인 태도와 집단 내 여러 사람에 의하여 피드백이 주어질 때 효과적이다.

   ⓔ **허용적 분위기와 심리적 안전감**: 집단에서 있는 그대로의 자기를 탐색하고, 수용하고, 개방할 수 있으며 상호간에 솔직한 피드백을 주고받을 수 있으려면 상호간에 신뢰할 수 있는 분위기가 형성되어야 학습효과가 좋아진다.

 ④ **집단상담의 원리**

   ㉠ **자기이해**: 자기의 모습을 있는 그대로 받아들이고 자기 경험을 진실하게 탐색하고 성찰하는 것이다.

   ⓒ **자기수용**: 자신을 있는 그대로 인정하고 받아들이며 지혜와 여유를 지니도록 돕는 것이다. 즉, 자기의 느낌, 생각, 행동 등 여러 가지 심리적 현상을 솔직하게 인정하고 책임지는 것이다.

   ⓒ **자기개방**: 자기 개방은 다른 사람들에게 있는 그대로의 자신을 솔직하게 내보이는 것이다.

   ⓔ **자기주장**: 다른 사람에게 피해를 주지 않으면서 자신이 나타내고자 하는 것을 드러내는 것이다. 자신의 인권을 포함하여 권리, 의견을 적극적으로 상대방에게 알리는 것이다.

   ⓜ **자기평가**: 인과관계를 통해 자신의 행동에 대한 타당성을 평가하고 자신의 행동이 현실적으로 유효하고 적합한지에 대해서 평가하는 것이다.

   ⓑ **자기도전**: 새로운 행동을 시도하고 그에 따라오는 결과에 대해 상담자에게 객관적인 평가를 받는다.

 ⑤ **집단상담의 특징** 2018년, 2015년 기출 ★
   ㉠ 지지적인 분위기에서 집단원들은 새로운 행동을 시도해볼 수 있다.
   ⓒ 집단상담자의 지시나 조언이 없어도 집단원들 간 깊은 사회적 교류 경험이 가능하다.
   ⓒ 집단은 사회 축소판과 유사하므로 집단원들은 다양한 경험을 공유할 수 있다.
   ⓔ 문제해결과 목표달성은 집단원들 간 상호작용과 집단상담자의 상호작용을 통해 이루어진다.
   ⓜ 집단상담의 대상은 비교적 정상범위의 적응 수준에 속하는 사람들이다.
   ⓑ 상담자는 훈련받은 전문가이다.
   ⓢ 상담집단의 분위기는 신뢰롭고 수용적이어야 한다.
   ⓞ 집단상담은 하나의 역동적인 대인관계의 과정이다.

(3) 집단의 치료적 요인 2021년, 2020년, 2017년 기출 ★

① Yalom의 치료적 요인 11가지
  ㉠ **희망의 고취** : 집단원에게 자신의 문제가 개선되고 해결될 수 있다는 희망을 준다. 희망은 자체적으로 치료적 효과가 있으며 집단형성 전 오리엔테이션에서 집단원의 긍정적 기대를 강화시켜 주고 부정적인 선입견을 제거하며 집단의 치료 효과를 분명하고 강력하게 설명함으로써 시작된다.
  ㉡ **보편성** : 집단성원을 보면서 자신과 비슷한 갈등과 경험, 문제가 있다는 것을 알고 위안을 받는다. 집단 초기 나만 이렇다는 느낌에서 다른 이들도 자신과 비슷함을 아는 것은 상당한 위안이 된다.
  ㉢ **정보전달** : 교육내용이나 집단성원들의 제안, 지도, 충고 등을 들으면서 자기 문제를 보다 명확하게 이해하게 된다.
  ㉣ **이타심** : 구성원들이 서로 도움을 주고받는 과정에서 자신도 누군가를 도울 수 있음을 발견한다. 이 과정에서 자존감이 높아진다.
  ㉤ **사회기술발달** : 집단성원으로부터의 피드백, 특정사회기술에 대한 학습을 통해 대인관계에 필요한 사회기술을 개발한다.
  ㉥ **대인관계학습** : 집단성원 간의 상호작용 속에서 자신의 대인관계에 대한 통찰을 얻게 되고, 대인관계의 새로운 방식을 시험해볼 수 있는 장이 된다.
  ㉦ **모방행동** : 집단원들은 새로운 행동을 배우는 데 좋은 모델이 된다.
  ㉧ **1차 가족집단의 교정적 재현** : 집단원들이 초기 아동기에 자신의 부모형제와 상호작용했던 방식으로 리더나 다른 집단원들과 상호작용하면서 가족 내 갈등이 집단에서 재현되고 탐색과 새로운 역할실험의 기회를 갖게 된다. 이러한 과정에서 그동안 해결되지 못한 갈등상황에 대해 탐색하고 도전한다.
  ㉨ **집단응집력** : 집단 내에서 인정받고 수용된다는 소속감은 그 자체만으로 집단성원의 긍정적인 변화에 영향을 미친다.
  ㉩ **정화** : 집단 내의 비교적 안전한 분위기 속에서 집단성원은 그동안 억압되어온 감정을 자유롭게 발산할 수 있다. 정화는 표현된 그 자리에서 감정과 인지, 신체변화 등을 다룬다.
  ㉪ **실존적 요인들** : 집단성원과의 경험 공유를 통해 각 구성원은 자신들의 인생에 대한 궁극적인 책임은 스스로에게 있다는 것을 배운다.

② 치료적 요인에 대한 설명
  ㉠ 치료적 요인에 의한 변화 경험은 집단상담자, 집단원, 집단활동 등의 다양한 상호작용의 결과로 발생한다.
  ㉡ 집단상담자는 집단운영을 계획할 때 집단의 치료적 요인을 인식해야 한다.

Section 01 집단상담 개관

ⓒ 집단원 개개인은 서로 다른 치료적 요인에 의해 도움을 받을 수 있다.
ⓓ 특정 경험의 의미를 설명, 해석, 명료화하는 인지적 요소는 치료적 요인으로 작용한다.
ⓔ 타인을 통해 받을 수 있는 지지와 도움에는 한계가 있고, 고통은 피할 수 없음을 인식하는 것이 치료적 요인이 된다.

(4) 집단상담의 장점과 한계점 2020년 기출 ★

① 집단상담의 장점
ⓐ 경제적이고 효율적이다. 짧은 시간 안에 많은 이들이 상담 장면에 노출됨으로써 상담자의 시간과 노력이 절약되고, 구성원도 짧은 시간과 적은 비용으로 큰 효과를 볼 수 있다.
ⓑ 개인으로 하여금 어떤 외적인 비난이나 징벌에 대한 두려움 없이 새로운 행동에 대하여 현실 검증을 해볼 수 있는 기회를 제공한다.
ⓒ 동료들 간에 서로의 관심사나 감정들을 터놓고 이야기할 수 있기 때문에 쉽게 소속감과 동료의식을 발전시킬 수 있다.
ⓓ 집단구성원들에게 넓은 범위의 다양한 성격의 소유자들과 접할 수 있는 기회를 부여해 준다.
ⓔ 지도성의 측면에서 볼 때 집단상담은 개인 상담의 경우보다 훨씬 유리하다. 개인 상담에서는 단 한 사람의 상담자뿐이지만 집단상담에서는 구성원의 수에 지도자를 포함한 수만큼 상담자의 수가 많다.
ⓕ 개인이 한편으로는 계속 참여하면서도 다른 한편으로는 물러서서 관망할 수 있다.
ⓖ 개인으로 하여금 개인상담에 응할 수 있도록 도와준다. 즉, 집단상담을 통하여 개인상담의 필요성을 느끼게 되고, 또 용기를 얻어 상담에 응하게 된다.
ⓗ 개인상담이 줄 수 없는 여러 가지 풍부한 학습경험을 할 수 있다.

② 집단상담의 한계점 2018년 기출 ★
ⓐ 개인에 대한 관심 정도가 약해지므로 구성원 모두를 만족시키기가 어렵다.
ⓑ 집단원이 다수이므로 상담의 비밀보장이 어렵다.
ⓒ 집단의 압력이 가해지면 심적인 부담을 느끼게 되고 집단원의 압력에 순응하게 되면 개인의 개성이 상실되기 쉽다.
ⓓ 어떤 구성원은 집단에서 신뢰감을 발전시키기가 어렵다.
ⓔ 시간 상 문제별로 집단을 구성하기 쉽지 않다.
ⓕ 모든 사람에게 집단상담이 효과적인 것은 아니다.

2 집단상담과 개인상담, 토의상담의 비교

(1) 집단상담과 개인상담 및 일반 토의 집단 비교

① 집단상담과 개인상담의 유사점
  ㉠ 집단상담이나 개인상담 모두 내담자로 하여금 자기 관리 인격의 조화로운 통합 상태, 생활 문제 해결 등을 달성하도록 도와주며 자기 이해를 촉진한다.
  ㉡ 내담자들의 자기 공개, 자기수용을 촉진하기 위해 모두 이해적이고 허용적인 상담분위기의 조성과 유지를 강조한다.
  ㉢ 상담의 기법 면에서 유사한 것이 많다. 내담자로 하여금 자기의 감정과 태도 등을 자각·검토하도록 유도하기 위하여 상담자의 여러 기법이 활용된다는 면에서 보면 집단상담이나 개인상담은 근본적으로 동일하다. 내담자의 감정을 명료화하고 해석하는 상담자의 역할 면에서 똑같다고 할 수 있다.
  ㉣ 집단상담이나 개인상담 모두 내담자의 사적인 정보의 비밀을 보장하고 있다.

② 집단상담과 개인상담의 차이점 2016년, 2014년 기출 ★
  ㉠ 개인상담에 비해 집단상담은 타인을 대하는 바람직한 태도나 행동 반응을 즉각적으로 시도하고 확인할 수 있으며 타인과의 친밀감에 관한 경험을 가질 수 있다.
  ㉡ 집단상담에서는 개인상담과는 달리 참여자들이 다른 사람들로부터 도움을 받을 수 있을 뿐만 아니라 참여자 자신이 다른 사람을 도와주는 경험을 가질 수 있다.
  ㉢ 집단상담의 상담자는 개인상담보다 더욱 복잡한 과제를 짊어진다.
  ㉣ 다양한 성격의 사람들을 만나므로 학습의 기회가 많을 수 있다.
  ㉤ 집단원의 공통적 피드백이 제공되므로 청소년의 경우보다 효과적일 수 있다.
  ㉥ 집단상담 과정에서 얻은 통찰에 기초한 대안적 행동을 그 집단에서 직접 시도해 볼 수 있다.
  ㉦ 상담 성과를 개관한 연구에서 집단상담은 개인상담 못지않게 효과적인 것으로 나타났다.

(2) 개인상담과 집단상담에 동시에 참여하는 상담모델 2014년 기출 ★

① 개인상담과 집단상담을 한 사람에게 동시에 받는 것을 병행상담이라고 하며 개인상담과 집단상담을 서로 다른 상담자에게 받는 것을 연합상담이라 한다.
② 심한 성격적 문제를 가지고 있을 때는 단독상담보다 연합상담이 효과성이 크다.
③ 아동기 성폭행을 당했거나 수치심과 관련된 문제를 가진 내담자는 정신역동적 연합상담이 단독상담보다 효과성이 크다.
④ 병행상담과 연합상담 모두 단독상담보다 중도탈락자가 발생하는 비율이 낮다.

(3) 집단상담과 개인상담이 필요한 내담자

① 집단상담이 필요한 내담자
- ㉠ 여러 사람들을 보다 잘 이해하고, 다른 사람이 자기를 어떻게 보는가를 알아야 할 것으로 판단되는 내담자
- ㉡ 자기와 성격, 생활 배경 등이 다른 사람들에 대한 배려와 존경심을 습득해야 할 것으로 판단되는 내담자
- ㉢ 다른 사람과의 대화를 포함한 사회적 기술의 습득이 필요한 내담자
- ㉣ 다른 사람과의 유대감, 소속감 및 협동심의 향상이 필요한 내담자
- ㉤ 자기의 관심사나 문제에 관해 다른 사람의 반응, 조언이 필요한 내담자
- ㉥ 동료나 타인의 이해와 지지가 도움이 되리라고 판단되는 내담자
- ㉦ 자기문제에 관한 검토, 분석을 기피하거나 유보하기를 원하고, 자기노출에 관해 필요 이상의 위협을 느끼는 내담자

② 개인상담이 필요한 내담자
- ㉠ 가지고 있는 문제가 위급하고, 원인과 해결방법이 복잡하다고 판단되는 내담자
- ㉡ 내담자 자신과 관련 인물들의 신상을 보호할 필요가 있는 경우
- ㉢ 자아개념 또는 사적인 내면세계와 관련해서 심리검사 결과를 해석해 주는 경우
- ㉣ 집단에서 공개적으로 발언하는 것에 대해 심한 불안공포가 있는 내담자
- ㉤ 상담집단의 동료들로부터 수용될 수 없을 정도로 대인관계가 좋지 못한 내담자
- ㉥ 자기 자신에 대한 탐색, 통찰력이 극히 제한되어 있는 내담자
- ㉦ 상담자나 다른 사람들로부터의 주목과 인정을 강박적으로 요구할 것으로 판단되는 내담자
- ㉧ 폭행이나 '비정상적'인 성적 행동을 취할 가능성이 보이는 내담자

(4) 집단상담과 일반적인 토의집단과의 차이점

① **내용 대 과정의 차이** : 토의집단에서는 토의될 내용을 중시하나 상담집단에서는 내용보다는 집단의 과정을 더 강조한다.
② **양극성 대 통일성** : 토의집단은 양측으로 나뉘어 이기고 지는 것을 따지지만 상담집단에서는 각 개인의 감정과 사고는 주관적인 견지에서 그때그때 모두가 의미 있는 것으로 수용되기 때문에 상반된 의견들이 허용될 뿐만 아니라 오히려 장려된다.
③ **형식성 대 자발성** : 토의집단은 상반된 의견이 있으며 서로 정서적인 반응이 일어나게 되고 이로 인해 토의진행을 방해받게 되지만 상담집단은 공동의 결의나 토론의 승패가 있을 수 없기 때문에 형식이 필요 없으며 시종 집단성원들의 자발적인 참여에 강조점을 두게 된다.
④ **객관성(사실) 대 주관성(감정)** : 토의집단은 사실을 취급하고 상담집단은 주관적인 측면으로 개인의 감정표현을 취급하며 '나'와 '너'의 상호관계에 역점을 둔다.

⑤ **제한성 대 솔직성** : 토의집단은 목적을 향하여 진행하기 때문에 구성원들은 언행에 제약을 받으나 상담집단에서는 옳고 그른 것에 대한 판정이 관심사가 아니기 때문에 구성원이 방어적인 태도나 자기합리화를 가질 필요가 없으며 오히려 개인은 감정과 사고를 솔직히 그대로 표현하도록 격려된다.

3 다양한 집단상담의 유형들

(1) 구조와 형태에 따른 분류 2021년, 2020년 기출 ★

분류 기준	집단 유형
구조화의 정도	구조화 집단, 비구조화 집단
진행 중 개방여부	개방 집단, 폐쇄 집단
시간적 연속성	집중 집단, 분산 집단
인구통계학적 배경	동질 집단, 이질 집단
참여 동기	자발적 집단, 비자발적 집단

① **구조화 집단과 비구조화 집단** 2021년, 2019년, 2016년 기출 ★
  ㉠ **구조화 집단** : 어떤 특정 목표 주제를 위해 진행되는 집단으로 집단상담자가 집단의 목표, 과정내용, 절차, 활동, 방법 등과 구체적인 모임시간, 연락방법 등에 대해 체계적으로 구성해 두고 주도적으로 집단을 이끌어가는 형태이다. 집단원들이 생산적인 집단을 위한 행동규범을 창출하도록 촉진한다.
  ㉡ **비구조화 집단** : 집단상담의 목표는 설정되어 있지만 과정, 내용, 활동, 방법이 구성되지 않은 상태에서 상호작용에 초점을 두는 집단 형태이다. 구조화 집단보다 지도자의 전문성이 더 요구되며 감수성, T-집단이 해당되고 깊은 상호작용이 일어난다.

② **개방 집단과 폐쇄 집단** 2015년 기출 ★
  ㉠ **개방 집단** : 집단상담이 진행되었다 할지라도 집단이 허용하는 범위에서 새로운 집단원을 받아들이는 형태로 다양한 사람들을 만날 기회가 있으나 집단의 응집력이 결여될 수 있고, 한 회기에 다룰 수 있는 문제만 다루어야 한다. 집단참여 오리엔테이션이 중요하다.
  ㉡ **폐쇄 집단** : 집단상담이 시작될 때 참여했던 사람들로만 끝까지 운영되는 집단으로 중도에 탈락하는 집단원이 생기더라도 새로운 집단원을 받아들이지 않는다.

③ **집중 집단과 분산 집단** 2019년 기출 ★
  ㉠ **집중 집단** : 일정한 기간 동안 집중적으로 집단상담을 실시하는 것으로 3박 4일이나 5박 6일 기간 동안 집중적으로 집단상담을 경험한다.
  ㉡ **분산 집단** : 보통 주 1회 정도 일정한 시간을 정해 놓고 미리 계획된 전체회의가 마무리될 때까지 집단을 실시하는 형태이다.

④ 동질 집단과 이질 집단 2019년 기출 ★
  ㉠ **동질 집단** : 서로 공통된 특징을 가지고 있는 집단으로 유사하거나 동일한 경험을 가진 집단원들이 모인 집단으로 결속력, 응집력이 높고, 상호 간 즉각적 지지가 가능하며 갈등수준이 비교적 낮은 집단이다.
  ㉡ **이질 집단** : 참여 동기, 학력, 연령, 사전 집단 경험유무, 개인적·경험적 배경 등이 서로 다른 집단원끼리 구성된 집단을 말한다.

⑤ 자발적 집단과 비자발적 집단
  ㉠ **자발적 집단** : 집단상담에 대한 안내나 홍보 등을 통해 본인이 참여하기를 스스로 희망하여 결정한 사람들로 구성된 집단이다.
  ㉡ **비자발적 집단** : 자신의 생각이나 동기 없이 의무적으로 또는 타인에 의해 집단에 참여한 사람들로 구성된 집단이다. 예 보호관찰명령 등으로 구성된 집단

(2) 집단의 기능에 따른 분류 2018년, 2016년 기출 ★

① 교육 집단
  ㉠ 구성원들의 지식, 정보, 기술을 향상하는데 목적을 둔다.
  ㉡ 강의형태로 정보를 제공하며 성원들은 서로 토의하면서 학습을 강화한다.
  ㉢ 주로 강의를 중심으로 구조화되므로 자기표출정도는 비교적 낮은 편이다.
  ㉣ 구성원들의 지식, 기술, 경험들을 고려해서 모든 성원들이 최상의 학습효과를 얻도록 한다.
  ㉤ 특정 주제에 초점을 둔 구조화된 집단으로 진행할 때 유용하다.

② 과업 집단
  ㉠ 당면한 과제를 해결할 목적으로 운영되는 집단으로 과제해결집단이라고 한다.
  ㉡ 위원회, 행정 집단, 대표 회의 팀, 치료 회의, 사회행동집단 등이 있다.
  ㉢ 집단 상담자는 즉시 개입하여 집단이 다시 정상으로 진행될 수 있도록 돕는 역할을 한다.

③ 성장 집단 2021년, 2016년 기출 ★
  ㉠ 구성원들은 집단 활동을 경험하면서 자신과 타인에 대해서 자신의 생각, 감정, 행동을 인식하고 바꿀 수 있는 기회를 가지게 되고, 그래서 자신의 잠재력을 최대한 발휘하는데 목적이 있다.
  ㉡ 병리적인 부분을 치료하기보다 심리사회적인 건강에 초점이 있으며 집단원은 비교적 정상 범위의 적응수준을 가진 사람들이다.
  ㉢ 구성원들은 각자의 잠재력을 발전시키면서 집단 결속력을 강화한다.
  ㉣ 이질적인 집단성원들일 경우 그 자체만으로도 서로 자극이 되어 성장을 강화할 수 있으며 동질적인 경우 구성원들 간에 감정이입이 용이하고 잘 지지한다.

ⓜ 자기표출의 정도는 높은 편이다.
ⓗ 집단지도자는 집단구성원들이 통찰력을 얻고, 새로운 행동을 시험하면서 피드백을 얻고 성장할 수 있도록 촉진자 역할과 모델 역할을 한다.
ⓢ 성장 지향이 목적이므로 이질집단으로 구성하고 비구조화된 회기가 유용하다.

④ **상담 집단** 2020년 기출 ★
ⓐ 상담 집단은 일상생활에서 어려움을 경험하는 일반인을 대상으로 한다.
ⓑ 대략 사회에서 12명의 집단원으로 구성되며 소집단 경험 중심으로 이루어진다.
ⓒ 집단원의 사고 감정 행동을 강조하여 대인관계와 문제 해결 전략을 강구하는데 초점을 맞춘다.

⑤ **치료 집단** 2021년 기출 ★
ⓐ 구성원들의 행동변화, 개인적인 문제개선, 기능회복을 위한 집단이다.
ⓑ 전문가는 집단성원 한 사람마다 이 치료집단이 적합한지 집단 활동에 들어가기 전에 사정한다.
ⓒ 구성원들은 공통의 문제를 겪고 있기 때문에 자기표출 정도가 높다.
ⓓ 집단원들의 정서행동문제나 정신장애를 치료하기 위한 목적으로 구성되는 것이 특징이다.
ⓔ 집단상담자는 전문가나 정신과 의사이다.
ⓕ 약물중독 치료집단, 우울증 치료를 위한 환자집단 등이 있다.
ⓖ 성격 구조의 재구성이 목적이므로 동일진단을 받은 이질집단 구성이나 상이한 진단을 받은 동질집단 구성이 유용하다.

⑥ **지지 집단**
ⓐ 인간이 삶을 살면서 앞으로 일어날 사건에 대해 좀 더 효과적으로 대응하고 적응하기 위하여 대처 기술을 발전시키고, 삶의 위기를 유연하게 대처할 수 있도록 돕는 집단이다.
ⓑ 집단 내부 구성원끼리의 유대감 형성이 매우 쉬우며 서로에 대한 개방 수준이 매우 높다.
ⓒ 예를 들어, 이혼한 부부와 그 자녀로 구성된 집단, 자녀 양육에 대한 어려움과 해결을 도모하는 한 부모 집단, 같은 불치병에 걸린 환자 가족들의 모임이 대표적이다.

⑦ **자조 집단**
ⓐ 자조모임에 참여하는 구성원들은 동일한 상황에 처해 있는 사람들과의 교류를 통하여 자신의 현재 상태에 대한 사실과 지식을 얻는다.
ⓑ 동일한 상황에 있으면서도 성공적으로 살아가는 사람들에게서 상황에 대한 대처 기술을 학습한다.
ⓒ 유사한 인생 경험을 공유한 사람들과의 의사소통을 통해서 동기와 지지를 획득한다.
ⓓ 동일한 상황에 있는 사람들과의 집단 과정을 통하여 집단 내에서 이루어지는 성공적인 문제해결 행동을 모방한다.

Section 01 집단상담 개관

ⓜ 구성원 개인이 갖고 있는 문제 상황에 대한 지식이나 대처 기술 등에 관하여 집단 구성원들 간의 공유를 통하여 스스로의 변화를 쉽게 인식하고 평가한다.
ⓑ 모임을 통하여 개인과 모임을 동일시하고 구체적인 소속감을 확보함으로써 소외와 고립을 최소화할 수 있게 된다.
ⓢ 모임을 통하여 다른 사람에 대한 이타적(利他的) 관심과 상호 작용의 경험을 얻게 된다.
ⓞ 상호 지지가 목적이기에 특정 주제를 가진 동질집단 구성이 유용하며 대표적으로 AA(금주동맹)모임 등이 있다.

(3) 참만남집단과 T집단

① **참만남집단** 2019년 기출 ★
   ㉠ 참만남집단, 감수성 훈련 집단, 개인성장 집단 등은 개인의 자아의식을 확장하고 개인의 잠재력을 발전시키는 데 초점을 둔다. 이들 집단들은 치료집단과는 반대의 연속선상에 있으며 전적으로 이질적인 사람들을 대상으로 하고 있다.
   ㉡ 참만남집단은 경험과정을 통해서 개인의 심리적 성장, 개인과 개인 사이의 의사소통 및 대인관계 상황에서 인간관계에 대한 발전과 개선을 촉진할 것을 강조한다.
   ㉢ 참만남집단은 참여자들에게 주로 신뢰, 개방, 공유, 모험적인 행동으로 길러지는 집중적이고 개인적이며 친밀한 경험을 제공한다. 신체접촉이나 감각, 지각, 경험 같은 비언어적인 활동이 친밀감을 촉진하기 위해서 사용된다.
   ㉣ '지금-여기'의 원리를 강조하면서 개방성과 정직성을 비롯하여 자아인식, 책임성, 신체와 감정에 대한 인식에 관심을 둔다.
   ㉤ 참만남집단은 지도자가 구조화된 경험으로 참여자들을 지도함으로써 구조화할 수 있다.
   ㉥ 참만남집단의 크기는 8~18명 정도이며 1~10일간 지속되며 보통 8~10시간 정도의 시간이 필요하다.

② **로저스의 참만남집단의 15단계 과정** 2019년, 2018년, 2015년 기출 ★

단 계	내 용
1. 떼지어 기웃거리는 양식	초기에는 상담자의 정확하고 명확한 지시가 없으므로 어찌할 바를 몰라 행동적이거나 언어적으로 '기웃거림'이 있다.
2. 사적인 표현 또는 탐색에 대한 저항	상담 초기에 집단원들은 그 집단에서 수용될 것으로 생각하고 있지만 사적인 자아를 표현하는 데 있어 두려워하며 저항한다.
3. 과거의 느낌과 진술	집단의 신뢰성에 대한 의심과 자기노출의 위험이 있음에도 불구하고 사적 느낌의 노출이 시작된다. 자기노출은 집단 밖에서의 일에 관한 것이다. 집단원들은 '그때 그곳에서'처럼 과거의 느낌을 묘사하는 경향이 있다.
4. 부정적 느낌의 표현	집단이 발전함에 따라 '지금 그리고 여기'의 느낌 표현이 나타나는데 이러한 표현들은 보통 필요한 지시를 하지 않는다는 이유로 흔히 집단 상담자에 대한 공격성의 형식을 취한다.

단 계	내 용
5. 사적으로 의미 있는 자료의 표현과 탐색	만약 부정적 느낌의 표현이 집단원들에 의해서 수용적인 것으로 보여지면 신뢰의 분위기가 나타난다. 이러한 신뢰의 느낌 때문에 집단원들은 위험을 무릅쓰고 사적 자료를 노출하게 된다. 이 시점에서 내담자들은 그들이 성취하고자 하는 것이 바로 이것이라고 깨닫게 되며 자유를 경험하기 시작한다.
6. 집단 속에서의 즉시적인 대인간 느낌의 표현	집단원들은 서로에 대한 긍정적, 부정적 느낌을 표현하기 쉽다. 이러한 느낌들이 이 단계에서 탐색되는 것이 보통이다.
7. 집단 속에서의 상담능력의 발달	집단원들은 자발적으로 서로에 대해 보살핌, 지지, 이해 그리고 관심을 표현한다. 즉, 집단원은 촉진적 방식으로 관계함으로써 서로에게 상담적인 관계가 된다. 이 단계에서 흔히 집단 내에 조력관계가 형성되며 이는 집단 밖에서보다 건설적인 삶을 살도록 집단원들을 조력하게 된다.
8. 자기수용과 변화의 시작	자기수용은 집단원들에게 있어서 변화의 시작을 표시한다. 이 단계에서 내담자들은 이전에 부인 또는 왜곡했던 자신에 대한 측면들을 수용하기 시작한다. 자신의 느낌에 보다 가까워지고 결국 변화에 엄격해지지 않고 개방적이게 된다. 집단원들이 자신의 장점들과 단점들을 수용함에 따라 방어를 하지 않게 되고 변화를 기꺼이 맞이하게 된다. 이 과정은 더 깊은 변화를 촉진한다.
9. 가면의 파괴	자기수용과 변화가 시작되면 가면을 벗어버린다. 몇몇 집단원들에 의한 보다 깊은 자기노출의 유의미한 참만남은 사람들이 내적 상호작용의 위험을 감수할 때 일어난다는 이론의 타당성을 입증하고 있다. 이 단계에서 집단은 보다 깊은 의사소통을 하려고 노력한다.
10. 피드백	긍정적, 부정적 피드백을 받는 과정에서 다른 집단원들이 자신을 어떻게 경험하는지, 또는 자신이 다른 집단원들에게 미치는 영향에 관한 많은 자료를 얻게 된다. 이러한 정보는 흔히 새로운 통찰을 얻게 하여 내담자 자신이 변화하고자 하는 면들을 결정하는 데 도움을 준다.
11. 직면	집단원들은 긍정적, 부정적 피드백을 의미하는 강력한 정서적 과정 속에서 서로를 직면시킨다. 직면이란 이전의 단계들에서 기술된 상호작용들을 통해 불일치된 부분에 대해 이야기하는 것이다. 이는 상호작용이 많아졌다는 것을 보여준다.
12. 집단과정 밖에서의 조력관계 형성	집단원들은 집단 밖에서 접촉을 하기 시작하게 된다. 여기에서는 7단계에서 언급한 과정이 확장된 것이라고 본다.
13. 기초적 참만남	집단속에서 집단원들이 일반적으로 일상생활에서의 경우보다 더 가까워지고 보다 직접적인 접촉을 하기 때문에 진솔한 인간 대 인간의 관계가 일어난다.
14. 긍정적 느낌과 가까움의 표현	과정이 진행됨에 따라 내담자들은 자신들과 타인들에 대한 느낌표현의 진실성에서 일어나는 하나의 과정인 집단 내부에서의 온정과 가까움이 점증적으로 발달하게 된다.
15. 집단 속에서의 행동변화	집단원들이 자신의 느낌표현에 점점 편안해짐에 따라 행동이나 표정까지도 변화하기 시작한다. 즉, 내담자들은 개방적으로 행동하려고 하며 타인에 대한 보다 깊은 느낌을 표현한다. 자신들에 대한 이해가 증가되며 그들의 문제에 대한 새로운 통찰을 한다. 또한, 타인과 함께하는 보다 효과적인 방식을 알아낸다. 만약 이 변화들이 효과가 있다면 집단원들은 새로운 행동을 일상생활 속에 실행하려고 한다.

③ 스톨러(Stoller) 참만남집단 모형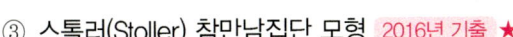
  ㉠ **마라톤 참만남집단** : 집단 훈련의 시간적 집중성을 강조하였으며 마라톤 참만남집단 모임으로 인해 생긴 피로와 며칠간 시간을 집중해서 하는 것이 집단이나 개인의 촉진제 역할을 한다고 본다.
  ㉡ **집단상담자 역할** : 행동으로 모범을 보이고, 설명을 통해 집단 활동을 돕고, 신뢰감을 높일 수 있는 분위기를 조성한다. 이때, 기술의 기계적 사용은 배제한다.
  ㉢ **집단의 과정**
    ⓐ 1단계(상대방을 낯선 사람 취급) : 사건, 상황에 관해서 말하기
    ⓑ 2단계(정서적 정보교환) : 사실적 사건으로 감정 주고받기, 집단원 간 따뜻한 이해 또는 공격성과 욕구좌절 경험하기
    ⓒ 3단계(친밀감) : 방어적 태도 없이 자발적으로 표현하기

④ 슈츠(Schutz) 참만남 모형
  ㉠ **개방적 참만남집단** : 신체적 느낌과 이완을 통한 개인의 정서적 문제해결에 초점을 둔다.
  ㉡ **집단상담자 역할** : 행동, 경험을 강조하며 신체를 통해 표현되는 핵심적인 정서 문제를 파악한다.
  ㉢ 집단원에게 집중적인 정서적 경험을 제공하고, 의사소통, 개인의 정화를 촉진하는 기법(심리극, 도형, 신체운동연습, 명상 등)을 사용한다.
  ㉣ **집단의 과정** : 정서적으로 생생하게 만드는 기회를 갖기 위해 신체활동을 이용한다.

⑤ T집단
  ㉠ T집단(training group)은 훈련 집단의 약자로 초기에 기업체에서 작업집단의 효율성과 능률성을 증진시키기 위해 집단 기능의 과정을 연구하는 방법으로 사용되었다.
  ㉡ T집단은 집단 내에서 집단 구성원의 역할을 강조하고 일정한 시간에 집단 내에서 각 성원 간의 관계에 초점을 둔다.
  ㉢ T집단의 학습목적은 개개인의 집단에 따라 다르지만 대체로 다음과 같은 네 가지 공통점이 있다.
    ⓐ 학습하는 방법에 대한 이해이다.
    ⓑ 자기 이해력의 증진이다.
    ⓒ 집단기능에 대한 통찰력의 증진과 효과적인 집단원의 역할수행이다.
    ⓓ 구체적인 행동기술, 즉 커뮤니케이션 및 피드백 기술이다.

Section 02 집단상담이론

학습목표

집단상담의 이론인 정신역동, 개인심리학, 행동주의, 인간중심, 실존주의, 게슈탈트, 합리적·정서적·행동적 집단상담, 인지행동주의, 현실치료, 교류분석, 해결중심 집단상담, 심리극, 이야기치료의 개요와 주요개념, 목표, 집단상담자의 역할 등에 대해서 살펴본다.

1 정신역동 집단상담 2019년, 2017년, 2016년 기출 ★

(1) 개 요

① '지금과 여기'보다는 과거에 더 주의를 기울인다.
② 관련이나 느낌, 환상 등을 자유롭게 표현하는 기법들을 사용한다.
③ 전이와 저항에 주의를 기울이며 해석을 통해 집단원의 통찰을 돕는다.
④ 집단원들이 다른 집단원의 문제를 듣고 반응하면서 보조 혹은 공동상담자 역할을 하기도 한다.
⑤ 개인분석과 달리 대인관계양상을 분석한 후 개인의 내적 심리과정을 분석한다.
⑥ 집단원의 성장과 발달을 저해하는 신경증적 갈등을 경감시켜서 집단원의 인격적 성숙을 도모한다.

(2) 주요 개념

① 무의식
　㉠ 정신분석 집단상담에서 무의식은 무척 중요한 개념이다.
　㉡ 인간을 무의식적인 존재로 보며 우리의 생각과 행동은 무의식에 의해 큰 영향을 받는다고 설명하였다.
　㉢ 인간의 모든 행동과 생각에는 원인이 있으며 현재 행동의 원인은 과거 경험의 결과로 이해해야 한다는 정신적 결정론을 주장한다.
　㉣ 무의식은 아동기에 경험한 부정적인 경험들이 없어지는 것이 아니라 의식의 깊은 곳인 무의식이라고 하는 지하 창고에 있다고 본다.
　㉤ 무의식에 저장된 부정적 경험들이 현재 대인관계나 개인의 심리적인 면에 문제를 유발한다.
　㉥ 집단원의 의사소통이 한 영역에 고착되었을 때, 이를 확장시키기 위해 의식적 자아와 무의식적 자아를 관련짓는 역할을 한다.
　㉦ 정신분석 집단상담에서 무의식을 다루는 것은 다른 집단상담과 구별되는 큰 특징이다.

② 전이
　㉠ 전이는 개인의 무의식에 있던 감정이나 태도 등이 타인에게 나타나는 것이다.

○ 어린 시절 해소되지 않은 부정적 감정이나 태도가 왜곡되어 무의식에 있다가 집단원 중 자신에게 중요한 인물과 유사한 집단에게 유사한 태도와 감정으로 드러난다.
○ 집단 초기에는 받아들이기 힘든 경험이지만 집단원이 전이에 대해서 통찰하는 순간 과거의 자신이 현재의 자신을 방해하고 있음을 알아차리게 되어 문제 해결의 실마리를 얻는다.
○ 부모와의 수직적 차원의 전이와 형제를 포함한 대인관계의 수평적 차원의 전이를 모두 다룬다.

③ 역전이
○ 집단원이 다른 집단원에게 일으키는 무의식적 감정 태도를 전이라 하면 집단상담자가 집단원에게 일으키는 무의식적 감정 상태를 역전이라 한다.
○ 역전이 해결을 위해 집단상담자는 자신이 집단원의 성장을 위한 적절한 반응인지 아닌지 민감해야 하며 자신의 역전이 반응에 대해 탐색할 수 있도록 노력해야 한다.

④ 저항 2021년 기출 ★
○ 저항은 억압된 내용을 의식화하는 것을 무의식적으로 막는 것을 의미한다.
○ 저항이 일어나는 이유는 무의식에 숨겨둔 자신의 부정적이고 개인적인 경험이 집단상담 공식 자리에 공개되는 것을 원하지 않을 때이다.
○ 자신의 무의식을 직면하게 되는 것이 두려워 공개된 후 자신이 감당할 수 없는 불안이 있다.
○ 저항의 형태로는 지각, 결석, 아무렇지 않은 듯한 모습, 침묵, 다른 사람에게만 관심 보이기, 집단상담에 비협조 등이 있다.
○ 저항은 집단과 집단원의 성장 발달을 방해하는 것이므로 반드시 해결해야 한다.

⑤ 불안
○ 원초아(id), 자아(ego), 초자아(superego) 간의 갈등이 발생하며 불안이 생기고, 이 불안을 현실적 불안, 신경증적 불안, 도덕적 불안으로 구분한다.
○ **현실적 불안** : 실제적이고 현실적인 불안을 말한다. 예 뾰족한 침, 위험한 동물 등
○ **신경증적 불안** : 자아와 원초아의 갈등으로 자아가 본능적 충동을 통제하지 못해 불상사가 생길 것 같은 위험에서 오는 불안이다.
○ **도덕적 불안** : 원초아와 초자아 간의 갈등에서 비롯된 불안이다.

⑥ 자아방어기제 2015년 기출 ★
○ 원초아(id)와 자아(ego), 초자아(superego)가 지속적으로 갈등이 일어나면 심적인 불안이 생기게 된다. 이때, 자아(ego)는 이 불안으로부터 자신을 보호하고 마음의 평정을 회복하기 위해 무의식적으로 불안을 방어하는 기제를 만들어낸다. 이를 자아방어기제라 한다.
○ 대표적인 방어기제로 억압, 부정, 합리화, 투사, 반동형성, 퇴행, 치환, 유머 등이 있다.
○ 투사적 동일시는 자기의 부정적 감정을 상대방이 실제로 가지고 있다고 믿고 그러한 행동을 하도록 만드는 현상이다.

(3) 집단상담 기법

① 자유연상
  ㉠ 자유연상은 자신의 생각을 자유롭게 떠올리고 표현하는 방법이다.
  ㉡ 집단상담에서 이루어지는 자유연상은 여러 명의 사람과 공개된 장소에 있기 때문에 집중도 어렵고 표현하는데도 부담을 느낀다.
  ㉢ 자유연상에서 중요한 것은 무엇을 연상했는가보다는 연상된 것에서 어떤 관련성을 찾고 어떻게 해석하는지가 더 중요하다.
  ㉣ 자유연상은 해석과 통찰을 통해 집단원에 대한 이해를 도우며, 집단은 상호 간에 집단역동을 파악하는 데 도움이 된다.

② 해석
  ㉠ 해석은 어떤 말이나 현상에 대한 이해나 의미를 푸는 것이다.
  ㉡ 해석이 필요한 이유는 집단원이 자신도 모르는 과정에서 해석해 줌으로써 자신을 살펴보고 알아차릴 수 있는 기회를 만들어 준다.
  ㉢ 한 집단원에 대해서만 아니라 집단 전체에 대한 해석도 가능하다.
  ㉣ 해석을 할 때는 집단원 전원이 받아들일 수 있을 만큼만 해석해야 한다.
  ㉤ 집단상담자는 집단원의 저항을 알아차리고 어느 정도 해석을 해 줘야 하는지를 알아차려야 한다.

③ 꿈 분석
  ㉠ 프로이트는 억압된 욕구와 충동이 자아에 대한 방어가 약해져 있는 잠을 자는 동안 꿈으로 드러난다고 하였다.
  ㉡ 자신이 꾼 꿈을 내어놓는 집단원 뿐 아니라 다른 집단원이 그 꿈에 대해 이야기하는 동안 자신의 내면을 투사할 수도 있다.
  ㉢ 꿈 분석에서는 어떤 꿈을 꿨는지 보다는 집단원이 자신의 꿈을 정리하는 과정에서 꿈에 등장하는 여러 대상에 대한 의미를 부여하고, 자신의 내면과 어떻게 연결하고, 현재 문제와 어떻게 연결하고, 현재에 대해 어떻게 통찰하는지가 더 중요하다.

④ 훈습
  ㉠ 집단원이 통찰한 내용을 바탕으로 자신의 저항이나 문제를 점진적으로 수정해 나가는 과정이다.
  ㉡ 오랜 시간 습관처럼 익숙해 있던 인지적·정서적·행동적 부분의 변화이므로 시간이 오래 걸리고 때로는 되돌아오기를 반복하는 과정이다.
  ㉢ 집단상담자는 집단원의 불안한 심리를 이해하고 세밀하게 탐색하여 훈습을 위한 계획을 수립하고, 교육과 지지 및 격려를 통해 집단원의 불안을 다루어 주어 집단원이 변화를 위해 노력할 수 있도록 도와야 한다.

㉣ 부적응 행동들을 줄이기 위해 훈습과정을 거친다.

(4) 집단상담자의 역할

① 집단원들과 신뢰로운 관계를 형성하고, 집단원들 간에 신뢰로운 관계를 형성하도록 돕는다.
② 집단원들의 이야기를 명료화하고, 집단상담과정에 진행되는 이야기에 초점을 맞추어 이야기하도록 돕는다.
③ 이런 과정에서 집단원들이 자신과 타인의 자유연상, 꿈, 저항 등에 대해 분석하고 이해하도록 돕는다.
④ 집단원이 과거와 현재, 무의식과 의식, 중요인물과 전이 문제, 저항을 연결하여 해석하고 집단원들이 통찰하도록 돕는다.
⑤ 적절한 상황에 자기개방을 통해 자신도 문제가 많고 갈등하고 있음을 보여줌으로써 동등한 관계를 형성한다.
⑥ 코리(G. Corey)가 주장한 유능한 집단지도자의 개인적 특징 2017년 기출 ★

유머	웃음을 통해 집단원의 문제를 새로운 각도에서 조망하도록 하는 것이다.
개인적 힘	자신이 타인에게 미치는 영향력을 인식하며 집단원들의 역량을 강화시키는 것이다.
용기	상담자라는 역할 뒤에 숨지 않고 실수를 인정하며 자신의 통찰과 신념에 따라 행하는 것이다.
함께 함	자신의 감정을 자각하고 표현하며 집단들과 마음을 함께 나누는 것이다.
집단과정에 대한 신뢰	집단의 치료적 힘을 믿고 집단 내에서 발생하는 갈등을 조정하기 위해 노력하는 것이다.

⑦ 슬라브슨(S.Slavson)의 집단상담자의 기능 2016년 기출 ★

지도적 기능	집단이 목적을 상실하거나 대화의 수렁에 빠져 있을 때 지도적 기능을 수행한다.
자극적 기능	억압, 정서적 피로, 흥미 상실로 무감각 상태에 빠지면 자극적 기능을 수행한다.
확충적 기능	의사소통이 한 영역에 고착되면 이를 확충하는 기능을 수행한다.
해석적 기능	집단원 마음속에 숨은 무의식을 의식화하도록 해석적 기능을 수행한다.

(5) 공헌점과 비판점

① 공헌점
  ㉠ 정신분석 집단상담 이론의 개념들이 집단원과 집단역동을 설명하고 이해하는 데 도움을 준다.
  ㉡ 집단상담과정 중 드러나는 불안과 방어기제 등에 대한 탐색을 통해 자신과 다른 집단원을 이해할 수 있다.

② 비판점
  ㉠ 집단원의 과거나 부모와의 관계에 한정하여 집단원의 문제를 분석하기 때문에 사회적, 문화적 요인을 배제하는 한계가 있다.

ⓒ 집단원의 과거가 쉽게 드러나지 않으며 무의식을 탐색하는데 시간적, 경제적 소요가 많아 부담을 느낀다. 빠른 문제해결을 원하는 집단원에게는 회의감을 가지게 할 수 있다.

(6) 대상관계이론 - 컨버그와 코헛   2015년 기출 ★

① 컨버그와 코헛은 대상관계이론의 주창자이다.
② **컨버그** : 경계선 성격장애나 자기도취성 성격장애와 같은 심각한 성격장애를 대상관계이론으로 설명하였다. 심각한 정신병리의 기원은 결핍되거나 왜곡된 대상관계에서 기인한다고 보았다. 어머니-유아 관계에서 유아에게 형성되는 '양극 정신내적 표상들'은 대인적 경험에 대한 내적 관계의 대응물로 설명하였으며 양극 표상의 세 가지 구성요소는 자기표상, 대상표상, 정서적 색채가 있다.
③ **코헛** : 전통적인 정신분석이 나르시시즘을 병리적인 것으로 본 반면 코헛은 그것이 정신건강에 어떠한 역할을 하는가를 살펴보는 방식으로 나르시시즘의 개념을 재구성하였다. 나르시시즘을 심리 구조로서 자기의 어린 시절의 결함 및 그로 인한 이차적인 방어 및 보상적 구조 때문에 생겨나는 것으로 설명한다. 성공적인 치료란 새로운 구조를 획득함으로써 성격상의 결핍이 치료되는 것을 말한다.

2 개인심리학 집단상담   2019년 기출 ★

(1) 개 요

① 집단상담에 있어서 집단이 인간 행동의 본보기를 제공하며 이를 통해 집단원은 자신에 대한 통찰을 발달시킨다고 본다.
② 집단원의 친밀감 형성과 열등감에 대한 인식의 변화를 강조하며 새로운 행동의 시도를 위해 두려움을 극복하도록 돕는다.
③ 열등감의 보상과 우월성 추구를 제시하고, 우월성 개념을 자기 완성도 또는 자기실현 의미로 사용하였다.
④ 포괄적 평가에 기초하여 아동기 역동을 탐색한다.

(2) 주요 개념   2017년, 2016년 기출 ★

① **열등감과 보상**
ⓘ 열등감이 중요한 것이 아니라 이 열등감을 인간이 어떻게 받아들이고 대응해 나가느냐가 더 중요하며 열등상황을 극복하여 '우월의 상황'으로 갈 때 열등감은 인간이 지닌 잠재능력을 발달시키는 자극제 역할을 한다.

ⓒ 열등감을 극복하여 우월해지고 상승하고자 하는 목표를 달성하려고 노력할 때 보상은 인간의 열등감을 조정하는 효과가 있다.

② **우월성 추구**
  ㉠ 인간의 궁극적인 목적은 우월하게 되는 것이다.
  ㉡ 우월의 추구는 인간이 문제에 직면했을 때 부족한 것을 채우고 미완성의 것은 완성하며 무능한 것은 유능하게 만드는 경향이다.

③ **가상적 목적론** : 인간은 자신에게 중요하다고 지각된 목표를 향해 나간다. 가상적인 목적을 달성하면서 열등감을 극복하기 때문에 열등감이 크고 많을수록 가상적 목표가 더 필요하다.

④ **공동체감**
  ㉠ 인간의 행복과 성공은 사회적 관계와 깊은 관계가 있다고 보며 자신이 인정하고 있는 집단에서 받아들여지고 소속감을 가질 때, 자신의 문제를 다룰 힘을 가진다.
  ㉡ 인간의 불안은 타인과 협력을 통해서만 제거될 수 있으며 다른 사람들과 연합하여 사회적 결속을 가지는 공동체감을 가질 때 안정감을 갖는다.

⑤ **생활양식**
  ㉠ 어릴 때부터 자신의 열등감을 극복하고 우월을 이루는 과정에서 스스로 만들어 낸 자신만의 독특한 생활로 보통 4~5세 형성된 후 거의 변하지 않는다.
  ㉡ 생활양식의 유형은 사회적 관심과 활동성 수준에 의해 구분되며 지배형, 기생형/획득형, 도피형/회피형, 유용형으로 나뉜다.

⑥ **가족구조와 출생순위**
  ㉠ 출생순위가 한 사람의 생활양식이나 성격형성 과정에 매우 중요한 요인이며 열등감 형성과 극복 기제를 만드는 데도 매우 중요한 변인이다.
  ㉡ 아들러의 출생순위는 심리적 출생순위이다.

(3) 집단상담의 과정 2021년 기출 ★

① 제1단계 : 적절한 치료 관계의 형성
  ㉠ 집단상담자는 집단원과 동등한 관계를 맺으며 상호 신뢰관계를 형성한다.
  ㉡ 집단상담자의 허용과 수용적인 분위기 속에서 집단원은 자신이 수용되고 있다는 사실을 느끼고 열등감을 공개한다.

② 제2단계 : 집단원의 역동성 탐색과 분석
  ㉠ 개인의 지각, 신념, 감정은 그의 생활양식에 기초하여 이루어지기 때문에 집단원의 생활양식을 이해하는 것이 필요하다.

  ⓒ 생활양식 조사에 포함되는 내용으로는 가족구도, 어린 시절의 회상 두 가지가 있는데 특히 가족구도는 출생순위, 형제에 대한 진술, 형제 속성에 대한 분석, 형제들과의 상호관계, 부모에 관한 내용으로 구성된다.
 ③ 제3단계 : 해석을 통한 통찰의 발달(분석과 통찰단계)
  ㉠ 집단상담자는 집단원이 자신의 생활양식, 현재의 심리적인 문제, 잘못된 신념, 즉 기본적 오류를 깨닫게 해 주고, 집단원에게 어떻게 문제가 되는지를 해석해 준다.
  ⓒ 집단상담자는 집단원의 언행불일치를 직면하여 스스로 통찰을 얻을 수 있도록 한다.
  ⓒ 해석을 통해 집단원의 장점을 지적하고 격려한다.
 ④ 제4단계 : 재정향을 통한 원조
  ㉠ 해석을 통해 획득된 집단원의 통찰이 실행 행동으로 전환하는 재교육 단계이다.
  ⓒ 집단원은 과거 잘못된 신념, 행동, 태도를 버리고 새로운 생활양식을 갖는다.
  ⓒ 새로운 결정이 이루어지고 목표가 수정되면 '마치 ~인 것처럼'과 같은 행동지향적 기법을 자주 사용한다.

(4) 집단상담 기법 2020년, 2019년, 2018년, 2017년 기출 ★
 ① **해석** : 핵심기법 중 하나로 '지금-여기'에서 하는 행동의 이면에 깔린 동기를 다루고 해석을 가설적으로 제시한다.
 ② **"마치 ~인 것처럼" 행동하기**
  ㉠ 집단원이 마치 자신이 그런 상황에 있는 것처럼 상상하고 행동하도록 하는 역할놀이 상황을 설정한다.
  ⓒ 집단원의 치료 목표를 분명히 한 후 마치 목표를 이룬 것처럼 행동해 볼 것을 제안하는 것이다.
 ③ **가족구도, 생활양식 분석 기법** : 주 치료 기법들로 삶의 이력에 대한 정보를 수집하여 가족구도, 생활양식을 분석한다.
 ④ **역설적 의도** : 바라지 않거나 바꾸고 싶은 행동을 의도적으로 반복 실시하여 역설적으로 그 행동을 제거하거나 행동에서 벗어나도록 하는 것이다.
 ⑤ **즉시성**
  ㉠ 현재 순간에 무엇이 일어나고 있는지를 다루는 기법이다.
  ⓒ 집단상담 과정에서 발생한 문제를 개방적이고 직접적으로 다루어 적절한 의사소통 기술을 보여주지만 예상하지 않았던 결과가 초래될 수도 있다.
 ⑥ **격려** : 격려란 용기를 북돋아 주는 것으로 내담자의 신념을 바꿀 수 있는 가장 강력한 방법이며 내담자가 자기신뢰와 용기를 갖도록 돕는다.

Plus Study • 기타 집단상담 기법 2020년 기출 ★

- **단추누르기 기법** : 내담자가 자신의 감정을 창조할 수 있음을 깨닫기 위한 기법이다. 유쾌한 경험과 불쾌한 경험을 가진 다음 이 경험들에 수반되는 감정에 주의를 기울이는 것이다.
- **스프에 침 뱉기** : 내담자의 자기 패배적 행동(스프) 뒤에 감춰진 의도나 목적을 드러내 밝힘으로써 같은 행동을 더 이상 하지 않거나 주저하도록 하는 기법이다. 내담자는 더 이상 행동에 감춰진 의미를 무시할 수 없게 된다.
- **수렁피하기** : 사람들이 흔히 빠지는 함정과 난처한 사항을 피하도록 돕는 기법이다.

(5) 집단상담자의 역할 2017년, 2016년 기출 ★

① 집단원의 부적절한 생활방식이나 목표를 수정하도록 돕는다.
② 사회적 관심을 집단의 정신건강에 중요한 근거로 잡고 사회적 관심을 증진시켜 구성원이 기여하도록 돕는다.
③ 상호 존중에 기초를 둔 공감적 관계를 수립하며 서로 격려하여 용기를 주며 더 나은 대안을 찾도록 분위기를 조성한다.
④ 집단원이 소속감을 얻게 한다.
⑤ 집단상담자는 집단 내에서 일어나는 개인들의 '지금-여기'의 행동과 열등감 자각과 우월성 추구에 초점을 맞춘다.
⑥ 집단원의 대인관계를 향상시키고 훈련시킨다.
⑦ 집단원이 가지고 있는 부적절한 사적 논리를 파악하여 변화시킨다.

3 행동주의 집단상담

(1) 개 요 2019년 기출 ★

① 집단원의 행동을 변화시키려는 목적에서 고안되었다.
② 행동을 학습의 결과로 보며 과거나 미래보다 현재의 행동을 강조한다.
③ 관찰 및 측정 가능한 행동만을 치료 대상으로 본다.
④ 집단상담 과정을 교육과정으로 보며 과학적인 방법을 사용한다.
⑤ 모방에 의한 사회적 학습 또는 관찰학습이론이 집단상담에 효과적으로 적용될 수 있다.
⑥ 행동주의 상담에서 행동시연은 사회성을 기르는 데 유용하다.

(2) 주요 개념

① 고전적 조건형성(파블로프)
  ㉠ 무조건자극을 주면 무조건반응이 나오는데 무조건자극과 조건자극이 연합되어 나중에는 조건자극만으로도 무조건반응을 일으키게 된다는 것이다.

㉡ 인간의 정서나 감정 공포증의 형성 등 인간에게 있을 수 있는 다양한 현상 설명이 가능하게 되었다.
② 조작적 조건형성(스키너)
㉠ 행동은 행동한 후 어떤 결과가 오느냐에 따라 그 행동을 유지할 수도, 철회할 수도 있다.
㉡ 행동 후 보상이 오면 행동은 증가하고, 행동 후 처벌이 오면 행동은 감소한다.
㉢ 그러므로 행동은 조작이 가능하다.
㉣ 강화는 행동 뒤에 보상을 통해 지속적으로 행동이 유지되고 높아지도록 하는 기법이고, 처벌은 행동 뒤에 벌이나 고통을 줌으로써 행동을 제거하거나 억제시키는 기법이다.
③ 사회학습이론(반두라)
㉠ 다른 사람들의 행동을 관찰하고 모방하면서 학습이 일어난다.
㉡ 다른 사람의 행동을 그대로 따라 하는 '모방학습', 다른 사람들의 행동이 어떤 결과를 가져오는지 관찰함으로써 초래될 결과를 예상하는 '대리학습', 다른 사람들의 행동을 관찰해 두었다가 유사한 상황에서 학습한 행동을 표현하는 '관찰학습'이 있다.

(3) 집단상담 기법 2018년, 2015년 기출 ★

① 행동을 강화시키는 기법
㉠ **정적강화** : 행동을 높이기 위해 자극을 주는 기법
㉡ **부적강화** : 행동을 높이기 위해 자극을 빼는 기법
㉢ **차별강화** : 여러 가지 행동 중 어느 하나만을 선택하여 강화하는 기법
㉣ **간헐강화** : 어떤 행동이 발생할 때마다 강화하지 않고 강화물의 투입 시기와 방법을 다르게 하여 부분적으로 강화하는 기법
㉤ **행동조형** : 원하는 목표행동에 근접하는 행동을 보일 때마다 강화하여 단계적으로 목표행동을 학습하도록 하는 기법
㉥ **행동계약** : 표적행동을 서면으로 동의하는 것
㉦ **모델링** : 타인의 행동을 간접 체험함으로써 모델의 행동을 내면화하는 기법
㉧ **토큰경제** : 내담자가 적절한 행동을 할 때마다 강화물로 토큰이 주어지는 기법
㉨ **프리맥 원리** : 선호하는 행동을 강화물로 제공해 선호하지 않은 행동의 빈도를 높이는 기법

② 행동을 약화시키는 기법 2020년, 2019년 기출 ★
㉠ **체계적 둔감법** : 고전적 조건형성의 기법으로 낮은 수준의 자극에서 높은 수준의 자극으로 점차적으로 유도하여 불안에서 벗어나도록 하는 기법
㉡ **소거** : 학습된 행동에 강화를 제공하지 않음으로써 행동이 중단되도록 하는 기법

Section 02 집단상담이론

      ⓒ **처벌** : 행동 뒤에 벌이나 고통을 줌으로써 행동을 제거하거나 억제시키는 기법
      ② **체계적 과민성 제거** : 이완을 불안상태의 역조건화에 이용하는 방법으로 집단원이 이완 상태에서 불안한 상황을 상상하게 하여 그 불안을 극복하게 하는 기법
      ⓜ **혐오치료** : 바람직하지 않은 행동에 대해 혐오자극을 제시해 부적응행동을 제거하는 기법
      ⓗ **홍수법** : 공포 대상에 지속적으로 노출시킴으로써 공포를 극복하게 하는 기법
      ⓢ **타임아웃** : 비강화장소로 나가게 하는 기법
  ③ 스스로 행동을 통제 또는 지도할 수 있도록 집단원을 돕는 기술
      ㉠ **자기지시** : 부적응행동에 있어 불안을 줄이거나 적응행동을 할 수 있도록 자기 자신에게 지시하거나 말하는 기법
      ㉡ **사고중지** : 스스로 통제할 수 없는 강박적이고 비생산적인 불안사고에 빠져 다른 일에 정신을 집중하기 어려운 집단원의 경우 사용하는 기법

(4) 집단상담자의 역할 2018년, 2016년 기출 ★

① 집단상담자는 집단원의 부적응행동을 분석하여 진단한다.
② 집단상담자는 집단원의 구체적인 문제를 제거하고, 또한 생산적인 행동 및 바람직한 인간관계의 증진을 돕는다. 이때, 부적응행동을 적응행동으로 수정하도록 하기 위해 방법을 제시하고, 조언하고, 때로는 지시하는 교사, 무대감독, 전문가의 역할을 한다.
③ 집단상담자는 집단의 참여자이면서 관찰자로, 집단원이 목표대로 향해 가길 주문하고 잘 가고 있을 때는 즉시 강화한다.
④ 집단규범 또는 집단원의 행동기준을 설정하고 따르도록 적극 교육한다.
⑤ 집단상담자는 집단원을 위한 역할모델이 되어준다.
⑥ 바람직한 행동습득을 위해 역할연습과 숙제를 활용한다.

4 인간중심 집단상담

(1) 개 요

① 상담을 통해 자기실현 경향성을 가진 집단원이 상담자 또는 다른 집단원과의 만남을 통해 발전적 변화의 기회를 가진다는 점에서 참만남집단이라고 부른다.
② 집단상담을 통해 인간 대 인간의 관계를 확대해 나가고자 한다.
③ 집단원 스스로 치료할 수 있는 능력을 지니고 있기에 바람직한 행동을 가르치거나 숨겨진 의도를 해석하기보다 집단원의 잠재력이 발휘될 수 있도록 분위기를 제공한다.

(2) 주요 개념

① 심리적 부적응
  ㉠ 인간은 성장하면서 다른 사람들의 가치 기준들을 알아가게 되고, 이에 다른 사람들의 가치에 맞춰 살아가려는 자신의 자아개념과 유기체적 자기 경험 간의 불일치가 생긴다.
  ㉡ 관심받고 싶은 욕구, 존중받고 싶은 욕구 때문에 자아개념과 자신의 경험 사이의 불일치가 커지고 그 결과 불안이 경험되는데 이것이 심리적 부적응 상태이다.
  ㉢ 인간은 부적응 상태와 불안에서 벗어나고자 왜곡과 부인 두 가지 방어기제를 사용한다.

② 자기실현 경향성
  ㉠ 로저스는 인간뿐만 아니라 자연도 자신을 유지하고 향상시키려는 자기실현 경향을 가지고 있다고 보았다.
  ㉡ 경향성은 자신을 유지하고 보존할 뿐 아니라 좀 더 나은 성취와 실현을 자율적으로 이루고자 하는 힘이다.
  ㉢ 자기실현 경향성은 타인과의 단절을 의미하는 것이 아니라 자신의 경험이 존중받는 경험을 통해 새로운 사람으로 변화하는 것이다.

③ 집단과정에 대한 신뢰
  ㉠ 집단을 구성하는 집단원들의 잠재력이 발현되어 자기 스스로 성장하기 위한 노력을 하며 집단원들도 함께 성장할 수 있도록 노력하게 된다고 믿는다.
  ㉡ 폐쇄적이던 집단원들이 집단상담을 경험하는 과정을 통해 개방적 행동을 드러내는데 이 변화는 집단과정에 대한 신뢰에서 비롯한다고 본다.

④ 성장을 위한 치료적 조건 2021년 기출 ★
  ㉠ **진실성**(genuineness, 일치성)
    ⓐ 일치성 : 모순과 부조화의 상태가 아닌 일관성과 조화의 상태로서 상담자 자신 안에 이루어지는 일치성을 말한다.
    ⓑ 말과 행동의 일치뿐 아니라 내면적 솔직함, 내면적 정서와 표현의 통합, 개방성 등이 해당한다.
    ⓒ 상담자가 의식적으로나 무의식적으로 거짓된 가면을 벗어버리고 자신의 내면세계에 대해 투명하고 진실하게 행동하는 것이며 집단원은 상담자의 내면적 일치성과 솔직성을 보고 진정한 자신이 될 수 있는 자유를 갖게 된다.
  ㉡ **무조건적 긍정적 존중**(unconditional positive regard, 수용)**과 수용**
    ⓐ 집단상담자는 집단원을 독립된 인격으로 인정하는 것이다.
    ⓑ 집단원의 행위나 조건, 그리고 감정에 관계없이 그를 무한히 가치 있는 하나의 인격으로 따뜻하게 배려해주며 자기 나름대로의 감정을 가질 권리가 있음을 인정하는 태도이다.

ⓒ 무조건적 긍정적 배려는 따뜻함, 돌봄, 수용, 관심 그리고 인격에 대한 존경이 합쳐진 것이다.
ⓒ **공감적 이해**(empathic understanding)
  ⓐ 집단상담자가 자신의 입장을 유지하면서도 집단원이 갖고 있는 개인적인 정서와 의미의 세계를 마치 자신의 것처럼 경험하고 느끼며 이해하는 것이다.
  ⓑ 집단원의 개인세계를 '마치 ~인 것처럼' 느끼는 것이다.

(3) 인간중심 집단상담의 특징
① 인간중심 집단상담은 총 회기 수를 정하지 않고 주 1회 2시간 정도 실시할 수 있다. 또 다른 형태는 주말, 매주 혹은 그 이상으로 만나는 개인-성장 워크숍이다. 소규모 개인성장 집단이 생활을 같이 하는 것은 참가자들에게 집단으로서 하나의 공동체를 이룰 기회가 된다.
② 인간중심 집단을 조직하고 운영하는 데 있어 일반적으로 참가자들이 선택을 할 때 특정한 규칙이나 절차는 없다.
③ 집단상담자(촉진자)와 내담자 모두 집단 경험이 유익할 것이라고 생각하면 대체로 참가한다. 집단의 초기에서 집단상담자(촉진자)가 참가자들이 상당한 정보를 제공하거나 행동방침을 지켜야 한다는 근본 규칙을 제안해야 하는 것은 아니다. 회기에 대한 규칙을 만들고 자신들의 목표에 도달하는 데 도움이 된다는것에 동의하는 규칙을 만드는 것은 집단 참가자들이다.

(4) 집단상담자의 역할
① 집단과정을 신뢰하며 직접적인 개입 없이도 집단이 발전해 나갈 수 있음을 믿는다.
② 각각의 집단구성원들에게 주의 깊게 귀 기울인다.
③ 집단구성원들에게 심리적으로 안전한 분위기를 만들어 준다.
④ 공감적 이해를 하고, 개인과 집단을 수용하기 위해 노력한다.
⑤ 지금-여기의 반응을 표현할 수 있도록 분위기를 조성한다.
⑥ 집단구성원들에게 피드백을 주며 지지와 격려를 통해 참 자기를 찾아가도록 함께 한다.

(5) 공헌점과 비판점
① 공헌점
  ㉠ 인간을 보다 긍정적으로 바라보며 사회에 인간의 존재가치에 대한 긍정적인 안목을 준다.
  ㉡ 상담의 대중성에 긍정적인 공헌을 한다. 깊이 있는 심리학을 공부하지 않아도 관계의 친밀성으로 충분히 활용할 수 있다.
  ㉢ 집단상담자와 내담자의 관계의 친밀성을 강조함으로써 집단상담자 자신이 치료적 도구가 될 뿐 아니라 상담관계 자체가 치료의 수단이 될 수 있다는 안목을 제시한다.

ⓔ 집단상담자와 집단원의 동등한 위치를 강조한다.
ⓜ 집단상담자의 태도와 자질 및 상담관계의 기본적인 기법의 중요성을 일깨워준다.
ⓗ 서로 다른 문화를 지닌 다양한 사람들의 상호 이해관계를 발전시키며 반목집단의 긴장을 감소시키는 데 도움을 주고 있다.

② 제한점
㉠ 지나치게 현상학에 근거하고 있다.
㉡ 집단원의 내면세계 중 정서적인 요인을 지나치게 강조한 반면 지적이고 인지적인 요인을 터부시하는 경향이 있다.
㉢ 지나친 집단원 중심의 상담은 때때로 집단상담자로 하여금 자신의 정체성과 독특성을 상실하게 할 수도 있다.
㉣ 집단상담자는 집단원과 상담과정에서 가치중립적이어야 한다고 말하나 어떠한 사람도 대인관계에 있어서 가치를 배제한다는 것이 가능할 것인가에 대해서 의문을 제기한다.

5 실존주의 집단상담

(1) 개요 2017년 기출 ★

① 집단상담자는 집단원들의 내면의 목소리를 경청하고 주관적 경험에 주의를 기울이도록 격려한다.
② 집단원의 주관적 세계에 대한 이해를 돕기 위해 상호관계성의 탐색이 중요하다.
③ 인간의 불안 원인은 본질적인 시간의 유한성과 죽음에 기인한 것이므로 불안을 생산적인 치료재료로 활용한다.
④ 인간의 삶의 의미를 탐구하는 데 초점을 두며 인간을 단순한 지성적 존재 이상으로 보고 있기 때문에 '문제' 자체보다는 내담자의 있는 그대로의 경험을 이해하는 것을 강조한다.
⑤ 상담의 기술보다 집단상담자와 집단원의 관계를 더 중요하게 여긴다.
⑥ 삶에 대한 가치관을 점검하고 현재 가치체계의 출처를 탐색하며 선택의 자유와 책임을 인식한다.

(2) 주요 개념

① 죽음
㉠ 죽음을 부정적으로 보지 않으며 삶에 의미를 부여하는 인간의 기본조건으로 본다.
㉡ 인간을 인간답게 하는 특성 중의 하나는 죽음의 불가피성을 받아들이는 능력이다.
㉢ 죽음의 인식은 삶에 대한 열정이나 창조성의 근원이 되며 죽음을 두려워하는 사람은 삶도 두려워하기 때문에 삶을 충분히 긍정한다.

② 고립
- ㉠ 개인 간 고립은 자신과 타인 사이에 존재하는 거리를 말하고, 개인의 고립은 자기 자신의 부분들과 고립되어 있다는 사실을 말한다.
- ㉡ 실존적 고립은 다른 개인들이나 세계로부터의 근본적인 고립이다.

③ 자유
- ㉠ 실존적 의미에서 자유는 긍정적 개념으로 보지 않는다. 반대로 인간이 응집력 있는 거대한 설계를 지닌 구조화된 우주에 들어가지 못하고, 그곳에서 나오지도 못한다는 의미이다.
- ㉡ 인간은 여러 선택 중에서 어느 것을 선택할 수 있는 자유를 가진 존재이다.
- ㉢ 자유란 인간이 그 자신의 세계, 인생설계, 선택과 행동에 대해 전적인 책임이 있다는 사실을 의미한다.

④ 책임 : 인간은 스스로 결단해서 자기 운명을 결정하고 존재를 개척하며 자신의 인생에 책임을 져야하는 존재이다.

⑤ 무의미
- ㉠ 삶의 의미가 없을 경우 계속 살아야 할 이유가 없다. 그러므로 무의미에서 벗어나기 위해 의미를 찾아야 하는데 삶의 의미는 각 개인에 따라 독특하기에 각자가 자신에게 적절한 방식으로 찾아야 한다.
- ㉡ 삶의 의미를 가져다 줄 세 가지 방법은 '창조적 가치', '경험적 가치', '태도적 가치'이다.

⑥ 실존적 욕구좌절 : 실존적 욕구좌절이란 인간이 자기 삶의 의미를 상실한 상태에 빠진 것을 말한다.

(3) 집단상담의 목표

① 집단구성원이 자기 존재의 본질에 대하여 각성하고 현재 자기가 경험하고 있는 정서적 장애의 원인이 자기 상실 내지 논리의 불합리성에 있다는 것을 각성하게 한다.

② 자신의 삶을 수동적으로 살아갈 것이 아니라 자기 주관을 가지고 능동적으로 삶의 방향을 선택하도록 도와준다.

③ 뷰젠탈(Bugental)의 3가지 상담 목표
- ㉠ 집단구성원이 집단상담 과정 그 자체에 충분히 참여하고 있지 않다는 것을 인식하도록 하고, 이런 삶의 패턴이 그를 어떻게 제한할 수 있는가 이해시킨다.
- ㉡ 구성원이 오랫동안 회피해왔던 불안에 직면하도록 지지해 준다.
- ㉢ 구성원이 보다 진솔한 삶의 접촉을 이룰 수 있는 방법으로 자신과 자신의 세계를 재정의하도록 조력한다.

(4) 집단상담자의 역할

① 침묵은 중요한 치료적 개입방법이다.
② 집단상담자는 모든 집단 구성원과 친밀한 관계를 형성하기 위해 최선을 다한다.
③ 적극적이고 반영적인 책임감을 가지며, 항상 모험하기를 생각하면서 시도한다.
④ 집단구성원의 관심사를 자각하고 그것에 민감하게 반응한다.
⑤ 전문가 역할보다 구성원과 함께하는 인생의 동반자 역할을 취한다.
⑥ 집단원이 느끼는 불안 및 불편한 감정을 더 깊은 자각에 이르도록 조력한다.
⑦ 구성원의 불일치적인 언행을 직면시키고, 자신이 부딪혀왔던 관심사에 대한 본보기로서의 역할을 수행한다.

6 게슈탈트 집단상담 2017년, 2016년, 2015년, 2014년 기출 ★

(1) 개 요

① 1949년 펄스에 의해 창안되었으며 '게슈탈트'는 독일어로 '전체' 또는 '형태'를 의미한다.
② 내담자가 치료자와 동등한 입장에서 자신의 감정을 드러내고 표현하게 함으로써 내담자에게 새로운 관계 체험을 하도록 해주며 치료자 자신도 더불어 자신에 대해 학습할 기회를 갖게 된다.
③ '어떻게', '무엇을'을 '왜'보다 더 중요하게 여긴다.
④ 지금-여기의 강조(실존적 체험 중시)로 지나간 과거에 집착하지 않고, 다가올 미래에 대해 걱정하지 않으며 단지 현재 상태를 직면하는 것을 강조한다.

(2) 주요 개념 2021년 기출 ★

① 게슈탈트
  ㉠ 사물을 볼 때 부분과 부분을 하나하나 따로 떼어보지 않고 하나의 의미 있는 전체 상으로 파악하는 데 그 전체상을 게슈탈트라 한다.
  ㉡ 즉, 욕구나 감정이 게슈탈트가 아니며 개체가 의미 있는 전체로 조직화하여 지각했을 때 비로소 게슈탈트가 되고, 게슈탈트를 형성하는 이유는 우리의 모든 욕구나 감정을 유의미한 행동으로 만들어서 실행하고 완결 짓기 위해서이다.
  ㉢ 건강한 삶이란 분명하고 강한 게슈탈트를 형성할 수 있는 능력을 가진 것이다.

② 전경과 배경
  ㉠ **전경** : 어느 한 순간에 중요한 욕구나 감정을 떠올리며 관심의 초점이 되는 부분을 전경이라고 하며 건강한 개인은 매 순간 자신에게 중요한 게슈탈트를 선명하고 강하게 형성하여 전경으로 떠올릴 수 있다.
  ㉡ **배경** : 게슈탈트가 해소되고 나면 전경에서 사라지면서 배경이 된다.

③ 알아차림
  ㉠ 알아차림은 개체가 자신의 욕구나 감정을 지각한 다음 게슈탈트로 형성하여 전경으로 떠올리는 행위를 말한다.
  ㉡ 지금 여기서 매 순간 형성되는 게슈탈트의 알아차림과 나-너 관계를 통한 게슈탈트의 해소가 가장 중요하지만 미해결 과제가 있을 때에는 먼저 미해결 과제를 해결하는 것이 중요하다.

④ 접촉
  ㉠ 접촉은 전경으로 떠오른 게슈탈트를 해소하기 위해 환경과 상호작용하는 행위를 뜻한다.
  ㉡ **접촉수준**(신경증의 층)

가짜층(진부층)	서로 형식적이고 의례적으로 반응하며 습관적으로 상황을 처리하고 사회적 관계는 가짜로 행동하는 수준이다.
공포층(연기층)	자신이 원하는 것을 숨기고 부모나 주위 환경에서 바라는 대로 맞춰서 행동하는 수준이다.
교착층 (막다른 골목)	지금까지 하던 자신의 역할을 그만두고 스스로 자립할 시도를 하지만 힘이 없어 공포감과 공허감을 느끼는 수준이다.
내파층	가짜 주체성이 무너지기 시작하여 지금까지 억압하고 차단해왔던 자신의 욕구와 감정을 알아차리는 수준이다.
폭발층	더 이상 자신의 욕구나 감정을 억압하지 않고 외부로 표출하는 수준이다. 타인과의 관계에서도 참만남이 가능하게 된다.

  ㉢ 알아차림 - 접촉의 주기

  > 배경 - 감각 - 알아차림 - 에너지/흥분 - 행동 - 접촉 - 마감

④ 알아차림 - 접촉방해(접촉경계혼란) 2019년, 2016년 기출 ★
  ㉠ 접촉경계혼란으로 말미암아 개체는 자신의 경계를 명확하게 인식하지 못한다.
  ㉡ 알아차림을 방해하는 요소로 내사, 투사, 융합, 반전, 편향을 제시하였다.

내 사 (introjection)	타인의 행동과 가치관을 무비판적으로 받아들임으로써 상담자의 개입이나 규칙에 의문을 제기하지 않는다.
투 사 (projection)	자신의 생각, 욕구, 감정을 타인의 것으로 왜곡하여 지각한다.
융 합 (confluence)	밀접한 관계에 있는 두 사람이 서로 간에 차이점이 없다고 느끼도록 합의함으로써 발생하며 집단초기 자신의 의견을 말하거나 표현하는 것을 어려워한다.
반 전 (retroflection)	개체가 타인이나 환경에 대하여 하고 싶은 행동을 자기 자신에게 하거나 타인이 자기에게 해주기를 바라는 행동을 스스로 자기 자신에게 하는 것으로 집단초기 정서표현이나 참여를 주저한다.

편향 (deflection)	내담자가 환경과의 접촉이 자신이 감당하기 힘든 심리적 결과를 초래할 것이라 예상할 때, 이러한 경험으로부터 압도당하지 않기 위해 환경과의 접촉을 피해버리거나 혹은 자신의 감각을 둔화시켜버림으로써 환경과의 접촉을 약화시킨다.
자의식 (egotism)	개체가 자신에 대해 지나치게 의식하고 관찰하는 행동이다.

⑤ **미해결 과제** : 게슈탈트를 형성하지 못했거나 또는 게슈탈트를 형성하긴 했으나 해결되지 못한 채 배경으로 사라지지 못하고 전경으로 떠오르지도 못하므로 중간층에 남아 있는 것이다.

⑥ **회피**
  ㉠ 미해결 과제에 직면하거나 미해결 상황과 연관된 불안정한 정서를 경험하는 것으로부터 자신을 지키기 위하여 회피한다.
  ㉡ 변화에 무엇이 필요한지 생각하고 자각하는 것보다도 고통스런 감정을 경험하는 것이 더 두렵기에 행해지는 양상이다.

⑦ **'지금-여기'**
  ㉠ 과거는 지나가 버린 것이며 미래는 아직 오지 않는다. 지금 이외에 존재는 없다.
  ㉡ 순수한 만남을 가지기 위한 시도이다.

(3) 집단상담 기법 2020년, 2019년, 2015년 기출 ★

① **뜨거운 자리** : 자신의 문제를 희망하는 집단원을 빈자리로 초대하여 집단상담자와 초대된 집단원 두 사람 간의 상호작용을 통해 직접적으로 문제에 접근하는 기법이다.
② **빈 의자 기법** : 현재 집단 안에 있지 않은 사람과 상호작용을 해야 할 필요가 있을 때, 집단원에게 그 인물이 맞은편 빈 의자에 앉아 있다고 상상하도록 하여 대화하는 기법이다.
③ **꿈 작업** : 꿈의 내용을 기억하고 그것이 마치 지금 일어난 것처럼 재현하는 기법이다.
④ **순회하기(차례로 돌아가기)** : 집단원들이 돌아가면서 한 사람씩 문제에 대한 자신들의 감정이나 행동을 표현하도록 하는 기법이다.
⑤ **신체활동 과장하기** : 신체언어로 보내는 미묘한 신호와 단서를 잘 자각하는 것이다.
⑥ **환상대화법** : 집단원이 지나치게 위축되어 있어 구체적 용어로 문제를 다루어야 하거나 구성원들의 부끄러움과 죄책감을 표현하고 탐색하는 안전한 방법으로 내적 분열과 궁극적인 성격을 통합하는 기법이다.
⑦ **반전기법** : 집단원이 이제까지 회피하고 있는 행동이나 감정들, 반대되는 행동들을 해보도록 하여 억압하고 통제해 온 자신의 다른 측면을 접촉하고 통합하는 기법이다.
⑧ **질문형을 진술형으로 고치기** : 자신의 말을 보다 직접적인 표현으로 바꾸어 명확한 각성이 이루어지도록 자각하며 이에 대해 스스로 책임지도록 하는 기법이다.

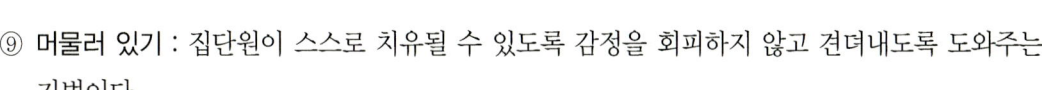

⑨ 머물러 있기 : 집단원이 스스로 치유될 수 있도록 감정을 회피하지 않고 견뎌내도록 도와주는 기법이다.

> **Plus Study** ● 기타 집단상담 기법 2020년 기출 ★
> - 언어자각 : 자신이 책임지는 문장으로 바꾸어 말하게 하여 책임의식이 높아지도록 하는 기법이다.
> - 자기부분 간의 대화 : 내담자의 인격에서 분열된 부분을 찾아서 그것들 간에 대화를 시킴으로써 분열된 자기부분을 통합할 수 있도록 도와주는 기법이다

(4) 집단상담자의 역할
① 집단 내에서의 활동과 상호작용이 집단상담자에 의해 주도적으로 진행된다.
② 집단원들이 순간의 자기 경험을 알아차리도록 하여 자신의 행동과 감정에 대해 통찰을 얻고 스스로 책임지도록 한다.
③ 집단원들이 게슈탈트를 형성하고 해소하는 과정을 해나갈 수 있도록 돕는다.
④ 다양한 기법들을 능숙하고 적절하게 활용하여 집단원들이 스스로 자신들을 자각하고 해석할 수 있도록 한다.

7 합리적, 정서적, 행동적 집단상담(REBT) 2019년, 2017년, 2016년 기출 ★

(1) 개 요
① 집단상담은 자신과 타인에 대하여 더 잘 알고 받아들이는 것을 배워 행동하는 데 보다 합리적으로 되기 위한 상호작용의 과정이라고 본다.
② 인간이 가진 감정, 사고, 행동 중에서 사고에 초점을 두며 어떻게 사고하느냐에 따라 감정 또는 행동이 달라진다고 본다.
③ 정서적 문제를 경험하게 되는 것은 비합리적인 사고방법으로 해석하기 때문이라고 본다.
④ 강조점은 감정표현보다는 사고와 행동에 있으며 상담을 교시적이고 지시적인 교육과정으로 보며 상담사가 '교사'의 역할을 한다.
⑤ 집단원의 현재행동에 초점을 두고, 인지, 정서, 행동을 모두 다룬다.

(2) 주요 개념
① 비합리적 사고 : 정서적 문제를 겪는 이유는 일상생활에서 겪는 구체적인 사건들 때문이 아니라 그 사건을 합리적이지 못한 방식으로 사고하기 때문이다.
② 비합리적 사고의 요소
㉠ **당위적 사고** : '~ 해야만 한다'로 표현되며 경직된 사고이다.
㉡ **파국화** : 지나친 과장으로 '~ 하는 것은 끔찍하다'로 표현된다.

ⓒ **낮은 인내심** : 좌절유발 상황을 잘 견디지 못한다.
ⓔ **자기 및 타인에 대한 비하** : 자신과 타인을 경멸하거나 비하한다.
③ 비합리적 사고와 합리적 사고의 비교

구 분	합리적 사고	비합리적 사고
논리성	논리적으로 모순 없음	논리적으로 모순 많음
실용성	삶의 목적달성에 도움이 됨	삶의 목적달성에 방해
현실성	경험적 현실과 일치	경험적 현실과 일치하지 않음
융통성	경직되어 있지 않음	절대적/극단적/경직되어 있음
파급효과	적절한 정서와 적응적 행동에 영향	부적절한 정서와 부적응적 행동 유도

④ 자기수용
ⓐ 자기수용은 REBT에서는 중요한 개념으로 정서적 문제는 조건적 자기수용을 가진 사람에게 흔히 발견된다.
ⓑ 조건적 자기수용은 인간의 근본 가치를 수용하는 것이 아니라 성취나 성공 여부에 따라 가치 수준을 평가하는 것이다.
ⓒ 따라서 자신을 수용하고 자신의 생각과 행동을 평가하도록 한다.
⑤ 앨리스의 ABCDE 모형

Activating event(선행사건)	개인에게 정서적 혼란을 일으키는 문제 장면이나 선행사건
Belief system(신념체계)	선행사건에 대해 개인이 갖게 되는 비합리적 사고방식
Consequence(결과)	선행사건 시 비합리적 사고방식으로 생긴 정서적, 행동적 결과
Dispute(논박)	비합리적 사고에 대한 논박
Effect(효과)	논박함으로써 얻게 되는 합리적 신념

(3) 집단상담 기법

① **인지적 기법** : 내담자의 비합리적 신념의 비논리성, 비실용성, 비현실성에 초점을 둔 것으로 비합리적 신념 논박하기, 내담자의 언어 변화시키기 등이 사용된다.
② **정서적 기법** : 인지적 기법을 통해 얻은 긍정적 변화를 강화하기 위한 것으로 합리적 심상법, 유머 사용하기 등이 사용된다.
③ **행동적 기법** : 구체적인 실천 경험을 통해 현실 검증이 이루어지도록 하기 위한 것으로 강화와 처벌 기법, 역설적 과제 등이 사용된다.
④ 그 외에도 가르치기, 제안하기, 과제주기, 위험 무릅쓰기, 자기개방하기, 수치심 공격하기, 역할놀이, 자기주장훈련 등이 있다.

(4) 집단상담자의 역할

① 집단원의 부정적 행동을 유발시킨 비합리적 사고에 대해 논박하여 합리적 사고로 바꾼다.
② 집단원의 대화 중에서 당위적 언어를 찾아내도록 하여 비합리적인 생각과 합리적 생각을 구별하도록 가르친다.
③ 역할연습과 자기주장과 같은 기법을 사용하고 이를 숙제로 내주며 구조화된 행동연습을 제시하고 모든 종류의 개인상담에서 사용될 수 있는 기법들을 직접적으로 수행한다.
④ 두려움때문에 하지 못하던 행동을 해봄으로써 자신의 생각이 비합리적이었음을 깨닫도록 한다.
⑤ 집단을 이끌고 운영해 나가는 데 상당히 적극적이고 주도적이다.
⑥ 집단상담자는 교사의 역할을 하며 집단원은 학습자의 역할을 하도록 한다.

8 인지행동주의 집단상담

(1) 개 요

① 앨리스는 인간이 가진 비합리적 신념에 초점을 맞추었고, 아론 벡은 개인이 가진 정보처리 과정상의 인지적 왜곡에 초점을 두었다.
② 인지란 일정한 자극을 조직하여 지식을 얻는 과정으로 이전에는 인지를 '사고'라는 좁은 의미로 사용했지만 최근에는 지각, 기억, 학습, 지식, 의식, 상상, 상징 등 높은 수준의 정신과정을 포함하여 사용한다.
③ 개인이 인지한다는 것은 감정과 밀접하기에 인지는 사고와 정서를 포함하기도 한다.
④ 집단상담 심리치료의 목표는 당면한 현재 문제를 해결하고 역기능적인 사고와 행동을 수정하는 데 있다.

(2) 주요 개념

① 자동적 사고
  ㉠ 어떤 환경적 사건에 대해 자기도 모르는 사이에 떠오르는 생각과 심상을 말한다. 환경적 사건으로부터 심리적 증상이 생기도록 매개하는 주요한 인지적 요인이 된다.
  ㉡ 심리적 문제를 가진 사람의 자동적 사고는 왜곡되어 있거나 부정확한 극단적 내용이 대부분이다.
② 인지도식(스키마)
  ㉠ 도식이란 마음속에 있는 인지 구조로 정보 처리와 행동의 수행을 안내하는 비교적 안정적인 인지적 틀을 말한다.

ⓛ 동일한 생활사건의 의미를 사람마다 다르게 해석하는 이유는 사람마다 인지도식이 다르기 때문이다.
③ 역기능적 인지도식
㉠ 비합리적이고 부적응적이며 자기비판적인 사고의 틀이다.
㉡ 역기능적 인지도식은 부정적 내용의 자동적 사고를 활성화시킨다.
㉢ 역기능적 인지도식을 가진 사람은 일상에서 스트레스 사건을 경험하게 되면 부정적인 자동적 사고를 자신도 모르게 떠올리게 되어 결과적으로 심리적 문제 유발을 경험하게 된다.
㉣ 역기능적 인지도식은 청소년기 이전부터 형성되기 시작한다.
④ 인지적 오류
㉠ 어떤 사건이나 상황을 왜곡하여 그 의미를 해석하는 정보처리 과정에서 일으키는 체계적인 잘못을 말한다.
㉡ **인지적 오류의 종류**
ⓐ 흑백논리(이분법적 사고) : 사건을 흑백으로만 사고하고 해석하는 오류
ⓑ 임의적 추론 : 충분한 증거가 없으면서도 최종적인 결론을 내리는 오류
ⓒ 과잉일반화 : 한두 번의 단일 사건에 근거하여 일반적 결론을 내리는 오류
ⓓ 선택적 추상화 : 일부 특정 정보에만 주의를 기울여 사건 전체의 의미를 해석하는 오류
ⓔ 개인화 : 자신과 관련시킬 근거가 없는 외부 사건을 자신과 관련시키는 오류
ⓕ 과장/축소 : 어떤 사건을 실제보다 과대평가하거나 과소평가하는 오류
ⓖ 잘못된 명명 : 하나의 행동이나 부분 특성으로 부정적인 이름을 붙이는 오류
ⓗ 파국화 : 개인이 걱정하는 한 사건을 지나치게 과장하여 두려워하는 오류

(3) 집단상담 기법
① **특별한 의미 이해하기** : 어떤 단어들은 자동적 사고와 인지도식에 의존해서 개인에게 다른 의미를 갖는다.
② **절대성에 도전하기** : 모든, 언제나, 결코, 항상 등 극단적 진술을 통해 자신의 고통을 나타낸다. 이런 진술에 질문하고 도전하여 생각의 오류를 발견한다.
③ **재귀인하기** : 집단원이 자신의 상황이나 사건에 대한 책임이 거의 없는 경우에도 책임을 자신에게 귀인하여 자신을 비난하고 죄의식과 우울을 경험할 때, 재귀인 기법을 사용하여 사건의 책임을 정당하게 돌리도록 조력함으로써 귀인 오류로 인한 고통에서 탈피한다.
④ **인지왜곡 명명하기(흑백논리, 과잉 일반화, 선택적 추상 등)** : 집단원이 사용하는 인지왜곡에 이름을 붙여준다.
⑤ **장점과 단점 연결하기** : 특정신념에 대한 장점과 단점을 나열한다.

Section 02 집단상담이론

⑥ 소크라테스 질문법 : 집단원의 문제를 논박을 통해 인지적 왜곡이나 오류가 있음을 밝혀내고, 질문을 통해 자기 발견과 타당화의 과정을 거치게 되어 사건이나 행동 의미를 재발견하는 기법이다.

⑦ 문제 축약 기법 : 집단원이 아주 다양한 문제 증상들을 호소할 때 몇 가지 중요한 공통된 것으로 묶어서 다루는 방법이다.

⑧ 빈 틈 메우기 기법 : 사람들이 경험하는 스트레스 사건과 정서적 혼란 사이의 빈 틈을 확인하여 메꾸는 방법이다.

⑨ 칸 기법 : '세 칸 기법'은 종이를 여러 칸으로 나누고 제일 왼쪽 첫 번째 칸에는 문제를 경험했던 사건을 적고, 세 번째 칸에는 그 사건 상황을 경험하고 난 후 일어난 정서적 결과를 적는다. 두 번째 칸에는 둘 사이의 빈 틈 자동적 사고를 확인하여 적는다.

(4) 집단상담자의 역할

① 집단원이 자신의 정보처리의 오류를 확인하고 수정하도록 조력한다.
② 집단원의 인지왜곡에 도전하고, 검증하고, 논의해서 보다 긍정적인 감정, 사고, 행동을 할 수 있도록 돕는다.
③ 구체적이고 우선적인 목표에 초점을 둔다.
④ 집단원과 협동하여 구체적 목표를 설정한다.

9 현실치료 집단상담 2021년, 2018년, 2017년, 2016년, 2015년 기출 ★

(1) 개 요

① 집단원의 정서, 감정, 혹은 태도보다 현재 행동에 초점을 맞춘다.
② 과거가 아닌 현재에 중점을 둔다.
③ 집단원의 가치 – 판단을 강조한다.

(2) 주요 개념

① 선택이론(통제이론)
  ㉠ 우리는 태어나서 죽을 때까지 행동하며 우리가 하는 모든 행동은 선택된다.
  ㉡ 인간의 모든 행동은 다섯 가지 욕구를 충족하기 위한 선택이다.
  ㉢ 전체 행동은 모든 행동이 분리될 수는 없지만 구별되는 4개의 구성요소(활동하기, 생각하기, 느끼기, 생리적 반응)로 이루어지고, 행동 – 사고 – 감정 – 생리반응 순으로 통제하기가 쉽다.

② 기본욕구 5가지 2019년 기출 ★
  ㉠ 인간은 다섯 가지 기본 욕구를 가지고 태어난다.

ⓛ 생존욕구를 제외한 다른 욕구는 심리적 욕구이다.
ⓒ 개인 내 욕구 충족뿐만 아니라 개인 간 욕구 충족 사이에서도 갈등이 발생한다.

사랑과 소속의 욕구 (belonging need)	• 사랑하고 나누고 협력하고자 하는 인간의 속성을 말한다. • 자기 자신의 가족을 형성하기 원하고 결혼하고 싶어 하거나 친구를 사귀고 싶어 하는 것 등을 말한다. • 생존욕구와 같이 절박한 욕구는 아니지만 인간이 살아가는 데 원동력이 되는 기본 욕구이다.
힘에 대한 욕구 (power need)	• 경쟁하고 성취하고 중요한 존재이고 싶어 하는 속성을 의미한다. • 힘에 대한 욕구에 매력을 느끼게 되면 종종 소속에 대한 욕구 등 다른 욕구와 직접적인 갈등을 겪게 된다.
자유에 대한 욕구 (freedom)	자유란 각자가 원하는 곳에서 살고 대인관계와 종교활동 등을 포함한 삶의 모든 영역에서 어떠한 방법으로 삶을 영위해 나갈지 선택하고 자신의 의사를 마음대로 표현하고 싶어하는 욕구를 말한다.
즐거움에 대한 욕구 (fun need)	• 새로운 것을 배우고 놀이를 통해 즐기고자 하는 욕구를 말한다. • 즐거움에 대한 욕구 충족 활동의 유형에는 단순한 놀이(playing)도 있지만 학습(learning)도 매우 중요한 즐거움을 추구하는 욕구 충족활동이라고 했다.
생존에 대한 욕구 (survival need)	생물생명을 유지하고 생식을 통해 자신을 확장시키고자 하는 욕구이다.

③ 3R
ⓘ 핵심적인 개념으로 3R, 즉 책임(Responsibility), 현실(Reality), 옳고 그름(Right and wrong)을 강조한다.
ⓛ 책임이란 다른 사람이 그들의 욕구를 충족시키는 것을 방해하지 않는 범위 내에서 자신의 욕구를 충족시키는 능력을 의미한다.
ⓒ 책임은 현실을 직면하는 것이라고 할 수 있다. 현실은 자신의 현실 세계와 직면하게 하여 문제를 해결해 나가는 것이다.
ⓔ 옳고 그름의 가치 판단은 현실적으로 주어진 상황에서 책임 있게 행동하는 사람에게 매우 중요하다.

④ 정체감
ⓘ 인간의 기본 욕구인 정체감은 자신과 다른 사람들의 관여로 형성된다.
ⓛ **성공적 정체감** : 자신이 가치 있다고 여기며 적절한 방법으로 사랑을 교류한다.
ⓒ **패배적 정체감** : 가치 있는 행동 경험이 없어서 발생하며 사랑교류, 가치 행동의 부재로 형성이 된다. 자신의 욕구를 충족시키지 못함으로써 패배적 정체감이 형성된다고 본다.

(3) 집단상담 과정

R-W-D-E-P(우볼딩의 상담진행 과정) 2017년 기출 ★

R(rapport)	집단원과 상담관계 형성하기
W(Want)	욕구 탐색하기(집단원의 소망이나 바람에 대해 마음속으로 그려보게 한다.)
D(Doing)	현재 행동에 초점 두기(집단원들이 통제할 수 있는 활동을 스스로 탐색할 것을 강조한다.)
E(Evaluation)	집단원이 자신의 행동 평가하기(집단원의 행동이 자신에게 도움이 되는지, 자신이 원하는 것을 얻을 수 있는지, 유용한지를 살핀다.)
P(Plan)	책임 있게 행동하는 계획 세우기(집단원의 진정한 바람과 욕구를 충족시킬 수 있는 계획을 수행하도록 돕는다.)

(4) 집단상담 기법 2020년, 2018년 기출 ★

① **질문하기** : 전체 집단상담 과정에서 중요한 역할을 담당한다. 질문은 내담자가 원하는 것에 대해 생각하고 자신의 행동이 옳은 방향으로 나가고 있는지 평가하는 유익한 기법이다.

② **동사와 현재형으로 표현하기** : 집단원이 자신의 삶을 스스로 통제할 수 있으며 자신의 전체 행동을 선택할 수 있다는 인식을 심어주는 것이 중요하므로 의도적으로 강한 의미의 동사와 현재형의 단어를 사용한다.

③ **긍정적으로 접근하기** : 긍정적인 것에 초점을 두고 집단원이 할 수 있는 것을 안내한다.

④ **은유적 표현** : 집단원이 자주 사용하는 언어에 주의를 기울이고, 언어적 표현을 사용하는 데 은유적 표현에 관심을 기울인다.

⑤ **유머** : 평안하고 친밀한 관계를 맺는 데 도움이 되며 자기표현의 새로운 방법을 제시하고 융통성을 갖게 한다.

⑥ **역설적 기법** : 집단원의 통제감과 책임감을 증진시키기 위해서 적용된다. 역설적 기법은 계획 실행에 저항하는 내담자가 나타나는 경우에 사용하며 내담자에게 모순되는 지시를 하는 것이다.

⑦ **직면** : 집단원의 말과 행동이 일치하지 않는 것을 인식시키는 것이다.

(5) 상담환경 2020년 기출 ★

① 집단상담자는 친근한 태도와 열정을 가지고 구성원의 이야기를 경청한다.
② 무책임한 행동에 대해 변명을 허용하지 않는다.
③ 결과에 대해 처벌하거나 비판하거나 보호하는 행위를 피한다.
④ 구성원의 계획실천에 대해서 약속을 받아낸다.
⑤ 은유적 표현에 귀 기울인다.
⑥ **예상하지 못한 행동하기** : 집단원이 호소하고 있는 좌절과 고통 외에 다른 소망이나 바람을 나눔으로써 잠시나마 불행한 상황에서 벗어나게 한다.

⑦ 가장 자기다운 방법으로 상담하기 : 집단상담자는 상담자역할을 연기하는 것이 아니라 자연스럽게 표현하고 편안한 태도로 한다.

⑧ 침묵을 허용한다.

※ 직면을 통해 집단원이 선택한 행동에 책임을 지게 한다.

10 교류분석 집단상담 2018년, 2016년, 2015년, 2014년 기출 ★

(1) 개 요 2016년 기출 ★

① 교류분석은 1958년 에릭 번이 소개한 심리치료 기법이다.
② 교류분석 집단상담은 성격의 인지적·합리적·행동적 측면을 모두 강조하면서 인간이 새로운 결정을 통해 삶의 과정을 바꿀 수 있다고 하면서 인간의 자율성을 강조하였다.
③ 교류분석 집단상담은 의사소통의 체계와 구성을 분석하는 방법을 제공하였다.
④ 자아상태의 오염을 제거하도록 노력하며 생활 장면에서 요구되는 모든 자아상태를 고르게 활용할 수 있는 능력을 개발하도록 하였다.

(2) 주요 개념

① 자아 상태 모델 2018년 기출 ★
   ㉠ 인간의 자아상태는 한 가지 자아상태에서 다른 상태로 변화하여 변화한 자아상태에 따라 행동이 달라진다고 본다.
   ㉡ 자아상태를 크게 어버이자아(Parent), 어른자아(Adult), 어린이자아(Child)로 나눈다.
   ㉢ 자아상태를 기능에 따라 어버이자아(P)를 비판적 부모자아(CP), 양육적 부모자아(NP)로 나누고, 어른자아(A), 어린이자아를 자유로운 어린이자아(FC), 순응하는 어린이자아(AC)로 나눈다.
   ㉣ **어버이자아**(P)
      ⓐ 정신분석의 슈퍼에고(supreego)와 유사한 자아상태이다.
      ⓑ 부모나 형제 혹은 정서적으로 중요한 인물들의 행동이나 태도에 영향을 받아 형성된다.
      ⓒ 기능적으로 '비판적 어버이', '양육적 어버이'로 나눌 수 있다.
      ⓓ 비판적 어버이 자아상태(CP)는 양심과 관련된 것으로 필요한 규칙을 가르치는 동시에 비판적이며 지배적으로 질책하는 경향이 있다.
      ⓔ 양육적 어버이 자아상태(NP)는 격려하고 보살피며 공감적이고 성장 촉진적이다.
   ㉤ **어른자아**(A)
      ⓐ 정신분석 성격구조 중 에고(ego)와 같이 행위에 관한 정보 수집, 자료 처리, 현실적인 가능성을 추정하는 기능을 한다.

ⓑ 이성과 관련되어 있어서 사고를 기반으로 적응적 기능을 하는 성격이며 현실적이고 합리적으로 판단하여 의사 결정을 한다.

ⓑ **어린이자아**(C)
  ⓐ 정신분석 성격구조 중 이드(id)와 유사하다.
  ⓑ 어린 시절 실제로 경험한 감정이나 행동, 혹은 그와 비슷한 느낌이나 행동에 관한 성격이다.
  ⓒ 본능적으로 일어나는 모든 충동과 감정 및 5세 이전에 경험한 외적 일들에 대한 감정적 반응 체계를 말한다.
  ⓓ 기능적으로 자유로운 어린이자아(FC)와 순응적인 어린이자아(AC)로 나뉜다.
  ⓔ 자유로운 어린이자아(FC)는 습관화된 영향을 받지 않는 본능적이며 자기중심적이고 적극적인 성격으로 열정적이며 즐겁고 호기심에 차 있다.
  ⓕ 순응적인 어린이자아(AC)는 감정과 욕구를 억제하고 부모나 교사의 기대에 맞추고자 한다.

② **부모의 각본 메시지** : 부모가 각본 메시지를 어떻게 자녀에게 전달하는지를 보여주는 모형이다.

허용	부모의 어린이자아(C)에서 자녀의 어린이자아(C)로 전달된 메시지 중 긍정적인 경우
프로그램	부모의 어른자아(A)에서 자녀의 어른자아(A)로 전달된 메시지
금지령	부모의 어린이자아(C)에서 자녀의 어린이자아(C)로 전달된 메시지 중 부정적인 경우 예 ~하지 마라
대항금지령	부모의 부모자아(P)에서 자녀의 부모자아(P)로 전달된 메시지 예 ~해라

③ **스트로크** 2019년 기출 ★
  ㉠ 스트로크란 사람과 사람 간의 피부접촉, 표정, 감정, 태도, 언어, 기타 여러 형태의 행동을 통해 상대방에 대한 자신의 반응을 알리는 인식의 기본 단위이다.
  ㉡ 스트로크는 사회적 상호작용의 기본 동기이며 개인이 건전하게 기능하기 위해 필수적이다.
  ㉢ **스트로크의 유형**
    ⓐ 신체적 스트로크 : 신체적 접촉으로 안아주기, 손잡아주기, 머리 쓰다듬어주기 등의 자극이다.
    ⓑ 긍정적 스트로크 : 합당한 칭찬과 인정 마음을 주고받는 사랑의 행위 등의 자극이다.
    ⓒ 부정적 스트로크 : 인간의 부정성을 유발시키는 자극이다.
    ⓓ 상징적 스트로크 : 얼굴 표정, 자세, 사용하는 언어와 말투 등의 자극이다.
    ⓔ 언어적 스트로크 : '우리 ○○는 착해'와 같이 말을 서로 주고받는 경우이다.
    ⓕ 무조건적 스트로크 : 상대의 존재나 행동에 관계없이 주는 인정 자극이다.
    ⓖ 조건적 스트로크 : '만약 내가 ○○한다면 나도 ○○하겠어.'와 같이 조건이 붙는 인정 자극이다.

④ 생활태도
  ㉠ 자기 자신과 타인 그리고 세계에 대해 갖고 있는 개인의 태도를 통칭하는 것으로 초기 경험과 초기 결정의 외적 사건들에 대한 해석을 기초로 한다.
  ㉡ 생활태도의 유형 2021년 기출 ★
    ⓐ 자기긍정 타인긍정(I am OK – You are OK) : 바람직하고 생산적인 인간관계에 형성되는 생활자세이다.
    ⓑ 자기긍정 타인부정(I am OK – You are not OK) : 공격적인 생활 자세로 자신의 실수를 남 탓, 사회 탓으로 여기고 자신이 사회나 가족의 희생과 박해를 당했다고 여긴다. 자기 주장적이며 배타적 생활자세이다.
    ⓒ 자기부정 타인긍정(I am not OK – You are OK) : 부모의 무조건적인 자극을 경험하게 되면서 자신은 무능하며 타인의 도움 없이는 생존할 수 없다는 좌절감을 가진다. 타인에게 의존적이며 자신에 대해 열등감을 가진다.
    ⓓ 자기부정 타인부정(I am not OK – You are not OK) : 이러한 생활 자세는 삶이 허무하고 절망에 가득 차 있을 거라고 지각하는 것이다. 스트로크가 심하게 결핍되어 있고 극도로 부정적이며 허무적이다. 심한 정신적 문제를 가질 가능성이 많다.

(3) 집단상담자 역할
  ① 집단상담자의 역할은 교훈적이고 인지적인 것에 관심을 기울이며 교사, 훈련자, 정보제공자의 역할을 한다.
  ② 교사로서 집단상담자는 구조분석, 교류분석, 각본분석, 게임분석, 개념을 설명해 준다.
  ③ 집단상담자는 집단원의 초기 결정과 인생 계획에 있어서 과거의 불리한 조건을 발견하도록 도와주며 새로운 전략을 발달시키도록 돕는다.
  ④ 집단상담자의 주요 임무는 내담자의 어린 시절 잘못된 결정에 따라 살지 않고, 현재 상황에 적절한 결정을 할 수 있도록 삶을 변화시킬 수 있는 능력을 발견하도록 돕는 것이다.

(4) 상담 기법 2020년, 2014년 기출 ★
  ① 구조/기능분석
    ㉠ 구조분석이란 어버이(P), 어른(A), 어린이(C)의 세 가지 자아상태가 어떻게 구성되어 있는지 분석하는 것이다.
    ㉡ 기능분석이란 개인이 각 개인상태를 어떻게 사용하고 있는가를 알기 위한 방법이다. 기능적인 인간이란 다섯 가지 자아기능을 충분하게 활용하는 사람을 말한다. 어느 한 가지 기능이라도 제 기능을 못하면 역기능적이 될 수 있다.
    ㉢ 구조분석은 문화적 적응을 돕는 상담기법이다.

② 교류분석
　㉠ 집단원 각 개인이 집단상담자나 집단원과의 관계에서 하고 있는 의사소통 양식을 분석하는 기법이다.
　㉡ 구조분석이 개인 내면에 초점을 둔다면 교류분석은 개인과 개인 사이에 초점을 둔다.
　㉢ 집단원이 독특한 존재로 자율성을 성취하도록 도우며 상호존중의 생활태도를 강조한다.
　㉣ 교류분석의 유형에는 상보교류, 교차교류, 이면교류가 있다
　　ⓐ 상보교류 : 두 사람이 동일한 자아상태에서 작동되거나 상호 보완적인 자아상태에서 자극과 반응을 주고받는 것이다.
　　ⓑ 교차교류 : 상대방에게 기대한 반응과는 다른 자아상태의 반응이 활성화되어 되돌아오는 경우로 인간관계에서 고통의 근원이 된다. 교차교류는 의사소통이 잘 되지 않는 느낌이 있고 대화의 단절과 인간관계에 부정적인 영향을 미친다.
　　ⓒ 이면교류 : 두 가지 자아상태가 동시에 활성화되어 한 가지 메시지가 다른 메세지를 위장하는 복잡한 상호작용이다. 숨겨져 있는 요구나 의도가 이면에 깔려 있는 것이 특징이다.

③ 게임분석
　㉠ 게임이란 표면적으로는 합리적이고 친밀한 대화로 보이나 그 이면에는 정형화된 함정이나 속임수가 내포되어 있는 이중적 의사거래를 분석한다.
　㉡ 게임 공식
　　ⓐ 먼저 게임 플레이어는 숨겨진 동기(Con)를 가지고 게임 연출의 상대를 발견하면 계략(Trick)을 쓴다.
　　ⓑ 게임에 대해 번이 제시한 공식은 다음과 같다.

　㉢ 라켓 감정 : 게임을 한 후 맛보는 불쾌하고 쓰라린 감정이며 개인의 인생각본의 기본이 된다. 2019년 기출 ★

④ 인생각본 분석
　㉠ 각본이란 어릴 때부터 형성하기 시작하는 자신의 욕구를 충족시키기 위해 초기에 결정한 무의식적인 인생 계획이다.
　㉡ 배우가 무대 위에서 각본에 따라 연기하듯 사람은 각자의 인생 각본으로 살아간다.
　㉢ 각본 분석이란 자신의 자아 상태에 대하여 통찰하고 자기 각본을 이해하고 거기서 벗어나는 것을 말한다.

(5) 집단상담 과정 2020년 기출 ★

① 1단계 계약 : 상담초기에 집단상담자와 집단원 사이의 라포 형성과 상담구조화, 상담 목표를 세우고 상담 달성을 위해 상담 계약이 이루어진다.
② 2단계 구조분석 : 자신의 자아상태가 기능하지 못하는 원인을 찾고 수정하는 단계이다.
③ 3단계 교류분석 : 집단원이 어떤 의사 교류를 하고 있는지 알아보는 단계이다.
④ 4단계 게임분석 : 집단원에게 게임의 의미와 유형을 이해시키고 내담자의 암시적 의사 교류가 어떠한지를 찾아보는 단계이다.
⑤ 5단계 각본분석 : 집단원에게 각본의 의미와 종류에 대해 이해시키고 각본을 찾아보는 단계이다.
⑥ 6단계 재결단 : 집단원이 지금까지 문제 있는 각본, 의사 교류, 게임 등에서 탈피하여 자율적이고 정상적인 자아 상태를 회복하도록 결단을 돕는 단계이다.

11 해결중심 집단상담 2016년 기출 ★

(1) 개 요

① 집단원은 자신이 문제를 해결하려는 의지와 능력을 갖고 있다고 믿기 때문에 집단원 스스로 해결을 찾아가는 데 주력을 하고 문제 해결에 집중한다.
② 집단상담의 초점을 문제의 원인에 두지 않고 집단원이 원하는 변화, 문제 해결 방법과 새로운 행동유형을 해결해 준다.
③ 집단상담에서는 문제의 원인이 되는 과거가 아니라 문제가 해결될 미래를 더 강조하기 때문에 정확한 미래에 대해서 설명해 주면 현재 무엇을 해야 할지 분명하게 집단원이 알 수 있다고 본다.

(2) 해결중심 상담의 기본 규칙

① 문제가 없으면 손대지 말라 : 집단원이 문제가 아니라고 생각하면 다루지 않는다.
② 효과가 있으면 계속하라 : 집단원이 이미 하고 있는 긍정적인 행동들을 격려한다.
③ 효과가 없으면 그만두라 : 효과가 없는 행동은 더 이상 계속하지 말고 실패의 악순환을 깨뜨릴 수 있는 새로운 것을 시도하도록 권한다.

(3) 상담 기법 – 질문기법 2020년, 2016년 기출 ★

① 질문기법은 문제 해결의 힘과 능력을 찾아내서 확장시키려고 다양한 질문들을 개발한 것이다. 해결중심 상담에서는 상담자의 질문을 매우 중요하게 다룬다.
② 상담 전 변화에 대한 질문 : 집단원이 집단상담을 결정하고 그 후부터 변화가 시작된다. 이를 전제하고 하는 질문이다.

③ 예외질문 : 예외란 문제라고 생각하는 행동이 일어나지 않은 상황이나 행동을 뜻한다. 예외 질문은 문제 해결을 위해 우연적이며 성공적으로 실시한 방법을 발견하여 의도적으로 실시하는 것이다.
④ 기적질문 : 문제를 제거하거나 감소시키지 않고, 문제와 분리하여 문제가 해결된 상태를 상상해 보게 하고, 해결하기 원하는 것들을 구체화하고 명료화하는 데 도움이 된다.
⑤ 척도질문 : 집단원 자신의 문제, 문제의 우선순위, 변화에 대한 의지와 확신, 문제 해결에 대한 희망, 문제가 해결된 정도 등을 수치로 나타내는 질문이다.
⑥ 대처질문 : 문제 해결의 예외를 발견하지 못하고 문제 해결에 어떠한 희망도 찾지 못해 절망하고 있는 집단원에게 사용하는 질문이다.
⑦ 관계성 질문 : 집단원이 문제 해결 상황을 자기중심적 생각에서 벗어나 중요한 타인의 시각에서 보면서 문제 해결에 관한 새로운 가능성을 찾는 데 중요한 도움을 주는 질문이다.
⑧ 악몽질문 : 면담 전 변화에 대한 질문, 기적질문, 예외질문이 효과가 없을 때는 악몽 질문을 한다. 유일하게 문제 중심적인 부정적인 질문이다.
⑨ 간접적인 칭찬 : 집단원이 긍정적인 삶이 되도록 대처하고 있는 방식에 대한 칭찬이다.

12 심리극 2021년, 2015년 기출 ★

(1) 개 요

① Psychodrama는 Psyche(정신)+Drama(dram : 저항을 극복하는 행동)의 합성어로 마음의 긴장과 갈등을 상상력이라는 인간의 기본적 특성을 이용해 드라마틱한 상황으로 표현하는 것이다.
② 인지적·언어적 차원뿐만 아니라 신체동작에 따른 행동차원까지 치료에 포함한다.
③ 인간은 자신의 생각이나 느낌을 행위화하려는 무의식적인 욕구(act hunger)를 가지고 있는데, 심리극은 이러한 욕구를 충족시켜 준다. 여기서 행위화란 내담자가 자신의 욕구를 자아의 통제 없이 무의식적이고 퇴행적인 수준에서 만족시키려는 방어기제라고 정의된다.
④ 인간의 개인성뿐만 아니라 사회성·집단성을 강조하고, 구체적이고 현실적인 참여의 측면에 중점을 둔다.
⑤ 즉, 심리극은 내담자가 보조자아(Auxiliary ego)의 도움을 받아 현실의 구체적인 상황을 현실 밖의 무대 위에서 지금-여기(Here & Now)의 상태로 연기를 하게 된다. 즉 현실 밖에서 현실적이고 구체적인 상황을 경험하게 되는 것이다.

(2) 구성요소 2015년 기출 ★

① 무대(Stage) : 행동표현이 일어나는 장소로서 심리극을 위한 수단이 된다.
② 연출자(Director) : 연출자는 주인공이 자신의 문제를 탐구하기 위해 심리극을 할 수 있도록 극을 이끌어 가는 사람이다. 대개 집단지도자, 치료자, 교사, 또는 상담자이다.
③ 주인공(Protagonist) : 흔히 문제자, 선택자, 주연 등으로 불리며 심리극 공연의 주체가 되는 사람을 말한다. 주인공은 각본에 따른 연기를 하는 것이 아니고 자신의 실생활을 자발적으로 묘사하는 것이다.
④ 보조자아(Auxiliary Ego) : 보조자아는 무대에서 펼쳐지는 심리극 장면에 첨가하는 주인공과 연출자, 관객 이외의 모두를 일컫는다. 보조자아는 극 중 주인공의 상대역을 하고 극을 진행시키는 데 촉진자 역할을 한다.
⑤ 관객(Audience) : 심리극의 관객은 일반 연극 관객과는 달리 주인공이 자신의 감정들을 탐구하는 과정에 직접 참가하는 적극적인 역할을 맡는다.

(3) 상담 기법

① 마술 상점 : 가게주인과 손님이 한 몸이 되어 완전히 공상적으로 이루어지는 일에 협력하는 것으로써 자발적인 공상연기인 동시에 투사검사라는 진단의 도구가 되기도 한다. 주인공이 바라는 것을 자신의 소중한 무언가와 교환하는 기법이다.
② 역할 바꾸기 : 타인과 접하는 상황에서 주인공과 보조자아가 서로 역할을 바꾸어 보면서 타인의 입장을 더 잘 이해하는 기회를 갖게 되는 기법이다.
③ 빈 의자 기법 : 무대 중앙에 빈 의자를 놓고 누구를 앉히고 싶은지 정하고, 하지 못한 말과 감정을 표현하도록 한다. 표현할 수 없는 증오나 분노, 적개심과 공격적인 행위를 할 수 있다는 장점을 가진다.
④ 이중자아 : 주인공이 억압에 의해 자신의 내면의 생각들을 털어놓지 못하는 경우 주인공 뒤에서 보조자아가 주인공의 역할을 해 줌으로써 주인공이 갈등을 솔직하고 뚜렷하게 보일 수 있도록 하는 기법이다.
⑤ 거울기법 : 보조자아가 주인공과 똑같은 행동이나 말을 하는 것을 주인공이 관객입장에서 보게 하는 기법이다.
⑥ 미래투사 : 주인공을 미래로 보내는 것으로 주인공의 목표를 명료화시키기 위한 것으로 주인공의 책임감을 증진시키기도 한다.
⑦ 등 뒤 기법 : 주인공은 무대의 한쪽 구석으로 가서 집단으로부터 등을 돌리고 집단은 마치 주인공이 거기 없는 것처럼 주인공에 관해 토론한다.

Section 02 집단상담이론

13 이야기치료 2017년 기출 ★

(1) 개요
① 1980년대 포스트모더니즘의 철학적 배경을 지니고 나타난 상담 이론의 한 분야로서 사회구성주의에 영향을 받은 치료사에 의해 형성된 가족상담의 한 분야이다.
② 이야기치료에서는 '이야기'가 중요한 개념이다. 사건들을 특정한 순서에 따라 연결 짓고 그것에 어떤 의미를 부여하는지에 따라 이야기가 만들어지는 것이다.
③ 치료적 개입으로 이야기 치료사들은 사람과 문제를 분리시킨 후 연합하여 공통의 적에 대항하도록 한다.

(2) 집단상담 과정
① 1단계 – 문제의 경청과 해체 : 가족의 이야기를 경청하고 사람과 문제를 분리한다. 문제의 외현화 작업을 하여 문제의 영향을 탐색하고 평가한다.
② 2단계 – 독특한 결과의 해체 : 독특한 결과란 문제를 벗어난 이야기들, 혹은 문제와 분리되었을 때의 이야기를 말하며, 표출대화는 독특한 결과를 찾는 안내자와 같다. 독특한 결과의 영향력을 탐색하고 평가한다.
③ 3단계 – 대안적 이야기 구축 : 독특한 결과와 관련이 있는 과거 사건을 찾아내 가족 이야기로 발전하도록 돕는다. 처음에는 비약할 수 있지만 스캐폴딩 대화가 진행되면서 구성이 복잡하게 발전하고 주제를 가진 풍부한 이야기가 된다.
④ 4단계 – 대안적 정체성 구축 : 인생을 회원으로 구성된 클럽으로 보고, 치료적 과정을 통해 중심적 인물로 내담자의 인생회원을 재구성하는 것이다. 내담자의 인생에서 의미 있는 정체성이나 인물과 의도적으로 만나도록 한다.
⑤ 위 4단계로 이어지며 그 과정은 나선적 구조를 취한다.

(3) 집단상담자 역할
① 집단상담자는 집단상담자와 집단원 간의 권력구조를 해체하는 데 민감해야 하며 탈중심적이고 영향력있는 위치를 고수해야 한다.
② **탈중심적 입장** : 집단원이 제시하는 자신들의 이야기나 삶의 지식과 기술에 우선 순위를 두는 것이다.
③ **영향력의 행사** : 질문과 반영을 통해 가족이 대안적 이야기를 풍부하게 이야기하고 새롭게 발견한 지식과 기술로 현재의 문제를 다루는 데 집단 스스로가 친숙해지도록 돕는 것이다.

Section 03 집단상담 구성원 및 기법

> **학습목표**
> 집단상담자의 역할과 집단원 선발 시 고려사항, 권리 등을 살펴본다. 또 집단원의 다양한 문제행동유형과 집단상담의 윤리적 측면과 집단상담의 기법들을 알아본다.

1 집단상담자

(1) 집단상담자의 역할 2016년, 2015년, 2014년 기출 ★

① 집단상담 시 전반적 역할
  ㉠ 집단의 목표를 설정하고 세부계획을 수립한다.
  ㉡ 집단원들을 선별, 선발한다.
  ㉢ 전문지식과 임상경험을 토대로 집단작업을 주도한다.
  ㉣ 집단을 구조화하고 집단의 흐름을 적절히 통제한다.
  ㉤ 집단에서의 한계를 설정하고, 집단규칙과 시간을 관리한다.
  ㉥ 집단원들을 보호, 돌봄, 격려, 수용한다.
  ㉦ 집단원들에게 본보기 역할, 즉 모범을 보인다.
  ㉧ 집단원들의 말과 행동에 대해 치료적으로 적절한 반응을 보인다.
  ㉨ 집단의 상호작용을 관찰하여 집단상담을 해석하고 의미 있는 반응을 보인다.
  ㉩ 솔직한 표현이나 자기개방을 격려한다.
  ㉪ 지금-여기 자각의 촉진을 하며 비생산적인 행동에 대해서는 개입한다.

② 집단초기 집단상담자의 역할 2019년, 2017년 기출 ★
  ㉠ 집단의 기본 규칙과 집단 규범을 설정한다. 암묵적 규범보다는 명확하게 제시되어야 하며 초기에 설정했다 할지라도 진행되면서 변경과 수정이 가능하다.
  ㉡ 집단구조화가 필요할 때 집단원에게 집단목표와 진행절차를 설명한다.
  ㉢ 집단원의 불안과 두려움을 경감하기 위해 구조화된 활동을 제공한다.
  ㉣ 집단상담초기 집단원의 불안과 두려움을 수용하고 공감한다.
  ㉤ 저항을 표출하는 집단원의 행동을 수용한다.
  ㉥ 집단원이 개인적 목표를 설정하도록 협력하며 드러난 목표만이 아니라 숨겨진 목표도 다룬다.
  ㉦ 집단상담자가 자신의 감정을 표현하는 방법을 보여준다.
  ㉧ 집단원들이 자기개방을 할 수 있도록 집단상담자가 먼저 자기개방을 한다.

③ 집단중기 집단상담자의 역할 2016년, 2015년 기출 ★
  ㉠ 집단원에 대한 충분한 이해를 바탕으로 심층적인 공감반응을 한다.
  ㉡ 집단원의 언어 및 비언어적 행동에 적절하게 반응한다.
  ㉢ 집단의 상호작용을 관찰하고 시기적절한 개입을 한다.
  ㉣ 집단원의 불안, 방어, 갈등을 다루고 저항을 감지하고 다룬다.
  ㉤ 집단작업을 실행하고 집단과정 중 필요시 해석을 하도록 한다.
  ㉥ 집단원의 준비도를 고려하여 직면을 한다.
  ㉦ 집단규범 형성에 수정, 보완이 필요하다면 증진한다.
  ㉧ 집단의 흐름에 필요하다면 적절한 집단상담자의 자기노출을 한다.

④ 집단종결 집단상담자의 역할 2016년 기출 ★
  ㉠ 종결에 대한 감정을 탐색해서 다룬다.
  ㉡ 종결 시점을 알리며 마무리 못한 과제를 다룰 기회를 준다.
  ㉢ 집단원이 달성하지 못한 목표가 있더라도 이를 이용하여 미래과제에 대해 다루도록 한다.
  ㉣ 집단에서 배운 것을 일상생활에서 적용하도록 돕는다.
  ㉤ 필요시 상담 종결 후 추수 모임을 제공하다.

(2) 집단상담자의 자질 2021년, 2019년 기출 ★

① 인간적 자질 2018년, 2016년 기출 ★
  ㉠ 개방성
    ⓐ 집단상담자도 같은 인간으로서 집단원들에게 자신을 개방한다.
    ⓑ 집단상담자의 자기개방은 집단원들도 자신의 감정과 신념을 개방하게 되는 촉매 역할을 한다.
  ㉡ 자기 수용 및 타인 수용성
    ⓐ 자신을 있는 그대로 받아들이며 강점과 약점에 대해 수용한다.
    ⓑ 자신과 다른 유형의 삶과 그 가치에 대해 기꺼이 수용하며 집단원의 다양한 문화적 가치에 대해서 수용적 자세를 지닌다.
    ⓒ 방어하지 않고 집단원들의 부정적인 피드백에 대해 수용하고 탐색한다.
  ㉢ 타인의 복지에 대한 관심
    ⓐ 타인의 안녕과 행복한 삶에 대한 배려와 집단원을 존중하고 신뢰하며 보살핀다.
    ⓑ 자신의 이익을 위해 집단을 이용하지 않으며 집단원이 원하는 바를 얻도록 돕는다.
  ㉣ 유머 감각
    ⓐ 치료적으로 도움이 되도록 집단원들을 웃길 수 있는 말이나 행동 능력을 지닌다.
    ⓑ 웃음을 통해 집단원의 문제를 새로운 각도에서 조망해볼 수 있게 한다.

ⓜ **자발적 모범**
  ⓐ 집단원들의 행동변화를 위해 바람직한 행동의 모델 역할을 한다.
  ⓑ 개방적 태도, 수용적 자세, 적극적 경청, 타인에 대한 존중과 배려, 즉각적인 긍정적 피드백 등은 대리학습의 기회 제공 및 집단 규준에 영향을 미친다.
ⓗ **심리적 에너지** : 집단원 개개인 이해와 욕구를 충족시키기 위해 활용되는 역동적 자원을 의미한다.
ⓢ **새로운 경험 추구** : 경험의 폭을 넓히며 서로 다른 가치관을 지닌 집단원을 이해하는 것을 가능하게 한다.
ⓞ **창의성**
  ⓐ 집단원 개개인에게 신선한 아이디어로 접근하면서 자발적인 창조성을 보이는 능력이다.
  ⓑ 창의적인 상담자는 지속적으로 기법이나 프로그램, 활동, 작업방식의 변화를 추구한다.
ⓩ **용기** : 실수나 실패를 두려워하지 않고 새로운 행동에 대해 용기있게 시도하고, 집단원과의 상호작용을 감수한다.
ⓒ **인내심** : 집단원이나 집단 안에서 벌어지는 다양한 어려움과 외부의 압력에 대해서 버틸 수 있는 인내심을 가져야 한다.
ⓚ **긍정적 변화에 대한 믿음**
  ⓐ 건설적이고 긍정적인 변화를 이룰 수 있다는 확고한 신념을 가지고 있어야 한다.
  ⓑ 자신이 하고 있는 것을 믿고 집단 내의 치료적 힘을 신뢰해야 한다.

② **전문가적 자질** 2016년, 2015년 기출 ★
  ㉠ **개인상담 경험**
    ⓐ 내담자로서의 경험을 통한 자기이해가 있어야 한다.
    ⓑ 개인상담자로서의 경험을 통한 자신감이 있어야 한다.
  ㉡ **집단상담 경험**
    ⓐ 집단상담에 참여해 봄으로써 집단원들 입장을 이해하고 있어야 한다.
    ⓑ 자기탐색, 자아성장 집단, 교육지도 실습집단, 집단상담 실습 등에 참여한 경험이 필요하다.
  ㉢ **집단계획 및 조직능력** : 집단의 목적부터 평가에 이르기까지 구체적이고 체계적인 계획을 수립하고, 전체 일정을 조직할 수 있는 영향을 말한다.
  ㉣ **상담이론에 관한 지식** : 집단원들의 행동과 그 이유, 그리고 그들이 겪는 복잡한 심리적인 문제들을 조망, 이해, 설명, 조력하는 데 필수이다.
  ㉤ **인간에 관한 폭넓은 식견** : 집단원의 발달 과정에 따른 과업을 신체적, 인지적, 심리 사회적, 성격적, 문화적, 도덕적 측면에서 조망할 수 있는 지식과 경험을 말한다.

(3) 공동상담자(Co-leadership) 2021년, 2019년, 2017년 기출 ★

① 공동상담자의 개요
  ㉠ 2인 또는 그 이상의 집단상담자가 협력하여 한 집단을 이끄는 것을 말한다. 주로 경험의 정도에 따라 경험이 많은 자가 집단상담의 주 리더가 되고, 경험이 적은 집단 상담자가 부리더 또는 보조 리더자가 된다.
  ㉡ 집단상담자 교육의 일환으로 널리 활용되고 있다.

② 공동상담자의 장점
  ㉠ **집단 상담자의 소진 가능성을 줄여줄 수 있다** : 한 상담자가 집단을 이끌어가는 동안 다른 상담자는 문제의 소지가 있는 집단원에게 주의를 기울여 서로의 소진 가능성을 줄일 수 있다.
  ㉡ **역할분담이 용이하다** : 집단상담자 사이의 역할 분담이 가능하여 서로 협의를 통해 상부상조하며 서로 다른 관점에서 도움을 줄 수 있다.
  ㉢ **상호 보완이 가능하다** : 한 상담자가 질병, 기타 사유로 불참했을 경우 집단 회기는 다른 상담자에 의해서 계속 진행되어질 수 있다.
  ㉣ **상호 피드백 교환이 가능하다** : 집단 상담자들 간 피드백을 교환하여 서로의 공명판 역할을 하며 감정이 지나치게 주관적으로 치우치지 않도록 유용한 피드백을 교환할 수 있다.
  ㉤ **상호 정보 교환이 가능하다** : 정보 교환을 통해 공동 리더들은 서로에게 집단을 이끄는 방식과 전략, 다양한 기법을 배우고, 집단 리더십에 관한 기술과 전략을 서로 나누며 모방을 통한 학습이 일어날 수 있다.

③ 공동상담자의 제한점
  ㉠ **인력 활용의 비효율성** : 인력 관리의 효율성과 경제성을 고려할 때 전문 인력을 비효율적으로 활용하는 것으로 여겨질 수 있다.
  ㉡ **집단 상담자들 간의 의견 불일치** : 집단상담자들 간의 의견이 일치하지 않아 집단 역동, 분위기, 성과에 부정적 영향을 미칠 수 있다. 그러나 두 리더들 사이에 다른 태도, 사고방식, 대인관계 패턴, 목표 등에 활력을 불어 넣을 수도 있다. 집단 내 불일치가 건설적으로 해결된다면 집단원들에게 좋은 모델(모범)이 될 수 있다.
  ㉢ **경쟁심 유발** : 두 사람 모두 서로 경쟁할 필요성이나 상대를 압도하고 싶은 욕구를 느끼면 이에 따른 혼란은 집단원들의 몫이 된다.
  ㉣ **편애 가능성** : 집단상담자 한 사람 또는 각자 특정 집단원을 편드는 상황이 발생할 수도 있으며 이런 경우 균열이 생길 수 있다.

(4) 집단상담자의 문제행동

① 지나친 개입
  ㉠ 집단상담자가 흔히 범하기 쉬운 문제행동은 집단 과정에서 과도하게 개입하는 것이다.
  ㉡ 집단원들이 상호 교류하는 과정에서 집단상담자는 집단원들의 진술에 일일이 반응할 필요는 없다.

② 방어적 행동
  ㉠ 집단상담자는 집단원들의 비판, 평가, 부정적 반응을 들으면 견디기 힘들어 이런 반응에 대해 방어하는 문제행동을 하기 쉽다.
  ㉡ 집단상담자는 비판적 태도나 부정적 반응을 보이는 집단원을 치료적이고 건설적으로 대화하는 방법을 터득해야만 하고, 마음의 여유와 지속적인 정진이 필요하다.

③ 폐쇄적 행동 : 폐쇄적 태도는 집단 과정에서 개인의 사적인 내용의 노출을 최소화하려는 경향으로 집단원들에게 영향을 주어 자기개방을 가로막는 걸림돌이 된다.

④ 과도한 자기개방
  ㉠ 집단상담자가 자기개방을 많이 할수록 집단원들의 자기개방을 촉진할 것이라는 믿음이 있으나 자신의 사적인 내용을 과도하게 노출하는 방식은 집단상담자라기보다는 집단 일원으로 기능한 것과 같은 형태가 나타난다.
  ㉡ 적절한 자기개방으로 집단의 초점이 잘 맞추어지도록 유의해야 한다.

2 집단원

(1) 집단원의 선발 2018년, 2015년 기출 ★

① 조기 종결은 본인에게도, 집단 전체에게도 해가되기 때문에 집단구성원의 조기 종결이 없도록 처음부터 잘 선택해야 한다.
② 개별 면담을 통하면 시간이 걸리나 효과적일 수 있으며 면담 시 살펴보아야 할 항목은 대체적으로 집단 치료에 대한 동기, 언어적 기술, 스트레스와 스트레스의 과거력, 대인관계의 역사 및 내담자의 기본적인 삶의 역사 등이다.
③ 집단상담의 목적에 부합하는 욕구를 가진 사람을 선정한다.
④ 인구사회학적 요인이나 심리평가 결과를 바탕으로 선발해도 된다.
⑤ 하지만 때로 선발이 불필요하거나 별로 이익이 되지 않을 수 있으며 불가능할 수도 있다.
⑥ 선정 시 집단상담자와 이중관계 여부를 파악한다.
⑦ 집단상담 진행에 방해를 초래할 가능성이 있는 사람을 집단원으로 받아들여야 할 것인지 고려해야 하며 적대적인 사람이나 독점하려는 사람, 극도로 공격적인 사람, 과잉행동을 보이는 사

람, 자살의 가능성이 있는 사람, 극도로 혼란스러운 정서를 가진 사람, 지나치게 예민하고 정신병적인 사람, 반사회적인 사람, 심한 편집증 환자, 심하게 자기중심적인 사람 등은 집단상담보다는 개인상담을 권한다.
⑧ 집단원 선정 시 필요에 의한 심리검사를 실시할 수 있다.

(2) 집단원의 권리 2016년 기출 ★
① 충분한 사전안내와 양해
② 자발적인 집단의 참여와 이탈의 권리
③ 비밀보장의 권리

(3) 집단상담에서 얻게 되는 집단원의 통찰 2014년 기출 ★
① 다른 사람들에게 자신이 어떻게 비춰지는지에 대한 객관적 시각을 얻게 된다.
② 자신의 대인 관계 패턴을 이해하게 된다.
③ 자신이 다른 사람들에게 왜 그런 행동을 하는지 그 동기에 대해 이해하게 된다.

(4) 중도 탈락하는 집단원
① 중도 탈락하는 집단원의 이유 2014년 기출 ★
  ㉠ **외적요인** : 외적 스트레스로 과도한 업무 및 집단 참여 에너지 부족으로 중도 탈락
  ㉡ **내적요인** : 위축, 소외, 열등감으로 일상에서 고립감을 느끼고, 수용과 이해의 심리적 소향이 부족하며 대인관계 예민성 결여로 감정을 나누기 어려워 중도 탈락
  ㉢ **친밀성의 문제** : 냉담, 무관심, 부적응적 자기개방으로 감당이 힘들며 즉각적 친밀 요구와 같은 비현실적 요구로 인해 부담감이 커서 중도 탈락
  ㉣ **정서적 문제의 전염에 대한 두려움** : 타 집단원의 정서적 문제가 자신에게 전달되어 감당하기 힘들까봐 두려워서 중도 탈락
  ㉤ **심각한 문제를 가진 집단원에 대한 두려움** : 문제의 정도의 차이로 정서 감정 공유가 어렵거나 그런 집단으로부터 피해를 당할까봐 두려워서 중도 탈락
  ㉥ **때 이른 자기개방** : 과도한 자기개방으로 감당하기 어려운 수치심을 느껴서 중도 탈락
  ㉦ **집단참여에 부적절한 오리엔테이션** : 규칙, 주의점 안내 부족 및 불안정감이나 불쾌한 감정이 들어서 중도 탈락
  ㉧ **하위집단에서 발생하는 문제점** : 하위집단에 소속하지 못하면서 상대적 박탈감, 소외감, 고립감의 경험으로 중도 탈락
② 중도탈락 집단원에 대한 집단상담자의 개입 2016년 기출 ★
  ㉠ 떠나려는 집단원에게 남으라는 압박이 가해질 경우 이를 저지한다.

ⓒ 그만두는 이유를 묻고 이를 수용한다.
ⓒ 남겨진 집단원들이 경험할 수 있는 사고와 감정을 탐색한다.
ⓔ 떠나려는 의사를 존중하면서 신중히 고려할 시간을 갖도록 권유한다.
ⓜ 법정 명령으로 참여한 경우 그만두는 결정에 따른 결과와 후속 조치에 대해 설명한다.

(5) 집단원의 문제행동 2020년, 2019년, 2018년, 2017년, 2016년, 2015년, 2014년 기출 ★

① **대화 독점** 2019년, 2015년 기출 ★
  ㉠ 특정 집단원이 집단 시간을 독차지하여 사용하는 행동을 하는 집단원
  ㉡ **문제점** : 집단 초기에는 집단상담자가 그의 자발적 행동에 안심하지만 초반 이후 다른 집단원들을 지루하고 피곤하게 하여 집단상담자와 집단원에게 분노를 유발시킨다.
  ㉢ **대처방안** : 그 행동을 통해 얻고자하는 점과 관련된 역동을 탐색할 기회를 제공하고, 자신의 대화 독점 행동이 초래하는 결과에 대해 통찰할 기회를 제공한다.

② **소극적 참여자(침묵하는 집단원)** 2020년, 2018년, 2016년, 2014년 기출 ★
  ㉠ 침묵으로 일관하거나 철수 행동을 하며, 적극적으로 참여하지 않는 집단원
  ㉡ **문제점** : 언어표현 능력 부족, 경청을 통해 배움, 때가 되면 참여, 성격 특성, 저항감, 집단원 역할의 몰이해, 열등감, 진행 방향에 대한 불확실성, 두려움, 자기노출을 해서는 안 된다는 신념 등의 원인이 있을 수 있다. 집단의 응집력에 부정적인 영향을 미치게 된다.
  ㉢ **대처방안** : 회기 마지막에 집단경험을 나누는 시간에 참여를 독려하고, 비언어적 반응에도 관심을 표현하며 침묵의 의미가 무엇인지 탐색할 기회를 제공한다. 집단원 고유의 방식이 있는지 알아본다.

③ **습관적 불평** 2021년 기출 ★
  ㉠ 집단상담자의 운영방식이나 집단과정 등에 대해 불평불만을 하는 집단원
  ㉡ **문제점** : 집단의 분위기를 해치고 자연스러운 흐름을 저해하며 다른 집단원들의 불평이나 논쟁으로 번질 수 있다. 집단의 응집력에 부정적인 영향을 미친다.
  ㉢ **대처방안** : 만성적으로 나타나면 초점을 다른 사람이나 주제로 돌리고, 개인면담을 제공하여 집단의 긍정적 가치를 깨닫도록 한다.
  ㉣ 불평행동에 대해 정면으로 지적하는 것을 다루느라 시간을 과잉으로 소비하는 것을 삼간다.

④ **일시적 구원** 2021년, 2020년 기출 ★
  ㉠ 타인의 고통을 지켜보는 것이 어려워 이를 사전에 봉쇄하기 위해 일종의 가식적 지지행위를 하는 집단원
  ㉡ **문제점** : 다른 집단원에게 관심과 돌보는 행동을 보일 수 있지만 진정한 의미에서 도움을 제공하는 행동과는 거리가 있다.

© **대처방안** : 그 고통에 대한 느낌과 생각을 탐색할 기회를 제공한다. 미해결감정 회피나 억압했던 집단원의 경우라면 안전하고 우호적인 환경에서 교정적 정서체험을 제공한다.

⑤ **사실적 이야기 늘어놓기**
  ㉠ 느낌이나 생각을 말하기보다 과거 사건에 관하여 사실 중심의 이야기를 두서없이 늘어놓는 집단원
  ㉡ 집단상담 경험이 없는 집단원이거나 자신의 진술한 느낌이나 생각의 노출을 꺼리는 방어수단일 수 있다.
  ㉢ **문제점** : 심리적으로 의미 없는 이야기는 지루함과 피곤함을 유발하고, 돕는 방법을 찾을 수 없게 하여 무능감이나 무력감을 느끼게 한다.
  ㉣ **대처방안** : '여기-지금'에 초점을 맞추고, 감정을 진솔하게 표현하도록 한다.

⑥ **질문공세**
  ㉠ 다른 집단원이 질문에 대한 대답을 하기도 전에 연속해서 질문하는 집단원
  ㉡ **문제점** : 다른 집단원에 관한 정보와 자료 수집, 감정 탐색을 하기 위한 수단일 수 있으나 집단원의 말을 가로막고, 일일이 답변해야 하는 부담감을 준다.
  ㉢ 자신에 관해 노출하지 않아도 될 것이라는 무의식적 욕구의 표현이거나 자신을 은폐하려는 수단일 수 있다.
  ㉣ **대처방안** : 질문 속에 포함된 핵심내용을 자신을 주어로 해서 직접 표현해 보게 한다. 다른 집단원에게 연속적인 질문을 던지게 된 행동의 원인과 자신의 감추어진 욕구를 탐색해 볼 수 있다.

⑦ **충고 일삼기**
  ㉠ 다른 집단원에게 인지적인 사항, 즉 해야 할 것과 하지 말아야 할 것을 일러주는 것, 제공하는 사람은 승자인 반면 제공받는 사람은 패자라는 미묘한 느낌을 주는 집단원이다. 이 때, 집단과정과 역동에 부정적인 영향을 준다.
  ㉡ **문제점** : 자기방어나 저항의 형태일 수 있으며 다른 집단원의 감정표출이나 미해결감정의 재경험을 조기에 차단하는 결과를 초래한다.
  ㉢ **대처방안** : 그의 문제에 대해 깊이 탐색하고 자신의 문제와 갈등을 탐색하도록 도움을 준다. 섣부른(공허한) 충고보다는 보다 깊은 수준의 문제탐색과 자기탐색 기회를 제공한다.

⑧ **적대적 태도**
  ㉠ 내면에 누적된 부정적인 감정을 직간접적인 방식으로 표출하거나 방어하는 집단원
  ㉡ 공격, 차별하는 언사, 무관심이나 무감각, 지각이나 조퇴나 결석, 비판 등의 형태이다.
  ㉢ **문제점** : 다른 집단원으로부터 적대적 태도와 감정 유발에 대해 직면당하면 당혹해하면서 후퇴하고 변명하는 것이 특징이다.

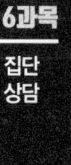

② 대처방안 : 다른 집단원들이 적대적 태도를 보이는 집단원에게서 받는 영향과 느낌에 대해 솔직하게 나누고 적대적 태도를 보이는 집단원에게는 그 이면의 이유를 탐색하도록 한다.

⑨ 의존적 자세 2014년 기출 ★
  ㉠ 집단상담자나 다른 집단원들이 자신을 보살피고 자신에 관한 사안을 대신 결정해 줄 것을 기대하는 것으로 무기력감을 호소하고, 조언을 받아들이고 실천을 못 하는 집단원
  ㉡ 문제점 : 상호작용에서 긍정적인 대답('네')을 반복하고, 다른 집단원이 그를 돕기 위해 열심히 정보, 조언, 피드백을 제공하지만 달라지지 않는다.
  ㉢ 대처방안 : 집단원 자신이 문제를 올바르게 인식하도록 돕고, 타인에게 의존해서 얻을 수 있는 욕구 충족의 고리를 끊고 독립성을 갖도록 한다.

⑩ 우월한 태도
  ㉠ 자신의 능력이 탁월하거나 도덕적인 사람처럼 행동하면서 판단, 비평, 비판하는 집단원
  ㉡ 다른 집단원들에게 불필요한 적대감과 분노, 집단역동에 부정적 영향을 미친다.
  ㉢ 대처방안 : 그 집단원이 자신의 느낌이나 집단을 통해 얻고자 하는 점을 탐색할 기회를 제공한다.

⑪ 하위집단 형성
  ㉠ 집단 내에 파벌을 형성하고 집단 밖에서 비생산적인 사회화를 하는 집단원
  ㉡ 집단원의 중요한 문제를 전체 집단 내에서 논의하기보다는 집단 밖에서 다루며 집단 내에서 갈등을 유발한다.
  ㉢ 대처방안 : 하위집단 형성에 따른 문제점을 직접적이고 개방적으로 다룬다.

⑫ 지성화
  ㉠ 감정적으로 부담이 되는 내용을 다루게 되는 경우 감정 노출을 꺼리면서 지적인 부분만을 언급하고 이성적으로 대하는 특성을 가진 집단원
  ㉡ 문제점 : 신뢰감 형성을 막고, 감정 표출을 억제시키며 무언가 숨기는 듯한 인상을 준다.
  ㉢ 대처방안 : 자신이 말하는 내용과 관련된 감정을 인식하고 직접 경험하고 정리하여 표현할 수 있는 기회를 제공한다.

⑬ 감정화
  ㉠ 매사에 감정적으로 대처해 집단의 흐름을 저해하는 집단원
  ㉡ 문제점 : 이 집단원에게 직면하는 것을 주저하는 대신에 주의 깊은 관심을 보이며 불필요하게 초점과 관심을 주어 집단시간을 허비한다.
  ㉢ 대처방안 : 이런 행동이 고통스러운 사건의 결과인지, 주위 사람들의 동정을 얻기 위한 것인지 파악한다.

(6) 집단원의 역할
  ① 집단 발달과정에서의 집단원 역할
    ㉠ 초기 단계
      ⓐ 집단원은 집단경험에 대한 호기심, 불확실감, 두려움, 의문을 갖고 눈치를 보며 수동적인 태도를 가진다.
      ⓑ 가장 큰 관심은 집단에 계속 남을 것인가를 결정하는 것이다.
      ⓒ 집단원은 자기개방 경험을 통해 자기를 탐색하기 시작하며 이전에 알지 못했던 자신에 대해서 알게 된다.
    ㉡ 과도기 단계
      ⓐ 집단원은 자기개방에 대한 부담감과 불안을 경험하면서 적극적인 집단 참여에 대한 저항과 상호간의 깊어진 피드백으로 인한 갈등의 감정을 드러낸다.
      ⓑ 저항과 갈등의 이면에는 거부당하거나 비난받을 것 같은 두려움을 느낀다.
      ⓒ 저항과 갈등을 다루면서 새로운 것을 학습하고, 효과적으로 다루어지는 방법을 배운다.
      ⓓ 서로에 대한 갈등을 드러내지 않으면 집단은 다음 단계로 전환되기 힘들다.
    ㉢ 작업 단계
      ⓐ 신뢰와 응집력을 가지면서 더 이상 집단상담자에 의존하지 않고 자신의 행동에 책임을 져야 되는 것을 알게 된다.
      ⓑ 집단 간 서로 결속력이 높아지며 집단의 편안함에 안주하려 하거나 부정적인 감정을 억제하기도 하고, 다른 집단원의 적극적 참여와 격렬한 감정표현에 위축되기도 한다.
      ⓒ 집단원은 우리라는 인식을 갖고 집단에 대한 응집력이 좋아져 자신의 문제를 깊이 있게 개방하고 재경험한다.
    ㉣ 종결 단계
      ⓐ 대부분의 집단원은 집단에서의 경험을 긍정적으로 생각하고 희망을 가지고 일상으로 돌아간다.
      ⓑ 집단원이 직면하는 주요 과제는 자신의 학습을 통합, 정리하고 학습한 것을 외부환경으로 전환하는 것이다.
  ② 집단운영에서 집단원의 역할
    ㉠ **자율적인 집단원** : 집단이 목표를 정하면 문제를 해결하고 선택하려 할 때, 가장 먼저 솔선해서 아이디어를 내놓고 건의하는 역할 행동을 하며 문제 해결 방안, 방법이나 당면과제 처리에 필요한 조직 등을 제안한다.
    ㉡ **촉진하는 집단원** : 집단 안에서 취급되고 있는 문제에 대해 적절하고 권위 있는 정보를 구하는 역할과 문제 해결에 도움이 될 것이라는 판단 하에 적절한 정보를 제시하는 역할을 한다.

ⓒ **부연 설명하는 집단원** : 다른 집단원의 이야기에 실례를 들어 설명하거나 근거를 제시하며 안건이 채택되면 어떻게 처리하고 결과를 초래할지 추론하려고 노력하는 역할 행동을 한다.
ⓔ **평가하는 집단원** : 집단의 목표를 얼마나 성취했는지 평가하고 의문을 제기하는 등의 역할 행동을 한다.
ⓜ **의견 제시만 하는 집단원** : 집단원이 전달하는 정보의 옳고 그름은 관심이 없고, 지향하는 가치관이나 제시된 안건이나 대안과 관련된 것에 질문을 던지고, 자신의 신념이나 견해를 진술하는 역할 행동을 한다.
ⓗ **조율하는 집단원** : 다른 집단원의 다양한 아이디어와 제안들 간의 관련성을 밝히고 이를 종합하려는 노력을 하며 집단원들 간의 활동을 조정하려고 하는 역할 행동을 한다.
ⓢ **격려하는 집단원** : 다른 집단원의 기여와 공헌을 칭찬하고 지지하고 격려하고 수용하는 역할 행동을 한다.

3 집단상담의 윤리

(1) 집단상담의 윤리적 규범 2017년 기출 ★
① 윤리적 규범은 집단상담자가 책임 있는 의사결정을 하는 데 기준이 된다.
② 집단상담자는 집단역동, 집단과정, 집단촉진기술에 대한 훈련을 받아야 한다.
③ 집단상담자의 민감성 혹은 전문성 부족은 윤리적 문제를 야기할 수 있다.
④ 집단상담자는 집단경험이 집단원들의 삶에 미칠 수 있는 부정적 영향도 알려주어야 한다.

(2) 집단상담자의 윤리적 책임 2019년, 2016년 기출 ★
① 집단상담자는 집단원이 가지는 권리와 책임이 무엇인지 알려주어야 한다.
② 집단상담자는 자신의 가치관을 집단원에게 강요하지 않아야 한다.
③ 상담자와 집단원의 관계 외에 다른 목적을 지닌 이중관계를 형성하지 않아야 한다.
④ 익숙하지 않거나 집단과정에 도움이 될 것이라는 확신이 없는 기법은 집단에서 사용하지 않아야 한다.
⑤ 집단상담자가 되기 위해서는 전문적인 교육과 훈련이 필요하다.
⑥ 집단상담자가 되기 위한 중요한 훈련과정으로는 숙련된 집단상담자가 운영하는 집단상담을 관찰하거나 집단을 직접 운영해보는 것, 집단상담에 직접 참여하는 것, 숙련된 집단상담자로부터 슈퍼비전을 받는 것이 있다.
⑦ 집단상담자는 집단의 목적과 개인의 목적이 부합하며 집단에 방해가 되지 않을 집단원을 선발한다.
⑧ 집단상담자는 집단과정에서 자신의 가치관이 집단원에게 미칠 수 있는 영향을 인식하고 강요하지 않도록 해야 한다.

⑨ 특정 집단원의 욕구가 집단 내에서 충족될 수 없다면 집단원에게 다른 전문가 의뢰를 제안해야 한다.

(3) 집단참여자의 권리 2019년 기출 ★
① 집단참여자는 집단에 대한 자세한 정보를 알고 집단 참여를 스스로 결정할 권리가 있다.
② 다른 집단원의 비밀을 보장하고 자신의 비밀 또한 보장받을 권리가 있다.
③ 언제라도 집단상담이 도움이 되지 않는다면 떠날 수 있는 권리가 있다.
④ 집단의 강제와 부당한 압력으로부터 자유로울 권리가 있다.

(4) 집단상담에서의 비밀보장 2017년, 2016년 기출 ★
① 상담자는 집단원의 사생활이 보호되고 불법적인 정보유출이 일어나지 않도록 필요한 조치를 강구한다. 그러나 약물남용의 경우에는 비밀보장의 원칙을 예외로 한다.
② '집단원이나 집단원 주변인에게 닥칠 위험이 분명하고 위급한 경우' 또는 '법원의 명령이 있는 경우' 집단상담자는 집단원의 비밀을 사전 동의 없이 관련자에게 공개할 수 있다.
③ 집단상담자는 문서, 사진, 컴퓨터 파일 등의 형태로 된 집단원의 정보와 비밀보장의 한계, 정보를 얻어야 하는 목적 및 활용에 대해 구체적으로 알려야 한다.
④ 관계법령에서 따로 정한 경우를 제외하고는 집단은 동의 없이 상담 기록을 제3기관에 공개하지 않는다.
⑤ 집단원 정보를 공개할 경우 사전 동의를 하며 꼭 필요한 최소한의 정보만 공개한다.
⑥ 집단원의 사생활과 비밀은 상담기관의 다른 상담전문가, 사무원, 자원봉사자들에 대해서도 보장하도록 최선의 노력을 다한다.
⑦ 녹음이나 녹화를 할 경우 집단원의 허락을 받아야 한다.

(5) 사전 동의에 관한 윤리 2018년 기출 ★
① 집단상담전문가는 상담이 시작될 때나 상담 과정 전체에 걸쳐 사전에 집단원과 협의함으로써 상호간의 동의를 이루어야 한다.
② 집단상담전문가가 상담을 통해 집단원에게 제공되는 기본 정보로는 상담의 목적과 목표, 상담에서 사용할 기법, 상담 서비스로부터 얻을 수 있는 이익과 상담의 한계, 상담 중에 발생할 수 있는 위험에 대한 정보가 포함된다.
③ 아동 청소년 집단상담에서 18세 이하의 경우 부모의 동의를 얻는 것이 법적인 규제는 아니지만 만14세 미만에는 법정대리인의 동의서를 작성해야 한다.
④ 집단상담의 사전 동의에 포함되어야 하는 내용
　㉠ 비밀유지 및 비밀유지의 예외사항

ⓒ 집단상담자의 이론적 배경
ⓒ 특정 집단의 운영을 위해 요구되는 집단상담자의 자격요건
ⓔ 집단상담의 잠재적 유익과 위험성에 대한 설명

(6) 상담관계에 대한 윤리

① 집단상담은 개인상담과 다르게 집단원이라는 구성 요소가 추가되어 복잡한 상담 관계가 형성되며 그만큼 다양한 상담 관계윤리 문제가 발생할 수 있다.
② 집단상담에서 상담 관계는 전문적인 관계와 인간적인 관계가 동시에 형성되어 전문적인 관계가 종결된 이후에도 인간적인 관계로 계속 남아 다중 관계를 형성하게 될 가능성이 크다.
③ 집단원은 상담자와 사적인 관계를 맺지 않아야 한다. 명백히 비윤리적이며 성적인 관계뿐 아니라 친구관계, 금전관계 등과 같은 힘의 균형을 이용한 모든 관계를 포함한다.
④ 집단원과 비전문적 관계를 맺는 것이 전문적 기준에서 집단원에게 유익하다고 판단되는 경우 집단상담자는 이를 문서로 작성하고 이 관계의 정당성과 잠재적이고 긍정적인 기대를 기록할 필요가 있다.

4 집단상담 기법

(1) 변화촉진 분위기 조성 기술

① 적극적 경청
  ㉠ 능동적 경청, 반영적 경청, 선택적 경청이라고도 하며 이는 집단원의 언어적 행동과 비언어적 행동에 대해 민감하게 반응하여 집단상담자 자신이 이해한 내용을 자신의 말과 행동으로 되돌려주는 것을 말한다.
  ㉡ 힐과 오브라이언의 경청요령 9가지

> - E(eye) : 집단원의 눈을 바라본다.
> - N(nod) : 가볍게 고개를 끄덕인다.
> - C(cultural difference) : 경청의 방법에도 문화적 차이가 있다.
> - O(open) : 집단원 쪽으로 열린 자세를 유지한다.
> - U(uhm) : 음, 예, 아~ 로 호응한다.
> - R(relax) : 편안한 상태를 가진다.
> - A(avoid) : 산만한 행동을 피한다.
> - G(grammatical style) : 집단원의 문법적 스타일을 맞춘다.
> - E(ear) : 제3의 귀를 통해 내담자가 느끼는 것을 진정으로 듣는다.
> - S(space) : 집단원과 거리를 잘 유지한다.

Section 03 집단상담 구성원 및 기법

② 공감적 이해
  ㉠ 집단원의 입장에서 그의 느낌 또는 내적 경험을 이해하고 이를 직접 말로 전달하는 것이다.
  ㉡ 이해한 것을 적절히 표현함으로써 집단원이 이해받고 있다는 것을 느끼게 하는 것이 중요하다.
  ㉢ **효과적인 공감의 방법**
    ⓐ 집단원의 생각과 느낌을 이해하기 위해 집단상담자는 스스로 집단원의 입장에서 생각하고 느낀다.
    ⓑ 공감 반응을 전달할 때는 집단원의 생각과 느낌을 잘 나타낼 수 있는 단어를 찾는다.
    ⓒ 전달할 내용과 일치하는 억양을 사용한다.
    ⓓ 집단원이 사용하는 언어를 사용하여 전달한다.
③ **초점 맞추기** `2016년 기출` ★
  ㉠ 초점이란 집단에서 논의되고 있는 주제를 말한다.
  ㉡ 집단원이 이야기 방향을 산만하게 가져가거나 주제를 바로잡지 못할 때, 주제의 방향을 바꾸어 집단원의 특정한 관심이나 주제에 주의를 집중하도록 돕는다.
  ㉢ 초점 맞추기는 '초점 설정', '초점 유지', '초점 이동', '초점 심화'의 네 가지 과정이 필요에 따라 앞뒤로 오가며 이루어진다.
④ **모델링** : 집단상담자가 집단원들의 모델 역할을 담당함으로써 그들이 집단상담자를 보고 배울 수 있도록 분위기를 조성하는 것을 말한다.
⑤ **집단원의 적극적 참여 유도**
  ㉠ 집단원 모두가 집단에 적극적으로 참여하도록 유도하는 것은 집단의 변화촉진 분위기를 조성하는 데 매우 중요한 집단상담자의 과업이다.
  ㉡ 집단원들을 적극적으로 집단에 참여시키기 위한 방법으로 '순서대로 돌아가기', '손들기'가 있다.

(2) 과정적 기술

① **구조화** `2018년, 2015년 기출` ★
  구조화란 집단상담자가 집단을 시작하면서 집단원들에게 집단상담 참여에 필요한 제반 규정과 한계에 대해 설명하는 것을 말하는 것으로 다음과 같이 세 가지로 나눌 수 있다.
  ㉠ **집단에 관한 구조화** : 집단에서의 적극적 참여, 생산적인 집단의 형성과 유지를 위한 지침, 상담시간 준수, 불참하거나 늦는 경우에 취해야 할 조치, 위급한 상황 시 연락방법, 상담실 이용방법, 기타 집단원들이 알아두어야 할 제반사항 등이 포함된다.

ⓒ **집단상담의 한계에 관한 구조화** : 집단상담자와 집단원 사이에 가능한 사항과 그렇지 않은 사항을 명백히 구분 짓는 것을 말하며 집단의 초기에 집단원들이 이해할 수 있는 언어로 책임, 시간, 행동, 애정에서의 한계가 포함된 구조화를 실시해야 한다.
　　ⓒ **비밀보장에 관한 구조화** : 집단의 중간 단계나 종결 단계에서도 필요한 내용을 중심으로 구조화를 실시할 수 있는데 특히, 집단원들 간에 비밀보장의 원칙이 무시되는 상황이 발생하거나 집단원들 중에 자신이나 타인을 해하려는 상황이 임박했다고 판단되는 경우에 실시해야 한다.
　　ⓔ **구조화의 목적** : 집단원들이 바람직한 행동을 새로이 학습하고 생산적인 집단분위기를 위한 규준을 창출하며 필요한 경우 집단의 구조를 개선하고 나아가 인간적 성장을 촉진하도록 틀을 제공하기 위함이다.
② 진 단
　　㉠ 집단원의 행동과 감정 및 사고의 유형을 분류하고 증상 유무를 확인하며 어떤 진단적 범주에 속하는지를 파악하는 것 이상을 의미한다.
　　ⓒ **진단의 용도** : 문제행동을 평가하는 것은 물론, 문제를 해결하기 위한 적절한 개입전략을 선택하는 능력도 포함한다.
　　ⓒ **진단의 목적**
　　　ⓐ 집단원들이 각자의 집단 참여 목적에 부합되는 집단을 선택하여 소기의 목적을 달성할 수 있도록 돕기 위함
　　　ⓑ 위급한 상황에 처해 있는 집단원이 있다면 그의 안녕을 도모하는 방향으로 적극적인 조치를 취하기 위함
　　　ⓒ 집단상담에 부적절한 집단원이 있다면 다른 형태의 전문적 도움을 선택하도록 안내함으로써 전문가로서 책임을 다하기 위함
③ **연결 짓기**　2016년, 2014년 기출 ★
　　㉠ 특정 집단원의 행동이나 말을 다른 집단원의 관심사와 연결시키는 데 사용되는 집단상담자의 통찰력 표현의 한 기법이다.
　　ⓒ 주로 집단원들의 사고와 행동에서 유사점과 차이점을 지적하는 것으로 개인상담에서는 흔히 사용되지 않는 기법이다.
　　ⓒ 연결은 집단원들 간의 상호작용과 응집력을 높이는 데 매우 효과적인 기법이며 또한 집단원들에게 자연스럽게 보편화를 경험하게 할 수 있다는 장점이 있다.
④ **차 단**　2020년, 2017년 기출 ★
　　㉠ 집단과정에 부정적인 영향을 주거나 집단원의 성장을 저해하는 의사소통에 집단상담자가 직접 개입하여 집단원의 말을 중지시키는 기법이다.

ⓒ **적용해야 할 시기와 그에 대한 조력 방안**
  ⓐ 중언부언할 때
  ⓑ 질문 공세를 퍼부을 때 : 질문을 차단하고 '나'를 주어로 자신에 대해 직접적으로 진술하게 함
  ⓒ 부정확한 사실을 말할 때
  ⓓ 상처 싸매기를 시도할 때
  ⓔ 집단원 간에 논쟁을 할 때
  ⓕ '거기 그때' 형식의 논의를 할 때
  ⓖ 사실적인 이야기를 늘어놓을 때
  ⓗ 집단의 초점을 옮기고 싶을 때
  ⓘ 잡담을 늘어놓거나 집단의 목적과 무관한 이야기를 할 때
  ⓙ 다른 집단원의 비밀을 누설하거나 사생활을 침해하는 행위를 할 때
  ⓚ 회기 종결이 임박했을 때

⑤ **피드백** 2020년, 2018년, 2016년 기출 ★
  ㉠ **긍정적 피드백** : 집단원의 강점이나 장점을 드러내어 언어적, 비언어적 행동으로 되돌려주는 것을 말한다.
  ㉡ **부정적 피드백**
    ⓐ 집단원의 문제행동이나 비생산적인 사고 또는 사고방식을 드러내어 언어적·비언어적 행동으로 되돌려주는 것을 말한다.
    ⓑ 부정적인 피드백은 긍정적인 피드백 이후에 해야 더 잘 받아들여진다.
    ⓒ 부정적인 피드백을 주기 전에 집단원들의 자기노출 정도를 고려해야 한다.
  ㉢ **피드백 제공지침**
    ⓐ 주목할 만한 행동에 초점을 맞추고 구체적인 상황에 대해 언급하며 평가나 판단 없이 피드백 제공자의 반응을 표현해야 한다.
    ⓑ 상대방의 강점을 드러내어 피드백을 할 때 가장 효과적이고 받아들여질 가능성이 높다.
    ⓒ 피드백을 줄 때 가치판단을 하거나 변화를 강요해서는 안 된다.
    ⓓ 집단에서 받는 피드백의 영향력은 집단의 발달과정과 관련이 있다.

⑥ **보편화** : 집단원이 다른 집단원들과 상호작용하게 되면서 그들도 자신과 유사한 감정과 관심을 가지고 있다는 사실을 깨닫게 함으로써 변화를 촉진하는 요소이다.

⑦ **'여기-지금' 상호작용 촉진하기** 2018년 기출 ★
  ㉠ 집단원들이 안고 있는 문제나 관심사를 해결할 수 있는 때와 장소는 결국 '지금-여기'이다.
  ㉡ 집단의 초점을 현재 집단에서 일어나고 있는 것에 맞추는 것이 가장 생산적인 선택이다.

ⓒ 집단상담자는 다음과 같은 방법으로 집단원들의 상호작용을 촉진할 수 있다.
  ⓐ 갈등과 대립을 공개적으로 표현하도록 격려한다.
  ⓑ 집단 참여에 대한 두려움과 기대를 공개적으로 표현하도록 지지한다.
  ⓒ 집단 참여를 적극 유도해서 가능한 많은 수의 집단원을 참여시킨다.
  ⓓ 서로 신뢰하고 생산적인 의견교환을 할 수 있는 안전하고 수용적인 분위기를 조성한다.
  ⓔ 집단원들이 서로 직접 말하도록 독려하여 집단상담자에게 덜 의존하게 한다.
  ⓕ 집단원이 자신의 개인적인 문제를 탐색하거나 새로운 행동을 시도할 때 지지한다.

⑧ 지지와 격려
  ㉠ 집단원들이 새로운 환경에 적응하게 되면서 생기게 되는 불안에 대처하고 자신의 생각이나 감정을 다른 집단원들과 나눌 수 있도록 돕는 역할을 한다.
  ㉡ **비언어적 지지와 격려** : 부드러운 목소리와 따뜻한 말씨, 편안하고 밝은 얼굴 표정으로 개방된 자세를 취하는 것들로 집단상담자의 내면과 일치되는 진술한 것이어야 한다.
  ㉢ **비생산적인 지지와 격려** : 흔히 저지르는 비생산적인 지지와 격려의 실수로는 집단원이 갈등이나 고통스런 감정을 충분히 경험하기도 전에 지지와 격려를 하는 것이다.

⑨ 조언(충고)
  ㉠ 집단원이 해야 할 것을 추천하거나 제한하는 기술이다.
  ㉡ 자칫하면 집단원의 반발과 저항을 초래할 수 있다.
  ㉢ 집단원의 자기 이해, 자기 탐색, 자기 성장의 기회를 박탈하기 쉬우며 집단원을 열등한 위치에 처할 수 있게 한다.
  ㉣ 너무 자주 사용하는 것은 바람직하지 않다.
  ㉤ 미성년자인 중, 고등학생을 상담하는 경우는 다소 지시적인 방법으로 직접적인 조언과 정보를 제공하는 것이 유용할 수 있다.
  ㉥ **충고나 조언의 개입방법**
    ⓐ 충고나 조언을 하기 전에 집단원이 어떤 시도나 노력을 해 보았는지 확인한다.
    ⓑ 집단원이 원하는지 확인하고 충고나 조언을 한다.
    ⓒ 충고나 조언을 한 후 집단원이 이를 제대로 실행했는지 확인한다.
    ⓓ 충고나 조언한 내용에 대해 즉각적인 피드백을 실행한다.

⑩ 종결과 평가
  ㉠ 집단의 마지막 회기 2~3주 전에 집단의 종결이 임박했음을 집단원들에게 알려야 한다.
  ㉡ 다뤄야 할 내용으로는 집단에서 습득한 것을 실생활에 적용할 수 있도록 돕기, 집단 종료 후 해야 할 일에 대한 계약 체결하기, 집단 후 직면하게 될 심리적 문제에 대비하도록 준비시키기, 추수 집단 약속하기, 추가 상담에 대한 안내, 집단 종료시 개인적으로 상의할 수

있도록 조처하기 등이 있다.
ⓒ 평가란 각 회기를 마친 후에 그 회기에서 일어났던 일이나 다루었던 내용과 과정을 면밀히 검토하여 이를 토대로 다음 회기의 목표와 상담 전략을 미리 구상해 보는 일을 말한다.
ⓔ 집단상담에서 평가는 집단의 과정과 역동을 평가하는 것으로 매우 중요한 도구적 절차이다.

(3) 내용적 기법

① 명료화 2015년, 2014년 기출 ★
  ㉠ 집단원 말에 내포되어 있는 뜻을 집단원에게 명확하게 말해 주거나 분명하게 말해 달라고 요청하는 것이다.
  ㉡ 집단원 자신은 미처 충분히 자각하지 못하는 의미나 관계, 애매한 부분, 혼란스러운 부분에 대해 더 확인이 필요할 때 사용한다.

② 바꾸어 말하기
  ㉠ 집단원의 이야기를 듣고 상담자가 자기의 표현양식으로 바꾸어 말해 주는 것을 말한다.
  ㉡ 집단원의 입장을 이해하고 있음을 전달하며 집단원의 생각을 구체화 할 수 있다.
  ㉢ 상담자가 집단원의 이야기를 올바르게 이해했는지 확인할 수 있다.
  ㉣ 되돌려주기 반응은 내용 되돌려주기와 정서 되돌려주기로 구분한다.
    ⓐ 바꾸어 말하기는 대화의 인지적 측면의 내용에 강조를 준다.
    ⓑ 반영은 정서적 측면에 강조를 준다.

③ (감정의) 반영 2014년 기출 ★
  ㉠ 집단원의 느낌이나 진술의 정서적인 부분을 집단상담자가 그 느낌의 원인이 되는 사건, 상황, 사람, 생각과 함께 다른 동일한 의미의 말로 바꾸어 기술하는 방법이다.
  ㉡ 집단원 감정의 재진술이라 할 수 있으며 말 그대로 집단원의 생각, 느낌, 행동 등을 거울처럼 비추어 되돌려 주는 기술이다.
  ㉢ 반영을 하는 요령은 먼저 집단원의 감정 상태와 그 감정의 원인을 탐색하여 공감하고 이해한다. 그리고 그 집단원의 욕구를 파악하여 집단원에게 되돌려 준다.

④ (정보와 감정의) 요약
  ㉠ 집단원 둘 이상의 언어적 표현들을 서로 묶어서 진술의 내용 부분을 다른 동일한 의미의 말로 바꾸어 기술하는 재진술과 반영의 확대 기법이다.
  ㉡ 요약은 모든 집단상담자들의 필수 기법에 속한다.
  ㉢ 요약을 하는 목적은 집단원들의 언어적 표현들의 핵심이 되는 부분들을 서로 엮어 공통적인 주제나 유형을 파악하고 지나치게 두서없는 이야기를 차단하며 상담의 진척 정도를 검토할 수 있게 함으로써 집단원들이 자신의 문제에 대해 깨달을 수 있게 하고 집단의 흐름을 촉진시키기 위함이다.

⑤ (적절한) 질문
  ㉠ 집단원에게 정보를 탐색하거나 정보들간의 관계를 알아보기 위해 질문을 한다.
  ㉡ 질문의 유형들
    ⓐ 개방형 질문과 폐쇄형 질문

개방형 질문	• 집단원에게 더 많은 이야기를 할 수 있는 기회를 주어 다양한 정보를 수집할 수 있는 장점이 있다. • "이 문제에 대해서 어떻게 생각하시나요?"
폐쇄형 질문	• 한두 마디의 대답으로 집단상담자가 원하는 정보나 자료를 얻기 위해서 사용된다. 구체적인 상황에 초점을 맞추거나 정확한 정보를 얻는 데에는 폐쇄형 질문이 유용하다. • "그 친구를 떠올리면 분노가 치밀어 오르나요?"

　　ⓑ 직접 질문과 간접 질문

직접 질문	• 상황에 대해서 직접적이고 직선적으로 물어본다. • "부모님의 이혼 이야기를 들었을 때 어떤 기분이 들었나요?"
간접 질문	• 상황에 대해서 넌지시 돌려서 물어본다. • "부모님의 이혼 이야기를 듣고 어떤 느낌이 들었는지 궁금하네요."

　　ⓒ 집단상담 시 피해야 할 질문

'왜' 질문	• '왜(Why)'를 사용함으로써 집단원으로 하여금 비난을 받고 있다는 느낌을 주는 질문이다. • "왜 그렇게 대답을 하였나요?"
유도 질문	• 집단원이 특정한 방향의 응답을 하도록 이끄는 질문이다. • "자신의 행동이 후회되지는 않나요?"
이중 질문	• 한 번에 두 가지 이상의 내용을 담은 질문이다. • "지금 무엇이 가장 힘든가요? 또 누가 당신을 가장 지지해 줄 것이라고 생각하나요?"
모호한 질문	• 집단원이 질문의 의미를 정확히 인지하지 못하거나 받아들이지 못하는 형태의 질문이다. • "누가 왜 그렇게 말했다고 생각하나요?"

　　ⓓ 집단상담 시 유용한 질문

대처·극복 질문	• 어려운 상황에서 적절히 대처한 경험을 상기시키며 집단원 스스로 강점을 발견하도록 돕는다. • "그렇게 힘든 상황에서 어떻게 지금의 상태를 유지할 수 있었나요?"
기적 질문	• 문제가 해결된 상황을 상상해 보며 해결을 위한 사항들을 구체화·명료화하는 데 도움을 준다. • "내일 아침 가장 힘든 상황이 해결된다면 어떤 것이 변해있을까요?"
예외 질문	• 문제해결을 위해 우연적이고 성공적으로 실행한 방법을 찾아 이를 의도적으로 실행하도록 돕는다. • "문제가 일어나지 않을 때는 언제인가요?"

⑥ 직면 2021년, 2018년, 2016년 기출 ★
  ㉠ 집단원의 언어적 진술 내용과 비언어적 행동이 불일치되는 경우나 언어적 진술 내용들 사이에 상충되는 면이 있는 경우 집단상담자가 이러한 모순점을 진술하는 기법이다.
  ㉡ 집단원을 직면시키려면 낙인을 찍거나 '꼬리표 붙이는 것'과 같은 발언을 삼가고 따뜻한 태도와 부드러운 어조로 구체적인 행동에 대한 느낌을 공유한다.

⑦ 해석 2014년 기출 ★
  ㉠ 집단원이 자신의 행동에 대해 통찰하도록 돕기 위해 집단상담자가 행동의 원인에 대한 설명이나 연관성 여부를 잠정적인 가설의 형태로 기술하는 것을 말한다.
  ㉡ 해석은 집단원이 전달하려는 내용을 조심스럽게 경청하는 또 다른 방법이다.
  ㉢ 해석은 집단원들에게 위협적인 개입이 될 수 있기 때문에 반드시 집단원이 받아들일 준비가 되어 있는가를 확인해서 가설의 형태로 제시하는 것이 중요하다.

⑧ 정보 제공
  ㉠ 정보 제공은 집단원들이 필요로 하는 자료나 사실적인 정보를 구두로 전달해 주는 것을 말한다.
  ㉡ 정보 제공의 목적은 집단원이 문제해결이나 의사결정에 필요한 대안들을 찾아서 평가해 보도록 돕기 위함이다.

⑨ 자기 표현법
  ㉠ 자기 표현법이란 자기 자신을 주어로 하여 집단원의 행동으로 인한 집단상담자 자신의 의사와 감정을 전달하는 방법이다.
  ㉡ 자기 표현법은 다른 사람의 말이나 행동이 말하는 사람에게 어떤 영향을 주었는가를 전달하는 데 사용된다. 토머스 고든은 이 방법을 '나 전달법'이라고 명명하였으며 신뢰관계가 돈독한 인간관계에서 가장 효과적이라고 주장하였다.

⑩ 반전기법 : 집단원이 이제까지 회피하고 있는 행동과 감정들, 반대되는 행동들을 해보게 함으로써 억압하고 통제해 온 자신의 다른 측면을 만나고 통합할 수 있도록 돕는다. 2017년 기출 ★

(4) 비언어적 측면의 기법

① 시선
  ㉠ 시선은 가치 있는 정보를 수집하고 집단원들의 상호작용을 촉진하며 집단원들의 말을 가로막는 데 유용하게 사용된다.
  ㉡ 집단상담자는 모든 집단원들에게 고루 시선을 옮기는 기술을 익힐 필요가 있다. 이는 집단원들의 다양하고 즉각적인 반응을 파악할 수 있는 가장 좋은 방법이다.

② 머리의 끄덕임
　㉠ 누군가 의견을 제시하거나 관심사에 대해 이야기할 때 동의와 반대의 의미를 나타낸다.
　㉡ 집단상담자는 집단원들이 고개를 끄덕이는 것을 드러내어 줌으로써 집단원을 집단 토의에 참여하게 하고 집단원들 간의 대화 내용을 연결시켜 줄 수 있다.
③ **얼굴표정** : 다른 집단원들의 의견에 대한 인정이나 불인정, 만족감이나 불만족감, 또는 집단상담자가 명확하게 짚고 넘어가기를 원하는 기타 반응을 나타낸다.
④ **눈 물**
　㉠ 집단원이 눈물을 흘리는 것은 집단상담자에게 중요한 단서를 제공한다.
　㉡ 집단의 목적과 대상, 시간적 여유, 눈물을 흘리게 된 이유에 대한 해석 등을 고려하여 집단원이 어떤 상황에 놓여 있는지를 함께 나누거나 단순히 그 상황을 인정해 주거나 무시하고 지나칠 수 있다.

Section 04 집단상담과정 및 계획과 평가

> **학습목표**
> 코리의 집단상담과정의 4단계와 집단상담을 진행할 때 계획과 평가 방법에 대해서 알아본다. 또 청소년집단상담의 특징, 구성, 진행과정, 집단상담자, 참여자의 역할과 유의사항과 윤리에 대해서 알아본다.

1 집단상담과정[코리(Corey)의 4단계] 2018년, 2017년 기출 ★

(1) 초기단계 2014년 기출 ★

① 초기단계 의의
  ㉠ 초기단계는 집단상담의 발달단계에서 맨 처음의 단계로, 낯선 집단원들이 서로를 알아가는 시간이다.
  ㉡ 초기단계는 가장 중요하고 집단상담자가 가장 많은 준비를 해야 하는 중요한 단계이다.

② 초기단계 특징 2021년, 2014년 기출 ★
  ㉠ 막연한 기대와 모호한 목표
    ⓐ 초기단계에 참여하는 집단원들은 불확실성 안에서도 집단의 긍정적인 성과에 대한 기대를 가지고 있다.
    ⓑ 집단원들의 참여 목표는 대체로 잠정적이고 모호하기 때문에 혼란을 느끼고 막막해 한다.
  ㉡ 낮은 신뢰감과 두려움
    ⓐ 초기단계에는 집단원 간의 사이, 집단원과 집단상담자의 사이에 신뢰감이 낮아 집단원은 자신의 생각을 표현해도 안전한지, 계속 참여할 것인지에 대해 끊임없이 탐색한다.
    ⓑ 집단원들은 마음 속 소망, 욕구를 드러낼 때 다른 집단원이 보일 거부감, 배척감에 대한 두려움으로 내면의 갈등을 겪게 된다.
  ㉢ 소극적 집단 참여와 자신에의 초점 회피
    ⓐ 집단원 간 신뢰감이 낮아 집단원들은 수동적인 자세로 참여하고 다른 집단원이나 집단상담자에 대한 적대감을 가져 소극적으로 참여하는 집단원이 많다.
    ⓑ 집단원은 표현을 할 때 자신의 직접적인 이야기보다는 다른 사람의 사건이나 상황에 대해 이야기하거나 자신의 일을 다른 사람의 일인 것처럼 표현하며 회피하기도 한다.

③ 초기단계의 집단발달과제
  ㉠ 집단상담의 구조화
    ⓐ 소정의 성과를 낳기 위하여 집단상담의 방향과 목표, 내용, 절차, 방법, 역할 등을 설명하거나 요구하는 것을 집단상담의 구조화라고 한다.

ⓑ 집단상담자가 주도적으로 집단의 구조적 틀을 만들어 나가는 과정이며, 비구조화 집단은 집단상담자가 일방적으로 틀을 제시하지 않는 형태이다.
　　ⓒ 집단을 구조화할 때는 집단에 생산적으로 참여할 수 있는 지침과 방법에 대해 집단상담자가 알리고 그 외는 집단원들이 논의하여 규범을 정하는 것이 효율적이다.
　　ⓓ 집단을 구조화할 때는 다음의 내용을 포함하도록 한다.
　　　• 집단원 모두에게 비밀유지가 요구되지만 지켜지는 것에 대한 절대적 보장이 없으므로 자기개방의 정도를 스스로 결정한다.
　　　• 집단원은 모든 회기에 제시간에 오는 것을 원칙으로 한다.
　　　• 진행 동안 휴대폰의 사용 여부, 술을 먹거나 마약을 하고 참여하지 않기 등 참여 태도에 관한 규범을 포함한다.
　ⓒ **목표의 설정**　2020년 기출　★
　　ⓐ 집단상담자는 의미 있는 목표를 발전시키고, 확인하고, 분명히 하도록 도와주어야 한다.

> **Plus Study** ● 기타 집단상담 기법　2020년 기출　★
> • 집단원 개인의 목표가 집단 전체목표보다 중요하다.
> • 목표는 집단 과정 전체에 걸쳐 수정되고 추가될 수 있다.

　　ⓑ 집단 목표에는 과정적 목표와 개인적 목표 두 가지가 있다.
　　　• 과정적 목표 : 집단원들이 개인의 목표를 성취하기 위하여 어떻게 행동하면 집단원 간 신뢰관계가 형성되어 상호작용하는 데에 도움이 되는가에 관한 목표이다.
　　　　※ 자기개방하기, 경청하기, 피드백주고 받기 등이 있다.
　　　• 개인적 목표 : 집단원 개인이 도움을 받고자 하는 특정 문제나 집단상담에 응하는 주된 이유를 탐색할 수 있도록 하는 것이 목표이다.
　ⓒ **집단 응집성의 형성**
　　ⓐ 지속적인 집단의 발달을 위해서는 신뢰감 형성이 가장 중요하고, 신뢰감이 부족한 집단원에게는 집단 응집성을 형성하기 위한 노력이 필요하다.
　　ⓑ 초기단계에는 자발적 참여, 시간 엄수, 상호간의 신뢰에 대한 노력을 통해 응집성이 형성된다.
　　ⓒ 집단 응집성은 집단 전체 과정을 통해 자라는 것이며 집단원과 집단상담자가 함께 노력해야 한다.
　ⓔ **적극적인 참여 분위기**
　　ⓐ 응집성 촉진 전략 중 하나는 집단원의 생각과 느낌을 자유롭게 표현함으로써 모든 집단원의 적극적인 참여 분위기를 만드는 것이다.

ⓑ 집단상담자는 집단원이 보이는 태도를 탐색하여 적극적 참여가 되지 않는 집단원에 개입할 수 있어야 한다.
ⓒ 집단원의 저항이 확인되면 이해하고 수용하는 태도를 통하여 집단원이 집단에 신뢰를 가질 수 있도록 한다.

④ 초기단계의 촉진 전략
㉠ **모델링**
ⓐ 초기단계에서 저항을 극복하는 가장 좋은 기법은 집단상담자에 의한 모델링이다.
ⓑ 집단원이 저항을 경험하고 있을 때 비난하지 않고 반응함으로써 다른 집단원들에게 모범을 보일 수 있다.
ⓒ 집단 상호작용 과정에서 집단원이 자신의 감정을 표현하는 방법과 적절하게 반응하는 방법을 학습시키는 초기단계에 유용하다.

㉡ **집단의 결과에 대한 책임의 분배**
ⓐ 초기단계에서 집단상담자가 지시적이고 나아가는 방향에 심하게 개입하게 되면 집단원은 의존하려는 경향을 가진다.
ⓑ 집단상담자는 집단원이 의존적으로 묻고 요청할 때, 기다리며 집단원 전체에게 반응할 수 있도록 촉진함으로써 집단의 자원을 이끌어 내도록 한다.
ⓒ 집단원들에 대한 신뢰를 가지고 책임을 나누면 집단 초기에 집단원의 적극성을 키울 수 있다.

㉢ **자발성과 신뢰감을 형성하는 집단활동의 활용**
ⓐ 이름이나 애칭에 얽힌 사연 등 자신을 소개하는 활동
ⓑ 자기의 생각, 느낌, 경험 등 자기개방을 통한 활동
ⓒ 신체활동을 통한 신뢰감 형성 활동
ⓓ 짝활동과 소집단을 활용한 활동

⑤ 집단상담자의 역할 2019년 기출 ★
㉠ 상담을 위한 사전 준비를 철저히 한 후 첫 번째 모임을 시작한다.
㉡ 첫 회기 모임을 시작하기 전 사전 면접을 통하여 개별적인 집단원의 특징을 파악한다.
㉢ 집단의 목적을 명료화하고 구성원이 서로 친숙해지고 신뢰와 수용적 분위기를 맺을 수 있도록 분위기를 조성한다.
㉣ 집단원이 표출하는 저항을 집단역동에 도움이 되도록 활용한다.
㉤ 집단분위기 조성을 위해 집단원의 문제행동에 적극적으로 관여한다.

(2) 과도기단계 2021년, 2019년 기출 ★

① 과도기단계 의의
   ㉠ 초기단계를 지나 작업단계로 가는 중간단계로 초기보다 신뢰감과 응집성을 바탕으로 좀 더 솔직한 표현을 한다.
   ㉡ 표면에 있는 부정적 감정들을 표현하고 불안이 고조된다.
   ㉢ 갈등을 경험하고 저항을 자각하며 안정과 능력에 대한 신뢰를 형성한다.

② 과도기단계의 특성 2020년 기출 ★
   ㉠ 저항 표출
      ⓐ 일반적으로 과도기를 겪는 대부분의 집단 참여자들의 행동 밑에는 불안이 잠재해 있기 때문에 많은 저항이 나타난다.
      ⓑ 저항의 형태는 침묵, 어색한 웃음, 자기개방 주저, 집단 밖 이야기하기 등으로 나타나며 자신을 보호하는 일환이라고 이해한다.
   ㉡ 갈등 야기
      ⓐ 집단에서 주목받고자 하거나 진행을 하려고 하거나 조언하거나 토론하는 방식으로 지배권을 획득하려 하다 보면 필연적으로 집단 안에서 갈등이 생기기 마련이다.
      ⓑ 집단 안에서 갈등이 있을 때 상담자나 집단 참여자들은 갈등을 해결하기 위해 노력하기보다는 피하고 싶어 한다.
      ⓒ 갈등은 공개적으로 다루어져야 하며 만약 무시된다면 불신이 발생할 수 있으므로 건강하게 표현하도록 한다.
   ㉢ 집단상담자에 대한 도전
      ⓐ 집단상담자의 권위와 능력을 도전을 통해 시험한다.
      ⓑ 집단상담자는 방어적인 태도를 줄이고 집단원의 도전을 허용하며 직접 다루어 비판에 개방적인 태도와 반응을 모범적으로 처리하는 모델링을 보여주도록 한다.

③ 과도기단계의 집단발달 단계
   ㉠ 저항의 처리
      ⓐ 저항을 자연스러운 반응으로 존중되고 인정하고 처리하도록 격려하여 집단을 개방적인 분위기로 조성한다.
      ⓑ 저항을 다룰 때 지금-여기에서 일어나는 저항 행동 및 상호작용을 허용하고 촉진하며 객관적으로 인식하게 한다.
   ㉡ 자연스러운 갈등 촉진
      ⓐ 갈등은 순기능적 갈등과 역기능적 갈등으로 나뉜다.
      ⓑ 순기능적 갈등은 잘 다루면 집단발달에 도움이 되며 자유롭게 표현되도록 촉진해야 한다.

ⓒ 역기능적 갈등은 집단발달을 저해하므로 최대한 억제되어야 한다. 역기능적 갈등은 부적절한 프로그램 구성, 사전 준비 부족, 역기능적 개입, 사후관리 부족 등이며 역기능적 개입은 지나친 통제, 폐쇄질문, 이중질문, 지나친 자기노출, 자기과시, 무식함, 이른 해석, 비난, 경멸, 둔감성, 불안 행동 등이다.

ⓒ **안전과 능력에 대한 신뢰감 형성** : 자신의 부족함과 취약함을 드러내도 집단에서 안전하다는 믿음과 집단원과 집단상담자가 능력이 있어서 취약 부분을 개방하면 도움을 받을 수 있다는 믿음은 능력에 대한 신뢰감이다.

ⓔ **기능적인 집단상담 구조 유지**
  ⓐ 집단의 규칙이나 행동규범에 도전하는 집단원에 대해 유연성과 개방성을 갖고 대해야 한다.
  ⓑ 집단원의 도전이 집단에 도움이 되는지, 목적에 부합한지를 판단하여 기능적인 집단상담 구조를 유지해야 한다.

④ **과도기단계의 촉진 전략**
  ㉠ **집단원들의 모험 시도 격려**
    ⓐ 적극적인 모험 시도는 깊은 수준의 자기탐색으로 이어지고 새로운 행동을 시도할 수 있기에 집단에 긍정적인 영향을 미친다.
    ⓑ 두려움을 터놓고 용기 있게 시도하는 집단원을 격려한다.
    ⓒ 자기 자신을 안전하게 노출시킬수록 집단의 응집성이 높아진다.
  ㉡ **초점의 유지**
    ⓐ 집단 목적에 합당한 주제로 진행하며 초점에서 벗어나지 않도록 관리감독 한다.
    ⓑ 주제를 벗어나 있을 때 집단상담자는 주제를 옮기거나 요약을 요구하는 질문을 한다.
  ㉢ **갈등 중재**
    ⓐ 갈등을 중재할 때 집단원 각각의 입장에서 심정을 반영하고 의사소통 재진술, 명료화, 공통이나 일치하는 부분은 연결시켜 준다.
    ⓑ 이런 역할모델을 통해 점차 갈등 상황에 있는 집단원들이 서로 직접적으로 말할 수 있도록 한다.

⑤ **집단상담자의 역할**
  ㉠ 집단원의 저항과 갈등을 탐색하고 솔직히 표현하도록 촉진한다.
  ㉡ 저항을 감지하고 다루며 집단규범 형성을 증진한다.
  ㉢ 집단원의 망설임, 불안, 방어 등을 자각하고 정리하면서 돕는다.
  ㉣ 집단은 스스로 책임감을 가지고 자발적으로 풀어가도록 돕는다.
  ㉤ 저항과 갈등을 적절히 다루어 응집력을 높인다.

(3) 작업단계 2019년, 2018년, 2016년, 2014년 기출 ★

① 작업단계의 의의
  ㉠ 가장 핵심적인 부분으로 신뢰를 바탕으로 생산적인 활동이 이루어지는 단계이다.
  ㉡ 가장 많은 통찰과 행동의 변화가 시도된다.
  ㉢ 감정의 정화, 비효과적 패턴의 통찰과 대안행동 탐색이 일어난다.
  ㉣ 지금-여기에서 문제로 전환하여 피드백을 활성화하고 문제행동에 대해 직면시킨다.

② 작업단계의 특징
  ㉠ 높은 응집성
    ⓐ 취약문제를 드러내어 탐색하고 대안을 찾으며 친밀하고 안전한 사회적 지지체계로 응집력이 높아진다.
    ⓑ 신뢰감이 높으며 서로에 대한 지지와 격려로 기꺼이 자신을 개방한다.
    ⓒ 개개인의 문화적 배경이 서로 다름을 인정하고 개인차를 존중한다.
    ⓓ 작업단계에서 집단원들의 상호신뢰를 바탕으로 한 응집성이 없으면 문제행동에 대한 변화를 촉진하는 생산적인 활동이 어렵다.
    ⓔ 응집력에 문제가 있을 때는 다음과 같은 특징이 드러난다. 2016년 기출 ★
      • 비밀유지 원칙이 잘 지켜지지 않는다.
      • 집단원들이 솔직한 감정표현과 반응하기를 꺼린다.
      • 집단원들이 모험 시도를 꺼린다.
    ⓕ 응집력이 높은 집단원의 특징 2014년 기출 ★
      • 다른 집단원들에게 영향을 주기 위해 더 열심히 노력한다.
      • 더 많은 자기개방을 한다
      • 집단규범을 잘 지키고 집단규범 일탈자에게 압력을 가한다.
      • 한 명의 집단원이 중도탈락했을 때 집단의 붕괴에 대하여 덜 민감하게 반응한다.
  ㉡ 높은 생산성
    ⓐ 집단 목적을 달성하기 위해 집단상담자와 집단원 간에 책임을 공유하며 적극적으로 참여한다.
    ⓑ 집단원과 집단상담자 사이의 갈등을 해결하는 것을 통해, 상호 작용에 익숙해지면서 갈등을 다루는 법을 터득한다.
    ⓒ 새로운 행동을 시도하고 변화하려는 노력을 지지하고 격려하는 분위기가 고조된다.

③ 작업단계의 집단발달과제
  ㉠ **자기개방과 감정의 정화**
    ⓐ 자기개방은 목표와 욕심, 기대와 두려움, 즐거움과 고통, 개인적 경험, 고민하는 문제들을 드러내는 것이다.

Section 04 집단상담과정 및 계획과 평가

ⓑ 자기개방을 통해 보다 깊은 자아의식을 확인하고, 보다 상세하고 통합된 자아상을 발전시키며 자신이 남들에게 미치는 영향력을 인식한다.
ⓒ 표출되지 못했던 감정이 집단에서 표출되어 다루어 줌으로써 억누르는데 쓰였던 에너지를 분출하고 감정의 정화가 일어나며 신체적, 정신적 해방을 느낀다.

ⓒ 역기능적인 행동패턴의 탐색과 수용
ⓐ 자기개방과 감정 정화를 통해 심리적 여유를 가지면, 문제를 만들어내는 역기능적 행동 패턴에 대해 탐색한다.
ⓑ 역기능적 행동 패턴뿐 아니라 역기능적인 생각, 감정, 행동, 대인 관계 등을 증명하고 패턴이 나타난 배경을 이해하고 수용한다.

ⓒ 생산적인 대안행동의 선택과 실행
ⓐ 생산적인 성과를 통해 집단원들의 역기능적인 행동이나 상호작용이 감소하고, 대안행동이나 상호작용이 증가한다.
ⓑ 대안행동은 집단에서 브레인스토밍을 활용해 자유롭게 논의하며 찾을 수 있다.

④ 작업단계의 촉진 전략
㉠ 피드백의 활성화
ⓐ 작업단계에서 집단원들은 자발적인 자기개방을 통해 다른 사람들의 피드백을 받고 싶어 한다.
ⓑ 피드백은 즉시성, 지금-여기에 초점을 두고 직접적인 상호작용 방식을 기초로 이루어진다.
ⓒ 효과적 피드백은 분명하고 직접적이며 구체적 행동에 대해 비난 없이 말하는 것이다.
㉡ 문제행동에 대한 직면 : 효과적이고 신중한 직면은 집단원들이 자신의 말과 행동의 차이를 깨닫고 인식하며 행동으로 옮기는 방법을 터득하게 한다.
㉢ 의미의 해석 : 단순한 감정의 분출 정화로는 치료적 한계가 있다. 정화 후에 감정 경험이 갖는 의미를 인지적으로 이해할 수 있도록 해석을 한다.
㉣ 유머 : 효과적인 피드백은 때로 유머스럽게 주어지므로 문제를 다른 시각으로 새롭게 볼 수 있도록 해준다.

⑤ 집단상담자의 역할
㉠ 집단원들이 대부분의 작업을 할 수 있도록 맡겨 준다.
㉡ 집단원을 신뢰하고 자기를 솔직하게 노출한다.
㉢ 구체적인 문제를 집단에 가져와 논의할 때 바람직한 관점과 행동 방향을 모색한다.

(4) 종결단계 2020년, 2016년, 2014년 기출 ★

① 종결단계의 의의
  ㉠ 집단원들과 작별을 하고 각자의 자리로 흩어지는 단계이다.
  ㉡ 집단경험을 통해 변화되고 학습된 것을 총체적으로 정리하고 견고히 하며 효율적으로 적용할 수 있도록 돕는 시기이다.

② 종결단계의 특징
  ㉠ **복합적 감정**
    ⓐ 집단원들은 분리감 또는 상실감을 경험하므로 감정에 초점을 맞추어 이를 확인하고 탐색한다.
    ⓑ 분리감이나 상실감 외에도 실생활에 새로운 행동을 적용할 것에 대한 의구심과, 두려움 동시에 집단 경험을 통해 얻은 성취감, 기대감 등 복합 감정을 갖는다.
  ㉡ **소극적 참여**
    ⓐ 집단의 종결을 예상하여 집단 활동과 참여에 소극적인 자세를 취한다.
    ⓑ 소극적 참여의 원인은 집단원들이 이별을 받아들이고, 집단종결에 대한 저항으로 새롭게 탐색할 문제 제시하기를 꺼리기 때문이다.

③ 종결단계의 집단발달과제
  ㉠ **집단의 발달과정에 대한 요약** : 집단과정에서 인상 깊었던 일과 의미 있는 경험을 떠올려 나누며 학습의 결과를 정리한다.
  ㉡ **집단원의 성장과 변화에 대한 평가** : 집단 시작점과 현재 차이를 비교하고 개별 집단원이 무엇을 학습하였으며 행동에 변화와 성장이 있었는지 평가한다.
  ㉢ **이별 감정과 미해결 과제 다루기**
    ⓐ 이별에 대한 아쉬움을 공유하고 나눈다.
    ⓑ 개인적인 문제에 대한 해결을 마무리하지 못한 아쉬운 사람이 없는지 확인하고 집단원이 홀가분한 기분으로 떠날 수 있도록 돕는다.
    ⓒ 종결회기에서 심층적인 문제를 노출하면 상담자는 개인상담으로 진행되도록 권할 수 있으며 종결회기에서 충분히 다룰 수 없음을 이해시키고 집단원의 미진한 마음은 표출하되 행동은 제한한다. 때에 따라 집단원의 합의하에 시간을 가질 수 있으나 집단원을 설득해서라도 다루는 것은 바람직하지 못하다.
  ㉣ **작별인사** : 상호 간 언어와 비언어로 작별의 인사를 교환하고 마무리한다.

④ 종결단계의 촉진 전략
  ㉠ **행동변화의 실습** : 역할극이나 시연을 통해 새로운 행동을 실습하고, 집단 밖에서도 작업을 계속하도록 격려한다.

ⓒ **피드백 주고받기**
    ⓐ 집단원들은 피드백을 주고받으며 자신과 타인에 대한 실험적 행동을 평가한다.
    ⓑ 종결단계는 다양한 것을 분명하게 피드백하는 과정에 따른다.
    ⓒ 종결단계는 집단을 마무리하는 단계이므로 긍정적인 것에 초점을 맞추고 성취한 것에 대해 구체적으로 피드백 한다.
 ⓒ **배운 것을 실천하는 방법** : 집단원으로 하여금 배운 것을 행동으로 옮기도록 도와준다.
 ⓔ **다짐하기** : 마지막 시간에 앞으로의 다짐을 하도록 한다.
⑤ 집단상담자의 역할
 ㉠ 상담회기를 정리하고 집단원의 성장과 변화에 대해서 확인한다.
 ㉡ 종결 시 일어나는 복잡한 감정을 다룬다.
 ㉢ 추수상담을 계획한다.
⑥ 추수단계
 ㉠ 상담이 끝나고 3개월에서 6개월 후 추수 모임을 갖는다.
 ㉡ 추수상담 시간은 상담이 끝난 후 계속 직면했던 어려움을 이야기하고, 상담하는 동안 겪었던 가장 긍정적인 경험을 잊지 않기 위해 어떻게 했는지 이야기한다.

2 집단상담 계획과 평가

(1) 집단상담의 계획 2021년, 2020년 기출 ★

① 집단상담의 목적 설정
 ㉠ 집단의 목적 설정을 위해서는 잠재적 수혜자들의 요구 조사가 선행되어야 한다.
 ㉡ 집단의 대상을 명확히 하고 합당한 근거를 바탕으로 적용할 이론을 결정한다.
 ㉢ 개개인은 서로 다른 목적, 목표를 가지고 있으므로 집단의 목적을 분명히 밝힘으로써 개인의 집단참여 목적을 집단목적에 부합하도록 하는 것이 집단성과에 효과적이다.
 ㉣ 집단의 목적을 분명하게 하는 것은 집단의 크기, 집단의 자격, 회기시간과 회기회수 등과 같은 세부사항을 쉽게 결정할 수 있다.
 ㉤ 집단상담 목표는 구체적이고 평가가능하며 정해진 시간에 달성할 수 있어야 한다.
 ㉥ 목표가 정해지면 집단에 적절한 활동내용을 결정한다.

② 집단상담의 계획 순서 2018년, 2014년 기출 ★
 ㉠ 대상자들에 대한 욕구를 파악한다.
 ㉡ 계획안을 작성한다.
 ㉢ 집단원을 사전 면담하고 난 후 집단원을 선정한다.

ㄹ) 선정된 집단원을 대상으로 사전검사를 실시한다.
③ **집단상담의 운영 계획** 2018년 기출 ★
  ㉠ **집단의 크기**
    ⓐ 집단원의 수가 어느 정도가 적당한지를 파악한다.
    ⓑ 너무 많으면 적극적이고 주도적인 집단원만 참여하게 되고 상호작용이 감소하며 개인의 문제를 다룰 시간이 부족하다.
    ⓒ 너무 적으면 집단원들 사이의 다양성이 감소되고 상호작용이 둔화될 수 있다.
    ⓓ 집단의 크기는 내담자의 연령, 집단상담자의 경험, 집단의 형태, 탐색될 문제 등에 따라 달라지나 보통은 7~15명 범위 안에서 이루어진다.
  ㉡ **상담 장소**
    ⓐ 물리적 환경은 중요하며 활동에 집중할 적당한 크기의 정돈된 장소로 사생활 보호가 필수이다.
    ⓑ 집단원이 원형으로 둥글게 앉을 수 있는 장소가 알맞으며 장소 중앙에 가구를 두는 것은 비언어적 의사소통에 방해를 줄 수 있다.
    ⓒ 집단 시 녹음 또는 시청각 기재를 사용하면 반드시 사전에 집단원의 허가를 얻어야 한다.
  ㉢ **집단원 구성**
    ⓐ 집단을 이질적인 집단으로 구성할 것인가 혹은 동질적인 집단으로 구성할 것인가를 결정해야 한다.
    ⓑ 동질집단은 연령, 성별, 직업, 관심사 등이 비슷하고 집단원들이 유사한 문제를 갖고 있으므로 응집력이 강해진다. 이질집단은 다양한 경험을 나누고 현실검증의 기회를 가질 수 있다.
    ⓒ 일반적으로 어떤 특정한 욕구가 있는 특정 대상자의 경우에는 이질적인 집단보다 동질집단 구성이 더 적절하다.
  ㉣ **회기의 길이·빈도·모임시간**
    ⓐ 아동과 청소년은 짧은 기간 동안 자주 만나는 것이 주의집중하기 좋으며 성인의 경우는 매주 1회기 90~120분 정도가 적당하다.
    ⓑ 마라톤 집단은 회기를 연속적으로 이어가는데 보통 12시간, 24시간, 48시간 등 정해진 기간 동안 지내며 전적인 자기표출과 집약적 상호 직면, 정서적 몰입과 참여가 강조된다.
  ㉤ **집단의 개방성**
    ⓐ 개방집단은 집단이 허용하는 한도 내에서 새로운 구성원을 받아들이는 것이며, 폐쇄집단은 상담의 시작 시 참여했던 구성원들만으로 끝까지 유지되는 집단이다.
    ⓑ 폐쇄집단이 응집력을 갖는 데는 더 효과적이다.

Section 04 집단상담과정 및 계획과 평가

ⓒ 개방집단에서 집단원이 들어오는 경우 집단에 제대로 참여하는 방법을 배울 수 있도록 오리엔테이션을 제공해야 한다.
ⓑ 집단의 구조화
　ⓐ 집단상담자가 통제하는 구조화 집단과 집단원이 중심이 되는 비구조화 집단으로 나뉜다.
　ⓑ 비구조화는 집단의 역동과 과정을 강조하고, 구조화는 집단원이 당면한 과제의 어려움을 감소시키기 위해 구체적이고 제한된 목적에 초점을 맞춘다.
ⓢ 평가 계획
　ⓐ 집단상담을 계획할 때부터 수립된 목표의 달성 및 집단상담의 효과성을 평가하기 위한 평가계획을 수립한다.
　ⓑ 무엇을 평가할 것인지, 누가 평가할 것인지, 언제 평가할 것인지, 어떠한 방법으로 평가할 것인지, 평가 결과는 어떻게 처리할 것인지 구체적인 계획이 필요하다.

④ 집단상담의 활동 계획 2018년, 2017년, 2015년 기출 ★
　㉠ 전체회기의 계획
　　ⓐ 가능한 주제를 목록화한 다음 집단의 초기, 중기, 종결단계까지 다룰 주제를 순서대로 계획해야 한다.
　　ⓑ 초반 첫 회기는 집단상담자가 해야 할 일이 많고 중요하다. 집단원을 소개하고 목적을 분명히 하며 긍정적인 분위기를 만들고, 지침이나 규칙을 인지시키고 유지하도록 한다.
　　ⓒ 일반적으로 구조화 집단상담에서는 초기에 집단원 간 이해와 신뢰감을 높이는 활동 중심으로 배열한다.
　　ⓓ 과제를 수행하지 않거나 결석한 집단원을 위한 계획도 수립한다.
　㉡ 각 회기의 제시방법 계획 2015년 기출 ★
　　ⓐ 전체 회기 흐름을 계획하고 각각의 회기를 구체적으로 계획해야 한다.
　　ⓑ 회기를 제시하는 방법이나 전략을 중요하게 고려해야 한다.
　　ⓒ 집단의 특성을 이해하고 에너지 수준을 고려하여 회기 당 활동을 계획한다.
　　ⓓ 활동방법을 선택할 때는 다양한 형식으로 진행하는 것이 유익하며 아동, 청소년은 흥미를 끌만한 다양한 방법을 창의적으로 생각할 필요가 있다.
　　ⓔ 활동방법을 선택할 때 물리적 장소, 사용기제 등도 고려해야 한다.
　㉢ 한 회기의 계획
　　ⓐ 초보 집단상담자는 시간 계획을 짜는 데 실수를 한다. 도입에 너무 긴 시간을 할애한다든지 반대로 도입시간을 계획하지 않거나 적게 배정하는 경우도 있다.
　　ⓑ 한 회기 동안 너무 많은 활동을 계획하여 집단원들이 충분히 생각할 시간이 적어지면 안 된다.
　　ⓒ 한 회기를 계획할 때 도입단계, 전개단계, 마무리단계 세 단계로 구성한다.

② 집단상담자가 회기를 시작할 때 집단원의 참여를 활성화하는 작업 2018년 기출 ★
  ⓐ 지난 회기에서 다루었던 주요 내용을 언급하면서 이번 회기의 계획을 말해준다.
  ⓑ 이번 회기에서 나누고 싶은 이야기를 집단원들이 돌아가면서 한 두 문장 정도 소개한다.
  ⓒ 집단상담에 방해되지 않는 범위에서 집단의 주제와 관련된 뉴스, 날씨에 대해 간략히 언급한다.
  ⓓ 긴급한 질문이나 대답을 요하는 문제가 있으면 시간을 할애한다.
㉤ 집단계획서 작성 2017년 기출 ★
  ⓐ 실제적인 고려사항을 계획하면 집단계획서를 구체화한다.
  ⓑ 집단계획서는 필요성과 목적, 집단프로그램 활동, 집단대상, 집단유형, 집단의 크기, 집단일정, 장소, 집단원 수, 집단원 선발방법, 홍보방법, 기대효과 및 평가로 되어 있으며 기관일 경우 예산 책정까지 포함한다.

⑤ 집단상담 홍보 및 집단원 선발
  ㉠ 홍보와 집단원 모집 : 집단에 대한 기본적인 계획이 세워지면 집단원을 모집하기 위해 공고를 내고 홍보한다.
  ㉡ 집단원 모집
    ⓐ 집단원 선발은 집단의 목표와 밀접하게 관련되어 있어야 한다.
    ⓑ 집단원의 선발방법은 개별면접이나 질문지를 활용한 예비면담과, 교사나 다른 치료자의 소개에 의해 집단에 적합한 집단원을 선발하는 의뢰자에 의한 선발이 있다.

(2) 집단상담의 평가 2021년, 2019년, 2018년, 2017년, 2016년, 2015년, 2014년 기출 ★
  ① 집단상담 평가의 의의 2017년, 2014년 기출 ★
    ㉠ 집단 활동을 통해 어느 정도의 목표가 달성되었는지, 집단원의 변화와 발전은 어느 정도인지를 알아보는 과정으로 일차적 목적은 목표 관리이다.
    ㉡ 집단원들의 솔직한 평가와 의견 교환은 집단의 장점과 문제점을 확인하고 개선점을 제공하는 기회가 되며, 집단상담의 계획, 유지, 보완, 수정, 폐기 여부에 반영된다.
    ㉢ 집단상담의 평가계획은 집단상담을 계획할 때부터 수립한다.
    ㉣ 양적 평가와 질적 평가로 이루어질 수 있다.

> **Plus Study** ● 상대평가와 절대평가
>
> 집단상담 평가 준거에 따라 상대평가와 절대평가로 구분할 수 있다.
> '상대평가'란 비교 준거집단을 미리 정해 놓고 특정 집단원의 비교 준거집단 내의 상대적 위치를 평가하는 것이다. 반면 소정의 목표 달성 정도만 초점을 두고 평가하는 것을 '절대평가'라고 한다.

② **집단상담의 평가 대상** 2018년, 2016년, 2015년 기출 ★
  ㉠ 집단상담 평가 대상에 따라 '집단원 평가', '집단상담자 평가', '집단상담프로그램 평가', '집단상담기관 평가'가 평가의 대상이 될 수 있다.
  ㉡ 누가 평가하는가는 집단상담자, 집단원, 집단상담 기관이 주체가 될 수 있는데, 집단원과 집단상담자는 평가 대상이면서 평가자가 된다.
  ㉢ 평가방법은 자기보고식 평가, 관찰이나 타인평정, 면접, 검사, 집단 내 공개토의 등의 방법을 통해 정보를 수집하여 평가한다.
  ㉣ 집단상담자는 집단상담에 일차적 책임이 있으며 집단원의 변화 및 성장, 집단과정, 자기 자신에 대한 평가 모두 실시해야 한다.
  ㉤ 집단원은 자신의 변화 또는 성장발달과 집단상담 참여 후 만족도를 평가한다.
  ㉥ 집단원에 대한 평가는 집단원의 바람직한 행동변화, 집단원의 태도, 문제행동, 집단에서의 역할에 대한 관찰 및 평가이다.
  ㉦ 집단상담자에 대한 평가는 집단상담자의 기술과 자질, 개입 전략이나 집단 운영방식 등을 평가한다.
  ㉧ 집단상담 과정에 대한 평가는 집단의 분위기나 응집성, 집단활동에서의 구성원들의 상호 작용 및 인간관계의 형태 등이 포함된다.

③ **집단평가의 시점**
  ㉠ **매 회기가 끝날 때** : 회기가 끝날 때 약 15분 정도 회기에서 일어난 일의 원인, 과정, 결과, 영향, 집단에 미친 영향에 대해 논의한다.
  ㉡ **전체 집단 과정의 중간** : 한 회기 자체를 평가로 활용할 수 있으며 질문지나 평정 척도, 자유 기술 형식의 평가서를 활용하기도 한다.
  ㉢ **집단의 종결 시점** : 1~2회기에 걸쳐 평가가 이루어진다. 집단상담의 전체 경험에 관한 평가로 집단경험의 전반적인 느낌과 상호 교환, 도움이 되었던 점, 아쉬웠던 점 등을 솔직하게 피드백한다.
  ㉣ **추후 평가** : 집단상담의 전 과정이 끝나고 2~3개월이 지난 후 진행 과정, 효과, 계획의 실행, 역동과 개인의 목표 달성치 등을 평가한다.

④ **집단평가의 방법** 2020년 기출 ★
  ㉠ **공개토의 방식** : 느끼거나 생각한 바를 솔직하게 털어놓고 의견을 교환하는 방식으로 사전에 특별한 준비가 필요하지 않다는 장점이 있다. 단점은 평가 규준의 불분명함, 일관성과 체계 부족으로 효율성이 떨어지고 시간 낭비의 위험이 있다.
  ㉡ **단어 연상법** : 집단 경험에 대한 느낌을 묻는 질문에 즉각적으로 떠오르는 단어를 종이 위(보드)에 쓰도록 한다. 시간 절약, 정직한 느낌 반영, 집단에 대한 의미 있는 자료를 제공한다.

ⓒ 관찰자 혹은 기록자를 이용하는 방법 : 특정 집단원을 선정하여 집단 과정과 집단원의 행동에 대해 관찰 기록 후 집단에 피드백을 하게 하는 방법이다. 집단원들의 동기 수준, 집단의 일반적 분위기, 집단과정의 방향, 지도 기술, 집단에 영향을 미치는 다른 요인들도 주의해서 관찰한다.
ⓔ 녹음이나 녹화를 이용하는 방법 : 관찰자를 대신하여 집단활동을 빠뜨리지 않고 기록할 수 있다. 억양의 변화, 정서적인 특징까지도 나타낼 수 있어 매우 효과적이며, 평가의 객관성을 유지할 수 있는 장점이 있다.
ⓜ 측정도구를 이용하는 방법 : 객관적인 상태변화의 증거를 위한 것으로 무기명으로 답할 수 있는 질문이나 평정척도를 사용한다.

⑤ **집단평가의 내용** 2015년, 2014년 기출 ★
㉠ 집단 자체에 관계되는 평가
ⓐ 집단의 발달 단계(초, 중, 결) 목적, 이론적 배경, 문제와 관심의 초점 등에 따라 달라질 수 있다.
ⓑ 집단의 분위기, 응집성, 집단상담자의 행동, 집단원의 역할, 집단 과정의 방법과 절차, 집단의 의사소통이나 인간관계의 형태 등을 평가한다.
ⓒ 젠킨스(Jenkins) 평가내용 : 목표 지향적 방향성, 활동의 성취도, 진전 속도, 집단 자원 활용수준, 집단활동 개선책
ⓓ NTL : 효율적 집단기능, 광범위한 사회목표 인식, 자원 충분히 활용, 구성원 성장 증진
㉡ 집단원의 성장에 관한 평가 내용
ⓐ 집단상담의 궁극적 목적으로 참여자 개인의 행동 변화와 성장 발달을 평가하는 것이다.
ⓑ 집단원의 역할행동 평가 : 집단 과업 성취를 돕는 역할행동, 집단의 유지·발전을 돕는 역할행동, 개인의 욕구 충족을 위한 역할행동 등을 평가내용으로 한다.
ⓒ 집단원의 개인적 행동목표 달성 평가 : 집단상담이 시작되기 전 작성한 개인의 상담 목표로 측정 및 관찰 가능한 행동목표 확인, 개인 평가서 작성, 집단원 전체를 위한 공통 평가서 활용 등을 평가내용으로 한다.

⑥ **과정분석** 2017년 기출 ★
㉠ 집단회기에서 경험한 사고패턴, 감정패턴, 행동패턴, 대인관계패턴, 쟁점 등에 관하여 성찰한 내용을 서로 공유하는 활동이다.
㉡ 과정분석은 집단원의 삶을 탐색할 수 있도록 도우며 과거경험이 현재 어떤 영향을 미치는지 탐색하도록 한다.
㉢ 과정분석은 사고와 감정을 촉발시켜서 집단논의를 도출하는 촉매역할을 한다.
㉣ 모든 집단원이 골고루 이야기하도록 하며 말을 하지 않거나 소극적인 참여자도 격려해서 참여할 수 있도록 한다.

Section 04 집단상담과정 및 계획과 평가

> **Plus Study • 집단상담 평가과정**
> 평가계획 수립 – 정보수집 – 현상기술 – 현상설명 – 대안제시 – 재과정

3 청소년 집단상담의 실제

(1) 청소년 집단상담의 특징

① 청소년 집단상담의 필요성
  ㉠ 청소년기는 중요한 타인(significant others)이 부모나 교사에서 또래, 친구들로 변화되어 또래의 영향을 많이 받게 되는 시기이므로 집단상담이 필요하다.
  ㉡ 청소년은 또래와 관계하는 방법이나 또래들과 공유하는 것에 관심이 많으며 또래의 모델링이 가장 많이 일어나는 시기이므로 집단상담이 필요하다.
  ㉢ 또래들이 주는 피드백에 매우 민감하며 또래 속에서의 소속감과 안정감을 찾으려 노력하는 시기이기에 집단상담이 필요하다.
  ㉣ 청소년은 자신들의 생활 대부분을 또래와 지내고 있기 때문에 또래에 대한 친밀감이 높아 집단상담이 필요하다.

② 청소년 집단상담의 이점 `2018년, 2017년 기출` ★
  ㉠ 집단상담은 청소년이 또래집단에서 감정과 경험을 나누게 함으로써 '자신만이 특이하다'라는 생각에서 벗어나게 한다.
  ㉡ 집단상담은 상담자가 제공하는 안전한 구조 속에서 독립적 행동을 연습한다.
  ㉢ 집단상담은 개인상담 시 성인과의 관계에서 오는 불편함을 감소시켜 준다. 일대일 관계는 청소년에게 불편할 수 있고, 권위적인 어른과 좋은 관계를 맺지 못하는 청소년에게는 위협적일 수 있는 상황을 해소할 수 있다.
  ㉣ 성인 집단상담자와의 새로운 관계형성 및 힘의 균형을 경험하면서 성인과의 효과적인 상호작용 기술을 학습할 수 있다.
  ㉤ 집단상담은 청소년기의 자의적 사고에 도전하게 한다. 자기중심적이며 타인에 대한 배려가 적은 시기에 청소년의 행동을 변화하도록 한다.
  ㉥ 집단상담은 청소년에게 새롭게 터득한 사회기술을 연습할 수 있는 공간을 마련해 줌으로써 청소년이 새로운 사회기술을 배우는 장이 된다.
  ㉦ 외부적 위협을 느끼지 않으면서 현실적 문제상황에 대한 자기 나름대로의 적응 및 대처 방안을 체득할 수 있다.

◉ 부모나 교사의 일방적인 요구나 기대에서 벗어나 자신이 정말 원하는 것, 자신의 삶의 목표, 자신이 가장 중요하게 생각하는 가치 등을 찾을 수 있으며, 다양한 사람들과의 만남이나 경험을 통해 견고해질 수 있다.

(2) 집단 구성 2019년, 2016년 기출 ★

① 집단원 선별
  ㉠ **10~14세 청소년** : 부인하고 외형화하여 생각을 확고히 굳히는 경향이 있으며 더욱 자기의식적이면서 자기인식에는 큰 관심을 보이지 않는 특징이 있다. 집단구성원들이 모두 남자이거나 모두 여자인 동성집단일 때 더 잘 기능한다.
  ㉡ **15~18세 청소년** : 큰 분노도 참을 수 있게 되며 남녀가 함께 있는 집단에서 서로 어떻게 상호작용하는지를 배우는 것이 중요하다.

② 집단의 크기 결정
  ㉠ 집단의 크기는 최소 6명 집단에서 최대 12명 집단 크기로 구성하는 것이 효과적이다.
  ㉡ 2~3명의 청소년들로 구성하면 역동적인 집단경험을 하지 못하게 되며 15명 이상의 집단에서는 구성원들에게 오히려 집단이 압도된다.
  ㉢ 집단은 폐쇄집단으로 구성하는 것이 효과적이다.
  ㉣ 집단이 일단 시작되면 더 이상 다른 참가자를 받지 않아야 하며, 집단 실시 기간에 대해서도 집단을 시작할 때 미리 집단원들에게 알리는 것이 좋다.
  ㉤ 청소년 집단상담은 구조화된 집단이나 반구조화된 집단이 효과적이다.

(3) 집단 진행과정 2016년, 2015년, 2014년 기출 ★

① 준비단계
  ㉠ **요구파악** : 집단상담에 관련된 사람들의 욕구를 알아본다.
  ㉡ **집단상담계획서 만들기** : 주제를 결정한 후에는 어떤 활동을 할 것인지, 어떻게 진행할 것인지, 구체적이고 상세한 집단상담계획서를 만든다.
  ㉢ **집단원 모집** : 집단상담에 참가하기 위한 집단원을 찾는다.
  ㉣ **부모, 보호자의 승인 얻기** : 청소년이 집단상담에 참가하기 위해서는 부모나 법적 보호자의 문서화된 승인서를 반드시 제출해야 한다.
  ㉤ **사전 집단 면담하기**
    ⓐ 청소년으로부터 동의를 받기 위함이다.
    ⓑ 청소년의 서약을 요청하기 위함이다.
    ⓒ 선정을 결정하는 데 도움이 될 자료를 획득하기 위해서이며 개별적으로 이루어진다.
  ㉥ **집단원 선정하기** : 집단원들의 동질성과 이질성을 고려해야 한다.

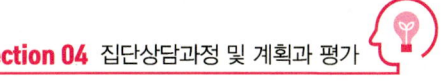

② 상담활동 단계 2015년 기출 ★
  ㉠ **사전 검사 실시하기** : 집단원들의 집단 경험에 대해서 가치 있는 정보를 제공해 준다.
  ㉡ **집단 활동 실시하기** : 각 회기를 실시할 때 상담자는 회수, 활동 내용, 시간 스케줄을 다양하게 할 수 있다. 청소년 집단상담은 8~12회기가 적당하며 8회기보다 적게 실시했을 때 집단상담의 역동성을 충분히 다루지 못할 수 있다.
    ⓐ 초기 활동 : 친밀감을 형성할 수 있는 활동
    ⓑ 중기 활동 : 자신을 탐색하고 수용할 뿐 아니라 타인을 이해하고 수용하는 활동
    ⓒ 종결 활동 : 장을 마무리 하는 활동 예 장점세례, 피드백주기, 묘비명쓰기
  ㉢ **사후검사 실시하기** : 집단상담 종결 후 사전검사와 동일한 도구로 사후 검사를 실시한다.
  ㉣ **사후 집단에 대한 추후 지도와 평가하기** : 마지막 회기 이후 한 달 내지 두 달 뒤에 하는 것이 적당하다. 집단에서의 성취와 집단에서 일어났던 일들에 대해 생각을 나누는 기회를 가지고, 추후 지도는 청소년의 행동변화의 목표를 달성하는 것, 새로운 목표를 정하는 것, 방해를 극복하는 것에 대해 지지와 아이디어를 제공한다.

③ 집단활동의 목적 2015년 기출 ★
  ㉠ 청소년 집단상담에서 적절한 활동은 매우 긍정적인 효과를 가져온다.
  ㉡ 집단 활동에는 쓰기, 동작, 이인체계, 삼인체계, 라운드, 창조적인 보조도구, 예술과 공예, 상상, 읽기, 피드백, 신뢰, 경험적인 것, 도덕적 딜레마, 집단의 결정, 접촉 등이 있다.
  ㉢ 활동은 안정감을 증가시키며 편안한 참여를 촉진한다.
  ㉣ 활동은 집단상담자에게 유용한 정보를 제공한다.
  ㉤ 활동은 상호작용을 생성하고 집단에 집중(초점)시키는 데 도움이 된다.
  ㉥ 활동은 초점을 이동시킬 수 있다. 새로운 주제가 필요하다고 느낄 때 초점을 이동시키기 위해 활동을 사용한다.
  ㉦ 활동은 초점을 심화시킬 수 있다. 집단원이 자신에 대한 통찰력을 얻도록 하는 데 도움이 된다.
  ㉧ 활동은 경험 학습의 기회를 제공한다.
  ㉨ 활동은 재미와 긴장완화를 제공한다.

(4) 청소년 집단상담자 2021년, 2020년, 2016년 기출 ★
  ① 청소년 집단상담자 역할
    ㉠ 청소년에 대해 호감이 있어야 하고, 정서적·신체적·관계적인 면에서 청소년을 이해해야 하며 언어와 문화에 대한 이해와 감수성이 필요하다.
    ㉡ 청소년의 가치를 받아들이고 존중하는 태도가 필요하며, 어른처럼 명령하거나 주입하기보다 솔직하게 표현하고 개방적이어야 한다.

ⓒ 집단을 운영 시 집단상담자가 주도권을 가지고 집단을 이끌어 가야 한다.
ⓔ 청소년 집단상담자는 진행 내용을 구조화하되, 내용을 구체화하여 진행하는 것이 좋다.
ⓜ 청소년은 또래의 영향을 많이 받기 때문에 집단원의 피드백을 적극 활용한다.
ⓗ 청소년 집단상담은 일반적으로 구조적 집단상담으로 하며 역동적인 활동을 많이 하도록 한다.
ⓢ 진로와 학습을 주제로 하는 집단상담은 교육이나 지도 형태로 진행하는 것이 좋다.
ⓞ 청소년 대상 집단은 재미있게 운영되도록 하며 게임이나 활동을 활용한다.
ⓩ 남성과 여성의 공동상담자 형태는 집단원에게 성 역할 모델을 제공한다.
ⓧ 비자발적인 집단원은 집단에 대한 불편감을 가지고 있으므로 감정을 나눌 수 있는 기회를 갖도록 한다.
ⓚ 연령이 낮을수록 부모나 보호자에게 집단의 목적과 진행 과정, 절차에 대해 설명해 주어야 한다.
ⓣ 집단원들이 회기 밖에서 관계를 맺는 것이 집단 역동에 미치는 영향을 논의한다.
   ※ 집단상담에서 완벽한 비밀보장이 어려움을 알려준다.

② 집단상담자의 태도 및 개입 2017년, 2015년 기출 ★
  ㉠ 지도자 역할을 하려는 집단원의 이해와 개입 2015년 기출 ★
    ⓐ 지도자처럼 질문 정보 탐색, 조언을 함으로써 자신이 집단에서 취약해지는 것을 방어하려는 반응이 될 수 있다.
    ⓑ 집단원은 집단에 참여한 자신의 일차적 문제를 다룰 기회를 상실할 수 있다.
    ⓒ 다른 집단원이 싫어하는 경향이 있고, 집단원의 진전을 방해할 수 있다.
    ⓓ 지도자 역할을 하려는 행동의 동기를 살펴보는 질문을 하면서 집단에서 자신의 목표 달성을 위해 어떤 역할을 할 것인지 결정하게 한다.
  ㉡ 비자발적인 집단원의 개입 2017년, 2014년 기출 ★
    ⓐ 적극적인 참여의 중요성을 설명한다.
    ⓑ 침묵할 자유와 권리가 있음을 알려준다.
    ⓒ 집단에 억지로 참여하게 된 것에 대한 솔직한 감정을 표현할 수 있도록 한다.
    ⓓ 집단원이 수용받는 경험을 하게 한다.
    ⓔ 집단을 거부할 권리나 비밀유지 등을 고지한다.
    ⓕ 상담자는 진실하게 대하고 집단원의 욕구와 특성에 맞는 흥미롭고 창의적인 활동을 계획한다.
    ⓖ 기대 이하의 수준으로 집단에 참여한 경우 집단상담을 받은 것으로 인정하지 않을 수 있음을 설명한다.
    ⓗ 개별면담을 통해 참여에 대한 감정과 생각을 탐색한다.
      ※ 충분히 설명하고 사전동의 절차를 시행하지만 집단상담에 적절하지 않다고 판단되면 개인상담을 권한다.

Section 04 집단상담과정 및 계획과 평가

ⓒ **다문화가정 청소년 대상 집단상담 시 태도** `2017년 기출` ★
  ⓐ 다른 인종, 민족 집단에 대한 자신의 고정관념과 편견을 검토하고 교정한다.
  ⓑ 집단원들이 다문화에 관심을 표현하지 않아도 문화적 차이를 고려하여 집단을 운영한다.
  ⓒ 다문화집단의 문화적 유산 및 역사적 배경에 대한 지식을 습득한다.
  ⓓ 문화적으로 적절한 기법을 사용한다.
  ⓔ 집단원의 행동은 인종 문화와 관련이 있음을 인식한다.

ⓓ **비밀유지 원칙을 위반한 집단원**
  ⓐ 문제집단원이 집단에 남게 될 때 다른 집단원들이 비난하거나 공격하는 상황이 발생하는지 주의 깊게 관찰한다.
  ⓑ 문제집단원의 퇴출을 결정할 때 집단원들의 의견을 고려한다.
  ⓒ 문제집단원의 퇴출을 결정할 때 비밀유지 위반의 고의성을 고려한다.
  ⓓ 문제집단원이 퇴출하기로 결정된 후에는 그가 퇴출당하는 것에 대해 느끼는 부정적인 감정을 탐색한다.

ⓔ **비협조적인 집단원** : 과거 상담경험 등을 탐색한다.

(5) 청소년 참여자

① **바람직한 집단상담 참여자 행동**
  ㉠ 상담자를 포함한 집단의 다른 참여자들에게 호감을 갖고 신뢰감을 갖는다.
  ㉡ 미래에 대해 희망적인 느낌을 갖는다.
  ㉢ 선택의 의지와 자유를 느낀다.
  ㉣ 전에 생각했던 것보다 지금 나는 훨씬 매력 있음을 인식하고 행동한다.

② **집단상담 참여자로서 이해하고 기억해야 할 내용**
  ㉠ 집단상담은 목표달성을 위한 집단 활동이다.
  ㉡ 자신에 대해 얼마만큼 이야기할 것인지 결정한다.
  ㉢ 변화에 따르는 저항이 생길 것을 알아야 한다.
  ㉣ 자신의 긍정적인 모습을 발견한다.
  ㉤ 매 회기마다 집단상담 전에 준비하고 집단상담이 끝난 후에 정리한다.
  ㉥ 다른 집단원들에게서 받는 일관된 피드백에 주의를 집중해야 한다.

(6) 청소년 집단상담의 유의사항

① 윤리적 원칙과 법규를 고려해야 한다.
② 종결을 사전에 고지하고 준비시켜야 한다.
③ 약물남용의 경우에는 비밀보장의 원칙을 철회하고 보호자에게 알려야 한다.
④ 미성년자인 경우에는 부모의 동의를 얻어야 한다.
⑤ 집단원으로 하여금 참여동기와 기대, 집단규칙 등에 대해 언어로 표현하게 하는 것은 효과적이다.

(7) 청소년 집단상담의 윤리

① 비밀유지 2020년, 2018년 기출 ★
   ㉠ 청소년들에게 비밀유지에 대해 교육한다.
   ㉡ 집단 과정 중에 비밀유지가 관심사가 되면 회기 중에 이 문제를 다루는 것이 바람직하다.
   ㉢ 비밀유지와 관련된 다문화적 관점을 존중해야 한다.
   ㉣ 초등학생 집단원인 경우 부모나 후견인에게 비밀유지의 중요성을 알려주고 협조를 구한다.
   ㉤ 비밀 예외조항이 있음을 알려준다.
      ⓐ 아동학대, 노인학대, 자살 위험 등이 있을 경우
      ⓑ 전염될 수 있는 감염병이 있는 경우
      ⓒ 법원명령이 있을 경우

Plus Study • 조하리의 창

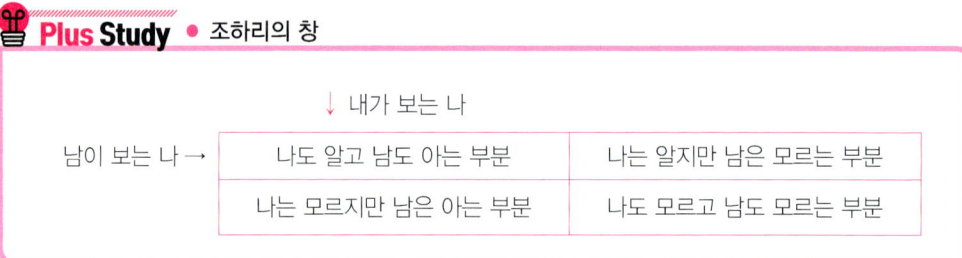

실력 다지기 01 O·X 문제

01 집단상담에서 집단의 압력이 가해지면, 심적인 부담을 느끼게 된 집단원이 압력에 순응하게 되면서 개인의 개성이 상실되기 쉽다.   O, X

02 가지고 있는 문제가 위급하고, 원인과 해결방법이 복잡하다고 판단되는 내담자일수록 여러 명이 함께 문제를 풀어갈 수 있는 집단상담이 더 효과적이다.   O, X

03 Yalom의 치료적 요인 11가지 중 실존적 요인이란 집단성원과의 경험 공유를 통해 각 구성원이 자신들의 인생에 대한 궁극적인 책임은 스스로에게 있다는 것을 배우는 것이다.   O, X

04 자신의 생각이나 동기 없이 의무적으로 또는 타인에 의해 집단에 참여한 사람들로 구성된 집단을 이질 집단이라고 한다.   O, X

05 로저스의 참만남 집단의 15단계 중 상담자의 정확하고 명확한 지시가 없어 어찌할 바를 몰라 행동적·언어적으로 기웃거리는 단계를 '떼지어 기웃거리는 양식'이라 한다.   O, X

06 행동주의 집단상담에서는 상담과정을 교육과정으로 보며 과학적인 방법을 사용한다.   O, X

07 원하는 목표행동에 근접하는 행동을 보일 때마다 강화를 하여 단계적으로 목표행동을 학습하도록 하는 기법을 프리맥 원리라 한다.   O, X

정답 및 해설   01. O   02. X   03. O   04. X   05. O   06. O   07. X

02 집단상담 집단원은 비교적 정상범위에 있어야 한다.
04 이질 집단이 아닌 비자발적 집단이라고 한다.
07 프리맥 원리가 아닌 행동조형이라고 한다.

08 자신의 문제를 희망하는 집단원을 빈자리로 초대하여, 집단상담자와 초대된 집단원 두 사람간의 상호작용을 통해 직접적으로 문제에 접근하는 기법을 뜨거운 자리라고 한다. ◯, ✕

09 어떤 사건이나 상황을 왜곡하여 그 의미를 해석하는 정보처리 과정에서 일으키는 체계적인 잘못을 자동적 사고라고 한다. ◯, ✕

10 집단초기 집단상담자는 규칙과 규범을 설정하고, 집단목표와 진행절차를 설명하며, 개인적 목표를 설정할 때는 드러난 목표만이 아니라 숨겨진 목표도 다룬다. ◯, ✕

11 집단상담자의 개인상담 경험, 집단상담 경험은 개인적 자질에 속한다. ◯, ✕

12 '집단원이나 집단원 주변인에게 닥칠 위험이 분명하고 위급한 경우' 또는 '법원의 명령이 있는 경우' 집단상담자는 집단원의 비밀을 사전 동의 없이 관련자에게 공개할 수 있다. ◯, ✕

13 집단상담과정 중 작업단계에서는 갈등을 경험하고 저항을 자각하며 안정과 능력에 대한 신뢰를 형성한다. ◯, ✕

14 집단진행과정 중 준비단계는 요구파악, 집단상담계획서 만들기, 집단원 모집, 보호자 승인, 사전면담 순이다. ◯, ✕

15 청소년 집단상담에서 상담자는 청소년들을 존중하고 수용하며, 주도권을 청소년들에게 주어 청소년들이 집단을 이끌어가도록 한다. ◯, ✕

정답 및 해설 08.◯ 09.✕ 10.◯ 11.✕ 12.◯ 13.✕ 14.◯ 15.✕

09 자동적 사고가 아닌 인지적 오류라고 한다.
11 집단상담 경험은 전문가적 자질에 속한다.
13 작업단계가 아닌 과도기단계의 특징이다.
15 집단을 운영 시 집단상담자가 주도권을 가지고 집단을 이끌어 가야 한다.

실력 다지기 02 - 단답형 문제

01 집단을 인구통계학적 배경을 가지고 나누는 집단유형은? _____

02 코리(G. Corey)가 주장한 유능한 집단지도자의 개인적 특징 5가지는 무엇인가?
_____

03 구성원들의 행동변화, 개인적인 문제개선, 기능회복을 위한 집단으로 약물중독 치료집단, 우울증 치료를 위한 집단은? _____

04 고전적 조건형성의 기법으로 낮은 수준의 자극에서 높은 수준의 자극으로 점차적으로 유도하여 불안에서 벗어나도록 하는 기법은? _____

05 알아차림을 방해하는 접촉경계혼란 6가지는 무엇인가? _____

06 하나의 행동이나 부분 특성으로 부정적인 이름을 붙이는 인지적 오류는? _____

07 현실치료에서 인간의 5가지 욕구는 무엇인가? _____

08 사람과 사람 간의 피부접촉, 표정, 감정, 태도, 언어, 기타 여러 형태의 행동을 통해 상대방에 대한 자신의 반응을 알리는 인식의 기본 단위를 무엇이라 하는가?
_____

Answer

01 동질집단, 이질집단
02 개인적 힘, 용기, 함께 함, 집단과정에 대한 신뢰, 유머
03 치료집단
04 체계적 둔감법
05 내사, 투사, 융합, 반전, 편향, 자의식
06 잘못된 명명
07 사랑과 소속의 욕구, 힘에 대한 욕구, 자유에 대한 욕구, 즐거움에 대한 욕구, 생존에 대한 욕구
08 스트로크

09 바라지 않거나 바꾸고 싶은 행동을 의도적으로 반복 실시하여 역설적으로 그 행동을 제거하거나 행동에서 벗어나도록 하는 기법은? _____

10 심리극의 구성요소 5가지는 무엇인가? _____

11 코리의 4단계 집단과정을 서술하시오. _____

12 집단의 크기는 내담자의 연령, 집단상담자의 경험, 집단의 형태, 탐색할 문제 등에 따라 달라지나 보통 몇 명의 범위에서 이루어지는 것이 효과적인가? _____

13 집단을 평가하기 위한 방법 3가지 이상을 서술하시오. _____

14 한두 마디의 대답으로 집단상담자가 원하는 정보나 자료를 얻기 위해서 사용하며, 구체적인 상황에 초점을 맞추거나 정확한 정보를 얻는 데 유용한 질문유형은? _____

15 높은 응집력과 생산성을 보이는 집단상담 단계는? _____

Answer

09 역설적 의도
10 무대, 연출자, 주인공, 보조자아, 관객
11 초기단계, 과도기단계, 작업단계, 종결단계
12 7~15명
13 공개토의 방식, 단어 연상법, 관찰자 이용 방법, 녹음이나 녹화 방법, 측정도구 사용 방법
14 폐쇄형 질문
15 작업단계

실력 다지기 03 괄호 넣기

01 집단원이 다른 집단원에게 일으키는 무의식적 감정 태도를 (   )라 하며, 집단상담자가 집단원에게 일으키는 무의식적 감정 상태를 (   )라 한다.

02 집단이 당면한 과제를 해결할 목적으로 운영되는 집단을 (   )이라고 한다.

03 개인상담과 집단상담을 한 사람에게 동시에 받는 것을 (   )상담이라고 하며, 개인상담과 집단상담을 서로 다른 상담자에게 받는 것을 (   )상담이라고 한다.

04 게슈탈트가 해소되고 나면 전경에서 사라지면서 (   )이 된다.

05 현실치료에서 핵심적인 개념으로 3R, 즉 (   ), (   ), (   )을 강조한다.

06 교류분석에서 게임을 한 후 맛보는 불쾌하고 쓰라린 감정을 (   )이라고 하며, 개인의 인생각본의 기본이 된다.

07 해결중심기법 중에서 질문기법 중 면담 전 변화에 대한 질문, 기적질문, 예외질문이 효과가 없을 때는 (   )을 한다. 이 질문은 유일하게 문제 중심적인 부정적인 질문이다.

08 아동, 청소년 집단상담에서 (   )의 경우 부모의 동의를 얻는 것이 법적인 규제는 아니지만, (   )에는 법정대리인의 동의서를 작성해야 한다.

Answer

01 전이, 역전이
02 과업집단(과제해결집단)
03 병행, 연합
04 배경
05 책임(Responsibility), 현실(Reality), 옳고 그름(Right and wrong)
06 라켓감정
07 악몽질문
08 18세 이하, 만14세 미만

09 초점 맞추기는 ㉠ 초점 설정, ㉡ 초점 유지, ㉢ 초점 이동, ㉣ (　　　　)의 네 가지 과정이 필요에 따라 앞뒤로 오가며 이루어진다.

10 (　　　　)는 집단원이 다른 집단원들과 상호작용하게 되면서 그들도 자신과 유사한 감정과 관심을 가지고 있다는 사실을 깨닫게 함으로써 변화를 촉진하는 요소이다.

11 집단의 성과를 낳기 위하여 집단상담의 방향과 목표, 내용, 절차, 방법, 역할 등을 설명하거나 요구하는 것을 집단상담의 (　　　　)라고 한다.

12 (　　　　) 시간은 상담이 끝난 후 계속 직면했던 어려움을 이야기하고, 상담하는 동안 겪었던 가장 긍정적인 경험을 잊지 않기 위해 어떻게 했는지 이야기한다.

13 집단상담 평가 대상에 따라 (　　　　), (　　　　), 집단상담프로그램 평가, 집단상담기관 평가가 평가의 대상이 될 수 있다.

14 청소년이 집단상담에 참가하기 위해서는 (　　　　)의 문서화된 승인서를 반드시 제출해야 한다.

15 청소년 집단상담은 (　　　　) 집단이나 반구조화된 집단이 효과적이다.

Answer
- **09** 초점 심화
- **10** 보편화
- **11** 구조화
- **12** 추수상담
- **13** 집단원 평가, 집단상담자 평가
- **14** 부모나 법적 보호자
- **15** 구조화

2024년 제23회 기출문제

01 다음의 집단원이 말하는 얄롬(I. Yalom)의 치료적 요인을 순서대로 나열한 것은?

○ 나무님이 집단의 도움을 받아 문제를 해결하는 모습을 보니 제게도 용기가 생겼어요.
○ 집단을 통해 제가 다른 사람들에게 어떤 성격으로 보이는지 알게 됐어요.

① 보편성, 대인관계 출력
② 희망의 고취, 대인관계 입력
③ 대인관계 입력, 보편성
④ 희망의 고취, 대인관계 출력
⑤ 보편성, 대인관계 입력

해설 얄롬(I. Yalom)의 치료적 요인

보편성	타인들도 자신과 유사한 감정, 문제 등을 가지고 있음을 인식하는 것
희망의 고취	자신의 문제를 해결할 수 있다는 신념과 희망을 갖게 됨
대인관계 입력	자신이 다른 집단원에게 어떻게 보이는지 알게 됨으로써 스스로에 대한 객관적 시각을 얻는 것
대인관계 출력	타인과의 관계를 보다 잘 맺을 수 있는 새로운 대인관계 기술을 발견, 시도, 습득함
정보제공	상담자나 집단원들로부터 자신에게 도움이 되는 충고나 정보를 얻음
모방학습	상담자나 집단원으로 부터 어떤 모습이나 행동을 배우고 습득하는 것
자기이해	이전에 알지 못했던 자신의 생각, 느낌, 문제가 비롯된 근원을 발견하고 받아들임
가족재구조화	집단내에서 가족의 문제를 치료적으로 재경험하고 자신의 가족에 대해 새롭게 인식함
실존적 요인	인간이라는 존재의 근원적 한계와 존재의 불가피성을 인정함
집단응집력	집단에 소속감을 느끼고 다른 집단원들이 자신을 이해하고 수용해준다고 느낌
정화	자기 마음속에 묻어 두었던 감정을 속 시원하게 털어놓음
이타주의	자신이 다른 사람을 도울 수 있는 존재임을 느끼거나 도움을 주는 행동을 함

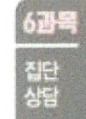

02 코리(G. Corey)의 '작업집단'의 주요 특성으로 옳지 않은 것은?

① 집단원들이 서로 신뢰하고 기꺼이 위험을 감수한다.
② 가까운 집단원끼리 하위집단을 만들기 때문에 전체 집단의 응집력이 높다.
③ 피드백이 자유롭게 오가며 거부감 없이 수용된다.
④ 지금-여기에서 의미 있는 상호작용이 이루어진다.
⑤ 무분별한 공격이 아닌 생산적인 피드백이 이루어진다.

해설 ② 하위집단 형성은 집단 내 갈등을 초래하고 집단의 결속력을 약화시킬 수 있다.

정답 01 ② 02 ②

03 **집단상담 종결단계에서 집단상담자 역할로 옳은 것은?**
① 집단상담 전체과정을 평가하고 지속적 변화를 격려한다.
② 집단원들이 자신의 방어적 패턴을 인식할 수 있도록 돕는다.
③ 집단원들이 구체적인 개인목표를 설정하도록 돕는다.
④ 집단상담의 일반적인 지침과 진행방법에 대해 안내한다.
⑤ 집단원들이 친숙해질 수 있도록 분위기를 조성한다.

해설 ① 종결단계   ② 과도기적 단계
③,④,⑤ 도입단계 (초기단계)

04 **집단상담 초기단계의 집단원 특징으로 옳지 않은 것은?**
① 집단참여와 관련하여 두려움과 주저하는 태도를 보인다.
② 새로운 사람들과의 만남으로 인해 어색함을 느낀다.
③ 집단에 대한 막연한 기대감을 가지기도 한다.
④ 집단상담자에 대한 적대감이나 저항의 표면화가 일어난다.
⑤ 집단이 자기개방을 하기에 안전한 장소인지 탐색한다.

해설 ④ 과도기적 단계에 해당한다.

05 **합리적정서행동치료(REBT) 집단상담의 단계를 순서대로 옳게 나열한 것은?**
ㄱ. 논박을 통해 합리적 사고를 할 수 있도록 돕는다.
ㄴ. 집단원이 문제를 이야기 하도록 한다.
ㄷ. 행동과제를 내주고 다음 회기에 그 결과를 토의한다.
ㄹ. a-b-c모델을 기반으로 집단원의 비합리적 신념을 확인한다.

① ㄱ→ㄹ→ㄷ→ㄴ   ② ㄴ→ㄱ→ㄹ→ㄷ   ③ ㄴ→ㄹ→ㄱ→ㄷ
④ ㄹ→ㄱ→ㄴ→ㄷ   ⑤ ㄹ→ㄴ→ㄷ→ㄱ

해설 ㄴ(선행사건)→ㄹ(신념체계)→ 결과 →ㄱ(논박)→ㄷ(효과)

06 다음의 질문들을 주요 기법으로 사용하는 이론에서 집단상담자의 개입에 관한 설명으로 옳은 것은?

> ○ 당신이 우울하지 않을 때는 언제인가요?
> ○ 당신이 기분이 좋다는 것을 친구들이 무엇을 보면 알 수 있을까요?
> ○ 화내는 대신에 무엇을 다르게 하고 있을 것 같나요?

① 작고 구체적이며 실천 가능한 상담목표를 설정한다.
② 과거경험이 현재 성격에 미치는 영향에 초점을 둔다.
③ 문제의 원인을 파악하는 것이 해결의 지름길이라고 본다.
④ 집단원의 전이 감정에 대한 전문적인 해석을 내린다.
⑤ 집단원이 책임을 회피하는 방식을 점검하도록 한다.

해설 ① 해결중심상담의 질문기법중 예외질문에 해당한다.
※ 해결중심상담의 상담구조와 개입과정
내담자의 문제행동의 원인에 대하여는 관심이 없고 오직 '현재'에만 관심을 가지고 '현재', 작은 것이라도 '무엇부터' 할 수 있는 지 '당장' 바꿀 수 있는 것에 촛점을 둔다.
내담자는 문제를 해결할 능력이 있으며, 상담자는 내담자가 그 능력을 이끌어 낼 수 있도록 질문기법을 통하여 조력자 역할을 한다.

첫회상담	내담자에게 중요한 것, 작고 구체적이며 실천 가능한 상담목표를 설정한다.
중기단계	첫회상담에서 구체적으로 무엇이 나아졌는지 이끌어내고 나아진 것을 확장시키고 강화하며, 그 이외에 또다시 나아진 것에 관해 질문함
종 결	상담을 통해 변화된 것들을 확인하고 종결함

07 심리극 집단상담의 특성으로 옳지 않은 것은?
① 집단구성원을 하나로 묶는 양방향적 공감인 텔레파시가 중시된다.
② 억압된 감정을 표출하고 정화하여 통찰을 일으키도록 한다.
③ 준비-시연-나누기의 순서로 진행된다.
④ 현실에서 일어날 수 없는 일까지 상상하게 하는 잉여현실을 도구로 활용한다.
⑤ 과거 사건을 마치 지금 일어나는 것처럼 재연하게 한다.

해설 심리극은 모레노(Moreno)에 의해 창시된 정신치료 기법으로, 자신의 갈등상황을 단순히 말로 설명하는 대신 그 상황을 직접 연기로 표현함으로써 자신이 가지고 있는 문제의 심리적 차원을 탐구하는 방법으로, 텔레파시와 거리가 멀다.

정답 03 ① 04 ④ 05 ③ 06 ① 07 ①

08 다음의 상담기법들을 사용하는 이론의 집단상담자 역할에 관한 설명으로 옳지 않은 것은?

○ 격려
○ 버튼 누르기
○ 역설적 의도
○ 마치 ~처럼 행동하기

① 그릇된 생활양식을 변화시키도록 격려한다.
② 자기 행동의 목적과 결과에 대해 이해하도록 돕는다.
③ 집단원들의 지금-여기에서의 행동에 초점을 둔다.
④ 집단원의 사회적 관심을 향상시키고자 한다.
⑤ 꿈을 토대로 무의식적 소망과 성적 억압을 해석한다.

해설 보기의 예문은 아들러의 개인심리학의 상담기법에 해당한다. 아들러의 개인심리학은 인간의 그릇된 생활양식이 자기파괴적이 될 수 있다는 입장을 취한다. "정신병리"가 있는 개인은 아프다기보다는 의기소침한 것이며, 치료적 과제는 자기 행동의 목적과 결과에 대해 이해하도록 돕고, 그의 사회적 관심을 활성화시켜 주며, 새로운 생활양식을 발달시켜 주는 것이다.
⑤ 프로이트의 정신분석상담이론에 해당한다.

09 다음의 설명에 해당하는 게슈탈트 집단상담의 심리적 현상은?

○ 밀접한 관계에 있는 두 사람이 같은 생각과 감정을 경험하는 접촉-경계 혼란
○ 서로 독립적으로 행동하지 못하고 의존관계에 빠지는 경우로 지속적으로 진정한 접촉을 어렵게 함

① 내사   ② 투사   ③ 융합   ④ 반전   ⑤ 편향

해설 접촉-경계 혼란을 일으키는 여러가지 심리적 현상

내사	권위자의 행동이나 가치관을 무비판적으로 받아들여 자기것으로 동화되지 못한 채 개인의 행동이나 사고방식에 악영향을 미치는 현상
투사	자신의 생각이나 욕구, 감정을 타인의 것으로 지각하는 현상
융합	예문 참조
반전	타인에게 해주고 싶은 행동이나 타인이 자기에게 해주길 바라는 행동을 스스로 자신에게 하는 행동
편향	감당하기 힘든 환경에 노출될 때 환경과의 접촉을 피하거나 자신의 감각을 둔화시켜 환경과의 접촉을 약화시키는 것

10 교류분석 집단상담에 관한 설명으로 옳지 않은 것은?
① 인간은 스스로 노력하면 변화할 수 있다는 희망을 제시한다.
② 집단에서 이루어야 할 목표를 구체적으로 진술한 계약을 맺는다.
③ 인간관계에 대한 이해를 통해 의사소통 문제를 해결하는데 도움이 된다.
④ 교육적 · 예방적 · 치료적 상담이 가능하다.
⑤ 정서적 접근을 지향하므로 지적 능력이 낮은 집단원에게도 효과적이다.

해설 교류분석 집단상담의 많은 개념들이 인지적인 면이 강하기 때문에 지적 능력이 부족한 내담자들에게는 부적절하며, 단순하고 피상적이며 단지 증상만 완화시키는 것이라는 비판을 받는다.

11 인간중심 집단상담에 관한 설명으로 옳은 것을 모두 고른 것은?

ㄱ. 인간은 본능적으로 자기를 보전하고 유지하며 실현하는 경향성을 가지고 있다고 보았다.
ㄴ. 진실성은 다른 집단원의 내적 참조틀을 통해 그 집단원의 세계를 보는 능력을 말한다.
ㄷ. 로저스(C. Rogers)는 집단상담자를 '촉진자'라고 불렀다.
ㄹ. 집단상담자는 집단원의 과거경험들에 대한 자료 수집에 중점을 둔다.

① ㄱ, ㄴ   ② ㄱ, ㄷ   ③ ㄱ, ㄴ, ㄹ   ④ ㄱ, ㄷ, ㄹ   ⑤ ㄴ, ㄷ, ㄹ

해설 ㄴ. 공감적 이해에 대한 설명이다.
　　　진실성은 상담자가 상담과정 동안에 외부적 표현과 자신의 내부경험을 일치시키는 것이다.
　　ㄹ. 집단상담자는 '지금-여기'를 강조하고 과거경험보다는 현재 집단원들이 어떻게 기능하느냐가 중요하며, 상담에서는 집단원의 현재 감정에 촛점을 맞추고 집단원으로 하여금 그런 감정을 언어적으로 표현하도록 돕는다.

12 다음에 해당하는 정신분석 집단상담 기법은?

○ 현재 상황에서 지속되고 있는 인지적 · 정서적 · 행동적 왜곡 반응을 변화시키기 위해 집단원이 의식적 노력을 계속하도록 하는 것
○ 집단원이 통찰한 내용을 바탕으로 자신의 저항이나 문제를 점진적으로 수정해 나가도록 하는 것

① 자유연상   ② 훈습   ③ 해석
④ 저항 분석   ⑤ 차례로 돌아가기

해설 훈습에 대한 설명이다.
　　④ 저항은 변화에 대한 두려움이며, 저항분석은 집단원이 자신들이 나타내는 저항을 처리할 수 있도록 하기 위하여 저항을 보이는 이유를 깨닫도록 해주는 것이다.
　　⑤ 특정주제나 감정을 집단원들이 차례로 돌아가며 표현하는 기법이다.

정답   08 ⑤   09 ③   10 ⑤   11 ②   12 ②

13 다음 집단상담자의 상담기술에 관한 설명으로 옳지 않은 것은?

> ○ 바다님이 말한 것은 지난 회기에 보라님이 했던 말과 유사한 것 같군요.
> ○ 향기님이 지금 이야기 한 것과 비슷한 경험을 하신 분이 있나요?

① 집단원들 사이에 공감대를 형성한다.
② 공통의 관심사에 주의를 기울이게 한다.
③ 집단원들 간의 보편성을 경험하게 한다.
④ 집단원의 말과 행동의 모순 및 비일관성을 알게 한다.
⑤ 집단원들의 참여를 촉진한다.

해설 ④ 직면시키기 기술에 대한 설명으로 보기예문의 내용과 관련이 없다. 상담자는 직면시키기 기술을 통하여 자기 이해를 도울 뿐 아니라 문제의 원인을 찾도록 할 수 있다.

14 집단상담자에게 전이 반응을 보이는 집단원에 대한 집단상담자의 대처로 옳지 않은 것은?

① 집단원이 그 반응으로 어떤 잠재적 이익을 얻는지 탐색한다.
② 집단원에 대한 집단상담자 자신의 반응을 검토해본다.
③ 집단원이 드러내는 감정이 집단 전체의 의견인지 확인해 본다.
④ 긍정적인 전이 감정은 집단의 흐름을 저해하지 않으므로 다루지 않는다.
⑤ 집단원의 전이 감정을 연상시키는 사람을 집단에서 찾아보도록 한다.

해설 전이는 긍정적이든 부정적이든 전이가 일어나면 상담관계가 위험에 빠질 수 있다.
긍정적인 전이가 일어날 경우 집단원은 상담자에게 과도한 집착을 보이거나 상담자를 우상화할 수 있어 상담관계가 혼란스러워 질 수 있다. 부정적인 전이가 일어난 경우는 집단원이 상담자를 접촉하는 자체가 고통스러울 수 있다. 전이가 발생한 경우에는 전이감정을 직면하고 내담자가 잘 이해할 수 있도록 다루어야 한다.

15 집단상담자의 역할에 관한 설명으로 옳지 않은 것은?

① 촉진자: 집단원의 참여를 권장하고, 집단원이 자기이해와 자기탐구의 깊은 단계로 나아갈 수 있도록 돕는다.
② 모범자: 집단원이 새로운 행동변화를 시도할 수 있도록 분위기를 만들어 주고 집단 과정에서 본보기가 된다.
③ 설계자: 집단원의 성숙한 행동은 강화하고, 미성숙한 행동을 억제하는 사회적 자극이 된다.
④ 참여적 관찰자: 집단의 수용적이고 자율적 분위기 조성을 위해 집단원의 일원으로 참여하고 집단 전체의 상황을 주의 깊게 관찰한다.
⑤ 보호자: 집단원들에게 권리와 책임에 대해 알려주고, 비밀보장의 중요성을 강조한다.

해설 ③ 강화자로서의 역할이다. 설계자로서 상담자는 집단의 목적과 목표에 맞는 집단원들을 선발하고 집단의 구조를 설계하는 역할을 한다.

16 코리(G. Corey)의 집단상담자 전문적 자질로 옳지 않은 것은?
① 충실한 자기돌봄
② 집단계획 및 지도능력
③ 상담이론에 관한 해박한 지식
④ 인간에 관한 폭넓은 식견
⑤ 집단원으로서의 집단 경험

해설 코리(G. Corey)의 집단상담자의 전문적 자질과 인간적 자질

전문적 자질	인간적 자질	
• 집단계획 및 지도능력	• 충실한 자기돌봄	• 함께 함
• 상담이론에 관한 해박한 지식	• 용기	• 유머
• 인간에 관한 폭넓은 식견	• 활력	
• 집단원으로서의 집단 경험	• 집단과정에 대한 신뢰	• 창의성

17 다음 대화에서 집단상담자가 적용한 기술은?

집단원 : 이번 시험에서 실수를 많이 한 것 같아요. 엄마는 제가 시험에서 늘 만점을 받기를 원하시는데… 엄청 화를 내실 것 같아요. 그래서 아직 시험결과에 대해 얘기하지 못했어요.
집단상담자 : 이번 시험에서 실수한 것 때문에 엄마에게 혼날까봐 많이 걱정되는가 보군요. 그리고 엄마에게 이 사실을 말해야 한다는 것이 두렵군요.

① 행동제한
② 반영
③ 직면
④ 자기노출
⑤ 차단하기

해설 반영은 내담자의 말과 행동에서 표현된 기본적인 감정·생각 및 태도를 상담자가 다른 참신한 말로 부여해 주는 것이다.

18 집단상담 계획서에 포함되는 내용으로 옳은 것을 모두 고른 것은?

ㄱ. 집단원의 자격
ㄴ. 회기의 빈도와 시간
ㄷ. 집단성과의 평가 계획
ㄹ. 집단의 명시적, 암묵적 규범

① ㄱ, ㄴ
② ㄴ, ㄷ
③ ㄷ, ㄹ
④ ㄱ, ㄴ, ㄷ
⑤ ㄱ, ㄴ, ㄷ, ㄹ

해설 집단상담계획서에 포함되는 내용
필요성, 목적과 세부 목표, 활동, 구성(집단원의 자격, 인원 등), 일정(회기의 빈도와 시간 등), 집단성과의 평가 계획 및 추후계획

19 학교에서 운영되는 청소년 집단상담에서 집단상담자의 행동으로 옳지 않은 것은?

① 미성년자의 집단상담 참여와 관련된 법률을 숙지한다.
② 집단상담이 운영되는 학교의 상황과 방침을 고려한다.
③ 집단원의 발달단계와 발달과업을 고려하여 집단상담을 계획한다.
④ 학교관계자, 교사, 보호자 및 법정대리인에게 집단상담의 이점을 설명한다.
⑤ 집단상담에서 말한 것은 어떤 내용이라도 부모와 학교관계자에게 비밀을 보장할 것을 약속한다.

> **해설** 청소년상담사는 청소년 내담자 상담 시 사전에 상담에 대한 내담자의 동의를 받고 상담 과정에 부모나 보호자가 참여할 수 있으며, 비밀보장의 한계에 따라 정보를 제공할 수 있음을 알린다

20 청소년상담사 윤리강령의 '다양성 존중'에 해당하는 집단상담자의 태도로 옳은 것은?

① 집단상담을 시작할 때 집단원의 권리와 책임을 알려준다.
② 집단원과 연애 관계 및 기타 사적인 관계를 맺지 않는다.
③ 내담자의 보호자 또는 법정대리인에게 상담에 대한 사전 동의를 받는다.
④ 훈련받지 않은 상담기법을 오남용하지 않는다.
⑤ 자신의 개인적 가치, 태도, 신념을 자각하고, 집단원에게 자신의 가치를 강요하지 않는다.

> **해설** 다양성 존중
> 1. 청소년상담사는 모든 인간의 기본적인 권리, 존엄성, 가치를 존중하며 성별, 장애, 나이, 성적 지향, 사회적 신분, 외모, 인종, 가족형태, 종교 등을 이유로 내담자를 차별하지 않는다.
> 2. 청소년상담사는 내담자의 다양한 문화적 배경을 이해하고, 청소년상담사 자신의 고유한 문화적 정체성이 상담과정에 영향을 주지 않도록 노력해야 한다.
> 3. 청소년상담사는 자신의 개인적 가치, 태도, 신념, 행위를 자각하고 내담자에게 자신의 가치를 강요하지 않는다.

21 비자발적인 청소년 집단상담에서 집단상담자의 역할로 옳은 것을 모두 고른 것은?

> ㄱ. 비자발적인 집단원이라도 사전 동의서를 받는다.
> ㄴ. 집단원 스스로 집단활동 참여 여부를 선택할 권리가 있음을 말해준다.
> ㄷ. 집단을 중도 탈퇴할 경우 발생할 결과에 대해 안내하고 선택할 수 있도록 한다.
> ㄹ. 집단 참여에 대해 느끼는 부정적인 감정을 솔직하게 표현할 기회를 준다.

① ㄱ, ㄴ   ② ㄴ, ㄹ   ③ ㄷ, ㄹ   ④ ㄱ, ㄴ, ㄹ   ⑤ ㄱ, ㄴ, ㄷ, ㄹ

> **해설** ㄱ. 비자발적인 집단원이라도 사전 동의서를 받는다.
> ㄴ. 자발적이든 비자발적이든 집단활동에 참여 여부를 선택하는 것은 집단원의 권리이다.
> ㄷ. 비자발적인 경우, 참여는 의무이지만 참여여부를 선택할 수 있으며, 불참할 경우 또는 중도에 탈퇴할 경우 발생하게 될 결과(예 유예된 형의 집행)에 대해 안내하고 선택할 수 있도록 한다.
> ㄹ. 비자발적인 경우라 하더라도, 집단원들의 솔직한 생각과 감정을 적절한 방식으로 표현할 수 있는 기회를 제공한다.

22 청소년 집단상담의 이점으로 옳은 것을 모두 고른 것은?

ㄱ. 부정적 감정을 다루는 방법을 연습할 수 있도록 해준다.
ㄴ. 다른 또래도 나와 비슷한 감정을 갖고 있음을 알게 된다.
ㄷ. 집단상담자와의 관계를 통해 의존성을 높여 나간다.
ㄹ. 또래와의 대화를 통해 자신과 타인에 대한 관심과 이해의 폭이 확대된다.

① ㄱ, ㄴ   ② ㄱ, ㄷ   ③ ㄱ, ㄴ, ㄹ   ④ ㄱ, ㄷ, ㄹ   ⑤ ㄴ, ㄷ, ㄹ

해설 ㄷ. 청소년과 신뢰를 형성한 상담자가 제공하는 안전한 구조 속에서, 청소년들은 독립적인 행동을 실천해 볼 수 있다
ㄱ. 집단상담자는 집단원들이 부정적 감정을 표현하는 방법과 갈등 상황을 정확하게 인식하고 직면하여 해결하는 법을 집단과정을 통해 습득하도록 해준다.
ㄴ. 집단상담을 통해 본인 이외에 다른 또래도 자신과 비슷한 감정과 생각을 갖고 있음을 알게 되면서, 공감대를 형성하게 되고 힘을 얻게 된다.
ㄹ. 집단상담을 통해 비슷한 관심을 가지고 있는 청소년과 상담자가 한자리에 모여 자신과 타인에 대한 폭넓은 이해와 수용을 경험하며 서로를 성장시켜 나가게 된다.

23 청소년 집단상담의 일반적인 목표로 옳은 것을 모두 고른 것은?

ㄱ. 타인의 감정을 고려하여 자신의 솔직한 느낌을 표현할 수 있도록 한다.
ㄴ. 자신의 흥미와 관심, 능력, 진로 및 적성에 대한 이해를 증진시킨다.
ㄷ. 집단 상호작용을 통해 대인관계 기술을 향상시킨다.
ㄹ. 성장과정에서 일어나는 신체적·인지적·정서적 변화에 대처하는 능력을 키운다.

① ㄱ, ㄴ   ② ㄱ, ㄴ, ㄷ   ③ ㄱ, ㄷ, ㄹ   ④ ㄴ, ㄷ, ㄹ   ⑤ ㄱ, ㄴ, ㄷ, ㄹ

해설 청소년 집단상담의 일반적인 목표
ㄱ. 타인에게 자신의 솔직한 느낌을 표현하면서도 상대방의 기분을 고려하여 의사소통 할 수 있는 능력을 개선시킨다.
ㄴ. 자신의 흥미와 관심, 능력, 진로 및 적성에 대한 이해를 증진시킨다.
ㄷ. 집단상호작용을 통해 가정, 학교 및 사회생활을 할 때 성숙한 방식으로 행동하는 대인기술을 향상시킨다.
ㄹ. 성장과정에서 일어나는 신체적·인지적·정서적 변화에 대처하는 지식과 기술을 증진시킨다
ㅁ. 다양한 생활장면에서의 의미있는 활동목표를 정해줌으로써 자아정체감을 정립하거나 회복하도록 한다
ㅂ. 자신의 관심, 능력 및 적성에 맞추어 생활의 기회를 포착하고, 행동결과를 평가할 수 있는 능력을 증진시킨다.
ㅅ. 자기의 당면한 문제를 인식하고 해결할 수 있는 사회적 태도와 대인관계에서의 자신감을 증진시킨다.
ㅇ. 자신이 믿는 바를 검토하고, 스스로 결정을 내리고, 필요한 위험 부담을 감수하고, 자기의 실수로부터 스스로 배우는 독립심을 키운다.
ㅈ. 자기 행동의 한계를 인정하고 개선하는 데 필요한 활동에 충실히 참여 할 수 있도록 한다.

정답 19 ⑤ 20 ⑤ 21 ⑤ 22 ③ 23 ⑤

24 청소년 집단상담 운영 시 집단상담자의 전략에 관한 설명으로 옳지 않은 것은?

① 집단이 진행될수록 권위자로서의 주도권을 높여 나간다.
② 집단이 비생산적으로 흐를 때에는 집단의 방향을 재구조화한다.
③ 흥미를 끌기 위해 다양한 매체와 도구를 사용할 수 있다.
④ 집단원의 가치와 생각을 존중해 준다.
⑤ 청소년에 대한 호감과 이해하는 태도를 보여준다.

해설 집단상담자는 집단원의 의견을 존중하고 집단원들에게 더 자율성을 허용해야 한다.

25 감수성 훈련집단에 관한 설명으로 옳지 않은 것은?

① 집단원이 가진 기존관념의 해빙이 중요하다.
② 심각한 기능상의 문제와 증상 치료를 목표로 한다.
③ 지금-여기에서의 상호교류를 강조한다.
④ 자신과 타인의 반응에 대한 알아차림과 통찰이 촉진된다.
⑤ 상대방의 이야기가 나에게 어떤 느낌을 주었는지 피드백으로 되돌려 주는 것이 권장된다.

해설 심각한 기능상의 문제와 증상 치료를 목표로 하는 것은 다양한 심리치료접근법이 있다.
① 감수성훈련은 소집단으로 상호작용을 하면서 인간관계에 대한 이해와 기술을 향상시키고자 하는 사회성 훈련으로, 구성원의 고정관념이나 선입관 또는 관습적인 행동 패턴이 무너지는 해빙과정이 중요하다. 해빙 과정에서 구성원들에게 불안하거나 위협적인 분위기를 조성하지 않고, 좀 더 적극적인 학습욕구가 유발될 수 있도록 심리적으로 안정된 분위기를 형성해야 한다.
③,④,⑤ 감수성 훈련은 '지금-여기'에서 느끼는 자기 자신과 타인의 감정을 피드백을 통하여 민감하게 알아차리고, 그 알아차림을 표현함으로서 '나'라는 존재를 이해하고, 인정하고 치유하는 경험과 더불어 나와 타인에게 미치는 영향을 관찰, 분석, 통찰을 통해서 바람직한 새로운 행동을 하게 된다.

정답 24 ① 25 ②

실전 대비 02 적중 예상 문제

01 다음 중 집단상담의 특징이 아닌 것은?

① 보다 바람직한 자기관리와 대인관계 태도를 터득한다.
② 자기도 동료들을 이해하고 수용하며 도와줄 수 있다는 사실을 배운다.
③ 집단생활 능력과 대인관계 기술의 습득을 배운다.
④ 개인의 깊은 내면의 이야기를 마음껏 할 수 있다.
⑤ 나뿐만 아니라 동료들도 비슷한 문제를 가지고 있다는 사실을 확인한다.

02 집단상담의 장점이 아닌 것은?

① 경제적이고 효율적이다
② 비밀보장이 어렵다.
③ 소속감과 동료의식을 발전시킬 수 있다.
④ 여러 가지 풍부한 학습경험을 할 수 있다.
⑤ 다양한 성격의 소유자들과 접할 수 있는 기회를 부여해 준다.

03 집단상담을 받기에 적절하지 않은 내담자는?

① 자기 자신에 대한 탐색, 통찰력이 극히 제한되어 있는 내담자
② 여러 사람들을 보다 잘 이해하는 내담자
③ 다른 사람과의 대화를 포함한 사회적 기술의 습득이 필요한 내담자
④ 동료나 타인의 이해와 지지가 도움이 되리라고 판단되는 내담자
⑤ 다른 사람과의 유대감이나 소속감 및 협동심의 향상이 필요한 내담자

정답 및 해설 ● 01.④ 02.② 03.①

01 집단상담은 개인에 대한 관심정도가 약해지므로 구성원 모두를 만족시키기 어렵다. 개인의 깊은 내면의 이야기를 마음껏 할 수 있는 특징은 개인상담이다.
02 집단상담은 여러 사람이 있기 때문에 비밀보장에 한계가 있다. ②은 집단상담의 장점이 아니라 한계점에 해당한다.
03 자기 자신에 대한 탐색, 통찰력이 극히 제한되어 있는 내담자는 개인상담이 필요하다.

04 얄롬의 치료적 요인의 내용으로 잘못 짝지어진 것은?

① 사회기술발달 : 인간관계에 필요한 사회기술을 개발한다.
② 보편성 : 다른 이들도 자신과 비슷한 갈등과 경험을 가지고 있음을 안다.
③ 1차 가족집단의 교정적 재현 : 집단원에게 자신의 문제가 개선되고 해결될 수 있다는 희망을 준다.
④ 모방행동 : 집단원들은 새로운 행동을 배우는 데 좋은 모델이 된다.
⑤ 이타심 : 구성원들이 서로 도움을 주고받는 과정에서 자신도 누군가를 도울 수 있음을 발견한다.

05 개인상담과 집단상담의 유사점과 차이점의 설명으로 옳지 않은 것은?

① 개인상담자는 집단상담자보다 복잡한 과제를 짊어진다.
② 집단상담, 개인상담 모두 상담의 기법 면에서 유사한 것이 많다.
③ 집단상담, 개인상담 모두 내담자의 사적인 정보의 비밀을 보장하고 있다.
④ 집단상담, 개인상담 모두 허용적인 상담분위기의 조성과 유지를 강조한다.
⑤ 집단상담은 집단원의 공통적 피드백이 제공되므로 청소년의 경우 보다 효과적일 수 있다.

06 다음은 어떤 집단에 대한 설명인가?

> - 학교폭력 예방 및 대책을 위해 학교 상담위원들이 모여 협의하는 집단
> - 학교의 규칙을 수정하기 위해 모여서 협의하는 집단
> - 학생들의 치료를 위해 전문가들이 모여서 협의하는 집단

① 교육집단　　　　　　　　　　② 성장집단
③ 상담집단　　　　　　　　　　④ 치료집단
⑤ 과업집단

07 집단상담의 원리로 옳지 않은 것은?

① 자기이해의 원리는 자기의 모습을 있는 그대로 받아들이고 자기 경험을 진실하게 탐색하고 성찰하는 것이다.
② 자기수용의 원리는 자신을 있는 그대로 인정하고 받아들이며 지혜와 여유를 지니도록 돕는 것이다.
③ 자기개방의 원리는 다른 사람들에게 있는 그대로의 자신을 솔직하게 내보이는 것이다.
④ 자기주장의 원리는 다른 사람에게 피해를 주지 않으면서 자신이 나타내고자 하는 것을 드러내는 것이다.
⑤ 자기평가의 원리는 새로운 행동을 시도하고 그에 따라오는 결과에 대해 상담자에게 객관적 평가를 받는 것이다.

08 로저스의 참만남집단 과정에서 집단에서 수용될 것으로 생각하고 있지만 사적인 자아를 표현하는 데 있어 두려워하며 저항하는 단계는 무엇인가?

① 떼지어 기웃거리는 양식
② 사적인 표현 또는 탐색에 대한 저항
③ 과거의 느낌과 진술
④ 부정적 느낌의 표현
⑤ 가면의 파괴

정답 및 해설 04.③ 05.① 06.⑤ 07.⑤ 08.②

04 1차 가족집단의 교정적 재현 : 집단원들이 초기 아동기에 자신의 부모형제와 상호작용했던 방식으로 리더나 다른 집단원들과 상호작용하면서 가족 내 갈등이 집단에서 재현되고 탐색과 새로운 역할실험의 기회를 갖게 된다. 집단원에게 자신의 문제가 개선되고 해결될 수 있다는 희망을 주는 요인은 희망 고취이다.
05 집단상담자는 개인상담자보다 복잡한 과제를 짊어진다.
06 과정집단의 특징
 • 당면한 과제를 해결할 목적으로 운영되는 집단으로 과제해결집단이라고도 한다.
 • 위원회, 행정 집단, 대표 회의 팀, 치료 회의, 사회행동집단 등이 있다.
07 자기평가의 원리는 인과관계를 통해 자신의 행동에 대한 타당성을 평가하고 자신의 행동이 현실적으로 유효하고 적합한지에 대해서 평가하는 것이다. 새로운 행동을 시도하고 그에 따라오는 결과에 대해 상담자에게 객관적인 평가를 받는 것은 자기도전의 원리이다.
08 로저스의 참만남집단 과정 15단계 중 2단계로 사적인 표현 또는 탐색에 대한 저항으로 상담초기 사적인 자아 표현에 두려움을 느낀다.

09 슬라브슨(S.Slavson)의 집단상담자의 기능이 아닌 것은?

① 지도적 기능　　　　　② 자극적 기능
③ 전문적 기능　　　　　④ 확충적 기능
⑤ 해석적 기능

10 정신역동 훈습의 설명으로 옳지 않은 것은?

① 집단원이 통찰한 내용을 바탕으로 자신의 저항이나 문제를 점진적으로 수정해 나가는 과정이다.
② 오랜 시간 습관처럼 익숙해져 있던 인지적, 정서적, 행동적 부분의 변화로 시간이 오래 걸리고 때로는 되돌아오기를 반복하는 과정이다.
③ 집단상담자는 집단원의 불안한 심리를 이해하고 세밀하게 탐색하여 훈습을 위한 계획을 수립하고, 교육과 지지 격려를 통해 변화를 돕는다.
④ 부적응 행동들을 줄이기 위해 훈습과정을 거친다.
⑤ 애정, 욕망, 기대, 적개심 등 과거 중요한 사람에게 가졌던 감정을 상담자에게 가지면서 이를 표현하려는 과정이다.

11 아들러의 집단상담 과정을 단계별로 옳게 나열한 것은?

| ㄱ. 집단원의 역동성 탐색과 분석　　ㄴ. 적절한 치료 관계의 형성 |
| ㄷ. 재정향을 통한 원조　　　　　　ㄹ. 해석을 통한 통찰의 발달 |

① ㄱ-ㄴ-ㄹ-ㄷ　　　　　② ㄴ-ㄱ-ㄷ-ㄹ
③ ㄴ-ㄱ-ㄹ-ㄷ　　　　　④ ㄷ-ㄴ-ㄱ-ㄹ
⑤ ㄹ-ㄴ-ㄱ-ㄷ

12 행동주의 기법에서 행동을 강화시키는 기법이 아닌 것은?

① 행동조형　　　　　　② 토큰경제
③ 체계적 둔감법　　　　④ 프리맥 원리
⑤ 행동계약

13 실존주의 집단상담의 주요개념에 대한 설명으로 옳지 않은 것은?

① 죽음을 부정적으로 보지 않으며 삶에 의미를 부여하는 인간의 기본조건으로 본다.
② 실존적 고립은 다른 개인들이나 세계로부터의 근본적인 고립이다.
③ 실존적 의미에서는 자유를 긍정적 개념으로 보지 않는다.
④ 삶에 의미가 없는 경우라 하더라도 인간은 계속 실존적인 삶을 유지해야 한다.
⑤ 실존적 욕구 좌절이란 인간이 자기 삶의 의미를 상실한 상태에 있는 것을 말한다.

정답 및 해설 09.③ 10.⑤ 11.③ 12.③ 13.④

09 슬라브슨(S.Slavson)의 집단상담자 기능

지도적 기능	집단이 목적을 상실하거나 대화의 수렁에 빠져 있을 때 지도적 기능을 수행한다.
자극적 기능	억압, 정서적 피로, 흥미 상실로 무감각 상태에 빠지면 자극적 기능을 수행한다.
확충적 기능	의사소통이 한 영역에 고착되면 이를 확충하는 기능을 수행한다.
해석적 기능	집단원 마음속에 숨은 무의식을 의식화하도록 해석적 기능을 수행한다.

10 ⑤은 집단상담의 기법 중 전이에 대한 설명이다.
11 아들러의 집단상담 과정
- 1단계 : 적절한 치료관계의 형성으로 신뢰관계를 형성한다.
- 2단계 : 집단원의 역동성을 탐색·분석하고 특히 생활양식 조사, 가족 구도를 탐색한다.
- 3단계 : 해석을 통한 통찰의 발달로 집단원이 자신의 생활양식, 현재의 심리적인 문제, 잘못된 신념, 즉 기본적 오류를 깨닫게 해 주고, 어떻게 문제가 되는지를 해석해 준다.
- 4단계 : 재정향을 통한 원조로 해석을 통해 획득된 집단원의 통찰이 실행 행동으로 전환되도록 하는 재교육 단계이다.

12
- 행동을 강화시키는 기법 : 행동조형, 행동계약, 모델링, 토큰경제, 프리맥 원리 등
- 행동을 약화시키는 기법 : 체계적 둔감법, 소거, 처벌, 혐오, 홍수법, 타임아웃 등

13 실존주의 집단상담에서는 삶의 의미가 없을 경우 계속 살아야 할 이유가 없다고 본다. 그러므로 무의미에서 벗어나기 위해서는 의미를 찾아야 하는데, 삶의 의미는 개인에 따라 독특하기 때문에 각자가 자신에게 적절한 방식으로 찾아야 한다.

14 게슈탈트 집단상담의 기법으로 옳지 않은 것은?

① 순회하기 : 집단원들이 돌아가면서 한 사람씩 문제에 대한 자신들의 감정이나 행동을 표현하도록 하는 기법이다.
② 빈 의자 기법 : 자신의 문제를 희망하는 집단원을 빈자리로 초대하여, 집단상담자와 초대된 집단원 두 사람 간의 상호작용을 통해 직접적으로 문제에 접근하는 기법이다.
③ 반전기법 : 내담자가 이제까지 회피하고 있는 행동이나 감정들, 반대되는 행동들을 해보도록 하여 억압하고 통제해온 자신의 다른 측면을 접촉하고 통합하는 기법이다.
④ 질문형을 진술형으로 고치기 : 자신의 말을 보다 직접적인 표현으로 바꾸어 명확한 각성이 이루어지도록 자각하며 이에 대해 스스로 책임지도록 하는 기법이다.
⑤ 꿈 작업 : 꿈의 내용을 기억하고 그것이 마치 지금 일어난 것처럼 재현하는 기법이다.

15 게슈탈트 주요개념의 설명으로 옳은 것을 모두 고른 것은?

> ㄱ. 알아차림은 개체가 자신의 욕구나 감정을 지각한 다음 게슈탈트로 형성하여 전경으로 떠올리는 행위를 말한다.
> ㄴ. 게슈탈트가 해소되고 나면 전경에서 사라지면서 배경이 된다.
> ㄷ. '어떻게', '무엇을'을 '왜'보다 더 중요하게 여긴다.
> ㄹ. 지나간 과거에 집착하지 않고, 다가올 미래에 대해 걱정하지 않으며 단지 현재 상태를 직면하는 것을 강조한다.

① ㄱ
② ㄱ, ㄴ
③ ㄱ, ㄴ, ㄷ
④ ㄱ, ㄴ, ㄹ
⑤ ㄱ, ㄴ, ㄷ, ㄹ

16 합리적, 정서적, 행동적 집단상담(REBT)에 대한 설명으로 옳지 않은 것은?

① 집단원의 현재행동에 초점을 두고, 인지, 정서, 행동을 모두 다룬다.
② 정서적 문제를 경험하게 되는 것은 비합리적인 사고방법으로 해석하기 때문이라고 본다.
③ 비합리적 사고의 요소로는 논리성, 실용성, 현실성, 융통성, 파급효과가 있다.
④ 강조점은 감정표현보다는 사고와 행동에 있다.
⑤ 어떻게 사고하느냐에 따라 감정 또는 행동이 달라진다고 본다.

17 인지행동주의 집단상담에서 다음에 해당하는 인지적 오류는 무엇인가?

> A씨는 남편과 부부싸움을 한 후 걱정을 하면서 이 싸움으로 이혼까지 갈 거라는 두려움을 가지게 되었다.

① 과잉 일반화 ② 임의적 추론 ③ 개인화
④ 선택적 추상화 ⑤ 파국화

18 선택이론(통제이론)에 대한 설명으로 옳지 않은 것은?

① 우리는 태어나서 죽을 때까지 행동하며 우리가 하는 모든 행동은 선택된다.
② 전체 행동은 4개의 구성요소(욕구, 생리, 감정, 지각)로 이루어졌다.
③ 인간의 모든 행동은 다섯 가지 욕구를 충족하기 위한 선택이다.
④ 인간의 기본욕구는 재미, 힘, 자유, 소속, 생존에 대한 욕구이다.
⑤ 글래서가 개발한 모형이다.

19 현실치료의 상담기법이 아닌 것은?

① 긍정적으로 접근하기 ② 은유적 표현
③ 홍수법 ④ 동사와 현재형으로 표현하기
⑤ 역설적 기법

정답 및 해설 14.② 15.⑤ 16.③ 17.⑤ 18.② 19.③

14 ②은 뜨거운 자리 기법에 대한 설명이다. 빈 의자 기법은 현재 집단 안에 있지 않은 사람과 상호작용을 해야 할 필요가 있을 때, 집단원에게 그 인물이 맞은편 빈의자에 앉아 있다고 상상하도록 하여 대화하는 기법이다.

15 ㄱ, ㄴ, ㄷ, ㄹ 모두 게슈탈트에 대한 옳은 설명이다.

16 ③ 비합리적 사고의 요소로는 당위적 사고, 파국화, 낮은 인내심, 자기 및 타인에 대한 비하가 있다.

17 ⑤ 파국화 : 개인이 걱정하는 한 사건을 지나치게 과장하여 두려워하는 오류
① 과잉 일반화 : 한두 번의 단일 사건에 근거하여 일반적 결론을 내리는 오류
② 임의적 추론 : 충분한 증거가 없으면서도 최종적인 결론을 내리는 오류
③ 개인화 : 자신과 관련시킬 근거가 없는 외부 사건을 자신과 관련시키는 오류
④ 선택적 추상화 : 일부 특정 정보에만 주의를 기울여 사건 전체의 의미를 해석하는 오류

18 전체 행동은 4개의 구성요소인 행동(활동하기), 사고(생각하기), 감정(느끼기), 생리적 반응으로 이루어져 있다.

19 ③ 홍수법 : 행동주의 집단상담의 기법으로 공포 대상을 지속적으로 노출시킴으로써 공포를 극복하게 하는 노출법 중의 하나이다.

20 교류분석의 상담과정을 바르게 나열한 것은?

① 계약 – 교류분석 – 구조분석 – 게임분석 – 각본분석 – 재결단
② 계약 – 교류분석 – 게임분석 – 각본분석 – 구조분석 – 재결단
③ 계약 – 구조분석 – 교류분석 – 각본분석 – 게임분석 – 재결단
④ 계약 – 구조분석 – 교류분석 – 게임분석 – 각본분석 – 재결단
⑤ 계약 – 구조분석 – 게임분석 – 각본분석 – 교류분석 – 재결단

21 해결중심 집단상담기법인 질문기법에 대한 설명으로 옳지 않은 것은?

① 상담 전 변화에 대한 질문은 문제와 분리하여 문제가 해결된 상태를 상상하여 해결을 원하는 것을 구체화하는 질문이다.
② 악몽질문은 문제 중심적인 부정적인 질문이다.
③ 척도질문은 문제가 해결된 정도 등을 수치로 나타내는 질문이다.
④ 관계성질문은 중요한 타인의 시각에서 보면서 문제 해결에 관한 새로운 가능성을 찾는 질문이다.
⑤ 예외질문은 문제 해결을 위해 우연적이며 성공적으로 실시한 방법을 발견하여 의도적으로 실시하는 질문이다.

22 집단상담자의 전문가적 자질이 아닌 것은?

① 개인상담 경험
② 집단계획 및 조직능력
③ 타인의 복지에 대한 관심
④ 인간에 관한 폭넓은 식견
⑤ 상담이론에 관한 지식

23 공동상담자의 장점이 아닌 것은?

① 역할분담이 용이하다.
② 서로 경쟁하고 질투하면서 실력이 향상된다.
③ 상호 보완이 가능하다.
④ 상호 정보 교환이 가능하다.
⑤ 상호 피드백 교환이 가능하다.

24 습관적으로 불평하는 집단원의 문제행동에 대한 대처방안으로 적절하지 않은 것은?

① 개인면담을 제공하여 집단의 긍정적 가치를 깨닫도록 한다.
② 만성적으로 나타나면 초점을 다른 사람이나 주제로 돌린다.
③ 불평행동에 대해 정면으로 지적하는 것을 다루느라 시간을 과잉으로 소비하는 것을 삼간다.
④ 불평하는 자신에 대해 탐색할 수 있도록 한다.
⑤ 운영방식이나 집단과정의 불평하는 일들에 대해 일일이 개선점을 찾는다.

25 다음과 같은 특징을 보이는 단계는 코리(corey)의 집단상담과정 중 어디에 속하는가?

- 막연한 기대와 모호한 목표
- 낮은 신뢰감과 두려움
- 소극적 집단 참여와 자신에게의 초점 회피

① 초기단계 ② 갈등단계 ③ 작업단계
④ 과도기단계 ⑤ 종결단계

정답 및 해설 20.④ 21.① 22.③ 23.② 24.⑤ 25.①

20 교류분석 집단상담의 과정은 계약-구조분석-교류분석-게임분석-각본분석-재결단 순이다.
21 상담 전 변화에 대한 질문은 내담자가 상담을 결정하고 그 후부터 변화가 시작된다는 것을 전제하고 하는 질문이다.
22 ③ 타인의 복지에 대한 관심은 인간적 자질이다.
23 ② 공동상담자가 서로 경쟁하고 질투하여 집단원의 환심을 사려고 하는 측면은 공동상담자의 단점이라 할 수 있다.
24 습관적으로 불평하는 집단원에 대한 대처방안은 만성적으로 나타나면 초점을 다른 사람이나 주제로 돌리고, 개인면담을 제공하여 집단의 긍정적 가치를 깨닫도록 하며, 자신을 탐색하도록 한다. 또한 불평행동에 대해 정면으로 지적하는 것을 다루느라 시간을 과잉으로 소비하는 것을 삼간다.
25 코리(corey)는 집단상담과정을 초기단계, 과도기단계, 작업단계, 종결단계로 나누었으며, 초기단계에는 막연한 기대와 모호한 목표, 낮은 신뢰감과 두려움, 소극적 참여와 자신에 대한 초점회피의 특징을 보인다고 하였다.

26 집단종결시 집단상담자의 역할이 아닌 것은?

① 종결에 대한 감정을 탐색해서 다룬다.
② 종결 시점을 알리며 마무리 못한 과제를 다룰 기회를 준다.
③ 집단원이 달성하지 못한 목표가 있더라도 이를 다루므로 미래과제에 대해 다루도록 한다.
④ 집단의 흐름에 필요하다면 적절한 집단상담자의 자기노출을 한다.
⑤ 필요시 상담 종결 후 추수 모임을 제공하다

27 집단원을 선발할 때 고려사항으로 부적절한 것은 ?

① 집단상담의 목적에 부합하는 욕구를 가진 사람을 선정한다.
② 선정시 집단상담자와 이중관계 여부를 파악한다.
③ 가정형편에 대해서 조심스럽게 파악한다.
④ 집단원 선정시 필요에 의한 심리검사를 실시할 수 있다.
⑤ 개별 면담은 시간이 걸리나 효과적인 집단원 선발 방법이다.

28 작업단계에서 집단원의 역할이 아닌 것은?

① 자신의 학습을 통합, 정리하고 학습한 것을 외부환경으로 전환한다.
② 신뢰와 응집력을 가지면서 더 이상 집단상담자에 의존하지 않고 자신의 행동에 책임진다.
③ 집단의 편안함에 안주하려 하거나 부정적인 감정을 억제하기도 하다,
④ 우리라는 인식을 갖는다.
⑤ 집단에 대한 응집력이 좋아져 자신의 문제를 깊이 있게 개방하고 재경험한다

29 코리의 과도기 단계의 집단발달단계의 특징으로 옳지 않은 것은?

① 저항의 처리
② 자연스런 갈등 촉진
③ 안전과 능력에 대한 신뢰감 형성
④ 역기능적인 행동패턴의 탐색과 수용
⑤ 기능적인 집단상담 구조유지

30 다음 중 집단상담 계획의 순서를 올바르게 나열한 것은?

> ㄱ. 대상자들에 대한 욕구를 파악한다.
> ㄴ. 선정되어진 집단원을 대상으로 사전검사를 실시한다.
> ㄷ. 집단원을 사전면담하고 난 후 집단원을 선정한다.
> ㄹ. 계획안을 작성한다.

① ㄱ-ㄹ-ㄴ-ㄷ
② ㄱ-ㄹ-ㄷ-ㄴ
③ ㄱ-ㄷ-ㄹ-ㄴ
④ ㄴ-ㄷ-ㄱ-ㄹ
⑤ ㄹ-ㄱ-ㄴ-ㄷ

정답 및 해설 26.④ 27.③ 28.① 29.④ 30.②

26 ④ 집단 흐름에 따른 집단상담자의 노출은 중기 시 역할이다.
집단종결 집단상담자 역할
• 종결에 대한 감정을 탐색해서 다룬다.
• 종결 시점을 알리며 마무리 못한 과제를 다룰 기회를 준다.
• 집단원이 달성하지 못한 목표가 있더라도 이를 다루므로 미래과제에 대해 다루도록 한다.
• 집단에서 배운 것을 일상생활에서 적용하도록 돕는다.
• 필요 시 상담 종결 후 추수 모임을 제공하다.

27 ③ 집단원선발 시 가정형편은 전혀 고려사항이 아니다.
조기 종결은 본인에게도, 집단 전체에게도 해가 되기 때문에, 집단 구성원의 조기 종결이 없도록 처음부터 잘 선택하여야 한다. 그러므로 개별면담 등을 통해 집단상담 목적에 부합하는 목적을 가진 사람을 선발하는 것이 중요하고 필요에 따라 심리검사를 실시할 수도 있다. 또한, 집단상담자와의 이중관계가 있는지 살피고 고려해야 한다.

28 ① 자신의 학습을 통합, 정리하고 학습한 것을 외부환경으로 전환하려는 것은 종결단계에서의 집단원의 역할이다.
작업단계에서는 집단 응집력이 강해져 우리라는 인식을 갖게 되고, 집단상담자에게 의존하지 않고 자신의 행동에 책임을 지려고 하며, 때로는 자신의 문제를 깊이 개방하는 재경험을 하기도 한다. 그러나 부정적인 측면으로는 결속력이 높아져 그 분위기에 안주하거나 부정적 감정을 억제하기도 한다.

29 ④ 역기능적인 행동패턴의 탐색과 수용은 작업단계의 집단발달과제이다.
코리는 집단상담과정을 '초기단계-과도기단계-작업단계-종결단계'의 4단계로 나누었다.
과도기 때 집단발달과제는 저항처리, 자연스런 갈등 촉진, 안전과 능력에 대한 신뢰감 형성, 기능인인 집단상담 구조유지 등이다.

30 집단상담 계획 순서
• 대상자들에 대한 욕구를 파악한다.
• 계획안을 작성한다.
• 집단원을 사전면담하고 난 후 집단원을 선정한다.
• 선정되어진 집단원을 대상으로 사전검사를 실시한다.

나만의 정리노트

선택과목 **가족상담**

Section 01 가족상담의 기초
Section 02 초기 가족상담의 이론과 실제
Section 03 후기 가족상담의 이론과 실제
Section 04 청소년 가족

Section 01 가족상담의 기초

> **학습목표**
> 가족상담의 기본개념에 대해서 살펴보고, 가족상담의 모델, 가족상담 과정, 가족생활의 주기, 가족 사정, 가족 윤리에 대해 살펴보도록 한다.

1 가족상담의 기본개념

(1) 가족상담의 특징 2016년, 2015년 기출 ★

① 가족이란 물리적, 심리적 공간을 점유하는 개인들의 집합체 이상이다. 가족은 각 가정마다 고유한 특성을 지니고 있으며 나름대로의 규칙, 역할, 세력, 구조, 의사소통의 유형을 발전시켜 온 하나의 사회적 체계이다.
② 가족상담은 개인이나 가족의 문제해결을 위해 상담자가 가족을 체계로 보고, 가족을 단위로 하여 가족의 기능, 역할, 관계상의 문제에 대해 실제 개입하는 과정이다.
③ 가족상담은 정신과 의사나 임상병리사의 치료를 요하는 정신병리의 소유자보다 문제 가족원이나 가족위기가 그 대상이 된다.
④ 개인 중심의 문제해결 과정에서 벗어나 가족을 한 단위로 보고 가족 내에 존재하는 문제를 해결하고자 하는 접근방법이다.
⑤ 가족상담은 가족구성원과 가족기능상의 변화를 목표로 한다.
⑥ 가족구성원의 경험과 상호작용을 존중하면서 상담을 진행한다.
⑦ 증상은 역기능적 상호작용의 결과라고 가정한다.

(2) 가족상담의 실제 2019년 기출 ★

① 여러 가족원이 동시에 말하는 경우 상담자가 특정 가족원을 지정해서 질문할 수 있다.
② 다른 가족원을 대신해서 이야기하면 안 된다는 규칙을 만들어 놓는 것은 효과적이다.
③ 내담자가 두서없이 말하는 경우 상담자는 상담주제로 대화의 초점을 전환시킨다.
④ 가족구성원들이 상담을 통해 습득한 대처방법이나 행동방식을 유지하는 것은 종결의 지표로 여긴다.
⑤ 가족상담에서 다른 가족을 비난하는 경우 감정의 골이 깊어지고, 상담을 중단할 수도 있으므로, 감정적이지 않게 객관적으로 이야기하도록 한다.

(3) 가족상담에서 체계론적 조망을 위한 질문 2015년 기출 ★

① 가족구성원들이 서로 얼마나 멀리 앉아 있고, 누가 누구 옆에 앉아 있는가?
② 반복적으로 비생산적인 의사소통의 패턴을 발견할 수 있는가?

③ 가족 내에서 기본적인 감정은 무엇이며, 누가 그 감정을 전달하는가?
④ 어떤 하위체계가 이 가족에게 작용하고 있는가?

(4) 개인상담과 가족상담의 차이 2019년, 2016년, 2015년 기출 ★

① 가족상담은 개인상담의 새로운 이론이나 새로운 분야를 추가하여 만든 것이 아니라 20세기 초 서구에서 나타난 새로운 관점인 유기체론적 세계관의 등장에서 비롯되었다.
② 개인상담은 기계론적 세계관으로 기계작동원리와 같은 원칙에 움직인다고 보지만, 가족상담은 유기체론적 세계관으로 우주가 상호 연관된 관계망으로 구성되어 있으며 본질적으로 역동적이라고 본다.
③ 가족상담과 개인상담의 구체적인 차이는 다음과 같다.

㉠ **문제의 초점에 대한 시각에 차이가 있다** : 개인상담은 내담자를 별개의 독립된 존재로 보는 반면, 가족상담은 내담자가 가지고 있는 문제를 해결하기 위해서 내담자의 가족관계와 맥락을 일차적으로 고려한다.

㉡ **내담자에 대한 시각에서 차이가 있다** : 개인상담은 내담자를 수동적이고 반응적인 존재로 보는 반면, 가족상담은 내담자를 능동적으로 선택할 수 있는 존재로 본다.

㉢ **인간관계를 보는 시각에 차이가 있다** : 개인상담은 문제의 원인과 결과 관계를 선형으로 보는 반면, 가족상담은 인과관계를 순환적이고 회기적인 것으로 본다.

㉣ **문제의 진단과 해결과정에서 차이가 있다** : 개인상담은 내담자의 문제를 객관적이고 정확하게 진단하고 평가할 수 있다고 보는 반면, 가족상담은 내담자를 유기체로 보고 유기체의 특성은 자신이 처한 상황이나 맥락에 따라 다르게 반응하고 행동하기 때문에 객관적 평가를 하는 것이 어렵다고 본다.

㉤ **문제를 바라보고 문제를 진단하는 과정의 차이** : 개인상담은 '이거 아니면 저것'이라는 이분법적 입장을 취하나, 체계론적 가족상담은 세상을 유기적으로 연결된 관계망으로 보기 때문에 '이것과 저것 모두'의 입장을 취한다.

	개인상담	가족상담
세계관	기계론적 세계관	유기체론적 세계관
기본가정	• '왜'라는 질문 • 직선적 인간관계 • 결정론적 • 이분법(이것 아니면 저것) • 환원주의적 • 개인주의적 • 객관성의 과학, 객관주의적 인식론	• '무엇'이라는 질문 • 상호, 순환적 인간관계 • 선택의 자유 • 변증법적(이것과 저것 모두) • 맥락적 • 관계적 • 인식의 과학, 주관주의적 인식론
상담대상	개인의 내적, 심리적 요소	가족구성원의 관계 및 기능
상담자 역할	문제의 진단자 및 해결자	조정자, 안내자, 조력자 역할 가족구성원이 문제해결자 역할

2 가족상담 모델 개요

(1) 가족상담의 초기 모델

① 1950년대에 태동하여 1970년대까지 발달한 초기 가족상담 모델은 체계론적 사고를 바탕으로 발전하였으며, 의사소통 가족상담모델, 보웬(M. Bowen)을 중심으로 한 다세대 가족상담모델, 사티어(V. Satir)를 중심으로 한 경험적 가족상담모델, 미누친(Minuchin)의 구조적 가족상담모델, 그리고 헤일리(Haley), MRI, 밀란모델을 포함한 전략적 가족상담모델로 분류된다.

② 의사소통 가족상담모델
 ㉠ 그레고리 베이트슨(G. Bateson)의 조현병 환자의 가족을 연구한 사람들과 돈 잭슨(D. Jackson)의 정신세계연구소의 사람들에 의해서 만들어졌다.
 ㉡ 1950년 조현병 환자의 가족에게 이중구속이라는 의사소통의 형태가 있음을 발견하였고, 조현병은 가족들이 가지고 있는 역기능적 의사소통의 형태에 기인한다고 발표하였다.
 ㉢ 의사소통이론은 일반체계이론이 말하는 가족항상성에 근거를 두고 있다.
 ㉣ 가족체계가 기능을 잘하면 가족구성원의 대화는 체계의 유연성과 변화를 반영하는데, 가족체계가 역기능일 때 대화는 체계의 고정성을 반영한다.

③ 보웬의 다세대 가족상담모델
 ㉠ 보웬을 중심으로 발달된 다세대 가족상담모델에서는 가족치료란 체계적인 이론적 틀 위에서 행해져야 한다는 믿음으로 이론을 확립하였다.
 ㉡ 자기분화 개념을 중심으로 한 여덟 가지 상호 관련된 개념을 만들었으며, 개인의 정신내적 과정과 대인관계 양식은 여러 세대에 걸쳐서, 가족의 상호작용 과정을 통해 전달되는 것이라고 하였다.
 ㉢ 가족의 정서 관계와 증상 발현의 맥락을 이해하기 위하여 가계도를 주요한 치료기법으로 사용하였다.

④ 경험적 가족상담모델
 ㉠ 워터거와 켐플러(Whitaker & Kempler), 사티어 등 경험적 가족상담모델의 창시자들은 보웬과 다르게 철저하게 비이론적으로 치료에 접근하였다.
 ㉡ 인간이 가지고 있는 감성적 측면, 즉 창의성, 개방성, 자발성, 놀 수 있는 능력을 내담자가 상담과정에서 경험함으로써 문제를 해결할 것을 강조하였다.
 ㉢ 사티어는 경험적 상담과 함께 인본주의적 믿음을 가지고 있었으며, 여성으로서 경험의 중시와 더불어 가족상담에 정서차원을 도입하였다.
 ㉣ 가족상담과정에서 내담자와 분명하게 의사소통하고 따뜻함과 보살핌을 경험하도록 도왔다.
 ㉤ 기법으로 가족조각, 가족인형극, 가족 미술치료, 가족 합동화 그리기 등이 활용되었고 상담실에는 장난감, 인형, 점토, 공 등을 준비하였다.

⑤ 구조적 가족상담모델
  ㉠ 구조적 가족상담모델은 가족구조란 눈에 보이지 않지만, 가족의 상호작용을 반복적으로 관찰하다 보면 파악할 수 있는 가족의 기능이 있다고 보았다.
  ㉡ 미누친의 이러한 시각은 분명하게 확립된 이론으로 구체화되었으며, 이는 가족을 체계로 보았기 때문에 가능하였다.
  ㉢ 가족구조를 파악하기 위해서는 하위체계와 경계선, 위계구조를 살펴보아야 한다고 하였다.
  ㉣ 구조적 가족상담모델은 비행 청소년 가족, 식이장애 가족, 약물중독이나 알코올중독 가족 등의 치료에 특히 효과가 있는 것으로 알려졌다.

⑥ 전략적 가족상담모델
  ㉠ 1970년대 헤일리는 자신의 독자적인 상담기법을 개발하였는데, 에릭슨(Erickson)의 최면기법을 설명하면서 전략적 치료기법을 소개하였다.
  ㉡ 전략적 기법은 상담자가 상담목적을 정하고 상담목표를 달성하기 위하여 효과적인 기법을 고안하는 것으로서 흔히 역설적 기법이 대표적인 기법으로 간주되고 있다.
  ㉢ 헤일리는 비록 치료기법을 고안하는데 역점을 두었지만, 인간 문제의 사회적 맥락과 체계를 강조하였다는 점에서 증상에 초점을 둔 개인상담과 다르다고 역설하였다.
  ㉣ 전략적 이론과 기법을 통합하여 독특한 상담이론으로 개발한 학자는 밀란 학파들이다.
  ㉤ MRI의 단기치료 또한 전략적 모델로 간주된다.

(2) 가족치료의 후기 모델

① 포스트모더니즘의 확산으로 발전된 가족치료 후기 모델은 1980년대 중반부터 구체화되었으며, 해결중심 단기가족상담모델, 이야기 가족치료모델, 해결지향 가족상담모델, 협력언어체계 모델로 분류한다.

② 해결중심 단기가족상담모델
  ㉠ 드세이저(S. de Shazer)와 버그(한국명 김인수)부부는 MRI 모델에 영향을 받았으나, 사회구성주의 시각을 받아들이고, 또 개인이 경험의 세계를 구성하는 것은 언어를 통해서라는 관념을 받아들이며 해결중심 단기가족상담모델을 발전시켰다.
  ㉡ 해결중심 단기가족상담모델은 오한런의 해결지향 가족상담모델과 더불어 문제가 아니라 해결책을 찾는다는 공통점이 있지만, 치료기법이나 과정에서 차이가 있다.
  ㉢ 해결중심 단기가족상담모델은 이론이나 규범을 벗어나 철저히 내담자 중심이며, 문제보다는 해결에 초점을 둔다.
  ㉣ 내담자의 장점이나 건강한 특성을 활용하여 해결책을 모색하고 협력적 치료관계를 중시한다.

ⓜ 해결을 위한 질문인 면담 전 질문, 예외질문, 척도질문, 기적질문, 대처질문, 관계성 질문 등과 내담자와 상담자가 맺는 세 가지 관계유형(고객형, 불평형, 방문형)으로 분류한다.

③ 이야기치료 가족상담
　　ⓘ 화이트와 엡스턴(M. White & D. Epston)에 의해 발전되었으며, 이 모델은 실재란 객관적으로 존재하는 것이 아니라 사회적 상호작용과 언어를 통해 개인이 구성하고 경험하는 의미의 세계라는 사회구성주의를 바탕으로 발전되었다.
　　ⓛ 화이트는 '체계' 관념을 거부하였으며, 증상과 연관된 가족의 상호작용에도 관심이 없었다.
　　ⓒ 대신 이야기라는 은유를 채택하여 개인은 이야기를 통해 자기 삶의 경험을 조직하고 의미를 부여한다고 믿었다.
　　ⓓ 개인을 지배하던 문제중심의 지배적 이야기에서 벗어나 문제를 외현화하고, 색다른 결과를 발견하며, 새로운 시각에서 대안적 삶의 이야기를 다시 쓸 수 있도록 돕는 데 초점을 두었다.

④ 해결지향 가족상담모델
　　ⓘ 해결지향 가족상담모델은 오한런이 발전시킨 모델로 오한런은 사람들이 문제를 가지는 것은 어떤 특정 상황을 문제라고 정의하는 의미체계에 갇혀 살기 때문이라고 보았다.
　　ⓛ 동일한 상황이라 하더라도 다른 의미체계에서는 더 이상 문제로 정의되지 않을 수 있다고 보았다.
　　ⓒ 오한런은 실재란 한 가지만 있는 것이 아니라 다중적으로 존재하며, 사람들이 자신의 삶을 '올바르게' 사는 방법은 한 가지만 있는 것이 아니라는 포스트모더니즘의 입장을 강력히 지지했다.

⑤ 협력언어 체계모델
　　ⓘ 협력언어 체계모델은 '협력적 모델' 혹은 '치료적 대화'라고도 부르며, 앤더슨과 굴리시안(Anderson & Goolishian)이 발전시켰다.
　　ⓛ 굴리시안은 초기 전략적 상담자였으나, 포스트모더니즘과 구성주의를 만나면서 더욱 효과적인 치료기법을 개발하기에 이르렀으며 앤더슨과 만나 이 모델을 개발하였다.
　　ⓒ 이 모델은 어떤 특정한 기법이나 틀을 가지지 않으며 상담자가 내담자와 공감적이고 보살핌의 대화를 하면서 새로운 의미를 찾는 과정에 초점을 둔다.
　　ⓓ 이들은 '알지 못함의 자세'를 소개하면서 상담자의 앞선 경험과 앞선 지식이 치료 과정을 이끌어 가는 것이 아니라 문제와 해결에 관한 내담자의 전문성이 문제 해결로 이끈다고 강조하였다.
　　ⓜ 치료체계는 언어체계이며, 상담자는 치료적 대화의 참여관찰자이자 참여관리자로서 치료적 대화를 구축하는 예술가로 보았다.

Section 01 가족상담의 기초

3 가족상담 과정

(1) 가족상담 초기과정 `2020년, 2019년, 2018년 기출` ★

① 접수상담
  ㉠ 전화 또는 직접 방문하거나 타인이나 기관의 의뢰를 받는다.
  ㉡ **접수상담 시 파악할 내용** : 이름, 주소, 연락처, 의뢰자가 인식하는 가족문제, 문제의 성격과 지속기간, 가족 대처방법, 문제와 관련된 가족원, 주위 사람의 영향력, 가족체계 특성과 문제와의 관련성, 가족원 상담동기, 상담참가의 가능성이 높은 사람, 이전 상담 및 치료 경험 유무, 상담 받았던 문제의 내용 및 치료 효과 유무에 대해서 파악한다.

② 가족과 라포형성
  ㉠ 쾌적하고 편안하며 비밀유지가 될 수 있는 분위기를 마련하여 가족들과 관계 형성을 이루도록 한다.
  ㉡ 자기소개 및 가족원과의 인사, 배경정보의 확인 등 관심사를 공유한다.
  ㉢ 궁금한 점에 대해서 질문할 수 있도록 격려한다.

③ 가족기능 사정 : 가족과 라포를 형성하면서 문제 가족의 강점, 발달주기 단계와 과업, 혼외 관계여부, 문제유지에 기여하는 가족원의 역할 등 가족의 상호 작용 과정을 탐색하여 문제를 명료화하여 목표를 세우도록 기초한다.

④ 상담의 구조화 `2017년 기출` ★
  ㉠ **상담에 관한 구조화** : 상담횟수, 상담시간, 상담장소, 상담비용, 약속을 못지킬 때의 연락 방법 등을 안내한다.
  ㉡ **상담관계에 관한 구조화** : 상담자와 내담자의 역할, 내담자의 행동 제한, 상담자 역할 범위와 한계 등을 안내한다.
  ㉢ **비밀보장에 관한 구조화** : 상담은 비밀보장을 원칙으로 하나 예외사항이 있음을 안내한다.

⑤ 목표설정 : 가족 안에서 문제가 무엇인지 구체적으로 파악하고 문제를 명료화하며, 시도했던 해결책은 무엇인지 파악하고 가족전체의 변화와 해결점을 목표로 한다.

⑥ 첫 회기시 상담자의 행동 `2017년 기출` ★
  ㉠ 분위기를 편안하게 만들기 위해 일상적인 대화를 나눈다.
  ㉡ 가족 중 누가 먼저 말하는지, 누가 방해하는지 등을 관찰한다.
  ㉢ 가족 구성원들이 서로 얼마나 멀리 앉아 있고, 누가 누구 옆에 앉아 있는가를 통해 가족 관계를 파악한다.
  ㉣ 상담을 '왜 이 시점에서'라는 생각을 가지고 가족이 제시하는 문제를 명료화한다.
  ㉤ 상담 예약 한 사람을 확인하고, 예약 시에 나눈 대화를 공유하도록 요청한다.

(2) 가족상담 중기과정 2015년 기출 ★
① 변화를 위한 주된 작업이 이루어지는 실행 단계이며, 가족상담의 핵심이다.
② 상담목표 달성을 위한 적절한 이론과 기법이 선택되어지고 적용된다. 각 내담자에게 적절한 상담전략을 선택하여 적극적으로 개입한다.
③ 가족은 문제에 대한 자각 증가, 표면적 문제행동 완화, 문제 해결을 위한 동기 증대, 다른 사람의 수용, 기능적 방식의 상호 작용 증가가 나타난다.
④ 저항의 출현으로 퇴행현상이나 변화에 대한 저항이 있을 수 있다. 이 때는 조심스럽게 내담자 및 가족의 변화 동기를 고취시키는 방향으로 문제를 해결해가도록 한다.
⑤ **과정적 목표의 설정과 달성** : 상담은 하나의 큰 목표를 한꺼번에 달성하기보다는 단계 단계의 목표를 달성해 가는 과정이므로 중기과정에서 과정적 목표를 점검한다.

(3) 가족상담 종결과정
① **상담목표 평가** : 종결과정은 상담의 마무리와 통합의 시기로 초기에 세운 목표가 성취되었는지 점검하고 가족들과 나누며, 변화된 가족패턴을 점검한다.
② **종결감정 처리** : 가족원들의 상담마무리에 대한 감정을 나누고 종결에 대한 감정에 직면, 가족이 종결할 준비가 되었는지 평가한다.
③ **추수 면접단계** : 종결 후 1개월이나 3개월, 6개월 또는 1년 후 추수 면접을 통해 가족의 변화 유지 관리를 위해 상담면담을 약속하도록 한다.
④ **종결 시기를 판단하는 기준** 2016년 기출 ★
  ㉠ 제시된 문제가 해결되고 호소증상이 완화되거나 소멸된 경우
  ㉡ 가족과 합의된 상담 목표가 달성된 경우
  ㉢ 가족원들이 상담을 통하여 새롭게 습득된 대처방법이나 행동방식을 계속 유지하는 경우
  ㉣ 가족 간 의사표현이 명료하고 갈등 협상 능력이 생긴 경우
  ㉤ 가족의 규칙과 구조가 합리적이고 유연하게 변화된 경우
  ㉥ 가족원의 가족 내외의 상호작용이 긍정적이고 관계가 개선되는 경우
  ㉦ 미래에 비슷한 문제가 발생하더라도 잘 처리할 자신감을 보여주고 자발적인 활동이 증가하는 경우
  ㉧ 상담의 진행이 부진하거나 가족원이 상담에 소극적으로 된 경우
⑤ **조기 종결**
  ㉠ 가족의 중단 요구 제안 또는 조기 종결의 조짐을 보이는 경우 의도와 이유를 파악하고 가장 바람직한 방향으로 갈 수 있도록 조언한다.

Section 01 가족상담의 기초

ⓒ 조기 종결을 제안하는 이유 : 상담자와의 신뢰 관계 미흡, 시간이나 비용 부담, 기대했던 성과에 미흡, 상담을 방해하는 사건이나 주위 사람 등의 이유가 있다.
ⓒ 조기 종결관련 신호 : 상담시간에 자주 늦거나 연락 없이 불참하는 경우, 상담을 계속해야 하는지 여부에 대한 질문, 상담시간을 자주 변경하는 경우 등이 있다.
ⓔ 상담자의 능력을 벗어나는 문제인 경우 가족이 필요로 하는 것이 무엇인지 고려하여 적합한 다른 상담자를 소개한다.
ⓗ 상담자는 가족의 조기 종결에 대한 의견을 존중하고, 언제 어떤 이유로 종결하고자 결정을 내렸는지 솔직하게 이야기하게 하고, 그 이유를 인정하며 건설적인 방법으로 대처한다.

	상담 초기	상담 중기	상담 종결
과업	상담 관계 형성 가족 기능 사정 상담의 구조화 문제 명료화 상담목표설정	가족구조의 재구조화 가족의 반응수용 가족의 경험 공유 문제해결 방안 모색 전략 세우기	목표 달성 이별감정 다루기 가족변화 수용하고 유지 추수 면담

4 가족평가(Family Assessment)

(1) 가족평가의 개념

① 가족을 진단하고 평가하여 측정하는 일련의 행위이다. 즉 가족을 하나의 단위로 보고 가족 내부 및 외부 체계와 이들의 상호작용을 이해하기 위한 것으로 관련 자료의 수집, 분석, 종합하여 가족에 대한 개입계획을 세우는 과정을 포함한다.
② 가족원 문제를 개인이 아닌 가족 기능이나 가족 외부 환경과의 상호작용의 맥락에서 보고 있으며, 최근에는 상담자 중심에서 내담자 중심의 평가로 바뀌고 있다.
③ 가족사정은 크게 질적 평가와 양적 평가로 나눌 수 있으며, 면접과 관찰은 가족에 대한 질적 평가이며, 척도나 체크리스트 등은 양적 평가이다.
④ 주관적 평가와 객관적 평가로 구분하기도 하는데, 내담자에 대한 관찰, 기록, 관련 연구문헌 등은 경험적 자료에 근거한 객관적 평가라고 할 수 있으며, 상담자 관점에서 이루어지는 관찰과 면접, 내담자 가족의 지각 등은 주관적 평가로 본다.
⑤ 가족평가는 상담의 전 과정에서 이루어진다.

(2) 가족사정의 목표 및 과정

① 가족사정의 목표
  ㉠ **최종목표** : 가족관계 기능과 자율성을 증진시키는 것이다.
  ㉡ **결과목표** : 제시된 문제를 해결하는 것이다.

ⓒ **과정상 목표** : 의사소통 촉진, 역할의 융통성 증진, 기능적 대처방식의 습득, 감정표현 등이다.

② 가족사정의 과정

㉠ 문제의 명료화를 위해 문제 관련 가족원의 사고, 감정, 행동과 호소증상 파악, 상호작용 패턴, 문제 발생과 유지에 기여하는 사건, 가족의 대처기술, 강점과 자원 탐색이 필요하다.

㉡ 포괄적인 문제를 구체적이고 해결가능한 문제로 바꾸고 가족이 바라는 대안과 이를 성취하기 위한 변화나 기술들을 구체화하고 명료화한다.

㉢ 문제 탐색과 가족사정 결과를 바탕으로 가설을 세우고 가족의 문제해결에 중요하면서 가족들이 원하는 것을 합의하여 최종목표를 설정하고 이를 수행하는 회기별 목표를 수립한다.

③ 상담단계별 가족사정 2016년 기출 ★

㉠ **초기단계의 사정** : 개입전 단계에서 개입을 위한 계획의 근거 제공을 한다.
 ⓐ 관계형성 : 가족원을 있는 그대로 수용하고 관점을 존중하면서 라포를 형성한다.
 ⓑ 문제파악 : 가족이 해결하고자 하는 문제를 탐색하고, 가족 역동을 관찰한다.
 ⓒ 목표설정 : 다양한 상담계획과 기법을 수립하여 가족의 참여를 격려한다.
 ⓓ 초기평가 내용 : 가족의 강점, 발달주기 단계와 과업, 혼외 관계여부, 문제 유지에 기여하는 가족원의 역할 등에 대해 사정한다.

㉡ **중기단계의 사정** : 새롭게 직면되는 문제를 평가하고 개입계획을 수정하기도 한다.
 ⓐ 가족의 상호작용 방식 : 가족들의 관계 형성 패턴과 의사소통방식을 사정한다.
 ⓑ 갈등, 저항 : 가족 간 견해 차이와 두려워 저항이 일어나는 행동들에 대해서 사정한다.
 ⓒ 변화 : 가족구조의 재조정, 규칙과 역할의 수용 등을 이끌어 내면서 가족원의 노력과 변화에 대해 사정한다.

㉢ **종결단계의 사정** : 내담자 가족의 정서적 반응을 확인하고 변화된 가족관계 유형을 확인하고 재평가하며, 가족의 문제가 어느 정도 해결되었는지 사정한다.
 ⓐ 문제해결 정도 파악 : 가족의 문제가 어느 정도 해결되었는지를 사정한다.
 ⓑ 목표 달성과 변화의 여부 : 초기에 세운 상담의 목표달성을 확인하고, 가족원들의 관계 패턴의 변화가 어떻게 일어났는지를 평가하면서 자신감을 회복하도록 한다.

(3) 가족평가의 방법 2019년, 2017년 기출 ★

주관적(질적) 평가 도구	면접, 관찰, 동적가족화, 합동가족화, 가계도, 생태도, 가족조각
객관적(양적) 평가 도구	MMPI, ENRICH검사, 가족환경모델, BEAVERS모델, PREPARE 순환모델(FACES), MBTI, McMaster모델, 가족건강성척도

Section 01 가족상담의 기초

① 주관적(질적) 평가 도구 [2015년 기출] ★
  ㉠ 면접
    ⓐ 언어를 매개로 내담자와의 대담관계에서 증상의 어려움이나 가족의 대처방식, 가족의 기능을 평가할 수 있는 방법으로 가장 기본적이며 중요한 도구이다.
    ⓑ 인터뷰의 기본적 기술(경청, 요약, 질문 등)이 필요하며 관찰, 체크리스트, 구조화된 설문지 등이 병행되기도 한다.
  ㉡ 관찰
    ⓐ 가족의 실제 상호작용을 살펴보고 언어적, 비언어적 상호교류를 평가하는 방법이다.
    ⓑ 치료의 전 과정에서 이루어지는 가장 기초적이고 질적인 방식이다.
  ㉢ 동적가족화(KFD)
    ⓐ 가족이 어떤 행동을 취하고 있는 그림을 통해 가족집단의 역동을 파악하는 방법이다.
    ⓑ 피검자의 문화적 배경이 가족관계의 표현에 반영되기 쉽다는 것을 인식한 후 해석해야 한다.
  ㉣ 합동가족화 [2017년 기출] ★
    ⓐ 가족이 함께 작업하여 작품을 만들어 가는 방법이다.
    ⓑ 그림에 가족 구성원의 감정이나 가족 간의 상호작용을 반영하여 가족 기능 측정에 도움을 준다.
  ㉤ 가계도
    ⓐ 3세대 이상에 걸친 가족성원에 관한 정보와 관계를 도표로 기록한 것이다.
    ⓑ 표준기호를 사용하며, 가족원과 가족구조, 가족관계, 만성적 질병이나 문제, 직업, 학력, 가정폭력, 알코올, 흡연 문제, 이사 등의 정보를 기재한다.

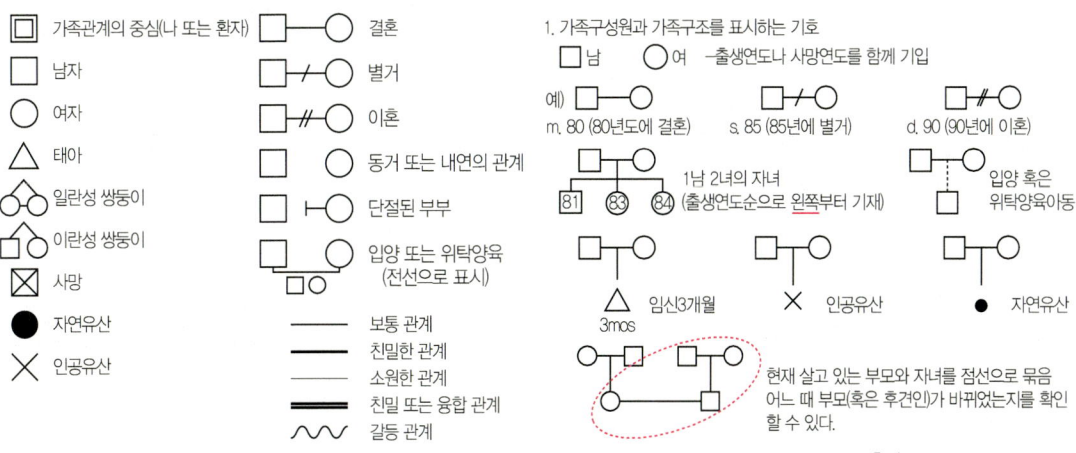

출처 : McGoldrick et,al., 2005

ⓑ 생태도 2017년 기출 ★
  ⓐ 가족과 가족의 생활공간 안에 있는 사람 및 기관 간의 연계를 그림으로 나타낸 것이다.
  ⓑ 유용한 자원, 스트레스원, 가족과 환경 간의 경계, 가족 내외 역동 등을 파악한다.
  ⓒ 작성방법
  • 원 안에 내담자 가족의 가계도를 그려 넣음
  • 함께 살고 있지 않은 가족은 원 밖에 배치
  • 가족에 영향을 미치는 환경체계를 원 밖에 배치
  • 환경체계에 관련된 사항 기입
  • 가족체계와 환경체계 간 상호교류 표시

환자의 생태도(Eco Map)

자원체계(Resource System)

가족적 지원체계
환자의 妻(간병인)
확대가족
비공식적 지원체계
이웃
*동사무소
환자(M/64)
국립재활병원(CBR, 사회사업팀)
사회사업팀
사회적 지원체계
원목실(성당)
동두천시 성당
동두천시보건소
공공근로 자원봉사자
공식적 지원체계
지역자원 지원체계

― 범 례 ―
── 강한 관계
····· 약한 관계
≫≫≫ 긴장 관계

외부적 자원체계(External Resource System)

출처 : 가톨릭대 의료사회사업 실습책

ⓢ 가족조각
  ⓐ 가족 중 한 구성원이 자신의 가족 이미지에 따라 다른 가족구성원을 각각의 자리에 배치한 후, 구성원에게 신체적 표현을 요구하여 가족관계를 나타내는 동작 표현 방법이다.
  ⓑ 가족의 위계질서, 거리감, 친밀감, 연합 등의 상호작용을 직접 보고, 느낄 수 있다.
  ⓒ 조각가, 모니터, 연기자의 역할이 필요하고, 상담자는 가족의 역동성을 파악할 수 있다.

② 객관적(양적) 평가도구
  ㉠ ENRICH검사
    ⓐ 부부 및 커플관계 평가도구로 결혼생활의 향상을 위한 상담방향을 제시하는 기법이다.
    ⓑ 부부관계의 강점과 약점을 파악하여 상담과 결혼생활에 도움을 주고, 원가족에 대한 이해를 도우며 개인, 커플, 가족의 목표를 세울 수 있게 도와준다.

ⓒ 가족환경모델
  ⓐ 가족환경이 개인과 가족에 미치는 영향을 측정하기 위해 개발된 심리측정 평가 차원의 모델이다.
  ⓑ '예', '아니오'의 2가지 응답 범주로 구성되어 총 90문항의 척도이다.
  ⓒ 10개의 하위척도로 구성되어 있으며, 크게 '개인성장영역', '체계유지영역', '상호관계영역' 등 3개의 하위영역으로 나뉜다.

ⓒ BEAVERS모델
  ⓐ 일반체계이론과 정신의학에 바탕을 두고 건강한 가족기능을 파악하기 위해 개발되었다.
  ⓑ 가족의 증상보다는 '유능성'과 '유형'이라는 두 가지 개념으로 가족체계의 기능과 속성을 평가하는 것이 더 중요하다는 기본 가정을 가지고 있다.
    • 가족 유능성 : 가족을 한 연속선상에서 모두 나타낼 수 있으며, 모든 가족은 성장할 수 있는 잠재력을 가지고 있다고 본다.

가족구조	권력분포, 세대 간의 경계와 같은 개념으로 포함
가족신화 및 신념	- 가족의 습관적이고 근거 없는 왜곡된 사고방식 - 가족구성원 개인이나 가족 간의 관계에 대한 잘못된 기대 및 믿음 - 구성원 간에 의심없이 공유하여 현실왜곡이나 부정의 요소를 가지게 됨
목표지향적 협상	유능한 가족은 문제를 효율적으로 해결하되, 역기능 가족은 위험을 통해 문제해결을 가짐
자율성	침투성, 명확성, 책임성을 포함
가족정서	정서, 분위기, 감정이입, 미결된 갈등 등을 포함
전반적 가족의 건강상태 및 병리상태	가족의 건강상태와 병리상태 표현

    • 가족 유형 : 건강한 가족은 구심적이거나 원심적인 가족유형이 아닌 균형적인 가족의 형태를 가진다.

구심적 가족	- 스트레스 상황시 가족 내부로 향한다. - 가족 내부에서 만족감을 얻으며, 외부의 관계보다 우선순위이다. - 가족 간의 경계선 불분명, 혼란스러운 의사소통유형을 보인다.
원심적 가족	- 스트레스 상황시 가족으로부터 멀어져 외부로 향한다. - 가족구성원 간의 애정이 거의 없다. - 가족 외부에서 만족감을 얻으며, 개인적 필요를 충족시킨다.

ⓡ **순환모델 질문지(FACES)** 2021년 기출 ★
  ⓐ 가족기능의 핵심영역으로 '응집성'과 '적응성'을 선택하여 가족유형을 범주화한 기법이다.
  ⓑ 가족 적응성과 응집성 측정척도(family adaptability and cohesion evaluation scales: FACES)라는 순환 모델의 질문지로, 세계적으로 가장 많이 사용되는 가족평가 도구이다.
    • 응집성(Cohesion) : 가족 간의 정서적 친밀감과 결속이 반영된다. 유리/분리/연결/밀착
    • 적응성(Adaptability) : 안정과 변화 간의 구조적 수준이 반영된다. 경직/구조적/융통적/혼돈

ⓜ **맥매스터(McMaster)모델** 2021년 기출 ★
  ⓐ 캐나다의 맥매스터 대학의 엡스타인(N. Epstein)은 비숍(Bishop), 볼드윈(Baldwin) 등과 함께 체계이론의 바탕 하에 1950년대 후반 가족의 기능을 평가하기 위해 맥매스터 모델을 개발하였다.
  ⓑ 가족기능을 평가하고 진단하는 데 개념적 준거들을 제시하고 있다.
  ⓒ 맥매스터 모델은 가족기능을 가족역할, 정서적 관여, 정서적 반응성, 의사소통, 문제해결, 행동통제, 가족의 일반적 기능 등 7가지 가족 기능을 탐색하기 위한 72문항을 설문으로 구성하여 4점 응답 범주를 갖고 있다.
  ⓓ 가족기능 수준은 총 6가지로 구분하였다.
    • 가족역할 : 가족구성원이 일상생활을 영위하기 위한 특수한 행동들이 잘 분담되어 수행되고 있는가?
    • 정서적 관여 : 가족 전체가 각 개인의 관심사, 활동, 가치관에 얼마나 관심을 보이는가?
    • 정서적 반응성 : 가족이 주어진 자극에 따라 적절한 내용과 양의 감정으로 반응할 수 있는 능력을 가지고 있는가?
    • 의사소통 : 효과적인 가족기능을 위해 분명하고 명확한 의사소통이 이루어지고 있는가?
    • 문제해결 : 가족이 효과적으로 기능하는데 요구되는 문제해결능력이 있는가?
    • 행동통제 : 가족구성원들의 행동을 관리할 규범과 기준들을 가지고 있는가?

ⓑ **가족건강성척도**
  ⓐ 구조화되어 자기보고식 문항으로 이루어진 검사이다.
  ⓑ 서구 문화의 특수성을 가지고 있어 한국문화의 가족을 평가하는데 부적절하다는 비판도 제기되고 있다.

ⓢ MBTI
ⓐ 네 가지 분리된 선호경향으로 구성된 문항을 통해 개인이 인식하고 판단할 때 각자 선호하는 경향을 찾아낸 후 그것들이 개인의 행동에 어떤 영향을 미치는지 탐색하는 기법이다.
ⓑ 선호경향 : 내향(I)/외향(E), 감각(S)/직관(N), 사고(T)/감정(F), 판단(J)/인식(P)
ⓞ MMPI : 10가지의 임상척도를 통해 청소년 자녀와 부모의 심리, 정서적 어려움을 평가할 수 있는 사정도구이다.
ⓩ PREPARE : 결혼준비교육 및 커플상담에 유용하게 사용되고 있는 사정도구이다.
ⓩ 결혼적응척도 : 부부간의 일치성, 결합, 애정표현, 만족도 등 결혼생활의 질과 적응척도를 측정한다.

(4) 가족평가 시 탐색해야 할 가족특성 2016년 기출 ★

① **가족규칙** : 시간에 걸쳐 가족행동을 제한하는 관계상의 합의이며, 상위 규칙은 '규칙을 총괄하는 규칙'으로 하위 규칙을 어떻게 유지하고 변화시킬 것인가에 대한 규칙이다.
② **경계성** : 건강한 가족은 분명하고 명확한 경계선을 가지되, 경계가 엄격할 경우 애매한 경계선을 가진다.
③ **가족신화** : 가족구성원이 갖는 잘못된 기대와 신념으로, 역기능적 가족이 상호작용을 유지하는 과정에서 이를 합리화하는데 조직적인 신념으로 활용한다.
④ **부모화** : 부모화된 아동은 자신의 연령보다 책임감이나 능력 등이 발달되는 경향이 있다.
⑤ **가족의례** : 인생의 과정을 통하여 가족 및 세대 간의 연결을 제공한다.

5 가족생활 주기

(1) 가족생활 주기 개념

① 인간은 태어나서 특정한 발달단계를 거치며 단계마다 과업이 있는 것처럼 가족에게도 발달단계와 과업이 있다.
② 가족생활주기는 남녀가 결혼하면서 새로운 가족생활주기가 시작되어 자녀를 출산하고, 학교를 보내고, 결혼을 시키고 부모만 남아 늙어 사망하게 되면 주기가 끝난다.
③ 가족생활주기의 한 단계에서 다음 단계로 넘어갈 때 적응의 문제가 생기기 쉽고 적응과정에서 문제가 생기면 스트레스를 받게 되어 가족 주기상의 위기가 가족 문제의 원인이 될 수 있다.

(2) 가족생활주기 단계별 주요 발달과제

① 카터와 맥골드릭(Carter & Mcgoldrick)의 가족생활주기 2021년, 2020년, 2019년, 2018년, 2017년 기출 ★
　㉠ 3세대 이상의 가족을 가족생활주기 6단계로 설명하였다.
　㉡ 단계변화에 따라 야기되는 긴장을 '수직적 긴장'과 '수평적 긴장'으로 구분하였다.
　　ⓐ 수직적 긴장 : 정서적 삼각관계의 기제를 통해 세대 간 전수된다는 보웬의 다세대 전수 개념을 활용한 것으로 가족형태, 가풍, 생활상, 태도, 규칙, 신화 등이 세대간 전수에 포함되며 긴장의 요인이 된다.
　　ⓑ 수평적 긴장 : 한 단계에서 다음 단계로의 전환에 따라 발생하는 발달적 긴장, 즉 생활주기의 변천과 외적 긴장을 포함한다. 외적 긴장에는 불시의 죽음, 만성적 질병, 사고, 실직 등이 있다.
　㉢ 6단계는 결혼전기, 결혼적응기, 자녀아동기, 자녀청소년기, 자녀독립기, 노년기로 구분한다.

가족생활 주기 단계	전환기의 정서적 과제	역할 및 과업
결혼전기	자신에 대한 정서적, 재정적 책임을 수용하고 부모-자녀 관계의 분리를 받아들임	ⓐ 원가족과의 관계에서의 분화 ⓑ 친밀한 이성관계의 발달 ⓒ 일과 재정적 독립 측면에서 자신에 대한 확립
결혼적응기	부부간의 일체감을 가지고 새로운 체계에 대한 수용	ⓐ 부부체계의 형성 ⓑ 배우자가 포함된 확대가족 및 친구와의 관계 재정비
자녀아동기	새로운 가족구성원을 수용하고 경계와 역할을 분담	ⓐ 부부체계에 자녀를 위한 공간 수립 ⓑ 부모역할 수용(자녀양육, 재정, 가사일의 공동참여) ⓒ 부모 및 조부모 역할이 포함된 확대가족과의 관계형성
자녀 청소년기	자녀의 독립과 조부모의 허약함을 고려하여 가족경계의 융통성 증가	ⓐ 청소년 자녀가 가족체계에 출입이 자유롭도록 부모-자녀 관계의 변화 ⓑ 중년기 부부의 결혼 및 진로문제에 재초점 ⓒ 노인세대를 돌보기 위한 준비 시작
자녀독립기	부모와 자녀가 분리되며 가족구성원 수의 증감을 수용하고 빈둥지 증후군에 대한 대처	ⓐ 부부체계를 이인군 관계로 재조정 ⓑ 성장한 자녀와 부모와의 관계를 성인 대 성인의 관계로 발전 ⓒ 사돈 및 며느리, 사위, 손자녀가 포함된 관계 재정비 ⓓ 부모 또는 조부모의 무기력과 죽음에 대처
노년기	가족상황에 따른 다양한 상실을 경험하며 부모-자녀의 돌봄 관계 변화	ⓐ 신체적 쇠퇴에 직면하면서 자신과 부부의 기능과 관심사 유지 ⓑ 다음 세대가 중추적 역할을 하도록 지원 ⓒ 연장자가 할 수 있는 일을 대신하지 않으면서 자신의 지혜와 경험이 활용될 수 있는 여지 마련 ⓓ 배우자, 형제, 친구의 죽음에 대처하면서 자신의 죽음을 대비하며 삶을 되돌아보고 통합

Section 01 가족상담의 기초

Plus Study ● 카터(B. Carter)와 맥골드릭(M. McGoldfick)이 제시한 재혼가족 생활주기 `2020년 기출` ★

단계	필수적 태도	발달적 쟁점
새로운 관계 형성	첫 결혼 상실에서의 회복	복잡성과 모호성을 다룰 준비를 갖추고 새로운 결혼과 가족형성에 다시 헌신함
새로운 결혼과 가족에 대한 개념화와 계획 세우기	재혼과 계가족 형성에 대한 자신과 새 배우자 및 자녀가 갖는 두려움을 수용 • 다양한 새로운 역할 • 경계 : 공간, 시간, 소속감과 권위 • 정서적 문제 : 죄책감, 충성심, 갈등, 상호성에 대한 욕구, 해결되지 않은 과거 상처	• 새로운 관계에서 개방성 • 전 배우자와 공동재정 및 부모관계 유지계획 • 자녀가 두 체계에서 겪는 두려움, 충성심에 대한 갈등 및 소속감 다루기 • 배우자 및 자녀를 포함시키기 위한 확대가족과의 관계를 재정비 • 자녀가 전 배우자의 확대가족과 관계를 유지하도록 계획
재혼 및 가족의 재구성	진 배우자에 대한 애착 끊기와 이상적인 '정상가족'에 대한 집착에서 벗어남. 투과성 있는 경계를 가진 새로운 가족모델 수용	• 새 배우자-계부모를 포함하도록 가족 경계선을 재구조 • 여러 체계가 섞일 수 있도록 관계와 지정적 배려를 하위체계를 통해 재정비 • 자녀가 보호자의 친부모, 조부모 및 확대가족과 관계를 지속하도록 허용 • 계가족의 통합을 강화시키는 추억과 역사의 공유

② 듀발의 가족생활주기 `2020년, 2019년 기출` ★
  ㉠ 사회학자 듀발은 시간 경과순으로 가족생활주기를 제시하였으며, 가족은 발달단계마다 그에 따른 과업을 지니게 된다고 주장하였다.
  ㉡ 가족생활주기에 따른 가족발달과업 8단계

	가족생활 주기 단계	발달과업
1단계	신혼 부부 (자녀가 없는 단계)	ⓐ 결혼에 적응하며, 밀접한 부부관계의 수립 및 가족계획 ⓑ 성적 양립성과 독립성 및 의존성의 조화 ⓒ 친척에 대한 이해와 관계 수립 ⓓ 자녀 출생에 대비 ⓔ 생활 수준의 향상
2단계	자녀출산 및 영아기 (첫자녀의 출생 -30개월)	ⓐ 부모의 역할과 기능 ⓑ 각 가족구성원의 갈등이 되는 역할의 조성 ⓒ 임신, 자녀 양육에 대한 배우자와의 협의
3단계	유아기(2-6세)	ⓐ 자녀의 사회화 교육 및 영양관리 ⓑ 자녀들 간의 경쟁 및 자녀와의 불균형 관계 대처 ⓒ 안정된 부부관계 유지
4단계	아동기(6-13세)	ⓐ 자녀들의 사회화 ⓑ 자녀의 학업성취와 증진 ⓒ 가족 내 규칙과 규범의 확립 ⓓ 만족스러운 부부관계 유지

5단계	청년기(13-20)	ⓐ 자녀의 자유와 책임의 균형 유지 ⓑ 자녀의 성 문제 대처 ⓒ 부모-자녀 세대 간의 충돌 대처 ⓓ 직업과 수입의 안정화
6단계	독립기(자녀가 집을 떠나는 단계)	ⓐ 자녀들의 출가에 따른 부모의 역할 적응 ⓑ 부부관계 재조정 ⓒ 새로운 흥미의 개발과 참여
7단계	중년기(부부만이 남은 가족으로 정년퇴직까지)	ⓐ 출가한 자녀들과의 유대관계 유지 ⓑ 부부관계 재확립 ⓒ 경제적 풍요
8단계	노년기(정년퇴직에서 사망까지)	ⓐ 사회적 지위 및 경제적 소득 감소에 대처 ⓑ 건강문제에 대한 대처 ⓒ 배우자 상실, 권위의 이양, 의존과 독립의 전환 ⓓ 만족스러운 생활유지

③ 에릭슨의 가족생활주기 : 가족생활주기가 변화해 가는 과정에서 잘 적응하지 못할 때 증상이 나타난다고 보면서 개인 증상에 초점을 두기보다는 가족생활주기가 잘 움직이도록 가족문제의 해결에 초점을 두었다.

가족생활 주기 단계	문제	치료목표	개입방법
구애기	㉠ 신체적 외모에 대한 콤플렉스 ㉡ 원가족과의 분화문제 ㉢ 또래관계의 문제	부적응 개인을 도와 직업과 배우자를 얻게 하여 기능적인 사회 구성원이 되는 것	㉠ 사고, 행동방식을 수용하면서 변화로 이끄는 생각과 행동을 소개함 ㉡ 상담자 자신과 지역사회의 자원을 최대한 활용 ㉢ 자신에 대한 인식, 특히 신체상을 재개념화시킴
결혼 초기	㉠ 배우자 및 원가족과의 마찰 ㉡ 성적 부적응, 배우자의 외도 ㉢ 결혼에 대한 헌신의 부족	여러 가지 문제를 극복하고 부부생활을 유지하면서 자녀양육기로 넘어가는 것	㉠ 증상을 이용해 원가족과 독립할 수 있게 함 ㉡ 성적 부적응을 병리적으로 다루지 않음 ㉢ 배우자의 외도는 상황에 따라 직접적으로 개입
자녀 양육기	㉠ 한쪽 배우자가 자녀와 밀착되어 부부의 문제를 아동을 통해 다룸 ㉡ 자녀양육으로 부부 또는 원가족과 갈등 ㉢ 습관적인 의사소통 문제 ㉣ 가족 간의 경계선 파괴	부모와 자녀를 분리하여 부부생활과 자녀양육생활을 독립적으로 하는 것	㉠ 개인을 둘러싸고 있는 상황을 모두 고려함 ㉡ 부모의 권위는 인정하고 상황에 따라 아동과 치료적 동맹을 맺음 ㉢ 과잉 간섭하는 부모를 아동에게서 분리시킴 ㉣ 아동의 잘못된 행동보다는 올바른 행동에 초점
중년기	㉠ 주도권을 갖기 위한 힘겨루기 ㉡ 가족 안정성을 유지하려고 역기능적 상호작용을 고수	부부의 습관적이고 주기적인 상호작용에 내재된 갈등을 해결하는 것	㉠ 부부를 함께 상담 ㉡ 부부의 역기능적 관점을 바꿈 ㉢ 모순적인 과제부여로 변화를 야기 ㉣ 직면 사용

자녀 독립기	㉠ 자녀의 독립으로 부부의 공통 요소가 사라져 그동안 유지해 온 가족의 안정성이 깨짐 ㉡ 부모의 관심, 자비, 과잉보호로 인한 부모-자녀관계가 동료관계로 변화되지 못함	자녀는 독립하여 성인의 역할을 수행하게 하고 부모는 자녀를 독립된 개체로 인정하며 이전과 다르게 상호작용하는 것	㉠ 필요에 따라 부모와 자녀를 함께 또는 개별적으로 작업 ㉡ 자녀를 가족과 분리시키면서도 가족과의 유대를 지속하게 함
노년기	㉠ 은퇴에 따른 역할상실감 ㉡ 부부가 갑자기 24시간 함께 있게 됨으로 인한 문제 발생	변화에 대한 희망보다는 피할 수 없는 일이라는 것을 수용	㉠ 부부가 애정적이고 서로 도움이 되는 역할을 맡음 ㉡ 배우자가 먼저 사망할 경우 다른 가족과의 관계를 도움 ㉢ 질병의 고통을 덜어 주기 위해 최면술 사용

6 가족상담 윤리

(1) 내담자에 대한 책임

① **내담자의 다양성 존중** 2017년, 2016년, 2015년 기출 ★ : 상담자는 모든 인간의 기본적인 권리, 존엄성, 가치를 존중하며, 내담자의 인종, 성별, 종교, 출신 국가, 성적지향 등의 이유로 내담자를 차별하지 않는다.

② **이중관계 금지** 2016년, 2015년 기출 ★
  ㉠ 상담자의 객관성과 전문적인 판단에 영향을 미칠 수 있는 이중관계는 피해야 한다. 즉, 상담자는 내담자와 전문적 치료관계 외에 다른 사적 관계를 맺어서는 안 된다.
  ㉡ 이중관계에는 내담자와의 사적인 친밀관계, 성적 관계, 동업자 관계, 사제 관계 등이 포함되어 있다.

③ **내담자의 자기결정권 존중** 2016년 기출 ★ : 자기결정권이란 인간이 갖고 있는 자신의 운명을 결정할 수 있는 권리로 상담자는 내담자가 책임 있는 결정을 내릴 수 있도록 도와야 한다.

④ **치료종결이나 의뢰에 대한 책임** : 상담자는 자신의 치료적 개입이 내담자에게 도움이 된다고 판단되는 경우에만 치료적 관계를 지속해야 하며, 상담자가 다룰 수 없거나 다루기에 부적절한 경우 다른 치료서비스를 받도록 해야 한다.

⑤ **고지된 동의(Informed Consent)** 2019년, 2018년, 2015년 기출 ★
  ㉠ 상담을 시작하기 전 내담자로 하여금 자신의 권리와 책임에 대해 충분히 이해한 상태에서 상담에 동의하도록 하는 절차이다.
  ㉡ 고지된 동의에 포함되어야 할 내용
    ⓐ 상담에 대한 비밀을 유지하지만 비밀보장의 한계에 대해서 고지하고 동의를 얻는다.
    ⓑ 가족상담의 목적이 무엇인지 고지한다.

ⓒ 개인의 목표가 관계나 가족의 목표보다 우선시된다는 점을 고지한다.
ⓓ 상담회기, 주기 등의 상담형식에 대해서 고지한다.
ⓔ 가족상담의 위험을 최소화할 책임이 상담자에게도 있음을 고지한다.
ⓕ 비용 및 청구방법, 치료중단 권리, 치료에 따르는 위험을 고지한다.
ⓖ 녹음, 녹화 등을 실시할 때는 반드시 내담자의 동의를 얻어야 함을 고지한다.
ⓗ 슈퍼비전을 받을 때 내담자의 정보가 공개됨을 고지하고 동의를 구한다.

(2) 비밀보장 2021년, 2020년 기출 ★

① 비밀보장의 원칙 : 상담자가 내담자와의 신뢰관계에 근거하여 얻은 정보를 내담자의 사전 동의 없이는 타인에게 발설하지 않는 것을 의미한다.
② 비밀보장의 예외상황
  ㉠ 내담자가 신체적 자해나 타인을 위험에 처하게 했을 때
  ㉡ 아동, 장애인, 노인 등 보호대상자에 대한 학대나 유기주장이 있을 때
  ㉢ 학대, 폭력, 위험성 등을 이유로 법원이 명령했을 때

(3) 전문성과 품위

① 신체적, 정신적으로 위험신호를 보이는 경우 알코올이나 기타 약물의 오남용으로 전문적 능력이 손상되어 상담자로서의 역할을 수행할 수 없는 경우에는 치료를 행할 수 없다.
② 자신의 능력 밖에 있는 문제에 대한 진단, 처치, 충고 등을 하지 않으며 증언이나 진술 등 자신의 전문적 소견을 공식화하는 경우 타인의 삶에 지대한 영향을 미칠 수 있으므로 각별히 주의해야 한다.

(4) 훈련생 및 연구대상에 대한 책임

① 상담자는 피고용인이나 훈련생이 자신을 신뢰 또는 의존하는 점을 이용하여 자신의 이익을 추구하는 행위를 해서는 안 된다.
② 이중관계를 형성하는 것은 전문가로서의 판단력 상실은 물론 착취의 소지가 있으므로 금해야 한다.
③ 연구자로서 가족상담자는 연구대상의 권리를 존중하고 보호하며 관련법 규정에 따라 연구를 수행한다.

(5) 가족치료 전문직에 대한 책임

전문직에서 요구하는 수준의 서비스를 제공할 책임이 있으며, 금전적 보상이 없다 하더라도 지역사회나 사회의 향상에 기여하는 활동을 포함한다.

(6) 비용에 대한 합의

서비스나 슈퍼비전을 제공할 때는 시작에 앞서 제공될 서비스나 슈퍼비전의 내용을 내담자 또는 훈련생에게 설명해주고 비용을 밝힌다.

(7) 서비스에 대한 홍보

가족상담전문가가 가족상담서비스를 홍보할 경우 내담자가 전문적 서비스에 대해 적절한 선택을 할 수 있도록 능력, 교육, 훈련, 경험을 정확히 밝혀야 한다.

Section 02 초기 가족상담의 이론과 실제

> **학습목표**
> 초기 가족상담의 체계이론에 대해서 살펴보고, 초기 가족상담모델인 의사소통모델, 다세대모델, 경험적 모델, 구조적 모델, 전략적 모델에 대해서 알아본다.

1 초기 가족상담의 체계이론

(1) 체계이론 개요 2020년, 2016년, 2015년 기출 ★

① 체계이론이란 세계를 모든 현상의 상호연관성과 상호의존성에 의해 파악하는 것이다.
② 살아 있는 조직체, 사회 및 생태계는 모두 체계다.
③ 체계이론은 서로 관계를 맺으며 영향을 주고받는 상호의존적 부분들의 연결망이라 할 수 있다.
④ 초기 가족상담모델은 개인적 문제의 관심보다는 체계 안에서 이루어지는 개인 간 심리적인 측면과 가족 간의 역동적인 문제에 관심을 가졌다.
⑤ 초기 가족상담모델은 1950년대에 출현하여 1970년대에 절정에 이른 체계론적 사고를 바탕으로 발전되었다.
⑥ 초기 가족상담 발전에 아동상담소 운동, 사회복지실천의 영향, 집단역동 운동 등이 영향을 주었다.
⑦ 체계론적 사고를 함축하는 용어는 일반체계이론, 사이버네틱스, 생태체계이론, 전일론, 자연체계이론 등 다양하다.

(2) 일반체계이론의 개념 2015년 기출 ★

① 일반체계이론은 체계를 환경과 지속적인 상호작용을 하는 개방체계로 보기 때문에, 외부관찰자가 체계에 대해 투입되고 산출되는 피드백과정을 관찰하면서 체계의 특성을 파악할 수 있다고 본다.
② 이 과정을 심리학적 문제에 적용하면, 마음은 복잡하기 때문에 마음 안에 무엇이 진행되는지 연구하기보다 입력과 출력을 연구하는 것이 더 편리하다는 결론에 이른다.
③ 따라서 관찰이 불가능한 심리내면에 대한 가정을 세울 필요 없이 관찰 가능한 투입과 산출관계(행동, 의사소통, 규칙 등)에 관심을 두게 되었다.
④ 가족이라는 체계가 어떻게 작동하는가를 이해하기 위해 가족체계로 들어가는 것(투입)과 나오는 것(산출)에 관심이 집중되었고, 이를 관찰함으로써 가족의 상호작용 원리를 파악할 수 있다고 보았다.

Section 02 초기 가족상담의 이론과 실제

(3) 일반체계이론의 기본개념 2021년, 2019년 기출 ★

① 체계
  ㉠ 가족도 개인들이 서로 상호작용하는 집단으로 하나의 체계라고 보며, 가족체계는 사회라는 상위체계의 하위체계이고, 또한 가족 개인들의 개인체계의 상위체계이기도 하다.
  ㉡ 가족의 하위체계는 개별 가족원일 수도 있고, 부부, 부모-자녀, 형제자매의 하위체계 등으로 구분될 수 있다.
  ㉢ 가족은 여러 하위체계로 구성되어 있고 하위체계를 통해 가족의 기능을 수행한다.
      예 부부하위체계, 부모하위체계(부모와 자녀와의 관계), 자녀하위체계(자녀들간의 관계), 가족구성원 개인(가족 구성원 개인 개인간의 관계)

② 체계의 경계
  ㉠ 가족체계는 경계가 있다. 가족경계는 한 요소를 둘러싸고 있는 외부의 압력으로부터 요소들을 보호하며 체계 안팎의 정보나 에너지의 흐름을 조정해주는 체계의 울타리에 해당한다.
  ㉡ 외부 정보의 유입이 가능한 상태에 있는 가족을 건강하고 기능적(바람직한) 가정으로 본다. 반면, 상대적으로 외부의 정보나 에너지가 유입되지 못할 정도로 경직되어 강한 결속관계에 있거나, 너무 느슨하여 애매한 경계선을 보이는 가족은 건강하지 못하다고 본다.
  ㉢ 가족이 필요에 따라서 유연하게 결속력을 보이기도 하고 흩어질 수도 있는 그러한 경계선을 보일 때 건강하고 기능적인 가정으로 볼 수 있다.

③ 개방체계와 폐쇄체계 2017년 기출 ★
  ㉠ 개방체계와 폐쇄체계는 외부체계에서 들어오거나 외부체계로 내보내는 정보의 흐름과 상호교류를 허용하는 정도를 말한다.
  ㉡ 개방체계와 폐쇄체계는 경계에 의해 결정된다.
  ㉢ **엔트로피(entropy)** : 체계가 개방성이나 폐쇄성의 극단에 있을 경우로 정체성과 생존에 위협을 받을 수 있다.
  ㉣ **니겐트로피(negentropy, 부적엔트로피)** : 체계가 개방성과 폐쇄성의 적절한 균형을 이룸으로써 체계의 질서를 최고로 유지하고 있을 때이다.

④ 피드백 2021년 기출 ★
  ㉠ 체계가 어떤 과정이나 행동의 결과에 대한 정보를 그 근원에 전달하는 과정으로, 체계의 자기조절 기제를 나타내는 용어이다.
  ㉡ 피드백 과정을 통해 체계는 본연의 정체성을 유지한다.
  ㉢ **부적피드백** : 체계가 변화나 이탈을 거부하고 안정성을 유지하는 방향으로의 피드백
  ㉣ **정적피드백** : 체계의 안정적인 상태를 거부하고 체계를 변화시키려는 방향으로의 피드백

⑤ 순환적 인과성 2017년, 2015년 기출 ★
  ㉠ 순환적 인과관계의 개념이란 체계에서 일어나는 행동은 순환적으로 서로 영향을 미쳐서 순환적 결과를 일으키므로 원인과 결과를 정확하게 구분하기 어렵다는 것이다.
    예 남편이 술을 마셨을 때 와이프가 잔소리를 했을 경우 단순 술과 잔소리의 연관성을 떠나 '술 → 잔소리 → 상한 감정 → 술 → 잔소리' 이와 같이 처음에는 술과 잔소리만 있었으나 상한 감정이 또 다른 원인을 창출했다고 보는 것으로 다양한 원인으로 인해 다양한 결과로 순환되는 것을 볼 수 있다.
  ㉡ **동일결과성** : 다양한 원인이라도 동일결과에 이르는 경향이 있다.
  ㉢ **다중결과성** : 한 가지 원인이 다양한 결과에 이르는 경향이 있다.
⑥ 항상성 유지 : 체계는 균형이나 규칙적인 상황이 깨졌을 때 원 상태로 돌아가려는 경향으로, 부정적 변화가 일어났을 때 긍정적으로 돌아가려는 경우도 있고, 긍정적인 변화에도 부정적인 상황으로 돌아가 항상성을 유지하려는 경향이 있다.
⑦ 정보처리와 의사소통
  ㉠ 체계의 모든 과정이 정보처리와 의사소통으로 이루어진다는 것이다.
  ㉡ 가족 간의 정보교환을 통해 관계를 형성해나가는 모든 행동 몸짓, 언어 등이 있다.
  ㉢ 의사소통에는 이중구속도 포함되어 있는데 이중구속이란 언어와 표정이 일치하지 않는 것으로, 논리적으로 상호 모순되고 일치되지 않는 두 가지 메시지를 동시에 전달하는 것이다.
⑧ 전체성 2018년, 2015년 기출 ★
  ㉠ 체계는 부분들을 단순히 합쳐 놓은 것보다 더 크다는 비합산성의 특징을 가진다.
  ㉡ 체계의 전체성은 1+1=2가 아니라 1+1=3,4,그 이상과 같음을 의미한다.
⑨ 일반체계이론이 가족상담이론 발달에 기여한 주요 개념들
  ㉠ 사회체계는 개인, 가족, 집단, 조직, 지역사회, 문화 등을 말한다.
  ㉡ 사회체계는 경계지어진 부분들 간에 상호작용한다.
  ㉢ 각 단위는 보다 큰 전체의 부분이 되고 있다.
  ㉣ 사회체계는 대체로 안정상태를 유지하는 경향이 있다.
  ㉤ 체계 부분들 사이의 의사소통과 피드백은 체계의 기능을 위하여 매우 중요하다.
  ㉥ 가족체계는 직선적인 인과관계보다는 순환적인 인과를 가지고 있다.

(4) 사이버네틱스의 이해 2018년 기출 ★
① 사이버네틱스라는 용어는 배의 조타수를 의미하는 그리스어에서 유래되었다.
② 이들이 발견한 점은 기계와 살아 있는 유기체의 작동원리에 차이가 있다는 것이다.
③ 체계에 대한 투입과 산출에 초점을 두는 블랙박스 모델이다.

④ 새로운 인식론에 '사이버네틱스'라는 용어를 붙이자고 제안한 사람은 수학자인 '위너'였고, 사이버네틱스의 발달초기에 그 기본원리는 주로 공학에 적용되었다.
⑤ 사이버네틱스는 자기조절 체계에서 피드백 기제에 관한 것으로 가족이 어떻게 안정성을 유지하는가를 설명하기 위한 은유로 사용되었다.
⑥ 핵심에는 피드백 고리가 있는데, 부적피드백은 체계가 원래의 상태로 복귀하라는 신호를 보내 체계를 유지하는 작용을 하고, 정적피드백은 환경이 변화가 있을 때 체계가 변화를 받아들이는 것을 말한다.
⑦ 사이버네틱스는 1차 수준과 2차 수준으로 구분되는데, 1차 사이버네틱스를 일반체계이론과 동일한 것으로 간주하기도 한다.
⑧ 1차 사이버네틱스는 관찰자(상담자)가 체계 밖에서 체계를 객관적으로 관찰하고 중립적으로 조절하는 것이 가능하다고 본다.
⑨ 2차 사이버네틱스는 포스트모더니즘 사조의 많은 부분을 반영하고 있으며, 후기 가족치료의 탄생에 기초가 되었다.

2 의사소통 가족상담모델

(1) 개요
① 의사소통 가족상담이론은 그레고리 베이트슨과 돈 잭슨의 정신세계 연구소의 사람들이 조현병 환자 가족을 연구하면서 만들어졌다.
② 1950년대 조현병 환자의 가족에게 이중구속이라는 대화의 형태가 있음을 발견하고, 조현병은 가족들이 가지고 있는 역기능 대화 형태에서 기인한다는 연구를 발표하였다.
③ 의사소통 가족상담이론은 전적으로 가족에게 초점을 두는 점과 가족구성원이 문제를 가지는 것은 가족의 상호작용으로 인한 것이라는 새로운 관점에서 연구되었다.
④ 발전과정을 살펴보면, MRI를 중심으로 활동한 상호작용적 의사소통모델, 인본주의 경향을 강하게 띤 사티어의 경험적 가족상담모델, 헤일리(Haley)에 의해 발전된 전략적 가족상담모델 등으로 발전하였다.

(2) 이론의 기초
① 공리모델
  ㉠ 행동 차원에서 대화를 본다면 인간은 대화를 하지 않을 수 없다.
  ㉡ 인간으로서 사회 생활을 하는 한 대화하지 않을 수 없다는 생각은 누구나 동의하는 자명한 일이다. 이러한 자명한 이치를 공리라 부른다.
  ㉢ 의사소통이론은 이러한 공리들을 바탕으로 만들어진 이론이다.

② 표현모델
   ㉠ 인간의 마음을 이해하고자 하는 일은 현재 표현된 대화를 이해하는 일이다. 인간의 마음 기능은 사람들과의 관계 속에서 대화를 통해서 표현된다.
   ㉡ 의사소통 이론에서는 표현된 대화의 형태만이 중요하기 때문에 대화의 형태를 이해하고 밝히는 일이 대화 이론의 주된 작업이다.
③ 흐름모델 : 대화의 형태는 끊임없이 연속되는 흐름으로 존재한다. 대화의 시작과 끝은 알 수 없다.

(3) 의사소통 기본명제 2017년 기출 ★
① 모든 행동은 대화라는 원리 : 사람은 대화를 하지 않을 수 없다. 사람의 모든 행동은 대화로 언어를 통한 대화를 하지 않는다 하더라도 사람은 신체를 통해서 많은 대화를 하고 있다.
② 내용과 관계의 원리 : 대화는 내용과 관계로 이루어져 있으며, 내용은 정보를 전달하는 차원의 대화이고 관계는 정보를 전달하는 방식에 관한 차원의 대화이다.
③ 구두점의 원리 : 대화는 계속 이어지는 흐름으로써 시작과 끝이 어디에 있는지 알 수 없게 된다. 그러나 사람들은 대화를 자신들이 가지고 있는 입장과 이해관계에 따라서 끊어서 이해하는데 이처럼 대화의 흐름에 점을 찍어서 대화를 토막내는 현상을 구두점 원리라고 한다.
④ 디지털과 아날로직의 원리 : 디지털 대화는 언어에 의한 대화로 논리를 통해서 상대방에게 전달되는 반면 아날로직 대화는 신체를 통해서 전달되는 대화이다.
⑤ 대칭과 상보의 원리 : 대화는 대칭과 상보의 관계를 가지고 있다. 대칭과 상보의 관계는 힘이라는 관점에서 사용되는 관계로, 두 사람이 힘의 차이가 별로 나지 않는 비슷한 경우를 대칭관계라고 하고 두 사람의 힘의 차이가 극대화되는 경우를 상보관계라고 부른다.

(4) 주요 개념
① 이중구속 이론
   ㉠ 한 사람이 두 개 이상의 모순되거나 일치되지 않는 방법으로 메시지를 전하고, 그 메시지를 받은 사람은 그 모순에 대한 결과나 응답을 할 수 없는 일종의 자가당착적 의사전달을 말한다. 예 얼굴과 말투는 화를 내면서 "괜찮아, 잘했어"라고 말하는 것 등
   ㉡ 역기능적인 의사소통의 상당 부분은 반복적인 이중구속 메시지인 경우가 많다.
② 가족 항상성 : 체계로서의 가족이 구조와 기능의 균형을 유지하려는 속성을 말한다.
③ 대칭적 관계와 상보적(보완적) 관계
   ㉠ **대칭적 관계** : 대화를 하는 사람의 관계가 힘의 차이가 별로 나지 않는 평등성에 기초하고 있으며, 한쪽의 반응이 다른 쪽에 영향을 주고, 이것이 다시 반응을 상승시키는 것으로 대칭적 상승이 효과가 있게 되어 언쟁, 싸움으로 발전하게 되는 경우다.

ⓒ **상보적 관계** : 의사소통을 하는 사람들이 우월-열등의 관계에 놓여 있어서 이 관계가 경직되면 병리적인 관계로 발전한다.

(5) 기법
① 역설적 개입
  ㉠ **역설적 개입(증상처방)** : 내담자의 문제행동을 계속 유지하라고 지시하여, 그의 통제 밖에 있는 문제행동을 통제권 안으로 끌어들이는 기법이다. 문제행동이 통제 가능해지면서 문제행동을 포기하도록 한다. 치료적 역설상황을 만드는 것이다.
  ㉡ **재명명** : 이미 벌어진 상황에 다른 언어를 사용해 이에 대한 이해와 느낌, 생각이 바뀌도록 도와서 가족을 변화시키는 방법이다. 예 시험에 떨어졌다. - 다시 공부할 기회가 생겼다.
② **보상** : 상담자가 각 당사자에게 무엇을 원하는지 질문하고 그 상대방이 원하는 것을 해 주게 하는 기법이다.

(6) 가족상담 발달 초기 조현병 환자가족의 역기능 2021년, 2020년, 2019년, 2018년, 2017년, 2016년 기출 ★
① 초기 가족치료는 조현병 가족에 대한 연구를 진행하면서 가족의 역기능을 설명하기 위해 여러 개념이 소개되었다. 대표적으로 이중구속, 부부균열과 부부불균형, 가짜친밀성, 분화이론이 있다.
② 이중구속(double bind)
  ㉠ 이중구속이란 언어적 메시지와 비언어적 메시지가 서로 일치하지 않고 모순되는 메시지를 말한다.
  ㉡ 따라서 어느 메시지가 진짜 메시지인지 분간하지 못하고 적절한 반응을 하지 못하는 혼란 상태에 빠진다.
  ㉢ 결국 희생자는 모든 말의 이면에 숨겨진 의도가 있다고 생각하게 되어 혼란을 경험하면서 조현병이 발생된다.
    예 '잘했어, 수고했어' 라고 말은 하고 있지만, 그 어머니의 표정에서는 만족스럽지 못한 표정을 하고 있는 경우 아동은 혼란스럽게 된다.
③ 부부균열(marital schism)과 부부불균형(marital skew)
  ㉠ 부부균열은 부부가 서로 역할을 교환할 수 없고 목표를 공유하거나 보완할 수 없는 상황을 가르킨다. 상대방의 지위, 특히 부모로서의 지위를 손상시키려 한다.
  ㉡ 부부불균형(부부왜곡)은 부부간의 권력이 지나치게 불균형을 이룬 상황으로 부부 중 한 사람은 강하고 다른 한 사람은 약한 위치에 있다.

ⓒ 부부균열이나 부부불균형(부부왜곡)의 특징이 있는 가족에서는 자녀는 부모 중 누구에게 충성심을 보여야 할지 갈등하게 되고 깨질지도 모르는 결혼생활을 유지하려는 압박감에 시달린다.
ⓔ 어린 시절 자녀의 이런 경험은 일관성 있고 논리적으로 사고하고 의사소통하는 능력의 발달을 손상시키고 혼란과 갈등으로 세상을 살게 되어 조현병을 보일 수 있다.

④ 가짜 친밀성(거짓친밀성)
㉠ 가짜 친밀성 중 겉으로는 친밀한 상호작용이 있으나 사실은 거짓된 모습임을 나타낸다. 가족 구성원간의 갈등이나 이견이 겉으로 드러나서는 안 되며 모두 결속된 모습을 보여주어야 한다고 생각하며 이로 인해 경직되고 유머와 자발성이 부족하게 된다.
㉡ 가짜 친밀성 중 겉으로 들어나지 않는 것으로 진실하게 상호작용하지 않고 겉으로 거리감을 두거나 적대적인 방식으로 상호작용하는 상황으로 친밀감을 나누는 것 뿐 아니라 갈등이나 불화를 직접적으로 다루는데 어려움을 느낀다.
㉢ 이러한 가짜 친밀성이 지속될 경우 가족구성원 중 한 사람이 고정된 가족역할에서 벗어나려고 시도하는 상황이 발생한다. 이럴 때 가족이 위기를 겪게 된다.
㉣ **고무울타리(rubber fence)** : 가족의 구성원이 개인의 정체성과 독자성을 찾으려는 시도를 하나, 가족의 모호한 경계선 때문에 무시되고 방해받는 것으로 조현병 환자가 있는 가족의 독특한 특성 중 하나이다.

⑤ 분화이론
㉠ 자아분화란 스트레스 상황에서 정서적인 기능과 지적인 기능을 분리할 수 있는 능력으로 자아분화를 못하면 확고한 자아를 발달시키지 못하고 거짓 자아를 발달시킨다.
㉡ 분화이론의 핵심은 가족 개인이 자아를 분화시키지 못하고 가족을 하나로 뭉쳐진 자아덩어리라고 보는 것이다.
㉢ 자아분화가 되지 못한 사람은 지적, 느낌, 감정을 분리할 수 없는데 조현병환자들은 분화지수가 매우 낮아서 목표지향활동을 할 수 없다는 것이다.
㉣ 조현병의 가족구조는 분화수준이 낮은 사람이 다른 가족 구성원을 두 사람의 관계에 끌어들여 삼각관계를 형성하는 특징을 가지고 있다.

Section 02 초기 가족상담의 이론과 실제

3 다세대 가족상담모델 2021년 기출 ★

(1) 개요

① 보웬은 정신분석의 개념들을 사용하여 조현병 환자와 가족들을 치료하였다.
② 조현병 환자의 모자관계에서 강렬한 불안애착과 불안격리의 정서적 긴장이 주기적으로 반복되는 병리적 애착을 발견하였고, 이런 현상을 '모자공생'이라고 명명하였다.
③ 조현병 환자 가족연구를 통해서 분화의 개념과 삼각관계의 개념을 만들어냈다.
④ 보웬은 가족의 정서과정이 세대를 관통하여 지속되고, 이전 세대에서 제대로 정리되지 않은 문제가 다음 세대에 넘어가서 문제를 일으킨다고 보았다.
⑤ 보웬은 정신분석의 개념이 지나치게 개인적이라 가족 설명에 한계가 있다고 보고, 이후 포괄적인 다세대 가족상담이론 발달에 힘써 가장 체계적이고 영향력 있는 가족상담이론으로 정립하였다.
⑥ 상담목표는 여러 세대를 관통하는 가족의 정서적 과정을 이해하고, 특정 가족원의 분화를 통해 가족체계가 변화되는 것으로 보았다.

(2) 주요개념

① **자기 분화** 2019년, 2018년, 2015년 기출 ★
  ㉠ 자기 분화란 개인이 타인이 아닌 자신만의 방식에 따라 기능하는 것을 배우는 과정이라 할 수 있다.
  ㉡ 원가족의 정서적 혼돈에서 자유로워지는 과정으로 정의되며 개인의 기능 수준이나 인간적인 성숙도와 직결되는 개념이기도 하다.
  ㉢ 미분화 가족은 온 가족이 감정적으로 한 덩어리가 되어 정서적으로 함께 고착되어 있는 상태를 의미한다.
  ㉣ 미분화 가족은 상대에 대한 정서적 반응성이 높고, 상대방을 불편하게 만들므로 결과적으로 상호거부를 초래한다.
  ㉤ **분화수준** : 개인의 분화수준은 기본분화와 기능분화로 분류된다.
   ⓐ 기본분화 : 원가족과의 분화수준, 즉 다세대 정서과정에 의해 결정되는 분화수준이다.
   ⓑ 기능분화 : 현재에 맺고 있는 관계과정에 의존하는 기능으로 개인이 원가족에게서 물려받은 기본분화수준보다 높거나 낮게 기능할 수 있다.

ⓗ **분화수준에 따른 특징** 2021년 기출 ★

분화수준 높음	• 사고와 감정이 균형을 이루어 예민한 정서에도 감정적 충동을 참을 수 있는 자제력과 객관성을 가진다. • 타인과 차별되는 자신만의 분명한 입장을 가지며 신념에 따라 행동한다. • 타인과 친밀한 접촉을 유지하면서도 융합되지 않는다.
분화수준 낮음	• 감정에 따라 행동한다. • 대인관계에서 자주적 정체감이 적어 타인과 쉽게 융화되며 자신과 타인을 분리하지 못한다. • 권위적 인물의 지시나 가족의 의견에 감정적으로 반응하여 자신의 독자적 신념보다 남에게 들은 것을 되뇌인다.

② **삼각관계** 2021년 기출 ★
  ㉠ 가족 내 불안과 긴장을 해소하기 위해 만들어지는 3인체계의 정서적 역동으로 가장 주요한 영향은 불안이다.
  ㉡ 2인 관계 : 평온하면 오랫동안 안정적 상태를 유지하지만 불안정해지면 긴장 해소 방법으로 삼각관계를 생성한다. 불안정한 2인 관계에서 제3자가 개입되면 삼각관계를 통해 두 사람 사이의 불안이 감소된다.
  ㉢ 삼각관계를 가장 작은 안정적 관계체계라고 언급한다.
  ㉣ 가족 융합 정도가 높을수록, 가족원 분화 정도가 낮을수록 삼각관계를 만들려는 노력이 더욱 강렬하고, 가족원 분화수준이 높을수록 삼각관계를 만들지 않고 긴장을 다루며 불안을 관리한다.

③ **핵가족 정서체계** 2021년 기출 ★
  ㉠ 핵가족 정서체계는 다세대적 개념으로, 개인이 원가족으로부터 학습된 방식으로 타인과 관계를 맺게 되며 결혼선택을 통해 가족의 정서적인 장을 다세대에 걸쳐 반복함을 의미한다.
  ㉡ 사람들은 무의식적으로 자신과 비슷한 수준의 분화 상대를 배우자로 선택하는데, 이는 정신분석학의 "전이"에 해당한다. 각 배우자는 자신의 원가족에서 겪은 경험을 서로에게 전이함으로써 상대가 잘 맞는 사람이라 느낀다.
  ㉢ 핵가족의 정서적 분위기는 부모의 분화수준에 의해 결정된다. 핵가족 정서체계는 세대를 통해 아주 천천히 변화한다.
  ㉣ **부부의 분화 수준**
    ⓐ 부부의 분화수준이 상승할 때 : 정서적 융합은 적으며 부부관계 내에서 신뢰와 성실, 상호존중의 요인에 의해 분화가 더욱 강화된다.
    ⓑ 부부의 분화수준이 감소할 때 : 상대에 대한 감정적 의존욕구가 크고 의존욕구 불만족시 불만과 두려움이 고조되며, 미분화된 가족이 싸우거나 관계가 멀어지면 가족 불안 수준이 상승한다. 이때 배우자, 자녀의 신체적, 정서적, 사회적 문제가 증상으로 나타난다.

④ 가족투사 과정 2017년 기출 ★
  ㉠ 동일한 가족 내에서도 부모는 각 자녀에 대해 같은 방식으로 대하지 않는다. 미성숙한 부모는 가족체계나 부부체계를 안정시키기 위해 무의식적으로 자녀 중 가장 유아적이고 취약한 자녀를 투사대상으로 선택하는데 이를 '가족투사과정'이라고 한다.
  ㉡ 자아분화수준이 낮은 부모는 미분화에서 오는 불안을 삼각관계를 통해 회피하려고 하는데 어머니가 특정 자녀와 공생적 관계를 형성하여 미분화의 산물인 자기문제를 투사시킨다는 것이다.
  ㉢ 부모의 미숙함에 많이 노출된 자녀일수록 다른 자녀보다 융합의 전도가 높고 가족 내 정서적 스트레스에 더 취약하며 다른 형제에 비해 이성보다 감정에 지배되는 삶을 살기 쉽다.
  ㉣ 가족융합이 클수록 투사과정에 많이 의존하며 자녀의 정서적 손상도 커진다. 즉, 가족투사과정의 강도는 부모의 미숙함과 가족이 겪는 스트레스와 불안 정도에 의해 결정된다.

⑤ 정서적 단절 2017년 기출 ★
  ㉠ 원가족과 접촉함으로써 생기는 불안을 줄이기 위해 부모의 집에서 먼 지역으로 이주하거나 부모와 말을 하지 않는 등 부모와의 접촉을 끊는 행위를 의미한다.
  ㉡ 정서적 의존성, 불안이 높은 가족에서 발생하는데 높은 융합과 불안은 강한 가족결속력을 요구하거나 견딜 수 없는 수준에 도달 시 단절이 발생한다.
  ㉢ 정서적 단절은 투사과정에서 많이 개입된 자녀에게 주로 일어나는 현상이며, 정서적 단절도 역시 세대 간 전수가 가능하다. 조부모와 부모 사이에 세대의 정서적 단절이 있으면 부모와 자녀 세대의 단절 가능성이 높다.
  ㉣ 정서적 단절을 피하는 방법으로는 원가족과 접촉하고 분화를 촉진함으로써 원가족과의 미해결된 애착을 해소하는 것이다.

⑥ 다세대 전수과정
  ㉠ 다세대를 통해 가족의 정서과정이 전수되는 것을 의미한다.
  ㉡ 보웬은 개인이나 관계의 역기능을 여러 세대의 전수과정의 맥락에서 살폈으며, 조현병 등 여러 가지 개인과 핵가족의 적응력 손상은 다세대 전수과정의 결과물로 보았다.
    예 분화수준이 낮은 두 사람이 결혼할 경우 투사의 결과로 더 낮은 분화수준의 자녀를 갖게 되고, 이러한 과정이 여러 세대 반복되면 각 세대에서 점진적으로 불안과 융합에 취약한 개인이 양산된다. 특정 세대에서 이러한 전수과정이 느려지기도 하고 유지될 수도 있으나 짧게는 3~4세대, 길게는 8~9세대에 걸쳐 만성 알코올 중독, 조울증, 강박증, 조현병 등의 역기능을 유발하는 수준에 이르게 된다. 따라서 개인의 질병은 개별 환자의 경계를 넘어 그를 둘러싼 관계과정의 증상으로 간주한다. 즉, 조현병은 가족의 정서 체계의 혼란을 의미한다.

ⓒ 종종 증상은 한두 세대를 건너뛸 수 있지만 다세대 전수과정은 절대 건너뛰지 않는다.
ⓓ 한 세대의 기본분화수준은 이전 세대의 기본분화수준과 크게 차이가 없다.
ⓔ 다세대 전수과정을 파악하기 위해서는 확대가족에 대한 자료를 수집해야 하지만 이 과정 자체가 분화 촉진의 수단이 되기도 한다.
⑦ **출생순위체계** : 출생순위 또는 형제자매 위치가 가족 정서체계 안에서 특정한 역할과 기능을 한다고 보며, 배우자와의 상호작용 역시 그들의 원가족에서의 형제 위치와 관련이 있다고 본다.
⑧ **사회적 정서과정**
ⓐ 개인과 가족에 대한 정서과정개념을 사회적 정서과정으로 확장하였다.
ⓑ 사회도 가족과 마찬가지로 연합성, 개별성의 반대적 힘의 균형에 영향을 받는다.
ⓒ 사회가 전쟁, 인구증가, 성차별 등과 같은 만성적 스트레스 상황에 처할수록 사회의 불안이 커지고, 그 결과 결속에 대한 압력이 강해지며 분화수준이 감소하고, 분화수준이 감소된 역기능적 삼각관계가 서로 계속적으로 맞물려 사회 전체로 확장된다.
ⓓ 가족의 분화수준이 높을수록 협동적이며, 타인의 복지를 고려하고, 타인과의 접촉을 유지하며, 분화수준이 낮을수록 스트레스 상황에서 구성원의 이기심, 공격성, 회피성이 높아진다.

(3) 상담목표와 과정 및 상담자 역할

① **상담목표** 2021년, 2019년, 2016년 기출 ★
ⓐ **분화수준 향상** : 여러 세대를 통해 반복되고 있는 가족과정과 구조를 파악하여 원가족에게서 자기분화를 높여 가족체계를 변화시키는 것이다.
ⓑ **불안감소와 자기분화 촉진** : 다세대 정서체계에 퍼져 있는 만성불안 유형에서 벗어나기 위해 가족원의 불안을 경감시키고, 자기분화를 촉진하도록 한다.
ⓒ **탈삼각화** : 삼각관계를 해결하기 위해서는 상담자가 잠정적으로 삼각관계에 끼어들거나, 상황에 따라서는 벗어나기도하면서 탈삼각화를 시도한다. 탈삼각화란 가족 내 형성된 삼각관계에서 벗어남으로써 가족원의 자아분화를 향상시키는 방법을 말한다.

② **치료과정**
ⓐ **가족평가** : 가족의 문제가 여러 세대에 걸쳐 전달되어 현재 증상을 일으킨다고 가정한다. 따라서 치료적 개입에 앞서 문제를 일으키는 다세대 정서과정의 기본유형을 찾는 것이 중요하므로 가계도를 중심으로 개인력, 핵가족력, 확대가족력 순으로 가족평가를 거친다.
ⓑ **개인대상 치료** : 한 명의 가족원이 성공적으로 분화한다면 전체 가족체계로 확산되어 가족체계의 분화수준을 높일 수 있다고 보기에, 개인의 분화수준을 높이기 위해 확대가족과의 접촉을 늘리며 친밀감을 증진하여 삼각관계에서 벗어나게 한다.

Section 02 초기 가족상담의 이론과 실제

ⓒ **부부대상 치료** : 상담자와 내담자 부부는 필연적으로 삼각관계가 형성되기 때문에 부부와 삼각관계를 맺으면서 정서적으로 중립적 위치를 확보하고 부부의 불안감소와 탈삼각화와 분화과정을 진행한다.

③ **상담자 역할** 2016년 기출 ★

  ㉠ 상담자의 자기분화수준은 치료결과의 중요한 변수이므로 내담자의 자기분화수준보다 높아야 한다.
  ㉡ **상담자의 객관적인 태도 중시** : 코치, 컨설턴트에 비유한다. 이때, 코치는 가족원을 조용히 보조하는 능동적 전문가로 가족 말을 경청하고, 그들의 정서적 반응성을 통제한다.
  ㉢ 가족원의 분화와 불안감소 성취를 위해 가족에게서 탈삼각 관계로 남아 중립성을 유지한다.

(4) 기법 2019년, 2015년 기출 ★

① **가계도** 2020년, 2018년, 2016년, 2015년 기출 ★

  ㉠ 최소 3세대에 걸친 표식을 통해 문제를 폭넓게 진단하는 그래프직 방법이다.
  ㉡ 가족과 함께 탐색할 수 있는 여러 가지 가설이 나올 수 있는 유용한 도구이다. 즉, 원가족과의 융합문제, 미분화 문제, 핵가족 정서체계, 정서적 단절, 삼각관계 등의 개념이 드러난다.
  ㉢ 세대를 통해 흐르는 정서과정의 역동을 검토 가능하게 해 준다.
  ㉣ 첫 면접에서 내담자와 함께 작성하여 여러 회기에 걸쳐 수정, 보완한다.
  ㉤ **맥골드릭** : 가계도 작업에 놀이적 요소 도입, 그림, 장난감 등의 소품을 이용한 놀이가계도를 개발하였다.
  ㉥ **프레임** : 가족 종교와 영성이 다세대 가족관계에 미치는 영향 및 문제에 대한 영성적 이해가 도움이 된다는 영성가계도를 개발하였다.
  ㉦ **가계도 해석방법**

남성	여성	출생일	연령	사망일	정신 및 신체문제	약물 및 알코올중독	내담자	정서적 단절
□	○	1964	42	D.2001 ⊠	▌	▄	□	□─┤├─○

결혼	동거 또는 혼외관계	별거	이혼
□─○ m 1970	□- - -○	□─/─○	□─//─○

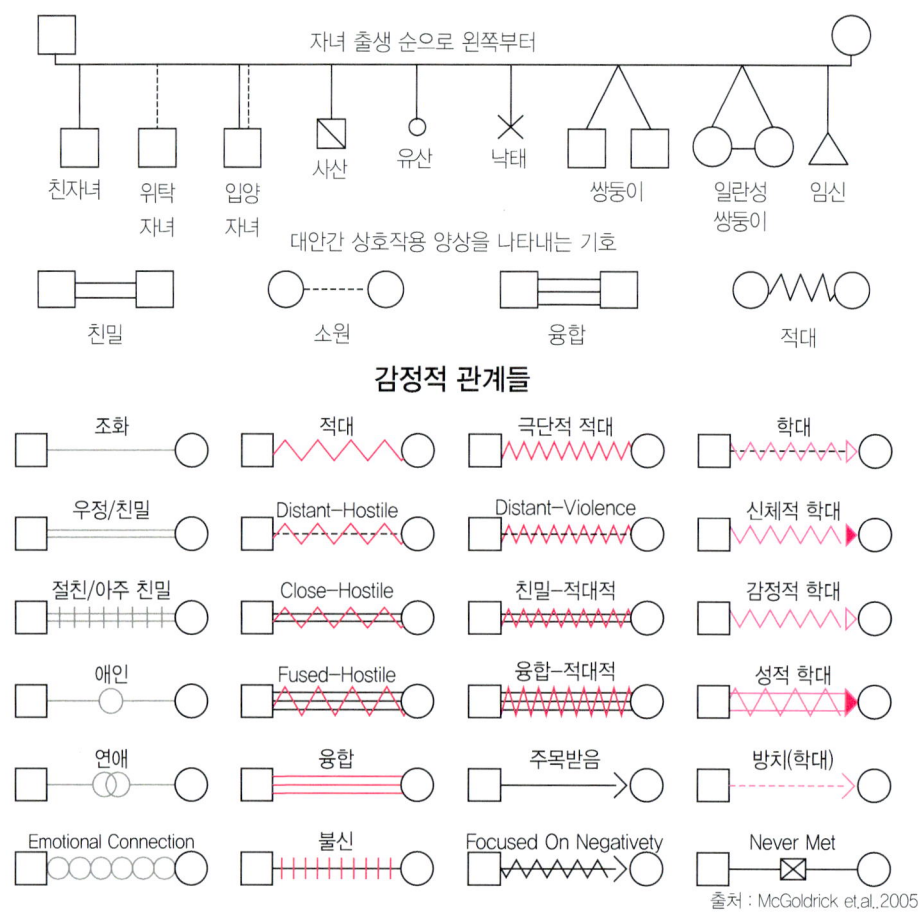

② **치료적 삼각관계** 2018년 기출 ★

㉠ 두 성인과 상담자로 이루어진 삼각관계 시스템에서 작업하는 것이다.

㉡ 두 사람의 긴장 완화를 위해 상담자를 자동적으로 삼각화 과정에 끌어들이려고 할 때 상담자가 정서적으로 말려들지 않는다면 치료적 삼각관계 안에서 가족체계는 평정을 찾아 문제 해결 방법을 찾게 된다.

㉢ 부부 중 한쪽(좀 더 성숙, 분화된)을 택하여 일정 기간 개인 치료를 통해 정서적으로 엉긴 유형을 깰 수 있도록 도와준다.

㉣ IP(중심인물, 내담자)가 증상을 가진 아동일 때, 아동 대신 부모의 결혼 관계에 문제가 있다는 가정을 부모가 수용하기를 요구한다.

③ **관계실험**

㉠ 주로 삼각관계를 구조적으로 변화시키기 위해 사용하는 기법이다.

㉡ 가족들로 하여금 체계과정을 인식하고 그 과정 내에서 자신의 역할을 깨닫도록 학습시키는 것이다.

※ 의존하려는 사람에게 상대방에 대한 의존을 자제, 요구하기 중시 등

Section 02 초기 가족상담의 이론과 실제

④ 코칭
  ㉠ 내담자가 직접 본인의 가족문제를 해결하도록 조언한다.
  ㉡ **목적** : 자기 이해와 가족원에게 건강한 애착을 가질 수 있도록 하는 것이다. 이때 중립적, 객관적인 조언을 통해 개인 분화를 돕는다.
  ㉢ 중립적, 객관적 조언을 통해 내담자의 삼각관계에 끌려 들어가지 않으면서 개인 분화를 도와 내담자 스스로 가족의 정서과정과 개인의 역할을 이해할 수 있도록 조언한다.
  ㉣ IP가 분명하게 정의된 자기입장을 가지고 분화된 방향으로 체계에 영향을 미칠 때, 코치 횟수를 줄인다.
  ㉤ 객관적으로 관찰하며 기본이 되는 원리를 가르치고 연습시킨다. (교사/모델/형사/조언자 역할)

⑤ 과정질문 2020년, 2018년, 2015년 기출 ★
  ㉠ 가족체계 안에서 자신의 역할을 이해하고 문제의 맥락을 명료하게 사고하도록 한다.
  ㉡ 내담자의 감정을 가라앉히고, 정서적 반응에 의해 유발된 불안을 낮추며 사고를 촉진하는 질문기법이다.
  ㉢ 부부의 논쟁이 심할 경우, 상담자는 중립적 태도로 각각의 생각에 초점을 맞추도록 한다.
  ㉣ IP의 감정, 정서가 아닌 사고(인지)에 초점을 두고, 내담자가 어떤 방식으로 관계유형에 관여되어 있는지 질문한다.
  ㉤ 질문과정을 통해 내담자 부부가 부부과정에서 일어나는 일을 자각하게 하고 상황개선을 위한 본인 역할에 대한 통찰을 격려한다.
  ㉥ 질문을 통해 가족 구성원들이 생각을 하도록 만들며, 느낌과 감정을 구분하고 지적 활동을 가능하도록 한다. 또한 가족원이 객관적 관찰자의 입장에서 현상을 보고 가족관계를 인식하도록 할 수 있다.
    예 상담자 : 남편이 술을 마시면 부인께서 어떤 생각을 하세요?(인지초점)
       아내 : 화가 나죠.
       상담자 : 남편이 술 마시는데 부인이 한 역할이 무엇인지 아십니까?
       아내 : 모르겠는데요.
       상담자 : 남편이 당신에게 속마음을 털어놓을 수 있었습니까?
       아내 : …….

⑥ 나의 입장 기법 2021년 기출 ★
  ㉠ 상대방의 행동을 비난하고 지적하기보다 자신의 이성에 초점을 맞추어 표현하도록 하는 방법이다. I-message와는 다르다
    예 당신 왜 이렇게 게을러? → 당신이 나를 좀 도와주었으면 좋겠어.
  ㉡ **정서적 충동반응을 막는 방법** : 치료과정에서 상담자도 나의 입장을 취한다.

4 경험적 가족상담모델 2021년 기출 ★

(1) 개요 2020년 기출 ★

① 경험적 가족상담의 대표적인 인물은 워터커와 사티어이다.
② 이들은 지금-여기에서 상담자와 가족 사이에 매 순간 일어나는 상황과 경험을 중시하였으며, 이러한 경험을 통해 성장한다고 보았다.
③ 상담과정에서 내담자의 체험을 중시하고 상담자의 가족에 대한 사적인 관여가 치료적 효과를 촉진한다는 점에서 워터커와 사티어가 의견을 같이 하였으나 방법은 차이가 있다.
④ 워터커는 개인적 만남을 강조하였고 상담자는 자신을 활용하여 가족과 인간 대 인간의 관계를 맺을 수 있도록 도와야 한다고 보았으며, 내담자와 가족의 성장에 초점을 두었다.
⑤ 사티어는 성장 과정이 체험 연습임을 주장하며 가족이 성숙한 인간으로 성장할 수 있도록 하며, 내담자와 가족이 정서적 경험을 하고 의사소통 개선에 초점을 두었다.
⑥ 사티어 모델은 현상학적 입장을 취하며 주관적 현실을 매우 중요하게 받아들이기 때문에 인간의 주관적 경험을 매우 중요하게 다루고 있다.

(2) 주요개념

① 역기능이란 적절하게 기능하지 못하고 문제 해결능력이 낮아서 발달적, 상황적 위기에 잘 대처하지 못하는 것이다. 사티어가 발견한 개인과 가족의 역기능은 4가지 영역, 인간의 자아존중감, 의사소통 및 대처유형, 가족규칙, 지역사회와의 연계성에서 나타난다고 본다.
② 자아존중감
　㉠ 자신에 대해 가지는 자신에 대한 평가 개념으로 자신의 사고, 가치관, 행동에 많은 영향을 미친다.
　㉡ 사티어는 자아존중감을 인간의 기본 욕구로 간주하였으며 자아존중감은 에너지의 자원이 된다고 보았다.
　㉢ 역기능적으로 의사소통을 하거나 의사소통 내용이 부정적일 때 자녀의 자아존중감은 손상이 되어 낮은 자아존중감이 되는데, 성장 모델은 개인의 낮은 자아존중감을 회복시켜 자신의 가치를 인정하고 자신의 장점과 자원을 발견하고 활용하도록 하며 문제 상황을 잘 대처할 수 있도록 하는 것이다.
　㉣ 사티어는 자아존중감의 3대 요소로 자기, 타인, 상황을 들었다.

③ 의사소통 및 대처유형 2021년, 2019년 기출 ★
  ㉠ 회유형
    ⓐ 특징 : 자신의 내적 감정이나 생각을 무시하고 타인의 비위에 맞추고자 하는 성향을 말한다. 다른 사람과 상호작용하는 상황을 중요시하지만 자신의 진정한 감정을 존중하지 않는다.
    ⓑ 증상 : 감정억제, 짜증, 걱정, 자살 등이다.
    ⓒ 자원 : 돌봄, 양육, 민감성이다.
  ㉡ 비난형
    ⓐ 특징 : 타인의 말이나 행동을 비난하고 통제하며 명령하는 모습으로 타인을 무시한다. 외적으로 보이는 행동은 공격적이나 내적으로는 소외감을 느끼며 외로운 실패자라고 본다.
    ⓑ 증상 : 편집증, 고혈압 같은 혈액 순환장애, 분노, 짜증, 반항, 적대감, 편집증, 폭력, 반사회적 특징이 있다.
    ⓒ 자원 : 자기주장, 지도력, 에너지이다.
  ㉢ 초이성형 2015년 기출 ★
    ⓐ 특징 : 자신과 타인을 모두 무시하고 상황만 중시한다. 규칙과 옳은 것만을 절대시하는 극단적인 객관성을 보이며, 완고하고 냉담한 자세를 취하지만 내적으로는 쉽게 상처받고 소외감을 느낀다.
    ⓑ 증상 : 암, 심장마비 등과 같은 신체질병과 우울증, 정신병, 집착증, 강박증, 사회적 철회, 공감력 부족, 자폐증 등이 있다.
    ⓒ 자원 : 지성, 세부 상황에 주위를 집중하는 것과 문제해결 능력이다.
  ㉣ 산만형
    ⓐ 특징 : 초이성형의 반대로 자신, 타인, 상황을 모두 무시한다. 심리적으로 접촉하기가 가장 어려운 유형으로 주제나 상황에 맞지 않는 말을 산만하게 하고 행동한다.
    ⓑ 증상 : 신경성 장애, 위장장애, 편두통, 낮은 충동통제, 공감 능력 결여, 타인의 권리 침해, 학습 불능 등이다.
    ⓒ 자원 : 유머, 자발성, 창조성이다.
  ㉤ 일치형 : 일치형은 기능적인 유형으로 의사소통의 내용과 내적 감정이 일치한다. 의사소통이 매우 진실하며, 자기감정을 잘 알아차리고 적절하게 표현하고, 높은 자기 가치감을 갖고 있으며, 건강한 상태로 높은 자아존중감을 가지고 있다.

④ 가족 규칙
  ㉠ 가족 규칙은 일종의 명령으로서 인간이 원가족 삼인군에서 경험한 것을 내면에 지니고 있는 것이다. 원가족 삼인군이란 아버지, 어머니, 어린이로 구성되며 수많은 체계들 중에서 최초의 체계이다.

ⓒ 가족 규칙은 행동이나 반응으로 나타나며, 인간 대처방식의 일부가 된다.
ⓒ 가족 규칙에는 합리적이고 융통성이 있으며 인간적이어서 개인의 성장에 도움이 되는 규칙이 있는 반면 비합리적인 가족 규칙은 낮은 자아존중감을 형성하게 한다.
ⓔ 가족 규칙 중에서 개인과 가족의 역기능의 원인이 되고, 성장에 방해가 되는 것은 수정되어야 한다.

(3) 상담목표와 과정 및 상담자 역할

① 상담목표 2021년, 2019년, 2016년, 2015년 기출 ★
  ㉠ 내담자의 자아존중감을 높이고 자기 인생에 대한 선택권을 스스로 갖도록 한다.
  ㉡ 가족 규칙을 합리적, 현실적, 인간적으로 만들도록 한다.
  ㉢ 내담자의 의사소통유형을 일치적으로 만드는 것이다.
  ㉣ 개인 간 차이점을 인정하고 가족 구성원의 잠재력을 성장시킨다.
  ㉤ 자신의 느낌의 표현 및 자발성을 성장시킨다.

② 상담과정
  ㉠ 빙산치료
    ⓐ 개인의 빙산 : 치료는 개인의 다양한 수준에서 이루어지게 되는데 이를 개인의 빙산에 비유해 보면 수면 위에 보이는 것이 사람의 행동, 수면 밑에 있는 것이 사람의 감정, 기대, 지각, 열망이다. 개인의 내적 과정을 이끌어내는 은유적인 방법으로 빙상 기법을 활용하였다.
    ⓑ 빙산치료 과정 : 상담자는 내담자의 외적과정, 즉 표면적 경험의 수준에서 뿐 아니라 잠재 의식 수준인 내적 과정과 작업하여 역동을 변형시켜가는 것이다. 즉 내담자가 내면의 감정을 진정으로 느끼고 표현하며 자신이 품었던 기대를 저버리게 하는 것이 중요한 치료과정이다.
  ㉡ 원가족 삼인군 치료 2021년 기출 ★
    ⓐ 가족치료 모델의 개념적 틀에서 개인이 성장하는 방법, 성장에 미치는 영향에 대한 신념, 개인의 변화에 대한 관점에 기초하여 개인치료 모델을 발달시켰는데 이것이 '원가족 삼인군 치료'모델이다.
    ⓑ 이 모델은 삼인군 개념을 중요시하는데 역기능적 원가족 삼인군 가족(어머니, 아버지, 아동)관계에서 유래된 쟁점을 현재의 상황에서 이해하게 하고, 이 쟁점을 현재의 삶에 대한 방해물이 아닌 긍정적인 것으로 부각시켜 원가족 삼인군을 치료하는 것이다.
    ⓒ 원가족 삼인군 치료를 위해서는 스타의 원가족도표, 스타의 어머니 원가족도표, 스타의 아버지 원가족도표가 필요하다. 사티어는 치료 대상을 내담자 또는 IP라고 하지 않고 스타라는 용어를 사용하였다.

Section 02 초기 가족상담의 이론과 실제

ⓓ 원가족도표는 가족치료에서 흔히 사용하는 가계도와 구성과 내용에 차이가 있다. 원가족도표는 원가족의 맥락 속에서 개인의 심리 내적 과정뿐 아니라 가족과의 상호작용 및 가족 역동을 이해하고 평가하게 해 준다.
ⓒ **나의 생활 연대기** : 나의 생활 연대기는 출생 후 현재까지 나의 주요생활 사건을 연대별로 나열한 것이다. 이것을 통해 자신의 인생 경험을 반추해 보고, 영향을 미쳤던 사건을 인식하고 재구성하는 과정을 통해 성장할 수 있는 기회를 제공한다.
ⓔ **나의 영향권 이해** : 영향권이란 성장기 동안 우리에게 지적, 정서적, 신체적, 사회적으로 영향을 준 사람이나 사건을 바퀴 모양으로 그림을 만드는 것인데, 미처 인식하지 못했거나 인정하고 싶지 않았던 경험과 관계를 재정리해 볼 수 있다.

③ **상담자 역할** 2021년, 2019년, 2018년, 2016년, 2015년 기출 ★
㉠ 경험적 가족치료에서는 상담자의 사람됨과 일치성이 중요하다.
㉡ 경험적 가족치료에서는 상담자에게 갖춰야 할 3대 요소를 유능성(Competent), 자신감(Confident), 일치성(Congruent)이라고 강조하면서 3C라 하였다.
㉢ 내담자와 솔직하게 연결되어 상담자와 가족원들의 감정을 드러나게 한다.

(4) 기법 2021년 기출 ★

① **가족조각** 2020년, 2017년 기출 ★
㉠ 한 명의 가족 구성원이 자신의 이미지에 따라 가족의 실제적 관계를 상징적으로 배열하고 조작해 보도록 하는 것이다.
㉡ 가족 간의 정서적 관계를 신체로 표현하는 기법이므로, 자기표현이 어려운 아동에게도 효과적이다.
㉢ 말 대신 몸으로 무의식적이고 자연스러운 의사소통을 하기 때문에 언어 대화에서 일어날 수 있는 지나친 언어화, 주지화, 방어 및 비난적인 투사의 영향을 줄일 수 있다.
㉣ 가족 구성원간의 감각관계, 동맹, 갈등 등이 시각적, 감각적, 상징적으로 구체화되어 묘사될 수 있기 때문에 좋은 진단 도구가 될 수 있다.
㉤ 가족조각기법 순서
ⓐ 가족조각을 시행하기 위해서는 조각가, 모니터, 연기자의 역할이 필요하다.
ⓑ 상담자는 가족조각을 만드는 조각가를 선정하고 가족조각을 하고 싶은 장면을 설정할 수 있도록 조각가를 돕는다.
ⓒ 가족조각가를 통해 역할을 하는 가족 구성원들의 위치가 은유적으로 정해지고 특정자세로 가족조각이 이루어진다.
ⓓ 가족조각에 참여했던 가족 구성원들의 연기를 마무리하고 자신들이 했던 경험을 나누며 인식된 통찰을 함께 표현해 보도록 한다.

② 원가족도표
  ㉠ 사티어는 치료의 대상인 내담자를 '스타(star)'라는 용어로 사용하였다.
  ㉡ 원가족도표는 스타의 원가족도표, 스타의 어머니 원가족도표, 스타의 아버지 원가족도표의 3장으로 구성되어 있으며, 주로 가족재구성을 위해 사용하였다.
  ㉢ 원가족도표를 통하여 가족의 역동성과 가족관계를 쉽게 이해하고 평가하여 치료에 활용하였다.
  ㉣ 가족원의 성격, 자아존중감, 의사소통 유형, 가족규칙, 가족의 역동성, 세대 간의 유사성과 차이점, 학습 경험 등을 파악할 수 있다.

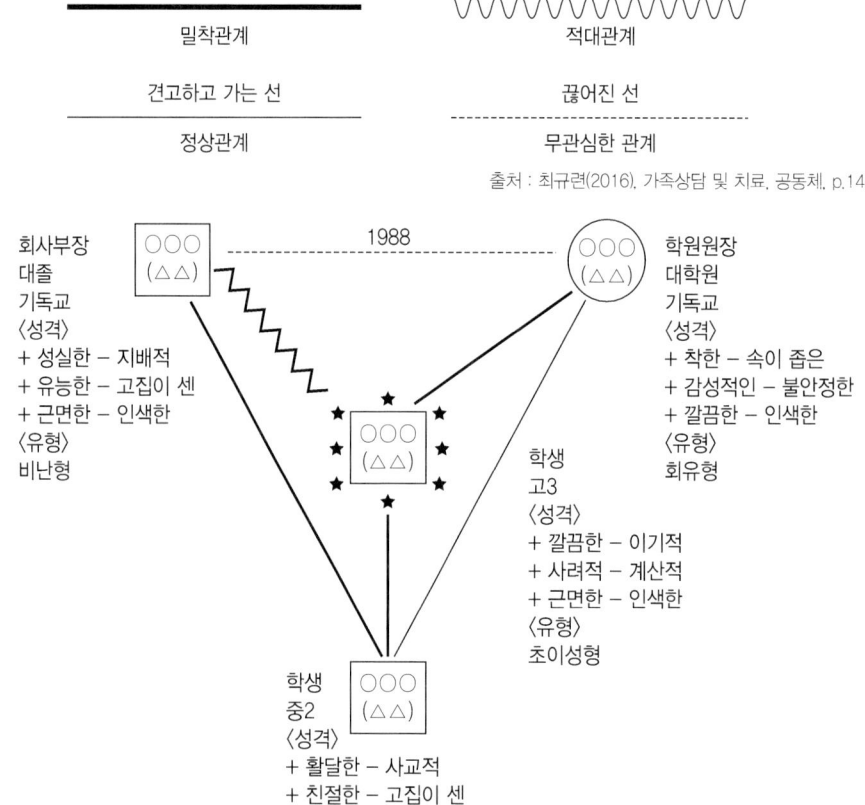

출처 : 최규련(2016), 가족상담 및 치료, 공동체, p.144

③ 가족 재구조화
  ㉠ 3세대를 대상으로 한 치료적 개입이 한 개인의 역기능적인 과거의 학습과 현재의 대처양식을 긍정적인 자원, 선택, 그리고 성장으로 전환하기 위해 설계되어 있다.
  ㉡ 원가족으로부터 근거하고 있는 가족의 역기능적 패턴을 명백하게 볼 수 있도록 도와주며, 개방적이고 건강한 기능체계로 바꾸는 데 기여하는 기법이다.

©　표면에 나타난 가족 규칙과 가족주체, 가족 신화 등을 함께 나누도록 하며, 내담자 자신의 어린 시절의 한 사건을 선택하여 재연하게 하고, 이를 통하여 자신에 대한 다른 감정과 시각을 가질 수 있도록 구조화한다.

② 상담자는 스타의 가족 역사에서 발생했던 의미 있는 사건들을 연대기적으로 정리할 수 있도록 도와주어야 하며, 이 과정을 통해 원가족으로부터 왜곡된 학습과 인간으로서의 부모에 대한 이해, 그리고 스타 자신에 대한 이해를 이루어가야 한다.

⑩ 이때, 일반적으로 가족생활 연대기, 그리고 영향력의 수레바퀴는 가족 재구조화 기법의 주요한 도구와 내용이다.

ⓐ **가족생활 연대기**(Family Life Fact Chronology) : 가족생활 사건 연대기는 가족 재구조화 기법의 중요한 도구로서 스타는 자신의 대가족의 역사 속에 나타나는 의미 있는 사건을 연도별로 기록하여 작성한다. 이 연대기표는 스타의 조부모와의 탄생부터 기록하여 작성한다.

ⓑ **영향력의 수레바퀴** : 영향력의 수레바퀴는 가족 재구조화 기법에서 스타에게 중요한 영향을 주었던 인물들을 드러내주기 위해 도입되는 도구이다. 이 그림은 스타를 중심으로 위치하고 긍정적이든 부정적이든 영향을 주었던 사람들의 관계를 표시하고 있다. 굵은 선은 더욱 밀접한 관계를 드러내 주는 것이다.

④ **역할극**
  ⊙ 스타 자신 또는 다른 가족 구성원의 생활을 표현하기 위한 방법으로, 가족 구성원들은 새로운 시각에서 사건을 바라볼 수 있다.
  ⓒ 가족과 가족 구성원들은 과거에 해결되지 못한 과제를 완성하고 낮은 자존감을 증진시키며 목표 성취의 기회를 가질 수 있다.

⑤ **빙산탐색** 2021년, 2018년, 2017년 기출 ★
  ⊙ 인간의 특성은 '심리적 존재'라는 전제하에 이러한 심리적 내면을 빙산에 비유하였다.
  ⓒ 인간을 이해하기 위해서는 숨겨진 내면까지 함께 이해해야 하며, 이를 '빙산탐색'이라고 하였다.
  ⓒ 개인의 내적 과정을 끌어내기 위하여 빙산에 비유한 은유적인 방법을 사용하였다.
  ② **1차 수준의 변화** : 행동과 대처방식의 변화
  ⑩ **2차 수준의 변화** : 감정, 지각, 기대, 열망의 변화
  ⓑ **3차 수준의 변화** : 자기에 대한 변화

행동	빙산 위에 나타난 개인이나 가족의 어떤 사건에 대한 활동과 이야기에 대한 객관적인 사실, 의미에 대한 영향력 등을 살핀다.
대처방식	수면에 나타난 사건에 대처하는 방식과 방어기제 활용은 어떤지를 살핀다. 역기능적 의사소통 유형에 따라 검토한다.
감정	발생한 사건에 대한 내담자의 감정, 기쁨, 흥분, 분노, 두려움, 슬픔, 아픔 등을 말한다.
감정에 대한 감정	발생한 사건의 감정에 대한 결정을 말하는 것으로서 주로 자신이 갖고 있는 가치관과 가족 규칙에 의해 영향을 받는다.
지각	가족의 규칙, 논란, 신념, 가정에 대해 자신이 갖고 있는 주관적 해석이다.
기대	자신에 대한, 타인에 대한, 그리고 자신에 대한 타인들의 기대는 무엇인가를 탐색한다. 선택방법은 기대를 포기하거나 충족되지 않는 기대를 한 평생 갖고 사는 기대보류, 그리고 그 기대를 위한 다른 대안 탐색이 있다.
열망	내담자 자신이 이루고자 하는 소망, 충족되지 않은 건전한 기대들을 열망으로 전환하도록 한다.
자기	내담자 자신을 지탱하게 하는 생명력, 정신력, 영혼 깊숙한 곳에서 솟아나는 에너지의 근원을 탐색하게 한다.

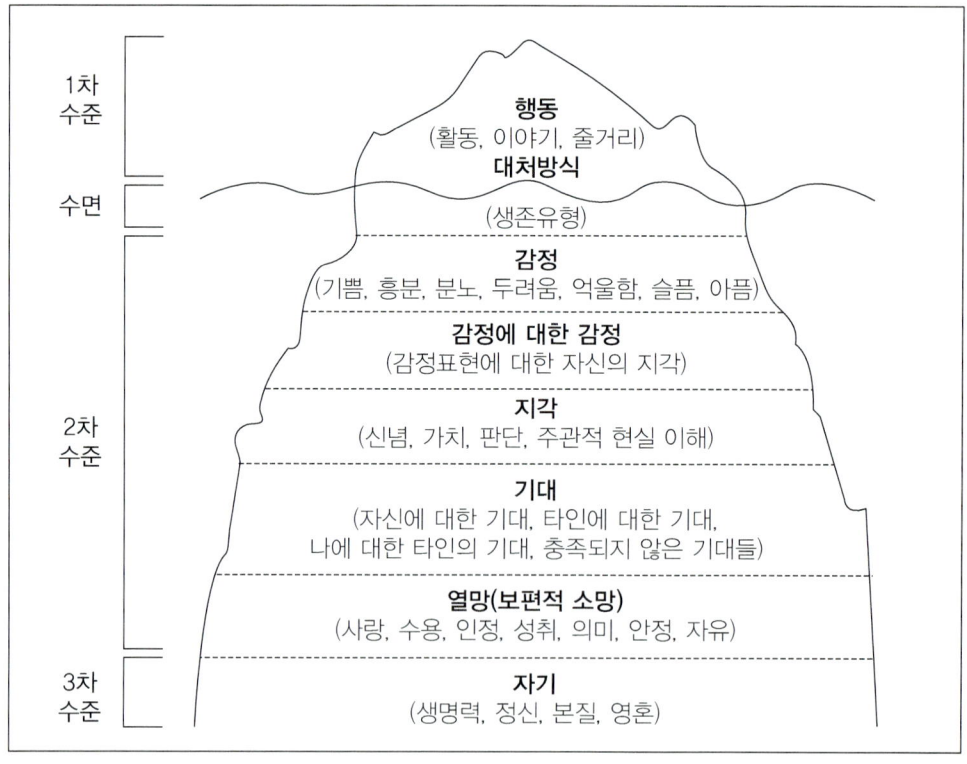

빙산탐색에 활용되는 개인의 경험수준

출처 : 최규련(2016) 가족상담 및 치료, 공동체, p.146

Section 02 초기 가족상담의 이론과 실제

> **Plus Study** ● 명상/은유/내면온도 읽기 2020년 기출 ★
>
> - **명상** : 사티어는 치료의 효과성을 높이기 위해 우뇌를 자극하는 명상을 자주 사용하였다. 명상의 효과는 에너지 집중, 우뇌의 활성화, 내적 대화를 가라앉히기, 현재에 집중하기, 자기의 자원과 만나고 부분들을 통합하기 등이며, 더 나아가 치료사가 하려는 작업에 준비시키기 위해 사용하였다.
> - **은유** : 사티어는 언어로 소통하기에는 제한적인 상황에서 은유를 사용하였다. 내담자는 치료사의 은유를 자기가 받아들일 수 있는 이미지로 받아들이고, 이미지는 시각, 청각, 촉각 등의 감각으로 활성화시킨다. 은유는 치료사가 내담자와 전혀 다른 문화권일 때에도 친숙하게 해준다.
> - **내면온도 읽기** : 사티어는 내면을 표현하는 것을 매우 중요하게 여겼다. 긍정적 내면의 표현은 서로의 열망을 충족시켜 주지만, 부정적 내면은 적절하게 표현되지 못하면 관계를 그르치는 문제 상황을 일으킬 수 있다. 따라서 집단원 혹은 가족구성원들의 불편한 내면을 자각하고 표현하는 것을 돕기 위해서 내면온도 읽기 기법을 고안하였다.

5 구조적 가족상담모델

(1) 개요

① 집이라는 물리적 공간이 일정한 구조를 가지고 있듯이 가족의 상호작용도 일정한 구조로 이루어진다는 것이 구조적 가족상담의 핵심이다.

② 구조적 가족상담모델은 상당히 역동적이어서 짧은 면접과정 속에서 가족의 문제점, 가족 특유의 양식을 한눈에 파악하여 가족의 구조를 변화시키고자 한다.

③ 상담목적은 구조의 변화에 초점을 두는 것이며 재구조화하는 과정에서 상담자는 적극적인 자세로 개입하는 것이다.

④ 이 접근법은 소년비행, 거식증 가족원이 있는 가족, 약물을 남용하는 가족원이 있는 가족, 사회 경제 수준이 낮은 가족, 알코올중독자가 있는 가족 등에게 성공적으로 사용되어 왔다.

⑤ 구조적 가족상담모델의 주요학자로는 미누친(Minuchin), 피셔먼(C. Fishman), 아폰테(H. Aponte), 몬탈보(B. Montalvo), 로스먼(B. Rosman) 등이 있다.

(2) 주요개념

① 가족구조

㉠ 가족구조는 가족성원들이 다른 가족성원들과 관계하는 방법을 조직하는 기능적인 차원을 말한다.

㉡ 가족구조는 가족성원들이 어떻게, 언제, 누구와 상호작용을 하며, 가족성원들 사이에 상호교류 유형을 어떻게 유지하는가 등과 관련된 모든 가족규칙을 나타낸다.

㉢ 상호교류 유형과 구조에 대한 개념은 숨겨져 있는 규칙들을 나타내며, 가족성원들은 이러한 규칙을 분명하게 모를 수도 있지만 상호작용에 지속적으로 영향을 주며 상호작용 유형을 규정하기도 한다.

② **하위체계** 2018년, 2017년 기출 ★
  ㉠ 가족체계는 하위체계로 분화되고, 하위체계를 통해 가족체계의 기능을 수행한다.
  ㉡ 하위체계는 가족구조의 구성요소이며 하위체계는 전체적인 가족체계의 기능을 위해 다양한 가족의 관계를 수행한다.
  ㉢ 하위체계는 구성원들의 경계와 규칙에 의해 규정되는데, 경계는 누가 참여하고 참여자들이 어떤 역할을 할 것인가를 결정하며 하위체계에 속하지 않은 외부 사람들을 구분하여 다룰 수 있게 한다.
  ㉣ 하위체계는 크게 부부하위체계, 형제하위체계, 부모-자녀하위체계 등의 3가지로 나뉜다.
    ⓐ 부부하위체계 : 개인의 경계선을 가지고 있는 부부는 자신에 대한 정체감을 가질 수 있고, 개인행동에 대하여 책임을 질 수 있다. 가족에 첫 자녀가 태어났을 때 부부하위체계는 자녀의 방해로부터 보호할 수 있는 경계선을 확립하여야 한다. 만일 부부 간의 경계선이 너무 부적절하게 경직되거나, 이완된 상태이면 부부 기능을 수행하는 데 스트레스를 받을 수 있다.
    ⓑ 형제하위체계 : 자녀들은 형제하위체계 속에서 상호관계를 통하여 서로 지지와 분화, 희생자가 되기도 하고, 협동, 협상, 친구 만드는 방법, 자신을 보호하는 방법 등을 배운다.
    ⓒ 부모-자녀자녀하위체계 : 부모-자녀하위체계의 주된 관심은 부부하위체계를 특징짓는 상호간의 정서적 지지에 방해됨이 없이 자녀를 사회화하는 것이다. 그리고 부부하위체계의 중요한 기능은 자녀의 발달에 따른 자녀양육, 지도, 통제이며 부모로서 가족의 규칙을 설정하고 부모의 권위를 적절히 사용함으로써 기능을 발휘하는 것이다.
③ **경계선** 2021년 기출 ★
  ㉠ 경계가 지나치게 경직되어 있으면 외부체계와의 접촉이 없어서 고립되거나 다른 하위체계로부터 유리되어지며, 경계가 지나치게 해이한 경우는 밀착되기 쉽다.
  ㉡ **명확한 경계** : 가족 안에서 하위체계 사이에 분리성을 유지하기도 하며, 전체 가족체계에 소속되어 있기도 하다. 하위체계 간에 의사소통을 증가시키며 변화를 유용하게 하며 성공적으로 협상하고 적응하여 가족의 안정성을 유지한다.
  ㉢ **분리된 경계** : 분리된 경계는 하위체계 사이와 가족 밖의 체계와의 관계에서 경직된 상태를 의미하며 지나치게 분명해서 침투 불가능적인 것을 의미한다.
  ㉣ **밀착된 경계** : 아주 심하게 밀착되어 있는 가족구조는 가족성원들 사이의 경계선이 대체로 미분화되어 있고 침투가 잘되며 유동적이다. 이러한 가족구성원들은 다른 사람의 부분인 것처럼 기능한다.
가족지도는 치료자와 가족 모두에게 이러한 현상들이 어떻게 나타나는지 한 눈에 볼 수 있게 해주며 특히 가족의 모습을 역사적으로 잘 보여준다. 때로 가족지도는 집안의 비밀을 드러나게 하기도 한다.

Section 02 초기 가족상담의 이론과 실제

```
2018년 기출 ★
----------------------    명료한 경계선
· · · · · · · · · · · ·   애매한 경계선
─────────────             경직된 경계선
═════════════             협력관계
≡≡≡≡≡≡≡≡≡≡≡             지나친 밀착관계
─┤  ├─                    갈등관계
  {                       연합
  ⇒                       우회
```

④ 제휴
  ㉠ 제휴는 가족구성원들이 활동하는 데 있어 협력관계를 갖거나 또는 상반된 관계를 가지는 것을 말한다.
  ㉡ 제휴에는 연합과 동맹 두 가지가 있는데, 연합은 두 사람이 제3자에 대항하기 위하여 제휴하는 경우이며, 동맹은 두 사람이 제3자와는 다른 공동의 목적을 위해 제휴하는 것으로 반드시 제3자와 적대관계에 있지는 않다.

⑤ 권력
  ㉠ 가족들이 상호작용을 하면서 다른 가족원에게 영향력을 미치는 것으로 이를 기반으로 해서 가족 내 위계구조가 형성된다.
  ㉡ 상황과 경우에 따라서 달라지며 상호보완적으로 변하는 것이 바람직하다. 상황이 바뀌었는데도 역할이 경직되고 고정되어 있으며 문제가 발생하기 쉽다.

⑥ 위계 구조
  ㉠ 가족의 위계 구조는 집이라는 물리적 구조의 '층'으로 비유할 수 있다.
  ㉡ 가족이 적절히 기능하기 위해서는 효율적인 위계구조가 확립되어져 있어야 하며, 구성원이 각자 적합한 위치에 있어야 한다. 효율적인 위계 구조는 가족 내 권력을 기반으로 한다.

⑦ 가족 규범 : 가족들 간에 지켜야 할 의무나 태도에 대한 지침과 권리를 말한다.
⑧ 가족 순환성 : 가족 내 구성원의 변화가 다른 구성원들과 가족 전체에 영향을 미치는 것을 말한다.

(3) 상담목표와 과정 및 상담자 역할

① **상담목표** 2021년, 2019년, 2016년 기출 ★
  ㉠ 구조적 가족치료에서 문제나 증상은 역기능적 가족구조에서 비롯된다고 본다.
  ㉡ 그러므로 가족치료의 목적은 문제나 증상의 제거가 아닌 역기능적인 가족구조의 재구조화에 있으며 재구조화 과정에서 증상이나 문제가 제거된다고 본다.
  ㉢ 가족들 내부에 있는 하위체계들 간의 위계질서를 바로잡고 명확한 경계선을 가지도록 하는 것이다.

② 상담과정
　㉠ 상담자가 가족에 합류하여 지도자의 위치를 확보한다.
　㉡ 상담자가 가족의 구조를 확인한다.
　㉢ 가족구조를 변화(재구조화)시키도록 한다.
③ 상담자 역할 2020년, 2019년, 2016년 기출 ★
　㉠ 가족구조에 대한 개념과 지식, 신념을 가지며, 가족의 상호교류와 패턴을 관찰한다.
　㉡ 가족원과 환경을 고려하여 가족의 이상적 구조가 무엇인지 명확히 한다.
　㉢ 가족체계에 합류하면서 상담자 자신을 도구로 활용한다.
　㉣ 가족을 존중하지만 확고한 방법으로 개입함으로 변화와 치료가 일어나도록 돕는다.
　㉤ 가족의 시도와 성공을 격려하고 인정하고 칭찬한다.
　※ • 구성원의 행동에 대한 가족체계의 감수성을 갖는다.
　　 • 가족의 발달단계와 해당 단계의 과업 수행능력을 가진다.

(4) 기법 2017년, 2015년 기출 ★

① 합류를 위한 기법
　㉠ 유지(적응)
　　ⓐ 상담자가 가족구조를 지각하고 분석할 때 가족구조를 의도적으로 지지해 주는 기법이다.
　　ⓑ 가족원 개인의 특성을 있는 그대로 수용하고 장점과 가능성을 인정하고 지지해 준다.
　　ⓒ 유지는 때로 상담자가 하나의 하위체계를 있는 그대로 존중하고 지지한다면, 다른 가족구성원은 그것에 적응하기 위하여 가족을 재구조화하게 된다.
　　　예 어머니의 지도력이 강한 가족의 경우, "어머니, 제가 아들에게 뭘 좀 물어봐도 될까요?"
　㉡ 추적(따라가기)
　　ⓐ 상담자가 가족의 의사소통과 행동의 내용을 따라가고 그것이 계속되도록 격려하면서 가족에 합류하는 기법이다.
　　ⓑ 상담자는 가족이 말하는 내용을 명확히 하기 위해 질문하고, 동의하고, 내용을 확대시켜 문제의 핵심을 이끌어내도록 한다.
　　ⓒ 가족이 사용하는 특정 용어나 의사소통 패턴을 추적함으로써 문제의 핵심이나 가족구조를 파악할 수 있다.
　　　예 "음, 예, 네…", "아, 그렇군요."
　㉢ 모방(흉내)
　　ⓐ 상담자가 가족의 생활방식과 정서 상태에 적응하기 위해 가족이 사용하는 언어, 몸짓, 대화유형 등을 그대로 따라하는 기법이다.
　　ⓑ 반응이 느린 가족원에게 상담자도 속도를 늦춰 반응하거나 상담자가 가족의 경험과 동일한 자신의 경험을 강조하여 말하는 것도 포함된다.

ⓒ 유지와 마찬가지로 가족이 중시하는 상호작용 패턴을 추적하는 과정에서 밀착되거나 유리된 관계의 모습을 드러내고 재구조화의 필요성을 느낄 수도 있다.

예 남편 : "제 아내는 성격이 참 급해요." 상담자 : "저도 성격이 불같은 여자와 살고 있지요."

② 교류의 창조
㉠ 실연화 2018년, 2015년 기출 ★
ⓐ 가족에게 역기능적인 가족 구성원 간의 교류를 실제로 재현시키는 기법이다.
ⓑ 상담자는 '문제정의 및 인식 – 재연지시 – 관찰 – 재연'을 수정하여 지도한다.
㉡ 가족 내 과제설정

③ 가족 재구조화 기법
㉠ 긴장 고조
ⓐ 가족체계의 여러 부분에서 스트레스를 증가시켜 긴장을 고조하여 가족이 재구조화하도록 돕는다.
ⓑ 가족의 긴장을 고조시키는 전략에는 총 4가지가 있다.
• 가족의 상호교류 유형을 차단시키는 것으로 상담자가 긴장을 조성하는 가장 간단한 전략은 의사소통 통로를 차단시키는 것이다.
• 가족 구성원간의 무시해 왔던 의견 차이를 들추어 갈등을 조장하는 것이다.
• 가족에 내재된 갈등을 표면화시킴으로써 긴장을 증가시키는 것이다.
• 가족구조 내의 제휴나 결탁에 합류하는 것이다.

㉡ 증상활용 2016년 기출 ★
ⓐ 상담자는 개인의 증상이 상황적인 문제를 표현하는 것으로 보기에 역기능적인 가족을 가장 빠르게 변화시키는 길은 현재 환자의 증상을 다루는 것이다.
ⓑ 증상을 활용하는 방법
• 증상에 초점두기 : 내담자의 증상에 초점을 둔 과제를 부여하거나 증상을 계속 유지하도록 할 때, 가족은 증상을 둘러싼 가족 상호작용에 새로운 의미를 부여하거나 증상을 새로운 각도에서 바라본다.
• 증상을 강화하기 : 상담자는 환자의 증상을 의도적으로 강화하여 가족의 재구조화를 촉진시킨다.
• 증상을 의도적으로 등한시하기 : 증상에 의도적으로 무관심을 둔다.
• 새로운 증상으로 관심의 초점을 돌리기 : 기존의 증상이 아닌 새로운 증상인 가족의 내재된 갈등 등에 초점을 둔다.
• 증상에 새로운 명칭을 붙이기 : 역기능적 가족구조의 증상을 재명명하여 증상을 새로운 각도, 가족구조의 기능적인 면으로 바라보게 한다.

ⓒ 과제부여
ⓐ 가족의 상호교류를 증진시키고 변화를 제시하기 위하여 사용할 수 있다.
ⓑ 상담자는 가족 상호교류에서 자연스럽게 발전될 수 없는 행위를 실연해 보도록 하며 가족이 행할 필요가 있는 분야를 개발시키기 위하여 과제를 주게 된다.
ⓒ 과제의 목적은 정보를 수집하고 교류의 개선을 다지는 기초작업이다.
ⓓ 지시된 과제는 언제, 어디서, 누구와 어떻게 교류해야 하는 것인가를 명확히 설명해야 한다.
ⓔ **재정의** : 증상을 바라보는 가족구성원의 시각을 바꿔 가족교류 유형을 변화시키는 기법이다.
예 집에서는 스마트폰을 오래 못하게 하는 아버지의 행동을 자식들이 중독되지 않을까 하는 걱정으로 재정의한다.

④ **불균형기법**
㉠ 상담자에 의해 가족의 위기가 촉발되어 가족의 현재 상태가 깨어지고 새로운 가족구조를 형성시키고자 할 때 사용되는 기법이다.
㉡ 불균형기법에는 총 세 가지 유형이 있다.
ⓐ 제휴기법 : 가족 내의 권력적인 위계위치를 변화시키기 위하여 가족의 한 구성원과 제휴하는 것을 의미한다.
예 가족 내의 결정권이나 힘이 아버지에게 쏠려있는 경우, 어머니에게 힘을 실어주는 등의 제휴를 할 수 있다.
ⓑ 무시기법 : 상담자가 가족구성원 중 한 명이 마치 상담 자리에 없는 것처럼 무시하여, 무시 당하는 가족구성원이 상담자의 주의를 끌기 위해 하는 어떠한 행동을 일으키게 한다.
예 무시당하던 가족구성원은 행동을 의도적으로 크게 하거나, 적극적인 의견을 제시한다.
ⓒ 제휴의 교체기법 : 가족구성원 중 한 사람과 제휴하다가 대상을 바꾸어 다른 구성원과 제휴하는 것을 의미한다.

⑤ **균형 깨뜨리기** 2019년 기출 ★
㉠ 균형 깨뜨리기는 가족 내 하위체계들 간의 경계가 지나치게 유리되거나 밀착된 경우에 유리된 경계는 보다 가깝게 하며, 밀착된 경계는 어느 정도 거리를 두도록 만드는 것이다.
㉡ 구조적 관점(미누친)에서는 경계를 가족구성원 사이의 접촉 정도와 방식을 정하는 보이지 않는 울타리로서, 체계의 근접성과 위계를 관리하여 체계의 분화와 자율성을 보호하는 기능을 하는 것이다.
㉢ 이러한 체계간의 적절한 경계를 형성하기 위해 사용하는 방법이 바로 균형 깨뜨리기이다.

6 전략적 가족상담모델

(1) 개요
① 전략적 가족상담모델은 증상을 제거하는 것에 초점을 두고 구체적인 치료전략을 세워, 역설적 방법으로 접근하는 것으로 에릭슨의 영향을 받은 접근모델을 통칭한다.
② 기본적으로 상담자가 가족의 문제를 해결하기 위한 전략을 고안해내는데 주안점을 둔다. 즉 인간의 행동이 왜 일어났는지는 관심이 없으며, 문제행동을 변화시키는 해결방법을 기술하는 데 초점을 맞추고 있다.
③ 전략적 가족상담모델은 크게 세 부류로 나누는데, MRI 상호작용모델, 헤일리의 전략적 구조주의모델, 밀란의 체계적 모델이다.

(2) MRI(Mental Research Institute) 상호작용모델 `2018년 기출` ★
① 개요
   ㉠ 베이트슨, 잭슨, 헤일리, 바츠라비크 등의 MRI 가족연구팀은 가족의 문제를 경감하기 위해 사용하는 해결시도가 오히려 문제를 악화시키는 것을 보고, 파괴적이고 영속적인 가족 상호작용에 주시하였다.
   ㉡ 이들은 의사소통의 '내용'이 문제가 아니라 잘못된 의사소통 '과정'이 문제라고 보았다.
   ㉢ 의사소통 연구와 에릭슨의 역설적 접근을 접목하여, 반복적이며 부정적인 가족의 영속적 주기를 깨뜨리는 데 초점을 두었으며, 이에 문제해결중심의 단기전략모델을 개발하였다. 이 모델은 단기로 치료회기는 10회 미만이다.
   ㉣ 가족 문제에 대한 MRI의 접근은 단순하다.
      ⓐ 같은 해결방법에 고착되어 문제를 유지시키는 정적피드백 고리를 확인한다.
      ⓑ 이러한 역기능적 상호작용을 유지하는 가족 규칙을 파악한다.
      ⓒ 가족 규칙을 변화시킬 수 있는 전략을 찾는다.
② 주요개념
   ㉠ **의사소통의 원리**
      ⓐ 인간의 모든 행동은 어느 수준에서 의사소통이라 할 수 있다.
      ⓑ 모든 의사소통은 내용과 관계의 두 측면을 가진다.
      ⓒ 의사소통은 개인의 단락 짓기 인식의 연쇄과정이다.
      ⓓ 의사소통이 이루어지는 관계는 대칭적이거나 보완적 관계다.
      ⓔ 의사소통에 대한 메타의사소통은 관계에 기능적으로 작용한다.

ⓒ **가족 항상성**
  ⓐ 가족 항상성이란 어떠한 상황에서도 안정성을 유지하려는 가족의 속성이며, 가족 안에서 발전시킨 상호 작용 규칙에 의해 유지된다.
  ⓑ 병리적인 가족일수록 변화보다 안정성을 위해 가족의 엄격한 연쇄과정을 유지하며, 기존방식에 완고하게 집착한 나머지 변화를 성장의 기회가 아닌 가족에 대한 위협으로 지각한다.
ⓒ **이중구속** : 발신자가 의사전달을 할 때 의사소통의 수준이 일치되지 않는 모순된 메시지를 보내는 역기능적 의사소통형태를 의미한다.
ⓔ **피드백 고리**
  ⓐ MRI 팀은 사이버네틱스의 개념에서 도출된 피드백 개념을 도입하여, 자극과 반응의 반복적인 의사소통 형태를 분석하였다.
  ⓑ 부적 피드백 : 환경의 변화나 이탈을 거부하고 안정성을 유지하고자 하는 것이다.
  ⓒ 정적 피드백 : 환경이 안정적인 상태를 거부하고 변화시키려는 것을 받아들이는 것이다.
ⓜ **가족 규칙**
  ⓐ 가족의 반복적인 행동 패턴, 규범, 기대를 가리키는 용어로, 시간에 걸쳐 가족 행동을 제한하는 관계상의 합의로서 가족항상성을 지속하는 기능을 한다.
  ⓑ 의식적이고 명백한 '명시적 규칙', 무의식적이며 암암리에 이루어지는 '암묵적 규칙'이 존재한다.

(3) 헤일리의 전략적 구조주의모델 2018년 기출 ★

① 개요
  ㉠ 에릭슨, 베이슨, 미누친의 영향으로 여러 이론이 통합되어 독자적 가족치료모델을 개발하였다.
  ㉡ 헤일리는 의사소통 메시지에 내재된 통제와 권력투쟁에 주목하여 가족의 역동을 관찰하였다.
  ㉢ 증상 행동은 다른 가족원을 통제하는 부적응적인 전략으로 보았고, 증상을 유지시키는 가족의 위계구조에 관심을 두고 전략적 기법을 활용하였다.
  ㉣ 역기능적 가족의 경우는 위계구조가 혼란하여 세대 간 권력 순서가 거꾸로 놓여 있거나 세대 간 연합의 특징을 보인다.

② 주요개념
  ㉠ **권력과 통제**
    ⓐ 가족 구성원 간의 위치에 맞는 권력과 통제가 있을 때 위계질서가 유지되고, 힘의 균형이 깨지면 문제가 발생한다.
    ⓑ 부모, 자녀, 조부모는 명확한 경계를 유지하고 자기 위치를 지키며, 윗세대가 아랫세대보다 위계적으로 상위에 존재하여 영향력과 통제력을 가지는 것이 기능적인 가족이다.
    ⓒ 역기능적 가족에게 나타나는 내담자의 증상 이면에는 모든 대인관계를 규정하고 통제하려는 내담자의 권력추구 전략이 있으며, 이를 통해 가족의 항상성이 유지되는 특징이 있다고 보았다.
  ㉡ **위계**
    ⓐ 위계는 전략적 모델의 구조주의적 성향을 잘 드러내주는 것으로, 기능이 잘되는 가족일수록 가족 내 위계질서가 제대로 형성된다.
    ⓑ 대부분의 문제 뒤에는 제대로 기능하지 못하는 가족의 위계질서가 숨어 있는 것을 발견할 수 있다.
    ⓒ 헤일리가 통제와 권력의 관점에서 위계에 접근한 반면, 그의 동료인 마다네스(Madanes)는 보호와 관심의 측면에서 접근하였다. 가족의 구조를 제대로 유지하기 위해서는 권력과 돌봄 측면의 균형이 필요하다.
  ㉢ **역설적 개입** 2021년 기출 ★
    ⓐ 증상처방 : 문제행동을 더하라고 지시함으로써 이런 상담자의 지시에 내담자의 저항을 유도하여 반대로 그런 행동을 하지 않게끔 하는 것이다.
    ⓑ 변화제지 : 증상처방을 하는 상담자에게 저항의 심리가 일어난 변화행동을 너무 급하게 받아들이고 속도가 빠를 때 그만하라고 상담자가 역설적인 태도를 취하는 것이다. 그러면 저항하는 마음에 내담자는 더욱 변화에 속도를 붙이게 되는 것이다.
    ⓒ 재정의(증상의 긍정적 의미 재명명), 처방(간단하나 수용하기 어려운 증상처방), 제지(가족이 너무 빨리 변화하는 것을 견제)의 세 단계를 거친다.

(4) **밀란의 체계적 모델** 2020년, 2018년 기출 ★
① 개요
  ㉠ 파라졸리, 보스콜로, 체친, 프라타 등이 시도하였고, 체계적 가족상담모델로 불린다.
  ㉡ 증상을 가진 가족의 "게임규칙"에 초점을 두고 역설적 접근을 시도하였다.
  ㉢ 상담자는 중립적 위치에서 가족게임의 규칙을 파악하고, 협조적인 방식의 순환질문을 통해 가족원이 스스로의 인식론을 검토하여 새로운 신념체계를 도입하도록 유도하였다.

ⓔ 해결중심 접근과 이야기 치료의 토대를 마련하며 가족치료의 발전을 촉진시켰다.

※ • 밀란의 체계적 가족치료는 MRI 모델과 헤일리의 영향을 받았지만 다른 방향으로 발전시켰다.
　• 치료방법으로는 장기간 단기치료를 제시하였다.

② 주요개념
　㉠ 가족게임
　　ⓐ 가족 안에서 비밀리에 진행되는 가족의 상호작용은 오랫동안 발전되어온 일련의 의사소통 규칙과 관계규칙을 갖는다. 이러한 규칙을 유지하기 위한 복잡한 가족 상호작용을 '가족게임'이라 한다.
　　ⓑ 가족게임을 계속한다는 것은 승자도 패자도 없는 순환적 연쇄과정을 이루기 때문에 원인과 결과를 정확히 구분할 수 없다.
　　ⓒ 증상은 게임을 의미하며, 상담자는 이 게임을 멈추기 위해 역설적 개입을 하는 것이 효과적이다.

(5) 상담목표와 과정 및 상담자 역할

① 상담목표　2019년, 2018년, 2017년, 2016년 기출 ★
　㉠ 전략적 모델의 일차적 상담목표는 제시된 문제를 해결하는 것이다. 증상 행동의 제거는 일차적 변화이고 행동을 규제하는 가족체계 변화는 이차적 변화이다.
　㉡ 상담목표에서 목표설정은 매우 구체적으로 객관적이며 행동적인 언어로 문제를 분명히 규명하고 기대하는 구체적 변화 목표를 설정하도록 유도한다.

② 상담과정
　㉠ 현재의 문제를 정의한다.
　㉡ 구체적인 문제(증상)를 제거하기 위한 목표를 설정한다.
　㉢ 목표달성을 위해 치료적 개입이 단계적으로 계획된다.

전략적 모델의 치료과정

MRI 상호작용모델	헤일리 전략적 구조주의 모델	밀란의 체계적 모델
• 치료과정에 대한 소개 • 문제에 대한 질문과 정의 • 문제를 유지하는 행동평가 • 치료목표의 설정 • 행동적 개입의 선택과 실행	• 친화단계 • 문제규명단계 • 상호작용단계 • 목표설정단계 • 개입의 선택과 실행	• 치료 전단계 • 치료단계 • 치료 간 단계 • 개입단계 • 치료 후 논의 단계

③ **상담자 역할** 2019년, 2017년, 2016년 기출 ★
  ㉠ **"전략가"**로서 치료로 인한 변화에 대해 직접적인 책임을 진다.
  ㉡ **전략적 기술** : 직접적으로 지시하거나 역설적으로 우회시킨다.
  ㉢ **활동성과 강한 책임감** : "재명명"으로 긍정적 측면을 인식시킨다.
  ㉣ **통제와 권위의 유지** : 편안하고 융통성 있는 권위를 유지한다.
  ㉤ **팀 접근** : 치료팀과 가족 간에 공개적으로 상호작용한다.
  ㉥ **MRI 모델** : 내담자가 제시한 문제의 해결을 상담목표로 삼는다.
  ㉦ **밀란모델** : 상담자는 중립성을 지키며 가족의 '게임규칙'을 파악하고, 가족 스스로 해결책을 찾도록 돕는다.

(6) 기법 2021년, 2020년, 2019년, 2018년, 2017년 기출 ★
  ① **증상 처방** : 내담자에게 증상행동을 자발적으로 계속하도록 격려하는 지시나 과제를 준다. 역으로 저항을 통한 변화를 이끌어내고자 하는 기법이다. 예 "싸움을 더 해라."
  ② **시련처방(Ordeal Technique)기법** : 증상이 나타날 때마다 내담자가 괴로워하는 일을 수행하도록 지시하는 직접적이며 처방적인 개입이다. 수행에는 운동, 숙제, 독서, 다이어트 등이 있다.
  ③ **위장기법(가장하기)** : 내담자가 증상을 가진 "척하고" 부모는 도와주는 "척하는" 연극적 기법 놀이로 즐기는 기분으로 저항을 우회시킨다. 예 메더네스는 놀이로 가장, '분노하는 아이' – 헐크로 가장
  ④ **은유기법** : 문제를 밝히는 것에 대해 꺼려하는 경우 비유나 이야기를 통해 변화를 유도한다. 이때, 행동 목표를 정한 후 유사하지만 좀 더 쉬운 행동(은유적 행동)을 선택하여 실행한다.
    예 성적 문제로 갈등을 겪는 부부에게 먹는 행위로 비유하여 대화하고 생각하게 한다.
  ⑤ **긍정적 의미부여** : 가족의 증상이나 행동을 긍정적으로 재해석하는 기법으로 '증상은 긍정적인 것'이라고 의미를 부여한다. 파괴적인 가족게임을 무효화하는 데 효과적이다. (밀란)
  ⑥ **의식(Ritual)** : 일정한 의식을 만들어 게임을 하게 함으로써 가족게임을 과장되게 인식하도록 함으로써 게임을 하는 것이 얼마나 어리석은지 깨닫도록 하는 기법이다. (밀란)
  ⑦ **불변의 처방** : 역기능적 가족의 "게임"에 유사성이 있음을 발견하고 가족으로 하여금 그에 대한 대항방식을 형성하여 게임을 중단하도록 한다. (밀란)
  ⑧ **순환질문** : 가족구성원이 문제에 대한 제한적이고 단선적인 시각에서 벗어나 문제의 순환성을 인식하도록 유도하는 방법이다. (밀란)(가족 상호작용, 가족관계)
  ⑨ **협동치료** : 상담자와 가족이 게임을 분석하고 이를 무력화시킬 수 있는 기법을 개발한다.

주요 전략적 모델 비교 2015년 기출 ★

	MRI 상호작용모델	헤일리 전략적 구조주의 모델	밀란의 체계적 모델
일차적 관심	의사소통 유형	연쇄과정 및 구조적 위계	역기능적 가족게임
주요개념	의사소통, 가족항상성, 이중구속, 피드백고리, 가족규칙	권력, 통제, 역설적 지시, 위계	가족게임, 가설설정, 순환질문, 중립성
이론적 근거	의사소통이론		일반체계이론
상담자역할	지시적, 역설적		중립적, 치료동반자
치료적 개입방법	증상처방, 치료적 이중구속, 역설적 지시, 재명명 등		긍정적 의미부여, 순환질문, 의식, 불변의 처방 등
치료목표	증상제거 및 현재의 행동변화		파괴적 가족게임의 중지, 의미변화로 가족체계 변화

출처 : Goldenberg & Goldenberg(2020)에서 발췌

Section 03 후기 가족상담의 이론과 실제

학습목표
후기 가족상담의 이론적 기초를 살펴보고, 후기 가족상담모델인 해결중심 단기가족상담, 이야기치료 가족상담모델에 대해서 살펴본다.

1 후기 가족상담의 이론적 기초 2020년 기출 ★

(1) 개요 2017년 기출 ★

① 일반체계이론과 사이버네틱스를 기초로 발전된 초기 가족치료 이론은 가족의 기능/역기능을 사정하기 위한 다양한 개념을 개발하고 가족을 변화시키기 위한 여러 가지 기법을 발전시키는데 초점을 두었다.
② 초기 가족치료는 모더니즘의 영향이 컸는데, 이런 모더니즘에 반기를 들거나 하나의 대안적 사조로 포스트모더니즘의 확산으로 가족상담은 새로운 방향으로 전개되었다.
③ 2차 가족상담 혹은 후기 가족상담은 포스트모더니즘과 2차 사이버네틱스의 이론을 바탕으로 해결중심 단기가족상담모델, 이야기치료 가족상담모델, 협력언어체계모델 등으로 발전하였다.

(2) 후기 가족상담모델의 배경이 된 이론들 2019년 기출 ★

① 포스트모더니즘
  ㉠ 모더니즘이 본질주의, 보편주의, 이분법적 사고를 강조한다면, 포스트모더니즘은 다양성, 차이, 비본질주의를 강조하며 탈중심적이고 다원적인 사고, 탈이성적인 사고가 가장 큰 특징이다.
  ㉡ 모더니즘은 문제는 객관적으로 존재하기 때문에 외부 관찰자(상담자)가 실제로 파악할수 있는 것으로 정의하나 포스트모더니즘은 객관적 지식과 절대적 진실이 가능하다는 모더니즘에 도전하며, 인간은 누구에게나 똑같은 하나의 우주가 아니라 각자의 관찰과 인식행위를 통해 다르게 구성된 여러 우주에 살고 있다고 가정한다.
  ㉢ 모더니즘 성향의 치료는 인간의 문제를 문제 중심적으로 접근하며, 인성적인 특성이나 가족 상호작용이 기능적인지 혹은 역기능적인지에 중점을 둔다. 하지만 포스트모더니즘 성향의 치료는 무엇이 기능적이고 역기능적인가는 보는 사람의 시각에 따라 달라지므로, 가족의 기능/역기능의 여부는 단일 기준이 아닌 다양한 고려를 통해 평가해야 한다고 본다.

② 2차 사이버네틱스
  ㉠ 2차 사이버네틱스는 일반체계이론이나 1차 사이버네틱스의 한계를 벗어나 인식론으로 발전되었으며, 포스트모더니즘 관점과 일치한다.

ⓒ 2차 사이버네틱스라는 용어는 1968년 미드(Margaret Mead)에 의해 제안되었으며, 피드백 과정에도 여러 수준이 있음을 강조함으로써 발전하였다.
ⓒ 1차 사이버네틱스 시각에서 체계의 속성을 경계, 의사소통, 규칙, 정서체계 등으로 설명할 수 있지만, 2차 사이버네틱스 시각에서의 체계는 이러한 속성 이외에도 자율성, 자기준거성, 폐쇄성, 부적피드백 간의 속성을 갖는다고 보았다.
  ⓐ 자율성 : 체계의 구조와 그 작용의 질서가 환경에 의하여 일방적으로 주어지는 것이 아니라 체계 그 자체에 의해 만들어진다는 것이다.
  ⓑ 자기준거성 : 2차 사이버네틱스에서는 관찰자와 관찰대상을 서로 분리된 것으로 보지 않으며, 관찰대상에 관찰자가 참여한다.
  ⓒ 자기제작(자기조직, 자기만들기) : 체계의 조직 내 구성요소는 연결망을 이루어 지속적으로 체계 스스로를 제작한다.
  ⓓ 구조적 연결의 속성 : 자율적이며 자기 제작하는 체계의 다른 특성은 조직 패턴을 보존하면서 동시에 지속적인 구조적 변화를 수행한다.
  ⓔ 부적피드백 : 체계의 생존과 유지는 부적피드백에 의해서이며, 정적피드백은 그 체계의 정체성이 깨짐을 의미한다.
  예 가족 안에서 가족의 기능이나 관계 양상을 변화시키기 위하여 여러 가지 활동이 전개될 수 있으나(정적피드백), 이러한 활동은 결국 가족이라는 체계를 유지하기 위한 활동(부적피드백)의 일부분으로 볼 수 있다.
ⓒ 2차 사이버네틱스의 발전은 후기 가족상담이 탄생하게 된 배경이 되었다.

1차와 2차 사이버네틱스 비교

순환단계	지배사조	이론적 틀	가족치료이론	체계의 속성
1차 사이버네틱스	모더니즘	일반체계이론 블랙박스모델 초기 가족상담	의사소통 다세대 구조적 경험적 전략적 가족상담 등	상호의존성 개방성 경계선 의사소통 규칙 등
2차 사이버네틱스	포스트 모더니즘	구성주의 사회구성주의 후기구조주의 블랙박스+관찰자모델 후기가족상담	해결중심단기상담 이야기치료 협력언어체계모델 반영팀모델	자율성 자기준거성 구조적 결정 자기조직 자기제작

출처: 정혜정(2004)

Section 03 후기 가족상담의 이론과 실제

③ 후기 구조주의
  ㉠ 후기구조주의는 철학이나 사회과학에 나타난 포스트모더니즘 현상이며 구조주의를 반박하는 이론으로 이해되기도 한다.
  ㉡ 후기구조주의는 구조주의에서 강조하는 구조를 해체시킨 데리다(Jaeques Derrida)의 해체주의를 기초로 한다.
  ㉢ 해체란 우리의 대화, 행동, 정서적 표현에 기저를 이루면서 당연시되고 있는 담론과 범주와 가정을 분해하며, 더 나아가 절대적 진리라고 여겨지는 것을 분해한다.
  ㉣ 해체의 개념을 적용하는 상담자는 대개 상식적이라고 여겼던 자신과 내담자의 선입견, 준거틀, 익숙한 습관, 사회적 행동양식, 신념, 판단에 의문을 던지고 이를 분해하며 검토하고자 한다.
  ㉤ 해체주의는 구성주의와 사회구성주의 출현의 기초가 되었으며, 후기 가족치료 중 특히 이야기치료의 발전에 큰 영향을 미쳤다.

구조주의와 후기 구조주의 비교

구조주의	후기 구조주의
• 사람들을 일반적인 계층, 유형에 따라 분류 • 전문가의 지식이 존중됨 • 개인의 삶은 규칙이나 규범에 따라 해석되고 존중됨 • 전문가는 삶의 구조 밑에 있는 공식을 해독하고 삶의 이야기에 의미부여할 권한을 가짐 • 빈약한 결론이 존중됨	• 사람들의 정체성에 대한 상세한 기술추구 • 개인이 가지고 있는 고유의 지식 존중 • 기대나 규범에서 벗어난 예외적 삶의 성취를 해석하는데 초점 • 사람들은 각자 행하고, 말하고, 기억하는 이야기를 통해 각자 의미 있는 삶을 구성할 권리를 가짐 • 풍부한 서술이 존중됨

④ 구성주의와 사회구성주의
  ㉠ **구성주의**
    ⓐ 실재(reality)는 발견되는 것이 아니라 개인이 구성하는 것이다.
    ⓑ 궁극적 혹은 선호하는 실재는 매우 개인적인 문제다.
    ⓒ 사람이나 현상에 관한 진실을 객관적으로 관찰할 수 없고 객관적 사실로 알 수도 없다. 다만 우리가 그것을 구성한다는 것만 알 수 있을 뿐이다.
    ⓓ 진리는 내가 구성하는 것이다.
  ㉡ **사회구성주의**
    ⓐ 실재(reality)는 사회(가족, 친구, 또래, 집단, 민족, 국가 등)적으로 구성된다.
    ⓑ 실재는 언어를 통해 구성되고 이야기를 통해 조직되고 유지된다.
    ⓒ 실재 진리는 언어라는 사회적 상호작용을 통해 내가 구성하는 것이다.
    ⓓ 자기에 대한 경험은 타인과의 지속적인 상호작용에서 이루어진다.

⑤ 언어의 역할
　㉠ 모더니즘 시각은 객관적 세계와 주관적 세계를 명확하게 구분하며 언어가 이 두 세계를 연결하는 것으로 본다. 그러나 포스트모더니즘은 더 이상 언어를 단순한 도구로 취급하지 않는다.
　㉡ 언어에 대한 모더니즘적 치료에서 벗어나 포스트모더니즘 시각에서 언어를 사용한 대표적인 가족치료학자는 앤더슨과 굴리시안이다.
　㉢ 사회구성주의는 우리가 사용하는 언어가 어떻게 세계와 신념을 구성하는가에 초점을 둔다. 사회는 언어를 통해서 실재에 대한 시각을 구성한다. 사람들이 알 수 있는 유일한 세상은 우리가 언어를 통해 공유하고 있는 세상일 뿐이다.
　㉣ 사람들이 언어를 통해 자기 정체성을 정리하고 관계를 맺으며 실재를 구성한다는 시각은 상담자가 '알지 못함의 자세'를 취할 것을 요구한다.
　㉤ '알지 못함의 자세'는 상담자가 미리 준비된 지식이나 이론을 가지고 치료에 임하는 것이 아니라 내담자와의 치료적 대화를 통하여 그들의 경험을 통해 세계와 의미를 파악할 수 있다는 것이다.

2 해결중심 단기가족상담

(1) 개요 2021년, 2020년 기출 ★

① 1970년초 김인수(Insoo Kim Berg)와 드세이저(deShazer)가 개발한 단기문제해결 모델을 확장시킨 이론이다.
② 해결중심 단기가족상담은 후기 사회구성주의에 영향을 받았으며, 사회구성주의란 현실이란 개인에 의해 사회적, 심리적으로 구성된 것이라 주장한다.
③ 주요인물로는 드세이저, 버그, 립칙, 와이너, 오한런 등이 있다.
④ 가족상담의 원리로 병리적인 것 대신에 건강한 것에 초점을 두며, 언어와 소크라테스의 질문법을 사용하여 내담자와 함께 목표를 세우고, 내담자의 강점과 자원, 건강한 특성을 발견하고 이를 치료에 활용하도록 한다.
⑤ 문제상황에 대한 고찰보다는 문제상황이 일어나지 않는 때에는 무엇이 일어나는지를 관찰하도록 제안하며 현재와 미래에 초점을 둔다.

Plus Study ● 김인수 & 드세이저

- 김인수는 임상에 탁월한 능력을 보였으며, 치료자에게 이론을 적용시켜 훈련시키는 일을 하였다.
- 드세이저는 가족이 자신들의 일상생활을 영위하면서 생긴 욕구를 충족시키기 위해 치료에 가지고 온 것을 활용하는 것이 핵심이라고 하였다.

(2) 가정과 원리

① 가정
- ㉠ 긍정적인 측면에 초점을 둔다.
- ㉡ 예외 상황은 해결의 실마리를 보여준다.
- ㉢ 변하지 않고 그대로 머무는 것은 아무것도 없다.
- ㉣ 작은 변화는 일어나기 쉬우며 생산적이다. 작은 변화는 큰 변화로 이끈다.
- ㉤ 협동 작업은 있기 마련이며 내담자는 항상 협조하고 있다.
- ㉥ 사람들은 자신의 문제를 해결하기 위해 필요한 자원을 가지고 있다.
- ㉦ 의미와 체험은 상호작용 속에서 일어난다.
- ㉧ 행동과 묘사는 순환적이다.
- ㉨ 의미는 반응 속에 있다.
- ㉩ 내담자가 전문가다.
- ㉪ 내담자가 어떻게 목표를 설정하고 무엇을 하는가에 따라 내담자의 작은 변화는 다른 사람과의 상호 작용에 영향을 미친다.
- ㉫ 상담 팀은 목표설정과 목표달성을 위해 노력할 의사를 가진 사람으로 구성된다.

② 원리 2021년, 2020년 기출 ★
- ㉠ 병리적인 것 대신에 건강한 것에 초점을 둔다.
- ㉡ 변화는 불가피하고 누구도 막을 수 없다.
- ㉢ 이론적 틀에 매이지 않는다. 이론적 틀로 진단하거나 사정하지 않고 내담자의 견해와 말을 존중한다.
- ㉣ 간단하고 단순한 것부터 시작하여 이끈다.
- ㉤ 내담자의 강점과 자원, 건강한 특성을 발견하고 치료에 활용한다.
- ㉥ 현재에 초점을 두며 미래지향적이다.
- ㉦ 내담자와의 자율적인 협력을 중요시한다.

(3) 내담자 유형 및 상담목표와 과정과 상담자 역할

① 상담자-내담자 유형 2019년 기출 ★
- ㉠ 불평형 관계(Complainant Type Relationship) 2018년 기출 ★
  - ⓐ 주로 문제중심적으로 이야기하며 다른 가족원을 비난하고 불평한다.
  - ⓑ 자신이 해결의 실마리라고 보지 않고 다른 사람이 변화함으로써 해결된다고 생각한다.
  - ⓒ 상담자는 내담자에게 이해와 공감을 표시하고, 내담자가 잘하는 점에 대해 칭찬, 과제는 과거와 다른 방법으로 가족원에 관하여 생각하고 관찰할 것을 제공한다.

ⓛ **방문형 관계(Visitor Type Relation)**
ⓐ 방문형은 일반적으로 법원, 보호관찰소, 학교, 가족에 의해 온 비자발적 내담자가 해당된다.
ⓑ 이들은 자신의 문제를 인정하지 않고 상담 받을 문제가 없다거나 또는 다른 사람에게 문제가 있다고 생각한다. 즉, 치료 자체에 불만을 가진다.
ⓒ 상담자는 내담자의 의사를 존중하고, 난처한 입장과 상황을 이해하고, 긍정적 측면을 부각시켜 인정해주고 칭찬하는 등의 치료를 진행한다.

ⓒ **고객형 관계(Customer Type Relationship)**
ⓐ 상담의 중간이나 끝 부분에 상담자와 내담자가 일치된 기대를 가질 때 형성된다.
ⓑ 고객형 내담자는 문제를 시인하고 문제 해결을 위해 도움을 요청하며 해결책을 찾거나 목표를 달성할 수 있는 능력이 자신에게 있다는 것을 확인하게 된다.
ⓒ 이 유형은 매우 긍정적이고 협력적인 치료관계가 되기 쉽다.
ⓓ 상담자는 내담자가 잘 하고 있는 점에 대해 많은 칭찬을 해주고 내담자의 문제해결을 위한 의지에 대해 지지와 동의를 표한다.
ⓔ 예외적 상황이 일어날 수 있는 행동을 더 많이 하는 과제를 준다.

② **상담목표** 2016년, 2015년 기출 ★
㉠ 해결중심 단기가족상담에서 상담목표를 설정할 때는 내담가족과 함께 협동적으로 그들이 원하는 목표를 세우는 것이 필수적이며, 다음의 원칙들을 고려하여야 한다.
㉡ 내담자(가족)에게 중요하고 유익한 것을 목표로 한다.
㉢ 목표는 작고 간단한 행동이어야 한다.
㉣ 구체적이고 명확하고 측정할 수 있는 행동용어로 기술한다.
㉤ 문제의 제거나 소멸이 아닌 성공의 긍정적 지표로 기술된다.
㉥ 목표를 최종결과가 아닌 처음의 시작이나 신호에 둔다.
㉦ 현실 생활에서 성취 가능한 것이어야 한다.
㉧ 목표 달성은 힘들고 어려운 일이라고 인식한다.

③ **상담과정**
㉠ **첫 회 상담**
ⓐ 첫회기 상담에서는 관찰팀의 존재와 상담 진행방법에 대해 알리고, 일면경 사용과 녹화에 대한 동의를 받는다.
ⓑ 내담자 가족과 신뢰적 관계형성을 하면서 여러 질문기법을 사용하여 가족상황과 대처자원, 예외적 행동, 해결노력 정도와 성공 경험, 상담동기 수준 등을 탐색하고 내담가족과 협력적으로 상담 목표를 수립한다.

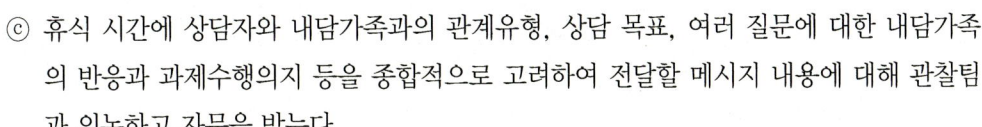

ⓒ 휴식 시간에 상담자와 내담가족과의 관계유형, 상담 목표, 여러 질문에 대한 내담가족의 반응과 과제수행의지 등을 종합적으로 고려하여 전달할 메시지 내용에 대해 관찰팀과 의논하고 자문을 받는다.

ⓓ 다시 상담실에 돌아가서 내담가족에게 메시지를 전달하고 다음 회기 상담 약속을 한다.

ⓛ **첫 회 이후의 상담**

ⓐ 2회기 상담부터는 긍정적인 변화를 확인하고 이를 유지·확장시키는 데 초점을 둔다.

ⓑ 구체적으로 개선된 것들과 긍정적인 변화를 확인하기 위한 질문과 지지와 격려, 과제 주기 등의 전략을 사용한다.

④ **상담자 역할**

㉠ **해결중심적 대화** : 내담자의 문제를 해결하기 위해 내담자와 상담자가 함께 목표를 세우고 해결책을 구성하며 실행한다. 상담자의 적극적 역할은 소크라테스의 질문법 등을 통해 예외 상황을 발견하도록 돕는다.

㉡ **알지 못함의 자세**

ⓐ 앤더슨과 굴리시안은 '알지 못함의 자세'라는 매우 사려깊고 협동적인 가족상담 접근을 발전시켰다.

ⓑ '알지 못함의 자세'란 상담사가 언어적 비언어적 행동을 통해 내담자에게 풍부하고 진실한 호기심을 표현하는 것을 말한다.

ⓒ '알지 못함의 자세'를 위한 의사소통 기술은 다음과 같다.

- 상담자의 비언어적 행동
- 침묵의 활용
- 상담자의 자기개방
- 칭찬
- 내담자의 초점 돌리기
- 내담자가 사용하는 핵심용어의 반복
- 내담자의 비언어적 행동 주목
- '과정'에 대한 주목
- 내담자의 지각에 대한 확인
- '해결중심적 대화'의 확대

(4) 기법 2021년, 2018년, 2017년, 2015년 기출 ★

① **질문기법** : 내담자가 지닌 문제해결의 힘과 능력을 찾아내서 확장시키고, 강화시킬 수 있는 다양한 질문들을 개발하였다. 해결중심 단기가족상담에서는 상담자의 질문을 매우 중요하게 다룬다.

㉠ **상담 전 변화에 대한 질문** : 변화는 계속해서 일어난다는 가정 하에 한다.

- 처음 상담을 약속 했을 때와 오늘 상담을 받으러 오기 전까지 상황이 좀 나아진 사람들이 많았는데 혹시 그런 일이 있으셨습니까?
- 전화로 약속하고 오늘 오기까지 어떤 변화가 있었나요?

ⓛ **예외질문** : 예외란 문제라고 생각하는 행동이 일어나지 않은 상황이나 행동을 뜻한다. 예외 질문은 문제 해결을 위해 우연적이며 성공적으로 실시한 방법을 발견하여 의도적으로 실시하는 것이다.

> - 최근 문제가 일어나지 않은 때는 언제였습니까?
> - 문제가 해결되었다면 그것을 어떻게 알 수 있겠습니까?
> - 문제가 발생하지 않았다는 것을 어떻게 압니까?
> - 문제가 발생하는 상황과 발생하지 않은 상황의 차이는 무엇입니까?

ⓒ **기적질문** : 문제를 제거하거나 감소시키지 않고, 문제와 분리하여 문제가 해결된 상태를 상상해 보게 하고, 해결하기 원하는 것들을 구체화하고 명료화하는데 도움이 된다. 2021년 기출 ★

> 당신이 밤에 잠이 들었을 때 기적이 일어나서 당신이 상담을 받으러 온 문제들이 모두 사라졌다고 상상해보세요. 당신이 잠든 사이에 일어난 일이기에 당신은 기적이 일어났는지 모릅니다. 그런데 당신이 아침에 일어나서 지난밤에 기적이 일어났다는 것을 알 수 있었어요. 그렇다면 무엇을 보면 기적이 일어났다는 것을 알 수 있을까요?

ⓔ **척도질문** : 내담자 자신의 문제, 문제의 우선순위, 변화에 대한 의지와 확신, 문제 해결에 대한 희망, 문제가 해결된 정도 등을 수치로 나타내는 질문이다. 2021년 기출 ★

> 1점에서 10점까지 있는 척도에서 1점은 문제가 가장 심각했던 최악의 상태를 나타내는 점수이고 10점은 당신이 가지고 있는 문제가 다 해결되는 것을 나타내는 점수라고 가정한다면 지금의 상태는 몇 점이라고 생각하세요? 몇 점이 되면 만족하시겠어요?

ⓜ **대처질문** : 문제 해결의 예외를 발견하지 못하고 문제 해결에 어떠한 희망도 찾지 못해 절망하고 있는 내담자에게 사용하는 질문이 대처질문이다.

> - 그 어려운 상황 속에서 어떻게 견딜 수 있었나요?
> - 어떻게 해서 상황이 더 이상 나빠지지 않았나요?
> - 어떻게 죽지 않고 살아남을 수 있게 되었습니까?
> - 그런 악조건에서 어떻게 참고 견뎌낼 수 있었습니까?

ⓗ **관계성질문** : 내담자가 문제 해결 상황을 자기중심적 생각에서 벗어나 중요한 타인의 시각에서 보면서 문제 해결에 관한 새로운 가능성을 찾아내는데 중요한 도움을 주는 질문이다.

> - 너의 선생님이 여기 계시다고 생각해 보자. 너의 어떤 점이 변화되면 선생님께서 너의 학교생활이 나아졌다고 말씀하시겠니?
> - 네가 저녁에 컴퓨터를 하지 않고 공부하는 모습을 본다면 어머니는 어떻게 반응하실까?

Section 03 후기 가족상담의 이론과 실제

ⓐ **악몽질문** : 면담 전 변화에 대한 질문, 기적질문, 예외질문이 효과가 없을 때는 악몽질문을 한다. 유일하게 문제 중심적인 부정적인 질문이다.

> 한밤중에 악몽을 꾸었습니다. 오늘 여기에 가져온 모든 문제가 갑자기 더 많이 나빠진 것입니다. 이것이 바로 악몽이겠죠. 그런데 이 악몽이 정말 실제로 일어났습니다. 내일 아침에 무엇을 보면 악몽같은 인생을 살고 있다는 것을 알 수 있을까요?

ⓔ **간접적인 칭찬** : 내담자의 긍정적인 삶이 되도록 대처하고 있는 방식에 대한 칭찬이다.

> - 내가 소리를 지를 때 잠시 참으면 상황이 더 악화되지 않는다는 것을 어떻게 아셨나요?
> - 그런 상황에서 화를 참기가 쉽지 않은데 어떻게 그렇게 조용히 참아낼 수 있었나요?

ⓕ **'그 외의 또 무엇이 있습니까?' 질문** : 내담자의 장점과 자원, 해결 능력 등 성공적인 경험들을 더욱 촉진시키고 유지시키기 위한 목적으로 사용된다.

> - 그 외에 또 무엇이 있습니까? 뭐가 더 있을까요? 더 좋은 생각이 없을까요?
> - 이전에 말한 것과 연관시켜 또 다른 게 있을까요? 또 다른 좋은 생각이 없습니까?

② **메시지 전달기법** : 상담을 종료하고 5~10분 휴식 시간을 가진 후 상담 회기에 대한 피드백을 '메시지'라는 형태로 전달한다. 이때 전달되는 메시지는 교육적 기능, 정상화의 기능, 새로운 의미의 기능, 과제 기능을 가지고 있으며 칭찬, 연결문, 과제로 구성된다.

3 이야기치료 가족상담

(1) 개요

① 해결중심 단기가족상담이나 협력적 언어체계 등과 함께 1990년대 이후 주목받기 시작한 치료적 접근으로 대표적인 인물인 마이클 화이트(Michael White)와 데이비드 앱스틴(David Epston)에 의해 시작된 심리치료 방법이다.
② 이야기치료는 초기가족치료를 비롯하여 철학, 언어학, 후기구조주의, 사회구성주의, 페미니즘, 포스트모더니즘 등 광범위한 분야의 영향을 받아 확립되었다.
③ 이야기치료 가족상담은 삶을 짓누르는 문제이야기를 경청, 해체, 대안이야기 구축으로 이어지는 치료적 과정을 통해 내담자와 함께 문제이야기를 대안이야기로 바꾸어 쓸 것을 제안하였다.

(2) 기본 전제 2021년, 2018년 기출 ★

① 사람은 자신에게 일어난 모든 사건, 경험을 자신의 이야기로 표현하고, 사건을 해석하고, 그에 대한 의미를 부여하는 데 적극적으로 참여하는 존재다.

② 삶의 이야기는 개인의 삶을 반영하는 도구이자 개인의 삶 자체를 만들어 내고 나아가 개인의 정체성을 이룬다.
③ 우리가 살아가는 이야기는 사회적 맥락 속에서 만들어진다. 이야기치료에서는 문제 외재화 작업을 통해 문제를 형성하는 데 기여한 사회문화적 영향을 해체하는 데 주력한다.
④ 인간의 정체성은 사회적으로 구성된다. 인간의 정체성은 타인과의 상호작용 속에서 만들어지고 또다시 만들어지는 과정을 반복한다.
⑤ 삶의 이야기는 복합적이며, 목적의식에 따라 삶의 방향은 달라진다
⑥ 문제는 사람이 아니라, 그 사람이 만들어내는 이야기가 문제이다. 내담자와 문제를 이야기 안에서만 다루고, 내담자에게 문제를 바라보는 관찰자로서 대화를 시작하게 한다.
⑦ 개인이 자신의 삶에서 지향하는 바는 그 개인의 의도, 목적, 희망, 가치, 꿈, 헌신의 대상을 살펴봄으로써 알 수 있다.

(3) 주요 개념
① **이야기**
  ㉠ 이야기는 한 사람이 지나온 과거와 현재를 밝혀 주는 유력한 현실이며, 미래에 대한 청사진이다.
  ㉡ 이야기는 그 사람의 세계이며 현실이므로, 우리는 이야기를 통해 변화해 가는 자신의 인생을 인식하여 사건의 진전을 의식적으로 바라보는 것이 가능하다.

② **지배적 이야기**
  ㉠ 각 개인의 정체성을 대표하는 이야기이다. 사람들은 자신의 정체성을 성장과정에서의 어떤 특정 경험을 중심으로 이야기한다.
  ㉡ 지배적 이야기가 그 사람의 문제를 중심으로 구성되어 있을 때, 그 사람은 지배적 이야기에 의해 자신을 평가하고 이에 괴로움을 겪으면서 살아가게 된다.

③ **빈약한 서술**
  ㉠ 사람들이 자신의 행위에 대해, 또한 그러한 일들이 일어난 정황에 대한 나름대로의 의미를 말할 수 있는 공간을 허용하지 않는 것이다.
  ㉡ 빈약한 서술은 여러 가지 다른 가능한 의미들을 덮어버린다.

④ **대안적 이야기**
  ㉠ 내담자 자신이 그 이야기에 의해 살아가고 싶은 이야기로, 문제의 영향력을 감소시키고 삶을 위한 새로운 가능성들을 창조해 낸다.
  ㉡ 내담자가 겪는 문제들의 영향력에서 벗어나도록 도와주는 정체성에 관한 이야기이다.

⑤ **풍부한 서술** : 한 사람의 삶의 이야기가 줄 하나하나의 세세한 부분까지 명료하게 나타나는 것으로, 문제 이야기의 영향을 벗어나기 위해서는 대안적 이야기들이 풍부히 서술되어야 한다.

⑥ **해체적 경청**
  ㉠ 문제로 가득한 내담자들의 이야기를 해체하고자 하는 것을 말한다.
  ㉡ 상담자는 이야기의 모호성이나 틈새를 새로운 이야기를 시작하는 출구로 생각하고 이를 포착한다.

(4) 상담목표와 과정과 상담자 역할 2021년 기출 ★

① **상담목표**
  ㉠ **단기목표** : 내담자 가족이 호소하는 문제를 감소시키는 것이다.
  ㉡ **궁극적 목표** : 내담자 가족 스스로가 자신들이 선호하는 방향으로 자기 가족의 이야기를 써나갈 수 있게 하는 것이다.

② **상담과정** 2016년 기출 ★
  ㉠ **1단계** : 문제의 경청과 해체 : 가족의 이야기를 경청하고 사람과 문제를 분리한다. 문제의 외현화 작업을 하여 문제의 영향을 탐색하고 평가한다.
  기법 : 문제 이야기경청, 문제의 외재화, 문제의 영향력 탐색, 문제의 영향력 평가, 평가의 정당화
  ㉡ **2단계** : 독특한 결과의 해체 : 독특한 결과란 문제를 벗어난 이야기들, 혹은 문제와 분리되었을 때의 이야기를 독특한 결과로 부르는데, 표출대화는 독특한 결과를 찾는 안내자와 같다. 독특한 결과의 영향력을 탐색하고 평가한다.
  기법 : 독특한 결과의 경청, 독특한 결과의 외재화, 독특한 결과의 영향력 탐색, 독특한 결과의 영향력 평가, 평가의 정당화
  ㉢ **3단계** : 대안적 이야기 구축 : 독특한 결과와 관련이 있는 과거 사건을 찾아내고 대안적 이야기로 발전하도록 돕는다. 처음에는 비약할 수 있지만 스캐폴딩 대화가 진행되면서 구성이 복잡하게 발전하고 주제를 가진 풍부한 이야기가 된다.
  기법 : 저작과 스캐폴딩
  ㉣ **4단계** : 대안적 정체성 구축 : 인생을 회원으로 구성된 클럽으로 보고, 치료적 과정을 통해 중심적 인물로 내담자의 인생회원을 재구성하는 것이다. 내담자의 인생에서 의미 있는 정체성이나 인물과 의도적으로 만나도록 한다.
  기법 : 회원재구성, 정의예식, 외부증인집단, 치료적 문서
  ㉤ 위 4단계로 이어지며 그 과정은 나선적 구조를 취한다.

ⓑ **map(지도)** : 이야기치료에서 내담자의 이야기를 해체하고 재구성하는데 필요한 질문의 모음으로 내담자의 삶의 기술과 지식을 탐색하고 그 기술과 지식을 문제해결을 향해 활용하도록 돕는 과정의 지침으로 활용한다.

③ **상담자 역할** 2017년, 2016년, 2015년 기출 ★
  ㉠ 상담자는 상담자와 내담자 간의 권력구조를 해체하는 데 민감해야 하며 탈중심적이고 영향력 있는 위치를 고수해야 한다.
  ㉡ **탈중심적 입장** : 상담자의 전문적 이론이나 지식보다는 내담자 가족이 제시하는 자신들의 이야기는 삶의 지식과 기술에 우선순위를 두는 입장을 말한다.
  ㉢ **영향력의 행사** : 상담자가 주제를 선택하거나 개입을 주도한다는 의미가 아니라, 질문과 반영을 통해 가족이 대안적 이야기를 풍부하게 이야기하고 새롭게 발견한 지식과 기술로 현재의 문제를 다루는 데 가족 스스로가 친숙해지도록 돕는 것이다.
  ㉣ 문제 이야기를 해체하고 독특한 결과에 의미를 부여할 수 있게 한다.
  ㉤ 독특한 결과와 관련하여 과거, 현재, 미래의 행동과 정체성 영역에서 무슨 일이 일어났고 의미가 무엇인지에 관해 질문한다.
  ㉥ 대안적 정체성을 세우는 과정에서 외부증인집단의 반영팀에게도 질문한다.

(5) 기법 2021년, 2019년, 2017년, 2016년, 2015년 기출 ★

① 문제의 경청과 해체
  ㉠ **가족의 문제 이야기 경청하기** : 가족이 자신들에 대해 빈약한 설명을 내놓을 때 그들이 체험하는 어려움을 좀 더 상세히 설명하도록 격려하고, 지배적 문제 이야기와 정반대되는 이야기가 나올 수 있는 가능성에 열린 자세로 임한다.
  ㉡ **사람과 문제를 분리하기(외재화)** : 가족이 초기 이야기가 상세히 이루어지는 가운데 상담자는 문제를 내담자와 분리하고 객관화하기 위해 내담자와 함께 문제 이름을 붙이고 의인화하는 작업을 수행한다. 이를 외재화라고 한다. 외재화의 대상은 감정, 대인관계문제를 비롯하여 사회문화적 신념이나 관습 등 제한이 없다.
    예 저는 우울한 사람이라 사는게 엉망이에요. → 우울한 마음 때문에 생활이 엉망이 되었네요.
  ㉢ **문제의 영향력 탐색하기** : 문제의 맥락, 즉 문제가 내담자의 삶에 이제까지 어떤 영향을 끼쳐 왔으며 현재는 어떠한지를 질문한다.
    예 아들이 갖고 있는 '말썽'(문제)을 보면서 아버지로서 자신에 대해 어떤 생각이 드나요?
  ㉣ **문제의 영향력 평가** : 문제가 끼치는 영향력에 대해 내담자가 어떻게 생각하고 있는지 내담자의 입장을 질문한다.
    예 어떻게 느끼세요? → 그에 대해 어떤 입장인가요?

㉑ **평가의 정당화** : 어떤 이유 또는 근거에서 위와 같은 평가를 내렸는지 질문한다. 이런 질문은 독특한 결과나 지향 상태에 관한 본격적인 대화로 옮겨갈 수 있는 토대가 된다.

[예] 괜찮지 않은 이유가 뭐지요? 그런 입장을 갖고 있는 이유가 뭐지요?

② **독특한 결과의 해체** 2017년 기출 ★ : 이 단계에서는 문제 대신 독특한 결과에 초점을 두게 된다. 독특한 결과는 내담자가 했던 행동이 될 수도 있고, 내담자가 지향하는 가치나 지향하는 바가 될 수도 있는데 내담자가 원하는 긍정적인 삶의 모습을 담고 있는 것이어야 한다.

㉠ **가족의 독특한 결과를 경청하기** : 내담자가 문제의 흥망성쇠에 어떤 영향을 끼쳐 왔는지 질문한다. [예] (문제)가 평소보다 나쁘지 않았던 때가 있었나요?

㉡ **독특한 결과 외재화하기** : 문제를 외재화했던 방식으로 독특한 결과에 이름이나 제목을 붙임으로 독특한 결과를 재정의한다.

[예] 무력감과 손을 잡다.(문제) → 무력감으로부터 내 삶을 되찾다.(독특한 결과)

㉢ **독특한 결과의 영향력 탐색하기** : 상담자의 질문은 과거와 현재를 비롯해 미래에 대한 가족의 느낌, 행동, 생각으로 확장되어진다. 이러한 독특한 결과를 목격한 사람, 가족 주변에 있는 중요한 사람들이 이를 어떻게 생각할지 추적해 보도록 하는 질문을 던진다.

㉣ **독특한 결과의 영향력 평가하기** : 독특한 결과의 영향력 및 그 영향력에 대한 내담자의 입장을 정리하도록 돕는다.

[예] 두 분이 함께 장 보러 가는 일이 두 분에게 괜찮은 일인가요? 아니면 별로 좋지 않은 일인가요?

㉤ **평가의 정당화하기** : 어떤 이유 또는 근거에서 위와 같은 평가를 내렸는지 질문한다.

[예] 괜찮거나 괜찮지 않은 이유가 뭐지요?

③ **대안적 이야기의 구축**

㉠ **재저작과 스캐폴딩(scaffolding)**

ⓐ 내담자의 이야기를 다시 쓰는 재저작 작업은 독특한 결과에서 출발한다. 독특한 결과는 일회성 사건이 아니라 그 사람의 삶에 존재하는 여러 가지 관련된 사건의 결과다.

ⓑ 화이트와 엡스턴은 개인 이야기가 행동과 의식의 두 가지 차원으로 이루어졌다고 보고, 각각을 '행동영역', '정체성 영역'이라 부른다.

ⓒ 상담자는 독특한 결과와 관련하여 행동과 정체성의 두 가지 영역에서 무슨 일이 일어났고, 어떻게 일어났으며 또 무슨 의미를 갖고 있는지 이야기를 나누고, 과거, 현재, 미래를 넘나들고, 정체성 영역과 행동력을 오가며 여러 가지 질문을 던진다.

ⓓ 이 과정을 통해 내담자는 관심 밖에 있던 삶의 사건 행동을 새롭게 조명하고, 행동 속에 담긴 자신이 지향하는 바를 새롭게 인식한다.

ⓔ 이야기치료에서는 이 작업이 마치 건축 과정에서 거푸집 짓기와 유사하여 스캐폴딩(scaffolding)이라고 부른다.

ⓕ 대안적 이야기가 처음 만들어질 때는 거미줄 하늘같이 가늘고 빈약하며, 중간중간 공백도 있어 뭐라 부르기 마땅하지 않을 수 있으나, 스캐폴딩(scaffolding) 대화가 진행되면서 공백이 매워지고 대안적 이야기의 구성은 복잡하게 발전되며 풍성한 이야기가 된다.

ⓒ **행동영역의 질문** : 내담자는 자신이 과거에 행했던 일을 이야기의 형태로 표현한다. 하나의 사건을 중심으로 이야기를 구성해 가면서 살이 붙어 풍성해지면서 점차 '왜'라는 정체성 영역에 해당하는 질문을 한다. 행동 영역에서 출발하여 정체성 영역으로 이동한다.

  [예] 최근에, 아니면 예전에 이와 비슷한 일을 한 적이 또 있었나요?

ⓒ **정체성영역의 질문** : 내담자의 삶의 지향이나 목적, 중시하는 가치나 신념, 희망이나 꿈, 삶의 원칙, 헌신하는 것 등에 대해 질문을 해 볼 수 있다.

  [예] 당신이 중요하다고 생각하는 게 뭔지 조금 더 말씀해 주시겠어요?

Plus Study ● 스캐폴딩 지도 2020년 기출 ★

치료자는 독특한 결과와 관련하여 행동과 정체성의 두 가지 영역에서 무슨 일이 일어났고 그것이 어떻게 일어났으며, 또 그것이 무슨 의미를 갖고 있는지 대화를 나누고자 과거, 현재, 미래를 넘나들고 정체성 영역과, 행동 영역을 오가면서 여러 가지 질문을 던진다. 이야기치료에서는 이 작업을 마치 건축과정에 거푸집짓기와 유사하다 하여 스캐폴딩이라 부른다.

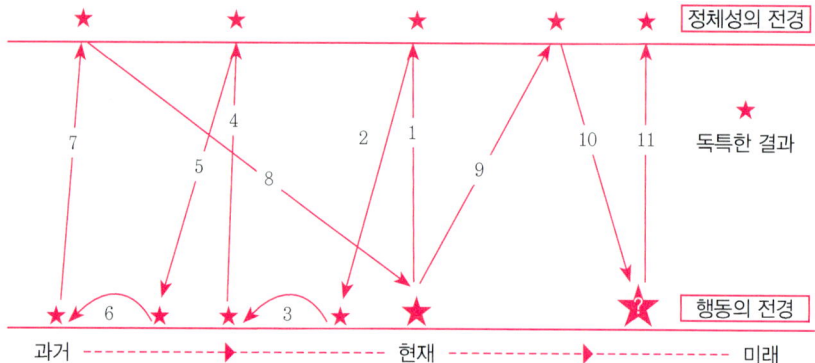

[예]
1 : 당신은 무엇을 중요시했기에 그런 행동을 하게 되었나요?
4 : 왜 그것이 중요하다고 생각하였나요?
9 : 만일 그렇게 한다면 당신은 어떤 모습의 사람일까요?
10 : 그런 바람대로 한다면 무슨 일을 할 수 있을까요?
11 : 당신 삶에서 무엇을 중요시한다고 할 수 있을까요?

출처 : 가족치료의 이해, 정문자외 3인, 학지사

④ 대안적 정체성 구축

ⓒ 회원재구성

ⓐ 인생을 회원으로 구성된 클럽으로 보고, 치료적 과정을 통해 지지적 인물로 내담자의 인생회원을 재구성하는 기법이다.

ⓑ 인생클럽 회원들과의 관계 속에서 생산된 다양한 삶의 정체성, 삶의 지식과 기술 가운데 내담자가 선호하는 버전을 풍부하게 기술할 수 있다.
ⓒ 내담자 인생에서 의미 있는 정체성들이나 인물들과 의도적으로 만나기 위한 것이라 할 수 있다.
ⓓ 특정회원을 우대하거나 자격해지, 등급을 올리거나 내리는 일, 특정 의견을 존중하거나 무시하는 일 등 인생 클럽의 회원을 정비할 수 있는 기회를 제공한다.
ⓔ 의미 있는 대상의 기여를 탐색할 수 있으며, 내담자의 기여, 의미 있는 대상의 삶에 어떻게 기여했는지 설명할 수 있다.

ⓒ **정의예식과 외부증인집단** `2015년 기출` ★
ⓐ 내담자가 자신이 선호하는 삶의 이야기를 청중(외부증인집단) 앞에서 사회적으로 인정받는 경험을 하도록 하는 의식이다.
ⓑ 정의예식은 말하기(telling)와 다시 말하기(retelling)를 예식의 주인공과 외부증인이 교대로 실시하는 구조로 이루어져 있다.
ⓒ '외부증인'이 된 사람은 내담자의 이야기나 내담자에 대한 자신의 경험과 관련하여 다시 말하기를 하게 되는데, 여기서의 목적은 공명(resonance)이다.
ⓓ 공명(resonance)이란 대안적 이야기가 증인 자신의 삶에 어떠한 의미를 주었는지 말해줌으로 내담자의 대안적 이야기를 인정해 주는 것이다.

- 말하기 : 예식 주인공이 자신의 삶과 관련하여 선호이야기(정체성)를 외부증인에게 말한다.
- 다시 말하기(1차 다시 말하기) : 외부증인은 내담자 이야기 중 인상 깊었던 부분에 초점을 두고 순서에 따라 다시 말한다.
  - 특정 부분 주목하기
  - 이미지 설명하기
  - 공명하기
  - 지점 이동을 인정하기
- 다시 말하기의 다시 말하기(2차 다시 말하기) : 일반적으로 예식의 주인공이 말하게 된다.
- 다시 말하기의 다시 말하기의 다시 말하기(3차 다시 말하기) : 일반적으로 외부증인이 말하게 된다.

ⓒ **치료적 문서**
ⓐ 여러 가지 형태의 문서, 글쓰기를 치료에 활용하는 것이다.
ⓑ 편지, 메모, 진술서, 목록, 수필, 계약서, 증서 등으로 다양하며 형식의 제약이 없다.

Plus Study — 이야기치료의 과정

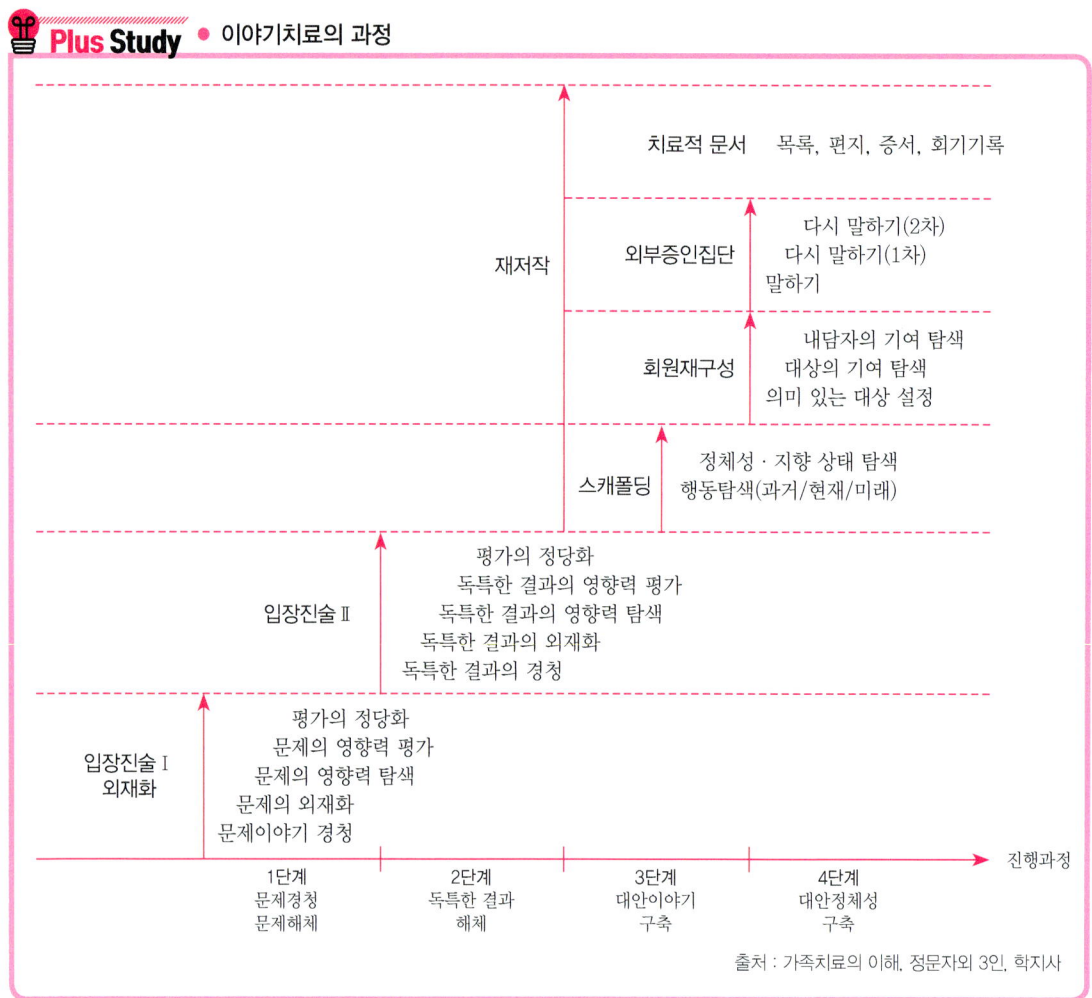

출처 : 가족치료의 이해, 정문자외 3인, 학지사

Section 04 청소년 가족

학습목표
청소년 가족 및 부모상담은 가족상담의 한 형태임을 인지하고, 청소년 가족을 위한 가족상담의 핵심기법과 본질을 이해하고 유형별 개입방법에 대해서 알아본다.

1 청소년 가족 이해

(1) 부모 – 청소년 관계 이해

① 청소년과 부모와의 관계
   ㉠ 청소년의 급속한 신체적 성장은 부모의 체벌이나 통제를 어렵게 만든다. 그 결과, 부모의 권위는 도전받게 되고, 지금까지의 부모 자녀 관계를 수정해야 하는 상황이 초래된다.
   ㉡ 형식적·조작적 사고가 가능한 청소년은 부모가 설정한 규칙이나 가치관에 대해 논리적 모순을 발견하고 의문을 제기한다. 더 이상 무조건 부모가 시키는 대로 따라하지 않는다.
   ㉢ 오늘날의 사회변화가 청소년과 부모와의 관계를 더욱 어렵게 만든다.
   ㉣ 청소년기의 연장은 자동적으로 부모의 부양책임과 청소년의 의존기간을 연장시켜 부모들은 더 많은 부담을 느끼게 되었다.
   ㉤ 급격히 변화하는 사회문화적 변화와 방대한 정보와 가치들은 청소년들이 성인의 역할을 준비하는 것을 더욱 어렵게 한다.
   ㉥ 부모들이 청소년 자녀를 교육하는 데 도움을 받을 수 있는 지원망이 거의 없고, 친척과 친지들로부터 고립된 경우가 많다.
   ㉦ 흡연, 음주, 약물남용, 10대 임신 등 청소년 비행의 증가는 부모들로 하여금 지나치게 신경을 쓰게 만든다.
   ㉧ 대중매체가 청소년문제를 지나치게 부각시키고 전문가들로부터 상충된 조언은 부모들을 더욱 혼란스럽게 만든다.
   ㉨ 청소년기의 성공적인 적응을 위해서 자율성뿐 아니라 부모와의 안정애착이 필요하다.

② 부모와의 갈등
   ㉠ 부모와 청소년 자녀 간의 갈등은 청소년 초기에 사춘기의 시작과 더불어 증가한다.
   ㉡ **청소년과 부모간의 갈등의 증가 원인** : 사춘기의 생물학적 변화, 논리적 추론과 같은 인지적 변화, 독립과 정체감을 수반하는 사회적 변화, 그리고 중년기 위기를 포함하는 부모 쪽의 신체, 인지, 사회적 변화 등이 있다.
   ㉢ 부모와의 갈등은 청소년 초기에 시작하여 점차 급증하다가 청소년 중기에 점차 안정화되고 청소년 후기가 되면 갈등이 감소된다.

ⓔ **갈등 해결 방법** : 가족의 중요한 의사결정에 청소년을 참여시키고, 그들의 의견을 존중해주며 합리적이고 일관성 있는 규율을 적용하고, 그리고 10대들이 하는 일에 관심을 보이고 지원해줌으로써 해결할 수 있다.

ⓜ 효율적인 부모역할을 위해서는 자녀가 청소년이 되면서 나타나는 생물학적, 인지적 변화 등의 청소년 자녀에게 일어나는 변화를 이해하고 부모역할의 변화를 꾀해야 한다.

③ **청소년 행동과 부모의 훈육 방식** : 부모의 양육 방식은 온정성의 정도와 통제, 자율성의 정도에 따라 네 가지로 구분된다.

㉠ **독재적 또는 처벌적 부모**
ⓐ 자녀에게 요구는 많이 하지만 자녀의 요구나 관점에는 반응하지 않으며, 자녀의 독자적인 사고를 장려하지 않는다.
ⓑ 자녀를 아주 면밀히 감시하며, 잘못에 대해 처벌적이고 물리적인 방법을 선호하고 복종을 얻기 위하여 강압을 이용한다.

㉡ **허용적 부모**
ⓐ 너그럽고 자녀와의 충돌을 피하고 자녀 스스로의 자율과 규제를 허용한다.
ⓑ 유도적 부모는 수용적이며 정서적으로 자녀와 과도하게 연결되어 있다.
ⓒ 관용적 부모는 자녀와 연결되어 있지만 자녀에 대한 세심한 간섭은 피한다.

㉢ **거부적 또는 무시하는 부모** : 자녀의 생활에 전혀 개입하지 않고, 네 가지 양육방식 중 자녀와 가장 정서적으로 덜 연결되어 있다.

㉣ **권위적 또는 민주적 부모**
ⓐ 애정적이며 단호하고 자녀의 일에 적극적으로 관여한다.
ⓑ 자녀의 욕구변화에 민감하고 이성과 설득을 통하여 자녀를 복종하게 하며, 부모와 반대의견도 존중한다.

④ **청소년과 부모 간의 의사소통 유형**

㉠ **쌍방 차단형** : 청소년의 대화행동과 부모의 반응점수가 모두 낮은 의사소통 유형으로, 효과적인 의사소통이 이루어지지 않는다.

㉡ **청소년 차단-부모 개방형** : 청소년의 대화행동 점수가 낮고 부모의 반응점수가 높은 유형으로, 청소년 자녀가 부모와의 대화를 회피하는데 기인한다.

㉢ **청소년 개방-부모 차단형** : 청소년의 대화행동 점수가 높고 부모의 반응점수가 낮은 유형으로, 부모가 청소년 자녀와의 대화를 거부한다.

㉣ **쌍방 개방형** : 청소년의 대화행동 점수와 부모의 반응점수가 모두 높은 유형으로, 청소년과 부모 사이에 효과적인 의사소통이 이루어진다.

⑤ 효율적인 부모역할
  ㉠ 자녀가 청소년이 되면서 나타나는 생물학적, 인지적 변화는 청소년의 행동에 영향을 미치고, 그로 인해 부모 또한 부모역할에 중요한 변화를 맞게 된다.
  ㉡ 부모역할의 변화를 이해하기 위해서는 우선 청소년 자녀에게 일어나는 변화를 이해해야 한다.
    ⓐ 신체적 변화와 호르몬의 변화
    ⓑ 정체감 발달 예 청소년의 이상주의와 부모의 실용주의 간의 마찰
    ⓒ 인지변화 : 부모들이 가끔 오해하게 되는 청소년의 행동을 설명해 준다.

(2) 청소년 문제 이해

① 가출
  ㉠ 18세 미만 청소년이 집을 나와 최소한 하룻밤을 지내는 것이다.
  ㉡ 가출 유형으로 시위성 가출, 도피성 가출, 추방형 가출, 방랑성 가출, 생존성 가출이 있다.
  ㉢ 부모와의 불화, 별거나 이혼 등의 가족의 구조적, 기능적 결손의 원인이 있으며, 교우관계 악화, 학업스트레스, 충동성과 낮은 통제력, 가정 밖 사회 환경적 요인을 들 수 있다.
  ㉣ **가출청소년 상담**
    ⓐ 상담사는 가출충동에 대해 수용하고 정서적인 지지를 보내며, 가출 동기와 가능성을 평가한다.
    ⓑ 가출을 하게 만든 원인과 어려움을 해결하기 위한 방안은 모색하고, 가출 후 상황과 상담받을 수 있는 기관 정보를 제공한다.

② 학교 폭력
  ㉠ '학교 폭력'이란 학교 안이나 밖에서 학생을 대상으로 발생한 상해, 폭행, 감금, 협박, 모욕, 공갈, 강요, 강제적 심부름, 성폭력, 따돌림, 정보통신망을 이용한 음란, 폭력 정보 등에 의한 신체, 정신, 재산상 피해를 수반하는 행위를 말한다.
  ㉡ **청소년학교폭력 특징**
    ⓐ 단순한 탈선을 넘어 심각한 범죄단계에까지 이르고 있다.
    ⓑ 가해자들이 자신의 행동에 대한 심각정도를 잘 인식하지 못하고 있다.
    ⓒ 단독보다는 집단화되는 경향이 있다.
    ⓓ 비행청소년뿐만 아니라 보통 청소년에게도 쉽게 발견되는 일반화된 비행유행이 되고 있다.
    ⓔ 피해에 대해 적극적으로 알리지 않는 경우가 많아서 심각한 이후 발견되는 경향이 있다.
    ⓕ 아동, 청소년들이 친사회적인 행동을 보이면 일관되게 보상을 주도록 한다.

③ 자살
  ㉠ 자살 예방 프로그램을 실시하기 전에 학부모 및 주위 교사 등에게 예방 전략의 중요성을 알려야 한다.
  ㉡ 자살위험 의도를 유보하고 있는 기간이라면 청소년의 강점과 자원을 탐색한다.
  ㉢ 자살에 대해 생각할 수 있으나 행동으로 실천하지 않겠다는 구체적인 약속을 한다.
  ㉣ 아동, 청소년 내담자와 자살금지 계약서를 작성할 때에는 시간적 제약이 없는 개방적 동의 보다 시간제한이 있는 동의를 하는 것이 효과적이다.
  ㉤ **자살 유발 요인** : 우울감, 낮은 자존감, 가족문제, 부족한 의사소통문제, 학교문제, 스트레스, 부적절한 대처기술, 그 외 약물 문제 등

④ 청소년 게임중독
  ㉠ 게임중독이란 지나치게 많이 게임에 몰두해 일상생활에 심각한 영향을 끼치는 상태로 약물중독처럼 병적 집착, 내성, 금단증상 등 일상생활의 장애를 초래한다.
  ㉡ 청소년들이 게임에 중독되면 게임시간을 조절하지 못하고 게임을 하지 못하면 불안해하거나 초조한 증상을 보이고, 학교성적이 떨어지거나 친구들과의 관계가 소원할 경우 등교거부가 일어나기도 한다.
  ㉢ **게임중독 개입**
    ⓐ 상담의 목표를 구체적으로 정하고 자기조절과 자기관리 훈련을 한다.
    ⓑ 어머니를 적극적인 조력자로 개입시킨다.
    ⓒ 자신이 게임한 시간들을 기록하도록 한다.
    ⓓ 게임 이외의 다른 활동들을 하고, 가족들과 즐거운 시간을 가질 수 있도록 한다.

⑤ 청소년 약물남용
  ㉠ 음주나 흡연을 하는 부모의 자녀는 음주나 흡연의 가능성이 높은 편이다.
  ㉡ 또래 집단이 약물을 사용할 때 같은 집단의 다른 청소년도 약물을 사용할 가능성이 높다.
  ㉢ 흡연의 조기 시작은 본드나 마약 등의 약물 남용으로 발전될 가능성이 있다.

⑥ 청소년 성문제
  ㉠ 청소년들은 신체적 성숙이 완전하게 이루어지지 않은 상태에서 신체적, 생리적인 급격한 변화로 혼란을 경험하여 성인의 행동을 모방하고자 하는 과정에서 여러 가지 성적 일탈행동이 유발된다.
  ㉡ 청소년의 성문제에 영향을 끼치는 요인으로는 가정의 구조적 요인, 양육방식, 친구관계, 학습과정 등이 있다고 본다.
  ㉢ 성별에 따른 이차성징이 잘 나타나지 않으면 부정적인 신체상을 갖기 쉽다.

Section 04 청소년 가족

(3) 청소년상담자의 자세 　2015년 기출 ★
① 가족들이 청소년 자녀의 행동에 대한 느낌을 주고받도록 돕는다.
② 부모와 청소년 자녀 간의 갈등을 악화시킬 수 있는 상호작용을 확인한다.
③ 반항하는 자녀의 문제는 가족 전체의 문제임을 인식시킨다.
④ 부모 중 한쪽의 불안이 자녀에게 투사되어 다른 한쪽의 부모와 자녀 간의 갈등이 있는지를 확인한다.
⑤ 자녀 앞에서는 부모가 합의된 결정을 이야기할 수 있도록 하는 것이 바람직하며, 자녀 앞에서 갈등을 노출시키는 것은 삼가도록 한다.

2 청소년 가족상담 사례유형

(1) 상담자 개입 실제
① 부모와 청소년 자녀 간 갈등 사례 　2019년 기출 ★
　㉠ 가족 내 학대나 폭력 문제가 있는지 확인한다.
　㉡ 반항하는 자녀의 문제가 가족 전체의 문제를 드러내는 증상인지 확인한다.
　㉢ 가족들이 그동안 표현하지 못했던 감정을 솔직하게 표현할 수 있도록 격려한다.
　㉣ 초기 상담에서는 수용적 자세로 가족원들이 상담에 대해 편안하게 느끼고 마음을 열 수 있도록 한다.
　㉤ 상담목표 선정과 상담진행 과정에서 부모-자녀 한쪽의 의견을 우선시하기보다는, 부모의 의견과 자녀의 의견을 듣고 서로의 의견을 조율해서 반영하도록 한다.

② 부모와의 갈등 및 자해 사례 　2019년 기출 ★

> 고등학교 1학년 학생인 지영이는 최근 공부하기 싫고, 학교에 가기 싫다고 하며 잦은 지각과 조퇴를 하여 담임선생님을 통해 상담에 의뢰되었다. 상담하는 과정에서 손목에 자해 흔적을 발견했다. 부모님과도 갈등이 심하고, 중학교 때까지 도움을 주던 언니가 다른 지역의 대학으로 진학하면서 점점 더 고립되었음을 인지하게 된 상담자는 가족 상담을 제안하였다.

　㉠ 학교 폭력이 있었는지 확인한다.
　㉡ 자해의 강도, 빈도, 방법을 확인하고 생명존중서약을 받는다.
　㉢ 지영이가 학교에 가기 싫다고 할 무렵 가족 내에 발생한 문제가 있었는지 확인한다.
　㉣ 가족조각을 활용하여 지영이가 다른 가족구성원에게 느끼는 내적 정서 상태를 탐색한다.
　㉤ 지영이가 자해의 위험이 있음을 담임교사에게는 공유하되 같은 반 학생들에게는 알려지지 않도록 해야 한다.

③ 이혼가정의 부모-자녀 관계 사례 2019년, 2015년 기출 ★
  ㉠ 가족경계선을 재구조화하도록 돕는다.
  ㉡ 부모가 자녀에게 일관된 규칙을 가지고 대하도록 한다.
  ㉢ 자녀가 새로운 가족체계에 대한 두려움을 가질 수 있음을 설명한다.
  ㉣ 자녀가 부모 중 누구 편을 들어야 할지 갈등할 수 있음을 설명한다.
  ㉤ 양육부모와의 관계를 강화하기 위하여 비양육부모와의 면접교섭을 허용하도록 조언한다.
  ㉥ 보이지 않는 충성심 때문에 다른 부모를 속이는 일이 일어나지 않게 한다.
  ㉦ 관심받고 싶은 자녀의 욕구를 살피도록 조언한다.
  ㉧ 화가 나서 폭행을 할 것 같으면 타임-아웃을 활용하게 한다.

④ 가족폭력 사례 2019년, 2016년 기출 ★
  ㉠ 지속적인 폭력인 경우에는 개인 내적인 문제뿐만 아니라 가족의 역동도 이해하고 개입해야 한다.
  ㉡ 폭력을 청소년 개인의 병리가 아닌 가족체계의 병리로 간주하여 개입한다.
  ㉢ 폭력의 대상은 가족 내에서 자신보다 힘이 약한 사람이다.
  ㉣ 가족들이 폭력문제를 보이는 청소년의 눈치를 보며 맞춰주면 오히려 공격성을 자극할 수 있음을 주지시킨다.
  ㉤ 어머니에 대해 의존과 폭력이라는 양면적인 태도를 보인다.
  ㉥ 상담과정에서 부부간 폭력이 드러난 경우 자녀에 대한 폭력 여부를 확인해야 한다.
  ㉦ 폭력으로 인한 아동기 우울증은 성인기 이후까지 장기적으로 영향을 미친다.
  ㉧ 가정폭력 가해자는 상담자나 권위적 대상과의 관계에서 어려움을 겪을 수 있다.

⑤ 가족 의사소통 사례 2016년 기출 ★
  ㉠ **여러 가족원이 동시에 말하는 경우** : 가족구성원을 지정하여 질문하였다.
  ㉡ **아무도 말하지 않는 경우** : 가족 상호작용이 원만하지 않기 때문인지 자신의 생각이나 감정을 억압하기 때문인지 원인을 파악하였다.
  ㉢ **다른 가족원을 비난하는 경우** : 자신의 감정과 생각을 감정반사적이지 않게 표현하도록 하였다.
  ㉣ **가족원들이 상담자에게만 말하는 경우** : 가족 간의 상호작용이 중요하므로 직접 표현하도록 하였다.

⑥ **선택적 함구증 사례** 2016년 기출 ★

> 민철(IP, 초4)은 2년 전부터 말이 없더니, 최근에 가족 이외에는 말을 하지 않는 선택적 함묵증을 보이고 있다. 아버지는 회사 일로 바빠서 양육에는 거의 관여하지 않고, 어머니는 매사에 깔끔하고 정리정돈을 잘하며 가끔씩 욱하는 성격을 보일 때가 있다. 4개월 전 아버지가 전근을 가면서 이사를 하게 되었고, 2년 전에는 IP를 예뻐해 주시던 친할머니가 돌아가셨다. 7살 차이나는 형은 IP가 태어나면서 시샘을 많이 해, 어릴 때 형에 비해 IP가 방치되는 경우가 많았다. 형은 쾌활하고 산만하고 반항적이어서 자주 혼나며, 이에 비해 IP는 귀염둥이 역할을 하면서 모범적인 행동을 해 부모를 기쁘게 하고 있다.

㉠ IP 증상이 갑작스러운 환경 변화에 기인한 원인인지를 파악한다.
㉡ IP는 말을 하지 않음으로써 부모의 관심을 끌고자 하는 원인인지 파악한다.
㉢ IP 증상은 부모의 일관되지 못한 양육 태도에 기인한 것인지 탐색한다.
㉣ 친조모 상실감에 대한 애도가 충분히 이루어지지 않은 것으로 보이므로 이에 대해 확인한다.

(2) 가족상담 모델 개입

① **틱증상 사례** 2017년 기출 ★

> 틱증상이 있는 철호(남, 중1)의 부모는 철호가 어렸을 때부터 서로에 대한 불만으로 자주 다투었다. 1년 전 부부가 맞벌이를 시작하면서 외할머니가 철호를 돌봐주게 되었고, 외할머니의 잦은 불평과 잔소리로 인해 철호의 틱증상은 더욱 심해졌다. 담임선생님은 철호의 부모에게 부모 상담을 제안하고 청소년상담사에게 의뢰하였다.

㉠ **이야기치료의 개입방법** : 틱증상에 이름을 붙여서 부르도록 한다.
㉡ **경험적 모델의 개입방법** : 부부의 의사소통방식을 일치형으로 변화시킨다.
㉢ **해결중심치료의 개입방법** : 철호의 틱증상이 유발하는 불편감 정도를 숫자로 나타내보도록 한다.
㉣ **구조적 모델의 개입방법** : 틱증상의 완화를 위해 부부하위체계가 강화되도록 재정비한다.
㉤ **다세대 모델의 개입방법** : 틱증상의 원인이 부모 갈등으로 인한 불안감에 있다는 것을 인지하도록 한다.

② **스마트폰 사용 사례** 2017년 기출 ★

> - 유리(IP, 여, 중1) : 스마트폰을 손에서 놓지 못하고, 길을 갈 때도 이어폰을 꽂고 스마트폰에서 눈을 떼지 않아 몇 차례 사고를 당할 뻔 함
> - 유성(남동생, 초5) : 새 학년이 되면서 스마트폰을 사달라고 부모에게 계속 조르고 있음
> - 혁민(아빠, 45세) : 딸을 볼 때마다 화를 내고, 말대꾸하는 유리에게 손찌검을 하기도 함
> - 영실(엄마, 41세) : 딸 때문에 속상하지만 가족이 화목해질 것이라고 믿고 있음

㉠ 부모하위체계를 강화한다.
㉡ 유리가 스마트폰을 사용하지 않을 때를 찾아본다.
㉢ 자녀훈육방식에 대한 다세대 전수과정을 살펴본다.
㉣ 스마트폰 사용에 대한 가족규칙의 타당성을 검토한다.

③ 학업부진 사례 – 이야기치료 가족상담자의 개입   2017년 기출 ★

> • 민규(고1)는 학업 부진으로 인한 부모와의 갈등으로 가족상담을 받게 되었다. 부모님은 "공부를 잘해야 좋은 대학에 가고 출세를 할 수 있는데, 민규는 성적이 나빠서 큰일이다"라고 말했다.
> • 상담자는 부모님의 그런 생각이 어디에서 왔는지 질문하고, 그 외의 성공 방식은 없는지에 대하여 생각해 보자고 하였다. 민규에게는 나쁜 성적에 대해 어떻게 느끼는지 묻고, 지금까지 성적이 좋았던 적은 없었는지 질문하였다.

㉠ 부모님은 '문제로 가득 찬 이야기'를 제시하고 있다.
㉡ 상담자는 부모님이 따르는 지배담론의 해체를 시도하고 있다.
㉢ 상담자의 개입방식은 사회구성주의의 영향을 받은 것이다.
㉣ 상담자는 민규에게 문제의 영향력을 평가하게 하고 독특한 결과를 탐색하도록 이끌고 있다.

④ 자신감, 사회성 부족 사례   2016년 기출 ★

> 동건이(IP, 초2)는 스스로 자신을 비하하는 말을 자주 하고, 열등감이 심하고 친구와의 관계에서도 많이 위축되어 있다. IP는 부모님이 자신을 싫어하고 여동생만 예뻐한다는 얘기를 하며 동생과 자주 싸운다. 어머니는 IP가 동생이 없어졌으면 좋겠다는 말에 충격을 받고, 밖에서는 자신감 없고 사회성이 떨어지는 모습에 불안하고 염려가 되어 상담을 신청하였다.

㉠ **가족조각** : IP가 지각하고 있는 가족관계와 상호작용 패턴을 확인할 수 있다.
㉡ **빙산작업** : IP의 문제 행동 밑에 있는 감정과 욕구를 탐색하고 이해한다.
㉢ **동적가족화** : IP가 지각하고 있는 가족들의 태도, 감정, 행동을 확인할 수 있다.
㉣ **가계도 탐색** : 어머니가 경험하고 있는 불안의 원인을 탐색하기 위해 원가족에서의 관계 경험을 살펴본다.

🎁 Plus Study • 각 이론별 기법 정리

1. 의사소통 가족상담 모델
 (1) 역설적 개입
  ① 역설적 개입(증상처방) : 내담자의 문제행동을 계속 유지하도록 지시하고, 통제권 밖에 있는 문제행동을 통제권 안으로 끌어들이는 기법이다.
  ② 재명명 : 이미 벌어진 상황에 다른 언어를 사용하여 이에 대한 이해와 느낌 및 생각이 바뀌도록 돕는 기법이다.
 (2) 보상 : 각 내담자에게 무엇을 원하는지 질문하고 그 상대방이 원하는 것을 해주도록 하는 기법이다.

2. 다세대 가족상담 모델 - 보웬(Bowen)
(1) 가계도 : 3세대에 걸친 표식을 통하여 가족구성원의 정보와 관계 및 문제를 폭넓게 진단하는 그래픽 기법이다.
(2) 치료적 삼각관계 : 갈등을 겪고 있는 두 내담자의 긴장 완화를 위하여 제3자를 삼각화 과정에 끌어들이는 기법이다.
(3) 관계실험 : 주로 삼각관계를 구조적으로 변화시키기 위하여 사용되며, 가족들로 하여 과정 내에서 자신의 역할을 깨닫도록 하는 기법이다.
(4) 코칭 : 내담자가 직접 본인의 가족문제를 해결할 수 있도록 조언이나 격려하는 기법이다.
(5) 과정질문 : 내담자의 감정을 가라앉히고, 정서적 반응에 의해 유발된 불안을 낮추며 사고를 촉진하는 질문기법이다.
(6) 나의 입장 기법 : 자신의 감정에 초점을 맞추어 표현하는 기법으로 정서적 충동에 의한 반응을 막는 가장 직접적인 방법이다.

3. 경험적 가족상담 모델 - 사티어(Satir)
(1) 가족조각 : 한 명의 가족 구성원이 자신의 이미지에 따라 가족을 상징적으로 배열하는 것으로 가족 구성원간의 관계나 가족의 문제체계를 알 수 있다.
(2) 원가족도표 : 가족의 역동성과 가족관계를 쉽게 이해하고 평가할 수 있으며, 주로 가족 재구성을 위해 사용된다.
(3) 가족 재구조화 : 3세대를 대상으로 원가족으로부터 근거하고 있는 가족의 역기능적인 패턴 및 표면의 가족 규칙, 가족 신화 등을 파악할 수 있는 기법이다.
(4) 역할극 : 가족 구성원의 생활을 표현하기 위한 방법으로, 가족 구성원들은 새로운 시각에서 사건을 바라볼 수 있다.
(5) 빙산탐색 : 내담자의 숨겨진 심리적 내면을 이해할 수 있다.

4. 구조적 가족상담 모델 - 미누친(Minuchin) 2017년 기출 ★
(1) 합류를 위한 기법
  ① 유지(적응하기) : 상담자가 가족구조를 지각하고 분석할 때 가족구조를 의도적으로 지지해 주는 기법이다.
  ② 추적(따라가기) : 상담자가 가족의 의사소통과 행동의 내용을 따라가고 그것이 계속되도록 격려하면서 가족에 합류하는 기법이다.
  ③ 모방(흉내내기) : 상담자가 가족의 생활방식과 정서 상태에 적응하기 위해 가족이 사용하는 언어, 몸짓, 대화유형 등을 그대로 따라하는 기법이다.
(2) 교류의 창조 2017년 기출 ★
  ① 실연화 : 가족에게 역기능적인 가족 구성원 간의 교류를 실제로 재현시키는 기법이다.
  ② 가족 내 과제설정
(3) 가족 재구조화 기법
  ① 긴장 고조 : 가족체계의 여러 부분에서 스트레스를 증가시켜 긴장을 고조하여 가족이 재구조화하도록 돕는다.
  ② 증상활용 : 상담자는 개인의 증상이 상황적인 문제를 표현하는 것으로 보기에 역기능적인 가족을 가장 빠르게 변화시키는 길은 현재 환자의 증상을 다루는 것이다.
  ③ 과제부여 : 가족에게 상호교류에 관여하는 적절한 과제를 제시하는 것이다.
  ④ 재정의 : 증상을 바라보는 가족구성원의 시각을 바꿔 가족교류 유형을 변화시키는 기법이다.
(4) 불균형기법
  ① 제휴기법 : 가족 내의 권력적인 위계위치를 변화시키기 위하여 가족의 한 구성원과 제휴하는 것을 의미한다.
  ② 무시기법 : 상담자가 가족구성원 중 한 명이 마치 상담 자리에 없는 것처럼 무시하는 기법이다.

③ 제휴의 교체기법 : 가족구성원 중 한 사람과 제휴하다가 대상을 바꾸어 다른 구성원과 제휴하는 것을 의미한다.
(5) 균형 깨뜨리기 : 가족 내 하위체계들 간의 경계가 지나치게 유리되거나 밀착된 경우에 유리된 경계는 보다 가깝게 하며, 밀착된 경계는 어느 정도 거리를 두도록 만드는 것이다.

5. 전략적 가족상담 모델 – 헤일리(Haley), 밀란
(1) 증상 처방 : 내담자에게 증상행동을 자발적으로 계속하도록 격려하는 지시나 과제를 주어 역으로 저항을 통한 변화를 이끌어내고자 하는 기법이다.
(2) 고된 체험 : 증상이 나타날 때마다 내담자가 괴로워하는 일을 수행하도록 지시하는 직접적이며 처방적인 개입이다.
(3) 위장기법(가장기법) : 내담자가 증상을 가진 "척하고" 부모는 도와주는 "척하는" 연극적 기법이다.
(4) 은유기법 : 문제를 밝히는 것에 대해 꺼려하는 경우 비유나 이야기를 통해 변화를 유도하는 기법이다.
(5) 긍정적 의미부여 : 가족의 증상이나 행동을 긍정적으로 재해석하는 기법으로 '증상은 긍정적인 것'이라고 의미를 부여한다.
(6) 의식(Ritual) : 일정한 의식을 만들어 게임을 하게 하고 가족게임을 과장되게 인식하도록 함으로써 게임을 하는 것이 얼마나 어리석은지 깨닫도록 하는 기법이다.
(7) 불변의 처방 : 역기능적 가족의 "게임"에 유사성이 있음을 발견하고 가족으로 하여금 그에 대한 대항방식을 형성하여 게임을 중단하도록 한다.
(8) 순환질문 : 가족구성원이 문제에 대한 제한적이고 단선적인 시각에서 벗어나 문제의 순환성을 인식하도록 유도하는 방법이다.
(9) 협동치료 : 상담자와 가족이 게임을 분석하고 이를 무력화시킬 수 있는 기법을 개발한다.

6. 해결중심 단기가족상담
(1) 상담 전 변화에 대한 질문 : 상담전과 상담을 하러 오기까지의 변화에 대해 질문한다.
(2) 예외질문 : 문제라고 생각하는 행동이 일어나지 않은 상황이나 행동에 대해 질문하며, 가지고 있는 자원을 확인한다.
(3) 기적질문 : 문제가 해결된 상황을 상상하며, 문제와 분리하여 해결하기 원하는 것들을 구체화하고 명료화하는데 도움이 된다.
(4) 척도질문 : 내담자 자신의 문제, 문제의 우선순위, 변화에 대한 의지와 확신, 문제 해결에 대한 희망, 문제가 해결된 정도 등을 수치로 나타내는 질문이다.
(5) 대처질문 : 어려운 상황 속 어떠한 희망도 찾지 못해 절망하고 있는 내담자에게 사용하는 질문으로 대처에 성공한 경험을 떠올리게 한다.
(6) 관계성질문 : 내담자가 문제 해결 상황을 자기중심적 생각에서 벗어나 중요한 타인의 시각에서 보면서 문제 해결에 관한 새로운 가능성을 찾아 내는데 중요한 도움을 주는 질문이다.
(7) 악몽질문 : 유일하게 문제 중심적인 부정적인 질문이다.
(8) 간접적인 칭찬 : 내담자의 긍정적인 삶이 되도록 대처하고 있는 방식에 대한 칭찬이다.
(9) '그 외의 또 무엇이 있습니까?' 질문 : 내담자의 장점과 자원 해결 능력, 성공적인 경험들을 더욱 촉진시키고 유지시키기 위한 목적으로 사용된다.

7. 이야기치료
(1) 문제의 경청과 해체
① 가족의 문제 이야기 경청하기
② 사람과 문제를 분리하기(외재화)
③ 문제의 영향력 탐색하기
④ 문제의 영향력 평가
⑤ 평가의 정당화

(2) 독특한 결과의 해체
　① 가족의 독특한 결과를 경청하기
　② 독특한 결과 외재화하기
　③ 독특한 결과의 영향력 탐색하기
　④ 독특한 결과의 영향력 평가하기
　⑤ 평가의 정당화하기
(3) 대안적 이야기의 구축
　① 재저작과 스캐폴딩(scaffolding)
　② 행동영역의 질문
　③ 정체성영역의 질문
(4) 대안적 정체성 구축
　① 회원재구성
　② 정의예식과 외부증인집단
　③ 치료적 문서

실력 다지기 01 O·X 문제

01 보웬(Bowen)은 경험적 가족상담 모델의 대표적인 학자이다.   O, X

02 생태도와 가계도는 같은 기법이다.   O, X

03 부적피드백은 변화나 이탈을 거부하고 안정성을 유지하려고 하는 피드백이며, 정적피드백은 안정적인 상태를 거부하고 변화하려고 하는 피드백이다.   O, X

04 1차 사이버네틱스는 일반체계이론이 주장하는 바와 유사성을 가지고 있다.   O, X

05 부부 균열이란 부부간의 권력이 지나치게 불균형을 이룬 상황으로 부부 중 한 사람은 강하고 다른 한 사람은 약한 위치에 있다.   O, X

06 분화수준이 높으면 자신의 감정에 따라 행동하고 남들과 융합된다.   O, X

07 치료적 삼각관계란 두 성인과 상담자로 이루어진 삼각관계 시스템에서 작업하는 것이다.   O, X

정답 및 해설 01. X 02. X 03. O 04. O 05. X 06. X 07. O

01 보웬은 다세대 가족상담 모델의 대표적인 모델이다. 경험적 가족상담모델의 대표적인 학자는 사티어이다.
02 가계도는 3세대 이상에 걸친 가족성원에 관한 정보와 관계를 도표로 기록한 것이고, 생태도는 가족과 가족의 생활공간 안에 있는 사람 및 기관 간의 연계를 그림으로 나타낸 것이다.
05 부부 균열은 부부가 서로 역할을 교환할 수 없고 목표를 공유하거나 보완할 수 없는 상황을 의미한다. 부부간의 권력이 지나치게 불균형을 이루는 것은 부부 불균형이다.
06 분화수준이 낮으면 자신의 감정에 따라 행동하고 남들과 융합된다.

08 초이성형은 자신과 타인을 무시하고 상황을 중요시하는 의사소통유형이다.

09 빙산탐색은 '행동 – 대처방식 – 감정 – 감정에 대한 감정 – 열망 – 기대 – 지각 – 자아' 순이다.

10 공명(resonance)이란 대안적 이야기가 증인 자신의 삶에 어떠한 의미를 주었는지 말해줌으로써 내담자의 대안적 이야기를 인정해 주는 것이다.

정답 및 해설 08. ○ 09. × 10. ○

09 '행동 – 대처방식 – 감정 – 감정에 대한 감정 – 지각 – 기대 – 열망 – 자아' 순이다.

실력 다지기 02 ▶ 단답형 문제

01 가족을 진단하고 평가하여 측정하는 일련의 행위를 무엇이라 하는가?

_____

02 카터와 맥골드릭의 가족생활 주기에서 부부간의 일체감을 가지고 새로운 체계에 대한 수용으로 부부관계의 형성을 과업으로 하는 가족생활 주기 단계는 무엇인가?

_____

03 상담자는 모든 인간의 기본적인 권리, 존엄성, 가치를 존중하며, 내담자의 인종, 성별, 종교, 출신 국가, 성적 지향 등의 이유로 내담자를 차별하지 않는다는 윤리는 무엇인가?

_____

04 체계는 부분들을 단순히 합쳐 놓은 것보다 더 크다는 비합산성의 특징을 가지는 것을 무엇이라 하는가?

_____

05 한 사람이 두 개 이상의 모순되거나 일치되지 않는 방법으로 메시지를 전하고, 그 메시지를 받은 사람은 그 모순에 대한 결과나 응답을 할 수 없는 일종의 자가당착적 의사전달은 무엇인가?

_____

06 내담자의 자아존중감을 높이고 자기 인생에 대한 선택권을 갖도록 하며, 내담자의 의사소통유형을 일치적으로 만들려고 하는 가족상담 모델은 무엇인가?

_____

07 전략적 가족상담모델의 기법으로 내담자에게 증상 행동을 자발적으로 계속하도록 격려하는 지시나 과제를 주어서, 역으로 저항을 통한 변화를 이끌어내고자 하는 기법은 무엇인가?

_____

08 해결중심 단기가족상담에서 일반적으로 법원, 보호관찰소, 학교, 가족에 의해 온 비자발적 내담자 유형을 무엇이라 하는가? _____

09 면담 전 변화에 대한 질문, 기적질문, 예외질문이 효과가 없을 때 사용할 수 있으며, 유일하게 문제 중심적인 부정적 질문은 무엇인가? _____

10 이야기치료 가족상담에서 상담자가 문제를 내담자와 분리하고 객관화하기 위해 내담자와 함께 문제에 이름을 붙이고 의인화하는 것을 무엇이라 하는가? _____

Answer
01 가족 평가
02 결혼적응기
03 내담자의 다양성 존중
04 전체성
05 이중구속
06 경험적 가족상담모델
07 역설적 기법(증상처방)
08 방문형
09 악몽질문
10 외재화

실력 다지기 03 괄호 넣기

01 (   )(이)란 가족 중 한 구성원이 자신의 가족 이미지에 따라 다른 가족구성원을 각각의 자리에 배치한 후, 구성원에게 신체적 표현을 요구하여 가족관계를 나타내는 동작 표현 기법이다.

02 가족기능의 핵심영역으로 '응집성'과 '적응성'을 선택하여 가족유형을 범주화한 질문지로 세계적으로 가장 많이 사용되는 가족평가 도구는 (   )이다.

03 가족도 개인들이 서로 상호작용하는 집단으로 하나의 체계라고 보고 크게 부부하위체계, 형제하위체계, (   )하위체계로 나눈다.

04 전략적 가족상담모델은 크게 세 부류로 나뉘는데, 이는 (   )의 상호작용모델, (   )의 전략적 구조주의모델, (   )의 체계적 모델이다.

05 경험적 가족상담에서는 상담자에게 갖춰야 할 3대 요소를 (   ), (   ), (   )이라고 강조하였다.

06 초기 가족상담은 (   ) 가족에 대한 연구를 진행하면서 가족의 역기능을 설명하기 위해 여러 개념이 소개되었으며, 대표적으로 이중구속, 부부 균열과 부부 불균형, 가짜 친밀성, 분화이론이 있다.

07 (   )기법은 최소 3세대에 걸친 표식을 통해 문제를 폭넓게 진단할 수 있으며, 세대를 통해 흐르는 정서 과정의 역동을 검토 가능하게 해 준다.

08 (　　　) 가족상담모델의 일차적 상담목표는 제시된 문제를 해결하는 것이며, 증상 행동의 제거는 일차적 변화이고 행동을 규제하는 가족체계 변화는 이차적 변화이다.

09 해결중심 단기가족상담에서 문제를 제거하거나 감소시키지 않고, 문제와 분리하여 문제가 해결된 상태를 상상해 보게 하며, 해결하기 원하는 것들을 구체화하고 명료화하기 위해 하는 질문을 (　　　)이라 한다.

10 1990년대 이후 주목받기 시작한 치료적 접근으로 대표적인 인물인 마이클 화이트(Michael White)와 데이비드 앱스턴(David Epston)에 의해 시작된 모델은 (　　　)이다.

Answer
01 가족조각
02 순환모델 질문지(FACES)
03 부모
04 MRI, 헤일리, 밀란
05 유능성(Competent), 자신감(Confident), 일치성(Congruent)
06 조현병
07 가계도
08 전략적
09 기적질문
10 이야기치료(이야기치료 가족상담모델)

2024년 제23회 기출문제

01 가족상담 초기단계의 상담자 역할로 옳지 않은 것은?
① 가족구성원이 이해받고 존중받는 느낌을 갖도록 한다.
② 가족구성원 간 상호작용을 지지하고 가족체계에 합류한다.
③ 직면을 통해 문제에 관한 통찰을 유도한다.
④ 상담자 역할의 범위와 가족의 행동규범에 관해 안내한다.
⑤ 구체적인 상담 목표를 설정한다.

> **해설** ③은 중기단계의 상담자역할이다. 초기상담에서는 내담자에 대한 깊숙한 탐색이나 질문을 피할 수 있지만 중기에서는 내담자의 문제를 더 잘 이해하게 되고 관계가 더 발전되었다고 생각할 때까지 깊이 있는 탐색이나 질문을 하게 된다. 상담자는 이전에 다가가기 힘들었던 내담자의 신념, 지각, 행동들을 언급할 수 있으며, 내담자는 그러한 것들에 직면하게 되고 이전의 치료에서 보다 상담사와 내담자는 더욱 적극적인 상호교류가 일어난다.

02 경험적 가족상담에 관한 설명으로 옳지 않은 것은?
① 가족구성원의 정서적 경험과 표현에 중요한 가치를 둔다.
② 지금-여기에서 일어나는 상호작용 과정을 중시한다.
③ 대표 인물로 사티어(V. Satir)와 위태커(C. Whitaker)가 있다.
④ 인본주의 심리학에 뿌리를 두고 있다.
⑤ 가족의 경계와 위계를 파악하는 데 초점을 둔다.

> **해설** 가족상담의 유형

경험적 가족상담 (사티어와 위태커)	구조적 가족상담 (미누친)	전략적 가족상담 (헤일리)
• 가족구성원들의 지금-여기에서의 경험과 표현을 중심으로 가족구성원들간의 상호작용을 통해 문제해결과 성장을 이끌어내는 상담방법이다. • 인본주의 심리학	• 가족구조의 변화를 목표로 하고, 가족의 경계와 위계를 파악하는 데 초점을 둔다. • 체계론적 관점	• 문제행동을 변화시키는 문제해결에 초점을 두며, 구조화된 방식으로 세 단계로 진행됨 1. 문제의 정의, 2. 목표 설정, 3. 목표 달성을 위한 치료적 개입

03 **구조적 가족상담의 주요 기법과 설명의 연결로 옳은 것은?**
① 실연하기 – 가족구성원 간의 교류를 상담 과정에서 실제로 재현시키는 기법
② 경계선 만들기 – 가족원의 언어나 몸짓을 그대로 따라하는 기법
③ 증상 과장하기 – 가족 상호작용의 규칙과 구조를 지지하고 따르는 기법
④ 긴장고조 기법 – 가족의 긍정적인 면을 부각시키고 강화함으로써 상호작용 흐름의 방향을 바꾸는 기법
⑤ 증상 재명명하기 – 가족이 기존의 상호작용을 계속하도록 격려하는 기법

해설 ② 모방
③ 적응(현상유지)
④ 증상재명명기법에 해당한다. 긴장고조기법은 치료자가 가족체계의 여러 부분에서 스트레스를 증가시키는 기법이다.
⑤ 추적

04 **보웬(M.Bowen)의 가족상담에서 아래의 사례를 설명하는 개념으로 옳은 것은?**

> L씨(45세, 남편)와 C씨(43세, 아내)는 결혼 13년차 부부로 딸(10살)과 아들(7살)을 두고 있다. 부부는 결혼 6년차부터 자녀 양육 및 가사 분담에 관한 의견 차이로 크게 다툰 이후 현재까지도 만성적으로 부부 갈등을 겪고 있으며, 두 사람 간에 원활한 의사소통은 잘되지 않는 상황이다. 초등학교에 다니는 딸이 전학 이후에 학교 적응과 친구관계에 어려움을 겪기 시작하면서 C씨는 딸에게 과도한 관심을 쏟고 있다. C씨는 남편과의 관계에서 느끼는 좌절과 불편함으로 인해 딸에게 더욱 집중하면서 남편과의 갈등을 해소할 기회는 점점 줄어들고 있다.

① 사회적 정서과정 ② 부부균열 ③ 거짓적대성
④ 삼각관계 ⑤ 정서적 단절

해설 삼각관계는 가족구조 안에서 두 사람이 갈등과 스트레스 상황이 되었을 때 두 사람이 해결하지 못하고 다른 가족 구성원을 두 사람간의 상호작용 안으로 끌어들여 그들 안에 있는 불안을 해소하는 것을 의미하는 것이다.
② 부부가 서로 역할을 교환할 수 없고 목표를 공유하거나 보완할 수 없는 상황을 가리킨다.(예) 실직한 남편대신에 아내가 취직해야 하나 하지 못하는 상황) 부부는 각자 자신의 기대와 욕구를 충족하기 위해 상대방을 억누르고 상대방의 동기를 믿지 않으려 하고 상대방의 지위, 특히 부모로서의 지위를 손상시키려 한다.
③ 가족원이 진실한 모습으로 상호작용하는 것이 아니라 겉으로 거리감을 두거나 적대적인 방식으로 상호작용하는 상황을 나타낸다. 겉으로 적대적이고 파괴적으로 상호작용하면서 친밀감에 대한 욕구, 갈등과 불화를 해결해야 할 필요성을 위장하고 피한다.

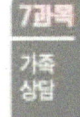

정답 01 ③ 02 ⑤ 03 ① 04 ④

05 **가족상담자의 윤리에 관한 설명으로 옳은 것을 모두 고른 것은?**

> ㄱ. 내담자와 사업적 관계나 성적 관계 등을 맺지 않는다.
> ㄴ. 내담자에게 비밀을 보장받을 권리와 한계에 관하여 안내한다.
> ㄷ. 내담자에게 가족상담자 자신의 관점과 가치를 받아들이도록 요구한다.
> ㄹ. 상담내용은 내담자의 동의 없이 연구 등 공공 목적을 위해 활용할 수 있다.

① ㄱ, ㄴ ② ㄱ, ㄷ ③ ㄴ, ㄷ
④ ㄱ, ㄴ, ㄹ ⑤ ㄴ, ㄷ, ㄹ

해설 ㄷ. 내담자에게 가족상담자 자신의 관점과 가치를 받아들이도록 요구해서는 안된다.
ㄹ. 상담내용은 내담자의 동의 없이 연구 등 공공 목적을 위해 활용할 수 없다.

06 **다음 설명에 해당하는 보웬(M.Bowen)의 가족상담 기법으로 옳은 것은?**

> ○ 가족체계 내 삼각관계에 변화를 일으키기 위한 기법
> ○ 가족원이 체계 과정을 인식하고 그 과정에서 자신의 역할을 자각하게 하는 것을 목표로 함
> ○ 가족원이 평소 자신의 충동에 따라 자동적으로 반응하지 않을 때의 상황을 경험하도록 함
> ○ 예: 추적자 역할의 가족원에게는 상대와 거리를 두고 떨어져 보기를 요청하고, 도망자 역할의 가족원에게 자신의 감정을 표현하며 상대에게 다가가보도록 격려함

① 나 입장(I-position) 취하기 ② 관계실험 ③ 과정질문
④ 코칭 ⑤ 가계도

해설 보웬(M.Bowen)의 가족상담 기법

기법	내용
가계도	• 최소 3세대 이상의 가족관계에 걸친 문제를 도식을 통해 폭넓게 진단하는 그래프적 방법 • 가족 내 정서과정의 역동 검토, 원가족과의 융합문제, 미분화문제, 핵가족 정서체계, 정서적 단절, 삼각관계 탐색
치료적 삼각관계	• 두 성인과 치료자로 이루어진 삼각관계 시스템에서의 작업 • 치료적 삼각관계 안에서 가족체계는 다시 평정을 찾아 문제를 해결할 방법을 찾음
과정질문	• 내담자의 격양된 감정을 가라앉히고 정서적 반응에 의해 유발된 불안을 낮추며 사고를 촉진하는 기법 • 인지에 초점을 두어 내담자가 어떤 방식으로 관계유형에 관여되어 있는지를 질문 • 질문과정을 통해 관계에 대한 통찰을 격려함
관계실험	예문참조
코칭	• 치료자가 내담자의 삼각관계에 끌려가지 않으면서도 가족 스스로 가족의 정서과정을 이해하고 개인의 역할을 이해할 수 있도록 돕는 방법
나입장 (I-position) 취하기	• 상대방의 행동을 비난하거나 지적하기보다 자신의 감정에 초점을 맞추어 표현하도록 함 • 예 남편이 늦게 들어오면 화내거나 비난하는 것보다는 자신이 남편을 기다리면서 힘들었던 감정을 이야기하도록 한다.

07 후기 가족상담 이론에 영향을 준 사회구성주의에 관한 설명으로 옳지 않은 것은?

① 실재(reality)는 언어를 통해 구성된다고 본다.
② 그 누구도 객관적인 실재를 알 수 없다고 본다.
③ 전문가의 전문적인 지식을 중요시하는 관점을 가진다.
④ 실재는 상호작용을 통해 사회적으로 구성된다고 본다.
⑤ 본질적인 진실이란 존재하지 않는다는 관점을 가진다.

> **해설** 인간의 사회적 현상이나 의식은 전문가의 전문적인 지식보다는 사회속에서 인간과 다른 사람의 상호 작용에 의해 형성된다고 보았다.
> ① 실재에 대하여 가지고 있는 관습적 믿음을 비판하고, 실재를 언어속에서 구성된다고 본다
> ② 사물 자체가 객관적으로 존재하는 것이 아니므로, 그 누구도 객관적인 실재를 알 수 없다고 하였다.
> ④ 실재는 사회적 과정의 산물이므로 자기 자신만으로는 발전될 수 없고, 사회적 환경속에서 상호 경험을 통해 세월이 거듭되면서 만들어진다고 보았다.
> ⑤ 본질적인 진실을 인정하지 않는다.

08 가족상담 이론과 기법의 연결로 옳지 않은 것은?

① 경험적 가족상담 - 가족조각기법
② 보웬(M. Bowen) 가족상담 - 과정질문
③ 구조적 가족상담 - 추적하기
④ 전략적 가족상담 - 긍정적 의미부여
⑤ 이야기치료 - 고된 체험기법

> **해설** 고된 체험기법은 전략적 가족상담의 기법으로, 가족 구성원들이 문제의 본질을 이해하고, 자신들의 행동이 가족 내 다른 구성원들에게 어떤 영향을 미치는지를 깨닫게 함으로써, 문제를 유발하는 패턴을 변경하도록 하는 기법이다.
> (예) 서로에게 비판적이고 부정적인 말을 자주 하는 부부에게 일정시간 여행이나 산책을 통해 긍정적인 대화를 나누도록 함으로써 부정적인 대화가 얼마나 에너지를 낭비하는 불필요한 행동인지를 깨닫게 한다)
> 이야기 치료의 가장 대표적인 기법은 표출화 기법이다. 표출화란 문제를 외부로 추출해낸다는 의미가 가진다. 이것은 문제에 의해 지배되는 이야기로부터 해방되기 위해 문제를 외부로 표출시키는 의인화 기법이다.

구 분	기 법
경험적 가족상담	빙산치료, 원가족 삼인군치료, 가족조각기법, 역할극, 재정의
구조적 가족상담	합류기법 (유지, 추적, 모방 기법), 구조적 지도, 가족 재구조화 기법(긴장고조, 증상활용, 과제 부과)
전략적 가족상담	증상처방, 고된 체험기법, 위장기법, 은유기법, 불변의 처방, 긍정적 의미부여

정답 05 ① 06 ② 07 ③ 08 ⑤

09 보웬(M.Bowen)의 가족상담에 관한 설명으로 옳은 것을 모두 고른 것은?

ㄱ. 미분화 가족 자아군은 온 가족이 감정적으로 한 덩어리가 되어 고착되어 있는 상태이다.
ㄴ. 가족구성원의 자아분화 수준이 높을수록 자율성이 부족하며, 감정적으로 반응한다.
ㄷ. 가족투사과정은 미성숙한 부모가 취약한 자녀를 투사 대상으로 선택하는 과정이다.
ㄹ. 출생순위에 따른 형제자매 위치는 가족 정서체계 안에서 특정한 역할과 기능을 담당한다.
ㅁ. 개인의 문제는 그 개인이 속한 특정 세대의 역기능적 구조에 의해 발생한다.

① ㄱ, ㄴ
② ㄱ, ㄷ, ㄹ
③ ㄴ, ㄷ, ㅁ
④ ㄱ, ㄷ, ㄹ, ㅁ
⑤ ㄴ, ㄷ, ㄹ, ㅁ

해설
ㄴ. 가족구성원의 자아분화 수준이 높을수록 사고와 감정이 균형을 이루어 감정적 자제력과 객관적 사고 기능을 지니고 아울러 타인과 차별되는 자신만의 독자적인 신념과 독립성을 가지고 타인과 친밀한 접촉을 유지한다.
ㅁ. 역기능적 문제는 가족체계에서 여러 세대에 걸쳐 누적된 자아의 미분화, 즉 융해의 산물이라고 보았다.
ㄱ. 미분화 가족 자아군은 온 가족이 감정적으로 한 덩어리가 되어 고착되어 있는 상태이다. 이런 가족은 다른 가족원을 자기자신의 연장으로 보고 과도하게 반응하고 불편하게 만들어 서로를 밀어내고 등을 돌리는 결과를 초래한다고 하였다.
ㄷ. 가족투사과정은 미성숙한 부모가 취약한 자녀를 투사 대상으로 선택하는 과정이다. 가족의 융합이 강할 수록 투사과정에 의존하게 되고 자녀에게 미치는 해악도 커지게 된다.
ㄹ. 출생순위에 따른 형제자매 위치는 가족 정서체계 안에서 역할과 기능이 달라지고, 결혼생활에서 배우자와의 상호작용패턴에도 영향을 준다고 하였다.

10 경험적 가족상담의 목표에 관한 설명으로 옳지 않은 것은?

① 당면문제 해결
② 정서 표현의 증진
③ 자발성 증진
④ 인간적 성장
⑤ 경험의 확대

해설 경험적 가족치료의 목표는 당면문제의 해결이나 안정이 아니라 성장이다. 즉, 감수성, 정서표현의 증진, 자발성과 창의력 증진, 선택의 지유, 경험확대, 내면적 경험과 외면적 행동의 일치에 의한 개인의 통합력 증진 등이 주목표이다.

11 다음의 설명에 해당하는 구조적 가족상담의 개념은?

○ 두 사람이 제3자에게 맞서기 위해 힘을 합하는 것
○ 예: 어머니와 자녀가 힘을 모아 폭력적인 아버지에게 대항하는 것

① 동맹(alliance)
② 연합(coalition)
③ 합류(joining)
④ 추적(tracking)
⑤ 밀착(enmeshment)

[해설] ② 연합에 대한 설명이다.
① 동맹 : 이해를 같이 하는 두 사람이 제3자와 다른 공동의 이익이나 목적 때문에 공동전선을 펴는 것이다.
③ 합류 : 가족 상호작용의 일원이 되는 것이며, 치료자가 가족의 정서체계에 적응하는 것이다.
④ 추적 : 치료자가 가족의 상호작용과 행동양식을 관찰하고 그들의 대화내용을 따라가면서 가족원들이 계속 이야기를 하도록 격려하여 가족구조와 하위체계의 기능을 탐색하는 것이다.
⑤ 밀착 : 경계선이 지나치게 해이한 경우에는 하위체계 간에 지나친 밀착이 나타난다(밀착가족). 밀착된 가족은 타협적이고 상호지지적이지만 자율이 부족하므로 자녀들은 부모에게 의존하기 쉬우며, 하위체계간의 경계가 분명하지 않으므로 역할분담이 적절하게 이루어지지 못하는 경향이 있다. 근친상간은 극단적인 밀착가족의 병리적 현상이다.

12 맥매스터 모델(McMaster Model)에서 제시한 가족기능으로 옳은 것을 모두 고른 것은?

| ㄱ. 문제해결 | ㄴ. 의사소통 | ㄷ. 행동통제 |
| ㄹ. 정서적 반응성 | ㅁ. 응집성 | |

① ㄱ, ㄴ
② ㄱ, ㄷ, ㄹ
③ ㄴ, ㄹ, ㅁ
④ ㄱ, ㄴ, ㄷ, ㄹ
⑤ ㄴ, ㄷ, ㄹ, ㅁ

[해설] 맥매스터 모델 가족사정척도는 가족의 기능을 평가하기 위하여 총 60문항에 다음의 7개의 가족기능 하위 범주로 구성되어 있다.
ㄱ. 문제해결 ㄴ. 의사소통 ㄷ. 행동통제 ㄹ. 정서적 반응성 + 역할, 정서적 관여, 전반적 기능

13 다음 설명에 해당하는 카터(B. Carter)와 맥골드릭(M. McGoldrick)의 가족생활주기단계는?

○ 가족구성원의 증감을 수용하는 단계
○ 자녀가 자율성을 확립하는 단계
○ 자녀와의 관계를 재정립하는 단계
○ 부모의 의존과 죽음에 대처하는 단계

① 신혼부부 단계
② 어린 자녀를 둔 단계
③ 사춘기 자녀를 둔 단계
④ 자녀 독립 단계
⑤ 노년기

[해설] 카터(B. Carter)와 맥골드릭(M. McGoldrick)의 가족생활주기단계

구 분	내 용
결혼전기	• 자신에 대한 정서적, 재정적 책임을 수용하고 부모-자녀관계의 분리를 받아들이는 단계
신혼부부기	• 자신과 배우자의 원가족 및 친구와의 관계를 재정비함으로써 부부체계를 형성하고 강화하는 단계
자녀아동기	• 부부관계와 부모자녀관계가 균형을 유지하고, 조부모가 역할을 맡을 수 있는 확대가족 관계형성
자녀 청소년기	• 자녀가 책임감을 가지도록 가족구조와 조직을 변화하고 자식들의 결혼과 향후 거취문제에 초점 • 노인기에 접어든 조부모에 대한 보살핌 준비
자녀독립기	예문참조
노년기	• 신체적 노화 및 은퇴에 적응하는 단계 • 배우자, 형제자매, 친구의 죽음에 대처하며 자신의 죽음에 대비하여 삶을 회고하고 통합, 평가

14 순환모델의 자기보고식 가족사정척도는?

① BGT ② KFD ③ FACES
④ ENRICH ⑤ PREPARE

해설 순환모델은 가족의 특성과 가족의 기능간의 관계를 양방향성 즉, 곡선적으로 설명하는 것인데, 이를 위해 두가지 척도를 개발하였는데 다음과 같다.

구 분	내 용
FACES	내적시각으로 가족체계를 사정하는 자기보고식 척도 (Family Cohesion and Adaptability Evaluation Scale)
CRS	외적시각으로 외부관찰자가 가족체계를 진단하는 임상적 측정척도 (Clinical Rating Scale)

15 다음 사례에서 가족상담자의 개입으로 옳지 않은 것은?

> 고등학교 2학년인 A는 지각과 결석이 잦아지고 성적도 조금씩 떨어졌다. 또한 친구들과 어울리면서 음주와 흡연을 하는 등 문제 행동을 하였고 자해의 흔적도 발견되어 상담에 의뢰되었다.

① 학교 폭력과 가정 폭력이 있었는지 확인한다.
② 가족조각을 활용하여 가족원간의 의사소통 체계를 탐색한다.
③ 자해의 강도, 빈도 등을 확인하고 생명존중서약을 받는다.
④ 지각과 결석 등 문제가 생길 무렵 가족내에 발생한 문제가 있었는지 확인한다.
⑤ 내담자 개인의 행동 문제로 상담이 의뢰되었기 때문에 가족상담은 고려하지 않는다.

해설 가족조각을 활용하여 가족원간의 의사소통 체계를 탐색하고, 지각과 결석 등 문제가 생길 무렵 가족내에 발생한 문제가 있었는지 확인하며, 가족상담도 고려하여야 한다.

16 청소년의 집단따돌림에 관한 설명으로 옳은 것을 모두 고른 것은?

> ㄱ. 집단따돌림은 청소년 사이에서 일어나는 폭력의 한 형태이다.
> ㄴ. 따돌림 피해 청소년은 대개 성인에게 도움을 요청하여 해결한다.
> ㄷ. 집단따돌림에 영향을 주는 요인은 개인, 가족, 학교환경 등으로 분류된다.
> ㄹ. 집단따돌림과 유사한 개념으로 왕따, 집단괴롭힘, 불링(bullying) 등이 있다.

① ㄱ, ㄴ ② ㄴ, ㄷ ③ ㄷ, ㄹ ④ ㄱ, ㄷ, ㄹ ⑤ ㄱ, ㄴ, ㄷ, ㄹ

해설 따돌림피해학생은 도움을 요청하여 해결하기 보다는 소극적 회피행동을 하게 된다.

17. 가족상담의 실제에 관한 내용으로 옳은 것을 모두 고른 것은?

ㄱ. 모든 가족원이 상담에 참석하지 못하면 가족상담이 성립되지 않는다.
ㄴ. 부모가 자녀를 대신하여 이야기해서는 안 된다는 규칙을 정해 놓는 것은 도움이 된다.
ㄷ. 가족상담 종결 후, 추후상담을 할 때는 전화, 편지, 메일 등을 통해서도 가능하다.
ㄹ. 상담 초기부터 가족상담자가 모든 상담과정을 엄격하게 통제하는 것이 좋다.

① ㄱ, ㄴ   ② ㄱ, ㄷ   ③ ㄴ, ㄷ   ④ ㄷ, ㄹ   ⑤ ㄱ, ㄴ, ㄹ

해설
ㄱ. 가족구성원이 단위가 되지만, 반드시 가족구성원 전체를 하는 것이 아니며, 현재 문제와 관련된 상호작용 패턴을 바꾸는 데 꼭 필요한 가족원을 대상으로 개입한다.
ㄹ. 상담 초기에 라포를 형성하기 위해 가족이 보는 관점을 무시하지 말고 그것을 받아들이는 것, 상담자 자신은 상대적으로 낮은 위치에 서는 것, 가족상담자가 가족과 공통으로 가지고 있는 경험이나 관심을 이야기하는 것 등이 필요하다.

18. 가족상담적 관점에서 가족원의 중독문제에 관한 설명으로 옳지 않은 것은?

① 중독의 원인을 가족의 체계나 구조에 있다고 전제한다.
② 가족원에게서 느끼는 소외와 외로움으로 인해 다른 대상에 의존함으로써 중독에 이르게 된다고 본다.
③ 청소년 중독자의 경우 가족의 영향력이 강하기 때문에 가족상담적 접근이 필요하다.
④ 가족 내에 중독자가 생기면 온 가족이 중독자 중심으로 움직여야 한다.
⑤ 중독문제는 가족의 부정적 상호작용 패턴에 의해 유지된다고 본다.

해설 가족들이 중독자 중심으로만 움직이는 것은 가족 구성원의 건강과 안녕을 해칠 수 있다. 따라서 가족 구성원들이 균형을 유지하며, 서로를 지지하고 필요한 경우 전문가의 도움을 받는 것이 중요하다. 또한 가족은 중독자와 적절한 거리를 유지하면서 중독자의 자존심을 상하지 않도록 하고 자기의 행동에 대한 책임을 스스로 지도록 해야 한다.

19 가정폭력 가족상담에 관한 설명으로 옳지 않은 것은?

① 개인의 폭력문제도 가족문제 중의 하나로 보고 가족체계에 초점을 두고 접근한다.
② 가정폭력을 해결하기 위해서는 가족원간의 역기능적 상호작용 패턴과 관계구조를 변화시키는 것이 필요하다.
③ 체계론적 입장에서 폭력은 가족을 비롯한 타인의 폭력행위를 모방함으로써 폭력을 학습하게 된다고 본다.
④ 보웬(M. Bowen)의 가족상담에서는 가족의 폭력문제를 가족원의 낮은 자아분화 수준과 관련있는 것으로 본다.
⑤ 이야기치료에서는 폭력에 기여하는 가부장적 담론을 파악하고 해체하여 대안적 이야기를 구축한다.

해설 사회학습이론의 입장이다. 체계론적 입장에서는 가부장적인 사회 체계가 가부장적인 가족 체계를 유지시키는 목적으로 한번 폭력이 발생하게 되면 이는 폭력의 체계를 형성하게 되어 가족으로 하여금 폭력 관계에 갇히게 된다고 하였다. 특히 매맞는 피해여성은 심각한 우울과 스트레스등에 시달리고 결국 자녀에게 부정적인 영향을 미친다고 하였다.

20 이야기치료에 관한 설명으로 옳지 않은 것은?

① 개인의 삶은 언어를 통한 이야기로 구성되고 창출된다.
② 포스트모더니즘과 사회구성주의적인 시각에 근거한다.
③ 이야기는 사회적 맥락 속에서 만들어진다고 본다.
④ 문제는 결과적으로 사람에게 있다고 본다.
⑤ 마지막 단계는 대안적 정체성을 구축하는 것이다.

해설 이야기 치료는 사람에게서 문제를 분리시킨 후 문제의 해결보다는 질문이나 반응을 주로 하여 내담자가 보지 못했던 새로운 이야기를 발견하도록 돕는다. 따라서 문제는 사람에게 있는 것은 아니다.
⑤ 이야기치료의 과정
1단계 : 문제의 경청과 해체 2단계 : 독특한 결과의 해체
3단계 : 대안적 이야기 구축 4단계 : 대안적 정체성 구축

21 전략적 가족상담자로 분류되지 않는 학자는?

① 헤일리(J. Haley)
② 마다네스(C. Madanes)
③ 파라졸리(M. Selvini-Palazzoli)
④ 잭슨(D. Jackson)
⑤ 컨버그(O. Kernberg)

[해설] 컨버그(O. Kernberg)는 대상관계이론을 심각한 성격장애를 가진 사람들을 이해하는 데 사용한 학자이다.

22 대처질문에 관한 설명으로 옳은 것은?

① 내담자가 어려움과 위기를 어떻게 극복하고 생존해 왔는지 그리고 희망을 버리지 않고 유지해 올 수 있었는지에 관하여 질문하는 동시에 생존능력을 인정하고 간접적으로 칭찬하는 기법이다.
② 내담자들이 이미 효과적인 해결책을 사용하고 강점과 자원을 갖고 있으면서도 의식하지 못할 때 문제보다는 해결책을 모색하는 것으로 관심을 전환시키는데 도움이 되는 기법이다.
③ 내담자가 인식하는 문제의 정도, 해결가능성, 상담의 진척 정도 등을 숫자로 표현하도록 하는 기법이다.
④ 내담자와 중요한 관계에 있는 사람의 생각, 의견, 가치관, 반응 등에 관하여 질문하는 것으로 다른 사람의 관점에서 생각하고 이해하도록 돕기 위한 기법이다.
⑤ 한국에서 해결중심모델을 적용하는 과정에서 명명된 질문으로 상담을 통해 어떤 상태가 되면 보람있다고 생각하는지 질문하는 기법이다.

[해설] 많은 경우 사람들은 힘들고 어려운 문제에 놓여 있을지라도 예외적인 경험이 있거나 유사한 일을 성공적으로 대처한 경험을 가지고 있다. 단지 그것을 인식하지 못하거나 기억해내지 못할 뿐이다. 버그와 밀러(Berg & Miller, 1992)는 내담자가 어려운 상황에서 성공적으로 대처한 방법을 재인식하게 될 때 힘을 얻는 것을 관찰하여 이 질문을 개발하였다. 대처질문은 내담자가 어려움과 위기를 어떻게 극복하고 생존해 왔는지 그리고 희망을 버리지 않고 유지해 올 수 있었는지에 관하여 질문하는 동시에 생존능력을 인정하고 칭찬하는 것이다. 내담자는 이야기를 하는 과정에서 성공적인 것을 발견하고 이 과정에서 자신의 능력이나 진정한 의도를 발견하게 되고 이를 통해서 문제의 해결책을 찾게 된다.
② 예외질문 ③ 척도질문 ④ 관계성질문 ⑤ 보람질문

23 다음에서 설명하는 이야기치료 기법은?

○ 문제를 사람과 분리시키기 위한 기법
○ "남편의 거짓말이 당신을 괴롭히고 있군요." 대신 "거짓말이 두 사람 사이에 갈등을 일으키게 했군요." 라고 상담자가 바꾸어 말하는 것

① 가족조각 ② 문제의 외재화 ③ 대안적 이야기
④ 정의예식 ⑤ 독특한 결과 탐색

[해설] 문제의 외재화는 문제를 내담자와 분리하고 객관화하기 위해 문제에 이름을 붙이고 의인화하는 기법이다. 즉 사람이 문제가 아니고 문제가 문제라는 사고방식을 갖도록 사람 밖에 있는 존재로 문제를 생각하게 하는 기법을 말한다.

[정답] 19 ③ 20 ④ 21 ⑤ 22 ① 23 ②

24 체계론적 가족상담의 개입 특성에 관한 설명으로 옳지 않은 것은?

① 가족 문제의 원인을 현재보다는 과거에서 파악하고자 한다.
② 순환적 인과관계를 통해 문제를 이해하고자 한다.
③ 가족구성원 간의 상호 관계성에 주목한다.
④ 체계를 구성하는 개인 간 관계에 초점을 두고 개입한다.
⑤ 가족구성원 간 행위의 연쇄적인 패턴을 파악하고자 한다.

해설 가족상담은 현재의 상황에 초점을 맞추며 진행되어야 한다. 즉 가족 외부의 환경에 대한 상담자의 개입이 아니라 '지금-여기'에 초점을 맞추고 상담자가 가족 모두의 상호작용이 어떻게 진행되고 있는 지를 살펴보고 그 과정에 적절하게 개입해야 한다. 그리고 다음의 단계는 각 구성원의 역할과 가족 관계의 위치에 대해서 세부목표를 설정하여 구성원의 구체적인 행동유형의 변화를 이끌어 내야한다.
②,③,④,⑤ **예** 집안일에 무관심한 아버지 → 힘들고 지친 어머니 → 문제행동을 저지르는 자녀들인 경우 무관심한 아버지와 힘들고 지친 어머니 사이에 치료적 개입이 필요하다.

25 가족상담의 기본 개념에 관한 설명으로 옳은 것을 모두 고른 것은?

ㄱ. 가족항상성(family homeostasis)은 가족체계가 변화에 저항하고 안정성을 그대로 유지하고자 하는 특성을 의미한다.
ㄴ. 정적 피드백(positive feedback)은 체계가 변화를 거부하고 균형을 유지하도록 하는 피드백을 의미한다.
ㄷ. 2차 변화(second-order change)는 체계의 규칙 자체를 재설정하여 항상성을 재구조화하는 변화를 의미한다.
ㄹ. 대칭적(symmetrical) 관계는 가족구성원 각자가 서로 균형을 맞추거나 보완해주는 역할을 하는 관계를 의미한다.

① ㄱ, ㄴ
② ㄱ, ㄷ
③ ㄴ, ㄷ
④ ㄱ, ㄴ, ㄹ
⑤ ㄱ, ㄷ, ㄹ

해설 ㄴ. 부적 피드백(negative feedback)에 대한 설명이다. 정적 피드백은 체계의 안정적인 상태를 거부하고 체계를 변화시키려는 방향으로의 피드백을 말한다.
ㄹ. 대칭적 관계와 보완적 관계

대칭적 관계	평등에 기초한 관계로 한 사람의 행동이 상대방의 행동에 영향을 주고 다시 또 그 행동에 영향을 받아 서로 계속 상승작용 하는 관계이다.
보완적 관계	당사자가 우월 열등의 관계에 놓여있어 한쪽이 다른 한쪽을 보완하는 관계이다.

정답 24 ① 25 ②

실전 대비 02 적중 예상 문제

01 개인상담과 가족상담의 차이로 틀린 것은?

① 개인상담은 기계론적 세계관이나, 가족상담은 유기체적 세계관이다.
② 개인상담은 내담자를 별개의 독립된 존재로 보나, 가족상담은 내담자를 가족관계의 맥락에서 고려한다.
③ 개인상담은 내담자를 능동적으로 보나, 가족상담은 내담자를 수동적으로 본다.
④ 개인상담은 내담자의 문제를 객관적이고 정확하게 진단하고 평가할 수 있다고 보나, 가족상담은 객관적 평가를 하는 것이 어렵다고 본다.
⑤ 개인상담은 '이것 아니면 저것'이라는 이분법적 입장을 취하나, 가족상담은 세상을 '이것과 저것 모두'의 입장을 취한다.

02 사이버네틱스에 관한 설명으로 옳지 않은 것은?

① 1차 사이버네틱스는 관찰자가 체계 밖에서 체계를 중립적으로 조절하는 것이 가능하다고 본다.
② 1차 사이버네틱스는 체계에 대한 투입과 산출에 초점을 두는 블랙박스 모델이다.
③ 1차 사이버네틱스는 일반체계이론과 동일한 것으로 간주하기도 한다.
④ 정적 피드백은 체계가 원래의 상태로 복귀하라는 신호를 보내 체계를 유지한다.
⑤ 2차 사이버네틱스는 상담자는 관찰자인 동시에 관찰대상자 역할을 한다.

정답 및 해설 01.③ 02.④

01 개인상담은 내담자를 수동적이고 반응적인 존재로 보는 반면, 가족상담은 내담자를 능동적으로 선택할 수 있는 존재로 본다.
02 체계의 생존과 유지는 부적피드백에 의해서이고, 정적피드백은 그 체계의 정체성이 깨짐을 의미한다.

03 가족상담의 특징으로 옳지 않은 것은?

① 가족은 개인들의 집합체 이상이며, 하나의 사회적 체계이다.
② 가족상담은 문제가 있는 구성원만이 대상이다.
③ 가족상담의 목표는 가족구성원과 가족기능상의 변화이다.
④ 가족이나 구성원의 증상은 역기능적 상호작용의 결과라고 가정한다.
⑤ 가족 및 구성원의 경험을 존중하며 상담을 진행한다.

04 개인의 정신내적 과정과 대인관계 양식은 여러 세대에 걸쳐 전달되는 것이라고 주장하는 가족상담모델은?

① 보웬(M. Bowen)의 다세대 가족상담모델
② 사티어(V. Satir)의 경험적 가족상담모델
③ 헤일리(J. Haley)의 전략적 가족상담모델
④ 해결중심 단기가족상담모델
⑤ 의사소통 가족상담모델

05 상담 중기에 하는 과업으로 옳지 않은 것은?

① 가족의 반응 수용
② 가족의 경험 공유
③ 문제 해결 방안 모색
④ 전략 세우기
⑤ 문제의 명료화

06 가족 구성원 한 명이 자신의 가족 이미지에 따라 가족구성원을 배치하여, 가족 사이의 친밀감, 위계, 연합 등을 나타내는 가족 평가 도구는?

① 동적가족화
② 가계도
③ 가족조각
④ 가족환경모델
⑤ 가족건강성척도

07 카터와 맥골드릭(Carter & Mcgoldrick)의 가족생활주기에 대한 설명으로 옳은 것을 모두 고른 것은?

> ㄱ. 수평적 긴장이란 불시의 죽음, 만성적 질병, 사고, 실직 등이 포함된다.
> ㄴ. 결혼전기-결혼후기-자녀아동기-자녀청소년기-자녀독립기-노년기로 구분하였다.
> ㄷ. 자녀아동기의 자녀양육, 재정, 가사일의 공동참여 등 부모역할을 수용한다.
> ㄹ. 자녀독립기의 과업은 자녀가 가족체계에 출입이 자유롭도록 부모-자녀 관계에 변화를 주는 것이다.
> ㅁ. 결혼후기의 과업은 확대가족 및 친구와의 관계 재정비이다.

① ㄱ, ㄷ　　② ㄱ, ㅁ　　③ ㄴ, ㄷ
④ ㄷ, ㅁ　　⑤ ㄱ, ㄷ

08 가족상담의 윤리에 대한 설명으로 옳지 않은 것은?

① 내담자의 인종, 성별, 종교, 성적지향 등의 이유로 차별하지 않는다.
② 상담자는 내담자를 도와 함께 책임 있는 결정을 내린다.
③ 전문적 치료관계 외의 다른 사적 관계를 맺어서는 안 된다.
④ 상담을 시작하기 전 가족상담의 목적이 무엇인지 고지한다.
⑤ 가족상담의 위험을 최소화할 책임이 상담자에게도 있음을 고지한다.

정답 및 해설 03.② 04.① 05.⑤ 06.③ 07.① 08.②

03 가족상담은 정신과 의사나 임상병리사의 치료를 요하는 정신병리의 소유자나 문제구성원만이 대상이 아니라 문제 가족원이나 가족위기가 그 대상이 된다.
04 보웬의 다세대 가족상담모델은 가족의 정서과정이 세대를 관통하여 지속되고, 이전 세대에서 제대로 정리되지 않은 문제가 다음 세대에 넘어가서 문제를 일으킨다고 본다.
05 문제의 명료화는 상담 초기에 이루어지는 것으로, 가족과 라포를 형성하면서 문제 가족의 강점, 발달주기단계와 과업, 혼외관계 여부, 문제유지에 기여하는 가족원의 역할 등 가족의 상호작용과정을 탐색하여 문제를 명료화하고 목표를 세운다.
06 ① 동적가족화는 가족이 어떤 행동을 취하고 있는 그림을 통해 가족집단의 역동을 파악하는 그림검사이다.
② 가계도는 3세대 이상에 걸친 가족성원에 관한 정보와 관계를 도표로 기록한 것이다.
④ 가족환경모델은 가족환경이 개인과 가족에 미치는 영향을 측정하기 위해 개발된 심리측정 평가이다.
⑤ 가족건강성척도는 가족 건강성 또는 기능성에 대한 자기보고식 척도이다.
07 ㄴ. 결혼전기-결혼적응기-자녀아동기-자녀청소년기-자녀독립기-노년기로 구분하였다.
ㄹ. 자녀청소년기의 과업이다.
ㅁ. 결혼적응기의 과업이다.
08 상담자는 내담자가 책임있는 결정을 내리도록 도울 뿐 함께 결정을 내리지는 않는다.

09 일반체계이론에 대한 설명으로 옳은 것은?

① 가족체계는 사회라는 상위체계의 하위체계지만 개인체계와는 무관하다.
② 가족의 하위체계는 개별 가족원만을 의미한다.
③ 외부체계와의 정보의 흐름과 상호교류를 허용하는 정도를 경계라고 한다.
④ 적절한 양의 정보와 변화를 받아들이고 체계의 생존을 위협하는 정보와 변화는 거부하는 것을 니겐트로피라고 한다.
⑤ 한 가지 원인이 다양한 결과에 이르는 경향을 동일결과성이라고 한다.

10 다음 대화에서 나타나는 역기능적 의사소통을 무엇이라고 하는가?

> • 서아 : "엄마, 오늘 학교에서 부모님께 편지를 썼어요."
> • 엄마 : (TV를 보며 무표정한 얼굴로) "잘했네, 잘했어"

① 역설적 의사소통 ② 가족 항상성
③ 대칭적 관계 ④ 보완적 관계
⑤ 이중구속

11 전략적 가족상담모델에서 가족이 말하는 문제행동을 자발적으로 계속하거나 더 강화하게 하여, 역으로 저항을 통한 변화를 이끌어내도록 하는 기법은 무엇인가?

① 은유기법 ② 가장기법
③ 순환질문 ④ 불변의 처방
⑤ 증상처방

12 가족상담모델 중 자기분화와 삼각관계 개념을 도입한 이론은 무엇인가?

① 해결중심 단기가족상담모델
② 전략적 가족상담모델
③ 구조적 가족상담모델
④ 다세대 가족상담모델
⑤ 경험적 가족상담모델

13 다음 가족상담 장면에서 기법으로 잘못된 것은?

① 구조적 가족치료모델 : 실연화, 긴장 고조
② 전략적 가족상담모델 : 가족조각, 원가족도표
③ 경험적 가족상담모델 : 빙산탐색, 가족 재구조화
④ 해결중심 단기가족상담모델 : 기적질문, 상담 전 변화에 대한 질문
⑤ 이야기 치료 : 정의예식과 외부증인집단, 회원재구성

14 구조적 가족상담모델에서 가족구성원들이 활동하는 데 있어 협력관계를 갖거나, 또는 상반된 관계를 가지는 것을 무엇이라 하는가?

① 가족의 재구조화
② 밀착된 경계
③ 제휴
④ 가족 규범
⑤ 가족 순환성

정답 및 해설 ● 09.④ 10.⑤ 11.⑤ 12.④ 13.② 14.③

09 ① 가족체계는 사회라는 상위체계의 하위체계이며, 개인체계의 상위체계이다.
② 가족의 하위체계는 개별 가족원, 부부, 부모, 부모-자녀 등으로 다양하다.
③ 외부체계와의 정보의 흐름과 상호교류를 허용하는 정도를 개방/폐쇄체계라고 한다.
⑤ 한 가지 원인이 다양한 결과에 이르는 경향을 다중결과성이라고 한다.

10 이중구속은 언어적 메시지와 비언어적 메시지가 서로 일치하지 않고 모순되는 메시지로 어느 메시지가 진짜 메시지인지 분간하지 못하고 적절한 반응을 하지 못하고 혼란 상태에 빠진다.
지속적인 이중구속은 모든 말의 이면에 숨겨진 의도가 있다고 생각하게 되어 혼란을 경험하면서 조현병이 발생된다.

11 ① 은유기법 : 문제를 밝히는 것에 대해 꺼려하는 경우 비유나 이야기를 통해 변화를 유도하는 기법
② 가장기법 : 내담자가 증상을 가진 "척하고" 부모는 도와주는 "척하는" 연극적 기법
③ 순환질문 : 가족구성원이 문제에 대한 제한적이고 단선적인 시각에서 벗어나 문제의 순환성을 인식하도록 유도하는 방법
④ 불변의 처방 : 역기능적 가족의 "게임"에 유사성이 있음을 발견하고 가족으로 하여금 그에 대한 대항방식을 형성하여 게임을 중단하도록 하는 방법

12 보웬의 다세대 가족상담모델은 조현병 환자 가족연구를 통해 분화의 개념과 삼각관계의 개념을 정립하였다.

13 가족조각, 원가족도표는 경험적 가족상담모델의 기법이다. 전략적 가족상담모델기법은 증상처방, 고된 체험, 위장기법, 은유기법, 긍정적 의미부여, 의식, 순환질문 등이다.

14 제휴에는 연합과 동맹 두 가지가 있는데, 연합은 두 사람이 제3자에 대항하기 위하여 제휴하는 경우이며, 동맹은 두 사람이 제3자와는 다른 공동의 목적을 위해 제휴하는 것으로 반드시 제3자와 적대관계에 있지는 않다.

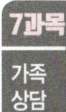

15 다음에서 설명하는 해결중심모델의 상담자-내담자 관계유형과 그 유형에 대한 설명으로 옳은 것은?

> - 상담의 중간이나 끝 부분에 상담자와 내담자가 일치된 기대를 가질 때 형성된다.
> - 매우 긍정적이고 협력적인 치료관계가 되기 쉽다.
> - 상담자는 내담자가 잘 하고 있는 점에 대해 많은 칭찬을 해주고 내담자의 문제해결을 위한 의지에 대해 지지와 동의를 표한다.

① 고객형 관계 - 문제를 시인하고 문제 해결을 위해 도움을 요청한다.
② 방문형 관계 - 법원, 보호관찰소, 학교, 가족에 의해 온 비자발적 내담자가 해당된다.
③ 방문형 관계 - 이들은 자신의 문제를 인정하지 않고 상담 받을 문제가 없다거나 또는 다른 사람에게 문제가 있다고 생각한다.
④ 불평형 관계 - 주로 문제중심적으로 이야기하며 다른 가족원을 비난하고 불평한다.
⑤ 고객형 관계 - 해결책을 찾거나 목표를 달성할 수 있는 능력이 타인에게 있다고 생각한다.

16 조기종결에 대한 설명으로 옳지 않은 것은?

① 가족의 중단 요구 제안 또는 조기종결의 조짐을 보이는 경우 의도와 이유를 파악한다.
② 상담자와의 신뢰 관계 미흡이나 시간이나 비용 부담 등으로 조기종결이 일어날 수 있다.
③ 상담자는 가족의 조기종결에 대한 의견을 존중해야 한다.
④ 상담자는 조기종결 신호가 오면 빨리 상담을 마무리한다.
⑤ 상담자의 능력을 벗어나는 경우에는 가족의 필요를 고려해 다른 상담자를 소개한다.

17 가족상담 초기 조현병가족의 역기능으로 바르지 않은 것은?

① 이중구속 : 언어적 메시지와 비언어적 메시지가 서로 일치하지 않고 모순되는 메시지
② 고무울타리 : 겉으로는 친밀한 상호작용이 있으나 사실은 거짓된 모습
③ 부부불균형 : 부부간의 권력이 지나치게 불균형을 이룬 상황으로 부부 중 한 사람은 강하고 다른 한 사람은 약한 위치
④ 부부균열 : 부부가 서로 역할을 교환할 수 없고 목표를 공유하거나 보완할 수 없는 상황
⑤ 자아분화 : 스트레스 상황에서 정서적인 기능과 지적인 기능을 분리할 수 있는 능력

18 가족상담 기법에 관한 설명으로 옳은 것을 모두 고른 것은?

> ㄱ. 은유기법 : 문제를 밝히는 것에 대해 꺼려하는 경우 비유나 이야기를 통해 변화를 유도하는 기법이다.
> ㄴ. 가족조각 : 자신의 감정에 초점을 맞추어 표현하는 기법으로 정서적 충동에 의한 반응을 막는 가장 직접적인 방법이다.
> ㄷ. 순환질문 : 기존에 존재했던 세대간의 은밀한 동맹을 깨뜨림으로써 융통성있는 생활방식을 개발하도록 하는 기법이다.
> ㄹ. 부부불균형 : 부부가 서로 역할을 교환할 수 없고 목표를 공유하거나 보완할 수 없는 상황을 가리킨다.

① ㄱ
② ㄱ, ㄴ
③ ㄱ, ㄴ, ㄷ
④ ㄱ, ㄴ, ㄹ
⑤ ㄴ, ㄷ

19 청소년기 자녀가 있는 가족상담에서 상담자의 개입으로 옳지 않은 것은?

① 자녀 앞에서는 부모가 합의된 결정을 이야기할 수 있도록 하는 것이 바람직하다.
② 반항하는 자녀의 문제가 가족 전체의 문제를 드러내는 증상인지 확인한다.
③ 자살위험 의도를 유보하고 있는 기간이라면 청소년의 강점과 자원을 탐색한다.
④ 비행청소년의 가족상담에서는 또래의 특성 및 학교생활, 지지체계 등을 파악해야 한다.
⑤ 이혼가정에서는 청소년의 정신건강을 위해 비양육부모와의 면접을 허용하지 않도록 한다.

정답 및 해설 15.① 16.④ 17.② 18.① 19.⑤

15 보기의 설명은 고객형 사례이다. 고객형 내담자는 문제를 시인하고 문제 해결을 위해 도움을 요청하며 해결책을 찾거나 목표를 달성할 수 있는 능력이 자신에게 있다는 것을 확인하게 된다. 그러므로 내담자가 잘 하고 있는 점에 대해 많은 칭찬을 해주고 내담자의 문제해결을 위한 의지에 대해 지지와 동의를 표한다.

16 조기종결 신호가 온다고 빨리 상담을 마무리하기보다는 조기종결 의도와 이유를 파악하고 가장 바람직한 방향으로 갈 수 있도록 조언하는 과정을 갖는다.

17 고무울타리란 가족의 구성원이 개인의 정체성과 독자성을 찾으려는 시도를 하나, 가족의 모호한 경계선 때문에 무시되고 방해받는 것으로 조현병 환자가 있는 가족의 독특한 특성 중 하나이다.

18 ㄴ. 가족조각 : 가족 중 한 구성원이 자신의 가족 이미지에 따라 다른 가족구성원을 각각의 자리에 배치한 후, 구성원에게 신체적 표현을 요구하여 가족관계를 나타내는 동작 표현 방법
ㄷ. 순환질문 : 가족구성원이 문제에 대한 제한적이고 단선적인 시각에서 벗어나 문제의 순환성을 인식하도록 유도하는 방법
ㄹ. 부부불균형 : 부부간의 권력이 지나치게 불균형을 이룬 상황으로 부부 중 한 사람은 강하고 다른 한 사람은 약한 위치

19 양육부모와의 관계를 강화하기 위하여 비양육부모와의 면접교섭을 허용하도록 조언하는 것이 바람직하다.

20 가족상담모델과 대표적인 학자의 연결이 바르지 않은 것은?

① 경험적 가족상담모델 : 워터커(C. Whitaker), 사티어(V. Satir)
② 의사소통 가족상담모델 : 그레고리 베이트슨(G. Bateson), 돈 잭슨(D. Jackson)
③ 구조적 가족상담모델 : 미누친(Minuchin), 피셔먼(C. Fishman), 아폰테(H. Aponte), 몬탈보(B. Montalvo), 로스먼(B. Rosman)
④ 해결중심 단기가족상담모델 : 앤더슨과 굴리시안(Anderson & Goolishian)
⑤ 이야기 가족치료 : 화이트(M. White), 엡스턴(D. Epston)

21 이야기상담의 상담과정으로 옳은 것은?

① 문제의 경청과 해체 – 독특한 결과의 해체 – 대안적 이야기 구축 – 대안적 정체성 구축
② 문제의 경청과 해체 – 대안적 이야기 구축 – 독특한 결과의 해체 – 대안적 정체성 구축
③ 대안적 이야기 구축 – 문제의 경청과 해체 – 독특한 결과의 해체 – 대안적 정체성 구축
④ 대안적 이야기 구축 – 대안적 정체성 구축 – 문제의 경청과 해체 – 독특한 결과의 해체
⑤ 문제의 경청과 해체 – 대안적 정체성 구축 – 독특한 결과의 해체 – 대안적 이야기 구축

22 가족상담의 종결을 고려하는 기준으로 옳지 않은 것은?

① 가족원들이 새롭게 습득한 대처방법이나 행동방식을 유지하는 경우
② 가족 간 의사표현이 명료하고 갈등 협상 능력이 생긴 경우
③ 상담자가 가족원들과 치료적 관계를 형성한 경우
④ 상담의 진행이 부진하거나 가족원이 상담에 소극적으로 된 경우
⑤ 가족원의 가족 내외의 상호작용이 긍정적이고 관계가 개선되는 경우

23 해결중심 단기가족상담의 상담목표로 옳지 않은 것은?

① 목표는 작고 간단한 행동이어야 한다.
② 목표 달성은 힘들고 어려운 일이라고 인식한다.
③ 문제의 제거나 소멸이 아닌 성공의 긍정적 지표로 기술된다.
④ 현실 생활에서 성취 가능한 것이어야 한다.
⑤ 상담자에게 중요하고 유익한 것을 목표로 한다.

24 다음 보기의 내용과 관련이 있는 질문은?

> • "술을 마시지 않을 때는 언제인가요?"
> • "문제가 발생하지 않았을 때는 무엇을 하나요?"
> • "어떻게 하면 문제가 발생하지 않을 것 같은가요?"

① 기적질문
② 예외질문
③ 척도질문
④ 대처질문
⑤ 관계성 질문

정답 및 해설 20.④ 21.① 22.③ 23.⑤ 24.②

20 해결중심 단기가족상담모델 : 드세이저(S. de Shazer)와 버그(Berg, 한국명 김인수)부부
협력언어 체계모델 : 앤더슨과 굴리시안

21 1단계 : 문제의 경청과 해체 : 가족의 이야기를 경청하고 사람과 문제를 분리한다. 문제의 외현화 작업을 하여 문제의 영향을 탐색하고 평가한다.
2단계 : 독특한 결과의 해체 : 독특한 결과란 문제를 벗어난 이야기들, 혹은 문제와 분리되었을 때의 이야기를 독특한 결과로 부른다.
3단계 : 대안적 이야기 구축 : 독특한 결과와 관련이 있는 과거 사건을 찾아내 가족 이야기로 발전하도록 돕는다.
4단계 : 대안적 정체성 구축 : 인생을 회원으로 구성된 클럽으로 보고, 치료적 과정을 통해 중심적 인물로 내담자의 인생회원을 재구성하는 것이다.

22 상담자가 가족원들과 쾌적하고 편안하며 비밀유지가 될 수 있는 분위기를 조성하고, 가족들과 관계 형성을 이루고 치료적 관계를 형성하는 것은 상담초기 과업이다.

23 내담자(가족)에게 중요하고 유익한 것을 목표로 한다.

24 예외란 문제라고 생각하는 행동이 일어나지 않은 상황이나 행동을 뜻한다. 예외질문은 문제 해결을 위해 우연적이며 성공적으로 실시한 방법을 발견하도록 의도적으로 실시하는 것이다.

25 가족상담모델의 상담자 역할 연결이 바른 것은?

① 경험적 가족상담모델 : 여러 세대를 통해 반복되고 있는 가족과정과 구조를 파악하여 원가족에게서 자기분화를 높여 가족체계를 변화시키는 것이다.
② 다세대 가족상담모델 : 상담자의 사람됨과 일치성이 중요하다.
③ 구조적 가족상담모델 : 가족을 존중하지만 확고한 방법으로 개입함으로써 변화와 치료가 일어나도록 돕는다.
④ 전략적 가족상담모델 : 가족구조에 대한 개념과 지식, 신념을 가지며, 가족의 상호교류와 패턴을 관찰한다.
⑤ 해결중심 단기가족모델 : "전략가"로서 치료로 인한 변화에 대해 직접적인 책임을 진다.

26 의사소통 가족상담모델에서 '부모님의 심한 잔소리'를 '자녀에 대한 애정과 관심'이라고 하는 것을 무엇이라고 정의하는가?

① 가족규칙
② 보상
③ 항상성
④ 역설적 명령
⑤ 재명명

27 경험적 가족상담모델의 의사소통 유형 중 유형과 설명이 옳지 않은 것은?

① 회유형 : 자신의 내적 감정이나 생각을 무시하고 타인의 비위에 맞추고자 한다.
② 비난형 : 타인의 말이나 행동을 비난하고 통제하며 명령하는 모습으로 타인을 무시한다.
③ 초이성형 : 자신과 타인을 모두 무시하고 상황만 중시한다.
④ 산만형 : 타인과 상황을 무시하고 자신만을 생각하며 공감능력이 부족하다.
⑤ 일치형 : 의사소통의 내용과 내적 감정이 일치한다.

28 원가족 도표에 관한 설명으로 옳지 않은 것은?

① 가족의 역동성과 관계를 이해하기 쉽다.
② 가족구성원의 성격, 자아존중감, 의사소통 유형 등에 대해 파악할 수 있다.
③ 사티어(V. Satir)는 내담자를 IP라는 용어로 지칭하였다.
④ 주로 가족재구성을 위해 사용된다.
⑤ 원가족 도표는 가계도, 생태도와는 구성과 내용에 차이가 있다.

29 전략적 가족상담모델의 설명으로 틀린 것은?

① 기법으로 가족조각, 역할극, 가족지도 등을 사용한다.
② 의사소통의 '내용'이 문제가 아니라 잘못된 의사소통 '과정'이 문제라고 보았다.
③ 가족게임을 계속한다는 것은 승자도 패자도 없는 순환적 연쇄과정을 이루기 때문에 원인과 결과를 정확히 구분할 수 없다.
④ 전략적 모델의 일차적 상담목표는 제시된 문제를 해결하는 것이다.
⑤ 크게 MRI 상호작용모델, 헤일리의 전략적 구조주의모델, 밀란의 체계적 모델로 나뉜다.

30 분화수준이 높은 사람의 특징이 아닌 것은?

① 자제력과 객관성을 가짐
② 감정에 따라 행동
③ 타인과 친밀한 접촉을 유지
④ 신념에 따라 행동
⑤ 사고와 감정이 균형

정답 및 해설   25.③ 26.⑤ 27.④ 28.③ 29.① 30.②

25
- 다세대 가족상담모델 : 여러 세대를 통해 반복되고 있는 가족과정과 구조를 파악하여 원가족에게서 자기분화를 높여 가족체계를 변화시키는 것이다.
- 경험적 가족상담모델 : 상담자의 사람됨과 일치성이 중요하다. 상담자의 3대 요소를 유능성, 자신감, 일치성이라고 강조하였다.
- 전략적 가족상담모델 : "전략가"로서 치료로 인한 변화에 대해 직접적인 책임을 진다.
- 해결중심 단기가족모델 : 내담자의 문제를 해결하기 위해 내담자와 상담자가 함께 목표를 세우고 해결책을 구성하며 실행한다.

26 재명명은 다른 언어를 사용해 이에 대한 이해와 느낌, 생각이 바뀌도록 도와서 가족을 변화시키는 방법이다.
27 산만형은 초이성형의 반대로 자신, 타인, 상황을 모두 무시한다. 심리적으로 접촉하기가 가장 어려운 유형으로 주제나 상황에 맞지 않는 말을 산만하게 하고 행동한다.
28 사티어는 내담자를 '스타(star)'라는 용어로 지칭하였다.
29 가족조각, 역할극, 가족지도는 경험적 가족상담모델 기법이며, 전략적 가족상담모델은 증상처방, 고된 체험, 위장기법, 은유기법, 긍정적 의미부여 등이다.
30 분화수준이 낮은 사람은 감정에 따라 행동하며, 대인관계에서 자주적 정체감이 적어 타인과 쉽게 융화되며 자신과 타인을 분리하지 못한다.

나만의 정리노트

선택과목 학업상담

8과목

- **Section 01** 학업상담 이해 및 절차
- **Section 02** 학업관련 요인
- **Section 03** 학업관련 문제 유형
- **Section 04** 학업관련 장애 및 검사
- **Section 05** 학습전략

Section 01 학업상담 이해 및 절차

> **학습목표**
> 학업상담의 이해를 위해 학업상담의 필요성, 목적, 특징 등을 알아보고, 학업상담 절차를 살펴본다.

1 학업상담 이해

(1) 학업상담의 필요성
① 학업에 대한 많은 정신적 부담감과 압박감으로 인해 스트레스가 심하기 때문이다.
② 시험에 실패, 성적의 부진 및 저하로 인한 심리적 우울감과 좌절 때문이다.
③ 지나친 입시위주의 경쟁체계 심화로 인한 압박감과 고민 때문이다.
④ 학업성적의 저하는 학교생활의 부적응과 대인관계의 고통을 함께 동반하는 경향이 높기 때문이다.

(2) 학업상담의 목적
① 초등학생 대상 학업상담의 목적
  ㉠ 학교에서 해야 할 과제를 잘 알려주고 스스로 그것을 해결하고 성취감을 경험할 수 있도록 한다.
  ㉡ 바람직한 학습과 관련된 습관을 형성할 수 있도록 한다.
  ㉢ 이와 같은 과정을 효과적으로 지도해 주도록 하기 위해 부모에 대한 적절한 교육 및 훈련이 이루어질 수 있도록 한다.
  ㉣ 학습과 관련된 장애, 즉 학습장애, 정신지체, 주의력결핍과잉행동장애(ADHD)에 대한 정확한 진단 및 효과적 개입전략을 제시하여 적절한 치료 및 교육을 받을 수 있도록 한다.
② 중, 고등학생 대상 학업상담의 목적
  ㉠ 공부의 목적에 대해 스스로 어떤 의미를 부여할 수 있을지 같이 탐색하고, 특히 자신의 진로에 대한 생각과 연결될 수 있도록 해 준다.
  ㉡ 자신의 학습 능력에 대해 전반적으로 부정적 개념을 가지고 있어서 학습된 무기력감에 빠져 있을 경우 학습 전략 등과 같이 변화시킬 수 있는 영역에 대한 지식을 습득하게 하여 학습에 대한 긍정적 관심을 취하도록 한다.
  ㉢ 이 시기 발달 변화에 대해 부모가 잘 이해하고 그에 맞는 부모-자녀 관계를 형성할 수 있도록 주력하며 학습 수행과정에서 부모가 적절한 지지를 제공할 수 있도록 한다.

Section 01 학업상담 이해 및 절차

(3) 학업상담의 특징 2016년 기출 ★
① 교사의 요구나 성적을 올리기 위해 적극적인 요구를 가진 부모에 의해 상담이 시작되므로 비자발적인 내담자가 많다.
② 학습과정에서 겪는 문제를 통합적으로 해결하여 유능한 학습자가 되도록 조력하는 과정이다.
③ 학습의 영역에서 발생하는 원인으로는 개인의 영역, 인지적 영역, 정서적 영역, 행동적 영역, 환경적 영역 등 다양하다.
④ 적극적으로 학습 성적 향상을 요구하는 부모에게 귀 기울이면 내담자와의 관계형성이 어렵고 부모의 요구를 무시하면 상담지속이 어려우므로 부모의 관여가 적절한 수준과 형태에서 이루어지도록 돕는다.

(4) 학업 문제의 원인 – 실버(A.Silver), 하긴(R.Hagin), 듀언(D.Duane) 2016년 기출 ★
① 학습자 개인의 원인
  ㉠ **신체적 원인** : 학습에 필요한 감각기관의 결함이나 지구력과 집중력, 기초체력 부족이다.
  ㉡ **인지적 원인** : 학습자에 일반적인 지적능력을 평가한다. 낮은 지능이나 정보처리속도 및 비효율적인 공부방법 등이다.
  ㉢ **정서적 원인** : 학습동기 및 학업자아 개념, 불안, 우울 등 학습자의 정신건강 정도이다.
② **가족 원인** : 부모의 바람직하지 못한 양육태도, 학습에 대한 비현실적 기대, 형제 간 지나친 경쟁, 가족의 심리적, 물리적 생활 및 학습 환경 등이다.
③ **환경 및 문화적 맥락 원인** : 교우 및 교사와의 관계 및 재학 중인 학교 및 학원의 특성, 학습과 관련된 지역사회의 특성과 문화가 포함된다.

(5) 학업상담에서의 상담자 역할 2017년 기출 ★
① 비자발적 내담자는 내담자의 동기와 부모의 요구를 현실화해야 한다.
② 학업문제와 그 외의 문제를 구분해야 한다.
③ 학업전략 프로그램을 통해 공부 방법을 개선시킬 수 있어야 한다.
④ 복합적인 학습부진의 문제를 해결하기 위해 심각성에 따른 우선순위를 정할 수 있어야 한다.

2 학업 상담 절차 2021년 기출 ★

> 상담관계 형성 → 상담 구조화 → 학업문제 진단 → 목표 설정 → 개입전략 설정

(1) 상담관계 형성
① 성공적인 개입을 위해서는 상담자와 관계 형성을 하는 것은 반드시 선행되어야 한다.

② 상담자는 내담자의 학업문제의 고통에 대한 공감과 더불어 부모에 대한 공감적 이해를 통해 마음을 열도록 한다.
③ 학업에 대한 전문적 지식과 전략을 제시하는 전문성을 통해 신뢰를 형성하도록 한다.
④ 비자발적인 내담자에 대한 공감 및 과도한 기대를 가진 부모에 대해 조율 등을 시도하여 상담에 대한 동기와 인식 전환을 가지도록 한다.
⑤ 초등학생 대상 상담관계 형성 방법
   ㉠ 아동이 말문을 여는 데 부담을 느끼지 않도록 편안한 대화 분위기를 형성해 준다.
   ㉡ 발달단계 특성상 아동은 자신의 감정이나 생각을 표현하는 것을 아직 힘들어할 수 있으므로 불분명하거나 적절하지 않은 말처럼 들리더라도 진지하게 경청해 주는 태도를 보인다.
   ㉢ 아동과 쉽게 공감대를 형성할 수 있는 대화 주제를 알고 있어야 한다.
   ㉣ 필요한 경우 다양한 보조전략을 사용하도록 한다. 예 SCT, HTP, 미술치료, 놀이치료 등
   ㉤ 특히, 학습과 관련된 이야기는 쉽게 지루해질 수 있으므로 다양한 보조전략을 병행하여 상담에 대한 집중력을 높여준다.
⑥ 중, 고등학생 대상 상담관계 형성 방법
   ㉠ 학업에서의 실패로 인한 학생 및 부모의 좌절감, 수치심 등에 대해 공감하고 이해하는 자세와 동맹관계를 맺고 해결방안을 모색하도록 한다.
   ㉡ 학습문제와 그렇지 않은 문제를 구체화하고 학습문제에 대한 전문적인 지식과 구체적인 방법과 전략을 제시함으로 신뢰를 쌓는다.

(2) 상담 구조화

① **상담에 대한 구조화** : 상담시간, 빈도, 총 상담횟수, 연락방법, 장소, 비용 등에 관한 지침
② **상담관계에 대한 구조화** : 상담자의 역할, 내담자의 역할, 관계의 성격 등에 관한 지침
③ **비밀보장에 대한 구조화** : 내담자가 말한 내용에 대해서는 제3자에게 알리지 않는 것을 원칙으로 하나 예외사항이 있다는 것을 알려주는 지침

(3) 학업문제 진단

① 일반적인 학업문제에 개입하기 전에 학업문제에 대한 양상을 구체적으로 알기 위해 부모, 교사, 내담자 등을 통한 질문법이나 관찰법을 사용한다.
② 각종 표준화, 비표준화 검사들을 활용하여 학습과 관련된 인지, 정서, 환경적 요인들을 검토하고 측정한다.
③ 진단방법
   ㉠ **면접을 통한 진단** : 학업부담, 학업불안, 학업동기 및 방법, 자기이해 등 내담자 호소를 통해 학업문제를 진단한다.

ⓒ 심리검사를 통한 진단

인지적 접근	지능검사, 학업성취도검사, 기초학습기능검사, 학습부진아용배치진단검사, 자기조절학습검사, MLST전략검사 등
정의적 접근	학업성취동기, 학습흥미, 시험불안검사, 자아개념검사, 그림검사(HTP), 문장완성검사(SCT), 주제통각검사(TAT) 등

(4) 목표설정

① 학업문제의 원인에 따른 목표설정 : 학업문제의 원인이 되는 인지적, 정서적, 환경적 어려움의 해소를 목표로 설정한다.

② 내담자의 학업문제에 맞는 목표설정 : 학업상담의 목표는 내담자에 따라 집중력 향상, 학습 습관 기르기, 학습동기 향상, 긍정적 자아개념, 대인관계 기술 습득 등 매우 다양하다.

③ 과정 중심적 목표설정 : 성적향상이라는 결과중심적인 형태보다는 목표성취를 자주 경험할 수 있도록 과정 중심이 되어야 한다.

④ 목표 설정 시 고려
   ㉠ 현실적으로 노력할 수 있는 범위와 우선적인 노력이 필요한 부분을 고려한다.
   ㉡ 상담에 대한 부모와 학생의 기대를 구체적으로 점검하고 조정한다.
   ㉢ 구체적이고 달성 가능한 목표를 설정하고 측정 가능한 형태로 정한다.

⑤ 코미에르(Cormie)의 상담목표 기능
   ㉠ 목표는 상담의 방향을 제시한다. 내담자가 함께 관심을 집중해야 할 영역을 나타내줄 뿐 아니라 상담에 대한 내담자의 기대를 명료화해 줄 수 있다.
   ㉡ 목표를 명확히 설정하면 상담자는 내담자가 상담의 목표를 달성할 수 있도록 돕고, 어떻게 필요한 기술과 능력을 활용할지를 판단할 수 있다.
   ㉢ 분명하게 설정된 목표는 내담자의 일상적 생활 내에서도 기억에 남아 목표 달성을 촉진할 수 있는 자원에 관심을 기울인다.
   ㉣ 목표가 분명히 설정되면 그에 맞는 상담개입 방법을 선택하고 적용할 수 있으며 상담 결과를 평가할 수 있다.
   ㉤ 목표를 설정하는 과정 자체가 내담자가 상담을 통해 변화에 대해 갖고 있는 동기를 높여준다.

⑥ 행동변화를 용이하게 하는 목표의 특징[로크와 라뎀(Locke & Latham)] 2018년, 2017년 기출 ★
   ㉠ **구체성** : 막연하고 모호한 형태가 아니라 구체적이고 명확한 형태여야 한다.
   ㉡ **근접성** : 가까운 시일 내에 이룰 수 있는 단기목표의 형태여야 한다.
   ㉢ **난이도** : 어렵게 느껴지지만 학습자의 능력 범위 안에 도달 가능한 정도의 형태여야 한다.

(5) 개입전략 설정
   ① 가장 일반적인 개입전략은 학습전략을 제시하는 것이다.
   ② 내담자가 학습에 관해 가지고 있는 문제가 무엇인지 종합적인 평가에 근거해서 어떤 개입전략을 선택할 것인지 정하고 실행한다.
   ③ 내담자의 강점과 자원에 대해서 파악하여 전략적인 개입을 시도한다.

Section 02 학업관련 요인

학습목표

학업관련 요인으로 인지적 요인(두뇌, 지능, 학업기초능력, 선수학습수준, 학습전략), 정의적 요인(동기, 귀인, 흥미, 자아개념), 환경적요인(학습환경, 가정환경,학교환경)에 대해 구체적으로 살펴본다.

1 인지적 요인 2017년 기출 ★

(1) 두뇌의 기능

① 인간의 뇌는 시냅스의 형성을 통해 만들어지고 발달한다.
② 시냅스는 출생 후에도 지속적으로 추가, 소멸의 과정을 거치며 이 과정에 교육, 가족관계, 중요한 삶의 사건 등이 영향을 미치게 된다.
③ 두뇌 기능 2016년, 2015년, 2014년 기출 ★

전두엽	주의 집중력이나 기억, 감정, 추론, 판단, 계획 등의 인식기능과 언어적 의사소통과 관련된 반응을 조절한다. 언어의 음성을 담당하는 브로카 영역이 손상되면 실어증 증세를 보인다.
두정엽	감각 정보의 통합 및 판단을 담당하며, 다양한 형태의 감각정보를 통해 사물을 인식하게 된다. 자극을 조직화하여 그 자극의 구체적인 차이를 구분하는 능력 및 학습과제 수행능력을 담당한다.
후두엽	시각정보를 분석하고 통합하는 역할을 담당한다.
측두엽	언어 이해를 담당하며, 손상되면 글을 읽거나 말의 의미를 파악하는 데 심각한 어려움이 있다.
뇌의 좌반구	언어와 관련되어 있으며 분석적 기능을 담당한다.
뇌의 우반구	시공간과 관련된 지각능력, 운동능력, 정서기능을 담당한다.

(2) 지능 2015년 기출 ★

① 지능의 의의
  ㉠ **웩슬러** : 지능은 개인이 합목적적으로 행동하고 합리적으로 사고하며 환경을 효율적으로 다룰 수 있는 총체적인 능력이다.
  ㉡ **비네** : 지능은 판단 또는 양식, 실용적 감각, 창의력, 상황에의 적응력이다.
  ㉢ **터만** : 지능은 추상적 사고를 하는 능력이다.
  ㉣ **스피어만** : 지능은 사물의 관련성을 추출할 수 있는 정신작용이다.
② 지능에 대한 연구
  ㉠ **스피어만의 2요인설** : 지능을 일반요인과 특수요인으로 나누었다.
  ㉡ **써스톤의 다요인설** : 언어요인, 수요인, 공간요인, 지각요인, 논리요인, 기억요인, 단어유창성 요인 등 7가지 개별적인 능력으로 구성된다고 보았다.
  ㉢ **길포드의 복합요인설** : 지능구조 모형을 만들었으며 지능구조는 내용, 조작, 결과의 3차원적 입체모형으로 이루어졌다고 본다.

② **카텔의 위계적 요인설** : 지능을 유동성 지능과 결정성 지능으로 구분하였다.
⑩ **가드너의 다중지능이론** : 언어, 음악, 수학, 대인관계, 시공간, 개인내적, 신체, 자연탐구 지능의 8가지 독립된 지능을 제시하였다.

> **Plus Study** ● 가드너의 다중지능 설정 준거 8가지 2020년 기출 ★
>
> - 지능은 두뇌의 어떤 부위을 차지하고 있다는 것이 증명되어야 한다.
> - 지능은 독립된 형태로 관찰이 가능해야 한다.
> - 지능은 식별이 가능한 일련의 주요 작동체제를 가져야 한다.
> - 지능은 초심자에서 전문가(또는 장인(匠人))에 이르는 특유의 발달 과정이 있어야 한다.
> - 지능은 인간의 진화론적인 역사나 진화 가능성이 있어야 한다.
> - 지능은 실험연구나 심리학적 연구로부터 검증될 수 있어야 한다.
> - 지능은 심리측정의 결과와 어느 정도는 일치해야 한다.
> - 지능은 인간의 신호체계(symbolic system) 내에서 기호화(encoding)가 가능해야 한다.

③ **지능검사**
  ㉠ **스탠포드-비네 검사** : 아동의 학습능력을 감별하기 위해서 고안되었으며 정신연령이라는 단어를 사용하였고 지능지수의 개념을 사용하였다.
  ㉡ **웩슬러 지능검사** : 지능을 다요인, 중다결정적이며 전체적인 능력으로 간주하며 11개의 소검사, 동작성과 언어성으로 구성되어 있다.
  ㉢ **카우프만 아동평가도구(K-ABC)** : 지능과 습득도를 측정하기 위해 개발된 개인 지능검사로 지능과 성취를 구별하여 측정하므로 학습장애의 진단에 유용하다.

④ **지능과 학습관계** 2018년, 2016년, 2015년 기출 ★
  ㉠ 지능은 학업성취도와 관련이 있는 변인이므로 상담자는 내담자의 지능을 객관적으로 이해할 필요가 있다.
  ㉡ 지능에 대해서 학습자가 어떻게 인식하고 있느냐에 따라 학습태도에 영향을 미친다.
  ㉢ 지능지수는 같은 연령대 학생들 간의 상대적 위치를 의미한다.
  ㉣ 지능의 영향력을 과대평가 또는 과소평가하는 것은 경계해야 한다.
  ㉤ 지능점수를 통해 학생의 인지적 강점 및 약점을 파악할 수 있다.

(3) 학업기초능력

① 읽기, 쓰기, 말하기, 셈하기, 정보처리 등 학습을 수행하기 위해 가장 기본적으로 갖추어야 할 기초적인 학습능력으로 학업성취 전반에 영향을 주는 요인이다.
② 훈련이나 수업 등의 체계화된 교수를 통해 학습된 기술 및 지식을 측정하는 표준화된 검사를 통해 확인한다.
③ **성취도 검사의 종류** : 우드콕-존슨 학습능력평가 심리학적 배터리(WJPB), 스탠포드 성취도 검사(SAT), 기초학습기능검사 등이 있다.

Section 02 학업관련 요인

> 기초학습기능검사 : 한국교육개발원에서 유치원 및 초등학교 수준의 정상아동 및 장애아동을 대상으로 학업에 기초가 되는 능력을 평가하는 데 사용하기 위한 목적으로 표준화된 개인검사용 기초학습진단검사이다. 정보처리, 셈하기, 읽기Ⅰ, 읽기Ⅱ, 쓰기로 구성되어 있다.

(4) 선수학습 수준 2018년 기출 ★

① 지능지수나 학업능력과는 별도로 학업성취에 영향을 주는 요인으로 이전 학년에서의 지식이 어느 정도 이루어졌는지에 대한 부분이다.
② 선수학습 결손은 해당 교과를 부족하게 학습한 것으로 해당 학년의 교과학습에 어려움을 초래할 수 있다.
③ 수학과 같이 교과의 위계가 높을 경우 이전 과목내용을 잘 모르면 이후 학습이 제대로 이루어지기 어려우며 상대적으로 위계정도가 높지 않다하더라도 상급학교로 갈수록 교과내용이 방대하고 추상적 개념이 많아 선수학습이 학업에 영향을 끼친다.
④ 선수학습 수준을 파악하기 위해 표준화된 학업성취 검사를 사용할 수 있으며 교과의 내용을 기반으로 학년별로 문제를 추출하여 어느 부분에 결손이 발생했는지 알아볼 수도 있다.

(5) 학습전략

① 학습전략이란 공부하는 방법이나 기술을 의미한다.
② 학습자가 공부할 내용을 효과적으로 다루고 파악하여 자기 것으로 만드는 방법을 얼마나 알고 사용하는가를 의미한다.
③ 김계현은 '학습전략이란 학습 또는 정보를 효율적으로 기억하는 데 필요하거나 도움이 되는 여러 종류의 기능과 능력, 방법'이라고 하였다.
④ 댄서로우(Dansereau)는 '학습전략이란 정보를 획득, 저장, 활용을 촉진시킬 수 있는 과정 또는 단계의 집합'이라고 하였다.
⑤ Weinstein과 Mayer는 '학습전략을 학습자의 학습 과정에 영향을 미치는 행동양식과 사고 체계로, 학습자가 새로운 정보를 획득, 기억, 재생하는 방식에 영향을 미치는 인간의 정보 처리 활동'이라고 하였다.

2 정의적 요인

(1) 학습동기 2018년 기출 ★

① 학습동기 개요
㉠ 동기는 행동에 활력을 주며 어떤 목표를 향하도록 방향을 제시할 뿐만 아니라 목표 달성을 위해 효과적인 행동을 하도록 강화한다. 즉, 동기는 행동을 유발하고, 방향을 제시하고, 유지하는 신체적, 심리적 상태라고 할 수 있다.

ⓛ 학습동기는 학습자가 학습목표를 이루기 위해서 공부하도록 하는 원동력이라 할 수 있다.
　　ⓒ 학습자의 행동뿐만 아니라 학습의 능률과 결과를 결정짓는 학업성취도에 중요한 요인이다.
　　ⓔ 학습자가 목표를 향해서 에너지를 동원하기 위해서는 교사가 학습자의 동기화 과정을 정확히 이해하고 적절한 동기 유발 방법을 사용하는 것이 필요하다.
　　ⓜ 학습자 스스로 자신의 욕구와 동기에 대한 자각을 하는 것이 필요하다.
② 학습동기 주요 이론
　㉠ **기질적 관점**
　　ⓐ 클로닝거(Cloninger, C.R)는 자극에 대해 자동적으로 일어나는 정서적 반응 경향으로서 기질을 크게 자극추구, 위험회피, 사회적 민감성으로 구분하였다.

기질	특성	신경전달물질
자극 추구	새로운 자극이나 보상신호에 대한 반응 및 처벌을 자극적으로 회피하기 위한 반응	도파민
위험 회피	처벌이나 위험의 신호, 보상 부재의 신호에 대한 반응	세로토닌
사회적 민감성	사회적 보상 신호 및 타인의 감정에 대한 민감성	노르에피네프린

　　ⓑ 기질적인 관점에서 학습동기가 낮거나 없는 상태의 원인에 대해서 주변세계에 대한 호기심이 부족하고 겁이 많아 사회적 보상에 대해 둔감하고 인내력이 낮은 기질적 특성을 타고났기 때문이라고 한다.
　㉡ **정신분석적 관점**
　　ⓐ 성장과정에서 기본적인 욕구가 얼마나 잘 충족되었는가에 따라 에너지의 흐름은 발달단계를 잘 거쳐 갈수도 있고 특정 욕구에 고착되기도 한다.
　　ⓑ 특정단계에서 머무르면 심리적 고착이 되어서 후에 학습과정에 영향을 미친다는 것이다.
　㉢ **행동주의적 관점** 2018년 기출 ★
　　ⓐ Pavlov는 고전적 조건화이론에서 행동의 동기를 불러일으키지 않는 대상을 행동의 동기를 쉽게 불러일으키는 대상과 지속적으로 같이 제시하면 결국 그 대상에 대한 동기를 불러일으킬 수 있다고 주장하였다.
　　ⓑ Skinner는 조작적 조건화 이론에서 특정한 행동을 우연히 했는데 결과적으로 보상을 받게 되면 그 행동은 계속하게 되고, 반대로 아무런 보상을 받지 못하거나 벌을 받는다면 그 행동은 더 이상 하지 않게 될 것이라고 보았다.
　　ⓒ 즉, 모든 행동은 학습된 것이며 학습원리에 의해서 새로운 행동을 하게 할 수도 있고, 행동을 하지 않게 할 수도 있다는 것이다.
　　ⓓ 그러므로 학습의 행동을 하게 하려면 적절한 강화와 보상을 사용해서 학습행동을 시작하고 유지하도록 할 수 있다는 것이다.

② **인지주의적 관점**
  ⓐ 행동의 결과와 원인에 대한 신념을 측정하고 부적절한 신념을 변화시켜서 동기를 수정하고자 하였다.
  ⓑ 인간의 학습에 대한 연구는 압도적으로 인지적 접근에 치중되어 있다.
  ⓒ 동기에 영향을 미치는 것은 자기결정성이라고 보았고, 자기결정성이란 인간이 스스로 결정하려고 하는 성향이다.
  ⓓ 자기결정성 정도에 따라 동기는 무동기, 외재적 동기, 내재적 동기 등의 유형으로 나타난다.
  ⓔ 학습 동기가 낮아지는 과정을 학습무기력 과정으로 설명했는데 이는 현재의 실패경험을 인지적으로 해석하는 과정에서 자신이 결과를 통제할 수 없다는 것과 그 결과가 미래의 비슷한 상황에서도 통제 불가능할 것이라는 믿음이 형성될 때, 무기력과 우울에 빠지게 된다는 것이다.
  ⓕ 학습무기력에 대한 인지과정을 수정하여 학습된 무기력을 변화시킬 수 있다.
ⓜ **인본주의적 관점** : Maslow(1970)는 욕구에 일정한 위계질서, 즉 생리적 욕구, 안전의 욕구, 소속과 애정의 욕구, 자존의 욕구, 지적인 욕구, 심미적 욕구, 자기실현의 욕구가 있으며 하위욕구가 충족되어야 상위욕구가 발생한다고 주장하며 욕구위계이론을 제안하였다.

③ **학습동기를 향상시키는 방법** 2020년, 2017년 기출 ★
  ㉠ 수행 가능한 과제를 달성하게 함으로써 자신의 능력을 지각하게 한다.
  ㉡ 학습동기가 낮은 이유를 파악하고 후속 자극을 통해 강화한다.
  ㉢ 행동 문제에 대해 객관적으로 평가할 수 있게 해 준다.
  ㉣ 자신의 능력과 같은 내적 귀인 보다는 과제 난이도와 같은 외적 귀인을 하게 한다.
  ㉤ 초기에는 간헐적 강화를 시도하다가 점차 자연강화를 받을 수 있도록 환경을 조성한다.

(2) Maslow 욕구이론 2018년, 2016년 기출 ★

① Maslow(1970)는 생리적 욕구, 안전의 욕구, 소속과 애정의 욕구, 자존의 욕구를 하위의 4개 욕구인 결핍욕구로 보았고, 지적인 욕구, 심미적 욕구, 자기실현의 욕구를 상위의 3개 욕구인 성장욕구로 구분하였다.

욕구		설명
성장욕구	자기실현의 욕구	인간의 욕구 위계 중 가장 높은 단계에 속하는 것으로 자기 자신이 잠재적으로 실현 가능한 모든 것을 발현하고자 하는 욕구이다.
	심미적 욕구	아름다움과 완전함을 추구하고자 하는 욕구로 예술품이나 완벽한 아름다움을 추구한다.
	지적인 욕구	자신의 주변을 둘러싸고 있는 세계에 대해 알고자 하는 호기심과 탐구심을 의미한다. 학습에 대한 욕구는 지적인 욕구와 관련된다.

욕구		설명
결핍욕구	자존의 욕구	자신을 가치 있는 사람으로 인정받고자 하는 욕구이다. 자존의 욕구가 충족되면 자신감, 유용감, 가치감 등을 갖게 되지만 그렇지 못한 경우 열등감, 무력감, 허탈감에 빠지게 된다.
	소속과 애정의 욕구	자신이 속한 집단에서 소속감을 느끼고 타인과 애정의 관계를 맺고자 하는 욕구이다.
	안전의 욕구	예측 불가능한 상황이나 위험한 상황을 피하려고 하는 경향, 두려운 타인이나 익숙하지 못한 상황에 접근하지 않으려는 경향 등을 의미한다.
	생리적 욕구	욕구 위계 단계의 맨 아래에 위치한 인간의 가장 기본적인 욕구로 공기, 물, 음식, 휴식 등을 포함한다. 배고픔이나 갈증, 피곤 등이 누적되었을 경우 상위욕구가 발달하지 못한다.

② 하위욕구가 충족되어야 지적욕구에까지 이를 수 있고, 지적욕구에 이른 개인은 높은 학습동기를 갖게 되지만 하위욕구가 충족되지 않은 개인은 하위욕구, 즉 결핍된 것을 먼저 확보하고자 하는 경향성 때문에 학습에 무관심하게 된다고 보았다.

(3) 성취동기 2014년 기출 ★

① 머레이(Murray), 앳킨슨(Atkinson), 맥클러랜드(McClelland)가 주장하였다.
② 도전적이고 어려운 과제를 성공적으로 수행하려는 욕구로 학교 학습 장면과 밀접한 관련이 있다.
③ 성취동기가 높은 학생
  ㉠ 중간정도의 난이도의 과제로 달성 가능하면서도 성취감을 느낄 수 있는 과제를 선택한다.
  ㉡ 학습과제를 실패했을 때 성취동기가 증가한다.
  ㉢ 도전적인 과제물, 높은 기준, 명백한 피드백, 재도전의 기회 등에 의해 동기화된다.
④ 성취동기가 낮은 학생
  ㉠ 아주 쉬운 과제와 아주 어려운 과제를 선택한다. 쉬운 과제는 별 노력 없이 성취할 수 있고 어려운 과제는 성공이 희박하므로 실패에 대한 변명이 가능하다.
  ㉡ 학습과제를 성공했을 때 성취동기가 증가한다.
  ㉢ 성공을 위한 여러 강화, 자유로운 평가, 실패로 인한 당황으로부터 방어 등에 의해 동기화된다.
⑤ 맥클러랜드(McClelland)와 앳킨슨(Atkinson)은 주제통각검사(TAT)와 같은 투사적 성격검사를 통해 개인의 성취동기 수준을 측정하였다.

(4) 자기결정성 이론 2021년, 2018년, 2017년, 2016년, 2015년 기출 ★

① **자기결정성의 개요** 2017년 기출 ★
  ㉠ 자기 결정성의 정도, 즉 자율성 조절의 종류에 따라 각기 다른 유형의 동기가 하나의 연속선상에 놓여진다고 본다.

ⓒ 아무런 동기도 없는 무동기로 시작하여 자기결정성이 거의 없고 외부의 보상이나 벌과 같은 외재적 동기에서 완전히 자신의 결정에 따라 행동하는 내재적 동기로 나누어진다.

ⓒ 데시와 라이언(Deci & Ryan)은 인간에게는 자기결정성이 존재하는데 이것이 동기에 영향을 미친다고 보면서 자신이 스스로 가치를 부여한 목표라면 그 목표를 성취하기 위한 행동을 더 적극적으로 수행하게 된다고 하였다.

② 자기결정에 따른 동기 및 조절방식 2021년, 2016년, 2015년 기출 ★

자기결정성에 따른 동기 유형(Deci & Ryan, 2000)						
행동	無	←	자기결정성	→		有
동기	무동기	외재적 동기				내재적 동기
자율성 조절 방식	무조절	외적 조절	부과적 조절	확인적 조절	통합된 조절	내적 원인
원인소재	없음	외적	약간 외적	약간 내적	내적	내적
관련 조절과정	무의도 무가치 무능력 통제의 결여	순종적, 외적인 보상, 처벌	자기 통제, 자아의 개입, 내적인 보상, 처벌	개인의 중요성을 의식함, 가치를 부여함	일치, 자각, 자기와의 통합	흥미, 즐거움, 과제 자체의 만족감

㉠ 무동기 2015년 기출 ★

ⓐ 학습자의 내면에서 동기가 전혀 작동하지 않은 상태이다.

ⓑ 무동기 상태의 학생들은 자신이 공부를 하더라도 목표하는 성과를 달성할 수 있다고 생각하지 않아 학습목표를 달성하기 위한 노력도 하지 않는다.

ⓒ 무동기 상태의 학생은 학습된 무력감에 빠져 있는 상태라고 할 수 있다.

ⓓ 어떤 행동을 하고자 하는 의도가 전혀 없으며 행동을 하더라도 특별한 의도 없이 무기력하게 움직일 뿐이다.

ⓔ 학습활동의 결과물을 얻으려고 기대하지도 않고, 자신의 학습행동에 대한 평가도 하지 않는다.

㉡ 외재적 동기

ⓐ 외재적 동기는 낮은 자율성을 갖는 형태로 부모나 교사와 같은 권위자들이 제시하는 행동을 하는 것을 의미한다.

ⓑ 외적 원인으로 동기화된 학생들은 학습에 의하여 동기화되지 않고 보상과 같이 원하는 결과를 얻거나 처벌을 피하기 위해 행동을 취한다.

ⓒ 동기 유형 중에서 유일하게 내재적 동기와 대조되는 개념으로 내재적 동기를 저해시키는 것으로 알려져 왔다.

㉢ 내재적 동기

ⓐ 내재적 원인은 자기결정성을 갖고 수행하며 과제 자체에 대한 고유한 관심이나 행

위를 하는 그 자체가 즐겁고 재미있기 때문에 행동을 취하는 것을 의미한다(Ryan & Connell, 1998).
　　　ⓑ 내재적 원인의 예로는 "그것이 재미있으니까", "그것을 즐기기 때문에" 등의 반응을 들 수 있다.
　ⓔ **외적 조절**
　　　ⓐ 외적인 상황에 따라 어쩔 수 없이 행동을 하는 상태로 타인에 의해 통제된다.
　　　ⓑ 외부의 보상과 처벌이 행동을 하는 동기가 된다.
　ⓜ **부과된 조절**
　　　ⓐ 외적 조절은 타인에 의해 통제되는 것이지만 부과적 조절은 자기 자신과 다른 사람들의 인정을 받거나 비판을 회피하기 위하여 행동한다.
　　　ⓑ 보상이나 압력은 타인에 의한 것이 아니라 자기 자신에 의해 이루어지는 것이다.
　　　ⓒ 그러나 진정한 자기결정성 단계는 아니며 행동에 대한 원인들을 막 내면화시키기 시작하는 단계이다.
　ⓗ **확인된 조절**
　　　ⓐ 확인된 조절은 외적 원인이나 부과적 조절과는 대조적으로 내면화의 깊은 수준에 도달되어 있는 상태이다.
　　　ⓑ 그것 자체에 대한 기쁨이나 자기만족보다는 어떤 목적을 달성하기 위해 행하여지는 것이기 때문에 외재적 동기 중 하나로 분류된다.
　　　ⓒ 전형적으로 '내가 원하니까'의 형태를 취하며 외적 조절이나 부과적 조절보다 훨씬 더 내재적 동기와 밀접하게 연관되어 있으나 기쁨이나 즐거움과 같은 감정들을 내포하지 않는다.
　ⓢ **통합된 조절**
　　　ⓐ 앞서 확인된 조절이 자신의 가치, 목표, 욕구, 정체성 등과 조화를 이루며 통합될 때 발생한다.
　　　ⓑ 스스로 그 행동이 가치 있다고 판단되어 부여된 목표나 개인적인 중요성 때문에 스스로 선택하여 행동을 취하는 경우이다.
　　　ⓒ 내재적 동기와 특성이 비슷하지만 과제 자체의 즐거움보다 개인적으로 중요한 결과를 얻고자 행해지기에 외재적인 부분이다.
　　　ⓓ 예를 들어, 공부하는 것이 나에게 가치 있는 일이기에 사회에 필요한 사람이 되고자 공부하는 경우 등이다.
③ **무동기 내담자와의 상담목표** 2014년 기출 ★
　㉠ 궁극적인 상담목표는 학습 동기 및 학업 성취도 향상이다.

Section 02 학업관련 요인

ⓒ 내담자의 특성 및 상황에 따라서 다양한 단기, 중기 목표설정이 필요하다.
ⓒ 단기 목표의 설정은 일상생활에서 자기의 노력으로 변화를 일으킬 수 있는 것이 바람직하다.
ⓔ 중기 목표의 설정은 학습과 관련된 성공 경험에 초점을 맞추는 것이 필요하다.

④ 발레란드와 비소네트(Vallerand & Bissonnette)는 자율성이 낮은 순서대로 8단계로 구분하였다. 2019년, 2018년, 2016년 기출 ★

무기력 단계	학습동기가 전혀 내면화되지 않은 상태이다.
외적 강압 단계	직접적으로 보상을 주거나 통제를 가하거나 구체적인 행동을 지시할 때 행동을 수행하게 된다. 벌을 피하고 보상을 받기 위해 공부를 한다.
내적 강압 단계	자기가 스스로 통제하려 하지만 행동에 직접적인 통제자가 자신으로 외적 가치나 보상체계가 그대로 내면화한 단계이다.
유익 추구 단계	목표를 이루기 위해 유익한 행동을 스스로 선택해 수행하는 단계이다.
의미부여 단계	행동을 수행하면서 갈등을 경험하지 않은 단계로 공부하면서 내적 갈등이나 긴장을 경험하지 않는다.
지식탐구 추구 단계	알고 이해하고 의미를 추구하려는 욕구에 의해 공부를 한다.
지적성취 추구 단계	과제를 완벽하게 수행하므로 스스로 유능감을 느끼고, 즐거움과 만족을 얻기 위해 공부하는 단계이다.
지적자극 추구 단계	흥분되는 학습 내용을 통해 강렬한 지적 즐거움을 얻기 위해 공부하는 단계이다.

⑤ 심리적 욕구 2020년 기출 ★
ⓐ 자기결정성 이론에 따르면 인간이 역량과 기능을 잘 발휘하려면 세 가지 심리적 욕구를 충족시켜야 한다고 한다.
ⓒ 세 가지는 유능감, 자율성, 관계성으로 태어나면서부터 가지고 있는 보편적 특성이다.
　ⓐ 유능감 욕구 : 과제를 효과적으로 통제하며 성공적으로 수행하는 능력을 갖고자 하는 욕구
　ⓑ 자율성 욕구 : 외부 통제, 간섭없이 스스로의 행동을 자율적으로 선택, 결정하는 욕구
　ⓒ 관계성 욕구 : 의미 있는 타인과 관계를 맺고자 하는 욕구

(5) 귀인이론

① 귀인이론의 개요 2018년, 2016년 기출 ★
ⓐ 행동의 결과, 특히 성공과 실패를 설명하는 방법에 관한 인지적 접근을 귀인이론이라고 한다.
ⓒ 교육상황이 끊임없이 학생들에게 성공과 실패를 가져다준다는 점에서 귀인이론은 중요한 교육적 의미를 함축하고 있다.

② 귀인의 4요소 : 와이너(Weiner)는 사람들이 자신의 성공 및 실패의 원인으로 가장 많이 귀인하는 '능력', '노력', '과제 난이도', '운'이라는 4가지 요소를 설정하였다.

능력	내적요인이며 안정되어 있어서 변화가 어렵다. 예 "난 원래 머리가 좋아."
노력	내적요인이며 불안정되어 있어서 경우에 따라 차이가 있다. 예 "이번에는 열심히 노력해서 성적이 잘 나왔네."
과제 난이도	외적요인이며 근본적으로 안정적 특성이다. 예 "문제가 쉬워서 점수가 잘 나왔네."
운	운은 외적요인이며 비안정적이며 예측 불가능하다. 예 "찍었는데 다 맞았네."

③ 귀인의 3가지 차원 2021년, 2016년 기출 ★

㉠ **통제소재** : 어떤 일의 성공이나 실패에 대한 책임을 내적인 요인에 두어야 하는지 외적인 요인에 두어야 하는지에 대한 것이다.

㉡ **안정성** : 어떤 일의 원인이 시간의 경과나 특정한 과제에 따라 변화하는가의 여부에 따라 안정성과 불안정으로 분류된다.

㉢ **통제가능성** : 그 원인이 학습자의 의지에 의해 통제될 수 있느냐의 여부에 따라 통제가능과 통제불가능으로 분류된다.

④ 귀인과 각 차원의 관계 2015년 기출 ★

㉠ 내부적 또는 외부적 요인, 안정적 또는 비안정적인 요인, 통제 가능한 또는 통제 불가능한 요인으로 분류된다.

구 분	통제소재	안정성 여부	통제가능성 여부
능 력	내 적	안정성	통제불가능
노 력	내 적	불안정성	통제가능
과제 난이도	외 적	안정성	통제불가능
운	외 적	불안정성	통제불가능

㉡ 시험의 실패에 대한 귀인

차원 분류			실패 이유
통제소재	안정성	통제가능성	
내 적	안정성	통제불가능	적성에 맞지 않아.
		통제가능	절대 공부를 안 한다.
	불안정성	통제불가능	시험 당일에 아팠다.
		통제가능	해당 시험을 위해 공부하지 않았다.
외 적	안정성	통제불가능	학교의 요구 사항이 너무 높다.
		통제가능	교사가 편파적이다.
	불안정성	통제불가능	운이 나빴다.
		통제가능	친구들이 도와주지 않았다.

⑤ 귀인과 학업관계
  ㉠ 내외적 차원은 귀인 성향 분류의 가장 일반적인 준거이다.
  ㉡ 안정성의 차원은 미래에 대한 기대와 밀접하게 관련이 있다.
  ㉢ 통제성 차원은 자신이 결과를 통제할 수 있다는 믿음과 관련이 있다.
  ㉣ 통제 부위는 학생들의 저조한 성적을 설명하는 데 매우 중요하다.
  ㉤ 지능이 같은 경우 내적 통제 부위를 나타내는 학생들은 외적 통제 부위의 학생들보다 높은 학업 성취 수준을 보였다.
  ㉥ **브룩오버(Brookover)** : 학생들의 학업 성취를 예언하는 데 능력 다음으로 중요한 요인이 바로 통제 부위라고 주장하였다.
  ㉦ **이유** : 학교에서의 성공이 운이나 교사의 변덕, 기분, 혹은 다른 외적 요인에 있다고 믿는다면 이들은 별로 노력하지 않을 것이다.
  ㉧ 성공이나 실패의 원인이 주로 자신의 노력의 정도에 달려 있다고 믿는 학생들은 성공을 원하는 한 열심히 노력을 기울일 것이다.

⑥ 학습된 무기력감
  ㉠ **학습된 무기력감** : 동기 유발에 있어서 가장 큰 문제는 학생이 실패의 원인을 자신의 능력 부족 등의 내적, 안정적, 비통제적 원인에 돌릴 때 발생한다.
  ㉡ 학습된 무기력감을 느끼는 학생은 실패에 대하여 절망감을 갖게 되고, 우울해 하며 무기력하다.
  ㉢ 자신의 부족함에 초점을 맞춤으로써 실패에 대해 부정적인 반응을 나타낸다.
  ㉣ 공부에 대한 태도는 더욱 더 악화되어 자신은 과거의 경험에 비추어 볼 때 실패할 운명이므로 해보나마나 실패할 것이라고 생각한다.
  ㉤ 학습된 무기력감에 빠진 학생들의 경우에는 노력을 강조하는 귀인 변화 훈련이 악영향을 미칠 수도 있음에 주의해야 한다.
  ㉥ 누적된 학습 결손으로 인해 학습된 무기력감에 빠진 학생들의 경우 귀인 변화 훈련과 함께 효율적인 학습 전략의 교수가 수반되어야 한다.

⑦ 학습 동기를 증가시키는 요인
  ㉠ 외적 요인보다는 내적 요인에 귀인한다.
  ㉡ 안정적 요인보다는 불안정적 요인에 귀인한다.
  ㉢ 통제 불가능 요인보다는 통제 가능 요인에 귀인한다.

(6) 자기효능감 이론 2021년, 2020년, 2019년, 2018년 기출 ★

① 반두라(Bandura)의 사회학습이론은 사회적 환경과 인간의 인지, 행동 능력이 학습과 발달에 미치는 중요성을 강조한다. 즉, 행동, 개인적인 요인, 사회 환경들의 끊임없는 상호작용이 맞물려서 결정요인으로 작용한다는 것이다.
② 반두라(Bandura)는 사회학습이론에서 자기효능의 역할을 강조해 왔다. 인간이란 감정, 사고, 행동을 통제할 수 있는 자기반영적인 능력을 지니고 있다고 보았는데 가장 강력한 자기조절 과정의 하나로 자기효능감(Self-efficacy)을 들었다.
③ 자기효능감이란 자신이 어떤 일을 잘해낼 수 있다는 개인적 신념이다.
④ 자기효능에 관한 지각은 개인이 추구하거나 피하려고 선택하는 활동에 영향을 미쳐서 그가 누구인지, 그가 무엇이 될 것인지를 결정하게 된다.
⑤ 반두라(Bandura)는 자기효능감이 다음의 네 가지 요인을 통해 형성된다고 보았다. 2018년 기출 ★

성취경험	어떤 사람이 목표를 달성하기 위하여 시도한 결과가 성공과 실패를 얼마나 했느냐에 따라 자기 효능감이 달라질 수 있다고 한다.
대리경험	타인의 성공과 실패를 얼마나 그리고 절실하게 목격했느냐하는 대리 경험에 의해 자기 효능감이 영향을 받는다는 것이다.
언어적 설득	타인으로부터 무엇인가를 잘 해낼 수 있다는 말을 얼마나 자주 듣느냐에 따라 자기효능감이 달라질 수 있다는 것이다.
생리적, 정서적 상태	피로, 배고픔과 같은 생리적 요소와 불안, 좌절 등과 같은 정서적 반응, 그리고 그것을 적절히 조절하는 능력에 의해서 자기효능감이 달라진다는 것이다.

(7) 흥미

① 흥미의 개념 2016년 기출 ★
 ㉠ 흥미를 개인의 기질적 특성의 하나로 보는 관점으로 오랜 시간 동안 지속되는 특정한 과목이나 주제에 대한 관심영역을 의미한다.
 ㉡ 흥미를 교과 내용, 학습 방법 등과 같은 상황적, 환경적 특성에 의해 생기는 것으로 파악하는 것이다. 이런 관점에서 본다면 상황적, 환경적 특성의 변화를 통해 학생의 흥미를 느끼도록 다양한 방법을 개발하는 것이 중요한 관점이다.
 ㉢ 흥미를 개인적 성향이 특정한 맥락과의 상호 작용을 통해 흥미를 느끼는 심리적 상태로 활성화되는 것이라고 보는 관점이다. 흥미가 활성화되려면 그 주제나 활동에 대해 얼마나 가치를 부여하는지, 선행된 지식은 얼마나 갖고 있는지 등이 영향을 준다고 본다.
② 레닝거(Renninger)의 선행지식과 활동가치에 따른 흥미의 유형 : 학습자가 학습주제나 활동에 대해 높은 수준의 가치부여를 하고 그에 관해 선행지식이 높아야 흥미가 생길 수 있다는 것이다.

Section 02 학업관련 요인

구분		낮음	활동가치 높음
선행 지식	낮음	무시	매력
	높음	흥미없음	흥미

③ 하이디(Hidi)와 레닝거(Renninger)의 흥미발달단계 2019년, 2015년 기출 ★

구분	정의	필요지원의 유형	특징
상황적 흥미의 촉발	정서적, 인지적 과정의 단기간에 변화에서 생긴 심리적 상태	퍼즐, 모둠활동, 컴퓨터 등 흥미를 유발할 수 있는 환경적 조건	관심이 집중되고 정서적 반응이 나옴, 초기에는 부정적인 정서 반응이 나올 수도 있음
상황적 흥미의 유지	관심이 촉발된 이후 심리적 상태 : 집중과 관심을 유지하는 단계	협동학습과 일대일 학습 등 개인적으로 학습 내용을 의미 있게 받아들일 수 있도록 교육적 환경 조성	관심의 집중과 정서적 반응, 부정적 정서가 있다면 개인적 흥미로 발전되기 전에 바뀌어야 함
개인적 흥미의 등장	내용에 대한 지속적인 관심이 나타나 흥미가 개인의 성향이 되는 초기 단계	또래나 전문가 등의 지원이 있기는 하지만 스스로 흥미를 갖게 되는 초기 단계	긍정적인 관심과 내용 관련 지식의 축적과 호기심 어린 질문을 하게 되는 초기 단계
개인적 흥미로 자리잡음	시간이 지나도 특정 주제에 대해 지속적인 흥미를 보이는 단계	상당한 정도의 자발적 흥미를 보이며 외적인 지원도 유지하는 데 도움	긍정적 감정, 지식의 증가 및 축적, 자기조절 및 자기성찰의 증가

(8) 자아개념

① **자아개념의 의미**
  ㉠ 자아개념은 개인이 그 자신에 관해 사실이라고 믿는 믿음들의 복합적이고 역동적인 체제로 자기 자신에 대한 지각이나 관점을 말한다.
  ㉡ 사회구성원 간의 상호작용에 의해 형성되고 발달되며 경험적 자아에 관계되는 모든 것에 대한 지각이다.

② **자아개념의 특성**
  ㉠ 자아개념의 이론적 구조를 밝힌 Shavelson, Hubner, Stanton(1976)에 따르면 자아개념은 다면적이고 위계적으로 되어 있다고 본다.
  ㉡ 일반적 자아개념의 하위구조는 크게 학업적 자아개념, 비학업적 자아개념으로 구분한다.
    ⓐ 학업적 자아개념 : 개별 교과목과 관련된 자아개념
    ⓑ 비학업적 자아개념 : 사회적 자아개념, 정서적 자아개념, 신체적 자아개념
  ㉢ 가장 상위에 있는 일반적 자아개념은 일단 형성되면 쉽게 변하지 않고 안정적이다.
  ㉣ **발달적 특성** : 어린 아동의 자아개념은 총체적이고 미분화되고 상황의존적이지만 차츰 성장함에 따라 주체로서의 여러 가지 형태의 자아개념을 분화시켜 나가고, 이와 동시에 분화된 자아 사이에 통합을 시도한다.

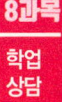

⑩ **평가적 특성** : 개인은 여러 상황에서 자신을 기술할 뿐 아니라 동시에 자신에 관한 평가를 하는데 이때 평가의 기준은 어떤 절대적 이상일 수도 있고, 타인과의 비교일수도 있고, 유의미한 타인의 지각이 어떤가에 대한 평가일 수도 있다.

(9) 켈러(Keller)의 'ARCS 이론' 2021년, 2019년 기출 ★

① 학습자의 동기를 유발하고 유지시키기 위해서 4가지의 중요한 변인을 지적하고 있다. 그것들은 주의(attention)를 집중시키고, 관련성(relevance)을 확인하고, 자신감(confidence)을 고취시켜주고, 그리고 만족감(satisfaction)을 갖도록 해주는 것이다. 이것을 변인들의 앞자를 따서 ARCS 이론이라고 명명하였다.

② **주의(attention)** : 학습동기가 유발되기 위해서는 학습자극에 학습자가 주의를 기울이고 이를 지속할 수 있어야 한다.
  ㉠ **지각적 주의환기전략** : 새롭고 놀라우면서 기존의 것과 모순되거나 불확실한 정보를 수업에 사용함으로써 학습자의 주의유발전략
  ㉡ **탐구적 주의환기전략** : 질문을 하고 이에 대한 답을 찾게 함으로써 동기유발전략
  ㉢ **다양성 전략** : 수업방법을 다양화함으로써 학습자의 주의유지전략

③ **관련성(relevance)** : 학습과제와 학습자의 개인적 흥미와 목적을 어떻게 관련시킬 수 있는가 하는 것으로 수업방법과 긴밀하게 관련된다.
  ㉠ **친밀성 전략** : 학습자의 경험이나 가치와 관계있는 구체적 용어, 보기 및 개념들을 활용하는 것이다.
  ㉡ **목표 지향성** : 수업의 목표와 유용성을 제시하는 진술이나 예문을 제공하고 성취를 위한 목표를 제시하거나 학습자들이 그 목표를 정의하는 것이다.
  ㉢ **필요나 동기와의 부합성** : 학습자들의 필요나 동기와 결합될 수 있는 교수전략을 활용하는 것이다.

④ **자신감** : 지속적인 동기화를 위해서는 학습에 대한 관련성을 인식한 후 학습자들이 학습에 성공할 가능성이 있다는 신념과 자신감을 갖도록 해야 한다.
  ㉠ **학습의 필요조건** : 학습자에게 수행의 요구사항과 평가 기준을 제시하면서 학습자가 과제의 본질과 성공 가능성을 평가할 수 있도록 한다.
  ㉡ **성공의 기회** : 학습자는 새로운 지식이나 기술 기능을 학습할 때 대체로 자신이 잘 해낼 수 있을 것이라고 믿거나 적어도 노력을 통해 해낼 수 있을 거라고 믿은 경우에 더 잘 동기화된다.
  ㉢ **개인적 통제감** : 학습의 단계와 과정은 학습자의 능력이나 노력에 의해 성공할 수 있는 기회를 만들어 주는 방식으로 구성되고 이루어져야 한다.

⑤ **만족감** : 동기의 한 요소로 만족감이 강조되는 이유는 학습자의 노력의 결과가 기대와 일치하게 되면 학습동기는 계속 유지될 수 있기 때문이다.
  ㉠ **자연적 결과** : 학습자의 내적 동기를 유지시키려는 것으로 학습자가 새롭게 습득한 지식이나 기능을 실제 또는 모의 상황에 적용해 볼 수 있는 기회를 제공하는 것이다.
  ㉡ **보상** : 바람직한 행동을 계속 유지시킬 수 있도록 강화와 피드백을 제공하는 것이다. 동기 유발을 위한 피드백은 문제 해결의 결과에 집중하는 것이 아니라 문제 해결의 과정에 집중하며 노력과 책임을 강조하는 것이 좋다.
  ㉢ **공정성** : 학습자의 학업성취에 대한 기준과 결과가 일관성 있게 유지되는 것이다.

> **Plus Study** ● 드웩의 목표지향성 이론 2021년 기출 ★
>
> - **숙달목표** : 과제의 숙달 및 이해의 증진 등 학습활동 그 자체에 초점을 둔 목표로 자신의 유능감을 향상시키는 데 관심을 둔다.
>   예 "나는 새로운 것을 배울 수 있는 도전적인 숙제를 좋아한다. 내가 공부하는 이유는 수업내용을 완벽하게 이해하고 싶기 때문이다. 나는 수업에서 가능한 많은 것을 배우고 싶다." 등이다.
> - **수행목표** : 자신의 능력을 타인의 능력과 비교하는 데 초점을 둔 목표로 자신의 능력이 타인에 의해 어떻게 평가받는지에 관심을 둔다.
>   예 "나의 목표는 다른 학생들보다 좋은 성적을 받는 것이다. 나는 다른 학생보다 좋은 점수를 받는 상상을 하면 의욕이 생긴다." 등이다.

3 환경적 요인

(1) 학습 환경의 개념

① 학습 환경으로는 가정, 학교, 또래, 지역 사회 등 학생들을 둘러싼 모든 환경이 포함된다.
② 공간, 온도, 소음, 조명 등의 물리적 환경뿐 아니라 학습에 대한 지지도, 주변인들의 학습행동, 학력이 중시되는 풍토, 학습과 관련된 상호작용 등 구조적이고 과정적인 환경도 매우 중요하다.
③ 상담자들은 전학, 이사, 부모의 이혼 등 갑작스러운 환경의 변화나 가정의 불화, 교사와의 갈등, 또래와의 실패와 같은 스트레스를 주는 심리적 환경과 내담자의 학습을 방해하는 환경이 무엇인지 확인할 필요가 있다.

(2) 가정 환경 2017년, 2016년, 2015년 기출 ★

① 부모가 자녀의 학습 환경이나 학습에 대해 보이는 관심은 자녀의 학업성취와 밀접한 관련이 있다.
② 이클스(Eccles), 윅필드(Wigfield), 쉬펠레(Schiefele)는 자녀의 학습과 관련된 부모의 태도 분류를 6가지로 세분화하면서 각각의 항목에 대한 부모의 태도는 자녀의 학업에 중요한 영향을 준다고 하였다. 2015년 기출 ★

㉠ 자녀의 학업수행에 대한 귀인
㉡ 과제 난이도에 대한 인식
㉢ 자녀의 능력에 대한 기대와 확신
㉣ 학업에 대한 가치부여
㉤ 실제적인 성취 수준
㉥ 성공하는 데는 장애물이 있으므로 이를 극복하기 위한 전략

③ 부모의 관여
㉠ **학업에 긍정적인 영향을 주는 양육태도** : 미스(J. Meece)는 온정적이며 지지적이고 호기심과 탐구하는 자세를 격려하며 적절한 학습자료를 제공한다. 일방적인 의사소통보다는 의사결정에 자녀가 참여하며 선택과 권한을 갖도록 한다.
㉡ **학업에 부정적인 영향을 주는 양육태도** : 비현실적이고 과도한 기대를 하며 학업성취에 대한 압력이 지나치게 높고 차갑고 반복하는 분위기와 일방적인 지시를 하는 것이다.

④ 미스(J. Meece)의 학업동기를 높이는 의사소통 방법 2017년, 2016년 기출 ★
㉠ 자녀의 자율성을 존중한다.
㉡ 여러 대안을 제시하면서 선택할 여지를 준다.
㉢ 자녀의 감정과 욕구를 잘 알아주면서 소통한다.
㉣ 지시적으로 하기보다는 제안하는 형태로 부모가 원하는 것을 전달한다.

(3) 학교 2016년, 2015년 기출 ★

① 교사 2016년 기출 ★
㉠ 교사가 학생에 대한 신념, 교사로서의 효능감, 교사가 학생에게 자신의 신념을 나타내는 방법 등은 모두 학생의 학습 과정 및 결과에 큰 영향을 미치는 요인이다.
㉡ 교사가 학생에게 학업 수행의 결과에 대해 어떻게 상호 작용하느냐에 따라서 학생은 자신의 학습 능력에 대해 긍정적으로 생각할 수도 있고 반대로 부정적으로 생각할 수도 있다.
㉢ **교사의 피드백 유형**[로젠샤인과 스티븐슨(Rosenshine와 Stevenns)] 2019년, 2016년, 2015년 기출 ★

유 형		정 의	예 시
긍정적 피드백	수행 피드백	과제를 얼마나 정확하게 했는지, 제대로 하기 위해서는 어떻게 수정해야 하는지 등에 대한 피드백을 제공한다.	• "맞았어." • "첫 번째 부분은 잘했는데, 그 다음까지 계속 써야 한단다."
	동기 피드백	잘하고 있는지에 대한 정보를 제공하고 다른 학습자와의 비교나 설득이 포함될 수도 있다.	"네가 잘해 낼 줄 알았단다."
	귀인 피드백	학생의 수행을 하나 또는 그 이상의 다른 속성으로 귀인한다.	"열심히 하더니 좋은 성적을 얻었구나."
	전략 피드백	학생이 사용한 전략이 효과적이었는지에 대해 피드백을 제공하고, 아울러 과제를 하기 위해 어떤 전략을 사용해야 할지를 알려준다.	"이런 순서로 한 것은 아주 잘했구나."

Section 02 학업관련 요인

| 부정적 피드백 | 학생들의 수행이나 행동이 부적절하거나 혹은 부정확한 상황을 학생들에게 알기 위해 사용된다. 부정적 피드백은 짧고 자주 사용하지 않을 때 효과적이다. | "틀렸군요." |

ⓔ 평가 피드백과 비평가 피드백

| 평가적 피드백 | 학생들의 반응과 행동에 대해 "훌륭하군요.", "더 노력해야겠어요." 라는 언어적 표현이나 교사들의 얼굴 표정으로 나타나는 비언어적 표현들로 학생들의 수행에 대한 가치 판단을 제공하는 피드백이다. |
| 비평가적 피드백 | 사실적이고 객관적인 기준에 초점을 두어 "너는 이번 시험에 열 문제 중 여덟 개를 맞았다."라고 말하는 것으로 성적이 좋은지 나쁜지에 대한 판단이 들어있지 않은 사실적 내용만을 제공하는 피드백이다. |

ⓜ **피그말리온 효과**(자기충족적 예언) 2021년, 2017년 기출 ★

ⓐ 로젠탈과 제이컵슨(Rosenthal & Jacobson) 두 교육학자는 1964년 영국에 있는 오크학교(Oak school)를 대상으로 교사가 가지고 있는 '자기충족적 예언'이 학습결과에 어떤 영향을 끼치는지 연구하였다.

ⓑ 1학년 입학 어린이에게 형식적인 지능검사를 한 후 무작위 선정하여 교사에게 이 어린이는 앞으로 공부를 잘 할 거라고 예언을 해 두었더니 8개월 후 예언을 한 어린이들이 다른 어린이들에 비해 공부를 잘 했다는 연구이다.

ⓒ 교사의 긍정적인 칭찬이 학업성적에 반영된다는 것이다.

② 또래

㉠ 또래는 심리적인 안정감과 소속감을 제공해 주는 역할을 한다.

㉡ 학습에 관련하여 긍정적인 역할을 할 수도 있고, 부정적인 역할을 할 수도 있다.

㉢ 아동기에서 청소년기에 들어가면서 또래의 중요도는 높아진다.

③ 학급

㉠ **물리적 환경** : 교실의 넓이나 구조, 온도, 책상의 크기나 형태도 학습에 영향을 줄 수 있다.

㉡ **사회적 환경** : 경쟁을 강조하는 분위기인지, 협동을 강조하는 분위기인지, 학업성적에 대해 상대적 평가의 의미를 강조하는지 혹은 절대적 평가의 의미를 중시하는지, 학업에 대한 자율권을 어느 정도 허용하는지 등이 학업에 영향을 줄 수 있다.

㉢ Maehr와 Midgley는 특히 학습과 관련된 주요한 결정을 할 때, 학생들의 자율권을 얼마나 허용하는가가 학생들의 학습동기를 향상시키고 자발적으로 학습전략을 사용하도록 하는데 영향을 끼친다고 보았다.

④ 학업성취격차 2016년 기출 ★
  ㉠ **학업성취격차의 내적 요인** : 학교 여건, 학생문화, 학교풍토, 교사기대, 학급규모 등
  ㉡ **학업성취격차의 외적 요인** : 지능, 사회경제적 배경(가정환경) 등
    ⓐ 지능 : 교육의 격차는 개인의 지능차이로 발생한다고 보며 지능이 타고난 지적 능력뿐 아니라 환경의 영향을 받는다고 밝혔다.
    ⓑ 사회경제적 배경(가정환경) : 콜먼(J. Coleman)은 1960년대 교육 불평등을 일으키는 요소에 대한 연구 보고서에서 부모의 양육 방법, 부모의 사회적·문화적 자본, 가정환경 등 학교의 외적요인이 학생의 학업성취도에 미치는 영향은 절대적이며 학급당 학생 수, 예산 규모, 교사 능력, 교과 과정의 완성도 등과 같은 학교와 관련된 학교 내적 요인의 영향력이 상대적으로 낮다는 결과를 제시하였다.

⑤ 캐롤(Carroll)의 학교학습모형 2015년 기출 ★
  ㉠ 학습에 필요한 시간을 투입하면 완전학습을 할 수 있다는 것이다. 학습과 관련된 변인으로 적성(능력), 수업이해력, 지구력, 학습기회, 수업의 질이 있다.
  ㉡ **학생변인**
    ⓐ 적성(능력) : 최적의 조건하에 학습과제 성취에 필요한 알맞은 성질이나 적응 능력
    ⓑ 수업이해력 : 교사의 설명이나 교수내용을 이해하는 능력
    ⓒ 지구력 : 학습자 내부로부터 학습에 자신의 시간과 노력을 투입하고자 하는 능력
  ㉢ **교사변인**
    ⓐ 학습기회 : 특정과제를 학습할 때 학습자에게 실제로 주어지는 시간
    ⓑ 수업의 질 : 최적 수준에 도달하면 학습에 필요한 시간을 절약할 수 있다.

Plus Study ● 학습관련 인지적, 정의적, 환경적 요인 2017년, 2016년, 2014년 기출 ★

인지적 요인	두뇌의 기능, 지능, 학업기초능력, 선수학습수준, 학습전략
정의적 요인	학습동기, 매슬로우 욕구이론, 성취동기, 자기결정성 이론, 귀인이론, 자기효능감, 흥미, 자아개념, 켈러의 'ARCS이론'
환경적 요인	가정환경, 학교환경 등

Section 03 학업관련 문제 유형

> **학습목표**
> 학습과 관련된 문제유형(학습부진, 학습부진영재아, 주의집중력문제, 시험불안, 발표불안, 학습부적응)들에 대해서 살펴본다.

1 학습부진

(1) 학습부진의 개요 2021년, 2017년, 2016년, 2015년, 2014년 기출 ★

① 학습부진의 정의
   ㉠ 학습부진(under achivement)은 지능은 정상인데도 심리적인 요인이나 환경적 요인에 의해 학업성취가 그 연령에서 기대되는 수준보다 낮은 경우를 말한다.
   ㉡ 개인이 특정한 영역을 제대로 하지 못하거나 기대했던 것보다 잘하지 못할 때 쓰는 포괄적인 개념이다.
   ㉢ 교육부는 학습부진을 기초학습부진과 교과학습부진으로 구분하고 있으며 학습부진으로 분류되면 최소한의 학습 능력을 갖추고 있어야 한다.
   ㉣ 학교 현장에서 학습부진의 기준 중 교과학습부진은 해당학년 교과 교육 과정에 지시된 최소 수준의 목표를 도달하지 못한 경우이며 기초학습부진은 초등학교 3학년 수준의 3Rs(읽기, 쓰기, 기초수학) 능력에 도달하지 못한 경우이다.
   ㉤ 학습부진의 요건은 지능보다 환경적 조건의 결함이 더 중요한데 신체적 발달의 지연, 학습동기 부족, 교사의 낮은 기대, 공부기술의 부족, 학습시간의 부족 등이다.
   ㉥ 학습 부진아는 다수의 학습자에게 사용되는 보편적 교재나 교수 방법으로는 학습하지 못하는 특징을 지니고 있다.
   ㉦ 능력과 성취의 편차, 기대되는 학년 수준과 성취된 학년에 차이 등으로 설명할 수 있다. 즉, 학생이 정상적인 지적능력과 잠재적인 능력을 지니면서도 수락 가능한 최저 수준의 학업성취에 도달하지 못하는 상태를 말한다.

② 학습부진과 유사개념 2020년, 2016년 기출 ★

학습지진	지능으로 대표되는 지적 능력의 저하로 인하여 학업성취가 뒤떨어진 상태를 말한다. 경계선급 경도 장애를 보이며 학습능력도 평균 수준에 미치지 못한다.
학업저성취	학습부진과 혼용되는 개념으로 일반적으로 성취수준을 집단별로 구분하여 하위집단에 속하는 경우를 말한다. 잠재적인 능력 수준이나 지적능력을 고려하지 않고, 결과로 학업 성취 수준을 이야기한다.
학업지체	국가적으로 혹은 지역적으로 규정된 학년, 학기의 학습 목표를 달성하지 못한 상태를 말한다. 학업 과업을 적절히 성취하지 못하여 지체된 것으로 다른 아동들에 비하여 누적된 결손을 보인다.

학습장애	정신지체, 정서장애, 환경 및 문화적 결핍과는 관계없이 듣기, 말하기, 쓰기 읽기 및 산수 능력을 습득하거나 활용하는 데 한 분야 이상에서 심한 어려움을 보인다.

(2) 학습부진의 특성 2014년 기출 ★

① 인지적 특성
   ㉠ 주의력이 부족하여 학습에 대한 흥미의 범위가 좁고 상상력, 창의력, 사고력이 부족하다.
   ㉡ 어휘력이 전반적으로 낮으며 읽기 능력도 생활연령에 비해 뒤떨어진다.
   ㉢ 상상을 전달하는 능력이 부족하며 시간과 공간을 국지적으로 지각하고, 창의성, 손기능, 인내력, 주의 집중력, 추리력, 정의감, 분석력이 부족하다.
   ㉣ 중요하지 않은 정보를 회상하는 데는 별다른 차이를 보이지 않으나 중요한 정보를 회상하는 데는 정상아보다 뒤떨어진다.
   ㉤ 장기기억에서는 정상아에 비해 별다른 차이를 보이지 않지만 단기기억에서는 부진아가 정상아보다 낮은 경향을 지닌다.
   ㉥ 기초적인 학습기능이나 학습전략이 부족하여 국어, 수학을 포함한 전 영역에서 뒤떨어진다.

② 정의적 특징
   ㉠ 불안과 수줍음이 많고, 잘 복종하고, 자기 판단력이 결여되어 새로운 상황이나 인물에 대한 적응력이 부족하며 충동적으로 행동하고 결과에 대한 조급한 기대감을 지닌다.
   ㉡ 학습부진아의 귀인성향은 우수아에 비해 내적 귀인을 덜 하며 그가 통제할 수 없는 외적 환경으로 돌리는 경향이 많다. 실패의 원인이 자신의 통제권 외에 있다는 사실을 지각하고 이러한 지각에 근거하여 학업성취는 저조하게 된다.
   ㉢ 사회성과 학습동기가 부족하고 자아개념이 낮다.
   ㉣ 무관심, 억압, 자기 비하, 태만, 무책임, 그리고 신뢰 상실을 보이고 자신감이 부족하며 정서적, 사회적으로 미성숙과 열등감을 지닌다.
   ㉤ 오락과 같은 말초적인 자극 외에는 자기 나이에 적절한 활동에는 거의 흥미를 느끼지 못하고, 의욕이 없으며 쉽게 피곤해져 집중력이 떨어지고, 자신감이 없어 어떤 결정도 자신이 제대로 내릴 수 없으며 자신의 앞날에 대한 기대나 희망이 없다.

③ 환경적 특징
   ㉠ 부모의 훈육태도가 지시적, 강요적이며 가정 내의 추상적 언어 사용이 부족하다.
   ㉡ 학습결과에 대한 피드백이 부족하거나 과잉학습을 요구받는다.
   ㉢ 불안정한 가족분위기가 조성되어 있을 가능성이 높고, 부모의 과잉기대 경향이 강하다.
   ㉣ 가족 간의 정서적인 공감대 형성이 부족한 상태에서 공부로 압박을 받는다.

Section 03 학업관련 문제 유형

(3) 학습부진의 원인 및 요인 2018년, 2016년 기출 ★

① 학습부진의 요인 분류
  ㉠ **개인내적 변화가능 요인** : 불안, 우울, 학습동기, 학습전략, 기초학습능력, 선수학습, 자아개념, 부모에 대한 지각, 공부에 대한 태도 등
  ㉡ **개인내적 변화불가능 요인** : 기질, 지능, 적성 등
  ㉢ **외부변인 변화가능 요인** : 부모와의 관계, 교사와의 관계, 형제와의 관계, 또래 관계, 부모의 양육태도 등
  ㉣ **외부변인 변화불가능 요인** : 학교풍토, 가족구조의 변화, 교육과정 등

② 학습부진의 원인
  ㉠ **1차 원인** : 기초학력의 결여, 학습활동의 실패, 올바른 학습방법·학습습관·학습태도의 결여, 공부기술의 부족, 학습시간의 부족 등
  ㉡ **2차 원인** : 성격상의 문제, 학습흥미·학습의욕의 상실, 학습동기의 결여 등
  ㉢ **3차 원인** : 학교, 학급에 대한 부적응, 교사에 대한 부정적 태도, 교사의 낮은 기대, 부모-자녀 관계의 실패, 교우관계의 실패 등

Plus Study ● 학업 호소문제와 학습부진 원인이 통합된 황매향의 분류모형 2020년 기출 ★

	변화 가능		
환경변인	부모와의 관계, 부모의 양육태도, 성취압력, 또래관계, 교사와의 관계, 형제와의 경쟁	기초학습기능, 선수학습, 학습동기, 학습전략, 성격, 공부에 대한 태도, 부모에 대한 지각, 불안, 우울, 비합리적 신념, 자아개념, 공부시간	개인변인
	부모의 지위변인, 가족구조의 변화, 학교풍토, 교육과정, 교사의 교수법, 학습과제, 학교시설, 시험형식, 경쟁구조, 사교육	지능, 적성, 기질, 인지양식	
	변화 불가능		

(4) 학습부진과 과진아의 비교 2019년, 2017년, 2016년 기출 ★

① 학습과진아는 적성평가에 의해 기대되는 수준보다 높은 성취수준을 나타내는 아동을 말한다.
② 학습과진아와 부진아의 비교

학습과진아	학습부진아
불안을 덜 갖는다.	불안수준이 높다.
학업 지향적이다.	사회 지향적이다.
목표에 대해 현실적이다.	목표에 대해 비현실적이다.
자신을 수용하고 낙관적이다.	자기 비판적이고 부적절감을 가진다.

의존감과 독립감의 갈등이 비교적 적다.	의존감과 독립의 갈등을 더 겪는다.
대인관계가 적응적이다.	대인관계가 무심하고 비판적이다.

(5) 학습자 개인특성의 측면

유형	정의
학습의지 부족형	기본적인 학습능력, 공부하고자 하는 의욕, 외적인 환경 등은 갖추어져 있지만 정작 학습에 돌입하고 나면 이를 일정시간 동안 이상으로 지속하려는 의지력이 부족한 경우
학습동기 결여형	학교 공부 자체에 흥미나 관심이 없는 경우
공부방법 부적절형	학습 동기나 학습의지력은 부족하지 않지만 공부 방법 자체가 효과적이지 않아서 학습성과를 거두지 못하는 경우
누적된 학습 결손형	이전 단계에서 학습이 충분히 이루어지지 않아 이후 단계 학습이 지체되는 경우
심리나 정서 불안정형	개인이나 가정문제 혹은 주변 여건으로 인해 심리나 정서적으로 안정되지 못해 학습에 집중하기 어려운 경우
건강 및 신경심리학 문제형	신체적 질병이나 의학적으로 정상을 넘어서는 신경심리학적 문제 예 주의력결핍과잉행동장애(ADHD)
학습장애	특정 기본학습기능을 담당하는 뇌신경의 기능상 결함으로 또래에 비해 심각하게 낮은 학업성취를 보이는 경우

(6) 학습부진 상담 및 전략

① 학습부진 상담 2015년 기출 ★
  ㉠ 병존하는 문제가 있다면 시급하게 다루어야 할 부분은 없는지 확인하고 어느 정도 해결을 한 후 학습문제를 다루는 것이 효과적이다.
  ㉡ 상담 장면에서 현재 학습에서의 공부하는 과정을 재연하여 학습의 장·단점, 학습기술 등을 점검한다.
  ㉢ 학습방법에 대한 진단검사 등 현재 상태를 객관적으로 진단할 수 있는 심리검사를 활용하여 학습상태를 확인한다.
  ㉣ 단기간 수행하거나 목표를 달성할 수 있는 성과를 계획하여 성과를 우선적으로 경험하여 효능감을 증가시키도록 한다.
  ㉤ 부모와 자녀가 서로에 대한 기대를 구체화하고 합의하도록 한다.

② 학습부진 목표설정전략 2015년 기출 ★
  ㉠ 공부 이외에 몰입하고 있는 활동도 참고하여 목표설정 전략에 반영하는 것이 좋다.
  ㉡ 단기 목표를 세울 때에는 현실적인 목표를 잡아서 성공을 할 수 있도록 하여 성공 경험을 확대하는 것이 필요하다.

Section 03 학업관련 문제 유형

ⓒ 단기 목표는 SMART 원칙에 따라 구체적(Specific)이고, 목표달성을 측정(Measurable) 할 수 있으며 목표 행동으로 표현(Actionable)되고, 현실적(Realistic)이며 목표달성 기간(Time)이 정해져 있는 것이 좋다.
ⓔ 장기목표와 단기 목표 설정을 모두 촉진해야 한다. 장기 목표를 달성할 수 있는 단기 목표를 설정하여 장기 목표를 달성할 수 있도록 한다.

2 학습부진 영재아

(1) 학습부진 영재아 개요
① 학습부진 영재아는 영재성과 학습부진아의 특징이 동시에 나타나는 아동이다.
② 매우 높은 지적 능력을 보여주고 있으나 일상적인 학업 과제나 시험 성적에서는 학년 수준에도 못 미치는 수행을 나타낸다.
③ 학습부진 영재아의 중요한 핵심 개념 2014년 기출 ★
   ㉠ 학습부진 영재아는 학습 장면에서 전통적인 방식이 아닌 다른 방식으로 지식을 배우고 축적한다.
   ㉡ 경우에 따라서 부진은 회복하기 어려운 문제에 기인하며 근본적인 원인치료보다는 교육 및 상담을 통한 보안적인 기법의 적용이 우선되어야 할 수도 있다.
   ㉢ 부진은 다양한 원인에 기인한다. 특정 영역에서 영재의 학습양식에는 부적합한 교수 또는 학습전략 등으로 인한 성취에 실패하여 좌절하게 될 수 있다. 학습에서의 실패 경험은 파괴적 행동, 낮은 자기 효능감, 주의력 결핍 과잉행동 등의 문제로 나타나기도 한다.

(2) 학습부진 영재아 특성 2021년, 2020년, 2019년, 2018년, 2017년, 2016년 기출 ★
① 신경 체계의 과민성으로 인해 많은 감각 자극을 수용하여 지적능력이 나타나는 반면 과잉행동을 나타낼 수 있다.
② 자아존중감이 낮아져 자신의 능력을 신뢰하지 못하기도 한다.
③ 학습에서의 실패 경험으로 파괴적 행동, 낮은 자기효능감 등의 문제를 보이기도 한다.
④ 완벽주의 성향으로 성공할 가능성이 있는 학업이나 활동만을 선택하는 경향이 있다.
⑤ 학습 과제 실패에 대한 지각은 높고 성공에 대한 지각은 낮은 경향이 있다.
⑥ 창의적 욕구와 능력 표현을 억압하는 사회 압력 때문에 사회적 고립을 경험할 수 있다.
⑦ 학교에서 영재의 학습 양식에 맞는 교육적 기회가 주어지지 않아서 나타날 수 있다.
⑧ 주변의 과도하게 높은 성취기대 때문에 학습 관련 효능감에 부정적인 영향을 받기도 한다.

(3) 학습부진 영재아 원인
① 개인적 원인 : 완벽주의적 성격, 과민성, 사회적 피드백에 매우 예민, 사회적 기술의 결핍, 비현실적 기대로 높은 목표를 설정하는 경향, 다양하고 수많은 관심 등이다.
② 가족요인 : 불우한 가정환경이나 가족관계의 어려움, 부모의 과보호, 권위주의, 부친과 모친간의 양육방법의 불일치, 부모의 문제를 자녀에게 전이, 부모의 무관심과 방치 등이다.
③ 학교요인 : 지적인 자극이 결여된 수업, 융통성이 결여된 수업, 순응을 요구하는 교사, 성적이나 외부평가에 의해 동기화 되는 환경, 또래에게 인정받지 못하거나 인기가 없음 등이다.

(4) 학습부진 영재아의 판별
① 지적 능력과 학업적 수행 간의 불일치 : 최근에는 표준화 검사인 지적능력과 표준화된 성취도 검사 간의 불일치로 정의한다.
② 평균 이상의 인지적 능력 : 영재성은 평균 이상의 능력, 창의성, 과제몰입이라는 세 가지 특성이 상호작용하는 것이다. 인지능력을 평가하고자 할 때는 지능검사를 실시한다. 학습부진 영재아의 판별과정은 크게 선행판별과 역동적 판별로 나뉜다.
　㉠ **선행판별** : 학생이 기존에 가지고 있는 검사자료나 면접자료를 수집해서 분석하는 것이다.
　㉡ **역동적 판별** : 아동의 재능이나 흥미가 잘 나타나는 상황을 관찰하는 것이다.
③ 심리적 처리과정의 곤란 : 학습부진 영재아는 잠재적 능력과 수행 능력 간의 편차가 일어나는 것인데 편차는 학습자가 정보를 인식하고 처리하는 과정상의 문제로 발생할 수 있다. 심리적 처리과정에서 발생하는 문제를 평가하는 것은 이러한 정보 처리상의 문제점을 구체적으로 밝히는 것이다.
④ 학습행동 파악 : 학습부진 영재아의 학습행동 평가에서는 학생의 흥미와 함께 선호하는 학습 및 의사소통 양식을 평가한다. 학업성취도는 학습자의 인지적 특성과 함께 동기, 불안, 자아개념을 포함한 정의적 특성의 영향을 크게 받는다.

(5) 학습부진 영재아 상담방법 및 전략 2019년, 2016년, 2015년 기출 ★
① 상담 전략
　㉠ **대안적인 사고양식 및 의사소통 양식** : 비언어적 영역의 강점을 가진 학습장애 영재아를 위해 영상적 사고, 공간설계, 극적인 표현 등의 활동을 구성한다.
　㉡ **영재성을 판별하는 전략** : 특정한 능력이나 흥미에 대한 확인만이 아니라 추상적 사고 능력을 확인한다.
　㉢ **동기화** : 프로그램에 들어오게 되면 그 프로그램이 자신의 영재성을 개발하기 위한 것임을 확신시키고 결과물에 대한 가치, 문제해결 과정에서 들인 노력 등을 인정해 준다.
　㉣ **교수전략** : 학습양식의 선택, 판별절차, 동기화, 교수전략은 모두 내적 일관성을 가져야 한다. 상담서비스를 제공할 때 특수교육 서비스 체제 중 어느 것을 제공할지를 고려해야 한다.

Section 03 학업관련 문제 유형

ⓜ **정서적 지지의 제공** : 학습부진 영재아는 자신의 강점과 약점 사이에서 심한 불일치를 경험한다. 따라서 사회성이 훼손된 경우에 또래에게 지지받는 경험을 할 수 있도록 주력하며 이때, 집단 상담을 제공할 수 있다.
ⓗ **부모와 협조하기** : 상담과정에서 가족 및 부모의 참여와 역할을 강조한다.
ⓢ 영재성으로 인해 받게 되는 주위의 기대로부터 기인하는 스트레스에 적절히 대처할 수 있도록 도우며 영재성을 보다 정확히 이해하고 심리적 정보를 얻기 위해 심리검사를 활용한다.

(6) 학습부진 영재아 부모의 관심 2014년 기출 ★
① 자녀의 능력과 재능을 객관적으로 정확히 평가하기
② 교사와 학교 관계자의 도움을 요청하기
③ 학업 부진과 성취동기 부족의 문제에 대응하기
④ 자녀의 친구 관계를 촉진시키기
⑤ 완벽주의, 민감함, 고집, 내성적 성향, 우울감 등 자녀의 정서 상태 다루기

3 주의 집중력 문제

(1) 주의 집중력에 대한 개요 및 특징
① 주의 집중력 능력은 크게 주의력과 집중력으로 구분된다.
② **주의력 설명** 2014년 기출 ★
  ㉠ 인간이 감각기관을 통하여 받아들이는 수많은 정보 중에서 특정 정보만을 선택하여 초점을 맞추는 능력이다.
  ㉡ 감각 저장소에 머무는 많은 정보 중 특정정보만 선택하여 단기기억화 하는 데 요구되는 능력으로 정보처리의 초반 고정에 요구되는 능력이다.
  ㉢ 주의력은 생물학적 반응경향성으로 인해 정보가 강하거나 새로운 경우 쉽게 발휘된다.
  ㉣ 주의력은 환경과의 상호작용을 통해 학습되는 특성이 있다.
  ㉤ 연령과 상관없이 노출된 환경이 지나치게 비구조화되어 있어 주의력 문제를 나타내는 경우도 많다.
③ **집중력에 대한 설명** 2020년 기출 ★
  ㉠ 집중력은 주어진 시간 내에 과제를 완성할 수 있도록 의식을 모으는 능력이다. 과제 완성을 위해 의식을 모으는 능력이 높은 아이는 과제를 하는 동안 움직임이 많지 않고 한 자리에 앉아 있으며 한 가지 활동에 오랜 관심을 보인다. 또한, 마쳐야 하는 시간 내에 정해진 일의 마무리를 잘 한다.
  ㉡ 집중력은 선택적으로 반응하는 능력이다. 주변의 다양한 자극 중에서 현재 자신이 가장 주의를 기울여야 하는 자극을 선택하고 그것에만 주의를 기울이는 능력이다.

ⓒ 집중력은 자기 통제력이다. 어떤 사건이나 상황을 접할 때 즉각적으로 반응하기보다는 자신의 행동이 미래에 어떤 결과를 낳을지를 예측해 자신의 생각과 느낌, 행동 등을 스스로 조절하는 힘으로 자기 통제력이 높은 아이는 조금만 참으면 나중에 더 큰 보상을 받을 수 있다는 것을 알기 때문에 기다릴 수 있는 인내심이 강하다.

ⓓ 단기 기억에 머무는 선택된 정보를 다양한 전략을 통해 장기 기억화하거나 장기 기억에 있는 정보를 필요할 때 인출하여 문제해결 고정에 적용하는 능력으로 정보처리 후반 과정에 요구되는 능력이다.

(2) 주의 집중력 문제의 원인 2021년, 2017년 기출 ★

① 생물학적 원인
　ⓐ 이전 세대가 가지고 있는 산만하고 충동적인 성향이 다음 세대로 전수되어 기질이나 경향성 등의 형태로 산만하고 충동적인 성향은 유전될 가능성이 있다.
　ⓑ 생물학적 원인으로 주의 집중에 문제가 있으며 어릴 때부터 또래에 비해 에너지 수준이 많고 호기심이 많은 특성이 있다.

② 환경적 원인
　ⓐ 학습에 대한 흥미 및 동기결여, 불안, 체계화되지 못한 환경 등이 포함된다.
　ⓑ 학습 결손이 누적되어 학년이 올라갈수록 주의 집중력에 문제가 심화될 수 있다.
　ⓒ 과도한 조기교육 또는 과도한 자극이 원인이 될 수 있다.
　ⓓ 공부에 대한 과잉 스트레스로 인한 심리적 부담감의 영향을 받는다.
　ⓔ 공부방 구조, 색상, 조명 등에 의해 영향을 받는다.
　ⓕ 부모의 관심부족, 방임으로 인한 교육적, 문화적 결손으로 인지능력이 불균형이 학습을 이해하지 못하게 할 수 있다.
　ⓖ 가족환경 내에 불안과 스트레스 요인이 많으면 주의 집중력이 저하된다.
　ⓗ 사람과의 상호작용의 좌절 및 실패경험이 주의를 산만하게 하여 과제 몰두에 어려움을 줄 수 있다.
　ⓘ 지나치게 비구조화 되어있는 경우도 주의 집중력 문제가 나타난다.

(3) 주의 집중능력에 영향을 주는 요소 2016년 기출 ★

인지 영역	• 주의 집중능력은 정보처리의 전 과정에 영향을 미치며 주의 집중능력에 의해 정보처리 효율이 달라진다. • 뇌가 정보를 수집, 저장, 인출할 수 있는 능력으로 지능과 언어발달, 선행학습 등으로부터 영향을 받는다. • 지능이 높거나 습득한 어휘량이 많은 경우와 눈으로 보고 만져 볼 수 있는 체험학습의 경험이 많은 경우 정보처리 효율성이 더욱 높다. • 지능, 언어발달, 학습경험 등이 주의 집중 향상을 위한 인지적 요소이다.

Section 03 학업관련 문제 유형

정서 영역	• 정서를 관리하는 자기 통제력의 영향이 높을 때 주의 집중이 향상된다. • 정서적으로 안정되고, 자신의 능력에 대한 믿음과 주변인들에 대한 믿음과 신뢰에 영향을 받는다. • 자신의 행동으로 결과를 변화시킬 수 있다고 믿을 때 잘 발휘된다. • 실패하더라도 자존감이 손상되지 않을 것이라는 믿음이 있을 때 더 잘 발휘된다. • 안정감, 신뢰감, 자신감이 주의 집중 향상을 위한 정서적 요소이다.
행동 영역	• 생활 습관과 학습 습관이 안정적으로 자리 잡을 수 있는 환경을 만들어 주어야 주의 집중능력이 높아진다. • 식사, 수면 등을 규칙적으로 하고, 시간계획을 세워서 학습습관을 들이며, 주위환경을 정리하는 것이 주의 집중능력을 향상시킨다. • 생활습관, 학습습관, 학습환경이 주의 집중 향상을 위한 행동적 요소이다.

(4) 학습상담 절차

① 상담형성을 위한 고려
  ㉠ 낮은 주의 집중력으로 인해 부모, 교사, 또래 등 주요 타자와의 관계에서 부정적 경험이 누적되어 있을 것이며 이로 인해 타인을 신뢰하지 못하고 경계하는 특성을 보일 수 있다. 특히, 비자발적 상담에 참여하는 경우 상담자의 대해 불신과 거부가 두드러질 수 있다.
  ㉡ 자존감이 낮고 방어적이기 쉬우며 자신의 주의 집중력이 낮은 이유에 대해 안정적인 내적 귀인을 하는 경향이 있다.
  ㉢ 상담 장면에서도 주의 집중력 문제가 드러나 상담자의 말에 귀 기울이지 않거나 지시 내용을 정확히 이해하지 못하는 등의 일들을 범할 수 있다.

② 상담자의 태도
  ㉠ 상담에 대한 내담자의 부정적이고 방어적인 태도를 수용하고 공감해야 한다.
  ㉡ 인간적이면서도 전문적인 모습을 보여준다. 전문적인 지식과 태도로 상담을 구조화하고 따뜻하고 공감적인 모습을 보여줄 경우 주의 집중력 향상 및 성적 향상에 대한 확신을 높일 수 있다.
  ㉢ 내담자의 긍정적 부분에 초점을 맞춘다. 내담자가 가진 독특한 양상이나 강점이 발견되면 적극적인 관심과 이야기를 더 많이 하도록 촉진해 준다.
  ㉣ 주의 집중력이 문제가 되지 않았던 시점이나 상황, 과제 등을 탐색해 주의 집중력 문제가 불변하는 '특성'이 아니라 변화 가능한 '상태'라는 것을 인식시킨다.

③ 진단
  ㉠ **면접을 통한 진단** : 학습 집중력 체크리스트를 활용하여 집중력 부족 원인이 인지, 정서, 행동 중 어느 부분인지 찾는다.
  ㉡ **일과 분석** : 시간대별로 어디서, 무엇을 했는지 구체적으로 적도록 하여 현재 어떻게 생활하고 있고 어떤 활동에 더 잘 집중하고 있는지 분석한다.
  ㉢ **심리검사를 통한 진단** : 인지적 영역을 진단하는 대표적인 지능검사인 K-WISC-Ⅳ를 실시한다. 그 외 주의 집중능력검사, 실행기능검사, 연속수행검사 등을 실시한다.

④ 상담목표의 설정
　㉠ 주의 집중력 향상을 위한 상담 목표는 크게 장기목표, 중기목표, 단기목표로 구분한다.
　㉡ **장기목표** : 학습을 포함한 생활 전반에 적응능력 향상을 포함해 진로계획에 부합하는 수준의 학업 성취를 이루는 것이다.
　㉢ **중기목표** : 주의 집중력 향상을 위해 6~12개월에 도달하고자 하는 학업성취 수준이다.
　㉣ **단기목표** : 현재의 낮은 주의 집중력을 높이는 것이다.
　㉤ 상담목표를 세울 때는 내담자의 의견을 적극 반영하며 현실적으로 수행 가능한 선에서 조정하고, 설정된 이후에도 필요에 따라 수시로 재조정한다.

⑤ 개입전략　2020년, 2018년, 2017년, 2015년, 2014년 기출　★
　㉠ **집중 방해 요인에 대한 점검 및 관리** : 일반적인 집중력 방해 요인뿐만 아니라 내담자에게만 적용되는 집중력 방해 요인을 찾는 것이 중요하다.
　㉡ **좋아하는 과목부터 작은 단위로 나누어서 시작** : 주의 집중력이 낮은 학생에게 무리하게 많은 양의 내용을 한꺼번에 학습시키는 것은 효과적이지 않으므로 작은 단위로 쪼개진 과제를 마무리하고 성취감과 만족감을 느낀 후에 또 다른 과제를 시도하도록 한다. 결손된 학습내용을 보충하고 학습능력을 높인다. 보통 초등학교 저학년은 15~20분, 고학년, 중학생은 30분 정도로 한다.
　㉢ **자기통제력 향상을 위한 내재적 언어 학습**
　　ⓐ 내재적 언어를 통한 자기조절능력은 연령이나 생리적 현상 등의 영향을 받으며 언어를 활용하는 능력이나 준비도에 따라 개인차가 크게 난다. 내재적 언어를 교수하기 위한 방편으로 자기교시훈련이나 소리 내어 말하기 등의 훈련 프로그램을 실행하고, 자기 자신과의 대화를 촉진한다.
　　ⓑ 마이켄바움(Meichenbaum)과 굿맨(Goodman)은 문제정의, 집중유도, 자기평가, 자기강화 등 각 단계마다 외현적 모델링에서 시작해서 내재적 시연으로 끝나는 언어의 내재화 과정을 학습한다.
　　ⓒ 마이켄바움(Meichenbaum)과 굿맨(Goodman)의 자기 교수 절차　2019년 기출　★
　　　• 1단계 : 외현적 모델링 단계로 성인 모델이 큰 소리로 말하면서 과제를 수행하고 아동은 이 모습을 관찰한다.
　　　• 2단계 : 안내를 통한 외현적 모델링 단계로 성인 모델이 하는 말을 아동이 큰 소리로 따라 말하면서 과제를 수행한다.
　　　• 3단계 : 외현적 시연단계로 아동이 혼자서 큰 소리로 말하면서 과제 수행을 진행한다.
　　　• 4단계 : 속삭임을 통한 시연단계로 아동이 작은 소리로 혼잣말을 하면서 과제를 수행한다.
　　　• 5단계 : 내재적 시연단계로 아동이 마음속으로 혼잣말을 하면서 과제수행을 수행한다.

Section 03 학업관련 문제 유형

    ㉣ **자기모니터링 지도** : 주의 집중력을 높이기 위해서는 자신의 집중력 상태를 스스로 모니터링할 수 있어야 하며 일과분석표에 시간대별 활동 내역을 적어오도록 한다.
  ⑥ 벤더(Bender)가 제시한 주의 집중 향상을 위한 교사전략 `2015년 기출` ★
    ㉠ 학생을 가까이서 지켜본다.
    ㉡ 교실의 공간을 세밀하게 구조화한다.
    ㉢ 주의 집중이 필요할 때 교사가 사용하는 신호나 몸짓 등을 미리 가르친다.
    ㉣ 수업자료는 색상별로 제공한다.
    ㉤ 학급규칙을 게시한다.
    ㉥ 학급일과표를 게시한다.
    ㉦ 2개의 책상을 사용하고 책상을 깨끗하게 유지한다.
    ㉧ 의도적으로 산만함을 유도하기도 한다.
    ㉨ 학급 짝꿍을 이용한다.

4 시험불안

(1) 시험불안 정의 및 개요 `2020년, 2019년, 2016년 기출` ★

 ① 스필버그(C.Spielberger)는 불안을 특성불안과 상태불안으로 구별하고 시험불안을 상태불안에 해당된다고 보았다. 시험불안이 상태 불안에 해당된다는 것은 기질적으로 불안의 성향이 높지 않아도 이전 시험에 대한 부정적 경험, 제대로 시험 준비를 못했거나 자기효능감 등이 낮거나 하면 얼마든지 시험불안이 생길 수 있다는 것을 의미한다.

특성불안	개인이 가지고 있는 불안을 일으키는 성향, 즉 기질적이고 성격적인 특성을 의미한다.
상태불안	특수한 상황에서의 긴장감, 걱정, 두려움을 의미한다.

 ② 리버트(R.Liebert)와 모리스(L.Morris)는 시험불안이 인지적 반응인 걱정(worry)과 정서적반응인 감정(emotionality)으로 구성된다고 보았다. `2018년, 2014년 기출` ★

시험불안의 정서적 측면	시험불안의 인지적 측면
• 지나친 긴장감, 초조감을 경험한다. • 일시적으로 기억이 감소된다. • 극심한 공황 상태에 빠진다. • 신체적으로 각성된다. • 심장박동, 호흡, 땀, 맥박, 신체적 온도 등이 증가한다. • 소화장애 등이 나타난다.	• 시험에 대한 자신감이 부족하다고 생각한다. • 거의 항상 시험에 대해 걱정한다. • 다른 사람과 자신을 비교한다. • 시험에 결과가 부정적일 것이라고 예상한다. • 시험에 대해 준비가 부족한 부분을 지속적으로 생각한다.

 ③ 시험에 대한 부정적 자기평가는 시험불안의 인지적 반응에 해당된다.

(2) 시험불안 원인 2019년 기출 ★

① 욕구 이론적 접근
  ㉠ 헐(Hull)의 욕구 이론을 맨들러(Mandler)와 사라슨(Sarason)이 발전시켜 시험 상황에서 두 가지 종류의 욕구, 과제수행욕구와 불안욕구가 일어난다고 보았다.
  ㉡ 욕구 이론적 접근에서는 과제수행욕구보다 불안욕구가 더 커져 시험불안이 일어난다고 본다.

② 정신 역동적 접근
  ㉠ 정신 역동에서는 시험불안이 부모와의 관계 속에서 발생된다고 본다. 즉, 부모의 양육 태도, 특히 자녀의 학업성적에 대한 부모의 과도한 기대가 시험불안을 가중시킨다는 것이다.
  ㉡ 부모가 비판적이고 경쟁적인 가정 분위기일수록, 형제와의 성적비교가 있고, 가족의 심리적 거리감 등이 있을 때 시험불안은 더욱 높아진다고 본다.

③ 행동주의적 접근
  ㉠ 행동주의 접근에서는 시험불안은 조건형성이 잘못 이루어졌기 때문에 생긴다고 본다.
  ㉡ 고전적 조건형성의 원리에 의해 공포 반응이 학습될 수 있다.
  ㉢ 우연히 시험을 제대로 치르지 못해 힘들었다면 이후 다른 시험을 보려 할 때 이전의 경험이 연상되어 시험 자체에 대한 긴장과 불안, 공포까지 가질 수 있다고 본다.

④ 인지주의적 접근 2017년, 2015년 기출 ★
  ㉠ **인지적 간섭 모델** : 인지적 간섭 모델에서는 시험 불안에 영향을 주는 가장 큰 요인은 결국 시험 상황에 대한 인지적 해석이라고 본다. 시험 상황을 더욱 위협적인 상황이라고 해석하고 동시에 자신의 능력은 더욱 평가절하한다.
  ㉡ **인지적 결핍 모델** : 인지적 결핍 모델은 시험불안이 높은 것은 학습 전략, 혹은 시험 전략이 부족하기 때문이라고 보았다.
  ㉢ **통합적 모델** : 통합적 모델은 인지적 간섭 모델과 인지적 결핍 모델을 결합하여 시험불안과 관련된 요인으로 내적 대화, 행동적 활동, 행동적 결과, 인지구조를 제시하였다.
    ⓐ 내적 대화 : 시험 불안을 가진 사람이 내적으로 진행하는 인지적 대화를 의미한다.
    ⓑ 행동적 활동 : 시험불안과 관련된 학습 전략, 대인 관계, 시험전략 등의 활동을 의미한다.
    ⓒ 행동적 결과 : 외적 결과와 내적 결과로 구분하는데 외적 결과는 자신의 행동에 대해 다른 사람이 보일 수 있는 반응 인정, 존경, 분노, 비난 등이고, 내적 결과는 자신이 경험하는 신체적, 정서적 반응이다.
    ⓓ 인지 구조 : 개인의 의미체계를 말한다.
  ㉣ **상호 교류적 과정 모델** : 시험 상황, 개인적 변인, 시험 상황에 대한 인식, 평가 재평가, 상태 시험불안, 적응반응, 적응 결과의 모델을 제시한다.

⑤ 환경적 접근
  ㉠ 학교 또는 학급 분위기도 시험불안에 영향을 준다.
  ㉡ 학급 분위기가 평가 결과를 공개하고, 뚜렷한 상벌 체계가 있으면 시험 불안은 훨씬 더 크게 지각한다.
  ㉢ 학교등급, 학교규모, 교사와의 관계도 시험불안에 영향을 준다.

(3) 시험불안 증상
① **신체적 증상** : 소화가 안 된다, 머리가 아프다, 배가 아프다, 가슴이 두근거린다, 땀이 난다, 떨린다 등과 같이 불안이 신체증상으로 나타난다.
② **인지적 증상** : 시험을 잘 못 볼 것 같아 걱정된다, 시험만 생각하면 아무 생각이 안 난다, 시험을 못 보면 내 인생은 끝장이다 등과 같이 시험에 대한 불안을 인지적 증상으로 드러낸다.
③ **행동적 증상** : 잠만 잔다, 시험 전날 계속 딴짓을 한다, 학교를 안 간다 등 시험불안을 행동으로 드러낸다.

(4) 시험불안 상담 목표 및 개입 `2021년 기출` ★
① **상담목표**
  ㉠ 시험 불안으로 인한 신체적 증상을 완화시키는 것이다.
  ㉡ 시험 불안을 지속시키거나 가중시키는 비합리적인 신념을 재구조화하는 것이다.
  ㉢ 시험불안 때문에 제대로 이루어지지 못하고 있는 학업성취를 달성하는 것이다.
② **상담목표 중에서 어느 것을 우선적으로 해야 하는지 결정하기 위한 고려요인**
  ㉠ 내담자가 힘들어 하는 영역을 먼저 고려해야 한다.
  ㉡ 목표를 구체화해야 한다. 증상이 나타나는 상황, 강도, 횟수 등에 대해 구체적으로 관찰하고, 증상이 나타나는 상황, 횟수에 대해 구체적으로 목표설정을 하는 것이 좋다.
  ㉢ 다른 장애와의 관련이 있을 경우 무엇을 우선적으로 개입할 건지 고려한다.
  ㉣ 사회환경적 변인(즉, 가정, 학교)에서 시험불안의 영향을 주는 요인이 무엇인지 살펴본다.
③ **개입전략** `2017년, 2016년, 2015년 기출` ★
  ㉠ **합리적 사고로 바꾸기** : 시험불안은 시험상황에 대한 내담자의 비합리적 신념 때문이므로 비합리적인 신념을 더욱 합리적이고 적응적인 사고로 바꾸어 주는 것이다.
  ㉡ **학습전략 및 시험전략 훈련**
    학습전략과 시험전략을 익히도록 한다. 시험전략을 세분화하면 시험 준비기술, 시험 치는 기술, 심리적 대처기술로 나뉜다.
    ⓐ **시험 준비 기술** : 시험 전에 미리 시간과 내용에 대한 계획을 세우고 주변의 공부환경을 점검하고 시험 칠 내용을 검토하고 익히는 학습 전략이다. 자기 테스트해 보기, 시험 준

비 정도 검사하기, 시험 범위 내 읽기, 과제 검토하기, 정리한 노트 복습 등이 해당된다.
　　ⓑ 시험 치는 기술 : 시험 문제를 풀 때 효과를 높일 수 있는 학습 전략이다. 주변에 신경 쓰지 않고 집중해서 문제 풀기, 두 번 이상 꼼꼼하게 읽기, 문제 의미 명확하지 않은 것 질문하기, 쉬운 문제부터 풀어가기 등이 이에 해당한다.
　　ⓒ 심리적 대처기술 : 시험시간에 지나치게 긴장해서 실수할 가능성을 줄여주기 위한 학습 전략이다. 이완기법 사용하기, 긍정적 사고 갖기, 시험불안 표출하기, 자기 대화하기로 자신이 불안한 상황을 상상하게 한 후 그 상황에서 유용한 자기 대화를 찾아 연습하는 전략 등이 해당된다.

(5) 성취전략 유형에 따른 시험 준비 행동 2014년 기출 ★

① 성취 전략이라고 하는 것은 평가받는 시험이 다가올 때, 시험 결과에 대한 기대, 시험 관련되어 유발되는 정서관리 및 조절 행동, 시험 후 결과에 대해 의미를 부여하는 과정이라고 할 수 있으며 어떻게 의미 부여를 하느냐에 따라 낙관주의 전략, 방어적 비관주의 전략, 자기 손상 전략, 방관적 전략으로 나뉜다.

② 방어적 비관주의 전략
　㉠ 방어적 비관주의 전략은 자신의 기대치를 낮춤으로써 자신이 나중에 얻는 것에 대한 만족감을 최대한도로 느끼려고 하는 심리가 작용하여 걱정 많고 패배적이며, 뭔가 늘 불안한 사람이 자기의 불안감을 감소하기 위해 쓰는 전략이다.
　㉡ 과거 좋은 성적을 얻었던 경험이 있어도 이번 시험은 잘 못 볼 거라는 비관적 기대를 함과 동시에 곤란한 상황을 미리 대비하는 전략이다. 시험을 잘 못 볼 거라는 불안으로 더 열심히 준비를 하게 된다.

③ 낙관주의 전략
　㉠ 시험에 대해 낙관적 기대를 하고 시험 준비를 열심히 하지만 시험과 관련된 부정적인 생각을 의도적으로 피하려고 하는 성취 전략이다.
　㉡ 마음은 안정과 자신감을 유치하며 성과에 대해서는 내적 귀인을 하지만 실패는 외부귀인을 한다. 즉, 성적이 잘 나오면 자신이 잘한 것이고, 성적이 안 나오면 시험이 너무 어렵다는 등의 이야기를 한다.

④ 방관적 전략
　㉠ 시험에 대해서 전혀 아무런 준비도 하지 않는 것이다.
　㉡ 유능감을 나타내고자 하는 학생의 욕구가 여러번의 실패로 인해 좌절 경험을 가지게 되면 학습된 무기력으로 인해 시험에 대해 전혀 준비하지 않는 것이다.

⑤ 자기 손상 전략
  ㉠ 시험에 실패할 경우 자신의 능력이나 지능 부족으로 귀인하지 않기 위해 시험 전에 일부러 시험에 방해될 행동을 하거나 방해될 만한 이유가 있다는 것을 호소하는 성취 전략이다.
  ㉡ 성적이 좋으면 노력 안 했어도 본인 능력 때문이라고 지각하고, 성적이 안 좋을 경우는 노력하지 않았기 때문이라고 합리화하는 모습을 보인다.

5 발표불안

(1) 발표불안 개요 2014년 기출 ★

① 수줍음이 많고 내성적인 성향은 유전적인 요인과 관련이 있는 만큼 발표불안에 있어 유전의 영향을 배제하기 어렵다.
② 부모가 비일관적이거나 무관심할 경우 또는 엄격한 태도를 취할 경우 자녀의 발표 불안으로 이어질 수 있다.
③ 과거에 발표를 했을 때 교사의 핀잔 또는 친구들의 부정적인 피드백으로 인하여 발표하는 상황에 불안을 느낄 수 있다.
④ 발표할 기회를 충분히 갖지 못하고 발표 행동을 할 연습의 기회가 적어서 불안이 생성된다.

(2) 발표불안 원인 2016년 기출 ★

① 유전적 요인 : 수줍고 내성적인 성향은 유전적인 요인과 관련이 있으며 더 나아가 사회공포증으로 인해 발표에 어려움을 지닌 사람들은 자율신경계 활동이 불안정하여 다양한 자극에 쉽게 흥분하는 경향이 있을 뿐만 아니라 사회적 불편감, 사회적 위축과 회피, 낯선 사람에 대한 두려움과 같은 기질적 특성을 지니는 경향이 있다.
② 부모의 양육태도 : 부모가 엄격하거나 비일관적인 태도를 취하거나 또는 아이에 대해 무심한 태도를 취하는 것이 발표불안의 원인이 될 수 있다.
③ 조건화된 학습결과 : 과거 발표를 했을 때 결과가 안 좋았던 것이 학습되어 발표를 하는 것에 대해 부정적으로 조건 학습이 된 것이다.
④ 비합리적 사고 : 발표에 대한 비현실적 사고, 실패에 대한 과도한 타인 시선 자각, 자신에 대한 부정적 자각 등 비합리적인 신념 등이 형성되어 발표불안이 일어날 수 있다.
⑤ 사회적 기술 부족 : 발표할 기회를 갖지 못하거나 연습의 기회가 적은 것이 원인이 된다.

(3) 발표불안 개입 방법 2018년 기출 ★

① 체계적 둔감법 : 발표불안 위계를 작성하여 불안 수준이 낮은 것부터 체계적 둔감화하기
② 합리적 사고하기 : 발표에 대한 비합리적인 사고를 수정하여 합리적으로 사고하기

③ 부모 및 교사의 지지 : 발표를 시도하고 진행하는 것에 대해 부모와 교사의 적극적인 지지
④ 자기대화하기 : 스스로를 신뢰하고 격려할 수 있는 자기대화 시도하기
⑤ 발표기술 훈련하기

6 학습부적응 유형 2021년 기출 ★

(1) 학습에서의 다양한 부적응 유형

① **시험 불안** : 시험에 따른 불안감과 압박감, 스트레스를 겪는 경우
② **공부 자체에 대한 회의와 의문** : 공부의 필요성에 대한 근본적인 의문과 회의를 갖는 경우
③ **집중력 부족** : 주의산만, 잡념 등으로 인해 집중력이 부족해 공부나 성적에 영향을 주는 경우
④ **성적 저하 및 저조로 인한 걱정과 스트레스** : 성적이 떨어지거나 오르지 않아서 걱정과 스트레스를 겪는 경우
⑤ **공부 방법 문제** : 효과적으로 공부하는 방법을 모르거나 부적절한 방법으로 공부하여 성적에 영향이 있는 경우
⑥ **공부에 대한 반감** : 공부에 대한 근본적인 의문은 별로 없이 공부하는 것 자체에 대한 반감과 반발심을 갖는 경우
⑦ **노력은 했는데 성적이 안 오름** : 나름 공부를 하려고 하고 실제로 했음에도 뚜렷한 원인을 알 수없이 결과가 좋지 않아 고민하는 경우
⑧ **능력 부족** : 실제 능력, 즉 지능이나 기억력이 낮거나 부족하여 공부나 성적에 영향을 받는 경우
⑨ **공부습관 미형성** : 공부 의지는 있으나 그것이 체계적인 습관으로 형성되지 않은 경우
⑩ **공부에 대한 동기 부족** : 공부에 대한 부정적인 감정은 없고 단지 공부하려는 마음이 형성되어 있지 않은 경우
⑪ **성적에 대한 집착** : 질적인 면에 치중하기보다는 점수와 등수에 얽매여서 경쟁심을 느끼고 심지어는 죽고 싶다는 생각까지 하는 경우
⑫ **성적으로 인한 관계에서의 문제** : 공부 및 성적에 대한 문제들로 인해 친구나 부모, 교사와의 관계에서 문제를 겪는 경우

Section 04 학업관련 장애 및 검사

> **학습목표**
> 학업과 관련된 장애(지적장애, 학습장애, 주의력결핍 과잉행동장애, 학교공포증)에 대해서 살펴보고, 학업관련 검사들에 대해서 알아본다.

1 학업부적응 관련 장애

(1) 지적장애

① **지적장애의 개념** 2016년, 2014년 기출 ★
  ㉠ 발달 시기에 나타나며 개념, 사회, 실질적 영역에서 지적 기능과 적응 기능에 결함이 있는 상태를 의미한다.
  ㉡ 지능검사로 확인된 추론, 문제 해결, 계획, 추상적 사고, 학업적 학습 등 전반적 적응 능력의 결함을 보인다.
  ㉢ 적응 기술 영역에는 의사소통, 자기관리, 가정생활, 사회성 기술, 자기 주도, 여가, 직업 등이 포함된다.
  ㉣ 지적 기능과 적응행동상의 어려움이 함께 존재하여 교육적 성취에 어려움이 있다.
  ㉤ 지적장애는 심각도에 따라 다음의 4가지 단계로 분류된다.

구분	IQ	내용
경도 (가벼운 정도)	50(55)~70	• 학교 밖에서 지적 결함이 나타날 수도 있고, 그렇지 않을 수도 있다. • 스트레스 상황일 때 간헐적인 지원과 도움이 필요할 수 있지만 이 범위에 해당되는 아동은 성장해서 독립적인 생활이 가능하다.
중도 (중간 정도)	35(40)~50(55)	• 어느 정도의 개인적 자율성과 주변과의 사회적 관계를 발달시킬 수 있다. • 종종 보호 작업장에서 일하는데 필요한 기술들을 획득한다.
고도 (심한 정도)	20(25)~35(40)	보호 작업장에서의 작업이 가능하기도 하지만 일반적으로 일생 동안 다른 사람의 도움과 보살핌이 필요하다.
최고도 (아주 심한 정도)	20(25) 이하	대부분의 신체적 요구에 대한 지속적인 보살핌이 필요하다.

② **지적장애의 특성**
  ㉠ 인지적 특성 2015년 기출 ★
    ⓐ 주의력이 부족하고 기억력의 결함, 모방학습 능력이 부족하여 자신만의 학습전략을 사용하거나 추상적, 고차원적 사고를 하는 데 어려움이 있다.
    ⓑ 언어를 습득하는 속도가 느리고 기능 수준이 낮다.
    ⓒ 의미적, 개념적 측면보다는 형식적, 순차적 측면에 초점을 맞추어 언어 발달이 지체된다.
    ⓓ 학습에 대한 동기가 결핍되어 있다.

ⓛ 사회, 정서적 특성
ⓐ 또래나 교사와 긍정적 관계를 맺고 유지하는 능력이 떨어지고 사회적 관계를 형성하는 데 방해가 되는 문제행동을 보인다.
ⓑ 또래에게 거부당하고 고립되어 부정적 사고를 갖기 쉽고 친구를 사귀는 데 어려움을 보인다.
ⓒ 실패의 원인을 남의 탓으로 돌리고, 실패에 대한 경험이 쌓여 문제의 어려움 정도에 관계없이 미리 실패할 것이라 생각한다.
ⓓ 남에게 의존하려는 경향이 있다.
ⓒ 행동적 특성
ⓐ 주의산만, 과잉행동, 불안장애, 성격장애 등 다양한 행동적 특성을 보인다.
ⓑ 일반 학생보다 신체운동기능이 평균보다 낮고, 협응, 균형, 소근육 운동기능이 떨어진다.

(2) 특정 학습장애

① 특정 학습장애의 개념 2015년, 2014년 기출 ★
  ㉠ 지능은 정상 범위에 있지만 학습능력의 결손, 즉 말하기, 읽기, 쓰기, 추론 등에서 결손이 나타남을 의미한다.
  ㉡ 읽고, 계산하고, 쓰기를 요구하는 학업의 성취나 일상생활의 활동을 현저하게 방해한다.
  ㉢ 행동문제, 낮은 자존심, 사회기술의 결함이 학습장애와 연관될 수 있다.
  ㉣ 학습장애가 있는 성인의 기준 직업과 사회 적응에서 심각한 어려움을 느낀다.
  ㉤ 시각장애, 청각장애, 운동장애, 지적장애, 정서장애에 따른 학습결손, 또는 환경, 문화, 경제적 결핍으로 인한 학습결손은 학습장애에 포함되지 않는다.
  ㉥ 학습장애의 종류 2014년 기출 ★

발달적 학습장애	• 신체기능, 주의 집중력, 기억력, 인지, 사고기능, 구어 기능이 포함된다. • 학생이 교과를 습득하기 전에 필요한 신체적 기능에 관한 문제이다.
학습 기능 장애	• 읽기, 산수, 쓰기, 작문이 포함된다. • 학교에서 습득하는 학습에 관한 장애이다.

  ㉦ 필요할 경우 약물치료를 병행할 수 있다.
② 특정 학습장애의 분류
  ㉠ 읽기 학습장애
    ⓐ 첫 글자와 잘 사용하지 않는 글자를 읽을 때 틀리기 쉽다.
    ⓑ 문장의 어구나 행을 빠트리거나 반복하여 읽거나 글의 핵심을 잘 파악하지 못한다.
    ⓒ 문장의 요점을 바르게 읽기 어렵고, 글을 읽을 때 단어의 한 부분을 생략하고 읽는다.
    ⓓ 없는 글자를 마치 있는 것처럼 읽으며, 읽어야 할 단어를 다른 단어로 바꾸어 읽는다.

ⓔ 읽기 학습장애 단독으로 나타나거나 다른 학습장애와 동반하여 나타나는 비율이 가장 많다.
ⓕ 남자 아동에게서 3~4배 정도 더 많이 나타난다.
ⓛ 쓰기 학습장애
ⓐ 구두점을 빠트리거나 바르게 찍지 못한다.
ⓑ 한정된 양의 작문과 문장밖에 쓰지 못한다.
ⓒ 맞춤법이 자주 틀리고 미숙하며 글을 쓰는 속도가 매우 느리다.
ⓓ 쓰는 어휘가 정해져 있고, 단순한 문장만을 사용한다.
ⓔ 다른 학습장애를 동반하지 않는 경우가 거의 없다.
ⓒ 수학 학습장애
ⓐ 수리적 정보의 표상과 해석에 있어 시공간적 기술사용에 어려움이 있다.
ⓑ 읽기 장애를 동반하는 경우가 있다.

③ 특정 학습장애 DSM-5 학습장애의 진단 기준 2019년, 2018년, 2017년, 2016년 기출 ★
㉠ 다음 중 한 가지 이상의 증상을 6개월 이상 나타낼 때 진단된다.
ⓐ 부정확하고 느리거나 부자연스러운 단어 읽기
ⓑ 읽은 것의 의미를 이해하기 어려움
ⓒ 미숙한 맞춤법
ⓓ 글로 표현하는 것이 어려움
ⓔ 수 감각, 연산 값 암기, 산술적 계산을 습득하는 데 어려움
ⓕ 수학적 추론의 어려움
㉡ 나이에 기대되는 수준에 비해 학업적 기술이 상당히 저조하며 이것이 일상 활동에 영향을 주거나 학업과 직업적 수행에 어려움을 가져온다. 17세 이상인 경우 학습의 어려움에 대한 과거 병력이 표준화된 평가를 대신할 수 있다.
㉢ 학습의 어려움은 학령기에 시작하지만 학습 기술을 요구하는 정도가 개인의 제한된 능력을 초과하기 전까지 완전히 나타나지 않을 수도 있다.
㉣ 학습의 어려움은 지적장애, 시각 및 청각 문제, 다른 정신 또는 신경학적 장애, 사회적 역경, 언어 숙달의 부족, 부적절한 수업으로 더 잘 설명되지 않는다.

④ 특정 학습장애의 특성 2016년 기출 ★
㉠ 기존에는 '읽기 장애', '수학장애', '쓰기 표현 장애'로 분류되어 진단하였으나 DSM-5에서는 '특정 학습장애'라는 하나의 진단명에 포함하였다.
㉡ 대부분의 경우 학업적 어려움이 학령기 초기에 분명하게 시작된다.
㉢ 학업적 어려움은 환경적으로 불리한 조건이나 교육 기회의 부족과 같은 일반적 요인에 의한 것이 아니어야 한다.

ⓔ 학업적 어려움은 지적발달장애나 전반적 발달지연에 의한 것이 아니어야 한다.
ⓜ 학습기술을 배우고 지속하는 것의 어려움이 그에 맞는 적절한 중재를 제공했음에도 최소 6개월 이상 지속된다.

⑤ 특정 학습장애의 유형
  ㉠ **언어성 학습장애**
    ⓐ 언어 능력이 현저하게 뒤처져 있는 상태를 일컫는다.
    ⓑ 좌뇌를 중심으로 하는 언어 학습에 특히 어려움을 보인다.
    ⓒ 말이나 문장의 의미 이해에 곤란을 나타낸다.
  ㉡ **비언어성 학습장애** 2016년 기출 ★
    ⓐ 우뇌 인지 기능인 시지각적 또는 시공간적인 정보 전달 체계에 기능의 장애가 있는 경우를 말한다.
    ⓑ 사회성 영역에서 대인관계 능력의 저하를 보이는 점이 주요 문제이므로 사회성 학습장애로 부르기도 한다.
    ⓒ 지속적인 주의 집중에 어려움이 있고, 문제 해결에 부주의가 따라 실제 성취도가 매우 저조하다.
    ⓓ 소근육 운동기능과 시각 – 운동 협응 능력이 부족하다.
    ⓔ 학습 영역에서는 수학을 못하는 경우가 꽤 많다.
  ㉢ **혼합성 학습장애**
    ⓐ 언어성과 비언어성의 문제를 모두 가지고 있는 경우이다.
    ⓑ 뇌기능에서는 좌우의 뇌기능에 문제를 가지고 있다.

⑥ 특정 학습장애 아동의 특성
  ㉠ **인지적 특성**
    ⓐ 지적 능력은 평균적인 지능을 보인다.
    ⓑ 주의 집중력이 떨어지며 인지 처리 과정에 결함을 보인다.
  ㉡ **정서적 특성**
    ⓐ 부정적 자아개념을 가지고 좌절 극복 의지가 약하다.
    ⓑ 사회적으로 위축되어 있으며 불안 수준이 높다.
    ⓒ 자기관리 능력이 부족하다.
  ㉢ **행동적 특성**
    ⓐ 충동적 과잉행동의 문제를 보인다.
    ⓑ 협응 능력이 떨어져 동작이 전반적으로 어설프고 부자연스럽다.
    ⓒ 시각 및 청각적 정보처리의 문제로 인해 읽거나 쓰기를 하지 못한다.

⑦ 학습장애 학생이 겪는 사회·정서적 문제 2020년 기출 ★
  ㉠ 자아개념이 부정확하고, 정교화되어 있지 못하다.
  ㉡ 과제에 대한 잦은 실패로 회피 행동이나 철회, 공격 행동을 보인다.
  ㉢ 학습과제 수행 시 충동적으로 반응하는 경우가 많아 잦은 오류를 범한다.
  ㉣ 또래 및 교사들과의 관계가 원만하지 못하여 학교생활에 적응하지 못할 가능성이 높다.
  ㉤ 학교에서의 성공 시에는 외적 귀인, 실패 시에는 내적 귀인을 함으로써 무기력에 빠진다.
  ㉥ 과도한 불안으로 인해 과잉행동, 주의산만, 신경과민 등이 유발된다.

⑧ 기어리(D. Geary)의 수학 학습장애 유형 2018년, 2017년, 2015년 기출 ★
  ㉠ **기억 인출 결함** : 단순 연산의 인출과 장기기억의 어려움을 겪는 유형
  ㉡ **절차적 결함** : 연산 절차상의 어려움을 겪는 유형
  ㉢ **시공간 결함** : 수리적 정보의 시공간직 표상에 어려움을 겪는 유형
  ㉣ 읽기 장애가 공존하는 유형

⑨ 학습장애 진단 중재 반응 3단계 모형 2021년, 2019년, 2017년, 2015년 기출 ★
  ㉠ 불일치 모델의 문제점을 보완한 학습장애 진단 모델이다. 불일치 모델은 학생의 학습문제가 심각하게 진행된 후에야 학습장애 적격성을 결정하기 때문에 일부 학자들은 불일치 모델을 '실패할 때까지 기다리는 모델(wait to fail model)'이라고 비판했다.
  ㉡ 중재반응 모델은 학업문제를 가진 학생(학습장애 위험군 학생)을 조기에 선별하여 조기 중재를 실시하였고, 중재에 대한 학생 반응에 따라 학습장애 적격성을 결정하는 모델이다.
  ㉢ 불일치 모델에서는 학습장애로 진단될 때까지 일반 교육 이외에 교육적 지원을 받지 못하는 반면 중재 반응 모델에서는 일단 학업 문제가 확인되면 즉시 교육적 지원이 제공된다.
  ㉣ 중재 반응 모델에서는 학습장애 위험군 학생에게 먼저 중재를 제공하고 중재에 대한 학생 반응에 따라 학습장애 적격성을 결정하기 때문에 외적인 요인(예 교육 경험의 결핍, 가정환경 등)에 의한 학습부진과 내적 원인에 의한 학습장애의 변별이 가능하다.
  ㉤ 3단계 모델
    ⓐ 1단계 : 모든 학생을 대상으로 표준화 학력평가를 실시하여 하위 25%를 선별하여 일반 학급에서 통합교육을 받게 한다.
    ⓑ 2단계 : 학습장애 위험군 학생으로 선별된 학생을 대상으로 소집단 중심의 효과적인 수업 집중 교육을 실시하고 이 중 학습장애아를 진단한다.
    ⓒ 3단계 : 1, 2단계를 거친 아동들을 잠재적 학습장애로 규정하고, 학습장애 학생을 대상으로 집중적인 개별화 중재와 특수교육지원이 이루어진다.

⑩ 국립특수교육원에서 실시하는 학습장애 아동 선별 2016년 기출 ★
  ㉠ 학습장애 아동은 읽기를 할 때 낱말을 빠뜨리거나 다른 말로 바꾸어 읽거나 앞뒤 낱말을 바꿔 읽는다.

    ⓒ 학습장애 아동은 쓰기를 할 때 글자를 앞뒤 상하로 바꾸어 쓰거나 읽을 수 없을 정도의 난필로 쓴다.
    ⓒ 학습장애 아동은 기억력이 떨어져 지시 사항을 적절히 수행하지 못한다.
    ⓔ 학습장애 아동은 평균 또는 평균 이상의 정상적인 지능을 지니고 있다.
    ⓜ 시각장애, 청각장애, 정신지체, 정서장애의 문화적 기회 결핍 등에 의해 학년이 지체된 아동은 학습장애에서 제외한다.

⑪ 수학 학습장애의 특성
수학 학습장애는 다음의 2가지 특성을 갖는다.
    ㉠ **내용 영역별 학습 특성**

영 역	학습 특성
기본 연산	장기기억 내에 저장되어 있는 기본 연산을 신속하고 정확하게 인출해 내지 못하며 비효과적인 연산 전략을 사용한다.
응용 문제	문제를 읽고 이해하는 데 어려움을 겪고, 특히 주어진 응용문제를 수학적으로 해결하기에 용이하도록 표상하는 능력이 부족하다.
수학개념 이해	기본적인 수학개념의 학습 정도가 매우 부족하여 좀 더 고차원적인 수학 개념을 이해하는 데 어려움을 겪는다.
도형	공간 시각화, 심적 회전 능력에 어려움을 보인다.

    ㉡ **정보처리별 특성** 2016년 기출 ★

영 역	학습 특성
주의 결함	계산법이나 문제 해결 단계에 주의를 유지하지 못하거나 교사의 중요한 교수 내용에 주의를 유지하지 못한다.
시각-공간 결함	• 문제지에서 해결하던 문제의 위치를 찾지 못한다. • 동전, 계산 기호, 시곗바늘 등을 구분하지 못한다. • 수학의 방향선을 이해하지 못한다. • 수직선 사용에 어려움을 보인다.
청각-처리 결함	• 말로 연습하는 데 어려움이 있다. • 수 계열대로 세기를 하지 못한다.
기억 결함	• 수학적 사실이나 새로운 정보를 파악하지 못한다. • 계산에서 순서를 잊어버린다. • 시각 읽기에 어려움이 있다. • 여러 단계로 된 문장 문제 해결을 하지 못한다.
운동 결함	• 수를 알아보지 못하게 쓰거나 느리게 쓰고, 부정확하게 쓴다. • 좁은 공간에 숫자를 너무 크게 쓴다.

⑫ 산술 장애가 있는 아동, 청소년은 다음과 같은 부분에 어려움이 있다. 2014년 기출 ★
    ㉠ **언어적 기능** : 산술 용어 개념을 이해하고 명명하기, 글로 쓰인 것을 산술적 부호로 바꾸기
    ㉡ **지각적 기능** : 산술 부호를 인식하거나 읽기, 사물을 집합하기

ⓒ **주의 집중 기능** : 숫자와 모양을 정확히 그리기, 공식 기호를 인식하기
ⓔ **산술적 기능** : 순서에 따라 계산하기, 구구단 외우기

⑬ 커크(S.Kirk)와 찰판트(J.Chalfant)가 제안한 학습장애 하위 유형 `2016년 기출` ★
  읽기 장애, 수학 장애, 쓰기 장애, 불특정 학습 장애

⑭ 프라이스(Price)가 제안한 효과적인 학습장애 아동상담 `2014년 기출` ★
  ㉠ 일주일에 한 번 정도의 규칙적인 상담 스케줄을 유지하지만 문제가 심각해지면 자주 만날 수도 있다.
  ㉡ 하나의 목표에 초점을 두어 상담을 진행한다.
  ㉢ 각 상담 회기가 끝날 때마다 요약 및 명료화를 하도록 한다.
  ㉣ 최대한 유연성을 발휘하여 절충적인 입장에서 가능한 여러 가지 기법을 사용한다.
  ㉤ 학습장애의 다양성을 인정하고 중재를 위해 다른 전문가들과 네트워크를 형성한다.

(3) 주의력 결핍 과잉행동장애 (ADHD) `2020년, 2018년, 2016년, 2014년 기출` ★

① **ADHD의 개념** `2016년 기출` ★
  ㉠ 부적절한 주의력의 결핍이나 부족, 충동성, 과잉활동성과 이에 따른 증상들을 보여주고, 12세 이전에 시작하며 성인기까지 계속될 수 있다.
  ㉡ 아동들은 해당 연령과 발달 단계에 비교했을 때 주의 집중 시간이 매우 짧고, 불필요한 움직임과 충동을 잘 억제하지 못하여 자신의 행동을 잘 규제하지 못한다.
  ㉢ 과잉행동은 별로 나타나지 않지만 부주의 문제를 주로 보일 때는 주의력 결핍 우세형, 과잉행동이 더 우세한 과잉행동-충동 우세형, 복합형 세 하위 유형으로 구분된다.
  ㉣ 부주의 행동특성 9개와 과잉행동-충동성 특성 9개로 구성된 총 18개의 행동 증상을 통해 진단한다.
  ㉤ 신경전달물질인 도파민과 노르에피네프린이 뇌의 특정 부위에서 적게 나타나는 것이 ADHD 발생에 영향을 미치는 것으로 추정된다.
  ㉥ ADHD는 가족력이 흔히 나타나고 쌍생아 또는 형제간에 더 흔히 발병되는 유전적인 소인을 가지고 있다.

② **DSM-5 ADHD의 진단 기준**
  ㉠ 주의력 결핍 및 과잉행동-충동 양상의 지속적 발현으로 다음의 특징이나 증상 중 하나 혹은 모두를 포함한다.
    ⓐ 주의력 결핍 : 다음 증상 가운데 6가지 이상의 증상이 최소 6개월 동안 사회 및 학업·직업에 부정적인 영향을 미친다.
      • 세부적인 면에서 주의를 기울이지 못하고, 학업, 작업, 다른 활동에서 부주의한 실수를 저지른다.

- 작업을 할 때, 무질서하고 신중한 생각 없이 수행한다.
- 일을 하거나 놀이를 할 때, 지속적으로 주의를 집중하는 데 어려움을 느껴 지시를 그대로 따르지 못하고, 임무를 완수하지 못한다.
- 다른 사람이 직접 말을 할 때 경청하지 않는 것처럼 보인다.
- 과업과 활동을 체계화하는 데 어려움을 느낀다.
- 지속적으로 정신적 노력을 요구하는 작업에 참여하기를 피하고, 싫어하고, 저항한다.
- 작업이나 활동하는 데 필요한 물건들을 자주 잃어버린다.
- 외부의 자극에 의해 쉽게 산만해진다.
- 일상적인 활동을 자주 잊어버린다.

ⓑ 과잉행동-충동성 : 다음 증상 가운데 6가지 이상의 증상이 최소 6개월 동안 사회 및 학업·직업 활동에 부정적인 영향을 미친다.
- 손발을 가만두지 못하고, 손끝으로 두드리거나 의자에 앉아서도 몸을 움직이려 한다.
- 앉아 있도록 요구되는 상황에서 자주 자리를 이탈한다.
- 부적절한 상황에서 지나치게 뛰어다니거나 기어오른다.
- 조용히 여가활동에 참여하거나 놀지 못한다.
- 끊임없이 활동하거나 마치 무언가에 쫓기는 것처럼 행동한다.
- 지나치게 말을 많이 한다.
- 질문이 채 끝나기 전에 성급하게 대답한다.
- 차례를 기다리지 못한다.
- 다른 사람의 활동을 방해하고 간섭한다.

ⓒ 장해를 일으키는 주의력 결핍 혹은 과잉행동-충동 증상 중 일부가 12세 이전에 있었다.
ⓒ 주의력 결핍 혹은 과잉행동-충동 증상 중 몇 가지가 2개 또는 그 이상의 환경에서 존재한다.
ⓔ 증상들이 사회, 학업, 직업적 기능을 방해하거나 그 질을 떨어뜨린다는 명백한 증거가 존재한다.
ⓜ 증상이 정신분열증 혹은 기타 정신병적 장애의 진행과정 내에서만 배타적으로 발생하거나 또다른 정신과적 장애에 의해 더 잘 설명되지 않는다.

③ **ADHD의 특성** 2018년 기출 ★
ⓐ 장애를 일으키는 충동적인 증상 및 주의력 결핍 증상이 7세 이전에 발생된다.
ⓑ 주의력 결핍-과잉 행동장애 학생이 많이 드러내는 문제 가운데 하나가 만성적 학습부진이다.
ⓒ 과잉행동은 주어진 과제를 수행하지 않고 돌아다니거나 지속적 집중의 어려움, 무질서함과 같은 모습으로 발현되며 반항이나 이해 부족에서 기인한 것이다.

② 부주의 증상은 학업적 결함과 또래들의 무시와도 연관이 있다.
⑪ 신경전달물질인 도파민과 노르에피네프린이 뇌의 특정 부위에서 적게 나타나는 것이 ADHD 발생에 영향을 미치는 것으로 추정되나 진단적인 생물학적 표지자는 없다.

(4) 학교공포증 2014년 기출 ★

① 학교공포증의 개념
  ㉠ 모호한 신체증상을 호소하며 학교 가는 것을 거부하여 여러 번 결석하는 증상으로 학교 거부증, 등교거부증, 학교기피증이라는 용어로도 설명할 수 있다.
  ㉡ 학교공포증 아동들 중 애착 대상과의 분리불안으로 인한 학교 거부인 경우, 대개 성적은 좋고 학교에서 특별한 문제가 없는 경우가 많다.

② 학교공포증의 증상
  ㉠ 신체적 증상은 주로 아침에 일어날 때 나타나는데, 학교에 가지 않아도 된다고 하면 증상은 이내 사라진다.
  ㉡ 학교에 가고 싶지 않은 이유로 학교 상황을 이야기하며 갖가지 비판을 하는 경향을 보인다.
  ㉢ 지속적으로 결석을 하면서도 집 근처를 떠나지 않는다.

③ 학교공포증의 원인
  ㉠ 심리·사회적 발달과정에서 학교공포증을 유발하는 가장 중요한 요인은 지나친 의존성을 갖게 하는 가족의 상호작용 형태이다. 부모들 중 아동에게 과보호적이며 너무 많은 간섭을 하여 아동들이 부모로부터 떨어지는 것을 어렵게 만드는 경우가 있다.
  ㉡ 이 외에도 다른 학교로 전학을 가거나 엄격한 선생님, 이해되지 않는 수업, 학교 폭력 등의 이유로 학교공포증이 생기기도 한다.

④ 학교공포증의 치료 방법
  ㉠ 가장 좋은 치료방법은 학교에 매일 가도록 하는 것으로 아동 스스로 직접 직면함으로써 학교에 대한 공포가 사라지고, 매일 호소하던 증상들도 사라지게 된다.
  ㉡ 필요의 경우 병원 진료를 권하고 담임교사에게 도움을 요청한다.
  ㉢ 아동과 함께 학교에 대한 두려움에 대해 이야기하고, 친구들과 많은 시간을 보낼 수 있도록 도와준다.

2 학업 관련 검사

(1) 학업상담을 위해 사용될 수 있는 심리검사 2020년, 2019년, 2018년, 2016년, 2015년, 2014년 기출 ★

① 지능검사(K-WISC-Ⅳ) : 10개의 주요 소검사와 5개의 보충 소검사로 구성된 지능검사로 학습장애를 진단할 수 있다.

② 카우프만 아동용 지능검사(K-ABC) : 아동의 정신 과정과 후천적으로 습득한 사실적 지식수준을 측정하기 위한 검사이다.
③ 한국교육개발원 기초학습 기능검사 : 유치원부터 초등학교 6학년에 이르는 학생들을 대상으로 기초능력 정도를 평가하는 검사로 정보처리, 셈하기, 읽기Ⅰ, 읽기Ⅱ, 쓰기의 5개 소검사로 구성되어 있다.
④ 기초학습 수행평가체제(BASA) : 초등학교 1~3학년 아동을 대상으로 실제 학생들이 배우는 기초학습 기능에 근거하여 학생의 수행 정도를 평가하는 검사로 학습부진이나 특수교육 대상자의 읽기, 쓰기, 수학 영역에서 수행 수준을 진단하고 평가한다.
⑤ 국립특수교육원 기초학력검사(KISE-BAAT) : 유치원, 초등학교, 중학교까지 읽기, 쓰기, 수학 영역에서 기초학력을 측정하는 검사로 학습장애를 진단할 수 있다.
⑥ MLST 학습전략 : 성격적 차원, 정서적 차원, 동기적 차원, 행동적 차원의 4개 차원으로 구성된 검사이다.
⑦ 학습동기 검사(AMT) : 학업적 자기효능감 척도와 학업적 실패 내적 척도로 구성되어 있다.
⑧ ALSA 청소년 학습전략검사 : 학습동기, 자기효능감, 학습기술(인지, 초인지 전략), 자원관리 전략 4개 소검사로 구성된 검사이다.
⑨ 한국판 학습장애 평가 척도(K-LDES) : 학습문제를 주의력, 사고력, 말하기, 읽기, 쓰기, 철자법, 수학적 계산의 7가지 영역으로 범주화한 검사이다.
⑩ 학습태도 검사는 학습전략검사에 비해 학습 흥미, 학습동기, 학습 습관에 더 초점을 두었다.
⑪ 그 외에도 로샤 검사(Rorschach), 벤더 게슈탈트 검사(BGT), 그림 검사(HTP), 주제통각검사(TAT) 등의 투사검사를 실시한다.

(2) 학업상담을 위한 심리검사 활용 지침 2019년, 2016년, 2015년 기출 ★

① 심리검사 필요 여부 판단 과정에 따른 지침
  ㉠ 검사 목적에 대해 숙지한다.
  ㉡ 아동을 실습 대상으로 여기지 않는다.
  ㉢ 자신이 검사 실시와 해석을 할 수 있는 전문성을 갖추고 있는지 확인한다.
② 심리검사 선정 과정에 따른 지침
  ㉠ 검사 목적에 맞는 검사를 선정한다.
  ㉡ 검사의 신뢰도와 타당도, 규준이 적합한지 확인한다.
  ㉢ 검사의 실용성을 고려한다.
③ 심리검사 결과 해석에 따른 지침
  ㉠ 검사 결과에 대해 학생이 어떻게 기대하고 있는지 파악한다.
  ㉡ 학생이 검사 결과는 잠정적인 결과임을 인식하도록 한다.

ⓒ 단적인 유형과 정보만 알려주고 결과를 해석했다고 생각하지 않는다.
ⓔ 심리검사는 학생을 이해하는 다양한 방법 중 하나임을 명심한다.
ⓜ 심리검사 결과가 학생의 평소 행동 관찰 결과와 다를 때, 차이를 보이는 이유에 대해 궁금해 하고 탐색하도록 한다.

④ 학업상담 시 심리검사 활용지침 **2020년 기출** ★
 ㉠ 검사의 신뢰도와 타당도를 충분히 고려한다.
 ㉡ 검사의 목적과 진행 방법, 검사의 한계에 대해 내담자에게 충분히 설명하도록 한다.
 ㉢ 검사 시 얻은 정보에 대해 비밀 보장의 원칙을 준수한다.
 ㉣ 검사요강에 제시된 표준화된 채점 절차를 따른다.
 ㉤ 내담자와 검사자 간의 라포 형성을 중요시한다.
 ㉥ 한번에 너무 많은 검사를 실시하려고 하지 않는다.
 ㉦ 조용하고 편안한 분위기와 내담자가 좋은 컨디션을 가지고 검사를 실행하도록 한다.

(3) 지능검사 **2019년, 2018년, 2016년 기출** ★

① 웩슬러 아동용 지능검사(K-WISC-Ⅳ)
 ㉠ 만 5세에서 16세 미만의 아동을 대상으로 아동의 인지적 능력을 평가하기 위한 가장 대표적인 아동 지능검사이다.
 ㉡ 한국 웩슬러 아동 지능검사 4판(K-WISC-Ⅳ)은 10개 핵심 소검사와 5개 보충 소검사로 구성되어 있다.
 ㉢ 언어 이해 지표, 지각적 추리 지표, 작업 기억 지표, 처리 속도 지표 총 4가지의 지표로 구성되어 있고, 지표에 해당되는 소검사는 다음과 같다.
  ⓐ 언어 이해 지표
   • 핵심 소검사 : 공통성(SI), 어휘(VC), 이해(CO) • 보충 소검사 : 지식(IN), 단어 추리(WR)
  ⓑ 지각적 추리 지표
   • 핵심 소검사 : 토막 짜기(BD), 공통 그림 찾기(PCn), 행렬추리(MR)
   • 보충 소검사 : 빠진 곳 찾기(PCm)
  ⓒ 작업 기억지표
   • 핵심 소검사 : 숫자(DS), 순차 연결(LN) • 보충 소검사 : 산수(AR)
  ⓓ 처리 속도 지표
   • 핵심 소검사 : 기호 쓰기(CD), 도형 찾기(SS) • 보충 소검사 : 선택(CA)
 ㉣ 시각 자극을 사용해 아동의 추상적 사고력, 범주적 추론 능력을 측정할 수 있다.
 ㉤ 아동의 언어적 이해력, 서로 다른 유형의 언어 정보를 통합하고 종합하는 능력 등을 알 수 있다.
 ㉥ 아동이 어떤 유형의 정보를 능숙하게 처리하는지 알 수 있는 인지수준지표를 반영한다.

② 웩슬러 아동용 지능검사(K-WISC-Ⅴ) 2017년 기출 ★
   ㉠ 한국 웩슬러 아동지능검사 5판은 만6세 0개월부터 만16세 11개월까지 아동의 지능을 평가하기 위해 개별적으로 실시하는 임상도구이다.
   ㉡ K-WISC-Ⅴ의 전체척도는 언어이해, 시공간, 유동추론, 작업기억, 처리속도로 나뉘고, 16개의 소검사로 이루어져 있다.

K-WISC-Ⅴ 전체 척도

언어이해	시공간	유동추론	작업기억	처리속도
공통성 어휘 상식 이해	토막짜기 퍼즐	행렬추리 무게비교 공통그림찾기 산수	숫자 그림기억 순차연결	기호쓰기 동형찾기 선택

(4) 카우프만 아동용 지능검사(K-ABC) 2017년 기출 ★

① 2세 6개월에서 12세 5개월까지의 아동을 대상으로 아동의 정신 과정과 후천적으로 습득한 사실적 지식수준을 측정할 수 있다.
② 순차처리 척도, 동시 처리 척도, 습득도 척도 총 3가지의 하위검사로 구성되어 있고, 각 척도에는 다음의 검사가 포함된다.
   ㉠ **순차처리 척도** : 손동작, 수 회상, 단어 배열
   ㉡ **동시 처리 척도** : 마법의 창, 얼굴 기억, 그림 통합, 삼각형, 시각 유추, 위치 기억, 사진 순서
   ㉢ **습득도 척도** : 표현 어휘, 인물과 장소, 산수, 수수께끼, 문자 해독, 문장 이해

(5) 교육성취도검사 2018년 기출 ★

① 기초학습기능검사(KEDI-IBLST)
   ㉠ 한국교육개발원에서 유치원 및 초등학교 수준의 정상아동 및 장애아동을 대상으로 학업에 기초가 되는 능력을 평가하는 데 사용하기 위한 목적으로 표준화된 개인검사용이다.
   ㉡ 정보처리, 셈하기, 읽기Ⅰ, 읽기Ⅱ, 쓰기의 5개 소검사로 구성되어 있다.
② 기초학습 기능 수행평가체제(BASA)
   ㉠ 초등학교 1~3학년을 대상으로 실제 학생들이 배우는 기초학습 기능에 근거하여 학생의 수행 정도를 평가하기 위하여 개발하였다.
   ㉡ 학습부진 아동이나 특수교육 대상자의 읽기, 쓰기, 수학 영역에서의 수행 수준을 진단하고 평가하는 검사이다.
   ㉢ 읽기, 쓰기, 수학의 3개 검사로 구성되어 있다.
③ 국립특수교육원 기초학력검사 : 읽기, 쓰기, 수학의 3개 소검사로 구성된 도구로 유치원, 초등 1~6학년, 중등 1~3학년의 현재 학년과 기초학력지수를 알아볼 수 있는 진단평가 검사 도구이다.

Section 04 학업관련 장애 및 검사

(6) 일반심리검사

① 주의 집중능력검사
- ㉠ 시각주의력, 청각주의력, 청각집중력, 지속적 집중력, 선택적 집중력, 정보처리속도 등 주의 집중력의 다양한 측면을 객관적으로 평가하기 위하여 만들어진 검사이다.
- ㉡ 초등학교 1학년에서 중학교 3학년까지 개인 및 집단을 대상으로 실시 가능하며 약 3~40분의 시간이 소요된다.
- ㉢ 전국단위의 표준화 작업을 거쳐 아동과 청소년의 주의 집중 능력을 객관화하여 상대적 위치를 파악할 수 있다.
- ㉣ 이 외의 집중력을 다양한 측면에서 분석하고, 학교 성적 및 태도에 대한 예언력이 높은 점 등의 강점을 가지고 있다.

② 홀랜드 진로탐색검사
- ㉠ 아동의 성격에 기초한 진로나 직업을 결정하기 위한 정보를 얻을 수 있는 검사이다.
- ㉡ 연령별로 진로발달검사, 진로적성검사, 직업적성검사 등이 포함되어 있다.
    - ⓐ 진로발달검사(초등용)
        - 초등학교 4~6학년 학생들의 진로발달과 진로성숙을 체계적으로 촉진시키고자 아동들이 초기에 나타내는 특성에 맞게 각 유형에 따른 진로지도의 지침이 되게 한다.
        - 자신의 적성에 맞는 학습전략, 성격관리 등을 개발하는 것이 목적이다.
    - ⓑ 진로성숙검사(중등용) : 중학생의 직업적, 성격적 특성을 홀랜드 유형에 따라 변별도 높게 찾아내고, 진로성숙의 정도를 파악하여 적성에 맞는 라이프스타일을 개발하는 데 도움을 주는 것이 목적이다.
    - ⓒ 전공적성검사(고등용) : 생애관점에서 진로의사결정을 위한 홀랜드 직업적 성격적성을 측정하고 대학 전공계열 및 전공학과 선택을 위한 개별화된 정보를 제공하는 것이 목적이다.

③ 아동 충동성 검사
- ㉠ 아동의 충동성을 객관적으로 측정하는 검사로 직접 수행하는 경험적 자료를 토대로 평가한다.
- ㉡ 방대한 자료를 수집하여 엄격한 표준화 과정을 거쳐 제작되었으므로 신뢰도와 타당도가 높게 측정되었다.
- ㉢ 문제 진단에 유용하여 아동의 충동성을 조기에 발견하고 예방할 수 있다.
- ㉣ 아동의 평가와 치료 계획을 수립하는 데 유용하다.
- ㉤ 그림으로 제시되어 아동의 흥미를 끌 수 있으며 문자 해독능력이 없는 아동들도 이해하고 응답할 수 있다.

Section 05 학습전략

> **학습목표**
> 학습전략의 의미와 학자들에 따른 분류형태를 살펴보고, 다양한 학습전략 프로그램(학습동기, 기억력전략, 읽기전략, 쓰기전략, 사고력전략, 시간관리 및 공간관리전략, 학업스트레스 관리전략 프로그램)에 대해서 살펴본다.

1 학습전략 개요 및 분류

(1) 학습전략의 개요 2020년, 2016년, 2015년 기출 ★

① 학습전략은 과거의 경험을 통하여 새로운 지식, 기술을 배워서 익히거나 기능 및 지식을 의식적으로 습득하는 일이다.
② 학습자가 새로운 정보를 선택하고 획득하고 조직해서 저장하는 방식에 영향을 미치는 모든 정보처리 활동으로 정의될 수 있으며 낮은 수준, 높은 수준의 정보처리과정이 다 포함된다.
③ 학습을 보다 효과적으로 하기 위하여 학습자가 취하는 모든 방법적 사고 또는 행동을 의미한다.
④ 학습전략은 학년이 높아지거나 학습에 투여하는 시간이 많은 과제일수록 학업성취에 미치는 영향이 크다.
⑤ 학습전략은 절차적 지식을 포함하고 있는데 절차적 지식이란 어떤 절차를 거쳐야만 습득되는 지식으로 대부분의 교과서의 내용이다.
⑥ 학습전략은 의식적, 무의식적인 것을 다 포함하고 있으며 감정 상태 관리를 위해 정의적 전략도 포함된다.

※ 학습목표를 달성하기 위한 전체적인 계획과정이다.

(2) 학습전략 학자들의 개념 2017년 기출 ★

① 대표적으로 맥키치(W. McKeachie)는 학습전략을 인지, 상위인지, 자원관리 전략으로 구분하였다.
② 댄서로우(Dansereau)는 주전략과 보조전략으로 나누고, 주전략으로 이해, 파지, 회상, 사용 전략으로 구분하였다. 학습전략을 정보의 획득, 저장, 유용화를 촉진시킬 수 있는 일련의 과정이나 단계로 보았다.
③ 와인슈타인(C.Weinstein)은 학습전략을 인지적 전략, 정의적 전략, 동기화전략, 학습상태를 유지하는 전략으로 구분하였다.
④ 와인슈타인(C.Weinstein)과 메이어(Mayer)는 학습전략을 학습자의 정보 약호화 과정에 영향을 미치거나 학습에 관여하는 모든 사고 체계와 행동양식이라고 하였다.
⑤ 존슨(Jones)은 학습전략을 학습을 촉진시키기 위하여 학습자가 사용하는 여러 가지 정신적 조작이라고 하면서 의식적이든 무의식적이든 목적지향적인 구체적인 행동이라고 하였다.

Section 05 학습전략

(3) 학습전략의 분류

① **맥키치(Mckeachie)의 학습전략** : 학습전략을 인지적 전략, 상위인지 전략, 자기자원 관리전략 이 3가지 범주로 나눈다. 2021년, 2020년, 2019년 기출 ★

인지적 학습전략	시연, 정교화, 조직화 전략
초인지 학습전략	계획하기, 조정하기, 점검하기 전략
자기자원관리 전략	시간관리, 노력관리, 공부환경관리, 타인의 조력추구 전략

㉠ 인지전략 2018년, 2017년, 2016년 기출 ★

　ⓐ 시연전략 2016년, 2014년 기출 ★
　　• 단기기억 속에서 정보가 사라지지 않게 하기 위하여 학습내용을 외우거나 소리 내어 읽는 전략이다.
　　• 시연전략 방법에는 밑줄 긋기, 색칠하기, 암송하기, 노트정리하기, 반복적으로 쓰기 등이 포함된다.
　　• 8세 무렵 비자발적으로 학습내용을 시연하다가 12세 무렵부터 자발적으로 시연하기 시작한다.

　ⓑ 정교화 전략 2019년, 2016년, 2015년 기출 ★
　　• 학습 자료를 의미 있게 하기 위하여 새 정보를 이전 정보와 관련시켜 특정한 관계를 가지도록 하는 전략이다.
　　• 심상의 형성 : 새로운 개념을 배울 때는 이해하기 쉽도록 구체적인 예를 떠올려 본다.
　　• 유추하기 : 어떤 주제를 공부할 때, 내가 알고 있는 것과 연관성을 찾아본다.
　　• 매개 단어법 : 주요 개념을 공부할 때는 자기 말로 바꾸어 본다.
　　• 의역하기 : 중요한 개념이 있으면 쉬운 말로 풀어 본다.
　　• 창의적 노트하기 : 노트 필기를 통하여 강의 내용을 다시 반복적으로 연습한다.
　　• 장소법, 요약, 질문에 대답하기 등이 포함된다.

　ⓒ 조직화 전략 2015년 기출 ★
　　• 학습내용 요소 간의 관계를 논리적으로 구성해 보는 것으로 중요한 개념을 중심으로 내용을 분석해 보거나 이들 간에 어떤 관계가 존재하는지를 추론하여 보다 쉽게 이해할 수 있도록 돕는 전략이다.
　　• 핵심아이디어의 선택 : 공부를 할 때, 개념들을 모아 관계를 정리해 본다.
　　• 군집화 : 국사나 사회를 공부할 때는 연대별로 묶어서 공부를 한다.
　　• 도표화 및 개요화 : 내용이 복잡할 때, 도표를 그리거나 요약해 본다.
　　• 기억조성법 : 조직화되어 있는 기억단서의 집합을 활용하여 결집과 정교화를 통하여 기억을 확대한다.

ⓛ **상위인지 전략** 2017년 기출 ★
  ⓐ 계획전략
   • 학습할 때 어떤 인지전략을 사용할 것인지 계획하는 전략이다.
   • 살펴보기, 훑어보기, 문제 의도 추측하기 등이 포함된다.
  ⓑ 조정전략 2020년 기출 ★
   • 학습과정을 점검하는 인지활동 전략이다.
   • 집중하기, 이해정도 평가하기, 문제풀이 속도 체크하기 등이 포함된다.
  ⓒ 조절전략 : 조정과 밀접한 관계가 있는 것으로 자신의 학습활동을 점검하다가 문제가 생기면 앞으로 다시 돌아가 공부하기, 이해하기 어려운 부분에서 속도 줄이기 등이 포함된 전략이다.
ⓒ **자기자원 관리전략** 2019년, 2017년, 2014년 기출 ★
  ⓐ 시간관리 전략 : 시간표 작성, 목표설정이 포함된 전략이다.
  ⓑ 공부 환경관리 전략 : 장소정리, 조용한 장소 확보, 조직적인 장소 조정이 포함된 전략이다.
  ⓒ 노력관리 전략 : 자기효능감을 높이는 노력에 대한 귀인, 학습 분위기 조성, 자기강화가 포함된 전략이다.
  ⓓ 타인의 조력추구 전략 : 교사 및 동료로부터 조력 추구, 집단학습, 개인지도받기 등이 포함된 전략이다.

② **댄서로우(Dansereau)의 학습전략** 2019년, 2018년, 2016년, 2014년 기출 ★
주전략과 보조전략으로 나뉜다.
  ㉠ **주전략** : 학습 내용을 익히는 데 직접적으로 영향을 주는 전략으로 이해전략, 파지전략, 회상전략, 사용전략이 있다.
  ㉡ **보조전략** : 학습 분위기 조성에 영향을 주는 전략으로 설계, 계획, 집중력 관리, 자기점검이 있다.

주전략	이해 전략과 파지 전략	학습 내용을 이해하고 기호를 기억하는 데 도움이 된다.
	회상 전략과 사용 전략	이전에 기억해둔 학습 내용을 필요한 순간에 다시 꺼내서 활용하는 것이다.
보조전략	목표 계획과 설계 전략, 주의 집중전략, 자기점검과 진단 전략이 있다.	

③ **학업 지연행동 극복 전략** 2015년 기출 ★
  ㉠ 학업 지연행동이란 학습자가 주관적인 불편감을 느끼며 학업 과제를 미루는 행동이다.
  ㉡ 현실적인 목표를 설정하고 무리한 스케줄을 계획하지 않는다.
  ㉢ 좋은 시간관리 전략을 활용하여 해야 할 일의 우선순위를 설정한다.

Section 05 학습전략

ⓔ 과제 수행에 도움이 되도록 자신이 해야 할 과제를 기록해 둔다.
ⓜ 장기적인 목표를 설정하고 과제에 대해 수용적인 자세를 가진다.
ⓑ 양이 많은 과제나 어려운 과제는 나눠서 하고 과제 수행에 대한 보상을 가진다.
ⓢ 공부를 한 후 하고 싶은 일을 하도록 한다.
ⓞ 학업을 지연하고 싶을 때, 그로 인해 생길 결과를 생각한다.

④ **협동학습전략** 2017년 기출 ★
㉠ 협동학습전략이란 학생 간의 활발한 사회적 상호작용을 통하여 학습효과를 극대화시키는 교수 전략이다.
㉡ 새로운 정보를 학습하는 데 도움이 된다.
㉢ 개별학습과 수행과제에 대한 전이를 용이하게 한다.
㉣ 지식의 공유정도가 높을수록 각 학생들의 학습에 긍정적인 영향을 가져온다.
㉤ 상호이해, 타인에 대한 긍정적 태도, 친절함 등을 길러주는 데 효과적이다.

⑤ **질문생성 학습전략** 2015년 기출 ★
㉠ 질문생성이란 학생이 질문을 고안해 내는 것으로써 교수자의 질문과 구별하여 사용되며 질문생성 학습은 하나의 학습전략이다.
㉡ 공부할 때는 먼저 질문을 제기하고 대답하는 자세로 학습한다면 내용을 더 잘 인식할 수 있다.
㉢ 자신을 평가하며 자신의 생각을 전체적으로 관리하는 이해능력에 대한 초인지, 즉 내용의 이해를 증진하고 사고하는 능력을 증진시킬 수 있다.
㉣ 질문을 생성하고 대답하는 과정에서 학습자 자신을 동기화시킬 수 있다.
㉤ 질문생성 과정에서 자신이 가지고 있는 선행지식이 활성화된다.
㉥ 학습자료 내용과 관련된 선행지식을 효율적으로 활용하기 위한 질문생성 학습전략은 다음과 같다.
　ⓐ 문제파악 : 학습동기 유발 및 현재 수준을 확인한다.
　ⓑ 문제인식 : 공부할 문제를 생각한다.
　ⓒ 문제해결 : 교재 내용 파악, 단순내용 질문생성, 탐구내용 질문생성, 역할 교대를 통한 질문생성 등이 포함된다.
　ⓓ 적용발전 및 정리 : 생성한 질문을 요약정리하고 교사의 피드백을 받는다.

⑥ **자기조절 학습전략** 2015년 기출 ★
㉠ 자기조절 학습전략 개요
　ⓐ 짐머만(Zimmerman)은 "아동이 학습할 때 자기 스스로 초인지적으로, 동기적으로, 행동적으로 학습에 참가하는 능동적인 학습이 자기조절 학습이다."라고 하였다.

ⓑ 새로 습득한 전략을 모든 과제나 상황에 적용한다.
　　　ⓒ 자기조절 학습자들은 학습 중에 학습 효과성에 대한 자기 지향적 피드백을 사용한다.
　　　ⓓ 자기조절 학습자들은 특별한 자기조절전략을 선택해서 사용하는 방법이나 이유를 설명할 수 있다.
　　　ⓔ 충동성이 높은 아동에게도 가르치면 도움이 된다.
　　ⓛ 학습전략 내용
　　　ⓐ 인지적 전략 : 시연전략, 정교화전략, 조직화전략
　　　ⓑ 초인지적 전략 : 계획전략, 점검전략, 조정전략
　　　ⓒ 자원관리전략 : 시간 관리, 공부환경 관리, 노력 관리, 타인의 조력 추구
　　ⓒ 초인지전략의 결함으로 나타나는 어려움　2016년 기출 ★
　　　ⓐ 자신이 청취한 내용을 잘 점검하지 못하는 경향이 있다.
　　　ⓑ 기억을 돕기 위한 다른 전략을 생각해내는 것에 어려움이 있다.
　　　ⓒ 정보를 기억하기 위한 다양한 전략을 생각해 내지 못한다.
　　　ⓓ 융통성이 부족하여 문제를 해결할 때 충분히 사고하지 않고 충동적으로 처리한다.
　　ⓔ 짐머만(Zimmerman)의 자기조절학습전략　2020년, 2019년, 2016년 기출 ★
　　　ⓐ 자기평가 : 아동들이 학습의 질 혹은 학습 진전에 대한 자기주도적 평가
　　　ⓑ 조직과 변형 : 학습을 개선하기 위해 수업자료를 자기 주도적으로 내현적, 외현적으로 재배열
　　　ⓒ 목표설정과 계획 : 아동이 교육목표 혹은 하위목표를 세우고 이 목표와 관련된 활동을 계열화
　　　ⓓ 정보탐색 : 숙제를 할 때 비사회적 지원으로부터 앞으로의 과제 정보를 확보하기 위해 노력
　　　ⓔ 기록유지와 점검 : 사태 혹은 결과를 기록하기 위한 자기주도적 노력
　　　ⓕ 환경의 구조화 : 학습을 쉽게 하기 위해 물리적 장면을 선택 혹은 배열하기 위한 자기주도적 노력
　　　ⓖ 자기 강화 : 성공과 실패에 대한 보상이나 벌에 대한 배열 혹은 심상
　　　ⓗ 시연과 기억 : 내현적, 외현적 연습에 의해 자료를 기억하기 위한 자기주도적 노력
　　　ⓘ 사회적 도움 : 동료, 교사, 성인으로부터 도움을 얻고자 노력하는 것
　　　ⓙ 기록 복습 : 평가지, 공책, 교재를 수업 혹은 평가 준비를 위해 복습
　⑦ 개념도　2019년 기출 ★
　　ⓛ 개념의 의미를 연결하기 위한 시각적인 지도를 제공한다.
　　ⓜ 수업의 내용 요약을 도식적으로 제공하며 학습 영역 내의 중요 개념을 명확히 알게 한다.

ⓒ 노박(Novak)은 오슈벨의 유의미 학습이론에 기초하여 학습자들이 자신의 사전지식을 기반으로 의미 있게 학습해 나갈 수 있도록 하는 학습 전략의 하나로서 개념도 작성법을 개발, 제안하였다.

② 개념도의 교육적 활용 가능성 2016년 기출 ★

ⓐ 교사의 교수활용을 돕는다.

ⓑ 학습자가 이미 알고 있는 것을 탐구한다.

ⓒ 어떤 글이나 내용들로부터 의미를 추출하는 데 도움이 된다.

ⓓ 앞으로 학습할 방향과 최종 목표점을 알려주는 학습의 안내자 역할을 한다.

Plus Study ● 메타인지의 개념 2020년 기출 ★

- 메타인지는 학습 자료에 대한 적응적 이해과정에서 중요한 역할을 담당하는 인지변인이며, 자기조절학습 활동의 중요한 인지적 기반이다. 즉, 메타인지는 매우 광범위한 개념으로, 인지활동에 대한 지식과 규제를 포함하는 개념이다.
- Fermandez-Duque 등(2000)은 메타인지가 집행기능과 매우 관련이 깊다고 했다. 집행기능은 정보처리과정에 대한 모니터링과 통제를 포함한다. 이처럼 두 개념이 매우 유사함에도 메타인지에 대한 연구와 집행기능에 대한 연구는 서로 다른 영역에서 수행되어 왔다.
- 모니터링과 통제 기능 : Efklides(2006)에 따르면, 메타인지는 인지에 대한 모델로서 모니터링과 통제 기능으로 구성된 메타수준에서의 활동으로 정의된다. 즉, 메타인지는 두 가지 역할을 가지고 있는데, 첫째는 모니터링 활동을 통해 인지에 대한 표상을 형성하는 것이며, 둘째는 인지에 대한 표상을 바탕으로 하여 인지에 대한 통제를 하는 것이다. 모니터링 기능은 메타인지적 지식과 메타인지적 경험으로 구분된다. 그리고 메타인지적 기술 또는 전략의 사용은 통제 기능에 해당한다.

2020년 기출 ★

모니터링		통제
메타인지적 지식	메타인지적 경험	메타인지적 기술
인지기능에 대한 생각/신념, 이론, 자기, 과업, 전략, 목표, 인지기능, 지식의 확실성	감정, 익숙함, 어려움, 앎에 대한 느낌, 자신감, 만족감, 판단, 학습에 대한 판단, 필요한 노력에 대한 판단, 필요한 시간에 대한 판단	의식적이고 계획적인 활동 및 전략 사용, 노력의 분배, 시간의 분배, 인지과정에 대한 확인 및 조절, 인지과정의 결과에 대한 평가

- 메타인지와 정서
  - Efklides(2006)에 따르면, 인지와 정서는 정보를 처리하는 과정 및 행동의 조절 과정에 공존하며, 인지과정의 결과는 학습자에게 어떤 정서를 느끼게 하고, 이는 다시 통제 기능에 영향을 미친다.
  - 학습장애아들에게 부족한 것이 메타인지적 지식이라는 연구가 계속 이어지고 있다. 즉, 그들은 자신이 무엇을 아는지, 무엇을 모르는지에 대한 자기 자신에 관한 메타인지적 지식이 부족하다는 것이다.
- 메타인지적 지식의 부족은 자신의 능력에 관한 자아효능감과 내적 동기의 부재와 같은 동기적 측면의 영향을 받는다.

2 학습전략 프로그램

(1) 학습동기 전략 프로그램

① 학습동기 개요
  ㉠ 학습자가 학습에 대한 욕구를 가지고 일정한 학습 활동을 해내며 분명한 목표 의식을 가지고 학습에 임하도록 하는 것이다.
  ㉡ 학습 동기는 내, 외적 조건에 의해 유발되는데 긍정적 자아효능감의 형성과 같은 내적 동기 유발이 중요하다.
  ㉢ 학습 동기는 내재적 동기, 외재적 동기, 무동기 상태로 나뉘며 다음과 같다.
    ⓐ 내재적 동기
      • 지식추구동기 : 호기심, 탐구심 등과 같은 공부하는 행위 자체에서 기쁨과 즐거움을 느끼는 것이다.
      • 지적 성취동기 : 숙달동기와 같은 개념으로 유능감을 얻거나 특별한 성취를 위하여 공부하도록 하는 것이다.
      • 지적 자극 추구 동기 : 재미, 흥분 등 감각적 즐거움과 미적 경험을 얻기 위한 것이다.
    ⓑ 외재적 동기
      • 동일시 동기 : 내적 강요 동기가 완전히 자신의 것으로 변하여 외부로부터의 강요나 압력, 내적인 불안이나 죄책감이 없어도 자발적으로 학습 행위가 일어나는 것이다. 동일시 동기는 즐거움과 호기심이 없기 때문에 순수 내재적 동기라고는 할 수 없다.
      • 내적 강요 동기 : 외적으로 주어진 이유와 동기로써 타인의 기대와 행동 양식을 점차 자신의 것으로 내면화한 것을 말한다. 외적 강요로 인한 내면화이므로 내적 긴장, 불안 및 죄책감을 느낄 수 있다.
      • 외적 강요 동기 : 외적보상이나 처벌을 피하기 위하여 공부하는 태도를 취하는 것이다.
    ⓒ 무동기 : 학습된 무기력에 빠져 의욕도 없고 결과에 대한 기대도 없는 상태이다. 지적 호기심 및 어떤 강요에도 노력하려는 의지나 목표 행동을 유발하기 어렵다.

② Stipek의 효과적인 실천 원리 모형
  ㉠ 과제
    ⓐ 도전감이 있고 모든 학습자가 성취할 수 있는 과제를 제시한다.
    ⓑ 과제를 세부적으로 조직화하여 학습자가 자신의 능력 향상을 관찰할 수 있도록 한다.
  ㉡ **목표** : 단기목표로 학습자의 능력에 따른 다양한 목표를 제시하고, 목표를 설정하도록 유도한다.
  ㉢ **평가와 보상**
    ⓐ 알고 있는 것을 입증할 수 있도록 다양한 방법을 제시하고, 무엇이 올바르고 학습자가

어느 정도 향상되었는지를 알 수 있게 한다.
ⓑ 명확하고 구체적이며 정보가 수반된 피드백을 제공하고, 성취 시 보상을 제공한다.
ⓒ **지원 제공** : 학습자가 필요할 때, 도움을 요청할 수 있도록 격려한다.
ⓓ **통제**
ⓐ 실패 원인을 노력 부족이나 비효과적인 전략으로 귀인하도록 한다.
ⓑ 성공은 노력과 능력으로 귀인하도록 한다. 노력과 능력을 균형 있게 인정하는 교사의 태도가 중요하다.
ⓔ **학급 구조와 풍토**
ⓐ 학습자를 존중하고 그들의 가치를 인정하며 실수가 허용되는 환경을 조성한다.
ⓑ 학습자와 교사가 함께하는 공동체를 강조하고 서로 만족스럽고 건강한 인간관계를 형성하도록 한다.

(2) 기억력 전략 프로그램

① 기억의 정의
㉠ 기억이란 인간의 학습에서 중요한 역할을 하는 정신 과정으로서 저장된 지식을 활용하는 복합적인 지적 기능이라 할 수 있다.
㉡ 신경심리학적 관점에서는 기억을 학습에 수반되는 변화인 동시에 학습 과정 자체로 설명한다. 그리고 이러한 학습 과정을 통해 지각, 사고 및 계획을 수립하는 뇌의 신경회로가 변하는 것으로 본다.
㉢ 정보처리 이론에서는 기억을 정보의 수용, 수정, 저장, 인출 및 조작 등과 관련된 활동 체계로 기술한다. 기억이란 경험을 통해 일어나는 유기체 내의 지속적인 변화로서 이들 경험을 저장하고 재생하는 일련의 과정인 것이다.

② 기억이론
㉠ **행동주의적 접근** : 학습과 기억을 조건 형성의 과정으로 본다.
㉡ **인지 발달적 접근** : 기억을 지능에 의존하는 것으로 보면서 아동의 인지적 도식과 새로운 정보 간의 상호작용을 중시한다.
㉢ **정보 처리론적 접근** : 기억을 정보의 입력으로부터 반응에 이르기까지 일련의 정신적인 조작 또는 정보처리 과정으로 이해하고 해석한다. 정보처리 이론적 접근은 구조적 입장과 과정론적 입장으로 나뉜다.
ⓐ 구조론적 입장 : 정보의 입력과 반응 사이에는 일련의 처리 단계가 있으며 이는 감각 기억장치, 단기기억장치, 장기기억장치이다. 외부의 정보가 이러한 각 단계에 따라 진행될 때 자극이나 형태의 내용은 변환이나 전이를 경험한다. 각 처리 단계는 제한된 처리 능력을 가진다는 것이다.

ⓑ 과정론적 입장 : 기억의 과정을 중시하며 부호화의 다양성과 처리의 깊이에 초점을 두고 정보처리의 방향과 전체적 기능을 강조한다.

③ 정보처리이론의 관점에서 초인지의 기능 2015년 기출 ★
　㉠ 핵심내용에 에너지와 시간을 집중할 수 있도록 한다.
　㉡ 학습자가 자신의 오류를 지각하고 수정할 수 있도록 한다.
　㉢ 작업기억 단계에서 어떤 전략이 효과적인지 파악할 수 있도록 한다.
　㉣ 새로운 지식을 습득할 때 기존 지식과 연결하여 기억할 수 있도록 한다.

④ 기억의 분류 2021년 기출 ★
　㉠ **감각 기억** : 영상 기억(iconic memory) 혹은 즉시 기억(immediate memory)이라고도 일컬어지며 외부에서 주어지는 짧은 시간 동안 감각적 형태 그대로 기억되는 것을 말한다.
　㉡ **단기 기억 및 작업 기억**
　　ⓐ 어떤 정보가 입력된 후 몇 초 내지 몇 분 후에 재생되거나 반응할 수 있는 기억 구조를 말하는 것으로 정상적인 인지기능에 핵심적인 역할이다.
　　ⓑ 단기기억으로 들어가지 않은 정보는 장기 기억으로 전이될 수 없다.
　　ⓒ 단기 기억의 저장 용량은 제한되어 있으며 저장 기간 역시 짧다.
　㉢ **장기 기억** : 기억 저장의 최종 형태로서 저장할 수 있는 정보의 양은 거의 무제한적이며 저장 시간도 짧게는 몇 시간, 길게는 영구적이다. Tulving(1972)은 장기 기억은 일화적 기억(episodic memory)과 의미적 기억(semantic memory)으로 구성되어 있다고 하였다.

⑤ 기억향상법 2016년 기출 ★
　㉠ **머릿글자 활용법(약어법)** : 기억해야 할 정보목록에서 각 항목의 첫 글자를 따서 새로운 낱말이나 구를 만드는 것이다.
　㉡ **장소법** : 기억하고자 하는 자료를 자신이 잘 알고 있는 장소와 연합하여 기억하는 방법이다.
　㉢ **걸이 단어법** : 새로 학습할 내용을 자신이 이미 알고 있는 것과 연결하여 기억하는 방법이다.
　㉣ **심상법** : 자료를 머릿속에 이미지로 만들어 보는 것인데 보통은 학습자료가 구체적이고 분명해야 심상도 분명하다.
　㉤ **범주화** : 조직화의 원리를 이용해 사물이나 개념, 기능 등 유사한 것끼리 묶어주는 것이다.

⑥ 효과적인 기억력 증진전략 2016년 기출 ★
　㉠ 가능한 한 반복하고 많이 학습한다.
　㉡ 기억할 정보에 의미를 부여하여 다른 정보와 관련시키거나 의미의 폭을 심화, 확장시킨다.
　㉢ 암기할 때 기억단서를 사용한다.
　㉣ 기억을 방해하는 간섭요인을 최소로 줄인다.
　㉤ 학습한 것을 자신의 언어로 반복해서 복습한다.

(3) 읽기 전략 프로그램

① 읽기 개요
  ㉠ 읽기는 문자에 대한 해독을 의미하는 단어재인과 읽기 활동을 통한 이해라는 2가지 기능적 활동을 통해 이루어지는 것을 말한다.
  ㉡ 단어 재인
    ⓐ 형태 분석 : 문자의 시각적 특징이나 단서에 근거해 단어를 인식하는 활동이다.
    ⓑ 음소 분석 : 단어를 구성하고 있는 문자소와 음소의 대응관계 분석을 통해 단어를 재인하는 활동이다.
    ⓒ 음절 분석 : 단어를 구성하고 있는 각 음절에 해당되는 소리를 분석적으로 지각함으로써 전체 단어를 재인하는 활동이다.
    ⓓ 문맥 분석 : 주변 단어나 의미에 의존해서 생소한 단어를 해독하는 활동이다.
    ⓔ 일견 읽기 : 단어에 대한 의식적인 음소나 음절 분석을 하지 않으면서 즉각적으로 단어를 재인하는 활동이다.
  ㉢ 읽기 활동을 통한 이해
    ⓐ 단어 이해 : 자료의 전체적인 내용에 대한 이해 및 기억을 위한 기초가 되는 것이다.
    ⓑ 사실적 이해 : 객관적이고 기본적인 읽기 활동으로서 자료에서 제시된 내용을 사실 그대로 이해하고 의미화하는 것이다.
    ⓒ 추론적 이해 : 사실적 이해를 기초로 하여 인과관계, 결론 및 의도를 추론하는 등 보다 발전된 정보를 창조적으로 구성해 내는 것이다.
    ⓓ 비판적/평가적 이해 : 지식, 경험 및 가치 체계 등의 내·외적 근거를 중심으로 읽기 자료에서 제시된 내용의 정확성, 저자의 의도 및 정보의 유용성 등을 판단하는 것이다.
    ⓔ 감상적 이해 : 읽기 자료에 대한 정서적 측면의 반응으로서 자신의 관점에서 해석, 동일시 및 미적 가치의 내면화 등이 이루어지는 것이다.

② 읽기 전략 지도
  ㉠ **읽기 전 사고의 활성화 전략** : 읽기 교육에서는 글을 읽기 전에 사고를 활성화하는 전략이 중요하다. 사고를 활성화시키므로 글을 읽으면서 글과 적극적으로 상호작용하는 것이 가능해진다.
    ⓐ 연상하기 : 선행지식을 회상하고, 그것을 활성화함으로써 글 속에 들어있는 정보와의 교섭이 가능하도록 만드는 과정이다. 제목 → 브레인스토밍 → 흥미로운 것을 고르고 글에 대한 질문과 답 기록 → 글을 읽으며 그 자료의 빈 곳에 정보를 채워 가는 방식으로 진행된다.

ⓑ 예측하기 : 책을 읽기 전에 책의 제목, 사진, 기타 정보를 종합하여 책에 있는 대강의 내용을 추측할 수 있다. 글을 읽을 때, 예측하며 읽는 것은 글에 대한 능동적인 자세와 동기 유발에 효과적이며 스키마 활성화라는 점에서 중요한 의미를 갖는 과정이다.
　　ⓒ 미리보기 : 미리보기를 하면 책의 내용을 이해하고 기억하기가 훨씬 쉬워진다. 미리보기는 빨리 읽는 능력과 관계가 있다. 책의 정보를 가정하고, 자신이 이미 알고 있는 정보와 책의 내용을 연관시켜 봄으로써 책에서 필요한 정보를 얻고자 할 때 사용하는 능력이다.
ⓒ **읽는 중 전략** : 읽는 중 전략은 읽기의 핵심부분으로, 이때 이해한 정보를 통하여 읽기 목표의 대부분을 달성할 수 있다.
　　ⓐ 훑어보기 : 훑어보기는 글을 읽을 때 특정 정보를 얻기 위해 사용하는 빠른 속도의 읽기 능력으로 책을 전부 읽지 않고도 필요한 정보를 얻을 수 있고, 핵심 단어를 시각화할 수 있다. 책을 읽을 때 속도를 높이기 위한 전략으로도 사용할 수 있으며 다양한 질문을 갖고 훑어보기도 하므로, 폭 넓은 사고능력을 기를 수 있다.
　　ⓑ 중심생각 찾기 : 비판적 읽기나 창조적 읽기, 그밖에 다양한 책읽기의 기초가 되는 것이 중심생각을 찾는 것이다. 그러므로 중심생각 찾기는 읽기교육에서 가장 신경 써야 하는 부분이며 이를 위한 구체적인 학습전략을 갖는 것이 필요하다.
　　ⓒ 글 구조 파악하기 : 글은 필자의 개요에 따라 구성된 것으로 개요를 파악하면 글을 이해하기가 쉬워진다. 글의 구조를 쉽게 파악하기 위한 대표적인 전략은 그래픽 조직자로 글의 형태가 어떤 것이든 각 부분의 관계 및 전체의 핵심을 모두 보여주기 때문에 이것을 통하여 글에 표현된 주제개념, 아이디어들을 전체적으로 이해할 수 있다.
　　ⓓ 추론하기 : 필자는 글의 내용을 전개하면서 독자들이 글의 전후 맥락이나 독자의 사전 경험과 지식으로 쉽게 보충할 수 있는 내용을 생략하므로 글의 적절한 긴장을 유지한다. 추론은 독자의 사전지식을 토대로 하여 문장과 문장, 문단과 문단 사이의 정보 비약을 채우는 것이다.
　　ⓔ 건너뛰며 읽기 : 매우 빠른 속도로 읽는 능력으로 글 전체를 한눈에 파악하기 위해 빠르게 책을 읽어가는 과정을 포함한다. 미리보기는 책을 읽기 전에 내용을 대충 알아보는 것이지만 건너뛰며 읽기는 글의 내용과 형식, 필자의 주된 관점과 문체, 강조점, 독자의 배경지식과 관심 등을 알아보는 데 필요하다.
ⓒ **읽은 후 전략** : 글을 읽은 후에는 읽은 내용을 정리해 보고, 읽은 내용을 토대로 다양한 사고 활동을 통해 새로운 사고로 확장해 보는 것이 필요하다.
　　ⓐ 요약하기 : 흔히 내용에 대한 기억이나 회상을 요약이라고 생각한다.
　　ⓑ 비판적으로 읽기 : 비판적 읽기는 읽기를 통하여 독자가 올바른 사고를 할 수 있도록 하는 것을 목표로 한다. 이것은 읽은 내용에 대한 독자의 생각을 연관 지어 보는 방법으로 비판하는 데 유용하다.

Section 05 학습전략

ⓒ 창조적으로 읽기 : 창조적 읽기는 사고 작용의 확산방법으로 글 속에 새로운 정보가 새로운 환경이나 상황에서 어떻게 적용될 수 있는지 또는 어떤 측면에서 유용할 것인지를 판단하는 능력과 관련되어 있다.

③ 독서 전략
  ㉠ 로빈슨(H. M. Robinson)의 SQ3R `2014년 기출` ★
    ⓐ 훑어보기(Survey) : 글을 읽기 전, 전체 목차를 보고 주제와 각 장이 어떻게 구성되어 있는지 훑어보며 내용을 미리 생각해 본다. 제목, 그림, 도표 등을 미리 살펴본다.
    ⓑ 질문하기(Question) : 학습할 내용의 제목이나 소제목과 관련하여 중심내용에 대해 스스로에게 질문해 본다. 글을 능동적으로 읽을 수 있게 도와준다.
    ⓒ 자세히 읽기(Read) : 앞서 생각해 둔 질문에 답을 찾아가며 글을 읽는다. 이때, 강조 표시법을 활용하는 것이 좋다.
      • 글을 한 번 읽고 주제나 핵심내용이라고 생각되는 부분을 표시하는 것이다.
      • 주요 용어와 개념에 표시한다. 필요 시, 그림이나 도표에 표시한다.
      • 빈 공간에 주요 개념, 요점 등을 기록해 두며 표시한 부분을 정리하여 기록한다.
    ⓓ 되새기기(Recite) : 중요한 요점을 떠올리고 이들 요점 간의 상호관계를 정리한다.
    ⓔ 다시 보기(Review) : 읽은 내용에 대해 총 정리하며 복습한다. 글의 내용을 자신의 지식, 경험과 관련지어 읽으며 감상적 읽기를 실행한다.
      • 표시하고 기록해 둔 내용을 다시 읽으며 내용을 떠올린다.
      • 제시되어 있는 학습 문제, 목표에 대해 대답한다.
      • 자기 스스로 문제를 내고 풀어본다.
      • 마인드맵을 통하여 핵심 내용을 도식화한다.
  ㉡ 토마스와 로빈슨(Thomas & Robinson)의 PQ4R `2019년, 2018년, 2017년, 2016년, 2014년 기출` ★
    ⓐ 미리보기(Preview) : 학습할 내용이 어떻게 구성되어 있는지 살펴보는 단계이다.
    ⓑ 질문하기(Question) : 내용을 살펴보며 구체적인 질문을 만드는 단계이다.
    ⓒ 읽기(Read) : 학습 내용을 모두 읽고 앞서 만든 질문에 대한 답을 찾는 단계이다.
    ⓓ 숙고하기(Reflectioin) : 내용을 다 읽고 답을 살피고 추가적으로 구체적인 질문을 만든다.
    ⓔ 암송하기(Recite) : 만들었던 질문에 답하고 내용을 자신의 언어로 표현하며 정확하게 적었는지 점검하고 암송한다.
    ⓕ 복습하기(Review) : 머릿속으로 전체내용을 그려보고, 비교하고 대조해 보며 읽은 내용을 재조직하고 범주화하여 훑어본다.

(4) 쓰기 전략 프로그램

① 노트필기 개념 2016년 기출 ★
   ㉠ 노트 필기는 수업을 들을 때나 공부를 할 때 필요한 중요한 기술로 수업내용을 이해하고 파악하는 데 도움을 준다.
   ㉡ 효과적인 필기는 학습 내용에 대한 정리와 기억을 도울 뿐 아니라 독해력, 조직화 능력 및 비판적 사고 등을 키우는 데 도움이 된다.
   ㉢ 효과적인 노트 필기법에는 노트필기를 위한 가이드라인, 수업 과정별 노트 필기법, 핵심 개념 찾기, 밑줄긋기, 줄여쓰기, 코넬 노트 필기법 등 다양한 형태의 내용이 포함되어 있다.

② 노트 필기가 효과적인 이유
   ㉠ 여러 가지 실험을 통해 손의 움직임과 두뇌 활동이 연계되어 있음이 증명되었는데 노트를 필기하는 손끝의 움직임이야말로 두뇌의 사고 회로와 직결되어 있어서 기억력이나 이해력을 증진시키는 가장 효과적인 방법이다.
   ㉡ 노트 필기는 컴퓨터의 프로그램처럼 학습 내용이 효과적으로 두뇌에 입력되도록 얼마나 체계적으로 정리되어 있는가 하는 점이 가장 중요하다.
   ㉢ 20분 후에는 배운 것의 42%를 잊어버리고 이틀 후면 72%나 잊어버리게 된다. 그러나 흥미로운 점은 20% 정도는 한 달이 지나도 그대로 남아 있다. 노트 필기를 중요하게 여기는 것은 망각의 본능을 저지하는 가장 효율적인 방법이다.

③ 효과적인 노트필기 2017년 기출 ★
   ㉠ 노트필기를 잘 하기 위해 듣기 기술을 개선한다.
   ㉡ 날짜를 기록하고 과목은 구분하여 작성한다.
   ㉢ 자주 반복되는 내용은 약어를 사용한다.
   ㉣ 글자는 다른 사람도 알아볼 수 있도록 쓴다.
   ㉤ 수업 중 모든 내용을 기록하기보다는 중요한 부분을 필기하고 수에 보충을 하거나 필요 없는 부분은 빼면서 한 눈에 알아보도록 체계적으로 조직화한다.

④ 코넬 노트필기법 2019년, 2016년 기출 ★
   코넬 노트 필기법은 코넬 대학에 있는 Walter Pauk에 의해 개발된 방법으로서 현재까지 가장 많이 사용되는 필기 방식 중의 하나이다. 이와 같은 방식의 노트필기는 다음과 같은 효과를 거둘 수 있다.
   ㉠ 학습 내용에 대한 깊이 있는 이해를 돕는다.
   ㉡ 학습 내용을 한눈에 알아볼 수 있게 한다.
   ㉢ 학습 내용을 체계적으로 정리하고 조직화하는 데 도움을 준다.
   ㉣ 학습 내용을 더 잘 기억할 수 있게 한다.

Section 05 학습전략

ⓜ 학습에 대한 적극적 태도, 책임감 및 동기를 증진시킬 수 있다.
ⓑ **코넬노트 형식**(제목칸, 키워드칸, 노트필기칸, 요약칸 4구역으로 이루어져 있다.)

5/4(날짜)	글의 짜임과 설명문(제목)	p25
글의 짜임	노트필기칸	
정의	글의 내용을 효과적으로 전달하기 위해 일정한 질서에 의해 적절한 방법으로 구조화시켜 놓은 것	
필요성	• 글 전체 윤관을 한눈에 파악 • 이해와 기억	
고려점	• 각 문단의 중심 내용 요약 • 글 전체를 부분으로 나눔 • 글의 내용 전개 방법을 알기	
요약 칸		

⑤ 글의 종류에 따른 노트필기법 **2016년 기출 ★**

마인드맵	이미지와 핵심어, 색과 부호를 사용하여 뇌의 기능을 극대화시키는 두뇌계발 필기법
기본적 맵핑법	순서나 위계없이 주제별로 간략하게 정리할 수 있는 필기법
수직형 맵핑법	계층이나 위계가 많아 가지를 수직으로 나열해서 기술하는 필기법
수평형 맵핑법	계층이나 위계보다 가지가 많고 내용이 길어 수평으로 기술하는 필기법
비교/대조법	이론, 사상, 법칙 등의 유사점과 차이점을 비교해야할 때 사용하는 필기법
원인/결과법	인과관계를 밝히거나 논리를 전개해 갈 때 사용하는 필기법

(5) 사고력 전략 프로그램

① 사고력의 개념
　㉠ 사고는 넓은 의미로는 전반적인 인간의 의식 작용이나 정신 작용으로 이해되기도 하고, 좁은 의미로는 감정적 요소 또는 정의적 요소를 제외한 인지적 현상에만 국한되기도 한다.
　㉡ 생각하는 능력이며 사고력으로 언어사용 환경에 대한 지각 등을 포함하는 기본적인 인지 활동과 더불어 문제해결, 추리, 창의성, 개념화, 기억, 분류, 상징화 계획, 읽기 및 쓰기 등의 고등 정신 활동들이 포함된다.

② 사고력의 구성요소
　㉠ **사고의 기본 과정과 절차** : 분류, 일반화, 계열화, 연역 등
　㉡ **추론의 표준적 원리에 관한 지식** : 논리학, 통계학 등의 기본원리에 대한 지식 등
　㉢ **초인지적 지식** : 인간의 인지에 관한 지식, 자신의 장·단점에 대한 인식, 사고 과정에 대한 조정과 통제 방법에 대한 지식 등
　㉣ **사고와 관련된 가치, 태도, 성향, 양식** : 진지성, 공정성, 객관성 등

ⓜ **사고와 관련된 신념** : 문제 접근 방식, 자아, 원인, 노력의 중요성 등에 대한 신념 등
③ 비판적 사고와 창의적 사고
㉠ **비판적 사고**
ⓐ 건전한 회의성 : 일반적으로 진리로 받아들여지고 있는 사실 혹은 신념에 대해서 의문을 제기하고 사고 과정에서 오류의 가능성이 있음을 인정하는 것이다.
ⓑ 지적 정직성 : 어떤 진술이 참이라고 알고 있는 지식을 부정하는 것이라 해도 충분한 근거가 있으면 그것을 진실로 받아들이며 특정 입장을 지지하기 위해 사실을 왜곡하지 않는 것이다.
ⓒ 객관성 : 감정적이거나 주관적인 요소를 배제하고 타당한 근거를 토대로 결론을 도출하는 것이다.
ⓓ 체계성 : 논의나 사고의 전 과정에 걸쳐 논제의 핵심에서 벗어나지 않으며 내적인 일관성을 유지하는 것이다.
ⓔ 철저성 : 타당하고 충분한 근거가 확보될 때까지 결론짓기를 보류하는 것이다.
㉡ **창의적 사고**
ⓐ 민감성 : 주변 환경에 대하여 예민한 관심을 보이고 이를 통해 새로운 탐색 영역을 넓히고자 하는 것이다.
ⓑ 자발성 : 문제 상황에서 아이디어를 자발적으로 산출하는 것이다.
ⓒ 독자성 : 자신이 생각해 낸 아이디어에 대한 가치를 인정하고 다른 사람들의 평가에 구애받지 않으려는 태도이다.
ⓓ 근면성 : 문제를 해결하기 위해 가능한 다양한 정보를 수집하고 끈질긴 열정과 노력으로 끝까지 문제를 해결하는 것이다.
ⓔ 호기심 : 주변의 사물에 대해 의문을 갖고 적극적으로 질문을 제기하는 것이다.
ⓕ 개방성 : 세상이 변화하고 있다는 사실에 대한 인식과 함께 자신이 변화의 주체가 되어야 한다고 생각하는 자발적인 성향이다.
④ 창의적 사고 증진 기법 및 프로그램 2019년, 2016년 기출 ★
㉠ **브레인 스토밍** 2016년 기출 ★
ⓐ 오스본(Osborn)이 창의적 사고를 위해 창안한 전통적이고 가장 널리 알려진 기법이다.
ⓑ 브레인 스토밍은 집단적 사고의 전형적인 형태로서 특정한 과제를 해결하기 위해 참가자 모두 자신의 사고를 거리낌 없이 제안한다. 이는 복잡한 문제를 여러 사람들이 단시간에 해결해야 하거나 많은 사람들로 하여금 창의적 사고를 경험할 수 있도록 하기 위한 상황에서 활용하기 좋은 기법이다.
ⓒ 아이디어에 대한 비판은 잠정적으로 보류하며 자유로운 분위기에서 많은 수의 아이디어를 낼 수 있도록 권장한다.

Section 05 학습전략

    ⓒ **인지사고(Cognitive Research Trust) 프로그램** 2016년 기출 ★
      수평적 사고(lateral thinking)로 유명한 드보노(de Bono)에 의해 창안된 프로그램이다.
      ⓐ PMI(Plus-Minus-Interesting) 기법과 여섯 개의 생각하는 모자(Six Thinking Hats)기법이 있다. PMI는 어떤 문제 상황에 대해서 긍정적인 측면과 부정적인 측면을 고려하여 최적의 아이디어를 개발하는 데 사용된다.
      ⓑ 여섯 개의 생각하는 모자는 서로 다른 독특한 사고의 유형을 대표해 주는 것으로서 요약하면 다음과 같다.
- 하얀 모자 : 중립적, 객관적인 사실, 자료, 정보에 대한 사고를 할 때 쓰는 색의 모자이다.
- 빨강 모자 : 감정, 느낌, 육감 및 직관적인 사고를 할 때 쓰는 색의 모자이다.
- 검정 모자 : 부정적 판단, 실패한 이유 등을 사고할 때 쓰는 색의 모자이다.
- 노랑 모자 : 낙관적, 긍정적, 건설적 기회 등을 사고할 때 쓰는 색의 모자이다.
- 초록 모자 : 창의적 사고, 여러 가지 해결 방안을 사고할 때 쓰는 색의 모자이다.
- 파랑 모자 : 요약, 개관, 결론, 규율, 사고에 대한 사고를 할 때 쓰는 색의 모자이다.

    ⓒ **길포드(J. Guildford)의 창의적 사고의 6가지 하위요인** 2021년, 2018년, 2016년 기출 ★
      ⓐ 민감성 : 주변환경에 관심을 보이고, 새로운 탐색영역을 넓히는 문제를 지각하는 능력이다.
      ⓑ 유창성 : 특정한 문제 상황에서 가능한 많은 양의 아이디어를 산출하는 능력이다.
      ⓒ 유연성 : 고정적인 사고에서 벗어나 여러 각도의 해결책을 찾아내는 능력이다.
      ⓓ 독창성 : 참신하고 독특한 아이디어를 산출하는 능력이다.
      ⓔ 정교성 : 다듬어지지 않은 기존 아이디어를 보다 세밀하고 치밀한 것으로 발전시키는 능력이다.
      ⓕ 재구성력 : 기존의 일반적인 생각이나 산물을 다른 목적이나 관점에서 재구성하는 능력이다.

(6) 시간관리 및 공간관리 전략 프로그램

① **시간관리전략 개요** 2019년, 2018년 기출 ★
    ㉠ 학습할 시간을 어떻게 계획하고 확보하고 실천해 나갈 것인가와 관련이 있다.
    ㉡ 시간관리를 잘하는 행동이란 학습목표를 세우고, 계획을 치밀하게 짜고, 제한된 시간 내에 원하는 학습목표를 달성하기 위한 우선순위를 정해서 무엇부터 할 것인지 의사를 결정하여 그 일을 실제로 행동으로 실천하고, 실천한 것을 토대로 평가해서 다음 계획에 반영하고, 모든 과정에 필요한 정보를 최대한 잘 활용하여 목표를 달성하는 것을 말한다.

② 한국청소년상담원에서 개발하여 보급하는 시간관리전략 프로그램에서는 시간관리 모형을 제안하고 6가지 핵심요소를 소개한다.
  ㉠ **목표설정 단계** : '장기 목표, 중기 목표, 단기 목표를 생각한다 → 구체적인 평가 기준을 세운다 → 마감일을 정한다'의 순서로 세운다.

  > **Plus Study** ● 목표설정 단계 예
  >
  > - 장기 목표 : 2년 후 교환학생으로 나갈 때까지 영어를 공부해서 미국에 가면 곧바로 공부를 시작할 수 있도록 준비한다.
  > - 중기 목표 : 1년 후에는 혼자 영어 공부를 할 수 있을 만큼 영어 실력을 쌓는다.
  > - 단기 목표 : 1년 동안 인터넷 강의를 하루도 빠지지 않고 듣는다.
  > - 이번 달 : 일주일에 월, 수, 금 3일은 새벽에 인터넷 강의를 듣고, 화, 목, 토 3일은 같은 시간에 단어를 암기한다.

  ㉡ **계획 단계**
    ⓐ 목표를 이루기 위해 세부적인 행동전략을 세우는 단계이다.
    ⓑ '계획 세우기 시간 확보 → 요구되는 시간, 기간, 중요도 고려하기 → 장기, 중기, 단기 계획 세우기 → 구체적 달성 방법(소요 시간, 언제, 어디서, 어떻게) 기록하기'
  ㉢ **의사결정 단계** : 일의 우선순위를 정하고 일을 추진해 나가는 단계이다. 자신의 우선순위에 대해 신중하게 생각하고 선택해야 한다. 일의 우선순위를 정할 때는 일의 중요도와 긴급도를 모두 고려한다.
  ㉣ **실행 단계**
    ⓐ 어떤 일을 할 때 실제로 어떤 식으로 해 나가는지를 알아보는 단계이다.
    ⓑ 중요한 일부터 시작한다.
    ⓒ 복잡하고 중요한 공부는 최적의 시간에 한다.
    ⓓ 계획에 차질을 줄 것으로 예상되는 일은 시작하지 않는다.
    ⓔ 추가적인 긴급한 일은 무시할 수 있다.
    ⓕ 적절한 휴식을 취하고 적당한 속도로 공부하며 변동사항을 고려하여 여유분의 시간을 확보한다.
  ㉤ **통제 및 평가 단계** : 일의 진행 과정과 성과를 평가하고 다음의 계획에 반영하는 단계이다. 연간, 월간, 주간, 일일 계획표를 세우고 계획에 따라 실행한 후 계획이 잘 실행되었는지 여부를 평가해야 한다.
  ㉥ **정보 이용 단계** : 어떤 자료를 어떻게 수집하고 활용하는지를 계획하는 것으로 실제로 앞의 다섯 단계에 모두 해당된다.

Section 05 학습전략

③ 일의 우선순위(아이젠하워) 2021년, 2016년 기출 ★

구 분	긴급함	긴급하지 않음
중요함	중요하고 긴급한 일	긴급하지는 않지만 중요한 일
중요하지 않음	긴급하나 중요하지 않은 일	긴급하지도, 중요하지도 않은 일

④ 학습 공간의 관리
  ㉠ **환경적 요인** : 공부방의 위치, 조명, 채광, 환기, 온도 및 습도, 동선을 고려한 공간 배치, 주의 분산의 최소화, 쾌적한 가구 및 주변 자극의 통제 등이 고려된다.
  ㉡ 공부방의 위치는 가족원의 통행이 너무 많은 거실, 부엌 등과 지나치게 인접해 있는 곳은 바람직하지 않다. 또한 무늬가 현란하고 채도가 높은 벽지를 사용하거나 장식품이 많은 것도 좋지 않다. 대체로 편안하고 안락한 의자이면 좋지만 지나치게 푹신하거나 딱딱하거나 몸을 기댈 수 있는 큰 의자는 적당하지 않다. 공부하는 책상은 넓은 것이 좋고, 공부할 때 참고할 수 있는 자료가 많은 것이 좋다.

(7) 학업 스트레스 관리전략 프로그램
① 학업 스트레스 개념
  ㉠ 대부분의 청소년들이 겪고 있다.
  ㉡ 학습과 관련하여 경험하게 되는 스트레스로서 성적 부담, 성적 저하, 과제·학업 부담, 시험불안, 여가·휴식의 부족 및 성적으로 인한 부모와의 갈등 등이 학업 스트레스를 일으키는 요인이 될 수 있다.
  ㉢ 고등학생들이 학교생활에서 받고 있는 스트레스에 관한 조사 연구에 따르면 학생들은 시험과 평가에 대한 불안, 긴장 등으로 인해 심한 좌절과 우울, 초조감을 경험하고 있으며 대인 관계나 가정보다도 공부 문제가 더 큰 스트레스 요인이 되고 있다.
② 스트레스 대처방식
  ㉠ **문제 중심 대처** : 스트레스 인자를 변경시켜 문제를 해결하려는 시도로서 정보 수집, 계획 세우기, 문제 해결에 도움이 되는 지식이나 기술을 획득하기 등 도구적이며 과제지향적인 행위를 포함한다.
  ㉡ **정서 중심 대처** : 스트레스 인자가 수반하는 또는 스트레스 인자의 결과로 생기는 정서적 상태를 관리하거나 조절하려는 시도로서 소망적 사고, 수용, 사회적지지 추구, 긍정적으로 생각하기, 자기 비난, 긴장 감소 및 다른 사람들이 알지 못하도록 간직하기 등과 같은 대처 방식을 포함한다.

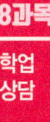

Plus Study ● 옥스퍼드와 크루칼(Oxford & Crookall)이 제시한 외국어 학습전략 6가지 2019년 기출 ★

① 기억전략 ② 인지적 전략 ③ 보상전략
④ 초인지전략 ⑤ 정의적 전략 ⑥ 사회적 전략

3 학업 전략의 기타요인

(1) 행동관리 전략

① 행동에 옮기기 전에 그 행동의 결과에 대해서 미리 생각한다.
② 현재 행동이 학습을 하는 데 적절한지를 점검하고 지금보다 더 나은 방법을 찾는다.
③ 학습을 효율적으로 하는 데 도움을 주는 주위 사람이나 여건을 안다.
④ 학습에 대한 성과를 이루었을 때 자기에게 맞는 보상을 한다.
⑤ 공부할 때는 공부에만, 일을 할 때는 일에만, 쉴 때는 휴식에만 집중하도록 노력한다.

(2) 감정관리 전략

① 학습에 대해 자신이 느끼는 감정이 무엇인지 파악한다.
② 왜 그런 감정이 생겨났는지 생각한다.
③ 내 감정을 적절하게 처리할 수 있는 방법(예 음악 감상, 글쓰기, 채팅, 상담하기, 친구에게 털어놓기, 직접적인 대화, 명상 등)을 찾는다.
④ 선택한 방법에 따라 행동에 옮긴다.
⑤ 방법이 효과적이었는지 평가하고 자신에게 가장 도움이 되는 방법을 찾아 나간다.

(3) 긍정적 사고 전략

① 학습의 실수나 실패로부터 배울 수 있는 것을 찾는다.
② 부족함이나 단점보다는 내가 잘하는 것이나 장점을 발견하고 현재의 내 모습에 자부심을 가진다.
③ 뭔가를 꼭 해야 한다거나 무엇이 꼭 되지 않으면 안 된다는 생각에 매달리지 않는다.
④ 합리적이고 융통성이 있는 생각을 한다.

(4) 올바른 식생활 전략 2014년 기출 ★

① 설탕, 소금, 화학조미료, 동물성 지방, 카페인의 섭취를 줄인다.
② 가능한 생수를 많이 마시고, 신선한 과일과 채소를 많이 먹는다.
③ 음식을 먹을 때는 즐거운 마음으로 천천히 꼭꼭 씹어서 먹되, 편식하지 않고 영양소를 골고루 섭취한다.
④ 달걀 노른자에 함유된 레시틴은 기억력 증진에 좋다.

⑤ 검은콩에는 단백질과 당질, 식이섬유, 지질 회분이 많이 함유되어 탈모와 신장과 간의 기능을 돕는 효능이 있다.
⑥ 들깨가루는 칼슘과 철분, 오메가 3 지방산이 많아서 고혈압, 동맥경화, 만성위염에 효과가 있다.
⑦ 견과류와 씨앗류에는 지방과 단백질, 무기질 등이 함유되어 있다.

(5) 적절한 운동

① 학습은 체력이 중요하므로 매일 가벼운 운동(예 체조, 걷기, 물구나무서기 등)을 하고, 1주일에 2~3번 정도는 땀을 흘릴 수 있는 운동을 한다.
② 생활 중 쉽게 할 수 있는 운동을 찾아서 꾸준히 한다.

(6) 휴식과 수면 2018년, 2016년 기출 ★

① 자신에게 적절한 수면시간을 찾아 규칙적으로 수면을 취하는 것은 학습효과를 높이는 데 도움이 된다.
② 가벼운 운동 후 따뜻한 물로 샤워하면 숙면에 도움이 된다.
③ 낮잠은 오후 3시 이후에는 자지 않는 것이 좋고, 2시간 이상을 넘기지 않는다.
④ 나만의 휴식 방법을 알아내고, 다양한 휴식 방법을 계속 개발한다.
⑤ 불을 켜고 자면 멜라토닌 분비가 억제되어 숙면에 방해가 되므로 불을 끄고 잔다.
⑥ 학습 후 3시간 이내에 잠을 자는 것은 학습 내용을 장기기억으로 저장시킨다.
⑦ 학습의 질을 높이기 위해 충분히 수면을 취한다.
⑧ 15분 정도의 낮잠은 학습 효과에 도움을 준다.

실력 다지기 01 O·X 문제

01 지능은 보통인데 다른 어떤 요인에 의해 개인의 가능성만큼 성취를 해내지 못하는 학생을 학습지진아라고 한다. O, X

02 학업상담은 교사의 요구나 성적을 올리기 위해 적극적인 요구를 가진 부모에 의해 상담이 시작되므로 비자발적인 내담자가 많다. O, X

03 교육부는 학습부진을 기초학습부진과 교과학습부진으로 구분하고 있다. O, X

04 언어 이해를 담당하며, 손상되면 글을 읽거나 말의 의미를 파악하는 데 심각한 어려움이 있는 두뇌는 전두엽이다. O, X

05 댄서로우(Dansereau)는 학습전략이란 정보를 획득, 저장, 활용을 촉진시킬 수 있는 과정 또는 단계의 집합이라고 하였다. O, X

06 클로닝거(cloninger, C.R)는 자극에 대해 자동적으로 일어나는 정서적 반응 경향으로서 기질을 크게 구체성, 근접성, 난이도로 구분하였다. O, X

07 매슬로우는 욕구를 크게 하위 욕구 4개를 결핍욕구로, 상위의 3개의 욕구를 성장욕구로 구분하였다. O, X

정답 및 해설 01.X 02.O 03.O 04.X 05.O 06.X 07.O

01 학습지진아가 아닌 학습부진아라고 한다.
02 학업상담의 주로 비자발적인 내담자가 많은 것이 특징이다.
03 학교 현장에서 학습부진의 기준은 교과 학습 부진은 해당학년 교과 교육 과정에 지시된 최소 수준의 목표를 도달하지 못한 경우이며, 기초학습부진은 초등학교 3학년 수준의 3Rs(읽기, 쓰기, 기초수학) 능력에 도달하지 못한 경우이다.
04 언어 이해를 담당하며, 손상되면 글을 읽거나 말의 의미를 파악하는 데 심각한 어려움이 있는 두뇌는 측두엽이다.
05 댄서로우(Dansereau)는 주전략과 보조전략으로 나누고, 주전략으로 이해, 파지, 회상, 사용전략으로 구분하였다. 학습전략을 정보의 획득, 저장, 활용을 촉진시킬 수 있는 일련의 과정이나 단계로 보았다.
06 기질을 자극추구, 위험회피, 사회적 민감성으로 구분하였다.
07 성장욕구 : 자기실현의 욕구, 심미적욕구, 지적인 욕구
결핍욕구 : 생리적 욕구, 안전의 욕구, 소속과 애정의 욕구, 자존의 욕구

08 성취동기가 높은 학생은 중간정도의 난이도 과제로 달성 가능하면서도 성취감을 느낄 수 있는 과제를 선택한다. ○, ×

09 내재적 동기는 자기 자신과 다른 사람들의 인정을 받거나 비판을 회피하기 위하여 행동하는 것이다. ○, ×

10 와이너(Weiner)는 사람들이 자신의 성공 및 실패의 원인으로 가장 많이 귀인하는 '능력', '학습', '시험난이도', '운' 이라는 4가지 요소를 설정하였다. ○, ×

11 켈러(Keller)의 'ARCS 이론'은 주의(attention)를 집중시키고, 관련성(relevance)을 확인하고, 자신감(confidence)을 고취시켜주고, 그리고 만족감(satisfaction)을 갖도록 해주는 것이다. ○, ×

12 캐롤(Carroll) 학교학습모형에서 학생변인은 학습기회와 수업의 질이다. ○, ×

13 중재반응 3단계 모형에서는 2단계에서 학습장애 위험군 학생으로 선별된 학생을 대상으로 소집단 중심의 효과적인 수업집중 교육을 실시하고 이 중 학습장애아를 진단한다. ○, ×

14 카우프만 아동용 지능검사(K-ABC)는 아동의 정신과정과 후천적으로 습득한 사실적 지식수준을 측정하기 위한 검사다. ○, ×

15 맥키치(Mckeachie)의 학습전략은 인지적 학습전략과 상위인지 학습전략 2개로 나뉜다. ○, ×

정답 및 해설 08. ○ 09. × 10. × 11. ○ 12. × 13. ○ 14. ○ 15. ×

08 성취동기가 높은 학생은 도전적인 과제물, 높은 기준, 명백한 피드백, 재도전의 기회 등에 의해 동기화된다.
09 내재적 동기는 그 자체가 즐겁고 재미있기 때문에 행동을 취하는 것이다.
10 '학습'이 아닌 '노력' 요소이다.
11 학습자의 동기를 유발하고 유지시키기 위해서 4가지의 중요한 변인으로 주의(attention)의 A, 관련성(relevance)의 R, 자신감(confidence)의 C, 만족감(satisfaction)의 S를 따서 켈러(Keller)의 'ARCS 이론' 이라 한다.
12 학생변인은 능력, 수업이해력, 지구력이다.
13 2단계에서 학습장애아를 진단한다.
14 카우프만 아동용 지능검사(K-ABC)은 후천적으로 습득한 사실적 지식수준을 측정하기 위한 검사다.
15 인지적학습전략, 상위인지학습전략, 자기자원관리전략 3가지 범주로 나뉜다.

실력 다지기 02 단답형 문제

01 길포드(J. Guildford)의 창의적 사고의 6가지 하위요인은 무엇인가?

02 아이디어에 대한 비판은 잠정적으로 보류하며, 자유로운 분위기에서 많은 수의 아이디어를 낼 수 있도록 권장하는 창의적 사고를 위한 기법은 무엇인가?

03 읽기, 쓰기, 말하기, 셈하기, 정보처리 등 학습을 수행하기 위해 가장 기본적으로 갖추어야 할 기초적인 학습능력으로 학업성취 전반에 영향을 주는 요인은 무엇인가?

04 맥클러런드(McClelland)와 앳킨슨(Atkinson)은 성취동기 수준을 측정하기위해 어떤 검사를 실시하였나?

05 발레란드와 비소네트(Vallerand & Bissonnette)는 자율성이 낮은 순서대로 8단계로 구분하였는데 벌을 피하고 보상을 받기 위해 공부를 하는 단계는 무엇인가?

06 귀인의 3가지 차원은 무엇인가?

07 반두라(Bandura)의 자기효능감 형성의 4가지 요인은 무엇인가?

Answer

01 민감성, 유창성, 유연성, 독창성 정교성, 재구성력
02 브레인 스토밍
03 학업기초능력
04 투사적 성격검사
05 외적 강압 단계
06 통제소재, 안정성, 통제가능성
07 성취경험, 대리경험, 언어적 설득, 생리적 정서적 상태

08 1학년 입학 어린이에게 형식적인 지능검사를 한 후 무작위 선정하여 교사에게 이 어린이는 앞으로 공부를 잘 할 거라고 예언을 해 두었더니 8개월 후 예언을 한 어린이들이 다른 어린이들에 비해 더 공부를 잘 했다는 연구의 효과를 무엇이라 부르는가?

09 캐롤(Carroll)의 학생변인은 무엇인가?

10 학습부진의 목표설정전략으로 단기목표인 SMART 원칙은 무엇인가?

11 주어진 시간 내에 과제를 완성할 수 있도록 의식을 모으는 능력이며, 선택적으로 반응하는 능력은 무엇에 대한 설명인가?

12 스필버그(C.Spielberger)는 불안을 특성불안과 상태불안으로 구별하고 시험불안을 무슨 불안에 해당한다고 보았는가?

13 지적장애 중 어느 정도의 개인적 자율성과 주변과의 사회적 관계를 발달시킬 수 있고 보호 작업장에서 일하는 데 필요한 기술들을 획득할 수 있는 단계는?

14 학습장애의 2가지 분류는 무엇인가?

15 로빈슨(H. M. Robinson)의 SQ3R은 무엇인가?

Answer

08 피그말리온 효과(자기충족적 예언)
09 적성(능력), 수업이해력, 지구력, 학습기회, 수업의 질
10 구체적(Specific)이고, 목표달성을 측정(Measurable)할 수 있으며, 목표 행동으로 표현(Actionable)되고, 현실적(Realistic)이며 목표달성 기간(Time)이 명확해야 한다.
11 집중력
12 상태불안
13 중도
14 발달적 학습장애, 학습기능장애
15 훑어보기(Survey), 질문하기(Question), 자세히 읽기(Read), 되새기기(Recite), 다시 보기(Review)

실력 다지기 03 괄호 넘기

01 아이젠하워의 일의 우선순위에 있어서 ① 중요하고 긴급한 일, (②   ), ③ 긴급하나 중요하지 않은 일, ④ 긴급하지도, 중요하지도 않은 일로 나뉜다.

02 드보노의 여섯 가지 색깔모자는 서로 다른 독특한 사고의 유형을 대표하는데 창의적사고, 해결방안을 사고할 때 쓰는 모자의 색은 (   ) 모자이다.

03 PMI는 어떤 문제 상황에 대해서 긍정적인 측면과 부정적인 측면을 고려하여 최적의 아이디어를 개발하는 데 사용되는데 P(Plus, 긍정적 측면), M(Minus, 부정적 측면), I(   )을 고려한다.

04 기억향상법에서 기억해야 할 정보목록에서 각 항목의 첫 글자를 따서 새로운 낱말이나 구를 만드는 것을 (   )이라 한다.

05 (   )은 기억 저장의 최종 형태로서 저장할 수 있는 정보의 양은 거의 무제한적이며, 저장 시간도 짧게는 몇 시간, 길게는 영구적이다.

06 (   )은 학생 간의 활발한 사회적 상호작용을 통하여 학습효과를 극대화 시키는 교수 전략으로 상호이해, 타인에 대한 긍정적 태도, 친절함 등을 길러주는 데 효과적이다.

07 댄서로우(Dansereau)의 학습전략은 주전략과 보조전략으로 나뉘는데 주전략은 이해전략, 파지전략, (   ), 사용전략이 있다.

Answer
- 01 ② 긴급하지는 않지만 중요한 일
- 02 초록
- 03 Interesting, 흥미로운 측면
- 04 머릿글자 활용법(약어법)
- 05 장기기억
- 06 협동학습전략
- 07 회상전략

실력 다지기 03 괄호 넣기

08 맥키치(Mckeachie)의 학습전략은 인지적 전략, (　　　), 자기자원 관리전략 이 3가지 범주로 나뉜다.

09 (　　　)검사는 한국교육개발원에서 유치원 및 초등학교 수준의 정상아동 및 장애아동을 대상으로 학업에 기초가 되는 능력을 평가하는 데 사용하기 위한 목적으로 표준화된 개인검사용이다.

10 ADHD는 장애를 일으키는 (　　　) 및 주의력 결핍 증상이 12세 이전에 발생된다.

11 리버트(R.Liebert)와 모리스(L.Morris)는 시험 불안이 인지적 반응인 (　　　)과 정서적반응인 감정(emotionality)으로 구성된다고 보았다.

12 (　　　)는 영재성과 학습부진아의 특징을 동시에 나타내는 아동으로, 매우 높은 지적 능력을 보여주고 있으나 일상적인 학업 과제나, 시험 성적에서는 학년 수준에도 못 미치는 수행을 나타낸다.

13 교사의 피드백 유형 중에서 사실적이고 객관적인 기준에 초점을 두어 사실적 내용만을 제공하는 피드백을 (　　　) 피드백이라 한다.

14 와이너(Weiner)는 사람들이 자신의 성공 및 실패의 원인으로 가장 많이 귀인하는 '능력', '노력', '과제 난이도', (　　　) 이라는 4가지 요소를 설정하였다.

15 로크와 라뎀(Locke & Latham)은 행동변화를 용이하게 하는 목표의 특징으로 구체성, 근접성, (　　　)를 들었다.

Answer
- **08** 상위인지 전략
- **09** 기초학습기능검사
- **10** 충동적인 증상
- **11** 걱정(worry)
- **12** 학습부진 영재아
- **13** 비평가적
- **14** 운
- **15** 난이도

실전대비 01 › 2024년 제23회 기출문제

01 학습장애에 관한 설명으로 옳지 않은 것은?
① 학습장애가 성인기에도 지속될 수 있다.
② DSM-5에서는 특정학습장애라고 명명한다.
③ 지능이 현저하게 낮지 않으나 학습하고 학업기술을 사용하는데 어려움을 보인다.
④ 특정 학습 영역에서의 학업성취에 어려움을 보이는 직접적인 원인이 시각장애나 청각장애에 기인한다.
⑤ 어려움을 보이는 특정 학습 영역을 위한 중재를 받았음에도 읽기 등 적어도 하나 이상의 영역에서 기대수준보다 낮은 성취를 보인다.

> **해설** 공부를 힘들어하는 아이 중에서 지능이 떨어지거나 청각 혹은 시각에 문제가 있거나, 사회 경제적인 여건에 문제로 인해 학습에 어려움이 있는 아이의 경우는 학습장애에 해당하지 않는다. 학습장애는 평균 이상의 지능을 가지고도 읽기, 쓰기, 산술연산 같은 특정기술의 학습에 심각한 장애를 보이는 경우에 의심할 수 있다.

02 커크와 찰팬트(S. Kirk & J. Chalfant) 등의 학습장애 분류에 관한 설명으로 옳지 않은 것은?
① 읽기장애는 학업적 학습장애로 분류한다.
② 기억장애는 학업적 학습장애로 분류한다.
③ 수학장애는 학업적 학습장애로 분류한다.
④ 주의집중 장애, 사고장애는 발달적 학습장애로 분류한다.
⑤ 학습장애를 발달적 학습장애와 학업적 학습장애로 분류한다.

> **해설** 커크와 찰팬트(S. Kirk & J. Chalfant) 등의 학습장애

학업적 학습장애	읽기장애, 쓰기장애, 수학장애
발달적 학습장애	구어장애, 주의집중장애, 지각장애, 기억장애, 사고장애

03 칙센트미하이(M. Cskiszentmihalyi)의 몰입(Flow)에 관한 설명으로 옳은 것을 모두 고른 것은?

> ㄱ. 어떤 수행에 몰두하여 시간, 피로 뿐만 아니라 수행 그 자체 외에 아무것도 느끼지 못하는 최적 경험의 상태
> ㄴ. 학습자가 자신의 기술(능력) 수준은 낮지만 도전 수준이 높은 과제를 수행할 때 몰입을 경험함
> ㄷ. 행동의 근원이 내재적으로 동기화되어 나타나므로 자기목적적 경험이라고도 함
> ㄹ. 몰입 경험은 학습자의 학습에 대한 흥미유발과 적극적 참여를 유발함
> ㅁ. 학습자가 자의식의 상실로 인해 학습활동 행위 그 자체의 객체가 됨

① ㄱ, ㄴ
② ㄱ, ㄴ, ㄹ
③ ㄱ, ㄷ, ㄹ
④ ㄴ, ㄷ, ㅁ
⑤ ㄷ, ㄹ, ㅁ

[해설] ㄴ. 학습자가 자신의 기술(능력) 수준과 도전 수준이 높은 과제를 수행할 때 몰입을 경험하며, 기술수준이 낮을 때는 불안이 몰입을 방해한다.
ㅁ. 학습자가 자의식의 상실로 인해 학습활동 행위 그 자체와 하나가 되기 때문에 자의식이 상실되는 것이다.

04 장기기억 속의 지식의 형태와 예를 바르게 제시한 것을 모두 고른 것은?

ㄱ. 선언적 지식 : 6+4=10을 아는 것
ㄴ. 일화적 기억 : 수학문제 풀이방식에 대해 친구에게 질문했던 장면에 대한 기억
ㄷ. 절차적 지식 : 새로 구입한 전자기기의 작동 방법을 아는 것
ㄹ. 조건적 지식 : 초식동물과 육식동물의 차이점을 아는 것

① ㄱ, ㄴ ② ㄴ, ㄷ ③ ㄱ, ㄴ, ㄷ ④ ㄱ, ㄷ, ㄹ ⑤ ㄱ, ㄴ, ㄷ, ㄹ

[해설] 장기기억 속의 지식의 형태

선언적 지식 (명제적 지식) (개념, 원리 등에 대한 지식)	일화적 지식	수학문제 풀이방식에 대해 친구에게 질문했던 장면에 대한 기억
	의미적 지식	6+4=10을 아는 것 초식동물과 육식동물의 차이점을 아는 것
절차적 지식 (과제를 수행하는 방법에 대한 지식)		새로 구입한 전자기기의 작동 방법을 아는 것
조건적 지식 (선언적 지식과 절차적 지식을 언제, 어디서, 어떻게 이용할 것인가에 대한 지식)		예 캠핑카가 무엇인지 아는 것은 선언적 지식, 캠핑카를 작동하고 이용하는 방법을 아는 것은 절차적 지식, 캠핑카를 언제 어디서 어떻게 이용할 것인가는 조건적 지식

05 라이언과 데시(R. Ryan & E. Deci)의 동기이론에서 자기결정성을 내면화하는 정도가 낮은 수준에서 높은 수준으로 배열한 것은?

ㄱ. 주입된 조정   ㄴ. 외재적 조정   ㄷ. 통합된 조정
ㄹ. 동일시 조정   ㅁ. 내재적 조정

① ㄱ → ㄴ → ㄷ → ㄹ → ㅁ
② ㄴ → ㄱ → ㄹ → ㄷ → ㅁ
③ ㄴ → ㄷ → ㄹ → ㄱ → ㅁ
④ ㅁ → ㄹ → ㄷ → ㄴ → ㄱ
⑤ ㅁ → ㄱ → ㄹ → ㄷ → ㄴ

[해설] 라이언과 데시(R. Ryan & E. Deci)의 동기이론에서 자기결정성을 내면화하는 정도

	외재적 조정	외부적 압력이나 강요에 의한 동기로 자율성이 가장 낮은 단계
외재적 동기	주입된 조정	죄책감이나 수치심 회피, 타인의 인정을 받기 위한 조정
	동일시 조정	개인적 중요성이나 목표에 부합한다고 판단된 경우의 조정
	통합된 조정	동일시 조정이 자신의 가치,나 정체성 등과 조화를 이루며 통합된 경우의 조정
내재적 동기	내재적 조정	활동참여과정에서의 즐거움, 만족을 얻기 위한 자율적이고 자기결정적 행동의 원형

정답 01 ④ 02 ② 03 ③ 04 ③ 05 ②

06 DSM-5에서 정의하는 학습장애의 종류에 해당되지 않는 것은?
① 읽기장애 ② 듣기장애 ③ 산술장애
④ 쓰기장애 ⑤ 달리 분류되지 않는 장애

해설 DSM-5에서 정의하는 학습장애의 종류에는 ①,③,④,⑤가 있다.

07 DSM-5의 주의력결핍 과잉행동장애(ADHD)와 관련된 진단기준 가운데 '부주의'에 해당하지 않는 것은?
① 흔히 일을 하거나 놀이를 할 때, 지속적으로 주의를 집중할 수 없다.
② 흔히 다른 사람이 직접 말을 할 때, 경청하지 않는 것으로 보인다.
③ 흔히 조용히 여가활동에 참여하거나 놀지 못한다.
④ 흔히 과업과 활동을 체계화하지 못한다.
⑤ 흔히 외부의 자극으로 쉽게 산만해진다.

해설 DSM-5의 주의력결핍 과잉행동장애(ADHD)와 관련된 진단기준

부주의	과잉행동-충동
'부주의'에 관한 다음 증상 가운데 6가지 이상의 증상이 6개월 동안 부적응적이고 발달 수준에 맞지 않는 정도로 지속된다. • 흔히 세부적인 면에 대해 면밀한 주의를 기울이지 못하거나, 학업, 작업, 또는 다른 활동에서 부주의한 실수를 저지른다. • 흔히 일을 하거나 놀이를 할 때 지속적으로 주의를 집중할 수 없다. • 흔히 다른 사람이 직접 말을 할 때 경청하지 않는 것으로 보인다. • 흔히 지시를 완수하지 못하고, 학업, 잡일, 작업장에서의 임무를 수행하지 못한다.(반항적 행동이나 지시를 이해하지 못해서가 아님) • 흔히 과업과 활동을 체계화하지 못한다. • 흔히 지속적인 정신적 노력을 요구하는 과업(학업 또는 숙제 등)에 참여하기를 피하고, 싫어하고, 저항한다. • 흔히 활동하거나 숙제하는 데 필요한 물건들(예: 장난감, 학습 과제, 연필, 책 또는 도구)을 잃어버린다. • 흔히 외부의 자극에 의해 쉽게 산만해진다. • 흔히 일상적인 활동을 잊어버린다.	'과잉행동-충동'에 관한 다음 증상 가운데 6가지 이상의 증상이 6개월 동안 부적응적이고 발달 수준에 맞지 않을 정도로 지속된다. • 과잉행동 증상 • 흔히 손발을 가만히 두지 못하거나 의자에 앉아서도 몸을 꼼지락거린다. • 흔히 앉아 있도록 요구되는 교실이나 다른 상황에서 자리를 떠난다. • 흔히 부적절한 상황에서 지나치게 뛰어다니거나 기어오른다. (청소년 또는 성인 경우에는 주관적인 좌불안석으로 제한될 수 있다) • 흔히 조용히 여가 활동에 참여하거나 놀지 못한다. • 흔히 "끊임없이 활동하거나" 마치 "자동차(무엇인가)에 쫓기는 것"처럼 행동한다. • 흔히 지나치게 수다스럽게 말을 한다. • 충동성 증상 • 흔히 질문이 채 끝나기 전에 성급하게 대답한다. • 흔히 차례를 기다리지 못한다. • 흔히 다른 사람의 활동을 방해하고 간섭한다(예: 대화나 게임에 참견한다).

08 K-WISC-V에 포함된 하위 요인에 포함되지 않는 것은?

① 지각추론 ② 시공간 ③ 언어이해
④ 유동추론 ⑤ 처리속도

해설 K-WISC-V는 인지, 지능, 신경심리 이론과 연구를 바탕으로 지능의 4요인 이론(언어이해, 지각추론, 작업기억, 처리속도)을 폐기하고 지능의 구성 개념을 언어이해, 시공간, 유동추론, 작업기억, 처리속도로 구성하였다.

09 수렴적 사고와 확산적 사고의 개념을 제시한 이론은?

① Spearman과 Thurstone의 지능이론
② Guilford의 지능이론
③ Horn, Cattell과 Hebb의 지능이론
④ Cattell-Horn-Carroll의 지능이론
⑤ Binet의 지능이론

해설 Guilford의 지능이론

내용 (5)	정보를 시각적, 청각적, 상징적, 의미적, 행동적 등 5개의 형태로 분류하고 정보가 어떤 형태로 제시되는 지에 따라 지능이 달라진다고 주장		
인지적 작용 (6)	정보가 처리되는 방식	인지	새로운 정보를 인식하고 이해하는 과정
		기억 (2개)	정보가 필요할 때 상기 혹은 회상하는 능력으로 단순한 기억을 기억저장으로, 언어나 행동적인 것과 관련지어 기억하는 기억파지로 구분
		수렴적 사고	이미 알고 있는 지식이나 기억된 정보에서 어떤 지식을 도출해 내는 능력
		확산적 사고	이미 알고 있거나 기억된 지식 외에 전혀 새로운 지식을 창출해 내는 능력
		평가	정보 내용의 정확성이나 객관성 등을 비판적으로 판단하는 능력
산출(6)	정보가 어떻게 변형되거나 나타나는지의 과정으로, 단위, 종류, 관계, 체계, 변환, 함축 등 6개로 분류		

10 추정되는 지적 잠재력과 실제 학업성취 간의 차이를 통해 학습장애 여부를 진단하는 것은?

① 능력-성취 불일치 접근법
② 중재반응 접근법
③ 인지처리과정 결함 접근법
④ IQ-학업성취 불일치 모델 접근법
⑤ 개인 내적 처리과정 결함 접근법

해설 학습장애 판별이론

능력-성취 불일치 접근법	추정되는 지적 잠재력과 실제 학업성취 간의 차이를 통해 학습장애 여부를 진단
중재반응 접근법	다단계접근(일반학급교수→소집단교수→집중적 개별화교수)을 통해 과학적으로 입증된 교수적 실제를 적용했음에도 성취변화가 나타나지 않는 경우 학습장애로 판별

정답 06 ② 07 ③ 08 ① 09 ② 10 ①

11. 다음에 해당하는 학습장애 지도방법은?

- 독해지도를 위해 팰린스카와 브라운(A. Palinscar & A. Brown)이 개발함
- 학생 간이나 학생과 상담자 간의 구조화된 대화를 통해 학생의 초인지적 이해를 도움
- 상담자는 학생이 요약하기, 질문생성하기, 명료화하기, 예측하기의 전략을 사용하도록 가르치고, 점차적으로 학생이 네 가지 전략을 실연함

① 또래 교수
② 내재적 교수
③ 명시적 교수
④ 스캐폴딩 교수
⑤ 상보적 교수

해설 상보적 교수법을 활용한 독해지도는 교사의 시범을 통해 학습자들이 4가지 독해전략을 익히고, 다음에는 교사의 도움을 받으며 배운 전략을 적용해보고, 마침내 자기 스스로 이 전략을 자유롭게 활용할 수 있는 단계에 이르는 것이다.

12. 맥키치(W. McKeachie)의 학습전략 분류 중 자원관리 전략에 해당하는 것을 모두 고른 것은?

ㄱ. 암송하기
ㄴ. 기억조성법
ㄷ. 시간표 작성
ㄹ. 조용한 공부 장소의 선택
ㅁ. 노력에 대한 귀인

① ㄱ, ㄴ
② ㄴ, ㄷ, ㄹ
③ ㄷ, ㄹ, ㅁ
④ ㄱ, ㄴ, ㄷ, ㄹ
⑤ ㄱ, ㄴ, ㄷ, ㄹ, ㅁ

해설 맥키지(Mckeachie, 1986)의 학습전략 프로그램

인지전략	자료의 부호화, 즉 학습에 관한 전략과 정보의 인출에 관한 전략 ㉠ 시연전략: 암송, 따라 읽음, 자구적 노트정리, 밑줄치기 ㉡ 정교화 전략: 매개단어법, 장소법, 심상, 의역, 요약, 유추생성, 생성적 노트정리, 질문-대답 ㉢ 조직화 전략: 결집, 기억조성법, 핵심아이디어 선택, 개요화, 망상화, 다이어그램화
상위인지 전략	인지과정을 계획, 조정, 관리 및 수정하는 전략 ㉠ 계획전략: 목표설정, 훑어보기, 질문생성 ㉡ 점검전략: 자기검사, 시험전략 ㉢ 조정전략: 독서 속도조절, 재독서, 복습, 수검전략
자원관리 전략	과제에 대한 관여의 양과 질에 영향을 미치는 자원을 통제하는 전략 ㉠ 시간관리: 시간표 작성, 목표 설정 ㉡ 공부환경 관리: 장소 정리, 조용한 공부장소 확보, 조직적인 장소 조성 ㉢ 노력관리: 자기효능감을 높이는 노력에 대한 귀인, 기분, 학습분위기 조성, 스스로에게 이야기하기, 끈기 가짐, 자기강화 ㉣ 타인의 조력추구: 교사로부터 조력 추구, 동료로부터 조력 추구, 동료/집단 학습, 개

13 다음에 해당하는 창의적 사고 발상 기법은?

- 에드워드 드 보노(Edward de Bono)가 제안함
- CoRT 프로그램에서 한 단원으로 소개됨
- 생각하는 사람이 어떤 판단에 도달하기 전에 그 상황을 다시 자세히 검토하는 것을 도와주는 인지확장도구

① 시네틱스(Synetics) ② 스캠퍼(SCAMPER)
③ 체크리스트(Checklist) ④ PMI(Plus-Minus-Interest)
⑤ 마인드맵핑(Mind Mapping)

해설 PMI기법(Plus-Minus-Interesting Method)
수렴적 사고 기법으로 이미 제시된 아이디어를 평가하는 방법이다. 아이디어의 좋은 점(P), 나쁜 점(M), 흥미로운 점(I)을 살펴본 후, 하나의 아이디어에 대해 집중적으로 생각해 보며 판단한다. 처음에는 좋지 못한 의견처럼 보이지만, 사실은 아주 좋은 의견일 경우, 이를 제외시키지 않는다는 것이 기본 원리이다.
- P = Plus(강점): 제시된 아이디어의 좋은 점
- M = Minus(약점): 제시된 아이디어의 나쁜 점
- I = Interesting(흥미로운 점): 제시된 아이디어와 관련해 흥미롭게 생각되는 점

① 시네틱스(Synetics)는 서로 관련이 없어 보이는 요소들을 연결하여 새로운 생각을 창출해 내는 방법이다.
② SCAMPER기법은 브레인스토밍 기법과는 다르게 인위적인 발상법으로 다음의 일곱 가지 체크리스트를 이용하여 창조적 아이디어가 정체되었을 때 강제적인 방법으로 사고를 확산시키도록 하는 데 유용하다.
- 대체하기(Substitute) • 결합하기(Combine) • 적용하기(Adapt),
- 변형하기(Modify, Magnify/Minify) • 다른 용도로 사용하기(Put to another use) • 제거하기(Eliminate)
- 역발상하기(Reverse, Rearrange)

③ 체크리스트(checklist)법은 아이디어 산출을 위한 체크리스트는 사고의 출발점 또는 문제해결의 착안점을 미리 정해 놓고 그에 따라 다각적인 사고를 전개함으로써 능률적으로 아이디어를 얻는 방법이다.
⑤ 마인드맵핑은 중심 아이디어나 주제를 중앙에 두고, 그와 관련된 하위 개념이나 세부 사항들을 가지처럼 뻗어나가는 형태로 표현하는 다이어그램기법이다.

14 인지학습전략 중 다음에 해당하는 초인지 전략은?

- 모르는 부분이 있으면 다시 앞장으로 돌아가서 복습을 진행한다.
- 학습자가 수행하고 진행한 활동이 과연 효과적이었는지를 계속 점검하면서, 수정해야 할 사항이나 보완이 필요한 경우 그에 대한 대안을 제시하며 학습활동을 진행한다.

① 계획하기 ② 점검하기 ③ 조절하기
④ 조직화하기 ⑤ 정교화하기

해설 초인지전략
- 계획전략: 학습목표를 달성하기 위하여 필요한 것이 무엇이고 어떻게 해야하는지 계획적으로 선정하는 전략
- 점검전략: 과제 수행에 적절한 전략을 선택하고 그 전략을 실제 실행하는 과정에서 수행과정을 점검하는 전략
- 조절전략: 자신이 사용하고 있는 전략의 적절성 여부를 점검한 후, 복습, 대안제시 등 자신의 행동을 조절하는 전략

정답 11 ⑤ 12 ③ 13 ④ 14 ③

15 마이켄바움과 굿맨(D. Meichenbaum & K. Goodman)의 자기교시훈련의 단계 중 외현적 모델링 단계에 해당하는 것을 모두 고른 것은?

> ㄱ. 내담자는 상담자의 행동을 관찰한다.
> ㄴ. 내담자는 상담자의 안내에 따라 자기통제언어를 크게 소리내어 말하며 수행한다.
> ㄷ. 상담자가 자기통제언어를 소리내어 말하며 특정 과제를 수행하는 행동을 시범해 보인다.
> ㄹ. 상담자는 내담자가 자기통제언어를 크게 소리내어 말하며 수행하도록 작은 목소리로 속삭이듯 안내한다.
> ㅁ. 상담자가 크게 소리내어 자기통제언어를 말하며 시범을 보인 후 내담자가 상담자의 행동과 자기통제언어를 크게 소리내어 말하며 수행하도록 안내한다.

① ㄱ, ㄴ ② ㄱ, ㄷ ③ ㄴ, ㄷ ④ ㄷ, ㄹ ⑤ ㄹ, ㅁ

해설 마이켄바움과 굿맨(D. Meichenbaum & K. Goodman)의 자기 교수법(self-instruction)
자기교수법은 스스로 과제 수행 단계를 말하면서 과제를 하도록 하는 것으로 아직 완전히 숙달되지 않은 과제를 가르칠 때 효과적이다. 일반적인 단계는 5단계를 거친다.
1. 인지적 모델링 : 상담자가 과제를 수행하는 시범을 보이고, 내담자는 상담자의 행동을 관찰한다. (ㄱ, ㄷ)
2. 타인에 의한 외현적 안내 : 상담자가 과제 순서대로 말하면서 진행하고, 내담자는 과제를 수행한다. 이때 내담자 스스로 큰 소리를 내면서 문제를 풀도록 한다. (ㄴ, ㅁ)
3. 외현적 자기안내 : 상담자의 시범없이 내담자에게 다시한번 내담자 스스로 큰 소리를 내면서 문제를 풀도록 한다.
4. 외현적 자기안내의 점진적 소멸: 내담자에게 다시 한번 문제를 풀지만 작은 목소리로 속삭이듯 풀게 한다. 이렇게 되면 겉으로 나타나는 외현적 자기안내는 점차 사라지게 된다
5. 내면적 자기안내 : 내담자는 조용히 단계를 생각하면서 과제를 수행한다. 마지막으로 문제를 풀지만 큰 소리를 내지 않고 속으로 소리를 내어 풀게 된다. 이제 교사가 아동에게 소리내어 문제를 푸는 방법을 모델링했던 것과는 달리 소리내지 않고 속으로 푸는 것을 장려한다.

16 반두라(A. Bandura)의 이론에 근거하여 학습전략 수행시 ⓐ단계에 해당하는 것으로 옳은 것은?

모델링된 사건들	→	주의 과정	→	파지 과정	→	행동산출 과정	→	ⓐ	→	패턴의 맞춤

① 작은 단계로 과제를 분석하여 시범을 보이는 상담자의 행동을 관찰한다.
② 상담자는 내담자에게 상징적 부호화와 인지적 시연이 일어나도록 개입한다.
③ 내담자는 자신의 행동과 기억 속에 있는 모델의 행동 간에 불일치가 발생하면 수정한다.
④ 다른 친구가 성공적으로 읽기 수행을 하고나서 칭찬받는 장면을 본 후, 자신도 그와 같이 하면 칭찬을 받을 것이라고 기대하고 동기화된다.
⑤ 다른 친구의 읽기 수행 장면을 주의 깊게 관찰하며 마음속으로 연습한다.

해설 반두라(A. Bandura)의 이론에 근거하여 학습전략

주의과정	작은 단계로 과제를 분석하여 시범을 보이는 상담자의 행동을 관찰한다.
파지과정	상담자는 내담자에게 상징적 부호화와 인지적 시연이 일어나도록 개입한다. 다른 친구의 읽기 수행 장면을 주의 깊게 관찰하며 마음속으로 연습한다.
행동산출과정	내담자는 자신의 행동과 기억 속에 있는 모델의 행동 간에 불일치가 발생하면 수정한다.
동기자기강화 단계	다른 친구가 성공적으로 읽기 수행을 하고나서 칭찬받는 장면을 본 후, 자신도 그와 같이 하면 칭찬을 받을 것이라고 기대하고 동기화된다.

17 내담자가 작성한 시간관리 매트릭스의 내용에 대해 상담자가 적절하게 개입한 사례는?

	긴급함	긴급하지 않음
중요함	Ⓐ	Ⓒ
중요하지 않음	Ⓑ	Ⓓ

① Ⓐ : 단기간에 모든 정신에너지를 모아 최선을 다해 과제를 수행하도록 조언함
② Ⓑ : 시간을 두고 차분하게 준비해야 하나, 과도한 열정을 쏟을 필요가 없다는 것을 깨닫도록 조언함
③ Ⓒ : 단기간에 최소한의 시간만 할애하고 너무 많은 정신에너지를 투입하지 않도록 조언함
④ Ⓓ : 오랜 시간동안 규칙적이고 지속적으로 시간을 투자하면서 최선을 다해 수행하도록 조언함
⑤ Ⓒ : 오랜 기간동안 시간을 투자하는 행위가 시간낭비라고 조언함

해설 Ⓐ 단기간에 모든 정신에너지를 모아 최선을 다해 과제를 수행하도록 조언함
Ⓑ 단기간에 최소한의 시간만 할애하고 너무 많은 정신에너지를 투입하지 않도록 조언함
Ⓒ 오랜 시간동안 규칙적이고 지속적으로 시간을 투자하면서 최선을 다해 수행하도록 조언함
Ⓓ 오랜 기간동안 시간을 투자하는 행위가 시간낭비라고 조언함

18 중재반응모형(RTI) 적용 시 순서가 바르게 나열된 것은?

ㄱ. 일반교육 상황에서 전체 학생지도
ㄴ. 집중적인 개별화 중재
ㄷ. 학습장애 위기학생에 대한 소집단 집중교육

① ㄱ → ㄴ → ㄷ
② ㄱ → ㄷ → ㄴ
③ ㄴ → ㄱ → ㄷ
④ ㄴ → ㄷ → ㄱ
⑤ ㄷ → ㄱ → ㄴ

해설 중재반응모형은 효과가 증명된 중재를 제공했음에도 변화가 없을 때 학습장애로 판별하는 모형이다.
1단계 : 일반교육 상황에서 전체 학생에게 보편적 일반적 지도
2단계 : 1단계에서 선별된 학습장애 위기학생에 대한 소집단 집중교육
3단계 : 2단계에서 다시 선별된 잠재적 학습장애학생을 대상으로 집중적인 개별화 중재

정답 15 ② 16 ④ 17 ① 18 ②

19 학습문제 진단을 위하여 관찰자가 관찰 대상이나 장면을 미리 정해놓고 그 장면에서 일어나는 행동과 상황, 언어 등을 모두 일어난 순서대로 기록하는 방법은?

① 표본기록법　　② 일화기록법　　③ 사건표집법
④ 시각표집법　　⑤ 인물표집법

해설 관찰기록방법(6가지)

표본기록법	설문참조
일화기록법	개인의 특성을 이해하기 위해 그 개인이 나타낸 구체적인 행동 사례나 어떤 사건을 기록하는 방법으로 교육현장에 가장 실시하기 쉬운 방법이다.
사건표집법	단순히 어떤 행동의 발생 유·무만을 관찰하기보다는 행동이나 사건이 발생하기를 기다렸다가 관심을 가진 행동이나 사건이 일어나면 일정한 형식에 따라 행동의 순서를 자세하게 기술하는 방법이다.
시각표집법	시간을 표집해서 관찰하는 방법으로 관찰하고자 하는 특정 행동이 정해진 짧은 시간 내에 얼마나 자주 일어나는지의 행동 출연 빈도를 수집하는 방법이다.
행동목록법	특정 행동이 존재하는지 아닌지를 표시하는 기록 방법으로 관찰자의 주관적 평가를 가능한 배제하기 위해 사전에 행동 특성의 목록을 미리 작성한다.
평정척도법	관찰된 행동의 질적인 차이를 평가할 때 연속성이 있는 단계로 수량화된 점수나 가치가 부여된 기록지에 평정하는 방법이다

20 반두라(A. Bandura)가 설명한 도덕적 품행과 관련하여 사람들로부터 비난받을 만한 행동을 보다 바람직한 목적을 위한 수단으로 인식하는 것은?

① 도덕적 정당화(moral justification)
② 책임감의 확산(diffusion of responsibility)
③ 책임감의 치환(displacement of responsibility)
④ 비난의 귀인(attribution of blame)
⑤ 유리한 비교(advantageous comparison)

해설 반두라(A. Bandura)는 개인의 도덕적 표준이 그의 행위에 선택적으로 활성화되고, 자기 조절이 비도덕적 행동을 통제하지 못하는 여러 가지 현상을 제시하면서, 그러한 현상은 도덕적 정당화, 완곡한 언어의 사용, 유리한 비교, 책임 소재의 치혼, 책임감의 분산, 결과의 무시와 왜곡, 비인간화, 비난의 전가와 같은 여덟 가지 메커니즘에 의해 생기는 것이라고 보았다 설문은 도덕적 정당화 (예) 신의 이름으로라는 미명하에 저지르는 테러)에 대한 설명이다.

2024년 제23회 기출문제

21. 발레란드와 비소네트(Vallerand & Bissonnette)가 구분한 학습동기 단계에서 자율성이 가장 높은 것은?

① 내적 강압 단계(extrinsic-introjected regulation)
② 의미 부여 단계(extrinsic-intergrated regulation)
③ 지식 탐구 단계(intrinsic-to know)
④ 지적 성취 단계(intrinsic-to accomplish to things)
⑤ 지적 자극 추구 단계(intrinsic-to experience stimulation)

해설 발레란드와 비소네트(Vallerand & Bissonnette)가 구분한 학습동기단계 (낮은 순서부터)

외적강압의 단계	교사나 부모등 중요한 누군가가 직접적으로 보상을 주거나 제재를 가하면서 구체적인 행동을 지시할 때 행동을 수행하는 단계이다.
내적강압의 단계	스스로 자신의 행동을 통제하지만 행동의 직접적인 통제자가 타인에서 자신으로 바뀌었을 뿐 외적가치나 보상체계를 그대로 내면화한 단계로서 죄책감이나 긴장, 불안을 피하기 위해 학습하는 단계
유익추구단계	어떤 목표를 위해 유익한 행동을 스스로 선택하여 수행하는 단계
의미부여단계	개인이 스스로 어떤 행동을 가치롭다고 판단하여 선택할 뿐 아니라, 그 결정이 자신의 자아개념,인생관, 목적에 부합하기 때문에 행동을 수행하면서 갈등을 경험하지 않는 단계
지적탐구탐계	알고 이해하고 의미를 추구하려는 욕구에 의해 학습하는 단계
지적성취단계	과제를 완벽하게 수행하는데 주안점을 두는 단계
지적자극추구 단계	무아지경, 흥분감, 절정경험등을 얻기 위해 학습하는 단계

22. 주의집중력 문제와 관련하여 인지적 측면에서 정보처리 능력에 해당하는 것은?

① 자신감
② 학습경험
③ 생활습관
④ 정서적 안정감
⑤ 주변환경에 대한 신뢰감

해설 주의 집중력의 3요소 체크리스트

정보처리능력	지능, 언어 발달 수준, 학습 경험
자기통제력	정서적 안정감, 자신감, 주변 환경에 대한 신뢰감 등
주의력	생활 및 학습 습관과 환경의 영향

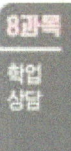

정답 19 ① 20 ① 21 ⑤ 22 ②

23. 영재아가 학습부진을 경험하게 될 때 영향을 줄 수 있는 요인에 해당하지 않는 것은?
① 둔감성
② 완벽주의
③ 비현실적 기대
④ 대인관계 기술의 결핍
⑤ 창의적 욕구와 능력의 표현 억압

해설 영재아가 학습부진을 경험하게 될 때 영향을 줄 수 있는 요인
- 정서적 민감성과 높은 불안감,
- 완벽주의,
- 대인관계 기술의 결핍,
- 창의적 욕구와 능력의 표현 억압 등에 의해 학습부진을 경험할 수 있다.

24. 시험불안의 원인이 시험상황을 위협적인 상황으로 해석함과 동시에 자신의 능력을 평가 절하하는 것이라고 보는 이론적 모델은?
① 행동주의적 모델
② 욕구이론적 모델
③ 정신역동적 모델
④ 인지적 모델
⑤ 상호교류적 과정 모델

해설 인지적 모델에 의하면 인지왜곡에 의해 시험에 실패하게 되면 자신의 긍정적이고 건설적인 것들을 무시하거나 평가 절하시키기 때문에 시험불안이 생긴다고 하였다.
① 행동주의 모델은 시험에 실패하여 불안을 경험하면, 시험만 생각해도 불안해진다는 이론이다.
② 시험상황에서 발생하는 과제수행욕구와 불안욕구중 불안욕구가 작용할 때 시험불안이 생긴다고 하였다.
③ 정신역동적 이론에서는 과거에 시험에 실패한 경험이 많고 이로 인하여 부모와 부정적 상호관계를 맺고 있으며, 부모에 대한 적대감으로 인하여 부모에게 복수당하지 않을까 위협을 느끼고, 부모에 기대에 부응하려고 지나치게 노력하게 되며, 이것이 이루어 지지 않을때 심한 불안을 느낀다는 이론이다.

25. 학업문제 부진아의 일반적인 진단 기준에 해당하지 않는 것은?
① 자아와 미래에 대한 성찰이 결핍되어 있음
② 가정과 학교에서 자신에게 부과된 개인적 책임을 지속적으로 미룸
③ 자신보다는 타인에 대해 좀 더 많은 책임감을 가짐
④ 학업 수행에 관해 과대평가하는 경향성이 있음
⑤ 당황스러움이나 수치심에 대해 두드러진 자기의식 또는 민감성을 보임

해설 당황스러움이나 수치심에 대해 부정적인 자기의식 또는 민감성을 보인다.

정답 23 ① 24 ④ 25 ⑤

02 적중 예상 문제

01 학업상담의 필요성으로 부적절한 것은?

① 학업에 대한 많은 정신적 부담감과 압박감으로 인해 스트레스가 심하기 때문이다.
② 학업상담을 통해 성적의 향상을 꾀할 수 있기 때문이다.
③ 시험의 실패, 성적의 부진 및 저하로 인한 심리적 우울감과 좌절 때문이다.
④ 지나친 입시위주의 경쟁체계 심화로 인한 압박감과 고민 때문이다.
⑤ 학업성적의 저하로 인한 학교생활의 부적응을 경험하는 경향이 높기 때문이다.

02 학업관련 정의적 요인인 것은?

① 성취동기
② 학습전략
③ 가정환경
④ 선수학습수준
⑤ 지능

03 클로닝거(cloninger, C.R)의 자극에 대해 자동적으로 일어나는 정서적 반응 경향을 기질로 구분하였다. 다음 중 이에 해당되는 기질을 모두 고른 것은?

ㄱ. 자극추구 ㄴ. 위험회피
ㄷ. 심리추구 ㄹ. 사회적 민감성

① ㄱ, ㄴ
② ㄱ, ㄴ, ㄷ
③ ㄱ, ㄴ, ㄷ, ㄹ
④ ㄱ, ㄴ, ㄹ
⑤ ㄱ, ㄷ, ㄹ

정답 및 해설 01.② 02.① 03.④

01 ② 학업상담의 필요성은 학생들의 스트레스나 압박감, 부적응, 우울과 같은 문제로 인한 것이지 성적향상이 학업상담의 필요성은 아니다.
02 정의적 요인 : 학습동기, 욕구, 성취동기, 흥미, 자아개념 등
   인지적 요인 : 두뇌기능, 지능, 학업기초능력, 선수학습수준, 학습전략
   환경적 요인 : 가정환경, 학교환경 등
03 클로닝거(cloninger, C.R)는 자극에 대해 자동적으로 일어나는 정서적 반응 경향으로서 기질을 크게 자극추구, 위험회피, 사회적 민감성으로 구분하였다.

04 매슬로우의 욕구 중에서 자신의 주변을 둘러싸고 있는 세계에 대해 알고자 하는 호기심과 탐구심, 학습에 대한 욕구와 관련된 것은 무엇인가?

① 자기실현의 욕구
② 심미적 욕구
③ 지적인 욕구
④ 자존의 욕구
⑤ 소속과 애정의 욕구

05 발레란드와 비소네트(Vallerand & Bissonnette)는 자율성이 낮은 순서대로 8단계로 구분하였는데, 목표를 이루기 위해 유익한 행동을 스스로 선택해 수행하는 단계는 무슨 단계인가?

① 유익 추구 단계
② 의미부여 단계
③ 지식탐구 추구단계
④ 지적성취 추구단계
⑤ 내적 강압 단계

06 ( ) 안에 들어갈 내용은 무엇인가?

> 통제소재, 안정성, 통제가능성의 귀인차원 분류에서, '능력'의 통제소재는 (ㄱ)이고, 안정성 여부는 (ㄴ)이며, 통제가능 여부는 (ㄷ)이다.

① ㄱ. 내적 ㄴ. 안정성 ㄷ. 통제가능
② ㄱ. 내적 ㄴ. 안정성 ㄷ. 통제불가능
③ ㄱ. 외적 ㄴ. 안정성 ㄷ. 통제가능
④ ㄱ. 외적 ㄴ. 불안정성 ㄷ. 통제불가능
⑤ ㄱ. 내적 ㄴ. 불안정성 ㄷ. 통제가능

07 이클스(Eccles), 윅필드(Wigfield), 쉬펠레(Schiefele)는 자녀의 학습과 관련된 부모의 태도 분류를 6가지로 세분하면서 각각의 항목에 대한 부모의 태도는 자녀의 학업에 중요한 영향을 준다고 하였다. 이에 해당하지 않는 것은?

① 학업에 대한 가치부여
② 자녀의 능력에 대한 기대와 확신
③ 장애물이 있으므로 이를 극복하기 위한 전략
④ 과제 난이도에 대한 인식
⑤ 부모의 편안함

08 교사의 긍정피드백 유형이 아닌 것은?

① 전략피드백 ② 평가피드백
③ 귀인피드백 ④ 수행피드백
⑤ 동기피드백

09 로젠탈과 제이콥슨(Rosenthal & Jacobson)의 다음과 같은 개념으로 가장 적절한 것은?

> 1학년 입학 어린이에게 형식적인 지능검사를 한 후 무작위 선정하여 교사에게 이 어린이는 앞으로 공부를 잘 할 거라고 예언을 해 두었더니 8개월 후 예언을 한 어린이들이 다른 어린이들에 비해 공부를 잘 했다는 연구이다.

① 결과기대 ② 예언하기
③ 자기충족적 예언 ④ 행동조성법
⑤ 모델링

정답 및 해설 04.③ 05.① 06.② 07.⑤ 08.② 09.③

04 Maslow(1970)는 생리적 욕구, 안전의 욕구, 소속과 애정의 욕구, 자존의 욕구를 하위의 4개욕구인 결핍욕구로 보았고, 지적인 욕구, 심미적 욕구, 자기실현의 욕구를 상위의 3개 욕구인 성장욕구로 구분하였다. 자신의 주변을 둘러싸고 있는 세계에 대해 알고자 하는 호기심과 탐구심, 학습에 대한 욕구는 지적인 욕구이다.

05 ① 목표를 이루기 위해 유익한 행동을 스스로 선택해 수행하는 단계는 유익 추구 단계이다.

무기력 단계	학습동기가 전혀 내면화되지 않은 상태다.
외적 강압 단계	직접적으로 보상을 주거나 통제를 가하거나, 구체적인 행동을 지시할 때 행동을 수행하게 된다. 벌을 피하고 보상을 받기 위해 공부를 한다.
내적 강압 단계	자기가 스스로를 통제하려 하지만 행동의 직접적인 통제자가 자신으로 외적 가치나 보상체계가 그대로 내면화된 단계이다.
유익 추구 단계	목표를 이루기 위해 유익한 행동을 스스로 선택해 수행하는 단계이다.
의미부여 단계	행동을 수행하면서 갈등을 경험하지 않은 단계로 공부하면서 내적 갈등이나 긴장을 경험하지 않는다.
지식탐구 추구단계	알고 이해하고 의미를 추구하려는 욕구에 위해 공부를 한다.
지적성취 추구단계	과제를 완벽하게 수행하여 유능감을 느끼고, 즐거움과 만족을 얻는다.
지적자극 추구단계	흥분되는 학습 내용을 통해 강렬한 지적 즐거움을 얻기 위해 공부한다.

06 '능력'의 요소는 통제소재는 내적이고, 안정성 여부는 안정성이며, 통제가능 여부는 통제불가능이다.

07 이클스(Eccles), 윅필드(Wigfield), 쉬펠레(Schiefele)의 자녀의 학습과 관련된 부모의 태도 분류 6가지
- 자녀의 학업수행에 대한 귀인
- 자녀의 능력에 대한 기대와 확신
- 실제적인 성취 수준
- 과제 난이도에 대한 인식
- 학업에 대한 가치부여
- 성공하는 데는 장애물이 있으므로 이를 극복하기 위한 전략

08 교사피드백 유형은 긍정적 피드백과 부정적 피드백, 평가피드백, 비평가피드백으로 나뉘며, 긍정피드백의 유형으로 수행피드백, 동기피드백, 귀인피드백, 전략피드백이 있다.

09 로젠탈과 제이콥슨(Rosenthal & Jacobson) 두 교육학자는 1964년 영국에 있는 오크학교(Oak school)를 대상으로 교사가 가지고 있는 '자기충족적 예언'이 학습결과에 어떤 영향을 끼치는지 연구하였으며, 교사의 긍정적인 칭찬이 학업성적에 반영된다는 것을 확인하였다. '피그말리온 효과'라고도 부른다.

10 켈러(Keller)의 'ARCS 이론'에서 학습자의 동기를 유발하고 유지시키기 위한 변인이 아닌 것은?

① 주의
② 관련성
③ 자심감
④ 만족감
⑤ 친밀감

11 학습부진의 설명으로 옳지 않은 것은?

① 지능은 정상인데도 심리적인 요인이나 환경적 요인에 의해 학업성취가 그 연령에서 기대되는 수준보다 낮은 경우이다.
② 교육부는 학습부진을 기초학습부진과 교과학습부진으로 구분한다.
③ 국가적으로 혹은 지역적으로 규정된 학년, 학기의 학습 목표를 달성하지 못한 상태이다.
④ 능력과 성취의 편차, 기대되는 학년 수준과 성취된 학년의 차이 등으로 설명할 수 있다.
⑤ 학습부진아는 다수의 학습자에게 사용되는 보편적 교재나 교수 방법으로는 학습하지 못하는 특징이 있다.

12 학습과진아와 학습부진아의 비교로 옳지 않은 것은?

① 학습과진아는 불안을 덜 갖는 데 반해 학습부진아는 불안에 대한 수준이 높다.
② 학습과진아는 목표에 대해 현실적인 데 반해 학습부진아는 목표에 대해 비현실적이다.
③ 학습과진아는 의존감, 독립감에 대한 갈등이 많은 데 반해 학습부진아는 의존감과 독립의 갈등이 적다.
④ 학습과진아는 대인관계가 적응적인 데 반해 학습부진아는 대인관계가 무심하고 비판적이다.
⑤ 학습과진아는 학업지향적인 데 반해 학습부진아는 사회지향적이다.

13 학습부진에 대한 상담으로 옳지 않은 것은?

① 병존하는 문제가 있는지 확인하고 어느 정도 해결을 한 후 학습문제를 다루는 것이 효과적이다.
② 공부하는 과정을 재연하여 학습의 장단점, 학습기술 등을 점검한다.
③ 현재 상태를 객관적으로 진단할 수 있는 심리검사를 활용하여 학습상태를 확인한다.
④ 장기간 목표를 잡고 천천히 목표를 달성하도록 계획한다.
⑤ 부모와 자녀가 서로에 대한 기대를 구체화하고 합의한다.

14 시험불안이 높은 것은 학습 전략, 혹은 시험 전략이 부족하기 때문이라고 보는 접근은 무엇인가?

① 인지적 간섭모델접근
② 인지적 결핍모델접근
③ 통합적 모델접근
④ 행동주의적 접근
⑤ 욕구 이론적 접근

15 발표불안의 개입방법으로 바른 것을 모두 고르시오.

> ㄱ. 체계적 둔감법　　ㄴ. 자기대화하기　　ㄷ. 발표기술 훈련하기
> ㄹ. 합리적 사고하기　　ㅁ. 부모 및 교사의 지지

① ㄱ, ㄴ
② ㄱ, ㄴ, ㄷ
③ ㄱ, ㄴ, ㄷ, ㄹ
④ ㄴ, ㄷ, ㄹ, ㅁ
⑤ ㄱ, ㄴ, ㄷ, ㄹ, ㅁ

정답 및 해설　10.⑤　11.③　12.③　13.④　14.②　15.⑤

10 켈러(Keller)의 'ARCS 이론'에서 학습자의 동기를 유발하고 유지시키기 위한 변인은 주의(attention), 관련성(relevance), 자신감(confidence), 만족감(satisfaction)이다.

11 ③ 국가적으로 혹은 지역적으로 규정된 학년, 학기의 학습 목표를 달성하지 못한 상태는 학습부진과 유사한 학업지체에 대한 설명이다.

12 ③ 학습과진아는 의존감, 독립감에 대한 갈등이 비교적 적은 데 반해 학습부진아는 의존감과 독립의 갈등을 더 겪는다.

13 ④ 학습부진 상담은 단기간 수행하거나 목표를 달성할 수 있는 성과를 계획하여 성과를 우선적으로 경험하여 효능감을 증가시키도록 한다.

14 ② 인지적 결핍모델은 시험불안이 높은 것은 학습 전략, 혹은 시험 전략이 부족하기 때문이라고 본다.
① 인지적 간섭모델은 시험 불안에 영향을 주는 가장 큰 요인은 인지적 해석이라고 보며, 시험 상황은 더욱 위협적인 상황이라고 해석하고 동시에 자신의 능력은 더욱 평가절하한다.
③ 통합적 모델 : 통합적 모델은 인지적 간섭 모델과 인지적 결핍 모델을 결합하여 시험불안과 관련된 요인으로 내적 대화, 행동적 활동, 행동적 결과, 인지구조를 제시하였다.
④ 행동주의 접근에서는 시험불안은 조건형성이 잘못 이루어졌기 때문에 생긴다고 본다.
⑤ 욕구 이론적 접근에서는 과제수행욕구보다 불안욕구가 더 커져 시험불안이 일어난다고 본다.

15 발표불안의 개입방법
㉠ 체계적 둔감법 : 발표불안 위계를 작성하여 불안 수준이 낮은 것부터 체계적 둔감화하기
㉡ 자기대화하기 : 스스로를 신뢰하고 격려할 수 있는 자기대화 시도하기
㉢ 발표기술 훈련하기
㉣ 합리적 사고하기 : 발표에 대한 비합리적인 사고를 수정하여 합리적으로 사고하기
㉤ 부모 및 교사의 지지 : 발표를 시도하고 진행하는 것에 대해 부모와 교사의 적극적인 지지

16 특정학습장애의 설명으로 옳지 않은 것은?

① 시각장애, 청각장애, 운동장애 등에 따른 신체적 장애도 포함한다.
② 지능은 정상 범위에 있지만 학습능력의 결손, 즉 말하기, 읽기, 쓰기, 추론 등에서 결손이 나타남을 의미한다.
③ 행동문제, 낮은 자존심, 사회기술의 결함이 학습장애와 연관될 수 있다.
④ 학습장애가 있는 성인의 기준으로 직업과 사회적응에서 심각한 어려움을 느낀다.
⑤ 읽고, 계산하고, 쓰기를 요구하는 학업의 성취나 일상생활의 활동을 현저하게 방해한다.

17 중재반응 3단계 모형의 설명으로 옳은 것은?

① 1단계 : 학습장애아를 진단한다.
② 1단계 : 모든 학생을 대상으로 표준화 학력평가를 실시한다.
③ 2단계 : 학습장애 학생을 대상으로 집중적인 개별화 중재와 특수교육지원이 이루어진다.
④ 2단계 : 학습장애 중 25%를 선별하여 일반 학급에서 통합교육을 받게 한다.
⑤ 3단계 : 소집단 중심의 효과적인 수업집중 교육을 실시한다.

18 주의력 결핍 과잉행동 장애(ADHD)의 특징으로 옳지 않은 것은?

① 주의력 결핍-과잉 행동장애 학생이 많이 드러내는 문제 가운데 하나가 만성적 학습부진이다.
② 장애를 일으키는 충동적인 증상 및 주의력 결핍 증상이 7세 이전에 발생된다.
③ 부주의 증상은 학업적 결함과 또래들의 무시와도 연관이 있다.
④ 과잉행동은 주어진 과제를 수행하지 않고 돌아다니거나 지속적 집중의 어려움을 보인다.
⑤ 세부적인 면에서 주의를 기울이지 못하고, 학업, 작업, 다른 활동에서 부주의한 실수를 저지른다.

19 다음의 검사의 이름은 무엇인가?

> 초등학교 1~3학년 아동을 대상으로 실제 학생들이 배우는 기초학습 기능에 근거하여 학생의 수행정도를 평가하는 검사로, 학습부진이나 특수교육 대상자의 읽기, 쓰기, 수학영역에서 수행 수준을 진단하고 평가한다.

① 기초학습 수행평가체제(BASA)
② 한국교육개발원 기초학습기능검사
③ 국립특수교육원 기초학력검사(KISE-BAAT)
④ MLST 학습전략
⑤ 한국판 학습장애 평가척도(K-LDES)

20 맥키치(Mckeachie)의 학습전략 중 인지적 학습전략에 포함되지 않는 것은?

① 시연전략　　　　　　　　② 정교화 전략
③ 조직화 전략　　　　　　　④ 시간관리 전략
⑤ 심상의 형성

정답 및 해설 16.① 17.② 18.② 19.① 20.④

16 ① 시각장애, 청각장애, 운동장애, 지적장애, 정서장애에 따른 학습결손, 또는 환경, 문화, 경제적 결핍으로 인한 학습결손은 학습장애에 포함되지 않는다.

17 3단계 모델
- 1단계 : 모든 학생을 대상으로 표준화 학력평가를 실시하고 하위 25%를 선별하여 일반 학급에서 통합교육을 받게 한다.
- 2단계 : 학습장애 위험군 학생으로 선별된 학생을 대상으로 실시하는 소집단 중심의 효과적인 수업집중 교육을 실시하고 이 중 학습장애아를 진단한다.
- 3단계 : 1~2 단계를 거친 아동들을 잠재적 학습장애로 규정하고, 학습장애 학생을 대상으로 집중적인 개별화 중재와 특수교육지원이 이루어진다.

18 장애를 일으키는 충동적인 증상 및 주의력 결핍 증상이 12세 이전에 발생된다. DSM-IV에서는 장애를 일으키는 충동적인 증상 및 주의력 결핍 증상이 7세 이전에 발생한다고 하였으나, DSM-5에서는 12세 이전에 발생한다고 개정되었다.

19 ① 기초학습 수행평가체제(BASA)에 대한 설명이다.
② 한국교육개발원 기초학습기능검사 : 유치원부터 초등학교 6학년에 이르는 학생들을 대상으로 기초능력정도를 평가하는 검사로, 정보처리, 셈하기, 읽기Ⅰ, 읽기Ⅱ, 쓰기 5개 소검사로 구성되었다.
③ 국립특수교육원 기초학력검사(KISE-BAAT) : 유치원, 초등학교, 중학교까지 읽기, 쓰기, 수학영역에서 기초학력을 측정하는 검사로 학습장애를 진단할 수 있다.
④ MLST 학습전략 : 성격적 차원, 정서적 차원, 동기적 차원, 행동적 차원의 4개 차원으로 구성된 검사다.
⑤ 한국판 학습장애 평가척도(K-LDES) : 학습문제를 주의력, 사고력, 말하기, 읽기, 쓰기, 철자법, 수학적 계산의 7가지 영역으로 범주화한 검사다.

20 인지적 학습전략은 크게 시연전략, 정교화전략, 조직화전략이 있으며, 심상의 형성은 정교화전략 중 하나이다. 시간관리전략은 자기자원관리전략이다.

21 댄서로우(Dansereau)의 주전략이 아닌 것은?

① 자기점검전략
② 이해 전략
③ 파지 전략
④ 회상 전략
⑤ 사용 전략

22 토마스와 로빈슨(Thomas & Robinson)의 PQ4R을 순서대로 나열한 것은?

> ㄱ. 질문하기(Question)   ㄴ. 미리보기(Preview)
> ㄷ. 암송하기(Recite)   ㄹ. 숙고하기(Reflectioin)
> ㅁ. 읽기(Read)   ㅂ. 복습하기(Review)

① ㄱ-ㄴ-ㄷ-ㄹ-ㅁ-ㅂ
② ㄴ-ㄱ-ㅁ-ㄹ-ㅂ-ㄷ
③ ㄴ-ㄱ-ㅁ-ㄹ-ㄷ-ㅂ
④ ㄴ-ㄱ-ㅁ-ㅂ-ㄹ-ㄷ
⑤ ㄴ-ㄱ-ㅁ-ㄷ-ㄹ-ㅂ

23 다음과 같은 기법은 무엇인가?

> 집단적 사고의 전형적인 형태로서 특정한 과제를 해결하기 위해 참가자 모두 자신의 사고를 거리낌 없이 제안한다. 이는 복잡한 문제를 여러 사람들이 단시간에 해결해야 하거나, 많은 사람들로 하여금 창의적 사고를 경험할 수 있도록 하기 위한 상황에서 활용하기 좋은 기법으로, 오스본(Osborn)이 창의적 사고를 위해 창안한 전통적이고 가장 널리 알려진 기법이다.

① PMI(Plus-Minus-Interesting) 기법
② 브레인 스토밍
③ 여섯 개의 생각하는 모자(Six Thinking Hats) 기법
④ 인지사고(Cognitive Research Trust) 프로그램
⑤ 심상법

24 캐롤(Carroll)의 학교학습모형은 학습에 필요한 시간을 투입하면 학습을 할 수 있다고 보면서 학습의 변인으로 학생의 변인과 교사의 변인을 5가지 들었다. 이 중 변인이 아닌 것은?

① 수업이해력
② 학습기회
③ 적성(능력)
④ 지구력
⑤ 흥미

25 학습을 위해 적절한 휴식과 수면은 매우 필요하다. 그 설명으로 옳지 않은 것은?

① 나만의 휴식 방법을 알아내고, 다양한 휴식 방법을 계속 개발한다.
② 가벼운 운동 후 따뜻한 물로 샤워하면 숙면에 도움이 된다.
③ 낮잠은 오후 3시 이후에는 자지 않는 것이 좋고, 2시간 이상을 넘기지 않는다.
④ 낮에 15분 정도의 짧은 낮잠은 학습효과에 도움을 주지는 않는다.
⑤ 불을 켜고 자면 멜라토닌 분비가 억제되어 숙면에 방해가 되므로 불을 끄고 잔다.

정답 및 해설 ● 21.① 22.③ 23.② 24.⑤ 25.④

21 주전략 : 이해전략, 파지전략, 회상전략, 사용전략
보조전략 : 목표 계획과 설계 전략, 주의집중전략, 자기점검과 진단 전략이 있다.
22 토마스와 로빈슨(Thomas & Robinson)의 PQ4R
미리보기(Preview) – 질문하기(Question) – 읽기(Read) – 숙고하기(Reflectioin) – 암송하기(Recite) – 복습하기(Review)
23 ② 브레인 스토밍에 대한 설명이다.
① PMI는 어떤 문제 상황에 대해서 긍정적인 측면과 부정적인 측면을 고려하여 최적의 아이디어를 개발하는 데 사용된다.
③ 여섯 개의 생각하는 모자는 서로 다른 독특한 사고의 유형을 대표하는 기법이다.
④ 인지사고(Cognitive Research Trust) 프로그램은 수평적 사고(lateral thinking)로 유명한 드보노(de Bono)에 의해 창안된 프로그램으로 PMI기법과 여섯 개의 생각하는 모자(Six Thinking Hats) 기법이 있다.
⑤ 심상법은 자료를 머릿속에 이미지로 만들어 보는 것인데 보통은 학습자료가 구체적이고 분명해야 심상도 분명하다.
24 학생변인 : 적성(능력), 수업이해력, 지구력
교사변인 : 학습기회, 수업의 질
25 학습의 질을 높이기 위해 충분히 수면을 취하면, 낮에 15분 정도의 낮잠은 학습효과에 도움을 준다.

26 학업문제의 원인으로 가장 거리가 먼 것은?

① 부모의 바람직하지 못한 양육태도, 학습에 대한 비현실적 기대 등의 가족요인
② 지구력과 집중력, 기초체력 부족 등의 신체적 요인
③ 학습동기 및 학업자아개념, 불안, 우울 등의 정서적 요인
④ 낮은 지능이나 정보처리속도 등의 인지적 요인
⑤ 학교가 작고 오래 된 물리적 요인

27 두뇌의 기능으로 옳지 않은 것은?

① 전두엽 : 주의집중력이나 기억, 감정, 추론, 판단, 계획 등의 인식기능
② 두정엽 : 시각정보를 분석하고 통합하는 역할
③ 측두엽 : 언어 이해를 담당
④ 좌반구 : 언어와 관련되어 있으며 분석적 기능을 담당
⑤ 우반구 : 시공간과 관련된 지각능력, 운동능력, 정서기능을 담당

28 반두라(Bandura)는 자기효능감이 네 가지 요인을 통해 형성된다고 보았다. 이에 해당하지 않는 것은?

① 흥미
② 성취경험
③ 대리경험
④ 언어적 설득
⑤ 생리적, 정서적 상태

29 기억력 향상법으로 거리가 먼 것은?

① 머릿글자 활용법
② 장소법
③ 심상법
④ 질문법
⑤ 범주화

30 여섯 개의 생각하는 모자는 서로 다른 독특한 사고의 유형을 대표하며 이것을 색깔 모자로 표현하였다. 사고와 색깔 모자가 옳게 짝지어진 것은?

① 하얀 모자 : 요약, 개관, 결론, 규율, 사고에 대한 사고를 할 때 쓰는 색의 모자이다.
② 초록 모자 : 감정, 느낌, 육감 및 직관적인 사고를 할 때 쓰는 색의 모자이다.
③ 노랑 모자 : 낙관적, 긍정적, 건설적 기회 등을 사고를 할 때 쓰는 색의 모자이다.
④ 빨강 모자 : 창의적 사고, 여러 가지 해결 방안을 사고를 할 때 쓰는 색의 모자이다.
⑤ 파랑 모자 : 중립적, 객관적인 사실, 자료, 정보에 대한 사고를 할 때 쓰는 색의 모자이다.

정답 및 해설 26.⑤ 27.② 28.① 29.④ 30.③

26 학업문제의 원인으로는 신체적, 인지적, 정서적, 가족, 환경요인 등이 있다. 학교가 작고, 오래 된 요인은 학업문제의 원인으로 거리가 멀다.

27 ② 시각정보를 분석하고 통합하는 역할을 후두엽이 담당한다.
두정엽은 감각 정보의 통합 및 판단을 담당하며 다양한 형태의 감각정보를 통해 사물을 인식하는 역할을 감당한다.

28 반두라(Bandura)의 자기효능감 형성 요인
- 성취경험 : 어떤 사람이 목표를 달성하기 위하여 시도한 결과가 성공과 실패의 경험
- 대리경험 : 타인의 성공과 실패를 얼마나 그리고 절실하게 목격했느냐하는 대리 경험
- 언어적 설득 : 타인으로부터 무엇인가를 잘 해낼 수 있다는 말을 얼마나 자주 듣느냐
- 생리적, 정서적 상태 : 피로, 배고픔과 같은 생리적 요소와 불안, 좌절등과 같은 정서적 반응 그리고 그것을 적절히 조절하는 능력

29 기억력 향상법
- 머릿글자 활용법(약성구법) : 기억해야 할 정보목록에서 각 항목의 첫 글자를 따서 새로운 낱말이나 구를 만드는 것
- 장소법 : 기억하고자 하는 자료를 자신이 잘 알고 있는 장소와 연합하여 기억하는 방법
- 심상법 : 자료를 머릿속에 이미지로 만들어 보는 것인데 보통은 학습자료가 구체적이고 분명해야 심상이 분명해야 심상도 분명하다.
- 범주화 : 조직화의 원리를 이용해 사물이나 개념, 기능등 유사한 것끼리 묶어주는 것이다.
- 걸이 단어법 : 새로 학습할 내용을 자신이 이미 알고 있는 것과 연결하여 기억하는 방법

30 색깔모자와 사고 유형
- 하얀 모자 : 중립적, 객관적인 사실, 자료, 정보에 대한 사고를 할 때 쓰는 색의 모자이다.
- 빨강 모자 : 감정, 느낌, 육감 및 직관적인 사고를 할 때 쓰는 색의 모자이다.
- 검정 모자 : 부정적 판단, 실패한 이유 등을 사고를 할 때 쓰는 색의 모자이다.
- 노랑 모자 : 낙관적, 긍정적, 건설적 기회 등을 사고를 할 때 쓰는 색의 모자이다.
- 초록 모자 : 창의적 사고, 여러 가지 해결 방안을 사고를 할 때 쓰는 색의 모자이다.
- 파랑 모자 : 요약, 개관, 결론, 규율, 사고에 대한 사고를 할 때 쓰는 색의 모자이다.

참고문헌

강진령, 상담과 심리치료, 양서원, 2009
강진령, 집단상담의 실제, 학지사, 2005
곽금주, 아동심리평가와 검사, 학지사, 2002
권석만, 이상심리학의 기초:이상행동과 정신장애의 이해, 학지사, 2014
김도연, 옥정, 김현미, K-WISC-IV의 이해와 실제, 시그마프레스, 2015
김동연, 공마리아, 최외선, HTP와 KHTP 심리 진단법, 동아문화사, 2002
김동일, 신을진, 이명경, 김형수, 학습상담, 학지사, 2011
김봉환 외 공저, 진로상담이론-한국내담자에 대한 적용, 학지사, 2010
김선, 김경옥, 김수동, 이신동, 임혜숙, 한순미, 학습부진아의 이해와 교육, 학지사, 2001
김아영, 학업동기, 학지사, 2010
김영경, 집단상담, 학지사, 2018
김영환, 문수백, 홍상황, 심리검사의 이론과 실제, 학지사, 2005
김유숙, 가족상담, 학지사 2015
김중술, 다면적 인성검사-MMPI의 임상적 해석, 서울대학교출판부, 2010
김중술 외, 사례로 읽는 임상심리학, 서울대학교출판부, 2004
김춘경, 이수연, 이윤주, 정종진, 최웅용, 상담학 사전, 학지사, 2016
김춘경, 이수연, 최웅용, 청소년상담, 학지사, 2008
김현택 외, 인간의 이해 : 심리학, 학지사, 2010
남종호, 심리학연구방법, 시그마프레스, 2001
류성진, 커뮤니케이션 통계 방법, 커뮤니케이션북스, 2013
박영숙, 심리평가의 실제, 하나의학사, 1998
박영숙, 투사적 검사와 치료적 활용, 하나의학사, 2004
심리학 용어사전, 한국심리학회
심수명, 집단상담이론과 실제, 다세움, 2019
이우경 외, 심리평가의 최신 흐름, 학지사, 2012
이영분, 사례로 배우는 가족상담과 가족치료, 2015
이장호, 정남운, 조성호, 상담심리학의기초, 학지사, 2005
장택원, 세상에서 가장 쉬운 사회조사방법론, 커뮤니케이션북스, 2012
정성란, 고기홍, 김정희, 권경인, 이윤주, 이지연, 천성문, 집단상담, 학지사, 2013
정순례, 양미진, 손재환, 청소년상담이론과 실제, 학지사, 2019
정종진, BGT 심리진단법, 학지사, 2003
천성문, 이영순, 박명숙, 이동훈, 함경애, 상담심리학의 이론과 실제, 학지사, 2006
천성문, 함경애, 박명숙, 김미옥, 집단상담이론과 실제, 2019
최윤정 외 공저, 진로상담과 연구를 위한 진로상담 척도 핸드북, 학지사, 2014
최정원, 이영호, 학습치료프로그램 지침서, 학지사, 2007
최정윤, 심리검사의 이해, 시그마프레스, 2010
최정윤, 박경, 서혜희, 이상심리학, 학지사, 2000
탁진국, 심리검사-개발과 평가방법의 이해, 학지사, 2007
한국교육심리학회, 교육심리학용어사전, 학지사, 2000
한국심리주식회사, (주)마음사랑 홈페이지, www.maumsarang.kr
한재희, 김영희, 부부 및 가족상담, 학지사 2018
한재희, 홍종관, 상담이론과 실제, 학지사 2013
황매향 외, 진로탐색과 생애설계-꿈을 찾아가는 포트폴리오, 학지사, 2011
황순택, 김지혜, 박광배, 최진영, 홍상황, 한국 웩슬러 성인용 지능검사 4판, 2012
Chance. P(2012), 김문수, 박소현 역, 학습과 행동, 센게이지러닝코리아
Gerald Corey(2011), 조현춘 외 2명 역, 심리상담과 치료의 이론과 실제, 센게이지러닝코리아
Graham J. R.(2007), 이훈진 외 2명 역, MMPI-2, 시그마프레스
Jeremy Holmes(2005), 이경숙 역, 존 볼비와 애착이론, 학지사
John E. Exner. Jr(2008), 김영환 외 2명 역, 로르샤흐 해석 입문, 학지사
Mark A. Gluck, Eduardo Mercado, Cahtherine E. Myers(2011), 최준석 외 2명 역, 학습과 기억, 시그마프레스
Matthew H. Olson, B. R. Hergenhahn(2008), 김효창, 이지연 역, 학습심리학, 학지사
Neil R. Carlson(2008), 정봉교 역, 생리심리학, 박학사
Shaffer, Lucas, & Richters(2008), 한동현 역, 아동 및 청소년 정신병리의 진단평가, 학지사
Timothy J. Trull(2008), 권정혜 외 4명 역, 임상심리학, 시그마프레스